日本古典文學大系
94

近世文學論集

中村幸彦 校注

岩波書店刊行

監修者

高木市之助

西尾實

久松潜一

麻生磯次

時枝誠記

題字　柳田泰雲

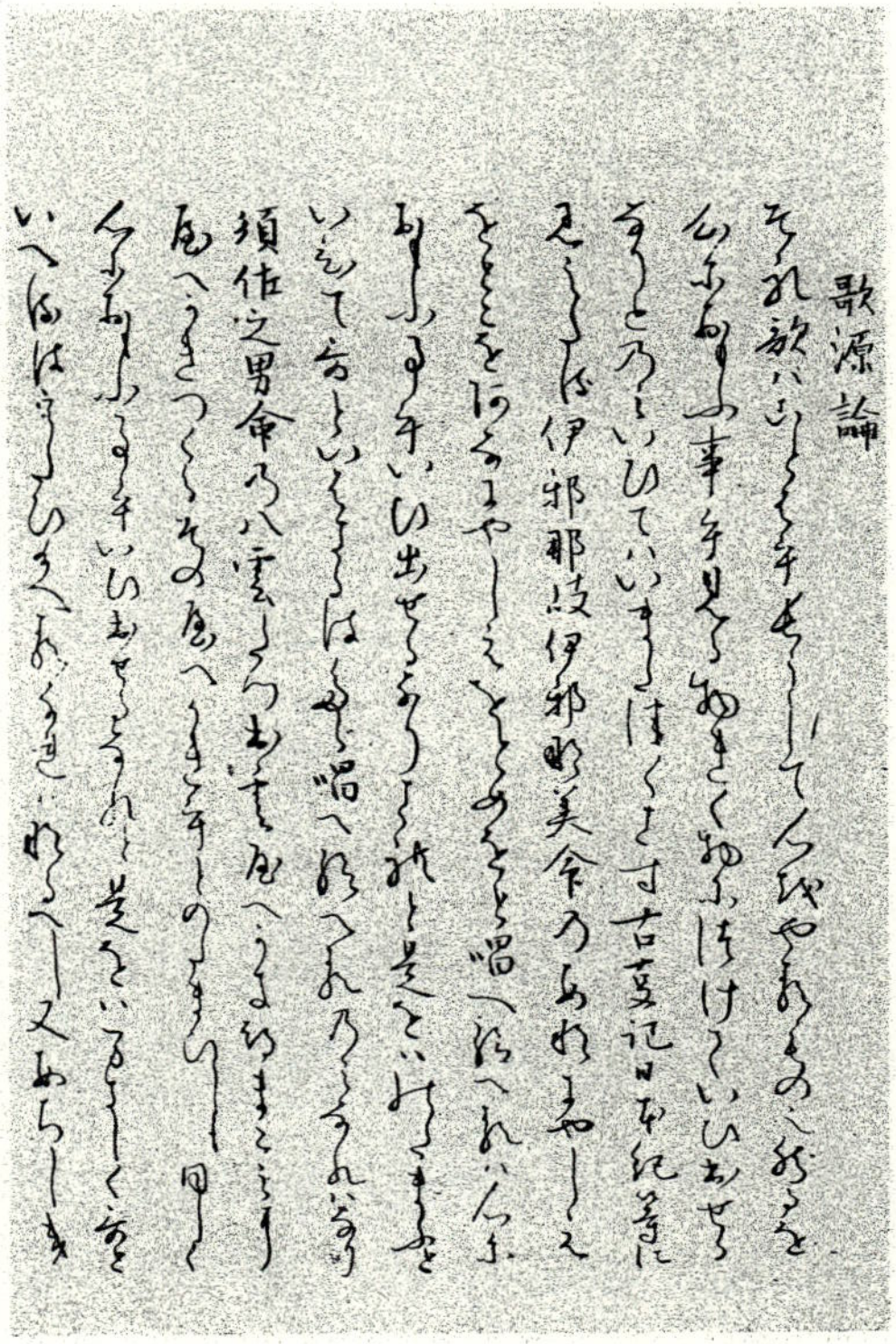
歌源論

國歌八論

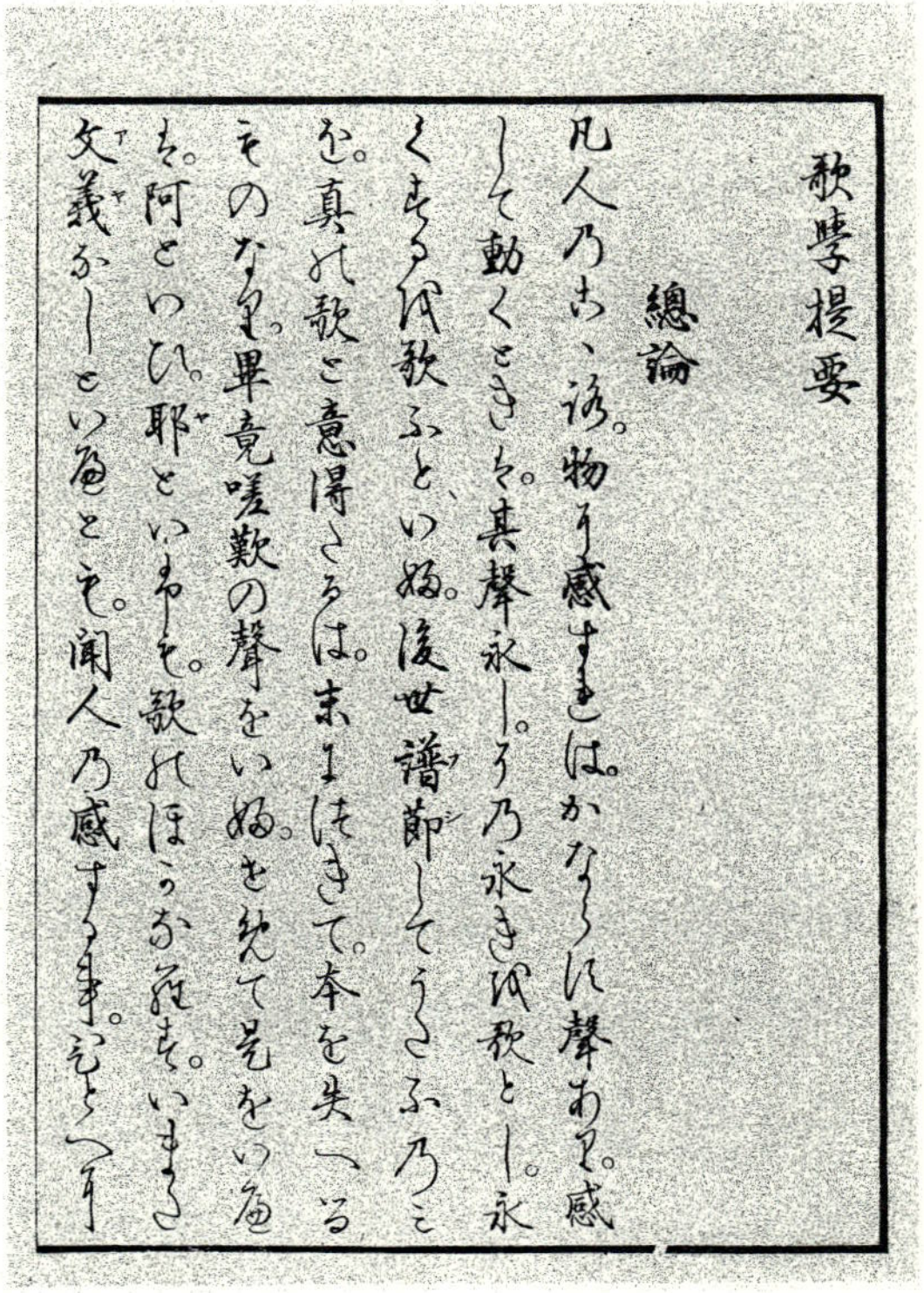
歌學提要

總論

凡人乃心、物ニ感ずるときは。かならず聲あり。感して動くときは。其聲永し。その永き聲を歌とし。永くするを歌ふといふ也。後世譜節《ブジ》してうたふ乃ことを。真れ歌と意得さるは。末にはしりて本を失へるなり。その名畢竟嗟歎の聲をいふなれば。然て是をいふ爲に。阿《ア》といひ。耶《ヤ》といふも。歌れほのかなるをいふなるを。文義《アヤ》なしといふ爲とも。聞人乃感する事なきゆへ

歌學提要

徂來先生答問書

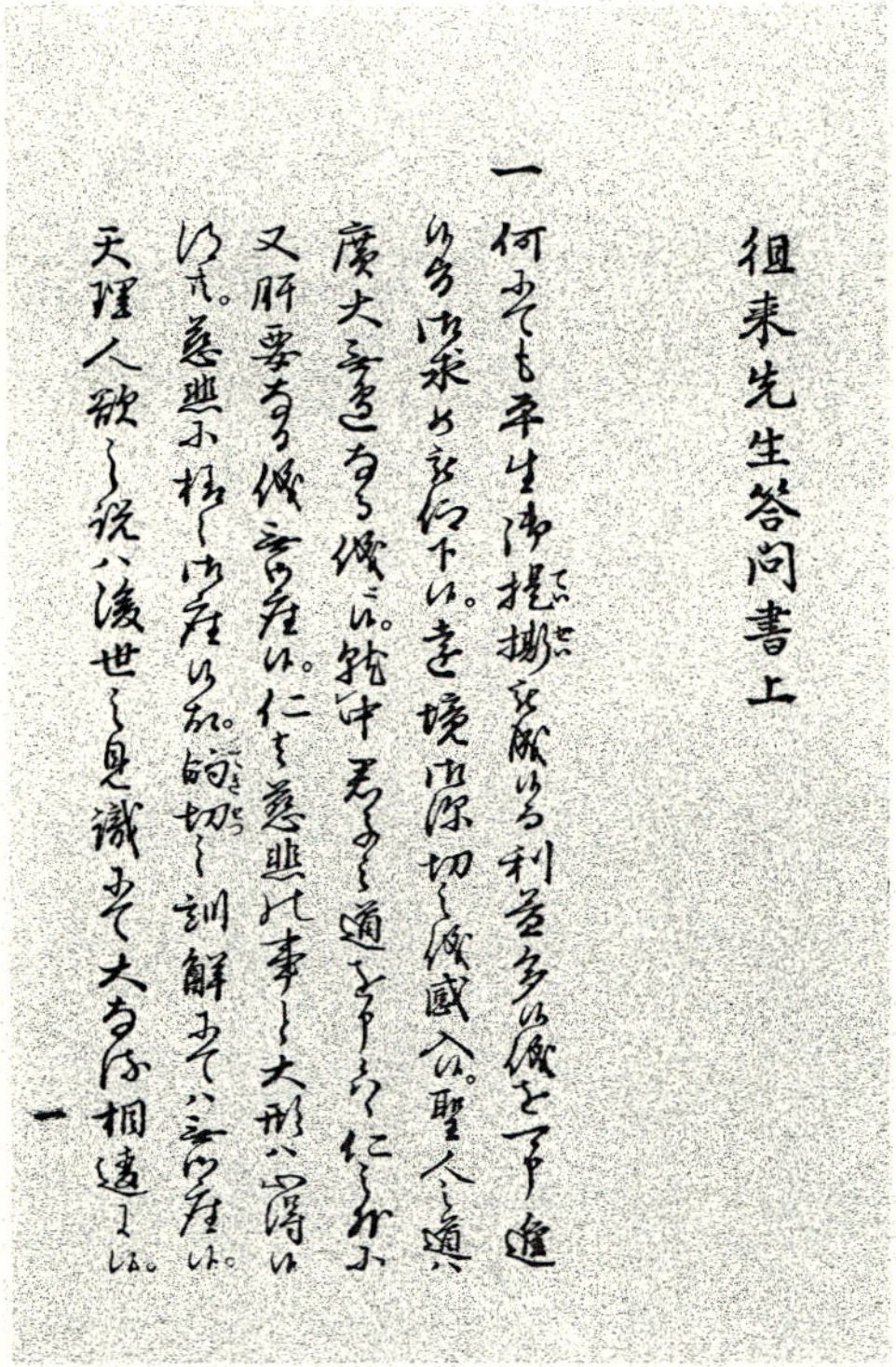
徂来先生答問書上

一 何にても平生御提撕《ていせい》被成候利益多候儀を了進

候様に被仰下候。是は深切に候段感入候。聖人之道は

広大なる儀に候。就中君子之道を申候へは仁に帰し不申

又肝要なる儀に御座候。仁を慈悲と申事にて大形は得候

候。慈悲に相ましく御座候。剴切《がいせつ》に訓解にては無御座候。

天理人欲と説は後世之見識にて大に相違にて候。

一

詩學逢原

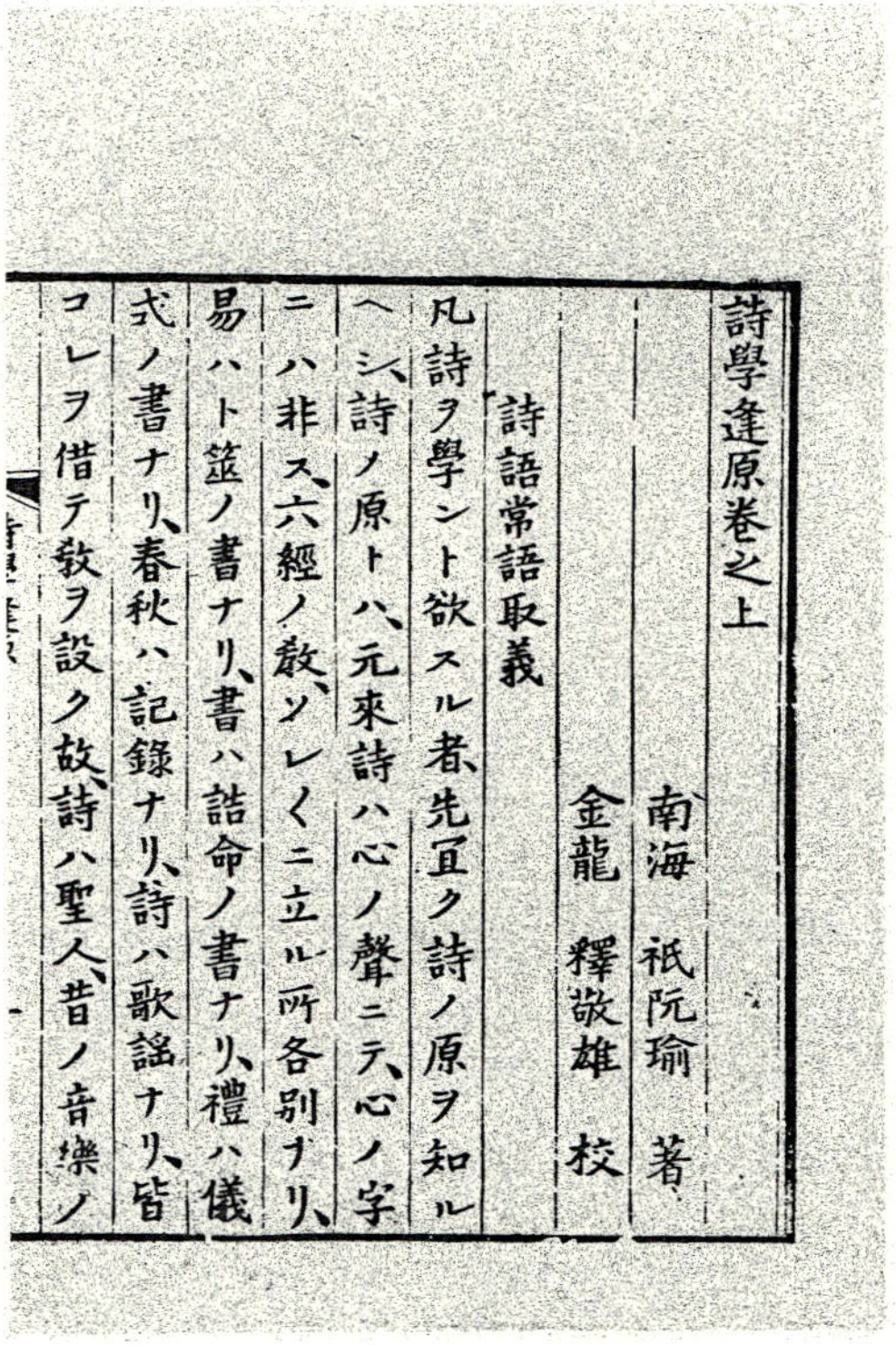
詩學逢原卷之上

南海　祇阮瑜　著

金龍　釋敬雄　校

詩語常語取義

凡詩ヲ學ント欲スル者、先宜ク詩ノ原ヲ知ルヘシ、詩ノ原トハ、元來詩ハ心ノ聲ニテ、心ノ字ニハ非ズ、六經ノ教、ソレ〳〵ニ立ル所各別ナリ、易ハト筮ノ書ナリ、書ハ誥命ノ書ナリ、禮ハ儀式ノ書ナリ、春秋ハ記錄ナリ、詩ハ歌謠ナリ、皆コレヲ借テ教ヲ設ク故、詩ハ聖人、昔ノ音樂ノ

目次

解説

一　近世文学観推移の概略

近世思想史は、徳川幕府による儒学(朱子学)の官学化をもって始まる。儒学の様相は種々変化したが、思想界の中心に位置することは、近世を通じて動かなかった。和漢、雅俗、諸様式の文学についての論も、時々の代表的儒者の説を中心に展開した。それでも幕末が近くなると、儒学者(思想家)的文学観から脱して、作家的立場での発言が生れてくる。いずれにせよ漢文学での文学観が中心であるだけに、中国での文学観の流れが、約百年程ずつおくれて、投影し影響した。和文学では、我が国の伝統的な文学観が、それら中国文学観の影響と微妙にあやをなして、また時々の文学観に織り出され、浮かび上がっている。

幕初の朱子学者達は、朱子の思想を、文字面通りに輸入した。中国儒者の文学観の基本は詩経論にあった。詩は情性を発するものとの詩経大序の文章を、朱子学の性理の論理より、本然の性の表われた情と、気質の性のあらわれた情の二つにわけ、前者は善、後者は悪、善はもって善を勧め、悪はもって悪を懲す、いわゆる勧善懲悪論、道は本で、文は末であり、文は道を載せる器であるとする載道論、ともかく道徳第一の思想が文学をも支配した。林羅山以下官学派は勿論この説であったが、朱子学の野党派とも云うべき山崎闇斎らの垂加学の方も、実践を重んずる主義だけに更にきびしく、文を翫ぶは翫物喪志であり、記誦の学は忌むべきであると論じた。漢学に於ける詩文は、よって、いささか興をやるものであり、閑情隠逸の心情で作詩作文したのが、当時の作品である。

この朱子学的文学観は、敏感に和文学にも伝わり、歌壇の指導者の一人、中院通茂には、「優美過たる詞をかざり、理を忘れたるにて候、誠を不レ知故にて候、理窟の過たるは道理任せにて情に不レ出歌にて候」（雲上歌訓）と、儒学用語をしきりに使った言葉がある。「夫俳諧は性情を発する一端として、道を載るの器也」（天水抄）とは、俳壇の総帥松永貞徳の言である。仮名草子の一部の作家は、この文学観を具体化した、啓蒙的な作品を書いた。のみならず伝統的な作品についても亦、同じ理論で批判した人々があった。源氏・伊勢の物語は誨淫の書だとしたのは、垂加学者の外にも多かった。しかし羅山など、伝統の中にそだった人は、文章のよさとして、紫清の著や徒然草を認めざるを得なかったようである。ややおくれて出た安藤年山の紫家七論の如き、源氏物語を大いに肯定しているが、朱子学の水戸学の中にいた人とて、勧懲的文学観の立場においてのものであった。新しくおこった陽明学を奉じた、熊沢蕃山も、王陽明がやはり、文学では、勧懲論であっただけに、その源氏外伝では、そのわくから脱却することが出来なかったが、情について多くの言葉をついやしている所、儒学界の文学観も、次第に推移する傾向を物語っている。

時代は、ヒューマニスチックな元禄期に入ると、代表的儒者は、その学全国にあまねしであった伊藤仁斎である。彼が晩年到達した文学観を、その紹述者伊藤東涯や門人達の説で補って見れば、次の如くである。一、詩経から後世の文学一般も人情を述べたものである。二、文学は勧懲の具ではなく、その人情に共感することによって、人間完成に役立つものである。三、人情は和漢古今に通じて変らぬ故に、文学にも和漢、雅俗の別はない。四、かえって、雅は、伝統的な表現に束縛されるが、俗は眼前の事と情を伝え、人情の真があらわれるから、文学としては尊い。「三百篇之所二以為レ経、有二亦以其俗一也」である。五、文学の評価と功能は、鑑賞者側の問題で、作品の真骨頂に接し得るや否やは、鑑賞の努力による。これを一言で云えば、文学は「道《いふ》二人情《を》一」の説である。仁斎ら古義学者の人情は、幕初の朱子学者とは違った理解の下にある。心・性もそして情も、精神の作用・あり方の一面についての称で、情は性之欲、偽飾安排のないもの、万人これを持っていて、善悪に関係するものではない。よって仁斎の如く、人間を万全に肯定すれば、人情を道う文学は又、万全に肯定される。いかにも元禄を代表する文学観である。

和学者・俗文学関係者も、仁斎との具体的な交渉の有無にかかわらず、相似た論をいだいた。契沖は、和歌や物語は詞花言葉を翫ぶものと、藤原定家の言葉を借りて説明するけれども、その内容は同一ではない。定家では、仏教思想の下で、狂言綺言を弄すると云う消極的な文学の肯定であったが、契沖では、文学に覆いかかる道々しいものの、制御をはねのけるための積極的な主張なのである。契沖は云う、文学は心のよりくるまま、心のありのままを、はかなく(換言すれば、勧懲・褒貶などの議論をまじえずに)表現して、今の心におなじくおもしろいもの(これも換言すれば、古今に共通した感銘を読者に与えるもの)だと説く。更におもしろいためには、はかない中にも理趣・ことわりがなければならぬと云う。ここで云うことわりとは、倫理的意味でも、理窟でもない。云って見れば人間性の流露であろう。近松の虚実皮膜論は、筆者穂積以貫が古義学者であって、仁斎・東涯風用語で書かれていると読むべきである。以貫は仁斎の語さながらに、俗である近松の詞曲雑劇の中に亦妙道に通ずるものを発見したのである。浄瑠璃の文句は情をもとし、看客の情にうったえるものであり、「あはれ」を肝要としながら、その憂が義理を専としなければならない。この理論の上に虚実皮膜の作劇法が存在し得るのである。芭蕉も亦人情を説く。世道俳道は同一であり、俳諧があっても、人情に達せざる人は、是を無風雅第一の人というべきだと述べた。そしてこの人情は、文学の対象にむかっては、実相実情となり、これを古今に通じては本情となるものであり、彼が古今雅俗あらゆる文芸も貫道するものは一なりと開眼し、従来の見残した俗の中に沈潜して、新しい詩をとり出し得たのも、この人情についての自覚であった。しかし「物と我二つになりては、その情誠にいたらず」で、すぐれた文学は誠に至らねばならない。よって風雅の誠の語がある。この誠は、俳諧に先行し、三歳の童児にもあるもの、広く人間全般にかかわり、作家の精神と対象とを結びつける、人間性の純粋さを云ったものだと考える。西鶴には文学観らしいものはないが、晩年に意識して探求したのは、世の人心であり、俳諧に専念した早くから、勿論、新俗の詩人であった。「寓言と偽とは異なるぞ、うそなたくみそ、つくりごとな申しそ」との、みじかい言葉などを合せ考えると、「詩本ニ於性情一、故貴レ真而不レ貴ニ乎偽一、蓋詩以レ俗為レ善」と仁斎が称したものと相似の考え方を、西鶴創作の胸中にも想像出来そうである。以上元禄期の人々が一様に、重視したのが人情であり、その故に俗をも肯定した。その上に仁斎の真、契沖の理、近松の義理、芭蕉の誠、西鶴の偽の否定と、共通して、人間性の真実を強調する。人生主義の濃厚さが、いかにもこの期の作品に相応して見られるのを、元禄期文学観の特徴とする。

　時代は享保期に入って、東に蘐園《けんえん》古文辞の学が起る。盟主荻生徂徠や服部南郭・太宰春台らの文学についての主張を要約すると、次の如くである。文学は人情の表出である。朱子学の勧懲論は誤りである。和漢古今で文学の別のないことなど、古義学の場合に等しい。しかし人情と文学の、学問の中での比重は徂徠らにおいて一段大きくなった。先王の道は、人情によって設けられたので、苟も人情を知らずんば、天下を通行できない。その先王の道は、六経の事と辞に残る。人情を示した辞が詩経である。そして後世の詩も詩経と本質は等しい。儒者の業はその事と辞を明らかにするにあるが、その為には古文の意を古文として理解せねばならぬ。その為には古文を用いて、詩文を作ることが学者必須の途である。これが彼らの儒学を古文辞学と称する所以であるが、徂徠自ら、この方法を明の文人李攀竜・王世貞ら擬唐詩・古文辞派の人に得たと述べている。又この系統の滄浪詩話とか、詩藪など、宋末から明にかけての詩話の類も、彼らの考えを助長したのである。徂徠らは、かくて文学の実践においても、徳川時代に入って、初めて実に鑑賞に耐え得る漢詩文を創り出したのである。更に詩文が価値あるためには、詞が正しく優しくなければならないと論じた。文、或は雅なる詞をえらび、風雅の趣を持たねばならない。徂徠は云う。「言何以欲レ文、君子之言也、古之君子、礼楽得ニ諸身一、故修辞者、学ニ君子之言一也」で、風雅とは、又、君子之趣となる。従って、俗を当然に蔑視した。前期の文学観との差は、この俗の蔑視と、美しい表現の尊重にある。顧みれば中世の仏教指導下の文学観以来、文学は思想の制御下に呻吟していたとも云えるが、徂徠らの論は、この表現の尊重と、人情の人生における第一義性の論とをもって、思想の下から文学をとり出した。折から日本にはエンサイクロペディックな風潮があって、従来学問の名で総括されていた諸科学が独立する気運の中で、文学も亦、ここに思想から独立することとなる。が風雅の趣・風雅の語で、君子や道に結びつく所は、蘐園のそれはなお思想家的文学観の一つであった。祇園南海は朱子学の木下順庵門であるが、その詩観は、古義学や古文辞学と同傾向を持っている。それより彼は詩人であって、説郛所収の宋明の詩話などに影響されて、作家としての具体的な詩論を残したが、彼の立場も風雅論であった。縷説するその風雅とは、詩経の「風」「雅」の趣で、儒教的範疇からは出ていないのである。

　しかし幕初以来の朱子学的文学観は消滅したのではない。室鳩巣や雨森芳洲など、南海同門の人々は、その思想を堅持していた。期せずして、叙上三つの立場における文学観の論争が和歌をめぐって展開したのが、荷田在満(古義学系)の国歌八論に対する田安宗武(朱子学系)・賀茂真淵(古文辞学系)の批判であった。その結果、和文壇における文学観も、大体は、徂徠らが論じた風雅論の方向に従っていった。真淵は、早く春台門の渡辺蒙庵につき又南郭にも接したと云う。彼は国学体系の建設を志して、強く徂徠の儒学を意識して、日本古代精神を対抗的に説いた。その為にその方法にかえって濃厚な影響をうけて、文学観もその例外ではない。しかし真淵も、この論と万葉風の実作をもって、戸田茂睡・荷田在満など様々の批判にも、びくともしなかった中世歌学を根強く継承していた堂上歌学をのり越えて、詩性豊かな和歌の新風を開いたのである。本居宣長の文学観は、徂徠の著書や、朱子学者であるが文学については古文辞学の考え方に強く影響された儒学の師堀景山や、真淵の流れをうけていて、やはり風雅論の中に加えるべきである。科学的な宣長だけに、人情を「物のあはれ」にかえ、歴史的な視野と顧慮を加え(歌詞展開表の如きがある)、物語では鑑賞の側をも考察し、具体的に論を構成しているが、「なほよき歌は詞のみならず、心もかならず古への雅やかなるを学ばではいでがたかンべい事也」であり、物語でも、人生の現実の中から、神ながらの道により神が与えた性のままの人間を描出することを理想とする、国学流の古典主義が、その論の根底に厳然と存在している。かかる風雅論の大勢下では、俗文学は軽視されざるを得ない。子姪《してつ》に俳諧を禁じた成島錦江や、俳諧や浄瑠璃を難じた太宰春台の如き人々はかなりにあり、俗文学も一段低い位置にあまんじていたようである。

　風雅論の持つ、人情古今同一説と、古を崇び今をいやしむ説との間の大きな矛盾が、後続の人々の反論を買い、実作にも擬古の風にあきたらぬ人々が出現、明末から清初にかけての李王批判の書の舶載と共に、文学は人情の表出であるとの論はかわらないが、古典の格調修辞の摸倣からの脱出と、個性や実情実境を重んじる論が、和漢文壇ともに幕末へまで続く。一括、清新論と総称する。京都の清田儋叟《せいたたんそう》・大阪の中井履軒などの反古文辞の発言、それ以上に宋詩風の実作で古文辞に反対の姿勢を示した人が多かった中で、大声呼号文壇の形勢を一変せしめたのが、江戸の山本北山の作文志彀《しこう》・作詩志彀の二書であった。袁宏道の論や銭牧斎の列朝詩集に刺戟され、宏道の性霊説をより所にして、「詩ハ趣ノ深シテ、辞ノ清新ナランコトヲ要セヨ。(中略)人ノ詩ノ剽襲シテ巧ナランヨリハ、吾詩ヲ吐出シテ、拙キガ優レルト心得ベシ」と論じた。また袁宏道の実景・真情の説を鼓吹した。が、これには北山が、その学説で近い位置にあった井上金峨が儒学論における折衷説の「道其存二乎人一哉」の考えが背景をなしていると思われる。金峨の場合も北山の場合も、ともに語の寛大な意味における、個性の尊重である。北山は自らは経済を目的とし、詩詞の如きは論ずるにたらぬと区別している。その結果は彼の二書をして、経世即ち儒学を離れた文学論ならしめた。これまでの蘐園や国学者達の思想家的文学観、云わば哲学的文学論でなくて、文学側からの文学者的文学観となっている。

　この後は広瀬淡窓の如き儒者も、詩を論じては、文学者的な発言が多くなっているし、小沢蘆庵・香川景樹などの歌人達も、真淵・宣長らとは違った、同じく文学者的和歌観となっている。江戸における宋詩風に先鞭をつけた江湖詩社の盟主市河寛斎の「天地日新、万象皆詩」「学レ詩一求二之目前一、不三必求二之遠一」の語は、実境主義が写実主義にまで、進歩しているが如くでもある。この門に出た詩人達、柏木如亭や菊池五山も、詩作経験や、清の袁枚《えんばい》の随園詩話などの影響から、進歩した考えを持っていたことを知るが、九州日田の山間にあって、全国から集まる書生の育英に専念した広瀬淡窓の、「詩無㆓唐宋明清㆒、而有㆓巧拙雅俗㆒、巧拙因㆓用意之精粗㆒、雅俗係㆓著眼之高卑㆒」の語にまとめられる詩観を述べた淡窓詩話が、時代を代表するであろう。一に、詩は人格を温潤、通達、文雅にする。二に、詩は情に発して志を述べるが、「心不㆑同若㆓其面㆒」で、各作家の情と志が問題である。三に、詩境は実境、実情にある。四に、実がよい自然がよいと称しても、詩的鍛練(学問)によって風神気格を養うべきこと。五に、詩は淫風と理窟を禁ずべしなどが強調してある。幕末の詩壇も実際、唐宋明清、それぞれ好みによって、寄る所を求めている人々が出現した。

和歌壇にあって、打倒真淵の第一声を放ったのは、恐らくは北山の論に刺戟された小沢蘆庵、「ただ今思へることを、吾がいはるる詞をもて」表現する、ただごと歌の主張であった。「人情は古今通じて一般なりといへども、言語は其時世のうつるにしたがふ」と擬古を排し、万境自ら我が心にうつる同情をうたうべきで、これを同情と称するが、堂上歌学の本情などとは同一でなく、それは新情であるべきだとも云う。新情同情を表現する言葉は、天子より庶人に至るまで秋毫の末までも変ることなき言葉の大道によって、今に通じる言葉でなければならない。よって和歌の学びには、法無く、師も不要であるなどとも云う。伴蒿蹊や、上田秋成など上方の歌人達はこれに近い論を持った。真淵門の村田春海などと上方の人々との、いわゆる雅俗弁の論争もあったが、香川景樹の出現は、歌壇的にも文学観の上でも、蘆庵に発した論を充実して結論づけることとなった。いわゆる景樹の調べの説である。誠実《まこと》は、人為的虚飾を加えることなく、宇宙と本質を等しくする生来の性質である(伊藤仁斎の説の影響)。この純美なる誠実が、飲食男女と同じく、三大本能である言語表現によって流れ出る、そこに和歌の本質(文学性)、調べがある。この調べこそ、天地の調べであって、これを天人同一の境と呼ぶ。よって和歌は芸事や習い事ではない。現代的意味における芸術である。そして和歌は生活の中にあるべきもので、生活に即した俗語をもってこそ表現さるべきで、誠実の流露であるならば、いかなる言葉でも雅であるはずである。即ち文学的言語となる。よって実物・実景を詠ずべきであり、この時、誠実をさまたげるものは、趣向と義理であると、近世の表現の時代性である、あらゆる文学形式の中に認められた趣向と義理をしりぞけている。

大げさな難渋な景樹の論中には、近代を指呼の間にのぞむ、芸術と芸術家の自覚があったようである。ただし、蘆庵から景樹まで、実作においては、俗に徹することが出来ず、古今集以来の雅意識から脱却できなかった。

以上を近世文学観の本筋の推移をたどったものとすれば、明和の頃、京都の皆川淇園・富士谷成章・同御杖《みつえ》や、その傍系として清田《せいた》儋叟《たんそう》・上田秋成などを含めた人々のいだいた、また一種の傍流をなした文学観があった。創作や鑑賞における心理の分析に立って、中世的なものと近世的なもの、思想家的なものと文学者的なもの、或は和的なものと漢的なものを総合折衷した説であった。中国の小説戯曲の文学論に接したことで、雅俗の折衷をも加えて、儋叟や秋成らは、例えば小説における性格や構成など創作の具体についても論及した。この中国の俗文学の評論の輸入は、儋叟・秋成のみならず、滝沢馬琴とその友人達、読本を作って日本の古典をも研究した萩原広道、同じく源氏評論を残した葛西因是《かさいいんぜ》などに、例があるが、日本の知識人に、小説戯曲についての開眼を与えた。それ以上に、実際の当時の作品に、それら評論内容を具体化する試作が、数々と認められる。その作品に接することによって、新しい小説の考え方が一般的になって行く。明治になって西欧の文学を輸入し、新文学を誕生せしめる為の準備的な脱皮は、この中国俗文学の評論輸入にあったことを、やはり文学観推移の大きな問題として、見のがしてはならない。

以上の近世の文学観の流れとその結論は、明治の西欧の文学観を輸入した人々からは無視されるか、その異質の部分をとり上げて、多く批難の対象にしかならなかったようであるが、実は彼らが西欧の文学観を輸入し理解した根底に、この流れが深くわだかまっていなかったとは、誰人も云うことは出来ないであろう。

ここに色々の意味で、近世の各時代を代表して、比較的まとまった、次の八種の書物を集めて、近世文学論集とする。

二　所収の諸書について

国歌八論

著者略伝　荷田《かだ》(羽倉)在満《ありまろ》は、通称東進(藤之進)、字持之、号仁良斎。一時、長野大学と称したが、後年は用いなかった。荷田春満《あずままろ》の弟高惟(医者多賀家に入って多賀道員)の男として、宝永三年に生れた。享保年間、春満の養子となり、その家学を継いだ。和学は勿論春満に学んだが、漢学は古義堂の伊藤東涯門かと想像される。晩年伏見にあって病気がちな春満の助手として、享保中葉から、幕臣達と学問の交渉を持った在満は、享保十三年、和学専門をもって江戸へ下った。その専門とする有職故実律令に関する幕府への奉答が、享保十四年から、延享年間に及んでいる(荷田全集所収羽倉考及び同拾遺)。装束色彙・衛府雑録の著述も、幕府との関係になったかと想像されている。その間、伏見に帰った事もあるが、享保末か元文初の頃、田安家の小十人組にめされ、江戸に定住し、好学の田安宗武の眷顧を受けた。宗武との答問の記録も残っている。元文三年、桜町天皇の大嘗会再興の時、幕命を受けて、これを拝観、又畿内の社寺を調査した。代表著作、大嘗会儀式具釈は、この時の奉答である。一方門人の希望を入れて、大嘗会の簡略な解説書、図解大嘗会便蒙(外題)二冊を、元文四年十一月吉日の日付をもって出板した。が、はからずも、堂上側から異議あって、幕府は、元文五年九月六日板木没収、在満には、その九日から十二月二十二日まで謹慎を命じた。その間の事情は自ら書残した大嘗会便蒙御咎顚末に詳しい。いかに有職家とはいえ、この詳記は、その時の在満の憤懣の情を示す如くである。幕府のこの処置は、堂上に対する形式的のものであっただけに、その後の在満の生活には変ったことはなかったらしい。寛保二年五月には、元文四年の白猿物語に続き、落合物語の如き戯れ書さえ残している。その年八月、宗武の求めにより国歌八論を書き、宗武に賀茂真淵を加えて、論の交換があったことは後述する。この論争が原因で、真淵を後任に押して田安家を辞したとの伝えが、江戸時代以来あるが、墓碑銘(泊洦筆話所収)には「後病免家居」とある。辞職の年は、真淵が田安家の和学御用となった延享三年九月の、やや前と見てよかろうか。幕府への奉答の最も年次の後のものは延享三年三月である。その後も、その以前からと同様、和学で門人を指導して、寛延四(宝暦元)年八月四日、四十六歳で没した。浅草金竜寺に葬る。彼の著は専ら有職律令に関して、その殆どが荷田全集第七巻に所収。

国歌八論　この書の成立は、奥に「寛保壬戌(二年)八月四日、応友人需、注胸臆事、倉卒随筆、未加覆閲・将以他日革正」とある。友人とは、田安宗武であることは、底本の条で述べる谷垣守の後語からも、また賀茂真淵の国歌論臆説の次の端書からも明らかである。

金吾君秋の初のころ在満に、歌の道のことを書てまゐらせよと侍るに、在満曰、いと若かりし時春満に養はれて侍れども、有職の事をもはらとし侍れば、歌のことはよくもあげつろはず、かつ〴〵聞つるもはたいかゞなどおもふも侍れば、ふとこたへまゐらするに、尚その春満がむねをばおきて、いかにもみづからおもはん所をと宣ふに、いなみがたくや有けん、三日ばかりのほどに、国歌八論を書てまゐらせけるを、其後にも又八論余言十帖を作りて、やつがりに見せ給ひて、おもふ所を書てまゐらすべきよし宣ふけり。是もまた程なくまゐらすべきよしあるに、わづらはしきこと侍りて、六日ばかりに書て、十一月四日にまゐらせ侍る。

この文にある宗武の国歌八論余言について、在満が国歌八論再論を、真淵は国歌八論余言拾遺を書いて各意見を出した。真淵は更に国歌論臆説で自説をまとめ、宗武はそれに臆説剰言を、真淵は剰言に対し、再奉答金吾君書をもって答えた。宗武更に歌論をもって答える一方、歌体約言で自己ながらの結論を出している。国歌八論の論旨と、三者の論争の大体は、共に堂上旧歌学に反対否定し、歌学の基礎を上代の万葉集におくなどで一致する。他方、在満は和歌を詞花言葉を翫ぶ技とするが、宗武は治道の具・教誡の助と見、真淵は、道と一つものとしての和歌の道を認める。作歌の範を新古今集におく在満に対して、二人は万葉集を尊敬するなどのことは、佐佐木信綱の日本歌学史以来論じられて来た。

最近では、それぞれの論の基礎に、在満には古義学、宗武には朱子学、真淵には古文辞学の影響の存することが考証された。皆肯定すべき説であるが、今一つ、この八論における在満の姿勢をたしかめておかねばならない。大嘗会便蒙の事件を契機として、自らがその中で生長した、堂上の古典学のあり方に批判的であった在満は、和歌においても、専ら堂上の和歌について論じているのである。翫歌と云うも、敷島の道に対してで、宗武・真淵の考えた道(儒教国学の古道)に対してではない。道に関聯して和歌を考えた二人では歌学・鑑賞・実作が一つになって論を進めているが、在満は専ら、実作についての論で、彼の歌学(科学的研究)は、実作と一線を引いている如くである。本居宣長や大菅白圭の如き時代のへだたった人々も、この八論を評したが、彼らの批評とこの本との間に、空間を感じられるのは、在満のこの姿勢を理解出来なかったからの故ではあるまいか。いずれにせよ、実作におけるこの翫詞花言葉説は、定家の仏教原理の膝下に、漸く消極的に文学を肯定する為の用語であったものを、既に源註拾遺に契沖の先蹤があったとしても、積極的に転換して、文学の思想からの独立を呼び起すこととなり、新古今集を範とする論も、在満においては堂上歌風から完全に脱却出来なかった名残であったとしても、翫歌説と合して、芸術主義の主張に発展する要素はもっていた。殊に有職律令の業績にも見えた分析的に又綜合的に、当時としては科学的な彼の頭脳によって、八つの論に整理したこの書は、歌壇は勿論、漢詩界にも見ない整然たるもので、清水浜臣(泊洦筆話)の、「今世かく復古の学さかりにひらけゆけるより見れば、八論の説ども、さのみ発明の論ともおもはれねども、当時めづらしくいひ出でたる事にて、一時世の歌人の胆に砭せしなれば、其なごりたえずつたへて、かく数輩の評論をば醸し成せるものなるべし」の讃辞に価する。

底本　国歌八論の既に翻刻されている本は、いずれもよい本ではなく、細部において意の通じ難い点もないではないので、此回の底本を定めるについては、若干意を用いた。自筆本の存在を知るを得ないので、自筆本よりの近い転写本、または、自筆本の姿を出来るだけ忠実に伝えていると思われるものを求めて、次の四本を得た。

一、青柳種信旧蔵本(宗像神社蔵)一冊。外題に「国歌八論　荷田在満自筆　全」とあるが、自筆ではない。この題簽は恐らく自筆本を写したことを意味するのであろう。この本は頭注で示した如く、古学論で、「清和天皇も万葉集をば見給は(ざりけるにや。又は見給ひても、作者を解し給)ざるから」の所、「定家卿を尊信する事、(近世の学者の宋儒を信ずるがごとく)、生涯其旧轍を出ることあたはず」の所、( )の内が欠けている。以下の三本に見ない特徴である。世をはばかり、意識して略したものと思われ、在満自らの仕業であったろう。在満がやや公的に誰かに書き送ったものを、かなり忠実に写したものと想像出来る。

二、谷垣守筆写本(高知県立図書館山内文庫蔵)一冊。吉野忠氏の御教示で知るを得た。外題は「国歌八論　全」とあるが、実は二度に写したものを合せたのである。官家論を除いた七論を先に写した末に、「右国歌八論一帖、羽倉氏荷田在満先生、奉レ対二徳川金吾源君《ニ》一之論《ニシテ》、而跋語称《スル》レ応《ズト》二友人《ノ》需《ニ》一者、為下布《キ》レ文《ヲ》置《ク》レ辞《ヲ》之間省中略《センガ》尊崇謙遜之剰語《ヲ》上也、篇中正過論与二古学論一之間、除《ク》二官家論《ヲ》一者《ハ》、畏三憚《シ》指二斥《スル》権貴《ヲ》一、別《ニ》秘在《シ》、得《テ》二其人《ヲ》一而授与《スト》云、今茲、忝《ク》蒙《リ》二先生《ノ》許免《ヲ》一、於二武江《ノ》藩邸《ニ》一謄写《ス》焉、更《ニ》願《フ》官家論、異日得レ拝二閲《スルコト》　之《ヲ》一、則千万幸甚　延享三年丙寅七月十九日　谷丹四郎大神垣守識」とあり、官家論を写し加えた末に、「右官家論、懇願深望之至、蒙二羽倉先生《ノ》恩示《ヲ》一補二写《シテ》之《ヲ》一、八論全備《セリ》矣、此書《ヤ》也、古学和歌之頭目髄脳、可レ謂七百年来《ノ》発揮也《ト》、他見漏脱厳禁《ス》レ之《ヲ》、敬《テ》而莫レ怠《コト》矣　延享三年丙寅八月朔日　谷丹四郎大神垣守謹識」(二つとも句読点は新しく付した)としるしている。在満は大嘗会便蒙の災を再びくりかえすことを恐れていることが、青柳本と合せてうかがうことが出来るが、垣守のこの後語に見える態度からしても、忠実に写したものと考えてよい。

三、武田熊信筆写本(佐賀県祐徳神社中川文庫蔵)一冊。武田熊信なる人物の手を外に知らない故に、その転写本の疑問もないではないが、一応後語の主の筆写本としておく。その後語は、「此書荷田宿禰在満先師黙々然而著述故予厚恩為此報執筆者也　武田熊信」と云う。「先師」とあって、在満没後にかかるようであるが、これも亦直弟の写本であり、丁寧に写したものと考えてよい。

四、栗田土満筆写本(天理図書館蔵)一冊。その筆蹟から見て、土満が青年時、真淵門に入った頃、盛んに真淵や同門の人にかりて写した書の一つであって、真淵蔵書又はその転写本によったものであろう。丹念な土満のこの頃の写本は皆忠実であって、後に友人達の間に転々写し伝えられたものである。この書も先ずは、真淵の蔵本を、かなり忠実に伝えるものとしてよい。

以上四つを対校するに、皆文字づかいなど、かなりの相違があって、その資料をここに掲げ得ないが、一と四、二と三が、互に相似ている。在満が二通り浄書したと見てよいかも知れない。しかし、一の特殊な例をのぞけば、大きな相違は一つもない。今日翻刻を見た本は、その後転写を重ねて、筆写者の気ままな改正が加わったものであろう。それらを合せての対校を試みても、帰一を得ない程に乱れている。今回は形の上で、最も整った土満筆写本を底本として、他の三本のみと対校、そのよろしきに従うこととした。

底本とした栗田土満筆写本は、大本一冊。上古男女髻弁・国歌八論・国つち考・国歌剰言(表紙には、歌躰約言の名も見えるが本文なし)の四部を合綴したもの。表紙共で二十四丁、毎半葉十一行である。

歌意考

著者略伝　賀茂真淵《かもまぶち》は、岡部氏、晩年に本姓の賀茂を称した。名は政躬・政藤・春栖《はるずみ》など改めている。通称も、幼名三四から、荘助・衛士などと転じた。明和元年六十七歳の時、江戸浜町に構えた居を、県居《あがたい》と云い、この号で呼ばれることが多い。遠江国浜松郊外岡部の神官の家に生れた。前半生の境遇に幾変化があったが、享保十年二十九歳で、浜松の本陣梅谷氏方良の養子となった。これより先、父母の薫陶で、和歌の道に入り、柳瀬方塾門に出入、太宰春台門人の渡辺蒙庵に漢学を学んでいたが、享保十三年三十二歳、上京して、荷田春満に入門、時々に出京して、国学に出精した。真淵と称したのも、入門の後である。元文二年、意を決して、江戸に出で、国学で立とうと志した。在満に接近して、共に業にはげんだが、田安宗武の知る所となり、延享三年在満にかわって、田安家の和学御用をつとめることになる。正式な国学については晩学と云える彼は、この頃から著述を始め、諸書の草稿や小著述をへて、先ず伊勢物語古意(宝暦三年成)なり、冠辞考(宝暦七年)・源氏物語新釈(宝暦八年成)がなった。が、彼の主力をそそいだのは、やがて万葉考となるべき万葉集の注釈である。彼が国学体系化として、日本古代精神を追求したのであるが、その途々に意識したのは、儒教であり、それも荻生徂徠の古文辞学であった。それに対抗して、日本の特徴を宣揚せんとすればする程、その方法に徂徠学の影響をうけた如くに見受ける。古語の理解から、古典の示す上代精神に入ること、古語の理解には、その言葉を使用しての、創作体験の必要を主唱し実践した。万葉考や祝詞考(共に明和五年成)の如きは、その為の業であるが、一方に万葉風から、晩年は記紀の和歌に見える風体を志向した詠歌、華やかな擬古文体を試みた。が、この歌文は、これまで数々の理論的反対があったが、打破出来なかった堂上歌学に対する、実作をもっての初めての対抗であった。彼は芸術的な直観力をもっていて、契沖、春満と次第に養って来た国学の科学性の上に、言語芸術の卓越した鑑賞眼をもって、つけ加えるものが多かった。晩年、生涯の学問を、五意と云われる五つの著述に結集しようとしたが、未完に残った。門下からは本居宣長など、学問の方面とともに、多くの歌人を輩出した。明和六年十月三十日、七十三歳で、県居に没した。家庭的には不幸であった彼の著は、その没後、門人達によって刊行されたものが多い。

歌意考　未完成のものをも混じるけれども、文意・歌意・国意・語意・書意の五意は、格調高い擬古文でかかれて、真淵国学の真髄を後世に残すべく、志ざした著述である。歌意、即ちここに云う歌意考は、青年時から、その実作歌と同様、幾度か変化した、真淵の歌論の、最晩年の結論と云ってよい。刊本歌意の最後に、「明和のはじめつかたかもの真淵が老のふでにまかせて書る也」とあって、明和元年の執筆と推定されている。しかし執筆の考えは早く動いて、宝暦十年四月の「竜のきみえ・賀茂のまぶち問ひ答へ」の中に、「今すこし過て歌意をも見せまゐらすべし」と見えて、既に成稿の近いことを報じている。それから幾回か改って現姿に達するのである。校本賀茂真淵全集思想編上は、博捜の上で、刊本の外に、筋書の如き歌意草稿と、刊本より遥かに分量の多い広本歌意を所収する。広本歌意は、刊本歌意考と、別の刊本にひまなびを合せた如き内容である。広本を既に見ていた、刊本の校訂者荒木田久老《ひさおゆ》は、「或人のもたるは、初めは是に同じくて、末に事おほくそなはりて、紙のひらも多くいと異なり、いま熟考見るに、その異なる条〳〵は、にひ学にいはれしおもむけに、いかばかりも違はねば、後にのぞかれしものなるべし」と識語した。今日の研究者(山本嘉将著賀茂真淵論)も、刊本は広本を再考した説だと考証する。すれば、広本を、和歌本質論と、実作指導面の多いにひまなびと二つにわかつことになり、歌意考が、今の純粋な歌論書となったのである。真淵没後刊行を見ないままであったが、先師の遺著刊行を志した門人荒木田久老が、祝詞考・文意考・にひまなび(国意考は計画のみに残り、久老没後刊)らと共に、自ら真淵筆本を写しておいたままに、序の書かれた寛政十二年刊行を実現したのである。

久老は、伊勢外宮の神官、渡会(橋村)正身の次男として延享三年生。二十八歳の安永二年、内宮神官荒木田(宇治)久世の養子となっている。二十歳真淵に江戸で入門して、主に上代和歌の研究に従い、万葉考槻の落葉・続日本後紀歌考・日本紀歌之解などの著がある。自らも万葉風の和歌を詠んだ。文化元年八月十四日没。五十九歳。

本書の中心思想を、本文から拾えば、「天地にかなひて、まつりごちませし、いにしへの安国の、やすらけき上つ大みよの、神の御代をも、しり明らめてむものは、いにしへ人の歌なるかも、おのがよむ歌なるかも」「みづから心ぎもをさだめて、たゞふるきふみ古き歌をとなへて、われもさるかたに、よみも書もせよ」にある。そして、ふるきふみ古き歌とは、記紀・万葉、それも藤原・寧楽のいわゆる高く直《なお》き丈夫《ますらお》ぶりをさすのである。この書は、徂徠や春台の説く、古文辞学の主張の擬古文訳と見てよいかも知れない。若干は補注に示したが、これの万葉集は詩経に、祝辞宣命は書経に、みやびは風雅に、あやは文に、いにしへぶりは古文辞に、それぞれ相当しよう。真淵国学への古文辞学の投影は、これ程に深いのである。しかし、真淵は、それを自己のものとして確信をもって発言している。本書でも、和歌の発生から説きおこして、その変遷をたどり、後世歌のにごれる所以を述べ、人間の人情古今同一であるから、そのにごりを去ってあきらけき、古代のみやびに復古すべき方途を説き、万葉古今を論じて、男女和歌の範たる、丈夫ぶり・たをやめぶりに至っている。その論陣と、文章の格調は、長年の思考の末の到達点であることを物語っている。国学者の思想家的文学論の代表とみなす所以である。

底　本　歌意考は大本一冊の板本。外題中央単辺の題簽に歌意考。内題・柱刻また同じ。荒木田久老の序二丁、本文十五丁、計十七丁で、末に「五十槻園蔵板」とある本を底本とした。校正の行届いたものを求めて、この後刷を底本としたのであるが、未だ刊記のある書を見ていない。しかし同じく荒木田久老の校訂で出板した、歌意考の姉妹書とも云うべき、にひまなびには、「五十槻園蔵板　寛政拾二庚申十二月　発行書肆　東都通石町十軒店西村源六　坂陽佐野屋橋通博労町播磨屋新兵衛　同播磨屋嘉助」とあり、付された「宇治五十槻大人出板書目録」には、「同(加茂真淵翁)歌意考　校訂　一冊」として、既に出板されているようである。初刷には、これらの書肆が関係したのであろうか。それとも、「文化六年己巳三月、皇都書林　錦小路通室町西江入北側中程　恵比須屋市右衛門」こと、本居門の国学者木戸千楯が出板した文意考の奥付、その蔵版和書目録の中には、「加茂真淵翁著　歌意考　全部一冊　文意考　同一冊」と見えるから、この恵比須屋が関係したものであろうか、などと想像している。題簽の位置が左肩によったものもある。

源氏物語玉の小櫛

著者略伝　本居宣長《もとおりのりなが》は、姓小津氏、後年に本居と称した。幼名富之助、名は栄貞《ながさだ》、通称弥四郎、後に健蔵・中衛、号に春庵、また舜庵とも書く。おくり名は秋津彦美豆桜根大人。室を鈴屋《すずのや》と称した。享保十五年、伊勢松坂の本町の商家に生れた。兄の死没により一度は家業についたが、医者を心ざして、宝暦二年京都に遊学する。医は武川幸順に、儒を堀景山に、早くから詠歌の風あって、京都では森河章尹・有賀長川の門に入った。その間、景山の刺戟もあって、契沖の著書に接し、国学に強く関心を持つ。宝暦七年帰郷、医者たると共に、日本の古典を開講した。初めは王朝の作品や和歌に専念し、排蘆小船《あしわけおぶね》や紫文要領の如き著述がある。宝暦十三年五月、上方旅行中の賀茂真淵に、松坂の宿で出会し、やがて入門した。真淵が主唱する日本古代精神の究明、復古の精神に共鳴し、そのために、古事記の研究を終生の業と定める。次第に全国から馳せ参ずる門弟達に古典を講じながら古事記伝の稿を続け、この業の中に国学を体系づけ、且つ大成したのである。古事記伝の総論の中、直毘霊《なおびのみたま》をはじめ、儒仏思想を排撃した駁戎慨言《からおさめのうれたみごと》と、それをめぐる論争書の中に、神代の事実は自然の道であり、そこに日本人の理想があることを論じている。語学上では、てにをは紐鏡や詞《ことば》の玉緒《たまのお》などで、てにをは、文法、字音、かなづかいの各面を体系づけた。古典の注釈には、万葉集玉の小琴・古今集遠鏡・源氏物語玉の小櫛などにもそれぞれ特色ある創見がある。古事記伝刊行が緒についた寛政四年(この年第二帙出板)に、紀州侯治宝《はるとみ》のかかえる所となり、数回出講、京都へ数回旅に出た外は、名古屋以遠に出ることがなかったが、国学の中心的存在となった。彼の国学方法論は、初山踏《ういやまぶみ》に説いているが、その研究と成果には、その随筆玉勝間《たまかつま》にも見える、自由な精神とヒューマニズムの匂いの高いものがある。歌文の集を鈴屋集と云い、ここにかかげた外の多くの著と共に、増補本居全集に収まる。享和元年九月二十九日没。七十二歳。

源氏物語玉の小櫛《おぐし》　簡明に奥山宇一編本居宣長翁年譜によれば、宣長は寛政五年頃から起稿したこの書の浄書を、寛政八年九月十八日から始めたと云う。宝暦八年を始めとして、源氏物語全巻の講義の第四回目を終了した頃であって、やがて寛政十一年五月、この書は出板を見た。一種源氏物語の注釈書であるが、長年にわたっての彼の源氏物語研究の総結論とも云える。その執筆を依頼したのは、石見浜田の城主松平康定であったこと、この書に鈴木朖《あきら》の補遺二巻のあることを述べて解説を物語論に限る。一・二の巻が、云わば総論であって、所謂、「物のあはれ論」と称される、源氏物語の本質論を展開している。かえりみれば、ここに達する迄に、宣長には長い過程があった。宣長の「物のあはれ論」は、彼においては、物語と和歌の本質は同様であるので、彼が和歌の本質を考えた頃にさかのぼる。宝暦八年以前のそれに近き頃、と云えば、彼が京都遊学から松坂に帰り(宝暦七年)、古学研究に志した初めでもあろうか、その頃になった歌論、排蘆小船には、「物のあはれ」の語こそ用いないが、「人情」の語で相似た考えが見える。続いて宝暦八年五月三日発起して、安波礼《あわれ》弁を書き出し、「あはれ」「物のあはれ」の用例を集めている。「人情」の語や「物のあはれ」の語に留意したのは、前者は、恐らくは京都遊学中の抜書であろう、本居宣長随筆の一冊に徂来先生答問書からの詩論の抄記があって、その書の影響と推定される（村岡典嗣「宣長学と徂徠学」文学十一の一）。「物のあはれ」の方は、必ず宣長が見たであろう堀景山の不尽言からか、景山直接の指示であったかも知れぬ。そして宝暦十三年、排蘆小船の歌論を更に整理し進展せしめた、石上私淑言《いそのかみのささめごと》（文化十三年刊）では、人情の語は「物のあはれ」の語にかわって、宣長の論として確立している。ほぼ同じく宝暦十三年六月七日の跋文をもつ、紫文要領、即ち源氏物語の総論では、その大意の項に、殆ど玉の小櫛に見る如き、「物のあはれ」論がうかがわれるのである。玉の小櫛の総論には、それが趣旨を変えることなく、順序をかえ、若干の文章を改めて、再記されたのである。

宣長における「物のあはれ」は、初め「人情」として論じられたものであった。文学を人情の表出と説くのは、伊藤仁斎・東涯の古義学に初まり、荻生徂徠らの蘐園の論となった。蘐園の説が、儒学では堀景山、国学では賀茂真淵にわかれ、その両方から宣長の考えの中に流れ入ったと考えてよい。とすれば、この「物のあはれ論」はかつて考えられた如く独創的なものではないのである。彼が試みた紫式部の物語観を、「物のあはれ」の一語で覆うことは妥当でない（阿部秋生「螢の巻の物語論」）との説が出ていて、従来の人情を「物のあはれ」にとりかえたことを示している。しかし、宣長は、これを、紫式部の物語観につき、源氏物語の全篇の構成につき、中世以来の源氏物語観、熊沢蕃山や安藤年山の著述の説を批判しながら、科学的に立証して行った所に、ここにも一つの学の大成者としての彼の面目がある。この論は、思想家側の物語（乃至は小説）本質論であるが、彼がこの論をなした頃には、既に我が国でも一方で、それはまだ体系的ではなかったが、作者作品側に立った小説の創作鑑賞の論が、清田儋叟・富士谷成章・上田秋成、さては滝沢馬琴などの人々において、はぐくまれていたことを附記しておかねばなるまい。

底　本　源氏物語玉の小櫛の底本としたものは、大本九巻九冊の板本。外題左肩単辺の題簽に「玉の小櫛一(―九)」。内題「源氏物語玉の小櫛一(―九)の巻」。柱刻「玉のをくし一(―九)」。巻一は、藤井高尚の序四丁、本文四十丁。巻二は六十三丁。巻三は四十二丁。巻四は四十丁。巻五は四十七丁。巻六は五十八丁。巻七は五十四丁。巻八は四十二丁。巻九は五十九丁である。この本は末に尾張名古屋書肆東璧堂製本略目録記五丁あって、裏表紙見返しに、発行書肆、江戸日本橋通壱丁目須原屋茂兵衛　同通二丁目山城屋佐兵衛　同芝神明前岡田屋嘉七　大阪心斎橋筋北久太郎町河内屋喜兵衛　同心斎橋筋安土町南江入河内屋和助　京都二条通衣ノ棚角風月庄左衛門　同麩屋町通姉小路上ル俵屋清兵衛　尾州名古屋本町通七丁目永楽屋東四郎とある、甚だしい後刷である。しかし本居宣長等の国学書は、刊行後も注意して、度々入木校正がほどこされるのが常であるので、敢えて後刷を底本に用いた。この書にも勿論、種々の刷があって、底本にあてたものには、既に認められないが、「須受能耶蔵板」の文字が、裏表紙見返しに存したり、「本居翁著述製本所書林　勢州松阪日野町文海堂柏屋兵助(印「文海堂記」)」などとあるものが、勿論、底本としたものより、前の刷である。

歌学提要

編者略伝　内山《うちやま》真弓《まゆみ》、名国章、称理兵衛、雅名の真弓は眉生・真悠躬・真由躬なども書く。法体して穆如・月観などの号がある。天明六年、信濃国安曇郡十日市場村に生れた。家は醸酒家で、帯刀を許された旧家である。故郷で杉山巣雲に学んだが、文化七年二十五歳で京都に出て、香川景樹の門に入る。それから四十代の末まで、家庭を持ちながらも、郷里と京都の間を往来して和歌にはげんだ。天保五年、四十九歳池田学問所の督学になったこともあったが、江戸に出て桂園歌風を弘布すべく、天保十年信濃を出た。武蔵琴寄村小林家に寓し、子弟をとり江戸へも通う生活が数年続いた。天保十三年信濃に帰り、筑摩郡和田村荒井の富家萩原貞起号滝園方に寄寓、子弟を教育、塾を聚芳園と呼ぶ。その後、東塢亭塾中聞書の増補東塢鶴声、榜示杙(福住清風著の呼子鳥を批判したもの)などの書が成り、中でも、丸山保秀や貞起の援助によって歌学提要を出板したのが嘉永三年である。六十五歳の嘉永三年には、中風症を発して、やむなく郷里に帰り、越えて嘉永五年五月二十八日、六十七歳で、そこに没した。著述に、帰路日記・吾嬬紀行・詠藻日記がある。以上は矢ヶ崎栄次郎著歌人内山真弓による略伝である。

この歌学提要は、しかし真弓の考えを述べたものでなく、補注㈠で考証した如く、専ら師香川景樹の説を編したものである。よって香川景樹の略伝を合せ記しておく。

香川景樹《かがわかげき》は号に東塢亭・観鵞亭・桂園などがある。明和五年鳥取藩士荒井氏に生れ、小字銀之助、七歳姨婿奥村氏の養子となり、奥村真十郎純徳と称した。鳥取時代から和歌をよくしたが、その道で立つべく京都へ出たのは寛政五年、同八年には地下宗匠梅月堂の香川景柄《かげもと》の養子となり、香川式部景徳と称した。晩年の小沢蘆庵に接して得る所多く、歌壇の名声高く、桂園の俊秀となる人々の入門が次第に多くなる。文化元年香川家を離れて一家をなした。歌壇的活動次第に激しく、天狗・馬天連の異名をうける。四十歳代に入っては著述に志ざし、真淵のにひまなびを評した新学異見(文化十二年刊)・百首異見(文政六年刊)などなり、一箇の歌論を成立して行った。歌集桂園一枝は文政十三年の刊。景樹の和歌や歌論が写本刊本として伝わるや、殊に真淵系の国学者から論難の書が出で、その生活態度についてもとかくの批評があったが、強い自信と、激しい議論をもって、歌人としての自覚のもとに世に処し、巧みに千人に余る門人を指導し、桂園派なる和歌的勢力を大きく形成して行った。日記や実作・批評の外に、古今和歌集正義(初二の二帙天保六年刊)や、土佐日記創見(天保三年刊)の注目すべき古典注釈書もある。中頃、長門介などに任じられたが、天保十二年、従五位下、肥後守に任じられた。天保十四年三月二十七日、京都に没して、岡崎聞名寺に葬る。年七十六歳。

歌学提要　香川景樹の歌論は、新学異見や古今和歌集正義総論などに見えるが、多くは、門人の詠草の批評や、質問に答える形で示された。門人達はそれを編纂して、伝写し(最も大きなものが、桂園遺稿下所収の随聞随記である)、時には、鈴木光尚の桂園遺文(万延元年刊)などの如く刊行して、世に伝わっている。その刊行も、明治中葉まで時々に出現している。しかし、それらは皆、景樹の文章そのままであって、体系立ったものではない。長く景樹の塾に出入し、土佐日記創見などを清書したこともある真弓は、一方で東塢亭塾中聞書の如き、師説の諸資料を大小もらさず集めると共に、その歌論を体系づけようと考えた如くである。それは天保三年以前からの考えであり、実行であったが、天保三年再書して、桂園記聞と題したものが残っている(京都大学文学部研究室蔵の転写本)。その奥に、

こは洛東岡崎の梅月堂にもの学びして在けるころ、師のより〳〵に示し給ひし事に、猶あらはし給へる書の中をも抜出し、且塾中たれかれが論ひをひろひ、それに己が思ひも、かつ〴〵書くはへてものしたる也けり、ゆめ〳〵他門の人に見ゆべきものにあらずなん　天保三年壬辰冬再書　源眉生

と記す。それが現在しり得る歌学提要の原型であり、文章など若干の相違はあるが、既に後年の体をなしている。ただし見出しと順序は、

古言・平言・仮字・実景・題詠・贈答・名所・古歌拠・手似葉・枕辞・序歌・誠実・雅俗・偽飾・精粗・彊弱・趣向・歌書・歌辞・文辞・詠歌惣論

である。その後真弓の生活は変化があって、信濃に江戸に又信濃にと幾変転あったが、天保十五年六月の序を持つ東塢亭塾中聞書と共に折々に整理改訂されたものであろう。そして歌学提要の刊本附言の日次、天保十四年五月には現姿に定着したものであろう。この附言では同門の中沢重樹の写した冊子が、中心になっていることが語られている。かく出来上ると、萩原貞起や丸山保秀らの間で出板が計画された。山科元幹は、弘化四年六月の日付で序を送った。嘉永三年夏の真弓の病臥で、何とか生前の出板をと急がれたことが保秀の後記に見え、成島司直の十月の序を得て、その年中の刊行となった。病中にあった真弓に見せ得たことを、真弓と共に関係者もよろこんだことが想像出来る。

真弓の長年の努力によって体系化されたのであるが、内容は景樹の歌論と見てよいことは既に述べた。景樹の論は、正岡子規が、「景樹といふ男のくだらぬ男なる事は今更いはでもの事ながら、余りといへば余りなる言ひ草の、傍若無

人なるに、腹据ゑ兼ねて鉄の筆もて少しぶちのめしてくれんずと思ふ。若し彼の贔負せん者あらば尽く同罪たるべき者なり」(歌話)、と云って以来、評判は悪いのであるが、近時研究者の側から、次第にその価値は再評価されるようになった。大げさな抽象的な語を弄して、高飛車に論ずる所は、景樹の悪癖であるが、歌学で云えば、小沢蘆庵が、県居の国学的歌論に反対して、文学者側に立っての反省から、擬古反対、ただ言歌、同情新情の説、そして無法無師、作歌者自らの芸術的修錬を論じた説から更に進展して、近代的文学観を指向する道を、景樹は正確に——ただし実作はともなわなかったが——進んでいたものと考える。従って、景樹を罵った子規に最も近い説を過去に求めるならば、やはり景樹の外にないのである。彼の調べの説は、和歌における芸術性(文芸性)の発生であり、天人合一説は、文学の人生における位置を見定めてのものである。習い事の芸としての和歌をしりぞけ、近世和歌の最大の悪習であった趣向を難じ、とらわれた雅《みや》びからの脱出を唱え——実作においては、彼もそれから脱出出来なかったが——、その方法を実景と、自己心中のしらべ即ち文芸性をせめることに求めるなど、いたる所に注目すべき論がある。頭注補注にゆずって詳述しないが、又時代から見て当然のことでもあるが、景樹の歌論は、近世においてやはり最も進歩したものであった。

底本　歌学提要は大本一冊の板本。成島司直の序二丁、山科松坡序一丁、附言、目録各一丁、本文三十一丁、計三十六丁。本文毎半葉十行。見返しには、「内山真弓大人輯　哥学提要　滝園蔵」とあり、奥にも、「内山真弓輯　滝園蔵」とある。初刷と思われるものは、「嘉永三庚戌年　発行書肆　大坂心斎橋筋河内屋喜兵衛　京都三条通出雲寺文次郎　江戸本石町十軒店　英屋大助」とある奥付を持つ。表紙は白色の布目を出したものに、水色単辺の題簽が左肩にあり、「歌学提要」と外題する。

桂園歌風の流行と共に、この書は明治初年にかけて度々版を重ねた如くである。内容は同じで、表紙・題簽・見返しの色の様々にかわり、「嘉永三庚戌年、発行書肆」の文字をそのままにして、出板書肆を変更した後刷本が多い。管見に入った二、三をかかげておく。

(イ) 東京神田末広町　青雲堂　英屋小堀板
(ロ) 東京市浅草区北東仲町五番　書林浅倉屋久兵衛
(ハ) 宮内省御蔵板并ニ香川景樹大人著書発売所　製本兼発売人　東京府平民吉川半七　東京京橋区南伝馬町一丁目十二番地

徂来先生答問書

著者略伝　荻生徂徠《おぎゅうそらい》、徂来とも書く。本姓物部氏、修して物と称する。名は雙松《なべまつ》、字茂卿、称惣右衛門。塾を蘐園《けんえん》と云う。寛文六年、幕府の医員方庵の子として、江戸に生る。十三歳より二十五歳の元禄三年まで方庵罪を得て一家は上総に住した。その間勉学につとめ、元禄三年から芝増上寺門前に儒を講じた。元禄九年柳沢吉保に扶持され、元禄十六年はその藩学教授と昇進する。学は初め朱子学によったが、やや疑を生じ伊藤仁斎に書を送る事もあった。四十歳前後、李攀竜・王世貞らの古文辞の詩文に接して、この方法をもって儒学の古典にのぞみ、学風次第に変化する。世に古文辞学と称される新儒学の方法論「学則」の草定は正徳五年、その新理解を示す「弁道・弁名」の草定は享保二年と推定される(今中寛司著徂徠学の基礎的研究)。漢籍読解につとめ、詩文の和臭を嫌って、訳文筌蹄を著刊(正徳元年刊)し、華語の学習を試みたが、古文辞の作風を移して、文学的鑑賞に耐え得る高華な詩文を作り初めた。宝永七年頃、日本橋茅場町に新しい塾を開いて蘐園と称する。六経を主として、聖人なる古帝王の開いた道は、事と辞として六経にあり、これを解して、後世に用いるが儒学であると論じ、政治・経済をも論じた。政経の書に、太平策・政談あり、儒書の注に論語徴・大学解・中庸解がある。博識の彼は諸子を論じ、又、明律国字解を作り、軍学兵法の書もある。幕命をうけて六諭衍義を記述した外、幕命をうけることも晩年は多かった。才を愛した彼の門に俊秀の子弟が参集した。中にはその学風から道徳を軽んじ、詩文に走るものもあって、蘐園の徒と悪評されることもあるが、人材の豊富なこと他門の比ではない。

享保十三年一月十九日没。六十三歳。その豪放の人物と、華やかな行動から豪傑と称されるが、あらゆる面から近世を代表する大家に相違ない。

徂来先生答問書　この書は、蘐園雑話に見えて、徂徠が、出羽の荘内酒井藩の家老水野元朗(字明卿、通称弥兵衛、号華陰)と、同じく匹田進修(字子業、通称族、号九皐)との答問書であって、その答は徂徠学の対象と方法と主張の全般にわたっている。徂徠学の中心は、弁道・弁名に述べられている故に、この書は二弁の諺解だとの説明もある(今中寛司著徂徠学の基礎的研究)。今中氏の推定によれば、又この書簡の応答は享保五年前後かという。それを今の如く編纂したのは、末に「塾生根遜志伯修編録」と見えて、根本武夷である。武夷名は遜志、字伯修、通称八右衛門。相模の人、直新影流の達人であり、翻案小説湘中八雄伝の著者に擬される人物であるが、山井崑崙と共に足利学校で七経孟子考文を校勘し、自らも論語義疏を校刊した。蘐園では珍しく、じみで価値のある業を残した。明和元年十一月二日没。六十六歳。序によれば、服部南郭も共に校正したのである。流石に校勘学者の手をへているだけに、立派な本文である。徂徠門でもあった伊勢神戸藩主本多忠統、号猗蘭の享保十年の序を得、南郭の享保九年の序と合せかかげて、享保十二年五月の日付をもって、京都江戸野田二肆から出板を見た。

徂徠の詩文についての論には、徂来先生詩文国字牘二巻二冊(享保丙辰春三月刻成、摂都書舗鳥飼源十郎梓)が林東溟の考訂で出ているけれども、南郭の語に「近頃モ奸猾ノ書生蘐園□□ト云フモノヲ作リテニセ物シテ出ス、ソレユヘ著述目録出シタリ」(文会雑記)とあって、その目録が南郭先生文集四編に収まる中に、この書名を見ない。蘐園□□が、詩文国字牘を指すと云うのではないが、しばらくこの書はおいて、徂徠著と明確な、この答問書から抄出する方法をとった。この書に見える徂徠の詩論の大体は前述したので、ここでは省略する。

底本　徂来先生答問書は大本三巻三冊の板本。左肩無辺の題簽に、外題は「徂来先生答問書上(中・下)」とある。内題は同じで、柱刻はなし。上は本多猗蘭(忠統)の序二丁、服部南郭の序三丁、本文二十二丁、計二十七丁。中は本文二十八丁。下は本文三十四丁である。刊記は「享保十二年丁未五日吉辰　京寺町通二条南野田弥兵衛　江戸石町十軒店同太兵衛刊行」とある。これが初刷と思われる。本書の後刷で所見に入ったものは次の如くである。

(イ)　本文は同じであるが、末の刊記を欠くもの。題簽の文字が初刷とやや相違して見えるのは、後補したのであろう。

(ロ)　題簽が(イ)に同じくして、裏表紙見返しに「書肆　東都須原屋茂兵衛　同伊八　山城屋佐兵衛　岡田屋嘉七　大坂敦賀屋九兵衛　秋田屋太右衛門　京都勝村治右衛門板」とあり、本文末にも「京都書林　勝村治右衛門求板」と入木がある。

詩学逢原

著者略伝　祇園南海《ぎおんなんかい》、名は瑜、初名汝斌、字正卿また伯玉、称与一郎。別号に湘雲などがある。新羅三郎義光の後裔源姓なので、阮瑜などと記名した。紀州藩医、祇園順庵の子として江戸に生れたのは延宝四年。幼くして慧悟、元禄二年十四歳で、木下順庵に入門したが、既に同門の新井白石・南部南山・雨森芳洲らの詩会に参じ、その才をもって人々を驚かせ、藩主光貞から賞されることがあった。長く文苑の佳話として、後の宝暦十一年に刊行を見た、春分秋分前後二回の一夜百首を試みたのは、元禄五年、十七歳の時である。元禄九年父の死をもって、十年家を継いで、儒官二百石をうけた。しかし翌十一年五月には、放蕩無頼の故をもって、知行召上げ城下追放を申付けられた。家老三浦為隆の領地伊都郡長原村で、手習師匠などして、十年に余る索居窮迫の生活を経験する。宝永七年、後に吉宗将軍となる藩主頼方に召還され、翌正徳元年には儒官に復した。先輩白石の斡旋があったかと云う。十月には、俗間の生活にもまみれなかった高華の詩魂をもって、朝鮮使節と筆談唱和した(正徳二年刊賓館縞紵集の中に刊行)。正徳二年には、禄も復して二百石近習となる。六月紀藩校開設については、伊藤仁斎門の蔭山東門らと共に教官となった。時に三十八歳である。これから表面は平静な生活がつづく。学業の一方で、詩を講じ、書を習い、我が国における文人画開始期の一人として、時に画三昧に入った。多芸の彼は、三味線の如き俗楽をもよくした。詩は近世第一等の詩人として、自筆南海詩集に、その作を残している。これも近世文人初期の一人として、文人的生活を試みたのであって、その心懐は、晩年の随筆湘雲讃語にうかがうことが出来る（拙稿「文人意識の成立」岩波講座日本文学史第九巻）。明詩を評論した明詩俚評（宝暦六年刊）は享保六年の序がある。詩学逢原・南海詩訣（天明七年刊）の如き詩話も、折々に語られ、書きとめられたものであろう。最晩年には一子餐霞が、かつての彼のように不行跡で城下追放される不幸もあったが、一方に池大雅の来訪と云う、日本文人画史上の注目すべき一件などもあった。寛延四年（宝暦元年）九月八日、七十六歳で没し、和歌山吹上妙法寺に葬った。彼の詩は、その名声のみで、南海のその他の著述と同じく、没後も長く出板されなかったが、田中峋嶁が自筆本より編して、大阪の詩人橋本蟲庵（葛子琴）の助力校閲を得て、南海先生文集として出板を見たのが、天明四年三月であった。遙かの後、昭和三年、多紀仁之助、和中金助協力し、そのもれたものを、自筆本により南海先生後集として出した。南海が友人の詩作を評した鍾秀集も、草野意儔の校正で寛政十一年に出板を見た。

詩学逢原　南海の詩名高く、その書の刊行されないことを残念がったのは、葛子琴（南海先生文集序）のみではなかった。南海生前からその高風を慕っていた詩僧、金竜山人釈敬雄も、その一人であった。前後一夜百首の刊行に際して序を送ったりした敬雄は、宝暦十二年、京都にあって、田徳卿が詩学逢原の一写本をもたらすや、この校刊を計画した所、かねて関係あった（前後一夜百首の刊行書肆）玉樹堂こと唐本屋吉左ェ門が別の一写本をもって、序を乞いに来た。よろこび二本を校讐して、翌十三年出板のはこびとなったものである。以上は序に云う所であるが、果して敬雄自らが校合に従ったかうたがわしく、本書の校訂は甚だ粗漏である。句読点を中途で止めたり、文字にも間違が多い。敬雄自らとすれば、彼はそうした方面にむかぬ人物であったこととなる。しかし、この刊本をたまたま見るを得た一写本（内閣文庫蔵「宝暦十三癸未朞初冬上浣写焉　藤憩巷」の奥あり）と比較すると、この本は幸に刊本との対校があって、一目瞭然であるが、写本にあって、刊本に欠くは二カ所。その他は遙かに刊本の方がよいことを知る。校者務める所ありと云うべきである。

南海詩訣に序した江村北海は、「伯玉錦心繡腸。詩名顕二赫海内一。固不レ俟二余言一。亦唯其人跌宕。天才超凡矣。是以人厳《ハカル》二其気燄一。今閲二斯冊子一。規二々乎字法一。切二々乎音響一。其丁寧告誡。全似二于小心謹勅之士所一レ為者一。是伯玉之所三以為二伯玉一歟。其人可レ想也。要レ之忠実耳。人苟無二忠実一。則百般芸業不レ足レ称焉」と。少し儒者臭があるが、それを差引けば、詩学逢原に対する我々の気持も同じであろう。初歩的な所から、高級まで恂々と説いてやまない所がある。そして彼の詩に願う所を一言で云えば、士君子大人の詩を作るべしで、これを換言すれば、雅の一語につきる。雅の内容を箇条書すれば、一に詩的高揚と凝集と豊潤、二にリズム、それも内的リズムにまで論じいたっている。三に興の詩を重んずる。四にあらわな表現をいむ。所謂、水月風影の法の主張などとなろうか。彼の師木下順庵は、荻生徂徠によれば、唐詩の風を鼓吹した初めての人であって、南海も唐詩を模範としたものである。その南海の好みを示す語に、「題二白石源公垂裕堂詩後一」(文集五)中の次の一文がある。

予嘗読二唐詩一、於二貞観以来、応制台閣之諸作一、喜レ之尤深(中略)、宜乎唐初之作、気象荘麗、格律斉整、儼乎衣冠、煥乎圭璋、与二夫六瑚四璉竜旂鳥章一、赫二赫乎廟堂之上一也、蓋唐家三百年之規模、全見二於此一云、又曰、漢魏氏変風也、杜甫氏変雅也、李白大雅韓奕常武惟肖、初唐正雅、時有二頌声一、余故曰、医レ俗莫レ如二太白一、変レ野莫レ如二初唐一、及二于近世作者一、亦多二其所一レ言、大抵不レ過二於告レ饑号レ寒、投レ間居レ散、憔悴枯槁之談一、其辞亦侏離俳優、往往不レ可レ解者、其弊在二鄙俗之習一、不三之知一レ変耳、嗟是雖レ曰三其人昧二於此一、豈又非三気運使二之然一哉、悲夫、予力不レ能二以振一也。

この逢原を見れば、南海は恐らく彼もその本で見たであろう、説郛所収の宋末から明初における詩話によってその唐詩風を説いている。若干は頭注・補注に指摘した。実作において、南海も、白石も、唐詩風を願いながら明詩風になっているとの後人の評があるが、この種の詩話や明代の唐詩の評釈によって唐詩を解し学んだことに、その原因があるのではなかろうか。巻頭に見える儒学の中での詩の意義を論じた部分に、蘐園や古義堂の見解に一致するものを見る。敬雄の加筆かとも考えたが、刊本以前の写本にも、同じく存するを見れば、南海がやはり、時代の儒学の影響を受けたものと解すべきようである。

校者敬雄は美濃の人、天台宗の僧で、浅草寺にあり、金竜道人と号した。諸地方の寺に住職であったが、又諸方を遊歴し、詩文をもって人々と交り、詩と釈の書を数々と出刊した。天明二年七十一歳で寂。

底　本　詩学逢原は、大本二巻一冊の板本。外題は左肩双辺の題簽に「詩学逢原　□」。見返しに「祇南海先生著　金竜道人校　詩学逢原　平安 通書堂 玉樹堂 仝梓」とあるが、元来は、包紙としたものであろう。内題は「詩学逢原巻之上(下)」。柱刻「詩学逢原上(下)」。上は金竜道人の序三丁、本文二十三丁、計二十六丁。下は本文「一」から「十六」まで十六丁と、田徳卿の跋一丁、計十七丁。丁付から見れば二冊の如くでもあるが、所見本ことごとく一冊であるのは、丁数の少いをもって、初めから一冊に製したものであろう。奥付は、「宝暦十三癸未秋九月　皇都書林　堀川通仏光寺下ル町植村藤右衛門　寺町通四条下ル町植村藤次郎　堀川通仏光寺下ル町唐本屋吉左衛門　東武書林通石町十軒店植村藤三郎」とある。そして、この書に形の違った後刷のあることを知らない。

作 詩 志 彀

著者略伝　山本北山、名信有、字天禧、称喜六。号は別に孝経楼・奚疑斎・学半堂など。逆算して宝暦三年、小普請の御家人の家に生れたが、家が豊かで学問に従った。初め山崎桃渓に師事した外は、井上金峨の折衷学に接近したこともあるが、専ら独学で、二十三歳(安永四年)孝経集覧、ついで、経義掫説を出板して、孝経を根拠とする経学を説えた。稿本の孟子得源や、論語の書入に、その経説を知ることが出来る。安永八年作文志彀、天明三年作詩志彀を出して、蘐園擬古の風を文壇から一掃し、文章は韓柳、詩は袁宏道の清新を宗派とした。詩では後年(文化六年)孝経楼詩話を著述した。博覧多識で、学は経済真機天官暦象の諸方面にわたり、孝経楼漫録・孝経楼漫筆など和漢の雑筆にその博識を示している。古今究源と題する大きな随筆も手許にあったらしい。青年時の衒学的が次第に真の博識となったことを、多く残る稿本類が物語る。経済をもって専門とし、秋田侯・高田侯に聘されては、国事に献言することがあったし、社会の為に施本(「むかしありしこと」)して、教化にあたるなど積極的な姿勢をもとった。生涯努力したのは、小学の方面であって、作文率・文例例証・文藻行潦・詩藻行潦・書家必携・虚字啓蒙(校)の類を出板したし、文事正誤・文事記珠の如く未刊で残ったものも多い。生涯議論好きで、意気忼慨であった。独学しては、「古人創レ事者熟肯有二師承一」と述べ、経済軍事を談じても、大きな身振でおこない、自ら儒裏俠と称した。これらを詳述した、親友亀田鵬斎の墓碑銘には、「先生一生精純自豪之気、勃々帖服人者可見也」と評している。寛政の異学の禁に際して、鵬斎らと共に異学の五鬼と称されたのも、その気象からである。文化九年五月十八日六十一歳で没した時、その菩提寺(小石川白山裏本念寺)を等しくした大田南畝は、友人への書状の中で、「病床念々無他事、没入幽冥心果明、参鬼宮陶錬精気、功成時至顕神霊」の辞世の詩を伝えて、「扨々可惜事に候再びかの人の如き人には逢がたく御座候」と、追悼している。詩文集は惜しむらくは現存しない。三村竹清新しく編して、孝経楼詩一巻、竹隄荘遺文二巻がある。

作《さく》詩《し》志《し》彀《こう》　歴史は時々、面白い書物を産む。この書なども、正にその一つである。作文志彀(安永八年)に続いて、蘐園擬古の詩風を難ずべく筆を執り、天明三年、江戸須原屋伊八から出板したこの書は、大体三つの要素を含む。一は詩の諸体の解説。二は蘐園の人々の、詩の解釈や題の文章などの誤謬の指摘。そして三は、蘐園擬古の風と、その源流をなす李攀竜の攻撃である。或は中国詩風流行の変遷を述べ、或は唐詩選編纂の杜撰をつき、その対立者として、袁宏道の性霊説を上げて、剽竊をなじり、同傾向であった王世貞・胡応麟の評論を援用する。そして、一にも二にも亦、三の趣旨がその基底として出ている。北山は生涯生活の各面で、意気忼慨の人であったが、この書も青年客気頗る高論、果ては、口をきわめて先人を罵っている。しかし、北山の説が皆が皆正しいものでもない。若く博覧の彼は衒学的に様々の書を援用するけれど、彼の一生を通じての営みで、数々の小冊子を刊行した小学の方面の知識の外は、戸崎淡園の箋註唐詩選（天明四年刊）の校者となって、たくわえた唐詩選に関するものと、全体に渡って活用した銭謙益の列朝詩集から得た知識が殆どである。李攀竜の批判や、彼が尊崇したかに見える袁宏道についても、列朝詩集からの借り物の気味が濃い。言葉の上ではあれ程尊敬をはらう袁宏道の詩論の理解も、この書に見える限りでは、格別深いものでも、まとまったものとも受取り難いのである。松村九山は詞壇骨鯁で、「夫レ作詩志彀ノ書タル、体裁未ニ全得一、主意未レ能レ達」と評したが、その通りであると共に、文章の推敲も校正も十分でなく、人名まで誤ること一、二に止まらない。市河寛斎は談唐詩選で、「近頃明ノ袁中郎ガ、嘉靖七子ヲ誹議セシ説ヲ借リ、享保元文間ノ詩人ヲ擯棄シ、甚シキハ唐詩モ取ニ足ラズト云フ人アルヲ聞ク、コレ天下古今ノ公論ニアラズ、中郎ノ七子ヲ譏レルハ、唐詩ヲ偽ハルヲ取ラザルノミ、唐詩ヲ悪シト云ニハアラズ、故ニ其説ニモ、人心自有レ唐ト云ヒ、又自カラ作レル詩モ、五七ノ古詩ヨリ律絶ニ至ルマデ、皆唐体ヲ用ヒタリ」としたのは、直に北山を指すか明らかでないが、この評の当る所もないではない。正直な北山を、「是其主意于鱗氏及ビ徠家ノ非ヲ示シテ、自己ノ名誉ヲ求ルコトヲ要スト見エタリ」（詞壇肯鯁）とのみするは酷であるが、古来彼の如き独学の人に見る、独断や批評の激しさを持っている。数々の欠点を持った作文・作詩二志彀の出現で、「海内靡然一変革ニ其面目一、今詩宗ニ清新一、文学ニ韓柳一、実先生倡レ之矣」（墓碑）こととなった。実に歴史であり、時であった。この書以前に、実作では早く関西に宋詩風起り、関東又この風ありの詩壇であったが、論陣を張って、蘐園擬唐の風一新を決定的にしたのがやはり、この書である。北山はこの書の最後に、大丈夫の学は経済有用を本色とし、詩詞は余技であると述べた。この経済と文学を区別する考え方が、自然とこの詩論を、純文学の論としている。賛否さまざまに採上げた中国の宋末から明にかけての詩話類が然りであったことも、その原因であろう。儒業と文業は服部南郭の如きで、既に分離するかの概があるが、蘐園の文学論ではその論を二つにすることが不可能なのであった。北山の態度は期せずして、叙上の如く全からざる形であるが、純然たる詩論を出現させたこととなる。その上で説く、性霊説や、清新論は、やがて詩壇歌壇に影響して、例えば小沢蘆庵の新情説や無法論の如く、近代的個性創造説に近づく傾向をさそい出すことにもなったのである。色々の意味において、この書は誠に歴史的な書であった。

底　本　作詩志彀は、半紙本一巻二冊の板本。外題は左肩双辺の題簽に「作詩志彀　乾(坤)」とあるが、本文は、乾坤通しての丁付である。内題「北山先生作詩志彀」。柱刻「作詩志彀」。乾は、山田正珍の序三丁、標目二丁、本文は丁付で「一」から「四十一」までの四十一丁、計四十六丁。坤は、本文「四十二」から「八十三」まで四十二丁、高井邦淑の跋二丁の計四十四丁。底本に用いたものは、見返しなくて、裏表紙の見返しに、「東都書林　東叡山下池之端仲町須原屋伊八梓行」とあるもので、印刷は鮮明であるが、初刷とは断定しがたい。この書も、流行したものであって、後刷が多いが、所見本は皆、青黎閣こと須原屋伊八よりの出板である。所見のものを次に示す。

(イ) 本文は乾が「四十二」まであり、坤は「四十三」から始まる外は、底本としたと同じであるが、見返しに、「北山先生著　不許翻刻 千里必究　作詩志彀　天明癸卯新鐫　青黎閣発行(印)」とあり、末に書肆名を欠くもの。しかしこの見返しは、恐らくは初刷の時の包紙であろう。よって本書の刊年を、天明癸卯即ち三年と知るのである。割印帳には、「作詩志彀　全壱冊　墨付九十丁　天明三卯夏　山本喜六著　板元売出須原屋伊八」と見える。

(ロ) 本文及び見返しのあることは(イ)に同じくして、書肆名もなく、跋の後に青黎閣蔵版書目録七丁を付してある。

(ハ) 本文は、乾が「四十」まで、坤が「四十一」から始まる。見返し、書肆名なく、青黎閣発兌目録四丁を付してある。

淡窓詩話

著者略伝　広瀬淡窓《たんそう》は名建、字子基、通称求馬・苓陽先生と呼ばれる。豊後日田の旧家広瀬三郎右衛門の長男に生れたが、生来の病弱と、儒学専念の為に家を弟に托した。儒学は福岡の亀井南冥・昭陽父子に受け、二十四歳の文化二年、始めて帷を下した。桂林園・成章舎など場所を移したが、生涯日田にあって、儒を講じた。文化十四年、日田郊外堀田村に咸宜園を経営する。次第にその名高く、九州に来たる文人の来訪しげく、門人全国から参じて、前後三千人と称する。天保元年、弟旭荘に家事塾政を伝え、読書の一屋を作り、遠思楼と云い、上を醒斎、下を夜雨寮と云う。醒斎語録・夜雨寮筆記・遠思楼詩鈔などの書名のある所以である。旭荘外遊の後も、婿青邨都講となり、旭荘の長子謙吉、号林外を養子とすることなどあったが、安政三年十一月朔日七十五歳で、咸宜園に没した。学は、その碑文によれば、「其学主二大観一。与レ人不レ争二同異一。旁喜二仏老一。世称曰二通儒一」と云う。著に老子論である析玄（天保十二年刊）、易を論じた義府（嘉永五年刊）、淡窓の主著である、いわゆる敬天説を述べた約言・同補・同或問などがある。弟旭荘と共に、詩をよくし、遠思楼詩鈔初二編（天保八・嘉永二年刊）が世に称された。教育方針に心を用い、種々の方法を実行して、そのすぐれた人格と共に、多くの人材をこの咸宜園から出したことをもって、教育者としての名声は後世までも高い。

淡窓詩話　校者広瀬青邨の明治十六年の小引によれば、醒斎語録の詩に関するものを二巻に抄記したと見える。醒斎語録は淡窓の談話を門生が筆記したもの、様々の形で伝わっているものであろう。醒斎語録の所見一本は、土佐竹内峴南旧蔵のものであるが、その中、詩に関するものを、刊本淡窓詩話に照合するに、刊本の方がかなりに分量が多い。その多い部分を、淡窓関係の他の書と照合すると、次の如く語録以外から見出される。頭注に示してあるが、表にすれば次の如くである。

〇上巻「或人嘗テ余ニ問フ。吾子詩ヲ好ム…」の一条（夜雨寮筆記、三）
〇上巻「青木益問…」の一条（夜雨寮筆記、四）
〇上巻「秦韶問…」の一条（夜雨寮筆記、四・六橋記聞、七）
〇下巻「広瀬孝問…」の十四条（六橋記聞の各処から）
〇下巻「汎ク詩ヲ論ズ」の前半八条（六橋記聞・自新録・燈下記聞の各処から）

であって、以上と語録所収のものを合せて、刊本に残る所は、
〇上巻「問一句一聯ノ妙処…」の十二条(ただしこの中三条は、相似たものが六橋記聞にある)
〇下巻「孔井徳問…」の一条
のみとなる。夜雨寮筆記は勿論、語録でこれを加える語録があってもよい類のものである。前半を燈下記聞、後半を六橋記聞と題するものは、その初めに、「余従二家君侍話一。有レ聞乃記。三四月而得二五十余則一。集二一冊一。名曰二燈下記聞一。庶幾使下当時之語。並存二於耳目一。了了中於数十年後上。則其楽如何哉。使下不レ知二家君一者見上レ之。亦可三以窺二一斑一。辛亥正月　広瀬孝識」とあって、漢文ではあるが語録に相違ない。峴南本醒斎語録と重る所がまま見える。醒斎語録の諸本を調査せずして、断定するのは軽率であるけれども、もし詩話全篇を収める語録がないとすれば、私が見出し得なかった約十条も何処かにあって、青邨は夜雨寮筆記・燈下記聞・六橋記聞などを、語録の詩話と合せて、この淡窓詩話を編纂したものかも知れない。

この一書を中心とした淡窓詩話の詩学については、太田青丘の「広瀬淡窓の詩学」(日本歌学と中国詩学所収)に詳しい。彼は儒者として、倫理を第一義とした。詩は情を述べるものとしても、詩酒三昧におぼれることを許さない。淡窓の尊しとする詩情は、儒者又は教育者と詩人とを彼自身において融合させていた如く、道と情とは、道の側においても、情の側から見ても、融合したものであらねばならなかった。そこに朱子学者や古文辞学者とも違った本質論が展開されている。彼の中国詩人、殊に陶・王・孟・韋・柳の自然詩人を好む傾向の中には、伯父秋風庵月化、父長春庵桃秋の俳諧趣味の影響を受けた、和歌俳諧観の流れを認めるべきである。淡窓自身の詩作の中にも、俳諧に通ずる趣を見出すのは容易である。淡窓の詩観の中には、和漢の韻文観の自らなる融合があったようである。淡窓は中国の詩論をも色々見ているが、袁枚・王士禛・沈徳潜など清代の、旧習を脱却してゆく人々の説に賛成している。よって生れた淡窓の詩論に見える、実情実境の尊重は、これは個性尊重や写生主義に通ずるもので、やはり近代を指向しているものと認めるべ

きである。景樹は論争をしながら近代を指向したのであるが、淡窓は沈思して近代を指向したのである。ただし、淡窓自らは、漢詩と云う、古い風雅のわくからは出て行こうとしなかった。それにしても、淡窓が説く如く、詩によって出来上った温柔敦厚の人格そのものである、この詩人儒者の口ずから、この書に見える一条一条を聞いた門人達は、詩の上でも、人格の上でも、丁度門人の一人大隈言道が、よって和歌の開眼をした如く、深い感銘と、詩(文学)の尊さを知り得たことであろう。そしてその門人達が九州一円、広く日本一円に散っていった。淡窓は漢詩のわくにとどまったけれども、明治に入って九州からは、すぐれた新しい詩の詩人を輩出した。筆者は、ただ何となく、その新しい詩人誕生の背後に、淡窓のつちかった詩的風土を時々感じるのである。

底　本　淡窓詩話は、半紙本よりやや小型の板本二巻二冊。外題は左肩双辺の白紙に「淡窓詩話　乾(坤)」とある。上巻は見返しに「広瀬淡窓先生　淡窓詩話　東宜園蔵板(東宜園蔵版印)」。川田甕江叙二丁、広瀬青邨の小引一丁。本文三十四丁、計三十七丁。下巻は、本文三十二丁、長三洲の跋二丁、計三十四丁。柱刻「淡窓詩話」。内題は、上巻下巻とわかれる。罫入毎半葉十行。奥付は、「明治十六年七月十二日版権免許　同年七月出版　著者　故人広瀬淡窓　出版人東京府平民広瀬貞文　東京府下牛込区神楽町二丁目二十番地　発兌　東京銀坐四丁目　博聞社」とあり、「定価金四拾五銭」の印を押す。見返しの東宜園は、編者青邨が東京で経営した塾である。出版人貞文は、青邨の嗣、号濠田である。本書の世に見るものは多く後刷である。再版「明治二十三年一月八日印刷　同年一月十日再版　定価金三拾銭　(印刷版権所有　著者　故人広瀬淡窓　発行者　広瀬貞文　東京市牛込区神楽町二丁目廿番地　発行所　頴才新誌社　東京市神田区美土代町三丁目四番地」。三版は、再版の奥付の二つの文字、印刷年次の二十三年の「三」を「四」に、再版の「再」を「三」に改めたのみである。ただし再版三版では、初刷の際の校正漏を補って改めた所若干を認める。

参考書

【一般】

改訂日本歌学史　佐佐木信綱　昭和一七年
日本文学評論史　近世最近世篇　久松潜一　昭和一一年
近世和歌史　能勢朝次　昭和一〇年
日本歌学と中国詩学　太田青丘　昭和三三年
日本政治思想史研究　丸山真男　昭和二七年
近世儒者の文学観　中村幸彦　（岩波講座「日本文学史」第七巻）　昭和三三年
文学精神の流れ（近世）　同　（国文学解釈と鑑賞　昭和三四年十月号）

【国歌八論】

田安宗武　第一冊　土岐善麿　昭和一七年
在満の歌論に於ける堀川学の影響　宇佐美喜三八　（語文　第十三輯）　昭和二九年
宗武の歌論における朱子学の影響　同　（語文　第十九輯）　昭和三二年
国歌八論をめぐる問題　三枝康高　（国語と国文学　昭和三二年六月号）
国歌八論を中心とする歌論展開の研究　一―三　穴山孝道　（文学論輯　第八・九・一〇号）　昭和三六―三八年

○

大嘗会儀式具釈　羽倉信一編　大正五年
荷田春満　三宅　清　昭和一五年

【歌意考】

古学派の歌論と詩話　宇佐美喜三八　（国語と国文学　昭和二四年九月号）
真淵の前期の歌論について　同　（国語と国文学　昭和三七年七月号）

○

賀茂真淵伝　小山　正　昭和一三年
賀茂真淵の学問　井上　豊　昭和一八年
賀茂真淵　（人物叢書）　三枝康高　昭和三七年
賀茂真淵論　山本嘉将　昭和三八年
荒木田久老歌文集並伝記　神宮司庁　昭和二八年

【源氏物語玉の小櫛】

螢の巻の物語論　阿部秋生　（東大教養学部人文科学紀要　第二十四輯）　昭和三六年

物語文学の思想序説　淵江文也　（第二章に「物語論」所収）
昭和三七年
宣長の歌論の温床について　宇佐美喜三八　（語文　第十六
輯）　昭和三〇年
宣長学と徂徠学　村岡典嗣　（文学　十一ノ一）　昭和一七年

○

本居宣長　増訂版　村岡典嗣　昭和三年

【歌学提要】

景樹の歌論に関する一問題　宇佐美喜三八　（国語と国文学
昭和三二年一二月号）
香川景樹論　山本嘉将　昭和一七年
香川景樹の研究　黒岩一郎　昭和三二年
近世和歌史論　山本嘉将　昭和三三年
香川景樹と猪飼敬所　宗政五十緒　（語文　第二十三輯）
歌人内山真弓　矢ヶ崎栄次郎　昭和一二年

【徂来先生答問書】

蘐園派の詩文論　松下　忠　（日本中国学会報　第七）　昭和
三〇年

○

徂徠研究　岩橋遵成　昭和九年
徂徠学の基礎的研究　今中寛司　昭和四一年

【詩学逢原】

祇南海影写説の成立について　松下　忠　諸橋博士古稀祝賀
記念論文集　昭和二八年
南紀徳川史　巻五七
祇園南海　脇田秀太郎　（美術史　三四号）　昭和三四年
祇園南海年譜　植谷　元　（国華　第八百十一号）　昭和三四年
近世中期文学の諸問題　近世文学史研究の会編　（中野三敏
「金竜道人攷」所収）　昭和四一年

【作詩志彀】

近世後期漢詩史と山本北山　日野竜夫　（国語国文　三四ノ
六）　昭和四〇年

【淡窓詩話】

教聖広瀬淡窓の研究　中島市三郎　昭和一〇年

凡例

一　本　文　所収の諸書の本文は、次の如くにして定めた。

国歌八論　栗田土満筆写本を底本とし、青柳種信旧蔵本（青本と略）・谷垣守筆写本（谷本と略）・武田熊信筆写本（武本と略）の三本をもって校合、改めるべき所は、その異同を示して、よろしきに従った。

歌意考　五十槻園蔵板の版本によった。

源氏物語玉の小櫛　この書に見える、本居宣長のいわゆる「物のあはれ論」の主旨を示す部分のみを抄出したが、本文は東壁堂蔵板の版本によった。歌意考とこの書では、本居宣長等の国学書の常として、後刷の方が校正が行届いているので、敢えて、初刷を求めることをしなかった。

歌学提要　滝園即ち萩原貞起の蔵板で、嘉永三年、大坂の河内屋喜兵衛、京都の出雲寺文次郎、江戸の英屋大助刊行の初刷と思われるものによった。

徂来先生答問書　学問の方法とその応用の諸般にわたる、この書から、文学論に関する部分のみ抄出したが、徂徠の文学論は、彼の儒学全般の中に位置せしめて理解すべきものであるので、その他の部分も参考としてとどめることとした。また本大系では別冊をなしている『近世思想家文集』の補にもなるであろう。本文は、享保十二年、京都の野田弥兵衛、江戸の同太兵衛刊行の初刷によった。

詩学逢原　宝暦十三年、金竜道人の校刊になる、京都の植村二肆と唐本屋吉左衛門、江戸の植村藤三郎合刊の初刷によった。

作詩志彀　所見諸本の中、刷のよい須原屋伊八の版本によったが、初刷ではないようである。

淡窓詩話　明治十六年、東京博聞社の初刷本によったが、後刷の際校正漏れを補っているので、顥才新誌社からの三版と対校、その部分を注記して改めた。

本文設定に用いた諸本については、解説を参照。

二　段　落　底本には段落の有無は、様々であるが、すべて内容に応じて、適宜に試みた。

なお、抄出のものは、その一条ごとを一段落とした。また『徂来先生答問書』では、抄出の段落ごとに、新しく番号を付し、参考にかかげた全文の注記と合せて、抄出文の位置がわかるようにした。『作詩志彀』では、目録に見える標目を、各条の初めに新しく付した。補注〔補〕との参照に利用するためである。

三　翻　字　翻字は次の要領によった。

1　仮名は、平仮名・片仮名ともに通行字体、漢字は特殊なもの以外は、通行正字体に改めた。誤字と思われるものは注記して改めるが、誤字と明らかなものの若干には、注記を加えなかったものもある。

2　仮名づかい、送り仮名は底本のままである。

3　振仮名は、底本に存するものは、全部そのままにした。送り仮名で活用語尾の文字を欠くものは、一つの漢字の初出や、読み誤りやすい所々において、振仮名として加えた。また、読過の便を思って加えた振仮名もある。これら新しく加えたものは、（）印を付して、元来、底本にあるものと区別した。

4　諸書ともに、濁点・半濁点を欠くものが多いので、本文・本文の引用文・振仮名・訓点などにかかわらず、それぞれ当時の読み方と思われるものに従って、これを補ったが、一々は注記しなかった。

5　句読点は、『国歌八論』は全くない。『歌意考』は「。」のみ、『玉の小櫛』は「、」のみ。『歌学提要』は「。」のみ、『徂来先生答問書』は「。」のみ。『詩学逢原』は本文初めから八丁目まで、「、」のみで示し、以下は全くない。『作詩志彀』は全くない。『淡窓詩話』は引用の詩句において「。」「、」を用いる外、本文では「・」にあたる所に「、」を所々ほどこすのみである。

序・跋・後語の類は、『歌意考』『歌学提要』は全くない。『徂来先生答問書』は「。」のみ、『詩学逢原』は序は「。」のみ、跋はなし。『作詩志彀』『淡窓詩話』は、序・跋ともに全くない。

以上、本文は底本に存するものは、そのままに留め、欠けたものは補って、「。」「、」「・」の区別をした。全文、句読点の存するもので補ったものは、「・」の外は、注記してある。また会話文や引用文を、「　」をもって示したのは、ことごとく新しく加えたものである。新しく「　」を用いた部分の末にある「、」「。」は、下に続く文章が短い時には、省略したのも若干あるが、一々注記してない。序跋類では、和文は本文の方法に等しく、漢文は底本のままに示して、読下し文を付した。

6　漢文の返り点は、明らかに誤脱と思われるものを補った他は、原文のままである。ただし『徂来先生答問書』の書簡体では、読過の便を思って、新しく加えたものが多いが、皆一々注記はしなかった。

7　反復記号は、底本のままであるが、二語の間にわたって用いてある時は、それに相当する仮名に改め、「て《ゝ》」の如くにして、その反復記号であったことを、振仮名で示した。

8　本文に欠く文字を、必要上補った場合は〔　〕を用いて区別する。

四　頭　注

頭注は次の要領によった。

1　見開き頁ごとに、注を要する個所に番号を付け、その番号に応じて、注を加えた。
2　引用文をのぞき、現代仮名づかい、当用漢字を原則として用いた。
3　漢文や万葉仮名の文は、読下しを原則とするが、本文が読下しになっている場合は、原文をかかげたものもある。なお漢詩論書では、頭注欄のスペースの関係で、長い読下しをさけて、漢文のままにしたものが多い。
4　文学論書の集であるために、語句の注のみでは不十分と思われるので、スペースの許す所においては、内容にわたった注をも挿入した。◇印は、その条・章の大概を注したもの、▽印は、部分的な内容の注記である。
5　本書の性質上、語彙の出典や文章の修辞(例えば、真淵の擬古文における古典の利用など)についての注は省略してある。『作詩志彀』の附録は、文章についての説が多いので、注を簡略にしたのも、同じ趣旨からである。
6　『徂来先生答問書』の参考に廻した部分の注は、四書五経からの出典など、僅にとどめた。

五　補　注

補注は次の要領によった。

1　頭注に書き切れないものや、頭注以上に詳細な説明を必要とすると思われるものにおいて行なった。
2　この書所収の諸書の性質上、内容の理解に参考となるものが、自然多くなっている。その種類を上げれば、一に、それぞれの著者が賛否いずれであれ、執筆に際して影響を受けた、和漢の主張。この場合は、賛成の方が多い。二に、それぞれの書の出現によって、起った賛否の論。ただしこの場合は、反対論を多くあげることになった。三に、それぞれの著者の思想的根拠または背景。これを各書について、説明すれば、

国歌八論　この書をめぐる、田安宗武・賀茂真淵の意見と、この三人に影響した当時儒学界で存在していた朱子学・古義学・古文辞学の文学観を主にした。在満がそれを難じた堂上派の考えも若干引いてある。後世、この書について本居宣長・大菅中養父などの評も出たが、時代のへだたりから、在満の真意とは、ややずれた見解の下に立つ部分もあると思われるので、評者の歌論を示す資料ではあるけれども、ここでは敢えて多くは採上げなかった。

歌意考　真淵の文学観は生涯少しずつ変化しているので、この書では晩年の考えにしぼって、『にひまなび』『国意考』『書意考』など、ほぼ同じ頃になった書を参考としてかかげた。一方、国学者たる真淵の思想家的文学論であるので、その思想的な立場をうかがった。真淵や、この書の校訂者荒木田久老と違った考えを持った本居宣長の説をも引いてある。

玉の小櫛では、本書中ただ一つの物語論であるので、宣長に色々の面で影響を与えた、契沖・真淵と堀景山の説を引くと共に、本文中で批判された、熊沢蕃山・安藤年山の源氏物語論の一端をかかげた。

歌学提要では、この文章の基礎となった香川景樹の著作・書簡・聞書の類、及び真弓の説の拠り所となったものから重要と思われる個所を適宜抄出して補注㈠(注番号は洋数字)とし、その他の補注を㈡(注番号は和数字)として区別した。補注㈡では、景樹に最も関係深い小沢蘆庵の説を主にし、思想的背景となったと考証されている伊藤仁斎の説を援用した。

徂来先生答問書では、儒者側の思想家的文学観の例として、その思想的根拠を示すと共に、彼の反対をうけた幕初の朱子学派の文学観をも合せかかげた。

詩学逢原では、南海の詩論の形成に影響した、宋末から明の中葉まで、主として説郛所収の詩論書を援引してある。

作詩志彀では、宋末から明の中葉までの擬古の詩風に反対した、明中葉から後の詩人、袁宏道、殊に北山のこの著の一つの基礎になった銭謙益の列朝詩集から多くかかげた。作詩志彀の出現による論争については、補注〔補〕を設けて、通常の補注のあとに一括して掲げた。論争は、かなりに多彩であるが、日本芸林叢書第一巻に所収されているので、表のみで省略したものは、一つには文学論的に見て新しいものが乏しい故でもある。淡窓詩話では、淡窓の人柄であろう、中国の各時代の詩論書を見て、それぞれの影響をうけている。がやはり時代は争われず、清朝の詩論からのものが最も濃厚であるので、それらを引用する結果となった。以上、補注に引く、和漢の論者の主張を、年代順に配列して、本文と合すと、近世日本に存した文学論の主要な発言が、最少限ながら、それも主流に関してのみであるが、見ることが出来るように試みたものである。

六　解　説

簡略を旨としたが、殊に著者の伝は、それぞれ詳伝のそなわるものも多いので、略伝にとどめ、許されたスペースを、作品の方にさしむけることにした。

この書の校注については、各方面の御援助を得た。底本については、天理図書館・宗像神社・祐徳稲荷神社・吉野忠氏・京大図書館・国会図書館・大阪府立図書館、植谷元君など。校正には専ら白石悌三君をわずらわせた。つつしんで御礼を申し上げる。

國歌八論

〔國歌八論〕

歌源論[一]

それ歌[二]はことばを長うして心[三]をやるもの也。然るを、「心[四]におもふ事を見る物きく物につけていひ出せるなり」とのみいひてはいまだ[五]つくさず。古事記[六]・日本紀[七]等に見えたる、伊邪那岐《いざなき》[八]・伊邪那美命《いざなみのみこと》の「あなにやし[九]、えをとこを」、「あなにやし、えをとめを」と唱[一〇]へ給へるは、心におもふ事をいひ出せるなり。されど、是をば「のたまふ」といひて、歌といはざるは、たゞ唱へ給へるのみなればなり。須佐之男命《すさのをのみこと》[一一]の「八雲《やぐも》[一二]たつ、出雲やへがき、つまごみに、やへがきつくる、そのやへがきを」とのたまひしも、同じく心におもふ事をいひ出せるなれど、是をばまさしく歌といへるは、うたひ給へるなればなるべし。又あぢしき高日子根神《たかひこねの》[一三]の妹、高姫《たかひめ》[一四]の命の「あめなるや[一五]、おとたなばたの、うながせる、玉のみすまる、みすまるに、あな玉はや、みたにふたわたらす、あぢしき高ひ

補注。

一◇和歌の起源(おこり)についての考え。↓

二書経の舜典に「詩言レ志、歌永レ言、声依レ永、律和レ声」。三詩経の周南の序に「詩者志之所レ之也」。その疏に「言、作レ詩、所下以舒二心志憤懣一而卒成中于歌詠上、故虞書謂二之詩言一レ志也」。

四古今集、仮名序「やまとうたは、ひとの心をたねとして、よろづのことのはとぞなれりける。世の中にある人、ことわざしげき物なれば、心におもふことを、見るもの、きくものにつけて、いひ出せるなり」。五その説明は不十分である。

六当時は神典と認められた書。和銅四年太安万侶撰録。三巻。以下は上巻にのる。七日本書紀。正史の六国史の第一。養老四年舎人親王等撰。三〇巻。以下のこと巻一にある。八日本(大八洲)創成神話の男女二神。古事記の表記による。九古事記に「先言、阿那邇夜志愛袁登古袁」「言、阿那邇夜志愛袁登売袁」。本当によい男(女)の意。一〇日本書紀「陰神先唱曰(トナヘテノリタマハク)妍哉可愛少男歟(アナニエヤエヲトコヲ)…」。▽賀茂真淵の国歌論臆説「楽記に、一唱三歎とあるは、もはら詠歌のことなり、…日本書紀の撰者は、うたひたまふが如く思ひけん」。一一高天原から出雲国へ下る天照大御神の弟神。古事記の表記による。

一二古事記に「初作須賀宮之時、…爾作御歌。其歌曰、夜久毛多都、伊豆毛夜幣賀岐(下略)」。

一三古事記に「阿遅志貴高日子根神(別所に阿遅鉏…)」とある、大国主命の子。高天原からの矢で死んだ天若日子と見まちがわれた時のこと。

一四古事記「高比売命」。またの名下光(したてる)比売命。一五古事記「阿米那流夜、淤登多那婆多能、宇那賀世流、多麻能美須麻流、美須麻流邇、阿那陀麻波夜、美多邇、布多和多良須、阿治志貴多迦比古泥能迦微曾也」。

これの神ぞや」といへる歌も、高日子根の神の名を[一]、其時ありあふ人にあらはさんとて、歌よみたると見えたり。是もうたはざれば、ありあふ人のきくべき[二]にあらず。されば、うたひたる事しるべし。から國の歌を見るに、また同じく然り。撃壌《げきじやう》[三]の歌は、たしかなる書にも出ざれば[四]、暫《しばらく》措《おい》て論ぜず。尚書《しやうしよ》[五]の益稷《えきしよく》[六]にある、帝舜《ていしゆん》[七]・皐陶《かうたう》[八]の歌ぞ、六經《りくけい》[九]の中にて初めて見えたる歌にして、すなはちうたひ給へるなる事は、益稷の文にて明なり[一〇]。げにうたはざれば心をやるべからず。うたふには、ことばを長うすべし。然れば、わが國もから國も、歌はうたふ物にこそありけれ。うたはんとて作る物なれば、よのつねの詞と全くは同じかるべからず。一句のもじの數も必しも定まるべからざれど[一一]、大むね五言・七言をたゝむこと[一二]、から國の昔の歌の、大むね四字[一三]を以て一句とするに同じく、うたふこゑの長短の調《しらべ》[一四]よからむが爲也。然るに、高ひめの命の歌の末は、六言・九言・十言・四言などの句なれば、句の長短ひとしからずして、「八雲たつ」のうた、及《および》其外の神代にある歌よりもおとりてきこゆ。されば、古事記にも日本紀にも[一五]、是を「ひなぶり」[一六]といへり。又ほゝでみのみこと[一七]に至りて[一八]、豐玉姫[一九]と贈答の歌あり[二〇]。贈答なればうたふにはあらずといはん。されど、此時世の贈答は、後世男女相聞[二一]に歌を書て、相贈る類にはあるべからず。各心をや

一 古事記、この歌の前に「高比売命、思レ顕ニ其御名一、故、歌曰」。
二 底本「べく」。谷本・武本により改。
三 古詩源「(帝王世紀、帝堯之世、天下太和、百姓無事、有八九十老人、撃壌(ツチタレ アウチテ)而歌)日出而作、日入而息、鑿井而飲、耕田而食、帝力於我、何有哉」。
四 正史など。この歌は十八史略にやや違って見えるが、史記にはのせてない。
五 書経。五経の一。
六 書経の虞書の編名。
七 堯と並んで中国古代の聖天子、舜。
八 舜の臣、九官の一人。
九 儒学の尊ぶ中国の古典の六種。易経・書経・詩経・春秋・礼記・楽記(または周礼)。
一〇 その歌の条に「帝庸作歌曰、…皐陶拝手稽首颺言曰、…乃賡載歌曰」など歌の文字を用いてある。→補一。
一一 底本・青本「ど」欠。谷本・武本により補。
一二 重ねる。 一三 詩経所収の詩の体。
一四 底本・青本「調」。谷本「ほと」。武本「程」。
一五 底本・武本「記」。谷本により改。
一六 古事記「此歌者、夷振(ヒナブリ)也」。書紀の一書「此両首歌辞、今号夷曲(ヒナブリ)」。▽荷田春満の日本書紀神代巻劄記に「ヒナブリと云ふは、辺国の歌、田舎の風と云ふこと也」。 一七 書紀に「彦火火出見尊(古事記には「天津日高日子穂穂手見命」)」。天孫瓊瓊杵尊の子。一に山さち彦。
一八 青本「至り」。谷本・武本「至りては」。
一九 海神の女。火火出見尊の妃。 二〇 八尋の鰐鮫となって出産して、身を隠した後の贈答。↓補二。 二一 春満の万葉童蒙抄「あいきゝとよむべし。(中略)恋の部といふ類に同じかるべし。しかれども(中略)兎角互に情をかよはし、心中

らんために歌を作りてうたひ、そのうたふ所を、おもふ人に贈り示すなるべし。うたはずして只贈らんには、常の詞を用ゐて、其いはんとする事をば[二一]盡し、其[二二]いふに及ばぬ詞をば加ふべからず。[二四]「白玉の君が」といひ、[二五]「おきつとり鳧《かも》」とのたまへるをもておもふに、其作る所は、うたはんとて作りたる物に[二六]こそ見ゆれ。是より外、古事記・日本紀等に見えたる歌ども、皆是うたふ所なるべし。其中、あるひは[二七]句の長短ひとしきあり、あるひはひとしからざるあり。ひとしき中にも、[二八]語路《ごろ》のよろしからずして、口にとゞこほるあり、ひとしからざる中にも、[二九]句調のとゝのほりて、口にとゞこほらざるあり。此時世は、[三〇]詞花言葉を翫ぶ時にあらざれば、[三一・三二]よく風情・景色を摸したる歌はなし。若《もし》歌の優劣を論ぜば、長短ひとしくして、[三三]句調とゝのひたるを優とし、長短ひとしからずして、語路とゞこほりたるを劣とすべけれど、[三四]其優劣を論ずる事も見えず。たゞその口に出るにまかせて、うたひたるをつたへたると見えたり。

然るに、[三五]から國は、わが國より[三六]文華の早く開けたる國なれば、[三七]毛詩より以後、漸に詞花言葉を翫び、[三八]李唐にいたりては、最詩文の隆盛の時也。唐の[三九]高祖のはじめは、わが國[四〇]推古の[四一]御宇にあたり、[四二]盛唐は[四三]元明・[四四]元正の比にあたる。其間、我國にて、[四五]大津皇子《みこ》初て詩賦を作り、それより[四六]連綿して作る所、皆唐詩を摸せ

の事をあらはし告る事を、相聞と名付たるものと可見也」。 二一 底本「ば」欠。校合三本により補。 二二 不必要な言葉を加えないはずである。 二三 次の「君」の形容「白玉の」、「かも」の枕詞「おきつとり」の如きをさす。 二四・二五 共に豊玉姫・火火出見尊贈答の歌中の語。補注二参照。 二六 青本「にこそ」。谷本・武本「とこそ」。 二七 各句が七言五言と整っているものと、然らざるもの。 二八 口調が悪く、すらすら読めない。 二九 口調。 三〇 古今集、真名序「但見上古之歌、多存古質之語、未為耳目之翫」。再論に「歌といふ物、中世より詞花言葉を翫ぶひとつの技術になりにたれば、碁をうち、将棋をさす類のなぐさめにのみするなれば」。以下に見えて、古今集以後の風である。この用語は、契沖の勢語臆断・源註拾遺などによるか。↓補三。

三一 底本「く」欠。校合三本により補。 三二 描写叙景の歌なく、専ら抒情詠のみ。 三三 青本、底本に同じ。谷本・武本「う」。 三四 文学性の上下を論ずる。 三五 ここでは中国。 三六 文学の盛んな様。 三七 毛公が伝えた詩の意で、詩経の別名。孔子が編した五経の一。 三八 唐の王朝は李氏なので唐朝をいう。 三九 唐の第一世。名は李淵。 四〇 三十三代推古天皇。高祖の武徳元年(六一八)は推古二十六年にあたる。 四一 御代。 四二 中国の文学史で、唐を初・盛・中・晩の四期にわけたその一。開元天宝年間。↓補四。 四三・四四 四十三代元明・四十四代元正天皇。元正の元年(七一五)は開元三年。 四五 天武天皇第三皇子(六六三—六八六)。二十四歳死を賜う。古今集、真名序「自大津皇子之、初作詩賦、詞人才子、慕風継塵、移彼漢家之字」(持統紀「詩賦之興、自大津始也」による)。 四六 長く続いて。

り。けだし、此比《このころ》我國にて、毛詩のやうやく變じて唐詩となれるを見て、我國のうたも是に准[一]じて、初て詞花言葉を翫び、其詞やうやく華[二]にうつりたるなるべし。いかにとなれば、神[三]武より天[四]智に至るまでは三十九世、既に千三百餘年に及べり。然るに、天智の齊[五]明を哭し給ふ御歌に、「[六]きみが目の、こほしきからに、はててゐて、かくやこひんも、きみが目をほり」とよみたまへるは、その體、神代の歌に異なることなし。その三十九世の間の歌にも、句調とゝのほりて、ほ[七]と〳〵後世の歌に近きものと、語路のよろしからずして、大に後世の歌に異なるものなきにはあらず。是[八]もその作る人の賢[九]愚もあるべく、作る時の緩[一〇]急にもよるべければ、概[一一]していふべからず。古事記・日本紀に載《のせ》たる前後の歌、大むね其質朴なる事同じければ、其體變ぜずといふべし。天智より醍[一二]醐までは二十二世、いまだ三百年に及ばず。然るに漸變じて、古[一三]今集のごとく、文[一四]意兼美なる體となれり。是他なし。たゞうたふ爲にすると、詞花言葉を翫ぶとのたがひあれば也。萬[一五]葉集には、仁[一六]德・雄[一七]略・皇[一八]極・齊明のころの歌も入《いり》たれど、是は四五首の間にして、其外はみな天智より孝[一九]謙までの間の歌なり。故に古事記・日本紀の歌よりは文[二〇]にし而《て》、古今集の歌よりは質なり。その二十巻の中にても、第[二一]一・二巻、第[二二]十九・二十巻とを比挍する時は、風體の漸變ぜるを見つ

一 文学的批評の発生を、中国詩の影響によると見た説。▽宣長評「歌ノ優劣ヲ論ズルコト、コレヨリ以前ヨリヤ、始マリテ、次第ニクハシクナレリ、コレ自然ノ勢也、詩ニナラヘルニアラズ」。二 古今集、仮名序「人の心、花になりにけるより」。三 初代の天皇。四 三十八代天皇。神功皇后を入れて三十九代。皇紀一三二一年が天智白鳳元年。五 天智天皇の前の天皇で、皇極天皇の重祚。天智天皇の生母でもある。

六 斉明紀七年の条「枳瀰我梅能、姑裒之枳舸羅爾、婆底底威底、舸矩野姑悲武謀、枳瀰我梅弘報梨」。

七 底本「ほど」。校合三本により改。殆ど。

八 青本「も」。谷本・武本「は」。

九 古今集、真名序「預宴莚者、献和歌、君臣之情、由斯可見、賢愚之性、於是相分」。

一〇 急に作った場合と、ゆっくり推敲した時。

一一 一概に。

一二 六十(神功皇后と弘文を差引して六十)代天皇。その延喜五(皇紀一五六五)年、古今集勅撰。

一三 最初の勅撰和歌集。二〇巻。紀友則・紀貫之・凡河内躬恒・壬生忠岑の撰進。

一四 ここでは、文は文質の文で、外面的修飾即ち表現、意は内容・思想で、表現内容共に美しく整ったこと。

一五 日本上代の大歌集。二〇巻。

一六 十六(十七)代天皇。一七 二十一(二十二)代天皇。一八 三十五(三十六)代天皇。一代おいて重祚、斉明と称号する。以上は初期万葉の世。ただし歌数は「四五首」よりは多い。

一九 四十六代天皇。万葉集に見える最後の年次は、孝謙の次代淳仁(廃帝)の天平宝字三年。

二〇 修飾的で。二一 万葉集では最も古い歌から飛鳥・藤原時代のものが中心。

べし。

されど、萬葉集を見るに、大伴家持[二三]が比《ころ》も猶歌をばうたひたるとみえて、宴會の序《ついで》[二四]などの中に、自作[二五]の新歌を誦する者と、古歌を誦する者とあり。其誦す[二六]るを聞て記《しる》す者、古歌にや新歌にや詳ならざるをば、古今未詳と記せり。うたふことなくば、古歌を誦する事あるべからず。且諸國の防人《さきもり》[二七]の歌をおびたゞしく載《のせ》たり。今とは時世異なれば、とても詞花言葉を翫ぶのみならば、至りて卑[二八]賤の者の人ゝ、好みよむべきにあらず。けだし今の世の小人《せうにん》[二九]のはやり小歌をうたふ類なるべし。されど家持がころ、歌ごとに必うたふにはあらざる事、萬葉[三〇]を見て知るべし。其うたはざる物は、ひたぶるに詞花言葉を翫ぶなるべければ、巧拙を論ずべし。されど萬葉は聞《きく》[三一]ゝに取のせたる物にて、古今集のごとく歌をえらみたる物とはみえず。わずかに最末に至りて、遠江以下諸國の防人の歌中に、拙劣[三二]の歌をば取のせざるよしみえたり。是らは定めて方言鄙語、都人の耳には通じがたきほどの歌なるべし。しかれども、大伴家持が、林王《はやしのおほきみ》[三三]の宅にて、「白雪の、ふりしく山を、こえゆかん、君をぞともな、いきのをにおもふ」といふ歌を、左大臣[三四]、尾を換《かへ》[三五]て、「いきのをにする」と改んとせる事見えたり。然れば、此ころ既に拙を去て巧に就《つく》ことなきにはあらず。以前に論ずるがごと[三六]

二二 大伴家持の歌日記かと云われるものの一部で最も新しい作を含む。
二三 万葉末期の歌人(七一六―七八五)。その全巻の編集者と見られる。
二四 谷本・武本「席」。青本「序」。機会。折。
二五 万葉集、一八の巻頭「天平二十年春三月廿三日、左大臣橘家之使者造酒司令史田辺福麿饗于守大伴宿禰家持館、爰作新歌并使誦古詠」とある。宴会の歌で、誦・奏の文字を用いたものは多い(四〇六〇・四三〇四など)。
二六 万葉集、一七の歌に「古歌一首(大原高安真人作)年月未審、但随聞時記載茲焉」と題し、古本註に「右一首、伝誦、僧玄勝是也」(三九五二)。古今未詳としたは、巻二〇の四三〇二の歌。↓補五。
二七 上代に諸国の民から採って、辺土を守った兵士。ここの防人歌は、巻二〇にのる九十九首のこと。 二八 防人をさす。 二九 年少者。ここは防人の歌を民謡と解したのである。 三〇 歌人相互の贈答歌や述懐の歌について云うのであろう。
三一 万葉集には「随聞之時記載於玆」(三九一五)などの文字所所にあり、古今集には仮名序に「…歌をなんえらばせ給ひける」とあるによる。
三二 万葉集、二〇の防人歌の所所に見える。↓補六。 三三 三島王の男、後に山辺真人と姓を賜う。万葉集、一九の「廿七日、林王宅餞之但馬案察使橘奈良麿朝臣宴歌三首」の三首目(四二八一)のこと。この訓は、寛永刊本によるもの。
三四 橘諸兄(六八四―七五七)。奈良麿の父。万葉集の一部の編者に擬されてもいる。
三五 最後の句を作りかえて。前の四二八一の歌の左注「左大臣換尾云、伊伎能乎爾須流、然猶喩曰、如前誦之也」「右一首、少納言大伴宿禰家持」。
三六 底本・青本「の」。武本「論するごとく」。谷本「が」により改。

くなれば、古事記・日本紀等の歌は、うたはん料《しろ》[一]のみにして、詞花言葉を翫ぶにあらざれば、其詞の巧拙を論ずべからず。萬葉集の歌はうたふもあり、うたはざるも有り。そのうたはざるは、詞を翫ぶのみなれば、もとより巧拙を論ずべく、うたふ[二]もまた巧拙にかゝはらざるにはあるべからず。

古今集にいたりては、大歌所《おほうたどころ》[三]の歌・東《あづま》[四]うたの類をのぞきて、外はうたふとは見えず。此時にいたりては、詞林[五]既に隆盛[六]の時にいたる。専《もつぱら》巧拙を論じ而《て》、その優[七]なるのみを撰みたること、序文[八]にて明なり。是より後、今の世に至まで同じく、其詞花言葉を翫ぶが故に、あるは風姿[九]の幽艶なる、あるは意味[一〇]の深長なる、あるは景色[一一]のみるがごとき、あるは難き題[一二]を讀得《よみえ》たる、あるは連續の機[一三]巧なるを悦びて、其優劣[一四]を定むるに於ては異なる事なし。されど、古今より後、その時々の風體[一五]いさゝかづゝかはりもてゆき、新古今[一六]の比に至りては、其體華美を極めたり。それより後は又いさゝか質にかへりぬ。衆人の知る所なれば、詳に論ずるに及ばず。

翫[一七]歌論

歌の物たる、六藝《りくげい》[一八]の類にあらざれば、もとより天下の政務に益なく、又日用[一九]

一 ためのもの。材料。二 専ら聴覚的な歌謡、専ら記載的で語を選び、体を整える和歌、聴覚的と記載的を兼ねた宴席などの和歌と三類に分けた論。三 古今集、二〇に所収。八代集抄「大歌所とは大内の内教坊といふ所にあり。(中略)此ところにて舞妓どものうたふべき歌を、大歌所のうたとてあつめらるゝなり。風俗の歌をつかさどるなり」。四 古今集、二〇に所収。東歌のうち「みちのくうた」の八代集抄の注「只くにの歌をあつめたる也」。これも、防人歌と同じく、民謡と見ている。五 ここでは歌壇の意。六 古今集、真名序「遇和歌之中興、以楽吾道之再昌」。七 優美。八 古今集、仮名序に「万葉集にいらぬうた、みづからのをも、たてまつらしめ給ひてなん。それがなかにも、梅をかざすよりはじめて、時鳥をきゝ、紅葉をおり、雪を見るにいたるまで、又つるかめにつけて君をおもひ、(中略)くさぐさの歌をなん、えらばせ給ひける」による。九 姿や調べ即ち格調のすぐれたこと。幽艶は趣の深く美しいこと。渓雲問答にも使用。一〇 漢詩の立意深遠にあたり、抒情叙意の内容のあること。一一 叙景の真を得ること。一二「物名」などのこなしにくい歌題を巧みに読むこと。一三 縁語懸詞などの修辞に巧みなこと。荷田春満の万葉問答に「歌はつゞけがらにて歌になると歌にならざるとあり」。一四 文学的批評の態度は、古今集以後一貫している。一五 スタイル。詠風。一六 後鳥羽上皇の命による第八番目の勅撰和歌集。二〇巻。元久二年、藤原雅経・同定家・同家隆等の撰者より献上。後に切継があった。余情妖艶の歌風。一七 ◇創作の立場から、和歌の意義を論じて、翫び物と見る論。→補注。一八 周礼の地官「以郷三物、教万民、(中略)三日常行にも助くる所なし。古今の序に、「天地《あめつち》[二〇]を動かし、鬼神《おにがみ》を感ぜしむる」といへるは、妄[二一]談を信ぜるなるべし。勇士の心を慰むる事、いさゝか有べけれど、いかでか樂[二二]に及ぶべき。男女の中を和ぐるはさる事なれど、却て淫[二三]奔の媒となるべからん。されば、歌は貴ぶべき物にあらず。唯其風姿幽艶にして、意味深長に、連續機巧にして、風景みるがごとくなる歌を見ては、我も及[二四]ばん事を欲し、一首も心[二五]にかなふばかりよみ出ぬれば、樂しからざるにあらず。たとへば、畫者のゐ[二六]がき得たる、奕[二七]者の碁に勝たる心におなじ。

されど、學者の歌を嗜むは心[二八]なきにあらず。いかにとなれば、日本はわが萬世父母の國なれども、文華の遲く開けたる故に、文字も西[二九]土の文字を用ゐ、禮儀・法令・服[三〇]章・器財等にいたるまで、悉異[三一]朝に本づかざるはなし。唯歌のみわが國自然の音を用ゐて、い[三二]さゝかも漢語をまじへず。冠[三三]辭、或は心[三四]を轉じて言を續くる句などに至りては、西土の言語の及ばざる所あり。其わが國の純粹なるを悅ぶのみなり。

然るを、中古以後の官[三五]家の人は、天下の政務の武家[三六]に移りて、わが間暇なるまゝに、ひたすらに歌のみを好みて、終に「わ[三七]がしきしまの道」と稱す。是歌の本[三八]來を知らざるのみならず、道[三九]といふ事をも知らざるからの妄言、論破する

六芸、礼・楽・射・御・書・数」。再論には六経をさす六芸と混じた趣も見える。一九 底本「日用の常用」。校合三本により改。日常生活。この論伊藤仁斎の影響との説がある。↓補七。二〇 古今集、仮名序「ちからをもいれずして、あめつちをうごかし、めに見えぬをにがみをも、あはれとおもはせ、おとこをんなの中をもやはらげ、たけきものゝふの心をもなぐさむるは歌也」。二一 古今集、真名序のよった詩経の大序「動天地、感鬼神、莫近於詩、先王以是経夫婦、成孝敬、厚人倫、美教化、移風俗、故詩有六義焉」をさす。これを妄と評したは仁斎説によるとの説がある。↓補八。二二 再論「聖人の礼楽を重んずるは、礼を以て節し、楽を以て和す。音楽ほど人心を和するものはなし」。二三 春満の伊勢物語童子問に「中古以来の歌学者とては、源氏物語伊勢物語を基本のものにおもへることになりて、実に歌の道婬風の媒とするにいたれり」。↓補九。二四 上手に詠みたいと望み。二五 一首でも満足な作を得れば。二六 上手に画が出来上った。二七 字彙「奕…囲棋也」。二八 若干わけがある。二九 唐土。中国。三〇 天子以下官職にある人の服の模様。三一 中国の王朝。日本の法制に影響ある唐朝などをさす。三二 底本「いさゝも」。谷本「いさゝか」。他二本により補。三三 枕詞。春満の用語。三四 懸詞を用いた句。再論に「歌にある冠辞、いひかけなど、詩にはこれに比するもの見えざれば」。三五 堂上公卿。三六 源頼朝が鎌倉に幕府を開いて以来のことをさす。三七 和歌道。早く千載集、序にも見えるが、ここは二条家宗匠藤原為明が、後醍醐帝北条家討伐劃策の始め、六波羅にとらえられて、「思ひきや我が敷島の道ならでうき世の事を問はるべしとは」と詠んだこと(太平

にたらず。

擇[一]詞論

右にいへるがごとく、[二]歌はわが國の純粋なりとて是を嗜まば、時世おしうつりて、其[三]風體は[四]大に變じたりとも、世人には拘らずして、猶上古の詞を用ゐて歌よみなばいかに。さらば[五]古語も永く傳はりて廢絶すべからずといはん。是誠に一理あり。されど歌の本來はうたふ物なり。昔は大人もうたふて心をやりぬべし。今の世にあたりては、小人ならではみづからこゝろを發して樂むべからず。たとひ聲を發したりとも、今、[六]雅樂淫聲の耳を悅《よろこば》しむる物おほきが中に、[七]みづから作りたることばなればとて、いかなるふしをつけてうたひてか、心をやるばかり樂しかるべき。なれば、暫《しばらく》歌の本來をすてゝ、[八]世と同じく詞花言葉を翫ぶにはしかず。詞花言葉を翫ぶとなれば、一首の風姿、句〻の連續をえらまずばあらず。然るに、古言はたゞに質朴なれば、其中に[九]迂遠なる詞・[一〇]急迫なる詞・[一一]細砕なることばありて、[一二]こと〲に用ゆれば幽艶ならず。

故に、天智・持統の比より以後、やうやくに其詞を轉じて、雅にうつれり。たとへば萬葉集第一にある、[一三]中皇命《なかつすめらみこと》の歌に、[一四]「玉きはる、内の大野《おほの》に、馬なめ

記、(二)をさす。 三八 おこり。次の択詞論に「歌の本来はうたふ物なり。昔は大人もうたふて、心をやりぬべし」。 三九 試みに伊藤仁斎によれば、「道也者不可須臾離也」「道者人倫日用当行之路」(語孟字義、上)であって、翫び物の和歌は道に入らないことになる。

一 ◇詠歌には、幽艶な言葉をえらべとの論。→補注。
二 翫歌論の、学者の歌をたしなめる条に述べてある。 三 歌源論に述べてある。
四 底本「大に」欠。校合三本により補。
五 この書著述以前に、田安宗武が、かかる説を在満に述べていたことに対する答であろう。宗武の国家八論余言に「古き歌のさまにて、ひとの国の古の風を学びたらんには、実に人のたすけともなりぬべきわざなりかし」。
六 雅びな音楽(雅楽など)と下品で淫情をさそう音楽(三味線音楽など)。
七 在満はうたう和歌の詞と音を別に考える立場をとる。再論「専に楽と称するは八音にして…其歌も音を取りて詞をばとらず」。 八 当世。
九 現在の歌にとっては適切でないことば。
一〇 語調のさし迫って、のびやかでないことば。
一一 こまかく切れて、調べのなめらかでなくわずらわしいことば。
一二 谷本・武本「こと〲くに」。青本、底本に同じ。
一三 舒明天皇の皇女で、孝徳天皇の皇后。間人皇后と云う(一説に、斉明天皇とも。荷田春満の僻案抄には未詳)。
一四 「天皇遊猟内野之時、中皇命、使間人《はしひと》連老献歌」の反歌(四)。寛永刊本の訓による。
一五 和歌漢詩とも、景よりも情を重んずるはこ

て、朝ふますらん、其草ふけ野《(の)》」といへる歌、もとより情[一五]のふかき歌にあらず。且その詞もいまだ艶ならず。「玉きはる、内の大野に」といふまでは、きらふべき詞にあらねば、今も猶よみいでつべし。されど此歌第四句・五句に至りては、いと急迫なるを、上に無益の冠辭[一六]をまで用ゐて、いとながくよみ出たるは、他なし、古人句作の拙き也。「馬なめて」といふ詞も、後には「駒[一七]なめて」と轉ず。同じ事なれど、「馬[一八]」は平聲なれば、「なめて」のことばに續くれば碎けてきこゆ。「駒[一九]」は上聲なれば續きて聞ゆ。轉じたる所以なり。「朝ふますらん」の詞、急迫にし而《(て)》碎けたり。是「朝」といふ下に、てにをは[二〇]の詞なければなり。「その草ふけ野」も[二一]急迫なり。是無益の「其」のことばを加へて、句のおはりにてにをはの詞なければ也。況《(いはんや)》、落句[二二]に如此の句を置ては、その風姿幽ならず。又同巻にある額田王《(ぬかだのおほきみ)》[二三]の歌に、「秋[二四]の野の、みくさかりふき、やどれりし、うぢのみやこの、かりいほしぞおもふ」といふ歌も、もとより餘情ある歌にあらず。且其詞もいまだ艶ならず。是も「秋の野の、みくさかりふき」といふまでは、きらふべき詞にあらねば、今も猶よみ出つべし。「宿れりし」の詞迂遠なり。後ならば「やど[二五]りつる」といふべし。義は同じけれども、「やどれりし」といひては聞よからず。「かりいほしぞおもふ」の詞、七言[二六]の所に九言を用ゐては、長きに過て甚迂遠

の頃までの大勢であった。

一六 初句の「玉きはる」をさす。

一七 土岐善麿いう「馬なめての句が万葉集には、この他に十三首あり、古今集に至ると、駒なめていざみにゆかむふるさとは雪とのみこそ花はちるらめ、の一首があり、千載以後の勅撰集に六首を算へる、即ち古今集以後馬なめてがすべて駒なめて(或は駒なべて)に転じたことを指摘したものであらう」(田安宗武)と。

一八 類聚名義抄に馬の訓「ウマ」と平声の記号がある。 一九 類聚名義抄に駒の訓「コマ」と上声の記号がある(以上二項は吉川進君示教)。

二〇 助詞・助動詞。 二一 青本、底本に同じ。谷本・武本「の詞も」。 二二 最後の句。

二三 鏡王の女。天武・天智二帝の寵あった万葉女流歌人。 二四「額田王歌、未詳」(七)とする歌の寛永刊本による訓。

二五 ▽国歌八論余言に「後の世は次第にことば鄙しくなりぬかし。さる世にて見ればこそ、やどりつるを優りぬる様に覚ゆれど、いかにぞや、やどれりしのごと優にやは聞ゆべき」。賀茂真淵の国歌論臆説「やどりつるといはんは、いと薄く、やどれりしとあるは、厚くこそはべれ」。

二六 ▽二条家流の書、和歌玉柏に「近来風体に三十一字よりあますことは、秀逸の事は子細なし、さなくては無用の事なりとあり。げにも三十一字にあます事作例多しといへ共、殊更よしなき歌にあますべからず。程拍子といふもこれなり」。国家八論余言に「いかさまにも口たまりなく聞えさへよければ、…七文字の処を八文字にもよみ、九文字にもよむべし。これいかであしからんや、…古点の如く、かりいほしぞおもふといひてこそ緩やかによく聞ゆれ」。宣長評「字アマリノ格ヲシラヌ論ナリ」。

なり。但、此所若《もしく》は「[一]かりほしぞおもふ」とよむ心か、「かりいほしおもふ」とよむ心か、いまだしるべからず。いづれにてもまた迂遠なる詞なり。

今此二首の歌を、其迂遠・急迫・細砕なる詞を去ていはば、「[二]草ふかき、うちの大野に、駒なめて、朝露ながら、ふみやわくらむ」「[三]秋の野の、千草かりふき、やどりつる、宇治の都は、わすれやはする」などといふべし。かゝればおのづから中古以後の風體となる。然らざれば、幽艶なることなきが故に、詞花言葉を翫ぶとならば、[四]上世質朴のことばをさらずばあるべからず。

[五]避詞論

右にいへるが[六]ごとく、風姿を幽艶にせんとては、質朴の詞をさらずばあらず。質朴の詞には、迂遠・急迫・細砕なる詞あれば也。若《もし》迂遠・急迫・細砕なる詞にあらずば、上世の詞といふとも本より用ゆべし。彼《かの》[七]古今集以後猶用ゐたる詞にても、聞にくき詞は猶去べし。たとへば「[八]べら也」「[九]しかはあれど」の類也。

凡歌の物たる、詞花言葉のみにし而《て》、[一〇]必用の物にあらざれば、法令・制度の[一一]かゝる物ならず。歌はかくのごとくよむべし。かくのごとくはよむべからず。かくのごとくのことばは用ゆべし。かくのごとくの詞は用ゆべからず、などと

一 この句、原文「借五百磯所念」。▽国歌論臆説に「古くは、かりほとよみたるなるべし、…五百とあるも、ほとのみも読むべく、かつ、かりのりにいの音こもれば、上略して、ほと読む類ひもまた多し、…所念と書きしをば、おもほゆと読むべきなり」。

二 ▽宣長評「下句コトニ卑俗ナリ、次ノ歌カリフキト云ヒテイホトモ何トモナクテハイカゞ」。

三 ▽宣長評「ヤハスルノ詞モ穏当ナラズ」。

四 二条家風の云う所に同じである。詠歌大本秘訣に「古語のこと勿論好まぬこと也」。和歌玉柏に「四条局読方にも、万葉三代集などにふるき人々よみたればとて、むかしのことの葉どもを、口なれぬ歌どもに、このみよむこともあるべからずとぞうけ玉はりし、…時うつりへだゝりぬれば、人のこと葉もかはるものなれば、耳遠く成たらんことは、人丸・赤人・みつね・つらゆきよみたりとも、このみよむまじきやう承りしとあり」。

五 ◇幽艶の風姿をそこなう言葉をさける外は、如何に詠みてもよいと論じて、制の詞に及ぶ論。↓補注。

六 底本「が」欠。校合三本により補。

七 青本、底本に同じ。谷本・武本「又」。

八 古今集、四に「秋の夜の月のひかりしあかければくらぶのやまもこえぬべらなり」など。詠歌大本秘訣の「右古今集の詞なれども、先達きらはれし也」の中にある。

九 古今集、一に「としふればよはひはおひぬしかはあれど花をし見れば物おもひもなし」。

一〇 必ず実際に用のあるもの。

一一 関係する。

いふ法制はなし。然れば、何《いか》やうの詞を用ゐて、何《いか》やうによみたればとて、誰かはとがむべき。されど、詞花言葉を翫ぶからは、[一二]幽艶にせんとて、詞にも取捨する所あるは、各よむ人の心によるべき也。但その取捨する所を、初學の人己が心に任する時は、若くは當《あたら》[一三]ざらんの恐ある故に、先人に從ひ先學に就《つき》て、是をたゞし是を問《とふ》のみ。必しも先人の取捨せるにいさゝかもたがはず、後人も取捨すべしといふにはあらず。又迂遠・急迫・細碎なる詞にはあらざれども、今の世に至りては、避《さけ》て然るべき詞あり。

たとへば、五文字に「八雲たつ」と用ゆるは、「出雲」といふ冠辭にして、幽艶なる詞也。されど、是はすさのをの命の「いづもやへ垣」[一四]の歌、あまねく人[一五]口にありて、況《いはんや》神詠とて仰ぐ歌の初五文字なれば、是を避て、初[一六]五文字に用ゐざること、實に敬神の義にかなふべければ、此類は避て可也。中の五文字に用ゐんは、もとより憚るべからず。歌のさま相似ざればなり。然るに、此「八雲たつ」の初五文字を避るにならひて、「袖ひぢて」[一七]といふ初五文字をも避べしなどいふ説[一八]出來れり。彼貫之が「袖ひぢて、むすびし水の」といへる歌、いかばかり敬すべき歌にや。かゝる説を設くるなど[一九]、すなはち上にいへる取捨のあたらざる也。從べからず。

一二「は」、校合三本になし。

一三 至当でなくなる。

一四 前出(四七頁)。

一五 人のよく知る所であって。

一六 詠歌大本秘訣「用捨之詞 ほの〴〵と、桜ちる、名歌の五文字なれば恐れあり、亦、我恋は、いかにせん、中〱になどは、未練の人をかしよまむに、末かけあはず。いひおほせがたき初句なれば、一向よむまじきよし、先達仰られき」の説を、神詠に利用した説である。

一七 古今集、一に「紀貫之、袖ひぢてむすびし水の氷れるを春たつけふのかぜやとくらん」。

一八 近代秀歌に「年のうちに春はきにけり、袖ひぢてむすびし水、月やあらぬ春やむかし、桜ちる木のした風などよむべからずとぞ教へ侍りし」。

一九 底本・青本「る」なし。谷本・武本により補。

又世俗[一]の歌學者流に制[二]の詞といひて、たとへば、[三]「霞かねたる」[四]「うつるもくもる」などいふことば、數十句[五]あり。これを制のことばと名づけたるは、誰名[六]づけ初《そめ》たるにやしらず。又是〳〵は制の詞、是[七]より外にはなしと限を立《たて》たるも、いと心得がたし。彼「かすみかねたる」「うつるもくもる」などの詞は、其世の時華《はやり》[八]にて、多くは第四句[九]に力をいれ、一句の樞要[一〇]とせる新句也。されば、今もまた此句を用ゐては、初てよみ出《いで》たる人の勞を盗むに似たり。依て是を避《さけ》て用《もちゐ》ざるは、實に廉[一一]也とやいはん。此類は避て可也。但制の詞といへる數十句の中にも、[一二]「雨の夕ぐれ」[一三]「雪の夕ぐれ」などいふ詞は、一首の樞要とせる新句にあらざれば、いまだ是を避《さく》べき義をしらず。又其數十句の中にはいらずとも、[一四]感慨ある歌の一句を以て髓腦[一五]とせる新句は、同じく是を避べし。たとへば、近世にても、逍遙院[一六]の[一七]「嵐を染て」といへる句など是也。是等の取捨[一八]皆後人の心にあるべし。

正過論[一九]

右にいへるがごとく[二〇]、當時歌をよまんに用ゆる所の詞は、必いつの世の詞を用ゆべしといふことなし。上世よりの詞にても、中古よりの詞にても、たゞ迂

一 堂上派系の歌学を説く人をさす。 二 詠歌大本秘訣に「詠歌大概曰、近代之人、所詠出之心詞、雖一句、謹而可除棄之、是を破時は、則偸盗戒を破也、二条家の読方に、是を犯を第一の誡とせり、いはゞ有為の財宝を盗みとるは、化用の外物也、無為の和歌を盗むは実体の心宝也、恐れても恐るべきこと成べし、一句といふは、たとへば、花の露そふ、うつるもくもる、嵐ぞかすむ、此類也、是制の詞とも、主ある詞ともいへり、ぬしある詞をとるは則盗と也」。 三 新勅撰集、一に「正三位(藤原)家隆、けふみれば雲も桜もうづもれて霞かねたるみよし野の山」。 四 新古今集、一に「源具親、なにはがたかすまぬ波も霞みけりうつるもくもるおぼろ月夜に」。 五 詠歌大本秘訣には、制之詞、准ずる詞として四十四句、和歌玉柏は四十三句をあげ、共に外にも数多あると注する。 六 この傾向は詠歌大概・八雲御抄に見え、詠歌一体に「か様の詞はぬし〳〵ある事」として、四十九句を上げた頃から始まる(佐佐木信綱著、日本歌学史等)。 七 制の詞を上げる諸本は、これを限ってない。詠歌大本秘訣は、准ずべきを更に多く上げて、「師云、主有詞は、古歌にのみありし、新歌にはなき物のやうに、覚え侍らばあやまち有べし、新歌にも准ずべき程の詞、出来まじき物にあらず」。 八 書言字考「時花(ハヤル)、俗字」。 九 玉柏の四十三句中三十六が、第四句である。→補一〇。 一〇 かなめ。 一一 きよい。慾少い。 一二 新古今集、三「摂政太政大臣(藤原良経)、打しめりあやめぞかほる郭公なくやさつきの雨の夕ぐれ」による制の詞。 一三 新古今集、六「藤原定家朝臣、こまとめて袖うちはらふかげもなしさののわたりの雪のゆふぐれ」による制の詞。 一四 感慨のこもった。 一五 心髄。極所。 一六 三条

遠・急迫・細砕なる詞は除て、その外を用ゆべし。其漢語[二一]・俗語はもとより用ゆべからず。かくのごとくにては、歌をよむ事やすきがごとくなれども、猶やすからず。いかにとなれば、頗ル會通[二二]せる人のよみ出せるにあらざるは、一首の内に、全く過失をまぬがるゝ事すくなし。其過失をたゞすには、誰[二三]を祖とし誰を宗とするといふには及ず。たゞ當然[二四]の理を責《せめ》て可也。

その當然の理を責るとは、たとへば、今世、兒女子[二五]の百人一首[二六]とてもてあそぶ、嵯峨中院[二七]の障子の歌の中にていはんに、「秋[二八]の田の、かりほの庵の、苫をあらみ、わが衣手は、露にぬれつゝ」といふ歌、後撰集[二九]の撰者等、いかなる浮説[三〇]を傳へたるにや、天智天皇[三一]の歌とて集にいれたり。此歌、天智天皇[三二]の比の風體ならめやは。その義は論ずるに及ばず。第二句に「かりほのいほ」といへる詞、いかなる事にや。一説[三三]には、「かりほ」は苅穂なりといへど、廬を作るに、穂をかりて作るといふことあるべからず。又一説[三四]に、「かりほ」は假廬也、假廬の廬と詞を重ねたるなりといへり。苅穂といはんよりはまさりぬべし。されど、古よりかくのごときのかさねことば[三五]やはあるべき。重ねことばといふは、たとへば、「秋田[三六]かりかりほを作り」などとかさね、「志賀[三七]のからさきさきくあれど」などと重ぬ。是上の「かり」は苅の義にして、下の「かり」は假の義、或は上

西実隆(一四五五—一五三七)。内大臣。和歌・連歌に達し、古典に通じた。家集は再昌草。一七 底本・青本「山風」。これで「あらし」とも読めるが、谷本・武本により改。実隆の和歌に相当するもの未見。「けふふるも時雨にはあらしいつそめて紅葉をはしの天の川なみ」(三玉集)の誤りか。一八 制の詞として、避けるか避けないかは。一九 ◇過失を正すに、先人を範とせず、当然の理によるべしとの論。→補注。二〇 底本「が」欠。校合三本により補。二一 和歌は日本の雅語によるとは、この頃までの一般的考えであった。二二 十分に理解すること。よく通じること。二三 漢詩では、杜甫とか蘇軾にならうなど云うが、和歌では少い。ここは専ら藤原定家を祖とすると云う二条家流をさしたのである。二四 ここは筋の通った理論などの意で用いた。→補一一。二五 女と子供。二六 早くから歌がるたとして玩ばれたので云う。二七 京都嵯峨の中院の地にあった山荘(定家の子為家の妻の父宇都宮弥三郎頼綱のもの)の障子の色紙形に定家が書いた歌。百人一首がこれに起るとは安藤為章著、年山紀聞以来の説。→補一二。二八 百人一首第一の歌。二九 第二番目の勅撰和歌集。村上天皇の天暦五年、梨壺五人(清原元輔・紀時文・大中臣能宣・源順・坂上望城)の奉勅撰。三〇 根拠のない説。三一 後撰集、六に「題しらず、天智天皇御製」。三二 天智御製前出(五〇頁)。比較すべしの意。三三・三四 細川幽斎の百人一首抄に「かりほの庵とは、一説は刈穂の庵、一説は仮庵のいほなり、刈穂の時もかりをとよむべしとぞ、但猶かり庵のいほよろしかるべきにや、例の重詞也」。三五 詠歌一体に「かさね詞の事」あり。以下在満の説明の如くである。▽賀茂真淵のうひまなびに「古歌のか

の「さき」は崎の字にして、下の「さき」は幸の義なり。かくのごとくにこそ重ねぬれ。上の「かりほ」も假廬にて、下の「いほ」も廬の字ならば、上下ともに同義也。同義にて詞を重ねたる例なし。此句用ゆべからず。又第五句に、「露にぬれつゝ[一]」といへる「つゝ」の詞、いかなる心にや。古くより「つゝ」といへるは、乍《(ながら)》の字にあたる。「ぬれつゝ」といへば、「ぬれながら」といふことばになる也。此歌「ぬれながら」として、上へ[二]かへりては[三]聞えず。且[四]留まる詞なし。又「つゝ」といふに、[五]ひためての心なるもあり。此歌ひためて袖のぬるゝと見ても[六]かなはず。いづれにも此「つゝ」のてにをは違へり。

又「春過て、夏來にけらし、白妙の、衣ほすてふ、天のかぐ山」といふ歌、[七]新古今の撰者等、萬葉をよみたがへたることか、又は此時世の風にて、[八]古歌を直して集にいれたるか、[九]第二句・第四句、萬葉とは同じからず。その萬葉とたがひたる第四句の、「衣ほすてふ」といふ詞心得がたし。[一〇]「てふ」は「といふ」といふ義也。「といふ」のことばを約すれば「ちふ」の詞なり。故に萬葉集には「ちふ」といへる詞多し。皆「といふ」といふ詞也。是を古今以後[一一]には[一二]「てふ」と記せり。けだし「ちふ」のことば聞よからざれば、同音なる故、「てふ」と轉じたるか。其古今集以下に見えたる「てふ」の詞、皆「といふ」の義にてよく

さね言に体用あり、意異にて言同じき有、設けて畳ねたるあり、(中略)然るに今かりほの庵とあるは、徒に言のかさなれるものぞ」。↓補一三。三六 万葉集、一〇に「秋田苅、借廬乎作、わがをれば、衣手寒く、露ぞ置きにける」(二一七四)。三七 万葉集、一に「ささなみの、思賀之辛崎、雖幸有、大宮人の、船まちかねつ」(三〇)。

一 万葉集に「恋乍不有者」(八六)などの例がある。「つつ」の秘事の一にも「ながらつつ」がある。二「つつ」の秘事の一に「かへるつつ」があって、下の句に来たものは、副詞句をなして上にかえし解するをさす。三 意味が通らない。四 体言止となる体言も、活用語の終止形もない。五 ひたすらにするの意であろう。「つつ」の秘事の一にも「絶ゆることなきつつ」または「程をふるつつ」があって、これに相当する。六 相当しない。七 新古今集、三に「題しらず、持統天皇」として所収。万葉集、一に「春過而、夏来良之、白妙能、衣乾有、天之香来山」(二八)。八 底本「て」欠。校合三本により補。↓補一四。九 万葉集は「夏来にけらし」「衣さらせり」(寛永刊本の訓)。荷田春満の訓に「なつきたるらし」「ころもほしたる」(僻案抄)。一〇 賀茂真淵のうひまなびも「弖布は、云々登以布といへる言にて、…万葉に此言を知布といへり(登以の約知なれば也)、又登布とも有(登以布の略也)、その知布を弘仁以後には二廻通はして弖布といへり(此言既寛仁・長保などのころには誤りたることとあり)」。一一 底本「に」欠。校合三本により補。一二 古今集、一「うぐひすのかさにぬふてふ梅の花(下略)」など。一三 意味がわからない。

かなへり。此「春過《すぎ》て」の歌、「衣ほすといふ」と見ては義聞えず[13]。是は新古今の撰者[14]の、「てふ」といふ詞を解せざるが故の誤りと見えたり。さればこそ家[15]隆卿なども、「月[16]にほすてふ、初鴈の聲」といふ歌などをよまれたり。今、二條[17]家の傳とて、「てふ」は無心[18]のそへ詞なりといふ説あり。新古今の撰者等よりして、さ心得たるなるべし。いづれにても、此所に「てふ」の詞を用ゆるは過失也。

かくのごとくに論ずるを、當然の理を以て責るとす。たとひ人丸[19]・赤人口をそろへて褒稱[20]し、友則[21]・貫之手[22]を拍《うち》て稱嘆するとも、當然の理の責[23]むべきあらばゆるすべからず。又、人まろ・赤人頤[24]を解《とき》て嘲哢[25]し、友則・貫之頭[26]を掉《ふり》て誹[27]謗するとも、當然の理の責むべきなくばゆるすべし。歌の精粗[28]を論ずるに、當然の理より急[29]なるはなし。

官[30]家論

然るに、今の官[31]家の人は當然の理を論ぜずして、妄《みだ》りに歌の緩急[32]のみを論じ、ひたすらに緩ならん事を欲す。それ緩なるは大むね弱[33]し。強きは大むね急[34]なり。強[35]くして緩なるを最とす。されど、さはよみ出《いで》がたきならば、強[36]くして急なら

一四 源通具・藤原有家・同定家・同家隆・同雅経・寂蓮(中途で没)の六人。
一五 新古今集撰者の一人(一一五八—一二三七)。定家と並び称される歌人。家集に壬二集。
一六 未詳。壬二集、下に「角田川忘れもすべき久方の月に有てふ鳥の音もうし」。
一七 百人一首講述抄の頭書に「衣ほすてふ、秘説ノ時は、すてのてふ、古事の時は、衣ほすといふの心也」。この「すてのてふ」に相当する。
一八 「無心所着」などの「無心」で、意味のない意。
一九 万葉集を代表する二歌人。
二〇 ほめたたえる。 二一 古今集を代表する二歌人。 二二 俗に、様様の感情の高じた時に「横手を打つ」の語があるが、それと同意に用いた。
二三 吟味し批難すべき点。
二四 俗に大笑いするを「あごをはずす」の語があるが、それと同意に用いた。
二五 あざわらう。 二六 承知しないさま。
二七 ののしる。 二八 上手下手。 二九 急務。
三〇 ◇堂上歌壇とその作風の論。→補注。
三一 ここでは堂上公卿。
三二 宣長評に「此論ニ緩ト云ヘルハ平易ナルヲ云ト見ユ」。意平明で、調子のすなおなものを緩、その反対を急とする如くである。→補一五。
三三 調子が弱い。
三四 急迫。調子がせまって艶でない。
三五 烏丸資慶の言に「姿詞優美に尤正しく直成を大事ニ仕事ニ候へ共」(雲上歌訓)。
三六 詞林拾葉「たとひ一首二首おもしろくたくみなる歌よみいづるとも、畢竟修行のためによろしからず。いかにも時節次第々々とよみ、心をゆる〳〵と持ち無味によむべし、至極妙所にいたれば、又無味の味にかへるなり」(武者小路実陰)。

んよりは、むしろ弱くして緩なれとはいふべし。ひたすらに緩なれとは、たが[一]いひ初めたるにや。今の官家の人を見るに、たま〳〵二三輩は、一首力ありて過失なき歌をよむ人あり。其餘の數十輩は、すなはち妄に緩を事とするの徒にして、そのよめる所を見るに、風情淡薄、力なき事柳條[二]のごとし。かゝる歌をよみて何の樂しき所ぞ。予固[三]陋なりといへども、しか如きの歌をば、執[四]筆の下によみ出して、す[五]なはち數百首に滿しむべし。然るに、彼妄に緩を事とするの徒、たま〳〵力ある歌を見ては、すなはちいはく、「是地[六]下風也。歌にあらず」、「これ誹[七]諧也。歌にあらず」と。その是をきく人も、わが歌の却《かへり》てかれより長[八]ぜるをばしらで、只おもへらく、「歌の事に渉[九]《わた》りては、堂上の人に企《くはだ》て及ぶべからず」と、更に是を疑[一〇]議する事なし。歌とのみ見ゆる物を歌にあらずといはんならば、何ぞ其歌にあらざるといふ、當然の理を以て是を責ざる。かゝる論辯には及ばずして、妄に堂[一一]上といふ目《モク》[一二]を以て地下に誇る事、大むね今の官家の人の風也。

それ堂[一三]上と地[一四]下とは、其もと職掌に依てわかるゝ所なり。中古以前、百[一五]官其[一六]實ある時世には、其職、殿[一七]上に侍[一八]すべき侍從[一九]・内[二〇]記の類は、高官にあらずといへども、必殿上に昇り、其職、諸[二一]司に上《かみ》すべき式[二二]部以下の七省卿のごときは、

一 幽斎聞書全集にも「頓阿云、あたらしき心をやすらかに、こと〴〵しくなくてうつくしくつゞくべし。たゞ〳〵しくはねたる歌をば、不甘心と云々」と賛成し、頓阿から幽斎まで殆どこの風を追ったのである。 二 柳の枝。弱い調子の形容。 三 識見の狭くふるいこと。 四 筆をとるやいなや。 五 即座に。 六 中世の古今伝授をうけた公卿以外の人の系統に、その源流があるが、主に近世に入って、同じ二条家の分れながら、地下の人を宗匠、また武家・町家の人々を連衆とした歌壇の総称を地下派という。幽斎門の貞徳・長嘯子や一華堂の流系がある。堂上派と違った自由さ・新しさが自然とあって、そこを地下風と難じたのである。→補一六。 七 誹諧的詠風。→補一七。 八 谷本「長ぜる事をば」。 九 関しては。 一〇 ここは、疑問を持ち議論する意で用いた。 一一 中世で古今伝授をうけた三条西家などに源流があるが、主に近世に入って公卿を宗匠とした歌壇の総称。古今伝授を幽斎からうけた皇室を初め、中院・烏丸・三条西・武者小路・清水谷など諸家があった。 一二 谷本・青本は振仮名は平仮名、武本は片仮名。名目。 一三 もとの意味で、昇殿を許された官人。殿上人。 一四 昇殿を許されない官人。 一五 朝廷の諸官。伊藤東涯に国朝百官志の著がある。 一六 実際に活動していた時。近世では名目だけの官が多かった。 一七 内裏の天皇日常の御座所清涼殿の殿上の間。 一八 天皇の側にはべる。 一九 中務省の官人。「掌常侍規諫拾遺補闕」(大宝令)を職掌とする。従五位下相当官。 二〇 中務省の官人。詔勅・宣命を草し、位記を記し、禁中の記事を掌る。大内記で正六位上、小内官で正七位下相当。 二一 諸役所。諸官職。 二二 式部・治部・民部・兵部・刑部・大蔵・宮内の七省、中務を合

高官といへども、故ありて[二三]ゆるされざれば、殿上に昇らず。昇るもの必《かならず》貴きにあらず、昇《のぼら》ざる者必賤きにあらず、たとへば、當時武家の[二四]奥向の諸役人と、[二五]表向の諸役人との差別の如きのみ。故に[二六]粟田大臣在衡《ありひら》公は、前後六度昇殿をゆるさる。其中、[二七]中納言の時ゆるされたる事と、[二八]源重光卿の[二九]參議の時ゆるされたる事は、常に人の翫ぶ[三〇]禁祕抄などにも見えたり。然るを、末の世に至りて、昇殿せる人の子は必進《すすみ》て昇殿して、是を[三一]堂上の家とし、昇殿せざる人の子はいつまでも昇殿せずして、是を地下の家とす。其堂上の地下を見ること、良民の賤民を見るよりも甚しく、堂上の子はいまだ無位無官の時より、[三二]地下の三位以上をも、わが家臣の一列におもひ、地下とさへいへば、人間にもあらぬごとく[三三]直下に見下す事、そもいつの代の[三四]格《きやく》にあるにや。

剰《あまつさへ》、歌の本來をしらざるゆゑに、歌は堂上のよむ物にして、地下の知るべからざる事と稱す。たとひ堂上・地下といふ差別、往古よりある事にもせよ、歌において祖とし宗とし仰ぐ所の人まろ・あか人をば、いかばかりの人とやはおもへる。[三五]人麻呂は、萬葉集を考ふるに、官位は稱せざれども、けだし[三六]石見國の[三七]掾・目・史生などの間なるべし。[三八]人麻呂[三九]卒といはずして、死と記したれば、六位以下なる事は明也。赤人も萬葉に官位を稱せず。[四〇]五位以上ならば、任敍を

せて八省。長官を卿と称して、正四位上・下相当の官。中務卿は職務柄必ず殿上するのでのぞいてある。各省で政事の全分野を分担し、例えば治部省には雅楽寮・玄蕃寮・諸陵寮・喪儀司などが下属した。職原抄などに詳しい。

二三 勅許がなければ。

二四 近世で将軍・諸大名などにつく、私事に関する役人をいう。側用人・小姓・納戸の類。

二五 同じく公事に関する役人の総称。老中(家老)・若年寄・奉行・番頭の類。

二六 藤原在衡(八九二―九七〇)。醍醐・朱雀・村上三朝に仕えて左大臣に昇った賢臣。→補一八。

二七 太政官の大納言の副官。従三位相当官。

二八 醍醐天皇皇孫(九二三―九九五)。臣籍に入り朱雀・村上・円融・一条に仕え、大納言に至る。

二九 太政官の官人。朝政の参議にあたる。正四位下相当官。康保元年参議兼宮内卿。

三〇 順徳院御撰の有職故実書。

三一 近世ではいわゆる公家がこれにあたる。

三二 将軍や大名で、従三位相当以上の中納言・大納言・内大臣などになった人をさす。

三三 眼下に。

三四 底本「格式」。校合三本により改。律令の編の後、時時に出て、その補となった単行法令。弘仁格・貞観格・延喜格にまとめられた。

三五 底本「人万呂」。青本により改。

三六 今の島根県の西半部。

三七 国司の三番官・四番官と、その下で文書を司る官人。

三八 万葉集、二の和歌(二二三)に、「柿本朝臣人麻呂在石見国臨死時自傷作歌一首」。→補一九。

三九 大宝令に「凡百官身亡者、…五位以上及皇親称卒、六位以下達庶人称死」。

四〇 上田秋成の歌聖伝に「凡国史には事業の聞えなき人も、五位以上なるは、必載らるゝ法令也」。

國史に記すべし。若上世なるゆゑ、任叙は脱して記さずとも、續日本紀[一]の書例、四位以上は其薨卒を記せり。然るに赤人の名前後に見ゆる所なければ、たとひ五位たりとも、四位には及ぶべからず。然れば、兩人ともに賤官若《もしく》は無位の人也。又古今集の撰者にも、甲斐少目《せうもく》[二]凡河内躬恆[三]・右衞門府生[四]壬生忠岑あり、並に卑賤の人ならずや。何を以《もつて》か、歌を地下のしる物にあらずといはん。又歌と誹諧の差別は、その求むる所の情[五]にありて、詞にあらず。古今集の誹諧歌[六]の部を見ても知べし。彼官家の人は、誹諧歌の體をしらざるにや。いさゝか力ある歌を見ては、わが拙き歌に似ざるを以て、却て是を誹諧とこそ稱すらめ。

古[七]學論

歌をよむ事、古歌を解せずしてはよまれ[八]ざるにはあらず。されど一切《いつさい》に古歌を解せざれば、面[九]に牆して立るがごとく、最《もつとも》便《びん》[一〇]なし。其古歌を解する事を學ぶを歌學といふ。わが國及第[一一]おとろへて、歌作[一二]さかんに、撰集[一三]起りて、國史絶[一四]たり。故に古來歌を嗜む人の文才[一五]を兼たるは希也。さるから[一六]、歌學とてまなぶ所こと〴〵く其標《すゑ》[一七]のみにして、其本には目を及ぼす者もなし。

それ歌書の中には萬葉集より古きはなし。是を學びず[一八]ば歌學といふべからず。

一 古今余材抄に「赤人もまた続日本紀等に見えず。官位又いふにたらぬほどにや」。
二 古今集、真名序に見える。甲斐国(山梨県)の国司の四番官。大国の目に大少の別があった。従八位下相当官。古今集、仮名序に「さうくわん」。躬恒は後に淡路掾。
三 底本「凡河内の」。校合三本により略。
四 右衛門府の下級官。職原抄に「府生者非奏任官、仍府督判補之後、申下宣旨者也」。忠岑は後に左近衛将監。
五 八代集抄にも「此集の心更にしからず。たゞ思ひよらぬ風情をよめるを誹諧といふ也と申されし、されどあらき事をもまじへたる也」。
六 古今集、一九に収まる。
七 ◇歌の学問について、二条家歌学を批難し、万葉を主とする古学をすすめる論。→補注。
八 底本「は」欠。校合三本により補。
九 論語の陽貨篇「不為周南召南、其猶正牆面而立也与」による。目の前に牆があって、一歩も行かれず一物をも見えずで、学ばない者の働きのないたとえ。 一〇 都合が悪い。
一一 官吏登用の試験に通ること。かかる及第者が政治の衝にあたった律令制から、藤原氏が政治にあたった摂関政治への推移をさす。
一二 和歌を作ること。 一三 ここは勅撰集をさす。延喜五年の古今集から後撰・拾遺とつづく。
一四 六国史の最後の三代実録は延喜元年の完成。その後、官撰の国史は絶えた。
一五 漢学の才。 一六 故に。 一七 集韻に「木末也」。
一八 「学ぶ」の上二段に活用したもの。古例がある(敏達紀など)。
一九 万葉集、二〇。最末の歌(四五一六)の題「三年春正月一日於因幡国庁賜饗国郡司等之宴歌一首」。
二〇 契沖の万葉集代匠記惣釈の説に賛したか。

彼集は[一九]天平寶字三年元日の歌までを載たれば、是を作りたる時世知べく、是を記せる人は[二〇]大伴家持なる事、書中にて明也。然るを、古今集巻第十八に、「[二一]貞観の御時、萬葉集はいつばかりつくれるぞと問せ給ひければ、よみてたてまつりける　文屋のありすゑ　かみな月、時雨ふりおける、ならの葉の、名に[二二]おふ宮の、ふることぞこれ」と見えたり。然れば、[二三]清和天皇も萬葉集をば見給は[二四]ざりけるにや。又は見給ひても、作者を解し給ざるから、天平寶字までの歌を、[二五]あとより書集めたる事もやとおぼしけるにや。ありすゑが「ならの葉の、名に[二六]おふ宮」と答へ奉りしも、[二七]汎《ばつ》としたる答にこそありけれ。[二八]平城宮は元明より光仁まで、[二九]七世の間なれば、其七世の中いづれの御時とか聞《きく》べき。[三〇]貫之・淑望が古今の序を見れば、彼平城宮といへるより混じて、[三一]平城天皇の御宇になれる書と心得たると見えたり。[三二]かな序の如くなれば、人まろ・赤人も同じくその時の人なると心得たるにや。さらば又甚しからずや。しかのみならず、[三三]長歌をあつめて、其端に短歌と題し、[三四]萬葉集にいらぬ歌をあつむると序して、猶[三五]萬葉集の歌を撰みいれたり。但其中、人まろ・赤人を平城天皇の時の人とせる文は、[三六]眞《ま》字《な》序に合はざれば、[三七]若《もし》くは人まろの上の正三位の字などと同じく、後人の加筆なるもしらず。萬葉にある歌の入《いり》たるも亦、後人の加へたるもはかるべからず。

↓補二〇。
二一 清和天皇御代の年号。
二二 底本・青本・武本「あふ」。谷本により改。
二三 五十六代天皇。
二四 青本「ざりける…解し給」までなし。在満自ら意識して略した本によるものか。
二五 後世。
二六 底本「あふ」。谷本により改。
二七 俗語で、おおまかなの意。
二八 八代集抄も「奈良の宮といはんとてならの葉の名におふ宮といひつゞけたり」。
二九 四十三代より四十九代まで。元明・元正・聖武・孝謙・淳仁(廃帝)・称徳・光仁。
三〇 紀貫之の仮名序・紀淑望の真名序。古今集、真名序に「昔平城天子詔侍臣令撰万葉集」。
三一 五十一代天皇。
三二 「いにしへより、かくつたはるうちにも、ならの御時よりぞ、ひろまりにける。かのおほん世や、歌の心をしろしめしたりけん。かの御時に、おほきみつのくらゐ、かきのもとの人丸なん、うたのひじりなりける」。
三三 古今集、一九の雑体の標目に「短歌」とし、その中の和歌の題に「ながうた」とある。↓補二一。
三四 古今集、仮名序「万葉集にいらぬふるきうた、みづからのをも、たてまつらしめ玉ひてなん」。
三五 賀茂真淵の続万葉論に「今此集に入たる歌七首、又万葉の歌の転じて、詞は異なれど、実に万葉の歌成が入しも多し」。
三六 古今集、真名序に「然猶有先師柿本大夫者、…」とあるを、「平城天子…」の文より、かなり前に配してあるによる。
三七 真淵の続万葉論も「正三位といふは何事ぞや、是らかならず貫之の筆にあらず」。

たゞ萬葉集を平城天皇の御宇に作る所とし、長歌を以て短歌と稱せる誤りは、まぬがるべからず。然れば貫之[一]も萬葉をば見ざりけるにや。又は見つれども一切によめざりけるやらん。いといぶかし。

其後、後鳥羽[二]・土御門[三]の比に至りて、定家卿[四]といふ人の出來りてより後は、今の世にいたるまで、彼歌學者流[五]の人、いかなる故によりてか、彼卿を歌の聖[六]のごとくに尊信[七]す。然れども彼卿歌學を得たりとも見えず。いかにとなれば、古歌[八]の心を得ず、古語の義をあやまれる事、彼卿の歌及《およ》び記《しる》せる物にて見つべし。多端なれば此に略す。抑、我國の音に、「お[九]」と「を」と、「ゐ」と「え」と、「い」と「ゐ」とは、字を用ゆる事同じからず。又下につく「は[一〇]」は「わ」に同じからず。「ひ[一一]」は「い」「ゐ」に同じからず。「ふ」は「う」に同じからず。「へ」は「ゐ」「え」に同じからず。「ほ」は「お」「を」に同じからず。かくのごとくの類、古事記・日本紀・萬葉集等には數十所に出るといへども、一所もこれを混淆する事なし。俗にいふかなづかひ[一二]甚正し。古今集はひらがなにて書《かき》たる物なれば、抄寫する者、心を用ゐずして傳寫したるが故に、今にては字面を以て證[一三]すべからず。されど、かなちがひによみたる歌は一首もみえず。定家卿[一四]は萬葉集をも見たる人なれど、其所に心やつかざりけん、彼卿のかゝれたる物は、

一 古今集序を歌学の初め、且つは藤原定家のもとづく所と見て、その紀貫之も、万葉によるヘ古学を知らずと論じたもの。▽宣長評「コレハ後々ノ集ニモ多キコト也、フカキ難ナラズ、フトオボエヌコトハタレモアルベシ」「見ズバ古今集ヲヱラムニ、万葉ニ入タルト入ラヌトイカデ知ン」。

二 八十二代天皇。　三 八十三代天皇。

四 藤原定家(一一六二―一二四一)。新古今集撰者。二条家歌学で祖とする人。→補二二。

五 二条家流歌学者達をさす。

六 古今集、仮名序「かきのもとの人丸なん、うたのひじりなりける」による。

七 底本「に」欠。校合三本により補。

八 在満としては、既に上げた持統天皇の和歌の如きにても知るべしの意であろう。

九 契沖の倭字正濫通妨抄序並摠評「いゐえゑをおこそ初めより同じう聞ゆれど、いにしへの人は、それだにおのづからわきまへてたがへざればにや、注せる物なし」。

一〇 行阿の仮名文字遣に「わははにかよふ」。契沖の前書に「わの字、訓の時下に書事なし」。

一一 定家仮名遣に端い(へ・ほ)中ゐ(え・を)奥ひ(ゑ・お)と云う。契沖の前書に「これ誤なり。ひへほは各別の音あり。何ぞこれを数にいれん」。契沖は以上の仮名遣の古書にある例を和字正濫抄に示して、混淆のないことを証した。

一二 行阿の仮名文字遣・定家卿仮名遣・つゝらおりかなつかひなど称する書がある。

一三 底本「證と」。校合三本により「と」略。

一四 前出(補注二一)の長歌短歌古今相違事の如き著がある。

一五 谷本・武本「うめ」「うま」と振仮名がある。

一六 仮名文字遣に「むめほし　烏梅・梅干」「む

かなづかひ多くたがへり。甚しき物は、梅[一五]を「むめ[一六]」、馬を「むま」とかくに至れり。又よまれたる歌の中にも、まゝかなちがひの歌どもあり。然るを、後人定家卿を尊信し、其誤れるかなを準則[一七]とす。たま〳〵古事記・日本紀・萬葉集のかな、彼卿のかなに同じからざる所を見つる人は、却ておもへらく、昔[一八]はかなづかひといふ事なし。定家卿より初まると。是妄《みだり》に彼卿を尊信するから、大にあやまれり。かなをしらざれば、古歌・古言を解するに必あやまりあり。彼卿の歌學を得ざる事しるべし。しかのみならず、後人[一九]僞作する所の書も、定家卿の名を冒《をか》して、杜撰《づざん》[二〇]甚しき物あり。而して多くは其眞僞を辨へず。數百年來、妄に彼卿を尊信して、彼卿の筆作する所とさへいへば、國史・萬葉等よりも是を證とし、ながく[二一]ことぢに膠《にかは》して、其上世[二二]にかへり考ふる事をしらず。歌學の明ならざる本《もと》、是によれり。

くだりて近世に至りては、古今傳授[二三]といふ事出來れり。それ書を解するには書を以て相照《あひてら》[二四]し、まゝ發明をくはふるの外なし。何の傳授といふ事かこれあらん。況《いはんや》、古今集は一箇の撰歌の集のみ。何ぞ言外の意味を存して作る所有べき。故に中古以後に至りても、猶古今傳授といへる目[二五]なし。是けだし東《とう》[二六]の常縁《つねより》が僞作して、宗祇[二七]法師より弘《ひろ》まるもの也。彼傳授を得たりといへる宗祇が、古今集[二八]

ま　馬・駒」とある。和字正濫抄、五に「うま」「うめ」の古例を上げる。
一七　いわゆる定家仮名遣とその亜流の書に見る所である。
一八　契沖の前書に「大きに腹だちていへるやう、（和字正濫抄に）引証する所の、日本紀等の六国史・旧事紀・古事記・古語拾遺・万葉集…等、すべて昔は仮名づかひの法いまだ定まらざりければ、皆かな乱てあれば、これらによらば、かなづかひの法はなくて、いかやうにかきてもくるしからぬになるべし」。
一九　行阿の仮名文字遣を指す。その序に源親行が定家と話合いの上で、をお・えゑへ・いゐひの文字づかいなどを定めたによると見える。
二〇　いつわりで、もとづくものがないこと。語源は寓簡・野客双書など諸説がある（随意録、三）。
二一　規則にとらわれて、動きのとれないさま。文子の道徳篇「老子曰、執一世之法籍、以非伝代之俗、譬猶膠柱調瑟」。
二二　上代のかなづかい。
二三　古今集中の難語・難解歌の解釈などを秘事として、誓紙を入れ父子・子弟の間に伝えついだ習慣。冊子形式と切紙形式がある。伝授の系統もいくつかにわかれている（横井金男著、古今伝授沿革史論など）。
二四　照合する。
二五　名目。
二六　美濃国の武将（一四〇一―一四九六?）。和歌を正徹・堯孝に学び、二条家歌風と歌学を伝え、宗祇を教えたことが、伝授の始まりと近世では考えられた。→補二三。
二七　連歌師・歌人（一四二一―一五〇二）。古今集は文明三年中二度にわたり常縁から聞いて、古今集両度聞書を残した。この後文明八・九年にわたっても伝授があり、後に三条西実隆などに伝えた。
二八　古今集両度聞書（寛永十五年刊）をさすか。十口抄などをさすか。前者であろう。

を釋せる、[一]細川幽齋の[二]伊勢物語・[三]百人一首・[四]詠歌大概を解せる書どもを見るに巻首より巻尾にいたるまでの間、一言も[五]仰いで取べき説なし。其淺見寡聞にして、妄に[六]無稽の言を信ぜる事、彼書中を[七]電見しても明なれば、煩《わづらは》しく論破するに及ばず。見つべし。古今傳授を得たる人の歌の事をしらざること。故に今の世も其才ありて[八]誣《しひ》られざる人は、[九]古今傳授の人の子たりといへども、みづからは[一〇]遺脱して是を受得《じゆとく》せず。近くは[一一]近衞家凞《いへひろ》公・[一二]野宮定俊卿等、是也。又予が同氏の祖に、[一三]筑前守荷田信次《のぶつぐ》といふ者あり。後陽成院の[一四]上北面に[一五]候す。院其歌を嗜むを悦ばせ給ひ、[一六]宸筆を以て添削し給ふ所の[一七]詠草數百首に及び、又併せて[一八]古今集の説を授け給ふ。其書及詠草今に至《いたる》まで、予が[一九]同氏[二〇]出羽守信舎《のぶや》といふ者の家にあり。故を以て予も亦全く其説をきく事を得たり。近世の事なれば、恐ありて此に論ぜず。

抑、近世及當時の人にも、たま〳〵博覽强識なるありて、世々の撰集、人々の家集を諳《そ》らんずるばかりの人あれども、惜いかな、力を古書に用ゆる事なくして、其本を辨へざるがゆゑに、定家卿を尊信する事、[二一]近世の學者の[二二]宋儒を信ずるがごとく、生涯其[二三]舊轍《きうてつ》を出ることあたはず。是を以て、中古も今も歌學明ならず。[二四]歴世の間、わづかに[二五]清輔朝臣と[二六]顯昭法師とのみ、其詞の中に取《とる》べき物

一 武将・歌人(一五三四—一六一〇)。名藤孝。三条西実枝から伝授を受け、二条家歌学の大成者として、近世初期の隆盛を導いた。烏丸光広などに伝授。 二 伊勢物語闕疑抄(寛永十一年刊など)。
三 百人一首抄(百人一首講述抄、寛永八年刊)。
四 詠歌大概抄(寛文八年刊)。実枝講義の聞書。
五 有難いとして。 六 根拠のない。
七 ここは、ちらっと見るの意。
八 「強」のあて字。無理におしつけられない人。
九 古今伝授の家柄。
一〇 ぬける。 一一 摂政太政大臣(一六六七—一七三六)。学問文雅で有名な予楽院のこと(本大系、近世随想集所収槐記)。
一二 有職家の公卿野宮定基の子(一七〇二—一七五七)。
一三 伏見西羽倉家延次(信次は初名か。一五七九—一六五二)。玄蕃頭(筑前守は子延重との錯誤)。後陽成院非蔵人。後水尾院上北面(羽倉敬尚氏示教)。→補二四。 一四 四・五位で、上皇の院御所の警衛にあたる武士と、その格にあたる官人。後陽成は百七代天皇。洞院家記に「上北面以殿上北面二ヶ間、為其所」。
一五 伺候する。上北面としてお仕えする。
一六 天子の御自筆。 一七 現存して、二十六葉。一巻に製して、歌数は百六首。
一八 元禄十六年十一月十日付、荷田春満の西羽倉信元宛書状に「後陽成院御伝授之規模と申立候故…」とあるは、信次よりの伝来のことである(三宅清著、荷田春満、二五頁)。
一九 同族。 二〇 西羽倉信元子稲荷社目代(一六九二—一七六一)。母は春満妹。従四位下出羽守に至る(三宅清著、荷田春満・地下家伝)。
二一 青本「近世の学者…ごとく」まで欠。在満自ら略した本によるか。
二二 底本・武本「宗」。谷本により改。朱子学。

あり。されど猶[二七]是を得たりとしもいふべきにあらず。只近年に至りて、津の國大坂の僧[二八]契沖といふ者、[二九]萬葉集・[三〇]古今集よりはじめて、若干の歌書を釋す。其説猶十に一二は[三一]甘心しがたき事ありといへども、廣く古書を考へて、[三二]千載《せんざい》のまどひを一時に開けり。又予が養父[三三]春満といふ者、幼より[三四]古學を好みて、終に[三五]發明論破する所多く、[三六]衆人の視聽を改む。其説契沖に暗に合へる物あり。互に長短あるものあり、只此兩人、向來はいざしらず、中古以來に獨歩すといふべし。然るに、其説をきく人、[三七]明なればすなはち服し、[三八]暗なればすなはち[三九]はゞむ。三人きくとき[四〇]は、二人は必[四一]異端と稱せり。然れども、時[四二]太平に屬して文華日々に開け、此數年に及びては、學者半は其説の長ぜるを知《しり》て、往々に契沖が述作の書を抄寫して、これを悦び、彼定家卿の信ずべからざる事をさとる者あり。歌學やうやく[四三]其本に復せんとす。又樂しからずや。

[四四]準則論

古今集の比より、[四五]當時にいたるまでの間、いつの世を歌の[四六]精粋なる時とし、誰を歌の法則とすべき人とせんといふに、彼官家の人を信ずる輩は、當時を以て[四七]文質彬々として、くはふべき事なき時とす。されど、是は彼官家の人を企及

幕府官学の儒学。在満は伊藤仁斎の古義学系を修めた如くである(宇佐美喜三八「在満の歌論に於ける堀川学の影響」—『語文』第十三輯)。 二三 古いしきたり。 二四 底本・武本「暦」。青本「暦」を「歴」に改訂。谷本により改。 二五 藤原清輔(一一〇四—一一七七)。俊成に対抗した六条家の歌人。歌学書、袋草紙・奥儀抄の著者。 二六 清輔の義兄弟(顕輔の養子)で歌人(一一三〇—一二〇?-)。著に袖中抄と古歌書の注釈が多い。 二七 歌学を体得したとは。 二八「沖」底本のまま。谷本「仲」。「沖」を近世では様様に書いた。国学者(一六四〇—一七〇一)。 二九 万葉代匠記の初稿本・精撰本。 三〇 古今余材抄。その他百人一首改観抄・厚顔抄など。 三一 心よく思うこと。 三二 古来の誤り。 三三 荷田春満(一六六九—一七三六)。国学者。在満は春満弟高惟の子。享保年間養子となった。 三四 日本の太古や上古についての学。後の国学にあたる。 三五 歌学の書では、万葉集僻案抄・同童蒙抄(信名編)、伊勢物語童子問など。 三六 世の学者に従来の見聞を改めさせた。 三七 賢明。 三八 暗愚。 三九 押え邪魔をする。 四〇 底本「は」欠。校合三本により補。 四一 邪道邪説。二条家歌学より見ての評。和字正濫抄を批難した倭字古今通例全書の如くにである。 四二 底本・青本「大」。谷本・武本により改。 四三 本来にかえる。 四四 ◇作歌の模範に、どの歌集・歌人をえらぶかの論。→補注。 四五 現代。 四六 真髄のもの。最もすぐれたこと。 四七 論語の雍也篇「質勝文則野、文勝質則史、文質彬彬、然後君子」。文と質の均斉のとれた様。光雄卿口授「常に雪玉集、又は近来の歌の風体見たるがよし…」。

ぶべからずとおもへるに、本づきたる者にして、且當時は豪傑なる歌よみもなければ、當時を取こと甘心せず。又古今集を以て、華實兼備[一]、永世の法則とす[二]べしといふ人あり。但予が僻意[三]なるにや、かの時世は猶實に過《すぎ》て、花やかならずとこそおもへ。新古今集をば、學者おほく華に過[四]て、實すくなしとしてとらず。然れども、詞花言葉[五]は、もとより華を貴ぶべし。然るに、華に過たるをいとふ事、いまだ會通[六]せず。歌の最隆盛なるは、新古今の時世とぞおもはる。されどこれは各の執[七]する所にあるべければ、人を指麾《しき》[八]すべからず。

古來の歌人を評せんも、亦是に同じ。人麻呂・赤人の歌は、其時世にしてはすぐれて華也。後世に比する時は、甚實に過《すぎ》たれば、今の世に[九]則《のつと》[一〇]るべきにあらず。貫之は實に[一一]絶代の豪傑なり。されども、猶上世に近ければ、質かちて文たらず。今の世にては、全く貫之が如くによみ出《いで》たりとも、至[一二]れり盡《つく》せりとはいふべからず。只後京極攝政[一三]の歌、毎首皆錦繡[一四]、句〻悉金玉[一五]、意情を述ればたゞちに感慨を生じ[一六]、景色をいへばまのあたりに見るがごとし。風姿幽艶にして、あくまで力あり、語路逶迤《いだ》[一七]として、いさゝかも閑[一八][一九]あらず。實に詞花言葉の精粋なるものなり。然るを、世人定家卿を尊信するの餘りに、後京極の歌の絶妙な[二〇]る事をしらずして、其心是を定家卿の左[二一]につい[二二]づ。彼卿のうた、いづれの歌か

一 耳底記「古今、花実相通の集也」、戴恩記「古今集は花実相対にあめり」。 二 永久の模範。資慶卿口授「三代集の古今は、云ふにおよばず歌の命也」。 三 片よった考え。 四 耳底記の幽斎答「新古今、花すぎたりとて、新勅撰、実又すぎたり」、戴恩記「新古今集には、花過たれば、然べからずと、定家卿一人歎き給へども」。 五 在満の説である詞花言葉を翫ぶ和歌においては、華を第一とするの意。 六 よく理解できない。 七 面面の自説を守る。 八 同じく考えよと呼びさそう。和歌を遊びとする在満の説からは当然の考え。 九 青本「に」。谷本・武本「より」。 一〇 範とする。 一一 和歌を隆盛にし、勅撰集を起したことをさす。 一二 全く欠点がない。中庸「堯之一言、至矣尽矣」。 一三 藤原良経(一一六九—一二〇六)。従一位摂政太政大臣。新古今集編時の和歌所寄人筆頭で、当代の歌壇の後援者にしてまた歌人。家集は秋篠月清集。 一四 すぐれた詩文のこと。 一五 他人の詩文をほめて金玉声というを、称美の意に用いた。戦国策、秦策「出其金玉錦繡」(ただし、これは上等の物の意)。 一六 鑑賞者の胸中に身にしみる感銘を与えるの意。 一七 つらなりつづくさま。語句の続き方がなめらかなこと。 一八 しきり。説文「闌也、従門中有木」。博雅「閑遮也」。和歌のつづき方につまる所がない意。 一九 底本・青本「ならず」。谷本・武本により改。 二〇 甚だすぐれていること。 二一 校合三本「事」なし。底本のみ傍に補。 二二「ついづ」は順序を定める意。判断して下位におく。戴恩記「定家卿の御歌を俊成・家隆等におよばずと思へり、是第一の僻事也、…家隆卿も寂蓮も、後鳥羽院も摂政殿も、およびたまふ事にあらず、其しるしには、定家卿をさして、

すぐれて感慨なる。いづれ[23]の歌か至て秀絶なる[24]。見つべし。歌合[25]に彼卿の負おほき事を[26]。其父俊成卿[27]に比すれば、劣れる事其間あり。予が私意を以て、これをついづれば、後鳥羽院[28]・家隆卿[29]等、彼卿の上にある事遠し。然りといへども、是亦各執する所にあるべければ、しひてはいはず[30]。汝は汝たれ、我は我たらん[31]のみ。

又歌の風骨[32]にいたりては、いよ〳〵人を指麾すべからず。彼定家卿の比《ころ》にあたりて、俊成卿ののびやか[33]なる、家隆卿の四の句[34]に力をいれたる、西行法師[35]のよみながしたる、三人の風骨各大に異なり。然れども、並に秀絶の歌人にて、今に至るまで皆人の仰ぐ所ならずや。若、俊成卿の風骨を是とせば、家隆卿・西行の風をば非とせんか。家隆卿の風骨を是とせば、俊成卿・西行をば非とせんにや。西行を是とするも亦これに准ず。然れば、風骨は人の好む所にあり。わが好む所を以て、人に勸めんは、高戸[36]の下戸に酒をしふるがごとし。

寛保壬戌[37]八月四日、應友人需[38][39]、注胸臆事[40]、倉卒隨筆[41]、未加覆閲[42]、將以他日革正[43]。

荷田在満

汝月明かなりと住吉明神直に示現したまへり」。

二三 谷本・武本「いつの」。青本、底本に同じ。

二四 きわめてすぐれている。

二五 歌を左右にわかって、優劣を定める文学的遊戯の一。ただし定家頃では、その形式や文学性においても、史上最高のものであった。

二六 能勢朝次編、歌論の精髄六百番歌合所収、阿部俊子担当歌人伝の中に、定家の歌合の成績の調査があり、在満の云う如く、負が多い。

二七 藤原俊成(一一一四―一二〇四)。千載集撰者。幽玄美を主張した。家集は長秋詠藻。

二八 八十二代天皇(一一八〇―一二三九)。新古今集撰の真の意味の中心。後鳥羽院御集・後鳥羽院御口伝がある。 二九 前出(六一頁)。

三〇 谷本・武本「は」欠。

三一 孟子の公孫丑上篇「爾為爾・我為我」。自ら信ずる所に従うの意。

三二 風体。すがた。 三三 後鳥羽院御口伝も「釈阿(俊成)はやさしく艶に心も深くあはれなる所もありき。殊に愚意に庶幾するすがた也」。

三四 前出(五八頁)。主ある詞の四の句に力をそそぐとあったが、家隆が最も多く、その中に入っているによっても、この特色はわかる。

三五 歌僧、俗称佐藤義清(一一一八―一一九〇)。家集は山家集。前出の後鳥羽院御口伝「西行はおもしろくして、しかも心も殊に深く…生得の歌人と覚ゆ、おぼろげの人、まねびなどすべき歌にあらず、不可説言語の上手也」。 三六 上戸に同じ。

三七 寛保二年(一七四二)。

三八 訓「友人ノ需(もと)ニ応ジテ、胸臆ノ事ヲ注ス、倉卒トシテ筆ニ随ヒ、未ダ覆閲ヲ加ヘズ、将ニ他日ヲ以テ革正セントス」。 三九 田安宗武を指す。解説参照。 四〇 胸中に考えていること。

四一 あわただしく。 四二 再見。 四三 改め正すこと。

歌意考

歌意考序

高山にのぼりて[一]短山《みじかやま》を見るときは、峰の[二]たをり谷の隈《くま》〴〵も見明らむべく、短山より高山を[三]見放《みさけ》むには、[四]おぼゝしくまさやかならじをや。こゝに吾師[五]縣居《あがたゐ》の大人の[六]五の意とて、[七]古《ふる》こと[八]學《まなび》をあなゝひ給へる文あり。それが中なるこの歌の意は、[九]草案《したがき》のまにまつたへて、あかぬこゝちすめれど、[一〇]いにしへのうたの[一一]なほくあつきと、後の歌の[一二]せばくるしきとの[一三]けぢめをあげつらひ、[一四]ひたぶるにいにしへによるべきよしを、さとしおかれしは、[一五]高き昇らむやま口[一六]とむるしをりともなるべきを、近き年ごろ[一七]この學する徒《やから》も、[一八]歌は後をよしとすとふ世にへつらへる教にひかされて、[一九]古風《いにしへぶり》はいよゝすたれ行《ゆく》が、[二〇]うれはしくあたらしくて、[二一]猶あやにくに師のをしへを世に知らせまほしくて、この一冊を[二二]板に彫《ゑら》せる事にはなりにたり。

寛政十二年[二三]ふみ月

[二四]從四位下 荒木田神主久老

一 低い山。大祓の祝詞に「高山之末短山之末」。 二 山の頂の低くたわんで見える所。万葉集、一三「高山の峰の手折に」(三三七八)。 三 遠く見やる。 四 不分明ではっきりしないだろう。「をや」は強め。この条は、本文の末(八六頁)の文をうけて、ことの理解は、古を明らかにして、末にいたるべきを云ったもの。

五 賀茂真淵(一六九七―一七六九)。明和元年、江戸浜町に営んだ隠居所の名。転じて号として呼ぶ。

六 文意・歌意・国意・語意・書意(また各末に考をつけて呼ぶ)の五部の書物。

七 古学。国学と同意と見てよし。 八 補助する。

九 未定稿のままに伝わって、十分に満足されないけれど。

一〇 ここは上代の意。

一一 天地の心を心として直情厚志なこと。

一二 和歌なる人意による意識の中にせまくとじこもって窮屈なこと。

一三 区別を論じて。

一四 ひたすら上代の歌風に従うべき由。

一五 高きに上る山の入口。

一六 尋ね求める枝折。 一七 古学者、即ち国学者。

一八 本居宣長のうひ山ぶみ(寛政十一年刊)に見える説などを意識しての発言か。→補一。

一九 真淵の晩年に詠じた記紀万葉の歌風。

二〇 憂わしく惜しい。

二一 しきりに。世に知らせたいとの望みがおさえてもおさえ切れないのを云った語。

二二 出板。 二三 七月。

二四 荒木田久老(一七四六―一八〇四)。伊勢神宮の神官で国学は真淵門。従四位下に叙せられたのは寛政三年正月十一日である。この書は久老の板下校訂で出刊を見たものである(神宮司庁編荒木田久老歌文集並伝記)。

うたのこゝろのうち

あはれゝゝゝ、上《かみ》つ代《よ》には、人のこゝろひたぶるに、[一]なほくなむ有《あり》ける。心し[二]ひたぶるなれば、なすわざもすくなく、[三]事し少なければ、いふ言《こと》のはも、[四]さはならざりけり。しかありて、心におもふ事あるときは、言にあげて[五]うたふ。こをうたといふめり。かくうたふも、[六]ひたぶるにひとつ心にうたひ、こと葉もなほき、[七]常のことばもてつゞくれば、續《つゞ》くともおもはでつゞき、とゝのふともなくて、[八]調《とゝの》はりけり。かくしつゝ、歌はたゞ、ひとつ心をいひ出《いづ》るものにしありければ、いにしへは、ことと[九]よむてふ人も、よまぬてふ人さへ、あらざりき。[一〇]遠《とほ》つ神《かみ》、あが[一一]すめらぎの、おほみ繼《つぎ》〳〵、かぎりなく、[一二]千《ち》いほ代《よ》をしろしをすあまりには、[一三]言佐敝《ことさへ》ぐ[一四]から、[一五]日の入《いる》國人《くにびと》の、心ことばしも、[一六]こきまぜに來まじはりつゝ、ものさはにのみ、なりもてゆければ、[一七]こゝになほかりつる、人の心も、[一八]くま出《づ》る風の、[一九]よこしまにわたり、いふ[二〇]言《こと》の葉《は》も、ちまたの塵《ちり》のみだれゆきて、數しらず、くさ〴〵になむなりにたる。[二一]故《かれ》いと末の世となりにては、[二二]歌

一 にひまなびに「いにしへの歌は、…つらぬくに高く直きこゝろをもてす、且その高き中にみやびあり、なほき中に雄雄しきこゝろはある也」。→補二。
二 一筋。 三 語意考にも「この日出る国はしも、人の心なほかれば事少く、言もしたがひてすくなし、事も言も少なかれば惑ふことなく忘るゝ時なし」。 四 多くなかった。
五 国歌論臆説に「夫歌は心におもふ事をうたひ出す也」。
六 一筋の直情。再奉答金吾君書には「わりなきこゝろ」とある。
七 後世の如く、歌語とて巧みにした言葉でないの意。万葉集大考に「古への歌はたゞことの如くして、よくみれば心高き也」。
八 調(しらべ)が出来上っている。→補三。
九 専門的歌人とか歌人でないとかの別はなかった。 一〇「我大君」などにかかる枕詞。
一一 我が日本の皇統連綿として。
一二 長い時代を統治なさった末に。
一三「から(韓)」の枕詞。冠辞考「から人の言は、こゝの人の耳にはわかず、すへきてのみ聞ゆればいへり」。 一四 ここは唐国。
一五 語意考の傍注に「天竺をいふ」。
一六 入りまじって。唐土の言葉や儒教的考え、天竺の仏教の言葉や仏教的思想が、こもごも輸入して、言語界も思想界も複雑になった。→補四。 一七 日本。
一八「よこしま」の序詞。
一九 邪悪に走って。
二〇「みだれ」の序詞。言語も乱れて、甚だ多端になった。→補五。
二一 故に。 二二 和歌の情や用語から平生の言葉までも、古と変って。

の心ことばも、つねのこゝろ言《(こと)》ばしも、異《こと》なるものとなりて、歌としいへば、[一]しかるべき心をまげ、言葉をもとめとり、[二]ふりぬる跡をおひて、わがこゝろを心ともせず、よむなりけり。それはた[三]ちりのすわれる鏡の、[四]影のくもらぬなく、[五]芥《あくた》に交れる花の、[六]しべのけがしからぬあらざるが如《(ごと)》、さしも曇り穢れにし、後の人のこゝろもて、[七]とめ撰びて、いひつゞけしが、きたなからじやは。しから[八]ば打なきて、やみぬべきにやといふに、しかはあらず。そも〱[九]いしこり登《と》邊《べ》の作れる、鏡の[一〇]かたも、[一一]五《い》十猛《だける》のみことの生《おふ》せし木の花も、[一二]今しも傳れるをば、わすらえおき、[一三]塵芥《ちりあくた》にも、なるればなれて、けがしともしらず在《(あり)》つゝ、[一四]おもひおこす、心のなきになむ有《(あり)》ける。いでや天地の、かはらふ事なきまに〱、鳥もけものも、艸も木も、いにしへのごと、[一五]ならぬしなきをおもへば、[一六]人のかぎりしもなぞや、[一七]いにしへ今と、ことなるべき。人てふものは、[一八]うたて[一九]さかしら心もて、かたみにあらそふほどに、おのづからよこしまにならひきて、[二〇]世中《(よのなか)》もうつらふめり。そをひと度《たび》わろしと思はむ人、なぞやよき方に、移《(うつ)》ろひかへらざらむ。[二一]しかこゝろをおこして、いにしへの[二二]八《や》咫《あた》かゞみに、あさなさなむかひ、[二三]陰高き千もとのはなに、ひとしくまじりつゝ、そのかた、その色に、似てしがもとこひ《思イ》つゝ、歌をも文をも、[二四]とりなして見よ。もとの身の、[二五]むかし人に同じき

一 無理に和歌めかした発想をし、用語も選択して。二 昔の真似をして、自分の実情を、和歌の情として表現しない。三 塵の一面についた。鏡は歌の心(内容)にたとえる。四 うつす姿は皆明らかでなく。五 ごみの中の花。花は言葉(表現)にたとえる。六 蕊は悉くけがれている。七 たずね求めて。八 詠嘆して、黙止すべきかと云うに、そうではない。九 神代紀上、天照大神天石窟に入る条の一書に「上ツ枝ニ八、鏡作ノ遠祖、天抜戸ガ児、石凝戸辺ガ作レル八咫鏡ヲトリカケ」。古事記には伊斯許理度売命。一〇 形状。一一 神代紀上の一書に、素戔嗚尊の御子で、木の種を日本国中にまいて、青山とした神。一二 器物の形、自然のさまの、昔のままを今に伝えるのを忘却して。一三 塵中の如き現在に住めば、塵にまじりなれて。一四 古を思い起す心。一五 天地・動物・植物、古のままでないもののないを考えれば。「し」は強め。一六 人間だけが。「しも」は強め。一七 古今相違のあるはずはない。万葉集大考「世の中に生としいけるもの、こゝろも声もすべて古へ今ちふことの無を、人こそならはしにつけ、さかしらによりて異ざまになれる物なれば、立かへらんこと何かかたからむ」。一八 困った事に。一九 りこうぶる心。二〇 世間も衰微する。二一 古にかえるべく発心して。二二 石凝戸辺の作った名鏡、八咫鏡。二三 林をなす喬木に咲く花。前出の塵のつもった鏡や、芥の中の花の如き後世とは、違った心・言葉の古代の和歌に、日日接することをいう。二四 後世風を上代風にとりかえてみよ。二五 人の本質は今古同一であるから。二六 よくみがいた鏡となって、人情のままを写し出し。二七 高朗たる山の花となって、明らかで美しくなろう。二八 復古。→補六。二九 為政者が次次

人にし有《ある》からは、しかならふほどに、こゝろは[二六]とぎ出《いで》たる鏡なし、詞はやぶ原を過《すぎ》て、[二七]くまなき山の花とこそなりなめ。萬の事の、[二八]いにしへにかへらふをば、[二九]ぬしかはり行《ゆく》、[三〇]から國にしもめづるてふを、[三一]同じ天つ日嗣《ひつぎ》しろしをす、この御國《みくに》にして、[三二]み盛《さかり》なりし、[三三]すめ大御おやのすめろぎの定めましゝ、[三四]あま雲の高き御世ぶりにかへらで、[三五]山川の[三六]くだれる時をのみ、まもるべきや。[三七]歌はその時のすがたによりて、よむことぞなどいふものは、わたくしの[三八]こゝろの、甚しきにぞ有《あり》ける。かくしも[三九]くだちぬといへど、かしこきあが遠つみ神の、[四〇]國の手ぶりは、なほもしるくて、古《いに》しへをしのぶる人も、はた少なからず。されども[四一]大ぞらの高き世の文《ふみ》を見るに、[四二]高山のさかしく道もたえ、[四三]青海原《あをうなばら》のかしこくして、[四四]奥《おく》かも知らず、[四五]春の月《つき》の、中ぞらの霞にへだて、[四六]秋の風の、よその木の葉も、吹《ふき》まじへつらむと、おぼゆる事あり。くだれる世人《よひと》は、その霞にまよひて、[四七]あらぬ方にいたり、或《ある》は、ことさへぐ、[四八]よその國の風にさそはれて、もとだちを、忘るゝたぐひぞさはなる。こゝにいにしへのうたこそ、千とせの[四九]さいつ人の、よめりける心こと葉も、[五〇]月日と共に、またくかはらで、[五一]花もみぢなす、昔今《むかしいま》同じきものはあめれ。[五二]こむらさき名高く聞えたる、[五三]藤原《ふぢはら》・[五四]寧樂《なら》などの、[五五]みやぶりに[五六]こゝろをやりて、[五七]山がつの橡《つるばみ》、[五八]あやしの色をわすれつゝ、年月に、われもよ

とかわる。三〇 古聖賢治下の上古を尊ぶ思想をいう。補注六参照。三一 万世一系の世を統治なさる。三二 最盛時であった。三三 皇室のご先祖の天皇が治定なさった。三四「高し」の枕詞。三五「くだる」の枕詞。三六 後世の風を墨守すべきでない。三七 国歌八論の準則論に「彼官家の人を信ずる輩は、当時を以て文質彬々として、くはふべき事なき時とす」。三八 底本「ころ」。広本を参照して改。甚だしく独善的だ。三九 堕落した。四〇 古代の風はなお歴然としていて。四一「高き」の枕詞。上代の書物。四二「さかしく」の枕詞。理解する方法もなく。四三「かしこく」の序詞。幽深の内容で。四四 冠辞考に「奥末の其処ともしられぬをいへり」。四五 春の朧月の如く、曖昧模糊としていて。神話伝説の古事記をさす。四六 吹き散る秋の落葉の如く、外国の要素も混ると思われることもある。漢文表記の日本書紀をさす。↓補七。四七 誤解の方向をたどり。四八 儒学の方法に従って、同志と袖をわかつ。にひまなびの頭注に「中々にからことを見学びて、そらごともて、みだりなる考をなし」。↓補八。四九 先人。昔の人。五〇 月日の変らぬ如くに。五一 四季の正しく美しい循環と同様に。五二「藤」の枕詞。五三 藤原(奈良県橿原市の大和三山の間の土地)に都のあった、持統・文武・元明帝の頃。五四 奈良に都のあった元明から光仁まで七代の間。五五 宮振。藤原の宮・奈良の宮の歌風。万葉集の中心をなすもの。五六 執心して。にひまなび「これらのこゝろをしらむには、万葉集をつねによみ、且我歌もそれに似ばやとおもひて、年月によむほどに、其しらべもこゝろもこゝろにそみぬべし」。五七「あやし」の序詞。五八 万葉集の「みやび」にふれて賤しい風を忘れ捨て。

むほどこそあれ、おのづからわが[一]心肝《こゝろぎも》に、そみとほりなむ。さる時ぞ、いにしへ人の心なほく、詞[二]みやびかに、いさゝかなるけがらはしき[三]ちりもゐず、高くはた[四]をゝしき[五]心ならひも、[六]おもひとりぬべし。かくて後に、よろづのふるきふみどもをも見むに、[七]終にはふかき山をこえて、里に出《(いで)》、[八]遠き海を渡りて、國にいたらむが如く、世の中てふものは、[九]物なく事なく、いたづらなる心をも[一〇]さとらへ、[一一]まうけずつくらず、しひずをしへず、天地《あめつち》にかなひて、[一二]まつりごちませし、いにしへの[一三]安國《やすくに》の、やすらけき上《(かみ)》つ大みよの、[一四]神の御代をも、しり明らめてむものは、いにしへ人の歌なるかも。おのがよむ歌なるかも。

おのれいとわかゝりけるとき、[一五]母とじの前に、古き人の書《(かけ)》るものどもの在《(ある)》が中に、かぐ山を、[一六]いにしへの、事は知らぬを、われ見ても、久しくなりぬ、あめの香具山、子のもろこしへ行を、そのはゝ、[一七]旅人の、やどりせむ野に、霜ふらば、吾子《(わがこ)》はぐゝめ、あまの鶴群《つるむら》、つまのいせのみゆきの、おほみともなるを、[一八]長らふる、つま吹《(ふく)》風の、寒き夜に、わがせの君は、ひとりかぬらむ、つくしよりのぼるとき、女にわかるとて、[一九]ますらをと、おもへるわれや、水ぐきの、水城《みづき》のうへに、泪のごはむ、題しらず、[二〇]したにのみ、戀《(こふ)》ればくるし、紅《くれなゐ》の、末摘花《すゑつむはな》の、色に出ぬべし、ものがたり、[二一]ある時は、ありのすさみに、かたらはで、戀しきものと、わかれてぞしる、たび、[二二]名ぐはしき、いなみの海の、おきつ波、千重にかく

一 万葉のみやびの歌風がしみ通り、肝に銘じるであろう。→補九。
二 雅。→補一〇。
三 塵がつもる。後世的虚飾を云う。
四 七七頁注一参照。 五 気質。 六 会得しよう。
七 昏迷の段階から濶然と視野の開けるたとえ。
八 摸索の段階から目的に達するたとえ。
九 人の考えで作った中国風の道でなくの意。国意考に「人の心もて作れる事はたがふ事おほきぞかし、かしこにも物しれる人の作りしてふものを見るに、天地の心にかなはねば、其道もちひはべる世はなかりし也」。
一〇 覚り知る。書意考に「世の民の大かたにあしきことをば、見なほし聞なほし給へて」。
一一 無為自然天地に従って治めるの意。→補一一。 一二 政治をなさった。
一三 太平の国。 一四 神代を理解するものは古代人の和歌だ。→補一二。
一五 真淵の実父岡部政信(また定信)の後妻。竹山茂家の長女。延享二年(一七四五)没。
一六 万葉集、七所収の歌(一〇九六)。続古今集、一九にも所収。
一七 万葉集、九「天平五年癸酉遣唐使舶発難波入海之時、親母贈子歌一首并短歌」の反歌(一七九一)。
一八 万葉集、一に「誉謝女王作歌」として所収(五九)。ただし大宝二年太上天皇が伊勢から参河へ行幸された時、「夫君の旅ねを、女ぎみの京に在て」(万葉考)誦じたもの。
一九 万葉集、六の「冬十二月、太宰帥大伴(旅人)卿上京時、娘子作歌二首」に対して旅人が誦んだ二首の一(九六八)。
二〇 この形では未詳。→補一三。
二一 古今六帖、五「物がたり」の中の一首。
二二 万葉集、三「柿本朝臣人麿、下筑紫国時、海

りぬ、やまとしまねは、[二三]あはぢの、ぬしまが崎の、濱風に、妹がむすびし、ひも吹《ふき》かへす、などい《猶イ》とおほかり。こをうちよむに、とじののたまへらく、「近ごろ[二四]そこたちの、手ならふとて、[二五]いひあへる歌どもは、わがえよまぬおろかさには、[二六]何ぞの心なるらむもわかぬに、このいにしへなるは、[二七]さこそとはしられて、[二八]心にもしみ、[二九]となふるにも、やすらけく、みやびかに聞ゆるは、いかなるべき事とか[三〇]聞つや」と。おのれもこの[三一]とはするにつけては、げにとおもはずしもあらねど、[三二]くだれる世ながら、名高き人たちの、ひねり出《いだ》し給へるなるからは、[三三]さるよしこそ有らめとおもひて、[三四]もだしをるほどに、父のさしのぞきて、「たれもさこそおもへ。いで物ならふ人は、[三五]いにしへにかへりつゝ、まねぶぞと、[三六]かしこき人たちも、をしへおかれつれ」などぞありし。[三七]にはかに心ゆくとしもあらねど、[三八]「うけ給《たまはり》ぬ」とてさりにき。[三九]とてもかくても、[四〇]その道に入給《いりたま》はざりけるけにや、あらむなどおぼえて、過《すぎ》にたれど、さすがにおやの言なれば、まして身まかり給ひては、ふみ見歌よむごとに、思出られて、古き萬のふみの心を、[四一]人にもとひ、[四二]おぢなき心にも、[四三]こゝろをやりて見るに、おのづからいにしへこそと、まことに思ひ成《なり》つゝ、[四四]年月にさるかたになむ、入《いり》たちたれ。しか有《あり》て思へば、[四五]先にたちたる、[四六]さかしら人に[四七]あともはれて、とほくわろき道にまどひつ

路作歌二首」の中の一首(三〇三)。
二三 万葉集、三「柿本朝臣人麿覊旅歌八首」の中の一首(二五一)。
二四 其方達。
二五 話し合っている歌。後世ぶりの和歌をさす。
二六 どんな意味なのかわからないが。
二七 成程とわかって。
二八 感銘もされ。
二九 調子もすらすらと。
三〇 どうしたわけと、師から教わったか。
三一 ご質問によって考えるに。
三二 後世ではあるが、著名な人の、苦心して詠出したものである以上は。
三三 それ相当のよい所があろうと。
三四 黙っていると。
三五 論語の為政篇に「子曰ク、故ヲ温(タヅ)ネテ新ヲ知ル、以テ師ト為スベシ」(中庸にも「温故而知新」とある)をさすか。
三六 論語の語とすれば、孔子をさす。
三七 急には合点はゆかなかったが。
三八 承知しました。
三九 いずれにしても。
四〇 専門に歌道に入られたのでないから、父母ともに、そのような発言をするのであろう。
四一 師について学び。
四二 びくびくしながら自分でも。
四三 心をそこにそそいで見ると。
四四 年月を経るにつれて、古代尊重の傾向が深くなって行った。
四五 先輩の。
四六 利口ぶる人。真淵においては、理智を働かす後世心や唐土心の持主は、皆「さかしら人」である。
四七 ひきいられて。指導されて。

一 知識のない人人も。二 虚心坦懐に、求めて行ったなら。三 かえって。四 自分の父母に見る例の如く。ただし彼の父母は共に一通りの和歌のたしなみを持っていた。五 素直な。前出(七七頁注一)。六 窮屈な後世の歌を。七 弁別する。八 人を魅して、道をまよわせる神。今昔物語などに所見。
九 ここは国学への入り初めの意。
一〇 下手に入って行ったのは、都合の悪いものだ。一一 儒学的方法など間違った筋に入っても、習は性となるもので。一二 日本人本来の精神。
一三 正しい傾向からの発言。
一四 天地自然と共に直で、後世外国のものでけがされない上古の道。「千代の古道」は山城の歌枕でもあるが、ここは転じ用いた。
一五 進み入って行きにくいものである。
一六 木の繁った麓。一七 踏み分けて行き。
一八 かろうじて。
一九 「し」の下の「、」底本なし。意によって補。
二〇 奥末。「か」は処(冠辞考)。
二一 心中の疑問も払拭して。
二二 万事に通達したような気持になる。
二三 そこで止まらないのが、人間の心で。
二四 山頂に立って、更に高きを望み、雲や風に乗りたいものだと思う。
二五 はやり気になる。二六 無理に、むつかしい理論など展開するたとえ。二七 仙術でも、習えば、習得した気になって。二八 此の上なく得意になって。
二九 ひとり笑しつつ年月が流れる。垂加流神道者(補注八参照)などをさしたものであろう。
三〇 ふと。三一 一度は上っても下らないままではおれまい。三二 行手の限りはあるものだ。やたらの高上りの心についての反省をいう。

る哉。[一]しらぬどちも、[二]心静にとめゆかば、[三]中〳〵に、よき道にも行《(ゆき)》なまし。[四]歌よまぬひとこそ、[五]なほき古しへ歌と、[六]くるしげなる後のをしも、[七]わいだめぬるものなれと、今ぞ[八]まよはし神の、はなれたらむ心ちしける。

[九]ものの《ゝ》はじめ、[一〇]わろく入《(いり)》たちにしこそ、くるしけれ。萬[一一]よこしまにもならへば、心となるものにて、もとの[一二]やまと魂《だましひ》をうしなへりければ、たま〳〵[一三]よき筋《すぢ》の事はきけども、[一四]なほく清き千代の古道には、[一五]行立《(ゆきたち)》がてになむある。こを譬へば、高き山にのぼるが如し。[一六]もと繁《しげ》き山ぐちをおしわけて、木の根巖《いは》がね、[一七]いゆきさぐゝみ、汗もしとゞに、いきも喘《あへぎ》つゝ、[一八]からくして峰にいたりぬ。かく至《いたり》てば、あふぎてむかひてしやま〳〵をも見くだし、[一九]行《(ゆき)》て見ぬ國の[二〇]おくかも、見明らめられつゝ、今こそ[二一]心の雲霧もはるけて、[二二]世に廣く、くらからざめりとおぼゆ。[二三]さてしもあらぬは、人のこゝろにて、[二四]いでや雲風にも、などかのらざらむと、[二五]おもひすゝまるれば、[二六]を《躍》どりが《上》り、と《飛》びが《上》りならはすに、[二七]あやしきわざしもならはば《ゞ》、ならひつとおぼえて、[二八]似なくほこらしく、[二九]獨ゑまひをし乍《つゝ》經《ふ》る也けり。しかあるほどに、或とき[三〇]ゆくりなく、雲に飛ばむも、[三一]くだらずやはあらむ。風にのらむも、[三二]行方《ゆくへ》こそ極《きは》みあなれ。[三三]あやしのわざやてふ心の出來ぬれば、いつとなくその高嶺をも下り[三四]まかりて、もとのふもとにかへりぬめり。

さて靜《しづ》[三五]心に成《(なり)》ては、あやしき心[三六]ずさみにも有《(あり)》つる哉と、おもひなれゝば、萬《(よろづ)》夢のさめたらむ、曉の如《(ごと)》ぞおぼえける。この時にいたりて、また古きふみを見、歌をもとなへこゝろみれば、かのあやしくす[三七]ゝめる、みだりわざはなくて、たゞこの麓[三八]へ歸り下りたる、心にぞ在《(あり)》ける。しかしてこそ、いにしへ人のこゝろは、よく貴《たふと》かりけるものと、おもひしらえ[三九]ぬれ。かくて懸《(かけ)》[四〇]まくも恐《(かしこ)》き、吾皇神《(すめがみ)》[四一]の道の、一《(ひとつ)》[四二]の筋を崇《たふと》むにつけて、千五百代《(ちいほよ)》も、やすらにをさまれる、いにしへ[四三]の心をも、こゝろにふかく得つべし。ついでには、言《(こと)》[四四]さへぐ、國〻の、上つ代のさまを、よくしれる人に向《むかふ》にも、なほ[四五]き筋のたがはぬも、多かりけり。然《しか》はあれど、かくするほどに、殘[四六]りの齡なくなり行《(ゆく)》こそ、あや[四七]なけれ。いかでわかき時より、みづから心[四八]ぎもをさだめて、たゞふるきふみ古き歌をとなへて、われもさるかた[四九]に、よ[五〇]みも書《かき》もせよ。身もい[五一]たづかで、ならひ得つべし、おもひ得つべし。

萬[五二]葉集は、今二十巻《はたまき》あめれど、かの橘[五三]の諸兄の、おほ[五四]まうちぎみの、撰《(えらみ)》たまひけむは、たゞ一つの巻、二つの巻こそ、定《さだ》かにそれと見ゆれ。それはた字[五五]の違ひ、よ[五六]みのあやまれるなむおほき。又十[五七]まりひとつ・ふたつ・みつ・よつの巻も、右につぎて、えらび給へるにやと、おぼしきことあり。何ぞといはば、

三三 自己の学問の邪に気づくこと。
三四 底本「まがり」。意によって改。下って出発点につく。
三五 平静な心になって。 三六 はやり心。
三七 我にもあらずはやり過ぎて、誤った学問を離れた。
三八 古道研究に地道に足のついた精神。
三九 十分に知ることが出来る。
四〇 「皇神」の序詞。
四一 天皇の御先祖。この道は真淵の理想とする古道のこと。原文この上で改行しているが、今は一字あけて、それを示す。
四二 この一筋のみを尊崇すれば次第に。
四三 古代精神が心から理解できる。
四四 唐土の上代に詳しい人に対して話しても。
四五 唐土の上代にも(儒学が出現せぬ前)、日本の上代と同じく、直きことが多かったことがわかる。 四六 余命いくばくもなくなって来る。
四七 せん方ない。真淵自らの回顧である。↓補一四。 四八 しっかり覚悟して。
四九 古い歌文の調を範として。
五〇 読書作文せよ。
五一 労することなく。
五二 前出(五〇頁注一五)。以下真淵の万葉の巻巻についての説は、万葉考別記、一の「巻の次」や、万葉考の巻三・四・六の序に詳に見える。
五三 前出(五一頁注三四)。 五四 太政大臣。
五五 万葉集大考「此集もと草の手に書つるを、仙覚などや真字となしけん、今ふかく考るにうたがはしき所々、その字を古への草になして見れば、必草より誤れるぞ多き」。
五六 訓。万葉集大考「こゝの言を知て言を本としてよまぬ人は、字に泥みたるひがこと有めり」。
五七 一一・一二・一三・一四巻。

一の巻・二の巻は、凡よみ人知られて、且《(はた)》宮ぶり也。[一] 十一・十二・十三は、みなよめる人しらえぬふるき歌の、はたみやこ人のなり。是を古歌集[二]ともいへることあれば、こと人[三]の集《あつめ》つらむともおもへど、なほ一つ・二つの巻の、よみ人[四]しらえしのみを、撰むべくもあらずと、おもふこと有《(あり)》。さらば十三と有《(ある)》こそ、いとふるき歌にて、古[五]しへのみやびごとしるく、はた長き歌おほければ、是を三の巻とし、十一・十二を四・五とし、さて十四は東歌《(あづまうた)》[六]にて、おほくの國ぶり[七]也。から[八]國のいにしへの歌にも、くにぶりを集めしにもより、もとよりも歌は[九]、人のこゝろをのぶるものにて、それにつけて、いとやむごとなきあたりに[一〇]、をす國人[一一]のこゝろをも、しらするものなれば、なぞや大宮風《おほみやぶり》[一二]のみをいはむ。かかるからに、あづま歌をも、する[一三]につけて、撰《(えらみ)》つべし。今の二十の巻なるあづま[一四]歌は、大伴[一五]の家持ぬしの、とりあつめし物、この十四の巻なるは、それより古き東歌にて、かならず上[一六]につゞきて、撰そへられしものと見ゆ。又三の巻よりは、おほくは家持ぬしの歌集《うたづめ》[一七]なり。五は山上[一八]憶良の集、七と十[一九]とは、ことのさまひとしくて、又たれその人の、家に書《(かき)》つめしもの。かくさま〲なれば、よ[二〇]くえらびとゝのへたる巻は少し。よりて[二一]たはれたるも、はたよく本末[二二]のとゝのほらぬも、また本はよろしくて、末のこと葉のわろきも有《(あり)》。しかれば今[二三]かたと

一 都風。以下見える国ぶりの地方風に対する。
二 万葉集、一一の歌(三三六七)の左註「右五首古歌集中出」とあるをさす。万葉考、四の序「此二巻(今の一一・一二)の初めに、今本には柿本人麻呂歌集の歌古歌集中の歌あるは、いと後に加へし事しるければ」として、その考証をしている。
三 別人。諸兄ならぬ人。
四 読人のわかったのみを集めて、読人不知の詠を集めなかったこともあるまい。
五 上代の風雅の体が顕著で。
六 万葉集、一四の初めに「東歌」とする。万葉集や古今集に残る東国地方の国ぶりの和歌。↓補一五。
七 諸国の地方歌。宮ぶり(都風)に対する。
八 詩経の中に国風があるにならい。↓補一六。
九 和歌の本質から考えても、人情を述べるものので。↓補一七。
一〇 至尊の位。朝廷において。
一一 統治なさる国民の心をお知りになるものだから。補注一四・一六参照。
一二 都風の和歌のみを問題にはしない。勿論、国風をも集めたはずである。
一三 真淵の想像する諸兄編の五巻の末に。
一四 巻二〇所収の防人歌をさす。
一五 前出(五一頁注二三)。
一六 前述の諸兄編と云う五巻のこと。
一七 「つむ」は集める意の下二段活用の動詞。
一八 万葉集の代表的歌人(六〇〇中葉—七〇〇初葉)。
一九 万葉考別記に「今の七と十の巻は、歌もいさゝか古く、集め体(ママ)も他と異にて、此二つの巻はすがたひとしければ」。
二〇 撰集としては整備した巻が少い。にひまなびに「万葉は撰める巻は少くて、多くは家々の歌集なれば、あしき歌あしき言もありいで」。

して取《とら》んには、更にえらびてとるべし。そのえらび、はたかたければ、誰かは是にあたらむ。たゞ[二四]言葉のとゞこほらず、[二五]ことわり明らけく、[二六]みやびてやさしとおぼゆる、心こと葉なるを、とるべし。少しも聞《きき》にくゝ、[二七]くるしげなるをば、まづはあしとおもひたれ。[二八]四《よ》千《ちゞ》まり三《み》百《もゝ》ばかりの歌なるが中に、その[二九]なだらかなるをのみとらむも、少なからぬ也。この事をよく心得ずて、はた巻ともに、みな同じとおもひ、[三〇]萬葉風《ぶり》とて、後にかなはずなどいふ也。右の如くこゝろ得て、しかもとゝのひたるすがた心を、よくとりたるは、[三一]鎌倉の大まうち君なり。その中にも、[三二]はじめと、中とするゐと見ゆ。末によくとり得られたるをもて、[三三]おもひ合すべし。されど[三四]女のうたには心すべし。[三五]古今歌集の中に、よみ人しらずてふ歌こそ、萬葉につゞきたる、奈良人より、[三六]今の京《みやこ》の始《はじめ》までのあり。これをかの[三七]延喜のころのうたと、よくとなへくらべ見るに、[三八]かれは[三九]ことひろく、[四〇]こゝろみやびかにゆたけくして、萬葉につげるものの、しかも[四一]なだらかに、[四二]にほひやかなれば、まことに女の歌とすべし。[四三]いにしへは、[四四]ますらをはたけくをゝしきを、むねとすれば、うたもしかり。さるを古今歌集のころとなりては、男も[四五]女ぶりによみしかば、をとこ・をみなのわかちなくなりぬ。さらば女は、たゞ古今歌集にて、たりなむといふべけれど、そは[四六]今少しくだち行《ゆき》たる世にて、人

二一 行儀の悪いのも。にひまなびの頭注に「歌はたとひ、たはれがましき、男女の相聞へを聞ても、聞人の心にふかくあはれとは思はれて、みづからのたはれ心はおこらず、是ぞから国の面をよくして、内きたなきとは、ことにして、うらうへなき、皇朝のいにしへのならはしなればなり」。二二 一首の中で、本と末の調のみだれたもの。二三 今和歌を詠む模範として。

二四 言葉つづきの渋滞なく。なだらかで。

二五 内容が明瞭にわかり。

二六 風雅でしおらしい。→補一八。二七 窮屈。

二八 万葉集の歌数は一本歌或は本歌などを数えるか否かで諸説があり、古くは八雲御抄や袋草紙は四千三百余に数えている(武田祐吉著、万葉集書志)。二九 調のよいものの意。にひまなびに「今模としまねばむには、…既にいへるしらべを思ひてとるべし」。補注三参照。

三〇 国歌八論の在満などもこの説であった。

三一 鎌倉右大臣源実朝(一一九二―一二一九)。その金槐集に万葉調の詠が見える。真淵は「鎌倉右大臣家集のはじめにしるせる詞」の文で、それを称賛した。三二 →補一九。三三 実朝が万葉風を学んだを参考として、詠歌せよ。

三四 ただし女性の詠歌には、以上の外に注意が必要である。→補二〇。

三五 古今和歌集。三六 平安朝。

三七 延喜五年に成った古今集の中心をなす一群。

三八 「よみ人しらず」の和歌。三九 和歌の世界が広く。四〇 情は風雅で豊潤であって。

四一 調がよく。四二 文学性に富む。

四三 万葉以前をさす。四四 丈夫(男子)は男らしいのを主眼とする。→補二一。

四五 女性調。補注二〇参照。四六 末になり過ぎた。衰えすぎた。補注二〇参照。

の心に巧《たくみ》[一]おほく、ことにま[二]ことはうせて、歌をわ[三]ざとしたれば、おのづからよろしからず、心にむ[四]つかしき事あり。いにしへ人のなほくして、心高く、みやびたるを、萬葉に得て、後に古今歌集へ下りて、まねぶべし。このことわりをわすれて、代[五]ゝの人、古今歌集を、事のもとゝしてまねぶからに、一人として、古今歌集に似たる歌、よみ得し人も聞[六]えず。はたその古今歌集の心[七]をも、ふかくさとれる人なし。物は末より上を見れば、雲霞へだゝりて、明らかならず。其上へのぼらむ、は[八]しをだに得ば、いちはやく高くのぼりて、上を明《あき》らめて、後に末を見よ。既[九]にいひし如く、高山より、世間《よのなか》を見わたさむごとく、ひとめに見ゆべし。ものゝこゝろも、下[一〇]なる人、上[一一]なる人のこゝろは、はかりがたく、上なる人、下の人の心は、はかりやすきが如し。よりてま[一二]なびは、上より下《くだ》すを、よしとする事、か[一三]ら國人も、しかいへりき。

明[一四]和のはじめつかたかもの眞淵が、老のふでにまかせて書《(かけ)》る也。

一 技巧に過ぎる。
二 表現にも虚飾が多く。
三 技芸。真淵は和歌を直接道につながるべきものと考えていた。
四 煩わしい。
五 定家の詠歌大概にも古今集を見習うべき第一とし、以下二条家歌学では、その伝授まであって、最高のものとして来たをさす。
六 聞いたこともない。
七 本質。
八 梯(かけはし)。方法。
九 前に「あふぎてむかひてしやま〱をも見くだし…」(八二頁)とあるをいう。
一〇 階層の下の人。政治で云えば庶民。
一一 階層の上の人。政治で云えば為政者。
一二 滄浪詩話の詩弁に「工夫ハ須ク上従リ做シ下スベク、下従リ做シ上ルベカラズ。先ヅ須ク楚詞ヲ熟読シテ、朝夕諷詠シ、以テ之ガ本ト為スベク、及ビ古詩十九首・楽府四篇、李陵・蘇武・漢魏ノ五言ヲ読ミ、皆須ク熟読スベク、即チ李杜二集ヲ以テ、枕藉シテ之ヲ観ルコト、今ノ人ヲ経ヲ治ルガ如クセヨ、然シテ後ニ博ク盛唐ノ名家ヲ取リテ、胸中ニ醞醸シテ、之ヲ久クシテ自然ニ悟入セン、之ヲ学ンデ至ズト雖ドモ、亦正路ヲ失ハズ、此乃チ是レ頂顰上従リ做シ来ル、之ヲ向上ノ一路ト謂フ、之ヲ直截根源ト謂フ、之ヲ頓門ト謂フ、之ヲ単刀直入ト謂フ也」(三家詩話本による)と云うをさす(宇佐美喜三八「古学派の歌論と詩話」―『国語と国文学』昭和二十四年九月号)。
一三 滄浪詩話の著者、宋の厳羽。字は儀卿(四庫提要、一六三)。
一四 明和元年(六月改元)と想像されている。真淵、時に六十八歳。

此一冊は、師の一五自《みづから》の手してかゝれしを、寫しおきつる也。一六或人のもたるは、初めは是に同じくて、末に事おほくそはりて、紙のひらも多くいと異《こと》なり。いま熟考《つらつらかんがみ》見るに、その異なる條〳〵は、一七にひ學《まなび》にいはれし一八おもむけに、一九いかばかりも違《たが》はねば、後にのぞかれしものなるべし。故《かれ》その異本は捨《すて》て、こゝにあげず。

二〇五十槻園藏板

一五 真淵自筆で。
一六 いわゆる広本と称するもので、校本賀茂真淵全集、思想篇、上に翻刻されている。
一七 この書と同じく、荒木田久老によって、校訂出刊を見た。大本一冊。「五十槻園藏板、寛政拾二庚申十二月、発行書肆、東都通石町十軒店西村源六、坂陽佐野屋橋通博労町播磨屋新兵衛、同播磨屋嘉助」刊。
一八 おもむき。大旨。
一九 余り違わないので。
二〇 荒木田久老家の号。

源氏物語玉の小櫛〔抄〕

源氏物語玉の小櫛

[一]そのかみのこゝろたづねてみだれたるすぢときわくる玉のをぐしぞ

本居宣長

[二]すべての物語書《モノガタリブミ》の事

[三]中むかしのほど、物語といひて、[四]一くさのふみあり。物がたりとは、今の世に、はなしといふことにて、すなはち昔ばなし也。[五]日本紀に、[六]談といふ字《モジ》をぞ、ものがたりと訓《ヨミ》たる。そを書《フミ》に名づけて、作れることは、[七]繪合の巻に、[八]「物語のいできはじめのおやなる、[九]竹取の翁に、[一〇]うつほのとしかげを合せて」とあれば、此竹取やはじめなりけむ。その物語、たがいつの代につくれりとは、さだかにはしられねども、いたくふるき物とも見えず。[一一]延喜などよりは、[一二]こなたの物とぞ見えたる。そのほかかの[一三]たぐひなる、古ル物語ども、此[一四]源氏のよりさきにも、

一◇この著述の主旨を述べた和歌。昔の心即ち源氏物語の著者紫式部自ら云う所にもとづいて、従来の研究書が様様と誤解した中から、この物語の精神をさがし求めるための、この玉の小櫛の一書であるの意。藤井高尚のこの書の序にも同じ意味の説明がある。
二 物語総論。物語についての一般論。
三 中古。宣長の考えでは、平安中頃から鎌倉時代を含む如くである。↓補一。
四 一種の書物。
五 日本書紀。舎人親王奉勅撰の日本の正史。六国史の第一。養老四年成。三〇巻。
六 雄略紀の前紀に「聞二所談一(「モノカタリコトヲキキツ」、また「ミモノガタリヲキキツ」と訓む)」。
七 源氏物語の第十七帖。宮中で絵合をする条がある。
八 物語の始祖。
九 竹取物語。また「竹取の翁の物語」。ここに云う如く物語の始祖とされる作。一巻。
一〇 うつほ物語の最初の巻の名。うつほ物語は二〇巻の古物語。
一一 醍醐天皇時代の年号(九〇一―九二三)。
一二 以後。
一三 竹取物語・うつほ物語と同類の。
一四 源氏の物語より以前に。

かず〳〵多く有《アリ》しと聞えて、その名ども、あまたきこえ[二]たれど、後の世には、傳はらぬぞおほかゝめる。又同じころ、それより後の物も、多くして、今の世[三]にも、これかれと、あまたのこれり。榮[四]花物語の、煙[五]の後の巻に、物語合せとて、「今あたらしく作りて、左[六]右かたわきて、廿人合せなどせさせ給ひて、いとお[七]かしかりけり」といへるを見れば、そのころも、お[八]ほく作りたりし也。

さてもろ〳〵の物語のさま、おの〳〵すこしづゝかはりて、さま〴〵なれども、いづれも、昔のよに有し事を、か[九]たるよしにて、あるはいさゝかか[一〇]たち有し事を、よりどころにして、つくりかへてもかき、あるは其[一一]名をかくしもし、かへもしてかき、あるはみ[一二]ながら作りもし、又まれには、有しことを、そのまゝに書《カケ》るも有て、や[一三]う〳〵なる中に、まづ多くはつくりたるもの也。さてそはいかなる趣[一四]なる物にて、何のためによむものぞといふに、大かた物がたりは、世の中に有リとある、よき事あしき事、めづらしきことをかしきこと、おもしろき事あはれなる事、などのさま〴〵を、書《カキ》あらはして、そのさまを、繪[一五]にもかきまじへなどして、つ[一六]れ〴〵なるほどの、もてあそびにし、又は心[一七]のむすぼゝれて、物おもはしきをりなどの、なぐさめにもし、世[一八]ノ中のあるやうをも心得て、も[一九]のゝあはれをもしるものなり。かくていづれの物語も、男[二〇]女のなから

一 有ったと云うことで。 二 伝わっているが。源氏物語にも、伊勢物語・正三位(絵合)・からもり・はこやのとじ・かぐや姫の物語(蓬生)・住吉の姫君・くまのの物語(螢)・交野の少将(帚木)など見える。この中、竹取物語・伊勢物語のみ伝わる(石川徹著、古代小説史稿第二章など参照)。 三 宣長当時に関心をもたれた物語とその評価は、藤井高尚の三のしるべなどに所見。 四 道長を中心に、藤原氏の栄華を描いた歴史物語。四〇巻。 五 栄花物語、三七に、斎院の禖子内親王が物語合せをした記事がある。 六 左右両方にわけて。 七 正しくは「をかし」。宣長は、田中道麻呂の「物をほめて云ふオカシは、オムカシのつづまりたるにて、オの仮字なり。又笑ふべき事を云ふヲカシは、ヲコと云ふ言のはたらきたるにて、ヲの仮字なり」との説に賛成していた(玉かつま、一)。 八 物語については、風葉集や松尾聡著、平安時代物語の研究など参照。 九 物語りする形式で。 一〇 形骸だけあった事実を。 一一 当事者の名。 一二 悉く。▽賀茂真淵の伊勢物語古意総論に「実の録のごとくはあらで、世の人のかたり伝へ来し事を、真言寓言をも問ず、其かたるまに〳〵書集たるてふ意にて、今云むかし〳〵の例(とあ)なし物がたりに同じ」。 一三 様様。→補二。 一四 趣意。何を目的として書いたもので。 一五 螢の巻に「例のとしよりもいたくして、はるゝかたなく、つれ〴〵なれば、御方々、絵物がたりなどのすさみにて、明しくらし給ふ」(玉の小櫛に引用する所によってかげる。以下同様)による。 一六 退屈な時のなぐさみにし。後出(九三頁注三四)。 一七 心のふさがって、気苦労な時。

ひの事を、むね[二一]とおほく書《カキ》たるは、よゝ[二二]の歌の集共《ドモ》にも、戀[二三]の歌の多きと、同じことわりにて、人の情《コヽロ》のふかくかゝること、戀にまさるはなければ也。すべてこれらのこと、猶つぎ〳〵に、くはしくはいふべし。

大[二四]むね

此物語のおほむね、むかしより、説どもあれども、みな物語といふもののこゝ[二五]ろばへを、たづねずして、たゞよ[二六]のつねの儒佛などの書《フミ》のおもむきをもて、論ぜられたるは、作りぬしの本意《ホイ》にあらず。たま〳〵かの儒佛などの書と、おのづからは似[二七]たるこゝろ、合へる趣もあれども、そ[二八]をとらへて、すべてをいふべきにはあらず。大かたの趣は、かのたぐひとは、いたく異《コト》なるものにて、すべて物語は、又別《コト》に物がたりの一つの趣のあることにして、はじめにもいさゝかいへるがごとし。かくて古ル物語は、こゝ[二九]らあるが中にも、此源[三〇]氏のは、一きはふかく心をいれて、作れる物にして、そのよしは、猶末に別にくはしくいふべし。さてすべて物語[三一]どものおもむき、又それをよみたる人の心ばへなどは、此源氏の物がたりの、巻[三二]〻ところ〴〵に見えたるをもてさとるべし。

物語をよみて、さ[三三]る人の心をなぐさむるゆゑは、わ[三四]が身と似たるさまの事を

一八 世相を察知し。後出(九四頁注二)。
一九 ▽石上私淑言、上「すべて人の情の事にふれて感くはみな阿波礼なり。故に人の情の深く感ずべき事を、すべて物のあはれとはいふ也」。後出(九四頁)。
二〇 若菜の下の巻に「かく世のたとひに、いひあつめたる、むかしもの語にも、あだなる男色ごのみ、ふた心ある人にかゝづらひたる女、わがやうなる事を、いひあつめたるにも…」などによる。後出(一一三頁注一八)。
二一 主として。 二二 代代の歌集。
二三 排蘆小船に「恋の歌の多きはいかにといへば、これが歌の本然のをのづからあらはるゝ所なり、すべて好色のことほど人情のふかきものはなきなり」。
二四 大意。◇源氏著述の作者の本意に関する論。諸注釈書も、大意(湖月抄など)とか、本意(源氏物語新釈など)と称して、この論に及んでいる。
二五 意味。意義。
二六 世間普通の儒書仏典の趣意で。文学書と道徳宗教の書物と混同して来たとの説。 二七 相似て、道徳や宗教に関した言辞もあるけれども。
二八 一部をもって全体を律すべきではない。
二九 沢山に。 三〇 源氏の物語は。
三一 創作者の心持と、鑑賞者の気持。
三二 ▽以下宣長は源氏物語の本文から抄出しているが、今は省略して、必要あるものは、頭注にかかげることとする。
三三 この文は、蓬生の巻「はかなきふる歌ものがたりなどやうの、御すさみ事にてこそ、つれ〴〵をもまぎらはし、かゝるすまひをも、思ひなぐさむるわざなンめれ」による説明で、「さる人」とはこの巻で、心ぼそく淋しくすまいする末摘花をさす。 三四 同じように苦労している人。

かきたるをよめば、[一]世にはわがごとくうき身のたぐひも有けりとやうに思ひて、心のなぐさむ也。

すべて物語は、世にある事、[二]人の有さま心を、さま〴〵かけるものなる故に、よめば、おのづから世の中の有さまを、よくこゝろえ、[三]人のしわざ情《コヽロ》のあるやうを、よくわきまへしる、これぞものがたりをよまむ人の[四]むねとおもふべきことなりける。

大かた物語をよみたる心ばへ、かくのごとし。[五]昔の事を、今のわが身にひきあて、[六]なずらへて、昔の人の物のあはれをも、思ひやり、[七]おのが身のうへをもむかしにくらべみて、もののあはれをしり、うきをも思ひなぐさむるわざ也。かくて右のごとく、[八]巻〻に、古物語をよみたる人のこゝろばへを書るやう、すなはち今源氏物語をよまむ人の心ばへも、かくのごとくなるべきこと、しるべし。よのつねの儒佛などの書を、よみたらむ心ばへとは、いたくことなるものぞかし。さて[九]紫式部が、此物語かける本意《ホイ》は、まさしく[一〇]螢巻にかきあらはしたるを、それもたしかにさとはいはずして、例のふる[一一]物語のうへを、[一二]源氏君の、[一三]玉かづらの君に、かたり給ふさまに[一四]いひて、下心《シタゴコロ》に、この物語の本意をこめたり。

一　この条は、胡蝶の巻の「むかし物語を見給ふにも、やう〳〵人のありさま、よの中のあるやうを、見しり給へば」による。　二　人生。人情。　三　行動・性情。この条は、絵合の巻の「かの旅の御日記(源氏の須磨流寓の時の日記)云々、しらで今見む人だに、すこしもの思ひしらむ人は、涙をしむまじく、あはれ也、まいて云々」による。　四　専ら注意し味わうべき点である。　五　この条は、宿木の巻の「かゝる道(「女の、男のふた心あるすぢにて、物思ひすること」)を、いかなれば浅からず人の思ふらむと、むかし物語などを見るにも、人のうへにても、あやしう聞思ひしは、げにおろかなるまじきわざなりけりと、我身になしてぞ、何事もおもひしられ給ひける」による。　六　擬する。　七　この条は、蜻蛉の巻の「せり川の大将のとほ君(古物語中の人物)の、女一ノ宮おもひかけたる、夕ぐれに思ひわびて、出ていきたるかた、おかしうかきたるを、いとよく思ひよせらる。しかばかりおぼしなびく人のあらましかばと、おもふ身ぞくちをしき」による。　八　源氏物語中に古物語を鑑賞した人の気持を書いてあるが、これが直ちに現在の鑑賞方法であること。　九　源氏物語の著者。

一〇　源氏物語の第二十五帖。→補三。　一一　古物語に関して。　一二　源氏物語の主人公。　一三　源氏のかつての情人夕顔と、友人内大臣(当時の頭中将)との間の娘で、源氏が引取っている女性。

一四　源氏の話の態にして、紫式部が述べて。　一五　虚構。この条は、螢の巻の「こゝらの中に、まことはいとすくなからむを、…さてもこのいつはりどもの中に、げにさもあらむと、あはれを見せ、つき〴〵しく、つゞけたるはた、はかなしごととしりながら、いたづらに心うごき、らうたげなる姫君の、物思へる、見るにかた心物語は、おほかた[一五]つくりこと也とはいへども、其中に、[一六]げにさもあるべきことゝと思はれて、作り事とは知リながら、あはれと思はれて、心のうごくこと有《アリ》と也。

かくてもろ〳〵の物がたり、[一七]さま〴〵なる中に、おほくは作りたる事なるを、こゝは紫式部、此物語つくれる下心を、顯はさむために、[一八]かく實に有しことにつきて書る物のやうにいへる也。「[一九]よきもあしきも云々」、すべて[二〇]よきあしきといへるに、心得あり。[二一]下に、よきさまあしきさまなどあるも同じ。此事[二二]奥に別にくはしくいふべし。「[二三]見るにもあかず、聞クにもあまる」とは、見る事聞ク事の、そのまゝに[二四]心にこめては、過しがたく思はるゝをいふ。すべて世にあらゆる、見る物きく物ふるゝ事の、さま〴〵につけて、うれしとも、おかしとも、あやしとも、をかしとも、おそろしとも、うれたしとも、うしとも、かなしとも、ふかく感ぜられて、[二五]いみじと思ふ事は、心のうちにこめてのみは、過しがたくて、かならず[二六]人にもかたり、又[二七]物にかきあらはしても、見せまほしくおもはるゝものにて、然すれば、こよなく[二八]心のさはやぐを、それを聞見る人の、げにと感ずれば、いよ〳〵さはやぐわざなり。

さて此、何事にまれいみじと思ふことの、心にこめて過しがたきすぢは、今

つくかし」による。一六 前注の引用文につづき「げにさもあらんと、あはれを見せといへる、これ源氏物語のまなこ也、此物がたりは、しかし物のあはれをしらしむることを、むねとかきたるもの也」と説明する。→補四。
一七 この条は、螢の巻に「おどろ〳〵しくとりなしけるが、めおどろきて、しづかに又きくたびぞ、にくけれど、ふとをかしきふし、あらはなるなども有べし」とした一類が、「あはれと思は」れる作とは別にあることをさす。ただし宣長は、「上の(「あはれ」の方)一くさぞ、この物語の本意にて、後の一種は、たゞまれに興に書たるのみ也」という。一八 この条は、螢の巻の「その人のうへとて、ありのまゝにいひいづることこそなけれ、よきもあしきも、よにふる人の有リさまの、見るにもあかず、きくにもあまる事の、後の世にも、いひつたへさせまほしきふし〴〵を、心にこめがたくて、いひおきはじめたるなり」による。一九 注一八参照。
二〇 道徳的な善悪の意ではないの意。後出(一〇〇頁)。二一 九七頁注一五・注一九参照。
二二 後出(九九頁以下)。二三 注一八参照。
二四 自己一人の心の中にしまい込んでは。
二五 感銘深いこと。二六 この条は、早蕨の巻の「なげかしき心のうちも、あきらむばかり、かつはなぐさめ、又あはれをもさまし、さま〴〵にかたらひ給ふ云々」などによる。二七 この条は、手習の巻に「おもふことを、人にいひつゞけむことのはは、…まいてなつかしくことわるべき人さへなければ、たゞ硯にむかひて、思ひあまるをりは、手習をのみぞ、たけきこととは、かきつけ給ふ」による。二八 鬱情が去る。この条は、早蕨の巻の「げに心にあまるまで、思ひむすぼゝるゝ事も、すこしづゝかたり聞え給ふ

の世の、[一]何の深き心もなき、大かたの人にても、同じことにて、たとへば世にめづらしくあやしき事などを、見聞たる時は、わが身に[二]かゝらぬ事にてだに、心のうちに、あやしきことかな、めづらしき事かなと、思ひてのみは[三]やみがたくて、かならずはやく人にかたりきかせまほしく思ふもの也。さるはかたりきかせたりとて、我にも人にも、何の[四]やくもなけれども、然すれば、おのづから心のはるゝは、人の情《コヽロ》のおのづからの事にて、[五]歌といふ物のよまるゝもこれ也。下ノ心、上に、「[六]そらごとをよくしなれたる口つきよりぞ云ゝ」といへるは、此物語を難じたる意なるを、これよりして、その答への意にて、紫式部此源氏の物語を作れる本意を、まさしくのべたるものにて、[七]此物語は、まことに皆そらごとにてはあれども、[八]むげにあともなき、[九]すゞろごとにはあらず、其人の事と、正しく名をさして、有リのまゝにこそいはね、みな世ノ中につねにある事共にて、よき事あしき事の、[一〇]目にあまり耳にあまるを、後の世にもいひつたへまほしく思はるゝが、心のうちにこめて、過《スグ》しがたき故に、物がたりによせて、其事どもを書《カケ》るぞ。然ればそらごとながら、そらごとにあらずと知《シル》べしと也。然らば、此物語にかける事どもは、みな紫式部がまのあたり、[一一]その代に見たる事聞たることを、その人の名をかくして、書たる物かといふに、かならずしも

にぞ、こよなくむねのひまあくこゝちし給ふ」による。

一 特別教養のない凡人。
二 無関係な。
三 止まりかねて。
四 益。
五 石上私淑言、上に詳述していて、宣長は和歌物語の本質は同一としていたのである。そしてこの説は堀景山の影響にもとづく。→補五。
六 螢の巻に「此ごろをさなき人の、女房などに時々よまするを、たちきけば、物よくいふものの、世にあンべきかな、そらごとをよくしなれたる口つきよりぞ、いひ出すらむとおぼゆれど、さしもあらじやとのたまへば」。これは作中の源氏の言葉で、一度、この如く物語を批難しておいて、さて、九五頁注一八に示した如く、この批難への答として、物語肯定論を述べたのである。
七 以下「…と知べし」までは九五頁注一八の説明。
八 全く痕跡もない。
九 らちもないこと。
一〇 見ただけで、人に話さずだまっておれなく、聞いただけで聞きすてにできないこと。
一一 玉の小櫛の准拠の条「物がたりに書たる人々の事ども、みなこと〴〵くなぞらへて、あてたる事あるにはあらず、大かたはつくり事なる中に、いさゝかの事を、より所にして、そのさまをかへなどしてかけることあり。又かならず一人を一人にあてて作れるにもあらず、源氏君一ところのうへにも、いにしへの人々のうへに有し事どもを、やまともろこしにもとめて、一事づゝとりたることもありて、すべて定まれる

しかま[一二]しく、其人の其事とはなけれど、たゞつねに世ノ中に有《アリ》て、見聞ク事の、深く心に感ぜられて、過しがたきすぢ[一三]を、其人其事をつくりまうけて、其[一四]人に思はせいはせて心をのべたる也。

作り物語なれば、よ[一五]くいはむとては、一人のうへに、よの中のあらゆるよき事のかぎりをえ[一六]りいで、とりあつめて、よきことばかりをいふとなり。下心、源氏ノ君これにあたれり。そはし[一七]わざ心は、さらにもいはず、かほかたちし[一八]なくらゐ、身のさかえ、すべて世の中のよきことのかぎりを、此人にとりあつめてかけり。これ物のあはれを深くして、よむ人を、深く感ぜしめんためなり。[一九]さるは人のうへのあしき事をいひたてて、そしらむの心ならねど、たゞよまむ人の興に、をり〳〵は、あしき事のめづらかなる[二〇]さまどもをも、書キたりと也。「人[二一]にしたがはむとては」といひ、「めづ[二二]らしき事を」といへるにて、その意しられたり。さて上にいへる、「げ[二三]にさもあらんとあはれを見せ云々」と、「[二四]おどろ〳〵しくとりなしたるが云々」との、二種は、すなはちこゝの、よきさまとあしきさまとの二くさにて、上[二五]なるは、物語をよみたる心ばへ、こゝ[二六]はつくれるこゝろばへをいへる也。かしこと引[二七]合せかむがへて、その「よき事のかぎり」をいへるは、「げにさもあらむとあはれを見せ」て、よむ人の心を感ぜ

ことはあらざる也。おほかた此准拠といふ事は、たゞ作りぬしの心のうちにある事にて、必しも後にそれを、こと〴〵く考へあつべきにしもあらず」。

一二 正確に。

一三 方面。事がら。

一四 作中人物に考えさせたり、発言させたりして、作者の思う所を述べたものである。

一五 この条は、螢の巻「よきさまにいふとては、よきことのかぎりをえりいで」の説明。

一六 選び出して、一人の身の上に集めて。

一七 行動・精神は勿論。

一八 階層・位官。

一九 この条は、螢の巻の「人にしたがはむとては(玉の小櫛の注(以下、注と示す)に「よの人のわろしと定むる事をば、その定にしたがひていふとの意」)、又あしきさまのめづらしき事を、とりあつめたる、みなかた〴〵につけて、此世の外の事ならずかし」による。この注に「下心、末摘花ノ君、近江ノ君などのたぐひ、これにあたれり」。

二〇 珍しい。異常な。

二一・二二 注一九の引用文中にある。

二三 九五頁注一五の引用文。

二四 九五頁注一七の引用文。

二五 注二三・二四(即ち九五頁注一五・九五頁注一七)で引用した文で述べたのは、鑑賞者側の気持。

二六 ここは創作者側に立っての発言である。

二七 照合考察して。

しめんためなることをさとるべく、又あしき事の、「めづらしきさま」なるをいへるは、物語の本意にはあらず、たゞをり〳〵の興のみなること、上に、「[一]めおどろき」といひ、「しづか[二]にきくたびぞにくけれど、ふとをかしきふしあらはなる」といへるにてしるべし。

[三]さて[四]ざえのかはり、[五]つくりやうのかはれるは、異國の人の、學問の趣、書の作りやうと、こゝの物語のおもむき、作りやうとは、同じからず、いたく異なるをいへり。おほかた異國の書は、ひたすら人の善惡是非を、きびしく[六]こちたく論《アゲツラ》ひ、物の道理を[七]うがちて、さかしげに、[八]人ごとに、われがしこにいひきそひて、[九]風雅のすぢの[一〇]詩藻のたぐひといへども、皇國《ミクニ》の歌とは、こよなくかはりて、[一一]なほ情《コヽロ》のおくのくまをばかくして、あらはにはのべず、[一二]うはべをつくろひかざりて、とにかくに[一三]さかしくつくりなせるを、皇國の物がたりぶみは、世の有リさま、人の情《コヽロ》のやうを、ありのまゝに書キ出たる故に、大かた[一四]物はかなく、[一五]しどけなげなる事のみにて、[一六]をゝしくさかしだち、[一七]したゝかなることはなき、これ異國とつくりやうのかはれるなり。

もろこしの書のかはれるのみならず、此同じ皇國《ミクニ》の書といへども、昔と今と、作りやうかはれりとなり。(中略)さて皇國の昔の書といふは、上にも出たる[一八]日

一 目を見はる。
二 この引用文の注に「見るといひ、きくといふは、みづから見ると、人によませてきくとにて、同じこと也。すべてあまりめづらしく、おどろ〳〵しき事は、今一たびしづかに見聞クときは、うるさきもの也、それも又一ふしの興ぞと也」。
三 この条は、螢の巻の「人のみかど(注「異朝也」)の、ざえつくりやうかはれる、同じやまとの国のことなれど、むかし今のにかはるなるべし」の説明。
四 前条引用文の注に「ざえは人の学問也」。
五 同「つくりやうは、書の作りざま也」。
六 うるさく評論して。
七 穿鑿して、才識がありそうで。
八 どの人も皆、我こそ賢明だと、云い争い。
九 風雅に関する。
一〇 詩のこと。宣長の詩と歌の相違についての論は排蘆小船に見える。→補六。
一一 深奥の情を隠して。和歌の如く、直くあきらかでないの意。 一二 表面上の修飾が多くて。
一三 小ざかしく。
一四 何だかしっかりした所がなく。
一五 だらしがないようなこと。 一六 男らしく才気充満して。 一七 いかめしい要素。
一八 螢の巻に「日本紀などは、たゞかたそばぞかし。これらにこそ、道々しくくはしきことはあらめとて、わらひ給ふ」とあるをさす。宣長注して「たはふれ給ふ詞也」で、日本紀を道道しい書としての言葉である。
一九 うひ山ぶみ「此の道(皇国の学問の対象)は、古事記・書紀の二典(フタミ)に記されたる、神代上代の、もろ〳〵の事跡のうへに備はりたり」とあり、道の書と見たのである。

本紀などのたぐひをいふべし。そは漢文に書て、事のさまも、[一九]物語とはいたくかはれる也。今のといふは、物語書也。かの日本紀などのふるきにくらぶれば、古物語も、近き世の物なればなり。下心は、今のは、今つくれる此源氏の物がたり也。

[二〇]又紫式部は、[二一]天台の許可をうけて、[二二]宗旨をきはめたれば、ことぐ〵く天台の法文をもて書りとあるも、いと心得ず。式部をみだりにほめあげむとして、中ゝに其意にそむけるもの也。[二三]かの人の心は、女の學問だてをし、さかしだちたることをば、いみじくにくみはぢたること、巻ゝにその意見え、[二四]みづからの日記にも、しばぐ〵いへるものを、いかでかさる[二五]したゝかなることをば物せむ。

○上の件螢ノ巻を引出たる文の中に、「[二六]よきもあしきも、よにふる人の云ゝ」、「[二七]よきさまにいふとては、よきことのかぎりをえりいで、人にしたがはむとては、あしきさまの云ゝ」、「[二八]人のよきあしき云ゝ」など、此外もすべて、物語にいへるよきあしきは、よのつねの儒佛などの書にいふ善悪とは、同じからざることあり。されば物語にいへるよきあしきを、[二九]ひたぶるに儒佛の善悪とのみ心得ては、[三〇]たがふふしおほかるべし。まづすべて[三一]よきあしきは、萬のうへにひろくわたれることにて、人のうへにつきても、必しも[三二]心しわざのみならず、[三三]しな

二〇 ◇この条は、螢の巻「ふかきことあさきことの、けぢめこそあらめ、ひたぶるにそらごとといひすてむも、ことの心たがひてなむ有ける」(注「その人のうへとてといへるより、これまで、上にそらごと也とて、難じたる答の意なる故に、かくいひてむすびたり、さて此次は、そらごととても、ひたぶるにすてはつるは、心得たがひなりといふ証に、その例を引る也」)。仏のうるはしき心にて、ときおき給へる御法も、方便といふこと有て、さとりなきものは、こゝかしこたがふうたがひをおきつべくなん。方等経の中におほかれど、いひもてゆけば、ひとつむねにあたりて、菩提とぼん悩とのへだゝりなん、此人のよきあしきばかりのことはかはりける。よくいへばすべて何事も、むなしからずなりぬやと、物語を、いとわざとの事に、のたまひなしつ」とあるを誤解して、源氏物語を仏教に関係づけて解する説のあるに反対したもの。

二一 天台宗の一流の伝授を受け秘密の法を許されたこと。早く紫明抄などに見える説。→補七。

二二 その宗の奥旨。 二三 彼女。紫式部。→補八。

二四 紫式部日記。二巻。→補九。

二五 いかめしい著述はしない。

二六・二七・二八 前出(九五頁注一八・九七頁注一五・同注一九)。 二九 専ら。

三〇 間違う点。紫文要領、上に「これらのよきとあしきとは、つねの書籍に善人悪人君子小人といへるとは異也、よしあしのさす所かはりある故なり」。

三一 この場合の「よしあし」は、道徳問題で、「善悪」と解されることが多い。物語の「よしあし」は別であることは、後に見える。

三二 精神・行動。 三三 階級・位官。この場合の「よしあし」は、「貴賤」。

くらゐにも、よきあしき有て、尊きをよしとし、賤きをわろしとす。即チ物語にも、位の高き人を、よき人といへり。俗言にも、家がらのよき、格のよきわろきなどいふこれ也。又かほかたち[一]にも、よきあしきあること、いふもさらなり。又命長く[二]、富榮《トミサカ》え、物を得る事などは、皆よき事也。命みじかく、まづしく、衰へ、物をうしなふなど、其外病ヒ災ヒなど、みなあしき事也。さて又人のうへのみならず、衣服・調度・家居などをはじめ、萬のうへに、おの〳〵皆よきとあしきとは有《（アリ）》て、かならず人の心しわざのみにはかぎらず。又物により事により、時にしたがひて、よしあしのかはることも有リ。たとへば矢さき[三]は、物をよくとほすをよしとし、甲冑《ヨロヒカブト》は、とほさぬをよしとし、夏のあつき日には、ひやゝかなるをよしとし、冬の寒き時には、熱《アツ》きものをよしとし、夜ル道ゆく人は、闇《ヤミ》をわろしとし、形《（カタチ）》[四]をしのぶものは、月夜をわろしとするたぐひ、何事にも有ルわざ也。されば人の心しわざのよきわろきも、さばかりうらうへ[五]のたがひこそあらざンめれ。道〻にしたがひて、かはれることの有て、儒の道によしとする事の、佛の道には、わろしとし、佛の道によしとする事の、儒の道には、わろしとするたぐひも有て、一《ヒト》[六]やうならざるがごとく、物語書にても、又よしとしわろしとする事の中に、よのつねの儒佛の善悪とは、かはれることも

一　容貌風姿。ここでは「美醜」。

二　長命・富貴。ここでは「吉凶」。真毘霊でも吉凶に「ヨキアシ」の訓を与えている。

三　やじり。韓非子に見える矛盾の故事などによって云う。

四　姿。様子。

五　正反対のものでもなかろう。質の違いでなくて、程度の問題のこともあるだろうの意。

六　同一。

七　世情に合致する。

八　紫文要領、上「さて其歌物語の中にていふよしあしとは、…かの尋常の儒仏の道にていふよしあしと格別のたがひあるにもあらねども、をのづからかはる所あるは、まづ儒仏は人をしへみちびく道なれば、人情にたがひて、きびしくいましむる事もまじりて、人の情のまゝにおこなふ事をば悪とし、情をおさへてつとむる事

あるぞかし。然らば物語にて、人の心しわざのよきあしきは、いかなるぞといふに、大かた物のあはれをしり、なさけ有て、[七]よの中の人の情《コヽロ》にかなへるを、よしとし、物のあはれをしらず、なさけなくて、よの人のこゝろにかなはざるを、わろしとはせり。かくいへば、[八]儒佛などの道の善惡と、いとしも異《コト》なる[九]けぢめなきがごとくなれども、こまかにいはむには、世の人の情にかなふとかなはざるとの中にも、儒佛の善惡とは、合《ア》ハざることもおほく、又すべてよしあしを[一〇]論《サダ》むることも、[一一]たゞなだらかにやはらびて、儒者などの議論のやうに、ひたぶるに[一二]せまりたることはなし。さて物語は、物のあはれをしるを、むねとはしたるに、そのすぢにいたりては、儒佛の教へには、そむける事もおほきぞかし。そはまづ[一三]人の情《コヽロ》の、物に感ずる事には、善惡邪正さま〴〵ある中に、[一四]ことわりにたがへる事には、感ずまじきわざなれども、情《コヽロ》は、我ながらわが心にもまかせぬことありて、おのづからしのびがたきふし有て、感ずることあるもの也。源氏ノ君のうへにていはば、[一五]空蟬ノ君・[一六]朧月夜ノ君・[一七]藤つぼの[一八]中宮などに心をかけて、逢《(アヒ)》給へるは、儒佛などの道にていはむには、[一九]よにうへもなき、いみじき不義悪行なれば、ほかにいかばかりのよき事あらむにても、よき人とはいひがたかるべきに、その[二〇]不義悪行なるよしをば、[二一]さしもたてては いはずして、

を善とする事多し。物語はさやうの教誡の書にあらねば、儒仏にいふ善悪はあづからぬ事にて、たゞよしあしとする所は、人情にかなふとかなはぬとのわかちなり、その人情の中には、かの儒仏の道にかなはぬ事有故に、儒仏の道にいふよしあしとかはる也」と説明する。宣長のこの文学のよしあしと、道道しい書のよしあしの別の論は、堀景山の不尽言にある、論語の「思無邪」の解の影響と思われる。→補一〇。

九 区別。

一〇 論定する。

一一 自然にやさしく云って。

一二 追求する風ではない。

一三 ▽景山の不尽言に「和歌と云ものも本は詩と同じものにて、紀貫之が古今の序に、人の心を種として、万の言の葉とはなれりけりといひ、見るもの聞ものにつけて、いひ出せるといへば、詩の本意と符合せるもの也、此万の字面白し、人情は善悪曲直千端万緒なるものなれば、人の心の種の内にし、発生の気鬱したるが、見るもの聞くものに触れて、安排工夫なしに思はず知らず、ふつと言ひ出せる詞にすぐに、その色をあらはすもの也」。

一四 道義に反したこと。

一五 源氏に仕える紀の守の父、伊予介の後妻。源氏が心をかけたこと、空蟬の巻に見える。

一六 源氏の兄にあたる朱雀帝の尚侍。源氏がここにしのんだこと、賢木の巻に見える。

一七 源氏の父、桐壺帝の女御(後に中宮)。源氏と密会のこと、若紫の巻に見える。

一八 皇后に次ぐ天子の妃。

一九 極上の。

二〇 不義悪行である点を。

二一 特別に指摘しては言及せず。

たゞそのあひだの、ものゝあはれのふかきかたを、かへすぐ〳〵書《(カキ)》のべて、源氏ノ君をば、むねとよき人の本《ホン》として、よき事のかぎりを、此君のうへに、とりあつめたる、これ物語の大むねにして、そのよきあしきは、儒佛などの書の善惡と、かはりあるけぢめ也。さりとて、かのたぐひの不義を、よしとするにはあらず。そのあしきことは、今さらいはでもしるく、さるたぐひの罪を論ずることは、おのづからそのかたの書どもの、よにこゝらあれば、物どほき物語をまつべきにあらず。物語は、儒佛などの、したゝかなる道のやうに、まよひをはなれて、さとりに入《(イル)》べきのりにもあらず。又國をも家をも身をも、をさむべきをしへにもあらず。たゞよの中のものがたりなるがゆゑに、さるすぢの善惡の論は、しばらくさしおきて、さしもかゝはらず、たゞ物のあはれをしれるかたのよきを、とりたてゝよしとはしたる也。此こゝろばへを、物にたとへていはば、蓮をうゑてめでむとする人の、濁りてきたなくはあれども、泥水《ヒヂミツ》をたくはふるがごとし。物語に不義なる戀を書《(カケ)》るも、そのにごれる泥《(ヒヂ)》を、めでゝにはあらず、物のあはれの花をさかせん料《(シロ)》ぞかし。源氏ノ君のふるまひは、泥水よりおひ出たる蓮の花の、よにめでたく咲キにほへるたぐひとして、その水のにごれることをば、さしもいはず、たゞなさけ深く、ものゝあはれをしれるかた

一 紫文要領、上「かやうの恋のみ多き也。それをしるす心は、…そのしわざの善悪はうちすてかゝはらず、たゞとる所は物の哀也」「淫奔をよしとしてとるにはあらず、それをばすててかゝはらず、物の哀をとる也」。
二 専ら「よき」人の模範。 三 本意。
四 云わないでもあきらかで。
五 その方面の書。 六 世上に沢山にあるから。
七 余り関係のない。 紫文要領、上「されば物語は教誡の書にはあらね共、しゐて教誡といはば、儒仏のいはゆる教誡にはあらで、物の哀をしれとおしゆる教誡といふべし」。
八 厳格な。
九 煩悩を離れて菩提に入るの法。仏教のこと。
一〇 大学「古之欲レ明二明徳於天下一者、先治二其国一、欲レ治二其国一者、先斉二其家一、欲レ斉二其家一者、先修二其身一(下略)」。儒教(朱子学)の根本的教義。
一一 儒仏の関係する。 一二 余り拘泥せず。
一三「物のあはれ」を知るしらずの面からの「よき」を。
一四 特別に引き出して。
一五 賞翫しようとする人。 一六 色美しく咲く。
一七 源氏物語の第十二帖。源氏が朧月夜の君と通じたことが原因で、須磨に流されたことを述べる。
一八 須磨の浦へ流されて、都を離れること。
一九 世をあげて大騒ぎをし、惜しいと噂し、下下は、朝廷のやり方を批難した。
二〇 源氏物語の第十三帖。
二一 怪異がしきりにあって、物情騒然たるさまであった。
二二 雷鳴電光がして。この夜に故桐壺帝が、朱雀帝の夢に現れることがあった。「きこえさせ

を、とりたてて、よき人の本《ホン》にしたること、今いはむもさらなれど、猶ひとつふたついはば、[一七]須磨ノ巻に、[一八]かの浦へ下り給ふことを、「[一九]世ゆすりてをしみ聞え、下にはおほやけをそしり奉る」。[二〇]明石ノ巻に、「そのとし、おほやけに[二一]物のさとししきりて、ものさわがしき事おほかり、三月十三日、[二二]神なりひらめき、さま〴〵雨風さわがしき夜云々」、又「こぞより、[二三]后も[二四]御物の氣になやみ給ひ、さま〴〵のもののさとししきり、さわがしきを云々」、又「[二五]御目のなやみさへ、此ごろおもくならせ給ひて云々」。[二六]蓬生ノ巻に、「[二七]ゆるされ給ひて、都へかへり給ふと、天の下のよろこびにて、立《タチ》さわぐ」。[二八]眞木柱ノ巻に、「[二九]世になんつけられ給はぬおとゞを云々」などあるがごとし。此明石ノ巻の文どもを見れば、神も、此君をあはれみ給へる也。もし儒佛の意にていはむには、さるいみじき不義のふるまひある人を、神も佛も天も、かくあはれみ給へるさまには、いかでか書クべき。又女にてよき人のためしにいへるは、藤壺ノ中宮・[三〇]紫ノ上・[三一]朝顔ノ齋院などなる、其中に、[三二]かの中宮の御事は、[三三]薄雲ノ巻にも、「[三四]かしこき御身のほどときこゆる中にも、御心ばへなどの、[三五]世のためにも、あまねくあはれにおはしまして、[三六]がうけにことよせて、[三七]人のうれへとある事なども、おのづからうちまじるを、[三八]いさゝかもさやうなることのみだれなく、[三九]人のつかうまつる事をも、よの

給ふ事ども多かり。源氏の御事なりけむかし」とある。

二三 源氏母子につらくあたった、桐壺帝の后、弘徽殿のこと。

二四 つきもので病み。 二五 朱雀帝の眼病。

二六 源氏物語の第十五帖。

二七 源氏が許されて、須磨から都へ帰りなさったと云って、世の中あげて。

二八 源氏物語の第三十一帖。

二九 式部卿宮(紫の上、鬚黒大将の北方の父)が、源氏をさしていう言葉。世間から批難はうけない大臣の意。

三〇 源氏の正妻。紫文要領、上に、この人のよき事を示す文章を抄記してある。

三一 朝顔の巻などに見えて、源氏の求愛にも中中、節操のかたい前斎院。

三二 藤壺のこと。 三三 源氏物語の第十九帖。

三四 高貴な御身分と申し上げる中でも。

三五 世間のため、広く区別なく情愛を示す御性質であって。紫文要領、上にもこの所を引用して、「其中に、世のためにもあまねくあはれにおはしましてといへる、哀といふ詞に心をつくべし。下(しも)の品々は、その哀におはします中の事也。源氏の君にあひ給へる事も、物の哀にしのびぬ御心のありし故なれば、いひませば、哀におはしますといふ中にこもるべき也」。

三六 湖月抄に、河海抄を引いて、「豪家」または「高家」の文字をあてる。権勢の家であることを鼻にかけて。

三七 人が迷惑とするようなことも、自然と、行動の中にはまじって、出てくるものだが。

三八 少しもそんな不始末がなく。

三九 人人の奉仕についても、世間で難儀にするようなことは、やめさせなさった。

くるしひと有べきことをば、とゞめ給ふ云々」、「何[一]とわくまじき、山ぶしなどまで、を[二]しみ聞ゆ、を[三]さめ奉るにも、世ノ中ひゞきて、かなしと思はぬ人なし」などほめ聞えたる、これ又儒佛などの意と、ひとしからむには、かゝるよき人の御うへに、源氏ノ君にあ[四]ひ給へるやうの、不義の事を書クべきにあらず。又さる不義ある御方をしも、よき人のた[五]めしにいふべきにあらず。おほかたこれらにて、物がたりのよきあしきは、儒佛などの善悪と、こ[六]となることあるほどを、さとるべく、又お[七]くに引出たる、柏[八]木ノ君の事などをも、思[九]ひわたして、とにかくに物のあはれをなむ、む[一〇]ねとはたてたることをしるべき也。然るによゝの物[一一]しり人たちみな、ひたぶるに儒佛の道[一二]々しくさかしく、したゝかなるをしへのふみのこゝろにのみかゝづらひ、思ひいひ、あ[一三]らぬすぢを引かけて、物[一四]語といふもののおもむきをば、たづねむものとも思ひたらず、物のあはれといふことに、心のつきたる人のなきは、いかにぞや、もののあはれといふことの、くはしきさまは、つぎの巻にぞいふべき。

[一五]なほおほむね

物のあはれをしるといふ事、まづすべてあはれといふはもと、見るものきく

一 何のことはない山伏輩まで。
二 なくなられたことを惜しいことと云い合った。
三 送葬にも、天下一統に。 四 密通したような。
五 例。 六 異質のものがあることを。
七 後出(一一五頁注一八)。
八 源氏の友人致仕の大臣の子で、源氏の室となった女三宮に通じて、病悩の末に死ぬ。紫文要領、上に「此衛門督(柏木の君)も、尋常の議論にていはば、人の室家を奸して、子をうましむる不義大なれば、何ほどよき事外に有共称するにたらぬ事なるを、返てそれ故に死たる心を哀み、世の人におしまれ、源氏君さへ深くおしみあはれみ給ふこと、他にことなるさまにかける事、物の哀をさきとして、淫をばすてゝかゝはらぬ事をしるべし」。
九 思い及ぼして。 一〇 主旨においたことを。
一一 源氏物語の注釈家達をさす。
一二 道義的で、理智的で、厳格な教誡の書物の精神にばかり拘泥して。
一三 途方もない方面の理屈をもって来て。
一四 源氏物語本来の性格である物語の主旨。
一五 ◇本意の続き。「大むね」までは玉の小櫛一の巻にあり、以下二の巻に入る。
一六 感動詞。安波礼弁・石上私淑言、上に、用例を多く上げる。
一七 俗語考の「ああ」の条に「国によりて、今も、ああ、はれ、まあと、うちなげくことあり」。
一八 石上私淑言、上に「漢文に、嗚乎于嗟猗などの字を、阿々とよむ事多し」。
一九 古語拾遺に「阿波礼阿那於茂志呂」、注に「古語、事レ之甚切、皆称二阿那一言、衆面明白也」。
二〇 安波礼弁「皇極紀、咄嗟ア」。
二一 石上私淑言、上に「仁賢天皇紀。吾夫𠰏怜矣。

物ふるゝ事に、心の感じて出る、歎息《ナゲキ》[16]の聲にて、今の俗言《ヨノコトバ》にも、「あゝ」といひ、「はれ」[17]といふ是也。たとへば月花を見て感じて、「あゝみごとな花ぢや」、「はれよい月かな」などいふ、あはれといふは、この「あゝ」と「はれ」との重なりたる物にて、漢文に「嗚呼」[18]などあるもじを、「あゝ」とよむもこれ也。古言に、「あな」[19]又「あや」[20]などいへる「あ」も同じ。又「はや」[21]とも「はも」[22]ともいへる「は。」も、かの「はれ」の「は。」と同じ。又後の言に、「あつはれ」[23]といふも、「あゝはれ」と感ずる詞にて、同じこと也。さて後の世には、「あはれ」の「は」もじを、音便にて、「わ」[24]といへども、古へはすべてかやうのところもみな、本の音のまゝに、「は」もじは、葉・歯などの如くとなへしなり。殊に此「あはれ」といふ言は、歎く聲にて、「あゝ」と「はれ」との重なりたるなればさら也。古語拾遺[25]に、「あはれ」を「言フ心ハ天晴也《ナリ》」[26]といへるは、いみじきひがご[27]となれども、これにても、そのかみ「はれ」を晴のごとくとなへしことをしるべし。かくていにしへの歌に、「あはれ」とよめるは、「ひとつ松あはれ」[28]、「あはれその鳥」[29]、「あはれいくよのやどなれや」[30]、「あはれむかしへ有りきてふ」[31]などのたぐひは、感じて直《タヾ》に、「あゝはれ」と歎きたるまゝをいへるにて、此詞の本也。「あはれ〳〵となげきあまり」[32]、「あはれあなうと過しつるかな」[33]など

此云阿我図摩播耶《アガツマハヤ》」とあり」。同「日本武尊の吾妻者耶とのたまひ、允恭天皇紀にうねびやまみゝなし山を、宇泥咩巴揶、弥々巴揶と新羅人のいへるなど、思ひあはせてしるべし」。

二二 万葉集、三「はぎの花咲きて有やと問ひし君波母」(四五五)など。

二三 安波礼弁「アッハレト云詞モアハレト云ヲ、ツヨクイハントテイヒタル詞ナリ」。

二四 古事記伝、一の「仮字の事」の条に「仮字用格のこと、大かた天暦のころより、以往の書どもは、みな正しくして、…波比布閇本と、阿伊宇延於和韋宇恵袁とのたぐひ、みだれ誤りたること一つもなし、其はみな恒に口にいふ語の音に、差別ありけるから、物に書にも、おのづからその仮字の差別は有りけるなり」。

二五 斎部広成著の上代史書。一巻。

二六 前出(古語拾遺)の「阿波礼阿那於茂志呂」の注に「言天晴也」。旧事記にも同文がある。

二七 まちがい。

二八 石上私淑言、上に「日本武尊の御歌に、尾張にたゞにむかへるひとつ松あはれ(下略)」。

二九 万葉集、九「かききらし雨のふる夜を霍公鳥鳴きてゆくらし、何怜(あはれ)その鳥」(一七五六)。

三〇 石上私淑言、上に「古今集に、あれにけりあはれいくよの宿なれや住けむ人のおとづれもせぬ」。

三一 石上私淑言、上に「あはれむかしべ有きてふ人丸こそはうれしけれ」。

三二 石上私淑言、上に「又長歌に、すみぞめのゆふべになればひとりゐてあはれ〳〵となげきあまり云々」。

三三 石上私淑言、上に「又古今集に、とりとむる物にしあらねば年月をあはれあなうと過しつるかな」。

のたぐひも同じ。「[一]あはれてふ言《コト》をあまたにやらじとや春におくれてひとりさくらん」といふ歌も、人の花を見て感じて、「あゝはれ」といふ詞を、其花の心に、ほかのあまたの花には、分ヶやらずして、おのれひとり、然いはれむと思ひてや、他の花の皆ちりて後に、ひとりおくれては咲ぬらんとよめる也。これらをもて、まづあはれ[二]といふ詞の本をしるべし。さて又あはれ[三]と見るあはれ[四]とき く、あはれ[五]と思ふなどいふたぐひは、いさゝか轉じたるいひざまにて、これは「あゝはれ」と感じて、見聞《ミキキ》思ふ也。又「[六]あはれなり」といふたぐひは、「あゝはれ」と感ぜらるゝよし也。又あはれ[七]をしる、あはれを見す、あはれにたへず、などいふ類は、すべて何事にまれ、「あゝはれ」と感ぜらるゝさまを名づけて、「あはれ」といふ物にしていへるにて、かならず「あゝはれ」と感ずべき事にあたりては、その感ずべきこゝろばへをわきまへしりて、感ずるを、あはれをしるとはいふ也。又物をあはれぶ《ム》といふ言も、もと「あゝはれ」と感ずること也。古今集ノ序に、「[八]霞をあはれび《ミ》」とあるなどをもてしるべし。又後の世には、あはれといふに、哀の字を書て、たゞ悲哀の意とのみ思ふめれど、あはれは、悲哀にはかぎらず、うれしきにも、おもしろきにも、たのしきにも、をかしきにも、すべて「あゝはれ」と思はるゝは、みなあはれ也。さればあはれ[九]におか

一 石上私淑言、上に「又古今に」として引用。
二 歎息する原義。石上私淑言、上に「さてかくの如く阿波礼といふ言葉は、さまぐ\いひかたはかはりたれども、其意はみな同じ事にて、見る物、聞事、なすわざにふれて、情の深く感ずる事をいふ也」。
三 石上私淑言、上に引く一例、「古今、よそにのみあはれとぞみし梅の花あかぬ色香はをりてなりけり」。
四 石上私淑言(斎藤彦麿刊本)、上に「彦麿云、源氏横笛に、深き夜の哀斗は聞わけとことより外にえやはいひける」と頭注があって、もとの稿本に数行分空白にしてある部分にあたり、「あはれと聞く」の例を入れる予定の所。
五 石上私淑言、上「古今に、色よりもかこそあはれとおもほゆれたがそでふれし宿の梅ぞも」。
六 石上私淑言、上に「拾遺集に、おもひでもなきふるさとの山なれどかくれゆくはたあはれなりけり」。
七 石上私淑言、上に「さて右の歌共によめるあはれは、みな用の詞也。それを体の詞にいへるもあり。後撰集、あたらよの月と花とをおなじくばあはれしれらむ人にみせばや」。以下その体の詞である。
八 古今集、仮名序に「花をめで、とりをうらやみ、かすみをあはれび、露をかなしぶ心、ことばおほく」。
九 石上私淑言、上に「伊勢物語に、此男人の国より夜ごとにきつゝ、笛をいとおもしろく吹て、声はおかしうてぞあはれにうたひけるとある、笛を面白く吹てうたに声のおかしきがあはれなる也」。
一〇 石上私淑言、上に「蜻蛉日記に、つねはゆかぬこゝちも、あはれにうれしう覚ゆることかぎ

しくとも、[一〇]あはれにうれしくとも、[一一]つらねていへり。そはおかしきにもうれしきにも、「あゝはれ」と感じたるを、あはれにとはいへる也。但し又、おかしきうれしきなどと、あはれとを、[一二]對《ムカ》へていへることも多かるは、人の情のさま〴〵に感ずる中に、[一三]うれしきことおもしろき事などには、感ずること深からず。たゞかなしき事うきこと、戀しきことなど、すべて心に[一四]思ふにかなはぬすぢには、感ずることこよなく深きわざなるが故に、しか深き方を[一五]とりわきても、あはれといへるなり。俗に悲哀をのみいふも、[一六]その心ばへ也。たとへば[一七]若菜ノ巻に、梅の花を、花のさかりにならべて見ばや、といへることあるがごとし。梅の花も花なれども、それに[一八]むかへても、櫻をとり分《ワケ》て花といへり。さて又物に感ずとは、俗にはたゞよき事にのみいふめれども、これも然らず。字書にも、[一九]感は動也といひて、心のうごくことなれば、よき事にまれあしき事にまれ、心の動きて、「あゝはれ」と思はるゝは、みな感ずるにて、あはれといふ詞に、よくあたれるもじ也。漢文に[二〇]「感《ゼシム》二鬼神《ヲ》一」と有て、[二一]古今集の眞名序にも、[二二]然《シカ》書れたるを、[二三]かな序には、「[二四]おに神をもあはれと思はせ」とかゝれたるにて、あはれは、物に感ずることなるをしるべし。大かたあはれといふ言の本、又[二五]うつりてつかひたるやうなど、上ノ件にて心得べし。かくて又物のあはれといふも、

りなし。是又、心ゆきて嬉しき事にあはれといへり」。

一一 連続して。

一二 石上私淑言、上に「たゞし源氏など、其外も物語ぶみには、おかしきとあはれなるとを反対にしていへる事も多し。是は総じていふと、別していふとのかはり也」。

一三 同の上欄に「新古今恋五、清原深養父、うれしくば忘るゝことも有なましつらきぞ長きかたみなりける、是うれしきは情の浅きゆゑ也」。

一四 思いを満たすことが出来ない方面。

一五 特別にして、また。

一六 深くあわれを感ずることを、特別にしたものである。

一七 源氏物語の第三十四帖、若菜の上の巻にあること。源氏が、梅を、まさぐりなどして、「これも、あまたに移ろはぬほど、目とまるにやあらん、花(桜)のさかりに、ならべて見ばや」と云う所。

一八 対しても。

一九 康熙字典は広韻を引いて、「動也、従レ心、咸声」。この所、詩経の大序に「情者、性之感二於物一而動者也、喜怒憂懼愛悪欲、謂二之七情一」とあるを下においての発言である。

二〇 詩経の大序に「故正二得失一、動二天地一、感二鬼神一、莫レ近二於詩一」。

二一 古今集の漢文の序。紀淑望作。

二二 古今集、真名序「動天地、感鬼神」。詩経の大序によった文章。

二三 古今集の巻頭の序。紀貫之作。

二四 古今集、仮名序に「ちからをもいれずして、あめつちをうごかし、めに見えぬ鬼神をも、あはれとおもはせ」。

二五 転義。

同じことにて、物といふは、言《イフ》を物いふ、かたるを物語、又[一]物まうで・[二]物見《(モノミ)》・[三]物いみ、などいふたぐひの「物」にて、[四]ひろくいふときに、添ることばなり。さて人は、何事にまれ、感ずべき事にあたりて、感ずべきこゝろをしりて、感ずるを、[五]もののあはれをしるとはい[六]ふを、かならず感ずべき事にふれても、[七]心うごかず、感ずることなきを、物のあはれしらずといひ、心なき人とはいふ也。[八]もののわきまへ心ある人は、感ずべきことには、おのづから感ぜではえあらぬわざなるに、さもあらぬは、[九]何ともおもひわくかたなくて、[一〇]かならず感ずべきこゝろをしらねばぞかし。[一一]後撰集に、「あるところにて、[一二]すのまへに、かれこれ物がたりし侍けるを、きゝて、内より、女のこゑにて、[一三]あやしうもののあはれしりがほなるおきなかな、といふをきゝて、[一四]貫之、[一五]あはれてふ言《コト》にしるしはなけれども、いはではえこそあらぬものなれ」。此歌の意、「あゝはれ」といひて、歎きたりとて、そのかひはなけれども、感ずべき事にふれては、たへがたくて、しか歎息《ナゲ》かではえあらぬものぞと也。物のあはれをしれる人は、何につけても、かくのごとし。さて人の心の、物に感ずることは、上にもいへるごとく、さまぐ\なるを、此物語は、殊に人の感ずべきことのかぎりを、[一六]さまぐ\かきあらはして、あはれを見せたるものなり。

一 社寺への参詣。 二 見物。
三 斎戒。 四 一般的に云う時。
五 石上私淑言、上に「たとへばめでたき花を見、さやかなる月にむかひて、あはれと情の感く、則是物のあはれをしるなり。是其月花のあはれなるおもむきを、心にわきまへしる故に感ずる也」。
六 云うものだが。
七 石上私淑言、上「されば物のあはれしるを心ある人といひ、しらぬを心なき人といふなり」。
八 情趣の弁別できる人。
九 あわれな趣を特別に感得できなくて。
一〇 必然的に感得する心をそなえていないからである。
一一 第二番目の勅撰和歌集。村上天皇の天暦五年奉勅撰。二〇巻。次の歌はその第一八巻所見。
一二 簾の前で、知人誰彼と話をしていたのを。
一三 石上私淑言、上に、この歌を引いた上で、「さて此詞書に、あやしく物のあはれしりがほなるといへるは、貫之なる事をしりて、歌よみ顔なるといふ事を、おぼめいていへる詞也。返答も其意を得てよめり」と注した。
一四 紀貫之(八六八頃―九四五頃)。古今集撰者の一人である歌人。
一五 石上私淑言、上に、この歌の下心として、「歌よみたりとて何の益もなけれど、物のあはれに堪ぬ時は、よまではあられぬ物ぞといふ下心也」。
一六 玉の小櫛はこのあと「おほやけわたくし、おもしろくめでたく、いかめしきかぎり」、「春夏秋冬をりぐ\の、花鳥月雪のたぐひを、おかしきさまに書あらはせる」、「心に思ふ事ある時」の「空のけしき木草の色」、「人のかほかたちのよき」、「人の品位に感ずること」、その反対にそも〳〵此物語のあるやう、源氏君の不義の事をば[17]おきて、[18]さしもあしきさまにもいはず、たゞ源氏[19]ノ君のかたさまに、心よからず、あしくあたれる人をば、みな物のあはれしらず、あしき人としたること、上[20]の件のごとし。そは源氏ノ君を、ものゝあはれしりて、よき人とするが故也。もし[21]よのつねの論のごとく、儒の道などのこゝろばへをもていはむには、藤つぼの中宮などをこそは、[22]弘徽殿ノ大后よりも、あしき人にいふべきを、それをば、よにすぐれて、よき人の[23]ほんにいひて、不義などはおはしまさぬ、こきでんなどをしも、かくいみじくあしき人にいへるは、物語は、物のあはれをしれるかたを、[24]むねとりて、よきことゝすればぞかし。[25]夕霧ノ君と[26]雲居の鴈ノ君との事を、雲居鴈ノ君の御[27]父大臣の、[28]きびしくせいしいさめ給へるさまを、あまり心なきことのやうにいひて、夕霧ノ君・雲居鴈ノ君をば、あしきさまにもいはざる、これはたよのつねの論ならば、父大臣のいさめは、[29]さるべき事にて、夕霧君と雲居鴈ノ君とは、[30]罪あるをや、すべて物のあはれをしるとしらざるとをもて、よきあしきをわかてるおもむき、巻々をよみて、おのづからもさとるべき也。これはよし、これはわろしと、たしかにことわらねども、そのいひざまにて、よしとしわろしとしたる[31]けぢめは、しるきぞかし。さて又[32]法師を、物のあはれしらぬものにいへ

「ものゝあはれをしらぬを、あしきことにしたる」などの具体例を、源氏物語より引用する。
一七 問題にせず。 一八 大して悪い様にも云わず。
一九 源氏の君側に好意をもたず。
二〇 「ものゝあはれしらぬ」例に上げたを云う。一に、賢木の巻に「院のおはしまいつる世こそ、はゞかり給ひつれ。后の御心いちはやくて、かた〴〵おぼしつめたることどもの、むくいせむとおぼすべかめり」など。
二一 世上一般の論。
二二 前出(一〇三頁注二三)。
二三 本。模範。 二四 主に採用して。
二五 源氏と葵の上との間に生れた長男。
二六 源氏の友人で葵の上の兄である内大臣と按察使大納言北方との間に出来た姫君。
二七 内大臣で後太政大臣となる人。この二人の恋と、内大臣の考えなどは、第二十五帖螢の巻の辺から第三十二帖梅枝の巻、第三十三帖藤裏葉の巻などに見えて、やがて二人の結婚となる。
二八 二人の中をきびしくとりしまり、教訓する。梅枝の巻に見える。
二九 当然のことであって。
三〇 父の許さぬ恋仲にある二人の方に罪があるとの結論となる。
三一 その区別は明瞭である。
三二 柏木の巻に「なほあはれとおぼせと聞えたまへば、かゝるさまの人は、もののあはれもしらぬものとこそ聞しを、ましてもとよりしらぬことにて云々(注「これは女三ノ宮の、かざりおろし給へる後の事にて、(中略)宮の御答へに、すべてかく出家したる人は、物のあはれはしらぬ物也と聞侍るを、まして我は、もとより物のあはれをしらぬ、いふかひなき身なれば、何とかは御いらへは聞えさせんと也」)」による。

ることあり。

そもそもかくほうしを、もののあはれしらぬものにいふなるよしは、先ヅ佛の道は、はなれがたき父母妻子の恩愛を[一]、きよくふりすて、をしき身の形をやつし[二]、家をもたからをもすて[三]、山林にこもり、魚肉の味ヒ聲色の樂ミ[四]をたちなど、すべて人の情《コヽロ》[五]の、しのびがたきかぎりなれば、心よわく物のあはれをしりては、おこなひがたきすぢなれば[六]、しひて心づよく、あはれしらぬものになりて、おこなふ道也。又人をすゝめみちびくにも[七]、此世のもののあはれを思ひ、心よわくては、物しがたし[八]。そはしばしあはれしらぬやうなれど[九]、長きよの闇[一〇]にまどはむことを、あはれみてのをしへなれば[一一]、其道よりいへば、まことは物[一二]のあはれを深くしれる也。儒のをしへなども[一三]、その心ばへは、同じことぞかし。椎が本ノ巻[一四]に、「阿闍梨《アザリ》[一五]の、あまりさかしきひじり心を[一六]、にくゝつらしとなんおぼしける」とある。これ宇治の八ノ宮[一七]の、かくれ給へるほど[一八]、その姫君たちの、いみじくかなしくおぼせるに、阿闍梨の、佛の道の意をもて、執着の心をはなれしめむとて、親子のあはれ[一九]をかへりみず、つれなきさまに[二〇]聞えしらするを、あまり心づよく、にくゝつらしとおぼせる[二一]にて、ほうしの物のあはれしらぬといふは、大かたかやうなる故也。又ひじりごゝろなる僧は、世《(ノ)》中の事に、

一 いわゆる「棄恩入無為、真実報恩者」の意。
二 出家修行の身となること。
三 家財珍宝を捨てて。
四 音楽と女色の楽しみ。いわゆる五欲を絶つこと。
五 人情からして耐え難い最上のこと。
六 修行する。
七 人を進めて仏道に入らしめるにも。
八 行うことが出来ない。導くことが出来ない。
九 仏道に入った者の行動は一寸見た所では。
一〇 長い闇夜の意で、煩悩にのみとらわれて、覚りに至らぬ迷いの人生をさす。横笛の巻「ながき夜の闇にもまどふわざなれ」。
一一 あわれとし、救済しようとする教え。
一二 仏教は慈悲の道である故に、「物のあはれ」に通ずるの意であろう。
一三 儒教は仁の教えであるから、「物のあはれ」にまた通ずるの意であろう。紫文要領、上に「儒仏のをしへも、本ト人情によりてたてたる物なれば、ことごとく人情にたがふべき道理にあらず」「その仏の慈悲聖人の仁義の心をも物の哀としるゆへに」。
一四 宇治十帖の第二帖(源氏の第四十六帖)。
一五 宇治の八宮と生前から契りあった僧。
一六 堅固な道心。 一七 桐壺帝の子、源氏の弟にあたり宇治に退隠していた人。
一八 なくなられた時。 一九 親子の愛情。
二〇 無情な態度でいさめ申した。その言葉に、「日ごろも、又あひ給ふまじきことをきこえ知らせつれば(八の宮に)、今はましてかたみに御心とゞめ給ふまじき御心づかひを、ならひ給ふべきなり」。
二一 姫君達が思ったのである。
二二 帚木の巻に「物の哀しりすぐし、はかなき

うとき物なれば、まことにしらぬかたも有べき也。

さて又[二二]物のあはれをしり過《スグ》すといふを、あしき事にしたるも、もののあはれをしることの深きを、過《スギ》たりといふにはあらず。過《グ》とは、さしもあるまじき事にも、よろづに[二三]あはれをしりがほなるふるまひの過《スギ》て、ある[二四]は人にもなびきやすに、[二五]あだなるなどをいふ也。さればよきほどに[二六]といへるも、しりがほの過たるを、わろしとしていへるにて、深くしるをわろしとにはあらず。
[二七]上ノ件の詞どもを考へて、人は、あだなるがあしきことは、さらにもいはず、さらでも、物のあはれしりがほの過たるも、あしきことを知べし。そも〳〵人の[二八]ねぎことになびきやすに、あだなるは、物のあはれをしりて、なさけあるに似たれども、然らず。[二九]いひもてゆけば、あだなるは、まことには、もののあはれしらざる也。此人かの人に心をうつすは、これをもかれをも、あはれと思はざるからにこそはあれ。もし一人をあはれと思はゞ、[三〇]こと人に心はうつすべきにあらず。但し源氏ノ君などの、これかれあまたの人を、思ひかけ給ふは、いづれも〳〵、[三一]物のあはれのすぐしがたきにて、あだなるたぐひにはあらず。その心ばへは、物語をよみて、味ひしるべし。[三二]一トやうにはいひがたし。御心ならぬ事ながら、[三三]藤壺ノ中宮の、源氏ノ君に逢給へるなど、世にすぐれて、よき人

つゐでのなさけあり、おかしきにすゝめるかたなくてもよかるべしと見えたるに」。
二二 この条は、帚木の巻の「すべて男も女も、わろものは、わづかにしれるかたの事を、のこりなく見せつくさむと思へるこそいとほしけれ云々」や、胡蝶の巻の「すべて女の、物づゝみせず、心のまゝに物のあはれもしりがほつくり、おかしき事をも見しらむ、そのつもり、あぢきなかるべきを云々」などによる。
二四 男の申し出にも従いやすく。
二五 いたずらなこと。浮気なこと。「物のあはれしりがほ」の例に「かの木枯の女のやうに、あだなる人に、此たぐひおほし」(帚木の巻)、「なよびかに女しとみれば、あまりになさけにひきこめられて、とりなせばあだめく、是をはじめのなんとすべし」(帚木の巻)。
二六 夕霧の巻に「わが心ながらも、よきほどにはいかでたもつべきぞと(注「よきほどにたもつことのかたきを、おぼしめぐらす也」)」。紫文要領、上に「物の哀をばいかにも深くしりて、さてあだ〳〵しからぬやうにたもつをよきほどといふ也」。
二七 この条は、「女の中に、よきためしにいへる、此ノ紫ノ上の心ばへを考ふるに」として、様様と引用した上での論である。
二八 願いごと。恋の懇情。
二九 究明すると。 三〇 別人。
三一 「物のあはれ」の情感深くて、行動に示さずにおれない故で。 三二 同様。
三三 紫文要領、上に「薄雲女院(桐壺中宮)はいかにも深く物の哀をしり給へる御方也、…さて物の哀をしり給ふよりして、源氏君と密通あり、さらばあだなる人とするかと思へば、よきほどといへる人也」。

どちにて、物のあはれのしのびがたきかたもあれば也。[一]同じ似たるすぢなれど、[二]朧月夜ノ君をば、[三]心かろくあだなるかたとし、かの中宮をば、よろづすぐれて、よき人としたる、そのけぢめを考へて、物語の意をさとるべし。

そも〳〵紫式部が本意、[四]とにかくに物のあはれをしるをむねとはして、しらざるが[五]いふかひなきことは、さらにもいはず、又そをしりたるふるまひの過るも、あぢきなく、よからぬことにて、其事のすぢによりては、かならずあだなるかたに、ながれやすきわざなれば、心には[六]深く思ひしりて、そのよきほどを思ひめぐらして、[七]顯はしふるまふべきすぢもあること、上の件に引出たる、巻〻のことどもを、考へわたしてしるべし。これぞ此物語の大むねなりける。

さてそは、作りぬしの、みづから、すぐれて深く物のあはれをしれる心に、世ノ中にありとある事のありさま、[八]よき人あしき人の、心しわざを、見るにつけきくにつけ、ふるゝにつけて、そのこゝろをよく見しりて、感ずることの多かるが、心のうちに[九]むすぼゝれて、[一〇]しのびこめてはやみがたきふし〴〵を、その[一一]作りたる人のうへによせて、くはしくこまかに書顯はして、おのが、よしともあしとも思ふすぢ、いはまほしき事どもをも、[一二]其人に思はせいはせて、[一三]いぶせき心をもらしたる物にして、[一四]よの中の物のあはれのかぎりは、此物語にのこる

一　密通のことは似ているが。
二　紫文要領、上に「同じく源氏と密通せし朧月夜君と此女院との御事、尋常の心ばへにて論ぜば、朧月夜の方は罪かろかるべし、然るを朧月夜をばあだなる方の人とし、此女院をば極上品の人とす。是をもて尋常の書物にいふよしあしと、此物語にいふよしあしとはかはりある事をしるべし」。
三　軽薄で。
四　この前に、源氏になびかなかったが、物のあわれを知る人としてあつかってある、空蟬と朝顔の斎院の例を引いて、「此姫君は、物のあはれをよくしりて、そをよきほどにもてなして、やみ給ひし人にて、まことに有がたく、女の本とすべき人にぞおはしける、さるゆゑに源氏ノ君は、なほ人にことなりと、心にくゝおぼして、いよ〳〵御心とまりしぞかし」と論じてある。
五　問題にならないことは勿論。
六　「物のあはれ」を解して。
七　空蟬や朝顔の斎院のことをさす。
八　前述の「物のあはれ」に関するよき・あしきの意である。
九　鬱結して。
一〇　自分の心一つにしのばせてはおれなくなったことども。この物語著述の動機は、宣長の和歌詠出の動機を説くと全く同じである。補注五参照。
一一　作中人物の境遇に托して具現して。
一二　作中の人物。
一三　鬱情を発散した。
一四　紫文要領、上に「大よそ此物語五十四帖は、物のあはれをしるといふ一言にてつきぬべし」。
一五　詳細にうがって巧みに書きこなしている。

ことなし。さてこれをよむ人の心に、げにさもあらむと、深く感ぜしめんため
に、何事もことさらに[一五]深くいみじく書キなしたり。かゝれば此物がたりをよむ
は、紫式部にあひて、まのあたりかの人の思へる心ばへを語るを、くはしく
聞クにひとしく、又物語の中に見えたる、よきあしき人のしわざ心のおもむき
を、よく考へみれば、しか〳〵の物を見聞たる時は、かやうに思はるゝもの、
しか〳〵の事にあたりたる時の心は、かやうなる物、よき人のしわざ心は、か
やうなるもの、わろき人は、かやうなるものとやうに、すべて世ノ中の有さま、
なべて人の、[一六]心のおくのくま〴〵まで、いとよくしられて、物のこゝろをわき
まへしりて、からぶみにいはゆる、[一七]人情世態によく通《ツウ》ぜんと此物語をよむに
しく物あらじとぞおぼゆる。

○[一八]人の情《コヽロ》の感ずること、戀にまさるはなし。されば物のあはれのふかく、忍び
がたきすぢは、殊に戀に多くして、神代より、世々の歌にも、[一九]其すぢをよめる
ぞ、殊におほくして、[二〇]心ふかくすぐれたるも、戀の歌にぞ多かりける。又今の
世の、[二一]賤《シヅ》山がつのうたふ歌にいたるまで、戀のすぢなるがおほかるも、[二二]おのづ
からの事にして、[二三]人の情のまこと也。さて戀につけては、[二四]そのさまにしたがひ
て、うきこともかなしき事も、恨めしき事もはらだゝしきことも、おかしきこ

一六 心中のすみずみまで。

一七 ▽伊藤東涯の読詩要領に「詩経は…たゞ風俗人情をあらはして、是非善悪のをしへを示すの書にあらず。これをよむものは諷誦吟詠して、人情物態を考へ、温厚和平の趣を得べきなり」。荻生徂徠も相似た説を持ち(一六九頁参照)、堀景山も不尽言に「詩の教は、世間の人情の酸も甜も知らする為めの事にて、人情よく通ぜずば、人の実情を察すること明かなるゆへ、仁恕もこれよりしてこそ求め得る手がかりもあるなれば」、藤原明遠も読詩要領に「詩之為㆑用。以観㆓風俗㆒。以識㆓人情㆒。達㆓其政事㆒。施㆓其声楽㆒」とするなど、詩経を読む功を説いた先達の説を、宣長は和歌物語にも応用したものである。

一八 不尽言にも「人情の内にて男女の欲こそいち重く大事なるものと知るべし」とあって、宣長のこの論は、景山の説による処が多い。↓補一一。

一九 恋情。

二〇 「物のあはれ」の情を深く示して。

二一 下賤の女、山住の男のうたう民謡。

二二 人間自然のことであって。

二三 不尽言に「欲は即ち人情の事にて、これなければ人と云ものにてはなき也、欲は天性自然に具足したるものなれば、人と生れて欲のなきものは一人もなき也」「男女の欲は全く是人情の起る本原なる也」「夫婦の情は人情の本原にて和歌のよつて起るところなれば、万葉集にも相聞とて恋の部の歌を巻首に載せ、全体にこひの歌多く入れられ、後の代代の撰集にも、恋の歌を最多く載せて、これを主とする事也」。排蘆小船には、景山の用語のままに、同じ事が述べてある。

二四 恋の事情状態に応じて。

ともうれしきこともあるわざにて、さま〴〵に人の心の感ずるすぢは、おほかた戀の中にとりぐ[一]したり。かくて此物語は、よの中の物のあはれのかぎりを、書《カキ》あつめて、よむ人を、深く感ぜしめむと作れる物なるに、此戀のすぢならでは、人の情の、さま〴〵とこまかなる有さま、物のあはれのすぐれて深きところの味ヒは、あらはしがたき故に、殊に此すぢを、むね[二]と多く物して、戀する人の、さま〴〵につけて、なすわざ思ふ心の、とり〴〵にあはれなる趣を、いとも〳〵こまやかに、かきあらはして、もののあはれをつくして見せたり。後の事なれど、俊成[三]ノ三位の、「戀[四]せずば人は心もなからまし、物のあはれもこれよりぞしる」とある歌ぞ、物語の本意に、よくあたれりける。

上ノ件の文どもに、「あ[五]やしの心やと、われながらおぼさる」。又「思[六]ひかへし給へど、えしもかなはず」などあるをもて、此道のもののあはれの、ふかくたへがたきほどをしるべし。されば此すぢにつけては、さるまじき[七]あやまちをも引《ヒキ》いで、こ[八]とわりにそむけるふるまひも、おのづからうちまじるわざにて、源氏ノ君のうへにて、空蟬ノ君の事、朧月夜ノ君の事、藤壺ノ中宮の事などのごとし。戀の中にも、さやうのわりなくあ[九]ながちなるすぢには、今一きはもののあはれのふかきことある故に、ことさらに、道ならぬ戀をも書キ出て、その

一 全備している。
二 主に多く作って。
三 藤原俊成(一一一四—一二〇四)。皇太后宮大夫正三位に至ったので、五条三位などと云われた。千載集の撰者である歌人。
四 この和歌は不尽言も引いて、「左のみ秀歌にはあらずとも、その意趣向上なることにして、人情によく達したること也」と。宣長も安波礼弁で「此歌ハ、長秋詠藻中ニ、左大将ノ家ニ会ストテ、歌クハフベキヨシ有シトキ、恋ノ歌トテノレリ、此歌ノ意ハ、物ノアハレヲシルユヘニ、人ハ心アルモノニシテ、サテソノ物ノアハレモ、何ユヘニシルゾナレバ、コヒニヨリテ知ルモノナレバ、コヒセズバ、物ノアハレヲシルマジケレバ、人ハ心ナカラント也、恋ハ人情ニオイテ第一ニアハレノカヽルモノ也」。
五 葵の巻に「あやしの心やと、われながらおぼさる(注「これは源氏ノ君の、紫ノ上に、新枕かはし給へるほどの事也」)」。
六 夕霧の巻に「人のうへなどにて、かやうのすき心、思ひいらるゝは、もどかしく、うつしごゝろならぬことに、見聞しかど、身のうへにては、げにいとたへがたかるべきわざなりけり。あやしや、などかうしも思ふらむと、おもひかへし給へど、えしもかなはず」。
七 あってはならない過失をも引きおこし。
八 道徳にはずれた行動。
九 無分別な。無理な。この玉の小櫛には、この後に、藤壺とのこと、女三宮と通じた柏木のこと、その死後によせた人人の愛惜、夕霧に好色の教訓をしながらの源氏の反省、朧月夜に対する朱雀院の気持、匂の宮に通じた浮舟と、それに対する薫の気持などの例が上げてある。

あひだの、ふかきあはれを見せたるもの也。

○此物語の本意を、[一〇]勧善懲悪といひ、殊には[一一]好色のいましめ也といふは、[一二]いみじきしひごと也。つくりぬしの意、さらにさることにあらず。又よむ人も、さらにさるいましめにはなりがたし。そのゆゑは、まづ源氏ノ君をば、よろづにすぐれて、よき人の本《ホン》に作りたれば、見む人も、此君のしわざ心を、何事もよしと心得つべし。然るに此人殊に[一三]戀のみだれおほく、中には[一四]たぐひなき不義もあるを、見む人は、かゝるよき人にだに、さるふるまひのあンなれば、なにかは[一五]くるしからんとやうに思ふ心こそつきもすべけれ。又女にては、藤壺ノ中宮は、殊によき人にして、ほめたれば、これをよまむ女も、その心ばへを、ならひしたふべきわざなるに、源氏ノ君との事を書《(カケ)》るをば、いかにとかいはむ。[一六]ことわりをもていはゞ、中〻に好色を[一七]いざなふかたこそ有ﾘもすらめ。いかでかそのいましめにはなるべき。又よき事をしたる人は、さいはひあり、あしき事をせし人は、わざはひにあふさまに書ｷたらむにこそ、勧善懲悪にはあらめ。かの[一八]柏木ノ君・[一九]浮舟ノ君などの、戀によりて、身をうしなひたるなどをもて、[二〇]さも思ふめれど、さては源氏ノ君をば、何とかいはむとする。さばかり戀のすぢには、みだれおほくして、殊にいともかしこき、[二一]みかどの御たねをさへ、[二二]みだ

一〇 明星抄に「人の善悪を褒貶して、此物語にしるし出せる処は左伝を学べり、孔子の春秋をしるさるゝ心は善をしるす所は、後人を善道にいさみを加へてすゝましめんため、悪をしるすは、後生に見ごり聞こりに懲すべきため也、されば勧善懲悪と云是也、此物語の作者の本意也」(湖月抄より)など。

一一 明星抄に「此物語も好色淫風の事をのせて、此風のいましめとす、さればこそ世の翫物とはなれりけれ…さればまづ人の耳にちかく又人の好ところの淫風を書顕して、善道の媒として中庸の道に引入、終には中道実相の悟におとし入べき方便の権教也」(湖月抄より)など。

一二 大心得違い。

一三 恋愛上の脱線。乱行。

一四 藤壺との密通をさす。

一五 読者においても、不義乱行はさしつかえなしと云ぅ風な気持がつくだろう。

一六 理屈から云えば。

一七 すすめる面。

一八 前出(一〇四頁注八)。

一九 宇治の八宮と、中将君との間に出来た女性。薫に愛されていたが、誤って匂宮に通じ、思いなやんで入水する。救われて尼となる。

二〇 懲悪と思うだろうが。

二一 父帝の寵愛する藤壺と密通して、後の冷泉院を生んだことをさす。

二二 乱した。

り奉りたる人なれば、よ[一]のつねの論《サダメ》をもていはば、神も深くにくみとがめ給ひて、いみじき禍にもあひ給ふべきに、よのかぎり[二]めでたく榮えて、帝[三]と后[四]と大[五]臣とを、御子にもち給ひ、その身太上天皇[六]の尊號をさへ得給ひ、大かた此世にあかぬ[七]事なく、末末までさかえ給ふを見ては、たれかは好色をつゝしむ心をばおこさむ。中ごろしばししづみ[八]給ふこと有しは、弘徽殿[九]ノ大后の、よこさまに[一〇]かまへ給へるしわざとして、天の下の人みなかなしみ、神佛[一一]もとがめ給ふさまに書キたれば、いよ〳〵好色のいましめにはなりがたく、懲惡の意さらになし。なほしひて、こと[一二]わりをもていひはげまさば、此君は好色によりて、太上天皇にはなり給へるにあらずや。

此物語、もし好色のいましめにせむの意ならませば、まさにか[一三]くはいふべしやは。巻〻の中には、人をしへたること、好色[一四]いましめたることもおほかるは、すべてありとある事を、ひろくかけるなれば、其中にはおのづからさることも、あるべきことわり也。

もしすべて教誡とせば、こ[一五]れらは、けさう文の書キやうをしへたるなれば、戀をすゝめたるかたにぞなりぬべき。そも〳〵よゝの物しり人、いづれの書を注するにも、そのふみの趣[一六]をば、よくも尋ねずして、ひたぶるに儒佛の意にの

一　世上一般の論をもってすれば。
二　生涯。
三　冷泉帝(藤壺との中に)。
四　明石中宮(明石上との中に)。
五　夕霧、左大臣となる(葵の上との中に)。
六　譲位の天皇の尊号であるが、源氏は位につかずに、これに準じられたのである(藤裏葉の巻)。注に「位に即給はで、太上天皇の尊号を得給ふことは、此時までは、いまだ例なき事なるに、…もしは追号ながら、淡路ノ廃帝の御父舎人ノ親王を、尽敬天皇、光仁天皇の御父施基ノ皇子を、田原ノ天皇と号シ奉られしなどを思へるか。さてこれらは尊号を奉るといへども、そのかみいまだ、院と申す事は、すべてなかりしを、…」。
七　満ちたらぬ。
八　失意の境遇におられたこと。須磨の流寓などをさす。
九　前出(一〇三頁注二三)。
一〇　非道に計画した。
一一　前出(一〇三頁注二四・二五)。
一二　理屈の上でやかましく云うならば。
一三　末摘花の巻に「かやうのところにこそ、昔物語にも、あはれなることども有けれなど、思ひつゞけて、物やいひよらましとおぼせど云々」などを上げて、宣長云う「大かたむかしの人の、昔物語をよみたる心も、かくこそは有けれ、恋をつゝしむ心をおこしたるさまは、見えたることとなし。今よまむ人の心も、然るべき事を思ふべし」と。
一四　梅枝の巻にある源氏の夕霧への教訓などをさす。
一五　若菜の下の巻に、柏木の文を見た源氏の感懐に「書つくしたる詞、いと見どころ有て、あ

みへつらひて、しひてかの書どものおもむきに、かなへむとのみ説《トキ》[一七]まげらるゝは、昔より、皇國《ミクニ》[一八]の物しり人の癖《クセ》にして、儒佛にへつらはぬ人は、一人もなきぞかし。されば此物語をも、例のあながちに[一九]、かの儒佛の教のかたへ、ひきつけ[二〇]むとせらるゝから、物のあはれをしりて、よきことにいへるすぢをも、かの教の意にはかなはぬをば、しひてときまげて、あしき事のごとく注して、これはしか〳〵のをしへぞ、しか〳〵のいましめぞなどいひなせり。さるたぐひを、懲惡の教と心得るときは、物のあはれの深きも、さむること[二一]あれば、いたく作りぬしの本意をうしなふこと多きぞかし。すべて儒佛の意に引《（ヒキ）》つけて、物語をとくは、かの書どもの、道々しく[二二]、善惡是非の議論きはやかに[二三]、かしこくを[二四]ゝしく、言《コト》[二五]よきを、うらやみへつらひたる物にて、みなしひごと也。すべて書のおもむきは、おの〳〵とり〴〵[二六]なれば、かならず儒佛の意にことなりとて、な[二七]でふことかあらむ。もの《ゝ》のあはれを見せむと作れる物語を、教誡にとりなすは、たとへば花を見んとて、植《ウヱ》[二八]おふしたる櫻の木を、伐リくだきて、薪にしたらむがごとし。薪は一日もなくてはえあらず、せちなる[二九]物なれば、それわろきにはあらねど、薪には、よき木どもの、ほかにあまたあンなるに、あたら櫻をきりとらむは、中々に心なきしわざとぞいふべき。なほいはば《ゞ》、儒佛の教とは、おもむ

はれなれど、いとかくさやかにはかくべしや、あたら人の、ふみをこそ、思ひやりなくかきけれ、落ちることもこそ」とあるをさす。

一六 趣旨。

一七 曲説するのは。

一八 玉かつま、一に「かの国ぶりとして、人の心さかしく、何事をも理を尽したるやうに、こまかに論ひ、よさまに説なせる故に、それを見れば、かしこき人も、おのづから心うつり易く、まどひ易きならひなれば」。

一九 強いて。

二〇 附会しようと。

二一 味わいがなくなってしまうことがあるから。

二二 教訓的であって。

二三 明晰であって。

二四 理智的で。

二五 文章が立派である。

二六 別別である。

二七 気にすることがあろうか。紫文要領、下に「ここの物語といふものは、又別に一体有て、人の国の儒仏の書とは其趣はるかにことなる物也。其はるかにことなる書籍の趣をもて、とかく引合せむとするは愚昧にあらずや。傅会にあらずや」。

二八 植え育てた。

二九 切なる。大切なる。

きかはりてこそあれ。[一]物のあはれをしるといふことを、おしひろめなば、[二]身ををさめ、家をも國をも治むべき道にも、わたりぬべき也。[三]人のおやの、子を思ふ心しわざを、あはれと思ひしらば、不孝《フケウ》の子はよにあるまじく、民の[四]いたつき、奴の[五]つとめを、あはれとおもひしらむには、よに不仁の君はあるまじきを、不仁なる君、不孝なる子も、よにあるは、[六]いひもてゆけば、もののあはれをしらねばぞかし。されば物語は、物のあはれを見せたるふみぞといふことをさとりて、それをむねとして見る時は、おのづから教誡になるべき事は、よろづにわたりて、おほかるべきを、はじめより教誡の書ぞと心得て見たらむには、[七]中々のものぞこなひぞありぬべき。[八]住吉ノ物語のをはりにいはく、「むかしも今も、[九]人にはらぐろなる人は、かゝること也。これを見聞《ミキカ》む人々は、[一〇]かまひて人よかるべきなりとぞ」といへるを思ふべし。これは[一一]住吉ノ姫君のまゝ母の、物のあはれをしらざりしふるまひを、いましめたる詞にて、そのまゝ母は、末あしくてはてたるさまをしるし、姫君は、[一二]少將に逢て、[一三]戀の罪あれども、末さかえて、めでたかりしさまに書《カキ》たり。さればこはまさしく勸善懲惡のいましめの心ばへなるに、たゞもののあはれをしらざるを、いましめたれば、よのつねの儒佛のいましめとは、すぢこと也。此源氏の物がたりも、[一四]なずらへて知《シル》べし。はじめ

一 ▽この説は、荻生徂徠など蘐園の、詩経及び詩に関して「人情」を説いたものを、「物のあはれ」にあてたもので、堀景山も同じ説であった。景山は「人情に通ずるは仁を求むるの方術也」といい、前出(一一三頁注一七)の引用につづいて、「元来詩を学ぶと云は、学者以上の事にて、なべて世俗の人まなぶ事にてはなき事と見へたり、況や人の上に立て、国家の政をする人は必ず学文をして、人情を能く知り下し、委曲の情をとくと察せずして、人の実に帰服する事あるまじければ、人情に通達せずして国家の政は必定にならぬ事也」とある。太宰春台の六経略説に「今天下ノ尊位ニ居テ、万民ノ情ヲ知ントオモハバ、詩ヲ学ブヨリ善キコトナシ、詩ニハ天下ノ人情ヲ尽セレバナリ、…詩ハ志ヲイフ者ニテ、人情ノ実ヨリ出タル者ナル故ニ、天下ノ義理ノ至極ヲ尽セリ、サレバ古人何ニテモ人トモノイヒテ、義理ノ事ニ及ベバ、必詩ヲ引テ、己ガイフ所ノ義理ヲ証明ス」。徂徠の説は一六九頁参照。源氏については、紫家七論の「作者本意」の条に「此物語もつぱら人情世態を述べ、かみ中しもの風儀用意をしめし…」。二 儒学の教義にも関係する。一〇二頁注一〇参照。三 景山は人情の極まるものを恋としたので、その恋について述べる所と、この所は相似ている。→補一二。四 苦労。五 勤労。六 論をおしすすめると。七 かえって誤解することになろう。八 現存のものは、源氏物語に名の見える古物語の名をおそった擬古物語。二巻。内容は継子いじめで、鎌倉期の作と推定される。異本が多い。九 人に対して意地の悪い人。一〇 必ず。一一 住吉物語の女主人公。さる中納言の女である。一二 右大臣の子で、主人公。一三 親に知らせず夫を持った罪。一四 住吉物語

にもいへるごとく、物語は、べちに物語のおもむきあることなるを、そのちかき例をばさしおきて、いと物どほく、たぐひことなる儒佛の書をもて、いふべきにあらず。その中に、[一五]盛者必衰《(シヤウジヤヒツスヰ》、會者定離《エシヤヂヤウリ)》のことわりをしらしむといへる説は、[一六]げにさもと思はるべき事おほかるを、それはた[一七]心得の有ル事也。まづ佛の道といふ物は、殊に[一八]もののあはれをば、すつる道にして、儒の道などよりも、をしへのきびしき事有《(アリ)》て、すべて人の情には、遠かるべき道なれども、かへりて人のこゝろの、[一九]おもむきやすくして、[二〇]むげに物のこゝろしるまじき[二一]山がつ、女童べまでも、[二二]あやしく感ずることふかく、何事につけても、まづ此道を思ふならひなり。さるは[二三]世の中の事も、人の身のうへも、まことには、露ばかりもかの道のあづかることにはあらざれども、とりたててそのことわりを、ひろく[二四]身をかへたる後の世かけて、人のおもむきぬべく、[二五]よげにときしらせたるみちにて、そを聞なれたる、世の中の人の心は、[二六]たかきもみじかきも、さかしきもおろかなるも、おしなべてみな、此をしへに[二七]しみぬるがゆゑに、あるは[二八]世のはかなきを見るにつけ、あるは[二九]身のうきなげきにたへぬをりなど、[三〇]さかりのかたちを、[三一]墨染の衣にやつし、[三二]よばなれたる山のおくに、[三三]たえこもりて[三四]おこなふなど、[三五]又さるかたにつけて、物のあはれの深きことおほきによりて、[三六]此物語にも、

に準じて。紫文要領、下に「こゝの物がたりは、こゝの物語をもて論ずべし、其おなじたぐひなるがゆへ也、然るにちかき古物語をもて論ずる事をばしらず、とをきもろこしの異類の書を引出ていふこと大にいはれなき事也」。

一五 湖月抄に「抄…しかれば則天地も始終あり、況や人間にをいてをや、是に仍て盛者必衰、会者定離、生老病死、有為転変の理を深くしめす、会此うへにをいて世間常住壊空の法文をたて、煩悩即菩提の文此物語の大意也」。盛者必衰、会者定離は仁王経と大涅槃経に見える所で、共に世の無常を示した思想。底本「定理」。意によって改。 一六 源氏物語中に、成程そうだと思われることが多いが。 一七 留意が必要である。 一八 人情を捨てる道。 一九 仏道に入りやすい。 二〇 全くに。 二一 野人や女など無教養の者まで。 二二 不思議に仏道の教えに心を動かすことが深い。 二三 世上人間のこと。即ち現世のことには、実は、少しも仏教は関係することではない。専らあの世即ち未来のことばかりを説くものであるの意。 二四 死後即ち仏法で云う後生までも。 二五 よさそうに説明した。 二六 高下賢愚。 二七 すっかり染っている。 二八 人生の無常を見るにつけ。 二九 自己の不幸のつらさに耐えかねた時。 三〇 年もまだ老いたと云うのでない身を。 三一 黒い衣に姿をかえて僧となり。 三二 人里離れた。 三三 人との交渉をたって。 三四 修行する。 三五 それはそれとして。 三六 幻の巻に源氏が遁世の志を持ったこと、御法の巻の紫の上、鈴虫の巻の秋好中宮なども出家を願望したことが見える。なお源氏物語と仏教との関係は色色と検討されている。淵江文也著、源氏物語の思想攷説、同著、物語文学の思想序説、多屋頼俊著、源氏物語の思想などがある。

源氏ノ君をはじめて、心ふかき人はみな、ともすれば此佛の道を思ひ給ふことを書たる、これ[一]世の中のありさまにて、[二]さるならひになりぬるよの、人の情の、もののあはれにぞ有ける。されば巻〻に、佛の道のことを多くかけるも、その[三]ことわりをしらしめむとにはあらず。たゞそのすぢにつきての、あはれを見せたるもの也。もし佛の道の道理をしめさむためならば、かならず源氏ノ君の、[四]老の世のおとろへのさまをもかき、終りをもかくべきわざなるに、此君の事は、[五]衰へのさまをも、終りをもかゝず、たゞよき事のかぎりにてやみぬる、これをもて、盛者必衰などいふことわりをしらせたるにはあらざることをしるべし。又[六]注釋どもにこそ、然《(シカ)》いへれ。たれかは此物がたりをよみて、さることわりを思ひしるもののあらむ。そも〳〵此物語に、[七]佛の道に入るすぢの事を、ところ〴〵にいへるを見て、紫式部を、儒者ごゝろなる者は、佛者の見識也と思ひ、ほうしのともがらは、人を[八]此道におもむけむために書《(カケ)》り、などいふたぐひ、いづれも[九]おのがよる道にかたよれるもの也。此物語は、しかかたよれるものにはあらず。よの人の心は、みな佛の道を思ふ物なれば、[一〇]そのすぢの多きも、たゞ[一一]世の中の有さまのまゝを書るにこそはあれ。いかでかそをつくりぬしのこゝろとはいふべき。又[一二]さきにいへる、[一三]熊澤氏が、此物語の[一四]外傳といふものの、はじ

一　源氏著作時の世間の趨勢で。
二　仏道に入るを願う習慣であった世間。
三　仏教の理を、読者に知らそうとするためではない。
四　源氏の老病死まで書くはずであるのに。
五　この盛者の必衰や最後の死を書いてなく。
六　紫明抄にも「たゞ有為無為の理をあらはし、生者必滅のいはれをのべつくせるものなり」とあるなどである。
七　関屋の巻の空蟬の出家(夫の死に会い)、柏木の巻の女三宮の出家(恋の過失から)、宇治八宮の修道などをさす。
八　仏道にさそうために。
九　自己の信奉する道に偏した見解である。
一〇　仏道に入ることに関した話。
一一　当代の世相をありのままに。
一二　玉の小櫛の注釈の条に「熊沢了介とかいふ人の、外伝といふ物などもあれど、ひたぶるの儒者ごゝろのしわざにて、ものがたりのためには、さらに用なし」。
一三　熊沢蕃山(一六一九―一六九一)。名伯継、字了介、通称次郎八。備前岡山藩にもつかえた政治家・儒者。
一四　別に源氏物語抄とも云う、源氏物語の評論書。石崎又造校刊、源氏物語蕃山抄の如き良本と比較するに、ここに宣長の引用したものは、殆ど同文で、かなり良い写本であったと思われる。
一五　これは、源氏は好色のこと多く、面白いが女性の教えになるかとの問に答える形で述べた文で、道徳上正し過ぎる程正しい読者もあると答えたもの。
一六　低俗。
一七　見るからに折目正しい書。

めにいはく、「源氏物語は、おもてには好色のことをかけども、實は好色の事にあらず。此故に此物語を好み見る人にも、正[一五]しきに過たる人あり。此物がたりを書たる意趣は、萬の事、世の末になりゆけば、上代の美風おとろへて、俗[一六]に流れんことを、歎き思ふといへども、あらは[一七]に正しき書は、人いみて近[一八]づけず。見る人すくなければ、世[一九]にあまねからず。教をたてて書たることは多けれども、詞[二〇]すくみて、人いとふ心あれば、其書久[二一]しからず。又有ても、見る人なければ、無きにひとしければ、書《カキ》おきても、其詮なきことを思ひはかりて、しひて教がましき筆法をあらはさず、たゞ好色のたはふれことゝなして、其中に古への上[二二]﨟の美風、心[二三]もちひを、くはしくしるし殘せる物也。それを本意[二四]なく、一向[二五]の作り物語として、よくいへり、よくかけりなどいひて、よのつねの、口にまかせて書たる、物語のやうに思へるは、淺見の人の、和漢の書にくはしからざる故也云〻」。「古への禮樂文章を見るべき物は、此物語にのみのこれり。故に此物語において、第一に心をつくべきは、上代の美風也。禮[二六]の正しくしてゆるやかに、樂[二七]の和して優なる體、男女ともに上﨟[二八]しく、常に雅樂[二九]を翫びて、いやしからぬ心もちひ也。次には書中人情[三〇]をいへること詳也。人情をしらざれば、五[三二]倫の和を失ふことおほし云〻」。「すべて此物語は、風化[三一]を本としてかけり。中

一八 源氏物語蕃山抄に「近づかず」。
一九 普及しない。
二〇 のびのびとせず、人が読みいやがるから。
二一 長く世に存在しない。
二二 貴婦人。上流階級の人。
二三 心がけ。
二四 源氏物語蕃山抄に「もとの心えなく」(流布本には「もとむるの心なく」とある由)。筆者の本意について考えても見ずに。
二五 全くの虚構の物語。宣長は準拠を問題としない立場なので(玉の小櫛の准拠の条)、それにふれないが、蕃山は事実をも含むと解した。↓補一三。
二六 礼は儒学で六芸の一で、諸礼があるが、皆中正をよしとした。礼記の仲尼燕居に「礼所ニ以制ㇾ中也」。
二七 楽も六芸の一で、和(周礼の注「剛柔適也」)をもってよしとした。周礼の大司楽「中和祇庸孝友」を楽の六徳とする。
二八 上流階層らしく。
二九 楽記に「楽也者、聖人之所ㇾ楽也、而可ミ以善ニ民心ニ」また「致ㇾ楽以治ㇾ之」とあるによる。
三〇 詩経の大序の注に「詩本ニ人情ニ、其言易ㇾ暁、而諷詠之間、優柔浸漬、又有ミ以感ㇾ人而入ニ於其心ニ、故誦而習焉」などあるを、物語にあてての発言。
三一 五つの基本的な人間関係と、その間の道を云う。孟子の滕文公上篇に「父子有ㇾ親、君臣有ㇾ義、夫婦有ㇾ別、長幼有ㇾ序、朋友有ㇾ信」。↓補一四。
三二 諷刺によって教化すること。詩経の大序で、六義の一、風を説明して、「上以風ニ化下ニ、下以風ニ刺上ニ、主ㇾ文而譎諫、言ㇾ之者無ㇾ罪、聞ㇾ之者足ニ以戒ニ、故曰ㇾ風」。

にも音樂の道を、くはしく記せり云々」。[一]「風をうつし、俗を易《カフ》るは、樂よりよきはなしといへり。此物語において、音樂の道、とりわき心をとゞめて書おけるは、此故也云々」といへり。宣長今これを論ぜむ。まづ此物語を好み見る人にも、正しきに過《スギ》たる人ありといへる、そはその人によるべきこと也。もとより好色を、あしきわざと、深く心得て、[二]心うるはしからん人こそ、さもあらめ。好色の心ふかゝらむ人などは、[三]ようせずば、いとゞもよほさるゝかた有べきをや。次に此物語を書たる意趣は、萬の事、世の末になりゆけば、上代の美風おとろへて、俗に流れむことを歎き思ふといへるは、後の世[四]のいやしきならひにくらべ見れば、古への人の有さま心ばへは、[五]こよなき故に、然《シカ》思はるゝにこそあれ。作りぬしの意は、[六]さることにはあらず。[七]その世にして、さることを思はむは、儒者ごゝろ也。古へのみやびたる有さまを、見るべき物は、まことに此物語なれども、そは後の世に、よむ人のうへにこそあれ。はじめより、さる事を見せむとて書《カケ》るにはあらず。次に「あらはに正しき書は、人いみて云々」、「たゞ好色のたはふ《ム》れ事となして」といへるは、まことに[八]その心ばへは有べけれど、好色を書キたるを、たはふ《ム》れことゝせるは、たがへり。上にかへす〴〵いへるごとく、物のあはれをむねと書るものにて、そのあはれのふかきこ

一 孝経「移ㇾ風易ㇾ俗、莫ㇾ善二於楽一」。民の風俗をかえるには、心を慰めること第一の音楽より以上のものはないの意。熊沢蕃山は、音楽を詳しく述べる源氏物語は、風化の志をもってそうしたのだと云ったのである。

二 道徳的に端正な心の持主。

三 悪くすると、益々淫心を起すようになることもあろう。

四 卑俗な社会生活のならわし。

五 甚だ上品だから。

六 昔の美風の中にあって、これを後に伝えたいなど思うものではない。

七 これを後世に伝えてなど考えるのは、儒者的発想である。

八 読みやすく興味を引くようにとの配慮はあるだろうが。

と、戀にまさるはなきが故に、そのすぢを、殊に多くむねとは書《(カケ)》るもの也。さればり戀する人の有さま情《コヽロ》を書るさま、さらに[九]たはふ《ム》れにはあらざるほど、あらはなる物を、しひてしかいふは、例の[一〇]儒者ごゝろにぞ有ける。次に「人情をいへること詳也」とは、まことにさることにて、やまともろこしの書に、ならぶものなし。次に「風化を本として書り」といへるは、又例の[一一]儒者心也。中にも「音樂の道を、くはしく記せり」といへるも、あたらず。[一二]樂《アソビ》の事の多く見えたるは、今の世の人の、さみせん・じやうるりなどいふ物を、おもしろきことにして、もてあそぶと、同じことにて、たゞそのかみの世の有さまにて、おもしろき事をしるせるにこそあれ。「風をうつし俗をかふるは、樂よりよきはなし」などいふは、儒者のつねのことにて、物語には、[一三]さらによしなきしひごと也。すべて[一四]かくさまの、[一五]したゝかなることをいひて、[一六]あらぬすぢにときなすは、かの佛ごゝろの人々の、盛者必衰などゝ、もはら同じことにて、いづれも、おのが[一七]つねになれたる書のこゝろをのみ思ひて、別《ベチ》に物語ぶみといふ物のおもむきのあることを、しらざるものぞかし。此外傳といふ物の[一八]やう、物語の巻々の中の詞を、つぎ〳〵にすこしづゝ[一九]つみ出て、文の[二〇]意にもかゝはらず、たゞおのが[二一]いはまほしき、儒者ごとを、心にまかせていへる物にて、中には[二二]おかしき事も、

九 軽い気持でしたのでない様子は、読めば一目瞭然であるのに。
一〇 恋は悪いものだとする前提に立っての発言を、儒者的だと評したのである。
一一 ▽源氏物語蕃山抄には、宣長がここに抄出した文章の末に「此もの語において音楽の道とりわき心をとどめて書おけるは此故也、風化の道を尽して人おのづから鼓舞を得、是此物語の政道にたより有所也」とある。この風化は上の下を治める方法で、文学を政治のためとする所が儒者心である。
一二 管弦のなぐさみをいう。
一三 一向に問題にもならぬ故事附である。
一四 この様な。
一五 いかめしいこと。
一六 途方もない方面に無理に説明するのは。
一七 平生親しんでいる書物の精神ばかりを考えて。
一八 様子。書物の作り方。
一九 摘出し。一例すれば「一、心ことなる物の音をかきならし」と源氏物語の本文を少し摘出して、「上らふの遊びには糸竹にしくはなし。爪音・撥あたり上手にても位のなき有。楽にはさのみ巧なくても、そのひびきに位ありて、ゆたかにしめやかなるもあり。皆心のうつり人がらの位也」と云うような評言を附したものである。
二〇 文章の意味。源氏物語蕃山抄には、語釈も文章の訳もない。
二一 儒者的発言を云いたいまま、自由気ままに云ったもので。
二二 注意を引くような論。

まれにはまじりたれども、すべて[一]いとみだりなること也。又かの[二]七論にいはく、「[三]此物語は、もろこしにて、[四]司馬遷など、[五]窮愁よりして、[六]憤《イキドホリ》を書に發《ハツ》して、一家の言をなせるがごとく、式部も、[七]父爲時にわかれ、[八]夫宣孝《ノブタカ》におくれて、[九]二女子を養育すとて、身の[一〇]たづきなく、世の辛苦なる時にあたりて、此物語を作り、世に有リとある事をかき出して、[一一]風刺教誡をしるし、いきどほりをやすめけり」といへる。これ又じゆしや心の[一二]おしはかりにこそあれ。物語のこゝろともおぼえず。又[一三]冷泉院の物のまぎれを、[一四]諷諭にとりて、一部の大事也として、そのよしを論じたるも、なほ儒者ごゝろにして、ひたすらもろこしのふみどもの例にのみ[一五]なづみて、物語のこゝろをしらざるもの也。その論の中に、源氏ノ君と藤壺ノ中宮との密事を、はじめには、いともやさしきさまにかきなし、終りには、いとおそろしく、[一六]有まじきあやまちなりけりと、ことわりたる氣象を見よ、といひて、しひて諷諭にせむとしたれども、さきにも[一七]薄雲ノ巻を引《ヒキ》ていへる如く、源氏ノ君、此事を後には、いとおそろしくあるまじかりける事と、おもひしり給ひながら、其後もなほ、朧月夜ノ君に、忍び〳〵逢給ひしは何とかいはむ。もし藤壺ノ中宮の御事を、いとおそろしきあやまちなりと、[一八]ことわれる心ならば、其後にかゝる事を、まさに書クべしや。もしはたして諷諭ならむには、一

一 でたらめな論。 二 ▽安藤年山の紫家七論。玉の小櫛の注釈の条に「又さきにもいへる、紫家七論といふもの一巻、これは注釈にはあらず、たゞ此物語の大むねを論じ、紫式部が才徳など、日記を引出て、くはしく考へ、昔よりの妄説どもをわきまへなど、さまかはりて、一ふしある物也。かならず見べし。但しそのおほむね、たゞもろこし人の、書ども作れる例をのみ思ひて、物語といふ物の趣をおもはず、物のあはれをむねとかけることをば、いまだしらざるものにして、諷諭と見たるは、なほ儒者ごゝろにぞ有ける」と評した。 三 以下の引用文は所見の紫家七論には見えない。→補一五。 四 史記を書いた歴史家(前一四五—?)。武帝の時の太史令であるが、事あって宮刑に逢い、憤を発して、父の業を継ぎ、史記を完成した(漢書、六二)。 五 困窮悲愁。 六 史記、一三〇、大史公序に「詩三百篇、大抵聖賢発憤之所為作也、此人皆意有所鬱結、不得通其道也」。 七 藤原為時(九四七頃—一〇一八以後)。官は弁官や国司を歴任。歌詩をよくし、文人として令名あった。紫家七論「長保寛弘の頃は為時はやく卒したるもしるべからず」とするが、式部死後の没。 八 藤原宣孝(九五三—一〇〇一)。諸国の守を歴任、有職に詳しく歌舞に長じた。 九 ▽源註拾遺に「栄花物語を見るに、紫式部が娘は大弐三位のみならず、今一人(越後の弁也)これあり」。現今の研究では、賢子(越後の弁即ち大弐三位)一人。 一〇 たより。 一一 ▽紫家七論の「作者の本意」に「美刺を詞にあらはさず、…婦人の為に諷諭すといへども」。 一二 推量。 一三 源氏の藤壺に通じて冷泉院を産む一件。紫家七論の「一部大事」に論じた。→補一六。 一四 それとなくさとす論法。 一五 拘泥して。 一六 けしからぬ誤りだと、作者自ら判断を下し

たびはいましめながら、又立かへりてすゝむるにぞなりぬべき。又みを[19]つくしの巻にいはく、「當代の、かく位に[20]かなひ給ひぬることを、思ひ[21]のごとうれしとおぼす。(こ[22]れは源氏ノ君のおぼせるにて、當代とは、冷泉院の御事也。)」もしかの論のごとくならんには、源氏ノ君、冷泉院の御位につき給へるにつきては、いよ〳〵おそろしく思ひて、皇[23]胤のまぎれぬることを、歎き給へるさまにこそ書クべけれ。かやうに、思ひのごとうれしとおぼすなどは、書クべきものかは、なほ此物のまぎれのかの説ども、あたらぬこと多けれども、か[24]しこきすぢの事なれば、今はその辨[25]へはもらしつ。か[26]にかくに此御事、わ[27]きて諷諭といふべきにもあらず。そも〳〵此[28]物のまぎれは、古へ今ならびなき大事にはあれども、物語は物語なれば、さる世の中の大事を、一部の大事として、書クべきにはあらず。これも物語にては、たゞ物語の中の一つの事にぞ有ける。然らば此事は、上にもいへるごとく、戀の物のあはれのかぎりを、深くきはめつくして見せむため也。そは男も女も、よきことのかぎりをと[29]りぐし給ひて、よろづにすぐれて、物のあはれをしり給へるどちの御うへといひ、又こ[30]とわりにたがへる、あながちなるあひだの戀には、殊に今一きは、あはれのふかきことある物なる故に、ことさらにわ[31]りなくあるまじき事のかぎりなる戀を、此御方〻の

ている趣。一七 薄雲の巻の「かうあながちなる事にむねふたがるくせの、なほ有けるよと、我ながらおぼししらる(注「これは源氏ノ君藤壺ノ中宮との御事を、冷泉院のしろしめして後に、なほこりずまに、又も秋好中宮に、心をかけ給ふことを、みづからおぼせるこゝろなり」)」と、源氏君の、いとおそろしとおもひ給ひながら、若菜の上巻の「いとあるまじき事と、いみじくおぼしかへすにもかなはざりけり(注「是源氏君朧月夜君を思ふ心也、あるまじき事といみじくおぼしかへしても、しのびがたき心はわが心にもかなひがたし」―紫文要領)」とを一つにしている。一八 作者が心で判断したのならば。↓補一七。一九 源氏物語の第十四帖。冷泉帝即位のことが見える。二〇 即位されたこと。二一 希望通りだと。二二 この部分は原注を引いたもの。二三 皇統の混乱したこと。二四 (小説とは云え、朝廷に関したことなので)おそれ多い方面の事だから。二五 その評論は省略する。二六 ともかくも。二七 特別に諷諭と云えるものではない。二八 ▽小説とは云え、皇統に関したことなので、諸注釈も多くこれを大事としてふれている。紫文要領は、以下の論と相似た論に入る前に、女御后と臣下密通の事を伊勢物語・栄花物語の二書及び勅撰の後撰集に明記することを述べ、密通ある以上、子供は物のまぎれになること。従って源氏は古物語にない新味を考えてここまで筆を及ぼしたので、「又大事とするにをよばぬ事也」「しゐて式部が趣意を按ずるときは、此一事において、好色の物の哀のいたりて深き所をかきいださんがため也、又源氏君の栄花をきはめていはんため也、此二ッの心にてかけるもの也」と。二九 完備している。三〇 道理に背いて、無理な間。三一 理にはずれ

うへに書出《カキイデ》て、[一]かた〳〵もののあはれの深かるべきかぎりを、とりあつめたる物ぞかし。[二]さて冷泉院のもののまぎれは、源氏ノ君の榮えをきはめむために書《カケ》る也。そはまづいづれの物語にも、[三]むねとして、よきさまにいふ人有て、その人のうへをいふとては、よにあらゆるよき事を、えりあつめていふ中に、[四]身のさかえは、人のよのよき事のかぎりなれば、其人の萬にさいはひ有てつひに[五]うへなき身となりぬる事などをいふぞ、物語の多くの例にて、此物がたりも、源氏ノ君の榮えを[六]きはめてかゝむとするに、人のさかえのきはまりは、帝の御位にして、[七]執政大臣といへども、[八]たゞ人はなほ[九]あかぬところある故に、太上天皇の尊號をかうふ《ム》らしめむとするに、[一〇]さるべきよしなくては、[一一]ゆくりなくて、まことに淺はかなる、作り事めくゆゑに、[一二]帝の御父とせむ料に、此物のまぎれは書るもの也。そも〳〵此君、[一三]帝の御子にて、后と大臣とを御子にもち給へるうへに、帝の御父にてさへおはしますよしをもて、太上天皇になり給へる、かくてぞ、たふとくめでたき御身の榮えは、きはまりける。

そも〳〵此物のまぎれの事、さき〳〵の巻より、つぎ〳〵にいひ來て、[一四]こゝにいたりて、源氏ノ君を、御位につけ奉らむと、おぼしめしよりたるところへ[一五]おとしたる、次第のおもむきを、よく考ふべし。さて此君の榮えをきはめて書

あるべからざることの最も極端な恋。

一 合せて。 二 またその上に。
三 主に。中心人物として。
四 栄華。 五 最上の境遇。帝位。
六 極上にまで、書こうとするに。
七 政事を執る最高の大臣。
八 ここでは、臣下の意。
九 意にみたないので。不満足なので。
一〇 そうなるべき理由がないと。
一一 突然であって、誠に考えのない虚構らしいことになるから。
一二 事実での、帝の御父とする材料として。この玉の小櫛にはこの後に、その証を、夜居の僧が、冷泉院に、その出生の密事を報ずる条から引いて、「仏天の告といひ、後の世までのとがめ有べしといひ(実の父を知らず孝養に欠けること)、天べんのさとしは此気也といひ、とがをしめすといへる、みな実の御父をしろしめさである故也、もしこれら、物のまぎれの方ならむには、そのとがめは、おほく源氏ノ君にこそかゝるべきに、たゞ冷泉院にのみかけて申せるを思ふべし」とか「冷泉院の、今かく帝位にのぼらせ給ひて、天の下をしろしめすことも、御父源氏ノ君の、よろづに善事をなし給へる、御徳よりおこれることなれば、いよ〳〵御父にておはしますことを、しろしめさであるべきにあらずとの意也」など述べている。
一三 父は桐壺帝。后は明石中宮。大臣は夕霧。
一四 薄雲の巻において、冷泉帝は、夜居の僧のしらせの後、さまざまに考えて、源氏に位を譲ることを云い出し、源氏が拝辞することがある。
一五 話の筋を持って来た。
一六 更に一段に昇らせて。

むとならば、今[一六]一きざみすゝめて、帝の御位につけ奉るべきを、太上天皇にてやみぬること、作りぬしの、深く心をつけたるもの也。そは狭衣[一七]ノ物語に、か[一八]の大将を、つひに帝にしたるは、此物語の源氏君をまねびて、今一きはすゝめて書るものなるを、かの大将は、帝の位につけたるによりて、何[一九]とかやまことにつくりごとめきて、そ[二〇]のよしなく、中[二一]ゝに淺はかに聞ゆるを、紫式部は、そ[二二]こをよく思ひたるものにて、帝の御位をばのこして、太[二三]上天皇も、そのよ[二四]しなくては、ゆくりなき故に、桐壺ノ巻に、こ[二五]ま人の相《サウ》[二六]したる詞に、「國[二七]のおやとなりて、帝王のかみなきくらゐにのぼるべき相おはします人の、そなたにて見れば、み[二八]だれうれふる事やあらむ」と、はじめよりまづ下《シタ》[二九]がまへをまうけおきて、此物のまぎれをかきて、かならず尊號を蒙り給はではかな[三〇]はぬさまに、かきもてゆきて、薄雲ノ巻に至りて、御位につけ奉らむとある所に、此君の詞に、「故[三一]院の御心ざし、あまたの御子たちの御中に、と[三二]りわきておぼしめしながら、位[三三]をゆづらせ給はむことをば、おぼしめしよらずなりにけり。何[三四]かその御心あらためて、及[三五]ばぬきはには、のぼり侍らん」とある。これ帝の御位にのぼり給ふべきなれども、その一きはをば、こ[三六]とさらにのこせりといふ、つくりぬしの下心を、思はせたる詞にて、いとも〳〵心ふかき作りざま也。大かた此もののゝ

一七 平安朝末の物語。四巻。源氏物語に多く影響をうけている。
一八 狭衣物語の主人公で、狭衣の大将として見える。色色の恋愛談があるが、末には神の告げによって帝位につくことになっている。
一九 何となく虚構らしい虚構となって。
二〇 帝位につくべき理由も認められず。
二一 かえって薄っぺらに読まれるが。
二二 その点は十分に考えたものであって。
二三 太上天皇になることにしたが、その太上天皇についてさえ。
二四 理由がなくて、唐突すぎるので。
二五 注に「延喜のころ参れるは、みな渤海国の使にて、高麗にはあらざれども、渤海も、高麗の末なれば、皇国にては、もといひなれたるまゝに、こまといへりし也」。
二六 源氏の人相を見た言葉。
二七 湖月抄の注に「国民の親と云事也、書ノ洪範云、曰天子作民父母、以為㆓天下王㆒云云」。
二八 注に「みだれうれふる事といへるは、帝王の相にて、闕たるところのあるを、疑ひて、もしさることやあらんといへる也。然るをもとよりみだれうれふべき相の有しやうに注したるは誤也」。
二九 基礎を準備しておいて。 三〇 ならない風に。
三一 桐壺帝のお気持では。
三二 源氏を格別に大切にお思いになっておりながら。
三三 位をお譲りになる件は、お考えにならないようになりました。
三四 ▽湖月抄の注「故院の御心さぞあらん、それをたがへじと也」。
三五 及びもつかない帝位に上りましょうや。
三六 わざと。

まぎれをかきたることは、此源氏ノ君の榮えをきはめむため也といふこと、上ノ件のおもむきどもをかむがへてしるべし。

[一]くさ〳〵のこゝろばへ

[二]こゝらの物語書どもの中に、此物がたりは、ことにすぐれてめでたき物にして、大かた[三]さきにも後にも、たぐひなし。まづこれよりさきなる、ふる物語どもは、何事も、さしも深く、[四]心をいれて書りとしも見えず、たゞ一わたりにて、あるは[五]めづらかに興ある事をむねとし、[六]おどろおどろしきさまの事多くなどして、いづれも〳〵、物のあはれなるすぢなどは、さしも[七]こまやかにふかくはあらず。又これより後の物どもは、[八]さごろもなどは、何事も、もはら此物がたりのさまをならひて、[九]心をいれたりとは見ゆるものから、[一〇]こよなくおとれり。其外もみなことなることなし。たゞ此物語ぞ、こよなくて、殊に深く、よろづに心をいれて書る物にして、すべての[一一]文詞のめでたきことは、さらにもいはず、[一二]よにふる人のたゝずまひ、[一三]春夏秋冬をり〳〵の空のけしき、木草のありさまなどまで、すべて書キざまめでたき中にも、男女、その人々の、けはひ心ばせを、おの〳〵こと〳〵に書キ分ケて、ほめたるさまなども、皆其人〳〵の、[一四]けはひ

一 ◇大意など以上の説明にもれた諸事を雑然と書き集めたもの。伊勢物語と比較しての文章の長短、この物語中の和歌のすぐれていること、紫式部の心ばえ、その他平安朝と当代との社会状態の違いからくる疑問とか、詠歌の参考としてのこの物語のことなどを述べている。

二 あまたの物語類。

三 空前絶後である。

四 丹念に。

五 珍しくて面白い。竹取物語をさしている。

六 人驚かしの。怪奇の多いうつほ物語をさしている。

七 詳細で深奥の面まで達していない。

八 前出(一二七頁注一七)。狭衣物語の源氏物語からの影響の研究には、宮田和一郎「構想の上から見た源氏と狭衣」(『国語国文』昭和十五年四月号)・石川徹「源氏物語の影響を受けた平安後期の文学」(『国語と国文学』昭和三十一年十月号)がある。

九 丹精したものだとは思われるけれども。

一〇 ひどく、源氏物語にくらべ出来が悪い。

一一 紫家七論は「文章無双」と称した。↓補一八。

一二 社会生活の状態。

一三 四季時時の自然現象。これらも共に「物のあはれ」を知らすものである。玉の小櫛の別の処に「おほやけわたくし、おもしろくめでたく、いかめしき事のかぎりをかき、又春夏秋冬をり〳〵の、花鳥月雪のたぐひを、おかしきさまに書あらはせるなど、これみな人の心をうごかし、あはれと思はする物にて、心に思ふ事ある時は、殊に空のけしき木草の色も、あはれをもよほすくさはひとなるわざ也」。

一四 外形や精神。人物を性格や外形にまで及ん

心ばへにしたがひて、一トやうならず、よく分れて、[15]うつゝの人にあひ見るごとく、おしはからるゝなど、[16]おぼろげの筆の、かけても及ぶべきさまにあらず。さて又[17]よろづよりもめでたきことは、まづ[18]からぶみなどは、よにすぐれたりといふも、世の人の、事にふれて思ふ心の有リさまを書ることは、たゞ[19]一わたりのみこそあれ、いとあらく淺きもの也。すべて人の心といふものは、からぶみに書るごと、[20]一トかたにつきゞりなる物にはあらず。深く[21]思ひしめる事にあたりては、[22]とやかくやと、[23]くだ〳〵しくめゝしく、みだれあひて、さだまりがたく、さまざまの[24]くまおほかる物なるを、此物語には、さる[25]くだ〳〵しきくま〴〵まで、のこるかたなく、いともくはしく、こまかに書あらはしたること、[26]くもりなき鏡にうつして、むかひたらむがごとくにて、大かた人の情《コヽロ》のあるやうを書るさまは、やまともろこし、[27]いにしへ今ゆくさきにも、[28]たぐふべきふみはあらじとぞおぼゆる。又すべて巻ゝの中に、[29]めづらしくおどろ〳〵しく、めさむるやうの事は、[30]をさ〳〵なくて、はじめよりをはりまで、[31]たゞよのつねの、なだらかなる事の、同じやうなるすぢをのみいひて、いと長き書なれども、よむ[32]にうるさくおぼゆることなく、うむことはなくて、[33]たゞつゞきゆかしくのみぞおぼゆるかし。おのれをしへ子どものために、はやくより、此ものがたりを、

で書きわけてあって。
一五 この世に生きている人に逢うように、あきらかに想像できる。
一六 ふたしかな筆力では、とてもおよびもつかない。
一七 色色の美点の中でも殊に、美点は。
一八 漢文、漢籍。
一九 通り一ぺん。表面的。
二〇 一方へのみ、すげなく云いはなつものではない。
二一 心に染んで思われる事に際しては。
二二 ああでもない、こうでもないと。
二三 くどくどと女の如く。
二四 こみ入った点。
二五 繁雑冗漫なこみ入った点にわたって。源氏物語のこの様な文については、この「くさ〴〵のこゝろばへ」の条で別に二条をおいて、説明してある。→補一九。
二六 極めて明瞭で、こまかい所までわかる意のたとえ。
二七 過去現在未来。
二八 比較出来る書物はあるまいと。
二九 珍奇な、人を驚かすような、目を見はるような事件。
三〇 殆どなくて。
三一 日常茶飯事。
三二 煩わしい思いはしないし。
三三 次次が知りたい見たいとばかり、自ら思われる。

よみときてきかすること、[一]あまたかへりになりぬるを、[二]あだし書どもは、[三]かばかり長からぬだに、説《とく》にうむ心もまじるを、これはさしも長き書にて、[四]年月をわたれども、いさゝかもうむこゝろいでこず。たびごとに、はじめてよみたらむこゝちして、めづらしくおかしくのみおぼゆるにも、いみじくすぐれたるほどはしられて、かへす〴〵めでたくなん。

一 ▽奥山宇七編、本居宣長翁年譜によれば、宣長塾における源氏講義は、第一回宝暦八年六月より明和三年六月三十日まで。第二回明和三年七月二十六日より安永三年十月十日まで。第三回安永四年正月二十六日より天明八年五月十日まで。そして第四回目は天明八年六月二日に始まっている。

二 別の書物。

三 これ程長くないものでさえも、講義にあきつかれる気持が出てくるが。

四 長年月に及ぶ続講であっても。

歌學提要

[一]道は上つ世にたとく、業《ワザ》は末の代にくはしとは、[二]實《ゲ》にさることにて、[三]なべての道々其《ソノ》はじめは、たゞ[四]すなほにおのづからなるすがたなるを、後にぞ、[五]いたりふかき人々出來《イデキ》て、萬に[六]くはしくそなはりぬ。これ[七]天地のことはりなるべし。さるを、[八]世くだるまゝに、こまかなるうへにも細かに、くはしきがうへにもくはしからむと、[九]あなぐりもとめて、かへりて、[一〇]ときひがめることも少からず。まして我[一一]敷島の[一二]大和歌《ヤマトウタ》は、[一三]かけまくもかしこき神代の風をつたへたれば、[一四]もとのすなほなるさまを、旨《ムネ》としてまなぶべきに、[一五]巧に新たなることをこのむより、[一六]ことなる説をあげつらふのみならず、[一七]それさへ方々にわかれ、己を是《ヨシ》とし、人をそしりてやまず。[一八]ひとの國にもかゝるをぞ、[一九]門戸をあらそふ學としぬ。[二〇]此門戸をおしひらき、[二一]衆の美をとりて、[二二]己に歸するをもてまことの學びとせり。此書は信濃の國なる[二三]内山眞弓、久しく[二四]道にこゝろざすことあつきが、[二五]その師より傳へうけたる旨をむねとし、みづからの説どもをもくはへて、[二六]ねもごろにかきあらはし、[二七]萩原なにがしもて、これに[二八]一《ヒト》ことをそへよと[二九]こふものから、其とくところを見るに、[三〇]和歌の浦[三一]なみ／＼ならず思ひかけながら、[三二]くらぶの山の[三三]道わ

一 道は上代程純粋で尊く、行為方法は末になる程複雑となるの意。出典未詳。 二 誠に然りであって。 三 諸道諸芸。 四 素朴で自然。 五 深い本質まで達した人。 六 詳密に完備する。 七 天地に通ずる公理。 八 末世になるに従って。 九 穿鑿して。 一〇 間違って理解説明する。 一一 「大和」の枕詞。 一二 和歌。 一三 「神」の序詞。和歌の始めを、伊弉諾・伊弉冉二神の唱和や、下照姫・素戔嗚尊の詠においていう(古今集、序より)。 一四 古今集、序に、和歌の初めを述べて「神代には、うたのもじもさだまらず、すなをにして」。 一五 新しい技巧を好んで。 一六 異説を論ずる。 一七 異説諸方に横行して。 一八 外国。ここは唐土。 一九 党を作って相争う学閥をいう。唐書の韋雲起伝に「今、朝廷ニ山東ノ人多ク、自ラ門戸ヲ作シテ、下ヲ附シ上ヲ罔ス、朋党ト為ス」。 二〇 門戸を開放して。 二一 多くの派から長所をえらび取って。 二二 自分に集めて、帰一すること。 二三 この書の著者(一七六六―一八五二)。解説参照。 二四 和歌の道に厚志であって。 二五 香川景樹。解説参照。 二六 丹念に。 二七 萩原貞起(一八〇八―七三)。信濃筑摩郡和田荒井(今の松本市和田)の富家。香川景樹門、内山真弓の後援者。号滝園。この書の刊行者(矢ヶ崎栄次郎著、歌人内山真弓)。 二八 一言を加えよ。序文を願い出たから。 二九 ここでは、故にの意。東塢亭塾中聞書、二に「ものからは物故と、意たがはず、されど強弱の語勢につきて転り行く也」(近世の和文家は多く誤用したこと、本居宣長著、玉あられに論じてある)。 三〇 紀伊の国の歌枕であるが、ここでは事が和歌に関しているから用いて、浪の縁で、「なみ／＼」にかかる枕詞としている。 三一 一通りならず執心しながら。

けまよふ、初學《ウヒマナビ》の爲には、[一]こよなき道の枝折《シヲリ》なるべけれと、[二]めでおもはるゝにぞ、[三]花もなき[四]老の筆をそめて、いさゝか[五]巻のはしにしるしつけぬるになむ。時は[六]嘉永三かへりの文月十まり九日

[七]朝散大夫[八]源　司直

一二 山城の国の歌枕。「くらくして」の意をもって、「わけまよふ」にかかる序詞。 一三 歌道へ入ってゆく方法に迷うている。

一 最上の入門書。
二 結構に思われる。
三 不出来な。艶のない。老の縁として用いた。
四 老筆を墨に染めて。成島司直《もとなお》、この序の年七十四歳。
五 巻端。序文をかくの如く書きしたためた。
六 嘉永三年(一八五〇)七月十九日。
七 従五位下の唐名。
八 成島司直(一七七八―一八六二)。幕府の奥儒者としての成島家六代目。称邦之丞、号東岳。改正三河後風土記・徳川実紀など編著が多く、和歌和文をもよくした(大島隆一著、柳北談叢など)。

一 内山真弓。この跋の年六十二歳。 二 年少から。 三 香川景樹の号。 四 封筒のこと。書状のやりとりが四十年程にわたった。文化七年二十五歳の時の入門(矢ケ崎栄次郎著、歌人内山真弓)。 五 天保十四年。この年五月十九日、萩原貞起《もとのり》が発起人となり、信濃松本伊勢町の浄林寺で、景樹追悼会を開いた。この跋者山科元幹はこれに参加した(矢ケ崎栄次郎著、歌人内山真弓に、元幹のこの会の記事がのる)。 六 東山道。木曾街道。 七 年を重ねての。 八 書きとどめたもの。 九 同門の人人の筆記。

[一]内山老人[二]自少好詠和歌學于吾師[三]桂園翁之門[四]郵筒往來殆四十年矣[五]癸卯夏余將遊江戸取路於[六]東山訪之老人出此書曰是爲吾[七]累年[八]劄記或出[九]社友之手錄又係師翁之[一〇]筆蹟[一一]裒成一卷名曰歌學提要余再三閱之實爲詠歌之[一二]捷逕矣若夫[一三]新撰髓腦以下若干部[一四]有得有失初學或[一五]惑於取捨此則不然遂[一六]慫慂[一七]上梓嗟乎世間詠和歌者能[一八]縱橫之[一九]左右之[二〇]金玉之聲[二一]振々乎宇内者可[二二]待日而期也是爲[二三]跋老人者[二四]科野國安曇郡十日市場邑之人也

[二五]弘化丁未六月

[二六]松坡居士幹錄于江戸[二七]僑居

[二八]瑞庵高橋豐圭書

(内山老人ハ、少《ワカ》キ自《ヨ》リ好ミテ和歌ヲ詠ム。吾ガ師桂園翁ノ門ニ學ビ、郵筒ノ往來ハ殆ド四十年ナリ。癸卯ノ夏、余將ニ江戸ニ遊バントス。路ヲ東山ニ取リテ、之ヲ訪フ。老人此ノ書ヲ出シテ曰フ、是ハ吾ガ累年ノ劄記《サツキ》タリ。或ハ社友ノ手錄ニ出デ、又ハ師翁ノ筆蹟ニ係《カカ》ル。裒《アツ》メテ一卷ト成シ、名ヅ

景樹門では、この書に収める如き師の歌論に関する、書簡や添削評点の門人詠草の奥書などを筆記編成することが、よく行われた。出刊を見たものでも桂園遺文(鈴木光尚編、万延元年刊)・随所師説(磯野直章編、続日本歌学全書所収)・麓の道(大岩昌樹篇、明治二十二年刊)・東塢亭塾中聞書(内山真弓編、桂園遺稿所収)などあり、写本で残るものは更に多い(黒岩一郎著、香川景樹の研究、一九二頁)。ここは附言にある中沢重樹の冊子を主にさす。→補一。 一〇 書簡などを含んだものであろう。景樹は地方の門人への書簡や、詠草添削の末に、歌論的な発言をすることの多い人であった。 一一 聚に同じ。 一二 近道。 一三 藤原公任著の歌論書。古来諸文献にその名が見えて有名なものであるが、現存は皆、完本ではなかろうという(日本歌学大系第一巻所収)。古来からの歌論書の代表として上げる。 一四 長所短所こもごもである。 一五 何処を取り、何処を捨てて学んでよいかに迷う。 一六 すすめた。 一七 出板。 一八 自由自在にする。十分読みこなし体得する意。 一九 自由に動かす。これも十分に自己のものとする意。 二〇 他人の声や詩文をほめていう語であるが、ここは、和歌の名声の意。古今和歌集正義(以下、正義と略)の総論にも「其才名世に高からざるに非ず、然るに其金玉の声随てやみ」。 二一 天下に盛大に鳴りひびくこと。 二二 「可期日而待」の誤り。やがてその日の来ることは明らかであるの意。 二三 跋とあるが、初刷と思われる底本も、その他の所見本も、皆この位置にあった。 二四 今の長野県大町市。 二五 弘化四年(一八四七)。 二六 京都の人山科元幹。景樹門(京都臨淵社相撲番付などに見える)。 二七 かりずまい。 二八 未詳。

ケテ歌學提要ト曰フ。余再三之ヲ閲《ミ》ルニ、實ニ詠歌ノ捷逕《セフケイ》タリ。若シ夫レ新撰髓腦以下ノ若干部、得ルコト有リ失フコト有リテ、初學或ハ取捨ニ惑フ。此ハ則チ然ラズ。遂ニ慫慂シテ上梓ス。嗟乎《アア》、世間ニ和歌ヲ詠ム者、能ク之ヲ縱横ニシ、之ヲ左右ニスレバ、金玉ノ聲、宇内ニ振ヽ乎タルハ、日ヲ待チテ期ス可キ也。是ヲ跋トナス。老人ハ、科野ノ國安曇郡、十日市場邑之人也。

弘化丁未ノ六月

松坡居士幹、江戸ノ僑居《ケウキヨ》ニ錄ス

瑞　庵　高　橋　豐　圭　書　ス)

附　言

この書は、[一]故肥後守景樹大人の、ねむごろに教へ給ひし言の葉、また社友[二]中澤重樹が、より〱しるし置《オキ》たる冊子、その外門人に示されし、反故どもの中より、歌よまむたすけともおぼしきを、ぬき出《イデ》て[三]物し侍りしなり。されど[四]わが思ひを、まじへしふしなきにしもあらねば、その文ならざる所も、まゝあるべし。一章ごとに、[五]何の書より出せり、といふことを詳にせず。

[六]しらべといふは、師の[七]一家言なり。されば世にいへる[八]しらべとは、いたく異なり。[九]ひとつにおもひとりて、なみすぐしそ。

此冊子にしるしたるは、師説の[一〇]千《チヾ》の一つなり。[一一]おほけなき業ながら、詠歌の一助ともなりぬべきを、しるすばかりになむ。

[一二]天保十四年五月　　　源　眞　弓

一 香川景樹は、天保十二年六月十四日従五位下、同十月六日肥後守に叙任されて、天保十四年(一八四三)三月二十七日、七十六歳で没した。
二 信濃松本伊勢町住の桂園派歌人。通称由右衛門、号蝶山人。手習師匠をし、明治まで生きた(矢ヶ崎栄次郎著、歌人内山真弓)。
三 編したものだ。
四 自分の考えをも混じた所が、ないではないから、師の文でない所も亦あろう。ただし大半は景樹の説であること、補注(一)参照。
五 景樹の書いたものからの出処を。
六 後出の「総論」の条に詳しい。
七 独自の説。
八 例えば真淵の説く所などとは。
九 底本「…おもひとりてな。みすくしそ」。意によって、読点の位置をかえた。一般の調べの説と等しく考えて、見のがさないでほしい。
一〇 千分の一。
一一 分に過ぎた仕事。
一二 この書に先立つ草稿と思われる桂園記聞の後語には「天保三年壬辰冬再書」とある、その後も、度度改訂して、ここに至ったものであろう。

目録

一　詩経集伝の序に「詩者、人心之感物而形於言之余也」。◇以下和歌の本質は調べにあるとの論。二　書経の舜典に「詩言レ志、歌永レ言、声依レ永、律和レ声」と。集伝の注に「心之所レ之、謂二之志一、心有レ所レ之必形二於言一、故曰二詩言一レ志、既形二於言一、則必有二長短之節一、故曰二歌永一レ言、既有二長短一、則必有二尚下清濁之殊一、故曰二声依一レ永」。三　▽賀茂真淵のにひまなびに「いにしへの歌は調をもはらとせり、うたふ物なれば也」とある説をさす。四　本は嗟嘆して声を長く引く意。節をつけるを謡うというは、末に転じた意であるとの説。新学異見に詳しい。↓補二。 五 新学異見の訓による。詩経の大序に「言之不足、故嗟嘆之、嗟嘆之不足、故永歌之」。 六 極言すれば。 七 修辞。 八 真淵のにひまなびなどで論じた調べで、和歌のリズムに相当する。同書に「そのしらべの大よそは、のどにも、あきらにも、さやにも、をぐらにも、おのがじゝ得たるまに〳〵なる物の」とか、四季の相違も調べに出るなどある。「歌意考」補注三参照。 九 景樹のここで云うは、文学性とか詩境とかに相当する。随聞随記(以下、随記と略)に「月をみて誠に月を思はんには、月と云を待ずして、其うたふ調に、おのづから月の調あるがごときをいふ」。以下の本文に詳しく見える。黒岩一郎著、香川景樹の研究以下研究書も多い。解説の参考書の項参照。 一〇 文学の鑑賞における感銘。 一一 随記に「調を妨ぐるもの、ことわりなれば也、其ことわりと申すは、思慮分別を申し侍る也」。↓補三。 一二 古今集、序の言葉による。正義に「かはづは今河鹿といへり」。鶯や蛙の声は聞く者に一種の調べをつげるが、義理のありようはないことを云う。 一三 ▽桂園記聞に「長能などこの鶯川津の語によりて…」とある。謡曲、高砂に「然るに、長能が言葉にも、有情非情のその声みな歌にもるゝ事なし、草木土砂、風声水音まで万物のこもる心あり」。

一 類推して。 二 古今集、序の言葉。生類でなければ情がないことを忘れ、非情の風・水に及ぼしたのが悪いの意。 三 詩経正義、序に「詩発諸情性」。正義、総論補注に「その彼より来るものは、皆情の働なり、受けて感ずる所のものは悉く性なり、故に歌と成り出づる姿は情のみ」。 四 調べ(文学性)は自然のもの、人間について

歌學提要

總論

凡[一][1]人のこゝろ、物に感ずれば、かならず聲あり。感じて動くときは、其聲[二]永し。その永きを歌とし、永くするを歌ふといふ。後世譜節《フシ》[三]してうたふのみを、眞の歌と意得《ココロエ》たるは、末[四]につきて、本を失へるものなり。畢竟嗟嘆《ナゲキ》[五]の聲をいふ。[六]せめて是をいへば、阿といひ、耶《ヤ》といふも、歌のほかならず。いまだ文義《アヤ》[七]なしといへども、聞《キク》人の感ずる事、ひとへにその聲のしらべにあり。今こゝに調《シラ》べといふは、世[八]にまうけてとゝのふる調べにあらず。おのづから出《イデ》くる聲、おなじ阿といひ、耶といふも、喜びの聲は、よろこび、悲みのこゑはかなしみと、他《ヒト》の耳にも分るゝを、しばらく調[九]べとはいふなり。感應[一〇]は專らこの音調《シラベ》にありて、理[一一]りにあらざることを悟《サトリ》て後、うぐひす[一二]蛙の聲も、歌なりといはれたるを自得すべし。さて[2]そのかみうぐひすかはづによりて、風[一三]聲水音も、歌《ウタ》なりとい

はれたるは、ひたすら類[一]を推《オシ》て、生《イキ》[二]としいけるものといふかぎりを忘れたる也。歌[三]はこの性情を述《ノブ》るのみ。さる非情のこゝろをとめて、うたなりといはば、何等のひゞきか歌ならざらむ。おもふべし、抑[3]しらべは、天地[四]に根ざして、古今[五]をつらぬき、四海にわたりて異類を統《スブ》るものなり。言語[六]は世〻に移り、年〻にながれ、かつ貴賤と隔《ヘダ》たり、都鄙とたがひて、定則なし。さるを後人[七]詞につきて、しらべをいふは、本末をとりたがへたるものにて、大よそ違はざる事少きは、うべならずや。

世[4]中の人[八]たれか思ふ事なからむ。誰[九]かいふことなからむ。おもふもいふも、しばらくもやむことあらむや。其[一〇]おもふ極み、そのいふかぎり、盡《ツク》すべき道をしも及[一一]びなしといひ、數ならずしてなど歎くこそ、いとあやしけれ。天地[一二]にはらまれ、生《オヒ》たてる靑人草《アヲヒトグサ》、露[一三]のがるべき道にあらず。位[一四]に居らむ人のみ、なすべき事と思ひあやまてるも、世に少なからず。そはいみじき惑《マド》ひなり。そも[5]〳〵歌よむ事は、大[一五]和言葉のなしのまゝにして、自[一六]然の道の華なる事をしり、かつ學[一七]びて得るのみちならねば、いはじとしていはぬ人なく、やめむとすとも、止《ヤム》事を得ざるをしるべし。されば[6]古への布《メ》[一八]かりの蜑《アマ》、木こりの賤《シヅ》も、よめりしものなり。何ぞ難き事あらむ。

いえば、本能的なものの意。五 時空と人類及び鳥獣など生きとし生きるものの間に普遍的であるとの意。香川景樹の調べの論は、小沢蘆庵の心の説の発展であった。↓補四。六 言語は時代毎に変化し、階級や地域によって相違して、一定の法則がない。七 賀茂真淵とその系の人人の調べの説をさす。↓補五。八 ▽蘆庵の布留の中道に「この見聞覚知によりて、我思ふ心かならずあり、事々物々これより心のあたらしきものなし」。◇以下は、和歌は人間の本性にねざし、万民のものであるの論。九 東塢亭塾中聞書、四「すべて言語は俤を詞もてたつるなれば、活物にして、さらにやむものにあらず」。一〇 感情・表現の限りを尽すのが和歌の道であるのに。一一 自分にはむつかしくて出来ない。また物の数でない身分なので高尚の和歌にたずさわれない。一二 この世に生を受けた庶民。一三 和歌(文学)は本能で、誰でも表現本能に従って詠歌すべきである。一四 堂上家の芸だと誤解する人も多い。▽布留の中道に「此言語の大道は天子より庶民に至るまで秋毫の末ばかりもかはる事なし」。一五 日本の言霊の幸うままにの意。「なしのまゝ」は、自然。↓補六。一六 自然の調べの上に生じた和歌の道である。↓補七。一七 和歌に師なしであって。後出(一四四頁)。一八 海藻をかる漁家の女、木樵の賤男。一九 古今集、序「ちからをもいれずして、あめつちをうごかし、めに見えぬをにがみをも、あはれとおもはせ」。◇以下二条は、和歌の存在意義を論じる。二〇 迂遠(事実にうとい)と思っているのは。↓補八。二一 かえって馬鹿馬鹿しい。二二 そのまま。二三 古今集、序「おとこをんなの中をもやはらげ、たけきものゝふの心をもなぐさむるは歌也」。二四 身近に理解出来る。

天地[一九][7]をうごかし、鬼神をも感ぜしむといふ事をば、いと物遠き[二〇]やうにおもへるは、なか〳〵[二一]おろかなるこゝちぞする。こは知人《シル》にしてしるべきことなり。譬喩《タトヘ》をひき、道理《コトワリ》をもて論《アゲツラ》はむは、かへりておそかりぬべし。やがて[二二]男女[二三]の中をやはらげ、武士のこゝろを慰むといへるをば、誰[二四]もしたしく聞《キヽ》なすめり。人[二五]心の感ずるはすなはち、天地鬼神の外ならむや。誠情[二六]の發するに應じては、何物か感動せざらむ。

歌[二七][8]は玩《モテアソ》びものにあらず、玩ばるゝものなり。さるを、雲の上[二八]はさらにて、世中のもてあそび物に、等しく成《ナリ》しより、此道いよ〳〵衰へたり。悲しまざるべけむや。そも〳〵飲食[二九]男女と、言語とは、天下の三大事なり。されば飲食絶《タユ》れば、性命[三〇]をたち、男女のみちなければ、人倫[三一]たえ、言語なきときは、萬用[三二]通ぜず。まして歌は、言語[三三]のいと精微なるものなり。さればこれによりて、天地[三四]を感動せしめ、鬼神を哀哭せしむ。況《イハン》や歎きをわすれ、思ひをはらし、心を慰め、あるひはこゝら[三五]の罪を遁《ノガ》れ危き命をながらへ、高き位[三六]にのぼる類ひ、少しとせず。その功おほいならざらむや。

代々の撰集といへども、初心の輩は、古今集[三七]より千載集[三八]まではみるべく、其餘は好みてみるべきものにあらず。萬葉集[三九]もみるにこゝろすべし。いづれ[9]古今

二五 恋の男女や武士など、人間を動かすものがとりもなおさず、天地鬼神を動かすものに外ならぬ。

二六 情の誠(桂園記聞に「情誠」)が、和歌に出ればあらゆるものが感動する。景樹の誠の考えは伊藤仁斎の説の影響とする説がある。→補九。

二七 和歌は翫弄の具でなくて、人間の方が悪くすると歌のために生涯を無駄にするものだ。▽内山真弓の榜示杙に「もとより歌は玩び物に非ず、歌に翫ばれて生涯を遊游するもの也」。→補一〇。

二八 堂上。朝廷公卿達は勿論。

二九 食欲・性欲と共に、表現本能は、人間社会における、本能的で最も大事な三つである。梧窓漫筆、初上「飲食男女ノ欲ノ心ニ生ズルハ、自然ノ妙理ナリ」(黒岩一郎説)。

三〇 生命に同じ。

三一 人類。

三二 もろもろの用事が達しがたい。

三三 ▽随記に「歌は言語の精なるものにて、平語にて入りくみて聞取りがたきことも、歌としらぶる時は、すら〳〵と聞えて、かつは感ずる迄にも及ぶ事に候」。

三四 前出(一四〇頁注一九)の古今集の序の文を漢語で云うたもの。

三五 多くの罪。太平記、二に見える、二条家の宗匠藤原為明が六波羅に捕えられ、「おもひきやわが敷島の道ならで浮世の事をとはるべしとは」と詠じ、許されたことなどをさすか。

三六 平家物語、四に見える、源頼政が正下《ジヤウゲ》四位の時「のぼるべきたよりなき身は木(こ)のもとにしゐを拾ひて世を渡るかな」と詠じ、三位に昇ったことなどをさすか。

三七 第一番目の勅撰和歌集。前出(五〇頁注一三)。

三八 第七番目の勅撰和歌集。二〇巻、藤原俊成撰、文治四年嘉納。◇以下は、和歌の典範を古今集とする論。この説は蘆庵の布留の中道の所説の流れを引く。

三九 上代和歌の大撰集。二〇巻。蘆庵に説がある。→補一一。

集に、しく物なかるべし。たとへば古今集のうたは、自然の花なり。新古今集[一]の歌は、枝[二]をため葉をすかしたる花なり。草庵集[三]などは、造花[四]にひとしき物ならむか。熟考せばその差別しるかるべし[五]。さて造花は、いかに艶にあてやかなりとも、人作《（ジンサク）》を遁れざれば、形[六]と色のみは、とかくしてうつすべし。天工[七]にあらざれば、匂ひをいかむともする事を得ず。何のみちも、大かたかくのごとし。況や歌は、天人同一[八]の感にして、匂ひをしむるものなるをや。

歌は名望利達[九]をはなれて、こゝろを神仙[一〇]の域にあそばしむるものなり。されば義[一一]によりて求れば、性に遠ざかると云ひ、或は歌の心[一二]は、をさなきものなりなどいへり。此誠實の覆ひかざらぬは、則《（スナハチ）》小兒のごとき物なればなり。然るに俊恵[一三]法師の「歌の心は稚《ヲサナ》かれ[一四]」といはれしは、いひすごしたる所あり。されば是によりて、惑へる人少からず。をさなかれとは、下知[一五]する心ありて、かの[一六]似する方に落《（オツ）》めり。「カレ」のこと葉を捨《（ステ）》て、見るべきなり。たゞ眞心を述《（ノブ）》るにて足《（タリ）》ぬべし。

和歌に、制[一七]の詞などいふは、いとも後世[一八]の私にて、古へ更になきことなり。さる狹《（セバ）》き事にて、いかで思ひを述《（ノベ）》得べき。我[一九]おもひを、わがこと葉もていひ出《（イデ）》むに、誰[二〇]にはゞかり、何をさまたげむ。畢竟人にみせむきかせむ爲のものと、

一 第八番目の勅撰和歌集。前出(五二頁注一六)。補注一一参照。 二 技巧的なのを云う。 三 頓阿(一二八九—一三七二)の家集。一〇巻続五巻。二条家正風として江戸時代に尊敬された。 四 摸倣的なのを云う。 五 はっきりしている。 六 外形だけは摸倣出来よう。 七 天地に合致する情の流出がないから、本当の文学性を欠いている。 八 小沢蘆庵の用語でいえば、「心を天地とひとつになして」詠むものの故に云う。→補一二。 九 名声や栄達。随記に「上をほめ、下にてらひ名望利達をはかる煩ひにあらず」。◇以下は、表現本能の発現で、名利の具でないをいう。→補一三。 一〇 詠歌には世俗心を全く捨てよとの意。→補一四。 一一 ▽大ぬさに「義によりて求むれば、性に遠ざかるといひ、歌はをさなかれなどいへるを見ざらんや、皆その凡界を離れて、此仙域に遊ばしむるの心をいへり、俗理の世味をたしみて、名利に耽る叟たちの、しるべきかぎりにはあらず」。→補一五。 一二 後出の俊恵の詞を、自然そうしたものだの意に改めて出したもの。 一三 源俊頼の子(一一一三—?)で、歌林苑を営んだ歌人。集は林葉和歌集。 一四 毎月抄に「俊恵はたゞ歌はをさなかれと申して、やがて我が歌にも、其の姿の歌を秀逸とは思ひたりげに候ひけるとかや」。 一五 命令の気味。 一六 例の摸倣になる危険がある。 一七 二条家歌学における制の言葉。前出(五八頁注二)。 一八 後世の歌学者がみだりに作ったもの。 一九 ▽小沢蘆庵の布留の中道に「たゞいまおもへることを、わがいはるゝ詞をもて、ことわりの聞ゆるやうに、いひいづる、これをうたとはいふなり」。 二〇 ◇この条は、堂上風歌学への批判で、香川景樹は地下二条家風から出た

[二一]おもひまどへるゆゑなり。詠歌はたゞ憂悲を慰め、感哀をのべ、[二二]心をやるものなり。されば[二三]名望利達の念をはなれて、一筋におもひを述《ノブ》べし。[二四]其意ふかく、其情切ならむには、鬼神をも感ぜしむべし。況や人間を哀歎せしめざらむや。思ふべし、また[二五]都〻《ツツ》・哉《カナ》などを、戒め給ひしは、わけ有《アル》事にて、遠慮すべきにあらずとぞ。こは別にいふべし。されど歌に[二六]主ある詞あり。柿本うしの「[二七]ほの〴〵とあかしの浦」、在原中將の「[二八]月やあらぬ春やむかし」、紀氏の「[二九]櫻ちるこのした風」などのごときなり。これを心なくよまむは、いとあぢきなし。扨こそ[三〇]京極黃門も沙汰し給へるなりけめ。然るを古人の秀歌にある言葉は、こと〴〵くよむまじきと、制したるは、[三一]かの卿の努〻《ユメユメ》知《シリ》給はぬ事なり。後世歌を[三二]おほやけ物とおもひ謬《アヤマ》り、[三三]勸善懲惡の道なりと思へるより、かれを去り、これを制し、[三四]何の家風、くれの[三五]格と、[三六]あらぬ法則をかまへ、世人を惑はしむるものなり。痛はしからずや。

[11]歌よむ事を、[三七]技藝とひとしく思ふ人もあなるは、あまりに[三八]わいだめなきことならずや。こは[12]天地既に開闢《ヒラケ》て、神人[三九]化生し、神人化生するに至ては、性情なき事をえず。されば、その[四〇]性情の發動するまに〳〵、歌とよみ出《イデ》給ひしより以來《コノカタ》、しばらくも絶えざる道にして、技藝と日をおなじくして、語るべからず。

のであるが、これに反対した。二二 考え違いをしている。二三 思いをはらす。古今集、序「ふじのけぶりによそへて人をこひ、…をみなへしのひとゝきをくねるにも、うたをいひてぞなぐさめける」による。二三 名利を念頭において、他人のおもわくにかかわることをやめて、自分の思い一筋に。二四 自分の情に徹する方が、他人は勿論鬼神までも感動せしめるものである。二五 随記の「藤堂舎子詠草のおくに」に詳しい。↓補一六。二六 名手の詠み試みた句で、二条家風では、詠歌に禁じられたもの。二七・二八・二九 藤原定家の詠歌大概に「如此類、雖二句、更不可詠之」とした四首の中の三首で、後後も制の詞とされた。前出(五八頁注二)。↓補一七。三〇 藤原定家。詠歌大概のこと。近来風体抄にも「定家卿云」と注記してある。三一 制の詞が列記されたのは、定家没後、藤原為家著、詠歌一体以後である。三二 官事に関する物。堂上行事の中に入ったことをさす。三三 仏説及び朱子学の文学観の影響で出てきた説で、詠歌大本秘訣に「をのづから善をすゝみ、悪をとゞむるの憲ならずといふ事なし」などある。勧懲説は当時は、和漢文壇ともに一般に否定していた。三四 二条家風・京極家風・飛鳥井家風など。三五 格式。儀式。三六 でたらめの法則をわざわざ作り。↓補一八。三七 芸能。花道や茶道に類した習い事。◇以下は、一般の和歌の宗匠とその門下のあり方への批判。三八 物の区別のわからぬ。三九 出生。日本書紀の天・地・神の開闢出生の処による。四〇 詩経の大序以後の通説を和歌に転じた。▽伊藤仁斎の詩説に「惟詩出㆓於古人吟詠情性之言㆒、而無㆓勉強矜持之能㆒、無㆓潤飾彫鏤之詞㆒」(文集、三)。

されば技藝は何にまれ、聲をとめ[一]、法を習ひ[二]、或は跡を見[三]、形をうつし[四]、大かたは師の風俗《テブリ》に似するをよしとするものなり。歌はさにあらず、己が心の趣く[五]にまかせたれば、法[六]もなく、式もなく、況や古歌によらむとすれば、ふるき俤たち、師の風を學ばむとすれば、たちまち似せ物となり、詞をとれば、小盗[七]とそしられ、意をうばへば、猶罪おもく、調をかすむれば、強盜とさげしめらる。また文辭[八]を專らにすれば、巧に落《オチ》て、造花のごときをまぬがれず。たゞ言[九]にては人感ぜず。感ぜざれば、歌といふの甲斐なく、更[一〇]にせむすべなきやうのものなり。されば才藝の達人も、博學[一一]の識者も、難しとする業《ワザ》なりかし。されども、名[一二][13]利の念をさり、唯性情[一三]の誠を栞《シヲリ》として、分《ワケ》入らむには、おのづから進み安きこと、かへりて磯城島《シキシマ》[一四]の道にしく物なかるべし。

古[14]への俗言[一五]は、今の世の古言[一六]なり。今の俗言は、後の世の古言なり。古言は學[一七]ぶべくして、云《イフ》べきものにあらず。俗言はいふべくして、學ぶべきものに非《アラ》ず。然るに近き[15]ころ萬葉樣《ブリ》[一八]といふことおこりて、世の人の聞えぬ詞をつかひいだせるは、かたく[一九]なゝる業なりかし。萬葉の歌も、宣命[二〇]・祝辭《ノリト》[二一]のことばも、其[二二]世の人は、少もさはりなく聞知《キヽシリ》しものなるは、その世の俗言なればなり。今のうたも千年の後は然ならむ。專ら古[16]を尊み、今を賤しめて、あがれる[二三]世にさか

一 求め。師匠の声をその通りに追い。音曲の場合。 二 式法を習い。花や茶などの場合。 三 師や先人の行跡を見習い。舞などの場合。 四 書画などの場合。 五 ▽小沢蘆庵の布留の中道に「何ごとも我こゝろにさきだつものなし、よるひるうつり〱て、しばらくもとゞまらず、念々に思ふことあらたまりゆく、これよりも心のあたらしきことなし、そのこゝろをすぐによむなり」。 六 ▽布留の中道に「此うたもと法なし、…むかし式をたてられたれど、代々にこれを用ひられず、…歌もと師なし」。→補一九。 七 ▽詠歌大概抄に「人の随分とあたらしく思よりてよみ出す心詞を、とり用るは盗賊也」。 八 修辞。 九 全く修辞のない日常語。 一〇 和歌を技芸と考え、技芸として習練するとなると、全く方法がないものである。 一一 ▽随記に「此調の…妙用は、和漢の諸賢もたやすく識得しがたきことにや」。 一二 前出(一四二頁注九)。 一三 自己内心の誠の情を流出するを方法として、和歌の道に入ったならば。 一四 和歌道。 一五 当時一般に通用する語で、鄙言ではない言葉。「雅俗」の条参照。◇以下は、賀茂真淵ら擬古派の批判。これも蘆庵に発して、香川景樹には別に新学異見の著がある。 一六 古代語。古典語に殆ど同じ意。 一七 学問の対象で、表現の具でない。 一八 賀茂真淵とその門下の詠風をさす。 一九 へんくつ。 二〇 続日本紀など所収の、文武天皇から平安初期までの国語で述べた詔書。 二一 延喜式などに所収の、神へ奏上し、百官神職へ告げる上代の辞。 二二 当時の人は少しの支障もなく理解した。 二三 上代。真淵が古今より万葉、万葉より記紀の言葉を用いようとしたをさす。 二四 ここは音調でなく、語の清濁。八田知紀著、調の説参照。→補二〇。 二五 日日に変

化する。▽東塢亭塾中聞書、三「万葉の詞も猶万葉より昔の語の音便に頽れたるが多きなり、天地の開けしより言語の道あるべきなれば、いつを本と定めて、いつを末とせん」。二六 古い風体(景樹の第一義のしらべでなく、真淵風の第二義の風体のしらべ)を摸倣して。二七 千年の昔を摸倣する無駄。二八 かかる主張の後世を害すること大なり。二九 ◇真淵の擬古に対する、景樹の現実肯定論。これも蘆庵に発し、蘆庵の説は山本北山の説(作詩志轂「性霊」の条参照)に刺戟されたもの。→補二一。三〇 途方もない方向に堕ち入って。三一 救助して正道にかえすことも出来ぬ邪道の淵に入るであろう。三二 ◇以下は、風雅めかす当時の文人趣味を批判して和歌は現実生活の営の中にあるべきを論じる。三三 世俗的に現実に処する間に。三四 俗塵を去って、山藪に閑居して。三五 老荘的自然生活。三六 仏教的超俗生活。三七 何ら俗念にとらわれることなく。三八 出家して雲水放浪の生活を送っては。三九 欲念やもろもろの感情のおこる所に和歌が生れるものであるの意。四〇 正義の注「人の世にある、事や業やしげきはさら也、しか事業しげきまに〳〵、心に思ふことなき事あたはず、其思ひを見るものにふれ、きくものにつけてうたふをいふ」。四一 古今集、序「あるはきのふはさかえおごりて、(景樹説「けふは」と補)時をうしなひ世にわび、したしかりしもうとくなり…」。人世の栄枯盛衰によって人情の親疎もかわること。四二 古今集、序「くれ竹のうきふしを人にいひ、よしの川をひきて世中をうらみきつるに」(景樹説にこの下「今はうきふしなき世中にあひて」と補って解す)。憂苦恨怨も、また歓喜にかわる如く、世の変と共に情の様様にかわるを云ったもの。四三 俗言

のぼらむとすれども、[二四]清濁定《サダマ》らず、[二五]日々にながれ行《ユク》言の葉の源、いかでか汲《クミ》しる事を得む。さるを[二六]古調をかすめ、古言をとりて、いにしへに返りたりと思へるは、かたはらいたき事ならずや。[二七]千歳をかすむる費《ツヒエ》は、聊《イササカ》也といへども、[二八]後に引《ヒク》らむ害は、おほいなるべし。よし古へに返り得たりとも、今の大御代に背きて何かせむ。されば代々の撰集、いづれかおなじさまなる。その移りかはる則、其御代々々の風俗《テブリ》にして、いかにともすべきものならず。[二九]かの古へにかへさむとするは、流るゝ水をせくが如し。せきてとまる物かは。果《ハテ》は[三〇]あらぬ方に流れさすらへて、いよ〳〵濁り、ます〳〵流《ナガレ》て、[三一]澄む瀬なく成《ナリ》ぬべし。

[三二]古言をのみ雅なりとし、常言を俗と賤しめて、執らざるは、臭體也とておのれを厭ふに似たり。厭へども身を捨《スツ》る事をえず。賤しめても俗をまぬがれがたし。[三三]俗中に處してこそ歌はあなれ。[三四]深山幽谷に世を遁れ、[三五]無爲寂然を學[三六]びて、[三七]心に思ふ限《クマ》なく、或は[三八]身をなきものにはふらかしたらむには、[三九]何の歌かあらむ。されば古今集の序にも、「[四〇]世中にある人ことわざしげき物なれば、心におもふことを、みるもの聞《キク》物につけていひ出せるなり」云々。「[四一]きのふは榮え奢《オゴリ》て」云々。或は「[四二]呉竹のうきふしを人にいひ」など、いへるにあらずや。世をはなれ身をすてゝいかでさる感哀の起るべき。俗中に居て[四三]俗言をいふは、[四四]臭體をもて

臭體をとゝのふるがごとし。もと[一]文辭・詠歌共に、[二][17]雅俗は音調《シラベ》に在《アリ》て言語にあらず。神代の歌は神代の常言、萬葉・古今集の歌は、[三]大泊瀬《オホハツセ》の宮より[四]延喜の御代までの常言なり。然るに[五]古言をのみ雅なりとして、俗言をとらざるは、穉《ヲサナ》からずや。今の俗言も、千歳の後には雅言と成《ナリ》ぬべし。[六]誠實を述《ノブ》る時は、いかなる言語か雅ならざらむ。さりとて、[七]鄙詞野調を吐《ハキ》て、誠實を述《ノベ》得たりとする輩は、いふにたらず。こは別に論ぜり。

[18]誠實よりなれる歌は、頓《ヤガ》て[八]天地の調べにして、空吹風《ソラフク》の物につきて、其聲をなすが如く、當る物として其調べを得ざる事なし。そは物にふれ事につきて、感動する卽ち發する聲にして、[九]感と調との間に、髮を容《イル》るの隙なく、一偏《ヒトヘ》の[一〇]眞《マ》心《ゴヽロ》より出《イヅ》ればなり。かくおのづからなる[一一]調べは、少しも心を用ふべき事なきに、かへりて巧めるがごとく飾れるがごとく、その奇なること類《タグ》ふべき物なきに至るは、天地のうちにこの[一二]誠より眞精《マグハ》しきものなく、此誠より純美《ウルハ》しき物なければなり。さる[19]誠實の極みより出《イヅ》る音調《シラベ》なれば、[一三]力をも入《イレ》ずして、天地を動《ウゴカ》し、理《コトハリ》をもまたずして、人倫をも感ぜしめ、鬼神をも泣《ナカ》しむるものなるを、今の世の中歌と云《イヒ》て翫ぶをみるに、[一四]月花によれる假《カリ》そめの情はいふも更にて、[一五]悲みのかぎり、歡のあまりをいふにも、大かたは、[一六]古き例により、[一七]雅びなる詞になづ

をもって和歌をよむはの意。四 もろもろの感情を和歌にはき出して心をやることをたとえた。

一 文章・和歌。二 作品の雅俗は文学性の如何にあって、表現用語にかかわらない。三 雄略天皇の時代。万葉集に見える最古の歌(一)の時代。四 醍醐天皇の年号。古今集撰進時代。五 用語のみにかかわり文学性を問題にせぬは幼稚な態度である。六 誠実は調べの基であるから(次の「雅俗」の条参照)。七 ▽随記「俗言と言へど、鄙言の事と思ふべからず、必ず、くるのみそのと申す事ならず、今の世のみやびたる詞の限りを云ふべし」。また「新奇をたづね高遠にはせて、千歳の古辞をもとめ、或は俗間の鄙言をつかひて、世の観聴をおどろかすこと、天の下おしなべたる通病に候」。八 ◇以下、天地に通ずる文学性(または詩境)である香川景樹一流の調べなるものは、天地に通ずる情の誠が、物にふれて表現本能のままに、流出したものであるという、和歌本質論を整理してかかげる。↓補二二。九 文学に成長する感動と、文学を形づくる詩境との間に、義理などの介入する余地のないことを云う。一〇 誠実に同じ。新学異見の「一偏の実心」の訓による。一一 文学性さえ胸中に確立すれば、技巧修辞を待たず、すぐれた作品となるの意。一二 ▽伊藤仁斎著、語孟字義「誠之一字、実聖学之頭脳、学者之標的、至哉大哉」。一三 誠により前出(一四一頁注一九)の古今集、序の文句を説明したもの。一四 月花を見て、ちょっと面白いと思う情。一五 極限の哀歓を表現するにも。一六 古歌に範をとり。一七 雅語即ち古典語にかかわりすぎ。一八 人に見せ聞かせ名利を得る心から脱出し得ない。一九 あわれの情の意か。

み、[一八]名利のこゝろをまぬがるゝ事をえず。誠の心ばせを失へるも少なからず。されば、よみとよむ歌に[一九]感哀の出《イデ》くることなきは、うべならずや。

雅[二〇]　俗

[二一][20]雅俗は音調《シラベ》にありて、詞に在《アル》ものならず。さるをひたすら俗言をうと[二二]み、古言をのみ雅なりとおもふは云《イフ》にたらず。その[二三][21]雅言といふも、古の俗言なるをや。何ぞ古を求めて今を棄《ステ》ん。[二四]歌は只この性情を述るの外なし。[22]己が居る所の實地を踏《フマ》ずして誠實を失ひ、[二五]心をのみ高遠にはせ、[二六]詞に華美を飾るをもて雅也と思ふは、痛き誤也。されば調べに[二七]雅調あり、凡調あり。はた雅調にも甲乙の位あり。[23]其最上の調には則ち最上の感あり。其《ソノ》最上の感といふは[二八]端的の感なり。深くさぐり[二九][24]幽玄を求《モトム》ると云《イフ》に非ず。[25]こは筆にて記し、言葉にて云《イフ》のかぎりならねば姑《シバラク》おく。古今集などを吟詠して、知る人にしてしるべきものか。

僞[三〇]　飾

[26]歌は[三一]見るもの、聞《キク》ものにつけて、[三二]思ふまゝを述るもの也。されば[27]思ひの短きは短歌となり、長きは長歌となり、猛きも優《ヤサシ》きも[三三]千態萬狀おのづから調べなり

二〇 ◇この条、雅調についての論。

二一 前出(一四四・一四五頁)参照。随記の「或る古文者の難問に答へられし文」は文辞についての論ながら雅俗と調べの関係を詳述する。↓補二三。 二二 軽蔑し。 二三 「万葉様」の条(一四四頁注一八)参照。伊藤仁斎の説の影響あるか。▽仁斎の「題白氏文集後」(文集、三)に「蓋詩以レ俗為レ善、三百篇(詩経)之所二以為一レ経者、亦以二其俗一也」。 二四 ▽仁斎「蕉窓余吟序」(文集、一)に「詩本二於性情一、故貴レ真、而不レ貴二乎偽一、尚不レ出二於真一、則雖二極レ奇殫一レ巧、要不レ足レ観焉」。また童子問、上「卑則自実、高則必虚、故学問無レ厭二卑近一、忽二卑近一者非レ知レ道者一也」とある。 二五 ▽随記「天巧といへば高遠に騖る意おぼゆらんかし、更にさる事ならず、此座をうごかぬ処やがて天巧也」。 二六 ▽仁斎「題白氏文集後」に「詩以レ吟二詠性情一為レ本、俗則能尽レ情、琢磨過甚、断二喪性情一、真気都剝落尽矣。…俗而又俗、固不レ可レ取焉、俗而能雅、所三以為二妙之妙一也」。 二七 ▽桂園記聞に「歌よむには天心をしらん修行こそ専要なるべけれ、されば人智を不用、しらべ〳〵て天道にかなへんとする也。…巧者なる歌は俗調凡調にして、…誠を本として智を用ふる事なかれといふ」。↓補二四。 二八 インスピレーションの如きを云う。最上の感得によって、最上の調べをえるが、その感得はインスピレーションである。 二九 奥深くある微妙な趣。

三〇 ◇技巧的な和歌を評した論。

三一 感覚される対象、即ち実景である。

三二 「思ふ」に問題があって、うつす即ち写生でも、ことわる即ち説明でもなく、思う即ち抒情あるままを述べれば、調べ(文学性)を得るとの論である。 三三 仁斎の「詩説」(文集、三)に「流通変動、千彙万態」。

て、あはれにもおかしくも聞ゆるもの也。聊《イササカ》[28][一]も人の耳目に衒《テラ》ふ所有《アリ》て心を用《モチフ》る時は、忽ち音調《シラベ》亂れざる事なし。[二]思無レ邪とは是なるべし。然るに今の歌よむ人、[三]假初《カリソメ》の事をもはえあらせんとて、古言を用ひ、或は[四]物遠き縁を求め、[五]彼により是にもたれするが故に、あはれと感慨すべき誠實の匂ひは消《キエ》て、畢竟造花のごとく成行《ナリユク》もの也。其甚しきに至りては[六][29]古歌の口調をかすめ、[七]意を盗み詞をとりて、我物顔《ワガモノガホ》に僞るも少なからず。それしばらく初學をば欺くとも、いかでか識者を[八]はかる事を得べき。おもふべし。

精[九]　粗

歌[30]は常語の[一〇]精微なるものなり。[一一]是を常語の外に求るは、[一二]水に背《ソム》きて魚を得むとするに等しかりぬべし。されば[一三]傾きてその意を悟り、[一四]尋《タヅネ》て其詞を知るものにあらず。[一五]吟詠するすなはち感ずるものにて、かりにも[一六]聞惑《キキマド》ふべきものには、あらざるなり。然るに、[一七]今の世に絕《タエ》て聞知《キキシル》人なく、多年習學せる己だに[一八]うまく解《トキ》えぬ言葉をつゞけなし、さて歌なりと[一九]誇りかにおもひをらむは、[二〇]慮《オモンバカリ》なきの甚しきなり。[二一]こは歌[31]は道理のみをいひなし聞かすべき物とおもひとりて、[二二]天地感動の妙用ある事をわすれたればなり。扨何の道も[二三]心をゆだね、思ひを凝《コラ》すに

一 鑑賞者に見せびらかす。自らなる情の流出以外のものが加わると、誠でなくなり調べが整わない。 二 論語の為政篇に「子曰、詩三百、一言以蔽レ之、曰思無レ邪」。伊藤東涯著、読詩要領に、この条を解して、「詩といふものは、人の心におもふことをありやうに言ひあらはしたるもの也」。 三 つまらぬ事も外見をよくしようと。

四 奇をねらって、縁遠いもので比喩形容し。

五 かれこれと修飾の具が多くなる。

六 万葉調などをさす。

七 詩趣・用語の盗作をして。 八 だます。

九 ◇精粗は、的確な表現か否かにあるの論。

一〇 こまかく詳しく表現が出来た日常語。

一一 和歌(和歌の用語)。

一二 ▽桂園記聞「平語の外に需るは木によりて魚なるべし」。目的と方法の相応しない意の諺に、「猶二縁レ木而求一魚」(孟子の梁恵王篇)。

一三 思案して。 一四 人に問い、書に求めて。

一五 鑑賞する時にも、よみ上げれば、そのまま感情の伝わるもので。 一六 わかりにくく、誤解するはずのないものである。

一七 当世一般人では理解するもののない。万葉集とそれ以前の古語をさす。

一八 上手に説明出来ない。この所も小沢蘆庵の説による。補注二〇参照。 一九 得意になっているのは。▽布留の中道に「鼻のあたりをごめきて、しろしめさじな、これぞ歌詞といふものにてはある、今時の人の歌と思ひてよめるは、あらぬことなり、凡弘仁比よりするに歌らしきも見えず、此言理はしかぐ〳〵のことなり、歌に心ざしあらば、ゆめ後世下劣凡卑の詞をならひそ…」。 二〇 思慮識見を欠く。

二一 この続きは論旨が飛躍している。この間に、古言では誠が表現できず、従って調べを得がた

至《イタリ》ては其感應いかでなからむ。されど歌ばかり安く手近きものなく、然[二五]らずして然るしるしの著明《イチジル》きものなり。そは僅に數言[二六]にして其義理は盡し難きに似たりといへども、精[二七]微純一なるが故に、おのづからえ[二八]もいはれぬ深意もさながら音調《シラベ》に匂ひて、神人ともにきくやが[二九]て感得するものなれば也。粗なるものは是[三〇]に反する事論を待《マツ》べからず。又今の世の歌よむ人は、大かた調べ[三一]をよそにして作りなすが故に、詞のたらぬ所には猥《ミダリ》に枕詞を置《オキ》、「けふ」と云《イフ》べきを、「けふし」と云ひ、或は「いつか」といふべき所を、「いつしか」といふ類《タグ》ひ擧《アゲ》て數へ難し。かゝる麤《ソ》[三二]妄《バウ》のことにて、いかであはれとは感ぜられん。同じ言葉といへども、一[32]言の増減にて、調[三三]べも理りも、いたくかはるもの也。況や延約に於てをや。言[33]葉に延[三四]約のかはりあれば、其語[三五]勢もたがひ、語勢おなじからざれば、義に於ても聊《イササカ》[三六]差別なき事をまぬがれず。近[三七]世の人延約の差《タガ》ひは、終に義に違《タガ》ふに至るをしらざる也。誠に粗[三八]也と云《イフ》べし。猶[三九]委き事は別に論ぜり。

强[四〇]　弱

物にふれ事につけて心[四一]の變化定《サダマ》りなければ、歌の態《スガタ》も又千變萬化なるもの也。されども強きは強く、弱きはよわく、花やかなるは、花やかに、うれたき

い。この点を知らずに古言を使用するのは、などの意を補って解する。
二二 新学異見の「歌は情のゆくまに〳〵ひとり調なりて、思慮を加ふべきものならねば、古へに擬似んとするのいとま有んや」を逆にした論。
二三 天人同一の和歌は、古今集、序の云う如く、天地を感動せしめるとのこと。一四一頁参照。
二四 執心し、精魂を尽す。
二五 悪をこらさないで、極めてあらわに妙用のあるものだ。　二六 和歌は文字数が少くて、内容の説明ができないようだが。▽桂園記聞「わづかに三十余言なりといへども」。　二七 その表現に純粋で精微をつくす作用がある故に。
二八 極めて深い意味が、歌境に香気も高くそっくりあらわれ出て。　二九 ただちに。
三〇 精微純一を欠いて、調べにならないこと。
三一 香川景樹流の調べ(文学性)を考慮せず、かえって、外面的な歌調にとらわれて。
三二 あらくみだり。精微純一の反対。
三三 ここは外形的な歌調の意。表現も内容も。
三四 延言・約言。ともに上代語の通例として、江戸時代の学者が論じたもので、延言は、語る→語らふの如く、約言は、くにうち→くぬちの如きを云う。賀茂真淵の説によって理解していたものか。→補二五。　三五 語調。
三六 鹿持雅澄の舒言三転例や雅言成法なども、ただ延約のみでなく、意味の相違あるを語学的に説いている。　三七 近頃の人。
三八 不的確な表現。
三九 内山真弓の東塢亭塾中聞書や榜示杙の中に、具体的な例が所所に上っている。→補二六。
四〇 ◇一首の本末上下に、強弱緩急の調べの混じるを禁じた説。
四一 蘆庵の新情の説によるか。→補二七。

はうれたく、的[一]情・語脈貫通して、さらに強[二][34]弱・緩急打混ずるものには非ず。そは月にまれ花にまれ、あはれと感ずるに淺深あり。淺深あれば則《スナハチ》よみ出《イツ》る歌にも親[三]疎有《アル》ものにて、そは鐘をつくに強弱あれば其聲に大小有《アル》がごとし。又世中の歌よむ人、先よみ出る歌を文字にうつす。文字に移す時は目にてみる。[四]目にてみるときは、義理にわたる。義理にわたる時は聲[五]の調をはなる。調をはなるゝ時は感[六]哀なくして、歌のうたゝる妙[七]用をうしなふものなり。こは音[八]調《シラベ》を聞事《キク》うとければなり。然のみならず強弱の句のわ[九]いだめをしらざれば、彼句[一〇]を置《オキ》かへ此句を拔去《ヌキサリ》するが故に、はてはあでやかなる狩[一一]衣の下に、やれたる布[一二]の袴をき、或は句[一三]ひあるさし[一四]ぬきの上に、な[一五]えたる肩衣《カタギヌ》[一六]かけたらむやうにて、更に分難《ワキガタ》[一七]きに等しかりぬべし。いと淺ましからずや。

趣[一八]向

詠歌に趣[一九]向を求《モトム》る事は、有《アル》まじき業なり。[35]古歌の能きをみよ何の趣向かある。[二〇]顯輔卿の「秋[二一]かぜに飄《タダヨ》ふ雲」の歌、何一ツおもひつきたる趣もなく、つねあるさまをいひたるのみ。されど七百年の遠きをわたり、貴賤となく賢愚となく、その月に向へばう[二二]かび出て、ひたすら感ぜらるゝはあやしからずや。よき歌は

一「適情」のあて字か。また下に「の」を補うべきか。詠歌の時の情にかなった語脈で、一首をつらぬき通して。二 ▽随記「すべての大らかなる句調にあはせては、一句やせすぼけ候て、つりあひよからず候」。三 中世からの歌学用語で、五句の間の語法や音声の続きがらの緊密なのが親句。語法上では切れるが、情趣の上でつらなる句が、疎句(竹園抄・幽斎聞書全集など)。ただしここは、対象と作家の関係ともとれる。深・親・強、浅・疎・弱の関係を云ったものであろう。四 目で文字を読むと、意味の理解即ち義理が、どうしても伴うの意。五 リズム(内的リズムをも含めて)。六 あわれな感じ。七 天地感応の妙用。八 歌境の中の文学性をせめることがおろそかだからである。九 区別。一〇 前出(「偽飾」の条参照)の偽飾を加えること。従って和歌は造花の如くなってしまう。一一 中古では公家の常服の上着であったが、近世では身分ある人の礼服。狩衣の時は指貫をはき、烏帽子を冠る。一二 ここは木綿など、絹でないものをさす。木綿や麻の袴は、肩衣に合せ用いるもの。一三 美美しい。一四 直衣、狩衣などの時に用いる袴の一。絹や綾織物で製する。一五 よれよれになった。一六 上下(かみしも)の略製のもので、近世では通常礼装で、庶民も祝儀仏事などに用いた。一七 打混じたさま。

一八 ◇近世的で技巧的な構成法である趣向を排するの説。→補二八。

一九 主題とは別に、一風面白く見せるために加える構成的技巧のこと。近世文学全般の風潮の批判。二〇 藤原顕輔(一〇九〇―一一五五)。六条家の歌人で詞花集の撰者。二一 新古今集、四「秋風にたなびく雲の絶間よりもれ出る月のかげのさやけさ」。香川景樹は他にも「ただよふ」で引い

皆かゝれど、今は一首を擧て驚《オドロカ》[二三]し置《オク》のみ。是[二四]ばかりの事は誰もおもひもし、いひもすれど、云[二五]たりとて何の甲斐かあらむと、思ひ捨《ステ》て今一等上[二六]をもとめ、深きをさぐり漸《ヤウヤク》[二七]歌の境を離《ハナレ》て、さて歌[二八]なりとおもひもし、いひもすれば、殆《ホトホト》歌の本體を失ふものなり。たゞ實物[二九][36]・實景に向ひて、おもふまゝをすら〱とよみ出《イデ》むには、おのづから調べとゝのひて愛《メデ》たき調は出くるものなり。又今の世我[三〇]はと誇れる人のうたを見るに、大かた趣[37]向と義理[三一]とを宗《ムネ》[三二]として物するゆゑに、枝[三三]をため葉をすかしたる庭木のごとく、自然の調・自然の姿を失ひたれば、是はと感ずるはさらにて、聞《キキ》[三四]だに分難きもまゝ有ものなり。されば師常に、「歌[三五][38]はことわるものにあらず調ぶるものなり。道理なき歌は猶よむべし。歌ならぬ理はいふべからず」と教へたまひぬ。これ調べあれば歌、しらべなければ歌にあらず。畢竟[三六][39]しらべとは歌の稱《ナ》なり。又「道[三七][40]なくして行《ユク》ものは音調《シラベ》なり。道ありてゆかれぬ物は辭理なり」とも示されたり。音調[三八]のかゝる所實におほいならずや。されば趣向の穿鑿をやめて、たゞ誠實[三九][41]のおもひを詠出るにしく事なきを知るべし。又云懸《イヒカケ》[四〇]は大かた歌[四一]がら賤しく、心[四二]おとりのするものにして、感哀を傷《ソコナ》ふもの也。好《コノミ》てものすべからず。初心の輩は、景[四三]色と心とを餘所にして、先穩《オダヤカ》[四四]ならぬ、云懸を求て、歌をよまむとするが故に前[四五]後あはず、調べとゝの

ている。二二 この和歌が自然に思い出されて、しみじみと同感されるのは不思議ではないか。
二三 注意しておく。二四 この歌ぐらいのことは。
二五 云ってみたとて面白くもないと。
二六 高尚なと思われるもの、深遠なと思われる点を探して。二七 かえって次第に和歌の範囲から逸脱してしまって。
二八 その結果、これこそ和歌だと考え、詠出すると、和歌の本質はほとんどなくなっている。
二九 次の「実景」の条参照。
三〇 自信を持った人。
三一 思想性。理屈。この時は漢詩壇に宋詩風が流行した影響を受けて、和歌も、単なる抒情叙景のみでは喜ばぬ傾向があったことの批判。
三二 主点をおいて作るから。
三三 技巧的になることをいう。
三四 何のことを云っているかわからない。
三五 和歌は思想性を第一とする、のでなく、文学性が第一である。思想性のない和歌は詠じてもよいが、文学性の全くない思想むきだしでは和歌でないの意。↓補二九。
三六 和歌における調べの重大さを強調した語。↓補三〇。三七 ここの道は義理と同義。和歌は義理と関係せずとも存するが、辞理即ち文章の方は、義理を達するものだから(「文詞」の条参照)、義理に従う外は、自由に出来ないとの意。
三八 和歌における調べの比重。
三九 誠実を打出すのが調べとなるという理論からの発言。四〇 懸詞。一つの語に二つの意をかける修辞法。これも趣向の一である。↓補三一。
四一 歌の品位。四二 見劣り。
四三 対象と歌境に忠実になることを忘れて。
四四 人を驚かすような。
四五 一首の中の句毎の調和を失って。

ふ事なし。是歌は眞實なる事を知らず、猥に作りかまふる[一]ものと思へる誤なり。たゞ常言をもて、此思ひを述るの外なき事を悟るべし。さてなしと云を、嵐に云かけ、或は逢《アフ》[42]こと浪[二]になど活《ハタラ》かし云《イハ》んは、まだしも有なん。不ㇾ知[三]といふを白浪・白菊などよみて、聞《キカ》せんとするはあかぬ[四]業なりかし。さは云へど、云懸[五]にもようた、なきにしもあらねば、ひたすら[六]に是を捨《ステ》よと云《イフ》には非ず。只心[七]してものせんのみ。誠實より出《イデ》こば、なか〳〵[八]調を助《タスケ》て、匂ひ[九]愛《メデ》たきもありぬべし。されど「歌[一〇]の歌臭きは歌に非ず。物其にほひ有《アル》はつたなし」とぞ。さらば只歌[一一]を捨て歌をよむべきにこそ。

實[一二]景

見[一三][43]るもの聞《キク》ものにつけ、或は悲[一四]しび或は歡び、その[一五]事に物に望みたらんをり、打付《ウチツケ》[一六]にあはれとおもふ、初[一七]一念をよみ出るこそ歌なるべけれ。二[一八]義にわたる時は道理に落て感なきものなり。實[44]景といへばとて、見[一九]聞有《アル》がまゝをのみ云《イフ》ものならむや。あるがまゝをいはむには、たとへば垣根の梅に鶯の來鳴くを、二人三人にて聞むに、みな垣ねの梅にうぐひすの鳴《ナク》とより外更に云べくもあらじかし。さる物ならむや。其鶯のなくを聞て、或はひと[二〇]へに聲のあやをゆかしみ、或《アル》は

一 構成するもの。 二 浪を、「逢ことなみ」(形容詞「なし」の語幹の「な」に接尾辞「み」をつけた形)にかけて、逢うことがないままにの意味にして、下に続けることは。 三 上の例では、語の全部が、云懸ながら生きているが、これでは「ず」と云う最も重要部分がないのに、その意をもって解させようとしているを難じたのである。 四 気に入らぬ仕方。 五 香川景樹の尊重する古今集にも多い。 六 全く用いるべからずと云うのではない。 七 注意して。 八 かえって。 九 表現効果のある。 一〇 和歌の現行既成の概念にとらわれて、新しみのなくなるを難じた語。 一一 古い和歌の概念。 一二 ◇実景を詠むべきことと、実景といってもそれをうつすのみでなく、それによせる抒情を不可分とする発想の論。 一三 古今集、序に「心におもふことを、見るものきくものにつけていひ出せるなり」。 一四 悲喜の感情をもよおし。 一五 その事に、その物にの意。 一六 そこで直に。ぱっと。 一七 ファースト・インプレッション。 一八 附随的な問題。▽随記「元来歌は調のみにて、ことわりは第二義なり、いかなる者かことわりなきことをいひ出べき、よりてことわりの執行地といふことはなし、唯しらべを思ふべし」。 一九 写生叙事のみでなく、古今集、序の「思ふこと」即ち所思、更に換言すれば抒情が加わらねば、和歌とならぬとの論。↓補三二。 二〇 専ら声の美しいのを賞し。 二一 約束もしてないが物の心知る人が来ないかと待ち。 二二 鶯声に春の来たるを、またその変

契《チギリ》[二一]もおかぬ人をまち、あるは時[二二]の移りやすきを驚き、或は旅[二三]なる人は故郷の荒《アレ》ゆく宿をおもふなど、一[二四]方ならず百に千にかはるものなり。そ[二五][45]は人の面のおなじからざるがごとく、性情もなどかはらざるべき。されば師常に「月[二六]花をみて、月花のうへをのみいふ輩は共に語りがたし」と諭《サト》されたり。然るに大かたの歌よむ人、實景といへば見聞有《アル》がまゝを云《イフ》ものと意得《ココロエ》、或は思[二七]ふまゝを云ものなりといふを、口より出るまゝを云ものと意得るたぐひも少《スクナ》からず。こはいみじきひがごとなり。たゞそのおもふまゝの實[二八]情を僞飾《イツハ》らず歌とよみいでむのみ。

題[二九]詠

[三〇]題詠は剣法を學ぶに等し。平生に習錬せずば實事の急にのぞみて、眞劔を用ひ難かるべし。大かたの人は此理を知らずして、席[三一]上の翫び物とおもへるはいとをさ[三二]なし。されば題詠に力を盡し[46]たらむには、實景・實事にふれて詠出《ヨミイヅ》る歌かならず感《アハレ》[三三]ありぬべし。かくいはゞ、あ[三四]がれる世には更に題詠なし。されど歌のよきはいかにと人詰《ナジ》らむか。そはもと太[三五][47]古には心に感ずる卽ち、誠實を言出《イヒイデ》たるものにて、僞もなく飾もなく、自然嗟[三六]歎の音調《シラベ》なれば、天地を動《ウゴカ》し鬼神をも泣しめしものなり。萬葉・古今集に至ては、其御代ゝゝの風[三七]俗《テブリ》はかはれども、

化に春の推移を察し驚く。二三 旅に出た人は鶯声に春来を知って、故郷の家も主なく荒れまさるかと想い出す。二四 諸人一様でなく。
二五 左伝の襄公三十一年の条に「人心之不レ同如二其面一焉」とあるのが出典で、袁宏道がこれを用い、「我面不レ能レ同二君面一、而況古人之面貌乎」など述べて、性霊説をとなえてから、日本にも清新を望む詩壇歌壇の人人の合言葉になった。→補三三。
二六 写生叙事のみでは和歌にならないという意。
二七 ▽随記「されば言葉に出まかせを咄すものにあらず、思ふ心をいふものにて侍り」。誠をせめなければ、和歌の調べとならないことを云う。
二八 ▽随記「(書物による詠を否定して)されば、書を捨て、実物実景に向ひて、わが調にて、今の詞にて、誠をのべ試み給ふべし」。この間の情が実情である。また随記に「歌は唯実情をのぶるのみ、淫慾もとより実情の外ならんや、実の実なるものか」。→補三四。
二九 ◇当時和歌修行の第一の方法であった題詠の意義方法を論じたもの。
三〇 題詠と剣法の比較は大菅中養父の国歌八論斥非にならったか(中島京子君説)。→補三五。
三一 実景実情論を肯定する人は勿論、和歌を技芸とする人も、題詠を軽んじた当代の風潮。
三二 未熟。考えが至らない。
三三 訓は、新学異見による。感哀の情をそなえ得る。三四 大昔。
三五 万葉集以前、記紀の歌をさす。
三六 ここは詩経の大序の「情動二於中一、而形二於言一、言之不レ足、故嗟嘆之、嗟嘆之不レ足、故永歌之、…故正二得失一、動二天地一感二鬼神一、莫レ近二於詩一」による。
三七 訓は、新学異見による。詠風。

[一]本《モト》づく所は然り。今の世は歌[二]と云名目《イフ》を先に知り、且[三]よむと云に泥《ナツ》みて、歌[四48]の歌たる謂はれをしらず。婉[五]曲華美の詞をもてつゞけなすものとおもふゆゑに、[六]僞飾《イツハリ》にのみ走《ハシリ》ゆきて、誠實を吐事《ハク》を得ざれば人さらに感ずる事なし。されば題詠の修行は道理[七]《コトワリ》を盡し、古[八]言・古調をあやつるに非ず。たゞ此[九]誠實の調に合せむとするのみなり。是かの劔術錬磨の功によりて、變化不測《シギ》の妙用を得ると殆《ホトホト》等しかりぬべし。されば題詠には題詠の誠實あり。此境を知らんとならば古今集をよく見《ミル》べし。彼集に何[一〇]をよめる、物を見てよめると、書《カケ》るは實事也。實景也。仰[一一]ごとをかうふりて奉ると歌合の歌は、目に見耳に聞かでも、其折〻、[一二]さるべからんさまをよめるなり。打[一三]付《ウチツケ》に月花をみて感《アハレ》を發《オコ》すとは調べいたく異なり。まして今の題詠は、春[一四]の曙に露をか[一五]なしび、紅葉を折《ヲリ》、秋の夕暮に霞を[一六]あはれみ、花を插[一七]頭《カザス》類ひもあなれば、能〻辨[一八]《ワキマ》へずば、情[一九]を僞り世を欺くべし。さりとて又月[二〇]花の折《ヲリ》ならざらんからに、月花の上をいはざらんものか。又題詠の意得《ココロエ》を委《クハシ》く云べし。こは實物・實景を、吟詠するにかはりて、題[二一]意を想像《オモヒヤリ》てよむものなれば、ようせずば違[二二]へる事多くして音調もかなひ難かるべし。世の中の題詠の歌を見るに、大方は本[二三]體なく、木[二四]偶人《モクグウジン》にいろ〳〵の衣装を刷[二五]《カイツクラ》ふが如く、や[二六]う〳〵理りを立《タツ》るを、宗《ムネ》とすれども、其理をも味《ウマ》く、云盡す事をえず。

一 根本は太古に等しい。 二 和歌の既成概念にしばられ。 三 既成の技法にとらわれて。 四 和歌の本質を知らない。 五 露骨でなく遠まわしな表現。直截質朴の上代の詠風を忘れて。 六 訓は、新学異見による。「偽飾」の条参照。 七 ▽大ぬさ「歌には義理ある事をこそよむべけれ、かゝる猥りがはしき事をやと思へるより、しか咎めたる也、こは春海らが常いふ事にて、叟それをまねべる也、古よりさるこというて歌よむ人やはある」。補注二九参照。 八 万葉派の歌人の題詠をさす。「古への俗言は」の条(一四四頁)参照。 九 心情の誠をせめて、調べを得るの修錬を、題詠の目的とするのである。 一〇「雪のふりけるをよめる」「うつろへる花を見てよめる」の類。 一一「歌奉れとおほせられし時によみてたてまつる」「秋の歌合しける時によめる」の類。 一二 想像した様。 一三 じかに。 一四 春・霞・花、秋・露・紅葉と自然の取合せにしないで、わざとむつかしくかえたもの。 一五・一六 共に、鑑賞しての意。 一七 花を折って頭にさすが原義。近世では「簪す」と混じても用いる。 一八 弁別せねば。 一九 技巧細工の作となってしまう意。 二〇 月花の時でないからと云って、月花を詠んで悪いものでもない。 二一 出題の意味する所。 二二 これはどの添削者も同じであるが、景樹の評にも、題意の誤りを指摘したものが多い。 二三 正体なく。 二四 随園詩話、五の「開レ口言二盛唐一及好用二古人韻一者、謂二之木偶演戯一」による か。古を摸倣して、精神の欠けているものをいう。→補三六。 二五 容儀を整え着せる。 二六 やっと筋を通すのを、主眼とする。 二七 多方面にわたるが、和歌は三十一文字。 二八 ▽随記の同意の文に「早口のやうになりて」。

宜哉《ウベナルカナ》事理《コトハリ》は[二七]多端にして、言葉[49]は三十一言なり。されば云んとするに云れず言葉[二八]せはしくなり、或は[二九]なまりて[三〇]自然の永言にもとり、歌の調べを失ふ故に、人の感《アハレ》を發《オコ》す事なし。加レ之《シカノミナラズ》、[三一]過現未の區分《ワカチ》、[三二]遠近・巨細の差別なきもまゝあり。是席上の玩び物として、[三三]眞實の觀に入らず、詞のみになづめるが故也。誠に其心懸《ココロガケ》、たがはずといへども、[三四]見るもの聞物につけて、思ひを述るよりは、なか〳〵難き業なるべく、況や山家にして[三五]滄海の波濤を詠じ、法師にして[三六]俗間の戀情をよみ、卑賤にして[三七]雲上の結構を云出す類ひをや。然れども、それ〴〵に[三八]心をよせたらんには、などか其[三九]景趣を得ざらん。先《マヅ》何にまれ、題をえたらんには、題の文字をかゝげず、[四〇]景色と其情を觀ずべし。月雪花はさら也、人事・雑物何にまれ眞景を目前にうかめて、身心を山野・海濱に投じ、あるひは[四一]聖朝の[四二]徳化に[四三]舞踏《ブタウ》し、或は[四四]釋教の寂寞《ジャクマク》に快樂《ケラク》し、或は男女の戀慕心に[四五]耽落《タンラク》し、[四六]一筋にして更に餘念なく、物色や、聲音や、其[四七]的當《テキタウ》の感慨を述べし。[四八]されば題詠といへども、[四九]天地同一の感にして、鬼神をも哀哭せしめ人間をも歎息せしむべし。もし[五〇]感と調との間に、[五一]毫髪の巧を容《イル》る時は、いかに愛《メデ》たき詞をもてつゞけなすとも、更に感なくして、歌の歌たる境にはあらざるべし。畢竟此詞もて此思ひを述るの外なければ、易《ヤス》しと云べからむか。されど易しといへども[五二][50]博識の大人

二九 言葉の表記使用を誤って。 三〇 書経の舜典の語。前出(一三九頁注二)。情の動いて自ら言を永くし詩歌となる理と相違して。 三一 主に助詞助動詞の使用を違えて、テンスが一首の中で混雑すること。→補三七。 三二 上下の句で、対象が遠・近、また大・小違えた表現になること。→補三八。 三三 観想即ち頭の中で描くことであっても、真実をとらえないで。 三四 実景実情を詠ずるよりは。 三五 大海原。 三六 世俗人の恋愛の情。 三七 高貴の方のかまえ。 三八 心をそれに一致させたならば。 三九 景と趣。 四〇 実景実情に相当するものを心中に観想する。 四一 当代の朝廷を尊んでいうことで、聖代に同じ。 四二 徳によって善にうつること、善政のこと。 四三 手の舞い足の踏んで、謳歌し。 四四 仏教の寂然たる境に入って、心を楽しませ。 四五 「耽楽」のあて字か。ふけること。 四六 一途にそれのみに専念して。 四七 確かにそれに相当する。 四八 そうすれば。 四九 前出(一四二頁)の天人同一と同義。▽布留の中道「元来歌は天地人同一の物にて、其人情の自然をいへば高尚の大道、鬼神もうかゞふべからざるものなるを…」。 五〇 ▽正義、総論に「そ(誠実よりなれる歌)は物にふれ事につきて感動する、即ち発する声にして、感と調との間に髪を容るの隙なく、一偏の真心より出ればなり」。 五一 細い髪毛程に僅の技巧をも介入せしめると。 五二 博覧多識。この論は、随園詩話、三の「詩境最寛、有下学士大夫読破二万巻一、窮レ老尽レ気、而不レ能レ得二其閫奥一者上、有下婦人女子村氓、浅学偶有二一二句一、雖二李杜復生一、必為二低首一者上、此詩之所三以為二大也、作レ詩者必知二此二義一、而後能求二詩於書中一、得二詩外一」によるか。

もよくする事あたはず。難しといへども童男丱《クワン》[一]女もわづらはしとせず。奇の奇なるものにて、實に言擧[二]せずして、言靈《コトダマ》[三][51]の幸《サキハ》ふ國の妙用なるべし。

贈[四]　答

返[五]し歌はよくかけ歌[六]の意を解《トキ》えて、さておかしくも悲しくも其節《フリ》其所の心〻を盡すべし。古今集・伊勢物語[七]などを見て考ふべし。後世詞[八][52]の玉、詞の花など其歌のみをひたすら譽《ホメ》たゝへて返すあり。たとへば人と應接して、そこの聲はいとさやけし、物いふ口つきはうるはしなど譽たらんがごとし。事[九]の分れざるのみに非ずいと無禮《ナメシ》かりぬべし。又己が歌を譽られんとて人に贈るものかは。ましていかなる時宜[一〇]によりて、よめらんとも思ひ辨《ワキマ》へざるなどは、かたはら痛[一一]き事ならずや。

名[一二]　所

名[53]所なりとていまだ見ぬ境を詠るはいとも浮《ウキ》[一三]たる事なりかし。たとひ古人の歌をもて、照し考ふとも、浪よせし墨吉《スミヨシ》[一四]の松は岡の司《ツカサ》[一五]に聳え、浮寐《ウキネ》[一六]をわびし、猪名《ヰナ》の湊は舟漕《コギ》よせし跡だになし。桑田碧海[一七]いかで古にたがはざらん。もとよ[一八]

一　あげまきの髪をした少女。

二　理屈をならべ立てない。万葉集、一三「あきつ島、倭の国は、神からと、言挙げせぬ国」(三二五〇)(旧訓)とあって、国学者達は(香川景樹も)、唐に対し日本の特色とした。　三　言語に神霊あって幸福を示す妙用のある国。万葉集、五「倭の国は、すめ神の、いつくしき国、言霊の、さきはふ国と」(八九四)。また日本の特色と考えられた。

四　◇贈答歌の際の注意を述べる。

五　返歌。　六　呼びかけの歌。

七　平安朝の歌物語ゆえ、贈答歌に豊かである。

八　近世の贈答歌に、これらの語の多いのは、事実。一例をあげると、「尋ねくる人ひきとめて言の葉の花にかゝれる青柳のいと」の返し、「言の葉の花こそはやくかかりけれまだはるしらぬ青柳の糸」(柿園詠草)。

九　贈答の内容が通じない。

一〇　時候の挨拶。どんな時の都合、用事で相手が詠み送ったのかとも判断しないのは。

一一　笑止千万ではないか。

一二　◇名所の歌も実地の見聞の上で詠めとの論。

一三　軽薄な。古来の「歌人は居ながら名所を知る」の風を批判しているもの。→補三九。

一四　摂津の国の歌枕。松を詠ずることに多い。後拾遺集、一八「沖つ風吹きにけらしなすみよしの松のしづえを洗ふ白波」など。

一五　阜。小さい丘。昔は波打ぎわにあった松も、今は小丘の上に聳え。

一六　摂津の国の歌枕。千載集、五「うきねする猪名の湊に聞ゆなり鹿の音おろす峰の松風」。浮寐は、湊の船中の仮泊。近世に入ってはその辺、いわゆる猪名野とつづく平地となる。

一七　桑畑や青海原も、古とかわらないはずもない。桑田碧海は、桑田変じて碧海となる意で、り名所と定めて歌よみしには非ず。より〳〵[一九]さるたよりにつきてよめるを、後よりさして云なるのみ。今もいづこにもあれ、其折〻さるべき便《タヨリ》につきては、[二〇]いかゞなる地名を、まうけいでゝよむべからず。しらぬ境を推《オシ》[二一]はかりによみて當《アタ》らざるは、[二二]大貳三位が有馬山[二三]の歌也。こは萬葉の「[二四]しながどり猪名野を行《ユケ》ば」云〻を、思ひ誤りて推はかりによめりけん。[二五]猪名野と有馬山とは五里ばかりへだちたり。三位の歌のごとくならんには、有馬山のうちに猪名野なくては叶《カナ》はず。大原や小鹽[二六]の山、春日野の飛火[二七]の野邊などは、皆大原なる小鹽の山、春日野なる飛火の野邊をよめる也。猪名野・有馬山は一ツに連なる地名に非ず。かゝる類ひ多かるべし。さて今誤《アヤマリ》てよめらん歌、もし千載の後に傳らば必《カナラズ》後人をまどはすべし。意《ココロ》すべき事なりかし。

[二八]本歌據《ドリ》

本歌とりと云《イフ》事、[二九]中昔《ナカムカシ》よりかつ〴〵[三〇]みえて、[三一]近昔《チカムカシ》より盛によみもてくるまに[三二]〳〵、多く古歌をしらざれば、[三三]いかにとも思ひ分《ワカ》ぬ歌さへ出《イデ》くめり。何ぞ好み[三四]てものすべけん。されども此感を助《タスケ》んには、古歌・古詩にもよるべき事なきにしもあらず。よりて古歌どりは、[三五]行路に馬を得たるが如くすべし。馬を得て行

世の変遷の早く甚だしいたとえ。盧照鄰の「長安古意」の詩にも「桑田碧海須臾改」。
一八 歌枕も、元来、名所として。
一九 何かのついでに。
二〇 この所意味が通らない。桂園記聞のこの条「いかなる地名をもよみつべし、されど常の題詠にけしからぬ地名をまうけ出てよむべからず」。転写の間に誤ったか。 二一 あて推量に。
二二 紫式部の娘で歌人。高階成章の妻で、集に大弐三位集がある。後拾遺集、一三「ありま山猪名の笹原風吹けばいでそよ人を忘れやはする」。 二三 摂津の国の歌枕。
二四 万葉集、七「しなが鳥猪名野を来ればありま山夕霧立ちぬ宿はなくして」(一一四〇)。ただし、本書は二句の末を「ゆけば」と訓む)。
二五 摂津の国の歌枕。 二六 山城の国の歌枕。古今集、一七「おほ原や小塩の山も今日こそは神代のことも思ひ出づらめ」。 二七 大和の国の歌枕。古今集、一「春日野の飛火の野守出でて見よ今幾日ありて若菜つみてむ」。新古今集、一「若菜つむ袖とぞ見ゆる春日野の飛火の野辺の雪のむら消」。
二八 ◇実景実情説からして本歌取をしりぞけるが、行う時も主体は作家にあって、本歌にあるべきでないとの論。
二九 平安朝。富士谷成章の六運で、中昔の語を桓武帝から花山帝までとしたによるか(迫野虔徳君説)。 三〇 少しずつ。
三一 鎌倉時代。成章の六運で、近昔を二条帝から四条帝までとしたによるか(迫野虔徳君説)。
三二 つれて。 三三 何ともわかりにくい。
三四 すき好んで本歌取をすることはない。
三五 作家が本歌たる古歌を自由に用いるので、本歌にふりまわされてはならないの意。

路するがごとくによむべからず。行路に馬をえたるは則《スナハチ》我行く也。馬を得て行路するは馬の行《ユク》なり。古今[一]人情ことならねば、などか同じ情景もなからざらん。されば其同じものは幸にかりて情意を述ぶ。是則《スナハチ》行路に馬を得たるなり。行路に馬を得たるも馬をえて行路するも、おなじ[二]騎馬の人なり。是や所謂《イハユル》似て非なるものならんか。

假[三]名

古昔《イニシヘ》[54]より假字に法則あるをいかにと云に、是言語に法則あるが故なり。己が[四]性情を推すは頓《ヤガ》て歌の道なり。されば古[五]より假字づかひいと正しかりしを、中[六]昔よりやゝたがひそむるに従ひ、定家卿[七][55]假字づかひと云《イフ》偽撰の書さへ出來《イデキ》て、ます〳〵法則なきに至れり。さて今より後世にいたり、言語の道古今を照例[八]すべきは假字なり。いかに流俗[九]に従へばとて、いたくあやまてる今[一〇]の假字を用んや。假字と言語とは死活[一一]のけぢめあり。譬《タトヘ》ば言語は、雷風のごとく、假字は霜雪に似たり。風雷は聲有て跡なく、霜雪は聲なくして跡をとどむ。されば言語[一二]は活潑自在にして窮《キハマリ》なきが如く、假字[一三]はさらに變る事なし。さるをしも改めかへんとするはいとあぢき[一四]なし。されば假字にだに、古[一五]の餘波《ナゴリ》を存すべし。上

一 ▽随記に「されど人情変るべからねば、似たらむも何ぞきらひ侍らむ」。この説も小沢蘆庵に出る。→補四〇。 二 一見すれば同じ本歌取であるが、和歌の内容は両者では全く違うところが、似て非だと云うことになる。
三 ◇仮名即ち表記法は、表現本能により自然定まったので、後世のさかしらの加わらぬ古の仮名によるべきの論。
四 補注(一)54にある如く、また桂園記聞に「言語に法則有は是性情に法則有が故也、性情に法則あるは是天地に法則あるが故也、天地の法則をしらんとならば、己が性情を推べし、己が性情をおすはやがて歌の道也」とあるを補って解すべきである。
五 契沖の和字正濫鈔以下国学者達の説による。
六 平安朝。前出(一五七頁注二九)。平安朝より仮名が乱れ初めた例、東塢亭塾中聞書、四に所見。→補四一。
七 行阿著の仮名文字遣のこと。序に著者の祖父源親行が藤原定家の校閲同意を得た仮名遣を基にして定めたと云う。長く権威あるものとされたが、契沖により否定された。 八 規則となる。規制する。言語表現の上で、古今にわたる規則となるのは仮名である。 九 一般のならわし。
一〇 ▽桂園記聞に「近世は仮字に二品あり、古仮字といひ、今仮字と云」。歴史的な仮名遣に対し、現行のもの。 一一 静動と換言してもよい。言語の死即ち静が仮字で、仮字の生即ち動が言語であるの意。 一二 言語は時代によって幾度も変化する。香川景樹によれば、俗言が雅言になりて変化する如くにである。 一三 表記法は変るべきものではない。 一四 無益である。乱暴である。 一五 表現法だけは、古代即ち初めての方法の流れをそのまま残したい。 一六 京都。平安朝。

古の言語奈良の朝に一變し、奈良の言語今[一六]の京に移りて又一變せり。こは日々月々に小轉する中に其大にかはれる也。さて古[一七][56]の言語かへりて今の京の言語と合《アフ》ものあり。後世また變る時ありて本にかへり末にながれ、回《メグ》り〳〵て止《ヤム》時なかるべし。ことに古の假字に習熟せば、言[一八]語を解《トク》に益ありぬべし。はた今の世の記事千載の昔、千歳の後に違ふ事なくば、數千年の後遠く神代迄も探《サグ》らん階梯なるべし。猶五[一九]十音の妙用は別に誌《シル》せり。

天[二〇]仁遠波

て[二一]にをはは賢となく愚となく、具足したるものにて、十[二二][57]日の談にも露《ツユ》違ふ事なし。されど歌[二三]といへば頓《ヤガ》て違ひ行くは、誠實を餘所にして巧[二四]を宗とし、己を欺き人に衒《テラ》ふが故也。此常[二五]言をもて誠實を述《ノベ》んに、何ぞ違ふ事あらん。然るに後世、歌よむには別に習ひ有《アル》やうにおぼえて、こ[二六]と〴〵しき、手仁遠波の書籍《フミ》、何くれと出來《イデク》れどもい[二七]とくだ〳〵しうして、却て初[二八]心の人を惑《マドハ》すべき事少からず。譬へば釣する人に向ひて、「そこには釣竿といふ物をしらざるや。釣するには是なくば有べからず」とて、又一竿をそへたらんが如し。所謂猱《サル》に木に升《ノボ》るを教るに等しかるべし。大かた、曾《ソ》といへば流《ル》とゝめ、古曾《コソ》[58]といへば、禮《レ》と

一七 東塢亭塾中聞書の所所に、古語が今の俗に同じとの説あり。それらによって云うか。↓補四二。 一八 古語の意味を解す。 一九 未詳。
二〇 ◇天仁遠波は詠歌についてはいらぬものだとの論。実作家として、古典語学者の批難に反撥した感情的な論である。
二一 「てにをは」の使用は、人皆に自然とそなわって、誤りのないものだ。
二二 どれ程長く話をしても、少しも誤用がない。
二三 歌の場合には、たちまち間違うのは。
二四 技巧を専らとし。↓補四三。 二五 日常語。
二六 仰山そうな「てにをは」の書。景樹生前には、富士谷成章のあゆひ抄(安永七年刊)・本居宣長の玉あられ(寛政四年刊「てにをは」に限らない)・同じく詞玉緒(天明五年刊)などがある。
二七 複雑すぎて。 二八 和歌に初めて入った人。
▽随記の「月心が問にこたへたる文の内」に「歌の本意を解せずして、てにをはを論ずるは正しからざる碁盤に目をもるが如し、玉の緒是に似たり、其目数たがひ且ゆがみたじろきたらんには、囲むによしなし、又無下にてにをはをかへりみず、意にまかせて云はなたんは、正しき盤の目なきに打んが如し、此類又多し、何れも碁とは云ひがたし、是を論ずるに盤の正しからざるは、大錯にて、かへりて打つけにわかちがたく、目なきは小錯にて、かへりて打つけに見ゆるが故に、目なきを笑ひて、盤の不正を尊むなり、盤の不正を尊むにあらず、目あるにまどへるなり、何れとならばいまだ目はもらずといへども、盤の正しきをとるべし、目はもれりといへども盤の不正は取がたし、其目たがへばなり、手錬の者は盤正しくば目なくとも打べし、目ありとも盤正しからずば、いかで打得ん、可思」。

とぢむるのみ専《モハラ》云めり。こは手仁遠波のいと少き[一]ものにして、違ひたりとて事の意《ココロ》をあやまつ事なし。實にさる瑣細[二]の事に非ず。譬へば花を折るといはんを、花に折るといへば、紙などを花の形に折《ヲル》やうの事と聞ゆること雲泥[三]氷炭なり。かの、曾《ソ》・古曾《コソ》の違ひは、「花ぞちりけれ」、「花こそちりける」と云とも、花のちるに聞違《キキタガ》ふ事なし。さるをかの瑣細なる、規格に縛せられて、此大段を忘るゝより、よみいづる歌書《カキ》なす文、聞えざるにいたるは[四]はかなからずや。此大段の手仁遠波は、凡そ人生れてやうやく物云《イフ》より、日夜に修錬して寤寐《ゴビ》[五]にも露たがふことなきもの也。されば師常に、「手仁遠波はいらぬものなり」といはれたるは、一時か[六]れに當れる激語[七]也。そは實[八]にいらざるに非ず、既に己が有《イウ》としたるものなれば也。

枕[九]詞

[59]枕詞は調べをとゝのふる爲の具なり。然るに大かた冠辭[一〇]と云て、詞に冠らする爲にのみまうくるものなりと、おもひ誤てつかひなすこそ愚なれ。是枕のまくらたる妙用をしらざるが故なり。古今集の序をはじめ、集中の枕辭其數多しといへども、皆調べをえて、徒《イタヅラ》[一一]ならぬを翫味すべし。歌はさらなり後世文とだ

一 小問題で。
二 原本「鎖」。以下にならい、正しきに従う。
三 甚だしい相違のたとえ。白楽天の「和裴令公遊二龍泉一」の詩「雲泥不レ可レ得二同遊一」。韓非子の用人篇「氷炭不レ合レ形」。
四 馬鹿げている。
五 ねてもさめても。
六 文法書または文法学者にあたる。
七 激しい言葉。感情から発した語。
八 師においては、不必要と云うのではない。すでにマスターしているからの発言である。
九 ◇枕詞は単なる修辞でなく、序詞と共に、調べの上で用うべしとの論。
一〇 冠辞の語は荷田春満が用い初めたもので、賀茂真淵は冠辞考を著した。▽冠辞考の序に「またこのすがたのごとうたはむにも、言のたらはぬときは、上にうるはしきことを冠らしめて、調(真淵流でリズムのこと)をなんなせりける、譬ばよそはしき冠りを設てかしらにおくがごとし」。
一一 無用でないことを熟読翫味せよ。
一二 枕詞を濫用する。枕詞の無用の使用が、文章において甚だしいを批判した。
一三 文中に枕詞が調和しないたとえ。東塢亭塾中聞書、四に「師云、我に枕詞と云あり、もと枕は人臥ときは肩の幅につかへて、頭畳につかず、頭と畳との合をよくつめて、其工合よくなすが故に、其者心ちよし、歌も其如くたらぬ処をかげんよく、物をいるゝによりて也、此処肉をつけおかばいと見ぐるしく、頭もまわるべからずして、不自由なるべしとのたまへり」とあるも、

にいへば、ひたすら書べき事として、猥[一二]にものするより、連[一三]なる玉に稜《カド》有ものを貫交《ヌキマジ》へたらん心地して、調も詞もたぢろぎ[一四]、是なくばと思はるゝも少からず。ましてや其甚しきに至ては、文意[一五]だにようせずば通じ難くして、中〳〵に調べをそこなふは痛はしからずや。[60]たとへば「久方の月[一六]」と云んも、「大空の月と」云んも理りは同じけれども、必《カナラズ》大空といひ、必久方といはでは、調べとゝのはざる所有《アル》ことを知べし。又詞[一七]を飾り巧を専らとする爲也などおもふは云にたらず。[61]こは陸行《クガユク》[一八]人の船の楫棹《カヂサヲ》は飾りにて、無用の長物と思へらんが如し。[一九]かかる人の窺ひしるさかひにあらず。

序[二〇]　歌

序[62]は調[二一]べにまかするものにて理るものに非ず。そは感《アハレ》を助《タスク》るものなればなり。しばらく是を衣服に譬へんに、衣服は假に身體につくるものにて、其程[二二]ゝいかにもよろしく染《ソメ》あげ、裁縫《タチヌフ》べし。下[二三]の句は己が實情を述るにて身體[二四]の如し。身體はつくろふものに非ず。されども衣服は尊卑[二五]を分ち、禮儀[二六]を調《トトノ》へ、寒暑[二七]を節し、生命を保ち、暫時《シバシ》もなくば有べからず。其用容易ならず。[二八]此序も又おなじ。されば貴[二九]きも賤きも人情おなじければ、喜怒哀樂の發《オコ》るも又變ることなし。

調和を云ったもの。

一四 治定しない。

一五 悪くすると文章の意味さえわからなくなり。

一六 「月」の枕詞。▽随記の「吹くたびに雪のふれゝば久方のむなしき空とおもはざりけり」の評に、「かやうなる所に久方の枕ことばよからず候、此歌腰にて静まりてよからんや、御吟じ有べし、又ともいはず、吹くとばかりいへる急がはしき調に、枕詞などあるべきならず」。

一七 前出(一六〇頁注一〇)の真淵の冠辞考の説を批難したもの。

一八 調べについて無知な人が、陸行く人、故に枕詞をただ飾りとしか考えないの意。

一九 補注㈠61に引く文の初めにも「此枕言の論は、かりそめに似て大論也、かの調を知らざる人の語る境にあらず、誠の情を吐く事を得たる人知るべし」と。

二〇 ◇序詞を持った和歌。枕詞と同種に考えていたようである。

二一 専ら調べにかかわることで。

二二 程度(衣服の時は身分職業など)に応じて。

二三 上に序歌を持った下の句。

二四 一首の主核であることのたとえ。実情はありの儘に表現するものである。

二五 身分によって区別があり。

二六 礼儀の場にしまりをつけ。

二七 寒暑を調節し。

二八 句点は新補。

二九 ▽小沢蘆庵の布留の中道「此言語の大道は、天子より庶人に至るまで秋毫の末ばかりもかはる事なし、本文にいふ所の、上中下人情を通ずること不㆑依㆓人品㆒といふは是なり」、また「神代より神もよみ給、今は上中下よめりと云こと物に見えたり、歌は人品によらざる証なり」。

されど歌となるに至ては、殊更にあはれにも、悲しくも愛《メデタ》くもうるはしくも聞ゆるは、此序の調べによりてなるものなり。[6]そは[一]冠帯を束《(ツカ)》ぬるは貴く、甲冑をよろひたるは猛く、[二]直衣《(ナホシ)》に烏帽子《(エボシ)》きたらんは優美《ヤサシ》きが如し。又[三]義理《(コトワリ)》の聞え難きをも不ㇾ顧、[四]調べにのみよれる序歌などを見て、歌はかく[五]朧《(オボロ)》げの物と思ひ誤るより、人の[六]耳遠きを歌と意得《(ココロエ)》て、下の句をさへ[七]同じつらに云《(イヒ)》なし、[八]聞えぬ迄によみもて來るはおろかなり。こは[九]身體をして衣服となさんとするに等く、いと有まじき業也かし。

歌[一〇]書

凡[64]古歌を見る事を貴むは、其言みな[一一]一偏《(ヒトヘ)》の眞心《(マゴコロ)》より出て、人情[一二]世態[一三]かくるゝくまなければ、[一四]己が詠歎するも古人の僞飾《(イツハリ)》なきに、習はん爲なり。さらに今[65]歌よまん[一五]筌蹄《シルベ》には用ふべきものに非ず。さればいさゝか古歌の意によりよみたらんには、忽其[一六]俤《(オモカゲ)》えらるゝものなり。まして「[66][一七]秋の田のかりほの菴」とあらんには、則《(スナハチ)》古歌を盗めるなり。そは潜《ヒソカ》に盗みえたりとも何かせん。心有《(アル)》人[一八]恥《(ハヂ)》ても恥《(ハツ)》べき業ならずや。[67]すべて[一九]歌書といふ物は、昔には[二〇]あまねからざるものなるべし。されど其少かりし世の人は皆〻上手なり。されば[二一]歌は歌書によりてよま

一 冠をつけ石帯をする。公卿の正装である。
二 貴人の常用の略服。
三 歌の何を云っているかの筋さえわかりにくい。
四 ここは真淵風のしらべで、リズムの上でのみ作った序詞を持った和歌。
五 意味の明確でないもの。 六 聞きなれない。
七 同列。序詞のある上の句と類似の詠み方をして。
八 わけのわからぬ程に詠んでしまうのは。
九 身体あっての衣服、実情あっての序詞なるを忘れて、序詞をもって、一首を覆うことを難じたのである。
一〇 歌論書。◇以下は、歌論書の功罪を述べたもの。→補四四。
一一 ひたすらの誠から詠出して。
一二 世のさま。 一三 あらわであるから。
一四 自分で嗟嘆し歌を読む時にも、そのいつわりのない姿勢を、見習うためである。
一五 具体的な手段。荘子の外物篇「筌者所ㇾ以在ㇾ魚、得ㇾ魚而忘ㇾ筌、蹄者所ㇾ以在ㇾ兎、得ㇾ兎而忘ㇾ蹄…」の故事による。筌は、魚をとる竹製の器。蹄は、兎をとる網。訓は新学異見による。
一六 古歌の様子になってしまう。
一七 後撰集、六に天智天皇の御製としてのる「秋の田のかりほの庵のとまをあらみ我が衣手は露にぬれつつ」(百人一首の第一の歌)の初句を詠み込むと。
一八 大いに恥ずべき。
一九 ここは歌論書をさす如くである。
二〇 世間に一般的でなかった。
二一 歌論書を読んだからとて、上手に詠み得るものではない。
二二 歌書出現以前の歌に従って詠め。即ち古人

の偽飾なきを学べの意。
二三 観念的な学問である。和歌は景樹によれば体験的なものでなければならぬの意。
二四 いちがいに。あらゆる場合そうだと。
二五 誠情を述べることがなるならば(体験的詠出が出来れば)。
二六 論語は誠を述べた第一の書と解しての立論である。→補四五。
二七 句点は新補。
二八 和歌に用いる言葉。歌語。◇ただごと歌を説いた小沢蘆庵の説を引いて、特別の歌語はないとの論。
二九 「雅俗」の条参照。
三〇 「天仁遠波」の条参照。
三一 感嘆の情を示す言葉。
三二 日常語。「雅俗」の条参照。
三三 ▽布留の中道にも「わざと心詞をもとめて、あしかるべくつゞけたるゆゑあしきなり」。
三四 ▽布留の中道「古人のたゞ言歌といふは、心をもとめずして、おもへる所を、詞をかざらずして、詠ずるをいふなり」。 三五 理解しにくい。
三六 和歌十体などにある特殊なものをさすのでなく、奥深い意味を持つ和歌の意。
三七 意味のわからぬ名歌などあってよいものか。
三八 和歌は吟詠すれば直に感得できるものだ。
三九 古今集、真名序は、この句に先立って、「及下彼時、変ニ澆漓一、人貴中奢淫上、浮詞雲興、艶流泉涌、其実皆落、其華孤栄…」とある。
四〇 真淵一派の万葉調の人人をさす。
四一 今の詞を用いる理にそむいて。
四二 万葉調の歌人達をさす。
四三 藤原京(大和の藤原地方に都のあった持統・文武の代)や奈良朝の詠みぶり。▽新学異見に「或又は藤原平城の上つ世に似たりと貴み」。

るゝものに非ず。[二二]歌書なき時の歌をよむべし。凡《オヨソ》書を見てしるは耳目の學問[二三]ならんか。然《サ》はいへど一概《ヒタスラ》[二四]におもふべからず。[二五][68]此誠だに立《タチ》なば和漢何れの書か益をなさざ《ゞ》らん。師[69]は論語[二六]を歌學第一の書也と稱《タヽ》へられたりき。[二七]

歌詞[二八]

歌詞[70]といふもの更に有ものに非ず。只其御代ゝゝ[71][二九]の、言葉をもて、誠實の思ひを述るのみ。都々《ツヽ》[三〇]・哉《カナ》・良武《ラン》などの類ひもさらに別ならず。皆感《アハレ》を助るの[三一]歎辭にて、歌よまん程の人は其時に望《ノゾミ》ておのづから出くべし。又[72]今の世歌詞とて、もてあつかふ、すべて古の常言[三二]ならずや。さるを後世歌よむには、別に[三三]詞づかひ有《アル》ものとおもへるはいたき謬《アヤマリ》也。かの華美[三四]ならでは、歌なりと思はぬ習俗と成しより、常言によみては云甲斐なきやうに思ひなし、艶なる言葉のみ歌詞と覺え、剰《アマツサヘ》[三五]耳遠き歌をも不測《フシギ》の幽玄體[三六]などともてはやす、かゝること[三七]有ものかは。歌は[三八]よみあぐる則《スナハチ》感ずるものなり。されば古今の眞字序にも、「大底皆以《テ》[三九]レ艶《ヲ》爲レ基不《ル》レ知ニ歌《ノ》之趣《ヲ》一者也」と書《カヽ》れたり。今の世の詞もて耳やすくよみなすこそ専一なるべけれ。然るを古文[四〇]になづめる輩は、ひたすら是[四一]にもとりて、今[73]の大御代に疎き古言を尊み、専ら古[四二]にかへさんとして、藤原[四三]・平城《ナラ》の風俗《テブリ》などと[一]いかめしく云罵《イヒノノシ》れども、味《ウマ》[二]くも解《トキ》えぬ遠[三]つ御代の、古言をもてつゞけなすが故に、[四][74]鴃舌《カラサヘヅリ》聞らん心地して今[五]だに分らざる事多し。まして後の世をや。

文[六]　詞

文[75]詞は昔も今も只義理[七]の達《トホ》らんのみを要とす。大概歌[八]詞にかはることなし。古[九]今集の序、土左日記などいづこか聞[一〇]えざる事ある。されど事解し難き事も有《アル》は、時[一一]代のかはりにて皆古の俗言なれば、其世の人は兒女子までも聞知りし事也。[一二][76]宣命・祝辭も又同じ。されば今[一三]の世の詞もて今の世の事を書《カキ》なさんの外なかるべし。其中似《ニ》するとなくして、おのづから古[77]の體[一四]格に似たらん姿も出くべし。そは古[一五]に今に、思ひの外に出《イデ》ざればなり。是をも似せたりと思へらんは[一六]をさなし。然るを専ら古言[一七]をのみものして、今の意《ココロ》を書なさんとせば、なか〱[一八][78]に違へる事のみおほく、うるま[一九]詞聞《キク》らん心地して誰かはうまく聞分べけん。されば[二〇][79]苟且《カリ》にも古風の文を書ことなかれ。さる[二一]例《タメシ》も理《コトワリ》もなきことなり。されども歌とたがひて、[二二]思慮《オモンパカリ》を用ふべき事なきにしもあらねば、時[二三]と事とに随ひておのづから體格あらん。其體格は學ぶもあしからじ。されど其學ぶに意得《ココロエ》有べし。

一　えらそうに、声を大にして云うけれども。
二　自らも上手にその意味の説明が出来ない。
三　大昔の時代。
四　外国人の話がもずの鳴声に似てわからないの語。孟子の滕文公上篇「南蛮鴃舌之人」。訓は敏達紀の「韓語」などにあてるもの。外国語を聞くようで。
五　現在でさえ。
六　◇和歌の前詞との関係もあれば、文章の用語についての意見をも附記したと思われる。
七　和歌の抒情に対して、文章は達意を主とする。
八　和歌の用語。
九　共に紀貫之の作なれば、香川景樹の尊敬する所。ただし、賀茂真淵のにひまなびには共に余り高く評価してない。
一〇　桂園記聞は「聞えざる」で切る。その方がよい。
一一　▽桂園記聞に「時代の変りにて今の言語にあらざれば也、皆古への俗言なれば」とある。この方が意が通じ易い。本文の脱落か。
一二　宣命・祝辞の如く、今難解の文も、当時の俗言で、皆にわかった。前出(一四四頁)。
一三　現代人は現代語で。
一四　スタイル。
一五　古今思う所が等しいからの故である。
一六　単純すぎる。
一七　真淵系の擬古文をさす。
一八　かえって間違いが多く出てくるし。
一九　江戸時代でも、琉球・台湾の二説があった。椿説弓張月の「為朝神社幷南島地名弁略」に「うるまの島とは、琉球事にあらず、台湾といふ説あり、しかれども下紐に、うるまの島とは琉球なりとあるにしたがはんか」。ここは遠隔そは詠歌の總論に、引合せ見るべし。

この書ははじめにいへるごとく、社友[二四]内山眞弓が、師の説をぬきいでて、つゞり侍りし也。書もらせしふしも多かめるを、ことし彌生[二五]の末より、病の床に打ふして、筆[二六]とることもかたかめれば、さるおぎなひ[二七]せんは、中〳〵なるわざなるに、さりとて此まゝに打おかんもほいなく[二八]おぼゆるものから、世[二九]にあらんほどにもと、おなじ友なる萩原貞起[三〇]にはかりて、俄に梓《アヅサ》[三一]にものし侍りぬ。されば見る人その心し給ひてよといふは、青葉[三二]岡のあろじ

平[三三] 保秀

の土地の言葉の意。
二〇 訓は、新学異見による。
二一 以前にそんな文章の例もなければ、作らねばならぬ理屈もない。
二二 文章の場合は、文学以外の実用的配慮があるから。神を祭る祝辞の場合などをさす。
二三 用いる場合と目的によって。
二四 東塢亭塾の友人。
二五 三月。
二六 執筆もむつかしそうなので。
二七 書きもらした部分を補うのは、困難なことなのだが。
二八 不本意に思われる故に。「ものから」を「故に」の意に用いるのは近世に広い誤用(本居宣長著、玉あられ)。
二九 内山真弓が生きている間に何とかしたいと。
三〇 前出(一三三頁注二七)。
三一 出板した。
三二 保秀の晩年の号、青葉岡老樵。
三三 丸山氏、称市之進(一七九五―一八六七)。信濃安曇郡成相村(今の長野県大町市)の庄屋。和歌は景樹門でその地方の重鎮(矢ヶ崎栄次郎著、歌人内山真弓)。

内山眞弓輯

瀧園藏[一]

嘉永三庚戌年

發行書肆

大坂心齋橋筋　河内屋喜兵衞

京都三條通　出雲寺文次郎

江戸本石町十軒店　英屋大助

一 萩原貞起の号。

徂來先生答問書〔抄〕

徂來先生答問書

（一）

一　詩[一]文章之學は無益なる儀の様に被二思召一候由、宋儒の詞[二]章記誦などと申候を御聞入候事年久敷《（ひさしく）》候故、左様思召候にて可レ有二御座一候。まづ五[三]經之内に詩[四]經と申物御座候。是はたゞ吾邦の和[五]歌などの様なる物にて、別に心身を治め候道理を説《（とき）》たる物にても、又國天下を治《（をさめ）》候道を説たる物にても無二御座一候。古の人の[六]うきにつけうれしきにつけうめき出したる言の葉ニ候を、其中にて人[七]情によく叶ひ言葉もよく、又其時その國の風[八]俗をしらるべきを、聖[九]人の集め置き人に教へ給ふにて候。是を學び候とて道[一〇]理の便《たより》には成不レ申候へ共、言葉を巧[一一]にして人情をよくのべ候故、其力にて自然と心こなれ、道理もねれ、又道理の上ばかりにては見えがたき世の風[一二]儀國の風儀も心[一三]に移り、わが心をのづからに人情に行わたり、高き位より賤き人の事をもしり、男が女の心[一四]ゆきをもしり、又かしこきが愚なる人の心[一五]あはひをもしらるゝ益御座候。又詞の巧なる物なるゆ

一　朱子学の云う所によった考え方。朱子学では道を本とし、文を末とし、文は道を伝える為のものとしていた。→補一。
二　真理を思考探求せずに、古典を記憶するのみであったり、詩文を修めるのみであったりする学問を、朱子学で難じた語。日本では闇斎学派で、殊にこの語をもって真理探求や実行をおこたることをいましめた。大学章句序に「俗儒記誦詞章之習、其功借二於小学一、而無レ用」。→補二。
三　儒学の基本的古典五つ。諸説があるが、普通には、詩・書・易・春秋・礼記と云う。徂徠学では、これに楽記を加えて六経とする（六経略説）。
四　中国上代の詩三百余編の集。孔子が分類編纂したものと伝えられ五経の一とされる。徂徠の詩経についての考えは、経子史要覧、上の毛詩の条に見える。
五　詩経の詩とその後の詩及び和歌を同一とする考えは、伊藤仁斎にもあって、蘐園の諸子は皆これに言及している。→補三。
六　詩経の大序に「情動二於中一、而形二於言一」とあるによって、七情の言葉に出たものとの意。
七　徂徠の人情の解は弁名、下に見える。→補四。
八　詩経に国風のあるによって云う。経子史要覧や太宰春台の六経略説に詳述がある。→補五。
九　中国上古の為政者が集めたものを、孔子が編したものとの考から云ったもの。→補六。
一〇　儒学で云う所の道の理論。当時の日本の朱子学では、実践道徳的な要素が濃く、徂徠らは経世論的要素が濃いが、そのいずれにも、直接には役立たないをいう。
一一　後出するが、詩は表現の巧を重んずるとの論で、蘐園派の詩論の特色である。→補七。
一二　習慣。ならわし。　一三　自然と心の中で、理解されて。　一四　心いき。　一五　心の持ち方。

へ、其[一]心を人に會得さする益ありて、人を教へ諭《さと》し
諷[二]諫するに益多く候。殊ニ理[三]窟より外に君子の風儀風俗といふ物のある事は是
よりならでは會得なりがたく候。後[四]世之詩文章は皆是を祖述《そじゆつ》[五]いたし、殊に時代
近《ちかく》候故會得成安き筋多候故、右之心持にて學候へば其益多御座候。殊更吾邦
にて學問をいたし候ば、聖人と申候も唐人經[六]書と申候も唐人言葉にて候故、文[七]
字をよく會得不レ仕候ては聖人之道は難レ得候。文字を會得仕候事は、古之人の
書を作り候ときの心持に成不レ申候得ば濟《すみ》[八]不レ申儀故、詩文章を作り不レ申候得
ば會得難レ成事多御座候。經書計《ばかり》學候人は中々文[九]字のこなれ無ニ御座一候故、道[一〇]
理あらくこ[一一]はくるしく御座候事ニて候。依レ是日本之學者には詩文章殊ニ肝要
なる事にて御座候。此方之和[一二]歌抔《など》も同趣ニ候得共、何となく只風俗[一三]之女らしく
候は、聖[一四]人なき國故と被レ存候。足[一五]下抔《など》之上ニは右ニ申候程之事無ニ御座一候共、
只風[一六]雅と申候事を御存知候はゞ、是計《ばかり》にても君[一七]子の心[一八]位を御失ひなく、人の上
に御すはり候には其益不レ少候。惣而理[一九]學之薫[二〇]習世に久敷候故、人多く無[二一]用の
用と申事を不レ被レ存候て、事々迫[二二]切緊急《はくせつきんきう》に成行き、聖人之道に背き候事共多く
御座候。御心を可レ被レ付候。以上

(一一)

一 詩を作った人の心。 二 詩経の大序に「先生以レ是経ニ夫婦一、成ニ孝敬一、厚ニ人倫一、美ニ教化一、移ニ風俗ニ」などあって、早くから詩を諷諫に用いることがあったによって云う。 三 朱子学の倫理的な心性の論義などを主としてさす。
四 詩経の詩と後世の詩と、文学性は同質のものであることは、仁斎の説にきざして、徂徠の明言した所である。→補八。
五 前のものをうけついで、述べつたえる。
六 経学の書物。儒学の経典。
七 ◇以下は徂徠の古文辞学と称する古典研究の方法を述べたものであって、その著、学則に、要をつくしている。→補九。
八 領解しつくす。 九 文字の十分なる理解。
一〇 儒学の方の道の理解も粗雑で。
一一 窮屈である。かた苦しい。
一二 古い和歌を理解する(真淵の場合は、更にその和歌を通じて古代精神を理解する)ためには、その語と法を用いて作歌する必要があるとの説で、賀茂真淵の国学の方法は、徂徠のかかる見解から出たものである(太田青丘著、日本歌学と中国詩学参照)。
一三 和歌の中に見える風俗。
一四 日本古代に聖人なく、先王の道が生まれなかったため、きっとした君子の風俗が、文学にも反映していないとの意。
一五 同輩または以下に対する敬称の代名詞。
一六 みやび。蘐園の文学観では最も中心をなす一つで、服部南郭の燈下書などに詳述がある。→補一〇。
一七 徂徠の云う君子は、高い位の人や徳の高いものの称で、また弁名、下に詳しい。→補一一。
一八 心の持ち方。精神の品位。
一九 性理学。太宰春台の聖学問答、下に「宋儒ノ

一　學問仕様の事御尋被二仰下一候。此段中ゝ書中ニては被二申盡一不レ申事ニ候。遠境投贄《とうし》[二三]之義從來何方へも一切御斷申入候儀此故ニ候。其元へは多年の御深志承及候故任二御望一今更御答に致二迷惑一候。先は遠境[二四]より傳授は難レ成事是事理の當然に候。依レ是孔門[二五]之諸子も何も被レ致二從學[二六]一候事ニ候。その子細は、其門に入候得ば門風[二七]と申事有レ之、樣ゝの事にて其風儀に染候所[二八]より思致二過半一候事ニ候。從レ古師友[二九]と申事有レ之、師教よりは朋友の切磋《せつさ》[三〇]にて知見[三一]を博め學問は進候事ニ候。當時大名高位の稽古[三二]埒明不レ申候事、よき師をば引付學被レ申候得共、位貴《たふとく》候故朋友無レ之、依レ是何藝も不レ致二成就一事是明證[三三]ニ候。朋友に交り門風に染候事是第一の事ニ候。然れば遠境にて傳授難レ成事顯然[三四]ニ候。然共御深志に御座候間、其師友の代《かはり》に成申事可二申進一候。責《せめ》ては是にて成とも可レ被レ償《つぐのは》二御志を一候。其師友の代に成申儀は書籍ニて候。損友[三五]を遠け益友を近付候事取るレ友をの道ニ候。然ば損の參候書籍は目[三六]に絶《たえ》て御覽有間敷候。益ニ成候書籍ニ御心を可レ被レ染《そめ》候。是より外ニ別に師友の代に成候事無レ之候。被二仰下一候筋にて相考候得ば、只今迄專《もつぱら》宋學を被レ成候と相見え候。學問の仕形宋朝[三七]に至候て別ニ一流出來候て、古聖人の教法と各別に罷成候。依レ是宋朝の窠窟《くはくつ》[三八]に落候ては、學問の進候事曾而《かつて》有レ之間敷候。四書五經の新注[三九]大全[四〇]等、宋儒の語錄[四一]

学ハ、性ト理ト二ツヲ工夫ノ本トスル故ニ、或ハ性学ト称シ、或ハ理学ト称ス、或ハ二ツヲ合セテ性理学トモ云」。

二〇 長年しみとおった習慣。

二一 無用の如く見えて、実は用であること。荘子の人間世篇「人皆知二有用之用一、而莫レ知二無用之用一也」。

二二 諸事精神的にゆとりのないこと。

二三 入門の束脩を送ること。師弟の礼をつくしたこと。

二四 深い内容を伝える事は、遠く離れていては無理である事。　二五 孔子の門弟達。

二六 直接面接し入塾して教を受けたの意。

二七 塾の学風。　二八 学風に染んで、自然とその師の学問が大半理解される。

二九 荀子の修身篇「刲レ之以二師友一」。

三〇 相互にはげまし合って勉強すること。

三一 知識見識。　三二 師についての勉強。

三三 明らかな証拠。

三四 きわめて明らかなこと。

三五 論語の季氏篇に「孔子曰。益者三友。損者三友。友レ直。友レ諒。友二多聞一益矣。友二便辟一。友二善柔一。友二便佞一損矣」。

三六 目にもふれないで。

三七 古の道は、先王の道であり、それは礼楽刑政にあって、性理を論じ、心性をねる宋学の方法は古道でないことは、弁道一書に明らかに論じてあり、答問書の他の部分にも説いてある。

三八 あなぐら。巣。

三九 経書の宋儒の注をいう。朱熹の四書集註、朱熹等の五経集註などがある。

四〇 四書大全(明の胡広等奉勅撰)。五経大全(明の胡広等奉勅撰)をさす。皆近世初めに和刻されて流行。　四一 朱子語録などの聞書類を云う。

類、詩文にては東坡[一]・山谷[二]・三體詩[三]・瀛奎律髓《えいけいりつずい》[四]之類、歴史にては通鑑綱目[五]の書《しよ》法發明《ほふはつめい》等、皆損友と可レ被ニ思召一候。經學は古注[六]、歴史は左傳[七]・國語[八]・史記[九]・前漢書[一〇]、文章は楚辭[一一]・文選[一二]・韓・柳[一三]迄は不レ苦候。惣而漢以前の書籍は、老[一四]・莊[一五]・列[一六]之類も益《まし》ニ人之知見《を》一候。是も林希逸[一七]解は悪敷候。詩は唐詩選[一八]・唐詩品彙[一九]、是等を益友と可レ被ニ思召一候。明朝の李空同[二〇]・何大復[二一]・李于鱗[二二]・王元美[二三]詩文宜敷候得共、是は遠境書籍有レ之間敷存候。先有增《(あらまし)》右之通と可レ被ニ思召一候。

右只今迄の思召と替《(かはり)》候故、定而《(さだめて)》驚愕《きやうがく》[二四]可レ被レ成候。依レ之子細を申進候。吾道の元祖は堯・舜[二五]に候。堯・舜は人君にて候。依レ之聖人の道は專ら國天下を治め候道に候。道と申候は、事物當行の理[二六]ニても無レ之、天地自然の道[二七]にても無レ之、聖人の建立被レ成候道にて、道といふは國天下を治候仕様[二八]に候。扨聖人の教は專《もつぱら》禮樂[二九]にて風雅文采[三〇]なる物ニ候。心法理窟[三一]の沙汰は曾而無レ之事ニ候。宋儒以來わざ[三二]を捨《(すて)》て理窟を先とし風雅文采をはらひ捨て野鄙に罷成候。天子之道なる事を忘候より、專道理[三三]を説候て人を喩《さとし》候事を第一に仕候。是より理非邪正之爭盛ニ罷成候。議論一定してかたの極まり候事に成候故、何程學候ても知見の進み廣まる事は曾て無レ之、只片口[三四]ニぜう[三五]のこわき事に罷成候。是皆敎法の違ニて候。孔門の敎とは天地雲泥《うんでい》[三六]に候。扨は文章も宋儒の文章は眞[三七]にてかき候假

一 蘇軾。字子瞻、号東坡、謚文忠。官は端明殿翰林侍読両学士。宋代の代表的文人(宋史、三三八)。二 黄庭堅。字魯直、号山谷。官は起居舎人など。又宋の代表的文人。三 宋の周弼編の唐の七絶・五七律の選集。六巻。作詩法の説明を附す。室町期以来日本で流行した。四 元の方回編の五七言の唐宋の近体詩の集。四九巻。評語を加えるが宋の江西派の主張による。室町期から近世初期に流行。五 資治通鑑綱目。宋の朱熹編。五九巻。司馬光の資治通鑑を要約編成がえしたものであるが、朱熹一派の儒教的標準によっている。この綱目には、「書法」「発明」と題する注記があって、朱熹の説が述べてある。六 朱子の経書の注を新注と云うに対して、それ以前漢唐の注釈書。七 春秋左氏伝。伝左丘明編。春秋の記事を詳述注記したもの。八 伝左丘明著。二一巻。春秋時代列国の歴史を国別に記したもの。九 漢の司馬遷著。一三〇巻。紀伝体史書の祖で、黄帝から前漢の武帝までの正史。一〇 後漢の班固著。一二〇巻。前漢の紀伝体の正史。一一 伝漢の劉向編。一六巻。楚の屈原とその門下等の辞賦の集。一二 梁の昭明太子蕭統等編。三〇巻。周から梁にいたる文章・詩賦の分類別の集。一三 唐の韓愈・柳宗元。当時流行の四六駢儷文を廃して、上代の文にならって、古文を創示した人人。ただし徂徠は韓・柳を古文辞の立場から批難することも多い。一四 老子。周の老聃著。二巻。老荘思想の原典。一五 荘子。戦国の荘周著。八巻。老荘思想の原典。一六 列子。伝列禦寇著。八巻。また老荘派の書。以上は思想は儒家と相違するが、上代の言語で、経典読解に便があるとしたもの。一七 宋の人で号鬳斎。老子・列子・荘子の注釈家で、各「鬳斎口義」と題する。一八 明の李攀竜編(後世異説

名物ニ候故、文章も[三八]鄙俚淺露《ひりせんろ》《いやしくあさはか》に罷成候。如レ此の書籍に心を染候得ば、漢以前[三九]三代の書籍は濟不レ申物に候。此差別當分は御合點參問敷候へば、申進候も不レ入事の様ニ候得共御深志故申進候。

(三)

一　文字は中華人の言語に候。日本の言語とは詞の[四〇]たちはに替《かはり》有レ之候事ニ候。且又中華ニても詞に古今の替有レ之候。宋儒の注解は[四一]失《うしなひ》ニ古言を一候。古言は其時代の書籍にて推《おし》候得ば知れ申候。後世の注解は違多《おほく》候。依レ之[四二]老・莊・列之類も益有レ之候事ニ候。[四三]但《たゞし》六經は道にて候故、[四四]詞濟《すみ》候ても道の合點不レ參候而は濟不レ申候。依レ之初學は左傳・史記・前漢書之類易《やすく》レ解《げし》候て益多候。

(四)

一　同郷にて候得ば、朋友聚《あつまり》候て[四五]會讀《くはいどく》などいたし候得ば、[四六]東を被レ言候て西の合點參り候事も有レ之候得共、遠境無《なく》ニ朋友之助一、御學問はか參問敷候。獨學《どくがく》の仕形は[四七]無點を御覧被レ習候にしくは無ニ御座一候。[四八]點付《てんつく》物の濟《すみ》候程にて無點の濟不レ申事は無レ之物ニ候。只[四九]目に惡敷《あしき》くせを付置候故無點之物よめ不レ申候。苦勞をこらへ候てくせを付替候迄之事ニ候。

(五)

がある)。七巻。唐詩の集で、徂徠らが殊に尊崇して、大流行した。作詩志彀の条参照。
一九 明の高棅編。九〇巻、拾遺一〇巻、附一巻。唐詩の集で、共に格調を尊重した派の編。
二〇 明の李夢陽。字献吉、号空同。官は江西提学副使など。前七才子の中心(明史、二八六)。
二一 明の何景明。字仲默、号大復。官は陝西提学副使。また前七才子の一人(明史、二八六)。
二二 明の李攀竜。字于鱗、号滄溟。官は陝西提学副使。後七才子の中心人物(明史、二八七)。
二三 王世貞。字元美、号弇州。官は刑部尚書。後七才子の中心(明史、二八七)。四人とも擬古格調派の詩人。
二四 大いに驚く。
二五 ともに中国古代の聖王で、徂徠学では先王と云い、聖人と称する一群の中心に位置する。
二六 まさに行うべき理の意味で、宋学者が道を解した言葉。→補一二。
二七 天地と共に自然にあったものの意味で、老荘の論に引かれて、道を解した言葉。→補一三。
二八 弁道「孔子之道。先王之道也。先王之道。安ニ天下一之道也」。→補一四。
二九 弁名「先王立ニ言与レ事以使レ守レ之。詩書礼楽。是其教也」。→補一五。
三〇 弁名「文者。所ニ以状レ道而命レ之也。(中略)礼楽粲然。是之謂レ文」。→補一六。
三一 心の修業、遠大な性理の論義。朱子学に云う所。→補一七。
三二 徂徠は道は言と事であって、外面から人間を道にかなうように規制するもので、内面的に心性を論じたものでないとした。わざはその事にあたる。→補一八。
三三 宋学では、修業して、聖人になることを務めよとさとしているの意。
三四 一方的に。
三五 強情な。
三六 甚しい相違のたとえ。
三七 律義に書いた俗文の意。
三八 下俗で情意ともに浅薄である。
三九 夏・殷・周の代の書物。六経をさす。

一　書物に濟不レ申所有レ之候故退屈も參候。只飛《とび》[一]候て見行候へば、皆〻先にて濟申事ニ候。

（六）

一　詩文之仕習様は、只詞[二]を似せ候が能《よく》候。後には自然と移《うつり》[三]候物に候。

（七）

一　右之外は可ニ申進一事先無ニ御座一候。尚御不審候はば可レ被ニ仰下一候。但《たゞし》[四]士大夫の學問は、國君[五]を輔佐して、家中國中を能治め、文武政務の才[六]を致ニ成就一候爲の學問に候。此段主意にて御座候。

（八）

一　申殘候趣有レ之候故又申入候。惣而學問[七]の道は文章の外無レ之候。古人[八]の道は書籍に有レ之候。書籍は文章ニ候。能《よく》文章を會得して、書籍の儘《まま》濟し候而我[九]意を少も雜《まじ》え不レ申候得ば古人の意は明に候。聖人の道は聖人の教法[一〇]に順《なら》はずして可レ得様曾而無レ之候。其教法は書籍に有レ之候故つまる所是又文章に歸し申候。然る所文章も字義も時代に隨而致ニ展轉[一一]一候所眼の付所にて候ニ、後世儒者我物ずき[一二]を立候故、道德[一三]は尊く文章は卑《いやし》き事なりと思ひとり、文章を輕看[一四]致し候より、右之所に心付不レ申、右之所に心付不レ申候故、古聖人の教法見え分

四〇　性質。成りたち。　四一　古言の真意を見失った。　四二　以上の書は六経四書と時代を同じくしているからの意。　四三　五経の条（一六九頁注三）参照。　四四　文意は理解出来ても、思想内容がわからないでは。　四五　同志相会して、一つの書を交代当番で読み、論義検討すること。　四六　思わざる事で、知識を広めることのたとえ。　四七　訓点のついていない漢籍。このこと徂徠年来の主張で、ために唐音を門生と共に学んだこともある。↓補一九。　四八　文字一語一語の意がわかれば、訓点のついた本がわかる。そうなれば無点も読めるはずとの意。　四九　上下ひっくりかえして読むくせ。

一　徂徠は多読主義をすすめているのである。
二　古文辞風の詩文作法の初歩を示したもの。
三　詩文らしく恰好がつくものである。
四　ここは諸藩にあって政事にあずかる士の意。
五　諸侯。　六　道をば天下を安んずる道と定義した徂徠学において、士大夫の学問は当然、かくの如き理解となるのである。
七　◇以下は徂徠のいわゆる古文辞学の主張の根本を平易に説いたもの。学則に附した「答屈景山書」に詳述がある。↓補二〇。　八　学則第一に「三墳五典九丘八索之書。舎レ是無レ為レ学」。
九　徂徠は朱子等の学問を私意であるとしりぞけている。　一〇　道を教える方法。これも亦徂徠学の主張の一つである。補注一四参照。
一一　変化する。時代によって文章や字義が相違すること、そして古い時代の文章と古い字義を、李攀竜・王世貞らの古文辞の詩文の方法にならって知り得たと自ら云っている（学則附録「答ニ安澹泊一書」）。　一二　古文章古字義によらず。
一三　朱子の道を本、文を末とする主張をさす。

れ不レ申、我知見にて聖人の意を會得せんとする故皆自己流に罷成候。末學[一五]之輩は識見《しきけん》益鄙陋[一六]ニ而、程[一七]・朱[一八]・陽明[一九]吾國にて闇齋[二〇]・仁齋[二一]等の末師[二二]を信ずる事孔子よりも甚敷候。たとへて申候はゞ、佛者の輩釋迦[二三]の説をば不レ用して、深く法然・日蓮を信ずるがごとくニ候。教に古今なく、道ニも古今なく候。聖人[二四]の道にて今日の國天下も治り候事ニ候。外に仕形は無レ之候。聖人の教にて今日の人も才德を成就候事に候。是又外ニ仕形無レ之候。古今通貫[二五]不レ申候ては、古聖人の道とも教共不レ被レ申候。道も教も普《あまね》く天下の人に被《かぶ》らしむる事にて、天下の人には愚不肖多く賢智少く候事是又古今の替りなく候。然ば古聖人の道も教も後儒の申候様なる理[二六]の六借《むつかしき》事は決而《けっして》無レ之筈なる事明に候。理の六借事は愚なる人は會得成不レ申事故、古聖人の道も教も皆わざ[二七]にもたせ置候事にて、其わざさへ行候得ば、理[二八]は不レ知候ても、自然と風俗[二九]移《うつり》候所より、人の心[三〇]も直り候て、國天下も治り、又一人の上にても、風儀[三一]の移る所より自然と知見[三二]各別にひらけ行て才德[三三]を成就する事に候。是聖人の道聖人の教法の妙用に候。是故に今日の學問はひき[三四]くひらたく只文章を會得する事に止り候。文章を會得して古の詞濟候得ば、古聖人の道も教もわざにて候故、詞[三五]の上にて直ニ見え分れ申事ニ候。只ゝ異[三六]國人の古の詞を會得する事故、文章を會得する事六借候。以上

補注一参照。**一四** 軽視。**一五** 後世の儒に学んだ門生やその流れを汲む後輩。**一六** いやしい。**一七** 宋の程顥・程頤。顥は字伯淳、明道先生。頤は字正叔、伊川先生。周惇頤に学び宋学風を開く(宋史、四二七)。**一八** 宋の朱熹。字仲晦、号晦庵。宋学の大成者(宋史、四二九)。**一九** 明の王守仁。字は伯安、号陽明。陽明学の始祖(明史、一九五)。**二〇** 山崎闇斎。名嘉、字敬義、称嘉右衛門。朱子学を収めて、闇斎学の一派を立てる。天和二年(一六八二)没、六十五。**二一** 伊藤仁斎。名維楨、字源助。古義学の祖。宝永二年(一七〇五)没、七十九。**二二** 儒学の末流の派をはじめた人人。**二三** 仏教を開いた釈迦よりも、一宗一派の祖である、浄土宗の法然、法華宗の日蓮を信ずるにたとえたもの。**二四** 弁名「道者統名也。以レ有レ所レ由言レ之。蓋古先聖王所レ立焉。使ニ天下後世之人由レ此以行一。而已亦由レ此以行也。辟下諸人由ニ道路一以行上。故謂ニ之道一」。**二五** 一本に通ずる。**二六** ここは、朱子学の理の如く、理論的原理をさす。**二七** 行動。礼楽の如く外部的で行動にあらわれるものに托してあるのであって。**二八** 何の理由、何の理論で、しかあるべきかを知らないでも。**二九** 風俗が善い方に変る。即ち道にかなうようになることによって。**三〇** 外部から内面の心をも規制して、善即ち道にかなうように改まる。**三一** 様子行動が善くなる。**三二** 知識も見識も各段に向上して。**三三** 才能も道徳も完成する。徂徠の解する才とは弁名に「才材同。(中略)人随ニ其性所レ殊。而各有レ所レ能。是材也」。徳については弁名に「徳者得也。謂ニ人各有レ所レ得レ於レ道也。或得ニ諸性一。或得ニ諸学一。皆以レ性殊焉。性人人殊。故徳亦人人殊焉。(中略)各随ニ其性所レ近。養以成ニ其徳一。徳立而材成。然後官レ之。及ニ其材之成一

（九）

一 詩・書[一]二經御會讀被レ成候半由一段之儀候。孔子之時分は詩・書より外に書物は無レ之候。論語[二]・孟子[三]・禮記[四]等ニ引《ひき》有レ之候も、外之書と申物は無レ之、「詩言《いふ》」「書言《いふ》」と計有レ之候。詩・書を御學候は古代之學問ニて候故珍重不レ過レ之存候。但し新注ならで其元に無レ之候由、左候はゞ新注ニて成共、本文之文面を濟し候迄に御覽可レ然存候。殊に詩經朱傳[五]は、朱子之作之内ニて不出來なる物故害も少く候。書經新注[六]は、蔡沈[七]が作にてたわひもなき物に候。書經は旁通[八]・通考[九]と申物をつけ御覽被レ成候がよく御座候。詩經は世本古義[一〇]と申物能候へ共和板に無レ之候。せめて說約[一一]にて成共御覽可レ被レ成候。詩經之取捌《とりさばき》、宋儒の誤之大《おほきなる》成處可二申進一候。詩は勸《くはんぜん》《すゝめ》レ善《を》懲《てう》《こらす》レ惡《あく》《を》[一二]之爲と申事、是大き成《なる》誤ニ候。誠ニ勸善懲惡之爲と思召候はゞ、今少よき仕形外ニも可レ有レ之候。詩ニて勸善懲惡之敎を施すといふ事さりとては聞え不レ申事ニ候。古聖人之智にて、左樣のつまり[一三]不レ申事可レ有レ之樣無二御座一候。詩經は淫奔《ぼん》[一四]之詩多く有レ之候。朱注[一五]ニは惡を懲しむる爲と有レ之候へ共、却て淫を導く爲ニ成可レ申候。是等之所とくと御了簡可レ被レ成候。詩經は曾而夢にも濟不レ被レ申と相見え申候。論語に不《ず》レ學《んば》[一六]レ詩《を》無二以言《ものいふ事》一と有レ之、學《て》[一七]二詩三百《を》一使《つかいして》二四方《に》一不レ能二專對《せんたいする事》一と有レ之候。是詩專言語

也」。二四 高上でなく、平易に。

二五 言葉の理解につれて、すぐに理解がつく事。

二六 中国のいにしえの詞。

一 詩経と書経。六経略説に「第一ニ詩ハウタヒモノニテ、簡策ニ書シルスマデモナク、童子ノ時ヨリ其師ニ就テロヅカラ授カリテ歌ヒ習フナリ、其詞ハ、スナハチ今有ル所ノ詩経三百篇ナリ、古人ノ詩ヲ学ブハ、今人ノ諷ヲ習フ如クナリ、第二ニ書ハ、堯舜ヨリ以来、夏殷周三代ノ明王聖賢ノ天下ヲ治タマヘル道、并ニ君臣ノ問答教誡ノ言ヲ記録セル者ナリ、スナハチ今有ル所ノ書経五十八篇ナリ」。

二 孔門の遺語集。一〇巻。

三 孟軻の論書。共に四書の一。

四 五経の一。古代礼の次第を記したもの。

五 宋の朱熹著、詩経集伝。二〇巻。詩経の注書の代表的なもの。

六 宋の蔡沈著の書経集伝。六巻。各五経集註の一。

七 宋の儒者。字子黙、号九峰。朱子の門人(宋史、四三四)。

八 元の陳師凱著、書蔡氏伝旁通。六巻。正保四年和刻。

九 元の黄鎮成著、尚書通考。一〇巻。正保五年和刻。

一〇 明の何楷著、詩経世本古義。二八巻首一巻。

一一 明の顧夢麟著、詩経説約。二八巻。寛文九年和刻刊。

一二 朱子の詩経集伝序に見える所である。→補二一。

一三 理窟に合わないこと。

一四 みだらな行儀の悪い詩。詩経の国風の鄭国の部などをさす。

之教にて御座候。洞《ほがらか》[18]に人性[19]ニ通達する事、詩經之教にて人性ニ通達不レ申候へば、[20]物中事は成不レ申物に候。宋儒は[21]理非邪正之見にからめられ被レ居候故、[22]論語・聖言ニ詩經之事有レ之候ニは從《したがひ》不レ被レ申、是非邪正之見より見候故、勸懲之爲と見被レ申候事ニ候。是等之所、詩經御覧被レ成候大段の[23]意得《こころえ》ニ候故申進候。詩經之詩も、後世之詩も全く替目《かはりめ》無レ之候。[24]詩經は只詩と御覧被レ成候が能御座候。

（十）

一　詩作被レ成度由能御心付と存候。上代の詩も後世之詩も同《おなじ》事ニ候。[25]詩作不レ被レ成候へば詩經は濟不レ申物に候。

一五 詩経集伝の注に「衛詩三十有九。而淫奔之詩。才(ワツカニ)四之一。鄭詩二十有一。而淫奔之詩。已不ニ翅(タヾニ)七之五一。衛猶為ニ男悦レ女之辞一。而鄭皆為ニ女惑レ男之語一。衛人猶多ニ刺譏懲創之意一。而鄭人幾ニ於蕩然一無ニ復羞愧悔悟之萌一。是則鄭声之淫。有レ甚ニ於衛一矣。故夫子論レ為レ邦。独以ニ鄭声一為レ戒。而不レ及レ衛。蓋挙レ重而言。固自有ニ次第一也。詩可ニ以観一。豈不レ信哉」。

一六 論語の季氏篇に伯魚と孔子の対話をのせて、「曰学レ詩乎。対曰。未也。曰不レ学レ詩無ニ以言一」。

一七 論語の子路篇に「誦ニ詩三百一。授之以レ政。不レ達。使ニ於四方一。不レ能ニ専対一。雖レ多亦奚以為」を中略した文章。

一八 のびのびと。

一九 弁名に「性者。生之質也。宋儒所レ謂気質者是也。(中略)人之性万品。剛柔軽重。遅疾動静。不レ可ニ得而変一矣。然皆以ニ善移一為ニ其性一」。ただし春台らは「人情」に通達すると論じている。↓補二二。

二〇 論語の引用文の説明。補注二二参照。

二一 詩経集伝序に国風の詩を論じて「自レ邶而下。則其国之治乱不レ同。人之賢否亦異。其所ニ感而発一者。有ニ邪正是非之不レ斉。而所レ謂先王之風者。於レ是焉変矣」。補注二一参照。

二二 論語や聖人の言葉。　二三 大体。

二四 詩経を宋儒の如く、道徳の書と見ずに、後世の詩と同じく文学の書と見るべしとの論。それで以て、人世または治国の道にも、文学の書として有用不可欠なることを、ここで指摘したものである。

二五 この条でも逆に、詩経を理解する為には、文学を実作せねばならぬことを云うと共に、現世における文学も、詩経の持つ有用性と同じものを持つものであることを述べたもの。

〔参考〕

徂來先生答問書

答問書序

子遷所校徂來先生答問書成。子遷蓋謂。經生家專修心爲教。浮屠氏何別。人皆曰天下國家。惟聖人生知不可尚已。自非聖人則何以哉。禮樂刑政。以至百爾所具。六經所載。窮年不可盡。若以修心足矣。則曇摩氏可矣。何必讀書然後行道。世之耳學者。亦復經生家是守。卽稍稍取古經視之。皆已經生家附以爲說者。乃謂聖人之道。六藝之奧。亦惟如此。而後邈與古違矣。則亦不知聖人之道雖百世無不可行者。卽以名高私慕徂來先生者。亦不得窺之。則猶尚以世之經生視之。見以爲迂事情。子遷蓋憂之也。余語子遷曰。傳焉哉。登高必自卑。此書雖以國字行。豈不裨益後世哉。且夫非入其門。不可觀室家之美。雖先生之門牆大高哉。如我與吾子。亦皆得與聞。其說。而如先生他所著。亦未可遽以暗投人。則此書庶乎爲先容焉乎。以余忝在邦君之末。不得延後生而一諭之。乃序其端。以善子遷之擧。且以言志之同。乙巳之春　西臺

滕忠統撰

（答問書序

子遷ノ校スル所徂來先生答問書成ル。子遷蓋シ謂《オモ》ヘラク、經生家ハ專ラ心ヲ修シテ敎ト爲ス。浮屠氏ト何ゾ別《ワカ》タン。人ハ皆曰フ、天下國家ト。惟聖人ハ生知ニシテ尙ブ可カラザルノミ。聖人ニ非ル自リハ、則チ何ヲ以テセンヤ。禮樂刑政ヨリ、以テ百爾ノ具スル所、六經ノ載スル所ニ至ルマデ、年ヲ窮ムトモ盡ス可カラズ。若シ心ヲ修スルヲ以テ足レリトセバ、則チ曇摩氏ニシテ可ナリ。何ゾ必ズシモ書ヲ讀ミテ然シテ後ニ道ヲ行ハン。世ノ耳學ノ者、亦復經生家是レ守リ、則チ稍稍ニ古經ヲ取リテ之ヲ視ルモ、皆已ニ經生家ノ附シテ以テ說ト爲ル者ナルトキハ、乃チ謂ヘラク聖人ノ道、六藝ノ奧モ、亦惟此ノ如シト。而シテ後ニ邈トシテ古ト違フ。則チ亦聖人ノ道百世トイヘドモ行フ可カラザル者無キコトヲ知ラズ。卽チ名高キヲ以テ徂來先生ヲ私慕スル者、亦之ヲ窺フコトヲ得ザレバ、則チ猶尙《ナホナホ》世ノ經生ヲ以テ之ヲ視ル。事情ニ迂《トホザカ》レリトオモハル。子遷蓋シ之ヲ憂フル也。余子遷ニ語リテ曰ク、傳ヘヨヤ。高キニ登ルハ必ズ卑キ自リス。此ノ書國字ヲ以テ行ハルトイヘドモ、豈ニ後世ヲ裨益セザラン

ヤ。且ツ夫レ其ノ門ニ入ルニアラズンバ、室家ノ美ヲ觀ル可カラズ。先生ノ門牆ハ大ニ高シトイヘドモ、我ト吾子トノ如キハ、亦皆其ノ說ヲ與カリ聞クコトヲ得タリ。而シテ先生ノ他ノ著ス所ノ如キハ、亦未ダ遽《ニハカ》ニ暗ヲ以テ人ニ投ズ可カラザルトキハ、則チ此ノ書庶《コヒネガハ》クバ先容ヲ爲サンカ。余邦君ノ末ニ忝在セルヲ以テ、後生ヲ延キテ一タビ之ヲ諭スコトヲ得ズ。乃チ其ノ端ニ序シテ、以テ子遷ノ學ヲ善《ヨミ》シ、且ツ以テ志ノ同ジキヲ言フ。乙巳ノ春、西臺滕忠統撰ス）

徂來先生答問書序

自二洙泗之道散一而大義乖一。後世不レ出二聖人一。吾誰從也。無レ已則六籍已。漢收二秦餘燼一。而詩書多缺。然學者猶考二信於是一。自三吾非二聖人一。信而好レ古。君子義也。古也者三代先王聖人之道。六籍所レ載者是已。其所二損益一雖二百世一可レ知也。輪不レ斲。不レ得レ爲レ車。木不レ刳。不レ得レ爲レ舟。後世雖二機利者一。陸行可レ舟與。水行可レ車與。有レ所レ不レ行也。而舟車猶有レ倫。天道恢恢。道其則レ之。七十子沒。而諸家殽亂。瞋目語難。察焉自好。彫龍炙轂。懼然顧化。擾擾絲如レ棼。道將爲二天下一裂。或謂吾可三以爲二聖人一。或謂通二性命之道一。可三以坐二治天下一也。後世祖二述此說一者。曷嘗不レ謂二聖人之道具一レ是矣。雖四陽爲三推二尊六藝一。然事有レ所レ不レ合。則亦陰斷二之諸子一。甘二心其所一レ徵焉。所レ謂詩書恆言者。子焉爲二芻狗一。曰三吾之可二以爲一レ聖。則孔子而後數千餘年。圜冠方屨。逢衣博帶。巍然稱レ儒者。莫レ不レ謂二吾是聖一也。是何聖。抑〻何多也。曰下有二此理一蓋可中學而爲上。則孔子而後數千餘年。寥寥乎不レ見二一人造焉者一。而欲レ造焉。抑〻何迂也。則吾不レ信也。至二性命之說一。後世滔滔者皆以爲レ言。推二歸至微一。割レ膚分レ理。要亦濫也耳。靜言庸違。其奈二天下國家一何。而其徒誦レ義無レ窮。此何以稱焉。夫道也者先王之道也。治二天下一焉。唯其治二天下一。而國家而身。擧二大者一而小者見焉。聖亦王者稱也。周公孔子果遵二何德一哉。君子傳二其道一。奉承唯〻謹。用之則行。舍之則藏。是爲レ得耳。非レ誦二古文一。安能知レ本二之大義一哉。以三余既受二業徂來先生一也。從遊者時時多問二先生所レ傳如何一。唯是後世多岐。不レ知二所由一。瞽者無レ相。倀倀何之。有下社友根伯修所二私錄一者上。蓋先生所レ答二遠人一書也。伯修親在二先生塾中一。每レ所レ見輒從レ旁私レ之。以祕二乎帳中一。余既探而得レ之。遂相與校而授二之梓人一。其文辭不二修飾一者。不レ請二之先生一也。雖レ不レ請レ之。既之。亦恃二先生之不レ咎二

成事ヲ一也。此書也ヤ雖二緒言ナリト一也。亦擧ルノ二一隅ヲ一之道也ナリ。學者乃以テ三隅ヲ一反セハ。則知ン二先生之學之所由ヲ一也。知ラハ二先生之學之所由ヲ一也。則知ン下先生ノ所二奉承スル一。六籍ノ所レ載スル。先王聖人之道ヲ上也。此謂フレ知ルトレ本ヲ。先生所レ著ス。有二辨道辨名論語徵諸書一未タレ行也。其ノ詳ナルコト今不トニ具列セ一云。

享保甲辰春三月　平安服元喬序

（徂來先生答問書序

洙泗ノ道散ジテ大義乖キシ自リ、後世聖人ヲ出サズ。吾誰ニカ從ハン。已ムコト無クンバ則チ六籍ノミ。漢秦ノ餘燼ヲ收メテ、詩書多ク缺ク。然レドモ學者猶《ナホ》信ヲ是ニ考フ。吾聖人ニ非ル自リハ、信ジテ而シテ古ヲ好ム。君子ノ義ナリ。古トハ三代先王聖人之道、六籍ノ載スル所ノ者是ノミ。其ノ損益スル所百世トイヘドモ知ンヌベシ。輪斲セザレバ、車ヲ爲《ツク》ルコトヲ得ズ。木刳ラザレバ、舟ヲ爲ルコトヲ得ズ。後世機利ノ者トイヘドモ、陸行舟ス可シヤ、水行車ス可シヤ。行ハレザル所有ル也。而シテ舟車ハ猶倫有リ。天道恢恢、道ハ其レ之ニ則《ノッ》トル。七十子沒シテ、而シテ諸家殽亂シ、瞋目語難、察焉トシテ自好ス。彫龍炙轂、懼然トシテ顧化シ、擾擾トシテ絲ノ如ク棼《ミダ》レ、道將《ハ》タ天下ノ爲《タメ》ニ裂ケヌ。或ハ謂ヘラク吾以テ聖人ト爲ル可シト。或ハ謂ヘラク性命ノ道ニ通ジテ、以テ天下ヲ坐治ス可シト。後世此ノ説ヲ祖述スル者、曷ゾ嘗テ聖人ノ道是ニ具スト謂ハザラン。陽ニ六藝ヲ推尊スル爲《マネ》ストイヘドモ、焉レドモ事合ハザル所有ルトキハ、則チ亦陰ニ之ヲ諸子ニ斷ジテ、其ノ徵トスル所ニ甘心ス。謂フ所ノ詩書ハ恆言ナル者、孑焉トシテ芻狗ト爲ル。吾ノ以テ聖ト爲ル可シト曰ハバ、則チ孔子ヨリ後數千餘年、圜冠方屨、逢衣博帶、巍然トシテ儒ト稱スル者、吾ハ是レ聖ト謂ハザルハ莫シ。是何ノ聖ゾ、抑〻何ゾ多キヤ。此ノ理有ツテ蓋シ學ンデ爲ル可シト曰ハバ、則チ孔子ヨリ後數千餘年、寥寥乎トシテ一人ノ造《イタ》ル者ヲ見ズ。而シテ造《イタ》ラント欲ス。抑〻何ゾ迂ナル。則チ吾ハ信ゼザル也。性命ノ説ニ至ツテハ、後世滔滔タル者皆以テ言ヲ爲シ、歸ヲ至微ニ推シ、膚ヲ割キ理ヲ分ツ。要ハ亦濫ナラクノミ。靜ナレバ言ヒ庸ナレバ違フ。其レ天下國家ヲ奈何《イカン》セン。而シテ其ノ徒義ヲ誦シテ窮ル無シ。此レ何ヲ以テカ稱セラル。夫レ道ハ先王ノ道ナリ。天下ヲ治ム、唯《タヾ》其ノ天下ヲ治ム。而シテ國家而シテ身、大ナル者ヲ擧ゲテ小ナル者見ユ。聖モ亦王者ノ稱ナリ。周公・孔子果シテ何ノ德ニカ遵《シタガ》フヤ。君子其ノ道ヲ傳ヘテ、奉承唯々謹ム。用フレバ之則チ行ヒ、舍《スツ》レバ之則チ藏《カク》ル。是ヲ得タリト爲ルノミ。古文ヲ誦スルニ非ズンバ、安《イヅク》ンゾ能ク之ヲ大義ニ本ヅクルコトヲ知ラン。余既ニ業ヲ徂來先生ニ受クルヲ以テ、從遊ノ者時時多ク先生ノ傳フル所如何ント問フ。唯是後世多岐、所由ヲ知ラズ。瞽者ノ相無キ、倀倀トシテ何《イヅク》ンカ之《ユ》カン。社友根伯修私錄スル所ノ者有リ。蓋シ先生遠人ニ答フル所ノ書ナリ。伯修親タリ先生ノ塾中ニ在リテ、見ル所每ニ輙チ旁ヨリ之ヲ私シテ、以テ帳中ニ祕ス。余既ニ探リテ之ヲ得タリ。遂ニ相與ニ校シテ之ヲ梓人ニ授ク。其ノ文辭修飾セザルハ、之ヲ先生ニ請ハザレバナリ。之ヲ請ハズトイヘドモ、既ニシツ。亦先生ノ成事ヲ咎メザルヲ恃ミテナリ。此ノ書ヤ緒言ナリトイヘドモ、亦一隅ヲ擧グルノ道ナリ。學者乃チ三隅ヲ以テ反セバ、則チ先生ノ學ノ所由ヲ知ラン。先生ノ學ノ所由ヲ知ラバ、則チ先生ノ奉承スル所、六籍ノ載スル所、先王聖人ノ道ヲ知ラン。此ヲ本ヲ知ルト謂フ。先生ノ著ス所、辨道、辨名、論語徵諸書有リテ未ダ行ハレズ。其ノ詳ナルコト今具列セズト云フ。享保甲辰春三月　平安服元喬序ス）

徂來先生答問書　上

一　何にても平生御提撕《ていぜい》被レ成候而利益多候儀を可二申進一候旨御求め被二仰下一候。遠境御深切之儀感入候。聖人之道は廣大無邊なる儀ニ候。就レ中君子之道を申候はゞ仁之外に又肝要なる儀無二御座一候。仁は慈悲の事と大形は心得候得共、慈悲に樣ゝ御座候故、的切《てきせつ》之訓解にては無二御座一候。天理人欲之説は後世之見識にて大なる相違に候。惻隱《そくいん》之心は仁也と申候事も、孟子は子細有レ之被レ申候事ニ御座候。惻隱之心は、大形は尼御前《あまごぜ》などの慈悲に罷成候故今日難く二取用一候。詩經に民之父母と申候語御座候。是に踰《こえ》候よき注解無二御座一候。民之父母とは如何心得可レ申候や。まづ父母とは其家の旦那之事と御心得可レ被レ成候。賤き民家之旦那を申候はば、其家内には、火車なる姥も御座候。引ずりなる女房も御座候。うかといたしたる太郎子も御座候。いたづらなる三男も有レ之候。うゐ〳〵しき娘婦《よめ》も有レ之候。又譜第《ふだい》之家來ニは、年より用にたゝざる片輪なる下部《しもべ》も御座候。幼少より其家にそだてられ恩にあまへ候而申付をも聞《きか》ざる若き奴《やつこ》も有レ之、さりとては埓もなき家之内にて、理非にて正し候はんには、手もつけられぬあきはてたる事ニ候。され共其家之眷屬に天より授かり候者共にて、何方へも逐出《おひだ》し可レ申様なく候ゆへ、其家之旦那ならん者は、右之様なる者共をすぐし可レ申爲ニは、炎天に被レ照、雨雪を凌《しの》ぎ、田を耕し、草を刈《かり》、苦しき態《わざ》を勤め、人に賤しめらるゝをも恥辱共不レ存、家内をば随分に目《め》永《なが》に見候而年月を送り候。もつとも時ゝはしかり打擲《ちやうちやく》をもいたし候事にて、さのみ慈悲をするとも不レ存候得共、見放し候心は曾而《かつて》無レ之、一生之間右の者共を苦にいたし候事、是天性父母之心はかくのごとく成《なる》物にて、たれ〳〵も賤き民ニは珍しからぬ事に御座候に、最早百石二百石もとり、千石二三千石にもなり、夫より國郡之主、天下を知召《しろしめし》候御方ニは、加様の御心無二御座一候は如何なる事にて御座候哉。賤き土民の心ニは遙に劣候は無下に口惜き事ニ候。是如何なる所謂《いはれ》ニ候へば、全く量の大小より起り申候。賤き土民にいたし候はゞ誰ゝもかく可レ有二御座一候を、士大夫諸侯となり候へば、をのが家内領内を右のごとく苦ニいたし、家内の者領内の民をすてられず見放されぬ眷屬と存候心の付不レ申候事、其心ちいさくて己《をのれ》が分内にゆきわたり不レ申、其力かひなくて己が分内を引うけ申さぬにて候。されば量の大小は力の强弱のごとくにて、非力なる者ニ强力の眞似《まね》をさせ候とも叶ふまじく候へば、小量の人の何として大量ニ成可レ申候やと可レ被二思召一候。小身の人に一國をも苦にいたし、天下をも苦ニ致し候へと申候事は、誠ニ分に應ぜぬ事ニ候へば、俄に大量にも成兼可レ申候。士大夫の家内を苦にいたし、諸侯の一國を苦ニいたし、天子の天下を苦に被レ成候程の事は元來天よりそれ程の福分を附屬《ふぞく》被レ成候て、其程の身上に御生れ候へば、其人の本分にて不レ珍《めづらしからざる》事にて御座候を、惡敷《あしき》風俗に染《そみ》て心のつかぬ故にて候。堯・舜・孔子の道世に行はれ不レ申候より、是非邪正の爭ひ盛んニなり候を靜めん爲のかりの方便に、佛老の輩、人にかまはずわが心をすまし候事をとき教《をしへ》候。小量の儒者それを妙道と思ひ、其眞似をして、聖人の道は己を治むるより外なしと言る流義廣ごり候故、王公大人も學問なされ候へば彌小量になり行候。殊ニ百年以來世の人便利を先として、出替者《でがはりもの》を召仕候事世の風俗となり候故、主從共に、只當分のやとはれ人と思ひ候心ゆき、一切の事ニ薰《くん》じわたり、はては親類をも苦にせず、主人之事を身にかけず、只吾身ひとつと思取候を、今の世には能《よき》了簡之人ニ仕候。天より附屬被レ成候眷屬は、則天より與《あたへ》給へる福分ニ候を、思放《おもひはなち》見捨《みすて》候はゞ、其福分は消行《きえゆき》可レ申候。勿體なき事之至極と可レ被二思召一候。只民之父母と申語をよく提撕被レ成、それより工夫を御つけ候はゞ、聖人之道ニはをのづから御叶可レ被レ成候。孔子も吾道一以《もつて》貫《くわんせり》レ之と被レ仰候へば、何事も〳〵雖《いへども》レ不《ずと》レ中《あたら》不レ遠可レ有ニ御座一候。以上

一 朱子学において、主に論ずる所。徂徠のこれについての説は、弁名、下に所見。

二 孟子の公孫丑、上篇に「惻隠之心、仁之端也」。

三 礼記の表記篇に「詩云、凱弟君子。民之父母」。

一 民之父母と申候語は、下を治め候ニは相聞候得共、上に仕ゆる道、其外一切之事にわたり候ては漏《もれ》候事多御座候由、御不審之趣致ニ承知一候。乍ニ慮外一御利發ニ候故、指當り候理窟《くつ》を能御取廻し被ニ仰遣一候。然共被レ任ニ御利發一候而御工夫をば不レ被レ成候と存候。如レ斯理之當《あたり》候儘《まゝ》ニ御捌《さばき》被レ成候はゞ、指支《さしつかへ》候事も無ニ御座一候得共、一生只世上之利發と申物ニ而御暮《くらし》候而、學問之御昇《せう》進《じん》は有間敷候。此段乍ニ慮外一笑止なる御儀ニ存候。遠境御尋被ニ仰下一候程之御志ニ候はゞ、卒度《そつと》御工夫も被レ成可レ被レ成ニ御覧一儀と存候ニ尤と御聞受被レ成候儀は御用被レ成、又尤と御聞受不レ被レ成候儀は、早速ニ御不審被ニ仰聞一候は、畢竟御手前之知見を定《でう》規《ぎ》に御立被レ成候故ニ候。然は何を申進候而も、今迄の御知見之上ニ毫髪《がうはつ》も御得益有間敷存候間、御對《こたへ》は不レ仕候。以上

一 再三被ニ仰聞一候趣致ニ承知一候。如何様ニも只今迄之御學問邪魔ニ成《なり》候而御了簡も付不レ申と存候。前書申進候趣は、數百年來之儒者の誤《あやまり》候處にて御座候得ば、容易《ようい》ニは御得心も出來申間敷候間、今一往《いちわう》根元之處より具《つぶさ》ニ可ニ申述一候。堯・舜・禹・湯・文・武を古之聖人と申候。皆古之人君にて御座候。道と申候は、天下國家を平治可レ被レ成候爲ニ、聖人の建立被レ成候道にて候。是を天地自然の道と見申候事は、元《もと》老荘之説より起り申候事にて、儒書ニは無レ之事ニ候。尤聖人の廣大甚深《ぢんしん》なる智慧にて、人情物理《にんじやうぶつり》にさかはぬ様ニ御立候へば、無理なる事は毫髪も無レ之候へども、聖人出給はぬ以前より、天地に自然と備《そな》はり有レ之候道理ニ而、今日の人も我心に立歸り求め候へばをのづから見え申候事と説《とき》候は誤りにて候。されば古之人君の天下國家を平治可レ被レ成候爲ニ建立被レ成候道にて御座候故、仁を根本ニ仕候。依レ是仁心より見開き不レ申候へば、聖人の道の上は、事〻に了簡の付様皆ちがひ行申候。是聖人の御本意を忘れ候故にて御座候。士大夫の君に仕へ候も天下國家を君の御治め候相手手傳をいたし候事故、民之父母と申所より了簡を付不レ申候へば、それ〴〵の職分も濟不レ申事ニ候。たとへば鷹野に出候ニ、鷹を使ひ候人も有レ之候。犬を牽《ひき》申候人も御座候。犬を牽申候人は、犬を己が職分に致し候而、鷹には少も構《かま》ひ不レ申候へ共、鷹を助候爲之犬と申候事を心付不レ申候へば、

其職分違ひ申候。又子共を教訓いたし候ニ、せつかんいたし候人も有レ之候。とりさへ候人も有レ之候。せつかんの役人はおそろしき貌をいたし候へ共、心より惡《にく》み候にては無レ之、教訓の主意を失ひ申さぬ事に候。取さへ候人は、其子共の味方ニなり候樣ニ見え候得共、實はせつかん致し候人を助け候役人にて候。其わざ別ニ候へども、互に心をよく會得いたし候故、仕手《(して)》脇《(わき)》拍子揃ひ候て、狂言の仕組も出來申候事ニ候。然れば臣たるものの道は、君たる道を不レ存候而は、了簡皆違ひ申候事明らかに御座候。是のみニ限らず、世界の惣體を士農工商之四民に立《(たて)》候事も、古の聖人の御立候事にて、天地自然に四民有レ之候にては無二御座一候。農は田を耕して世界の人を養ひ、工は家器を作りて世界の人につかはせ、商は有無をかよはして世界の人の手傳をなし、士は是を治めて亂れぬやうニいたし候。各其自《みづから》の役をのみいたし候へ共、相互《たがひ》に助けあひて、一色かけ候ても國土は立不レ申候。されば人はもろすぎなる物にて、はなれ〴〵に別なる物にては無レ之候へば、滿世界の人こと〴〵く人君の民の父母となり給ふを助け候役人ニ候。如レ是御覽候はばよく相濟可レ申事ニ候。此故ニ士大夫の事を君子と申候。君子と申候は、子は男子の通稱にて、君德ある男子と申事にて候。孔子の君子仁を去ていづくんぞ名を成んと被レ仰候も、君子といふ名は仁よりつけたる物と申事にて御座候。莊老の道は山林に籠居《(こもりをり)》候一人ものの道にて候。釋迦と申候も、世を捨《(すて)》家を離れ乞食の境界にて、夫より工夫し出したる道にて候故、我身心《しんじん》の上之事計ニて、天下國家を治め候道は説《(とき)》不レ申候。此故ニ聖人の道も專ら己が身心を治め候にて相濟み、己が身心さへ治まり候へば、天下國家もをのづからニ治まり候と申候説は、佛老の緒餘《しゃよ》と可レ被二思召一候。尤聖人の道にも身を修候事も有レ之候へ共、それは人の上に立《(たち)》候人は、身の行儀惡敷候へば、下たる人侮《あなど》り候而信服不レ申候事、人情の常にて御座候故、下たる人に信服さすべき爲ニ身を修候事ニて、兎角《(とかく)》は天下國家を治め候道と申候が聖人の道の主意にて御座候。たとひ何程心を治め身を修め、無瑕《むか》の玉のごとくニ修行成就候共、下をわが苦世話に致し候心無二御座一、國家を治むる道を知り不レ申候はば、何之益も無レ之事ニ候。依レ是民之父母と申所より見開き不レ申候はば、何程の金言妙句も、孔子之御相傳被レ成候堯・舜・禹・湯・文・武・周公の道とは、雲泥《うんでい》萬里の相違にて御座候。聖人の道と佛老之道との分れめ、只此處と可レ被二思召一候。以上

一　論語の八佾篇に、「君子去レ仁、悪乎成レ名、君子無二終食之間違一レ仁、造次必於レ是、顚沛必於レ是」。

一　前答にて、最前申入候趣も御疑とけ、其外兼〻の御疑網《もう》共も散じ候事多御入候由珍重存候。數年御學問之功積り候而、御疑共數多御蓄《たくは》へ被レ置候故。左樣之御得益有レ之候と相見え、御志之程感入候。惣じて學問と申候物は、自身ニわれと合點いたし候事にて御座候。孔門之教皆此通にて御座候。末世にいたり候ても、教方も學びかたも皆〻如レ此ニ候。今時之講釋などは、一座之上にて能（よく）申取候を詮（せん）に仕候故、疑もつき不レ申、得益少く候。久敷承候へば、一種のこはぐるしき理窟たち候而、其害甚敷候。これにより候而、聖人の道は人情ニは遠き事ニ候今の世ニは合不レ申儀ニ候と人〻存候樣ニ罷成候。聖人の智は、智之至極ニ候故、聖人の道は、何れの世にてもなり申候事と申候儀を深く御信じ可レ被レ成候。左樣ニ思召入候はゞ、尙又樣〻の疑出可レ申候。以上

一　此間歷史《れきし》を御覽被レ成候由、一段之思召と存候。通鑑綱目を御覽被レ成候由、同じ事にて資治《しぢ》通鑑よく御座候。資治通鑑はかきつゞけにて候故、渺〻《ひやうぐ》といたし候而御覽被レ成がたく可レ有ニ御座一候。其時は目錄を御覽可レ被レ成候。通鑑綱目の、綱は目錄にて候。目は本文にて候。されば資治通鑑と別ニ替候事も無ニ御座一候へども、綱の書樣目錄と違候而、一字之褒貶《はうへん》と申事を立候而書申候故、被レ成ニ御覽一候內早く理窟たち候而、御學問之風朱子流の理窟ニ罷成可レ申候。此段氣之毒ニ存候事ニ候。俗學者は、綱目にては道理よく分れ候と思ひ候へ共、夫は實學と申物ニては無ニ御座一候。綱目ニ有レ之候歷代之人物《じんぶつ》之評判をよく覺候而評判致し候分ニては、悉皆覺事ニて人のうはさ計ニ候。人のうはさを致し候を學問と存候故、人柄之能（よき）人も、學問いたし候へば人柄惡敷成候事多く御座候は、皆朱子流理學之害にて御座候。通鑑綱目を見候得ば、古今之間氣ニ入候人一人も無レ之なり申候。此見解《けんげ》にて今世の人を見候故、人柄惡敷成候事ことはりニ候。其上綱目之議論は、印判にて押たるごとく、格定まり道理一定しておしかた極まり申候。天地も活物《くわつぶつ》ニ候。人も活物ニ候を、繩などにて縛《しば》りからげたるごとく見候は、誠ニ無用之學問にて、只人の利口を長じ候迄ニて御座候故、事實計（ばかり）之資治通鑑はるかに勝り申候。其上四書・近思[三]錄にて惡鋪（あしき）理窟つき申候を、又其上に綱目御覽候へば、古今の事跡之上へおしわたし候て、朱子流の理窟を彌（いよいよ）習熟《しうじゆく》いたし候ニて御座候。惣じて學問は飛耳《ひに》[四]長目《ちやうもく》之道と荀子も申候。此國に居て、見ぬ異國之事をも承候ば、耳に翼《つばさ》出來て飛行候ごとく、今之世に生れて、數千載の昔之事を今目ニみるごとく存候事は、長き目なりと申事ニ候。されば見聞廣く事實に行わたり候を學問と申事ニ候故、學問は歷史に極まり候事ニ候。古今和漢へ通じ不レ申候へ

ば、此國今世の風俗之內より目を見出し居候事にて、誠ニ井の內の蛙に候。常《つね》ていの世上之人も、功者なる人ならでは物之用には立不レ申候。功者と申候は老人ニ有レ之物ニ候。國を多く見候老人殊ニ宜《よろしく》候。然共無學之人はわが年ニ限有レ之候故、五六十年以來の事ならでは不レ存候。何程國を多く見候共、六十餘州は見盡され不レ申候。是にて御了簡可レ被レ成候。經書を御覽候共、古之事實を御存知無レ之候へば、今世之事ニて聖人の時代を思召やり候故、違《ちがひ》候事のみ多く御座候。文盲なる軍者之申候を承候ニ、頼朝卿之事を今之將軍家之樣ニ存候。秩父・和田抔《など》をも今世の大名之樣ニ覺え申候も、時代を不レ存《ぞんせざる》故ニ候。國土の替り時代の替りをよく不レ存候へば、治亂盛衰之道理、古今の差別なく、聖人の道は末世までも用候樣ニ聖人の御立候と申候事は、愼ニは被レ知不レ申事ニ候。其上歷代之間、樣ゝの事變樣ゝ之人物御座候故、我知見を廣め候事限り無ニ御座一候。是皆歷史之功にて御座候。歷史の內にて、史記・左傳は良史の筆にて、事之有樣を今目に見るごとくかき取り候故、第一面白く覺え、見る內ニ事之情心に移り、感發いたし候德御座候。殊ニ上代の書にて御座候故、古學之風儀殘り候而、宋學之學問の窠臼《くはきう》に落不レ申候益も有レ之候。資治通鑑は綱目より勝り申候へども、文章拙く候故、事之情心に移りがたく、感發之益無レ之候。乍レ去遠國は書籍も乏敷《とぼしく》候へば、何《いづ》れなり共、只國ゝを遍歷《へんれき》なされ長壽《ちやうじゆ》にて古今を御見わたし候心ニて、理窟をば何共御つけなく、ひたもの御覽被レ成候はゞ、何れも／＼得益むなしかる間敷候。以上

一　資治通鑑綱目。宋の朱熹編。五九巻。朱熹が資治通鑑を義理を主として編し変えたもの。史実を伝えるのみのものでない。
二　宋の司馬光編。二九四巻。編年体の中国史で、周末より五代に至る。
三　宋の朱熹・呂祖謙編。一四巻。周茂叔・程顥・程頤・張載の著書や語録から、粋を抜いて編したもので、朱子学者の必読書。
四　管子の九守篇「一曰ニ長目一、二曰ニ飛耳一、三曰ニ樹明一、明和ニ千里之外、隱微之中一」。

一　唐宋諸儒之經濟《けいざい》之書共御覽被レ成候由、事實は事實の上が能候間、能《よき》御心付と存候。就《それにつき》レ夫御心得御座候事ども御座候。三代之時分は封建《ほうけん》之世にて御座候。秦漢以後は、唐・宋・明までも皆郡《ぐん》縣《けん》之代にて候。封建之世と郡縣之世とは、天下之制法之惣體別にて御座候。封建之世は、天下を諸侯ニわりくれ候而、天子之直《ぢき》御治めは僅の事ニ候。諸侯の臣は、皆世錄にて代ゝ知行所《ちぎやうしよ》を持候而有レ之候。尤賢者を擧用《あげもちふ》る事にて候へ共、大體は人の分限に定り有レ之候而、士大夫はいつも士大夫ニ候。諸侯はいつも諸侯ニ候故、人の心定り落着候世にて候。法度も粗《あら》く候て、只上下の恩義《おんぎ》にて

治まり、廉恥《れんち》を養ふ事を先《(せん)》といたし候。諸侯も大夫も、皆わが物ニ致し候而國郡を治め候事にて御座候。郡縣之世は、諸侯を立《たて》ず士大夫皆一代切《(きり)》ニ候。知行所もなく皆切米取ニ而錄薄く候。下司《つかさ》を多くつけ候而、それにてはたばりを持候事ニ候。天下の國郡を治め候太守・縣令と申候は、皆代官之樣なる物にて、三年替りニ候故、威勢薄く候間、法度之立樣三代と替り嚴密ニ候。天子の國郡を預り候而、しかも三年替りニ候故、急ニ驗《しるし》之《(の)》見え候事を第一ニ致し候風俗ニ候。土民より起《をこ》りて宰相迄も立身致し候事成候事故、士大夫之立身を求め候心盛んニ候。是三代と後世との大段の分れにて御座候。日本も古は郡縣ニて候へども、今程封建ニ罷成候故、唐宋諸儒之說ニは取用がたき事共御座候。唐宋諸儒之說は多くは紙上之論にて御座候。紙之上に書つらね候所尤と聞え候迄ニ而、實には取行ひがたき事をも、道理の見えわたり候ニ任せあまさずもらさず書立て、己が才智をあらはし、事實ニ構はず、只聞濟《(ききずみ)》よき樣ニと心懸候事と相見え候。殊に學者の認《(したため)》候物ニ候へば、今其書を御覽被レ成候はゞ、皆〻尤之樣ニ可レ被二思召一候へども、左は無二御座一事ニ候。國を治め候は、たとへば醫者之病を治するがごとくニ候。元《げん》氣《き》虛《きよ》し候て、痰《(たん)》も有《(あり)》火《(くわ)》も有、食積《(しよくしやく)》も有、疝《(せん)》氣《き》も持病に有レ之、咳《せき》出て腹下る病人御座候半ニ、元氣を補ひ、痰火を靜め、食積を消し、疝氣を抑へ、咳を止め、瀉《しや》を止め申候配劑《はいざい》を、ひとつも不レ殘《(のこらず)》加減して、尤なる樣ニ聞え候療治は、大形は下手醫者のする事ニ候。功者なる療治は、まづ元氣を補《(おぎなひ)》候而、後ニ痰火を治する事も有レ之候。先痰火を消し候て、後に元氣を補ふ事も有レ之候。元氣を補候計ニて外ニは構不レ申、をのづからに諸症《せう》愈《(なほり)》候も有レ之候。元來の病根疝氣と見て疝氣を治候へば外はをのづから愈候も有レ之候。又疝氣は久敷《(ひさしき)》痼疾《こしつ》にて候故、病根疝氣と見ても疝氣も治せず只何となく調理《てうり》いたし候へば、自然としらけなをりニ愈候も有レ之候。標症《ひやうせう》ながら、急なるに取つき、先《(まづ)》瀉《しや》を止め、其上ニて誠の療治をするも有レ之候。如レ是療治をするに至り候ては、功者により手段《しゆだん》一途《づ》に無レ之物ニ候。され共白人《(しろうと)》の了簡ニは、明細ニ一つも殘不レ申候を尤と聞請《(ききうけ)》候事和漢一同ニ候故、多くは人ニ聞請さすべき爲ニ、紙上之論を明細ニ認《(したため)》候事有レ之候。是等は書候人も虛《きよ》にて認候を、尤と思召候事も可レ有レ之候。孔子の御詞ニ、君子其言也《ことや》訒《じん》と御座候を、其故を尋候へば、爲《なすこと》レ之《を》難《かたし》と御答被レ成候。君子の國を治め民を安んずる事はむつかしき事故、よく其わざをなし得たる君子は、心安く埒明《(らちあき)》候樣ニは申さぬ事と申意にて御座候。誠に世俗之諺に、手たらはずのくちつるぎと哉覽《(やらん)》申類も、經濟之論には多く有レ之事ニ候。され共わざはわざの上がよく御座候故、經書計にては國を治むるわざは參兼候事も多候間、見聞を廣むる爲には、經濟の書をも御覽候事學問にて候。學問は只廣く何をもかをも取入《(とりいれ)》置て、己が知見を廣むる事にて御座候。經濟の論共を面白く思召し、直《(ぢき)》ニ政務に御取出し候半事は、穴賢《あなかしこ》御無用と存候。己が知見小きなれば、珍しからぬ事をも珍く思ひ、己が量小きなれば、知りたる事をはや取出して、用ひたくなる物に候。是皆うはきの沙汰、若輩なる事ニ候。此戒《いまし》め肝要ニ候。以上

一　論語の顔淵篇に「司馬牛問レ仁。子曰。仁者其言也訒也。曰其言也訒。斯可レ謂二之仁一已矣乎。子曰。為レ之難。言レ之得レ無レ訒乎」。

一　被二仰下一候。勇氣之不足之義、武門には尤なる御僉議に候。聖人之道も、知仁勇を三達德と申候て、君子は勇なくて不レ叶事ニ候。大抵はしらぬ事をあやぶみ、なれぬ事には氣遣《(きづかひ)》申事、人情之常ニて御座候。たとへば船頭の風波を恐れ候はぬは勇に似候へ共、馬にのせ候へば恐れ候。世に武篇者《(ぶへんもの)》と被レ申候人も、禮法之場ニ至り候へば、殊之外ニ臆《(おくし)》候事有レ之候は、皆しらずなれぬ事故ニ候。又幼兒の、晝之間は遊び戯れ候坪の内を、夜中ニなれば恐れ候は、物之分ち目に見え不レ申故ニ候。然ども道理を知れば危《あや》ぶみ不《(まう》レ申《きざる)》物と存じ、道理をしらんと計《(ばかり)》致し候へば、知れば知るほど疑生じ氣遣多く成申物ニ候。只何となくなれ候事第一ニ候。初之程は先こらへ候て其事ニなれ候へば、後には氣遣も危《(あや)》ぶみも次第ニうせ行候事は、習《な》れ候へば、其事にわたりてよく存候故ニ御座候。さればなれ不レ申儀ニ臆し申候とて、元來の勇氣之不足にては無二御座一候。大概右之通に候へども、世の中の事、人智人力の及ばざる所有レ之候。こゝに至り候而は、右之分ニては必勇氣くじけ申事ニ候。其人智人力のとゞき不レ申場にては、天命ニ打まかせ候より外更ニ他事無二御座一候。此故に勇怯《きやう》之根本と申候は、天命を知ると知らぬとに落着《(らくちやく)》仕候事にて御座候。世の人の富を得貴を得候を、己が智力の營《いとなみ》にて成得たると愚なる心ニは存候得共、天之助を得《(うる)》故也と申候事をば不レ存候。いとなむ時は成就し、すつる時は何事も破れ候事は一定《(いちぢやう)》之理にて候へ共、至極の場にいたり候へば、天道の助なくて成就するといふ事は無レ之事ニ候。たとへば農民の田を耕《(たがやす)》がごとくニ候。隨分に農作の力を盡し候ても、大風水旱《(すゐかん)》は人力の及ばざる所明らかに候。よき人の子をそだて候ニは、御乳《(おち)》めのとをつけ候而、怪我さするなあやまちさするなと詞に詞を添へ、目に目を付《(つけ)》重ね候へども、大名の子も怪我致し候事有レ之候。又賤き者の子共は、其母さへ渡世に暇なく候得ば、はだへ薄く、日に照させ雨にうたせ、心儘《(こころのまま)》にくるひありか

せて、誰守《もり》に付《つく》人も無レ之候へども、さりとては溝堀にも落ず、牛馬にも踏殺れずそだち行候を、産土神《うぶすな》のまほりめとかや申候も、げにさる事と被レ存候。こゝの境《さかい》をよく得道いたし候はゞ、畢竟の所は天命に落着すると申候事合點可レ參候。天命に明《あきら》かに候へば、一天下の事に心を動し申候義は無二御座一候。孟子ニ集二義を被レ説候は子細有レ之事にて、元《もと》第二等之事と可レ被二思召一候。集義之工夫にては、理窟強く片意地に成候失有レ之物ニ候。又理窟をはなれ候場に至り候ては、却而《かへつて》とらへ物を失ひ候故、勇氣出不レ申物ニ候。孔子の不ずんば三レ知ら二天命を一無三以爲すること二君子と一被レ仰候は、知仁勇の三德へ通し候事と可レ被二思召一候。六經に載《のせ》候堯・舜・禹・湯・文・武・周公・孔子之道は、皆天命を主といたし候事ニて御座候。以上

一 中庸に「知仁勇三者。天下之達德也」。
二 孟子の公孫丑、上篇に「是集義所レ生者。非二義襲而取一レ之也。行有レ不レ慊二於心一。則餒矣。我故曰。告子未二嘗知一レ義。以二其外一レ之也」。
三 論語の堯曰篇に「子曰。不レ知レ命。無三以為二君子一也。不レ知レ礼。無二以立一也。不レ知レ言。無二以知一レ人也」。

一 總じて風雲雷雨は天地の妙用にて、殊ニ雷ニは發生之德備り候事ニ候。是より外之儀は愚老は不レ存候。古より陰陽之氣共申、或は鬼神之所爲共申、或は獸之類共申候。畢竟天地は活物にて神妙不測なる物ニ候を、人の限ある智にて思計《おもひはか》り候故、右のごとくの諸說御座候得共、皆推量之沙汰にて手ニとり候樣なる事は無二御座一候。所詮君子之學問と申候は、國家を平治する道を學び候事ニて、人事の上の事學び盡しがたく御座候。格物致知《かくぶつちち》と申事を宋儒見誤り候てより、風雲雷雨の沙汰、一草一木の理までをきはめ候を學問と存候。其心入を尋ね候に、天地の間のあらゆる事を極め盡し、何事もしらぬ事なく、物しりといふ物ニなりたきといふ事迄ニ候。中庸に雖《いへども》二聖人と一有レ所レ不《ざる》レ知ら と御座候を、凡《およそ》人の智慮ニて何として知り盡すといふ事可レ有レ之候哉。宋儒の說は、人のならぬ事を立てゝ人を强《し》ゆるニて候。是よりして一物不《ざる》レ知を恥とすといふ事を儒者盛んに申候。皆高慢の心入ニて、聖賢の道には曾而《かつて》無レ之事ニ候。風雲雷雨に限らず、天地の妙用は、人智の及ばざる所ニ候。草木の花さきみのり、水の流れ山の峙《そばだ》ち候より、鳥のとび獸のはしり、人の立居《たちゐ》物をいふまでも、いかなるからくりといふ事をしらず候。理學者の申候筋、僅に陰陽五行などゝ申候名目に便《たよ》りて、おしあてに義理をつけたる迄ニ而、それをしりたればとて誠に知ると申物にては無レ之候。其樣に知候をしりたりと覺候淺猿《あさまし》さに、國家を治むる道をも只其樣にこそ知りたらめと存候。神妙不測なる天地の上は、もと知られぬ事ニ候間、雷は

雷にて可レ被二差置一候。以上

一　大学に「(前略)欲レ誠二其意一者。先致二其知一。致レ知在レ格レ物。物格而后知至。知至而后意識(下略)」。

二　中庸に「君子之道費而隱。夫婦之愚可二以与一レ知焉。及二其至一也。雖二聖人一亦有レ所レ不レ知焉。夫婦之不肖。可二以能一レ行焉。及二其至一也。雖二聖人一亦有レ所レ不レ能焉(下略)」。

一　御兩親様佛法御信仰ニ候を御制當被レ成候由傳承候。日比之御孝行とは相違なる御儀以之外なる次第と奉レ存候。末世之儒者は聖人の道を我私物之様ニ存候故、不《ず》レ覺《おぼえ》一家を立候て、孟子は楊・墨と爭ひ、宋儒は佛・老と爭被レ申候。其心人を尋候得ば、畢竟嫉妬《しつと》之心にて浅増《あさまし》き次第ニ候。聖人之道は、國家を平治する大道ニ候故、佛法抔と肩をならべ申候様なる事にては無二御座一候。佛法は其一人の身心を治め候事を教へ申候へば、曾而聖人之道の構ひニ成候物ニて無二御座一候。然れば相手ニも足り不レ申候物ニ候を、相手ニいたし目ニかけ申候事、世俗ニ申候職仇《しよくがたき》と哉覽《やらん》ニ相似申候。宋儒の學問は元佛法より出候故、似たることを嫌ひ候て爭ひ候事もことはりにて候。古學をも被レ成候仁之、其餘習ニ御ひかれ、不孝之罪ニ御陷《おちいり》候事、無二勿體一儀と存候。孔子は博奕もやむに賢れりと被レ仰候。人は只ひまにてあられぬ物ニて候。ひまにて居候へば、さびしきまゝに種々之惡敷事出來候物ニ候故、孔子も如レ此被レ仰候事、聖人は人情をよく御存知候故ニ候。此所より御見ひらき候はゞ、天下國家を治め候事も、掌《たなごころ》に運《めぐ》らすごとく可レ有二御座一候。年寄候ては、奉公之勤をも辭し、聲色の好《このみ》も薄くなり、年比《としごろ》かたらひ候朋友も次第ニ少くなり、若き人は己が同士にあらず候。家事は子共に讓りぬれば再いろふべきにも無レ之、次第ニ無聊《ぶりやう》ニ成行候事ニ候。あるひは棋《ご》・象戲・雙六にても打ち、寺參《てらまゐり》・談義參、宿に候時は、念佛にても申候より外はさりとては所作無レ之事ニ候を御制當候はゞ、何を所作として寂寥《せきれう》を御慰可レ被レ成候半哉。老後之境界思召やらるべく候。其上佛法世上に行はれ候事千年に近く候而、僧も天下之民ニ候。聖人之道は民を安んずるを本ニ仕候。疝氣積聚《しやくじゆ》の痼疾《こしつ》になり候ば、扁鵲に療治をいたさせ候とも、是を除き申候配劑《はいざい》は施《ほどこ》し不レ申事ニ候。蛇蝎《かつ》毒蟲も天地之化育をもれ不レ申候。まして佛法も末の世には相應之利益も有レ之候。たゞ是非邪正之差別つよく御入候故、如レ此御誤有レ之候と存候。從來蒙二御懇意一候儀ニ候故、不レ顧二思召一申入候。以上

一　論語の陽貨篇に「子曰。飽食終日。無レ所レ用レ心。難矣哉。不レ有二博奕者一乎。為レ之猶賢二乎已一」。

答　問　書　上　終

徂來先生答問書　中

一　經濟之儀何角《なにか》と御穿鑿《せんさく》被ニ仰聞一候。但法と人と之差別御勘辨被レ成候哉無ニ心元一存候。成程被ニ仰下一候ごとく、法もよき法有レ之候。とくと不レ仕法も有レ之候。依レ之法の吟味もなくて不レ叶事ニ候得共、經濟を談《だんじ》候人、多《おほ》くは只仕形之善惡計《ばかり》を吟味仕候は、道を不ニ存候一過《あやまち》にて候。苟《いやしくも》非《あらざれば》ニ其人ニ《に》道不《ず》ニ虚《むなしく》行《をこなはれ》一と申事有レ之候。法よりは人猶肝要にて御座候。たとひ法は惡敷候共。人能候へば相應之利益は有レ之物ニ候。法計之吟味仕候而人惡鋪《あしく》候へば何之用にも立不レ申候。又人ニ隨而《したがつて》法は違候物ニ候。法は先王之法ほど吟味つまり候事は無レ之候へども、王莽《もう》[二]・王安石《あんせき》[三]が周禮は毒を天下ニ流し申候。經濟之法計を御穿鑿被レ成候て、人之僉議無レ之候は、白人《しろうと》醫者《いしゃ》之名方を集め候類にて候。何程よき藥方《やくはう》にても、醫者下手ニ候へば病は愈《なほり》不レ申候。名方は不レ存候ても、醫師功者に候へば病をば相應に愈《なほ》し申候。又名方にても、用覺《もちひおぼ》へ不レ申候得ば難《き》レ用物ニ候。其醫者之器量ニより、用不レ得方も有レ之候故に、古之聖賢は人を得ることを務被レ申候。よき人を得る時は法は人より生じ申候。人之御僉議無レ之候而、法之御穿鑿計被レ成候御病根は、御自分之才智を御用候事を御このみ被レ成候故ニ候。是既に大臣之量にて無ニ御座一候。秦誓[四]之断々兮《だん〱として》[五]無ニ他技《たのぎ》一と申候は、書經百篇之終にて、孔子の被レ用ニ御心《を》一候事と相見え申候。此段得と御會得被レ成候樣ニ有レ之度存候。御求には答不レ申、外之事を申進候は、多年之御懇意に付呈《ていする》ニ愚志《を》ニ而候。已上

一　易の繫辞下伝に「既有ニ典常一。苟非ニ其人一。道不ニ虚行一」。疏に「若苟非ニ通聖之人一。則不三暁ニ達易之道理一。則易之道不ニ虚空得レ行」。

二　西漢の平帝を弑して、仮皇帝となりやがて、新の国を立て、新政を行なったが、東漢の光武帝にほろぼされた。王莽がまだ常位をうばわぬ前から、官名や十二洲の界を改め定め、又貨弊を改鋳したり、古の井田法を復活したりした。為に莽の大夫揚雄は、莽を伊周（伊尹と周公旦）に比したりしたが、政令煩多で民意を失った。

三　宋の政治家・文人。字介甫、号半山。神宗の時宰相となって、新政を行なった。簡単に十八史略の王安石の新政の条を引けば、「安石建議。創ニ制置三司条例司一。議行ニ新法一。言。周置ニ泉府之官一。（注に「周礼地官下。掌以ニ市之征布一。斂下市之不レ售貨之滯ニ於民用一者上。以ニ其価一売レ之」）変ニ通天之財一。後世惟桑ノ弘羊（注に「具ニ漢武帝紀一」）劉晏（注に「具ニ唐徳宗紀一」）。粗合ニ此意一。今当下修ニ泉府之法一。以収中利権上。安石多与ニ呂恵卿一謀。人号ニ安石一為ニ孔子一。恵卿為ニ顔子一」。ただしこの末に保守・改進両党派による大きな政治的争いが行われた。

四　書経の最後の篇。

五　秦誓篇に「昧昧。我思レ之。如有ニ一介臣一。断々猗無ニ他技一。其心休休焉。其如レ有レ容」。

一　前書に付て再蒙ニ御尋問一候は、人無レ之に御難儀被レ成候由、此段は御失言と奉レ存候。乍レ去今時之人少《(すこし)》學問仕候へば、大形は其如く被レ申候へば、實に左思召候事も可レ有レ之候得ども、文《かざる》レ過《あやまちを》之御言葉之様に被レ存候。若《(もし)》實に其如く思召候はゞ、大きなる間違にて御座候。國土に五穀を生じ、材木萬物を生じ候事、古も今も替事無ニ御座一、世界之用事ニさしつかゆる事は何れの世とても無レ之物ニ候。人とても其如くニ候。尤聖賢教養之内より生《(しやうじ)》候人と、教化缺《かけ》たる代之人とは替り候得共、其時代之用ニ立候程の人才は必有レ之物に候。國無レ人と申事有レ之候を御覽誤候にても候哉。夫は朝廷ニ人なきと申にて候。朝廷に人なきは用ひざるが故ニ候。朝廷に人なき世は、賢才下僚に沈み、或は民間に埋れ候事、道理之常にて御座候を、人なきと被レ仰候事、孟子ニ有レ之候歳を罪するの類にて、天道に對し勿體もなき事と奉レ存候。畢竟前書に御答申候通、自分之才智を御用候御病根、翳膜《えいまく》となり候而、ある人の御目ニ見え不レ申ニて可レ有ニ御座一候。御書面之趣にて察候へば、人才と被レ仰候は、定て御望之注文可レ有レ之候。其注文ニ合不レ申をば人才には不レ被レ成候と相見え申候。宋儒抔《(など)》も手前より注文を出し候病有レ之候故、通鑑綱目を見候へば、天下古今ニ一人も朱子之心ニ合申候人見え不レ申候。皆ゝ咎人にかき

被レ成候。綱目を御覽候事惡敷候と常ゝ申候は此義にて候。手前より注文を出し人を御さがし候は、手前之御物ずきを御立候にて御座候故、その御注文ニ合候人は天下古今盡未來際《じんみらいざい》まで無レ之物に候。子細は人心ニ不《ざること》レ同《から》如《くに》レ面《の》候。足下之御面之様なる人無レ之候。是愼なる證據に候。左様ニ六借《(むつかし)》く御尋候へば、御望之人無レ之而已に無ニ御座一、下たる人皆阿諛逢迎《あゆほうげい》ニ罷成候物ニ候。今世之通病此事ニとゞまり候。能ゝ御了簡可レ被レ成候。以上

一　孟子の梁恵王、上篇に「狗彘食ニ人食一。而不レ知レ検。塗有ニ餓莩一。而不レ知レ発。人死則曰。非レ我也。歳也。是何異三於刺レ人而殺レ之。曰ニ非レ我也兵一也。王無レ罪レ歳。斯天下之民至焉」。

二　左伝の襄公三十一年の条に「人心之不レ同如ニ其面一焉」。

一　菟角人の御見分け無ニ御座一候由被ニ仰下一候。誠ニ御親切なる御尋と存候。左様迄ニ打わり被ニ仰下一候儀に御座候間、尚又委細に可ニ申上一候。前書ニ申進候手前之御物ずきを御立被レ成候と申候も、見えぬ故之事ニ候。畢竟は御一人の誤にても無ニ御座一世俗之惡習にて候。世俗之惡習にて人ゝ自分ニぬりかくし申候故、滿世界霧之内の如く罷成候。國初之諸將は皆艱阻險難《かんそけんなん》を歷練したる人故、治亂盛衰之道こそは暗く候共、人情世態ニは能ゝ諳《そら》んじ被レ申候て、今時之人のごとく物を氣遣ふ心は無レ之候。治平久敷《(ひさしく)》續き、世錄の人上に居、幼少より富貴に成長して、人情世態を歷練

なく、物やはらかにそだてられ、心次第ニ細膩《さいし》になり、物を氣遣心つよく、それよりして仕置次第ニ細ニなり、過失を咎むる事甚しくて、下をも過失なき様に押へかゝへするを今時はよき役人と申候。是故に面ゝも過失なき様ニと心懸け、子共をも其様ニ教いれ候。是今世之習俗にて、此心得故、人ゝ物毎に踏込《(ふみこみ)》深入する事なく、上をぬり隱す事を第一と仕候。されば人ゝ如レ此心懸候故、見え兼るもことはりにて候。足下も御先祖様之時代の事御聞可レ被レ成候。今の世より見候へば、其時分ニ名を申候能人《(よきひと)》と申候は皆疵物《(きずもの)》にて候。是別之子細ニ無二御座一候。其時分はぬり隱し申候事無二御座一候故疵見え申候。疵見え申候得ば人才は見え申候。今時も世上之惡俗に染不レ申候人は疵多く御座候間、疵物にならでは人才はなき物と被二思召一、疵物之内にて御ゑらび可レ被レ成候。疵もなく才も長じ候人を御尋候はば、最前申候御物ずきの注文と申物ニて候。疵なき人は郷原《きやうげん》[一]か巧言令色《こうげんれいしよく》[二]か扨は庸人《ようじん》[三]と可レ被二思召一候。以上

一 論語の陽貨篇に「子曰。郷原徳之賊也」。
二 論語の学而篇に「子曰。巧言令色。鮮矣仁」。
三 凡人。荀子の栄辱篇に「固非二庸人之所一レ知也」。

一 疵物の使ひにくき由被二仰下一候。成程〳〵尤なる御不審と存候。人情世態に歴練不レ被レ成候故、其疵の害をなし候は、如何程の儀と申候程位御心に落不レ申候而、御氣遣ひ止不レ申《(やみまうさざる)》ニて御座候。御學問未熟にて小量なる故と可レ被二思召一候。此關打不透《このくわんだふたう》に候内は國之治はなり不レ申事ニ候。疵物と申候は、たとへばくせ馬のごとくニ候。彼がくせを致し申候時之取納《(とりをさめ)》之仕様合點不レ參候内は氣遣にて被レ乘不レ申候。是も尤ニは候得共、坐《ゐ》ながらニ其取納之仕様合點參る物ニて無二御座一候。馬屋之者ばくらう抔《(など)》に能《(よく)》くせ馬をのり候者有レ之候。一ゝに馬術鍛錬致したるニても無二御座一候。又何程馬術鍛錬いたし候共、馬も活物ニ候へばくせの程位たしかに知れ申候ニ極りたる物にても無二御座一候。只氣遣之心つよく御座候故、とにかくに埒明《(らちあき)》不レ申にて候。押こなしのりつけ候へば、左迄の氣遣はなき物と申候事合點參る物ニ候。三度も五度もなげられ候心得にて無二御座一候ては、くせ馬にはのられ不レ申候。今時之人は人の過失を咎むる心つよく候故、自分も過失なき様ニと存候。是により使ひそこなふまじきと思召候御心故、疵物之使ひにくき事被レ仰候にて御座候。馬に乘そこなふ人ならでは馬はのり得ぬ事ニ候。人を使ひそこなふ人ならでは人をば使ひ不レ得候。堯の鯀《こん》[一]を使ひそこなひ、周公の管《くわん》[二]・蔡《さい》を使ひそこなひ給ふにて御會得可レ被レ成候。人の使ひそこなひなき様ニと思召候は、

聖人ニ勝らんと思召候にて御座候。大なる惑と可ㇾ被二思召一候。醫者のよう療治をいたし候は、[三]石膏《せきかう》・附子《ふし》抔《など》をば調法なる藥と存候。下手醫者は疵物ニ致しのけ置、石膏・附子の能《のう》有て石膏・附子の害なき藥を求め候へども、左様なる藥は古より今に至るまで無ㇾ之事ニ候。よく其長所《ちやうしよ》を用なれ候へば疵は目に懸《かか》り不ㇾ申候。藥は皆毒ニて候へ共、毒と名を付不ㇾ申候事は長所を用候故ニ候。前書ニ疵物と申進候は、今世の習俗より名を付《つけ》候て、御合點参やすき様ニ申進たるニ而御座候。其實は天地の間の物何によらず、各長短得失御座候而、其長所を用候時は天下ニ棄物棄才は無二御座一候へ共、長所を御存知不ㇾ被ㇾ成候故、短處にばかり御目つき申候て疵物と思召るゝにて候。人を用候には、其長所を取て短所に目を付不ㇾ申候事聖人の道にて御座候。されども氣質を變化して、[四]渾然中和《こんぜんちうくわ》の德に至るなどと申候様なる邪説世にはやり候故、下手醫者は[五]陳皮《ちんぴ》・甘草《かんざう》抔を集め候て病をいやし候半と存候事ニ御座候。以上

一　堯が治水のことにあたらしめたが、九年にして功を成さなかった人(史記の五帝本紀)。

二　管叔鮮と蔡叔度。共に周公旦の兄弟で、乱をおこして滅された(史記の管蔡世家)。

三　共に激しい薬剤。

四　宋学で性情の発現が節にあたって過不及ないことを云う(性理字義など)。拠所は、中庸「喜怒哀楽之未ㇾ発謂二之中一。発而皆中ㇾ節。謂二之和一。中也者天下之大本也。和也者天下之達道也」。二〇四頁注一参照。

五　共に最も飲みやすく用いやすい薬剤。

一　愚老が説に従ひ、疵物を御用ひ被ㇾ成度思召候へ共兎角《とかく》人の長所御見え不ㇾ被ㇾ成との義、成程〳〵左様可ㇾ有二御座一候。得《とく》と御工夫不ㇾ被ㇾ成候故、御目覺兼《さめかね》候と存候。左候はば御自身之長所御存知被ㇾ成候哉、此段承度存候。是も大形御存知被ㇾ成問敷《まじく》候。加様ニ申候愚老も自身の長所は存知不ㇾ申候。但學問の道は幼少より致二修錬一候故、是計は長《ちやうじ》候と自負も有ㇾ之候。其外之儀は致し見不ㇾ申候故存知不ㇾ申候。足下も指當《あたり》候御役儀之上之御取《とり》捌《さばき》、公邊《こうへん》之立廻り等之儀は定而御得物《えもの》と存候。其外侍大將之職分、古之高坂彈正が如くニ候哉、内藤修理ニ似申候哉、山縣・馬場が内何れが長所ニ候哉、此段決而御存知有間鋪《あるまじく》候。是にて御合點参候事にて御座候。人之才能智惠之程を知らんとて其人をあげつおろしつ終日まぶり居たればとて、占《うらない》・人相《にんさう》、扨は神通は各別之儀、只にては其人之長所は知られ申間敷候。人は活物に候へば、事ニ懸け候て見候へば、今迄無ㇾ之才智も出る物にて御座候。兎角用て見不ㇾ申候得ば聖人とても御存知無ㇾ之候。依ㇾ是書經には采《さい》ニ〳〵と御座候は、事をさせて見よと申事にて御座候。先長所を知り

て後に用可レ申存候はゞ、人は用られ申間敷候。用ひてならでは知れぬ物と可レ被二思召一候。但《たゞし》用るに就《つい》て又次第御座候。此方より指圖を致し候て使ひ候へば、其人必其事にはまり不レ申候故、十分の才能は出ぬ物にて候。小ゝの過失をゆるし不レ申候得ば、たとひ指圖を致不レ申候共、はまり無レ之物ニ候故に、用ざれば知らず候。ゆだねざれば誠に用ゆるにては無レ之候。是皆常の道理にて、是より外に又妙道は無二御座一候。古之聖人之御相傳之道如レ此御座候。毛頭御疑ひ被レ成間敷候。以上

一　以下、皆、甲州武田家の勇将。

二　書経の皐陶謨篇に「皐陶曰。都。亦行有二九德一。亦言二其人有一レ德。乃言曰。載二采采一。禹曰。何。皐陶曰。寛而栗。柔而立。愿而恭。乱而敬。擾而毅。直而温。簡而廉。剛而塞。彊而義。彰厥有レ常吉哉」。

一　武備之儀共被二仰聞一候。軍法は周禮大司馬之職分ニ而聖人之道ニ殊に講明《かうめい》可レ申儀ニ候。出師《しゆつぢん》・行軍《そなへおし》・布軍《そなへたて》・城守等之法は、軍者之申候品共、大形は國風にも合候て能御座候。得と不レ致事も有レ之候得共第二段之儀ニ候。戰闘之機變は、彼等が申候は多くは古戰之舊局《きうきよく》を守り、大平之世に疊の上にて拵《(こしらへ)》候事共に候。無用之空論と可レ被二思召一候。只第一と可レ仕候儀は仁政ニ過不レ申候。上下一致不レ仕候而軍ニ可レ勝様曾而無レ之候。されば一國之主は、一國之士民を天より附屬被レ成候眷屬にて、見放不レ被レ申ものと思入、我苦ニ致し其國を樂候様ニ仕候事、是軍法之根本第一義と可レ被二思召一候。其苦世話ニ致し申候最初之手當は、士をも民をも其所ニありつけ、黨をわけ、頭をつけ治め候事ニ候。古は士皆采邑《さいゆう》《ちぎやうしよ》に居住候を、いつの比よりか城下に聚《(あつめ)》置候故、武士皆公家ニ成申候。城下は旅宿なる故物入《(ものいり)》多く、勝手次第ニ不如意ニ罷成候。國中は皆公領なる故、士に國中を自由に游行さすれば不法多きとて、是を禁ずるによりて、地理を諳《そら》んぜず、民間の事ニ疏《(うと)》き故、奉行役人になりても下情を知らず候。小身者采邑に居らざれば、百姓との交りは、只取ると取らるゝとの爭計《(はかり)》なる故、士と民と恩義相結ばず、讎敵の思ひをなす。采邑に住すれば恩義相結びて、民は皆家人ニなる故、一國の上下末ゝまで一致する事ニ候。夫ニ頭を付て、獄訟・水利等、其所切《ぎり》に取行へば、事情を失はず、士ニも民にも社倉《しやそう》を立て嬴餘《あいよ》《あまり》を積て急難に備る時は貧困の患なし。民は愚かなる物にて、只今まで己が仕習れたる事ならではせぬ物ニ候。渡世之わざをも見計ひ、其土地になくて事缺《(かく)》る草木を植させ、山をたて、或は百工を集め、商賈を通じ、本《のうさく》輕く末《あきなひ》重ければ國衰ふる物にて候故、商人多きは國之害となり候。又貧國は商人を以て富す事も有レ之候。何れに商賈の通塞に心を付くべき事ニ候。民之衰ふるは奢と賭博《とばく》《ばくち》なれば、嚴刑を以て賭博

を禁じ、衣服器皿之制度を立べく候。如レ是心を用候はば、國を富す事心の儘に可ニ罷成一候。専ら主とする所は、國民の四方に散去せざる様ニすべき事ニ候。此上に各義方《(ぎはう)》をしらしめ廉恥を養ふを、誠の武道と申候。弓馬鎗太刀の術は、上之催促ニ及ばざる事ニ候。以上

一 周礼に見える官職で、軍事を掌る。

ニ 飢饉の時の救済用に設けた米倉。隋頃からあったが、宋に朱熹が社倉法を制定した。我が国では、王朝時代からあったが、徳川時代にまた復活した。

一 被ニ仰下一候通武備は國之根本にて候。國郡を領候人は、君より其土地を預り居候事ニ候。然れば先其土地を人に奪《うば》はれ不レ申備第一ニ候。古天子を萬[一]乗と申、諸侯を千乗と申、卿大夫を百乗と申、兵賦を以て名付候もこの道理ニ候。漢[二]律に賊盗の律を最初ニ置候も、盗賊と反逆は同類之物ニ候。盗賊を鎮《しづ》むる爲に武備を設け候事急務にて候故ニ御座候。治平無事之時は兵威を以て民心を鎮壓《ちんあつ》《しづめおさへ》して、盗賊起る時は早速にからめ取る備なくて不レ叶事ニ候。今時之代官は古之縣令にて候に、此備なきのみならず、其所を治むる事を職分とせず、只年貢の取立計を肝要と仕り、書算の鄙人を其役とし候故、職位も卑く、心もをのづから鄙劣にて、贓《ざう》罪《ざい》之徒も多出來候。一二萬石二三萬石計之領主は、兵士之數も少く、領内も狹《(せばく)》候へば、其儀ニ不レ及候へども、七八萬石十萬石にも上り候諸侯は、必代官に武備を加へ不レ申候では不レ叶事ニ候。検《(け)》[三]見《み》と申事世上ニ有レ之候より、斗[四]筲《とさう》の人ならで代官はならぬ事ニ罷成候。貢賦之法は、[五]常免《(じやうめん)》を至極ニ仕候。三代之法、夏は貢[六]《こう》法、殷は助[七]《じよ》法、周は徹[八]《てつ》法に候。徹法は貢助之外ニ無レ之候。助法は公田私田を分ち候故後世ニ難レ用候。貢法は常免之事に候。大禹之御定めにて候故、是に蹈《(こゝ)》候良法無レ之候。聖人はよく人情に通達し、古今之情弊《へい》を洞見被レ成候而御立候事ニ候。世上に検見と申事御座候よりして、吏《やくにん》の種々の奸曲は生じ候事に候。定免《(ぢやうめん)》ニ仕候へば、賄賂之道斷《(たち)》候て、奸曲を防がずしてをのづから無レ之候。日本之古も、異國は秦漢より元明までも、皆定免ニ候。検見を以て見取ニ致し候よりして、國の財用は吏の[九]嚢橐《のうたく》に入候と可レ被ニ思召一候。其上定免ニ致し候へば、入《いり》に定額《さだめ》御座候而、定額を以て國用を制候故却而簡便ニ候。とりかを定免ニ致し候へば、誰にても代官は勤まる事に候。代官を鄙職に定め候故、其家にてしかと致したる士をば申付がたく、是よりして果は卿大夫皆民間の情ニうとく、木偶人《にんぎやう》のごとくニ成行申候。皆戰國の餘習をうけて苟且《かりそめ》の制度と可レ被ニ思召一候。以上

一 簡略な、孟子集註の説明を引用すれば、「乗車数也。万乗之国者。

天子畿内。地方千里。出二車万乗一。千乗之家者。天子之公卿。采地方百里。出二車千乗一也。千乗之国。諸侯之国。百乗之家。諸侯之大夫也」。車は兵車のこと。

二 漢代の法律。

三 視取のこと。太宰春台の経済録、五に「視取トイフハ、毎歳ノ秋成ニ代官並ニ手代等ノ役、其地ヲ巡行シテ、穀ノ熟不熟ヲ視テ、上熟ニハ多ク取リ、下熟ニハ少ク取ル、俗ニ是ヲ免トイフ」。

四 俸禄の少い役人。

五 定免とも。経済録、五に「定免トイフハ、十年二十年程ノ内ニテ、上熟下熟ノ中ヲトリテ、是ヲ定法トシ、年々定法ノ如クニ収納スル也」。

六 孟子集註から引けば、「夏時一夫授二田五十畝一。而毎夫計二其五畝之入一以為レ貢。貢法固以二十分之一一。為二常数一」と。

七 孟子集註から引けば、「商(=殷)人始為二井田之制一。以二六百三十畝之地一。画為二九区一。区七十畝。中為二公田一。其外八家。各授二一区一。但借二其力一。以助二耕公田一。而不三復税二其和田一」と。

八 孟子集註から引けば、「耕二百畝一者。徹二取十畝一。以為レ賦。猶三人徹二取物一也」と。

九 大小の袋。

一 被二仰聞一候趣全體便利を先とし流通を専らニ被レ成候、至極よき御了簡にて又及ぶ人も無レ之相見え候得共、大きに道ニ違候事ニ候。便利を先として、何事も滞《とどこほり》さしつかへなくさばき候事、當分は才幹《さいかん》之様ニ相見え候へ共、深遠之思無レ之候故、後《のち》道之害多御座候。如レ是仕候得ば、畢竟の所、末々の成行は見えぬ物にて候。智に似て愚之至と可レ被二思召一候。流通を専らニ仕候へば、商人ニ制《せい》せらるゝ物にて候。流通は天性商人の職分に備りたる道に候ゆへ、諸侯之力にても商人ニは不レ及候。是によりて流通を専らに仕候得ば、財用之權は必商人の手ニ落候と可レ被二思召一候。皆々當座之便利を御好み被レ成候所より起り申候。今一層《ぞう》深遠之思を加へ申度事ニ存候。以上

一 御身は主君へ被二差上一、無物《なきもの》と被二思召一候由、是は今時はやり申候理窟ニ候得共、聖人之道に無レ之儀ニ候。畢竟阿諛《あゆ》逢迎之只中《ただなか》と可レ被二思召一候。宋儒も忠之字を見誤り如レ此解し申候。忠と申候は、總而《すべて》人之事を吾身の事の如くニ存じ少も如在無レ之事ニ候。是にて忠臣之道ニ餘蘊《ようん》無二御座一候。尤義に依て命を棄候事も、吾身の事の如くに存候内にて相濟申事ニ候。畢竟聖人の道は國家を治め候道故、忠之立様《たてやう》世俗之了簡とは違申候。其分れ所は、上より下に任せ候と、下より上に任せ候にて分れ申事にて御座候。今の世の風俗にて、上より打まかすると申事無二御座一候故、臣たる者皆其日ぐらしの日用取《ひようとり》の了簡の様ニ成行、重き役人も月番切の仕《し》のきにて、跡の事には構不レ申候は、其職に有ながら尸《し》位《い》素《そ》餐《さん》と申物ニ候。身はなき物と存候しるし如レ是にて御座候。其子細は身を我身と不レ存候事は妾婦之道にて候。女は身を人ニ任せ候ものなる故、己が了簡を出さず、夫ニ打任せ候事ニ候。臣は君の

命をうけて、其職分をわが身の事と存じ務むる事に候。若己が存念ニ合不レ申、わが了簡に落不レ申事なれば、其職を辭し候事は、不忠に成候を恐れ候故に候。身を我物と不レ存候はゞ、わが了簡を出さず、いかやう共主君の心まかせニ可レ仕候。しかれば君一人にて候。臣ありても臣なきがごとくニ候。臣は君の助にて、使ひものにては無ニ御座一候を、奴僕を使ふごとくニ思召候上の過《あやまち》より起りて、聖人の道ニは背き申候事ニ候。君の上ニてはまかするをまかせざるとの違ニ候。臣の上にては、わが身の事と存候と不レ存候との違ニ候。君の思召次第にて、此方よりはいろはぬ事と存候は、上下心を二つにすると申物ニ候。是皆忠の字の義理分れ不レ申候より起り申候。能々御勘辨あるべき事と存候。以上

一　功なくして祿をはむこと。

一　被ニ仰下一候政務之儀共、尤之様ニ相聞え候得共、根に入不レ申事と奉レ存候。聖人の道は、天を敬し祖宗を敬し候事を本と致し候。天より附屬被レ成、祖宗より傳へたる國に候。自分之物と思召候事以之外なる儀ニ候。古より祖宗の法は改ざる物と相見え申候。開國之時ニ御生れ候はゞ如何様とも御心次第に候得共、御先祖より傳へ候國を、御心儘ニ法を御立替候半事は自由之至ニ候。是御先祖を御敬ひ候と申計にては無ニ御座一候。其子細は、新たに國を賜りて諸侯となる人は、あらたに家敷取《やしきどり》をして家を造るが如くニ候。先祖より持傳たる國をうけ取たる人は、人の造りたる古家ニ住がごとくニ候。今其古家の住居を仕直し候半事は、如何様ニ直し候共、元來之物ずき別ニ候故、十分ニよくは直され申間敷候。こゝの柱をぬけ、かしこの引物をとれとて、當分の物ずきニ任せて直候時は、思ひの外なる所之根駄落ち柱ゆがみ、夫より家の弱みとなり、直さぬ前よりは惡敷成候事多き物ニ候。愚老ごときの貧者の古家に住なれ候者ならでは、此喩《たとへ》をも御存知有間敷候。又愚老ごときの年はや五十にも成候人の、身の内ニ疝氣つかへも痰も有レ之、氣血も弱成候人を、扁鵲《へんじゃく》に見せたり共廿歳計の比《ころ》の健《すくよか》さには返されぬ物ニ候。身の内に年久敷有レ之候病は、如何に療治仕候てものけられぬ物にて候。粗忽《そこつ》なる醫者は、當分之見處《みどころ》ニ任せ、こと〴〵くに治せんと仕候故、病は愈《なほり》不レ申、元氣をそこなひ命を縮《ちぢ》むる類多御座候。此道理を能々會得仕候得ば、祖宗之法は改めぬ物と古人の被レ申候は誠ニ名言と存候。治亂盛衰之道を御明らめなく、人情世態に熟練なく候而、當分之是非目前之利害を思召候分にては、國の古法を改め候事は不《ざる》レ宜《よろしから》事之至極ニ候。民は習《な》るゝに安んずる物ニ候。久しく仕習候事は、數代之前生れぬ先より染入《しみこみ》候事故、たとひ惡敷事にても勝手宜敷

物ニ候。世界の人は相持《あひもち》なる物にて、彼是融通いたし一つらぬきニ候故、年久敷なれ來候事は、方々ねざしひろごり、それニ便り候て人の得用も多く候。それを急ニ改候へば、處々ニ思ひの外なるかけひづみ出來申候事思慮あるべき儀ニ候。周公の深く物を思案被レ成候事書[二]傳ニ相見え候。聖人之智ニてはさも有間敷事ニ候。殊ニ開國の初ニ候へば、御心儘《こころのまま》に制作はなり可レ申にさへ如レ是候は如何之儀ニ候哉。是非を理の儘に御さばき候は、眞の是非にては無二御座一候。皆手前之物ずきに罷成候。畢竟理學之餘習御除不レ被レ成候故、御智慮短促《たんそく》に候と存候。此段任二御懇意一申進候。以上

一 中国戦国時代の名医。
二 書経の注釈類。

一 輪廻《りんね》轉生《てんしやう》之事樣々御尋被二仰下一候。愚老は儒學は仕候へ共、佛學は不レ仕候。輪廻轉生之沙汰は佛說ニ出候儀ニ候間佛者に御尋可レ然存候。但宋儒之說ニ理氣之論を以て輪廻を破候は理窟ニ候。宋儒も直ニ冥府と哉覽《やらん》を見候ニては無レ之、只理窟にて輪廻は無レ之と申たる事ニ候。佛者も大形は理窟にてある筈と申候。儒佛に不レ限、理窟にて申候は皆推量之沙汰に候。推量之沙汰は愼《まこと》なる事ニ而は無レ之候。所詮僉議の詰《つま》り候所は、釋迦の詞を信じ候て輪廻は有レ之と申事ニ候。愚老は釋迦をば信仰不レ仕候。聖人を信仰仕候。聖人之教ニ無レ之事ニ候得ば、たとひ輪廻と申事有レ之候共、とんぢやくニ不レ及儀と存候。其子細は、聖人之教にて何も角も事足候而不足なる事無レ之と申事を愚老は深く信じ候故、如レ此了簡定まり申候。され共愚老が了簡を足下も御用被レ成候へと申事にては曾而無二御座一候。御尋故愚老が了簡を申進候迄ニ御座候。以上

一 鬼神有無の事御尋候。古今之間此論やかましく候。何れも理窟にて候。理窟は申次第之物ニ候間信用成不レ申候。聖人の經書之趣は、成程鬼神はある物と相見え申候。宋儒は理氣陰陽を以て樣々と被レ申候得共、それは宋儒の了簡と申物にて聖人の御詞には無レ之候。宋儒之說ニ從ひ候て見候へば、畢竟鬼神はなき物と申ニ成申候。此段聖人の教と相違に候間信用難レ仕御座候。聖人の書ニは鬼神を治むる道御座候而、それにて鬼神は世界の利益ニなり害には成不レ申候。是にて相濟候事ニ候。佛老巫覡《ふげき》之說に鬼神の治め樣有レ之候へ共、國家を治むる道に害有レ之候て聖人の書と違申候へば、君子の信用すべき事ニ無レ之候。冥々之中を見ぬき候而、鬼神はいかやうの物ニ候と申候事を存候事は人のならぬ事ニ候。たとひ存候ても、聖人の教の外に別に鬼神の治《をさめ》樣ある

まじく候得ば、曾而不レ入事ニて御座候。以上

一　被ニ仰聞一候を承候へば、去ミ年之號令と違申候。此段如何可レ有ニ御座一候哉。民に信を失ひ候は惡敷御事ニ候。民上を信じ不レ申候へば上に服せぬ物ニ候。又ミだまされ候やと存候故、すなほに聞入不レ申、用心致しけすみ申候。民にけすみをつけ候ては、號令の行はるべき樣無ニ御座一候。民は賤きものニ候へば如何樣にも畏入候を、上たる人は御存知不レ被レ成、心より畏り入ると思召候もあまりに愚かなる事ニ候。孔子も輗軏《げいけつ》之喩を被レ仰候。君も民に信ぜられ不レ申候へば政は行はれ不レ申候。師も弟子に信ぜられ不レ申候ては教は行はれ不レ申候。朋友之間、惣じて人と人との間は、うたがふを以てはなれ、信ずるを以て合申候事人情の常ニ候。聖人の道如レ此ニ候。以上

一　論語の為政篇に「子曰。人而無レ信。不レ知ニ其可一也。大車無レ輗。小車無レ軏。其何以行レ之哉」。

一　しかぐの儀被ニ仰聞一候趣尤ニは候へ共、餘り御仰天《ぎやうてん》過候と存候。只今迄之政務天心に應じ不レ申候はゞ、御仰天被レ成候とも天罰は御遁れ有間敷候。天を御敬《うやまひ》候て過を改め德を修るにしくは無ニ御座一候。聖人之教之外ニ別に祈禱之法は有間敷候。左候はゞ天心は返り可レ申候。返り不レ申候共天命は遁るゝ所無ニ御座一候。仰天は無益ニ候。妖《ようは》不《ず》レ勝《かた》レ德《とくに》といひ、また妖《は》由《よって》レ人《に》興《る》と相見え候。人心の騷動より妖怪はおこると申事ニ候。大將之心騷動候はゞ、下之騷動は止申間敷候。不《ずんば》レ知《しら》レ命《を》無《なし》三以《て》爲《すること》二君子《と》一と孔子も被レ仰候。天命を不レ存候へば覺悟はすはり不レ申候。任ニ下問《に》一不レ顧ニ慮外《を》一申進候。頓首

一　史記の殷紀に「伊陟曰。臣聞。妖不レ勝レ德。帝之政。其有レ闕与。帝其修レ德」。

一　左伝の荘公十四年の条「人之所レ忌。其気欲以取レ之。妖由レ人興也。人無レ釁焉。妖不ニ自作一。人棄レ常則妖興。故有レ妖」。

一　御號令之文言御見せ被レ成候。事之宜不レ宜は差置、御文言不レ宜存候。餘りニ〔不〕レ被ニ仰分一共相聞え申候。號令は如レ此ニは不レ認物に候。畢竟無理御座候故、下之人得心仕間敷歟と御疑有レ之候ニ付、事之子細を手をわけて被ニ仰分一候事と相見え申候。果て無理ニ候はゞ號令不レ被レ成がよく御座候。若又下之爲《ため》宜事ニ候はゞ、得心不レ仕候共押而被ニ仰付一可レ然存候。仰分けは不レ入儀ニ候。其子細は民は愚かなる物にて候故、如何樣共上たる人了簡を極め申付候事ニ候。吾爲《わがため》能《よき》事と申候事は、後ニならでは合點は不レ仕候物ニ候。たとへば幼少なる子どもに物のわかちを一ミに得道させんとするがごとくに候。是無益の事にて候。上下之位違候故必《かならず》害多御座候。惣而《そうじて》近年如何之儀ニ候哉かやうなる事はやり

申候。下たる人ニわが才智を譽られ徳行を譽られ度被レ存候事、上たるの位を失ひ候事ニ候。論語ニ[一]人不レ知を不レ慍を君子と御座候も君子は上たる人の事ニ候。上たる人は只天を相手ニ仕候故、下に知られ度と存候心は無二御座一候。下たる人は上ニ知れず候得ば、其位を得がたく、其道を行ひがたく候故、人に知らるゝ事を求め候事ニ候。古の人は其位なく共上たるの德を備へぬれば人にしられず候共何とも不レ存候事なるを、其位を踏ながらみづからわれとあやまり候事、下に下知を聞れぬ本と可レ被レ成候。以上

一 論語の学而篇に「人不レ知而不レ慍。不二亦君子一乎」。

一 諫は大形は申さぬがよく御座候。しば〳〵すれば辱らるゝと申事御座候。其故は、言語を以て人を喩《さと》さんとする事大形はならぬ事にて候。此方より申候程之儀は大形は先も合點なるものニ候。只わが心よりさとるとさとらざるにて了簡は替る物にて候を、さとらぬ人を口上にて申すゝめ候半はいやがり候も斷《ことわり》ニ候。孔子も[一]諷諫をよしと被レ成、易ニも[二]納《いるゝこと》レ約《を》自《よりす》レ牖《まど》と御座候は、先のをのづからにひらけ候をよしと致し候事ニ候。其事となしニ外の事より申候へば得道まいる事も有物に候。其事の是非を爭ひ候へば、先の氣立て居候故、相手立候て必爭になる物ニ候。爭にかち候はんは合戰に勝がごとくニ候故、怒はやみ不レ申候。まして君に對しては聞入らるべきやう無二御座一候。若君より諫を御求め候はゞ、各別の事に候。又兼而《かねて》われを深く信仰したまはんには諫も行はれ可レ申候。惣じて諫に限らず、われを信ぜざる人に向ひて道理を説候事何之益も無レ之事ニ候。今世に君を諫め人に異見を申候は、大形は傍人を聞手ニ立候心多く御座候。是は專ら公事人の心ニ候へば、爭の眞中ニ候故に、諫は大形は君の惡を激《げき》する事ニ罷成り、身も死し諫も行はれず、只諫臣といふ名を取り候事ニ止り候。然れば忠臣にてはなくて名聞の甚敷にて候。先如レ此心得可レ申事ニ候。然共其職分ニはまりて我身の事のごとくに存候人は、時ニとりては申さで叶はぬ事ある物に候。それは其時之事ニ候。已上

一 孔子家語の弁政篇に「孔子曰。忠臣之諫レ君。有二五義一焉。一曰譎諫。二曰戇諫。三曰降諫。四曰直諫。五曰風諫。唯度レ主而行レ之。吾從二其風諫一乎」。

二 易の坎下坎上の条に「九五。坎不レ盈。祗二既平一。用レ缶。納レ約自レ牖。終无レ咎」。

一 御氣質惡敷候由、殊之外氣之毒ニ思召候由被二仰下一候。己が非を知ると申候は能事ニ候得共、餘りニ氣質を氣之毒ニ存候事は不レ宜儀ニ存候。氣質は天より禀得《うけえ》、父母よりうみ付候事ニ候。氣質を變化すると申候事は、宋儒の妄説にてならぬ事を人ニ責《せめ》候無理之至に候。氣質は何としても變化はならぬ物にて候。米はい

つ迄も米、豆はいつまでも豆ニて候。只氣質を養ひ候て、其生れ得たる通りを成就いたし候が學問にて候。たとへば米にても豆ニても、その天性のまゝに實《(み)》いりよく候様ニこやしを致したて候ごとくニ候。しいなにては用ニ立不㆑申候。されば世界の爲にも、米は米にて用ニたち、豆は豆ニて用に立申候。米は豆ニはならぬ物に候。豆は米にはならぬ物ニ候。宋儒之説のごとく氣質を變化して渾然中和《(ちゆうくわ)》ニ成候はゞ、米ともつかず豆ともつかぬ物ニ成たきとの事ニ候や。それは何之用にも立申間敷候。又米にて豆にもなり、豆にて米ニも用られ候様にと申事ニ候はゞ、世界に左様なる事は無㆑之事ニ候。是皆聖人になり候はんと求めしより起り候妄説ニ候。聖人は聰明睿智之徳を天よりうけ得て神明にひとしき人にて候を、何として人力を以てなり可㆑申候哉。さる程ニ古より聖人ニなりたる人無㆓御座㆒候へば、妄説なる事明白に候。聖人の教ニは聖人になれと申候事は無㆑之候。聖人の教に順ひて君子になり候事ニ候。宋儒の説は、佛法ニ而佛になり候と申候を能事《(よき)》と存じ、其眞似をいたしたる事ニて候。宋儒之説ニは人欲浄盡《じんよくきよくつき》て天理《てんり》渾然《こんぜん》なる人を聖人と立候へ共、其分ニ而は聖人とは申されず候。己が心にて聖人はかくのごときと了簡をしてこしらへたて候は、雷又鬼などを繪かき候ニ相似候。見もせぬ物を推量にて繪かき候を誠と存候て、雷は大鼓をたゝく、鬼は虎の皮の下帯をいたしたる物と存候兒女子の心と、宋儒之説に従ひて聖人を思ひやり申候と、左迄は違不㆑申と存事ニ候。聖人の教に順ひ候と、宋儒之教ニ従候とにて、かやうほどの相違は出來申候。能〻御思量可㆑被㆑成候。以上

一　朱子学で説く所。性理字義に「中和是就㆓性情㆒説。大抵心之体是性。性不㆓是箇別物㆒。只是心中所具之理耳。只這理動㆓出外㆒来。便是情中。是未㆑接㆓事物㆒。喜怒哀楽未発時。渾淪在㆓這裏㆒。無㆑所㆓偏倚㆒。便是書。及㆓発出来㆒。喜便偏㆓於喜㆒。怒便偏㆓於怒㆒。不㆑得㆑謂㆓之中㆒矣。然未発之中。只可㆑言㆓不偏不倚㆒。却下不㆑得㆓過不及字㆒。及㆓発出来㆒。皆中㆑節。方謂㆓之和㆒。和是無㆑所㆓乖房㆒。只裏面道理発出来。当㆑喜而喜。当㆑怒而怒。無㆑所㆑乖㆓戻於理㆒。便是中㆑節。亦只是得㆓其当然之理㆒。無㆓些過㆒。無㆓些不及㆒。与㆓是理㆒。不㆓相咈戻㆒。故名㆑之曰㆑和耳」。以下詳しい。

一　前書に申進候通、道を御存知なく候故、深遠之思慮無㆓御座㆒、只指當り候鼻の先にて物を御直し候半と思召候。人は活物ニて候。夫故に國家を治候も、人を教訓いたし候も、又は我心我身を治め候も、木にて人形など割見候ごとくニはならぬ物ニ候。醫者の病を治し候も同事ニ候。見えわたりたる上にて、咳《せき》を止め瀉を止め、熱をもさまし、食をも進め、積塊《(しやくくわい)》をも退《(しりぞけ)》候半と存候は下手之仕事ニ候。道を存候醫者は左様ニは無㆓御座㆒候。故に聖人の道を大道術と申候。國家を治候も、直に善惡邪正を正し、見えわたりた

る上ニ而さつぱりと仕候事にては無ニ御座一候。俗人の思ひがけぬ所より仕懸けを致し候て、覺えず知らず自然と直り候樣ニ仕事に候。人才を養候も同事ニ候。世に詐《さ》術と申物御座候を嫌ひ候より、術の沙汰消失候て、宋儒之説のごとくニ成行申事ニ御座候。兎角に後世之諸説を御用不レ被レ成、六經論語之間を御熟讀被レ成候はば《ゝ》、自然と御會得可レ被レ成候。以上

一 孝行之儀御尋ニ候。成程聖人之敎ニは孝弟忠信を[一]中庸之德行と名付け、是を貴賤によらず人たる者の勤め行ふべき事といたし申候。君子之道も、是を土臺にいたし不レ申候得ば、高きにのぼるに楷梯なきがごとくに御座候。舜の[二]契《せつ》を司徒の官になされ、五倫を敎へしめ給ふも、孔子の民に[三]中庸の德なき事を御なげき被レ成候も同意にて御座候。孝は父母によくつかへ候事、弟は兄長によくつかへ候事、忠は君につかゆるにても、又たれニても、人のためになし候事をば我身の事のごとくに如在なく身にかけ申候事ニ候。信と申候は、朋友其外あまねくの人にまじはり申候には言語を愼《つつし》み僞り違候事なきやうに致し候を申候。是にて父母兄弟君臣朋友の道こもり申候故、五倫と申候も、中庸と申候も、孝弟忠信と申候も、ひとつ事ニ而御座候。其内にも孝弟を專らと相見え候は、幼少なる人のいまだ親の家內ニ居候內は、君臣朋友の上はさしあたらぬ事故ニ候。孝弟之內ニ孝を第一といたし候は、兄弟なき人は候へども父母なき人は無レ之故ニ候。孝弟の敎は幼少なる人にも入やすく、是よりしては忠信五倫之道もをのづからに得候事故、先王之敎にも殊ニ專一に被レ成候事ニ候。扨是を中庸之德行と名付候事は、いかなる愚なる人も、又才智すぐれ候人も、たれにてもなり申候事ニて、別ニ高妙なる儀ニて無ニ御座一候故名付候事ニ候。君子之道も是を土臺といたし候事は、君子之道は仁にて候。仁は國天下の民を安んじ候事ニて、本《もと》人の上たるものの《ゝ》道にて候。孝弟忠信中庸之德行は、分ゝ相應にたれニてもなり申候事ニて、上たる人ばかりの道にては無ニ御座一候。孝は父母を養ひ安んずる道ニて候。弟は兄弟を養ひ安んずる道にて候。忠は君につかへて君を安んじ養ふ道ニて候。信は朋友を安んじ養ふ道にて候。されば何れも皆仁の小わりと可レ被ニ思召一候。たゞ人ゝの量の大小御座候故、大量の人ならでは仁をわが任《にん》といたし候事なりがたく候。量の大小にかゝはらず、たれにても仁の心をおこなひ候事は、孝弟忠信中庸之德行と可レ被ニ思召一候。是により孝弟忠信を土臺といたし、是よりのぼり候へば、君子の仁によく相應いたし、齟齬《そご》いたし候所無ニ御座一候。若又孝弟忠信を土臺といたさず候て、國天下を安んずるわざをのみ求め候はば《ゝ》、却而《かへつて》邪術

にはせ候あやまりも出來可レ申事故、子思〔四〕などの書を作り其ふせぎをいたされ候事にて御座候。たゞ量の大小に隨ひ教の名目は別にて候得共、道は一箇の道にて更に別の道は無二御座一候。よく〵御工夫可レ被レ成候。以上

一　孟子の尽心上篇に「其子弟従レ之。則孝弟忠信。不二素餐一兮。孰大二於是一」。
二　史記の五帝本紀の舜の条「契主二司徒一。百姓親和。竜主二賓客一。遠人至」。
三　論語の雍也篇に「子曰。中庸之為レ徳也。其至矣乎。民鮮久矣」。
四　中庸の著者。

〔本文の（一）がこの間にある〕

答問書中終

徂來先生答問書　下

一　占と申事聖人之書ニも有レ之候得共、御信用被レ成がたく候由被二仰下一候。是は理學之習蔽《しうへい》にて小量に御入候故にて御座候。何事も理窟にて濟《(すみ)》候事と思召候故、占は不レ入事ニ罷成候。まづト筮は稽疑《けいぎ》之道之由相見え候。稽疑とはうたがひをさだむると申事にて御座候。今時世間にて女子わらはべの好《(このみ)》見候占は、只行先《(ゆくさき)》の吉凶仕合せ不仕合を知り可レ申爲にて、たとひ明日死候事を今日愼に存知候共何の益も無レ之事ニ候。古之卜筮は左にては無二御座一候。たとへば岐路《きろ》御座候半に、左へ往て吉《(よく)》候半哉、右へ往て能《(よく)》候半哉と申事、道理見え不レ申了簡つき不レ申候時に、卜筮を以て鬼神に問ひ候事ニ候。是によりて何事もなき時に先達而《(さきだつて)》今年之吉凶を知ると申樣なる事は曾て無レ之事ニ候。是を稽疑と申候。又開《ひらき》レ物《を》成《なす》レ務《を》と申事相見え候。開物と申候は事を始め候事にて御座候。今迄世間ニ有レ之民のいたしなれ候事は、皆人の合點之前に候故何も入不レ申候。今迄なき事を取始め候は民のいたしなれ不レ申事故、心を合せ力を合せ候人無レ之候。何事も勤れば成就し、

勤めざれば成就不㆑致事道理之常にて候。卜筮を以て其吉利を明らかにしらせ候へば、衆人心をひとつにしてはげみ候故、其事成就いたし候。是を開物成務と申候。惣じて世間の一切の事、人智人力のとゞき候限り有㆑之事ニ候。天地も活物、人も活物ニ候故、天地と人との出合候上、人と人との出合候上には、無盡之變動出來り、先達而計《はかりしり》知候事は不㆑成物に候。愚かなる人はたま〳〵一つ二ついたしあて候事候へば己が智力にてなし得候と存候へ共、左にては無㆓御座㆒候。皆天地鬼神の助けにて成就いたし申候事ニ候。其人智人力のとゞき不㆑申場にいたり候ては、君子は天命を知りて心をうごかさず、我なすべき道を勤候故、をのづから天地鬼神のたすけを得候に、をろかなる人はわが智に見え不㆑申候故、疑ひ生じ心を專らにしてはげみ候事なく、つとむる力よはり候故、其事破れ候て成就いたし不㆑申候。たとへば船頭の舟に乘候に、船之上之わざは其道筋御座候て隨分ニ智力を盡し候得ども、大洋《よう》に押出し、風波に逢候ては、智力も盡果《つきはて》、只佛神の力を賴《たより》候より外他事無㆑之候。されども佛神の力を賴み候計にて、櫓械《ろかい》をもすて船底にひれふし居候計にては、生路を得べき様無㆓御座㆒候。佛神の力を賴み候上に、猶ゝ己がつとむるわざを勵候故、十死一生の難を凌《しの》ぎて生路を得候事ニ候。又戰場に赴き候はんに、いかなる名將なり共上手之碁の手の見ゆるやうニ明かに見えていたし候事にては曾而無㆓御座㆒候。碁を打候には、碁枰《ごばん》と申物有㆑之、目を十文字にもり、三百六十一目に限りたる死物にて、是を打候石も死物に候。しかも靜に案じ候故、上手は先の手を明かに見ぬき候得共、戰の道はさやうに限りたる碁枰の上にて致し候樣なる事ニては無㆓御座㆒、活物の人を大勢あつかひ候事にてしかも火急なるわざにて候。是によりて、いにしへより兵法には雲氣・風角・占筮・厭勝《まじなひ》の道有㆑之候事、是皆衆愚の心を一つにして其わざを勤しむる道古今一轍《いってつ》に候。理學の過はいづれも皆小量に成、蟹の甲に似せて穴をほるごとく、何事をも皆己が身ひとつに思ひ取候故、聖人の道は國天下を治め候道と申事をばいつのまにか忘れはて、偶《たま〳〵》治國平天下の業を論《ろんじ》候にも、只其理を知る心計ニなり、是を行ふ上には心付不㆑申候。甚敷は人智人力のとゞき不《ざる》㆑申天命の上の事も理ニて參《まゐり》候事之樣ニ存候。是よりして聖人の卜筮を御用候事は御合點參不㆑申候。御學問之功積り、次第ニ大量に御成候はば、御疑ひ有間敷候。まづ粗增《あらまし》右之通に御心得可㆑被㆑成候。以上

一　易の繫辭上に「夫易開㆑物成㆑務。冒㆓天下之道㆒。如㆑斯而已者也」。

一　世上に武士道と申習し申候一筋、古之書に有㆑之候君子の道

にもかなひ、人を治むる道にも成可レ申哉之由御尋候。何事も道理を申つのり候へば、國天下を治め候道にもかよひ申候物ニ候。老・莊の自然、申・韓[一]が刑名は、元より國を治むる道ニ候。許行[二]が農圃、盧扁《ろへん》[三]が醫術、郭橐駝《くわくたくだ》[四]が種樹、柳子厚[五]が都料匠《とれうせう》[六]之類御覽可レ被レ成候。殊ニ世上に申候武道と申候は、多くは戰國之時分之名將の筋を說傳へて軍者抔《など》の中にて候。元より國をも治め、士卒を引廻し被レ申候人の道にて候へば、よき事なきにしもあらず候。然共聖人之道にたくらべ候はば何としてまさり可レ申候哉。其道を論じ候はばまづ其人を論じ候ニしくは無ニ御座一候。古之賴朝・尊氏・正成等より、近くは信玄・謙信ニ至るまで、其人の賢否得失は明かなる事ニ候得ば、其道といたし候筋も押而《おして》知られ申候。古之書に有レ之候太公望より以下、孫子・吳子・韓信・諸葛孔明・李靖が類は、此方にても兵家者流《へいかしやりう》には是等は師とし尊び候事ニ候。されども此人〻も別に武道といふ事を被レ立候事は無レ之候。事の起り、吾國之俗說に文武二道と申詞有レ之候。是は中古より公家武家とて家別れ候より、公家之傳へ候藝を文道と覺へ、武家之傳へ候藝を武道と名付候俗說迄之事ニ候。詩歌も弓馬も藝にて候を、文盲なるものの道と名付け申習はし候にて候。され共武官家を世〻し候得ば、一種の風俗自然ニ出來り候。大抵勇を尙《たつと》び死をいとはず、恥を知り信を重んじ、むさくきたなく候事を男子のせざる事と立《たて》候習はし、源平の時分此通りニ候。それより世久しく戰國になり候故、世皆軍中の法令を以て國を治め候。其後天下一統しても、何れも文盲にて古を稽《かんが》へ文德に返る事をしらず。太平の今に至るまで、官職も軍中の役割を其儘に用ひ、政治も軍中の法令を改めず候。是によりて武威を以てひしぎつけ、何事も簡易徑直《かんいけいちよく》なる筋を貴び候事を武家の治めと立て、是吾邦に古より傳はり候武道に候などと文盲なるものの存候にて御座候。軍者抔《など》と申候者儒書のかたはしを學び、乾元剛健《けんげんがうけん》[七]の德などと申樣なる事を取つけ、戰國名將の上に附會し、或は武道はすなはち神道也といひ、向上に建立し候得ば、何と哉覽《やらん》さもあるべきやうに聞え候得共、是皆戰國以來の事にて、源平の時代まではいまだなき事にて候。治世久敷《ひさしく》續き、風俗移り候得ば、結句此比《このごろ》は源平の時分の武士の風俗は衰へ候て、只戰國の時に附添たる風俗のかた計世にさかんニ候。所詮武と申候字は、戡レ亂《かつらんに》也と訓じ候事にて亂逆を靜め候を武と申候。されば武の本意は、民を安ずる仁心より亂逆を靜めて國土を安んじ候爲ニ而、是則聖人の道の一端にて候。治まる時は文を用ひ、亂るゝ時は武を用ひ、只一箇の道にて、道に文道武道と申事は無レ之候。人の生付ニは氣質之偏御座候故、文德武德有レ之候。

官職ニも掌《つかさど》り別ニ候故文官武官有レ之候。物頭・侍大將之類は武官にて候故武德ある人尤ニ候。家老職・奉行抔《など》は文官なれば文德なくて難レ叶候。平士之類は其職掌軍伍に編《あま》るゝ士卒にて、平生之時も侍衞・宿衞の官にて候得ば、古之書ニ申候士君子と申類にては無レ之候。しかるに國郡之主・家老職・奉行抔《など》の、已は武士なりと存候は取違へにて候。又平士の輩の少し學問もいたし候者の士君子也と覺え、上藹らしき身持をいたし、軍法の練習をすてゝ、武藝も私《し》闘《とう》の術ばかりを習はすも、是又取違へにて候。聖人の道國の治めは、其國の風俗に從ひ候事ニ候得ば、武士の風儀は、源平より以前之風儀をば先其儘にして、戰國以來の惡習を除き、人の上たる人は武の本は仁なりといふ事を知りて、文德を專らにし、武士をば悉く土着せしめ孝悌忠信の德をやしなひ、禮義廉恥の風俗をなし、時ゝは軍法を練習せしめて、公戰には勇に、私闘には臆なるやうにせん事は、上たる人の導きにて如何樣ニも可レ成事ニ候。只理學といふものゝ世にはやりて、戰國の餘習の上に、理窟だけく候事をくはへ候ば、薪を以て火を救ひ候にかはり無レ之候。以上

一　申子の著者の申不害と韓非子の著者韓非。そのきびしい法律をもって天下を治める論を刑名学と云う。

二　孟子に見えて、戰国時代、楚の人で、神農の言をなして、君も臣も共に耕すべしと主張した。

三　名医の扁鵲に同じ。

四　植木屋のこと。柳宗元に種樹郭橐駝伝がある。

五　唐の文人柳宗元のこと。

六　大工の頭領。柳宗元に梓人伝の文章がある。

七　軍学者の論ずる所。

一　治國政事之器も無レ之、人之下に付て一生を可レ送人之爲ニは如何樣の教可レ然哉之由、幷ニ世上に有レ之候禪法・道教・朱子學・陽明學抔《など》之內、心法を取納《とりをさめ》候而、諸事ニ付而心之憂も恐も物之惑《まどひ》も少く成候樣成術抔《など》も可レ有レ之思召候由、又右之品ゝ之外ニも手近く小量の人之身心を治候に益ある術も有レ之候哉之由、蒙レ仰候趣致二承知一候。其段は先王之敎には孝悌忠信を中庸之德行として民の務むべき事ニいたし有レ之候。上たる人の學可レ申君子之道も是を土臺にいたし候而、此上に君子之大道を學候事にて御座候。此外ニ何も手近き事は愚老は不レ存候。心の憂も恐も惑も薄く成《なり》心の安樂なる事は、天命に安んじ候より外ニは先王之道には何も無レ之候。先王の道に無レ之候上は、是より外に妙道は無レ之事と可レ被二思召一候。然共小量なる人は何事も皆我一己の上に思ひ取り、ちいさく構へを拵《こしら》へて有レ之候故、己が智分に似せて、一色にて事濟候手近き術を好む物にて候。是によりて右之如《ごとく》なる

小道共世界に出來り、是を好む人多御座候。是皆小量のなす所なれば、先王之代とてもかくのごときの類は可レ有レ之候。聖人とても如レ此之見識の世間にたえ候様ニ被レ成候事は不《ざる》レ能《あたは》事ニ候。又それ〴〵に相應之得益も有レ之候故、是をたやし可レ申御料簡ニも有レ之間敷候。尤國天下を治め候に、右之類之小道を用ひ候は害多き事に候得共、たゞ下たるものの一己《(いっこ)》の好みにいたし候半事は、己が職分家業をさへ怠らず、孝悌忠信をさへ失ひ不レ申候はば、不レ苦事に御座候。其外之一藝一能も、學得候へば、皆一種の器をなして、治國之役人のひとつにはなり申候。茶湯・立花・棋・象戲・蹴鞠之類は無益なる事ニ候へ共、是をするはやむに勝れりと申事の有レ之候。惣じて人はたゞあられぬ物にて候。心のよせ所なければ惡事をする物にて候故、小量なる人は孝悌忠信にて候。其外之儀は好みに任せ候事ニ候。此方より御定め候而、小量之人の心を安《やす》んじ候道をきはめ被レ置度思召候は無レ詮《(せんなき)》事ニ候。何もかも手前之流義に被レ成度様ニ相聞え候。此段國家を治め候て人の上に御立候ニは以之外成儀と存候。以上

〔本文の(二)より(七)がこの間にある〕

一　武[一]未《だ》《ず》盡《つくさ》レ善《せん》と申事は、樂記[二]にて濟《(すみ)》候事ニ候。韶武《せうぶ》とこそ被レ仰候へ。舜武とは不レ被レ仰候。堯・舜・湯・武之優劣は不レ論事ニ候。後世儒者舌の長き儘に聖人の上を評し、無益之至にて而又《(しかもまた)》其害甚《(はなはだしく)》敷候。

一　論語の八佾篇に「子謂レ韶。尽レ美矣。又尽レ善也。謂レ武。尽レ美矣。未レ尽レ善也」。集註に「韶。舜楽。武。武王楽。美者声容之盛。善者美之実也。舜紹レ堯致レ治。武王伐レ紂救レ民。其功一也。故其楽皆尽レ美。然舜之德。性レ之也。又以二揖遜一而有二天下一。武王之德。反レ之也。又以二征誅一而得二天下一。故其実有レ不レ同者一」。

二　礼記中の篇名。

一　人[一]未レ有二自《みづから》致《いたす》者一必《ず》也《や》親《しんの》喪《も》乎《か》と有レ之候は、禮を不《ずして》レ假《から》而自致者《は》喪《もする》レ親《を》之哀情計なりと申事ニ候。論語一部禮を説候所多候。後儒は聖人の教專ら禮樂なる事を不レ存候故解《げ》違《したがへ》候。

一　論語の子張篇に「曾子曰。吾聞二諸夫子一。人未レ有二自致者一也。必也親喪乎」。

一　愼[一]《み》レ終《を》追《ふ》レ遠《を》とは先王制《せいする》レ禮《を》の意を説候語に候。今日受用之爲の語にては無レ之候。

一　論語の学而篇に「曾子曰。愼レ終追レ遠。民德帰レ厚矣」。

一　御文章ども被レ遣候。皆宋學に候故直し可レ進様無二御座一候。

一　甕[一]園隨筆は、不佞未熟之時の書に候。御用《(もちひ)》被レ成間敷候。仁

齋・闇齋などの書必〻御覧被レ成問敷候。只〻末を御捨候て本を御學候事専要に候。以上

一 徂徠の著。大本。附録文戒と共に五巻三冊。正徳四年京都書林植林文華堂・沢田麗沢堂開版（江戸日本橋南壱町目出雲寺和泉の名を加えたのは後刷か）。伊藤仁斎の説を批評した儒学書。

〔本文の（八）がこの間にある〕

一 再往御尋之趣致二承知一候。學問の仕形道筋之儀は、先達之導なくしては路頭を誤り候事にて候。教示之疑敷《うたがはしき》ニいたり候而は幾度も御尋候が能御座候。兎角愚老存念を御問ほし候而、夫にても御合點なく候はゞ、御工夫を被レ成二御覧一又は合點ゆかずながらも暫く教に順而御學御覧被レ成、兎角愚老が申所不是《ぜ》に極り候はゞ御用《もちひ》不レ被レ成候事是正敷《ただしき》道理に候。枉而《まげて》愚老が教に御順候得と申事ニては曾而無二御座一候。遠境蒙二御尋一候故、御志を感じ申入候迄之事ニ候。御兩所共ニ程宋之書ならでは今迄御覧不レ被レ成候所へ申入候故御驚愕《きやうがく》尤之事ニ候。今少博く書を御覧被レ置候はゞ、愚老不二申入一候共、程朱之書に御自身より少は疑付可レ有レ之候。左様之所へ申入候はゞ、御會得も早く可レ有レ之候。[一]憤悱啓發《ふんぴけいはつ》一隅《ぐう》三隅《ぐう》之章、孔門計ニかぎらず、今日に至候而も教法は只如レ此候。愚老が申進候趣大早計《だいさうけい》に候故之事と存候。

一 論語の述而篇に「子曰不レ憤不レ啓。不レ悱不レ発。挙二一隅一而示之不下以二三隅一反上則吾不レ復也」。

一 學問之仕形、宋朝に至《いたり》別に一流出來候と申事、御不審致二承知一候。被二仰聞一候大學程朱之解大きに違候事に候。明徳之二字大學之開卷第一義ニ候。然處左傳ニ禹之[二]明徳遠《とをし》矣と有レ之、又聖人而《にして》有二明徳一と申事有レ之候。是等は朱子明德之解にては一向通不レ申事ニ候。其外詩經之内ニも明德之字多有レ之候。朱子之解にて通し申候哉。枉而《まげて》理窟を御付候はゞ、言廻し聞ゆるやうニも可レ有レ之候へども、惣而文章を會得する事は語路《ごろ》之穏《おだやか》成やうに會得する事に候。今時之講釋學問は、無理に辨をつけ、言廻し候て聞ゆる様に申候故、曾而疑付不レ申候。只本文計にて文字之付添なく、穏に落着申にて無レ之候得ば、書籍之よく濟たると申物にては無二御座一候。是等之所も、無點之書を自見に御覧不レ被レ成候ては、濟やうの穏なると申事卒度《そと》參兼候半歟。扨は大學に八[三]條目と申事、無レ之事ニ候。子細は在明明德在親民在止於至善と前に有レ之候。在格物と後に有レ之候。然れば格物一條にて濟申事ニ候。夫故物[四]格而后知至知至而意誠と言而天下平迄、順流直下之文勢に

候。然れば格物之一條にて事濟候而、此上に誠意正心修身等之工夫は無レ之事に候。是文面之儘に見候時如レ此ニ御座候。扨又明明[五]德於天下と云注に、使《しむ》[六]四天下之人《をして》皆有三以明二《にすること》其明德一《を》と有レ之候。心を平にして御覽可レ被レ成候。堯・舜之世也共、如レ此事世界ニ有べき事共不レ被レ存候。殊に朱子之說ニも、既に大學・小學を分て、大學は庶人之[七]悉《ことごとく》學ぶ事と不レ被レ申候。こゝに至り候ては、又天下之人に皆大學之教を施すと相見え申候。此等之所御疑は無二御座一候哉。且又孟子ニ學校之事を說候次に、[八]人倫明二《かに》於上《に》二庶民親《しむ》二於下一《に》と有レ之候。然れば親民は新民と不レ改《あらためざる》がよく候。殊に新[九]民之文字は、書經之面[一〇]革命《かくめい》の事に候。大學之教は平日之事ニ候。是等之所齟齬《そご》甚敷候。又格物之二字を[一一]窮二《きはめいたる》到事物《じぶつ》之理一《に》と注有レ之候。是は易之[一二]窮理之文字を借來て注したる物ニ候。格は到也物は事なりと注したれば、文面之儘にては窮理之義は無レ之候。窮到事物之理といふ注は、本文にも無レ之候窮理之二字を付添て義を生じたる物に候。此段疑敷は無レ之候哉。且易ニ有レ之候窮理は、聖人之易を作玉へるを讚歎したる詞にて、全く今日學者之上之事にては無レ之候。心を平にして御覽可レ被レ成候。今日天下之理は窮盡《きはめつく》さるべき物に候哉。是皆人のならぬ事を說て人を强《しゅ》ると申物にて候。且又[一三]三綱領・八條目之委細なる修行之仕形、何として大學ニ計有レ之六經之內一所ニも無レ之候哉。是等之所疑は無レ之候哉。且又程朱之學問は、理氣を分ち、天理人欲を分ち、本然氣質を分ち候より外は無レ之候。如レ此肝要なる事を、何として古之聖人は說《とき》不レ被レ申候哉。果して程朱之說是ニ候はゞ、程朱は孔子にまさる事分明に候。若又古之聖人之教法至極ニ候はゞ、程朱之說は別に一流と申物にては無レ之候哉。論こゝに至り候得ば、多くは時代之不同などとすべらかし候事後世利口之徒之申事に候。是は古書に熟し不レ申候故、古今之差別は曾而無レ之事と申事を不レ存故に候。古の聖人之智は、古今を貫透して今日樣〻の弊《へい》迄明に御覽候。古聖人之教は、古今を貫透して、其教之利益上古も末代も聊《いささか》之替目《かはりめ》無レ之候。左無二御座一候而は聖人とは不レ被レ申事ニ候。宋儒理氣之說は、佛家之[一四]眞諦《しんたい》假諦《かたい》に相似候。天理人欲は、眞如無明に相似候。古は聖人・賢人と言名目は無レ之候。是又佛・菩薩に相似候。道統之傳と申事古は無レ之候。是佛家之血脈相傳に相似候。教に知行を分つと申事古は無レ之候。佛家には解行と申事有レ之候。豁然貫通と申事古は無レ之候。禪家之大悟徹底に相似候。靜坐と申事古は無レ之候。是又坐禪之眞似と被レ存候。殊に本然氣質之性と申儀、得《とく》と詮議をつめ御覽可レ被レ成候。畢竟氣質之性計につまり候事ニ候。氣質を變化すると申事是又無理之至極に候。人のならぬ事を強ゆるにて候。只〻心を平にして今日成べき事かなるまじき事歟古とてもかくあるべき事歟あるまじき事歟と身にとり御思慮候はゞ、宋儒之誤は見え分れ可ㇾ申候。

一　以下問題となっている大学の第一章は次の如くである。「大学之道。在ㇾ明㆓明徳㆒。在ㇾ親（一説「新」）ㇾ民。在ㇾ止㆓於至善㆒。知ㇾ止而后有ㇾ定。定而后能静。静而后能安。安而后能慮。慮而后能得。物有㆓本末㆒。事有㆓終始㆒。知ㇾ所㆓先後㆒。則近ㇾ道矣。古之欲ㇾ明㆓明徳於天下㆒者。先治㆓其国㆒。欲ㇾ治㆓其国㆒者。先斉㆓其家㆒。欲ㇾ斉㆓其家㆒者。先修㆓其身㆒。欲ㇾ修㆓其身㆒者。先正㆓其心㆒。欲ㇾ正㆓其心㆒者。先誠㆓其意㆒。欲ㇾ誠㆓其意㆒者。先致㆓其知㆒。致ㇾ知在ㇾ格ㇾ物。物格而后知至。知至而后意誠。意誠而后心正。心正而后身修。身修而后家斉。家斉而后国治。国治而后天下平。自㆓天子㆒以至㆓於庶人㆒。壱是皆以ㇾ修ㇾ身為ㇾ本。其本乱而末治者否矣。其所ㇾ厚者薄。而其所ㇾ薄者厚。未㆓之有㆒也」。徂徠の説は学庸解に詳しい。

二　大学解に「明徳猶顕徳。（中略）徴諸詩書左伝皆爾」。用例は大田錦城の大学考に詳しい。

三　格物・致知・正心・誠意・修身・斉家・治国・平天下を云う。朱子の注に「此八者大学之条目也」。

四　注一参照。

五　注一参照。

六　朱子の註に「明㆔明徳於㆓天下㆒者。使㆕天下之人。皆有㆔以明㆓其明徳㆒也」。

七　朱子の大学章句の序に「人生八歳。則自㆓王公㆒以下。至㆓於庶人㆒之子弟。皆入㆓小学㆒。而教ㇾ之以㆓灑掃応対進退之節。礼楽射御書数之文㆒。及㆓其十有五年㆒。則自㆓天子之元子衆子㆒。以至㆓公卿大夫元士之適子㆒。与㆓凡民之俊秀㆒。皆入㆓大学㆒。而教ㇾ之以㆓窮ㇾ理正ㇾ心修ㇾ己治ㇾ人之道㆒。此又学校之教。大小之節。所㆓以分㆒也」。

八　孟子の滕文公上篇に「設㆓為庠序学校㆒。以教ㇾ之。庠者養也。校者教也。序者射也。夏曰ㇾ校。殷曰ㇾ序。周曰ㇾ庠。学則三代共ㇾ之。皆所㆔以明㆓人倫㆒也。人倫明㆓於上㆒。小民親㆓於下㆒」。

九　朱子の章句に「程子曰。親当ㇾ作ㇾ新」。

一〇　面命か。面とむかって教えること。又は革面か。服従せしめること。

一一　朱子の章句に「格至也。物猶事也。窮㆓至事物之理㆒。欲㆓其極処無ㇾ不ㇾ到也」。

一二　易の説卦伝「和㆓順於道徳㆒而理㆓於義㆒。窮ㇾ理尽ㇾ性以至㆓於命㆒」。

一三　「明明徳」「親民」「止於至善」の三つ。章句に「此三者。大学之綱領也」。

一四　真実平等の理法。真如。仮諦はその反対で世間の法。俗諦。宋儒の理は真諦に、気は仮諦に相当する。

一　朱子之新注を除候て聖經之堂奥に入べき様なき由被㆓仰下㆒候。是は朱子之注にて能濟候と思召候故に候。文面之解は、右に申候ごとく明徳格物之類、其外悉古言に違候得ば、聖經のはしごに可ㇾ成様無ㇾ之候。道理之捌《さばき》は、右申候ごとく理氣・本然・氣質・天理・人欲等、皆古聖人之教に無ㇾ之事に候。修行之仕形は、知行を分ち格物致知・誠意・正心・持敬などとて、是又古聖人之教に無ㇾ之事ニ候へば、聖經のはしごに可ㇾ成様曾而無ㇾ之候。左申候はゞ茫然として取入べき様なく可ㇾ被㆓思召㆒候。只先本文計にて浅く御心得被㆓差置㆒、左傳・史記・漢書之類、左迄深き義理無ㇾ之事計之書を御覧被ㇾ成候がよく御座候。左様被ㇾ成候内ニ文字に御なれ候て、文面之義理御取習可㆑被㆑成候。其後六經を御覽被㆑成候はば、本文計にても能《よく》済《すむ》物に候。爰ニ愚老が懺悔物語可㆓申進㆒候。愚老が經學は　憲廟之御影《おかげ》に候。其子細は、　憲廟之命にて御小姓衆四書五經素讀之忘れを吟味仕候。夏日之永《ながき》に、毎日兩人相對し素讀をさせて承候事ニ候。始の程は忘れをも咎め申候得共、毎日明六時《むつどき》より夜の四時迄之事ニて、食事之間大小用之間計座を立候事故、後ニは疲果《つかれはて》、吟味之心もなくなり行、讀候人は只口に任て讀被㆑申候。致㆓吟味㆒候我等は、只偶然と書物を詠め居申候。先きは紙を返せども、我等は紙を返さず、讀人と吟味人と別々に成、本文計を年月久敷詠《ながめ》暮し申候。如㆑此注をもはなれ本文計を、見るともなく讀ともなく、うつら〳〵と見居候内に、あそこゝに疑共出來いたし、是を種といたし、只今は經學は大形如㆑此物と申事合點參候事に候。注にたより早く會得いたしたるは益あるやうニ候へども、自己の發明は曾而無㆑之事ニ候。此段愚老が懺悔物語に候。夫故門弟子への教も皆其通に候。但し愚老は博く書を見置候故、右之ごとく經書之本文計を詠候て會得致し申候。博く書を御覽不㆑被㆑成候ては、いつ迄も朱注ニて御覽なれ候舊見はなれ申間敷候。博く外の書を見候事、經書に不《ざる》㆓干渉《かんせうせ》《あづから》㆒事之様に可㆓思召㆒候得共、無用之用と申事有㆑之、思はぬ所より得益はある物に候。

　一　德川五代将軍綱吉。

一　道は事物當行之理にても無㆑之、天地自然之道にても無㆑之、聖人之建立被㆑成たる道にて、國天下を治候仕様を道といふと申事、御不審致㆓承知㆒候。宋學に御泥《なづみ》候故御尤之儀に候。先《まづ》天地自然之道といふ事は老莊之説に候。有之儘《ありのまま》に毫髮の付添もなき天地其儘之道と立て、誠ニ向上至極ニ相聞候得共、其説の至極を詰《つめ》候へば、聖人の道を破却致し不㆑申候へば、其理はつまり不㆑申候。扨又事物當行之理と申説も、天地自然之道といふ見を底に帯《おび》候て説出したる説に候。是皆自《みづから》信ずる事厚く、古聖人を信ずる事薄き所より生じたる説に候。宋儒之格物致知之修行をして、此事をかくあるべきはづ、其事は左あるべき筈と手前より極め出して、是即聖人之道と替りなしといふ、是臆見なり。手前之見識昇進するに随ひて、始めかくあるべしと思ひたる事の後は左あるまじと思はるゝ事のいくらもあるべきをもしらず、早速に欛柄《はへい》手に入るやうに思はるゝ故、如㆑此見識を生ずる事なり。聖人之道は甚深廣大にして、中〳〵學者之見識にてかく有べき筈の道理と見ゆる事にてはなき事也。しかるを我知り顔に成程尤かくあるべき筈と思ひたらんは、聖人へ此方より印可《いんか》を出す心根、誠に推參之至極と言つべし。其上聖人の道を己が心のかねに合せて成程尤かくあるべき筈と淺墓《あさはか》にきはめ行時は、後〻は己が心に合たる所計《ばかり》を取りて、己が心に尤と思はぬ所をば棄る事ニ成行申候故、聖人之道と存候得共、皆〻己が臆見に成申事に候。かくのごときの見識長ずるに隨ひて、見識淺露迫切になりて、聖人之道之甚深廣大なる筋とは日〻に遠ざかり行、果は高慢甚《はなはだしくなりゆく》敷成行事に候。其上事物當行之理といふ詞は、廣く何事へも用ひらるゝ語に候。茶湯・立花・和歌・筆道・劍術、或は小笠原之立廻《たちまは》りにも、上下《かみしも》の着なし、大小の指樣《さしやう》にも、是はかくあるべき筈、それは左あるべき筈と申、能程位のかねあひはある物に候。是皆聖人之道にてあるべく候や。事は替りても理は同じ事と料簡して、右之樣なる類迄を聖人之道と見申候半は、誠ニ杜撰之甚敷と云つべし。愚老抔《など》が心は、只深く聖人を信じて、たとひかく有間敷事と我心ニは思ふとも、聖人之道なれば定めて惡敷事ニてはあるまじと思ひ取りて、是を行ふニて候。行ひ熟して後は、習與レ性成、習慣如ニ天性一候故、坦路《たんろ》《たいらかなるみち》を行ごとくニ成候事ニ候。且又道は聖人之建立し玉へりといふ事、先《まづ》道之内にも、おも立たる事は五倫にて候。五倫之内ニ、父子之愛は天性に候。兄に悌を行ふといふは、幼少より父母のひた物に教るゆへにこそ存候へ。敎なき者は曾而兄を敬する事は不レ存候。[一]夫婦之倫は、伏羲《ふくき》之立玉《たまひ》つる道なり。洪荒之世は只畜類之如くニこそ候へ。まして君臣朋友之道に至りては、聖人之立玉へるによりてこそ人是を存候へ。然共聖人甚深廣大の智を以て、人の生れつき相應に建立し玉ひて、是にて人間界といふ物は立候事故、道を學ばぬ人も、今程五倫はたれ〴〵も大體は存知候事ニ罷成候所より見候へば、生つきたる物之樣ニ候。たとへば五穀を耕すといふは、[二]神農の建立し玉へる事也。宮室を作り衣服を織出す事は、[三]黃帝之建立し玉へる事也。是又人の性相應ニ建立し玉へる事故、今は世界に遍滿して天地自然とある事之樣に人〻存知候。五倫之道も其如くに候。古聖人之恩如レ此廣大無邊なる事ニて、是等之人は聖人之恩とも不レ存候ば、あまりに德之至極に廣大なるは天地とひとしく、天地日月の恩を人知らざるごとくニ候。[四]德合《するを》ニ天地《に》一曰レ帝《と》とは是等之儀を申候。是等之所よく思召入候はゞ、道は當行之理などゝ申候は、舌の長き儘に聖人へ印可を出したるに罷成と申處思召可レ被レ當候。如レ此人之性相應に建立なされたる事を、子思は率《ふ》レ性《に》之《を》謂レ道《と》被レ仰候。修《むる》レ道《を》之《を》謂レ教《と》と申候は、道を學び候上之事に候。道は廣大無邊にて、是を學ばんと存候ても、中〳〵手ニ入不レ申候故、道を取こなして學び易きやうに筋目を立玉へるを教と申候。國天下を治むるを教と申候事は先名目之相違に候。六經論語之内ニ無レ之事ニ候。宋儒之例之理學にて、治めも畢竟教也と道理を以て推《おし》ていひたる口上に候。理は聞ゆる樣なれ共、宋儒之理窟と申物に候。古書には無レ之事ニ候。教といふ詞は、いづく迄も學に對する教と可レ被二思召一候。扨又天下國家を治むる仕樣を道といふと申候事御合點不レ參候由、是又宋學に御泥《なづみ》候故左も可レ有レ之候。先我道之元祖は堯・舜也。堯・舜は天子なり。夫より後聖人と稱し候は禹・湯・文・武・周公也。何れも皆天下國家を治たる人なり。孔子は此道を傳へ玉へる人也。故に聖人之道は專《もつぱら》天下國家を治むる道ニて、禮樂刑政之類皆道なり。論語に子游[五]武城宰《のさい》として絃歌之聲したるを孔子笑玉へば、子游君子學《ぶときは》レ道《を》則愛《す》レ人《を》小人學《ぶときは》レ道《を》則易《し》レ使《ひ》と被レ申候を御覽候へ。分明に樂レ之事を道と被レ申候。孔門之直弟にて名目之違は有間敷候。宋儒之注解にては、此道字埓明不レ申候故、朱子は默《もだ》して過され候。五倫といふ物も、是を立ざれば天下は平治ならぬ事故、聖人之立玉へるにて候。聖人之道は、至極之所天下國家平治之爲に建立なされたる事ニ候。修《むる》レ身《を》事之有レ之候も、身修まらざれば、下《しも》尊信せずして道行はれざるゆへ、君子は修レ身候。今日之學者も此所より見識を生じて、聖人之道は天下國家を治むる道といふ所より見開《みひらき》候へば、六經は掌《たなごころ》を指《さす》がごとくニ候。しかる

に後世之儒者見識低《ひき》く器量小く、何事も我身一つに思ひ取候故、心法理窟之説盛に成行、今日之修行を以て聖人にならんと求め候。聖人に成得候得ば天下國家はをのづから治まると思取《おもひとる》より、事は替れ共佛老の意地《ゐ》ニ陷《おちいり》候。釋迦は乞食之境界ニて、家もなく妻子もなく、まして國天下も持不レ申身故、其道專ら我身一つ之事ニ候。是等之所聖人之道之大段之分れめニて候。帝嚳《こく》以前は德を以て天下を治玉へり。堯・舜に至りて始て道を建立し玉へる故、孔子も祖二述《そじゆつし》堯舜《を》一、又書經も堯・舜より始まる事、我道之元祖たる故也。堯・舜も德を以て天下を治め玉はんには、道の建立に及ばざる事也。聖賢なき世にても、此道傳はる時は、聖賢在世のごとく天下國家平治なすべき樣を工夫ましくくて、建立し玉へる事にて、禹・湯・文・武・周公繼て修補ましくくたる事也。是によりて孔子も學玉はざれば道は知り玉はず。宋儒は只德を以て天下を治むる事計《ばかり》を會得して、道といふ物を不レ存、是によりて孔子の好學との玉ひ、博く學び玉へる事、其解不二明白一、或は謙《けんの》詞といひ、或は學者を勉むるの語抔《など》まぎらかし被レ置候也。是己が意を以て聖人を量《はか》り、聖言之眞實なるを不レ知也。士大夫たる人も、君を輔《たすけ》て國天下を治むる手傳《てつだひ》をする人なれば、聖人の道を知らずしては、尸祿《しろく》之譏《そしり》免れがたく候故道をば學び候。只我身ひと

つを佛にも聖人にもなすといふ様なる物ずき成事ニては無㆑之と可㆑被㆓思召㆒候。其上聖人に成得れば國天下はをのづから治まるといはば、君を輔相せんに、其君を聖人に成得んと思ふ内に、年も老日《おい》も暮れて、國天下は何れの日にか平治すべく候や。宋儒有㆑體《てい》而無㆑用《よう》といへる譏も、其學術之誤より出たる事ニて、遁るゝに所なく候。能ゝ御思慮可㆑被㆑成候。畢竟國天下を治候仕様を道といふと申候事を嫌ひ候心根は、禮樂刑政を粗迹《そせき／あらきあと》と見て、道は一段精微《せいび》なる物と思ふ所病根に候。道は精粗もなく本末もなく、一[六]以貫《し》㆑之候。然るに精を貴んで粗を賤んずるは佛老の緒餘《しゃよ》ニ候。此所大切之分れめニ候。

一 十八史略の三皇の中、太昊伏羲の条に「制㆓嫁娶㆒」と見える。
二 同じく炎帝神農氏の条に「断㆑木為㆑耜。揉㆑木為㆑耒。始教㆑畊。作㆓蜡祭㆒」と見える。
三 円機活法によれば、黄帝が宮室を作ったことは、白虎通・管子にあり、衣服を製したことは、身章撮要に見えるとある。
四 逸周書に「徳象㆓天地㆒曰㆑帝」。
五 論語の陽貨篇に「子之㆓武城㆒聞㆓弦歌之声㆒。夫子莞爾而笑曰。割㆑雞焉用㆓牛刀㆒。子游対曰。昔者偃也。聞㆓諸夫子㆒。曰。君子学㆑道則愛㆑人。小人学㆑道則易㆑使也。子曰。二三子。偃之言是也。前言戯㆑之耳」。
六 論語の里仁篇「子曰。参乎。吾道一以貫㆑之」。

一 宋儒古言を失候ても道理は古今一般と之儀、此御尋は無理之至極に候。古言を失候へば本文之義理違候。本文之義理違候を道理一般とは、あまりに贔屓過と存候。

一 無點之書を讀習候ば、僧家の經讀之如く致したるが能候哉之由、夫は如何様共可㆑被㆑成候。直讀《ちょくどく》に成共、返り候て成とも、様ゝニ可㆑被㆑成候。指當り一難事と思召之由、尤左様可㆑有㆓御座㆒候。乍㆑去點を御頼候分ニては、御學問はいつ迄も同事に可㆑有㆑之候。只歴史又は[一]五雜组類之物にても、又は醫書・兵書之類にても、何にても兎角讀易き物を御見習候が能御座候。

一 明の謝肇淛の随筆。一六巻。

一 [一]王代一覽を眞字ニ御直し御覽可㆑被㆑成候由、夫もよく可㆑有㆓御座㆒候得共、左候はば先歴史御覽可㆑被㆑成候。歴史御覽なく、只今之通之材木ニて眞字ニ御直しは何之益も有㆑之間敷候。

一 日本王代一覽。林鵞峰編の日本略史。七巻。寛文三年刊。後刷もある。

一 宋學を御止め被㆑成候へと申候儀、第一讀書之爲、扨は文章之爲、扨は經學之爲、扨は御人物之爲、此四に害有㆑之候。第一讀書之爲と申候は、惣而書を見候ば、上代之書より見申候事ニ候。上代より唐朝迄は朱子之新注は無㆑之候。宋朝も朱子同代之書は新注を不㆑用《もちひざる》書多御座候。然るを朱注にて經書を見置申候得ば、外之書ニ經書を引申候所皆義理違申候。然れば宋學を被㆑成候故唐宋以前之書籍濟兼《（すみかね）》可ㇾ申候。是讀書之爲之害ニ候。第二に文章之爲と申候は、文章ニ敍事議論《じよじぎろん》之二體有ㇾ之候。宋儒之書は皆議論にて敍事無ㇾ之候。文章には敍事を第一に仕候故、敍事之體かき不ㇾ被ㇾ得候。且又宋儒之文章は眞ニてかきたる假名書ニ候。詞ニ風雅なく甚陋敷《（いやしき）》文字に候故、是ニ御熟し候得ば、其面影移り、如何程かき候ても注解之樣ニ成行き、誠之文章は書不ㇾ被ㇾ得候。是文章之爲の害に候。第三ニ經學之爲之害は、前に申候通古言を失候故、經書之文面違申候。理氣・天理・人欲等之付添有ㇾ之候故、聖人之道に一層の皮膜《ひまく》を隔候。惣體宋儒之學は、古聖人之書を文面之儘に解したる物にては無ㇾ之候。程子・朱子何れも聰明特達《たつ》之人にて、古聖人之書をはなれて別に自分之見識有ㇾ之、其見識にて經書を捌き被ㇾ申たる物に候故、宋儒に便りて古聖人之道を得んと求むる事、轅《ながへ》を南にして燕《えん》に行んと求むるがごとし。是經學之爲の害に候。是等之子細を以て損友と申進候事ニ候。尤見識も定まり、學問も手に入候後は、何れ御覽候ても不ㇾ苦事に候得共、左樣之時節に至り候はゞ、宋儒之書は嫌ひに御なり可ㇾ被ㇾ成候。今程御執着殘候故とやかく被二仰下一候にて御座候。宋儒之經學につのり候人は、是非邪正之差別つよく成行、物每ニすみよりすみ迄はきと致したる事を好み、はては高慢甚敷怒多く成申物に候。風雅文才之のびやかなる事は嫌ひニ成行、人柄惡敷成申候事、世上共ニ多御座候。山崎・淺見が人柄も大形御聞傳可ㇾ被ㇾ成候。是學樣《（まなびやう）》の惡敷而已ニても無ㇾ之候。元來其學流之偏《（かたより）》なる所より出たる事ニて候。世上にて俗人之申候は、學問したる人は人柄惡敷と申候事僞にて無ㇾ之候。御兩所共に國政をも御聞被ㇾ成候御家筋之由、一入宋學之害を御受不ㇾ被ㇾ成樣ニ仕度存候。惣じて學問之道は心を向上に立て、程朱をいかめしく思召候はゞ程朱程ニ可ㇾ成と可ㇾ被二思召一候。程朱は誰人にもたよらず直ニ經書を學び候て漸くあの位に成被ㇾ申候。今程朱之跡ニ付御學び候ては、程朱ほどに可ㇾ成樣曾而無ㇾ之候。程朱之被ㇾ學候通に被ㇾ成二御學一、博く學たる上にて、兎角程朱之說宜敷思召候はゞ、其時に程朱を御用候がよく御座候。只今程朱を信仰被ㇾ成候は只人そやめきと申物に候。愚老が門風は、只如ㇾ此誰ニもたよらず直ニ古聖人之書より見開き候を專途《せんど》に仕候。

〔本文の(九)がこの間にある〕

一　官府事務之文字之事御申越候。通典・律令之類御覽不ㇾ被ㇾ成候へば濟不ㇾ申物に候。異朝の歷代は、代々の制法に替《（かはり）》有ㇾ之候。

皆其代其代之開祖之君の料簡にて、世界全體之組立ニ替り有レ之候故、制法替有レ之候。是を會得不レ申候へば其時代之事濟不レ申候故、歴史を見候ても得と濟不レ申物に候。三代之事經書之上は、周禮・儀禮・禮記濟不レ申候へば見え分レ不レ申候。日本の事跡も、律令・延喜式を見不レ申候へば、公家の代之事は濟不レ申候。右之ごとく異國代〻の制度之替日本の昔之制度の替を存知候へば、今日當代之上も此處異國と替り、其處昔公家の代と替候と申事明に相知れ申候故、今日之政務之上明に罷成事ニ候。四書・近思錄等之理學の書計《(ばかり)》見候人は、事務之違を不レ存候故、正眞の胡椒丸呑[二]と哉覧《(やらん)》申物ニて候。序に申進候。唐太宗之政務宜敷天下治り候驗《しるし》[三]を斗米三錢と有レ之候。一斗の米を錢三文ニ賣申候事に候。近年米價少下直に罷成候へば、武家・町人・百姓共ニ困急以之外ニ候。かやうの違は如何樣之儀に候哉。是皆制度之替りより世界之摸樣も格別に成行候事ニ候。官府事務之文字之事被ニ仰下一候儀、能御心付と存候事ニ候。

一　唐の杜佑撰の上代から唐の天宝年間までの政典の書。二〇〇巻。
二　十分吟味して真の意味を求めないことのたとえ。
三　橘南谿の北窓瑣談、二に「唐書に、玄宗開元廿八年冬、一斛直三銭」。

〔本文の(十)がこの間にある〕

一　楚辭・國語御覽可レ被レ成由一段ニ存候。其外呂氏春秋・淮南子・說苑・家語・戰國策・老・莊・列迄も御覽候事可レ然存候。智見を廣め候爲、博《ひろく》學《(まなび)》候事肝要に候。孔子も博學と被レ仰候。然所近代の理學者は雜學とて嫌申事聖言に背き申候。只日蓮宗之類と被レ存候。

一　愚老が作辨道[一]之事被ニ仰下一候。辨道・辨名[二]兩部有レ之候。此御答幸愚老此間痾病相煩外務を絶居候故、暇ニ而有レ之是程ニ相認進候。此以後多用之節は是程之細答は成兼可レ申候。先此答を半年も得と御覽被レ成、僉儀をも工夫をも付御覽被レ成、其上にて愚老申條如何樣にも、道理有レ之樣ニ思召、愚老手筋ニ從ひ御學候ても御覽可レ被レ成思召候はゞ、辨道・辨名本屋に申付書寫爲レ致差越可レ申候。左も無ニ御座一候はゞ爭の端を長じ、不レ入事と存候。以上

一　弁名と共に、徂徠の儒学に関する主著。一巻。享保二年の奥があって刊。初刊未詳。
二　性理字義や、伊藤仁斎の語孟字義に対して、儒学の用語の概念を、徂徠学で解したもの。二巻。弁道と共に刊。寛政二年の刊本があるが、初刊はそれより前であろう。

塾生　根遜志伯修編錄

答問書下　終

享保十二年丁未五月吉辰
京寺町通二條南　野田彌兵衞
江戸石町十軒店　仝　太兵衞　刊行

詩學逢原

詩學逢原序

[一]南海祇伯玉氏。年始[二]十四。客于東都。遊於[三]木恭靖之門。與[四]源白石[五]雨芳洲[六]南南山之輩。日夜[七]驅馳詞壇。皆是其門[八]先鳴。[九]海内知名也。伯玉[一〇]夙慧[一一]艶發。[一二]嶄然見頭角。與此輩[一三]抗衡。才名[一四]大振于都下云。後[一五]一日[一六]詩酒高會。倶賦[一七]搗衣。伯玉乃有[一八]夜々鳳城月色高。朝々燕山雪華重之句。白石輩評曰。此句大佳。惜乎[一九]失題意。伯玉曰。此乃述搗衣之時景者。而[二〇]影寫之法。於是乎在矣。既而議論[二一]紛焉。是非未分。乃質諸恭靖。恭靖大歎曰。是則深得[二二]鏡華水月之趣。[二三]優入[二四]不即不離之域者。實詩家[二五]本來面目也。[二六]孺子夫以是影寫法。[二七]建赤幟於[二八]騷壇。[二九]風靡[三〇]來學。勉乎哉。於是[三一]樹立一家。主張此門。既已轉向上[三二]關捩子。則縱横自在。[三三]遊戯三昧。加以才之[三四]敏捷。遂至[三五]一夕賦百首矣。余嘗[三六]所序一夜百首是也。其詩[三七]奚翅[三八]腐臭化[三九]神奇而已哉。能拈一莖艸。而爲[四〇]丈六金身以用焉。後毎有以詩[四一]參者。輙以此影寫法。[四二]啓發之矣。且與子弟夜話之次。引諸家詩話。[四三]參以自家之說。[四四]講究斯旨。以[四五]俚言方語。筆以爲冊。題曰詩學逢原。余嘗聞此事。知有此書。而未獲[四六]寓目焉。今茲[四七]壬午夏。[四八]五瀬田德卿。賷此書來。謀余[四九]梓之。時適書肆[五〇]玉樹堂亦持來請序之。蓋[五一]會之奇哉。嗟虖。數十年來。未得見者。而[五二]一朝並至。何其幸哉。乃展讀之。則[五三]言近旨遠。[五四]循

一 南海は号、祇は祇園の修姓、伯玉は字。 二 十四で江戸に遊学した。↓補一。 三 木下順庵(一六二一—一六九八)。名貞幹、字直夫、称平之允、号順庵・錦里。加賀藩儒、後幕府にめされた。元禄期の大儒。門下人材多く、また唐詩風をとなえた。 四 新井白石(一六五七—一七二五)。名君美、字済美、称勘解由、源姓、号白石・天爵堂。六代将軍家宣に仕えた政治家、儒者。史家であると共に、詩は近世第一の評がある。 五 雨森芳洲(一六六八—一七五五)。名俊良、字伯陽、称東五郎、号芳洲。対馬藩儒として、朝鮮との外交に任じた。 六 南部南山(一六五九—一七一二)。名景衡、字思聰、称昌輔、号南山。本姓小野、南部草寿の嗣となる。富山藩儒。以上四人らを数えて、世に木門十才子と云う。 七 詩壇で活躍した。 八 有名になって。 九 次第に天下に著名となった。 一〇 幼くしてさとい。 一一 光彩をはなつこと。 一二 他より一段高く、詩才を発揮して。 一三 はりあう。 一四 江戸中になりわたった。 一五 或る日。 一六 詩を作り酒を飲んで盛んな宴会をした。 一七「搗衣」の題で詩を作った。妻がきぬたを擣って、辺塞の夫を思う詩題。 一八 七言絶句「擣衣」の転・結句。↓補二。 一九 搗衣の題の意味が示されていない。 二〇 後出(二三七頁注一一)。 二一 もつれて。 二二 後出(二三七頁注一二・一三)。 二三 一段すぐれて。 二四 題意につかずはなれず。元来仏語である。 二五 六祖慧能の始めた禅語。言葉や思慮を絶した境を云う。 二六 若者よ。門生南海に呼びかけた語。 二七 旗幟を明らかにして。韓信の故事による。↓補三。 二八 文壇・詩壇。 二九 なびきしたがえよ。 三〇 後学。後輩の学生。 三一 一家独特の詩風を打立てて。 三二 禅語で、向上の一路にむかうねじ。最も必要な点を云う。

ゝ善誘。實詩家正法[一]眼藏也。於是讐[二]校二本。取捨從宜。又[三]且謂之曰。嘗聞伯玉平生自謂不欲以此兎[四]園册子。落[五]于大方之門。今也梓[六]之。則得罪伯玉是懼。雖然若使之泯[七]沒。則非無遺[八]珠刖[九]璞之憾矣。方[一〇]今海内操觚[一一]之士。仰伯玉也。不啻泰山[一二]北斗。家[一三]尸而戶祝[一四]之。此書流衍[一五]。人隨其步趨[一六]。則能脫野狐[一七]窠[一八]臼。破庸[一九]腐漆桶[二〇]。左[二一]右逢[二二]原。其證詩之第[二三]一義諦也。其功豈鮮[二四]少哉。且古稱人[二五]亡書存。嗚乎。九[二六]原不可起。則以此書誘導嚮[二七]往者可。然則此擧[二八]亦庸[二九]何傷[三〇]。乃書之爲序

寶暦十二壬午冬

金[三一]龍道人釋敬雄撰

[三二]

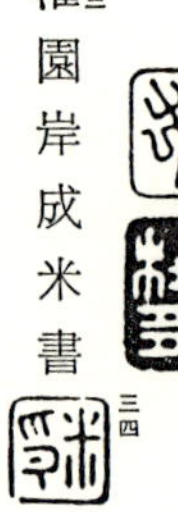

灌[三三]園岸成米書

[三四]

（詩學逢原序

南海祇伯玉氏、年始メテ十四、東都ニ客タリ。木恭靖ノ門ニ遊ビ、源白石・雨芳洲・南南山ノ輩ト、日夜詞壇ニ驅馳ス。皆是レ其門ニ先ヅ鳴リ、海内ノ知名也。伯玉夙慧《シュクケイ》ニシテ艶發《エンハツ》、嶄然《ザンゼン》頭角ヲ見《アラハ》シ、此ノ輩ト抗衡《カウカウ》ス。才名大ニ都下ニ振フト云フ。後一日詩酒高會シ、倶ニ搗衣《タウイ》ヲ賦ス。伯玉乃チ「夜ゝ鳳

うねじをひねると。三三 詩作の楽しみに没頭すること。三四 頭の廻りの早いこと。三五 一夜百首の雅事。→補四。三六 宝暦十一年十一月刊本の南海先生詩稿前後二百首のこと。→補五。三七 字典に、正韻を引いて「同啻」。三八 くさったもの。三九 神妙不可思議。四〇 一丈六尺の仏の身体。四一 教えを乞う。四二 みちびいて、才能をひらく。四三 まじえるに。四四 研究する。四五 俗語。日常に使う言葉。四六 目にとめる。四七 宝暦十二年。四八 五瀬は号、田は修姓、徳卿は字。本書の跋者。→補六。四九 出版する。五〇 奥附に見える書肆、唐本屋吉左衛門。五一 甚だ奇遇である。五二 一時に。五三 卑近な言葉を用いているが、その内容は深遠である。五四 順序を追って。

一 禅家の語。釈迦のさとりを、嫡仏嫡祖の心印で伝えた甚深秘密の要旨。ここは詩の要旨を最も正しく伝えるものの意。
二 相集めて書物の正誤を正すこと。
三 その上に。
四 村童に教える通俗の書物の意で、自著の謙称にも用いる。→補七。
五 世間に広く流布させる。
六 出版すると。
七 ほろぼす。
八 世に埋れた玉。古人の詩文などの世間に知られないであるものを云う。
九 あら玉のままでこわしてしまうこと。共に立派なものを立派なものとして世に出さないうらみ。
一〇 現在。
一一 文筆の人。文学者や詩人。
一二 中国山東省にある五山の一と北斗星。共に

城月色高ク、朝々燕山雪華重シ」ノ句有リ。白石輩評シテ曰ク、「此ノ句大ニ佳ナリ。惜シイ乎、題意ヲ失フ」ト。伯玉曰ク、「此レ乃チ搗衣ノ時景ヲ述ブルモノ、而シテ影寫ノ法、是ニオイテ在リ」ト。既ニシテ議論紛焉《フンエン》トシテ、是非未ダ分《ワカ》タズ。乃チ諸《コレ》ヲ恭靖ニ質ス。恭靖大ニ歎ジテ曰ク、「是レ則チ深ク鏡華水月ノ趣ヲ得テ、優ニ不卽不離ノ域ニ入ルモノ、實ニ詩家本來ノ面目也。孺子《ジュシ》夫レ是ノ影寫ノ法ヲ以テ、赤幟《セキシキ》ヲ騷壇ニ建《タ》テ、來學ヲ風靡セヨ。勉メヨヤ」ト。是ニオイテ一家ヲ樹立シ、此ノ門ヲ主張ス。既ニ已《スデ》ニ向上ノ關捩子《クワンレイス》ヲ轉ズレバ、則チ縱横自在、遊戲三昧、加フルニ才ノ敏捷《ビンセフ》ヲ以テシ、遂ニ一夕ニ百首ヲ賦スルニ至ル。余嘗テ序スル所ノ一夜百首是レ也。其ノ詩奚《ナン》ゾ翅《タダ》ニ腐臭《フシウ》ノ神奇ニ化スルノミナランヤ。能ク一莖ノ艸ヲ拈《ヒネ》ツテ、而シテ丈六ノ金身《コンシン》ト爲シ以テ用フ。後詩ヲ以テ參ズル者有ル每ニ、輒チ此ノ影寫ノ法ヲ以テ、之ヲ啓發ス。且ツ子弟ト夜話ノ次《ツイデ》ニ、諸家ノ詩話ヲ引キ、參ズルニ自家ノ說ヲ以テシ、斯ノ旨ヲ講究ス。俚言方語ヲ以テ、筆シテ以テ冊ト爲シ、題シテ詩學逢原ト曰フ。余嘗ツテ此ノ事ヲ聞キ、此ノ書有ルヲ知ル。而シテ未ダ獲テ寓目セズ。今茲《(コトシ)》壬午ノ夏、五瀨田德卿、此ノ書ヲ齎《モタラ》シテ來リ、余ニ之ヲ梓スルコトヲ謀《ハカ》ル。時ニ適《タマタマ》書肆玉樹堂亦持チ來タリテ之ニ序センコトヲ請

高いもののたとえ。
一三 かたしろとして祭り。
一四 崇拝する。共に、諸家の尊敬する所となるの意。
一五 流布する。
一六 歩くと走る。調子を合すことが出来たなら。
一七 野狐禅。真に深奥がわからないのに、自ら悟ったつもりでいると云う。なまさとり。
一八 きまった型。常套。
一九 平凡陳腐。
二〇 うるし桶。倭語円機活法、三の聯句の条に、漆桶として、聯句で同意類似の語をさけることを述べている。相似た語の重なることを云ったもの。
二一 身近のあちこちに。
二二 水の源にあう意で文義の徹底するをいう。詩の本質を理解するであろう。↓補八。
二三 仏語で、深妙の真理をさし、諸法の中の第一のものをさす。
二四 すくなくない。
二五 底本「存人亡書」。意によって改。誤写であろう。「人亡物在」などと一類の成語。
二六 墓場。人を墓場から再び生きかえらせないならば。
二七 仰ぎ慕う。
二八 この書の出版も。
二九 苦労。
三〇 苦労甲斐のないものでもなかろう。
三一 当代の詩僧(一七一二—一七八二)。名敬雄、字韶鳳。金竜は号。天台宗の僧。解説参照。
三二 印文「敬」「天放杜多」。
三三 岸部瀧園。金竜の諸書によせた序文を多く書した京都住の書家。成米は名。↓補九。
三四 印文「米印」。

フ。蓋シ之ニ會スルコト奇ナル哉。嗟虖《アア》、數十年來、未ダ見ルヲ得ザルモノ、而《シカ》モ一朝ニシテ並ビ至ル。何ゾ其レ幸ナル哉。乃チ展《ヒラ》キテ之ヲ讀メバ、則チ言近ク旨遠シ。循々《ジュンジュン》トシテ善ク誘《イザナ》フ。實ニ詩家ノ正法眼藏《シャウボフゲンザウ》也。是ニオイテ二本ヲ讐校《シウカウ》シ、取捨宜キニ從フ。又且《マサ》ニ之ニ謂ヒテ曰ク、「嘗テ聞ク、伯玉平生自ラ謂フ、此ノ兎園《トエン》ノ冊子《サツシ》ヲ以テ、大方《タイハウ》ノ門ニ落スコトヲ欲セズト。今ヤ之ヲ梓《シ》セバ、則チ罪ヲ伯玉ニ得ルヲ是レ懼《オソ》ル。然リト雖モ、若シ之ヲシテ泯《ビン》沒《ボツ》セシメバ、則チ遺珠刖璞《キシュゲツハク》ノ憾《ウラミ》無キニ非ズ。方今海内ノ操觚《サウコ》ノ士、伯玉ヲ仰グヤ啻《タダ》ニ泰山北斗ノミナラズ。家々尸《シ》シテ戸々ニ之ヲ祝ス。此ノ書流衍《リウエン》シテ、人ノ其ノ歩趨《ホスウ》ニ隨《シタガ》ハバ、則チ能ク野狐《ヤコ》ノ窠臼《クワキウ》ヲ脱シ、庸腐ノ漆桶《シツトウ》ヲ破リ、左右ニ原《ゲン》ニ逢ハン。其レ詩ヲ證スルノ第一義諦《ダイイチギタイ》也。其ノ功豈ニ鮮少《センセウ》ナランヤ。且ツ古《イニシヘ》稱ス、人亡《ナ》ク書存スト。嗚乎《アア》、九原《キウゲン》起スベカラズンバ、則チ此ノ書ヲ以テ嚮往《キヤウワウ》ノ者ヲ誘導セバ可ナリ。然レバ則チ此ノ擧モ亦庸何ゾ傷《ソコナ》ハント。乃チ之ヲ書シテ序ト爲ス。

寶暦十二壬午ノ冬　金龍道人釋敬雄撰ス

灌園岸成米書ス）

詩學逢原卷之上

南海　祇阮瑜　著
金龍　釋敬雄　校

詩語常語・取義[一]

凡《オヨソ》詩ヲ學ント欲スル者、先宜《ヨロシ》ク詩ノ原《モト》ヲ知ルベシ。詩ノ原トハ、元來詩[二]ハ心ノ聲ニテ、心ノ字[三]ニハ非ズ。六經[四]ノ教、ソレ〴〵ニ立[五]ル所各《オノオノ》別ナリ。易ハ卜筮《ボクゼイ》[六]ノ書ナリ。書ハ誥命《カウメイ》[七]ノ書ナリ。禮ハ儀式ノ書ナリ。春秋ハ記錄ナリ。詩ハ歌謠ナリ。皆コレヲ借テ教ヲ設ク故、詩ハ聖人[八]、昔ノ音樂ノ唱歌、人ノ戒トナリ、教トナルベキ者ヲ、三百餘篇撰ミ、後世ニ示サレタリ。然レバ詩ハ元ト聲ノ教ニテ、外ノ書ノ如ク、アラハニ義理[九]ヲ述テ、人ニ異見スル如クナル者ニハ非ズ。其聲ヲ聞テ、人自然ニ感通[一〇]シテ、惡心止ミ、善心發ス。是ヲ思無邪[一一]ト稱シ、周南・召南[一二]ヲ學ベト示サレタル、皆聲音ノ上ノ事ナリ。宋儒[一三]コレヲ知ラズ、理窟[一四]ヲ以テ詩ヲ說《トク》ハ大ニ誤ナリ。シカルニ周ノ末[一五]ニ至リテ、音樂ノ道亡ビテ、

一　◇詩語と常語との区別、断章取義に関する論。
二　六経略説にも「此情内ニ起レバ、スナハチ言ニ形シ声ニ発ス、(中略)人ニ告語ルベキ様モナケレバ、只其心ノ思フ所ヲ詞ニ綴リ唱出ス、是ヲ詩トイフ、詩ヲ心ノ声トイフハ、此義ナリ」。
三　南濠詩話「楊子雲曰。言心声也。字心画也、(中略)元遺山詩云。心画心声総失レ真(下略)」などによるか。
四　儒学の尊重する六種の古典。詩経・書経・礼記・楽記・易経・春秋(荘子の天運篇)。
五　主目的。→補一〇。
六　うらない。
七　天子の民に告げる辞が誥。天子の命令が命。
八　孔子。史記、四七の孔子世家に「古者詩三千余篇。及レ至二孔子一。去二其重一。取レ可レ施二於礼義一」。詩経大全の注に「愚按。三百五篇。其間亦未必皆可レ施二於礼義一。但存二其実一。以為二鑒戒一耳」。
九　道義。人たるべき道についての論。
一〇　心に感じて会得すること。
一一　論語の為政篇「子曰。詩三百。一言以蔽レ之。曰思無レ邪」。
一二　共に詩経の国風の中の篇。周公旦・召公奭の采地の詩を集めたもの(詩譜)。論語の陽貨篇に「子謂二伯魚一曰。女(なんぢ)為二周南・召南一矣乎。人而不レ為二周南・召南一。其猶二正牆面而立一也与」。
一三　宋代の儒者。→補一一。
一四　殊に朱子がその詩経集伝序に述べた所から、勧善懲悪の説と称されるものをさす。また朱子の「答楊宋卿書」にも「熹聞。詩者志之所レ之。在レ心為レ志。発レ言為レ詩。然則詩者豈復有二工拙一哉。亦視二其志之所レ向者高下何如一耳。是以古之君子。徳足以求二其志一。必出二於高明純一之地一。其於レ詩固不レ学而能レ之」と端的に述べる。
一五　六経略説に「秦漢以来ハ、古楽崩テ世ニ行ハレザレドモ、其音律法ハ遺テ、六朝ノ末、隋ノ初マデ伝ハレリ」。

其節拍子、ハヤシ方トモニ絶《タユ》亡ビヌレバ、昔ノ如ク音聲ヲ聞テ、感ズルコトハ無《ナシ》トイヘドモ、姑《シバラ》ク[一]吟味讀誦シテ、心ニ感通スル所、今ニ遺レルノミ。大序[二]ニ所謂、「動[三]二天地一、感二鬼神一」ト云ヘルハ、昔ノ音樂律呂[四]ニ協《カナ》ヘテ、歌ヒタル時ノコトナリ。後世只吟味シタルバカリニテハ、サホドノ感ハアルマジ。若《モシ》今新ニ作リ出スニ、誠アラバ、歌ハズトモ、ハヤサズトモ、天モ鬼神モ感通スベシ。右ノ如ク昔ノ音樂ノ敎、世ニ亡ビタルヲ以テ、孔子ノ時代ニハ、古詩[五]ヲトクト讀習ヒ、ヨク誦《ヨミ》テ、自ラ義理ヲモ明《アキラ》メ、我身ノ戒《イマシメ》トシ、人ニモ敎ヘ、人ニ心底ヲ示シ、義理ヲ說ク資《タス》ケトナセリ。故ニ孔子曰、「誦詩三百」[六]トモ云ヒ、「可與[七]言詩」トモイヘリ。其法自《ミヅカラ》作出スニ及バズ、三百篇ニ載《ノセ》タル詩、又ハ逸詩[八]ニテモ、或ハ二句三句四句六句、其入ルベキ所ヲ拔出シ、コレヲ賦ス。是ヲ斷章[九]取義ト名付《ナヅケ》テ、春秋[一〇]ノ代ノ列國士大夫《シタイフ》[一一]、會盟《クワイメイ》[一二]朝聘《テウヘイ》[一三]ニ臨ンデ、己ガ心底ヲ通ズル爲メ、或ハ祝賀ヲ述《ノベ》、或ハ喜ヲウツシ、或ハ憂ヲウツシ、或ハ問答ノ辭ヲ資《タス》クルコト、縱ニモ横ニモ、自由自在ニ取扱フコト、外ノ書ニテハナラザルコトナレドモ、詩ハ元ヨリ理ヲ說キ、義ヲ辨ズル道具ニアラズ、惟《タダ》人情[一四]ヲ寫シタル唱歌故、人コレヲ聞テ、其感ズルニ隨ヒ、イカヤウニモ道理ノ付クコト、詩ニ限リテ不可思議ノ妙用自ラ具《ツナハ》ル。是孔孟家[一五]、詩ヲ取扱フ一種ノ祕學[一六]ナリ。其取

一 詩歌を吟じて、その趣を味わう。 二 詩経の周南の関雎篇の初めにある序。一説子夏の著とも云い、詩の本質論である。 三 詩経の大序に「天地ヲ動カシ、鬼神ヲ感ゼシムルコト、詩ヨリ近キハ莫シ」。 四 黄帝の時、伶倫が考案したと云う、音声を正す器。律は陽、呂は陰で、各六つに区別してある。音律合うようにして。 五 論語の陽貨篇「小子。何莫レ学二夫詩一。詩可二以興一。可二以観一。可二以群一。可二以怨一。邇レ之事レ父。遠レ之事レ君。多識二於鳥獣草木之名一」による説明。 六 論語の子路篇に「誦二詩三百一。授之以レ政不レ達。使二於四方一。不レ能二専対一。雖レ多亦奚以為」。 七 論語の学而篇に「子貢曰。貧而無レ諂。富而無レ驕。何如。子曰。可也。未レ若二貧而楽。富而好レ礼者一也。子貢曰。詩云。如レ切如レ磋。如レ琢如レ磨。其斯之謂与。子曰。賜也始可二与言一レ詩已矣。告二諸往一而知レ来者」。 八 現在の詩経に漏れた古詩。論語の子罕篇に見える「唐棣之華、偏其反而、豈不二爾思一、室是遠而」の如きである。 九 礼記の疏や孝経の伝に見える用語で、詩経などの中の一句または数句を採り出し、その場に応ずるように用いることを云う。→補一二。 一〇 中国の上代、周の東遷から約三百年程、春秋の書がとりあつかった時代(前七二二―前四八一)の前後の時代。その時代の列国は春秋十二列国とて、魯・衛・晋・鄭・曹・蔡・燕・斉・陳・宋・楚・秦などを云う。 一一 官人。 一二 各国の諸侯が会して、盟約を結ぶこと。 一三 諸侯が天子に挨拶すること。 一四 鄭樵の読詩法に「春秋以下。列国君臣。朝聘燕享。賦レ詩見レ志。微寓二相諷一。鮮レ有下不レ能レ答者上。以二詩之学素明一也」。 一五 儒家。 一六 ここでは伝授ものの学問の意。学問の伝統。

扱ヒヤウノ手段[一七]ハ、語[一八]・孟・左氏・禮記等ニ委ク出タリ。後世詩ヲ學ブ人、コノ取扱ヲ忘レ、態々自分ニ作リ出シテ、其情ヲ抒《ノ》ブ。其始屈[一九]原ガ離騒[二〇]ヨリ起リ、漢[二一]・魏[二二]・六朝《リクテウ》[二三]ニ及ンデ、益[二四]盛ナリ。其故イカニトナレバ、上代ハ人心質樸《シツボク》[二五]ニテ、詩義ニモサトク通ゼシ故、右ノトヲリ斷章取義ニテ、己ガ情モ通ジ、人モ能《ヨク》[二六]徹セリ。後世サヤウバカリニテハ、事タラヌヤウニ覺ヘ、人モ慥《タシカニ》取《トル》コト薄キ故、自新咏ヲ作リ出シテ、情ヲ十分ニ抒《ノベ》タリ。ソレヨリ次第ニ盛ニナリテ、六朝[二七]ニ至テ、專《モツパラ》工拙ノ品モ出來、體[二八]裁モ多クワカレ、後ハ謝靈運[二九]・鮑照《ハウセウ》[三〇]・庾信《ユシン》[三一]ガ輩、經史中ノ故事熟字ヲ引用《ヒキモチ》ヒ、遂ニハ學術材[三二]藝ヲ爭フ業トナリタリ。是昔日ノ簡略ナル語、後世ニハ長ク華美ニナリ來ルコト、韓[三三]公ノ所レ謂《イフ》ノ如ク、周[三四]公ヨリ以下ハ、其説長ト云ヘル、古今時世ノ勢シカラザルコトヲ得ズ。其後唐ニ及ンデ、又一變シテ、詩[三五]ヲ以《モツテ》人ヲ取ルコト始リ、詩ヲ作ラセテ、其工拙ヲ見テ、人ノ賢否ヲ擇《エラ》ビ定メ、官ヲ授ケ、職ニ任ズ。カヽリシカバ、天下擧《アゲ》テ詩ヲ好ミ、兒童婦人賤隷ニ及ブマデ、詩ヲ能スルコトニナリ、弔賀・送[三六]贈ニモ、必詩ヲ用ユルコトニナレリ。引《ヒイ》テ宋ニ至リテ、又詩[三七]ヲ以《モツテ》理窟ヲ説キ、議論ヲ發明シ、猶又和[三八]韻ト云《イフ》コトハヤリ、ソレヨリ元明ヲ歴《ヘ》、今日ニ至テ、詩只慰ミゴトニナリ、甚シキハ俳[三九]語戲劇ノ詞ヲ用ヒ、或ハ僻[四〇]字僻事ヲ出シテ、才ヲ爭ヒ、博[四一]ヲ衒《テラ》

一七 手ぎわ。方法。 一八 論語・孟子・春秋左氏伝・礼記などの礼類。共に儒学で尊崇する古典。↓補一三。 一九 屈平。字原、号霊均。戦国楚の人。一旦は国政にあたったが、讒にあって疎んじられ、離騒等の文章を残し、汨羅に投身した(史記、八四)。 二〇 屈原の辞賦。朝廷を去って投身する間の鬱情を述べたもの。楚辞所収。 二一 秦末の乱を治めて出来た王朝とその時代。前漢・後漢と続く(前二〇二—二二〇)。 二二 三国時代の一国で、曹操につぎ、曹丕が帝位についた。 二三 三国時代から隋の統一までに起った六つの王朝とその時代。呉・東晋・宋・斉・梁・陳。 二四 作詩の風が益々盛んになる。 二五 自然のまま。湘雲瓚語「三代両漢之詩。出レ乎二性情一。関レ於二時事一。其極至レ干二動感一」。 二六 通じた。 二七 湘雲瓚語「及レ乎二六朝一。詩変作二才華之器一。甚成二遊宴嬉淫之具一」。 二八 諸体は、六朝頃から多くなっている。↓補一四。 二九 南朝の宋の文人。官は永嘉太守・臨川内史など。康楽公を襲って、謝康楽と称された(南史、一九など)。 三〇 南朝の宋の文人。字明遠。官は前軍参軍(宋書、五一など)。 三一 北周の文人。字子山。官は開府儀同三司。徐陵と併称して徐庾体の称がある(北史、八三など)。 三二 才智と芸能。 三三 韓愈。唐の大文人。字退之。官は贈礼部尚書、昌黎伯。古文復興の唱道者(旧唐書、一六〇・新唐書、一七六)。 三四 韓愈の原道に「由二周公一而上、上而為レ君、故其事行。由二周公一而下、下而為レ臣、故其説長」。↓補一五。 三五 湘雲瓚語「暨レ于レ唐。以レ詩取レ士。詩竟為二釣レ名求レ栄之資一」。官吏登用試験に詩を課したこと。 三六 物品を送ること。 三七 湘雲瓚語「宋詩有二三気病一。曰俗気。覇気。頭巾気也。有二二嗜癖一。曰。多二飲食詩一。多二理路気一」。 三八 詩轍、四「和韻ハ、晩唐、元稹、

ヒ、[一]月露風雲ニ耽リ、花鳥遊宴ニ戯レ、[二]琴酒ト同ク、並《ナラビニ》書畫ノ媒トナル。以《モツテ》ノ外[三]本意ヲ取失ヒタルコト、知ル人ハ歎息ニ堪フベカラズ。然レドモ今日ニ至《イタリ》テ、一人ノ微力ヲ以《モツテ》、[四]廻瀾ヲ既ニ倒《タフレ》タルニ反《カヘ》スコトハ、迚《トテ》モ叶《カナ》ハザルコトナリ。嗚呼《アヽ》詩ノ原ハ一ナリ。[五]三代ノ初、[六]人情ノヤムコトヲ得ザルヨリ、聲音ニ發《ハツシ》タルマデノ物ナリシ。周ノ時、國々ノ詩ヲ、[七]大史ニ集メ、列國ノ風、善惡興衰ヲ觀ラレシコト、詩ノ一事ニテ、又[八]管絃ニ被《クハヘ》テ、[九]廟堂朝庭ノ祭祀[一〇]燕饗《エンキヤウ》ニ奏シ、邦國[一一]閨門《ケイモン》ニ用ヒテ、人情ヲ[一二]和スルノ[一三]樂章トナセル、又詩ノ一事ナリ。孔子ノ時ニ至リテ、絃歌諷誦シテ、[一四]斷章取義ノ又一事ナリ。唐コレヲ以テ士ヲ取リ、後世遊戲ノ具トス。又各一事ナリ。[一五]一詩歴代ヲ經テ、カク用ル所ハカハレドモ、カハラザル所ハ、其源人情ノ、アラハル、所ニ於テハ一ナリ。故ニ今日我輩、作リ出ス所ノ品ハトモアレ、セメテ[一六]本意ニ負《ソム》カザランハ、斯道ノ大幸ナルベシ。我故ニ先《マツ》詩ノ源流ヲ論ズルコト右ノ如シ。學者願クハコレニ依《ヨリ》テ、其源ニ泝《サカノボ》リ、本意ニ協《カナ》フヤウニ、作リ習フベキコトナリ。其本意ト云《イフ》ハ、前ニ云フトヲリ、詩ハ[一七]人情ヲ吟咏スル聲ノ道具ニテ、其作ル法、[一八]賦・比・興ノ三體アリテ、其境界、其心情ヲ其マ、ニ寫シ出スヲ[一九]賦トシ、物ニ比シ、タトヘテ作ルヲ[二〇]比トシ、物ヲ見《ミル》ニ就《ツキ》テ、情感ジテ作ルヲ[二一]興トス。其事其辭、千變萬化ストイヘドモ、此

白居易、劉禹錫等ノ唱酬ニ夥マル、(中略)晩唐ヨリ宋ニ至ッテ往復シバシバナリ、厳羽、和韻最害二人詩一ト云ショリ、明ノ七子ナドハ好マザリシ也」。三九 →補一六。四〇 作詩上さけるべき字。特にむつかしい故事。→補一七。四一 博識。

一 無用の閑文字にふける。→補一八。二 湘雲瓚語に「嗚呼詩遂与二琴棊書画一。併成二戯具一矣」。三 詩の「吟詠情性」の本意。四 既に衰えたものを、もとの盛にかえすたとえ。「廻二狂瀾於既倒一」のたとえに同じ。五 中国上代の夏・殷・周の三朝。六 詩経の大序に「情発二於声一。声成レ文。謂二之音一」。七 「大師」の誤り。礼記の王制篇に「天子五年一巡狩。…命二大師一陳レ詩以観二民風一」。ここは、この条の孔穎達の疏による文。→補一九。八 詩経の大序の疏に「此音被二諸絃管一乃名為レ楽」。大師小師が、六義を教え、絃管を教えること、周礼に所見。九 礼記の学記篇の正義の注に「按郷飲酒礼燕礼皆歌廉。鳴四牡皇皇者華(下略)」。→補二〇。一〇 酒宴。一一 家庭。公私にわたって用いた。一二 中和は楽の目的とする所。一三 音楽の詞章。一四 前出(二二八頁注九)。一五 同じ詩でありながら。一六 人情を表出すると云う詩の本質。一七 詩経の大序に「吟詠情性以風其上」。一八 詩経の大序に「詩有二六義一焉。一曰風。二曰賦。三曰比。四曰興。五曰雅。六曰頌」。疏に「賦比興是詩之所用、風雅頌是詩之成形用」。詩経大全の注に「風雅頌者、声楽部分之名也、(中略)賦比興則、所三以製二作風雅頌一之体也」。一九 詩経大全の注に「賦者、直《タヾ》陳二其事一」。困学紀聞に「叙レ物以言レ情、謂二之賦一、情物尽也」。二〇 詩経大全の注に「比者、以レ彼状レ此」。困学紀聞に「索レ物以託レ情、謂二之比一、情附レ物也」。

三體ヲ出《イデ》ズ。三體ノ作例ハ、[二二]三百篇以下、イヅレノ詩ニモ具《ソナ》ハレリ。熟讀シテ自ラ知《シル》ベシ。右ニ論ズル如ク、詩ハ理窟ヲ述べ、議論ヲスル道具ニ非ズ。宋人詩ヲ以テ[二三]道學ヲ論ジ、史論人物ヲ論ズ。甚シクシテハ、[二四]杜子美ガ詩ニ、一字ノ[二五]褒貶《ハウヘン》ヲ寓ス。コレヲ[二六]詩史ト云フベシト稱嘆シ、時事ヲ論ズル處、忠義君ヲ忘レズト稱美スル類、以《モツテ》ノ外ナル僻事《ヒガゴト》ト云フベシ。一字ノ褒貶ヲ寓シテ、世ノ教戒トスルコトハ、[二七]春秋ノ教ニテ、後世[二八]史官ノ守ル所、曾《カツ》テ詩ヲ借ルコト無ク、詩モ亦性情ヲ、吟咏スベキ器ヲ以テ、[二九]史法ヲ借《カル》ベキ義無シ。時事ヲ論ズルハ、[三〇]肉《ニク》食《ジキ》ノ人コレヲ謀《ハカ》ルト云フテ、ソレ〴〵ノ官ニ居ル者ノ任ナリ。ソレダニ[三一]尸祝《シシユク》ハ樽俎《ソンソ》ヲ越テ、庖厨《ハウチユウ》セズトイヘリ。況ヤ杜子美ハ、[三二]華州ノ[三三]司戸參軍ヨリ後ハ、[三四]西蜀ノ一[三五]布衣《フイ》ナリ。心ハ忠義ヲ守リ、君上ヲ忘《ワスレ》ヌ志、尤サモアルベシ。其比《コロ》[三六]安《アン》慶緒《ケイシヨ》、[三七]史思明ガ賊臣、[三八]吐蕃《トバン》・[三九]回鶻《クワイコツ》ノ[四〇]夷虜、[四一]干戈《カンクワ》鋒鏑《ホウテキ》、天下ニ止《ヤ》ムコトナシトイヘドモ、[四二]郭子儀《クワクシギ》、[四三]李陽冰《リヤウヒヨウ》ヨリ以下、名將勇士郡國ニ充滿セリ。其任ズル所、[四四]如在《ジヨサイ》モ無ク、[四五]粉骨ヲ盡《ツクス》。子美タトヒ、奇謀[四六]長策アリト云《イフ》トモ、其位ニ非ザレバ、千言萬語モ、畢竟一笑ニシカズ。シカルヲ詩ニ於テ、コレヲ發ス。何ノ益カアルヤ。[四七]小雅・大雅ニ、時事ヲ言フテ、[四八]諷シタル詩アルハ、[四九]言ベキ人ノ言タルナルベシ。コレヲ以テ子美ガ志ハ、[五〇]タネヒ病ノ世話ヤキ、[五一]物ニカヽリナドトモ稱

二一 詩経大全の注に「興託レ物興レ詞」。困学紀聞に「触レ物以起レ情、謂二之興一、物動レ情也」。
二二 詩経所収の詩。 二三 儒教の学問。丹鉛総録、一一に「唐人詩。主レ情去二三百篇一近。宋人詩。主レ理去二三百篇一却遠矣(下略)」。 二四 杜甫。盛唐の代表的詩人。字子美、号杜陵布衣など。官は検校工部員外郎(旧唐書、一九〇下・新唐書、二〇一)。 二五 春秋を褒貶之書と云うように、史評をふくめてあるの意。 二六 詩林広記「孫僅云、先生…出処去就、動息労佚、悲歎憂楽、忠憤感激、好賢悪レ悪、一見二於詩一、読レ之可三以知二其世学一、士大夫謂二之詩史一」。新唐書の杜甫の伝「甫又善陳二時事一、律切精深、至二千言一不二少衰一、世号二詩史一」。→補二一。 二七 杜預の春秋左氏伝序「春秋雖下以二一字一為中褒貶上、然皆須二数句一以成レ言」。 二八 朝廷で記録を掌る官。古代よりあり、大史・御史・著作郎など時代により名は違う。 二九 歴史の手段。 三〇 位にある者。左伝の荘公十年の条「曹劌請レ見、其郷人曰、肉食者謀レ之、又何間焉、劌曰、肉食者鄙、未レ能二遠謀一、乃入見」(疏に「孟子論二庶人一云、七十者可三以食レ肉、是賤人不レ得レ食レ肉、故云二在位者一也」)。
三一 神官。荘子の逍遥遊篇「庖人雖レ不レ治レ庖、尸祝不下越二樽俎一而代上レ之矣」。→補二二。
三二 長安の東にあたる所。 三三 通典「常二戸口・籍帳・婚嫁・田宅・雑徭・道路之事一」。新唐書の伝「出為二華州司戸参軍一」(七五八年のこと)。
三四 蜀の西。成都をさす。新唐書の伝「流二落剣南一、結二盧成都西郭一」(七六〇年のこと)。
三五 庶民。 三六 安禄山の子。父と共に反し、後に父を殺して自立した(旧唐書、二〇〇上・新唐書、二二五)。 三七 突厥人で、安禄山と共に反し、後、慶緒を殺した(旧唐書、二〇〇上・新唐書、二二五)。 三八 今の西蔵にあった国。七六三年

長安に侵入した。三九 蒙古・トルキスタン方面にいた部族。四〇 野蛮人。四一 たてとほこ。刀と矢。合せて戦争のやむことのないさま。四二 唐の武将。安・史の乱を平定し、吐蕃・回鶻の軍を敗った(旧唐書、一二〇・新唐書、一三七)。四三 底本「李陽氷」。杜甫と同時の人。官は将作監。篆書で有名。勇名の高い李把玉と混じたか。四四 手ぬかり。四五 身心の限り努力する。四六 すぐれた計略。四七 共に詩経の類。朝廷の詩を集める。補注二〇参照。四八 諷刺した。四九 しかるべき地位にあった人。五〇 底本「タ子ヒ」。未詳。五一 俚言集覧「世諺に、何事にもあれ彼方此方かけて一筋ならぬをいふ」。

一 楊慎の丹鉛総録、一八に、楊誠斎の語を引いて、李白を「神於詩者」、杜甫を「聖於詩者」と述べる。二 晩唐の詩人。字牧之、号樊川。三 最初。四 日常の用語。五 平易に。六 むきだしに。一稿本に「哀シキ事ヲ云ハント欲シテ、サテ〳〵カナシクテ涙ガコボル、ト云、怒ルコトヲ云ントテ、扨〳〵ニクキヤツカナト云」。底本ガ脱落したもの。八 むつきの中にあるおさな子。九 詩経の大序の「声為レ文…」の疏に「正義曰情発二於声一謂二人哀楽之情一、発二見於言語之声一、於レ時雖レ言二哀楽之事一、未レ有二宮商之調一、唯是声耳、至二於作レ詩之時一、則次序清濁節奏高下使二五声為レ曲似二五色成レ文、一人之身則能如レ此、抛二其成レ文之響一即是為レ音」。一〇 詩経の大序に「情発二於声一、声成レ文、謂二之音一」。一一 「リ」の下の「。」底本欠。意によって補。一二 これは文章と情緒についての成語を、ここに合せ用いた

センハ、無理ナラズ。是ヲ以詩聖[一]トハ、大キナル心得チガヒ、笑ニ勝《タヘ》ザルベシ。是獨《ヒトリ》宋人ノ罪ノミニモ非ズ。其萠《キザ》シ唐人ニモ、時々コレ有リ。就中《ナカンヅク》ニ[二]杜牧ガ詠史ノ諸作等、甚《ハナハダ》議論ニ渉《ワタ》レリ。是宋人ノ嚆矢《カウシ》[三]トナレル者ナリ。サテ其性情ヲ吟詠スルコト、亦惟常語[四]ヲ以《モッテ》、ヒラタク[五]、打《ウチ》ツケ[六]ニ詠ズルニハ非ズ。常語ヲ以《モッテ》、ヒラタク、打《ウチ》ツケニ言フテスムコトナレバ、態々《ワザワザ》詩ツクルニ及《オヨバ》ズ。譬ヘバウレシキ情ヲ述ントテ、是ハウレシクテ、タマラレヌト云ヘバスムコトナリ。哀[七]シキコトヲイハントテ、サテ〳〵ニクキヤツカナト云《イフ》。愛スルコトヲ言《イハ》ントテ、カハイヤカハイヤト云フ類、皆常語ニテ、襁褓《キヤウハウ》[八]ノ孩兒《ガイジ》モ云《イフ》コトヲ得。是亦外ノ義ニ非ズ。口ヨリ出レバ、聲ハ聲ナガラ、文ナキ故[九]、タトヒ云フテモ、情モ暢《ノブ》ルコトヲ得ズ。聞《キク》者モ、ナニノ感ズルコトモ、面白キコトモナシ。故ニ詩ハ[一〇]聲爲レ文是ヲ謂ヲレ音ト、其文ヲナス所、是詩ナリ[一一]。其文ヲナス、ワザト作リ、コシラヘテ成スニ非ズ。情[一二]ハ生《ジ》二于文一、文ハ生《ズ》二于情一ニト云ヒテ、情ノ厚キ所、自然ニ其文ヲ成スコト、風ノ萬物ニ觸レテ、自ラ音アルガ如シ。故ニ詩ハ常語ヲサク。雅語[一三]ヲ用テ、面白ク物ニナゾラヘ[一四]、心ヲ表《アラハ》シ、哀シキトテ、打ツケニカナシト云ハズ[一五]、ウレシキトテ、打ツケニ、ウレシキト、詞ニハ出サズシテ、シカモ打咏ジタル上ニ、自然トカナシミノ心見ヘ、自然トウレシキ情ノ餘ル所、我

モヨク言ヒヲ、セ人モ能《ヨク》聞《キキ》テ、感ヲ起ス。是詩ノ妙用ニシテ、外ノ辭トカハル者ナリ。古人ノ所レ謂《イハユル》、[一六]長歌之哀ハ過グ二於泣哭ニ一トテ、啼《ナ》キワメクヨリハ、歌ニウタフ悲《カナシミ》ハ、人聞テアハレヲ催スコト深シ。何トナレバ詩歌聲音ノ、自然ニ人心ニ入ルコト、深キ故ナリ。トカク物ニナゾラヘ、事ニ興ジテ、ソレトサダカ[一七]ニ見エズ、聞ヘズシテ、ドコトモ無ク、面白ク、趣深ク、味長[一八]キヤウニ作ルヲ、好《ヨシ》トシ、詩語雅語トハ云《イフ》ナリ。ヒラタク、ソノマヽニ述《ノベ》タルハ、常語、ナゾラヘテ言フテ、本體[一九]ヘサワラザルハ詩語ト知ルベシ。然リトテ、謎ノ如ク、隠シテ云フニハ非ズ。其用[二〇]ヲ言フテ、體[二一]ヲ言ハヌヲ云フナリ。先《マヅ》此作リ方ヲ合點スレバ、詩法思半[二二]ヲ過《スギ》テ、工拙ハイマダ論ゼズ、先《マヅ》詩ノ姿ト云フ者ニナルナリ。其上ニテ、工拙ハ功[二三]ニヨルベシ。詩ノ姿イマダ具《ソナハ》ラズシテ、常語ヲナラベタル分ニテハ、千萬首作リテモ、詩ニハ非ズ、[二四]咄ナリ。故ニ予先初メニ常語ヲサリ、詩語ニナル手段ヲ示スコト、左ノ如シ。此例ヲ以テ、餘ハ類[二五]ニフレテ長ズベシ。今此辭ノ鄙俚《ヒリ》[二六]ナルハ、初學ノ早ク會得センガ為メナリ。高明[二七]コレヲ罪スルコト勿レ。

譬ヘバ、人ヲ招キ請ズルノ、一事ニ就テ言フ時ハ、其招キ呼《ヨバ》ント思フハ情ナリ。其情ヲ述ルニ、雅[二八]〔語〕アリ、俗語アリ、先俗語[二九]ハ常語ナリ。其趣手紙ヲ以

もの。晋書の孫楚伝に「初楚除二婦服一、作レ詩以示レ済、済曰、知下文生二於情一、情生中於文上、覧レ之悽然、増二伉儷之重一」。 一三「文」ある言語のこと。▽荻生徂徠も「与平子彬」の状で「辞者、言之文者也、言欲文、故曰尚辞、曰修辞、曰文以足言、言何以欲文、君子之言也、古之君子、礼楽得諸身、故修辞者、学君子之言也」と、文章についてであるが、言語と文の関係を述べる。服部南郭の南郭先生燈下書に「詩家の詞と申て、一種別の物に候。世上不案内の詩人は、詩の詞も文のこと葉も分ちなく覚候程に、をのづからあしく聞え候。経書の字も、律絶などには大方は用がたき事多候。仏経論の詞、六朝より唐世迄名匠ども多く用ひなれ候故、能こと葉多く候。禅録などの語は、文飾も無之故に、詩に不入候。すべて随分響のよき文字を取申事にて候故、詩家の文字は格別の物に候。我は儒者の詩成とて、何の差別もなく、経書の字を用ひ候事など世儒におほく有之候。とかく古人の詩に用ひたるをよく〳〵御見分候べし」と、南海が以下に述べる所と一致する所がある。 一四 対象を露骨に云わないこと。以下に詳述がある。 一五「ズ」の下の「、」底本欠。意によって補。 一六 長く引いてうたう歌。 一七 後出(二三七頁注一一など)の水月風影の方法である。 一八 尽き難く続くの意。 一九 対象の本体をあらわに示さず表現する語を選んだ場合、その言語を。 二〇 本体の作用したさま。 二一 本体そのもの。 二二 半分わかったようなものであって。 二三 努力し年功を重ね、修練をつむこと。 二四「ズ」の下の「、」底本欠。意によって補。 二五 同じような例を経験して上達せよ。 二六 いやしい、俗語を用いてあるのは。 二七 高級で賢明な人。 二八 底本「雅アリ」。意によって「語」を補。 二九 一般社会通用の語。

テ云《イヒ》ヤル、

「今日御隙ニ於テハ、御出待入《マチイリ》候」。是趣意ナリ。一 少シ品《シナ》ヲ二著《ツク》レバ、或ハ「雨中徒然ニ候間」三トカ、或ハ「庭前花盛ニ開キ候間、一樽勸《スス》メ度候」四ナドノ類、品々有ルベシトイヘドモ、畢竟俗間ノ常語ニテ、五 サシテ面白キ詞ト、賞玩スベキニモアラズ。又感情ナリトテ、人ヲ動カスニモ非ズ。惟是世上ノ用事ヲ、タスマデナリ。是ヲ常語ノ俗トス。

右ノ趣ヲ、少シコハシテ、六 書束ニテ云《イヒ》ツカハストテモ、七 文字華風ニナルマデ八ニテ、詞ハキハマリテ、九 板《ハン》ニヲシタル一〇 如ク鄙《イヤ》シ。其詞ハタトヘバ、一一

一二 卽辰敬陳テブ、小酌奉屈ス、文駕過敍セヨ、伏シテバ冀惠顧勿レ辭スルコト

右ノトヲリニ、少々ノ文字ノ、入替《イレカヘ》ハアレドモ、大抵此類ナリ。是亦華ノ常語ナリ。一三

右ノ語、アマリ常語ニテ俗ナレバ、少シ詞ヲ雅ニ作《ツクル》トキハ、左ノ如シ。

一四 東坡與ル二一五 姜唐佐一書簡

一六 今日霽色尤可レ喜、食シ已テ當下取ニ天慶觀ノ乳泉一ヲ、潑中建茶之精ナル者上ヲ、念非レンバ君ニ莫ニ與共ニスルコト之ヲ一、然ニ早來市ニ無ニ肉爼一、當ニ與ニ啖レ菜ヲ飲ヲ酒耳、不レバ嫌可ニ只今相過一グ。

一 趣旨。旨とする意。
二 あいそを加えると。
三 たいくつ。
四 少しお酒をさし上げたい。
五 民間の日常語。
六 変えて。
七 書簡。ただし漢文の書簡(尺牘)体。南海詩訣に尺牘の語を上げて、「右ノ類、尺牘ニ用ル字甚多シ、詩ニハ皆俗トス」。南郭先生燈下書に「尺牘は文選など其外韓柳文などに有之候書と申とは違ひ申候」。
八 中国風。
九 きまって。
一〇 「判で押した」。きまって変化のないをいう成語。
一一 「バ」の下の「、」底本欠。意によって補。
一二 「即辰(ソクシン)敬ツテ陳(ノ)ブ(=突然ながら申入れます)、小酌奉屈ス(=一杯差上げたく存じます)、文駕(=人の乗物を尊んで云う語)、過叙セヨ(=まげてお乗物を私宅までおよせ下さい)、伏シテ冀(コヒネガハク)バ恵顧(=目をかける)辞スルコト勿レ」。奉屈・過叙など尺牘語である。
一三 「リ」の下の「。」底本欠。意によって補。
一四 蘇軾。宋の文人。字子瞻、号東坡。官は端明殿翰林侍読両学士(宋史、三三八)。
一五 東坡門人。字公弼。この人に与えた書簡は蘇文忠公全集続篇、巻四に見える。ここに引く所と文字に出入がある。
一六 「今日霽色(セイショク=なごやかな日)尤モ喜ブ可シ、食シ已(ヤ)ンデ当ニ天慶観(=仙道の寺の名)ノ乳泉(=鍾乳洞から滴る水)ヲ取リ建茶ノ精ナル者ヲ潑セントス、念(モオ)フニ君ニ非ズンバ之ヲ与ニ共ニスルコトナシ、然ルニ早来、市ニ肉爼(=肉のまないた)無シ、当ニ与ニ菜ヲ啖(=くら

右ハ和文、又華ノ常式[一七]ノ書柬ニ比スレバ、少シ風雅ナレドモ、ヤハリ華ノ常語ナリ。

右ノ三様ニテ、和漢常語ノ體ヲ知ルベシ。

サテ右ノ趣ヲ、詩ニテ云ツカハス時、右ノ常語ハ、少モ用ヒラレヌコト故、詩ノ語ニテ作リタテ、云ツカハス。其詩ニ云。

[一八]今日好風景、野庭花鳥繁シ、請フ君有バ二餘暇一、吟杖扣ケ二柴門ヲ一

如此《カクノゴトク》言[一九]イヤルホドニ[二〇]、前ノ書柬常式ノ俗語トハチガイ、面白ク風流ナルコト哉ト、目[二一]ノアカヌ素人ハ、モテハヤシテ[二二]、詩ナリト思ヘリ。大キニチガイタルコトニテ、此詩モ字字皆詩ニ用ル字ニテ作レル故、右三様ノ鄙俗ノ常語ニハ非ズトイヘドモ、作リ様ノ語勢[二三]、取リモナヲサズ、卽常語ナリ。不知《シラザル》人ハ、只文字サエ詩ノ文字ナレバ、詩ナリト思ヘリ。サニハ非ズ。縦《タトヒ》[二四]荆山ノ美モ、拙工[二五]ノセメタランハ、精工ノ石ニ劣ルベシ。蜀川[二六]ノ美錦モ、賤工[二七]ノ縫裁シタランハ、好手ノ羅綾[二八]ニマサルベシ[二九]。字ハ詩ニ用ユル好文字ニテモ、拙工ノ作リ方鄙俗ナル故、全篇ノ語勢ガ、直ニ凡俗ノ常語ナリ。何ントナレバ、此詩ヲ試ニ解釋センニ、言[三〇]ロハ、今日天氣モ好ク、折節庭前ニ花モ盛《サカリ》ニ、鶯ナドモ快ク囀ル。默シ難《ガタキ》ハ此節ナリ。其許《ソコモト》御隙ニ候ハバ、道スガラ詩ヲ吟ジテ、杖ヲツキ我柴門ヲ

う)シ酒ヲ飲ムベキノミ、嫌ハザレバ只今相ヒ過グベシ(=すぐに来て下さい)」。
一七 日常風。
一八 「今日好風景(=よい景色。明朗な日より)、野庭花鳥繁シ、請フ君余暇有ラバ、吟杖(=詩人の持つ杖。相手を風雅人と見ての語)柴門(=自分の庵の柴の門。自らをいやしくしての語)ヲ扣(タタ)ケ」。
一九 言い送る。
二〇 「ニ」の下の「、」底本欠。意によって補。この所から以下、底本には全く句読点はない。
二一 未洗練の。具眼の士でない。
二二 賞玩して。
二三 詩的リズム。▽南海の明詩俚評の所所で「意面白トモ詩ニハアラズ、咄シ也ト知ルベシ」「別離ヲ恨ミハ如レ此ナラント、コトワレバ例ノ咄ニテ児童ノ語ナリ」と、詩的語勢を欠くことをいましめている。
二四 卞和の玉を産した名玉の産地。ただしその地は、安徽省懐遠県の西南(明一統志)とか、湖北省南漳県の西(太平寰宇記)とか諸説がある。ここも荆山産の美玉の意。
二五 下手な玉みがきがみがいたのは。
二六 蜀江の錦。蜀の成都にある錦江で濯い上げた上質の錦。
二七 つまらぬ工人。
二八 普通の羅や綾。
二九 諸翻刻本(日本文庫・日本詩話双書)に「マサラザルベシ」。入木で改刻した板本あるか、翻刻の際の校訂か未詳であるが、これでなければ意不通。
三〇 諸翻刻本(日本文庫・日本詩話双書)に「言心」。入木改刻の板本あるか、翻刻の際の校訂か未詳であるが、この方が意は通じる。

扣《タタ》キタマハバ、大慶スベシト、述《ノベ》タル語勢ガ、文字コソチガヘ、前ノ書狀ノ常語ナリ。字ノ常語ト、句ノ常語アルコト、世[一]コレヲ知ル人無シ。然レバ右ノ詩ハ、先世上一通リ好詩ト云者ニシテ、實ハ詩ニ非ズ。常語ナリ。シカレバ右ノ趣モキコヘ、常語ニモナラヌ詩ト云フ者ハ、イカヾ作リテナルコトゾトイヘバ、

[二]春雨旬已《ニ》浹《シ》　吟牀且獨《リ》坐《ス》　莓苔深《コト》數寸　履痕誰《カ》踏破《セン》

如此《カクノゴトク》作ルトキハ、招《マネ》[三]クコトノ本體ヘハ少シモサハラズ、惟春雨寂莫獨坐《ヒトリザシテ》[四]無伴ノ意ヲ述《ノベ》、春雨久シキ故、庭上ノ莓苔モ數寸茂リタレドモ、誰問フ人モ無ケレバ、履痕ノ苔ヲ破ルコトモ無《ナク》バ、甚[五]不聊ナリトマデ言フテ、アハレ訪ヒ來タマハバ、イカバカリ悅ブベシト言フ意ハ、言外ニ含《フク》メリ。是文字モ詩語ヲ用テ、常語ノ字ニアラズ。語勢モ詩語ノ勢、尤《モットモ》勝《スグ》レテ、意味淺カラズ。如此作リ得テ、始テ詩ト云フ者ニナルナリ。初學此心ヲ熟[六]得スベシ。唐人ノ妙工[七]皆此手段ヨリ出タル者ナリ。猶此上ニ最[八]大乘ノ第[九]一義ト云フハ、詩法悟[一〇]徹ノ場ニテ、初學ノ及ブベキニ非ズトイヘドモ、姑《シバラ》ク其例ヲ示スコト左ノ如シ。

右ノ一首スデニ詩中ノ門ニ入リタル者ニテ、コレヲヨク作リ習ヘバ、詩ノ事終ニ近シ。然レドモコレ猶履痕莓苔ヲ踏破スル所ニ招キ請《コフ》ノ緣、イマダキレズ。

一 ▽明詩俚評から一例を上げる。盧叔麟の「初冬別二李山人一」の詩「江城十月雁驚レ寒、短髪偏嗟行路難、莫レ惜銜レ杯今夜酔、明朝長鋏向レ誰弾」の評で、「是ヲ明朝心事向レ誰談ナド云ヘバ常ノ咄シナリ、長鋏向レ誰弾ゼント云ニテ詩ニナルナリ、或ハ友ノ中好キヲ云ントテ、与レ君交情相得楽ナドイヘバ詩ニハ非ズ、与レ君流水高山意トイヘバ即詩ノ句ナリ、(中略)皆此格ニテ、ナニゴトモヒラタクナラヌヤウニ作ラル、ナリ、和人ハ此合点夢ニモ知ラヌユヘ、詩ト云モノ一篇モナキナリ、近代白石・霞沼・芳洲・南山ノ数子出テ始テ、是ヲ作リ得テ、其高キコト明人ニマサル、是等ノ処悟入スレバナリ」。

二 「春雨、旬(ジュン＝十日)已ニ浹(アマネ)シ、吟牀(＝詩作を案ずる床)且(シバラク)独リ坐ス、莓苔(バイタイ＝こけ)深キコト数寸、履痕(リコン＝くつのあと)誰カ踏破セン」。

三 趣意である「招く」ことについて言葉を少しも用いず。

四 友もない。

五 「無聊」のあて字か。

六 よくよく会得するの意。

七 巧妙な細工。

八 仏語で、最も上位の意。

九 第一義諦のこと。前出(二二四頁注二三)。

一〇 覚り徹すること。

今一キハスグレタルハ、招ノ字ヲ忘レテ、シカモ言外ニアラハル、者ナリ。是ヲ影[一一]寫ノ手段トモ、水[一二]月風影トモ、鏡[一三]花トモ稱シテ、詩中第一義諦、コ、ニアリ。

有[一四]レ酒有レ花易レ負レ春ニ　半ハ爲ニ風雨一半ハ爲レ塵　今日晴明若シ不レ飲ンバ　花落テ啼鳥亦笑ンレ人

此意ハ、初二句ニ春ノ空《ムナシ》ク過易《スギヤス》キコトヲ云、次ニ今日ノ晴景ニ打ヨリ遊宴セズンバ、花鳥モ我ヲ笑フベシ。必來リ遊バレヨト云《イフ》意、外[一五]ニモタセタリ。一篇ノ表、客ヲ招クコトハ少シモ言出サズトイヘドモ、春ヲ惜ム意ノ内、自然ト其意ヲ含ムコト、所謂影寫ノ手段、甚勝レタル所、ヨク〳〵玩味《グワンミ》[一六]スベシ。凡《オヨソ》詩ヲ學ブ人、最初ヨリ如此《カクノゴトキ》妙處ニハ至ルベキニ非ズ。前ニ載《ノ》スル第一首ヨリ作リ習ヒ、次第ニ功ヲ積《ツミ》テ、此妙處ニ至ルコトナリ。爰ニ至テ詩道終ル者ナリ。

附リ

前ニ謂フ斷章取義ノ妙用ト云コト、只三[一七]百篇ニ限ルニアラズ。後世ノ詩、今人ノ詩ニテモ、高[一八]妙ノ作ハ皆斷章取義スベシ。是人ノ知ラザル詩ノ妙用ナリ。外ノ詞ハタトヒ聖賢ノ格言妙論ニテモ、外[一九]ノ事ニハ斷チ用イラレズ。偶《タマタマ》其理ノ旁[二〇]通スルコトハアルベシ。千變萬化聞ク人ノ感[二一]ニ従ヒ、用ユル人ノ義[二二]ニ因テ、

一一 明詩俚評に「先影写トハ、物ノ本形ヲウツスヲ云」。この語、早く文心雕竜の通変第二十九に「漢之賦頌、影ニ写楚世一」と見える。↓補二三。

一二 補注二三参照。

一三 謝榛の四溟詩話、一「詩有レ不レ解、不レ可レ解、不ニ必解一、若ニ水月鏡花一、勿レ泥ニ其迹一可也」(この一条は唐詩訓解にも所載)。補注二三参照。

一四 「酒有リ花有リ春ニ負《ソム》キ易《ヤス》シ、半ハ風雨トナリ半ハ塵トナル、今日晴明若《モ》シ飲マズンバ、花落チテ啼鳥《テイテウ》亦人ヲ笑ハン」。

一五 言外に。

一六 よく味わう。

一七 詩経中の詩。

一八 甚だすぐれて巧みなこと。

一九 一部分をとり出して、外の所に利用できない。

二〇 あまねく通ずる。

二一 うけとる感情に応じて。

二二 使用する意義如何によって。

自由自在ニツカハル、コトハ、只詩ノミ。其内上手ノ詩ホド、其用ノ通ズル所弘《（ヒロ）》シ。今ノ詩トテモ相應ニ取義ハアルナリ。此詩[一]モ初ノ一句ノ本意ハ、世上樂シムベキ酒モアリ、愛スベキ花モ、春ニ至レバイヅクニモ有レバ、賞翫サヱスレバ、ナラヌト云ニハ非ズトイヘドモ、人間ノアリサマ、大方ハ塵事[二]ニ礙《（サマタゲ）》ラレ、或ハ風雨ニ阻《（サヘ）》ラレ、空シクツイ當年ノ春モウカ〳〵過シ易キト云フ意、詩人ノ趣向[三]如此。シカルヲ讀人《（ヨムヒト）》ノ見解ニヨリテ、有酒有花易過春ト、如此見ルナリ。詩ノ本意ハ、有酒有[四]リトモ花トヨム心ナリ。後ノ見ヤウハ、凡人生ノ事足《（タレ）》[五]リト思イテ油斷スレバ、タラザル者ニハヲトルコト、必アルモノナリ。花モ庭前ニ無ク、酒モ買フベキ錢ナキ輩ハ、結句諸方ノ花ヲ尋ネ、衣ヲ典《ヲギノリ》[六]テ酒ヲ沽《（カ）》イ、急ニ遊賞[七]ヲモナス故、天氣モ人隙《（ヒマ）》[八]モ、ヨキ間ニ春ヲ賞ス[九]。世ノ金銀富饒《（フネウ）》[一〇]ノ人、又庭樹モ多クタクワヘタル人ナドハ、イツモナルコトト思ヒ、ウカ〳〵暮ス程ニ、或ハ風雨ニサヘラレ、或ハ疾病事故ノ障《（サハ）》リ有リテ、一春[一一]ノ風光遂ニ負《（ソム）》キ過ス。有花有《レバ》レ酒易負春トハ、尤ナルコトカナト感ズ。末ノ一句モ作者ノ本意ハ、春ヲ惜ム意ナルヲ、人ハ物事能愼《（ツツシム）》ベキコトナリ。晴景[一二]ニ遊賞セザル人ヲバ、花鳥サヘ笑フト云ヘリ。況ヤ不善ヲ行ヒ、無能[一三]ニクラス者、人ノ笑《（ワラフ）》ハ勿論ナリト感ズ。上手ノ詩ホド、感情深ク取義[一四]モ一入《（ヒトシホ）》面白クコモル。然レドモ詩ゴトニ

一　前出（二三七頁）の「有レ酒有レ花」云云の詩。
二　世間のわずらわしい事。
三　意向。心持ち。
四　「酒有リ花有リトモ」。
五　万事みちたりたと思って。
六　衣類を質において酒を買いもとめ。
七　物見遊山に出る。
八　時間的余裕。
九　春の景色を鑑賞する。
一〇　富んで金や物の豊かな人。
一一　春中の好景色をとうとう見ないですごしてしまう。
一二　晴れた気持のよい景色。
一三　なすことなく。
一四　取義出来る意味をも、甚だ面白く内に持つものである。

必ズカク有ルニモアラズ。又[15]強テ心ヲ付《ツケ》、感ジ出スニモ非ズ。[16]吟誦ノ餘、自然ト[17]其感發スルコト、天上ノ月ハ一輪ニテ、水澄ム所ハ[18]千川萬川、箇々皆[19]月ヲ得ルニ同ジ。是詩ヲ學ブ法ニテ、詩ヲ作ル時ニ、カク心得テ作ルニハ非ズ。只此一條ハ常語ヲサリ、雅語ヲ用ルコトヲ示ス。次手《ツイデ》ナレバ取義ヲモ附錄スルノミ。

詩有境趣

詩ハ[20]境・[21]趣ノ二ツヨリ、外ノ形ハ無キ者ナリ。[22]千變萬化トイヘドモ、此二ツニ出ルコト無シ。先《マヅ》境トハ境界ナリ。景色ナリ。凡《オヨソ》[23]人ノ目ニ觸《フ》レ、耳ニ聞キ、身ニ覺ユルタグイ、天地・日月・風雨・雪霜・寒暑・[24]時令《ジレイ》ヨリ、山河・艸木・禽獸・蟲魚ニ至リ、[25]漁樵《ギヨセウ》・[26]耕牧・管絃・歌舞・[27]綺羅《キラ》・車馬等、都《スベ》テ我身ヨリ外ノ境界、皆是ヲツヾメテ境トス。趣トハ[28]意・[29]趣向ナリ。[30]我心ニ思フコト、知ルコト、思ヒ出スコト、思ヒヤルコト、樂ムコト、凡《オヨソ》心ノ[31]用、皆名付テ趣トス。[32]三體詩ニハ境・趣ヲ[33]實・[34]虛トス。形ノ現ニ在ルト、形ノ見ヘザルトヲ以テ分《ワケ》タリ。其名カワレドモ實ハ同ジ。凡詩ハ自ラ懷《オモヒ》ヲ述ベ、自ラ物ヲ咏ジ、人ニ作リテ贈リ、人ノ贈ルニ答ルトテモ、皆目前ノ[35]景氣、又ハ昔ノ景氣カ、又ハ餘所ノ景氣カ、コヽノ景カ、山水・花鳥ハ勿論、宮殿・樓閣・舟車・[36]坐臥ノ處、何

一五 無理に故事附けて、感じを、そこへもってゆく。
一六 その詩を吟じ読むの間に。
一七 取義する感じが浮び上ること。
一八 いくらあろうと、どの川にも。
一九 月を水上にうつし得る。
二〇 心象をさそって詩境を形成する対象。論者によって、景物・実・景象・景などの語を用いる。
二一 対象に応じて詩境を形成する心象。論者によって、情思・虚・興象・情などの語を用いる。
二二 詩そのものは様様の姿をなすが。詩藪内編、四に「作レ詩不レ過二情景二端一」。
二三 五感をさそう外界の物象の意。
二四 一年中の行事。
二五 漁業と木こり。
二六 農耕と牧畜。
二七 美しい衣服。
二八 おもわく。存余堂詩話に「作詩之妙全存二意境一」。詩藪内編、四「作レ詩不レ過二情景二端一」。
二九 心のむく所。心のうごき。
三〇 思念する所のことごとくを云う意。
三一 はたらき。作用。
三二 唐賢三体詩法の略称。宋の周弼編。六巻。七言絶句・七言律詩・五言律詩の三体の唐詩を選び、詩法を示したもの。日本では元の釈円至注、裴庾増注の本をもって、室町期から重宝され、明治まで初学詩作の参考書となった。
三三 三体詩の五律の四実の条「周弼曰、謂、中四句皆景物而実」。
三四 三体詩の五律の四虚の条「周弼曰、謂、中四句皆情思而虚也」。
三五 ありさま。景況。
三六 日常生活をいとなんでいる所。

ニテモ其境ニ對セザレバ、作リ出スベキ様ナシ。又其境ニフレテ作ルトイヘドモ、ツマリハ我心ノ感ズル趣向ニ止ルコトナレバ、右ノトヲリ、境・趣二ツハ詩ノ全體ヲノベク[一]、リタル者ナリト、先カク主意ヲク、リヲキ、サテ作リ出ス時、境ト趣ト、中分[二]ヅヽ、五分五分ニ出來ルモアリ、境八分趣二分、境二分趣八分、或ハ境一分趣九分、趣一分境九分ニ出來ルモアリ、全篇皆境ナルアリ、全篇皆趣ナルアリ。是其作ル時ニ、カク分量配當[三]シテ作ルニハ非ズ。作リタル跡ニテ見レバ、其形右ノ如ク境カチタルアリ、趣カチタルアリ、境趣等分ナルアリ、境ト趣ト錯亂[四]雜遝《ザッタフ》[五]スルコト、嘗《カツ》[六]テ無キコトナリ。其分量ノ配當ハ、初學ハ其作式[七]ヲヨク見覺ヘ、作リ習ヘバ、五十首百首程ノ内ニハ、大概《タイガイ》[八][九]キッカケハ覺ユル者ナリ。コレヲ能《ヨク》ヲボヘテ後ハ、カク合セント思ハズトモ、自ラ分量加減ヨキ程ニ出來ルコトナリ。初學此習ヒヲ知ラズ、自分ノ了簡ニテ口ニ任セテ作出ス故ニ、一篇一首ノ法立《タタ》[一〇]ズ。コレヲ聞ケバ、譫語《センゴ》[一一]忘言[一二]ヲ聞ク如クニテ、詩ニハナラズ。其分量尺寸[一三]ノ内ニ又習ヒアリテ、或ハ境ヨリ趣ヘウツル、[一四]ツタイ路キルレバ、縁ナク、趣ヨリ境ヘカヨウ所ノ語勢[一五]隔レバ、[一六]ツコドナク聞ユル類、或ハ二三字ノアツカイニテ、繫《ツナギ》[一七]切レズ、或ハ一二字ノ虚字《テニハ》[一八]ニテ、縁ツヾク仕方等、猶此上ニ有リ。先《マツ》其境趣分量ノ大法示サン爲メニ、左ニ記スコト

一 一括した。
二 半分ずつ。
三 境趣二つを一詩の中で、按配する。
四 いりみだれる。
五 まじわりかさなる。
六 決してないことだ。
七 詩作の形式。詩作の型。
八 たいていは。
九 糸口。手がかり。
一〇 作法。
一一 うわごと。
一二 諸翻刻(日本文庫・日本詩話双書)は「妄言」とする。かく改訂した刊本あるか、翻刻の際の校訂か未詳であるが、「妄言」の誤りであろう。「妄言」は、話の筋のわからぬ言葉。
一三 わずかの間。
一四 連絡が切れると、前後、境趣の関係がなくなり。
一五 詩の調子に間隙が出来ると。
一六 「つかうどない」の訛で、「つかうど」と同義。とりつきが悪く。
一七 つなぐことを果せず。つなぎ得なく。
一八 虚字に二義あって、一は「命ズル見ル行クノ類、ハタラキニナル字」(操觚字訣)。二はこの如く、助動詞・前置詞・後置詞・感動詞などの如きをさす。よって日本風に「てには」の訓をふってある。
一九 主目的となる所。

然リ。

三體詩ノ一書ハ、全ク此境ノ實ト趣ノ虚トヲ、ツリ合セテ作ル法ヲ、示シタル書ナリ。人此書ノ主意[19]ヲバ、ソコ[20]〱ニシテ、詩ノ意[21]ヲ穿鑿シ、半夜[22]ノ鐘ニバカリモ、多説[23]紛々タルハ、甚シキ心ヘチガイ、見チガヘナリ。本書唯、前虚後實[24]・前實後虚[25]等ノ法ヲ立ル爲《タ》メ、其格[26]ニ合《アヒ》タル詩ヲノセタリ。故ニ七言ノ内ニハ、コトノ外宜シカラザル詩モアリ。詩意ノセンギモ、事ツイデニハ、アルマジキニ非ズトイヘドモ、周伯弼《シウハクヒツ》[27]三體詩ヲ撰《エラベ》ル本意ハ、此ニ在《アリ》テ彼ニアラズ。此下ノ法モ、三體詩ニカハラズトイヘドモ、猶クハシク初學ノ曉《サト》シヤスカラン爲メニ、證詩[28]ヲ出シテ、コレヲシラシム。

七言絶句作例

境句中ニ趣ヲ含ムハ第一ナリ。然《シカレ》ドモ是ハ一句一聯[29]ノ事ナリ。全篇四句八句ノ如キハ、境趣ヲ分ケテ作ルコト宜シ。先絶句、譬ヘバ山水ノ風景ヲ玩《モテアソン》[30]デ、其勝レタルヲ、繪ニ比シテ、イヅレカ勝レルト作ルトキ、其風景ハ境ナリ。畫ニ比シテ、勝劣ヲ論ズルハ吾ガ趣ナリ。今此一[31]趣向ニ就テ、諸例ヲ知ラシム。

境趣中分法[32]　但シ三體詩ノ前實後虚ナリ[33]

枯松[34]倒レ影半溪ニシテ寒シ　數个ノ沙鷗與レ水安シ　境二句
曾テ買フ江南千本ノ畫　歸來一筆不

二〇 よい加減にして。
二一 所収の詩の意味のみ詳かに吟味して。
二二 三体詩、上所収の張継の「楓橋夜泊」の詩、「月落烏啼霜満レ天、江楓漁火対ニ愁眠一、姑蘇城外寒山寺、夜半鐘声到ニ客船一」の中の一語の解。→補二四。
二三 諸説が様様にあるのは。
二四 三体詩の五律の前虚後実の条「周弼曰、謂、前聯情而虚、後聯景而実、実則気勢雄健、虚則態度諧婉、軽レ前重レ後、剤量適均、無ニ窒塞軽俗之患一、太中以後、多ニ此彼一、至レ今、宗ニ唐詩一者尚レ之、然終未レ及ニ前両体(四実・四虚)渾厚一、故以ニ其法一、居ニ三一、善者不レ拘也」。
二五 三体詩の五律の前実後虚の条「周弼曰、謂、前聯景而実、後聯情而虚、前重後軽、多流ニ於弱一、唐人此体最少、必得ニ妙句一、不レ可レ易、乃就ニ其格一、蓋発興尽則難ニ於継一、後聯稍間、以レ実其庶乎」。
二六 スタイル。形式。
二七 周弼。字伯弜(弼の古字)。宋の詩人。また画をよくする。三体詩の編者。
二八 証拠となる詩。
二九 詩中で対句をなした二句。
三〇 見物して。
三一 景を画に比すると云う考案。ここの「趣向」は、当時日本の一般の例にならって、構成と解してもよい。
三二 境趣半分半分に作る法。
三三 注二五参照。
三四 「枯松影ヲ倒(サカ)ニシテ半渓(=渓間の一部分)寒シ、数ケノ沙鷗(サオ=沙の岸にいる鷗)水ト与ニ安シ、曾(カツ)テ買フ江南(=揚子江以南。勝地が多い)千本ノ画、帰リ来ッテ一筆看(ミ)ルニ中(アタ)ラズ」。

レ中レ看ニ二句趣

此意ハ、松ノ影溪流ノスメルニウツリ、鷗ノ安樂ニ水ニ泛《ウカ》ビ遊ブ景、トカクエモ言《イハ》レザル絶景ナリト、先境ヲ言フ。サテソレニツキ、前方我山水ノ畫ヲ好ミ、江南山水ノ畫ヲ、百千軸買ヒト、ノヘ、上モナキ景ナリト樂シミシニ、今此處ノ實景、右ニ言フ如クナルヲ看テカヘリ、彼ノ多クノ畫ヲ取出シテ、較《クラベ》ミルニ、一筆モ此景ニ似テ看ルベキ畫無シ。サテ〳〵勝レタル風景カナト嘆美ス。不中看トハ、見ニタラヌ心。

境三句趣一句法

水潤天長シテ雁影孤ナリ　眠レル沙鷗倚ニ黄蘆ニ一　半收ニ小雨ヲ一西風冷シ三句倶境　藜杖相将

入ニ畫圖ニ一一句趣

此意ハ、大湖ニ臨ミ眺望スレバ、水ハヒロク天ハ遠ク打ヒラキタルニ、雁ノ只一ツカスカニ飛《トビ》ワタリテ、影ノ水ニウツリタルテイ、遠景先《マヅ》面白シ。又近ク見レバ、鷗鷺ノ類カレ蘆ニ倚《ヨリ》テ眠ルテイ、遠近全《マツタク》畫カト怪《アヤシ》マル。時ニ村雨一霎《イツセフ》サツトフリトヲリタル跡ニ、西風ノヒヤ〳〵ト吹過《フキスグ》ル時節ノ面白サ、我イカデカ興ニ乗ゼザラン。卽チ藜杖ヲ引《ヒキ》テ、湖邊へ出レバ、畢竟名筆ノ畫ノ中へ、我身ハ入《イリ》タルカト覺ユト、上三句ヲ下一句ニテ結ブ。

一 澄んだ谷の流れ。

二 画中の景の美しきを最上とした。

三 「水潤(ヒロ)ク天長クシテ雁影孤ナリ、沙ニ眠ル鷗鷺ハ黄蘆(クワウロ=黄色く枯れたあし)ニ倚(ヨ)ル、半(ナカバ)小雨ヲ収メテ西風冷(スズ)シ、藜杖(レイヂヤウ=あかざの杖)相将(アヒヒ)イテ画図ニ入ル」。

四 短い時間。

五 面白さに心がうかれないことがあろうか。

是、上三句皆境、下ノ趣只一句、輕重[六]アルニ似タリ。然レドモ上三句、一ハ遠景、一ハ近景、一ハ時節トカタツケヲキ、第四句ニテ總ク、リヲシメタリ。此法珍シキ法ナリ。三體詩ニハ此法ナシ。

趣ヲ前ニシ境ヲ後ニスル法　三體詩前虚後實ノ式[七]

千金[八]卻テ買フ呉州ノ畫　今向テ㆓呉州ニ㆒畫裏ニ行ク　趣二句
小雨半ハ收テ蒲葉冷シ　漁人歸去リテ釣船横フ　境二句

此意ハ、昔シ呉州山水ノ面白キ畫ヲ見テ、卽千金ヲ出シ買ヒ置《オキ》シガ、今始メテ呉州ニ來テ、直ニ其山水ヲ見レバ、彼《カノ》買フタル畫ノ中ニ向テ、行《ユク》カト疑ガハル。サテ〳〵面白キ風景ナリト、我心ノ趣ヲ敍《ノベ》テ、サテ其面白キ景ハトイヘバ、折節小雨一霎《イッセフ》フリトヲリタルガ、半ハ晴レ半ハ殘リテ、蒲葉ノ露モマダカハカヌ、冷カナル時節、浦〻ヨリ出タル漁人ハ、夕陽ノ比《コロ》ナレバ、皆カヘリテ、[九]浦口《ホコウ》ノ遠キ烟[一〇]ナドノ中ニ、釣舟ノノリステタルアリサマ、全ク彼ノ畫ニカハラズ。畫モ畫ナリ、景モ景ナリト、勝劣ナキ意ヲコメタリ。

四句皆趣ニテ境ヲ内ニ含ム法　三體詩四虚ノ格也[一一]

[一二]昔年曾見ル㆓此ノ湖圖ヲ㆒　詎《ゾン》識人間有ン㆓此湖ヲ《コトヲ》㆒　今日乍從㆓湖上㆒過レバ《レバ》　畫工還テ缺ク㆑著《コトヲ》㆓工夫ヲ㆒

六 上の景の方に重点をおいたようである。

七 前出(二四一頁注二四)。

八 「千金(＝多額の金)卻(シリゾケ)テ買フ呉州(＝昔の呉の地方で江蘇省。勝地に富む)ノ画、今呉州ニ向ヒテ画裏(＝画の中へ入ってゆく)ニ行ク、小雨半(ナカバ)ハ収(オサマ)リテ蒲葉(ホエフ＝蒲の葉)冷(スズ)シ、漁人帰リ去リテ釣船横(ヨコタ)フ」。

九 入江の口。

一〇 人家の煙。

一一 三体詩の五律の四虚の条「周弼曰、謂、中四句皆情思而虚也、不㆓以㆑虚為㆑虚、以㆑実為㆑虚、自㆑首至㆑尾、如㆓行雲流水㆒、此其難也」(増註に「元和已後、用㆓此体㆒者、骨格雖㆑存、気象頓殊、向後則偏㆓於枯瘠㆒、流㆓於軽俗㆒、不㆑足㆑採矣」)。

一二 「昔年曾(カツ)テ此ノ湖ノ図ヲ見ル、詎(ナン)ゾ識(シ)ラン人間(ジンカン＝世間)此ノ湖ノ有ルコトヲ、今日乍(タチマチ)湖上ニヨリ過グレバ、画工還(カヘツテ＝まだまだ)テ工夫ヲ著(ツ)クルコトヲ欠ク」。

是[一]西湖ニ至リテ作ル。其意ハ、昔西湖ノ圖ヲ見タルコトアリ。其時思フニハ、餘リ勝レタル景物ナレバ、[二]人間《ジンカン》ヨモヤカヽル絶景ノ地ハアルマジ。是ハ畫工ノ[三]ソラゴトナラント思ヒシニ、今日不思議ニ西湖へ來リテ、湖上ヨリ過ルトテ[四]直ニ眺望スレバ、昔シ畫圖ニテ見タルハ物カハ、サテ〱勝レタル風景、言葉ニ及バズ。然レバ昔シ見タリシ畫ハ、其カキ手ノ畫工ガ、工夫ヲ著《ツク》ル所、マダタラザリシ者ヲト、畫ヲ引下ゲ、景ヲ引上ゲ、全篇境ハ一字モ言ハズトイヘドモ、[五]萬境皆コモレリ。是マデ景ト繪トクラベタル趣向一トヲリニテ、或ハ繪ヲホメ或ハ景ヲホム、作例モ[六]四式ニカハル格ヲ示ス。

附リ

此西湖ノ詩ハ、日本ヨリ中華へ使ニユキタル人ノ作ナリ。本ト[七]田汝成ガ[八]熙朝樂事ト云《イフ》書ニ、コレヲ載《ノ》セテ云《イフ》、[九]正徳《セイトク》ノ間、[一〇]日本使者、經西湖題詩、云云、詩語雖俳、而羨慕之心、聞于海外久矣ト云ヘリ。近年、[一一]麯頭陀傳《キクツダデン》ト云ル書、清朝ノ人ノ作ニテワタレリ。内ニ又此詩ヲ載《ノセ》テ云ク、[一二]西湖[一三]觀音閣、題咏甚多、惟此詩爲[一四]絶唱ト云ヘリ。惜イカナ、作者ノ名知レザルコト。想フニ[一五]五山使僧ノ作ナルベシ。田汝成評シテ、[一六]詩俳ナリト云フハ、甚當レリ。全篇言ヒヲ、セタル所、甚ダ功者ノ作、固《マコト》ニ絶唱ナリ。少《スコシク》ヲドケタルニ

一 浙江省杭州の西にある湖。一名、銭塘湖。古来、風光明媚と、それにまつわる風流韻事をもって有名。
二 世間。
三 うそ。こしらえごと。
四 じかに。
五 さまざまの思い。
六 四通りの変ったスタイル。
七 明代の文人。字叔禾。官は広西右参議など。銭塘の人で、西湖遊覧志などの著がある(明史、二八七など)。
八 一巻。説郛続、廿八・西湖遊覧志余など所収。「正徳間、有三日本国使者、経二西湖一、題レ詩云、昔年曾見二此湖図一、不レ信人間有二此湖一、今日打従二湖上一過、画工還欠レ着二工夫一、詩語雖レ俳、而羨慕之心、聞二于海外一久矣」(説郛より)。
九 明の武宗時代の年号(一五〇六—一五二一)。
一〇 「日本ノ使者、西湖ヲ経テ詩ヲ題ス、云云、詩語ハ俳ナリトイヘドモ、羨慕ノ心、海外ニ聞エテ久シ」。
一一 未詳。
一二 「西湖ノ観音閣ハ、題咏甚ダ多シ、惟(タダ)此ノ詩絶唱タリ」。
一三 西湖南方呉山にあった寺閣。西湖楹聯に「石観音閣　在呉山」とあるがこれか。
一四 きわめてすぐれた詩。
一五 日本の中世に京都五山・鎌倉五山と称して、東西に禅宗の名刹があったが、その禅僧達はまた文学をよくし、五山文学と総称する。幕府の使者として入明もした。
一六 補注一六参照。

似タル故ニ、俳ナリト云フ。シカシナガラ、日本ノ手柄ナレバ、イラヌコトナレドモ、コレヲ記ス。

四句皆境ニテ趣ヲ含《フクム》法 即四實[一七]ノ格也

又

[一八]千里鶯啼綠映紅　水村山郭酒旗風　南朝四百八十寺　多少樓臺煙雨中

[一九]秋林返照散孤烟　秋水涵虛混碧天　飛盡寒鴉江漠々　青山一點白雲邊

右ノ詩意ハヨクキコエタリ。四句皆境ヲツラネテ、一字モ趣ハノベズ。然ドモ自然ト畫ノ姿一篇ニアラハル。此詩中ノ畫[二〇]トモ、有聲畫[二一]トモ云ベシ。畫ト景トノ勝劣ヲ云《イハ》ネドモ、直ニ山水ノ畫ナリ。

以上七言絶句ヲ以テ格式ヲ示ス。五言絶句モ、此格ニ同ジ。五七言律詩ハ、右ノ格二句ヲ一句トシテ見レバ、是亦同ジ。但シ律詩ハ其格見易ク、又作リ易シ。三體詩ニテ見レバ、ヨク分ル故、コヽニ記サズ。

右皆唐詩ノ章法[二二]ナリ。古風[二三]ノ作リ方ハ、又一種ノ格式ナリ。其長篇ハ又一種ナリ。其法文ヲカクト同ジ。頓挫《トンザ》[二四]・抑揚[二五]・波瀾[二六]・起伏[二七]等ノ勢アリ。初學ノ學ビ難キコト故、今コヽニ略ス。尚別ニ記スベシ。

詩學逢原卷之上終

一七 三体詩の五律の四実の条「周弼曰、謂、中四句皆景物而実、開元大暦多二此体一、華麗典重之間、有二雍容寛厚之態一、此其妙也、稍変然後入二於虚間一、以二情思一故、此体当下為二衆体之首一、昧者為上レ之、則堆積窒塞、寡二於意味一矣」。

一八 三体詩、上所収、杜牧の「江南春」の詩。「千里、鶯啼イテ緑紅ニ映ズ、水村山郭酒旗ノ風、南朝四百八十寺、多少ノ楼台煙雨ノ中」。

一九 「秋林ノ返照(=夕日の反射)ハ孤烟(=一筋の煙)ニ散ズ、秋水虚ヲ涵《ウルホ》シテ碧天に混ズ、飛ビ尽ス寒鴉《カンア》(=うえた鳥)江漠漠《バクバク》(=広広としてはてしないこと)、青山一点白雲ノ辺」。

二〇 蘇東坡の王維評に「味二摩詰之詩一、詩中有レ画、観二摩詰之画一、画中有レ詩」(詩人玉屑、一五)。

二一 詩をたたえた語。黄溍の「藻渓風雨」詩の句に「為レ君留二此有声画一、題作二扁舟煙雨図一」。

二二 句をまとめる方法。文林良材、一に「章ハ句ヲ積カサネ、或ハ四句五句或ハ七句ノ外ニ至テ、意ノ絶ル処ヲ云、其法多シトイヘ共(下略)」とある。

二三 古詩。唐代に完成した近体詩に対して、古代の詩の風、平仄や句数に定めがなく、押韻の法のみがある。五言、七言、長短を混じたものなどがある。

二四 文章作法の一。一気に進んでいる文章を、わざと、にぶらせる方法。→補二五。

二五 文章作法の一。文の調子を上げたり下げたりする方法。→補二六。

二六 文章作法の一。文章に様様の変化をつける方法。→補二七。

二七 文章作法の一。抑揚と同一とする説もあるが、相似て変化をつける方法。→補二八。

詩學逢原卷之下

南海　祇玩瑜　著
金龍　釋敬雄　校

雅[一]俗

詩ハ風雅[二]ノ器《ウツハ》ナリ。俗用[三]ノ物ニ非ズ。若《モシ》俗用ノ物ナランニハ、詩ヲ借ルニ及バズ。常語・俚語ニテコトスムベシ。詩ノミニ非ズ。日本[四]ノ歌トテモ同ジ。俗用ニテ事スムト云ハバ、譬ヘバ人ヲ、「コナタハカシコキ人ナリ」ト、ヒラタク[五]サシ付《ツケ》テ言フテモ、事スムベシ。然レドモ人ノ面前ニテ、「ソナタハカシコキ人ジヤ」トハ、孩兒[六]《ガイジ》ヲスカスヤウニテ、イカニシテモ云ハレズ。マシテナジミ無キ人、位貴《タフトク》徳高キ人ナドヘハ、イヨ〳〵云《イヒ》ガタキコトナリ。然ル〔ニ〕[七]挨拶ニヨリ品[八]ニヨリ、カク云《イヒ》タキ情アルニアタツテ、或ハ重キハ、「豈弟《ガイテイノ》[九]君子、民之父母」ト云、「有斐[一〇]君子、如切如瑳」ナンドト云。輕キハ、「有美一人[一一]」ト云、「國之司直[一二]」ト云《イフ》ヨリ以下、或ハ芝蘭[一三]・玉樹[一四]ニ比シ、或ハ山川・土地ニナゾラ

一 ▽「雅俗」は、南海詩論の中核をなすものであるが、南海詩訣の詩法雅俗弁に詳述があるので、本書は略記してある。→補二九。
二 風雅の情を盛るものであるの意。南海の解する風雅とは詩経の風や雅に分類された詩情に典型的に見えるもの。補注二九参照。
三 日常茶飯のものとは別。
四 ▽伊藤仁斎(和歌四種高妙序)や太宰春台(独語)らも、和歌・漢詩を同一視した。ただし南海の雅俗の考えは、仁斎とは違って春台に近い。
五 俗語で直接に。
六 幼児。
七 底本「ニ」を欠く。意によって補。
八 様子。次第。
九 楽しく安らけき君。詩経の大雅の「旱麓」に「豈弟君子、求レ福不レ回」など。呂氏春秋の不屈篇に「詩曰、愷悌君子、民之父母」。
一〇 うるわしい君。詩経の衛風の「淇奥」に「有二匪君子一(大学の引例に「有斐君子」)、如レ切如レ磋(=みがく)、如レ琢如レ磨」。
一一 可愛い人。詩経の鄭風の「野有蔓草」に「有美一人、清揚婉兮」。
一二 正しい国政をする人。詩経の鄭風の「羔裘」に「彼其之子、邦之司直」。
一三 芝と蘭。共に香草で、善人君子のたとえに用いる。
一四 仙界の珍しい木。すぐれた人物のたとえに用いる。
一五 帯につけた玉。佩玉。
一六 ほめた相手も、その情を理解する。
一七 様子がよい。
一八 祝いの品などを呈上する。
一九 お客と主人。ただしここは、祝を献ずる宴席につらなっている客と主人。

へ、或ハ其衣服・環《クワン》珮《パイ》[一五]・車馬・器物ニ比シテ、コレヲ美《ホムレ》バ輕薄ニモ聞ヘズ。不諛不褻《ヘツラハズナレズ》、情モ達シ、人[一六]モヨク受《ウク》。況ヤフシヲ付《ツケ》テウタイカナデタランハ、彌《イヨイヨ》[一七]品ヨカルベシ。今日目出度《メデタキ》祝儀ノ席ニ臨《ノゾミ》テ、盃ヲ擧《アゲ》テ壽[一八]ヲ獻ズルニ、目出度儀トバカリハ、口上ニモイヘドモ、一トヲリ挨拶マデニテ、委《クハシ》キ祝意モ達シガタク、賓主《ヒンシユ》[一九]ノ歡[二〇]心モ薄カルベシ。コヽニ於テ小[二一]謠ノ一ツモウタヒテ、君[二二]ハ千代マデナド、又ハチバ[二三]コノ玉ヲ奉ルナドト謠ヘバ、自ラ祝意濃《コマヤカ》ニ通ジ、賓主歡ヲ盡ス。春[二四]秋ノ世、列國ノ士大夫、會合ノ度ゴトニ、必一章二章ヲ取義[二五]シテ賦ス、右ノ意ナリ。其餘《ソノヨ》[二六]、人ヲナツカシク思ヒ、戀ヒ慕ヒ、或ハ別ヲ惜ミ、死ヲカナシムノ類、皆ウ[二七]チツケニハ云ガタシ。物ニナゾラヘ事ニヨソヘ、我情ヲ述《ノブ》。是則雅ナリ。唐ノ白[二八]樂天ガ、詩ハ人情ノ發スル所ナレバ、故[二九]事ヲ用ヒ、文字ヲ工《タクミ》ニシ、句ヲ幽[三〇]玄ニバカリ難クスル類、皆世人ノ耳ニ遠シ。誰ガキヽテモ、ヨク合[三一]點ユキテ、世上ノ人ノ情ヲ能《ヨク》言ヒカナヘタルコソ、詩ノ本意ナレトテ、作リ出ス度ゴト、ヒラタク打ツケテ、俗人ノ能《ヨク》會得スルヤウニ作リ、門前ノ嫗《ウバ》[三二]ニキカセテモ、面白キコトカナト云ヘバ、自分モ出來タリト悅《ヨロコビ》、彼嫗合點ユカズトイヘバ、是デハ惡シトテ、棄《ステ》タル由、理ハキコヘタル様ナレドモ、以ノ外ノコトナリ。後世詩道ノ亡ブベキ端、是ニ過ルハナシ。サルニヨツテ、後世ニモ

二〇 よろこび。
二一 謡の一部分をとり出して、何かの折にうたうべくまとめたもの。
二二 謡曲「翁」に「ところ千代までおはしませ」。狂言歌謡に「君は千代〳〵、われはいちごはなれやるまひ…」(和泉流「花子」)。
二三 謡曲「なには」からの小謡「ゆるすゆへにやなか〳〵いやましにはこぶみたからの。せんしうばんぜいの。ちはこのたまをたてまつる」(万葉小謡千秋楽)。
二四 中国詩人選集、詩経国風、上の解説に、左伝にその例、約一〇回として、文公三年・十三年、成公九年、襄公八年・十六年・二十七年二条、昭公元年・二年・十六年・二十五年を上げている。その一をかかげると、文公十三年の条「冬。公如晉朝。且尋盟。衛侯会公于沓。請平于晉。公還。鄭伯会公于棐。亦請平于晉。公皆成之。鄭伯与公宴于棐。子家賦鴻鴈。季文子曰。寡君未免於此。文子賦四月。子家賦載馳之四章。文子賦采薇之四章。鄭伯拜。公答拜」。鴻鴈、四月は詩経の小雅のうち、載馳は詩経の鄘風のうち、采薇は詩経の小雅のうちの詩。
二五 断章取義。前出(二二八頁注九)。
二六 その他。
二七 露骨。
二八 白居易。中唐の詩人。字楽天、号酔吟など。官は刑部尚書。平易な詩を作った(旧唐書、一六六・新唐書、一一九)。
二九 昔のことがら。→補三〇。
三〇 趣の深いことをのみ望んで理解困難にする。
三一 理解できて。
三二 冷斎夜話、一に「白楽天毎レ作レ詩。令ニ一老嫗解一レ之。問曰。解否。嫗曰。解。則録レ之。不レ解。則易レ之。故唐末之詩。近ニ於鄙俚一也」など。

[一]白俗ト名付テ、是ヲ陋[二]トス。風雅ノ道ヲ鄙俗ノ道トナスコト、[三]天ヲ地ト云《イヒ》、月ヲ日ト云《イフ》ガ如シ。學者大ニ恐ルベシ。其鄙俗ヲ其マヽ用テ、卻《カヘツ》テ面白ク情モ深ク、風雅ノ語ヨリマサレルコト有リ。是ハ事ニヨリ場ニヨルコトニテ、卻《カヘツ》テ[四]村《ソン》巷《カウ》里《リ》俗《ゾク》ノ語ニテ、甚《ハナハダ》感情ヲ含ム。凡ソ詩ニハ甚嫌フコトナリ。或ハ[五]子夜歌・[六]竹枝曲ナドノ如キハ、元來民間兒女ノ詞ナル故、雅語ハ知ラヌ筈ナリ。其俚俗ヲ以テ、僞リ飾モ無ク、眞情ヲ言ノベタル所、雅語ヲ以テカザリコシラヘテ、作リタテタル、後世ノ[七]士大夫、大儒先生ノ作ヨリ、遙ニ感慨モ深ク、[八]鬼神モ泣カシムベシ。故ニ詩經ノ内ニモ、「[九]毋逝我梁、毋發我笱」ト云ヒ、「[一〇]莫使尨也吠」ト云フ類ヒ、日本[一一]萬葉ノ歌ニモ、其時ノ民間ノ俚語多シ。畢竟詩ハ人情ノ聲ナレバ、天誠自然ノ眞情ヲウツシタル所ヲ詩トス。本ハ[一二]雅俗ノ論ハ無キコトナレドモ、雅ナレバキヽヨロシク、俗ナレバキヽ惡キ故、雅ヲ好ミ、俗ヲ嫌フ故、三百篇九分ハ雅ニテ、俗ニテ面白キ所ハ、一分ナラデハ無シ。唐詩モ然リ、シカルヲ樂天、詩ゴトニ俗ニ作ラント欲スルハ、大ナル誤ナルベシ。都《スベ》テ詩歌ニ限ラズ、[一三]雅正ハ常ナリ。タマ〳〵俗ニテ面白キ趣アルコト、世ニ多シ。去リシ[一四]享保初、京師ニ遊ビタリシニ、[一五]八瀬ト云フ村路ヲ過グ。路傍ノ民舎ニ[一六]婚姻ノ酒宴アリト覺ヘテ、人々車座ニ並居テ、何ヤラン[一七]杯盤トリ散シテ酒盛ス。其酣《タケナハ》

一 珊瑚鉤詩話に「詩以レ意為レ主、又須二篇中練レ句、句句練レ字、乃得工年、以二気韻清高深助者一絶、以二格力雅健雄豪者一勝、元軽白俗、郊寒島瘦、皆其病也」など。
二 いやしむ。→補三一。
三 大いに相違することのたとえ。
四 村里の俗習。
五 詩轍、六に「李白詩ニ、子夜ノ呉歌アリ、晋書ニ、子夜者、女子名、子夜造二此声一トアリ、此声ヲ造ルトアレバ、声調ノ事ナリ、故ニ子夜ト云モ、呉ト云モ、但声調ノ事ニシテ、題意ノアル所ニアラズ」。
六 詩轍、六に「竹枝詞ナド云モ、モト劉禹錫ニ起レリ、禹錫建安ニ至リ、小児竹枝ト云ヲ歌フヲ聞ニ、鼓笛ニテ音中二黄鐘之羽一、其卒章激昂如二呉声一ト、此調ヲ以テ、男女ノ情ナド作リテ歌ハセタル也(下略)」。
七 官人学者。
八 詩経の大序に「感二鬼神一莫レ近二於詩一」。
九 「我ガ梁(ヤナ)ニ逝(ユ)クナカレ、我ガ笱(ゴ)ヲ発(ヒラ)クナカレ」。詩経の邶風の「谷風」中の句。
一〇 「尨(バウ=むくいぬ)ヲシテ吠(ホ)エシムルナカレ」。詩経の召南の「野有死麕(やゆうしきん)」の一句。「莫」が「無」となっている。
一一 太宰春台の独語に「上代の人の歌は、皆此の境(「花を見、月に対し、人情興感の事ある時は、自然に三十一字をつらね出だす」)に至りてよみ出だしたるものなり。上代の人は、自然の風俗にて、(中略)賤夫賤婦も、皆能く歌をよむ」。
一二 南海詩訣に「雅ハヲリメダカナル詞ナリ、俗ハヒラタキ語ナリ」。
一三 みやびで正しい方が、常道である。
一四 中御門天皇時代の年号(一七一六―一七三六)。
一五 山城国の比叡山麓の村。今は京都市。

ナルニ臨ンデ、是ヲ聞《キケ》バ、一八濱松ノ音ト謡ヒ、一九三國一トワメキテ、笑語喧《カシマシ》ク興ニ入《イリ》タル體ナリキ。「京近キ田家ナレバ、今少《スコシ》二〇風雅ナルハヤリ歌等モ謡フベキニ、カヽルコトハサスガ田家ナリ」ト、伴ヒタル人ナド笑ヒアヘリ。某ハ、「然ラズ。二一獨《ヒトリ》田家質素ノ古風、カクコソ」ト、甚二二興ヲナセリ。「是等ハ、其場ニテハ、二三絲竹管絃コト〳〵シク調子ヲ叶《カナ》ヘ、當時ハヤル一曲ヲ二四音アヤナシ、二五子細ラシク謡ヒカナデタランハ、二六嘔噦《オウエツ》ヲ發スベシ。濱松ノ音ハ二七春鶯囀《シュンアウデン》ニモマサリ、三國一ハ二八太平樂《タイヘイラク》ニモ過グベシ。是所謂二九風ナリ。俗ニハ非ズ。故ニ詩ハ風雅ノ道ナリ」ト云《イヘ》リ。俗ト云ハ、三〇フツヽカニウチ付言フ詞、又聞テイヤシキ詞、見テ見苦シキ類、皆俗ナリ。詩ニ限ラズ、琴棋書畫ノ類モ、皆雅事ナリ。先《マツ》畫ニ付テ云バ、譬ヘバ、山水ノ繪ニ山家田家ノ景ヲ畫クニ、イカニ實事ナリトテ、雪隠《セッチン》、三一積《ツ》ミ肥《ゴエ》、或ハ竈《カマド》等ヲ繪ガキテハ、甚イヤシカルベシ。人物ヲ繪ガクニ、イカニ有ル物ナリトテ、尻ノ穴・三二陰物《インブツ》ヲ繪ガキタルハ、甚三三尾籠《ビロウ》ナルベシ。縦《タト》ヘアルベキ物モ、雅事ニハコレヲ三四ヨケテ、雅ナル所ヲヱガキ、卑俗ノ所ハ繪ガ、ザルベシ。三五世ノ詩人ト云フ人ヲ問ヘバ、實事ヲ賦ストテ、雅ナラヌ俗事・俗言ヲ賦スル、以ノ外ノ義ナリ。此義ヲワキマヘテ、雅俗ノ品ヲ知ルベキナリ。サテ其雅俗ノ内ニ、事ノ雅俗アリ、字ノ雅俗アリ、趣ノ雅俗アリ。先《マツ》事ノ雅俗トハ、譬ヘバ、

一六 底本「昏姻」。意によって改。
一七 「杯盤」は盃と皿。酒席がとりみだれていて。
一八 「ざざんざ、浜松の音はざざんざ」と云う祝言の小歌。狂言などから、近世初めに多く見える。享保では既に古風であった。
一九 「三国一じゃ婿とりすました」(「婿とり」の部分、「何何になり」と、時によって変化)と云う、祝儀や宴席の小歌。前者と同じ頃流行。
二〇 ここは、普通の「品のよい」位の意。
二一 ただ。専ら。
二二 面白いことに思った。
二三 糸は絃、即ち絃楽器。竹は管、即ち管楽器。ここは正式の楽器を、正調にして、迎山にならべての意。
二四 上手な音調で。
二五 もっともらしく。
二六 へどをはくであろう。
二七 「しゅんのうでん」とよみならう。雅楽の唐楽の一。唐の高宗時代に始まると伝え、日本でも代表的な朝廷の楽の一。
二八 雅楽の唐楽の一。中国では数種(有名なのは唐の太宗作と云うもの)あるが、日本では、武将太平楽を云う。また代表的な朝廷の楽。
二九 詩経に云う「風」である。詩経集伝に「風者民俗歌謡之詩也」。詩経の大序に「上以㆑風化㆑下、下以㆑風刺㆑上、主㆑文而譎諫、言㆑之者無㆑罪、聞㆑之者足㆓以戒㆒、故曰㆑風」。
三〇 下品に露骨に云う。
三一 たいひ(堆肥)。
三二 男女の生殖器。
三三 不作法。
三四 除いて。さけて。
三五 ▽宋詩風の一癖を難じたものであるが、杜甫さえも、後出の如く批難の対象となっている。

絲竹・管絃・琴棋・書畫・漁獵・酒宴ノ類ハ、皆雅ナリ。或ハ雜劇[一]・放下《(ハウカ)》[二]・踏《ヲドリ》[三]歌・茶湯《(サタウ)》[四]・米錢・賣買等、皆俗ナリ。是等ノ雅事ヲエラミ、俗事ヲ去《(サル)》ベシ。字ノ雅俗トハ、譬ヘバ、中華ノ俗字[五]、乍麼[六]・東西[七]・家伙[八]・這箇[九]等ノ如キ、日本ノ俗字、夕立《(ユフダチ)》・村雲《(ムラクモ)》ノ字ノ類ヨリ、地名ノ五十鈴川《(イスズガハ)》[一〇]・久保田《(クボタ)》[一一]、又ハ小夜《(サヨ)》・狹衣《(サゴロモ)》[一二]等、其餘人ノ名・物ノ名・諺語《(ゲンゴ)》[一三]等、皆俗字アリ。タトヒ華語ニテモ、書簡[一四]ノ語・小[一五]説ノ語等、又皆俗字ナリ。此境[一六]ヨク〳〵辨ジ用ユベシ。趣ノ俗トハ、趣向ノ卑劣ナルヲ云フ。縱《(タト)》ヘバ、唐詩ニ「捲[一七]荷乍被微風觸、瀉下清香露一杯」ト云ヘルハ、サマデ惡カラネドモ、其趣向ノ云フ所、荷ノ葉ガ風ニ吹《(フカ)》レテ、タマリタル露ヲ、サラ〳〵ト杯ヨリ酒ナドヲ瀉《(ウツ)》スガ如ク、散リタルトノ趣向、五七歳ノ小兒ナドノ、「銀《(カネ)》[一八]ニナレ錢《(ゼニ)》ニナレ」ナドトテ、戲レ弄《(モテアソ)》ブニ近ク、鬚《(ヒゲ)》[一九]クイソラシタル丈夫ナドノ、云フベキ趣向ニアラズ。アヤシキコト也。又杜詩[二〇]ニ、「老[二一]妻畫紙成棋局、稚子敲針作釣鉤」。年ヨリノカヽ、紙ニ卦《(ケイ)》ヲ引《(ヒキ)》テ、棋盤ヲコシラヘテ慰ミ、小兒ドモノ、石ニテ針ヲタヽキユガメテ、鉤ニ作ルナド、一篇ノ詩、「長[二二]夏江村事〻幽」ナリト云フコトヲ、作リタル體、尤サモアルベキコト、村家ノ常[二三]景ナガラ、イカニシテモ甘《(アマ)》キコトニテ、然モ句作リヒラタク[二四]、傳奇[二五]ノ詩ノ如ク、甚卑劣ナリ。此[二六]老若キ比《(コロ)》ハ、「朝[二七]罷テ香烟携テ滿レ袖、詩成珠玉在リレ揮ニレ毫ヲ」

一 ここは一般の演劇。 二 曲芸の類。
三 ここは一般の舞踊。
四 ここは日常に用いる湯茶のこと。以上の俗に関する語は南海詩訣にかかげてある。補注二九参照。 五 俗語。
六 唐話纂要に「怎麼 ツエンモン 同上(ナントシタカ)」。
七 唐話纂要に「甚東西 シントンスヱ、ナニモノゾ」。「当東西 タントンスヱ、物ヲシチニヲク」。東西は「モノ」にあたる。
八 小説字彙に「家伙 セタイダウグ」。唐話纂要に「家伙 キヤアホウ カザイ」。
九 南海詩訣に「這個 コノ」。
一〇 伊勢皇大神宮の境域で御手洗になっている川。 一一 どこの土地と限らず、地名の例。
一二 「さ」は接頭語。衣服の意。
一三 ことわざ。
一四 書簡の語の俗なる例は南海詩訣にのる。補注二九参照。
一五 小説の語についても南海詩訣に説がある。補注二九参照。 一六 この間の事情。
一七 「捲荷(ケンカ=蓮の巻いた葉)乍(タチマチ)微風ニ触レラレ、瀉下(シャカ=そそぎ下す)ス清香露一杯(=清い香の露が一杯に)」。晩唐の詩人韓偓の「野塘」詩の句。→補三二。
一八 蓮の葉をもてあそぶ童詞か。
一九 成人男子の形容。 二〇 杜甫の詩。
二一 「老妻紙ニ画キテ棋局(キキヨク=碁盤がわりの紙)ヲ成シ、稚子(チシ=おさな子)針ヲ敲(タタ)キテ釣鉤(テウコウ=釣針)ヲ作ル」。杜甫の「江村」の詩中の句。→補三三。
二二 「長夏江村事々幽(=ひっそりしている)」。「江村」の一句。補注三三参照。
二三 ありきたりの景。 二四 平易。

ナドト云ヒ、又「[二八]碁局動《スレバ》随《ヒ》幽澗竹、袈裟憶上泛湖船」ナド云ルハ、事モ雅ニ句モ勝レテ雅ナリシガ、年老ヒ家貧シテ、久シク[二九]蜀中ノ村民ニ交リ、イツトナク雅趣雅言ヲ失ヒ、カヽル卑俗ノ句ヲ作レル者ナリ。コレヨリ後、[三〇]白樂天・[三一]張籍ガ徒ヨリ、宋朝ニ至リ、アラユル[三二]俗趣ヲ工ナリトシ、[三三]東坡ニ至リテ、又専ラ[三四]飲食ノコトノミ言フ。卑陋ノ中ニ尤卑陋ナルコト、可《ニクムベク》惡、[三五]可《ワラフベシ》咲。[三六]後世詩學者、此義ヲヨク明《アキ》ラメ、[三七]痛《イタ》ク俗ヲ去ルベキコト、[三八]詩病醫方ノ第一義ナリ。

詩有[三九]輕重・[四〇]清濁・[四一]大小・[四二]緩急

右ノ如ク、雅字ヲ擇《エラ》ビ用ユトイヘドモ、又其篇一句一字ニ、輕重・清濁・大小・緩急ノ[四三]節奏アルコトヲ知《シル》ベシ。右ノ八ツハ皆ツリ合ヲ云ナリ。一句ノツリ合アリ、一篇ノツリ合アリ。一句ノツリ合トハ、五言ナレバ、タトヘバ上二字ト下三字、七言ナレバ、上下ノ中、或ハ上二字ト下二三字、或ハ上四字ト下二三字、何レニモ上下ツリ合《アヒ》テ、清ナラバ清、濁ナラバ濁、輕クバ同ジク輕ク、重クバ同ク重ク、大小・緩急モ同ジクツリ合フヲ云。又[四四]對句ノ時モ、隣ノ句ト、右ノツリ合ヒヲ、違《タガ》ヘヌヤウニ心得テ作ルベシ。譬ヘバ、「[四五]池塘生春草」ト云コトヲ、「江塘生春草」トスレバ、[四六]重クシテ、下ノ春草トツリ合ハズ、又「池頭生百

二五 先には、唐代の伝記的小説。後には雑劇のこと。ここも戯曲中に見る詩のこと。
二六 杜甫のこと。
二七 「朝(テウ)罷ミテ香烟携(タヅサ)ヘテ袖ニ満ツ、詩成リテ珠玉毫ヲ揮フニ在リ」。杜甫の「奉レ和二賈至舎人、早朝二大明宮一」の詩中の句。→補三四。
二八 「碁局動(ヤヤ)モスレバ幽澗竹ニ随ヒ、袈裟憶(オモ)フ泛湖ノ船ニ上リシコトヲ」。杜甫の「因二許八一奉レ寄二江寧旻上人一」詩中の句。→補三五。
二九 蜀の地。杜甫はかつて蜀地に住んだ。前出(二三一頁注三四)。 三〇 前出(二四七頁注二八)。
三一 唐末の詩人。字文昌。官は国子司業。詩に熱中して杜詩を焼いてその灰を飲んだ故事のある人(旧唐書、一六〇・新唐書、一七六)。
三二 前出(二二九頁注三七)の宋詩の俗気と称したもの。 三三 前出(二三四頁注一四)。
三四 前出(二二九頁注三七)の飲食のことが宋詩に多いとしたのはこのこと。 三五 笑うべきである。 三六 詩を学ぶ者。 三七 きびしく。
三八 詩の病気を治療する最良方法。
三九・四〇 主に字音の感じについての別。明の林希恩の詩文浪談の説などから得た用語であろう。→補三六。
四一 文字の表現するものの形や気分の大小についての別。→補三七。
四二 句構成の緩急に応じての用字法である。→補三八。 四三 リズム。
四四 対偶する語句よりなる二つの詩句。古詩にもあり、律詩では、第三と第四、第五と第六を対句にする定めであった。色色の種類と技巧が行われる。
四五 「池塘(チタウ=池の堤)春草ヲ生ズ」。謝礼運の「登池上楼」の詩の句。→補三九。 四六 江の方が池より大きいのと、音感による重さ。

草」トスレバ、[一]百草ノ字濁リテ、上ノ池塘ノ清キト合ハズ。[二]「五更斜雨送青春」ト云フヲ、五更ヲ滿城トシテハ、[三]重クシテ斜雨・青春トツリ合ハズ。其時ハ滿城[四]風雨トスレバ、ツリ合フナリ。如此《カクノゴトキ》所勝《アゲ》テ數フベカラズ。對句ニモ、[五]明月ハ輕ク清《ス》メリ、暴風ハ[六]重ク濁ル。對スベカラズ。明月ニハ、[七]白雲トカ清風トカ、同ジク清キ輕キ字ヲ用ユベシ。又[八]鳳皇城《ホウワウジヤウ》ハ重シ、[九]鷗鷺渚《オウロノシヨ》ハ輕シ。鳳皇城ニハ、[一〇]烏鵲橋《ウジヤクケウ》・[一一]鳷鵲觀《シジヤククワン》ノ類ヲ對ス。鷗鷺渚ニハ、[一二]鴛鴦磯《エンアウノキ》ノ類ヲ對スベシ。[一三]是其意ヲ言フニ非ズ。文字ノ響ヲ云フナリ。又一篇ニ云ヘバ、杜詩ノ[一四]「白帝城中雲出門」ト云フ一首ハ、暴雨ヲ作ル故、其詩モ亦勢甚急ニテ、滯リナシ。[一五]曲江ノ數首ハ、春景ノ長閑《ノドカ》ナルヲ賦スル故、其詩ノ勢甚緩《ユル》シ。[一六]岳陽樓ノ詩ハ重ク大ナリ。[一七]何氏山林ノ詩ハ輕ク小ナリ。其題ニヨリ、其事ニ就《ツキ》テ、緩急・大小、[一八]體皆殊ナル時ハ、其殊ナルニ隨《シタガヒ》テ、[一九]全篇ソロヒテ、其體ニ應ズルヤウニ作ルベシ。一句ニテモ違ヘバ、雜《マジ》リテ一篇ヲナサズ。後世ノ詩人、此義ヲ知ラズ。[二〇]義理キコユレバ、詩ナリト心得ル、其[二一]僻事《ヒガゴト》ナリ。別《ベツシ》テ日本人、夢ニモ如此《カクノゴトキ》コトヲ知ラズ。故ニ作リ出ス詩、輕重・清濁・大小・緩急・ツリ合亂レテ、讀ムニ堪ヘズ。見ルニ笑ヲ發ス。其輕重・清濁・大小・緩急ヲ知ルコト、別ニ[二二]口傳アリ。今斯《ココ》ニ其口傳ヲ示サント欲ストイヘドモ、其機ニ投ゼザル人ニハ、引テ發スベカラズ。昔

一 音感による濁り。
二 「五更ノ斜雨(シャウ=横ぶりの雨)青春(=春のこと)ヲ送ル」。出拠未詳。
三 時間を場所に指定したことと、音の感じからくる重さ。 四 斜雨と風雨と比較して、斜雨の方が降り方も少く、軽い感じ。
五 これも音と、意味内容からくる感じによる軽さ・清さ。
六 これも音と意味内容からくる重さと濁り。
七 これも音と内容からくる感じ。「…軽キ字ヲ用ユベシ」の下に、詩学逢原の一稿本には「景風ト云ヘバ、白月・盲雨(=大雨)等ノ重濁ノ字ヲ用ユベシ」とある。
八 鳳凰城に同じ。満洲の奉天城のこと。また広西省扶南県にもある。
九 かもめや鷺のいるなぎさ。
一〇 七夕に天の川に、かささぎが渡すという伝説の橋。 一一 漢の武帝が甘泉苑に築いた楼観。
一二 底本「機」。意によって改。
一三 ▽南海はかく云うが、なお意味内容も加わった軽重の感は消えない。
一四 「白帝城中雲門ヲ出ヅ」。杜甫の「白帝」の詩の初めの句。→補四〇。
一五 杜甫が、長安の景勝地、曲江で詠じた詩二首など。→補四一。
一六 杜甫の「登㆓岳陽楼㆒」の詩。→補四二。
一七 杜甫の「陪㆓鄭広文㆒遊㆓何将軍山林㆒十首」の詩をさす。→補四三。 一八 詩体。 一九 一首全体。
二〇 意味さえ通れば。 二一 まちがい。
二二 口づてで伝授すべき秘密の教え。
二三 唐末から後梁にかけての詩人。字彦之、号九華山人。杜牧の子。官は知制誥(旧五代史、二四)。 二四 「風暖ニシテ鳥声砕ケ、日高クシテ花影重シ」。杜荀鶴の「春宮」の詩の句。三体詩所

年、予人ニ語テ云、「杜荀鶴《トジュンカク》[二三]ガ、「風暖鳥聲碎、日高花影重」[二四]ト云フ句ハ、題[二五]ヲ問ズシテ、閨情[二六]ノ詩タルコトヲ知ルベシ」ト云ヒケレバ、彼人聞テ、「イヤ曾テ閨情ト云フコトハ見ヘズ。春景ノ句、何レノ地ニモ合ベシ」トテ、トカク合點ユカズ。カヽル愚昧[二七]ノ人モアレバ、海[二八]ヲ語リ氷ヲ語ルハ、其人[二九]ニヨルベシ。

字眼

詩ニモ文ニモ、字眼[三〇]ト云コトアリ。一篇ノ眼目アリ。一句ノ眼目アリ。詩文一篇ノ中、第一趣向[三一]専要ノ所、格別ニ神明[三二]ナル警句[三三]、或ハ一段、或ハ二句三句五句七句、是一篇ノ警策《ケイサク》[三四]トモ、關鍵《クワンケン》[三五]トモ、精神トモ云《イフ》、皆字眼ナリ。一句ノ中、一二字専要ノ文字アリテ、此字ニテ此句活シ、此字ニ非レバ、此句死スル、人ノ眼目アルガ如シ。一篇ノ眼目ハ見易ク、又作リ易シ。一句ノ眼目ハ作リ難ク、知リ難シ。先一句ノ中専要ノ一字、力ヲ入《イレ》ザレバ面白カラザル所、多《オホク》ハ一句縫《ヌヒ》[三六]目《メ》ノ所ニ在リ。縫目トハ一句ヲ綴ルツナギノ所ナリ。タトヘバ、輕風ト細柳トノ四字ハ、古來ヨリノ熟字ニテ、宜《ヨロシ》キ字ナレドモ、輕風細柳トバカリニテハ句ニナラズ、意モ無シ。又澹月《タンゲツ》[三七]ト梅花ノ四字モ同斷ナリ。然レバ、句ニ取結ブ時、輕風細柳○《ナニス》、澹月梅花○《ナニス》カ、又ハ輕風○《ナニシ》二細柳一、澹月○《ナニス》二梅花一トカ、此○ノ處

収のこの詩の注に「漁隠詩話云、杜詩三百首、惟在二一聯中一指二此第五第六句一」とある有名な句。→補四四。二五「春宮」の題のこと。この題は、春の宮怨の意があるから云う。

二六 ひとり寝をなげく情。掲示の二句の持っている、春景の中から物うさを描き出した所から、それに対する人の閨情を感じるのである。

二七 おろかな。さとりの悪い。

二八 荘子の秋水篇「井鼃《アセイ》ハ以テ海ヲ語ルベカラザルモノハ、虚ニ拘レバナリ。夏虫ハ以テ氷《コホリ》ヲ語ルベカラザルモノハ、時ニ篤《カタナ》ナレバナリ」による。共に時と所にとらわれることを云ったもの。二九 とらわれずに真実を察する人でなければならない。

三〇 詩轍、五に「詩ニ字眼ト云アリ、句中意味ノ最関カル字ノコトナリ、律ニ限ルコトニ非ザレドモ、字眼トイヘバ、対聯ニテイフコト也、古人虚字実字ヲ分チ用ヒタレドモ、分ツニモ及バズ、肝心トナル字也」。南海はこれより広く解している。→補四五。

三一 一篇の主旨のかなめをなす所。

三二 諸翻刻本「神妙」。その方が意通じる。神妙は殊勝なの意。三三 するどい意味を含む句。

三四 全篇を引き締める語句。呂氏童蒙訓「(前略)老杜詩云、語不レ驚レ人死不レ休、所謂驚レ人語、即警策也」(詩人玉屑より)。三五 かなめ。

三六 前出(注三〇)の詩轍の説明に続いて「響字トモイヘリ、上下ニ応ズルニヨリテイフト見エタリ、先五言ノ第三字、七言ノ第五字トイヘリ、然レバ各腰ノ字也、入門ニハ、其他ニアル所ノ者ヲ錬字トイヘリ、畢竟ヒトツコトナリ」。ただし南海は、字眼をも錬ると称している。

三七 淡い光の月。軽風・細柳・梅花と共に早春の風景を示す語。

ガ、縫目・結目ノ眼字ニテ、好句ニモ悪句ニモナルナリ。故ニ錬《ネ》ル[一]処、第一コヽニアリ。タトヘバ、輕風細柳、澹月梅花ノ八字ハ、錦ヲ能《ヨ》キ寸法ニ裁《キ》リタルガ如シ。裁リタル分《ブン》[二]ニテハ、イマダ衣ニナラズ。ソコヲ縫合セテ、一[三]領ノ衣トナスハ、縫手ノ手際《テギハ》ニヨルナリ。下手ノ縫タルハ、猿ノ鼻[四]シカメタルヤウニテ、著用ナラズ。ソコヲ上手ノ手際ヨク、針目正シキニ至《イタリ》テ、誠ノ錦衣トナル。古語ニモ、「鴛[五]鴦可縫、金針ハ難度」ト云リ。鴛鴦ノ形ヲ縫《ヌヒ》[六]ニスル、其形ハナリ易シ。只針ヲワタス縫[七]ヒ手際ガ大事ジヤ、ト云フ心ナリ。故ニ此字眼ノ処ニ、手際入《イル》ナリ。サテ右ノ八字ニテ作リ立《タツ》ルニ、元來ノ趣向、輕風ノ細柳ヲ吹キ、澹月ノ梅花ヲ照スト云コト究《キハマ》[八]リテ、先思寄リテ、誰モ吹《フク》ト照スニテヨク通ズレドモ、ソレニテハ、彼縫目、縫ヒナライノ小女抔《ナド》ノ手際ノ如ク、キタナク拙クシテ、小兒ノ語モ同ク、詩ニハナラズ。此処力ヲ用テ、工夫スベキ処ナリ。昔、[九]蘇東坡ガ妹、コトノ外、詩[一〇]意ニ通ジタリシガ、或時、坡[一一]老・山[一二]谷相會シテ、和[一三]風細柳、澹月梅花ノ腰[一四]ヘ入《イル》ル一字、錬リ処ニテ、句ノ工拙ハコヽニ在リトテ、兩人久シク吟哦《ギンガ》[一五]シタリ。東坡先一字ヲ唱ヘテ云ク、「和[一六]風搖細柳、澹月映梅花」。妹ノ云、「イマダ佳ナラズ」ト笑フ。山谷次ニ唱ヘテ云ク、「和[一七]風舞細柳、澹月隱梅花」。妹ノ云、「少佳ナリ」。兩人云ク、「汝ガ句イカン」。妹ノ曰、「和[一八]風扶

一　錬字。字を苦心して置くこと。
二　と云うことだけでは。
三　一着の衣服。　四　しわが多いことのたとえ。
五　「鴛鴦ハ縫フベシ、金針ハ度(ド)シ難シ」。裁縫は勿論、様様の秘法は伝えにくいと云う諺を転じて用いたもの。元好問の論詩絶句に「鴛鴦繍出従ニ君看一、莫下把ニ金針一度中与人上」。
六　刺繍。
七　諸翻刻本「縫フ」に改。いずれも生硬。裁縫の上手さ。
八　定まって。きまって。
九　近藤元粋編の蘇詩紀事に「坡有レ妹。敏慧多弁。其額広而如レ凸。坡嘗戯曰。運歩未レ離香閣下。梅妝先露画屛前。妹即応云。欲レ扣ニ歯牙一無ニ覓処一。忽聞毛裡有ニ声伝一。公多ニ須髯一。遂戯答レ之。時年十歳也」をあげ、注に「蘇小妹之事小説者流多記之者、而其実、坡翁無妹、欧公老蘇墓誌中、亦無有女之語」と。伝説中の人物である。次の一話は何に出るか未詳であるが、勿論作り話である。
一〇　詩のこころ。　一一　蘇東坡。
一二　黄庭堅。字魯直、号山谷道人など。東坡の門で、詩・文・書をよくし、師と共に宋代を代表する。官は起居舎人など(宋史、四四四など)。
一三　のどかな風。
一四　詩轍、二に「一句ノ腰トハ、五言ノ第三字、七言ノ第五字ナリ」。
一五　吟唱する。うたう。
一六　「和風細柳ヲ揺(ウエ=うごかし)シ、澹月梅花ニ映ズ」。
一七　「和風細柳ヲ舞ハセ、澹月梅花ヲ隠ス」。
一八　「和風細柳ヲ扶(タス)ケ、淡月梅花ヲ失フ」。
一九　感嘆したさま。
二〇　人の考えをはるかにこえて。

細柳、淡月失梅花」。コヽニ於テ、サシモノ兩人、掌[一九]ヲ拍《ウチ》テ賞嘆セシト云ヘリ。右ノ句、東坡ハ甚淺シ、山谷ハ少シ意味アリ、妹ノ句ニ至リテハ、人意[二〇]ノ表ニ出テ、奇ナルコト甚シ。是ヲ見テ、字眼ノ味ヲ知ルベシ。但其錬ルベキ字句ノ、腰ノミニアラズ。前ニ云フトヲリ、第一字ヨリ、第七字マデ、句ノ縫目ノ所ヲ練ルベシ。「氣[二一]蒸雲夢澤、波撼嶽陽城」トイヘルハ、第二字ヲ練ル。「呉[二二]楚東南坼、乾坤日夜浮」ト云フハ、第五字ヲ練ル。「問[二三]人遠岫千重意、對客間雲一片情」ト云フハ、第一字ヲ練ル。「花[二四]迎劍佩星初落、柳拂旌旗露未乾」ト云フモ、第二字ヲ練ル。「旌[二五]旗日煖龍蛇動、宮殿風微燕雀高」。此ノ句ハ第四字、第七字ヲ練ル。外ニ亦一種、意モナク、縫目ノ字ニモ非ズシテ、用ヒ様ニテ、其句ヲ巧拙雅俗分ル字アリ。僧齊己[二六]ガ、「前[二七]村深雪ノ裏、昨夜數枝開」ト云ヲ、鄭谷[二八]改テ、「一[二九]枝開」トナシテ、此句格別高妙[三〇]ニナリタリ。又杜詩ノ、「鸚[三一]鵡啄ミ餘ス香稻ノ粒、鳳皇栖老ス碧梧ノ枝」ト云《イフ》コトヲ、其儘ニテハ何ノ趣モ無ク、常語ニナル故、上下ヘ装《ヨソホ》イカヘ、「香[三二]稻啄ミ餘ス鸚鵡ノ粒、碧梧栖ミ老ス鳳皇ノ枝」ト、上下ヘナシタルニテ、此句精神甚高妙ニナリタリ。王勃《ワウボツ》[三三]ガ、「朱[三四]簾暮捲ク西山ノ雨」トイヘルモ、他人是ヲ作ラバ、朱簾暮ニ過《スグ》トカ、暮望《クレニノゾム》トカ、甚卑劣[三五]ニシテハ、「捲レ簾暮ニ望ム西山雨」ナンド、大方如此《カクノゴトク》ナルベシ。捲ハ一字ニテ、一句活動、精神甚格別ナル者ナリ。

二一「気ハ蒸ス雲夢沢(=洞庭湖の北の沼地)、波ハ撼《ユル》ガス岳陽城(=洞庭湖の東北端にある岳陽)」。孟浩然の「臨二洞庭一」の詩中の句。↓補四六。　二二 前出(二五二頁注一六)の杜甫「登二岳陽楼一」の詩中の句。

二三「人ニ問フ遠岫《エンシウ》(=遠い山)千重ノ意、客ニ対《コタ》フ間雲(=しずかな雲)一片ノ情」。李山甫の「方干隠居」の詩中の句。↓補四七。

二四「花ハ剣佩(=腰の剣と玉)ヲ迎ヘテ星初メテ落チ(=朝になる意)、柳ハ旌旗《セイキ》(=天子の旗)ヲ払ッテ露未ダ乾カズ」。岑参の「和下賈舎人早朝二大明宮一之作上」の詩中の句。↓補四八。

二五「旌旗日煖《アタタカ》ニシテ竜蛇動キ、宮殿風微《カス》カニシテ燕雀高シ」。杜甫の「和三賈至舎人早朝二大明宮一」の詩中の句。↓補四九。

二六 唐の詩僧。胡氏、名得生。出家して、竜興寺など諸方にあり、僧正となる(全唐詩・唐才子伝)。

二七「前村深雪ノ裏、昨夜数枝開ク」。「早梅」の詩中の句。↓補五〇。

二八 唐の詩人。字守愚。官は都官郎中。斉己の友人(新唐書、二〇二)。

二九 このこと唐才子伝の鄭谷の条にのる。↓補五一。　三〇 詩文の甚だすぐれたさまをいう。

三一 底本「余」の送仮名「ム」。「ス」と改。「鸚鵡啄《ツイ》ミ余ス香稲ノ粒、鳳皇栖ミ老ス碧梧《ヘキゴ》(=青桐)ノ枝」。これは南海が悪く改作したもの。

三二「香稲啄ミ余ス鸚鵡ノ粒、碧梧栖ミ老ス鳳皇ノ枝」。杜甫の「秋興八首」の第八詩中の句。↓補五二。

三三 字子安。詩文をもって初唐の四傑の一に数えられる(旧唐書、一九〇上・新唐書、二〇一)。

三四「朱簾暮ニ捲ク西山ノ雨」。「滕王閣」の詩中の句。↓補五三。　三五 下品。

是等皆縫目ノ處ニカマス字[一]ヲ錬《ネリ》タル者ナリ。其鐵《テツ》[二]ヲ轉ジテ金ト成ス。妙工ヨク〱作リ覺ユベキナリ。

豪[三]句雄[四]句幷敏[五]捷

右ノトヲリ、字眼ヲ錬ルコトハ、平常ノ時ニ作ル詩ノコトナリ。若《モシ》[六]座ニ臨ミ、[七]撃レ鉢ヲ[八]刻レ燭ヲ、[九]對レ客ニ揮レ毫ヲニ至テハ、字眼ヲ練リ、苦吟[一〇]シテハ、詩情局促《キヨクソク》[一一]シテ、一篇ヲ終[一二]ヘガタク、縱《タト》ヒ出來テモ、詩體蹇澁《ケンシフ》[一三]ニテ流暢《リウチヤウ》[一四]ナラズ、一座[一五]ノ美觀ヲカク。故ニ此時ハ詩ヲカサ[一六]ヨリツクリカケ、サノミ面白キ幽玄[一七]ヲ求《モトメ》ズ、豪放[一八]ニ作リ出スコト習《ナラフ》。其時ハ彼和風ノ句モムツカシク無ク、「和[一九]風吹細柳、淡月在梅花」ナドト、アラ[二〇]クマシク作リ出スベシ。李嶠《リケウ》[二一]ガ一夜[二二]百首、皆此習[二三]ヲ用タリ。其《ソノ》鳳[二四]ノ詩ニ、「丹[二五]山有ニ仙鶴一、其名曰ニ鳳皇一」ト作リ、海[二六]ノ詩ニ、「三[二七]山巨鰲湧キ、萬里大鵬飛」ト作ル。カク作レバ、詩モ早出來、句モモツレナク、淸麗[二八]壯健、甚一座ヲ驚ス。此心得ヨク心得、兼テヒタト稽古[二九]スベシ。作リツケズシテハ、是又ナラヌ者ナリ。

又平常ノ時、靜ニ作ルトモ、題ニヨリ、縱《タト》ヒ面白ク置ベキ字ヲモ、卻《カヘツ》テアラクマシク、作意ヲ用ザルヲ好《ヨシ》トス。或ハ江海ノ詩・天地・日月・風雷・軍旅等

一 かすがいの如く、上下をしっかり結ぶ字。
二 詩文の上で、前人の何でもない語句を、上手に使用するたとえ。聞見後録に「黄魯直称ニ杜老詩一、如ニ霊丹一粒、点レ鉄成レ金」。本文の「転」は「点」の混用か。詩轍、四に「点化トハ、前人ノ作ヲ、語意共ニトリテ、ヨクナシタル也、イハバ隠括(シナホ)タル也、宋ノ諸名公好ンデセシ事也」。
三・四 ▽これらの用語は、説郛などに所収の詩話・詩作書から得たもので、殆ど同意である。↓補五四・五五。
五 ▽敏捷より熟考を尊ぶ説の方が多いのは勿論であるが、時に早く作る必要あることを論じたもの。↓補五六。
六 詩会・応制・遊宴などの詩作の席。
七 「鉢(ハツ)ヲ撃チ」。梁の蕭文琰が早く詩を作った故事によって、詩作をきそうこと。↓補五七。
八 「燭(シヨク)ヲ刻ミ」。蠟燭にきざみをつけて、詩作をきそうこと。補注五七参照。
九 「客ニ対シテ毫(ガウ)ヲ揮(フル)フニ」。当時行われた朝鮮の使節の詩の交換などの時。
一〇 苦労し時間をかけて詩作する。
一一 小さくかがまる。 一二 完成しない。
一三 なやみとどこおるさま。
一四 すらすらとよどみないこと。
一五 その座で美麗に見えない。
一六 高飛車に作り出し。 一七 奥深いおもむき。
一八 気性大きくうちひろげて。
一九 「和風細柳ヲ吹キ、淡月梅花ニ在リ」。
二〇 粗粗しく。 二一 初唐の文人。字は巨山。官は中書令など(旧唐書、九四・新唐書、一二三)。
二二 李嶠雑詠のこと。↓補五八。 二三 手段。
二四 雑詠の「霊禽十首」の一。↓補五九。
二五 「丹山ニ仙鶴有リ、其ノ名ヲ鳳皇ト曰フ」。

ノ題ハ、皆强キ題ナリ。此類ノ詩ハ、豪放[三〇]雄渾《ユウコン》ニ作リ出シ、彼面白キ小刀細工ノ字ハ嫌フベシ。右唐人[三一]應制ノ作、幷李嶠ガ百咏ノ内、[三二]右ノ如キ題ノ詩、[三三]子美ガ[三四]錦江ノ詩、[三五]白帝城中ノ詩、[三六]王維ガ[三七]觀獵ノ詩等の諸作、皆此格《コノカク》ナリ。[三八]若《モシ》一例ニ心得、幽玄ヲ求メバ、右ノ如キ題ノ時、詩甚卑弱《ヒヨワク》テ見ルニ足ラズ。又遊宴・閨情・山林等ノ詩ヲカク心得テハ、[三九]疏麁《ソソ》ニナリテ、[四〇]甚淺俗ニ至ル。常ニヨク〳〵學ビ覺ユベシ。

但、遊宴・閨情・山林・[四一]閑適《カンテキ》ノ題ニテモ、前ニ云フ如キ、一座敏捷ヲ專トスル時ハ、江海・風雷等ノ如ク、[四二]豪爽《ガウサウ》ノ句ハナサズトモ、清麗流暢ニ、[四三]入《イリ》組《クミ》モツレザルヤウニ作ルベシ。

詩有强弱[四四]

凡《オヨソ》人ノ詩ヲ作ルニ、自然ト强弱アリ。譬ヘバ人ノ[四五]生質、[四六]剛柔肥痩アルニ同ジ。是其生質ニヨルトイヘドモ、[四七]養生ノ仕形ニテ、弱キ人モ强剛ニナルマジキニ非ズ。尤右ニ云フ所ノ題ニヨリテ、句體ニ剛柔アルコトハ勿論ニテ、ソレニハアラデ、全體其人ノ詩、タトヒ河海風雷ノ詩ニテモ、其體トカク弱ク見ユルアリ。又閨情・閑適ノ詩ニテモ、トカク[四八]ソコニ强ミアル人アリ。古人トテモ然リ。唐

二六 雑詠の「坤儀十首」の一。↓補六〇。
二七 「三山巨鰲(キョガウ=大きなうみがめ)湧キ、万里大鵬飛ブ」。 二八 雑詠の張庭芳の序にも「麗詞清調」の文字がある。 二九 ひたすら。
三〇 雄大で自在なさま。司空図の二十四詩品に、雄渾を「大用外腓、真体内充、返㆑虚入㆑渾、積㆑健為㆑雄、具㆓備万物㆒、横㆓絶大空㆒、荒々油雲、寥々長風、超㆓以象外㆒、得㆓其環中㆒、持㆑之匪㆑強、来㆑之無㆑窮」、豪放を「観㆑花匪㆑禁、呑㆓吐大荒㆒、由㆑道返㆑気、処得以狂、天風浪浪、海山蒼蒼、真力弥満、万象在㆑傍、前招㆓三辰㆒、後引㆓鳳凰㆒、暁策㆓六鰲㆒、濯㆓足扶桑㆒」とする。
三一 天子の命によって作った詩文。
三二 李嶠雑詠中には、日・月・風・江や「武器十首」などの作がある。前に詩を上げたので例略。
三三 杜甫の字。 三四 蜀の錦江を詠じた詩。↓補六一。 三五 前出(二五二頁注一四)の「白帝城中雲出㆑門」に始まる詩をさすか。白帝城は、三国の時代、蜀のきずいた四川省東の城で、しばしば杜甫の詩題となる。
三六 盛唐の文人。書画にも通じた。字摩詰。官は尚書右丞(旧唐書、一九〇・新唐書、二〇二)。
三七 五律の一首。↓補六二。
三八 一つの例からのみ詩を考えていて。
三九 あらくそまつ。 四〇 浅薄で俗っぽい。
四一 閑居して、心を楽しましめること。
四二 気性の大きくさっぱりしたさま。 四三 意味が細かく複雑でなく、さらりとしているように。
四四 ▽氷川詩式、九の学詩要法に「立㆑意要㆔高古渾厚、有㆓気概㆒、要㆓沈著㆒、忌㆓卑弱浅陋㆒」。その他強をよしとし、弱をいましめる評は多い。
四五 うまれつき。 四六 気性に剛柔、体質に肥痩。
四七 健康を増進する方法如何によっては。
四八 底。

ノ許渾《キヨコン》[一]・賈島ガ輩[二]、全體ノ詩ヒハスニテ[三]、骨力《コツリヨク》[四]無シ。都《スベ》テ婦人・僧徒ノ詩、何ヲ作リテモトカク柔弱ニ成ルコト、古今皆然リ。是其生質ニヨルトイヘドモ、畢竟材力[五]ノ弱キ故ナリ。許渾・賈島ガ輩、學力甚薄ク、唯詩法ノミ精《クハシ》キ故、詩ハ面白ケレドモ、力弱シ。コレヲ譬《タトフ》ルニ、病人花見スルガ如シ。面白ケレドモ實ハ弱《ヨワシ》。杜子美・韓退之ガ如キハ、材學[六]本《モト》逞《タクマシ》[七]キ故、何ヲ作リテモ、自然ニ強ミアリ。富貴ノ人ノ茶ノ湯ヲスルニ同ジ。何ホド侘《ワビ》[八]テモ實ハ厚《アツ》[九]シ。其弱カランヨリハ、寧ロ強カルベシ。タトヒ生質豪邁《ガウマイ》[一〇]ナラズ、柔媚《ジウビ》[一一]ナル人モ、學材サヘ厚ケレバ、強ミ自然ニソナハルベシ。故ニ葉秉敬《セフヘイケイ》[一二]ガ詩話ニ云、「不レ讀二[一三]三百篇一、不レ足三以知二詩之淵源一ヲ、不レ讀レバ二五千四十八卷[一四]一、不レ足三以〔入ニ〕[一五]詩之幻化一ニ、不レ讀二盡サ十三經[一六]一ヲ、不レ足三以開二詩之作用一ヲ、今人於二此數書一ニ、窅トシテ不レ接レ目、徒曰吾觀二文選[一七]一而已、讀二唐詩一ヲ而已[一八]ト、與地村學究教下ル癡兒ヲシテ讀中マシムル千家詩[一九]上ヲ者天何ゾ異ナラン」。或人コレヲ難ジテ曰《イハク》、詩經三百篇、多ハ是婦人・小子[二〇]ノ作、漢高[二一]ノ大風歌[二二]、項王ノ垓下《ガイカ》[二三]ノ歌[二四]、皆讀書[二五]ノ人ニ非ズ。其作ニ至テハ、後世博學多材ノ老儒先生[二六]モ、一言及ブベキニ非ズ。故ニ嚴滄浪[二七]ガ曰、「詩有別趣、非關書」[二八]ト云ヘリ。此葉氏ガ説非ナリト云フ。是亦非ナリ。嚴滄浪ガ説、或人ノ論ハ、詩ノ根本ヲ云フ者ナリ。葉秉敬ガ説ハ、詩ヲ學ブ法ナリ。但葉ガ言ハ甚シト謂フベシ。十三經ハ、タト

一 唐末の詩人。字仲晦。官は監察御史など(唐詩紀事)。丹鉛総録、一八に「唐詩至二許渾一浅陋極矣。而俗喜伝レ之。至レ今不レ廃」と、詳述している。→補六三。
二 中唐の詩人。字浪仙。もと僧で無本と云う。白俗(二四八頁注一)の条に出た「島痩」とは、賈島詩のよわさをさしたもの。司空図評に「浪仙誠有二警句一、視二其全篇一、意思殊晦」(詩林広記)。
三 か細い。 四 書画の筆法の力。ここは詩表現の底にある力量。
五 才能と力量。 六 才能と学問。
七 豊かにして強い。 八 簡素静寂に行っても。
九 重厚である。 一〇 性質がたけく人にすぐれたこと。 一一 やさしくなまめいたさま。
一二 明の学者。字は敬君。官は荊西道布政使参議(四庫提要、四一)。→補六四。
一三 「三百篇(＝詩経)ヲ読マザレバ、以テ詩ノ淵源ヲ知ルニ足ラズ、五千四十八巻(＝大蔵経)ヲ読マザレバ、以テ詩ノ幻化(＝変化)ニ入ルニ足ラズ、十三経(＝儒学の必読書)ヲ読ミ尽サザレバ、以テ詩ノ作用ヲ開クニ足ラズ、今人此ノ数書ニオイテ、窅(エウ＝くらいさま)トシテ目ニ接セズ、徒《イタヅラ》ニ曰ク、吾レ文選ヲ観ルノミ、唐詩ヲ読ムノミト、村学究(＝村の先生)ノ痴児(＝おろかな子供)ヲシテ千家詩(＝初学のための詩の選集)ヲ読マシムル者ト、何ゾ異ナラン」。
一四 唐の開元時代の大蔵経の巻数で、智昇の開元録に、一〇七六部五〇四八巻四八〇帙とある。
一五 「入ニ」 底本なし。詩話本文により補。
一六 十三部の経書。易経・書経・詩経・周礼・儀礼・礼記・春秋左氏伝・春秋公羊伝・春秋穀梁伝・論語・孝経・爾雅・孟子で、儒学の基本書である。 一七 梁の蕭統編。三〇巻。周から梁

ヒ詩ヲ學バズトモ、誰カコレヲ讀《ヨマ》ザラン。五千四十八巻ノ如キハ、目イマダ觸レズトモ、何ノ害アランヤ。謝靈運《シャレイウン》[二九]・沈約《シンヤク》[三〇]ガ徒、繙經《ハンケイ》[三一]ノ人ナレドモ、盡ク大藏[三二]經ヲ究ルニモ非ズ。又經巻ノ力ニ依テ、其詩工ナルトモ見ヘズ。其餘古今詩ニ名アル人、佛教ヲ知ラザル者多シ。惟《タダ》廣ク經史ニ通ズルト云フテ可ナリ。

詩學逢原巻之下終

までの詩文の集。
一八 底本「而已ト」。意によって改。
一九 宋の劉克荘編。二巻。七絶・七律数十首を集める。現姿のものは克荘の編に増删したものと云う。 二〇 子供。 二一 漢の高祖劉邦。
二二 劉邦が故郷沛において、知人と酒をのみ、会合の時、筑を撃って歌ったもの(史記、高帝本紀)。「大風起兮雲飛揚、威加二海内一兮帰二故郷一、安得二猛士一兮守二四方一」。 二三 楚の王、項羽。
二四 項羽が垓下で軍やぶれ、漢兵にかこまれ、四面の漢軍中に楚歌を聞き、いよいよ利あらずと知り、愛馬騅と、寵姫虞によせた歌(史記、項羽本紀)。「力抜レ山兮気蓋レ世、時不レ利兮騅不レ逝、騅不レ逝兮可二奈何一、虞兮虞兮奈若何」。
二五 知識階層の人。 二六 多才。
二七 宋の詩人厳羽。字は儀卿、号滄浪。その滄浪詩話は、明初にも日本にも大きく影響した。
二八「詩ニ別趣アリ、書ニ関ハルニアラズ」。滄浪詩話からの引用。ただし誤っている。↓補六五。
二九 南朝の宋の文人。康楽公を襲って、謝康楽と称される。官途についたが後、文学に遊んだ(宋書、六七・南史、一九)。↓補六六。
三〇 梁の文人。字休文。宋・斉・梁に仕えた。晋書・宋書・斉紀等史書の編者でもある(梁書、一三・南史、五七)。
三一 普通は聖経をひもどく意であるが、ここは仏教の経文に親しんだの意。
三二 仏教の経典を一括した称。また一切経。

此書是南海祇園先生所著開示詩學[一]蘊奥令人左右[二]逢原故題曰詩學逢原蓋其珍于世也亦已久矣予嘗獲一本祕之[三]帳中察其所見考其所言其所以[四]啓廸後學者誠不尠焉是以欲公之天下也[五]庶幾有一厄[六]梨棗則先與[七]金龍尊者謀之而未及就[八]緒姑[九]囑諸尊者以竢時之至矣已而書林某亦得一本致之尊者尊者乃以前本[一〇]校讐訂治爲序冠之遂以[一一]梓之於是予亦自慶志之有成因綴數語以附卷尾云爾

[一二]寶曆癸未冬十月

[一三]五瀬田德卿敬跋

[一四]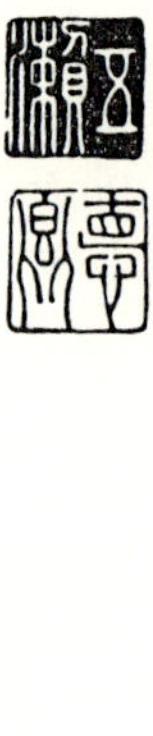

[一五]岡貞吉書

(此ノ書ハ、是レ南海祇園先生著ス所ナリ。詩學ノ蘊奥《ウンアウ》ヲ開示シ、人ヲシテ左右ニ原ニ逢ハシム。故ニ題シテ詩學逢原ト曰フ。蓋シ其ノ世ニ珍トセラルルヤ亦已ニ久シ。予嘗テ一本ヲ獲テ之ヲ帳中ニ祕ス。其ノ見ル所ヲ察シ、其ノ言フ所ヲ考ルニ、其ノ後學ヲ啓廸《ケイテキ》スル所以ハ、誠ニ尠《スクナ》カラズ。是ヲ以テ之ヲ天下ニ公ニセント欲ス。一ニ梨棗ニ厄スル有ルヲ庶幾《シヨキ》ス。則チ先ヅ金龍尊者ト之ヲ謀ル。而シテ未ダ緒《シヨ》ニ就クニ及バズ。姑《シバラ》ク諸《コレ》ヲ尊者ニ囑《シヨク》シ、以テ

一 学芸の最深処。
二 源にあうの意。徹底することを云う。孟子の離婁下篇に「君子深造レ之以レ道。欲三其自二得之一也。…資レ之深。則取二之左右一。逢二其原一」(集註に「逢、猶レ値也、原、本也、水之来処也」)。
三 とばりの中。大事に蓄え秘しているをいう。
四 開き導く。
五 希望する。
六 梨と棗(なつめ)の木。共に書籍の板木に用いる所から、ここは梨棗を用いて板木を作り、出版することを云う。
七 序者。敬雄のこと。
八 仕事が始まらなかった。
九 依頼して。
一〇 校訂。
一一 出版した。
一二 宝暦十三年。
一三 序に前出(二二三頁注四八)。
一四 印文「五瀬」「徳卿」。
一五 未詳。

時ノ至《イタ》ルヲ竢《マ》ツ。已ニシテ書林某ガ亦一本ヲ得タリ。之ヲ尊者ニ致ス。尊者乃チ前本ヲ以テ校讐訂治《カウシウテイジ》シ、序ヲ爲シテ之ニ冠ス。遂ニ以テ之ヲ梓《シ》ス。是ニ於テ予モ亦自ラ志ノ成ル有ルヲ慶《ヨロコ》ブ。因テ數語ヲ綴《ツヅ》リ以テ卷尾ニ附スト爾《シカ》云フ

寶曆癸未ノ冬十月　五瀨田德卿敬ツテ跋ス

岡　貞　吉　書）

寶暦十三癸未秋九月

皇都書林

堀川通佛光寺下ル町
植村藤右衞門

寺町通四條下ル町
植村藤次郎

堀川通佛光寺下ル町
唐本屋吉左衞門

東武書林

通石町十軒店
植村藤三郎

作詩志彀

作詩志彀序

門人　山田正珍宗俊撰

余嘗聞射之道調弓停矢如古人之法支左之直詘右之平亦盡同古人所為不知志於彀未失正鵠者鮮矣故羿之教射甘蠅必先致精於斯甘蠅亦必致精於斯能傳受其妙於是彎弓則走獸伏飛鳥下唯於執弓持矢之狀也甘蠅不能同乎羿々亦不能同乎羿以前人矣是可以通而言之詩々之所以為詩者特在乎清新耳詩之清新猶射之志彀明李于鱗不知詩之所以為詩者字々擬唐人句々同唐人自以為得唐正鵠近時物茂卿眩其形似稱為唐後一人吠聲之徒靡然從之奉其詩為金科玉條唯摸擬是務豈不亦傷乎　奚疑夫子著斯編名以志彀其意在使夫後學不失詩正鵠也蓋得伏獸下鳥之妙亦索於斯豈難得哉　夫子之業以經濟有用為本至如詩與文抑亦其末耳矣吾恐世之讀斯編者或視以為夫子本色因併及此云

天明壬寅九月癸卯　頑庵道人書

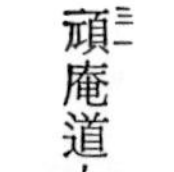

一 名正珍。字宗俊、号図南。山田麟嶼の子。山本北山門、幕府の医官。天明七年(一七八七)没、五十七。 二 弓道。 三 定着させる。 四 まげる。 五 弓を張ること。音「コウ」、慣用音「コク」。 六 的の中央。 七 中国の大古、夏時代の弓の名手。→補一。 八 中国の大古の弓の名手。列子の湯問篇「甘蠅、古之射者、彀弓而獣伏鳥下」。 九 ここに精神を集中する。 一〇 注八の列子の湯問篇の文による。弓をかまえただけで、的がちぢんだのである。 一一 方法は皆同一であったが、弓をかまえる姿勢は、甘蠅・羿・羿の先生と、皆同一ではなかった。 一二 この方法の同一と姿勢の相違は、弓道も詩道も共通している。 一三 袁宏道にならって山本北山の主張する所。本文に詳述がある(解説参照)。 一四 弓を張ることに努力すること。 一五 明のいわゆる後七才子の中心詩人。名攀竜、字于鱗、号滄溟。官は河南按察使。擬古の詩文を唱え、日本に伝わって荻生徂徠とその派の尊崇を得た(明史、二八七・列朝詩集丁集、五)。 一六 李攀竜が初・盛唐の詩を擬古の模範としたことを指す。 一七 唐詩の正的。唐詩の神髄。 一八 荻生徂徠。字茂卿、名双松、通称総右衛門、本姓物部を物と修した。古文辞学派の大儒であると共に、李攀竜・王世貞らにならって、擬古詩文を唱え、文壇を一変せしめた。享保十三年(一七二八)没、六十三。 一九 形が似ていることにくらまされて。 二〇 唐以後。 二一 一犬の吠える声に他犬が応ずる如く、噂に応ずる輩。→補二。 二二 風になびく如く。 二三 尊重すべき法律。 二四 摸倣。 二五 奚疑先生。北山の塾を奚疑塾と云う。 二六 後輩。 二七 前出の列子の湯問篇の句による。詩で云えば、高妙の域に達することのたとえ。 二八 国を治め民を安らかならしめる有用の学。本文の末にも自ら

記して、北山は儒者をもって任じていた。↓補三。 元 本質。もちまえ。 三 討作詩志彀附余例言に「或云書㆑之者、頑庵道人也、頑庵道人者、日暮里正覚寺性山也、性山以㆑善㆓和歌㆒名㆓平都下㆒、而国字之語助失㆑用、不㆑可㆑読者如㆑此、(中略)我聞性山禅師者、嘗従㆓某比丘㆒学㆑経、以㆓詳密㆒聞㆓法門㆒、其徳既高矣、豈陥㆓野狐窟中㆒乎、(下略)」。 三〇 天明二年九月九日(九月朔が乙未)。 三 印記「性山」。

(作詩志彀序

門人　山田正珍宗俊撰ス

余嘗ツテ射ノ道ヲ聞ク。弓ヲ調シ矢ヲ停スルコト、古人ノ法ノ如クス。左ヲ支《ササ》フルノ直《ナホ》キ、右ヲ詘《クツ》スルノ平ナル、亦盡ク古人ノ爲ス所ニ同フスレドモ、彀《コウ》ニ志スヲ知ラズンバ、未ダ正鵠《セイコク》ヲ失ハザルモノ鮮《スクナ》シ。故ニ羿《ゲイ》ノ射ヲ甘蠅《カンヨウ》ニ敎フル、必ズ先ヅ精ヲ斯ニ致《キハ》ム。甘蠅亦必ズ精ヲ斯ニ致《キハ》メテ、能ク其ノ妙ヲ傳受ス。是ニオイテ弓ヲ彎《ヒ》ケバ、則チ走獸伏シ飛鳥下ル。唯弓ヲ執《ト》リ矢ヲ持テルノ狀ニオイテ、也《マタ》甘蠅モ羿ニ同ジキコト能ハズ。羿モ亦羿以前ノ人ニ同ジキコト能ハズ。是レ以テ通ジテ之ヲ詩ニ言フ可シ。詩ノ詩タル所以ノモノハ、特ニ清新ニ在ルノミ。詩ノ清新ハ猶射ノ志彀《シコウ》ノゴトシ。明ノ李于鱗《リウリン》、詩ノ詩タル所以ノモノヲ知ラズ、字々唐人ニ擬シ、句々唐人ニ同フス。自ラ以《オモ》爲《ヘラ》ク唐ノ正鵠ヲ得タリト。近時物茂卿、其ノ形似ニ眩《ゲン》シ、稱シテ唐後ノ一人ト爲ス。吠聲《(ハイセイ)》ノ徒《ト》、靡然《ビゼン》トシテ之ニ從フ。其ノ詩ヲ奉ジテ、金科玉條《キンクワギヨクデウ》ト爲シ、唯摸擬《モギ》是レ務ム。豈ニ亦傷《イタマ》シカラズヤ。奚疑《ケイギ》夫子《コ》斯ノ編ヲ著シ、名ヅクルニ志彀ヲ以テス。其ノ意夫《ツ》ノ後學ヲシテ、詩ノ正鵠ヲ失ハザラシムルニ在ル也。蓋シ獸ヲ伏《フク》シ鳥ヲ下《クダ》スノ妙ヲ得ンコトモ、亦斯ニ索《モト》メテ、豈ニ得難カランヤ。

夫子ノ業、經濟有用ヲ以テ本ト爲ス。詩ト文トノ如キニ至リテハ、抑モ亦其ノ末ノミ。吾《ワレ》世ノ斯ノ編ヲ讀ムモノ、或ハ視テ以テ　夫子ノ本色ト爲サンコトヲ恐ル。因ツテ併セテ此ニ及ブト云フ。

天明壬寅九月癸卯　　頑庵道人書ス）

北山先生作詩志彀標目

北山先生作詩志彀

越前門人雨森牙卿[一]　校

余日者《サキ》[二]作文志彀[三]ヲ著ス。吾黨[四]ノ諸子余《ワレ》ヲ責《セム》ルニ、文既ニ志彀アリ、詩モ亦宜《ヨロシ》ク志彀アルベキヲ以テス。是《レ》此《ノ》書ヲ著スユエンナリ。夫《ソレ》ヨク詩ヲ學バザル者ハ、辟《タト》ヘ萬餘首ノ詩ヲ構《カマ》ヘ成スモ、終身《イッセウ》詩道ニ昧《クラ》ク、遂《ツイ》ニ詩トスベキ詩ヲ作リ得ルコト能ハズ。是他ノ故ナシ、幼ヨリ時詩[五]ノ陋ニ掩《クラマ》サレテ、眼ノ著《ツケ》ドコロ爽《タガフ》[六]ユヘナリ。

〔仄起平起〕

本邦古來詩ヲ言《イフ》モノ、第二[七]ノ字ヲ以テ、起ノ名ヲ定メ、平起《(ヒヤウキ)》[八]・仄起《(ソクキ)》[九]ト云《(イフ)》[一〇]。夏人必シモ皆然ラズ。明ノ游子六[一一]ハ第一字[一二]ヲ起トシ、第二字ヲ承トス。胡元瑞[一三]ハ第五字[一四]ヲ起ト定ム。詩藪[一五]ニ云《ク》、「仄起高《リ》古《ナル》者《ハ》、故郷杳[一六]《トシテ》無《レ》際《リ》、樓頭廣陵近《シ》、ノ類ナリ」ト云フ。是第二字メノ郷・頭トモニ平ナレバ、即チ下《シモ》ノ際・近ノ仄ヲ指《(サシ)》テ、起ト云コト明《アキラ》ケシ。只第二字仄ヲ入ル、是ヲ正格[一七]トシ、平ヲ入ル、是ヲ

一 雨森牛南。名宗真、字牙卿、号中南、また松蔭。越前の人で大野侯医官。山本北山門。文化十二年(一八一五)没、六十。
二 北山の文藻行潦に「日者　イツゾヤ」。
三 本書と等しく、蘐園古文辞派などによる当時文章界の弊を指摘した書。小本一冊。「安永八年己亥中冬穀旦、東武書肆　下谷池之端仲町須原屋伊八梓」(日本文庫、第七編所収)。
四 自分の塾中の諸君。
五 その時代の詩のくだらなさ。
六 字典に爾雅釈言を引いて「爽ハ差也、忒也」。
七 詩轍、二に「通例起句第二字目ヲ側ニスルヲ側起、平ニスルヲ平起ト云」。↓補四。
八 平声(四声という声調の一)で始まるの意。
九 仄声(四声という声調の、上声・去声・入声を総称する)で始まるの意。
一〇 中国人。
一一 游芸。字子六。詩法入門の著者。清の建寧の人(四庫提要、一〇六)という。
一二 詩法入門に、起句の「平平…」と続くを説明して、「此平起平受者」。「仄仄…」とあるを「此仄起仄受者」。
一三 胡応麟。明の詩人。字元瑞、号石羊生。詩藪の著者(明史、二八七・列朝詩集丁集、六など)。
一四 五言詩の起句の最後の字。↓補五。
一五 胡応麟著の詩論書。四編二〇巻。貞享三年和刻。詩藪の中にこの文未見。
一六 「故郷杳(エウ=はっきりしないさま)トシテ際(キハ)無シ」。陳子昂の「晩次二楽郷県一」の詩の起句。↓補六。
一七 これは律詩の正法である。↓補七。

偏格[一]トスルハ、夏人《トウジン》ニ律ヲ言フノ式ナリ。氷川[三]詩式ニ、「律[四]詩ニ有レ起、有レ承、有レ轉、有レ合ト」云云。且《ツ》合ノ字、尤モ絶句ニ宜シカラズ。故ニ梁[五]橋、律ノ式ヲ借リ來テ、絶句ヲ論ジテ曰ク、「平[六]坦敍起スルヲ爲レ佳ト、從容承ルヲ爲レ是ト、至テハ二於宛轉變化ノ工夫ニ一、全ク在二第三句ニ一、若シテ二于此ニ一、轉變得ルトキハレ宜ヲ、則第四句如シト二順流ノ之舟ノ一矣」云云。

〔起承轉合〕

起承轉合ハ、夏人《トウジン》ト雖ドモ皆然リ。

起承轉ヲバ、借リ論ズレドモ、合[七]ノ字ハ借ルコトヲ得ズ。「只如二順流ノ之舟ノ一矣」ト云。倭[八]刻詩學入門ノ補條ニ、「起[九]承轉合ノ四字、施セバ二之ヲ絶句ニ一則可ナリ、施セバ二之ヲ於律ニ一則未レ盡サ」ト云ニ至テハ、妄昧《(マウマイ)》[一〇]ノ甚シキト云ベシ。然レドモ自ラ其言ノ穩《ヲダヤカ》ナラザルヲ知テ、又曰、「律[一一]詩唐以前無二此ノ稱一、唐[一二]以レ詩ヲ取レ人ヲ、因テ出シテ二其新意ヲ一、創テ爲二一體ヲ一、二起二承二轉二合、勒定《(ロクテイ)》[一三]シ二八句ヲ一、名テ曰フ二律詩ト一」ト云云。古ヨリ起承轉合ハ、律ヲ云《(イフ)》ノ式ニテ、絶句ノ式ニ非ルコト見ルベシ。唐ノ僧皎[一四]然ガ杼山詩式《(チヨザンシシキ)》[一五]、宋ノ嚴[一六]羽ガ滄[一七]浪詩話ヨリ以下、識者ノ手ニ出ルノ書、未ダ曾テ起承轉合ヲ論ズル者アラズ。試ミニ唐人《(タウジン)》[一八]ノ詩ヲ看ヨ。唐人初メヨリ起承轉合ト云コトヲ知《(シラ)》ズ。故ニ其佳境ニ至ルノ詩、往〻起承轉合ニ合ハザルナリ。第二ノ句ヨリ轉ズルアリ、第三ノ句ヨリ轉ズルアリ、第一二三同[一九]意一連ニシテ、第四ノ句ニテ意ノ轉ズルアリ。適《タマ》〳〵[二〇]暗

一　底本「徧格」。意によって改。補注七参照。
二　▽諸説の存する所で、北山の説として見ておく。
三　明の梁橋撰の詩作法書。一〇巻。万治三年和刻。
四　氷川詩式、一より引用。→補八。
五　明の詩人。字公済、号氷川子。官は四川布政司経歴。氷川詩式の著者。
六　氷川詩式、一の五言絶句の条より引用。ただし、文章の中途より引く。→補九。
七　引用に合の文字を用いてないを指す。
八　半紙本五冊。「元禄三年庚午八月吉辰。芳野屋徳兵衛、同善兵衛、江戸橋本重兵衛、大坂芳野屋伍兵衛」刊。→補一〇。
九　巻首の「増補詩論十九条」の中に見え、范徳機の説である。
一〇　蒙昧。みだりで事にくらいこと。
一一　「増補詩論十九条」の中に見え、「金聖歎曰」として上げる説。→補一一。
一二　唐朝が官吏登用の試験に詩を課したこと。
一三　整え定めて。
一四　唐の詩僧。名昼。湖州の杼山にいた。詩式などの著がある(唐詩紀事)。
一五　略して詩式。一巻。時代の早い詩話として尊重される。
一六　宋末の詩人。字儀卿、号滄浪(四庫提要など)。
一七　明の新詩風を刺戟したことと、格調の高さで、日本にも多く影響した詩話。一巻。後出(三〇四頁)。
一八　唐時代の人。起承転合の体をとらぬ唐詩の例は、畑中荷沢の太沖詩規(日本詩話双書、第九巻所収)にのせる。
一九　同じ内容が一つづきになっていて。
二〇　しらずしらず。
二一　腹をかかえる。甚だおかしいことをいう。
二二　のびのびとしていること。揚子雲の語に「詩

ニ起承轉合ニ合フモノアルモ、初メヨリ起承轉合ニ意アルニ非ズ。方今ノ詩作ヲ教ル者、唐人未ダ曾テ言ザル所ノ、起承轉合ヲ以テシテ唐詩々々ト云。[二一]捧腹スベシ。詩ハ趣ノ[二二]條暢《(デウチヤウ)》スルヲ尚《タツト》ブ。起承轉合ニ拘《カヽワル》々トシテ、争《イカデ》カ佳詩ヲ作ルコトヲ得ベケンヤ。

〔律〕

[二三]律詩ハ、唐ノ[二四]沈佺期《(シンセンき)》・[二五]宋之問ヨリ創《ハジ》マレリ。平仄[二六]穏帖《(ヲンデフ)》シテ、[二七]聲病ニカヽハルモノヲ、律ト云ヒ、聲病ニ拘《カヽワ》ラザルヲ、古詩ト云フ。[二八]皎然詩式ニ、律ノ式ヲ定メテ、[二九]起聯・頷聯・頸聯・結句ト云。律ハ必《(カナラズ)》二句一聯、殊《コト》ニ頷・頸ノ二聯ハ、必[三〇]對偶ニ[三一]趣巧ヲ用ユ。古詩ハ必シモ二句一聯ト定ムルニ非ズ。又[三二]趣ヲ對偶ニ用ルニモ非ズ。勿論《モチロン》、[三三]顔延年・[三四]謝靈運以下、對偶ナルモアレドモ、[三五]古詩ハ別ニ自《ヲノヅカ》ラ古詩ノ法アリ。此書ハ[三六]近體ヲ主トスルユへ、敢テ爰《コヽ》ニ具論セズ。

〔拗體〕

[三七]拗體《(アウタイ)》ハ、古調ヲ以テ、律ニ入ルヽナリ。故ニ其聲調自ラ一定ノ法アツテ、嚴《ゲン》然ト具ハル。實ニ[三八]老杜ヨリ創《ハジマ》レリ。妄《ミダリ》ニ聲病ヲ侵《ヲカ》シ作ツテ、聲調諧和セザルモノヲ、拗體ト云《(イフ)》ニハ非ラズ。コレヲ老杜及ビ諸名賢ノ集ニ考ヘテ見ルベシ。頸聯《ト》結句《ト》ノ平仄ヲ反スルモノアリ、八句ミナ拗スルモノアリ、起結ナラビニ拗ス

者言之条暢者也」。
二三 以下の説明は唐書や唐才子伝に見える所によって云う。→補一二。
二四 中唐の詩人。字雲卿。官は修文館学士。宋之問と併称、沈宋と云う(旧唐書、一九〇中・新唐書、二〇二)。
二五 中唐の詩人。字延清。官は中書舎人など。後に流罪賜死(唐詩紀事など)。
二六 穏当であって。
二七 平仄の声調が悪くならぬよう気を用いるもの。声病にならぬような声法は、作詩法の書に詳述する。
二八 以下のこと、皎然の詩式に見えず。氷川詩式などと混じたものであろう。補注八参照。
二九 律詩八句の中で、「一・二」「三・四」「五・六」「七・八」の句の、各の一対を云う。
三〇 対句。 三一 趣向。工夫。 三二 風情。
三三 顔延之。南朝宋の詩人。字延年。官は金紫光禄太夫。謝霊運と、顔謝と併称される(宋書、七三・南史、三四)。
三四 南朝宋の文人。康楽公を襲って、謝康楽と呼ばれる。官途にもついたが、文事に自適したことも多い(宋書、六七・南史、一九)。排律の祖を顔謝(ただしこの場合の「謝」は、謝瞻)とする(文体明弁など)のは、対句に富むからである。
三五 唐以前からあった詩体の総称で、句数や平仄に定めがなく、四言詩・五言古・七言古・雑言と七言の歌行などを含む。
三六 唐以後に出来た詩体の総称で、五言・七言の律詩、同じく排律、五言・七言の絶句その他を含む。
三七 平仄の定まった声律の中へ、その式に合わない即ち古体のものを含むを云う。詩轍、二に詳しい。→補一三。 三八 杜甫。

ルアリ、起句拗スルアリ、結句拗スルアリ、前聯拗スルアリ、此法ヲ失スルモノヲ、[一]失黏《(シッテン)》ト云。若《モ》シ拗體ヲ作《(ツクリ)》テ、作リヤウ悪シケレバ、古詩ニ入ルベシ。[二]鍾伯敬《ガ》曰《(イハク)》、「[三]拗體之《ノ》妙在《ハ》レ不《リ》レ可《ル》レ入《ル》二古詩《ニ》一」トハ是ヲ謂ナリ。宋ノ[四]胡仔《(コシ)》謂《オモヘ》ラク、「[五]平仄固《モト》ヨリ定體アリテ、衆共《トモ》ニ守ルベシ。然ドモ時ニ變體ヲ用ユルハ、兵ノ奇ヲ出ス變化ノ如シ」ト。[六]王世懋ハ、[七]拗體ヲ[八]三百篇ノ變風變雅ノ如シト云。皆拗體ヲ知ラザル也。近日《チカゴロ》[九]于鱗ヲ奉ズル人、[一〇]詩格ヲ[一一]株守《(シュシュ)》シテ拗體ノ法ヲ知《(シラ)》ズ。僅《カ》ニ拗體ヲ作ル者ヲ見テ、[一二]失格トシ、併《アハセ》テ[一三]老杜ヲ擯《シリゾ》ケントス。[一四]井蛙トモニ海ヲ語リ難シト謂《(イフ)》ベシ。

〔排律〕

[一五]排律《(ハイリツ)》モ亦、唐ノ創體ニシテ、[一六]擧《(キヨ)》第[一七]應制ノ詩、往々ミナ排律ナリ。平仄聲病、ミナ律ト同ジ。且ツ初唐・盛唐ノ際《(アヒ)》ダ、長篇ヲナス者甚マレナリ。[一八]文苑英華ニ載ル所、六韻ニ過《スグ》ルモノナキヲ観テ見ルベシ。[一九]杜少陵ニ至《(イタリ)》テ、數十韻ニ至ル。[二〇]池北偶譚ニ、古意ヲ失フト譏《ソシ》レリ。排律ノ律ニ異ナル所ハ、多ク[二一]對起ニテ、[二二]對偶モ亦尤《(モット)》モ切ナリ。之レヲ要スルニ、排律自《ヲノヅカ》ラ排律ノ體アルノミ。五律對起アリト云ヘドモ、排律ノ甚シキガ如クナラズ。又初盛ノ人ノ排律ハ皆五言ナリ。七言排律ハ、[二三]太白・子美ヨリ創《(ハジマ)》レリ。或人ノ曰、「[二四]排ハ開ナリ。[二五]門ノ闔《トビラ》ヲ開ク

一 詩轍、三に「平側ヲ過ツテ置違ヘタルヲ失黏ト云。知テ故《(ワザ)》トシタルヲ拗ト云、正偏常格ノ外ニ出ル者皆拗也」。律詩の拗体の諸例は、謝天瑞編の詩法の巻五に見える。 二 鍾惺。字伯敬、号退谷。明の詩人。譚元春と共に、深幽孤峭の詩風を唱え、その出生地によって竟陵派と呼ばれる(入矢義高「詩帰について」―『東方学報』京都第一六冊)。 三 出典未詳。 四 苕渓漁隠双話の著者。字元任、号苕渓漁隠。官は奉議郎など(宋史翼、三六)。 五 苕渓漁隠双話に「律詩之作、用二平仄一、世固有二定体一、衆共守レ之、然不レ若下時用二変体一、如中兵之出レ奇無上レ窮」(詩格集成より)。 六 明の詩人。世貞の弟。字敬美、号澹園、官は太常少卿(明史、二八七・列朝詩集丁集、六)。 七 芸圃擷余に「子美七言律之有二拗体一。其猶二変風変雅一乎」。 八 詩経。詩経の風・雅の変じたものが変風・変雅である。 九 李于鱗。これを奉ずる徂徠派の人人、殊に林東溟の諸体詩則の説をさすか。→補一四。 一〇 于鱗は詩の格調を重んじて古法を守った(鈴木虎雄著、支那詩論史)。 一一 古いしきたりを後生大事に守って。→補一五。 一二 正しい格調からはずれたもの。 一三 杜甫の作に拗体が多い故に。 一四 見聞のせまい人とは話が出来ない意味の語。→補一六。 一五 律の八句より句数の多いもの。ただし少ないものもある。五言の句を普通とする。詩轍、二の排律の条参照。 一六 登用及第。詩轍、二の排律の条「唐ノ士ヲ取ル事、詩ヲ以テス、其取ル所ノ詩、乃六韻(十二句)ナル者也」。 一七 天子の命によって詩文を作ること。 一八 宋の太宗の勅を奉じて李昉らの撰した、梁末から唐朝に及ぶ大文集。一〇〇〇巻。 一九 杜甫。 二〇 清の王士禛の随筆集。二六巻。→補一七。 二一 起聯を対句にすること。 二二 対句の法も厳格である。

ガ如ク、上《カ》ミヨリ段々ニ作リ擴《ヒロム》ル」ト。此説非ナリ。排ハ按[二六]排ノ排ナリ。首尾句々相排シテ、聯對精密ナルヲ以テ、名ヅケタルナリ。

〔絶句〕

[二七]絶句ノ名、六朝《リクテウ》[二八]已《スデ》ニアリ。庾信《ユシン》[二九]ガ集ニ、「和《スル》[三〇]二侃法師一三絶」、「聽《ク》[三一]レ歌ヲ一絶」ト云詩、是レナリ。唐ニ至《イタリ》テ、絶句大ニ盛ンニシテ、其體格嚴《ゲン》トシテ具《ソナハ》ルコト律ト同ジ。故ニ唐人[三二]、或ハ絶句ヲ稱シテ律ト云フ。李漢[三三]ガ昌黎集[三四]ヲ編《アム》ニ、絶句ミナ收《ヲサメ》テ律詩ニ入ル。元白[三五]ガ長慶集[三六]モ亦然リ。吾門《ガ》ノ山田宗俊[三七]、諸子ト文ヲ論ズルノ次《ツヒ》デ、絶句ノ義ヲ説ク。其言ニ曰、「律ト云《イフ》ハ、八句ミナ一定ノ法アッテ、對偶《ツイ》整正ニシテ、法律ノ如クナルヨリ名《ナヅ》ケ、絶句ハ、前後離絶シテ、對偶ニ拘《カヽワ》ラザルヨリ、名ケタルナリ。勿論《モチロン》絶句ニ對偶ナルモ有レドモ、正格ニ非ズ。王子淵[三八]ガ洞簫賦[三九]ニ、「哮呷《カウカフ》[四〇]呟喚《ケンクワン》[四一]躋躓《セイチ》[四二]聯絶」ト云云。注ニ「謂《フ》[四三]、其聲或ハ上或ハ下、或ハ聯或絶」トアリ。絶句ノ絶ノ字ハ此ニ出ヅ。コレ絶ハ聯ノ反對ニテ、聯ハ二句貫聯ノ義ニシテ、對偶ヲ云ヒ、絶ハ前後離絶シテ對偶セザルヨリ、名ケシ也。古人フット四句ヲ得《エ》、前後離絶シテ、律詩ノ如ク對偶ヲ主トセザレバ、則チ絶句ト名ケシナリ。詩法源流[四四]・唐宋詩醇[四五]等ノ書ニ、絶[四六]ヲ截トシ、律ヲ截《キッ》テ四句トス。故ニ絶句ト謂フト云々。此説然ラズ。絶句モト律ヨリ變ジ來ルニ非レバ、律詩

二三 李白・杜甫。七言排律が杜甫に始まるとは、楊升庵外集などの説(詩格集成)。 二四 倭語円機活法、二「排律ト云ハ律詩ヲ推ヒラキ、推ヒロムル心也。故ニ発句ト落句トヲ除クノ外コトゞく対スル也」。 二五 礼記の少儀「排レ闥説二屨於戸内一者(疏に「排、推二門扇一也」)」。 二六 物事を順序を定めてならべること。字彙「排ハ列也」。氷川詩式の五言排律の条「排律之作。其源自二顔謝諸人一。古詩之変。首尾排句。聯対精密」。 二七 五または七言四句をもってする詩体で、律の如く規則がきびしく存する。詩轍、二の絶句の条参照。 二八 後漢滅亡から隋の統一まで興亡した六つの王朝と、その時代。 二九 北周の文人。字子山。梁から周に仕え、開府儀同三司となり、庾開府と称される(周書、四一・北史、八三)。 三〇・三一 共に庾子山集、四所収。→補一八。 三二 この事は七修類稿、二九に所見。→補一九。 三三 韓愈の門人にして女婿。字南紀。官は宗正少卿(旧唐書、一七一・新唐書、七八)。 三四 韓愈の集で、昌黎先生全集・昌黎先生集と称し、柳文に並び韓文と称されるのもこれである。四〇巻と外集一〇巻、集伝・遺集各一巻。 三五 元稹と白居易。共に唐の詩人。元は字微之。官は武昌節度使。白楽天とよく詩風も似る(旧唐書、一六六・新唐書、一七四)。白は字楽天。官は刑部尚書。晩年詩酒に自適。元軽白俗との悪評もある(旧唐書、一六六・新唐書、一一九)。 三六 元氏長慶集は元稹の集。現存は六〇巻、補遺六巻。白氏長慶集は白居易の集。七一巻。即ち白氏文集。 三七 序者。前出(二六五頁注一)。 三八 王褒《おうほう》。字子淵。漢の宣帝の時の諫議大夫(前漢書、六四下)。 三九 文選、一七所収。 四〇・四一 いずれも、大きな声を出すこと。 四二 上ることと下ること。 四三 文選の叙上の注「銑曰、躋躓連絶、

ヲ截斷セルト謂ベカラズ。只《ダ》前後離絶シテ、律詩ノ、對偶・[一]貫聯ヲ以テ、正格トナスモノト、同ジカラザルヨリシテ、四句ノ名トナリタリ。[二]七修類藁ニ、絶句ハ律詩ノ變ナリト云。未ダ然ラズ。[三]劉克莊ガ詩ニ、[四]習《テ》為二聯絶《ヲ》一眞唐體《ノ》、講《ジテ》到《テ》二玄虚《ニ》一有二晉風一ト云ハ、唐體ノ絶句ヲ習ヒ為《ナス》ト云コトニテ、聯ノ字ニ對シ云フ。能ク絶句ノ義ヲ知レリト謂《イフ》ベシ。六言絶句ハ、[五]嵆中散《ケイチユウサン》ガ集ニ十首出ス。又絶句是ヲ創《ハジマリ》トス。コレヲ要スルニ、唐以來四句ノ體名ヲ絶句ト稱スルナリ。又絶句ハ[六]一句一絶ト云《イフ》説アリ。是《レ》亦然ラズ。絶句ノ詩ハ、[七]首尾連璧ノ如キヲ尚《タツト》ブ。試《コヽロミ》ニ古人絶句ノ詩ヲ看ヨ。必シモ一句一絶ナラズ。又宋ノ[八]洪邁《コウマイ》ガ、[九]凡ソ樂ニ[一〇]卒章アリ、[一一]賦ニ[一二]亂アリ、歌曲ニ[一三]尾聲アリ、絶句モマタ之《レ》ニ似タリ。詩ノ終篇ト云ガ如キノミト。コレ亦非ナリ。樂ノ卒章、賦ノ亂、歌曲ノ尾聲ハ、皆マヘニ其首《ハジ》肇《マリ》アリ。絶句ニ於テハ、未ダ[一四]樂府《ガフ》歌曲ノ前《ヘ》ニ先《サキ》ダツモノ有《ル》ガ如クナラズ。絶句イカンゾ、終篇ヲ以テ解スベキヤ。或説《ル》ニ、絶句ノ絶ハ、[一五]妙絶ノ絶ナリト云。[一六]小兒字ヲ知ルノ言、[一七]牙齒ニ掛《カク》ルニ足ラズ」。

〔聯句〕

[一八]聯句ハ、[一九]漢武ノ[二〇]柏梁臺《ハクリヤウダイ》ヨリ權輿《ハジマル》ス。[二一]六朝既ニコレアリ。[二二]唐ノ太宗、[二三]柳公權ト聯句ノ詩アツテヨリ、[二四]李太白・[二五]顔眞卿・[二六]韓退之ノ諸名賢、ミナ巧《タクミ》ニ聯句ヲナス。

謂二或上或下、或連或絶一」。補注一九参照。四四 明の懐悦編の詩作法書一巻。補注一九参照。四五 清の乾隆帝勅撰詩集。唐の李白・杜甫・白居易・韓愈、宋の蘇軾・陸游の六家の選集で評を加えてある。四七巻。四六 →補二〇。補注一九参照。

一 つらぬきつらねること。二 明の朗瑛の随筆。五一巻。そのままの語は未見。補注一九に示すが如きによって意をとったもの。三 宋の学者。字潜夫、号後村。官は竜図閣学士(宋元学案、四七など)。四 後村詩鈔(宋詩鈔による)中の「自昔」の詩「自昔英豪忌苟同。此身易レ尽学難レ窮。習為二聯絶一真唐体。講到二玄虚一有二晋風一。螘子尽レ云参二妙喜一。乞児自託二識荆公一。安レ知斯世無二顔閔一。到レ死浮沈里巷中」。五 嵆康。字叔夜。官は中散太夫。晋の竹林七賢の一。嵆中散集がある(晋書、四九など)。→補二一。六 宇野士朗の説。→補二二。七 始めから終りまで玉をつらねた様なのがよい。八 宋の学者。字景盧、号容斎。官は端明学士。後出の万首唐人絶句の編者。容斎随筆など著が多い(宋史、三七三)。九 万首唐人絶句にのる申時行の校刻の序に見える説。→補二三。一〇 詞章の終りを形成する部分のこと。一一 韻文の一体。句末の押韻や対句の多用などを特徴とする。一二 離騒体即ち楚賦形式の末に附く、大意を要約する章。一三 曲調の最後の部分をうたうふし。一四 中国上代の宮廷音楽の一。一五 倭語円機活法に「絶句ト云ハ一ニ曰ク、妙絶ノ心ヲ、四句ノ中ニ不尽ノ心ヲ含ンデ、妙絶ヲアラハス、故ニ絶句ト云」。一六 漸く字を知った子供程の説。補注二三参照。一七 問題にならぬ。一八 複数人で句をつらねて作る詩。一句交互の時も、二句以上交互の時もある。詩轍の三聯句亦一快雅遊ノミ。　我邦近來施コスニ連歌[二七]ノ法ヲ以スル者アリ、大ニ古意ヲ失フ。近頃《チカゴロ》吾門ノ釋性《ノ》[二八]山ナル者、古人ノ集ヲ討究《ギンミ》シテ、聯句法ヲ定メ、一書[二九]ヲ著シテ刊行セントス。余《レ》、聯句ノ其書ト共《トモ》ニ、行レンコトヲ望ム。

〔詩餘〕

詩餘[三〇]ハ歌詞ナリ。樂府[三一]聲詩[三二]ノ變ニシテ、徐陵[三三]ガ玉臺[三四]、韓渥《(カンアク)》[三五]ガ香奩《(カウレン)》[三六]ノ遺體ナリ。宋ノ柳永[三七]、舊聲ヲ變ジテ、新聲ヲ作《リ》シヨリ創《(ハジマ)》レリ。モト閨閣《(ケイカフ)》[三八]ノ情ヲ言フ艷詞《(エンシ)》[三九]ニシテ、滿紅々[四〇]・念奴嬌ナドト云、一定ノ節曲アリ。假令《タトヘ》バ、詠雨ノ詩餘ヲ、滿紅々ノ節曲ニテ作レバ、詠雨ノ題ナレドモ、命ズルニ滿紅々ヲ以《(モッテ)》ス。他モ皆コノ例ナリ。蓋シ詩ハ近體ト雖ドモ、平仄音韻ヲ主トスルニ過《スギ》ズ。詩餘ハ、先ヅ五音[四一]ヲ分《ワカ》チ、又五聲ヲ分チ、又六律ヲ分チ、又清濁輕重ヲ分ツ。歐陽[四二]・東坡ガ才ヲ以テスラ、詩餘ヲ作テ、往々音律ニ協《カナ》ヒガタシト云ヘリ。況ヤ、倭人ノ輙《タヤス》ク作リ得ベキ物ニアラズ。此《コレ》方今《イマノヨ》日用風雅ノ具《グ》ニ非レドモ、近體ヨリ出ルモノナルユヘ、幷《アハセ》テ論ジ及ブト云。

〔押韻〕

押韻《(アフヰン)》[四三]ニ於ル聲律ヲ遵守《(ジュンシュ)》[四四]スル者ノ、必ズ知ベキコトアリ。古詩多クハ通韻[四五]、近體必ズ一韻ニ依ル。孰《タレ》カ是ヲ知《(シラ)》ザル者アラン。近體、第一・第二ノ句ノ韻礎[四六]ニ、

の条参照。一九 漢の武帝。前漢七代の天子。二〇 長安の西北に武帝が元封三年に築いた台。その落成時、群臣と共に催した七言の聯句。↓補二四。二一 陶淵明や謝宣城の作が有名。陔余叢考になお多くの例を上げている。↓補二五。二二 唐の二代の天子。ただしここは、十四代の文宗の誤り。二三 唐の政治家。字誠懸。官は太子太保。書も巧み(旧唐書、一六五・新唐書、一六三)。↓補二六。二四 李白。↓補二七。二五 唐の政治家。字清臣。官は尚書右丞など。封魯郡公。書に巧み(旧唐書、一二八・新唐書、一五三)。↓補二八。二六 韓愈。↓補二九。二七 室町期からの日本の聯句の方式は連歌の影響下になったもの(能勢朝次著、聯句と連歌)。二八 序の筆者頑庵道人のこと。前出(二六五頁注三一)。二九 この書の出刊未詳。三〇 詞曲の調べに合せて詩の文字をうめる遊戯的詩の一体。「詩余謂㆓之塡詞(テンシ)㆒、則調有㆓定格㆒、字有㆓定数㆒、韻有㆓定声㆒、至㆓句之長短㆒、雖㆑可㆓損益㆒、亦不㆑当㆓率㆑意為㆒㆑之」(古今詞論)と云うもの。詩轍、三の詩余の条参照。三一 上代宮廷歌の調べに合せて創作する古詩の一体。三二 音楽をともなう詩。三三 梁・陳に仕えた文人。字は孝穆。官は御史中丞など。玉台新詠の編者(陳書、二六)。三四 玉台体。滄浪詩話に掲げる一説に「或者但謂㆓繊艶者㆒」と。この場合はこの意。三五 唐の詩人。字致堯など。官は翰林学士承旨(新唐書、一八三)。三六 香奩体。韓偓の好んだ脂粉の気のある詩を集めて、香奩集と称したにはじまる。艶冶な詩。三七 底本「氷」。正しきに改。宋の詩人。字耆卿。官は屯田員外郎。詩余に巧み。↓補三〇。三八 閨房。三九 あだめいた歌。四〇 共に曲の名称。四一 五音は脣・歯・牙・舌・喉の切韻の法。五声はそれ

[一]換音《クハンイン》ノ法アリ。倭人知ル者鮮《(スタナ)》シ。辟《タトヘ》バ、起句、四[二]ノ支韻ノ枝ノ字ヲ押《オス》トキハ、第二ノ句、別ニ一音ヲ換《カヘ》テ、[三]思・師・時・奇・垂等ノ字ヲ押《(オス)》ベシ。若シ枝ト同音ノ、巵・知・之・芝等ノ字ヲ押スヲ、兩句一音ト云フ。淸ノ李笠翁[四]ガ曰ク、「兩[五]句一音、讀《ンデ》レ之便覺レ粘《スルヲ》レ口《ニ》、此《レ》亦詩之《ノ》大忌也《ナリ》、古人未《ダ》三嘗《テ》有二犯《ス》レ之《ヲ》者一」ト云云。予《レ》試ニ、高廷禮[六]ガ唐詩正聲[七]・李于鱗ガ唐詩選[八]ヲ取テ検《ギンミ》スルニ、一詩ノ此《コレ》[九]ヲ犯《ヲカ》ス無シ。又唐諸名家ノ集ニ就《ツイ》テ検スルニ、盡ク然ラズ。而シテ後ニ、廷禮ガ正聲ノ韻[一〇]ヲ主トシ、于鱗ガ選ノ嚴[一一]刻ナルヲ知レリ。本邦此《コレ》ヲ知ル者、徂徠[一二]先生一人ノミ。徂[一三]徠集ヲ検スルニ、亦一詩ノ此ヲ犯ス無シ。南[一四]郭以下ミナ知ラズ、時ニ此ヲ犯ス。方今《イマ》ノ詩人、口ヲ開ケバ聲韻[一五]・格律[一六]ヲ云ヒ、唐詩選ヲ準繩《テホン》トシナガラ、準繩ノ法ヲ知ラズ。所謂聲韻・格律ソモ〳〵何物ゾヤ。格律ニ拘々《カカハラ》セズンバ止《ヤン》ヌ。苟《(イヤシク)》モ格律ヲ主トセバ、嚴ニ守ラズンバ有《ル》ベカラズ。然リト雖モ、韻中ノ同音・別音、ソノ粗《アラマシ》ハ推《ヲシ》テ知ルベケレドモ、其精ヲ欲セバ、笠翁詩韻ヨリ捷徑《チカミチ》ナル無シ。笠翁詩韻[一七]ノ書タル、禮部頒韻[一八]《(レイブハンヰン)》ニ依《(ヨリ)》テ、同聲ヲ以テ類トシ、[一九]一格《ヒトツノハコ》ヲ設《マウ》ケ、各音ヲ分ツ。辟《タトヘ》バ、四支ノ韻ナレバ、〔支〕枝肢巵之芝祇知、〔思〕緦司師私絲〔咨〕咨資貲粢ト擧《アゲ》テ一目瞭然《アキラカ》、ソノ同別ヲ知《(シル)》ベシ。他韻ミナ此《(コノ)》例ナリ。格律ヲ守ントセバ、宜ク此《コノ》書《ヲ》以テ準的《メアテ》トスベシ。然リトイヘドモ、唐人[二〇]ノ聲律[二一]

に応ずる宮・商・角・徴・羽の音色。六律は、十二律の中の太簇・姑洗・蕤賓・夷則・無射・黄鐘で、六呂に対する。様様の音楽的考慮をはらわねばならぬ意。四二 欧陽脩。字永叔、号酔翁・六一居士。官は参知政事など。宋代の代表的文人(宋史、三一九など)。四三 漢詩の定まった所の文字に、同じ韻をふむ規則。四四 したがい守る。四五 相似た韻を通じて用いること。↓補三一。四六 韻をふむべき場所。即ち句末。

一 以下に詳説する、韻字を変える一方法。二 平水韻の平声上の第四番目の韻。三 以下の文字の説明は、笠翁詩韻の凡例に見える所に従ったもの。四 李漁。字は笠翁。伝奇などを残した清の文人。閑情偶集など我が国人に親しまれた。五「両句一音之ヲ読ンデ便(スナ)チ口ニ粘(ヅ)スル(=口中がねばっこくなる)ヲ覚ユ…」。笠翁詩韻の凡例に「両句一韻、読レ之便覚レ粘レ口、此亦詩家之大忌也、雖三前人未二嘗犯一レ之、然未レ有二明言以告一レ世者一、予特掲而出レ之」。六 一名棅、字彦恢。明人で、官は翰林待詔。詩書画をよくす。唐詩品彙・唐詩正声の編者(四庫提要・列朝詩集乙集、三)。七 唐詩の選集。首巻一、本文二二巻。享保十四年和刻もある。八 幕初以来、李攀竜の編と信じられていた唐詩の選集。服部南郭により享保九年和刻、蘐園以来日本人に親しまれた漢詩集の一。↓補三二。九 両句一音。一〇 黄鎬の正声の序にも「採下取唐人所レ作得二声律純正一者上、凡九百二十九首」。一一 甚だきびしいこと。一二 前出(二六五頁注一八)。一三 三〇巻、補遺一巻。元文五年全刊。後出(附録)する如く服部南郭の編。一四 服部南郭。名元喬、字子遷、称小右衛門。荻生徂徠の高弟、詩に令名があった。宝暦九年(一七五九)没。

ニ於ル、此《カク》ノ如ク甚ダ嚴刻ナラズ。蓋シ嚴刻ニ過ルトキハ、[二二]辭意促迫《チヾマリ》シテ、精神ヲ失ヒ、[二三]性靈ニ發スルコト能《アタハ》ズ、大ニ詩道ニ乖《ソム》ク。詩道ハ性靈ヲ主トス。格律ヲ主トスベカラズ。[二四]袁中郎コ、ニ見ルコト有テ、格式ヲ寛《ユルフ》ス。寛シト雖ドモ、古今一定ノ格ヲ捽《スツ》ルニ非ズ。[二五]詩ハモト性情ヲ吟咏スルニ過《(スギ)》ザル故ニ、格律嚴ナルモ歌フベシ。寛ナルモ歌《(ウタフ)》ベシ。近體ナレバ、近體ノ節奏ニ歌ハルベクハ可ナリ。故ニ能ク只《ダ》寛ニシテ、拘束セラレザルトキハ、辭意始テ暢《ノブ》ベシ。唐人詩ヲ格律ニ求メズ。性靈精神ノ上《ウヘ》ニ索《モト》ム。是ヲ以《(モツテ)》ナリ。[二六]宋以來聲律日《ヒ》々《ヾ》ニ嚴ニシテ、竟《(ツヒ)》ニ[二七]李笠翁・[二八]李滄溟ニ至テ極レリ。夫レ格律イヨ〳〵嚴ニシテ、精神ヲ失フコト愈甚シ。之《レ》ヲ[二九]秦ノ政[三〇]苛刻《ヒドキ》ヲ以テ、令《ゲジ》スレバ行ハレ、禁ズレバ止《ヤム》ニ譬《(タト)》フ。抑《ソモ〳〵》正道ニ非ズト謂《(イツ)》ツベシ。

〔格調〕

[三一]今世ノ詩人、于鱗氏ヲ尊崇《タツトブ》スルコト、恰《アタカ》モ[三二]浮屠氏《(フトシ)》ノ[三三]佛祖ヲ尊崇スル如シ。故ニ詞ヲ撰《エラム》ヲ第一トシ、意味ノ淺深ニモ、趣ノ有無ニモ拘《カマハ》ズ。一向《ヒタスラ》古人ノ詞ヲ[三四]剽《(ヘウ)》竊《(セツ)》シ、古人ノ姿ニ似《ニセ》習フヲ事トス。[三五]物茂卿云ク、「[三六]詩ヲ詞ノ上ニ求ルハ、淺キヤウナレドモ實ハ深ク、意味ノ上ニ求ルハ、深シト云ヘドモ、詩家ノ正法ヲ離レ、外道ニ陥《ヲチイ》ル」ト云々。凡ソ詞ヲ撰ムトキハ、[三七]格調ヲ主トセザルコトヲ得ズ。格

七十七。 一五 詩の音韻。 一六 詩の体制と規則。 一七 李漁著の韻書。五巻。康熙甲寅季春之朔日の自序。 一八 唐代に、礼部の試験のために作られ、朝廷から出された韻書。 一九 平水韻に分類される韻の文字を、その中で更に分類してあるをいう。 二〇 唐時代の人。 二一 声韻格律。 二二 表現も内容も。 二三 詩の本質である性情の霊妙な作用。▽後出(二八四頁)する如く、北山は性霊派と称される袁宏道らの説に賛成しての発言である。 二四 袁宏道。明の詩人。字中郎、号石公。官は稽勲郎中。兄弟三人文名あり、三袁と称された。性霊尊重を主唱して、公安派と称される(明史、二八八・列朝詩集丁集、一二)。 二五 ▽以下、袁宏道が、王李らの古文辞・格調の説に反対して、清新性霊の説を論じた大体を述べたものである(松下忠「袁中郎の性霊説」—『中国文学報』第九冊参照)。 二六 宋末以来の意で、厳羽の滄浪詩話などの説を云う。 二七 李東陽号西涯か李夢陽号空同、恐らくは後者を誤ったもの。空同はいわゆる明の前七才子の中心人物で、格調の論を唱え、于鱗らの後七才子に先行した。 二八 李攀竜。 二九 始皇帝の奏の政治のきびしさをさす。 三〇 底本左傍書「ヒドク」。意によって改。 三一 徂徠(唐後詩総論)や南郭(唐詩選附言)などで賞讃して以後、世はこれに従った。補注二参照。 三二 僧侶。 三三 釈迦。 三四 うばいとる(詩文の語句についていう)。于鱗の語「卒未ニ嘗一語不レ出ニ於古人一」(王子存筍稿跋)。 三五 荻生徂徠。 三六 徂来先生詩文国字牘、下(元文元年刊)に「詩を語言の上に求候事、浅き様に相見へ候得ども、実は深く、是を意味の上に求め候は、深しといへども、忽ち詩家之正法を離れ、外道に堕入候と可被思候」。 三七 格律と声調。

トハ平仄一定ノ格ナリ。于鱗[一]有韻ノ句ニ於テハ、極メテ嚴密ナリ。[二]今ノ詩人、ロニハ于鱗ヲ稱シナガラ、其格ヲマモツテ作ルコト能《(アタハ)》ズ。大ニ其格ヲ侵ス、豈誤ラズヤ。有韻ノ句ニ於テ、[三]三仄一平ト、[四]仄起リ第三ノ字仄ト、[五]仄上三連ト、[六]仄間平ト、皆于鱗ガ禁ズル所ナリ。今ノ人、第三ノ句バカリニ[七]挾聲《(ハサミジヤウ)》ヲ忌ム。于鱗ハ都《スベ》テ何レノ句ニテモ、無韻ノ句ナレバ忌ミ避《サ》ク。又挾聲ヲ用ルコトアリ、然レドモ、世ニ云フ[八]仄起リノ正格ニハ曾テ無シ。偶《タマ》〱アルハ、[九]平起ノ偏格ト云フニアリ。挾聲ニ亦一定ノ格アリ。[一〇]二四同聲六反聲ナリ、正格ハ最モ嚴密ニシテ、偏格ハ稍《ヤヤ》ユルシ。若シ正格ニ有ルコトアルハ、據《ヨンドコ》ロナキ[一一]二千石、鳳凰閣、將軍起ノ類ノミ。時詩ノ所謂、[一二]陽春・白雪ナルモノヲ作ント思《(オモハ)》バ、先ヨク于鱗ガ格ヲ慎《ツツシ》ミ守テ失ハザルベシ。サテ是等ノ格ハ、[一三]唐ノ名家トイヘドモ難シトスル所ユヘ、唐詩ニモ此格ニ合フ詩ハ少《マレ》ナリ。然ルヲ于鱗ハ取テ平常ノ格トス。調トハ聲調ヲ云。于鱗[一四]一意《モツパラ》ニ盛唐ノ調ヲ取テ準トス。律ニ於テハ、[一五]萬里ノ寒光生シ二積雪ニ一、三邊曙色動ス二危旌ヲ一、沙場ノ烽火侵ス二胡月ヲ一、海畔ノ雲山擁ス二薊城ヲ一。[一六]萬里悲秋長ク作リレ客ト、百年多病獨リ登レ臺ニ。[一七]紫氣ノ關ハ臨ンデ二天地ニ一闊ク、黄金ノ臺ハ貯ヘテ二俊賢ヲ一多シ。[一八]九天ノ閶闔開二宮殿ヲ一、萬國ノ衣冠拜ス二冕旒ヲ一。[一九]雲裡ノ帝城雙鳳闕、雨中春樹萬人家。[二〇]三山半バ落ツ青天ノ外、二水中分ス白鷺洲、等ノ數聯ヲ本トシ、絶句ニ於テハ、[二一]秦時ノ明月漢時ノ關。[二二]紅粉當テ

一 韻をふむべき句。于鱗の厳密とは、唐詩選の唐律兆や鈴木松江の唐詩平側考にも同じ説が見える。 二 中井竹山の「就中四位ノ孤平大声病ナリ」。 三「仄仄仄平」となる型。平側考に字目も仄のこと。 四 二字目も三か三つ連なること。 五 仄の上に、平・仄いずれはさむ。平側考に「近体ト成リ、声律全ク厳正ニシテ、二四異、二六同、失粘挾声、二位四位六位ノ仄間平ヲ忌ミ」。 六 仄字二つの間に平字を字、仄の字の上下に平の字を配する型。 七 平の字の上下に仄の絶句の第三の句ばかりのみ許して、他は忌むの意。ここは、意。→補三三。 八 前出(二七一頁)。

九 前出(二七一頁)。 一〇 二四不同二六対の反対にするを云う。 一一「千」「凰」「軍」が平声で、他は仄声。挾声になっているが、動かしがたい熟字であるので正格にも用いたの意。

一二 後出(二九〇頁)する如く、古文辞の擬唐詩を作る人人のよく用いる語。ここは、擬古詩を作る輩はの意。 一三 前の「唐人ノ声律ニ於ル…厳刻ナラズ」に応じる。 一四 荻生徂徠の唐後詩総論に「于鱗於二盛唐諸家外一、別構二高華一色一、而終不レ離二盛唐一、細眡二其集中一、一篇一什、亦皆粋然、不レ外二斯色一、所二以為一レ不レ可レ及也」。

一五 祖詠の七律「望薊門」中の四句。→補三四。

一六 杜甫の七律「登高」中の二句。→補三五。

一七 杜甫の「承下聞二河北諸道節度入朝一歓喜口号絶句十二首上」の九の詩中の句。→補三六。

一八 王維の七律「和下賈舎人早朝二大明宮一之作上」中の二句。→補三七。

一九 王維の七律「奉レ和下聖製従二蓬萊一向二興慶一閣道中留春雨中春望之作上応制」中の二句。→補三八。 二〇 李白の七律「登二金陵鳳皇台一」中の二句。→補三九。

壚ニ弱柳垂ル。[二三]日落テ轅門鼓角鳴ル。[二四]蒲萄ノ美酒夜光ノ杯。[二五]蘭陵美酒鬱金香。[二六]洞庭西ニ望メバ楚江分ル。[二七]天門中斷楚江開ク。[二八]朝ニ辭ス白帝彩雲ノ間。[二九]誰家ノ玉笛暗カニ飛ス㆑聲ヲ。[三〇]白馬金鞍從フ㆓武皇ニ㆒。[三一]天山雪後海風寒シ。[三二]黃河遠ク上ル白雲ノ間。コノ數首ニ刻[三三]意シテ、唐人ノ使ヒ熟シタル字ニ非レバ、一字モ使ハズ、唐人ノ使ヒ慣《ナレ》タル故事ニ非レバ、一事モ用ヒズ、然モ是于鱗ニ創《(ハジマ)》ルニ非ズ。[三四]輟耕錄スデニ此沙汰アリ。是ヲ以テ于鱗ガ詩ヲ誦《ヨム》ニ、[三五]數字ヲ足シテ覽《(ミ)》ザレバ解スベカラズ。是レ其詩ノ高華[三六]ナル、ヨリドコロナリ。凡ソ于鱗調ノ詩ハ、上《カミ》ノ數首數聯ノ格調ヲ主トシ、初[三七]・盛ト中・晩トヲ別ツコト、[三八]河漢ノ如クスベシ。今初學ノ爲ニ、宋ノ黃山谷[三九]・蘇東坡ガ七絶、各一首ヲ擧《(アゲ)》テ、是ヲ于鱗ガ調ニ換《カ》ヘ、其調ノ異ナル所ヲ知《(シラ)》シメ、次ニ故アツテ擬作セル所ノ、律絶數首ヲ載《(ノセ)》テ、作[四〇]文志彀ノ例ニ從《ナラ》ヒ、時詩ノ甚ダナシガタカラザルヲ示スト云。

〔剽襲詩十首〕

湖南歌　　黃山谷

[四一]花上盈々トシテ人不㆑歸。棗下纂々トシテ實已ニ垂ル。臘雪在ル時聽㆓馬ノ嘶ヲ㆒。長安城中花片飛。

[四二]次㆓韻山谷湖南歌㆒　　山本信有

二一 王昌齢の「従軍行三首」(唐詩選による、昌齢の集には出塞二首のうち)中の句。→補四〇。
二二 賈至の「春思二首」中の句。→補四一。
二三 岑参の「封大夫破㆓播仙㆒凱歌二首」中の句。→補四二。
二四 王翰の「涼州詞」中の句。→補四三。
二五 李白の「客中行」中の句。→補四四。
二六 李白の「陪㆓族叔刑部侍郎曄及中書舎人賈至㆒遊㆓洞庭湖㆒」中の句。→補四五。
二七 李白の「望㆓天門山㆒」中の句。→補四六。
二八 李白の「早発㆓白帝城㆒」中の句。→補四七。
二九 李白の「春夜洛城聞㆑笛」中の句。→補四八。
三〇 王昌齢の「青楼曲」中の句。→補四九。
三一 李益の「従㆑軍北征」中の句。→補五〇。
三二 王之渙の「涼州詞」中の句。→補五一。
三三 心をくだいて。 三四 元の陶宗儀著の随筆。三〇巻。輟耕録、九の「詩法」に「趙魏公云、作㆑詩用㆓虚字㆒殊不㆑佳、中両聯塡満方好、出処纔使㆓唐已下事㆒便不㆑古」。 三五 徂徠の絶句解はこの方法で解をしている。 三六 立派。 三七 唐詩を四期にわけた前後二期ずつ。 三八 黄河と漢水。きわめて明瞭にするたとえ。 三九 黄庭堅。字魯直、号山谷。官は校書郎など。宋の詩人。また書に名がある(宋史、四〇四など)。
四〇 前出(二七一頁注三)。摸擬の文をのせる。
四一 「王稚川既得㆓官都下㆒。有㆑所㆑盼未㆑帰。予戯作㆓林夫人欸乃二章㆒与㆑之。竹枝歌本出㆓三巴㆒。其流在㆓湖湘㆒耳。欸乃湖南歌也」と題する詩。「花上(=花のほとり)盈々(エイエイ=美しい姿のさま)トシテ人帰ラズ、棗下(サウカ=なつめの木の下)纂々(サンサン=集るさま)トシテ実已ニ垂ル、臘雪(=十二月の雪)在ル時馬ノ嘶(イナナキ)ヲ聴キ、長安城中花片飛ブ」。 四二 文体明弁に和韻の一として、次韻を「謂㆘和㆓其原韻㆒、而先後次第各因㆖之也」。

[一]酒熟《シテ》春風人未《ダ》レ歸。愁《ヘ》看《ル》楊柳《ノ》陌頭《ニ》垂《ル、コトヲ》。去《ル》時湖雪駒蹄重《シ》。何《イカン》二似長安燕子《ノ》飛《ニ》一。

淮[二]上早發　　蘇東坡

[三]澹月傾《テ》レ雲《ニ》曉角哀《ム》。小風吹《テ》レ水《ヲ》碧鱗開。此生定《テ》向《テ》二江湖《ニ》一老《ン》。默《シテ》數《フレバ》淮中十《タビ》往來《ス》。

和《ス》二東坡《ガ》淮上早發《ヲ》一　　山本信有

[四]憔悴《ノ》王孫度《ル》二曉光《ヲ》一。孤笳月落《テ》數聲長《シ》。行吟歲〻傍《フテ》二江淮《ノ》水《ニ》一。蓬鬢空《ク》凋《ム》澤畔《ノ》霜。

送別

[五]東風二月落花《ノ》春。吹《キ》二動《シテ》離情《ヲ》一意轉〻親《シム》。此《ノ》夜青樽須《ク》二酌盡《ス》一。明朝君《ハ》是《レ》遠游《ノ》人。

雪後岡[六]眞卿・山下[七]子威見《ル》レ訪

[八]柴門雪後宦情微《ナリ》。迎《ヘテ》レ客《ヲ》淸樽興欲《ス》レ飛《ント》。豈假《ンヤ》二剡溪明月《ノ》色《ヲ》一。江山千里挂《ク》二春暉《ヲ》一。

春日客中《ノ》飲

[九]高樓酒滿《テ》晚霞流《ル》。沈醉《ノ》相如倦《メリ》二客遊《ニ》一。休《メヨ》レ說《コトヲ》二臨邛《ヲ》一腸欲《ス》レ斷《ント》。春光何《レノ》處《カ》不《ン》レ消《セ》レ愁《ヲ》。

春日遊二吉祥寺[一〇]《ニ》一賦《シテ》贈《ル》二僧[一一]大法志玄《ニ》一

一「酒熟シテ春風人未ダ帰ラズ、愁ヘ看ル楊柳ノ陌頭(ハクトウ=道ばた)ニ垂ルルコトヲ、去ル時湖雪駒蹄重シ、長安燕子ノ飛ブニ何似(イカン)」。

二 淮河のほとり。

三「澹月(タンゲツ=淡い月)雲ニ傾キテ暁角(=暁に吹く角笛)哀レム、小風水ヲ吹イテ碧鱗(=小波)開ク、此ノ生定メテ江湖ニ向ツテ老イン、黙シテ数フレバ淮中十タビ往来ス」。

四「憔悴(セウスヰ=やつれた)ノ王孫暁光ヲ度(ワタ)ル、孤笳(コカ=蘆笛の一)月落チテ数声長シ、行吟(=行きつつ歌う)歳々江淮ノ水に傍フテ、蓬鬢(ホウビン=乱れた鬢)空シク凋ム沢畔ノ霜」。

五「東風二月落花ノ春、離情ヲ吹キ動カシテ意転々(ウタタ)親シム、此ノ夜青樽(=清樽に通じて、きれいな酒樽)須ラク酌ミ尽スベシ、明朝君ハ是レ遠游ノ人」。

六・七 共に門人であろうが未詳。

八「柴門雪後宦情(クワンジヤウ=仕官の志)微(カスカ)ナリ、客ヲ迎ヘテ清樽興飛バント欲ス、豈ニ剡渓(センケイ=浙江省曹娥江の上流。晋の王子猷が、友人戴逵を雪の夜に尋ねた故事の所)明月ノ色ヲ仮ランヤ、江山千里春暉(シユンキ)ヲ挂ク(=春の光が一杯である)」。↓補五二。

九「高楼酒満チテ晩霞(バンカ=夕の気)流ル、沈酔ノ相如(=漢の司馬相如)客遊ニ倦メリ、臨邛(リンキョウ=卓文君が相如のもとへ走った所)ヲ説クコトヲ休メヨ、腸断ントト欲ス、春光何レノ処カ愁ヲ消セザラン」。↓補五三。

一〇 江戸駒込の曹洞宗の寺。学寮があった。

一一 北山の門人の一人であろう。

一二「吉祥春静ニシテ自ラ塵無シ、落照(=夕日の光)千山(=多くの山)興貧シカラズ、蓮社(=東晋の慧遠の故事から、仏教の結社のこと)ノ風流能ク酒ヲ許シテ、雨華深キ処幽人ヲ酔ハシム」。

一三 吉祥春靜《ニシテ》 自《ラ》無《シ》レ塵。落照千山興不レ貧《シカラ》。蓮社《ノ》風流能許《シテ》レ酒《ヲ》。雨華深《キ》處醉《シム》二幽人《ヲ》一。

贈《ル》二今川鐵彌《ニ》一 一三

一四 別來頻《ニ》憶《フ》子雲《ガ》亭。寂寞《タル》 秋風不レ可レ聽。君臥《シテ》二山中明月《ノ》好《キニ》一。何人《カ》共《ニ》草《ス》太玄經。

擬四李于鱗春日送《ルニ》三郭子坤《ガ》下第《シテ》還《ルヲ》二濟南《ニ》一 一五

一六 病來蕭索《トシテ》 白頭新《ナリ》。幾歲《カ》棲遲《ス》華省《ノ》春。寒食中原憐《ミ》二失意《ヲ》一。落花西苑送《ル》二愁人《ヲ》一。歸鞍莫《レ》レ羨《ムコト》二 青雲《ノ》色《ヲ》一。窮路聊《カ》同《ジ》二紫陌《ノ》塵《ニ》一。他日燕臺迎《ヘバ》二國士《ヲ》一。千金《ノ》寵賜在《ン》二誰《ガ》身《ニ》一。

擬《ス》下李于鱗送《ルノ》二王侍御《ニ》一之作《ニ》上 一七

一八 青驄叱《シテ》レ御《ヲ》氣雄《ナルカナ》 哉。九折何《ンゾ》 勞《セン》 國士《ノ》才。天近《シテ》 彩霞流《レ》二繡斧《ニ》一。秋寒《シテ》 白簡映《ズ》二霜臺《ニ》一。褰《ゲテ》レ帷《ヲ》金瀨澄清遠《ク》。擁《シテ》レ節《ヲ》鍾山屬望開《ク》。千載《ノ》功名君《ヲ》 自《ラ》有《リ》。乾坤孰《レカ》 不《ン》レ仰《ガ》二風裁《ヲ》一。

秋夕與二中嶋經甫・曲淵永錫・小野田子復・小林幹卿一同《ク》飲二二州橋《ノ》酒樓一 一九 二〇

二一 煙雲晚《ニ》度《ル》二州橋。涼湧《ヒテ》 江風散《ズ》二寂寥《ヲ》一。擁《スル》レ妓《ヲ》人《ハ》誇《リ》二高臥《ノ》趣《ニ》一。投《ズル》レ綸《ヲ》客《ハ》任《ス》二片舟《ノ》搖《グニ》一。興《ハ》豪《ナリ》 湖海千秋《ノ》氣。望《ハ》遠《シ》滄溟萬里《ノ》潮。酒滿《テ》樓臺霞色好《シ》。何《ンゾ》 妨《ゲン》 白雪醉

一三 門人であろう。

一四 「別来頻(シキリ)ニ憶フ子雲(=漢の揚雄の字)ガ亭、寂寞タル秋風聴クベカラズ、君山中明月ノ好キニ臥シテ、何人カ共ニ草ス太玄経(=揚雄の著。易に擬して、天地の根原を論じた)」。↓補五四。

一五 滄溟先生集、七に所収の詩。↓補五五。

一六 「病来蕭索(セウサク=物淋しい)トシテ白頭新ナリ、幾歳カ棲遅(セイチ=のんびり暮す)ス華省(クワシヤウ=役所)ノ春、寒食(カンショク=冬至後百五日にあたる日に冷食する習慣)中原失意ヲ憐ミ、落花西苑(サイエン=洛陽にあった隋時代の宮殿)愁人ヲ送ル、帰鞍青雲(=立身)ノ色ヲ羨ムコト莫カレ、窮路(=行きづまり)聊カ紫陌(シハク=都大路)ノ塵ニ同ジ、他日燕台(エンダイ=燕の昭王が台を作って、賢人をまねいた故事)国士ヲ迎ヘバ、千金ノ寵賜誰ガ身ニ在ラン」。↓補五六。

一七 滄溟先生集、八に所収の詩。↓補五七。

一八 「青驄(セイソウ=白黒まだら毛の馬)御ヲ叱シテ気雄ナルカナ、九折(=紆余曲折)何ンゾ労セン国士ノ才、天近クシテ彩霞繡斧(シウフ=ぬいとりの衣と斧。法を執る者をいう)ニ流レ、秋寒クシテ白簡(=官吏をせめる上奏書)霜台(サウダイ=弾正台)ニ映ズ、帷ヲ褰(カカ)ゲテ金瀬澄清遠ク、節ヲ擁シテ鍾山(=南京の紫金山)属望開ク、千載ノ功名君自(オノヅカ)ラ有リ、乾坤孰レカ風裁(フウサイ=品格)ヲ仰ガザラン」。

一九 共に門人であろう。 二〇 江戸の両国橋。

二一 「煙雲晩ニ度(ワタ)ル二州橋、涼湧イテ江風寂寥ヲ散ズ、妓ヲ擁スル人ハ高臥ノ趣ニ誇リ、綸(リン=釣糸)ヲ投ズル客ハ片舟ノ揺グニ任ス、興ハ豪ナリ湖海千秋ノ気、望ハ遠シ滄溟(=大海原)万里ノ潮、酒ハ満チテ楼台霞色好シ、何ンゾ妨ゲン白雪酔中ニ驕(オゴ)ルコトヲ」。

一 相違の甚だしいたとえ。
二 袁宏道の「西京稿序」に「夫詩以レ趣為レ主、改多則理詘」。→補五八。
三 前出(二七九頁)。
四 俗気なく新しいを云う。北山はこの語を、擬古を排した中郎の主張の称とした。→補五九。
五 のびのびとして美しい。袁宏道愛用の語であった。補注六一参照。
六 ただれくさること。
七 無意味に古語をかり並べた詩文を云う。
八 唐・宋・明その学ぶべきは学んだことを云う。→補六〇。
九 王李の如く、盛唐を尊び、晩唐・宋・元をしりぞけたりしない。
一〇 盛唐・中唐の間に大きく線を引く。
一一 易経の繋辞上篇に「擬議以成二其変化一」とある句。李攀竜がこの文句をもって、自己の詩風を説明したのである。後出(三一五頁)。
一二 性情の霊妙な作用の発現。→補六一。
一三 古文辞即ち古典や唐の詩人達の用いた語。
一四 袁宏道は新奇と変化を尊んだ。→補六二。
一五 袁宏道が王李に不満であった所である。補注六一参照。
一六 「与丘長孺」の尺牘や、補注六一に示した叙小修詩の文から構成した文であろう。→補六三。
一七 詩経の詩。
一八 李白。
一九 杜甫。
二〇 少しも。
二一 ぬすみまねる。
二二 欧陽脩。
二三 真の性霊の出現した詩。真もまた、袁宏道の主張した所である。補注六三参照。

中ニ驕ルコトヲ。

〔性靈〕

明朝ノ詩、李于鱗・袁中郎ヲ以テ、一大鴻溝《サカヒ》ヲ分《ワカ》ツベシ。今ノ人、明詩ト云ヘバ概シテ于鱗ガ調トノミ思ヘリ。夫レ于鱗ト中郎ノ異ナルコト、譬ヘバ[一]水火・氷炭ノ如シ。中郎ハ[二]趣ヲ主トシ、于鱗ハ[三]格調ヲ主トス。中郎ハ[四]清新[五]流麗、于鱗ハ[六]腐爛《(フラン)》[七]飣餖《(テイトウ)》、中郎ハ[八]歴代ヲ罔羅《ヒツクルメ》シテ自在ニ用ユ。必シモ[九]盛・晩、宋・元ヲ擇《エラ》バズ、于鱗ハ[一〇]盛唐・中唐ヲ別ツコト河漢ノ如シ。一意ニ剽竊シテ、[一一]擬議以テ變化ヲナスト云。中郎ハ詩ヲ[一二]性靈ニ發シ、于鱗ハ詩ヲ[一三]辭ニ求ム。中郎ガ詩ハ千篇千様[一四]變化キワマラズ、于鱗ガ詩ハ[一五]篇々一律ニシテ變化ナシ。中郎ガ于鱗ヲ駁《バク》スル[一六]言ニ曰ク「唐人ノ詩、未ダ曾テ六朝ヲ摸セズ。六朝ノ人、未ダ曾テ漢魏ヲ摸セズ。漢魏ノ人、未ダ曾《(カツ)》テ[一七]三百篇ノ詩ヲ摸スル者アラズ。且《ツ》唐人ノ中ニテモ、[一八]太白ハ[一九]子美ヲ似セズ、子美ハ太白ヲ似セズ。王維・岑參《(シンシン)》・韓退之・白樂天、其他唐三百年間ノ作者、[二〇]毫末《(ガウマツ)》モ人ヲ[二一]剽襲《(ヘウシフ)》スル者ナシ。宋、蘇東坡・[二二]歐陽公ノ詩曾テ唐人ニ似ズ。夫レ歐陽・東坡ノ才ヲ以テ、唐詩ヲ似セバ、唐人ノ眞ニ逼《セマ》ルホド似ルベケレド、其《ソコ》ヲセズシテ、自己[二三]眞性ノ詩ヲ作ル、コレ其[二四]卓乎《タクコ》タル所ナリ。若シ漢魏ノ人、三百篇ノ詩ヲ摸作セバ、豈漢魏ノ詩アランヤ。唐ノ諸名家、モシ皆漢魏ノ詩ヲ効襲《カウシフ》[二五]セバ、爭《イカデ》カ唐ノ詩ナルモノ有ラン。今ノ人ニシテ、唐詩ヲ踏襲《タフシフ》[二六]スルヲ務メトセバ、則チ今ノ詩ニアラズ。直チニ唐詩ノ贋《ニセ》物ナリ。大丈夫タルモノ、如何ゾ己レニ有スル眞詩[二七]ヲ舍テ、他ノ詩ヲ剽襲摸擬スベキ」。甘《ムマイ》カナ、東坡ガ詩ニ「論[二八]ジテレ畫ヲ、以セバ二形似ヲ一、見與《ライ》二兒童一隣ル、賦レ詩ヲ、必トセバ二此ノ詩ヲ一、定テ非二知ルレ詩ヲ人ニ一」ト云ヘルコトヲ。故ニ詩ヲ屬《ツクツ》テ人ヲ踏襲スルハ、人ノ詩ニシテ己レガ詩ニ非ズ。中郎ガ「唐[二九]ニ詩無シ、詩ハ宋ノ諸名家ニアリ」ト云ハ、唐ノ詩ヲ足ラズトスルニハ非ズ、宋ノ東坡・六一[三〇]ガ唐ヲ踏襲セザル所ガ、眞ノ詩ナリト云フ意ナリ。今ヤ淺[三一]學無識ノ輩ラ、詩道ニ昧《クラ》ク、徂徠・南郭ニ誑《タブラカ》サレ、剽竊ノ惡詩腸胃《ハラワタ》[三二]ニシミコミ、一語ニテモ聞慣《キヽナレ》ザル語、一字ニテモ見熟《ミナレ》ザル字アレバ、詩ニ非ズトス。是レ中郎ガ憤悲[三三]スルユエン、宛《エン》[三四]トシテ今日ニアリ。信有幼ヨリ時詩ノ陋ヲ醜《ニク》ミ、口斷《タツ》テ詩ヲ談ゼズ、世ノ之ヲ駁スル者ノ起ランコトヲ望メルコト久シ。夫レ時詩ノ陋ヲ掃《ハラ》ハント欲セバ、中郎ガ爲ス所ヲナスベシ。今ノ人、僅ニ時詩ノ陋ヲ知ルモノ、或ハ曰「于鱗[三五]ヲナサズ、唐ヲナス」ト云フ。而シテ之《コレ》ヲミレバ、ヤハリ于[三六]鱗風ノ、高華ヲ失ヒタル卑弱《イヤシクヨハキ》ナルモノニテ、然モ聲調穩協《ヲンケフ》[三七]、于鱗ニシカズ。故ニ又コレヲ厭《イトフ》テ、白樂天[三八]ヲナスト云モノアリ、蘇東坡ヲナスト云フ者アリ、陸放翁[三九]ヲナスト云者アリ、程松圓[四〇]ヲナスト云フモノアリ。之ヲ要スルニ、中郎

二四 卓越しているさま。すぐれたさま。
二五 見ならいまねる。
二六 前人のものをそのままうけつぐ。
二七 真性の詩に同じ。
二八 蘇東坡の「書ニ鄢陵王主薄所レ画折枝二首」の其一の中の句。「画ヲ論ジテ形似ヲ以テセバ、見(ゲン)児童ト隣ル、詩ヲ賦シテ此ノ詩ヲ必トセバ、定テ詩ヲ知ル人ニ非ズ」。↓補六四。
二九 「与張幼于」の尺牘中の語。補注五九参照。
三〇 六一居士。欧陽脩の号。
三一 学問の乏しく見識のない連中。
三二 全くおかされて。
三三 悲憤。
三四 そのままに。袁宏道の時代さながらに。
三五 ▽王李擬古の風にあきた大勢がこれであった。
三六 于鱗風であって且つ、于鱗の持った高華の風もないものの意。
三七 おだやか。
三八 白楽天風を作るという者。▽実は白楽天の摸倣に終っている。以下も同じであると云うのが、北山の見解である。
三九 陸游。字務観、号放翁。官は宝章閣待制。宋の詩人(宋史、三九五など)。
四〇 程嘉燧(ていかすい)。字孟陽、号松円。明の詩人で、書画にも巧み。嘉定四先生の一(明史、二八八・列朝詩集丁集、一三上)。

ニ由ラザル者ハ、五十歩ガ百歩ヲ笑フノ類ニテ、楊升庵ガ六朝ニ沈酔シ、晩唐ヲ攬采《ランサイ》シテ、北地ヲ壓倒《オシタヲス》センガ爲ニ、太白ヲ稱シ、子美ヲ排スルナリ。恐ラクハ剽竊タルコトヲ免レジ。苟モ剽竊ヲ免レテ、清新ト云ヘバ、中郎ナリ。然リト雖ドモ、方今《タヾイマ》剽竊隆盛ノ日ニ當テ、其陋ヲ悟リ、于鱗ヲナサズト云モノハ、信ニ豪傑ノ士ト謂ベシ。願クバ、是等《ラ》ノ人、中郎ニヨルコトヲ知テ、誠ノ眞詩ヲ作リ得バ、斯《コノ》道ノ幸《ヒ》ナラン。今吾黨ノ爲《タメ》ニ、于鱗ガ剽竊ノ詩ヲ擧《アゲ》テ、次ニ之ヲ清新ノ詩ニ換《ナラ》シ、剽竊ト清新トノ異《ワカチ》ヲ知《シラ》シメ、又十數首ノ詩ヲ載《ノセ》テ、作文志彀ノ例ニ從《シタガ》フ。

〔清新詩十五首〕

送ニ殿卿ガ赴ヲレ廣ニ　李于鱗

莫レ辭ニ杯酒《コト》ヲ一薊門ノ春。匹馬明朝客路新《ナリ》。陌上ノ少年君自見《ヨ》。相逢《テカ》誰是《レ》眼中ノ人。

同前　山本信有

離筵相視語《テルコト》諄々。莫逆與レ君三十春。他日崑崙詩碎レ玉《クモヲ》。唱酬時《ニ》少《ン》断金ノ人。

漫成

城北山中ノ一痩夫。氣豪ニ官拙《シテ》分《トス》ニ窮途《ヲ》一。迂情雖レ似《ト》ニ寒天ノ扇ニ一。案上復《タ》繙《ヒモドク》八陣ノ圖。

一 どちらも同じことのたとえ。孟子の梁恵王上篇に「孟子対曰、(中略)兵刃既接、棄レ甲曳レ兵而走、或百歩而後止、或五十歩而後止、以ニ五十歩一笑ニ百歩一、則何如」。
二 楊慎。字用修、号升庵。官は翰林修撰など。明の学者(明史、一九二)。その説は丹鉛総録などに見える。楊慎の六朝詩の鼓吹は、青木正児著、支那文学思想史第六章参照。→補六五。
三 六朝の詩風に深く心酔し。
四 とり用いる。
五 李夢陽のこと。字献吉、号空同。明の前七才子の一と称される詩人。官は江西提学副使(明史、二八六)。
六 升庵もまた、剽竊と云う中に入るであろう。
七 滄溟先生集、一〇所収。絶句解・唐後詩にも「送殿卿」として所収。「杯酒ヲ辞スルコトナカレ薊門(ケイ=北京の都門)ノ春、匹馬明朝客路(=なれない旅路)新ナリ、陌上ノ少年君自ラ見ヨ、相逢ヒテ誰カ是レ眼中ノ人(=顔なじみの人)」。
八 「離筵(=送別宴の席)相視テ語ルコト諄々(ジュンジュン=ねんごろ)、莫逆(バクギャク=親友)君ト三十春、他日(=後々に)崑崙(コンロン=美玉の産地、下の砕玉に応じる)詩玉ヲ砕クモ(=よい詩作をさす)、唱酬時ニ少ナカラン断金ノ人(=親交の人)」。
九 「城北山中の一痩夫、気豪ニ官拙ニシテ窮途(=貧困の生活)ヲ分タントス、迂情(ウジ=まがった性情)ハ寒天ノ扇(=無用なもののたとえ)ニ似タリト・イヘドモ、案上復タ繙ク八陣ノ図(=軍法の書)」。

送三[10]牛丸子達ガ遊二[11]畫島ニ一

[12]煙擁シ濤圍ム天女宮。天成ノ神境十洲通ズ。想フ君ガ探二却シテ洞天ノ勝ヲ一。始テミトメン認人間ノ畫未ダルコトヲレ工ナラ。

[13]亀田圖南見レ問レ疾ヲ詠ジテレ史ヲ戲ニ贈ル

[14]阿瞞雖三善ク臥スト二頭風ニ一。神算本ト有レ餘リ二割據ニ一。灌グレ蔬ヲ豫州莫ソヤ二雄心一。故ラニ巻テ二覇圖ヲ一失ス二匕箸ヲ一。

[15]負郭

[16]負郭僅ニ容ル長者ノ車。敝廬能架ス汗牛ノ書。幾回ビカ鄕社空ク分チレ肉ヲ。三十一年類ス二蠹魚ニ一。

諸君勸ム三余ニ開ケト二行塾ヲ一乃《ソノ》日《ヒ》雷雨滂沱[17](ハウダ)タリ走シテレ筆ヲ賦シ示ス

[18]從來飛勢可レ冲ルレ天ニ。雷屬シ雲從テ時ニ在レ田ニ。莫レレ恠ムコト三如今無キヲ二雨ニ起ル一。頷珠珍トシ睡ル九重ノ淵。

[19]隅水納涼同二[20]智順上人ト一

[21]隅水納涼ノ趣キ。自ラ有レ似タルコト二碁機ニ一。非レドモレ争フニ二贏輸《カチマケ》ノ勢ヲ一。逐テ二載スルレ妓ヲ船ヲ一圍ム。

灌園

[22]書劍業不レ成ラ。任二着シ他ノ毀譽ニ一。固ク守テ二半畝ノ園ヲ一。日々灌ソヽグ二菜茹ニ一。

美人早起

一〇 門人の一人であろう。

一一 江之島。相模湾上にあり、弁才天をまつる江戸人信仰の島。

一二 「煙ハ擁シ、濤ハ囲ム天女宮(=弁才天の社殿)、天成ノ神境十洲ニ通ズ、想フ君ガ洞天ノ勝ヲ探却シテ(=景勝地を見物し終って)、始メテ認メン人間ノ画未ダ工ナラザルコトヲ」。

一三 亀田鵬斎。名長興、字穉竜、称文左衛門。図南は初名。北山の友人の儒者。文政九年(一八二六)没、七十五。

一四 「阿瞞(アマン=三国時代魏の曹操の小字)善ク頭風(トウフウ=頭痛)ニ臥ストイヘドモ、神算本ト割拠ニ余リ有リ(=三国割拠を見通していた)、蔬(ショ=野菜)ヲ灌(ソソ)グ予州(=漢の劉邦)雄心ナカランヤ、故(イタヅラ)ニ覇図(ハト=覇者のはかりごと)ヲ巻キテ匕箸(ヒチョ=さじとはし)ヲ失ス」。

一五 城外。町はずれの住居。

一六 「負郭僅ニ容(イ)ルル長者ノ車、敝廬(=やれ家)能ク架ス汗牛ノ書(=多くの書)、幾回(ビタ)カ郷社空シク肉ヲ分チ(=祭日に人人に肉をわける)、三十一年蠹魚(シミ)ニ類ス」。

一七 雨の盛んなさま。

一八 「従来飛勢天ニ冲(ノボ)ルベシ、雷属シ雲従ヒテ時ニ田ニ在リ、如今雨ニ起ル無キヲ恠(アヤ)シムコトナカレ、頷珠(ガンシュ=あごの下に玉を持った竜)珍トシテ睡ル九重ノ淵」。↓補六六。

一九 隅田川。

二〇 知人であろう。

二一 「隅水納涼ノ趣、自ラ碁機(キキ=碁のことわり)ニ似タルコト有リ、贏輸(エイシュ)ノ勢ヲ争フニ非ザレドモ、妓ヲ載(ノ)スル船ヲ逐ヒテ囲ム」。

二二 「書剣業成ラズ、他(ヒト)ノ毀誉(キヨ=批評)ニ任着シ、固ク半畝ノ園ヲ守ッテ、日々菜茹(サイジョ=青物)ニ灌グ」。

一殘月照《ス》二垂柳《ヲ》一。鬢鬆影似《リ》レ絲《ニ》。夫君眠《リ》未《ダ》レ覺《メ》。學《デ》自《ラ》畫《ク》二娥眉《ヲ》一。

寄二懷[二]花園惠滿・足利良智一

三虎溪飽笑《ノ》後。水雲各自《ラ》流《ル》。五柳春無《キモ》レ恙。誰《レカ》賞《セン》二綠絲《ノ》脩《ナガキ》《ヲ》一。

劍客

四學《デ》レ劍《ヲ》三十年。未《ダ》三曾《テ》逢二敵手《ニ》一。徒《イタヅラニ》揮《テ》レ如《キヲ》二凜霜《ノ》一。燕門屠《ル》二彘狗《ヲ》一。

俠客

五未レ留《メ》二不平《ノ》事《ヲ》一。豈論《ゼンヤ》二易《ト》與《ヲ》レ難。滿身君試《ミニ》見《ヨ》。無《シ》三盡《ク》弗《ル》二刀瘢《ナラ》一。

除夜

六素粲歲云《ニ》闌《タリ》。曉近《シテ》纔《ニ》擧《グ》レ斝《サカヅキ》《ヲ》。誰《カ》知《ン》報國《ノ》心。酣樂《ヲ》後《クル、コトヲ》二天下《ニ》一。

七秋日攜《テ》二太田叔龜・柴田子介・屋代伯賢・冏完・明嚴・惠淳《ノ》三僧及剛・藤二童子《ヲ》一訪《フ》二[八]性山禪師《ヲ》一

九性公蘭若寂《タリ》。風月許《ス》二吾儕《ヲ》一。香《ハ》遠《シ》蓮花漏。字《ハ》明《ナリ》禁酒牌。同人非二俗客《ニ》一。禪室野《ニス》二形骸《ヲ》一。空理和《ト》二詩趣《ト》一。談論也《タ》奈《ンゾ》乖《カン》。

一〇穿牛觀《ノ》集同二頑庵道人・[一一]牛丸子達・稻住伯休・境淵・證雲・提州《ノ》三僧《ト》一

詠《ズ》レ劍《ヲ》

一二崑溪三尺《ノ》水。神護《ツテ》號《ス》二龍泉《ト》一。揮霍電光轉《ジ》。動搖波影鮮《カナリ》。潛藏吟《ジ》二匣裡《ニ》一。墜

一「残月垂柳ヲ照ラス、鬢鬆(ビンソウ=乱れた髪)ノ影糸ニ似タリ、夫君眠リ未ダ覚メズ、学ンデ自ラ娥眉(ガビ=美しい眉)ヲ画ク(=化粧すること)」。

二 共に友人であろう。

三「虎渓(=虎渓の三笑の故事に三人のかつての親交をたとえた)飽笑ノ後、水雲各自ラ流ル(=月日を経た)、五柳(=五柳先生陶淵明。自らを詩酒三昧の淵明にたとえた)ノ春恙ナキモ、誰カ緑糸ノ脩キヲ賞セン(=二友の訪うなし)」。

四「剣ヲ学ンデ三十年、未ダ曾ツテ敵手ニ逢ハズ、徒ラニ凜霜(リンサウ=寒寒とした霜)ノ如キ(=太刀を云う)ヲ揮ツテ、燕門(エンモン=都の門)彘狗(テイク=犬の子)ヲ屠(ホフ)ル」。

五「未ダ不平ノ事ヲ留メズ、豈ニ易ト難トヲ論ゼンヤ、満身君試ミニ見ヨ、尽ク刀瘢(タウハン=刀きず)ナラザルナシ」。

六「素粲(ソサン=飯米)歳云(ココ)ニ闌(ヲハ)リタリ、暁近クシテ纔ニ斝ヲ挙グ、誰カ知ラン報国ノ心、酣楽(カンラク=十分に楽しむこと)天下ニ後ルルコトヲ(=范仲淹の岳陽楼記に見える「先二天下之憂一而憂、後二天下之楽一而楽」による)」。

七 皆門人であろう。伯賢は、屋代弘賢か。冏完は「キヤウグワン」とよむか。

八 前出(二六五頁注三一)の頑庵道人。

九「性公(=性山師)ノ蘭若(ランニヤ=寺)寂タリ、風月吾儕(ワレラ)ヲ許ス(=風月の友とする)、香ハ遠シ蓮花漏(コボ)ル、字ハ明カナリ禁酒ノ牌(ハイ)、同人ハ俗客ニ非ズ、禅室、形骸ヲ野ニス、空理(=宗教論)ト詩趣ト、談論也(マタ)奈(イヅクン)ゾ乖(ソム)カン」。

一〇 未詳。

一一 皆門人達であろう。

一二「崑渓(コンケイ)三尺ノ水、神護(マモ)ツテ竜泉ト号ス、揮霍(キクワク=上下する)シテ電光転ジ、動揺シテ波影鮮(アザヤカ)ナリ、潜蔵シテ匣裡ニ吟ジ、墜落

落刻ス二行船ヲ一。休メヨレ道コトヲ二一人ノ敵ト一。漢王提《サゲ》テ御セリレ天ヲ。

〔天門中斷〕

剽竊ノ詩ニ於テ、尤モ笑フベキモノアリ。李白ガ「天門中斷テ楚江開ク」[一三]ノ詩ハ、天門山[一四]ト云ル山ハ、門ノ如キ形ニテ、並《ナラ》ビ峙《ソバダ》チ、其間《ノダ》ヨリ、楚江[一五]ガ見ユルユヘ、開クト云也。「開」ノ字、「門」ノ字ヲ照シテ、妙甚シ。于鱗コレヲ剽襲シテ、「海門[一六]中斷テ出ニ呉關一」トス。是レ[一七]謬用ナリ。海門ハ中斷《(ナカタユ)》ルト云《(イフ)》ベカラズ。然レドモ、是レ亦通塘[一八]ノ曲ニ、「石門中斷テ平湖出ヅ」トアルノ「出」ヲ摸シテ、「出ニ呉關一」トシ、「門」ト「出」ト相照スコトヲ知レリ。唯「出呉關」ノ「出」ノ字、「中斷」ニ切ナラズ。徂徠ガ絶句解[一九]ニ、「只是呉關出ルナリ」[二〇]ト云。是レ例ノ妄言[二一]ナリ。「出呉關」ノ三字ハ、太白ガ、「明朝離別出ニ呉關ヲ一」[二二]ト云句ヨリ、剪來《キリ》[二三]レルナリ。本邦ノ南郭氏[二四]、又于鱗ヲ剽襲シテ、「海門中斷テ大潮來ル」[二五]ト云句ヲ作ル。謬用モトヨリ于鱗ト同ジ。且ツ「來」ノ字、「門」ノ字ニ切ナラズト云ヘドモ、照[二六]應ノ義ヲ會《ガテン》スルニ似タリ。然レドモ實ハ南郭一向ニ會セヌト見ヘタリ。「門」ト「來」トノ照應モ、畢竟ハ偶然ナルベシ。其ユヘハ、南郭ガ首藤子高[二七]ヲ送ル詩ニ、「海門中斷九州間ノ」ト云句アリ。抑〻調ノ似タルコトハ似タリ。審《ツマビラカ》ニレ之ヲ味《アヂハ》フルニ、スベテ趣キ[二八]ナシ。且ツ唐人自然ノ照應ヲ失《(ウシナヒ)》テ、「中斷」ノ二字[二九]ブラリ

シテ行船ヲ刻ス、一人ノ敵ト道(イ)フコトヲ休(ヤ)メヨ、漢王提ゲテ天ヲ御セリ」。剣の故事をつらねた詩。→補六七。

一三 「望ニ天門山一」の詩中の句。「天門中断エテ楚江開ク」。補注四六参照。

一四 安徽省にあり、揚子江岸に両立する梁山のこと。

一五 楚地を流れる揚子江。

一六 「答贈沈孟学四首」の二の詩中の句。「海門(=海峡)中断エテ呉関ヲ出ヅ」。→補六八。

一七 あやまった使用。

一八 李白の「和ニ盧侍待通塘曲一」のこと。長い楽府で、次の一句がある。「石門中断エテ平湖出ヅ」。→補六九。

一九 二巻。宝暦十三年刊。五言絶句百首解と滄溟七絶三百首解とからなり、皆明詩の解である。大いに行われ続編も出た。

二〇 同書の註に「只是呉関出」。

二一 よいかげんな言。

二二 李白の「別レ内赴レ徵三首」の一の詩中の句。「明朝離別シテ呉関ヲ出ヅ」。→補七〇。

二三 部分を取って利用した。

二四 服部南郭。

二五 「九里浜」の詩中の句。「海門中断エテ大潮来ル」。→補七一。

二六 彼此、前後相対する文章上の技巧。

二七 南郭先生文集二編、五所収「送首藤子高」の詩。→補七二。

二八 詩趣。

二九 上下いずれへも接続の悪いを云う。

ト片ヅカヌナリ。蘭亭[一]ガ「[二]三叉中斷大江《ノ》秋」ト云ニ至テハ、剽襲ノ陋極マレリ。實ニ盲人ノ詩ト謂ベシ。昌黎[三]ガ「[四]大蛇中斷喪《フ》二前王《ヲ》一」ト云ヘルガ如キ、眞ニ陳《チン》[五]腐ヲ免《マヌガ》レテ、清新ト賞スベシ。袁中郎ガ清新トテ、澁體《ジフタイ》[六][七]狐穴ノ如ク、强《シ》[八]テ文字ヲ變易シテ、龍門《リヨウモン》[九]ヲ虬戸《キウコ》[一〇]トシ、鳳閣《ホウカク》[一一]ヲ鵷閣《エンカク》[一二]トスルニ非ズ。又僻《ムツカシキ》故事ヲ善《コノ》ンデ用ルニモ非ズ。明末ノ換字《ノ》[一三]詩ノ如クスルニモ非ズ。務《ツトメ》テ陳腐ヲ去ルニアリ。陳腐トハ陽春[一四]・白雪・金尊《キンソン》[一五]・萬里・白馬・風塵・紅粉・當壚《タウロ》[一六]等ノ語、唐ニ在テハ、清新典麗ナレドモ、後ノ唐ヲ踏襲スルモノ、余《ワレ》モ予《ワレ》モト剽襲スル故、蜀江[一七]ノ錦モ、數百年ヲ歷《ヘ》テ、數十人ノ手ヲ經《フ》レバ、腐爛《フラン》[一八]垢汙《コウヲ》、貴人ノ服トスベカラザル如ク、臭穢《シウアイ》[一九]ニ堪ズ。于鱗ヨリ以下、今人作ル所ノ詩、千篇一律萬口一調、鸚鵡ノ人語ヲ效摹《クチマネ》スル如ク、遞相臨摹《タガヒニニセアヒテ》シ、他ノ詩ノ一語モ、己レガ格ニ出《ハツ》レ、一事モ己レガ見熟《ナレ》ザルヲバ、便チ詆《ソシツ》テ野格[二〇]ノ詩トス。識者ヨリ之ヲ觀レバ、才高キ者ハ格套《カクタウ》[二一]ニ縛《シバラレ》セラレ、翮《ツバサ》ヲ殺《ソガ》レタル鳥ノ、飛ントシテ飛レザル如ク、才卑《ヒキ》キ者ハ影子《カゲボウシ》ヲ剽效シ、恰《アダカ》モ老嫗《バヽ》ノ粉《ヲシロイ》ヲ傅黛《ツケマユズミ》ヲ施シテ、處女《ムスメ》ノ樣《ヤウ》ヲ爲スニ似タリ。詩道ノ穢《ケガ》レ衰ヘタル、今日ヨリ甚シキハ無シ。此《ノ》穢ニ汚《ヨゴ》レザルヲ、清新トハ云ナリ。

〔絶句解〕

一 高野蘭亭。名惟馨、字子式、荻生徂徠門。十七歳で失明して、その後、詩を専らとした。宝暦七年(一七五七)没、五十四。
二 「月夜三叉口汎舟」の詩中の句。「三叉(=みつまた。隅田川下流の地名)中断エテ大江(=隅田川)ノ秋」。→補七三。
三 韓退之。
四 「桃源図」の長詩中の句。その部分を引けば「大蛇中断シテ前王ヲ喪ヒ、群馬南渡開二新王一」。
五 古くさい。
六 唐の樊宗師や徐彦伯の作った如き難解な詩文の体をいう。→補七四。
七 唐の喬子曠が僻字を用いて、狐穴詩人と称されたを云う。→補七五。
八 以下徐彦伯のことによる。→補七六。
九 竜の門(登竜門)。
一〇 みずちの戸。竜門に同意。
一一 中書省のこと。
一二 「鵷閣」が正しい。中書省のこと。
一三 嘉靖年間に、杭州の六朝詩を好む人人が試みた遊戯詩。→補七七。
一四 以下「当壚」まで、唐詩の語として、擬古詩に常用されたもの。この種の用語を集めたものに、唐詩聯材(明和五)・唐詩礎(安永七)などの書が出ていた。
一五 金樽に通じて、酒樽の美称。
一六 酒屋の店番。
一七 蜀の地に産した上質の錦。
一八 くされただれ、あかつきけがれ。「垢汙」は底本「垢汚」。現字体に改。
一九 くさくきたない。
二〇 格にはずれた詩。
二一 ふるくさい格。袁中郎の「叙梅子馬王程稿」に「梅子嘗語レ余曰。詩道之穢。未レ有レ如二今日一。」

「[二二]雪片大《サ》如レ席」《ノ》ノ句、コレ太白飄逸《ヘウイツ》[二三]ノ妙處ナリ。于鱗襲テ、「[二四]雪片大《サ》如レ鷺」《ノ》トス。所謂ル金[二五]ヲ化シテ鉛《ナマリ》トスルナリ。雪ヲ以テ鷺ニ比《タト》フ、先《ヅ》已《デ》ニ淺シ。徂徠反テ于鱗ヲ賞シ、「[二六]李白《ノ》如レ席《ノ》語、却《テ》覺レ未《ルコトヲ》レ妙《ナラ》」ト云ヘリ。餘リニ詩趣ヲ知ラヌ人ナリ。余ガ門雨森[二七]牙卿、曾テ于鱗ガ此句ヲ笑ヒ、大《サ》ノ字ノ用法ヲ知ラズト云ヘリ。何《イカン》トナレバ、鷺ハ白色、雪ノ如クニシテ、飜飛《ホンヒ》[二八]スルモノユヘ、雪片如レ鷺トシテ、大ノ字ナシトモ、通ズルユヘ、一《ツ》ノ大ノ字妥《スハ》リガタシ。亦剽襲ノ餘弊《ヘイ》ノミ。

〔蘭陵美酒〕

太白ガ、「[二九]蘭陵《ノ》美酒鬱金香」、「蘭」ノ字「香」ノ字相照シテ、此[三〇]句一字モ襲ヒ動スベカラズ。于鱗剽シテ、「[三一]蘭陵《ノ》美酒日《ニ》長《ク》携《フ》」トス。趣ノ淺深ハ暫ク舍《ヲ》ク、唐人自然ノ照應ヲ會セザルナリ。凡ソ唐人ノ照應ハ、自然ニ出《デ》テ、于鱗ガ甚ダ應照ノ痕《アト》ヲ露《アラハス》ガ如クナラズ。「[三二]夜送《ル》二趙縦《ヲ》一」ノ詩ハ、縦ガ氏ハ「趙」ナルユヘ、其人ヲ「[三三]趙國連城ノ璧」ニ比《タト》ヘテ、「天下傳」ノ字ヲ惹《ヒキ》出シ、第四ノ句、「明月」ノ字、題ノ「夜」ノ字ヲ照シテ、第一句ノ「連城璧」ニ應ズ。又「[三四]綠水ノ曲」ニ、「[三五]綠水明《ナリ》二秋月一、南湖採《ル》二白蘋《ヲ》一、荷花嬌《テ》欲レ語《ソント》、愁殺《ス》蕩舟人《ノ》」。是レ「明」ノ字ヨリ、「採二白蘋《ヲ》一」ヲ生ジ、「嬌」ノ字、「蕩舟人《ノ》」ニ照應ス。近ク人ノ能ク知ル

其高者為二格套一所レ縛。如二殺レ翮之鳥一。欲レ飛不レ得。而其卑者。剽竊影響。若二老嫗之傅一レ粉(下略)」。

二二 李白の「北風行」の中に「燕山雪花大如レ席、片片吹落軒轅台」の句がある。席は、むしろ。↓補七八。

二三 俗を超越して明朗なこと。古来、李白の詩の評語である。

二四 于鱗の五絶「冬日四首」の其二の中の句。↓補七九。

二五 よいものを悪くかえる諺。

二六 絶句解における徂徠のこの句への評語。

二七 本書の校者。前出(二七一頁注一)。

二八 ひるがえりとぶ。

二九 李白の七絶「客中行」中の句。補注四四参照。

三〇 底本「比」。意によって改。

三一 于鱗の「贈二左史一」の七絶中の句。「蘭陵ノ美酒日々ニ長ク携(タヅサ)フ」(絶句解の注「已有二如レ泥意一」)。↓補八〇。

三二 楊烱(ようけい)の五絶の題。「夜、趙縦(チウジユウ=未詳の人物)ヲ送ル」。詩は「趙氏連城璧、由来天下伝(ツタハル)、送三君還二旧府(=縦の故郷。一説に任地)一、明月満二前川一」(唐詩選より)。

三三 史記の廉頗伝「趙恵文王時、得二楚和氏璧一、秦昭王聞レ之、使三人遣二趙王書一、願以二十五城一、請レ易レ璧」。

三四 李白の歌曲。以下にのせる所が全部である。

三五 「緑水秋月ニ明カナリ、南湖白蘋(ハクヒン=白い浮き草)ヲ採ル、荷花(=蓮の花)嬌(ナマメキ)テ語ラント欲ス、愁殺ス(=うれえしめる)蕩舟(タウシウ=舟をこいでいる)ノ人」。

所ハ、「清[一]平調ノ詞」、「雲」ト「風」ト「花」ト「露」ト相照シ、且《ツ》「雲」ヲ「衣裳」トスルコトハ、仙家ニ縁アリテ、三四句ノ「群[二]玉」「瑤[三]臺」ト、自然ニ相應ズ。又、「巴[四]陵《ニシテ》 贈《ルノ》二賈舎人《ヲ》一詩」ニ、「賈[五]生西望《シテ》 憶二京華《ヲ》一、湘浦《ノ》南遷莫《レ》二怨嗟《スルコト》一、聖主恩深《シノ》漢文帝、憐《ンデ》レ君《ヲ》不レ遣《ラ》レ到二長沙《ニ》一」。是《レ》舎[六]人《(シヤジン)》ノ姓賈ナルユヘ、古ノ賈[七]《(カ)》誼《(ギ)》ガ謫セラレシヲ借來《リ》、漢[八]ノ文帝ヲ用ヒテ、賈生ノ字ヲ照シ、恩深ト憐君ト相照シテ、第四ノ句、長[九]沙ヲ用テ結了《ムスビシマフ》ス。唐詩ノ照應アル、皆此類ナリ。今人詩ノ照應ヲ以テ、于鱗ガ法ト思ヘル者アリ。是于鱗ガ詩ニ熟シテ、唐人ノ詩ニ熟セザルユヘナリ。

〔徂徠詩誤〕

徂徠ガ「送[一〇]《ル》三蔚宗游《ヲ》二函谷[一一]《ニ》一」ノ詩ニ、「平[一二]安《ノ》大道直《シテ》 如レ絲《ノ》、處處秋風征馬悲《ム》、君去吹《テ》レ笳《ヲ》函谷《ノ》曉、何人不《ン》レ起《サ》二故郷《ノ》思《ヲ》一」。コレホド細密《キメゴマカ》ニ惡《アシ》キ詩ナシ。游二函谷《ニ》一ハ壯[一三]遊ナリ。然ルニ客[一四]遊ヲ悲ムノ詩ヲ以テ送ル、體裁先ヅ巳デニ誤《アヤマ》ル。矧[一五]《(イハ)》ンヤ、百[一六]餘里アナタノ平[一七]安ヲ引《キ》出シ用ユ、不[一八]才ト謂ベシ。函谷ノ驛路ガ、平安マデ繹《ツヾ》ケバトテ、奈《イカ》ンゾ、儲[一九]光羲ガ洛[二〇]陽道ノ題ニテ、直チニ「大[二一]道直《シテ》 如《シ》レ髮《ノ》」ト云ヘル例ニ准ズベキ。且《ツ》[二二]五十三驛ノ道、平安ニ非ズ。イカンゾ、平安ノ大道ト云ベケン。又李白ガ、「此[二三]夜曲中聞《ク》二折柳《ヲ》一、何人《カ》不《ン》レ起《サ》二故園《ノ》情《ヲ》一」ノ詩ハ、折[二四]柳巳デニ

一 李白の有名な「清平調詞三首」の一で、唐詩選所収の七絶。「雲想二衣裳一花想レ容、春風払レ檻露華濃、若(モシ)非二群玉山頭見一、会(カナラズ)向二瑤台(エウダイ)月下一逢」。→補八一。
二 箋註唐詩選に「山海経曰。群玉山西王母所レ居」。 三 箋註に「楚辞曰、望二瑤台之偃蹇一兮。見二有娀之佚女一。王注。偃蹇高貌也。有娀国名。佚美也。謂二帝嚳之妃。契母簡狄一也」。
四 李白の七絶の題。詩は以下に出るのが全部。
五 「賈生西望シテ京華(=都)ヲ憶フ、湘浦(シヤウホ=広西から流れて洞庭湖に入る湘水の浦)ノ南遷、怨嗟スルコトナカレ、聖主恩深シ漢ノ文帝、君ヲ憐ンデ長沙ニ到ラシメズ」。底本、結句「…遺到長沙」。意によって「遣」に改。
六 官名。 七 漢の文帝に仕え太中大夫となり、改革を行わんとし、大臣に忌まれ、長沙王の大傅に出された人(前漢書、四八)。
八 前漢の孝文帝。劉恆。賢君の名がある。
九 湖南省、湘水の右岸にある。
一〇 同題二首の一。徂徠集、七所収の七絶。
一一 箱根。蔚宗は未詳。
一二 「平安ノ大道直クシテ糸ノ如シ、処処秋風征馬(=駅馬)悲シム、君去ツテ笳ヲ吹ク函谷ノ暁、何人カ故郷ノ思ヲ起サザラン」。
一三 楽しい遊覧。 一四 流浪。 一五 まして。
一六 江戸京都の間、一二〇余里。
一七 京都。 一八 おろか。
一九 唐の開元期の詩人。官は監察御史。
二〇 唐詩選にも所収の五絶「洛陽道」の詩。
二一 「大道直クシテ髪ノ如シ(箋註「綢直如レ髪」)」。→補八二。 二二 東海道の諸宿駅。
二三 李白の七絶「春夜洛城聞レ笛」中の句。「此ノ夜、曲中折柳ヲ聞ク、何人カ故園ノ情ヲ起サザラン」。補注四八参照。

故園ノ情ヲ含ムユヘ[二五]、イヤトモ故園ノ情ヲヒキ出シ來リテ、何人《カ》ト云中《フ》ニ我モコモリテ、一唱三嘆[二六]ノ妙コ、ニアリ。元美[二七]ガ、「陽鳥[二八]欲《スル》レ辭《セント》春燕至《ル》、那《ンゾ》能《ク》不《ン》レ起《サ》二故園《ノ》情《ヲ》一」ノ詩サヘ、イヤナルニ、徂徠ガ此詩意ハ足下[二九](ソクカ)ガ笳[三〇]ヲ吹カレタラ、大カタ他ノ人々ガ、故園ノ思《ヒ》ヲ起スナラントハ、餘リニ淺ハカナル趣《キ》ナリ。且《ツ》思ノ字、思《ヲモヒ》ト云トキハ仄ナルニ、徂徠ナドガ、押韻ノ平仄ヲ、如《ノ》レ此《ノ》誤《ラ》ル、ハ、畢竟《ヒツキヤウ》擬議[三一]成《ヲ》二變化《ヲ》一ト云、疏妄[三二](ソバウ)ノ病根アルユヘナリ。徂徠ヲ初メ、春臺[三三]・南郭以下ノ詩ニ、其誤《リ》ヲ枚擧セバ、幾箇《イクツ》モ々有ルベケレド、前輩ノ誤リヲ訐《アバヒ》テ益ナキコトユヘ、蒙士[三四]ノ爲ニ、百中ノ一二ヲ擧(アゲ)テ、夫《カノ》徂徠・南郭以下ヲ、鬼神ノ如ク畏《ヲツ》ル、モノニ藥《リ》シテ、學者ノ氣力ヲ挽《ヒ》キ回《カヘ》スト云。

〔唐詩歸〕

南郭ガ出塞[三五]ノ詩ニ、「征旗[三六]朝《ニ》拂《フ》塞雲《ノ》寒、直指《ニシテ》二燕然《ヲ》一掌上看《ニル》、十萬《ノ》健兒齊《シク》按レ劍《ヲ》、更《ニ》無二人道《フ》レ憶《フト》二長安《ヲ》一」。コレ詩ニナリガタシ。先《ヅ》「掌上看」ノ三字謬用ナリ。華[三七]人「掌上」ノ字ヲ用ルハ、必ズ掌上ニ弄スルホドノ、杯・扇ヤウノ物ニ施[三八](ホドコ)ス例ナリ。今遠ク他人ヲ引《ヒカ》ズ、南郭ガ祖述スル所ノ、于鱗ガ詩ニ、「自[三九]レ握《テ》二明珠《ヲ》一掌上《ニ》愁」。又螺杯[四〇]ヲ咏ジテ、「故人[四一]自有二相如渴《ガ》一、明日煩《シテ》レ君《ヲ》掌上看《ニン》」。又蜀扇[四二]ヲ詠ジテ、「明月[四三]團々《トシテ》掌上開《ニク》」。又「寄[四四]二慰《スル》元美《ヲ》一」詩ニ、「無情[四五]最是《モレ》他鄕《ノ》月、不下就《テ》二仙郎

二四 箋註に「横吹二十八曲中有二折楊柳一。古楽府曰。宋書五行志曰。晋太康末。京洛為二折楊柳之歌一。其曲有二兵革苦辛之辞一」。 二五 故郷を思うの情。 二六 詩文のよさに感嘆すること。 二七 王世貞。字元美、号弇州・鳳州。官は刑部尚書。詩文は李攀竜と共に古文辞をとなえ、明の後七子の一(明史、二八七・列朝詩集丁集、六)。 二八「呉門別二李時養一二絶」の一の詩中の句。「陽鳥(=鴻雁)辞セント欲ス春燕至ル、那(ナン)ゾ能ク故園ノ情ヲ起サザラン」。→補八三。 二九 同輩への敬称。君。 三〇 あし笛。 三一 王李の擬古の主張を云ったもの。後出(三一五頁)。 三二 おろそかでみだりな。 三三 太宰春台。名純、字徳夫、称弥左衛門。号また紫芝園。徂徠の高弟。延享四年(一七四七)没、六十八。 三四 初学の人。 三五 南郭先生文集初編、五の「牛門分得二出塞韻安字一」の七絶。出塞は、辺境の守を出て外征にゆくことをあつかう詩題。 三六「征旗朝ニ払フ塞雲(=とりでの辺の雲)ノ寒、直チニ燕然(=外蒙古にある山の名。後漢竇憲の遠征の故地)ヲ指シテ掌上ニ看ル、十万ノ健児斉(ヒト)シク剣ヲ按ジ、更ニ人ノ長安(=都)ヲ憶フト道(イ)フ無シ」。 三七 中国人。 三八 加える。つける。 三九「寄二元美一四首」の其三の七絶中の句。「明珠ヲ握ッテヨリ掌上ニ愁フ」。→補八四。 四〇 貝の杯。「寄二贈元美一四首」の其四の中の七絶中の句。 四一「故人自ラ相如ガ渇有リ、明日君ヲ煩ハシテ掌上ニ看ン」。→補八五。 四二 蜀地産の扇。「李柱史蜀扇」の七絶。 四三「明月団々トシテ掌上ニ開ク」。→補八六。 四四「寄二慰元美一二首」の其二の詩。 四五「無情最モ是レ他郷ノ月、仙郎ノ掌上ニ就キテ看セシメズ」。→補八七。

掌上ユニ看セシメ上」一トアリ。掌上ノ字ハ、本ト愛玩ニ用ユル、ヤハラカナル字面ユヘ、愛姫・愛妓ナドニ取リ用ユ。何《イツ》レ出塞ニハ相應セヌ字ナリ。矧《(イハン)》ヤ、峨々タル燕然山、奈《イカ》ンゾ掌上ニ玩看スベキ。畢竟、「掌上」・「掌中」、「掌上看ル」・「運ス二掌中ニ一」ナドノ異《ワカチ》ヲ知ザルナリ。南郭己レガ祖述スル、于鱗ガ詩スラ精密ヲ盡サズ、爭《イカ》デカ唐人ノ詩ヲ窺《ウカヾフ》ベキ。然ルニ猶大言シテ、鍾伯敬[二]ガ唐詩歸[三]ヲ誹《(ソシ)》リ、「以[四]レ砂ヲ投ズレ金ニ、非レバ三再ビ經ルニ二淘汰ヲ一、無レ見ニ其眞ヲ一」ト云フ。彼レ豈《(アニ)》眞ノ金ト砂トヲ分別シ得ンヤ。凡ソ國秀[五]・河嶽[六]ヨリ以下、唐詩ヲ選スル書、擧《アゲ》テ枚《カゾフ》ベカラズ。然モ各一得一失[七]アリテ、唐詩歸ト雖モ、少シク錯謬《(サクビウ)》[八]、人意ニ滿《ミタ》ザルコトアリ。然リト雖モ、之ヲ唐詩選ニ比スルトキハ、其精十倍[九]ノミナラズ。此事マサニ百年ヲ俟《(マチ)》テ、論サダマラン。今日ニ於テハ、唯識者ノミ、吾言ノ妄ナラザルヲ知ルベシ。本邦享保ヨリ以來、英傑ノ士ナキニ非ザレドモ、牧齋[一〇]・南郭諸子ニ誑《アザムカ》レテ、唐詩歸ノ善ナルコトヲ知ルモノナシ。豈傷《イタマ》シカラズヤ。且《ツ》出塞ノ詩、三四ノ句モ亦微《(ビ)》[二]瑕《カ》[三]アリ。本ト張籍[三]ガ「邊將皆[一三]受ケテ二主恩澤ヲ一、無ク四人ノ解[三]道スル一取ルヲ二涼州ヲ一」ノ詩ヲ襲ヒ取テ、却テ本詩ノ趣ヲ失フ。本詩ノ意ハ、邊將ドモガ皆天子ノ恩澤ヲ受《(ウケ)》テ居ナガラ、其中ニ一人モ、涼州[一四]ヲ取ルコトヲ解道スルモノ無キヲ嘆クナリ。一體、恩澤ヲ受テ居ルユヘ、取ベキ筈《ハツ》ガ取《(トラ)》ヌナリ。南郭ガ詩ハ、已デニ健兒ト云ヒ、按劍

一 そびえ立ったさま。

二 鍾惺(しょうせい)。字伯敬。官は福建提学僉事。竟陵の人。同郷の譚元春と一詩派を立て、深幽孤峭の詩をとなえた。竟陵派と云う(明史、二八八・列朝詩集丁集、一二)。

三 鍾・譚の撰になる唐詩の選集。三六巻。

四 服部南郭校刊の唐詩選の附言中の言。「鍾氏ガ詩帰ノ若キハ、沙ヲ以テ金ニ投ズ、再ビ淘汰ヲ経ルニ非レバ、其ノ真ヲ見ルコト無シ」。玉石混淆で、再編が必要だとの意。

五 国秀集。唐の芮挺章編。三巻。

六 河岳英霊集。唐の殷璠編。三巻。

七 長所短所をまじえ持っている。

八 錯誤。まちがい。

九 精撰の度合。

一〇 銭謙益。字受之、号牧斎。明・清に仕えた。詩文に聞え、明詩の集、列朝詩集を編し、中で鍾・譚を難じた(清史稿、四八九)。↓補八八。

一一 少しの欠点。

一二 唐の詩人。字文昌。官は国子博士(旧唐書、一六〇・新唐書、一七六)。

一三 唐詩選にも所収の「涼州詞」中の句。「辺将(=国境を守る将)皆主ノ恩沢ヲ受ケテ、人ノ涼州ヲ取ルヲ解道スルナシ(箋註「道助語。解知也」)」。↓補八九。

一四 今の甘粛省。ただし「涼州詞」は新楽府の名。

ト云フ、長安ハ憶《(オモヘ)》ヌ筈《ハツ》ナリ。是亦知ルベシ。

〔瀟湘何事〕

錢起[15]ガ「歸雁[16]」ノ詩ニ、「瀟湘[17]何事ゾ等閑ニ囘ル、水緑ニ沙明ナリ兩岸ノ苔」ト云云。春臺太宰氏コレヲ剽シテ、「送ル三[18]了雲ガ歸ルヲ二高野一」ノ詩ニ、「襟裡[19]ノ風光半未レダ開、帝郷何事ゾ等閑ニ囘ル、歸山不レ負カ三了雲ノ意ニ一、時ニ復無心ニシテ出レ岫來ル」。コレ謬用ナリ。錢起ガ意ハ、下《シモ》ノ「水緑沙明」ニテ、瀟湘[20]ノ好風景ヲ言《(イヒ)》テ、此《コノ》スツベカラザル好風景ヲステテ、「何事ゾ等閑ニ囘ル」ト、雁ヲ訝《イブカ》ルナリ。此下《(シ)》モノ句ニテ、上ノ句スハルナリ。春臺ガ詩ハ、上下ノ間ダ、帝郷[21]ヲ見ステテ、歸ルベカラザル、好風景ヲ言ザルユヘ、「何事ゾ等閑ニ囘ル」ト、訝《イブカ》ルベキ謂《イワ》レナシ。三四ノ句モ、上ニ接セザルノミナラズ、歸山[22]ノ風景ガ、却テ帝郷ニマサルヤウナリ。「何事」ノ字、益〻穏ナラズ。且ツ古[23]人ノ起句ヲ剽シテ、第二ノ句ニ用ユ。既ニ造語ノ體ヲ失フ。此翁[24]曾テ詩論[25]ヲ著シテ、于鱗ガ、唐人[26]ノ「桐栢山頭去不レ歸[27]」ノ句ヲ剽シテ、「長白山中去不レ歸[28]」トスルヲ非《(ソシ)》ッテ、上ニ「長ク相憶」ノ意ナケレバ、「去不レ歸」ノ字穏ナラズ。且古人ノ結句ヲ第二句ニ用ユ、大ニ造語ノ體ヲ失フト云ヘリ。然レドモ、自ラ其ノ詩ニ於テハ、其言ニ酬ルコト能ハズ。又春臺ガ詩ニ、「故郷[29]水遠ク更ニ山長シ」ト云句アリ。「山更ニ長シ」ト用ユベキ筈《ハツ》ナレドモ、平仄諧《カナハ》ザルユヘ、「更ニ山長シ」トス。是レヲ不[30]

一五 字仲文。官は考功郎中。唐の詩人で大暦十才子の一(新唐書二〇三)。
一六 唐詩選にも所収の七絶。↓補九〇。
一七 「瀟湘ヨリ何事ゾ等閑ニ回ル(箋註に「無レ所レ為」)、水緑ニ沙明カナリ両岸ノ苔」。底本「苔ト」。意によって改。
一八 春台先生紫芝園前稿、二に所収の七絶「送了雲師帰高野」。
一九 「襟裡(キン=禁裏)ノ風光半バ未ダ開カズ、帝郷何事ゾ等閑ニ回ル、帰山了雲ノ意ニ負カズ、時ニ復無心ニシテ岫(シウ=山の穴)ヲ出デテ来タル」。↓補九一。
二〇 洞庭湖の南方の称。湘水と瀟水の合する辺。
二一 都。
二二 僧が、自己の住む寺に帰ること。
二三 補注九二の引用文にも見える。
二四 太宰春台。
二五 文論と共に各附録を持って一巻。寛延元年刊。後に合刻される。以下のことは詩論の附録に見える。↓補九二。
二六 宋之問のこと。前出(二七三頁注二五)。
二七 唐詩選所収の「送司馬道士」の詩中の句。「桐栢山(=天台山西方の山)頭去リテ帰ラズ」。↓補九三。
二八 「寄襲勗」の七絶中の句。「長白山(=山東省泰山の副岳)中去リテ帰ラズ」。↓補九四。
二九 「丹陽感秋」の七絶中の句。「故郷水遠ク更ニ山長シ」。↓補九五。
三〇 「語ヲ成サズ」。文になっていないの意の作詩の用語。

成語ト謂フナリ。不成語ノ詩ヲ作ルハ、作ラザルニハ如《シカ》ズ。

〔宮女如花〕

太白ガ、「[一]宮女如レ花満二春殿一ニ、惟今只有二鷓鴣ノ飛一」。蘭亭[二]高氏コレヲ剽シテ、「[三]呉宮怨」ニ、「[四]芙蓉ノ水殿映ズ二清波ニ一、宮女如クレ花ノ満二館娃ニ一、惟有二姑蘇臺上ノ月ノミ一、五湖ノ秋色不レ勝ヘレ多キニ」トス。余コレヲ讀ンデ、覺ヘズ剽竊摸擬ノ[五]謬拙(ビウセツ)ニ噴《フキダス》飯セリ。先ツ「惟《タヾ》有リレ月ノミ」ト、上ニ在ルトキハ、是非下《シモ》ニ、照ス様《ヤウ》ノ字面ニテ承《ウケ》ネバナラズ、[六]太白ガ、「[七]惟今只有テ二西江ノ月ノミ一、曾テ照ス二呉王宮裏ノ人ヲ一」ト、是レナリ。然ルヲ蘭亭ガ第三句、「惟有レ月」ト云テ、四ノ句ニ、「五湖秋色不レ勝レ多キニ」ト云、一ツノ月ノ字ブラリトシテ、落着《ヲチツク》トコロナシ。且ツ古人三四ノ句法ヲ二三ニ用ユ、造語ノ體ヲ失ヘリ。又太白ハ、「宮女如レ花満二春殿ニ一」ト、上ノ花ノ字、暗ニ下ノ春ノ字ヲ照(テラ)ス。然ルヲ蘭亭ハ、春殿ヲ換《カヘ》テ、館娃トス。所謂ル[八]金ヲ點ジテ、鉛《ナマリ》トスルナリ。

〔懷中白璧〕

于鱗ガ、「[九]寄スル二茂秦ニ一」詩ニ、「[一〇]懷中ノ白璧如シ二明月ノ一」ト云。[一一]淺劣ナリト雖モ、[一二]疵(シ)瑕《カ》ナシ。蘭亭コレヲ摸シテ、「[一三]曾テ向テ二刑山ニ一抱テレ璧ヲ歸ル、懷中ノ明月帶ブ二光輝ヲ一」トス。陋拙ハ論ナシ。「抱璧」ト「懷中明月」ト同事同意、尤モ詩ノ大禁ナリ。又「[一四]奉ルレ送ル三梶井王還ルヲ二西京ニ一」ノ詩ニ、「[一五]君王ノ行色壯遊ナル哉」ト云。壯遊ノ字、奈《イカ》ンゾ還ル

一　李白の「越中懐古」の詩中の句。「宮女花ノ如ク春殿(=春の宮殿)ニ満ツ、惟(タダ)今只(諸本「只今惟」)鷓鴣(シャコ=越地方に多い鳥)ノ飛ブ有リ」。→補九六。
二　前出(二九〇頁注一)の高野蘭亭。
三　詩題の一で、古代の呉王の宮殿閨怨の詩。この詩は蘭亭先生詩集、九所収の七絶。
四　「芙蓉ノ水殿清波ニ映ズ、宮女花ノ如ク館娃(クワンアイ=呉王夫差が、西施をおいた宮殿の名)ニ満ツ、惟(タダ)姑蘇台(コツダイ=夫差の築いて宴遊した台)上ノ月ノミ有リ、五湖(=太湖など五つの湖)ノ秋色多キニ勝ヘズ」。
五　誤ってつたないこと。
六　これは、衛万の誤り。
七　衛万の「呉宮怨」の七言古詩中の句。「惟今只(諸本「秖今惟」)西江(=姑蘇台の西を流れる川)ノ月ノミ有リテ、曾テ呉王宮裏ノ人ヲ照ラス」。→補九七。
八　甚だしく悪くかえることのたとえ。「点ジテ」は改めて。
九　滄溟先生集、一二所収の七絶。茂秦は謝榛の字。于鱗と共に、後七才子の一人。→補九八。
一〇　「懐中ノ白璧明月ノ如シ」。
一一　意浅くて品下っている。
一二　きず。欠点。
一三　「奉答徂来先生見寄」の七絶中の句。「曾ツテ刑山(ケイザン=蘭亭集「荆山」。卞和の玉をえた処)ニ向ツテ璧ヲ抱イテ帰ル、懐中ノ明月光輝ヲ帯ブ」。→補九九。
一四　同題の五首の其一。蘭亭先生詩集、九所収。→補一〇〇。
一五　「君王ノ行色(カウショク=旅行の様子)壮遊ナル哉」。

ヲ送ル詩ニ用ユベキ。清新ノ詩ヲナセバ、自《ラ》是《レ》等《ラ》ノ病ヲ免ルベシ。如何《イカニ》トナレバ、古人ヲ踏襲スルヲ以テ、事トセザレバナリ。今ノ人、碌[一六]々トシテ超上[一七]《コヘノボル》スルコト能ハザル故ハ、古人ヲ信ズルコト甚シキニ過《スギ》テ、徂徠・南郭ガ輩ヲ畏《ワソ》ル、コト鬼神ノ如ク、迚《トテ》モク[一八]ハダテ及《バ》ヌコトト思ヒ、甘《アマ》ンジテ其下ニ出ヅ。其狀[一九]《アリサマ》厚キヤウナレドモ、實ハ妄昧[二〇]《(マウマイ)》懦弱[二一]《(ダジヤク)》ユヘナリ。誠ニ後生質[二二]《ゴセウカタギ》ノ行《ヒ》ヲ爲ント思ハバ、古人ヲ謗《ソシ》リ惡ムマジキコトナルニ、徂徠ノロマネシテ、經學ニテハ、程朱[二三]ヲ惡ミ嫌フコト讎敵[二四]《(シウテキ)》ノ如ク、詩文ニテハ、東坡・六一[二五]ナドヲバ、詩文ヲ知《(シラ)》ヌ人ノ如ク誹謗[二六]《(ヒバウ)》ス。夫レ、程朱ノ經解[二七]、必シモ盡《コト〴〵》ク是ナラズト云ヘドモ、其人トナリ正直ノ君子ニシテ、尤モ欽尚[二八]《(キンシヤウ)》スルニ堪《(タヘ)》タリ。奈ンゾ輕易《カロ〴〵シク》ニ誹毀[二九]《(ヒキ)》スベキ。故ニ余時《レ》々程朱ノ誤《リ》ヲ斥《サス》ゴトニ、心自ラ安カラズ、但已《ヤム》コトヲ得ザルニアリ。東坡・六一ノ詩文ニ於テハ、他日ヲ待テ論定ラン。

〔諸家本集〕

凡ソ詩ハ趣ノ深《フカフ》シテ、辭ノ清新ナランコトヲ要セヨ。剽竊ノ弊ヲ免レンコトヲ欲スルコト、勉《ツトメ》テ文章ノ陳言[三〇]《(チンゲン)》ヲ去ルガ如クセヨ。人ノ詩ヲ剽襲シテ、巧ナランヨリハ、吾詩ヲ吐《ハキ》出シテ、拙キガ優《マサ》レルト心得ベシ。于鱗七子[三一]ヨリ、本邦南[三二]郭・蘭亭諸子ノ詩ハ、皆剽竊摸擬ニシテ、大ニ詩道ヲ害ス。苟《(イヤシク)》モ自己ノ眞詩ヲ

一六 平凡なさま。何らなす所ないさま。
一七 とび上ること。超越。
一八 試みても不可能だと思い。
一九 態度。
二〇 蒙昧と同じに用いたか。知識の十分でないこと。
二一 いくじのないこと。
二二 後生安楽をねがって律義に生活する人の気風。ここでは、先輩の言に従って律義に行うならばの意。
二三 程子や朱子の学。宋学と称されるもので、徂徠学は多くの点でこれと相違して、徂徠は激しくこれを論難している。
二四 あだかたき。
二五 六一居士。欧陽脩の号。
二六 そしる。
二七 経書の解釈。
二八 うやまいたっとぶ。
二九 悪口をいって面目を傷つけること。
三〇 陳腐の言。
三一 于鱗などの明の後七才子。また嘉靖七才子など云う。李攀竜・王世貞・謝榛・宗臣・梁有誉・徐中行・呉国倫。李夢陽ら前七才子(また弘治七才子)に続いて、格調を尊び、擬古の詩を試みた人人。
三二 共に徂徠門で、王李の風に従って擬古詩を作った人人。

ナサント欲セバ、絶シテ七才子集[一]・絶句解[二]・唐後詩[三]・滄溟[四]・弇州《(エンシウ)》[五]・南郭[六]・蘭亭[七]諸子ノ集ヲ讀《ム》コトナカレ。若《シ》此《レラ》等ノ惡詩ヲ讀《(ヨン)》デ、其字面ニ慣《ナ》レ、其風調ニ熟スルトキハ、先入主[八]ト爲《ナツ》テ、終ニ其非ヲ悟リ難ク、或ハ妄《(ミダ)》リニ大言シテ、中郎[九]以下ノ諸名家ヲ、非薄輕蔑[一〇]スルニ至ル。實ニ謬《(アヤマ)》ラズヤ。唐詩選ノ如キ、其選最モ宜シカラズ。于鱗詩道ヲ知《(シラ)》ズ、己レガ調ニ合《フ》モノノミヲ撰ミ收テ、一モ作者ノ本色[一一]ヲ取《ラ》ズ。故ニ選中ノ詩ハ、篇々一律、直《タヾ》チニ于鱗ガ詩ニ似タリ。コノ故ニ、唐詩選ヲ規矩《テホン》トスルトキハ、終身詩作ニ栖々《(セイセイ)》[一二]シテモ、變化ノ妙ヲ得ルコト能ハズ。然レドモ、其詩ハ本ヨリ唐人ノ所作ニシテ、毫末《(ガウマツ)》[一三]摸擬ノ陋風ナシ。只預《アラカジ》メ其選ノ非ナルヲ知《(シリ)》テ、讀《(ヨム)》ベキ書ナリ。サルニ因テ、唐詩選ヲ讀《(ヨマ)》ンヨリハ、唐詩歸ヲ讀《(ヨム)》ニシカジ。又唐詩歸ト雖モ、少《スコ》シノ錯謬《アヤマリ》ナキコトヲ得ズ。然モ其批評ノ深奇[一四]ニ撃節《(ゲキセツ)》[一五]スルヲ以テ、錯謬トスルニハ非ズ。余《レ》別《ニ》説アリ。唯作者ノ本色ヲ得ンニハ、各々ノ本集[一六]ニ就《(ツキ)》テ讀《(ヨム)》ニ如《(シカ)》ズ。然レドモ本集ニ其詩[一七]ニ非《(アラザ)》ル詩ヲ劖入《(サンニフ)》[一八]ス、唐人ノ集ニ於テ尤モ多シ。サルニ因テ、本集ヲ讀《(ヨム)》ニハ、別ニ一隻眼[一九]ヲ具セザレバ、往々眞ヲ謬ルナリ。扨本集ノ必ズ讀ベキモノ、唐ニテ太白[二〇]・子美[二一]・長慶[二二]・樊川[二三]・右丞[二四]・昌黎[二五]・長吉[二六]・嘉州[二七]、宋ニテ東坡[二八]・放翁[二九]・歐陽[三〇]、明ニテ袁中郎[三一]・鍾[三二]伯敬・徐文長[三三]等ナリ。其他諸名家ノ集、己レニ鑑衡《(カンカウ)》[三四]アリテ讀トキハ、孰カ不可

一 和刻で行われたものに陳継儒解、李士安補の国朝七子詩集註解があり、日本人の編に、井上蘭台編の明七子詩解(宝暦七年刊)や宮瀬竜門編の明李王七言律解(寛延三年刊)などがある。 二 前出(二八九頁注一九)。 三 荻生徂徠編の明詩の選集。全一〇集と総論からなる。丁(五律)・庚(五絶)・辛(七絶)集は出刊。 四 李攀竜の号。集は滄溟先生集。数種あり。皆三〇数巻。 五 王世貞の号。集は弇州山人四部稿。一七四巻。続稿二〇七巻。 六 集は南郭先生文集。初編一〇巻(享保十二年刊)。二編一〇巻(元文二年刊)。三編一〇巻(延享二年刊)。四編一〇巻(宝暦八年刊)。 七 集は蘭亭先生詩集。一〇巻。宝暦八年刊。 八 あらかじめ固定観念で、自由な考えを妨げるもの。 九 袁宏道。 一〇 非駁の意か。非難し弁駁すること。 一一 本領。本質。 一二 忙しくしても。 一三 毛すじ程も。 一四 竟陵派のいわゆる深幽孤峭のこと。 一五 拍子をとる。ここは感歎すること。 一六 個人の詩文集。選集によらないで、個個人の集によるべきを云う。 一七 その人の作でない詩。 一八 あやまり入れる。 一九 相当の見識。 二〇 李白の集。流布の和刻は楊斎賢注の分類補注李太白詩。二五巻。 二一 杜甫の集。和刻は劉辰翁評の集千家註批点杜工部詩集。二〇巻。 二二 白居易の白氏長慶集。即ち白氏文集。七一巻。 二三 杜牧の樊川文集。二〇巻。 二四 王維の集。和刻は唐王右丞詩集。六巻。 二五 韓愈の集。和刻はいわゆる韓文で、李漢編、四〇巻外集一〇等附。 二六 李賀の集。唐李長吉歌詩。四巻外集一巻。 二七 岑参の集。岑嘉州集。二巻。 二八 蘇軾の集。和刻は劉辰翁批点の増刊校正王状元集註分類東坡先生詩。二五巻首巻など附。 二九 陸游の集。和刻は劉辰翁編の名公妙選陸放翁詩集。前後集一八巻。 三〇 欧陽脩の集。

ナルモノアランヤ。

〔唐詩選〕

唐詩選ヲ不満《キニイラヌ》トスルコト、余ヨリ始ラズ。王元美、晩年ヤ、于鱗ガ非ヲ悟リテ曰、「王江陵[三五]ガ七言絶句、李太白ト勝ヲ毫釐《(ガウリ)》[三六]ニ争フ。倶ニ是レ神品ナレドモ、于鱗之レ[三七]ニ及ズ、非ナリ」。「萬楚[三八]ガ五日[三九]観レ妓ノ詩、取ルニ足ズ。而ルニ于[四〇]鱗選ミ収《ヲサム》。解セザル所ナリ」ト云云。又、「太白ガ鳳[四一]凰臺ノ一篇ハ、黄顥《(カウ)》[四二]ガ鸚[四三]武洲ノ效顰《ニセソコナヒ》ニテ、甚ダ厭《イト》フベシ。呉[四四]宮・晉代ノ二句モ亦作手[四五]ニ非ズ」。余[四六]曽テ曰、鳳凰臺ハ太白ガ本色ニ非ズ。鸚武洲ニ擬《ギ》シテ、自試《ラ》ノミ。然ルヲ容易ニ選ミ収ム。且《ツ》其他、唐詩選ヲ駁スル説アリ。「花[四七]隠《ハタリ》 掖垣暮《ノ》」・「帯[四八]甲満二天地《ニ》一」・「鳴《リ》[四九]二墜葉一」・「宿[五〇]二寒鴉一」・「東南[五一]坼《ニク》」・「日夜[五二]浮《ブ》」ノ類、于鱗ガ主トスル調ニ非ズ。李頎《(リキ)》[五三]ガ「物[五四]在《リ》人亡《シテ》無二見期一」ノ詩、全篇于鱗ガ悪《ム》所ノ、晩唐ノ最モ晩唐ナルモノ也。又王[五五]龍標ガ「萬[五六]歳楼」ノ詩、前後ノ二[五七]對一意、コレ律詩ノ大病。且《ツ》末句「誰[五八]堪《カン》二登望《ニ》一雲烟裏《ノ》、向《テ》レ晩《ニ》茫々《トシテ》發《ス》二旅愁《ヲ》一」ト、上ノ「日[五九]々悲看《ミル》」ト一意、是レ亦大病。胡[六〇]元瑞ガ詩藪ニ所謂ル、拙[六一]弱トハ此ナリ。然ルヲ于鱗妄《ミダ》リニ収[六二]メ納ル。孰カ唐詩選ヲ以テ、善盡《ス》ト謂フヤ。

〔秋浦歌〕

和刻は欧陽文忠公文集。三六巻。 三一 袁宏道の集。和刻は梨雲館類定袁中郎全集。二四巻。 三二 鍾惺の集。隠秀軒詩集。五四巻。 三三 徐渭の集。徐文長文集。三〇巻。補一巻。 ▽徂来先生詩文国字牘の否定したものを、全く肯定している。 三四 弁別し評価する。 三五 以下王世貞の語は、芸苑巵言、四に見える。→補一〇一。 三六 わずかの差。 三七 唐詩を選んで、この人の作を採らない。 三八 唐の詩人。唐詩紀事に「楚、登二開元進士第一」。 三九 七律。唐詩選にも古今詩刪にも所収。→補一〇二。 四〇 北山はこの頃、まだ唐詩選を于鱗撰と考えていての引用。 四一 「登二金陵鳳皇台一」の七律。→補一〇三。 四二 崔顥の誤り。盛唐の詩人。官は司勲員外郎(新唐書、二〇三など)。 四三 有名な黄鶴楼の詩。→補一〇四。 四四 鳳皇台の詩の、呉宮・晋代で始まる二句。補注一〇三参照。 四五 つくり手。上手。 四六 北山を自ら云う。 四七 杜甫の「春宿左省」五律の起句。「花ハ隠タリ(=おぼろに見える)掖垣(エキエン=宣政殿の両側の垣)ノ暮」。 四八 杜甫の五律「送遠」の起句。「帯甲(=武装の兵士)天地ニ満ツ」。 四九・五〇 李頎の「贈盧五旧居」七律中の句。「墜葉(=落葉)鳴リ」。「寒鴉(諸本「鵶」)宿ス」。 五一・五二 杜甫の「登岳陽楼」中の句。「東南ニ坼(サ)ク」、「日夜浮ブ」。 五三 盛唐の詩人。官は新郷県尉(唐才子伝など)。 五四 「贈盧五旧居」七律の起句。「物在リ人亡クシテ見ルノ期ナシ」。→補一〇五。 五五 王昌齢。字少伯。官はかつて竜標尉。盛唐の詩人(新唐書、二〇三など)。 五六 唐詩選所収の七律。→補一〇六。 五七 二つの対句が同じ意味。 五八・五九 補注一〇六参照。 六〇 前出(二七一頁注一三)。 六一 まずくて調べが弱い。詩藪内編、五「王昌齢孟浩然、有下題二万歳楼一作上、而拙

弱可レ咲、則以三二君非二七言律手一也」。

六二 唐詩選の中に収めた。

一 一対の玉。ここは玉をつらねた如しの意。

二 世人に賞讃される。

三 李白の「秋浦歌十七首」中の其十五の起句。→補一〇七。

四 かかわり合い。

五 明の唐汝詢著。五〇巻付一巻。清の呉昌祺の評定本もある。

六 唐詩品彙。明の高棅編。九〇巻拾遺一〇巻附二巻。一部和刻(享保十五年・元文三年)

七 唐詩正声。明の高棅編。二二巻付一巻。享保十四年和刻。共に蘐園流派に重んじられた。

八 題によくかなうこと。

九 盛唐の詩人。官は監察御史。集を儲光羲詩集(唐詩紀事など)。

一〇 唐詩選にこの題で所収の五絶。→補一〇八。

一一 箋註に「句解曰。五陵借用謂三豪貴所レ在。不レ可レ拘二地名一。唐詩箋註曰。五陵謂三長陵・安陵・陽陵・茂陵・平陵一也(下略)」。箋註説の五つの陵は漢の皇帝のもので、皆長安にあり、その附近の地をもまた五陵と呼ぶ。

一二 注一一所引の句解の説の如きを云う。

一三 宋の洪邁編の万首唐人絶句。四〇巻付目録。ただしこの書には、「洛陽道五首」と題した中に入っている。

一四 唐詩帰にこの詩所収なし。「河中望鳥灘作貽呂四郎中」と混じたか。

一五 唐詩解の著者唐汝詢。仲言は字。列朝詩集丁集、一〇に「五歳而瞽。父兄抱二膝上一。授以三百篇及唐詩一。無レ不レ成レ誦。旁通二経史一。能為二諸詩体一。箋二註唐詩一。援据該博亦近代一異人也古人ノ詩ハ、一題ニテ數首ヲ作ルニ、其一・其二・其三ト、次第ニ置《（オク）》モノ、上ヲ承來《ウケ（キタリ）》テ、前後連璧《（レンペキ）》[一]ノ如シ。上ニ何《ナニ》モナキ詩ナレドモ、下ノ詩ヲ得テ、大ニ色ヲ増シ、下ノ詩バカリニテハ、何ノ味モナキヤウナレドモ、上ト照シテ、却テ妙ヲ覺ユルナリ。試《ミ》ニ古人一題、數首ノ詩ヲ看ヨ。末ノ詩ニ至テハ、曾テ題ニ干渉《トリアハヌ》セザルモノアリ。近ク人口ニ[二]膾炙《（クワイシヤ）》セル詩ヲ擧《ヲ（アゲ）》テ之ヲ證セン。太白ガ「白髪[三]三千丈」ノ一首バカリニテハ、「秋浦歌」ノ題ニ於テ、何《ン》ノ干渉[四]アラン。「照《シテ》レ鏡ヲ見二白髪ヲ一」ノ題ニ換《カユル》トモ、孰《タレ》カ然ラズト謂ン。然レドモ、太白ガ本集ニ、秋浦歌十七首アリテ、白髪三千丈、其十五ニ當レリ。篇々既ニ秋浦ノ景ト事トヲ言フ。中間自《ヲ（ノヅカ）》ラ此等ノ情ヲ言フ詩ナクンバ有ベカラズ。然ルニ唐詩選・唐詩[五]解・品彙[六]・正聲[七]ノ諸書、僅ニ此詩一首ヲ收《ヲ（ヲサメ）》テ、題スルニ「秋浦歌《ノ》」ヲ以テス。見《ル》者ヲシテ、何ノ義タルコトヲ知ラザラシムルノミナラズ、大ニ故人連璧ノ意ヲ失フ。今人一題數首ヲ作ルヲ見《ル》ニ、故《ユヘ》モナク、一律ノ詩ヲ幾箇《イクツ》モ々々モ並《ビ》作ツテ、篇々題ニ切[八]ナランコトヲ求ム。多シトイヘドモ何ノ益アラン。

〔洛陽道〕

儲光羲《（チヨクワウギ）》[九]ガ「洛陽道」[一〇]ノ詩モ、「大道直《シテ》如レ髪」ノ一首バカリニテハ、洛陽ニ干渉スルコトナシ。矧《（イハン）》ヤ五[一一]陵ハ長安ノ地名ナリ。故ニ人[一二]多ク疑ヲナス。是詩ノ題、モト洛陽道ノ三字ノミナラズ。唐詩歸・唐萬首絶句[一三]ノ諸書、ミナ「洛陽道[一四]獻二呂四郎中一ニ」ニ作ル。此《レ》ニテ五陵ノ字了《サラリ》ト釋《スメ》タリ。然《ル》ニ唐仲言[一五]解シテ、「長安道ニ作ルベシ、洛陽ハ誤レリ」ト云フ。文盲沙汰ノ限ナリ。是詩《ノ》前篇ニ、「洛[一六]水春氷開《ク》、洛城春樹綠《ナリ》、朝看《ル》大道《ノ》上、落花亂《ル》二馬蹄一」トアリテ、次ニ「大道直《シテ》如レ髮《ノ》」ト云云。洛陽道ノ詩タルコト、何ノ疑ヲ容《イレ》ンヤ。元《ト》ヨリ唐仲言ハ、幼ニシテ明ヲ喪《ヒ》《ツブシ》タル人ナレバ、其解誤リモアリウチ[一七]ナレドモ、于鱗ガ洛陽道ノ三字ヲ題トシ、獻二呂郎中一ニノ字ヲ省《ハブ》キ棄ツ、其誤リ瞽人ヨリモ甚シ。

〔秦時明月〕

「秦[一八]時明月漢時關《ノ》」、コレ盛唐ノ常調[一九]ニシテ、王[二〇]少伯ガ固分《モチマヘ》ノミ。然レドモ古來唐詩ヲ選スル者收《ヲサ》メ納《イレ》ズ。故ニ楊[二一]升庵ガ唐[二二]絶增奇ヲ著スニ至テ、開卷第一ニ首トシテ、之ヲ擧《ア》グ。于[二三]鱗知ラズ、此詩ヲ以テ、唐ノ七言絶句中ノ第一トス。升菴地下ニ於テ冷笑《アザワラフ》スベシ。元[二四]美此詩ノ解ニ苦《シ》ミ、漫《ミダリ》ニ「詩妙《ノ》在《ハ》二可《ク》レ解《ス》不レ可《ラ》レ解之《ス》間《ニ》一」ト云、殊ニ知ラズ。明[二五]月關ノ字ヲ坼《サキ》用ヒタルナリ。作家多ク此伎倆《ハタラキ》アリ。明月ハ、秦漢以來戍兵[二六]《ジュヘイ》ヲ置ク所ナリ。揚雄[二七]《ヤウユウ》ガ賦[二八]ニ、「明[二九]月爲《ヲ》レ堠《ト》」、楊烱[三〇]《ヤウケイ》ガ詩ニ、「望[三一]斷流星驛、心馳《ハス》明月關」、コレナリ。凡ソ古人ノ詩、未ダ一ノ解スベカラザル無シ。不レ可《ラ》レ解《ス》ハ、己ガ知識ノ及バザル故ノミ。方今ノ學者、元美ガ

(下略)」。↓補一〇九。

一六 「洛水春氷開ク、洛城春樹緑ナリ、朝看ル大道ノ上、落花馬蹄ニ乱ル」。全唐詩に所収。

一七 ありがち。ままあること。

一八 王昌齢の七絶「出塞二首」の其一(ただし唐詩選には「従軍行三首」の其三として所収)の起句。↓補一一〇。

一九 普通の調子。 二〇 王昌齢。少伯は字。

二一 前出(二八六頁注二)の楊慎のこと。

二二 楊慎輯、何大成校の唐の絶句の集。五巻一冊。各巻を神品・妙品・能品・雑品・変韻仄体に分類して、それに相当する作品を集める。その巻之一の神品二十五首の第一に「従軍行」の題でこの詩を入れる。この事は、胡応麟の詩藪外編、四にも「楊用修編二唐絶一、以二王昌齢秦時明月一、為二第一一」と見える。

二三 王世貞の芸苑卮言、四に「李于鱗言、唐人絶句、当下以二秦時明月漢時関一圧巻上。余始不レ信、以三少伯集中有二極工妙者一、既而思レ之、若落二意解一、当三別有二所レ取、若以二有意無意可レ解不レ可レ解一求レ之、不レ免二此詩第一一耳」。

二四 王世貞のこと。前項参照。

二五 秦漢時の関の名と考えての論。「明月」「関」の二つにかけて用いた。↓補一一一。

二六 守りの兵卒。

二七 前漢の文人。字子雲。成帝にめされた。揚子法言・方言等の著者(前漢書、八七)。

二八 羽猟賦。文選、八所収。

二九 「明月ヲ堠ト為ス」。堠は物見。文選の注に「望敵者」。

三〇 初唐の四傑の一に数えられた詩人。官は校書郎(唐才子伝など)。

三一 「折楊柳」中の句。「望ミ断ツ流星駅(=のろしを上げる駅)、心ハ馳ス明月関」。↓補一一二。

言ニ迷ヒ、漫ニ解スベカラザルノ詩ヲ作リ、己《レ》モ亦自ラ解スコトヲ得ズ。人アリテ詰問《ナジリ(トヘ)》バ、「詩《ノ》妙《ハ》在《リ》二可《ク》レ解不《ルノ》レ可レ解《ス》之間《ニ》一」ト。故ニ其詩往々囈《ネゴト》[一]ニ似、譫《ウハゴト》[二]ニ似、崇《ヨリモノ》[三]ニ似タリ。人ノ解シ得ザルノ詩ヲ作ンハ、一張《マイ》ノ白紙ニ若《シカ》ジ。冷齋夜話[四]ニ、白樂天詩ヲ作ルゴトニ、一老嫗《バヽ》ヲシテ解セシム。嫗解セズト云ヘバ、又復コレヲ易《ナヲス》ト云々。漁隱叢話[五]ニ、張文潛[六]ガ言ヲ證トシテ、冷齋ノ誤リヲ正ストキハ、白樂天ガ老嫗ニ詩ヲ解セシメシハ、無キコトナリトイヘドモ、彼《ノ》好ンデ解スベカラザル詩ヲ作テ、格ノ高キニ誇ルト、老嫗ノ能ク解ス淺易《(センイ)》[七]ノ詩ヲ喜ブトハ、余《レ》一《ツ》ニナガラ祖《カタヌグ》[八]スル所ナシ。

〔已見寒梅發〕

唐詩選ノウチ、尤モ笑フベキハ、王摩詰[九]ガ五首[一〇]ノ雜詩中ニテ、「已見二寒梅《ノ》發《ヲ》一」[一一]ノ一首バカリヲ拔《ヌイ》テ、撰ミ入《レ》タリ。此詩モト、前篇ノ末句ニ、「來日綺窓[一二]ノ前、寒梅着《ルヤ》レ花《ヲ》未《ヤ》」ト云フヲ承《(ウケ)》テ、「已見二寒梅《ノ》發《ヲ》一」ト云ヘルナリ。前篇ナキトキハ、已見《ニ》ノ字甚深《フカ、》ラズ。于鱗詩趣ヲ取ズシテ、格調ニ拘《(ヨ)》ル。ヨッテ妄意[一三]ニ前篇ヲ刪《(ケヅ)》リ舍《スッ》。己《レ》[一四]ガ調ニ入《ラ》ザレバナリ。唐仲言ガ解《ハ》、モト于鱗ニ效《ナラヒ》タルモノナレバ、卽《チ》前篇ヲ載《(ノ)》セズ。解シテ「閨人[一五]感《ルノ》レ春之辭《ヲ》」ト云フ。瞽人ノ、人ニ依テ爲《(ナス)》コトナレバ、左アルモ尤モナリ。兩目明カナル人、詩中玉階[一六]ノ字アルヲ以テ、宮怨[一七]

一　字典は玉篇を引いて、「睡語」。
二　字典は集韻などを引いて、「多言也、又病也」。
三　底本「祟」。意により改。字典は説文により、「神禍也」。神がのりうつって、神意を語ること。
四　宋の釈恵洪著の詩話。一〇巻。寛文六年和刻。→補一一三。
五　宋の胡存著の詩話。六〇巻、後集四〇巻。→補一一四。
六　以下のことは漁隠叢話、八に所見。
七　うすっぺらな。
八　左袒（漢の呂氏の乱の時の周勃の故事）。同意する。
九　王維。摩詰は字。
一〇　唐王右丞詩集（正徳四年和刻）、六所収。
一一　「已ニ寒梅ノ発(ヒラ)クヲ見ル」。→補一一五。
一二　雑詩五首の四にあたる詩の転結の二句。「来ル日綺窓(キサウ＝彫刻のある窓)ノ前、寒梅花ヲ着ルヤ未ダヤ」。この詩の全体は後（三〇三頁）に見える。
一三　みだりに。
一四　自分の好みの格調。
一五　閨中の人。妻。
一六　宮殿のきざはし。
一七　後宮の女性の春の憂いを詠ずる詩題。
一八　補注一一六参照。
一九　よくつかない。
二〇　前出（注一二）の詩の全部。起承の二句のみよめば「君故郷ヨリ来リ、応(マサ)ニ故郷ノ事ヲ知ルベシ…」。
二一　享保九年、服部南郭が唐詩選校刊の時。
二二　それぞれの詩人の集。
二三　唐詩品彙。前出（三〇〇頁注六）。
二四　古今詩刪。李攀竜編。三四巻。古逸・漢・魏・六朝・古楽府・古詩・唐詩・明詩の選集。

トスル者アリ。知ラズ、雑詩五首ミナ述懐ニシテ、摩詰ガ本集ニ、[一八]玉階ヲ階前ニ作ルコトヲ。顧《(オモ)フ》ニ、古ヘ詩道ニ暗キ人、階前ニテハ、平仄[一九]粘着《(ネンチャク)》セザルヲ以テ、玉階ノ字ニ換シヨリ、此詩ノ意明カナラザルナリ。若シ宮怨トセバ、前篇ノ、「君[二〇]自二故郷一來、應ニレ知二故郷ノ事ヲ一、來日綺窓ノ前、寒梅着ルヤレ花ヲ未ヤ」トアルヲ、何如ンガ解スベキ。享[二一]保中、南郭服氏ガ唐詩選ヲ校正スル、本集[二二]ニ就テ正スコトヲ知ズ、僅ニ品彙[二三]・詩删[二四]等ニ就テ考フ、淺シト謂ベシ。且ツ曰「從フ[二五]二多シテ且ツ正者ニ一」ト。其レ多キニ從フコトハアラン、正ハスナハチ余レ信ゼズ。近頃《チカゴロ》、南溟[二六]江氏、「冬日早起[二七]」ノ五絶ヲ作テ、「已ニ[二八]自二寒梅ノ發ケシ一、主人不レ廢レ朝ヲ」ト云ヽ。剽竊ノ陋ハ暫ク論ゼズ。王維ガ詩ヲ解セズ、且ツ已[二九]ノ字ノ用法ヲ知ザルナリ。之ヲ倭習[三〇]ト云。余レ常ニ諸[三一]生ヲ戒メテ、倭人ノ詩集ヲ讀シメザルハ、此倭習ヲ襲《(オソ)ハ》[三二]ンコトヲ恐テナリ。何《イツレ》ニモ、倭習ヲ辨知スルホドノ力ニナルマデハ、南郭・蘭亭ソノ外ノ詩集ヲ讀ンデ、準縄《(ジュンジョウ)》[三三]トスルコト勿レ。

〔漢國山河在〕

「漢國[三四]山河在リ、秦陵草樹深シ」ノ詩、モト終南山[三五]ノ石ニ刻ミアリシ詩ナリ。毫末《ケノサキホドモ》、慈恩[三六]寺ノ塔ニ干渉セズ。而《シカ》ルニ、唐詩選、荊叔[三七]ガ作トシテ、「題スル二慈恩寺ノ塔ニ一」詩トス。是レ品彙・正聲ノ疏謬《(ソビウ)》[三八]ヲ踏《フメ》ルナリ。郎瑛[三九]ガ七修類藁[四〇]ニ、「終南山[四一]

唐詩選所収の詩は殆ど入っている。寛保三年和刻。

二五 南郭校本の附言に「原本諸刊頗多、或有下増二二三一者上今不レ取也、如二字有レ異、多從二原本一尤善者一、両可難レ裁則就二品彙詩删詩解十集一考レ之、從二其多且正者一」。

二六 入江南溟。名忠囿、字子園、称幸八。別号滄浪。徂徠門。明和二年(一七六五)没。八十八。

二七 南溟の滄浪居文集、四所収「冬日早起得蕭韻」の五絶。

二八 「已ニ寒梅ノ発《(ヒラ)》ケショリ、主人朝ヲ廃セズ」。→補一一六。

二九 伊藤東所編の操觚字訣には、「既」と違って、「已ヲスデニトヨムハ、未ニ対スル詞ナリ(下略)」。→補一一七。

三〇 操觚字訣に「既ハ事ノオハリナリ」とあって、南溟が既・已を訓同じ故、混用したのが倭習であることになる。

三一 学生達。

三二 うけつぐ。

三三 手本。

三四 唐詩選、六所収荊叔の五絶の句。「漢国山河在り、秦陵(=秦の天子の陵。西安の驪山の下)草樹深シ」。→補一一八。

三五 陝西省長安の西方にある霊山。また南山とも。

三六 長安東南にある寺。唐高宗の建立。

三七 未詳。万楚と同人との説がある。

三八 疎雑なあやまり。

三九 明の文人。字仁宝(国朝献徴録など)。

四〇 随筆。五一巻続七巻。

四一 七修類稿、三三に「荊叔詩」としてのる。ここに引く所と若干文字の出入がある。→補一一九。

有二一白石一、刻二一詩一ヲ、詩有二唐風一、字ハ乃チ晉體、深サ五七分、惜クハ無レ名也、其句、漢國山河在云云、及ンデレ讀ニ二唐詩記事一ヲ、而此詩亦曰テレ題ストレ塔ニ、係二於無名之下一ニ、因テ考ルニ二姓氏諸書一ヲ、并ニ無二荆叔ト云者一、而紀事可レ謂下收メテ二唐人能スルレ詩ヲ者一ヲ盡セリト上矣、此特ニ好事者ノ寫スニ此ノ詩ヲ於塔ニ、高廷禮[三]不シテレ考ヘ而編ニ入ルト於正聲ニ一」。是ヲ以テ觀レバ、荆叔ハ詩ヲ塔ニ寫スモノヽ名ニシテ、作者ノ名ニアラズ。詩モ亦題スルレ塔ニ詩ニアラズ。世儒[四]知ラズ、牽合[五]胡説[六]シテ、解ヲ費ス。癡人[七]ノ夢ヲ説ク如シ。又、「[八]反照入二閭巷一ニ、愁來與レ誰語ン」。コレ李益[九]ガ詩ナリ。流俗謬《(アヤマリ)》テ、耿湋《(カウヰ)》[一〇]トス。又朱斌《(シュヒン)》[一一]ガ、「白日依[一二]レ山盡」ノ詩ヲ、王子渙[一三]トス。此類甚ダ多シ。于鱗正サズ、精シト謂ベカラズ。

〔滄浪詩話〕

南宋ノ嚴滄浪[一四]ガ詩ヲ論ズル、格言[一五]多シトイヘドモ、詩道ニ害アルコトモ、亦少ナカラズ。南郭氏之ヲ稱シテ、「[一六]雖レ有リト二來者一、不レ能二間然スルコト一」ト云フ。豈知ンヤ、錢謙益[一七]、既ニ滄浪ガ論辨ノ詿《アヤマ》ル所ヲ非《ソシ》リ、清ノ乾隆帝[一八]モ亦、「大言欺クレ世ヲ」ト、滄浪ヲ駁シタマヘルコトヲヤ。何レニモ王李沿襲《(エンシフ)》[一九]ノ端ヲ發《ヒラ》ク者ハ、嚴滄浪ナリ。故ニ馮定遠《(フウテイエン)》[二〇]ガ鈍吟雜錄[二一]ニ、嚴滄浪一字ヲ知ラズト云フ。其言已甚《ハナハダシ》ト雖ドモ、妄ニハ非ズ。

〔三家詩話〕

一 唐詩紀事。宋の計有功撰。八一巻。唐代の詩人と詩をめぐる逸話の集大成。
二 底本「恃」。七修類稿により改。
三 高棅のこと、即ちこの詩をのせる唐詩正声の編者。
四 世の学者。　五 むりに引合せること。
六 うろんな説をなし。
七 つじつまの合わぬ論をなすことのたとえ。
八 唐詩選、六に、耿湋の「秋日」としてのる五絶中の句。「反(諸本「返」)照(=反射する夕日)閭巷(リョコウ=小さい村落)ニ入リ、愁(諸本「憂」)来ッテ誰ト与ニ(諸本「誰共」)語ラン」。→補一二〇。
九 李賀と名を等しくした唐の詩人。官は礼部尚書。やきもち焼で有名(新唐書、二〇三・唐才子伝など)。
一〇 大暦十才子の一。字洪源。官は右拾遺(新唐書、二〇二)。
一一 中唐の詩人。次の詩を、朱斌の作とするのは、万首唐人絶句や全唐詩による。→補一二一。
一二 唐詩選、六に王之渙「登二鸛鵲楼一」とある五絶。「白日山ニ依リテ尽ク」(箋註「西則千山在二眼下一。遙視二落日没尽一」)。→補一二二。
一三 王之渙の誤り。王昌齢と友人の盛唐の詩人(唐詩紀事、二六など)。
一四 厳羽。字儀卿、号滄浪。宋の詩人。滄浪詩話の著者。
一五 真理をついて人の教えとなる言葉。
一六 校刊唐詩選の附言中の語。後人も口をさしはさむ余地がない。→補一二三。
一七 前出(二九四頁注一〇)の銭牧斎。
一八 清の六代高宗。その御選、唐宋詩醇、三二に見える語。→補一二四。
一九 古いしきたりにならうこと。
二〇 馮班。字定遠、号鈍吟。清の詩人。また書に巧み。嚴羽の説に反対した(清史稿、四八九)。
二一 鈍吟全集附の鈍吟老人雑録。一〇巻。天明元年和刻。
二二 滄浪詩話の各条を批難する文中に「知此人(嚴羽)胸中不レ通二一竅一、不レ識二一字一、東牽西扯而已」。
二三 近頃。 二四 石川之清の誤り。字叔潭、号大凡、称重次郎。徂徠門。
二五 嚴羽の詩話。一巻。 二六 徐禎卿の詩話。
二七 大本。一巻一冊。享保十一年丙午五月日、江戸須原屋新兵衛梓。
二八 王世懋の詩話。一巻。
二九 徐禎卿。字昌穀。明で呉中四才子と称された詩人。官は国子博士(明史、二八六・列朝詩集丙集、九)。
三〇 味が枯れて淡白。補注一二五参照。
三一 王世懋。王世貞の弟で、字敬美、号澹園。官は太常少卿。また詩人(明史、二八七・列朝詩集丁集、六)。 三二 意向。
三三 この文は池北偶譚、一二に所見。和刻の秇圃擷余になし。→補一二五。 三四 実践躬行の学。
三五 性情をもととして。格調派より性霊派の方に近い主張である。
三六 李夢陽。前出(二八六頁注五)。
三七 李夢陽と共に明弘治の七子の一で、擬古詩の先端をひらいた。字仲默、号大復(明史、二八六)。 三八 高叔嗣。字子業。官は湖広按察使。明の詩人(列朝詩集丁集、一など)。
三九 風流余韻のたえること。嵇康の故事による。→補一二六。 四〇 補注一二五参照。
四一 享保十一年丙午二月の日付の跋。
四二「徂徠先生、益ヲ詩ニ請フ者有レバ、必ズ之ヲ称シテ侯的(=的)ト為ス」。
四三 たよりしたがう。

[二三]近代[二四]石川清之《ユキ》、[二五]滄浪詩話・[二六]談藝錄・[二七]秇圃擷餘《(ゲイホケツヨ)》ヲ合刻シテ、[二八]三家詩話ト名ク。是レ三家トモニ、趣キ同ジキモノト思ヘルナリ。嚴滄浪ハ、固《モト》ヨリ李王襲擬ノ祖タルコト云マデナシ。徐昌穀[二九]ハ王元美ニ善《ヨシ》ト云ヘドモ、其詩古澹[三〇]ニシテ、大ニ王李ト異ナルナリ。故ニ其論ズル所、格調ヲ専トセズ。王敬美[三一]ガ意趣[三二]モ亦、甚ダ其兄元美ガ于鱗ニ従ヘルヲ是トセズ。其言ニ曰[三三]、「今ノ作者、只眞才實學[三四]ヲ第一トシ、性[三五]ヲ本トシ、情ヲ求テ格調ヲ論ズベカラズ。李獻吉[三六]・何景明[三七]ガ摸擬ノ詩ハ、廢スルコトアリトモ、徐昌穀・高子業[三八]ガ眞才性情ノ詩ハ、千歳ノ後ニテモ絶響[三九]セマジ」ト云云。池北偶談ニ、王敬美ヲ眞ノ高識ナリト稱シテ曰、「[四〇]于鱗・元美ニ、早ク敬美ガ此語ヲキカシメバ、後ノ豪傑識者ニ誹《(ソシ)》ラレマジキニ、惜カラズヤ」ト嘆慨セリ。是ヲ以テ観レバ、徐・王ノ二書ト、于鱗ガ趣トハ、自ラ隔別ナリ。清之ハ徂徠門人ニテ、于鱗ヲ奉ズル人ナルニ、于鱗ト趣異《キ》ナル書ヲ合刻ス。書ヲ讀《(ヨム)》コトノ疏ナルユヘナリ。且尤モ謂《イハ》レナキハ、清之ガ三家詩話ノ跋[四一]ニ、「[四二]徂徠先生有《バ》下請二益《ヲ》於詩《ニ》一者上、必稱《シテ》レ之《ヲ》以《テ》爲二侯的《ト》一」トアリ。滄浪ヲ侯的トスルハ、固ヨリ其分ナリ。若シ王・徐二家ヲ侯的トセバ、于鱗ト路ヲ異ニシテ走ルニ似タリ。學者何レノ處ニ適從[四三]センヤ。徂徠ガ學問ノ深カラザル、是ヲ以《(モッテ)》ソノ一端ヲ觀《(ミル)》ベキナリ。

〔徂徠不知詩道〕

徂徠詩ヲ論ジテ曰、「一經書ノ字ヲ詩中ニ用ルトキハ、何《ナニ》トナク窶《ヤツく》シフシテ、富貴ノ摸様ナク、サモシゲナル狀《アリサマ》ヲ覺ユルマヽ、經書ノ語ヲ、詩ニ入レ用ユルコト勿レ」ト云フ。是詩道ヲ知ザルナリ。凡《ツ》詩ニ用ル字、彼《レ》ハ用ユベシ、是ハ用ユベカラズト云コト、唐人ノイマダ言ザル所ナリ。經史子集ノ語、スベテ詩ニ入ルベカラザルナシ。經ニテモアレ、史ニテモアレ、二渾化自在ニ作用《トリマハス》ヲ、眞ノ三作手ト云ナリ。徂徠ガ言セマシト謂ベシ。

〔體裁〕

方今ノ詩人、于鱗・南郭等ガ言ヲ奉ジテ、準繩トス。故ニ四五言ハ、五言ニ用ル字アリテ、七言ニ用ベカラズ。七言ハ、七言ニ用ル字アッテ、五言ニ用ユベカラズ。古詩・近體・律・絕句、各々用ル字アッテ、律ノ字絕句ニ用ヒガタク、近體ノ語、古詩ニ入レガタシト。此言極《(キハメ)》テ巧《ミ》ナリト雖モ、古人必シモ曾テ拘々五セズ。唯《ダ》古詩・近體・五言・七言、體裁何如ント云ニ在ルノミ。假令《タトヒ》、古人ノ五言ノ語ヲ、五言ニ用ヒ、近體ノ字ヲ、近體ニ用ルトモ、用ヤウアシケレバ、詩トナラズ。用ユルコト、其法ヲ得レバ、近體ノ語モ、古詩トナルベク、七言ヲ截《(キリ)》テ、五言トシ、五言ヲ足シテ、七言トスルモ、亦何ンノ害アランヤ。

一 徂来先生詩文国字牘、下に「経書之語、纔に詩中に入候へば富貴なる摸様なく、寠(ヤツ/ヤツ)しくして、さもし気なる有様を覚へ申候、然共詩家の語よく我物に相成候時は、老杜が詩集及び王世貞が四部稿に見(アラ)れたる詩の如く、直に経文を用ひて作りたる句有之候得ば、苦しかるまじく候、然共それは格別立入たる時の儀に候」。これは胡応麟の説に出るもので、諸体詩則にも、その語を引いて、「詩入ニ儒生気象言語一、非ニ詩本色一」の一条を設けている。

二 渾然と一つに化して。

三 上手。

四 この説の見える書は未詳。

五 かかわらない。

六 底本のまま。「含蓄」が正しい。詩文で言外の意の豊かさを云う。氷川詩式、九の学詩要法に「詩貴ニ含蓄優游不レ迫、太抵従ニ学問中一来語句、自然近レ理、以レ理為レ主、以レ気為レ使、叫譟非ニ詩道一也」。

七 感情・思想をむき出しにすること。

八 張栻(ちようちよく)。字敬夫、号南軒。朱子と同時代

〔含畜發露〕

方今詩ヲ論ズル者、只管《ヒタスラ》[六]含畜ヲ貴ンデ、露骨[七]ヲ嫌フ。是レ宋ノ張南軒[八]ガ詩ヲ作ルニ、直《チ》[九]ニ説破スベカラズト云ヲ、詿《アヤマ》[一〇]リ解シタルナリ。三百篇[一一]ヨリ以來、漢・魏・唐・宋諸名家ノ集ヲ覽《(ミ)》ルニ、含畜ナル者アリ、露骨ナルモノアリ、譬ヘ含畜ナルモ、趣ナク味ナキ詩擧《(アゲ)》テ枚《カゾフ》ベカラズ。又露骨ナルモ、妙趣一唱三歎[一二]スベキアリ。凡ソ詩ハ一局[一三]ニ拘々スルヲ忌ム。一々含畜ニ拘ハラバ、卽《チ》千篇一律、厭倦《イヤヤミ》[一四]ノ詩觀ルニ足ルベカラズ。昔シ楊升庵[一五]、含畜ニアラザレバ詩ニ非ズトス。故ニ杜子美ヲ譏《(ソシリ)》テ、露骨ナリトス。其言ニ曰、「詩ハ三百篇ヲ祖トス。三百篇ニ民ノ流落[一六]ヲ怜《アハレ》ムトキハ、鴻雁于飛《ブ》[一七]。哀鳴嗷々ト云フ。子美ハ千家今有二百家[一八]存《スル》一ト云フ。三百篇淫亂ヲ刺《ソシ》レバ、雝[一九]々《タル》鳴雁。旭日始《テ》旦《ク》ト云フ。子美ハ愼《ンデ》[二〇]莫《レ》二近前《スルコト》一丞相嗔《ル》ト云フ。子美ガ詩都《スベ》テ吐露シテ、三百篇含畜ノ意ヲ失フ」ト。是レ全ク詩道ニ昧《(クラ)》キナリ。故ニ王元美[二一]曾テ之ヲ駁シテ曰、「詩固[二二]ヨリ賦アリ、情ヲ述べ事ニ切ナルヲ快シトス。必シモ盡《コトゴト》ク含畜ヲ尙《タツトバ》ズ。荒[二三]ヲ語ルトキハ曰、周ノ[二四]餘《ソノ》黎民。靡レ有二孑遺《ルコト》一、樂《ミ》ヲ勸《(ススム)》ルトキハ曰、宛[二五]《トシテ》其死矣。他人入レ室《ニ》。ト云フ。詩コレヨリ露骨ナルハナシ。若《キ》レ是《ノ》等ノ語ヲシテ、子美ガ口ヨリ出サシメバ、升庵何如ンガ貶剝《イ、ケナス》[二六]センヤ」。

の儒者。官は右文殿修撰(宋史、四二九)。
九 この人は、詩人の志を重んじて、暴露的表現を重んじなかった(郭紹虞著、中国文学批評史四三章)。
一〇 字典に説文を引いて「誤也」。
一一 詩経。
一二 上手な詩をたたえる語。
一三 一局面。一方。
一四 嫌な気味。
一五 前出(二八六頁注二)の楊慎。以下の言葉は、丹鉛総録、二一に見える。↓補一二七。
一六 零落。おちぶれること。
一七 詩経の小雅の鴻鴈之什「鴻鴈」中の句。「鴻雁于(ユ)ニ飛ンデ、哀鳴嗷嗷(ガウガウ=やかましい)タリ」。↓補一二八。
一八 杜甫の「白帝」中の句。「千家今百家ノ存スル有リ」。↓補一二九。
一九 詩経の邶風の「匏有苦葉」の詩の句。「雝雝(ヨウヨウ=やわらいださま)タル鳴雁、旭日始メテ旦(ア)ク」。↓補一三〇。
二〇 杜甫の「麗人行」中の最後の句。「慎(ツツシ)ンデ近前スルコトナカレ丞相(=楊国忠のこと)嗔(イカ)ル」。↓補一三一。
二一 王世貞。前出(二九三頁注二七)。
二二 以下の言葉は芸苑巵言、四に見える。↓補一三二。
二三 飢饉。
二四 詩経の大雅の「雲漢」中の句。「周ノ余(ヨ)ンノ黎民(レイミン=庶民)、孑遺(ケツイ=わずかの残り)有ルコトナシ」。↓補一三三。
二五 詩経の唐風の「山有枢」中の句。「宛(エン=朱子の註「坐見貌」)トシテ其レ死セバ、他人室ニ入ラン」。↓補一三四。
二六 けなして価値を下げる。

〔言志詩〕

余古人ノ中ニ於テ、袁中郎ニ取コトアル者ハ、嘉靖[一]・隆慶[二]ノ後、李王ノ陋風[三]大ニ天下ニ行《ハ》レ、當時詩文ヲ唱ルモノ、一ツモ李王ノ徒タラザルハナシ。獨リ中郎ソノ際《ソノトキ》[五]ニ勃興《ボッコウ》[四]シ、傑然《ケツゼン》トシテ李王ノ陋ヲ擯斥《ヒンセキ》[六]シ、斯文ノ弊風ヲ挽《ヒキ》反シテ、海内ヲ一掃《ス》[七]。中郎ガ斯道[八]ニ功アルコト、小々ナラズ。方今ノ人識量ナク、李王ガ所謂《ル》、開天[九]ノ詩ト云フモノヲ奉尚[一〇]シテ、剽襲摸擬ニ汲々[一一]シ、只俗人ノ譽《レ》ヲ求ム。是中郎ガ恥ルトコロ、豪傑ノ士奈《イカ》ンゾ自己ノ眞情ヲ吐《ハカ》ズシテ、世俗ノ毀譽ニ拘々スベキ。曾テ張幼于[一二]ナル者、中郎ニ書ヲ贈リ、中郎ガ詩ヲ賞シテ、唐人ニ似タリト云フ。中郎コレニ應《コタ》ヘテ曰、「余未ダ曾テ唐人ヲ似セント欲セズ[一三]。余ガ詩ノ唐ニ似タルハ、唐人ノ余《ワ》レニ似タルナリ」ト云云。實ニ識見此《カク》ノ如クナラズンバ、爭《イカデ》カ明三百年、一人ノ袁中郎タルコトヲ得ベキ。詩ハ、人ノ毀譽ニ貪着《ドンチヤク》[一四]スベキ物ニアラズ。只宜ク己レニ恥《ハヂ》デ、剽竊ノ陋ヲナスコト勿レ。余曾テ詩作テ、言《ヒ》レ志《ヲ》、

詩格[一五]本不《ト》レ諳《ンゼ》、時々自言《ヒ》レ志《ヲ》、古來眞《ノ》丈夫、寧《ロ》避《ンヤ》二世俗《ノ》詈《ヲ》一。

〔老杜詩〕

凡ソ詩、唐ヨリ盛ンナルモノナシ。然レドモ、老杜[一六]、當時ノ詩、實ヲ棄テ華

一 明の世宗の年号（一五二二―一五六七）。
二 明の穆宗の年号（一五六七―一五七二）。嘉靖七才子と云われる李・王らが詩壇に活躍した時代。
三 古文辞の風。
四 俄に起り。
五 ぬき出でたさま。
六 しりぞける。
七 列朝詩集丁集、一二の袁宏道の小伝に「中郎之論出、王李之雲霧一掃、天下之文人才士、始知下疏二瀹心霊一捜二剔慧性一以蕩中滌摹擬塗沢之病上、其功偉矣」。
八 斯の道。ここでは詩の道。
九 開元・天宝年間即ち盛唐の詩。
一〇 尊んで。
一一 専念し。
一二 袁宏道の友人。
一三 このままの文未見。相似たものはある。↓補一三五。
一四 執着する。
一五 「詩格(＝李王の尊んだ所)本ト諳(ソラ)ンゼズ、時々自ラ志ヲ言フ、古来真ノ丈夫、寧ロ世俗ノ詈(ソシ)リヲ避ケンヤ」。
一六 杜甫。
一七 「戯為二六絶一」の第二の中の句。「楊王盧駱(＝楊烱・王勃・盧照鄰・駱賓王。初唐の詩人)当時ノ体、軽薄文ヲ為シテ哂(アザケリ)未ダ休(ヤ)マズ」。↓補一三六。
一八 「戯為二六絶一」第五の中の句。「今人ヲ薄ンジテ古人ヲ愛スルナラズ、清詞麗句必ズ隣ヲ為ス」。↓補一三七。
一九 「解悶十二首」の第八の中の句。「復憶(オモ)フ襄陽ノ孟浩然(＝開元期の詩人)、清新句々、尽ク伝フルニ堪ヘタリ、即今耆旧新語無シ(＝詩が陳腐になった)、漫(ミダ)リニ槎頭縮頂鯿(サトウシユクチヤウノヘン)＝

ニ趣リ、動《ヤヽ》モスレバ、襲剽ニ渉ルモノアルヲ憤リ、詩作テ曰、「[一七]楊王盧駱當時ノ體、輕薄爲テレ文哂リ未レ休」。又曰、「[一八]不下薄ンジテ二今人ヲ一愛スルナラ中古人上、清詞麗句必爲レ隣ヲ」。又曰、「[一九]復タ憶フ襄陽孟浩然ノ、清新句々盡ク堪タリレ傳ルニ、即今耆舊無二新語一、漫ニ釣ル二槎頭縮頂鯿ノ一」。又曰、「[二〇]多ク見テ二翡翠ヲ蘭苕ノ上ニ一、未レ掣カ二鯨魚ヲ碧海中ニ一」ト。吁《アヽ》老杜・中郎世ノ相去コト五百餘年ニシテ、豪傑ノ識[二一]異ナラザルコト、[二二]符ヲ合スルガ如シ。曾テ中郎ガ詩、如何ント問(トフ)者アリ、余レ詩作テ、之レニ答テ曰、

[二三]人間絶妙ノ辭、中郎獨リ自知ル、欲バレ知ント二中郎ガ趣ヲ一、熟ク讀メ二老杜ガ詩一。

〔三家絶句〕

中郎ガ詩ハ、[二四]清新流麗、[二五]伯敬ガ詩ハ、[二六]深幽孤峭ニテ、其趣異ナルニ似タリ。故ニ晩明ノ中郎ヲ奉ズル輩ト云ヘドモ、伯敬ヲ[二七]譏(ソシッ)テ、[二八]幽獨君ノ[二九]冥語ノ如ク、[三〇]木客ノ[三一]清吟ノ如シト云。然レドモ、是ミナ當時ノ人々、伯敬ガ名聲ノ隆《サカ》ンナルヲ忌ミ妬《ネタ》ムノ[三二]私言ナリ。甚シキニ至テハ、[三三]錢牧齋ガ若(ゴト)キ、伯敬ガ稱スル所ハ、余ガ[三四]汰(タ)スル所ナリト云。是等ノ言イカンゾ[三五]公論ト謂ベキ。且ツ其異ナルニ似タルトコロ、[三六]信有ガ重ンジ愛スル所ナリ。只ヨク詩道ヲ會スル人、余ガ言ヲ肯《ガヘン》ズベキノミ。近頃吾門ノ[三七]小野田克、柴田子介ト謀テ、[三八]袁・鍾・徐ノ[三九]三家絶句ヲ校刻セントス。斯文ニ功アル、日者《サヤ》ニ、宮川德・山本時亮・鳥居吉人ガ、[四〇]中郎尺牘ヲ

人のとるを禁じた頭の小さいおしき魚。美味。孟浩然の「峴潭詩」にも「果得二槎頭鯿一」)ヲ釣ル」。二〇「戯為二六絶一」の第四の中の句。「多ク翡翠(ヒスイ)ヲ蘭苕(ランテウ＝香草と美花。詩の美しさを云う)ノ上ニ見テ、未ダ鯨魚ヲ碧海中ニ掣(ヒ)カズ」。→補一三八。

二一 見識。

二二 ぴったりと合うたとえ。

二三 「人間(ジンカン)絶妙ノ辞、中郎独リ自ラ知ル、中郎ガ趣ヲ知ラント欲セバ、熟ク老杜ガ詩ヲ読メ」。

二四 前出(二八四頁注四・五)。

二五 鍾惺。前出(二九四頁注二)。

二六 列朝詩集の鍾惺小伝に「伯敬擢第之後思別出二手眼一。另立二深幽孤峭之宗一。以駆二駕古人之上一」。→補一三九。

二七 列朝詩集の鍾惺小伝「其所謂深幽孤峭者。如二木客之清吟一。如二幽独君之冥語一。如レ夢而入二鼠穴一。如レ幻而之二鬼国一」。

二八 幽冥界に一人いる怪異。

二九 あの世のささやき。三〇 こだま。木精。

三一 きよらかな吟詠。三二 ささやき。

三三 銭謙益。謙益の著、列朝詩集丁集、一四の王野の小伝の中に「晩年詩頗ニ竟陵ニ薫染、竟陵極称レ之、為二評騭一、以行レ世、凡竟陵所二極賞一者、皆余之所レ汰也」。

三四 ここは、えらび分けて捨てる意。

三五 公平な議論。三六 北山の名。自分が。

三七 共に伝は未詳。

三八 袁宏道・鍾惺・徐文長。

三九 この書の刊否は不明。

四〇 袁中郎尺牘。二巻一冊。安永辛丑(天明元年)新鐫。北山閲。崑山宮川徳子潤・九江鳥居吉人伯亀・北皐山本時亮明卿の校。奚疑塾蔵板。

刊行セシト、相[一]伯仲ス。聊《イササ》カ此ニ書シテ、喜ヲ同志ノ人ニ示スト云。

〔春臺南溟命題杜撰〕

近來、本邦ノ諸老先生、文章ヲ學バズ。故ニ瑣[二]々《サザ》タル詩作ノ際《アヒ》ダ、命[三]題・題[四]引、杜[五]撰《ヅザン》・謬用鮮《スクナ》カラズ。予一二ソノ謬ヲ擧テ、吾黨初學ノ士ニ知ラシメント欲シ、間暇ノ夕《フ》ベ、剛[六]・藤ノ二童ニ命ジテ倭人ノ集ヲ弆《トリ》來ラシム。一ハ春[七]臺太宰氏ノ集ヲ奉ジ來リ、一ハ南[八]溟江氏ノ集ヲ奉ジ來ル。因テ側《カタハ》ラニ置《ヲカ》シメ、手ニ任《マカ》セテ披《ヒラ》キミルニ、命題・題引、果《ハタ》シテ倭[九]習謬用簇々《ソウソウ》[一〇]トシテ目ニ充《ミ》ツ。中《チ》十條ヲ摘《トッ》テ鑒誡《カンカイ》[一一]トス。題引、字數ノ多キモノニハ及ズト云。

春臺集ノ中ニ、題[一二]二畫鷹圖ニ一・題[一三]二畫蘭圖ニ一。コレ華人ノ呉道士[一四]ガ「畫五聖ノ圖」・米[一五]元章ガ「畫山水ノ圖」ナドト、云題アルヲ看テ、杜撰シタルナリ。「畫蘭」トカ「鷹圖」トカスベシ。畫某圖トハ決シテナキコト也。白[一六]氏文集ニ、「畫[一七]木蓮花圖寄元郎中」ト云題アリ。是ハ白樂天ガ、自ラ木蓮花ヲ畫テ、元郎中ニ寄《ヨセ》タルナリ。索[一九]應元ガ其詩ニ「唯[一八]有二詩人能解クレ愛、丹青寫シ出與テレ君看ニセシム一」ト云《イフ》ニテ知ルベシ。[二〇]鷺池集ニ、「自ラ題二畫ケル老子ノ圖ヲ一」トアル、同ジコトナリ。太宰氏ガ如ク、故モ無ク畫ノ字ヲ施スニ非ズ。一字ノ有無、文章ニ於テ細事ニ非ルナリ。

[二一]古河藤侯ノ邸奉テレ陪二主君ニ一看レ花

主[二二]君ハ大夫ヲ稱スル辭ニテ、諸侯ニ用ユベ

一 優劣のないこと。
二 わずかな。小さい。
三 詩につける題。滄浪詩話「詩題亦文章之一体、唯其文務要レ簡、簡而古矣、雅而達矣、如レ此而已」。四 詩の題とする序の如き文章。文体明弁の引の条に「大略如レ序、而稍為二短簡一」。
五 法式に合わないこと。杜光庭とか杜陵の故事に出たなど諸説がある。
六 共に伝は未詳。七 前出(二九三頁注三三)。
八 滄浪居文集。大本四巻四冊。「安永四年乙未秋七月　江都書肆浅倉屋久兵衛梓」。南溟のこと前出(三〇三頁注二六)。
九 漢字・漢文を日本での通用に従って用い作り、彼土の法にかなわないもの。一〇 むらがり多いさま。一一 比較して戒となるもの。
一二 紫芝園後稿、二の五絶の題。詩は略。
一三 紫芝園後稿、二の五絶の題。詩は略。
一四 呉道子。名は道玄。唐の玄宗時代に画聖と称された人。
一五 米芾(ベイ)。字元章。宋の襄陽の人。米襄陽・米南宮と称される。官は礼部員外郎。書画で著名(宋史、四四四)。一六 白居易の集。
一七 白氏文集、一八の七絶の題。詩は略。
一八 「唯詩人ノ能ク愛ヲ解スル有ツテ、丹青写シ出シテ君ニ与ヘテ看セシム」。→補一四〇。
一九 宋応元の誤り。明の宋登春、字応元、号海翁。放浪の詩人であるが、晩年江陵の天鵝池に居して、鵝池生と称した(列朝詩集丁集、一〇)。
二〇 列朝詩集の宋登春の小伝に「詩名二鵝池集一、文名二燕石集一」とあって、彼の集。次の詩も、列朝詩集に収まる。「函谷関西幾度遊。至レ今紫気未二全収一。青牛老子頭如レ雪。莫レ怪山人浪二白頭一」。
二一 「古河藤侯ノ邸ニ、主君ニ陪シ奉リテ花ヲ看

キ稱辭ニ非ズ。「陪《シテ》二古河侯一看レ花」トシテ、別ニ地方[二三]ヲ書セザレバ、邸ト云ハズトモ、邸ニテ花ヲ看タルコト明ケシ。此翁曾テ斥非[二四]ヲ著シ、「稱呼[二五]者《ハ》禮之《ノ》大節也《ナリ》、敬慢係《ル》焉、故君子愼《ム》レ之」ト、大言シナガラ、自ラスル所ハ其言ニ酬《ヒ》ズ。

[二六]擲筆松下同二東壁《ト》一吹レ笛山井生存焉《ス》　存焉ハ定メテ在焉ノ寫誤ナルベケレドモ、在焉ニシテモ、ヤハリ語ヲ成《サ》ズ。畢竟ノトコロハ、焉ノ字[二七]ノ用法ヲ知ラヌユヘナリ。

[二八]北村抱節與レ余同好レ音不幸《ニシテ》早世《ス》遺言《シテ》歸《ル》二余《ニ》其所レ吹之笛《ヲ》一　コレ本邦ニ言忸《ナレ》タル遺言《(ユヰゴン)》ト云コトヲ知テ、夏邦《モロコシ》古文ノ、遺言《(ヰゲン)》ト云コトヲ知ラザルナリ。凡ソ遺言ト云フトキハ、遺言シタル辭ナクテハカナハズ。近クハ史記[二九]ノ「遺言《シテ》謂《フ》二康子《ニ》一必召《(ヨ)ベト》二孔子《ヲ》一」ト、云フニテモ見ルベシ。當サ《(マ)》ニ遺命[三〇]ノ字ニ換《(カフ)》ベシ。是等《レ》ノコトハ、何程《ナニホド》モ哀《アハ》レニ書《カキ》カタアルベキコトナリ。春臺先生、博學精密ナリト雖モ、文章ニ於ル、極メテ才ナク、極メテ拙シ。畢竟意ヲ用テ學バサザルニ因《ヨ》レリ。

南溟集ノ題ニ、卒[三一]然賦《シテ》レ之《ヲ》以賀《ス》　「賦レ之」ハ、「賦レ此」ニ作ルベシ。之・此[三二]ノ分《ワカ》チナドハ、吾黨ノ小兒モ知リタルコトナルニ、南溟ホドノ老儒[三三]ノ謬用サレシハ、文章ニ意ヲ用ヒザルユヘナリ。華人ノ題引ニ、「賦レ此」・「賦レ之」・「賦

ル」。紫芝園後稿、二の七絶の題。詩は略。
二二 左伝の昭公二十九年の条に「斉侯使二高張来唁一レ公、称二主君一」の注に「比二公於大夫一」。
二三 地名の「古河」を、侯の称に用いれば。
二四 附録と共に二冊。延享二年刊。姓名・字・号・地名などの称呼から、講経や詩法の様様について述べたもの。
二五 「夫『称呼ハ礼之大節也、敬慢焉ニ係ハル、故ニ君子ハ之ヲ慎ム』、倭儒乃忽レ之。言語書札。往往誤二称呼一」とある。
二六 紫芝園前稿、二の七絶の題「擲筆松下同東壁吹笛。山井生存焉。偶有貴婦徒従甚衆。自東都来遊。饋茶果以犒我三人者。東壁戯賦一絶。余和之」の一部分。詩は略。
二七 北山が刊した王潤洲の虚字啓蒙に「焉字。是平漾軽泊之詞。較二也字一更活動。一作二実字一訓二何也一」。皆川淇園著、助字詳解、一参照。
二八 紫芝園後稿、一の七律の題「大垣北村抱節嘗学於余又与余同好音不幸早世遺言帰余其所吹之笛故作此以哀」より抄出。
二九 史記の孔子世家には「顧謂二其嗣康子一曰。我即死。若必相レ魯。相レ魯必召二仲尼一。後数日桓子卒」とある。
三〇 死に際して、遺言で命じること。
三一 滄浪居文集、三の七律「信中仙洲老禅。今玆住職普賢精舎也。馳レ信以見レ告。卒然賦レ之。以賀二伝燈一云」から抄出。詩は略。
三二 操觚字訣に「此ハ、彼ニ対スル辭ナリ、(中略)之ハ、是ナリトモ、此ナリトモ註ス、シカレドモ、カロシ、ココトサシ、コレトサス辭ノ上ニ、緩急、用法、差別アリ」。虚字啓蒙に「之字。是有レ所レ指而以レ虚代レ実之詞。或指レ理。或指レ事。或指レ人」。皆川淇園著、助字詳解に詳しい。
三三 年功を経た儒者。

焉」ト、用ヒ分ケテアリ。其差別ハ嚴然トシテ、分明ナルコトナリ。

[一]牀頭挂《ク》二老子《ノ》圖畫《ヲ》一　是牀頭トハ、[三]トコノコトト見ヘタリ。本邦ニテ、トコニ[四]挂幅《カケモノ》アリ。[五]牀ノ字、ユカトモ、トコトモ訓ズルユヘ、杜撰ニ牀頭ト用タルナリ。知ラズ、[六]夏邦ノ牀ト云モノハ、圖畫ヲ挂《カク》ベキ物ニ非ズ。牀ノ字、[七]流俗挂幅ノトコニ用ユルトモ、奈ンゾ、文辭中ニ用ユベケンヤ。倭習是ヨリ甚シキハナシ。又圖畫ノ字モ杜撰ナリ。詩中ニ「如二圖畫《ノ》一」、「圖畫《ノ》中」ナドト有ルヨリ、妄用シタルナリ。[八]歐陽集ニ、「[九]題《ス》二畫圖《ニ》一」ト云ハアレドモ、古人イマダ何々《ナニナニ》ノ圖畫ト云タル例ナシ。大幅(タイフク)ノ山水、又ハ數多キ畫冊ノ類ヲ、畫圖トハ猶イフベシ。其《ソレ》モ[一〇]像眞ニハ施スベカラズ。其謬リ春臺ガ「畫蘭《ノ》圖」ト[一一]好對ナリ。

[一二]初夏林風卿從《テ》二五馬《ニ》一[一三]還也此行也[一四]秋府侯嗣《ヲ》レ世新入《ニ》レ封云秋田城往昔秋田城《ノ》介《ガ》所《ナリ》レ據《ル》也　[一五]還也ノ也ノ字、謬用ナリ。又新入レ封トハ、初メテ[一六]入部ト云コトナルベケレド、夏人ナドニ見セシメバ、何ノ事カ會スベカラズ。例ノ倭習ナリ。「入レ境《ニ》」・「入レ國」ト云コトアレドモ、夫《ソレ》トハ各別ノコトゾ。「初《メテ》[一七]之《ク》レ封」ニ作ルベシ。[一八]始モ初ト同訓ナレドモ、此《コヽ》ニテ始ノ字ハ決シテ用ヒ難シ。南溟、新ノ字ヲ始・初ノ字ニ換(カヘ)テ用ルガ好ナリ。「新赴《ク》二[一九]遠游《ニ》一」トモ用《ヲ》レタリ。新ノ字ヲ如何《イカヾ》意得(ココロエ)ラレシニヤ。「所レ據」モ甚シキ謬用ナリ。當サニ「所レ鎭」ニ作ルベ

一 滄浪居文集、三の七律の題「初春宴二永子璇酔石園一、居在二東叡山下一、庭中多二怪石一、牀頭挂二老子図画一」より抄出。詩は略。 二 玉篇に「懸也」。 三 床の間。 四 懸物。床の間にかける書画の幅物など。 五 釈名に「人所二坐臥一曰レ牀」。広韻に「簀也」。また道具を置く台を云う。「牀頭」とは「ねどこのほとり」の意。 六 中国。 七 世間のならい。 八 欧陽文集・欧陽文忠公集の略で、宋の欧陽脩の集。 九 欧陽文忠公集には、この題の詩見えず。 一〇 肖像画。 一一 好一対。 一二 滄浪居文集、三の七律二首の題。 一三 太守のこと。漢の時、太守の車には駟と今一疋の馬を伴ったからという(玉匣記)。 一四 秋田侯。 一五 虚字啓蒙に「也字。是平穏押脚之詞。与二者字一作二一呼一応一。但有二押住作レ応者一。有下雖二押住一而仍未二断煞一作二虚字一停頓拖二逗下文一者上」。皆川淇園の助字詳解に「此モ語尾ニ用ユル字ニテ、本邦ノ人ノ言ニ常ニ用ユル所ノ(中略)ヂヤノ意ニアタル文字ナリ。イヅレニモ余ノ物ト、其スヂヲ別ニシテ持チテ、其スヂニ聞人ノ意ヲ紛レヌヤフニシテ引入レテ、ソレヲ言ハントスルニ、也ノ字ヲ用ユ」。 一六 領主が初めてその領国へ帰ること。 一七 字典に、玉篇を引いて、「適也、往也」。 一八 操觚字訣に「初ハ、ハジメ、サイショ也、始ハ、ハジメ、ハジマル也、伝記ノ中ニ、事ノハジメヲ追述テ、ハジメト云トキハ、初ノ字ヲ用ユ、偶ハ始ノ字モアレドモ、大様ハ初ノ字也、始メテト、始マルト云トキハ、必始ノ字ヲ用ユ」。 一九 滄浪居文集、四の五絶八首の題に「宝暦戊子之初夏田玄節新赴二遠游一因賦二其所レ経過名区一以慰二旅之労一云」から抄出。 二〇 操觚字訣に「拠ハ、仗持也、依也、猶レ安也、

シ。[二〇]據・[二一]鎭ノ字、倭人多ク用ヒ謬ル。

[二二]應ズ二河縣尹ノ需ニ一　河縣、何レノ處ナルコトヲ知ラズト雖モ、郡名カ郷名ナルベシ。若シ[二三]國名ナラバ甚シキ誤ナリ。其ハ先ヅレ舍テ論ゼズ、縣ハ[二四]令ノ所治ニシテ[二五]尹ノ治スルモノニ非ズ。[二六]徠家ノ諸先生、[二七]稱謂極メテ杜撰ナリ。又南溟氏ノ詩題ニ、「[二八]送三別ス嚢明府之ガ二任《クヮ》酒勾《サカワ》河ニ一」ノ題モ、甚ダ笑ベシ。此詩中ニ[二九]防河ノ字アリ。按ズルニ、嚢明府ハ、[三〇]嚢《ミノ》氏ノ御代官ト見ヘタリ。今見《アラハ》ニ嚢氏世職ノ御代官アリ。酒勾ノ河御用ニ往レタルコトト思ハル。何ンゾ大守ニ非ズシテ、[三一]明府ト云ヒ、任國ニ非ズシテ、之レ任ト云ベケンヤ。

[三二]敬和ハ小笠原侯ノ之臣也其隱君五岳源公云云長ジテ而遊ニ于我社中ニ一　小笠原侯之臣也ノ七字、語路鄙俗ナリ。仕フ二于某藩ノニ一ニ作ルベシ。[三三]隱君ノ二字モ、何ノ稱謂ト云コトヲ知リガタシ。奈ンゾ諸侯ノ隱居シ玉フヲ、隱君ト稱スベキ。我社中ノ我ノ字、吾ノ字ニ作ルベシ。徠家ノ諸先生多ク[三四]我・吾ノ別チヲ知ラズ。徂徠ノ[三五]學則ニ、「[三六]我 本邦」ト書(カク)ベキヲ、「吾本邦」ト書キ誤レリ。華邦ノ書ニ、吾國・吾鄕・吾黨ナドトアルヲ見テ、妄意ニ用ヒラレシナリ。知ラズ、古人ノ我トカクベキヲ、吾ト書タル樣ナルモ、細カニ視レバ、嚴密ニ用法ノ差別存スルコトヲ。之レヲ要スルニ、徠翁マサニ[三七]品字箋ノ爲メニ誤ラレタルナラン。徠翁ノミニ

又引也、援也、拒守也、通ジテ据ニ作ル、シカトヨリシメルコト、物ノヨリ所トスルコト也」。

二一 鎭にも「安」の意があるが、一方で、「撫」「圧」「按」の意あって、行政区劃の様になったりする。

二二 滄浪居文集、四の五絶の題「庭下芭蕉応河県尹需」。詩は略。　二三 県は国より小さい単位である。　二四 集韻に「令、一曰官署之長、漢法県万戸以上為レ令、以下為レ長」。

二五 京兆尹・里尹などはあるが県尹の語はない。

二六 徂徠塾。即ち蘐園をさす。　二七 人称の一定した称え方。蘐園の称謂の杜撰は後人の多く批難する所である。→補一四一。　二八 滄浪居文集、三の七律の題。→補一四二。　二九 ここは河を防護する意。　三〇 清和源氏義家流足利支流の一姓。服部庄次郎正高が、猿楽より登用され、この姓を称し、元文四年、代官となってより、正寅・正喬・豊昌、代々代官となった家（寛政重修諸家譜、一一二一）。

三一 類書纂要に「称ニ太守県令、皆曰ニ明府一」。

三二 滄浪居文集、四「寄ニ与松敬和ニ五首、敬和小笠原侯之臣也、其隠君五岳源公恒優ニ寵之一、時侍ニ其側一、予自レ幼知レ之、長而遊ニ于我社中一、偶有レ作以贈」の題から抄出。

三三 中国では隠士の意。

三四 我は相手に対する字。吾は自称。→補一四三。

三五 大本。附録とも二冊。享保十二年丁未正月、須原屋茂兵衛梓行。徂徠の学問の基本的姿勢を七条にわけて述べたもの。附録に関係ある内容の書簡五通。　三六 学則、一に「吾東方之民」とあると誤ったか。　三七 諸声品字箋。五七巻二〇冊。清の虞咸熙草創、虞徳升著、虞嗣集補注。康熙二十六年序の字書。吾・我についての品字箋の誤りは、補注一四三参照。

非ズ。品字箋・通雅[一]ナド卜云妄書[二]ヲ儀則[三]トシテ、字法ヲ謬ル者往々鮮《(スクナ)》カラズ。

[四]初春講會喜《ンデ》而有レ賦　門徒[五]ノ雲集[六]スルヲ喜ブカ、英俊[七]ノ側ニ侍ルヲ喜ブ乎《カ》ナラバ、喜ノ字義ヲナスベケレド、此題面ニテハ、何ヲ喜ブカ一向ニキコエズ。只倭俗ノ所謂ル、會ハジメ[八]ト云コトト見ユルナリ。捧腹[九]ニタヘズ。

二集、命題・題引ノ謬誤、コノ十餘條ニ限ラズト雖モ、僅ニ一夕ノ看過スル所ヲ、表出スルノミ。抑々春臺・南溟ノ二先生、博學文章ノ名ヨク一時ヲ振フスラ、猶此ノ如シ。矧《(イハ)》ンヤ、其他文章ヲ學バザル諸先生ノ集ニ、謬用倭習鮮《スクナ》カラザルコト、此ヲ以テ觀《ル》ベシ。余二集ノ非ヲ斥《サ》ス、二先生俗情ノ人ナラバ、定テ瞋怒[一〇]《(シンド)》《ハラタツ》サルベケレド、二先生モ亦、書ヲ讀ミ道ヲ好ミ、一方ニ師表タル人ナレバ、顧《オモ》フニ、必《(カナラズ)》君子ノ人ナルベシ。然ラバ其過チヲ告ルヲ喜ビ、地下ニ於テ、文章ノ師ヲ陽間[一一]《シャバ》ニ得タリト、拝謝セラルベシト思ハル。

〔列朝詩集〕

銭牧齋ガ列朝詩集[一二]ニ收メ載セタル、本邦人[一三]ノ諸詩ヲ覽ルニ、時世、獻吉[一四]・于鱗[一五]ノ際《ダ》ニ先後スレドモ、絶テ時詩剽襲ノ陋風ナシ。抑々本邦詩律[一六]ノ淵源スル所ヲ討《タヅ》ヌルニ、大津[一七]・大友[一八]ノ二皇子ニ始リ、嵯峨[一九]・平城ノ際《(アヒ)》ダヨリ、延喜[二〇]・天暦ニ至《(イタリ)》テ、文明[二一]大ニ闢《ヒライ》テ、詩道イヨ〳〵盛ナリ。其ノチ漸ク世亂レ道頽《スタ》レテ、

一　五二巻首三巻二四冊。清の方以智著。姚文燮校。和刻本も行われた。
二　でたらめな書籍。
三　法則。てほん。
四　滄浪居文集、四の七絶の題。
五　門下生。
六　沢山あつまる。
七　秀才。
八　年初に講義などの会を初めて行うをいう。
九　甚だおかしくて、腹をかかえること。
一〇　いかる。
一一　現世。
一二　清の銭謙益編の明朝歴代の詩人の集。六集と附録一集、八一巻。作者別で小伝を附し、その詩風を批評してある。
一三　列朝詩集閏集、六に数名の日本人の詩を収める。→補一四四。
一四　李夢陽のこと。弘治七才子の中心人物。
一五　李攀竜のこと。嘉靖七才子の中心人物。共に擬古の詩風を主唱した。
一六　詩の調べ。ここはただ詩のこと。
一七　大津皇子。天武天皇の皇子。朱鳥元年(六八七)死を賜わった。二十四。
一八　大友皇子。天智天皇の皇子で、後の弘文天皇。西紀六七二年崩。二十五。この二皇子を日本漢詩の初めとする。作は懐風藻所収。
一九　第五十二代と第五十一代の天皇。この間の詩は、凌雲集・文華秀麗集・経国集の勅撰詩集に収まる。
二〇　第六十代醍醐・第六十一代村上天皇時代の年号。この時代の人の作品は個人の集もあり、本朝文粋にも所収。
二一　漢文学・儒学の流行をさす。

文雅地ヲ掃フト雖モ、猶間《マヽ》ミルベキアリ。余レ列朝詩集ニ於テ、舌[二二]ヲ吐ケリ。是
レ本邦ノ詩初メヨリ、滄浪[二三]ガ誑《アザム》キヲ受《ウケ》ズ、王李ガ毒ニ中《アタ》ラザルヲ以テナリ。
近來詩道ヲ知ラザル人、于鱗ガ言ヲ準則[二四]《ジュンソク》トシ、口ニ任《マカ》セテ、菅家[二五]・野相公[二六]ナド
ノ佳詩ヲ誹議[二七]《ヒギ》ス。吠聲[二八]ノ徒、マコトニ菅神及ビ當時ノ諸詩ハ惡シカラント會《コヽロ》ヘ、
目ニダモフレズ。吁《アヽ》、余レ菅神[二九]ニ於ル、私カニ感慨アリ。生《イキ》テ冤[三〇]《エン》ヲ政事ニ受ケ、
没シテ冤ヲ詩章ニウク。豈イタマシカラズヤ。

〔擬[三一]議ノ成變化〕

「擬[三二]議シテ以テ成二其變化一ヲ」ノ語、是レ于鱗ガ依《ヨツ》テ、剽竊ノ誹リヲ禦《フセ》グ所ナリ。然レドモ、古ノ聖人コノ語ヲ以テ、易ニ言フ、未ダ曾テ詩ニ言《イフ》コトヲ聞カズ。此一句ヲ抄擧《キリヌク》セバ、詩ヲ言ベキニ以タレドモ、前句ニ「擬シテレ之ヲ而後ニ言フ、議シテレ之ヲ而後ニ動ク」トアリ。古ヨリ詩[三三]ハ志ヲ言フ。何[三四]《ナニ》物ニ擬シテカ言ベキ。「擬[三五]」・「言」ノ字、タトヒ詩ニ傅會《フクワイ》スベクトモ、「議[三六]」・「動」ノ字、ツイニ詩ニ干渉セズ。其非、辨ヲ待《マタ》ズシテ明ナリ。且ツ擬議以テ變化ヲ成スト云語アリ。擬議以テ陳腐[三七]ヲ成スト云コトナシ。試ニ于鱗が詩ヲ觀ヨ。擬議ハ之レアラン、變化ニ於テハ絶テナシ。筆ヲ下《クダ》セバ、中原[三八]・萬里・天地・乾坤・陽春・白雪・風塵・白雲ノ類、幾《ホト》ンド重復[三九]疊出《デフシユツ》ニ堪ズ。最モ厭《イト》ヒ醜《ニク》ムベシ。海陵生[四〇]、嘗テ于鱗ガ語ヲ借《カ》リテ、漫興ヲ作テ

二二 感歎した。
二三 滄浪詩話の著者厳羽。前出(二七二頁注一六)。
二四 よるべき規則。
二五 菅原道真。寛平・延喜時代を代表する詩人。延喜三年(九〇三)没。五十九。集に菅家文草・同後草。
二六 小野篁(たかむら)。嵯峨天皇期の代表的詩人としてあげた。仁寿二年(八五二)没。五十一。逸話後出(三一九頁)。
二七 批評してそしる。
二八 前出(二六五頁注二一)。
二九 菅原道真。神にまつられて天神と云う。
三〇 無実の罪。
三一 滄溟先生集、一の古楽府の初めに序した文章の中にある語で、易経の繫辞上篇に「擬レ之而後言。議レ之而後動。擬議以成二其変化一」とあるより得て、于鱗の擬古の主張を示す語である。↓補一四五。
三二 考えて相談し議論するの意。
三三 書経の舜典「詩言志」。
三四 志のままに打出すので、擬すべきものなしの意。
三五 「摸擬する」「表現する」と解して、詩に関する語とこじつけても。
三六 「相談する」「行動する」の文字は、どうしても詩と関係がない。
三七 列朝詩集丁集、五の李攀竜の小伝は最も攀竜を批難したものであるが、その中に「易云三擬議以成二其変化一、不レ云三擬議以成二其臭腐一也」。
三八 擬唐詩に頻出する語彙をならべたもの。
三九 かさなって出る。
四〇 北山の門下生か、未詳。

曰、「萬一里江湖迥ニ、浮雲處々新ナリ、論ジテレ詩ヲ悲ミ二落日ヲ一、把ツテレ酒ヲ嘆ズ二風塵ヲ一、秋色眼前満、中原望裡頻リナリ、乾坤吾輩在リ、白雪誤ル二斯人ヲ一」。コノ四十字、マタ于鱗ガ箴砭《シンベン》ニト謂《イフ》ベシ。

〔元美定論〕

王元美、初メ于鱗ガ護法神三タリト雖モ、晩年ニ至テ異議ヲ持シ、大ヒニ于鱗ニ謚《アザムカ》レタルコトヲ悔ヒ、自ラ藝苑四巵言ヲ論ジテ曰、「巵五言ヲ作リシトキ、年未ダ四十ナラズ、于鱗ガ輩ト與《トモ》ニ、古ヲ是トシ、今ヲ非トス。未ダ定論トセザレドモ、世ニ行ル、コト、已ニ久シク、復《マタ》祕ヘフベキヤウナシ。唯事ニ随テ改正シ、後人ヲ誤ラセマジ」ト云云。列朝詩〔集〕六ニコレヲ引テ、「今ノ君子、未ダ曾テコト〲ク、弇七州《カン》ガ書ヲ讀《ヨマ》ズ。徒《イタズラ》ニ巵言ヲ奉ジテ、金八科玉條トシ、死ニ至ルマデ變ゼズ。笑ベシ」ト云ヘルハ、蓋シ胡九元瑞ガ詩藪一〇ヲ譏《ソシ》レルナリ。元瑞ガ詩藪、ハジメテ覧ルトキハ、博二大ナルニ似タレドモ、細カニ讀メバ、謬妄《ビウバウ》一二ヲ、フベカラザルナリ。明一三《ミン》ヲ以テ唐ニ優《マサ》レリトシ、太一四白・杜甫ヲ以テ、王元美ニ及ズトス。是《シカ》レ其ノミ己レガ見ル所ニシテ、他《タ》ハ弇州ノ巵言ヲ敷一五衍《フエン》スルニ過《スギ》ズ。且ツ元瑞ガ詩モ亦、極メテ腐一六臭、コレヲ作者ニ列シ難シ。元一七美、晩ニ其非ヲ悟リテ後ハ、語モシ詩藪ニ及ベバ、耳ヲ掩《オホ》フテ、聞《キク》コトヲ欲セズトナリ。近世耳一八食ノ輩《トモガ》ラ、巵言・詩藪ヲ以

一「万里江湖迥(カ)ニ、浮雲処々ニ新ナリ、詩ヲ論ジテ落日ヲ悲ミ、酒ヲ把(ト)ツテ風塵(＝兵乱)ヲ嘆ズ、秋色眼前ニ満チテ、中原(＝国の中央)望裡(＝視野)ニ頻(シキ)リナリ(＝近づく)、乾坤吾輩在リ、白雲斯(コ)ノ人(＝親しんでの称)ヲ誤ル」。
二 病をなおす針。転じて過失を正すいましめ。
三 まもり神。後援者。
四 王世貞の詩話。八巻。延享三年和刻。この書では多く于鱗の説に賛成している。
五 以下の言葉は列朝詩集丁集、六の王世貞の小伝から引用したもの。↓補一四六。
六 底本「集」欠。意によって補。
七 王世貞の号。「エン」とよむが普通であるが、「カン」の音もあって、よみくせとしたものであろう。
八 尊重すべき法律。転じて遵守すべき規則。
九 前出の胡応麟(二七一頁注一三)。
一〇 前出(二七一頁注一五)。胡元瑞がその著の詩藪で、王世貞の芸苑巵言を律令としたことは、また列朝詩集の胡応麟の小伝に見える。↓補一四七。
一一 ひろく大きい。
一二 でたらめ。
一三 詩藪の続編、二の明の正徳・嘉靖年間の詩を述べる条に、この説は見える。↓補一四八。
一四 このことも詩藪の続編、二に所見。↓補一四九。
一五 意味をおしひろげる。同人の小室山房筆叢も、楊慎の丹鉛総録などと重出のものが多い。
一六 古くさった臭のする如きを云う。
一七 前出の列朝詩集の胡応麟小伝の中にあること。補注一四七参照。
一八 聞いただけで他人の説に従う盲従の輩。

テ、觀《(ミ)》ズンバ有ベカラザルノ書トス。管窺《(クワンキ)》[一九]ノ見ナルカナ。弇州悔悟ノ徵《シル》シハ外マデモナシ、弇州ガ晩年ノ文ヲ覽《ミ》バ、自ラ知ルベシ。敬美ガ孫ニ、瑞國[二〇]ナル者アリ。篤學ニシテ古ヲ好《ム》。家集ヲ熟閲シ、錢牧齋ガ所謂、元美[二一]ノ定論、晩年大イニ于鱗ヲ是《ゼ》トセズト云ヲ、信ニ然リトス。又崑[二二]山ノ歸震川[二三]ハ、元美同時ノ人也。曾テ人[二四]ノ爲《メ》ニ序ツクル、其辭ニ、李王ガ徒ヲ詆誹《(テイハイ)》[二五]シテ、「一二《ノ》妄庸《(マウヨウ)》人[二六]爲《リ》二之《ガ》巨子《トウドリ》一」ト云云。元美コレヲ聞《(キキ)》テ曰ク、「妄ハ誠ニ之《レ》アラン。庸則《ハ》チ未《ダ》敢テ命[二七]ヲ聞カジ」ト。崑山ガ曰、「唯妄ナルガ故ニ庸ナリ。妄ニシテ庸ナラザルモノハ非《(アラズ)》」ト答フ。此《コレ》ヲ以テ觀レバ、弇州・震川、ソノ流義ノ異ナルコト、氷炭[二八]相容《レ》ザルガ如シ。然レドモ、弇州晩ニソノ非ヲ悟ルノ後、震川ガ畫像ヲ賛シテ曰、「千載[二九]有レ公繼二韓歐陽一、余豈異《ニ》趨《センヤ》 久《シテ》而自傷《ラム》」ト。コレヲ以テミレバ、元美ガ意了[三〇]然トシテ明《カ》ナリ。

〔世論不知韓袁〕

近頃、摸擬ヲ事トスル輩、余ガ摸擬剽竊ヲ非《(ヒ)》スルヲ誹《(ソシ)》リ、北山大言シテ、滄溟・徂徠ノ摸擬ヲ非《(ソシ)》レドモ、其身モ亦摸擬セザルコトヲ得ズ。如何ントナレバ、文章、韓[三一]退之ヲ取ルトキハ、其文章スナハチ退之ヲ摸擬スルナリ。詩趣、袁中[三二]郎ヲ主トスルトキハ、是《レ》中郎ヲ摸擬スルナリト云フ。文盲ノ至リト謂ベシ。是《レ》

一九 狭い見識。
二〇 列朝詩集丁集、六の王世懋小伝の末にある「敬美有レ孫。曰二瑞国一。篤学好レ古。聞二余弇州晩年之論一。繙二閲家集一。扣撃源委深。以二吾言一為レ然」の記事による。
二一 列朝詩集丁集、六の王世貞の小伝の中に「元美晩年之定論」。
二二 江蘇省呉県の東の県。
二三 帰有光。字熙甫、号震川。明代の大儒にしてまた詩人。官は南京太僕寺丞(明史、二八七・列朝詩集丁集、一二)。
二四 以下のこと列朝詩集丁集、一二の帰有光の小伝に所見。→補一五〇。
二五 そしりしりぞける。
二六 まよっておろかな人。
二七 その言い分に従いかねる。
二八 正反対で、一致点のないことのたとえ。
二九 「千載公(=帰震川をさす)有リ、韓(=韓愈)欧陽(=欧陽脩)ニ継グ、余豈ニ異趨(イスウ=道を異にする)センヤ、久シテ自ラ傷ム」。
三〇 あきらかなさま。
三一 韓愈。古文の祖。
三二 袁宏道。述べきたった如く、北山の崇敬する詩人。

等ノ人ハ、唯北山ガ詩文ヲ知ラザルノミナラズ、韓・袁ノ詩文ヲ知ラザルナリ。韓・袁ノ詩文ヲ知ラザルハ、其筈《ハツ》ナレドモ、其己レガ主トスル、摸擬剽竊ノ文モ、亦人ナミニハ出來シ得ヌナリ。畢竟ハ、滄溟・徂來ガ退之・中郎ヲ非ルモ、退之・中郎ガ摸擬セザルヲ以テノユヘナリ。[一]斯文ヲ自任スル北山、摸擬セザル韓・袁ノ詩文ヲ稱シナガラ、[二]毫末《ガウマツ》モ摸擬スベキ謂レナシ。之レヲ要スルニ、此等ノ人ハ、如何ナルガ摸擬、如何ナルガ摸擬ナラザルト云、ワカチモ知ラヌ故ナリ。

〔佳詩暗合〕

[三]服元喬ガ[四]遺契ニ、[五]古人ノ句、偶々百中ノ一二、暗ニ人ト合フモノアルヲ擧《アゲ》テ、其剽竊ノ非ヲ飾《カザラ》ントス。殊ニ知ラズ、古人剽竊ニ意アルニ非レドモ、各々性靈ヨリ迸《ホトバシ》リ、實境ニ從テ發スル故、其才[六]相抗スル者、自然ト暗合セザルコトヲ得ズ。[七]石林詩話ニ、「[八]人ノ詩ヲ讀コト多ク、誦憶ノ久フシテ、往々覺ヘズ、誤テ己ガ語トスルコトアリ」ト云ヘリ。今試ニ[九]老杜ガ詩ノ暗合セルモノヲ擧ン。何[一〇]遜ガ詩ニ、「[一一]薄雲岩際ニ出デ、孤月波中ニ上ル」。老杜ガ詩ニ、「[一二]薄雲岩際ニ宿シ、孤月波中ニ翻ル」。[一三]沈佺期《シンセンキ》ガ詩ニ、「[一四]雪白ク山青シ千萬里、幾時カ重テン謁二聖明ノ君ニ一」。老杜ガ詩ニ、「[一五]雲白ク山青シ千餘里、愁ヘ看ル眞ニ此レ是長安」。又沈ガ詩ニ、「[一六]人ハ如二天上ニ坐スル一、魚ハ似タリ二鏡中ニ懸ルニ一」。

一 詩文壇を負うと自任する。
二 毛一筋も。
三 服部南郭。元喬は名。
四 事典風に類別された南郭の随筆。一三巻五冊(巻冊は伝本により相違がある)。
五 この事は、詩の部に「詩多襲由」として収めてある。↓補一五一。
六 匹敵する。才能の同じ程な人人。
七 宋の葉夢徳の詩話。三巻。
八 石林詩話、中に「読二古人詩一多。意所レ喜処。誦憶之久。往々不レ覚二誤用為一己語一。緑陰生二昼寂一。孤花表二春余一。此韋蘇州中最為二警策一。而荊公詩。乃有下緑陰生二昼寂一。幽草弄二秋妍一之句上。大抵荊公閲二唐詩一。多於二去取之間一。用レ意尤精。観二百家詩選一可レ見也(下略)」。
九 杜甫。
一〇 梁の文人。字仲言。官は尚書水部郎(梁書、四九)。
一一 「入二西塞一示二南府同僚一」の五言古詩中の句。「薄雲岩際ニ出デ、孤月波中ニ上ル」。↓補一五二。
一二 杜甫の五律「宿二江辺閣一」の詩中の句。「薄雲岩際ニ宿シ、孤月波中ニ翻《ヒルガヘ》ル」。↓補一五三。
一三 初唐の詩人。字雲卿。官は修文館学士など(新唐書二〇二・旧唐書一九〇中)。以下の沈佺期と杜甫の詩の類似は、漁隠叢話、六によったもの。↓補一五四。
一四 沈佺期の「遙同杜員外審言過嶺」の七律の中の句であろう。全唐詩所収と語句やや相違する。「雲白ク山青シ千万里、幾時カ重ネテ聖明ノ君ニ謁セン」。↓補一五五。
一五 杜甫の「小寒食舟中作」七律中の句。語句はやや相違する。「雲白ク山青シ千余里、愁ヘ看杜ガ詩ニ、「[一七]春水《ノ》舡《ハ》如二天上《ニ》一坐《スル》、老年《ノ》花《ハ》似二露中《ニ》一看《ルニ》」。各實境ニ就《ツイ》テ言《イフ》ノミ。老杜自ラ詩作テ、人ヲ踏襲セザルコトヲ證シテ、「[一八]咏《トモ》及二前賢一更《ニ》勿レ疑《フコト》、遞相祖述《ス》復先《トセン》レ誰《ヲカ》」ト云ヘリ。今行倭刻ノ杜ガ本集ニ、咏作《ルハ》レ不《ニ》誤レリ。コレ吾作ル所ノ句ト、古人ノ句ト暗合スルトモ、剽襲ニ非ズンバ、必シモ疑ヲ容《イ》ル、コト勿レ。彼モ云ヒ我モ亦云フ、誰ヲ先《キ》トスベキト云意ナリ。漁隠叢話[一九]ニ、老杜モ人ヲ踏襲スルコトヲ免レズトハ、熟《ヨ》ク老杜ヲ知ラズ。且《ツ》詩道ニ明ナラザレバナリ。近ク暗合セル者ノ證ヲ擧ン。

[二〇]唐子西語錄ニ、釋[二一]皎然、詩ヲ善スルヲ以テ名アリ。一僧、詩ヲ袖ニシテ來リ見ユ。皎然ソノ御溝[二二]詩ノ、「此波逐二聖澤一[二三]」ノ句ヲ指シテ曰、波ノ字未ダ穩カナラズ。宜ク改ムベシ。僧佛然《フツゼン》[二四]ト色ヲ作《ヲコ》シテ去ル。僧モ亦詩ヲ能スル者ナリ。皎然、ソノ去テ必ズ復來ランコトヲ度《ハカ》リ、筆ヲ取テ、中ノ字ヲ書シ、掌中ニ握《ニギリ》テ、其來ルヲ待ツ。僧果《ハタ》シテ復來テ曰、「更《アラタメ》テ中ノ字トセバ如何ン」。皎然手ヲ展《ノバ》シテ之ヲ示シ、遂ニ交ヲ定ムト云々。日本史[二五]文學傳[二六]ニ、弘仁[二七]年中、嵯峨帝、河陽館[二八]ニ幸《ミユキ》シテ、詩一聯ヲ賦シテ、小野[二九]篁《タカムラ》ニ示シ玉フ。其詩ニ、「[三〇]閉《テ》レ閤《ヲ》唯《ダ》聞《ク》朝暮《ノ》鼓、登《テ》レ樓《ニ》遙《ニ》望《ム》往來《ノ》船」。篁熟《ツクヅク》覧テ曰、「聖作甚ダ佳ナリ。タヾ遙ノ字ヲ、空《ムナシク》ノ字ニ改メ玉ハバ、最モ好ラン」。帝愕然《ガクゼン》[三一]トシテ曰ク、「是レ朕ガ句ニ非ズ。白樂天ガ句ナリ。遙ノ字モト空ノ字ニ作リテアリ。朕聊カ卿ヲ試ルノミ。適《マサ》ニ卿ガ詩

ル真ニ此是レ長安(=時の都)」。→補一五六。
一六 「人ハ天上ニ坐スルガ如ク、魚ハ鏡中ニ懸ルニ似タリ」。
一七 前出の「小寒食舟中作」中の句。「春水ノ舡(カウ=船)ハ天上ニ坐スル如ク、老年ノ花ハ露中ニ看ルニ似タリ」。補注一五六参照。
一八 杜甫の「戯為ニ六絶句ニ」の第六の中の句。「咏ハ前賢ニ及ブトモ、更ニ疑フコト勿レ、遞(ヒタガ)ニ相祖述ス復(マ)誰ヲカ先ニセン」。→補一五七。
一九 前出(三〇二頁注五)。補注一五四参照。
二〇 宋の唐庚著の詩話。この一条は漁隠叢話、八にのる所によったもの。→補一五八。
二一 唐の詩僧。前出(二七二頁注一四)。
二二 禁中の堀。
二三 「此ノ波聖沢(=天子の恩沢)ヲ逐(オ)フ」。
二四 いかったさま。
二五 大日本史。徳川光圀編の紀伝体の日本歴史。三九七巻。明暦三年より明治三十九年までの間をついやし完成したもの。
二六 大日本史、二一四の列伝の文学二の中の小野篁の条。→補一五九。
二七 嵯峨・淳和天皇時代の年号(八一〇―八二四)。
二八 嵯峨天皇の離宮。淀川の北岸にあったと云う。
二九 前出(三一五頁注二六)の野相公。
三〇 七律「春江」の詩中の句。「閤(諸本「閣」)ヲ閉ヂテ唯ダ聞ク朝暮ノ鼓、楼ニ登ツテ遙ニ望ム往来ノ船」。→補一六〇。
三一 おどろいたさま。

情、樂天ト同キヲ見ル」ト、感ジ玉フ。時ニ、白樂天ガ集始テ渡《ワタ》リ、僅ニ祕閣[一]ニ在ルノミニテ、人間《セケン》[二]未ダ見タル者ナシ。然ルニ其詩ニ精キコト此ノ如シ。平生作ル所、往々樂天[三]ガ句調ト似タル者アリ。此ノ二事亦暗合ノ徵トスベシ。

〔中郎集〕

袁中郎、嘗テ李王諸人ノ唐ヲ形似《ニセ》テ、唐ナラザルヲ排擊シテ曰、「唐人[四]ノ詩ハ、工《ミ》ト工《ミ》ナラザルトニ論ナシ、第《タヾ》取テ之ヲ讀《(ヨム)》ニ、其色鮮妍《ウルハシク》トシテ旦晩《タンバン》[五]アラタニ筆硯[六]ヲ脫スル者ノ如シ。今人ノ詩ハ、工《ミ》ナリト雖モ、人ノ飣餖《(テイトウ)》ヲ拾《ヒロ》ヒ、纔ニ筆硯ヲ離ルレバ、巳デニ陳言[七]死句トナル。唐人ハ千歲ニシテ新タナリ。今人ハ手ヲ脫スレバ陳腐ナリ。コレ他ノ訣[八]ナシ。只性靈ヨリ迸《ホトバシ》ルト、剽襲ヨリ出ルト、從《ヨツ》テ來ル所ノ異ナルユヘノミ。李獻吉[九]ガ若キハ、杜子美ノ奴僕ナリ。李王ニ至《(イタリ)》テハ、奴僕ノ最モ卑《イヤ》シキ者ナリ」ト。中郎ガ唐詩ヲ喜ブ、此レヲ以テ觀ルベシ。然ルニ熟《ムマ》ク中郎ガ書ヲ讀《(ヨマ)》ズ、盡ク中郎ガ事ヲ諳知セザル者、僅ニ梨雲館類定[一〇]ノ中郎全集、又ハ子潤[一一]・伯龜等ガ校刊セシ中郎尺牘ヲ覽テ、中郎ガ唐[一二]ニ詩ナシト云ヘルヲ謬リ解シテ、中郎唐詩ヲ好マズト云フ。管窺《(クワンキ)》ト謂ベシ。梨雲館校定ノ中郎全集、イマ我 邦ニテ、翻刻[一三]シ行ハル、ト雖モ、字訛《(アヤマ)》リ句謬《(アヤマ)》リ、中郎ガ詩ニ非ルモ亦、劖入《(サンニフ)》[一四]ス。是《コノ》書、豈中郎ガ眞面目ヲ知ルニ足ンヤ。淺學ノ徒、中郎ガ詩

一 文書などを秘蔵する宮廷の庫。
二 世間。
三 補注一五九参照。
四 この文は列朝詩集丁集、一二の袁宏道の小伝から引用したもの。→補一六一。
五 常に。いつも。
六 筆硯に同じ。
七 ふるくさい言葉。生気のない句。
八 秘訣。
九 李夢陽。前出(二八六頁注五)。
一〇 梨雲館類定袁中郎全集。二四巻目一巻。王緑督・何偉然・呉従先閲。万暦二十五年序刊。
一一 前出(三〇九頁)した、宮川嵓山・鳥居九江の字である。
一二 袁中郎の「与張幼于」の書簡に「世人喜レ唐。僕則曰。唐無レ詩。世人喜二秦漢一。僕則曰。秦漢無レ文。世人卑レ宋黜レ元。僕則曰。詩文在二宋元諸大家一」と述べたをさす。
一三 万暦刊本の道光年間重刻本により、元禄九丙子初冬穀日、洛陽書林、茨木多左ヱ門・梅村弥右ヱ門・小島市右ヱ門繡梓。唐本のままの覆刊。
一四 きられて入り込む。
一五 甚だしい早合点。
一六 底本「県隔」。意によって改。甚だしくかけ

文此ニ盡《(ツキ)》タリト思ヒテ、中郎ヲ議ス。[一五]大早計ト謂ベシ。凡ソ詩ハ一字ヲ以テ、巧拙ノ異ナルコト、天地懸隔《(ケンカク)》[一六]ス。推敲《(スヰカウ)》[一七]古人容易ニ定ルコト能ハズ。況ヤ誤字謬句ノ全集、中郎ガ皮相[一八]ヲ知ルニ過《(スギ)》ザルノミ。中郎集ノ善本ハ、萬暦中ニ、中郎ガ門人呉相如ガ手書《テヅカラカケル》シ、[一九]袁無涯ガ校梓セルアリ。他日有力ノ助ケヲ得バ、翻刻セント欲スルノミ。

〔絶句解拾遺〕

[二〇]會稽ノ徐文長、[二一]モトヨリ王李ガ詩ヲ好マズ。又王李ガ[二二]謝茂秦ヲ擯《シリゾク》ルヲ、義ニ負《ソムク》トシテ、王李ト交ラズ。明史ニ[二三]「當テ二嘉靖ノ時ニ一、王李倡フ二七子ノ社ヲ一、謝榛以テ二布衣ヲ一被ルレ擯ケ、文長憤リ下其以テ二軒冕《タツトキ》ヲ一歷ヲ中韋布《イヤシキ》ヲ上、誓不レ入二一人黨ニ一」云云。是ナリ。故ヲ以テ、其詩自《ヲノヅカ》[二四]ラ佳境ニ入ル。中郎推シテ、明朝第一ノ詩人トスル[二五]所以《ユエン》ナリ。文長集ニ、「桃葉渡」[二六]ノ絶句二首アリ。其一ニ、「書中見[二七]二桃葉一、相憶如レ不レ死、今過二桃葉渡一、但見二一條ノ水一」。其二ニ、「憶[二八]下渡二桃葉一時上、綠楊嬌《タリ》二粉面一、丈水五石泥、好影照《セドモ》不レ見《ヘ》」。後ノ詩ハ、文長ガ本色ニシテ、中郎ガ所レ謂、羊欣[二九]之《ガ》書ナルモノナリ。前ノ詩、三四ノ句、少《スコ》シク陳腐ニ渉ルニ似テ、文長詩中ノ下《ダ》レルモノト謂ベシ。然ドモ亦猶文長ガ本色殘ツテ、于鱗ガ甚ダ好《(コノマ)》ザル所アリ。徂徠ガ絶句解拾遺[三〇]ニ、コノ詩ヲ収メ入ル。吾レ最モ解セザル所ナリ。明朝三百年間ノ詩、

離れること。
一七 詩文を作る時に、様様に表現の文字をねること。賈島の故事から出た語(唐詩紀事など)。
一八 うわつら。
一九 袁中道。字小修。号無涯。中郎の弟。いわゆる三袁の一人で、また詩をよくした(列朝詩集丁集、一二)。この中郎集は二三巻。
二〇 浙江省の紹興。
二一 徐渭。字文長。明の文人で、「吾書第一、詩二、文三、画四」と自称して、諸芸に達した。袁宏道に伝がある(明史、二八八・列朝詩集丁集、一三)。
二二 謝榛。字茂秦、号四溟山人。一目眇であった。七才子の一人、後世から最も重んじられる(列朝詩集丁集、五)。
二三 明史、二八八の徐渭の伝中の文。「嘉靖ノ時ニ当ツテ、王李七子ノ社ヲ倡(ﾄﾅ)フ、謝榛布衣(ﾌｲ=無位無官の人)ヲ以テ擯ケラル、文長其ノ軒冕(ｹﾝﾍﾞﾝ=貴人の冠。官禄ある人)ヲ以テ韋布(ｲﾌ=そまつな服装)ヲ圧スルヲ憤リ、誓ツテ二人ノ党ニ入ラズ」。→補一六二。
二四 摸擬を事としていない故。
二五 袁中郎の徐文長伝に「先生詩文崛起。一掃二近代蕪穢之習一。百世之下。自有二定論一」。
二六 袁中郎批点の徐文長集、一〇に所収。
二七 「書中桃葉ヲ見テ、相憶フ死ナザルニ如カズ、今桃葉渡ヲ過ギテ、但(ﾀ)ダ一条ノ水ヲ見ル」。
二八 「桃葉ヲ渡リシ時ヲ憶フ、緑楊粉面に嬌タリ、丈水五石ノ泥、好影照ラセドモ見エズ」。
二九 南朝宋の医者で、黄老を好み、また隷書をよくした(宋書、六二)。
三〇 荻生徂徠著。半紙本一冊。明和三年宇佐美灊水校刊。五絶句解拾遺と、弇州七絶解とからなる。

王李ガ格調ニ合フモノ少《ナ》カラズ。然ルニ他人ヲ收メズシテ、文長ヲ收ム。顧《ヲモ》フニ、文長ガ詩名ノ盛ンナルニ眩《(ゲン)》[一]セルナラン。是亦徂徠ガ詩ヲ選スル、疏妄ノ一端ヲ見ルニ足レリ。

〔幸不幸〕

人ニ幸不幸アリ、天ト謂ベシ。唐荊川[二]、初《ハジ》メ李獻吉ヲ尊信シ、效《(ナラヒ)》テ剽襲ノ詩文ニ刻意[三]ス。後ニ王愼中[四]ガ論ヲ聞《キ》、剽襲ノ非ヲ知リ、盡《コトゴト》ク學ブ所ヲ棄《(ス)》テ、之レニ從フ。而シテ荊川ガ名却テ愼中ガ上《カミ》ニ出デテ、嘉靖八才子[五]ノ冠タリ。亦幸ナラズヤ。又何季穆[六]ハ、敏才豪邁《(ガウマイ)》[七]自ラ許《ユル》シテ、李・何・王・李[八]ノ間ニ、馳騁《(チテイ)》[九]上下セントス。久フシテ學殖日《ヒヾ》ニ富、歴《アマネ》ク唐宋名家ノ作ヲ覽《(ミ)》、悵然《(チヤウゼン)》[一〇]トシテ剽竊摸擬ノ陋ヲ悟リ、進ンデ古人ニ求ント欲セシカドモ、年待ズ、四十一歳ニシテ卒ス。病革《スミヤカ》ナルニ及ンデ、其友ニ語《(カタリ)》テ曰、「悉ク吾平生ツクル所ノ詩ヲ、焚《(ヤキ)》テ留ルコト無ク、吾爲《メ》ニ愧《(ハヂ)》ヲ掩《ヲヽヒ》クレヨ」ト、託死[一一]セシトナリ。敏才ノ資《ムマレツキ》ヲ以《(モツテ)》、偶〻時詩ノ非ヲ悟リナガラ、天年《シ》ヲ借サズシテ、名モ亦屍ト共ニ朽《クチ》テ、世ニ知ルモノ鮮シ。豈不幸ナラズヤ。又汪伯玉[一二]、王李ノ宗旨ヲ奉ジ、褀中社《(コウチユウシヤ)》[一三]ヲ唱ル日、王定之[一四]ガ才名ヲ聞テ、再三其社ニ招キ入レドモ、定之ソノ剽竊ヲ陋《(イヤシ)》ミ、敢テ往《(ユカ)》ズ。獨《リ》自ラ娯《(タノシ)》ム。然ドモ其詩幽間[一五]溫秀[一六]ニテ、當時ニ名譽ナシト雖ドモ、後世ニ至テ、

一 目まどいした。
二 唐順之。字応徳また義修。号荊川。官は僉都御史巡撫。倭寇と戦って功あった。また詩人(列朝詩集丁集、一)。→補一六三。
三 心を用いた。
四 嘉靖期の詩人。字道思。官は江西参政など。八才子の一。「唐応徳初見レ之、議論不ニ相下一已。遂舎レ所レ学従レ之。嘗謂ニ李中麓一。公但敬ニ服荊川一。不レ知。荊川得ニ吾之緒余一耳」と(列朝詩集丁集、一)。
五 嘉靖年間に、弘正年間の李何の擬古に反して起った詩人達。王愼中・唐順之・陳東・李開先・熊過・任瀚・趙時春・呂高。秦漢の古文を尊ぶ。
六 何允泓。字季穆。若く秀才、詩文をよくしたが四十一で没。以下の文は列朝詩集丁集、一三下の何允泓小伝による。→補一六四。
七 衆にすぐれていること。
八 李夢陽・何景明・王世貞・李攀竜。
九 奔走する。功名に努力する。
一〇 うらみなげくさま。
一一 依頼して死んだ。
一二 汪道昆。字伯玉、号南溟。官は兵部侍郎。王世貞と同時の擬古派の詩人(列朝詩集丁集、六)。
一三 伯玉の詩社の名。李攀竜に並称され、「不東之婁水則西之褀中」と云われた。
一四 未詳。
一五 静かで奥ゆかしい。
一六 温和でひいでている。

[一七]卓見不群ヲ賞セラル。又會稽ノ徐文長《ハ》、王李隆盛ノ日ニ當《(アタツ)》テ、獨リ時詩ヲ作ラズ。故ヲ以テ、名ヲ當時ニ得ズト雖ドモ、一《ト》タビ[一八]袁中郎ニ稱譽セラレシヨリ、名聲《ホマレ》後代ニ赫奕《カヾヤク》ス。是《レ》幸ト不幸ト一身ニ存セリ。近ク信有ガ身ニ於ル、幸不幸アリ。余レ幼ヨリ多病ナルユヘ、[一九]寒暑ヲ侵《ヲカ》シ、[二〇]仕路ニ奔走スルコトヲ得ズ。加フルニ性[二一]迂懶《(ウライ)》ニシテ、人ニ諂《ヘツラフ》コト能ハズ。故ニ意ヲ[二二]靑雲ニ絶《(タチ)》テ、專ラ書ヲ讀コトヲ得タリ。況ンヤ、吾家モト貧困、故ヲ以テ、志ヲ奢逸ニ奪レズ。幼ニシテ父ヲ喪スト雖モ、母氏ノ訓戒亦至レリ。初メ[二三]桃溪先生ニ句讀《ソヨミ》ヲ受ク。十餘歳ニシテ先生ニ[二四]訣《ワカ》ル。後《チ》名師ヲ索《モトメ》テ從ンコトヲ欲レドモ、其人ヲ得ズ。獨學[二五]孤陋ニ論ナシト雖モ、[二六]先入ノ惡詩腸胃ニ染《ソマ》ズ。遂ニ剽竊ノ非ヲ覺《サトル》コトヲ得タリ。去レドモ師傳ノ示教ヲ得ザルガ故ニ、無益ニ力ヲ費スコト亦少《ナ》カラズ。甚ダ古人學問ノ道ニ非ズ。今ニ於テ後悔臍《ホゾ》ヲ噬《カム》ニ益ナシ。然レドモ吾レ若シ[二七]時師ニ從テ、時輩ノ爲《ナス》トコロヲ爲《ナ》サバ、身ヲ終ルマデ、剽襲ノ陋ヲ覺《(サト)》ルマジキニ、索《モトメ》テ師ヲ得ズ。是亦幸ナラズヤ。若シ、[二八]江都ノ[二九]陸無従ガ、醜《ハヂ》ヲ後ニ殘ス若キハ、自ラ爲《ナセル》ナリ。陸無従名ハ弼、初メ[三〇]王元美ヲ推シ尊ムコト至レリ。末年中郎ガ說ヲ聞《キヽ》、其少作ヲ悔ミシカドモ、竟ニ改ルコト能ハズ。正始堂集二十卷世ニ行ハル。何季穆ガ、其平生ノ作ヲ焚シニ劣ルコト萬々。

一七 すぐれた見識を持って、世と共に行動しなかった。

一八 徐文長集の一部を見出した袁中郎が、伝を作り、その作に批点して賞した。補注一六二参照。

一九 寒さにも、暑さにもたえて。

二〇 勤めに努力すること。

二一 ぼんやりしてなまけ者。

二二 立身出世。

二三 山崎桃渓。北山初学の師。伝未詳。

二四 死別した。

二五 世間にまじわらず気持のかたくななこと。

二六 悪い詩風が、先入観として腹の中までしみこんでおらない。

二七 当時の儒者。

二八 江蘇省の揚州。

二九 陸弼。字無従。学官として弟子を教育、編述多く、後に徴士となる。詩名があった（列朝詩集丁集、九）。

三〇 列朝詩集の小伝に「無従。称レ詩起。嘉靖末年。推二尊王弇州一。幾欲レ鋳二金頂礼一。弇州叙二平生文字一。四十余人。顧不レ及二無従一。久レ之海内争抨二撃王李一。無従亦心動。悔二其少作一。而迄不レ能レ改也。有二正始堂集二十余巻一」。

〔弇園泌園〕

元美ガ長子ヲ、士騏《(シーキ)》[一]、字ハ冏伯《(ケイハク)》ト云。俶儻《(シュクタウ)》[二]ニシテ賢ヲ好ミ、人トナリ孝順也。タヾ詩文ニ於テハ、大ニ父元美ガ爲《ナス》トコロヲ是トセズ。元美嘗テ弇山園ヲ構フルニ、石ヲ疊《タヽ》ミ峰ヲ架シ、堆《ウヅタカ》ク積ンデ、以テ工《ミ》ヲナス。冏伯ハ別ニ泌園ヲ作リ、土山竹樹ト、池水トヲ映帶《ミ》[三]セシメテ、空曠《(クウクワウ)》[四]自然ノ勝《ケシキ》ヲ愛ス。蓋シ其家學ニ寓喩《(グウユ)》[五]スト云。凡ソ識《シキ》ト志《シ》トハ、父コレヲ子ニ奪フコト能ハズ。君之レヲ臣ニ得ルコト能《(アタハ)》ズ。師モ弟子ニ如之何《イカン》トモスベカラズ。故ニ古ヨリ志趣異《コト》ニシテ、交リ親キ者アリ。明末ノ王舜華[六]ハ、李王ヲ指摘シテ俗調トスレドモ、敬美ト善ク、曹以新[七]ハ、元美ガ甥ナレドモ、元美ヲ排スル中郎ニ厚シ[八]。明末イマヲ去ルコト遠《カ》ラズト雖ドモ、當時ナヲ交情ノ厚キコト、今人ノ己《ヲノ》レニ勝レル者ヲ妬《ネタ》ミ、己レニ異ナル者ヲ嫉ムガ如クナラズ。嫉妬ヲ受ルト雖《(イヘドモ)》、學問識見ノ上ニ於テハ、名哲前賢ニテモ、毫末假《カサ》[九]ザルコト、古今豪傑ミナ轍ヲ同フス[一〇]。信有親暱《(シンヂツ)》[一一]ノ人ト雖、ソノ學問ノ謬錯《(ビウサク)》[一二]スル所ニ於テハ、斥言《サシ(イヒ)》[一三]テ其嗔《イカ》リヲ憚ラズ。此一事ノミ、敢テ古人ニ愧ズト云。

〔詩變總論〕

律・絕句ヲ近體ト云。近體ノ詩ハ唐ヨリ創レリ。唐ノ太宗[一四]、聰明神明ノ資《ムマレツキ》[一五]

一 王士騏。この記事は全く列朝詩集丁集、六の小伝によったもの。→補一六五。
二 才気の高くすぐれたこと。
三 景色の相うつり合うこと。
四 空虚のさま。
五 それとなく託した。
六 王逢年。字舜華、号玄陽山人。明の詩人。列朝詩集丁集、一〇の小伝の中に「指㆓摘王李詩㆒、嗤為㆓俗調㆒、元美怒而排㆑之舜華益自負、作㆓五敵詩㆒謂、慢世敵嵇康、綴文敵馬遷、賦詩敵阮籍、漢字述騒敵屈原、書法敵㆓二王㆒、…晩年持過㆓王敬美㆒曰、老病無聊願以㆑此(焦尾と称する古琴)贖㆓城南数頃㆒、為㆓饘粥計㆒。敬美唯受㆑之。数日出謂曰。焦尾果神物也。昨宵風清月白、焚㆑香撫㆓操二玄㆒、鶴従㆑空下飛、鳴㆑盤挾㆑之而上、少選不㆑知㆑所㆑之矣、其可㆓奈何㆒、舜華頫首曰、固宜㆑有㆓是所㆑知㆓甚㆒之曰焦尾無恙乎曰去矣」。
七 曹子念。列朝詩集丁集、八に「子念、字以新、大倉人、元美之甥、所謂近体歌行酷㆓似其舅㆒者也、為人倜儻、重㆓然諾㆒、有㆓河朔俠士之風㆒(下略)」。袁宏道の集中に、以新に送った書簡数通がある。
八 親交があった。
九 遠慮しないこと。
一〇 同じ態度である。
一一 したしみなじむ人。
一二 あやまり。
一三 事物の得失、正誤を指摘していう。
一四 唐二代目の天子。年号を貞観と云う。初唐の風ここに起る。
一五 神様の如くすぐれた性質。

ヲ以テ、六朝ノ餘亂ヲ掃ヒ、宇内《アメガシタ》ヲ一統シ、詩賦ニ於テモ、六朝[一六]委靡《ヰビ》ノ風ヲ好マズ。故ニ下《モ》自ラ之《レ》ニ化シ、[一七]沈佺期・[一八]宋子問等、相尋《ツイ》デ起リ、六朝[一九]飣餖《テイトウ》ノ習ヲ嬌《タ》ムルニ、[二〇]流麗ヲ以テス。是ニ於テ、初テ詩律ノ格定リ、[二一]標致《ヘウチ》漸ク高シテ、自然ノ[二二]遠調アリ。[二三]風神初《メ》テ振《フ》ト雖ドモ、[二四]纖靡《センビ》未《ダ》刊《ケヅ》ラズ。[二五]玄宗ノ卽位ニ及ンデ、輕纖嬌飾ノ風ヲ好マズ、華ヲ惡ミ、朴ヲ好ミ、僞ヲ去《サッ》テ、眞ニ從フ。是ニ於テ所謂《ル》盛唐ノ詩起ル。唐ノ[二六]殷蟠ガ[二七]河嶽英靈集ニ、「開元十五年《ノ》後、聲律風骨備《ル》矣」ト云ルハ、是ナリ。上ノ好ム所、下《モ》ニ及ビ、[二八]太白・子美ヨリ以下、王維・岑參・李頎・孟浩然ノ諸子竝《ナラ》ビ出テ、嬌ルニ[二九]闊大《クワツダイ》[三〇]渾成ヲ以ス。然レドモ、盛唐ノ美ハ、盛唐ニ盡《キ》テ、復作ルベカラズ。强《シヒ》テ渾成ヲナサントスルトキハ、却テ[三一]委弱風骨ナシ。故ニ中唐ノ詩[三二]情實ニ專《ラ》ナリ。情實ノ弊ハ、俚ニ涉《ワタ》ル。故ニ晩唐ノ人、奇僻ヲ以テ勝ントス。且《ツ》太白・子美、天才[三三]遒逸《シウイツ》、前人ノ未ダ言ザル所ヲ言ヒ、前人ノ未ダ發セザル所ヲ發シテ、中・晩ノ端ヲ開ク。但奇僻ノ弊、幾《ホト》ンド風流ヲ誤ントス。故ニ晩唐ノ詩マス〳〵小ナリ。中・晩以下ノ盛唐ニ異ナル所、多ク中間別ニ意思ヲ出シ、且《ツ》大ヒニ[三四]纈結《ケウケツ》ノ跡ヲ露《アラハ》ス。然ドモ其盛唐ト[三五]衡《クビキ》ヲ抗スルモノ、却テ此際《アヒ》ダニアリ。唐季[三六]五代ニ降《クダリ》テハ、陳腐薄弱、ミルニ足《タラ》ズ。宋ニ至テ、[三七]東坡・歐陽大ヒニ[三八]舊襲ヲ變ジ、法トシテ取《ラ》ザルナク、物トシテ收メザルナク、

一六 弱弱しく振わないさま。
一七 前出(一七三頁注二四)。
一八 前出(一七三頁注二五)。共に初唐の詩人。
一九 詩文で、いたずらに古語や故事をならべる習慣。
二〇 なだらかで美しい。
二一 趣。
二二 遠白い調子。以下は河岳英霊集、叙の文による。「貞観末標格漸高。景雲中頗通遠調。開元十五年後、声律風骨始備矣。寔由ニ主上悪レ華好レ朴。去レ偽従レ真。使ニ海内詞場尊レ古」。
二三 気韻。
二四 小味で美しいさま。
二五 唐の五代目の天子。開元・天宝の年号で、盛唐の一期をなす。
二六 殷璠が正しい。丹陽の人。
二七 前出(一九四頁注六)。
二八 盛唐の代表的詩人達。
二九 ひろく大きい。
三〇 渾然と完成する。
三一 弱弱しくて気骨に欠ける。
三二 事や心情のありのままを写し出すこと。
三三 文筆に力あって趣のすぐれたこと。
三四 くるみ結ぶこと。
三五 優劣をあらそう。
三六 唐と宋の王朝の間に、中国で国をなした後梁・後唐・後晋・後漢・後周の五代(九〇七—九五九)。
三七 宋詩の代表的人物達。
三八 古いしきたり。

情ニ於テ暢《ノベ》ザル所ナク、境ニ於テ咏ゼザル所ナシ。滔[一]々莽々トシテ江河ノ若《(ゴト)》シ。今ノ人、徒《タヾ》ニ其唐詩ヲ法トセザルヲ見テ、薄《ウス》ンジ黜《シリゾ》ク。其唐ヲ法トセザル所、卽《チ》唐ヨリ出ルコトヲ知ラズ。元ノ時ニ方《アタツ》テ、詩餘[二]・詞曲[三]大ヒニ天下ニ行ル。故ニ其詩モ、自然ト纖佻[四]ニシテ、骨力ナシ。明興テ元體ナヲ存セリ。閩中《(ビンチユウ)》[五]ノ林[六]子羽、十才子[七]ノ冠トシテ、嚴子儀[八]ガ宗旨ヲ奉ジ、一意ニ唐ヲ憲章[九]シ、同社ノ高[一〇]廷禮ナル者、品彙・正聲[一一]ノ二書ヲ撰ス。是ニ於テ、弘治[一二]以來、李懷麓[一三]・陳白[一四]沙等《ラ》力《ツトメ》テ唐ヲ振フ。李獻吉[一五]・何景明[一六]コレヲ非《(ソシ)》ルニ、旁門《(バウモン)》[一七]ヲ以テシ、專ラ剽襲ヲ事トシ、其弊《ツイヘ》比興[一八]漸《ヤフヤ》ク微ナリ。唐應德[一九]・王道思[二〇]等、コレヲ矯《(タメ)》ルニ、初唐ヲ倡《(トナ)》ヘ、古學ヲ爲《ナス》ト稱ス。李伯華[二一]・羅達夫[二二]諸人、左《リ》ニ提ゲ右ニ挈《(サ)》ゲ、李・何《ノ》文集、幾《ホトン》ド遏《ヤマン》トス。然ドモ其弊モ亦、纖艷[二三]縟靡《(ジョクビ)》[二四]ニ走ル。故ニ于鱗[二五]・元美之ヲ矯《メテ》、李ヲ祖述シ、倶ニ復古ヲ唱ヘ、宋詩ニ勝テ上ラントス。蓋シ復古ノ名ハ是ナルニ似テ、其實ハ大ニ非ナリ。奈《イカ》ントナレバ、其スル所、專ラ唐人ヲ剽竊シテ、句ゴトニ比シ、字毎ニ擬シ、目前ノ景ヲ舍テテ、腐爛ノ辭ヲ摭《ヒロ》ヒ、公然トシテ復古トヨビ、中晩[二六]以下ヲ視ルコト、讎敵《カタキ》ノ如ク、標然[二七]トシテ、別ニ高華[二八]ノ工夫《クフウ》ヲナス。天下ノ詩、之ガ爲ニ一變シ、詩道ノ弊モ亦極《(キハマ)》レリ。夫六朝ノ委靡、胡元[二九]ノ薄弱ナルモ、未ダ曾テ前朝ヲ摸擬セザルヲ以テ、自己ノ眞情タルコトハ失ハズ。

一 水のあふれ流れるさま。 二 前出(二七七頁)。 三 いわゆる元曲・歌劇の類であって、その詞章を云う。 四 細く軽い。 五 福建省のうち。 六 林鴻。字子羽。官は礼部員外郎。 七 閩中十子のこと。林鴻・陳亮・高棅・王恭・唐泰・鄭定・王褒・周元・王倫・黄元。 八 厳羽。前出(二七二頁注一六)。 九 法則として。 一〇 高棅。前出(二七八頁注六)。 一一 唐詩品彙・唐詩正声。前出(二七八頁注七・三〇〇頁注六)。 一二 明の孝宗の年号(一四八八—一五〇六)。 一三 李東陽。字賓之、号西涯、また懐麓堂。茶陵の人で、茶陵派をなす。 一四 陳献章。字公甫、号白沙。儒者にして文人。官は翰林検討(明史、二八三)。 一五・一六 共に前出(二八六頁注五・三〇五頁注三七)。 一七 横筋。正しい筋でないもの。 一八 六義の比や興に相当する作風。 一九 唐順之。前出(三二二頁注二)。 二〇 底本「王思道」。正しきに改。王慎中のこと。前出(三二二頁注四)。 二一 李開先。字伯華。官は太常少卿。列朝詩集丁集、一の小伝に「嘉靖初、王道思・唐応徳、倡レ論尽洗二一時剽擬之習一、伯華与二羅達夫・趙景仁諸人一、左提右挈、李何文集、幾于遏」。 二二 底本「羅遠夫」。正しきに改。羅洪先。字達夫、号念庵。官は左春坊賛善。列朝詩集丁集、一に「於二詩文一取レ材不レ遠、而託寄可レ観、時人謂、其早経廃棄久処、此間往々深二于致情一、易二于興感一、殆亦近二于言レ志者也」。 二三 かぼそくあでやか。 二四 あでやかで弱い。 二五 前出(二六五頁注一五・二九三頁注二七)。 二六 中唐・晩唐の詩。 二七 気位高く。 二八 前出(二八一頁注三六)。 二九 元時代。元は漢民族でないので、「胡」と冠した。

故ニ其詩往々人ヲシテ、愛スベク、喜ブベク、悲シムベク、驚カスベク、大ニ感動セシムベキアリ。于鱗之《レ》ヲ性靈ニ求ルコトヲ知《ラ》ズ、徒《タヾ》ニ似ンコトヲ、辭句ノ際《アイダ》ニ求ム。唐ヲ學ンデ、愈々唐ニ遠ザカル所以ナリ。元美、晩年于鱗ガ非ヲ悟テ、[三〇]于鱗ガ樂府、臨摹帖ニ似タリト云。胡元瑞ハ王・李ヲ尊尚スル人ナレドモ、甚ダ于鱗ヲ満セズシテ、「[三一]于鱗ガ詩字ヲ用ユルコト多ク同ジ。故ニ十篇以上讀ムニ堪ズ」ト云ヘリ。[三二]公安ノ[三三]袁中郎、コヽニ見ルコト有《(アリ)》テ、矯《タム》ルニ清新ノ詩ヲ以テス。其志《シ》剽襲摸擬ノ陋ヲ一洗セントス。故ニ力《ラ》ヲ用ユルコト尋常《ヨノツネ》ナラズ。殊《コト》ニ[三四]英邁《(エイマイ)》[三五]通明ノ資《ムマレツキ》ヲ以テ、[三六]性靈ノ眞詞ヲ發ス。是レ其詩ノ一代ニ卓絶スル所以ナリ。[三七]中郎ガ論一《ト》タビ出テ、王李ノ雲霧忽チヒラケ、天下ノ文人才子、始メテ心靈ヲ[三八]疏瀹《(ソヤク)》シ、[三九]慧性《(ケイセイ)》ヲ[四〇]搜剔《(サウテキ)》シテ、摹擬[四一]塗澤《(トタク)》ノ病ヲ[四二]蕩滌《(タウテキ)》スルコトヲ知リ、竟ニ海内靡然トシテ、草ノ如ク偃《フ》シ、明朝ノ詩又大ヒニ一變ス。實ニ剽竊ノ[四三]鈍賊ヲ斥《シリゾクル》モノ、中郎ヲ以テ[四四]嚆矢トス。其功亦偉ナラズヤ。[四五]竟陵《(キヤウリヨウ)》ノ[四六]鍾伯敬、後レテ起リ、[四七]譚元春ト共ニ、[四八]幽深孤峭ノ詩ヲ唱ヘ、剽竊ノ陋風イヨ〳〵終ニ地ヲ掃《(ハラツ)》テ盡《ツキ》ヌ。[四九]山陰ノ[五〇]王思任嗣《(ツイ)》デ出デ、鍾譚ガ外、又一旁派ヲ開ク。其ノ「[五一]天長道中」ノ詩ニ、「[五二]地懶ニシテ無㆓文章㆒、天愚ニシテ多㆓暗雲㆒」。「快雨」ノ詩ニ、「[五三]荷靜ニシテ香催《シ》㆑嚔《ヲ》、樓疏ニシテ氣破《ル》㆑籠」。「[五四]陳眉公壽詩」ニ、「[五五]帝欲㆑見㆑公公不㆑見、蒙方《ニ》求㆑我《ニ》我何《ヲ》求《ン》」ナ

三〇 芸苑巵言、七に「于鱗擬古楽府。無㆔一字一句不㆓精美㆒。然不㆘堪与㆓古楽府㆒並看㆖。看則似㆓臨摹帖㆒耳」。
三一 詩藪続編、二に「嘉隆並㆓称七子㆒。要以㆓一時制作声気伝合㆒耳。然其才殊有㆓逕庭㆒。于鱗七言律絶。高華傑起。一代宗風。明卿五七言律。整密沈雄。足㆑可㆑方㆑駕。然于鱗則用㆑字多同。明卿則用㆑句多同。故十篇而外不㆑耐㆓多読㆒。皆尺有㆑所㆑短也」。
三二 湖北省江陵県の南の県。よって袁中郎らの詩派を公安派という。 三三 袁宏道。
三四 ぬきんでてすぐれている。
三五 事理に通達すること。列朝詩集の袁宏道小伝に「中郎以通明之資」。 三六 前出(二八四頁)。
三七 この所列朝詩集の小伝の文章による。↓補一六六。 三八 ひらき洗う。 三九 聡明な性質。
四〇 はらいのぞく。 四一 ぬり飾る。厚化粧。
四二 あらいすすぐ。 四三 しぶとい賊。
四四 底本「嫡」。意により改。はじまり。
四五 湖北省の県。鍾・譚の派を竟陵派と称する。
四六 前出(二九四頁注二)。
四七 鍾惺と共に竟陵派をなした明の詩人。字友夏(列朝詩集丁集、一二)。
四八 前出(三〇九頁注二七)。
四九 浙江省の県。今の紹興。 五〇 字季重。官は九江僉事。以下の記事も全く列朝詩集による。↓補一六七。 五一 安徽省の県名。
五二 「地懶(ラン=なまけもの)ニシテ文章無ク、天愚ニシテ暗雲多シ」。
五三 「荷(=蓮)静ニシテ香嚔(テイ)ヲ催シ、楼疎ニシテ気籠ヲ破ル」。
五四 陳継儒。字仲醇、号眉公。明の文人(明史、二九八)。 五五 「帝公ヲ見ント欲ス公見(マミ)エズ、蒙方(マサ)ニ我レニ求ム我レ何ヲ求メン」。

ドノ類、コレ中郎ガ所謂清新ナルモノニ非ズ。其《(ソノ)》此《(カク)》ノ若《(ゴト)》クナル有《(アル)》ヲ以テ、[一]程孟陽・[二]錢受之・[三]艾千子・[四]唐叔達・[五]婁子年等《ラ》、[六]歸熙甫ガ流風遺論ヲ奉ジ、王李ヲ排詆シテ、俗學剽襲トシ、鍾譚ヲ駁非シテ、[七]昏氣[八]險僻《(ケンヘキ)》トス。且《ツ》唐ヲ宗トシテ、王李ノ唐ヲ宗トスルニ非ズ。別ニ心眼ヲ開クト云。其説可ナルニ似タリト雖ドモ、唐ヲ擬議スルヲ以テ、猶詩道ト一層ヲ阻《(ヘダ)ツ》。凡ソ王李ノ後、諸豪[九]傑膽ヲ放《(ハナ)》チ、眼[一〇]ヲ張《(ハリ)》テ、家ヲ成ント欲ル者、枚擧スベカラザルト雖ドモ、中郎ガ清新性靈ノ外ニ出テ、上ルコト能ズ。何《イカン》トナレバ、清新性靈ノ四字ハ、詩道ノ[一一]命脈ニシテ、摸擬剽竊ナラザレバ、必ズ清新性靈ナリ。清新性靈ナラザレバ、卽チ摸擬剽竊ナリ。故ニ于鱗・中郎二人ヲ以テ、詩道ノ一大[一二]鴻溝《(コウコウ)》ヲ分ツベシ。其他數子ノ[一三]碌々《(ロクロク)》タルハ、徒ニ[一四]宋襄徐偃《(ジョエン)》ノ覇ノミ。今ヤ本邦ノ詩人、于鱗・南郭ガ毒ヲ被《カフム》ルコト、啻《(タダ)》ニ一日ナラズ。故ニ口ヲ開ケバ、[一五]陳爛《(チンラン)》腐臭ニ堪ズ。苟モ此弊ヲ矯《(タメ)》ント欲セバ、中郎ガ爲《ナス》所ヲ爲ベシ。中郎ガ爲《(ナス)》トコロヲ爲トハ、中郎ガ詩ヲ摸擬剽襲スルニハ非ズ。中郎ガ摸擬剽襲セザル所ヲ爲ナリ。

大丈夫ノ學、宜ク經濟有用ヲ以テ、本色トスベシ。區々タル詩詞ノ如キ、固《モト》ヨリ人ト是非スルニ足《ラ》ズ。然リトイヘドモ、是亦　昇平ノ一雅具《グ》、斯《コノ》文ニ與《(アヅカ)》

一 程嘉燧。前出(二八五頁注四〇)。列朝詩集丁集、一三上の小伝中に「其詩以二唐人一為レ宗、熟二精李杜二家一、深悟二剽賤比擬之謬一」。程・銭・婁と李流芳(字長蘅)を嘉定四先生という。

二 銭謙益のこと。列朝詩集中でも、王李及びその亜流を批難し、その反対派の人を重んじた。彼の論は郭紹虞著、中国文学批評史、六三章参照。

三 艾南英。字千子、号天傭子。官は御史。明の文人で、擬古の反対派(明史、二八八など)。

四 唐時升。字叔達。嘉定の処士。列朝詩集丁集、一三上の小伝に「叔達之父欽訓、帰熙甫之執友、而嘉定之老生宿儒、多出二熙甫之門一、故熙甫之流風遺論、叔達与二程孟陽・婁子柔一、皆能伝二道之一、以有レ聞二于世一、…自命其集曰二三易一。四明謝三賓、為レ令、合二孟陽・子柔・長蘅之詩文一、又鏤版行、行レ世、曰二嘉定四先生集一。而余為レ之序」。

五 婁子柔の誤り。婁士堅。字子柔。詩と書をよくした嘉定の文人。列朝詩集丁集、一三上の小伝に「其師友皆出二震川之門一、伝二道其流風遺書一、以教授、学者師承議論、…与二唐叔達、程孟陽一、為二練川三老一。暇日整レ巾払二撰杖一、屧連レ袂笑談風流弘長、与レ之游処者、咸以為二先民故老一、不レ知二其為二今人一也」。

六 帰有光。前出(三一七頁注二三)。

七 くらい気分。

八 むつかしくねじけている。

九 思い切ったことをして。

一〇 がんばり。

一一 本筋。

一二 大区分。河南省の滎陽県の鴻溝で、楚と漢とを分った故事(史記の項羽紀)による。

一三 平凡な連中。

一四 春秋時代の宋の襄公は、斉の桓公についでル者、其陵遅《ヲトロヘ》ヲ看《ミ》テ、徒ニ默シテ止《ヤ(ム)》ベカラズ。因テ聊カ中郎ノ餘論ヲ奉ジ、作詩ノ志彀ヲ筆シ、有識ノ士共《ト》ニ、　文明ノ化ニ浴センコトヲ欲スト云。

諸侯の盟主となったが、太宰華督に殺される。

列朝詩集丁集、一二の鍾惺の小伝の中に、その派の流行を述べて、「譬ニ之春秋之世一、天下無レ王、桓文不レ作、宋襄徐偃徳、涼力薄起、而執ニ会盟之柄一、天下莫ニ敢以為レ非レ伯也」と。この文による。

一五 くさりただれること。

附録

〔徂徠文章謬誤〕

世ノ學者、徂徠先生ノ經義ニ於テハ、稍《ヤヽ》排撃スル者アリト雖《(イヘドモ)》、文章ニ於テハ、日本開闢以來ノ一人ナリトシテ、間然スル者ナシ。虚名ヲ縦《ホシヒマヽ》ニスルコト、今ニ數十年ナリ。然ルニ余獨《レ》リ徠翁ヲ斥《(シリゾケ)》テ、文章ニ通ゼズト云フ。初メテ聞《ク》者、愕然《(ガクゼン)》タラザル無シ。甚キ者ハ、余ヲ以テ妄《ミダ》リニ大言スト謂《ヲモヘ》リ。是レ文章ニ明ラカナラザル故ナリ。文章サヘ明ナラバ、自ラ余ガ言ノ妄《(ミダリ)》ナラザルヲ知ルベシ。余レ徠翁及ビ其徒ニ於ル、毫末モ宿憾《(シユクカン)》《イシユ》[一]アルニ非ズ。何ゾ《ン》好事《モノズキ》ニ、其謬誤ヲ訐《アバ》クコトヲ事トセン。然レドモ、余ニシテ言《イハ》ズンバ、斯文《コノ》ツイニ長夜ノ如クナラン。苟モ余《ガ》言ニ因《(ヨツ)》テ、後學ノ士、剽襲ノ非ヲ知リ、意ヲ斯文ニ用ヒ、昇平ノ瑞ニ應ズル者起ルコトヲ得バ、余縦《レタト》ヒ罪ヲ徠家ノ諸先生ニ得ルトモ、辭セザル所ナリ。作詩志轂既ニ業ヲ卒《(ヲヘ)》テ後、諸子復《タ》ビ徂徠・南郭ガ題引ノ謬誤ヲ擧テ、監戒トセンコトヲ請フ。因テ二子ノ集中ヨリ、其一二ヲ表出シテ、附録トス。[二]徠學

一　底本「宿慽」。意によって改。久しいうらみ。

二　徂徠の学。

ヲ奉ズル諸君、請フ、瞋怒ヲ已《ヤメ》、平心ヲ以テ思ヒ玉ヘ。徠翁モシ今日ニ存在シテ居玉ハンニ、唯篤ク其文字ヲ信ジテ、一言半句モ、夏彝《(カイ)》[三]商鼎《(シヤウテイ)》ノ如ク思ヒ、其下《シモ》ニ甘ンジ屬《ツク》人ヲ、友トセラルベキヤ、將《ハタ》ソノ疵謬ヲ斥言スル信有ヲ、友トセラルベキカ。余レ徂徠先生ニ於ル、敢テ其忠臣ト謂《(イハ)》ズ、然ドモ亦益友ナラズト謂《(イフ)》ベカラズ。

徂徠集題引ニ、余[四]五十也《ナリ》五城ノ左容翁惠シレ詩ヲ侑ルニ以二三物ヲ一仙臺地靈故ニ當レ有二此風流ノ人一矣　此題ノ意ハ、徠翁五十ノ賀ヲ、容翁ガ詩ト三物トヲ贈テ、賀シタルコトト見ユ。本ト是レ元美ガ「于[五]鱗損二餉シ諸物ヲ一侑ルニ以ス二新詩ヲ一」ト云題ヨリ、襲《トリ》テ却テ謬ル。華人ノ題例ヲ推スニ、幾《イク》物ト物ノ字ノ上ニ、數目《カズ》ノ字ヲ下ストキハ、必ズ其物ノ名目ヲ擧《アグ》ルコトナリ。一二ヲ擧テ之ヲ證セン。杜子美集ノ題引ニ、「領[六]二酒醤二物一見ルヽヲレ遺ラ」。又徐文長集ノ題引ニ、「許[七]口北遺ルニ以ス二綾帛綿三物ヲ一」トアルニテ、見ルベシ。若シ物數ヲヽケレバ、某ゝ等ノ物ト書コトナリ。列朝詩集、于[八]愼行ガ詩題ニ、「端[九]午賜二黄金艾葉銀書靈符等ノ物ヲ一歳ゝ以爲レ常ト」トアリ。元美ガ題ハ、諸物ト謂テ、幾物ト數目ノ字ナキユヘ、上《カミ》ニ其物ノ名目ナクテモ可ナリ。徠翁、率爾ニ元美ガ題ヲ摸擬スレドモ、所謂其一ヲ知テ、其二ヲ知ザルナリ。又侑《スヽム》トハ、酒宴ニ幣《ヒキデ》ヲ出シテ、酒ヲ勸《スヽム》ルコトナリ。元美ガ意ハ、詩ヲ以テ

三　夏時代の彝（=宗廟に供える器）、殷時代の鼎（=かなえ）。甚だ貴重なもの。

四　徂徠集、六の七言絶句四首の題引。引用の次になお「不勝千里之思。併和其近作。共四首酬之。豈謝云乎哉」の文が続く。

五　弇州山人四部稿、五一の七言絶句四首に、「李于鱗、損餉諸物、侑以新詩、走筆為謝」と題がある。

六　杜甫詩集（仇兆鰲評注本）、二〇に「孟倉曹出趾、領二新酒醤二物一、満器見レ遺二老夫一」の五律がある。これであろう。

七　徐文長文集、七所収の七律の題「許口北遺以二綾帛綿三物一、題曰袍具作詩謝之」。

八　于慎行は字無垢。

九　列朝詩集丁集、一一所収の七律の題。

物ヲ侑ルナリ。徂徠ノ意ハ、物ヲ以テ詩ヲ侑ルナリ。詩ハ物ヲ勸《(ススム)》ベシ。物ハ奈《イカン》ゾ詩ヲ勸ベキ。亦謬リナラズヤ。五十也ノ也ノ字、謬用ナリ。矣ノ字ヲ居《ワカ》ネバナラヌ所ナリ。風流人矣ノ矣ノ字モ亦、謬用ナリ。焉ノ字ニ換《(カフ)》ベシ。助字ノ用法ハ、一定シテ動カザルコトナリ。世ニ助語辭[一]ト云書ヲ始メ、訓譯示蒙[二]・文筌[三]小言ナドトテ、助字ヲ論ズル書、[四]牛ニ汗スルホドアレドモ、皆風ヲ搏《トル》ヤウナル空論ニテ、實用ナシ。文章ニ通ゼザル者ノ、助字ヲ用ルヲ見ルニ、摸様《モヤウ》ヲ畫《カクキ》意ニテ、當推量《アテスイ》ニ筆ヲ下《ダ》ス。偶中《マグレアタリ》アリト雖ドモ亦殆《アヤウ》カラズヤ。學者宜《ヨロシ》ク意ヲ用テ、識者ノ笑ヲ受ヌヤウニスベキコトナリ。故ノ字モ用法ヲ失ス。故ノ下ニ當有ノ字ヲ下《ダス》ベカラズ。

[五]期ス下與二諸名勝一同遊クント中天柱精舍ニ上　是レ倒錯《テンドウ》ナリ。期與ノ與ハ、我ニ對シテ居《ワケ》ル字ナリ。我ト人ト同遊ヲ期シタルコトナレバ、期ノ字、同遊ノ上ニ居《(オカ)》ネバナラヌナリ。試ニ與ノ字ヘ、余ノ字ヲ添《(ソヘ)》テ看バ、分ルベシ。「斯ス下余與二諸名勝一同遊ヲ上」云々トシテ看ヨ、語ヲ成サズ。又「余期下與二諸名勝一同遊上」云々トシテモ、語ヲナサズ。殊ニ王昌齡ガ詩題ニ、「與二蘇盧二員外一期ス三同遊クントニ方丈寺ニ一而蘇不ルニレ至」トアルニテ、徠翁ノ倒錯《テンドウ》論ヲ待ズ、明カナリ。若シ與ノ字ヲ省《ハブカ》バ、期ノ字ヲ上ニ居《ヲイテ》モ、亦語ヲナス。明ノ高啓ガ缶鳴集ニ、「休沐日期ス三衍公ノ遊ヲ二北山ニ一不レ果サ

一　明の盧以緯編の助語の文法書。一冊。和刻本もある。
二　徂徠著の語学書。初編六巻。正徳五年刊。後編三巻。寛政八年刊。後編を徂徠著とするには疑問もある。
三　南郭著の文章作法書。一冊。享保十九年刊。
四　汗牛充棟。書物の甚だ多いたとえ。
五　徂徠集、三の七律二首の題。引用の次に「以病弗果奉寄二律謝之」とあって、一首ずつ送り主を記す。

獨二臥《ス》齋中《ニ》一」ト云題アリ。一字ノ有無ニテ、意義ノ異ナルコト、天地懸隔ス。文章豈率易ニスベケンヤ。諸名勝ハ諸名公ノ誤リナルベシト思ハル。何《イカン》トナレバ、名勝トハ名高キ好風景ノ地ヲ云。北齊書、韓晉明《ガ》傳ニ、「飲二美酒一、對《ス》二名勝《ニ》一、安《ソゾ》能作《テ》二刀筆《ノ》吏一、披二反《カンヤ》故紙《ヲ》一耶」云々。中郎集ノ題ニ、「[六]將《ニ》三遍《ク》遊《ント》二諸名勝《ニ》一」。又乾隆帝ノ樂善堂集ニ、「秋日同三一十四叔父五弟《ト》一遊二玉泉諸名勝《ニ》一」トアリ。其餘ノ書《ニ》、名勝ノ字ヲ用タルヲ觀ルニ、未ダ徠翁ノ如ク、名賢ノ稱ニシタルヲ見ズ。六朝ノ間、名理ノ勝《スグ》レタルヲ、名勝ト云コトアレドモ、名理ヲ講ズルコト、今ナケレバ、名勝字、今ニ用ユベカラズ。余レ故ニ字ノ訛リトス。是ニ於テ、余レ益《マス〳〵》南郭ニ滿《ミタ》ザルコトアリ。[七]春臺集ニ言フ所ヲ見ルニ、徠翁沒スルニ臨ンデ、特ニ南郭ニ顧命シテ、其遺詩文ヲ輯《アツ》メシム。故ニ徂徠集ノ校讎上木、スベテ南郭ヒトリ專ラ其事ヲ幹《ツカサド》ル。然モ校閲モト輕薄ユヘ、其師ヲ辱シム。弟子タル者、以テ戒トスベシ。徠門ノ高弟雲ノ如シ。然ルヲ他人ニ託セズシテ、南郭一人ニ遺屬ス。遇《グウ》コレヨリ篤キハナシ。南郭宜ク精ヲ極メ、意ヲ殫《ツク》シテ、校正スベキコトナルニ、徂徠集ノ詩文ニ於テ、謬錯セルモノ、南郭集ニテハ、往々《トコロニ因リ》之《レ》ナシ。然ルトキハ、南郭其力ノ及ブ所ヲ、忽《ユルガセ》ニスルニ似タリ。之ヲ徂徠先生ニ負《ソム》クト謂ンモ可ナリ。春臺コノ事ニ與《アヅカ》ラズト雖ドモ、抑々亦罪アリ。初メ南

六 梨雲館類定袁中郎全集、六所収の五律の題「湯嘉賓以使事、入江西、将遍遊諸名勝、詩以送之」。

七 春台の紫芝園後稿、一二にのる「報子遷書」なる南郭宛の書簡に見える所である。

郭書ヲ遺《ワクツ》テ、校正ノ事ヲ賛《タスケン》コトヲ望《ノゾ》ム。春臺顧託ノ己レニ無キヲ慍《イキドヲ》リ、拒ミ肯《ガエン》ゼズ、南郭ニ書ヲ報ジテ曰、「蘐園之《ノ》門、親受《クル》二顧命《ヲ》一者、足下一人、他不《ハ》レ與《ラ》焉、如《シ》不《シテ》レ聞レ命《ヲ》、而以《テ》代《ラバ》二奉《ズル》レ命者《ニ》一、何以《ヲ》爲《シヤ》レ敬《スト》二先師《ヲ》一乎、所二以《ナリ》不可《ナル》一也」。此文中ニモ亦、謬用アリ、看ル人宜ク意着《ヲツケヨ》。夫レ師ヲ敬スルノ道、豈果《ハタ》シテ此ノ如クナランヤ。師命ナシト雖、弟子ノ道ナレバ、校閲上木ノ事、意ヲ盡シテ、先師ノ不朽ヲ謀ルベキコトナルニ、越人ノ胡人ヲ見ルガ如クス。亦薄カラズヤ。春臺モトヨリ徠翁ヲ不滿トスルコト、往々見ヘタリ。紫芝園漫筆〔二〕ニハ、徂徠、無・莫二字ノ異別《ワカチ》ヲ知ラズト誹《ソシ》リ、詩論〔三〕ヲ著シテハ、徂徠モシ十年死セズンバ、見識アラタマルベシト云《フ》。其他文章經義ノ上ニ於テモ、徂徠ニ異ナルコト少《スクナ》カラズ。然レドモ終身徠學ニ負《ソムカ》ザル者ハ、學問識見才力トモニ徂徠ニ及バズ、且ツ時勢或ハ交遊ノ上ニ於テ、奈何トモシガタキコトアリト覺ユ。世人或ハ春臺ヲ稱スルニ、一旦徂徠ニ從テ終身負カザルヲ以テス。然ラズ。春臺初メ朱子ノ學ヲ爲《ナ》ス。徂徠ノ説ヲ聞《キヽ》、朱子ノ非ヲ知ルトキハ、先師ヲ棄《ステ》テ徂徠ニ歸ス。若シ又徂徠ノ非ヲ知《(シラ)》バ、棄カヌル人ニ非ズ。當時《ソノトキ》實ニ徂徠ノ非ヲ知ザルナリ。徂徠ノ非ヲ知ラズ、徂徠ヲ信ズルホドニテ、其遺文ノ校閲ヲ、南郭一人ニ屬《フリムケ》シテ與ラズ。罪南郭ニ均シ。末年稍《ヤヽ》徂徠ニ異ナル所アルモ、其範圍ヲ出ルコト能ハズ。且ツ不滿

一　前出「報子遷書」(三三三頁注七)中の文。

二　太宰春台の随筆。この一条は巻九に見える。

三　詩論の附録で、徂徠が尊敬した李攀竜の絶句の疵を種種指摘した末に「嗚呼。向使二徂来先生不レ死十年。必見三明詩之可レ厭。不三復好レ之。純非下敢違二先師一而立中異説上。昏愚偶見三明詩之大異二於唐詩一故也」。

ト爲ル所モ、亦瑣々タルコトノミ。
鎭[四]西ノ竹君ハ損軒先生ノ高弟也予自二少小一欽ム先生ノ之名籍二甚タルヲ寰中ニ一矣是歳《コトシ》君訪二予草堂一　是歳ハ今茲ニ作ルベシ。是歳トハ今年ト云コトニ非ズ。是事ノ有シ歳ト云コトナリ。上ニ是歳ノ事ナク、「鎭西ノ竹君」云々ト書キ出シ、次ニ是歳ノ字ヲ突出スルコト、華人ニ決シテ無キコトナリ。東坡ガ後赤壁賦ノ首《ハジメ》ニ、「是歳十月ノ之望」ト書出セシハ、前[五]賦ノ「壬戌ノ之秋七月既望」ニ對セル是歳ナリ。徠翁是歳ノ用法ヲ辨知セズ。故ニ是日ノ用法モ亦辨知セズ。

是[六]日集二西臺侯ノ邸ニ一　上《カミ》ニ一字ノ句ナク、是日ノ字ヲ突出ス。若シ華人ニ看セシメバ、上ミニ闕文アラント疑フベシ。偶《タマ〳〵》華人ノ題ニ、是日ト突出ニ似タル有レドモ、是レ必ズ旅途紀行ノ詩ニ非レバ、前詩ニ因テ云フ。中郎集ニ、「是[七]ノ日新晴」一ト云アリ、前詩ノ「花[八]朝和二坡公ノ韻ヲ一」ニ對シテ、是日ト云ハ、即チ花朝日ノ事ナリ。其詩ヲ讀ンデ自《ヲノヅカ》ラ知ルベシ。殊《コト》ニ二詩トモニ同韻ニシテ、一字ヲ異《カヘ》ズ。花朝ノ詩ニ、「絲々新柳颺二堤門一、早晩南村又タ北村」云々。新晴ノ詩ニ、「一泓幽碧照二籬門ニ一、偶々爲ニレ題センレ名ヲ過二遠村一」云々。是日ノ花朝ノ日タルコト明ケシ。又長洲ノ吳文定ガ匏庵集ニ、「雪中李世賢、招二觀セシム東坡淸虛堂ノ詩ノ眞蹟ヲ一」ト云題アリ、次ニ、「是ノ日往テ觀ル果シテ刻本ナリ。蓋シ世賢招飲恐ル二客不ンコトヲレ至、故ニ紿クノミ爾。乃チ

四 徂徠集、七の七絶三首の題。引用の次になお「贈以三絶。規行矩歩。宛爾典刑。因酬来美。兼寓執鞭之思」とある。

五 前赤壁賦。

六 徂徠集、二の五律の題「是日諸子集西台侯邸而予病不能往因憶前日分天字詩不成偶作補償併寓恋恋」からの抄記。詩は「台上笙鏞起。頌歌公子賢。猗蘭流古曲。叢桂映新篇。病肺秋逾劇。賦心老更憐。豈無飛動念。夜夜夢鈞天」。

七 梨雲館類定袁中郎全集、七所収「是日新晴」の詩。「□泓幽碧照籬門。偶為題名過遠村。愁去東風消凍液。喜来春艸迸苔痕。鶯花又作新情看。山水間将旧譜温。東野浪仙誰在者。苦吟清句当招魂」。

八 同じく七の前詩に先立って、「花朝和坡公韻」の詩、「糸糸新柳颺堤門。早晩南村又北村。風信煖寒観樹色。薬苗深浅記竿痕。行来漸覚姑羝重。静裡頻将炕火温。是物逢春皆作語。子規未必是啼魂」。

復次レ韻《ヲ》」ト云。又次ニ、「明日世賢持《シテ》二啓南雪嶺《ガ》圖《ヲ》一索《ム》レ題《ヲ》。復次レ韻」ト云題アリテ、三詩同韻字ナリ。是日卽チ前ノ雪中招觀《キセシムル》ノ日ナリ。徂徠ノ如ク、徒《タマ》ニ突出スルコト、華人ニ於テ決シテ無シ。箇《カク》イワバ、徠翁ノ非ヲ掩ントスル長喙ノ輩、必ズ言ン。徠翁ノ是日モ、此詩ノ前ニ、「[一]二月廿一日草堂小集」ノ詩アリ、卽チ此二月廿一日ニ對スル是日ナリト。然レドモ、「是日集二西臺侯邸一」ノ詩ニ、「病《ンデ》レ肺《ヲ》秋愈々劇《シ》」ノ句アリ。是《レ》秋日ノ詩タルコト明ケシ。二月廿一日ヲ指シテ、是日ト云フニ非ルヲ見ルベシ。徂徠妄《ミダリ》ニ于鱗ヲ奉ジテ、剽竊ヲ事トス。故ニ其文章ノ謬リ、往々コレニ坐セラル。夫善ク文章ヲ學ズシテ、妄意ニ古人ノ用ヒタルコトナリトテ、剽竊摸擬セバ、其義ヲ謬ラザル者、ホトンド希ナラン。

日知錄ニ、「凡《ツ》一日再書《ビスルトキハ》則云二是日一《ト》」トアルニテモ、是日ノ用法ヲ知ルベシ。

[二]城《ノ》西竹林中謂《フ》是《レ》昔時美人《ノ》所レ居　謂ノ字謬用ナリ。云ノ字ニ換ベシ。徐文長《ガ》集ニ、「清涼寺云《フ》是《レ》梁武《ノ》臺城」ト云題アルヲ以テ知ルベシ。徠翁云・謂二字ノ別《ワカチ》ヲ審ニシ玉ハズト見ユ。謂ノ字ニスレバ、「謂《フ》二是《ヲ》昔時美人《ノ》所居《ト》一」トナラデハ、讀《ヨメ》ヌナリ。「昔時美人所居」ノ六字ガ、全ク此竹林《ノ》一名ト聞ユルナリ。

[三]一漚老人。爲《ニ》二其《ノ》妻《ノ》姉《ノ》一乞《フ》二壽詞《ヲ》一道《ク》年八十矍鑠爲レ阿二監某藩邸《ノ》一《ニ》　矍鑠ハ婦人ニ宜キ字面ニ非ズ。此語モト後漢ノ光武帝ノ、伏波將軍馬援ガ、老勇ナルヲ

一　徂徠集、二の前掲の詩の一つ前に、「二月廿一日草堂小集分韻今春都下大火風沙竟旬人皆騷然文事久廢」の五律がある。

二　徂徠集、五の七絶の題。

三　徂徠集、四の七律の題。引用は、初めの「旧僚」二字を略してある。

稱美シテ、瞿鑠タルカナ此翁ト宣《ノ玉ヒ》シヲ以テ、出處トス。注家ニ「老壯《テナル》貞《チ》」ト云トイヘドモ、男女ヲ擇《(エラバ)》ズ、都《(スベ)》テ老健ナル者ヲ瞿鑠ト云ベケンヤ。「爲三阿監二某《ノ》藩邸一」、コレ例ノ倭習ナリ。倭語ニ何某《ナニガシ》ドノノ、藩邸《ヤシキ》ニ、阿監《ツボネ》ヲ勤メ居ルト云ヲ、直《ヂカ》ニ書タルハ、餘リニ拙劣ナリ。藩邸ノ字モ亦、阿監ニ宜シカラズ。「年八十耳目聰明起居不レ衰、爲二某《ノ》後庭《ノ》阿監一」ト書ベシ。

[四]西畿人有二求レ學《ント》詩者一　西畿トハ何レノ地方ヲ指《(サス)》ヤ。顧《(オモ)》フニ京師ハ西ニ在テ、天子ノ畿内ユヘ、西畿ト云ル、ト見ヘタレドモ、畿内ト云ハ、五箇國アリ、豈一京師ノミヲ指ベケンヤ。華人ニ之ヲ見セシメバ、定メテ京城ノ西方ナル、畿内ノ地ヲ云ト會《ガテン》スベシ。

[五]野撝謙詞兄西上《ノ》時藩老臺有二津南溫泉之行一蓋《シ》其扈從《スト》之《ニ》云《フ》　太宰德夫ガ斥非ニ、「世儒有二詞宗詞伯《ノ》之稱一雖二朝鮮人《ノ》所一レ行《ト》然《モ》於二中華一罕《ナシ》レ見《ルコト》　余亦《モ》弗二肯《テ》用一レ之《ヲ》」云云。按ズルニ、詞英・詞匠ノ稱呼、載《ノセ》テ[六]王維集ノ題中ニ在リ。又俗ナル書トハイヘドモ、華人ノ手ニ出タル、尺牘集要ニモ、詩人ニ大詩伯・大詩宗ト稱スルコトアリ。又卓氏藻林ニモ、[七]詞伯ノ稱ヲ出セリ。近ク唐明人ノ詩中ニ幾《イク》ツモ詞宗ノ稱アリ。朝鮮人ノミ杜撰ニ用ル字ニ非ズ。詞伯・詞宗ノ稱ハ、識者ノ好ンデ用ユベキコトニハ非レドモ、其人ヲ賞譽シテ、文詞ノ宗伯ト稱スル

四 徂徠集、五の七絶の題。引用の末に「教往江若水」の五字がある。

五 徂徠集、三の七律の題。ただし引用の上に、「寄別」の二字がある。

六 王維詩集(和刻本)に所収の「瓜園詩」の題引の中に「兼命二詩英数公一。同用二園字一為レ題」。また同じく「苑咸答幷序」の題引に「王兄当代詩匠」。

七 卓氏藻林、三の人物類の中に「詞伯、文宗之称」。

ナレバ、道理ナキニ非ズ。詞兄ノ稱ニ於テハ、甚ダ理ナシ。詞兄ノ稱アレバ、詞翁ノ稱ガナケレバナラヌナリ。殊ニ捧腹スベシ。華人ノ稱呼ニ、社兄ト云コトアレドモ、詞兄ト云コトナシ。徠先生ノ杜撰、豈朝鮮人ノ能及ブ所ナランヤ。藩老臺モ亦何ンノ稱呼ヲ知ラズ。詩中ニ謂フ、是レ東方老使君ノ句アルヲ見ルニ、搗謙ガ仕フル藩ノ、隱[一]居シ玉フ君侯ト聞ユレドモ、胡亂《ウロン》ナルコトナリ。顧フニ、華邦ノ流俗、必ズ臺下ノ字ヲ尊上ニ用ルユヘ、徠翁妄意ニ臺ノ字ヲ、重キコトノミ思ハレシト見ヘテ、毎ゝ諸侯ノ下ニ屬《ツケ》テ、下館[二]侯臺・丹侯臺ナドト用ヒラル。藩老臺トハ、殊ニ文盲ナリ。臺トハ、尚書臺・御史臺ナドトテ、禁省《ヤクショ》ノ稱ニテ、尚書・御史ミナ重官ナリ。臺下ヲ尊上ニ用ルハ、職《モト》コレニ由レリ。臺《ウテナ》ノ下ト云フ意ニ非ズ。故ニ臺ヨリ下《クダ》ル令ヲ、臺教ト稱ス。臺ノ字、豈諸侯ノ隱居ニ用ユベキ字ナランヤ。又徠翁ノ詩題ニ、「應[三]ズ二東叡王臺ノ教ニ一」トアリ、餘リニ文盲ト云ベシ。

〔南郭文章謬誤〕

南郭集ノ題ニ、薩[四]人日高翁七十ノ初度或見ル、ニセレ屬以二和歌題一ヲ題已ニ不レ可レ入レ詩ニ惟ンミルニ翁壯二遊シ諸州一ニ又知二古禮一ヲ善クス二和歌一ヲ時ニ秉ル二藩職ヲ于東都一ニ因賦シテ二海鶴ノ篇一ヲ爲レ壽ヲ　コレ文理屬セズ。或ノ字最モ穩妥ナラズ。大意、和歌題ニテ詩ツクレト、屬セラレ

一　底本「隠君」。意により改。

二　徂徠集、四の七言排律の題に「下館藩台示及高什従駕東叡山謁　憲廟有感謹依厳韻奉和」。同五の七絶に「丹侯台忽顧草堂且有暖帽之賜青皁各一漫裁三絶奉謝」と題する。

三　徂徠集、四の七律の題に「恭賦掛蘭二首応東叡王台教」。

四　南郭先生文集二編、三の五律の題。

タルヲ、和歌題ニテ詩ハ作ラレヌト云コトナレドモ、不文ユヘ、日本人ニハ分《ワカ》レドモ、華人ニハ分ラヌナリ。先ヅ入レ詩ニト云コト會セザルナリ。入レ詩ニトハ詩ノ句中ヘ作リコムコトナルニ、「題已不レ可レ入レ詩ニ」トハ何ノ言ゾ。題ガ何ユヘニ詩ニ入ルベキ。已《スデ(ニ)》ノ字モ甚ダ穏ナラズ。惟《ヲモンミル》ノ字ハ、啓表尊上ニ用ル字ニテ、平交詩題ニ用ユベキ字ニ非ズ。藩職藩臣ナゾハ、諸侯ノ天子ニ事ル稱辭ナリ。然ルヲ倭習脱セザルユヘ、藩職ヲ藩《ヤシキ》ノ職ト覺ヘラレシハ、殊ニ文盲ナリ。題ガ詩ニ入ラヌノ、[五]秉職ノト斷《コトハ》ルニ及バヌコトナリ。此《コノ》ヤウナル無益ノ事ヲ、永々《ナガく》トコトハルガ、倭習ナリ。和歌題デ詩ガ作ラレヌト云コトハ、口上書ニ云遣《ヒツカハ》シテモ濟《スム》コトゾ。是非ニ書タクバ、「題不レ可ニ以爲ル詩ヲ」トスベシ。

[六]奉レ酬ニ泉侯見レ寄作一　[七]遊ニ蓮光寺ニ奉ル和シ下卓上人答ル德夫ニ作ヲ上　[八]樂山公子席上奉レ和シ二見ル、ノ レ贈ラ之作ヲ一　[九]酬下箕山君秋夜登樓見ルノ寄セ懷ヲ之作ニ上　[一〇]奉レ和シ二猗蘭侯席上見レ贈作ヲ一　コレ南郭ガ文章未熟《ミジユク》ノ破綻《ホコロビグチ》ナリ。華人ノ題例ヲ推《ヲス》ニ、「立春作ノ」・「九日ノ作」・「罷テレ相ヲ作ス」・「代レ内ニ作ス」・「荊州ノ作」・「還テニ湖中ニ一作ス」ナドト、我作ノ時ハ、之ノ字ヲ入レズ。又他人ノ作ナレバ、「和スニ江進之ガ寒山寺ノ之作ヲ一」・「和ニ散木ガ登高ノ之作ヲ一」・「答下右史憶フニ故園ヲ一之作ニ上」・「答フニ殿卿ガ潞河旅次見ルノレ憶ハ之作ヲ一」ナドトテ、之ノ字ヲ入ル、ガ、一定ノ法ナリ。南郭ハ之ノ字ヲ或ハ入レ、或ハ省《ハブ》ヒテ、

五 自己の職務を守ること。

六 南郭先生文集四編、三の七絶二首の題。

七 南郭先生文集初編、五の七絶の題。

八 南郭先生文集四編、二の七律の題。

九 南郭先生文集三編、四の七絶の題。

一〇 南郭先生文集二編、五の七絶二首の題。

一定セズ。是レ己ガ臆ヨリ、妄意ニ筆ヲ下《クダ》シテ、華人ノ文法ヲ明《カ》ニセザル故ナリ。若シ他ノ詩題ニ、作ノ字アレバ、之ノ字ヲ入ヌコトナリ。「和二某《ガ》新年《ノ》作《ヲ》一」・「和下途次二某地《ニ》一作《ヲ》上」・「和《スル》下某《シガ》遊《デ》二某《ノ》地《ニ》一作《スヲ》上」ノ類ナリ。南郭ガ之ヲ知ラザルハ、徠翁ヨリシテ然リ。徂徠集ニ、「[一]奉レ和《シ》下豫侯憶《フ》二諸子《ヲ》一作《ヲ》上」、コレ之ヲ入《ル》ベキ處也。徠翁、己レ文章ニ暗キコト此ノ如クニシテ、[二]蘐園隨筆ヲ著シテ、附錄ニ、伊藤仁齋・釋《ノ》玄光ガ文章ノ謬誤ヲ論辨ス。所謂五十歩ニシテ百歩ヲ笑フナリ。

[三]傳通院同《ク》二諸君《ト》一遊《ブ》　コレ倒錯ナリ。是《レ》ニテハ、傳通院ガ諸君ト同遊セシヤウナリ。「同二諸君《ト》一遊二傳通院《ニ》一」トスベシ。若シ遊ノ字ヲ省ヒテ、「傳通院《ニシテ》同二諸君《ト》一」トスレバ、傳通院ニシテ、諸君ト同ク詩ヲ賦シタルコトニナツテ、語ヲ成ス。李惟寅ガ白雪齋集ニ、「碧雲寺同《フス》二陳仁甫太史康裕卿朱汝脩二山人《ト》一」トアルヲ觀ルベシ。

[四]九日同《ク》登《ル》二少林院《ノ》上方一　同ジク登ルトハ、誰人ト同ク登リシニヤ。華人ノ題例ニ、未ダ嘗《テ》同フセシ人名ヲ擧《アゲ》ザルコトナシ。近ク南郭ガ宗祖タル于鱗ガ詩題ニ、「[五]九日同《ク》二殿卿《ト》一登《ル》二南山《ニ》一」トアルヲ始メ、諸名家ノ集、ミナ此例ナリ。南郭ヒトリ、兎角ニ同セシ人名ヲ擧ザルコト多シ。「[六]同《ク》遊二少林院《ニ》一」・「[七]春日同《ク》弔《ス》二梅兒冢《ヲ》一」ナド、誰《レ》ト遊ビ誰ト弔セシヤ、文理コレヨリ屬セザルハナシ。是《レ》

一　徂徠集、四の七律「奉和豫侯西台憶諸子作」の抄記。
二　蘐園随筆の巻五は文戒となって、仁斎・山崎闇斎・玄光などの文章の誤りを論じたものである。
三　南郭先生文集初編、五の七絶の題。下に「得回字」とある。
四　南郭先生文集三編、四の七絶の題。引用の次に「得十二侵」とある。
五　滄溟先生集、一二の七言絶句の題。
六　南郭先生文集三編、三の七律の題。「三日同遊少林院、得東字有感」。
七　南郭先生文集初編、五の七絶の題。「春日同弔二梅児冢一、行至二浅茅原一、…」。

モ例ノ倭習ニテ、同クト云ヘバ、人ト同クセシハ知レタルコトナリト、杜撰ニカタヅケラレシコトト見ユ。

嘗《テ》八欣三信中諸禪多《キヲ》二文才一藏海師來見乃披《ヒラク》二其詩《ヲ》一亦既具《ニ》體　詩衲ノ換《カハリ》ニ詩禪ト用ヒシハ、華人ノ文ニ見ルコト罕ナリ。披二其詩一ハ、觀《ル》二其詩《ヲ》一ニ作ルベシ。披レ封、披レ書、披レ巻トハ云ベシ。披レ文、披レ詩トハ云ベカラズ。詩文披クベキ物ニ非ズ。コレ亦倭習ナリ。

執《テ》九レ筆《ヲ》爲《ニ》歌《フ》二其事《ヲ》一　執筆ト上《カミ》ニ云トキハ、下ニ筆ヲ執タル故《ワケ》ガ無レバ、語ヲ成サズ。然ルヲ只歌二其事一ト云。歌フニ執《ル》レ筆《ヲ》コトガ入ベキヤ。所謂杜撰ナリ。凡ソ剽竊ノ文、摸擬ノ詩ハ、甚ダ爲《ナシ》ガタカラザルユヘ、豪傑ノ士ト雖、其容易《ヤスキ》ニ苟且《イヤシクモ》シ、鬆々然トシテ悪道ニ墮落ス。夫レ僅カ一二十字ニ出入スル題引スラ、倒錯謬用此ノ如シ。矧ヤ長章大篇ニ至テ、豈觀ルニ足ベケンヤ。余レ口舌ヲ以テ人ト爭《(アラソフ)》コトヲ好マズ。故ニ人ノ徂徠・南郭ノ文ヲ稱譽スルニ遇《ヘ》バ、常ニ匿笑ニ堪ザルノミ。眞ノ文章ヲ學ント欲セバ、于鱗・元美・徂徠・南郭・金華等ノ諸文集ヲ、準則トスルコト勿レ。

〔南郭詩誤〕

南郭服子ノ才、太宰子諸人ノ類ニ非ズトイヘドモ、其詩ヲ知ザルコトハ同ジ。

八　南郭先生文集二編、五の七絶の題。引用の次に「因題ニ其稿一以贈レ行云」と続く。

九　南郭先生文集四編、一の七言古の題「余問菅道伯疾主人曰疇昔有夢遊蓬萊願子為我賦之語且詳矣余乃執筆為歌其事」から抄出。

世人妄リニ南郭ガ詩ヲ稱シ、殊ニ其集ノ第四編[一]ヲ稱譽シテ、盛唐ニ迫ルト云。因テ復《(マタ)》四編中近體ノ謬リ、一二ヲ擧《アゲ》テ、吠聲ノ徒ノ睡《ネムリ》ヲ覺《サマサ》シム。

七律ニ、[二]「出《テ》レ門《ヲ》示《ス》二家人《ニ》一」ノ詩、五六七八ノ句ニ「他日寧《ロ》無《ンヤ》二烏鵲《ノ》報一、祇今唯有二子規《ノ》啼一、不レ須《ヒ》下苦《ロニ》勸《ルノ》二催歸《ヲ》一切《ナルヲ》上、更《ニ》住《シテ》二何《ノ》家《ニ》一定《ン》二舊溪一」。コノ詩意、今門ヲ出ルニ臨ンデ、子規啼《(ナク)》ガアレドモ、切ニ不如歸ト歸ヲ勸ルニ及バズト、家人ヲ子規ニ比シテ云ナレドモ、祇今唯有ハ懷古ノ語ニテ、唯ハバカリト譯シテ、昔ハカフナレドモ、今ハ子規《ノ》啼《ク》バカリナリト云意ニナラデハナラヌナリ。殊ニ「祇今唯有二子規《ノ》啼一」ノ句、七律ノ對《ツイ》句ニ施スニ宜シカラズ。「勸《ルノ》二催歸《ヲ》一切」トハ、客中ノ語ナリ。出門ノ折《ヲリ》ナレバ、早ク歸リ玉ヘト勸ルハ、家人ノ情ナレドモ、門ヲ出《デ》ルヤ出ズニ、催歸ト云ベケンヤ。畢竟性靈ヨリ發セズ、剽竊ヲ事トスルユヘノ蔽ノミ。

「望[三]二芙蓉《ヲ》一」ノ詩ニ、「天外《ノ》芙蓉掌裏看《ニル》、三原《ノ》驛舍此《ニ》盤桓《ス》、肌膚坐《ヨニ》切《ナリ》眞人《ノ》雪、窓牖窺《ヒ》攀《ヅ》玉女壇」、「千秋《ノ》詞賦爭《フ》二懸絶《ヲ》一、投《ジテ》レ筆《ヲ》深《ク》慙《ヅ》二仰止《ノ》難《ヲ》一」。富士山ガ掌裡ニ看《ル》ベキ物ニ非ズ。然レドモ芙蓉ト號シテ花ニ縁アレバ、猶可ナルニ似《ニ》タリ。驛舍ハ盤桓ノ處ニ非ズ。肌膚ノ句ハ、莊子《ニ》「藐姑射《ノ》之山、有二神人一居《ル》焉、肌膚若二氷雪《ノ》一」ト云ヲ、芙蓉ノ雪ニ取用ユ。巧ニ過《スギ》テ、切《ナリ》ノ字穩ナラズ。仰止モ亦誤用ナ

一 江村北海の日本詩史、四の南郭の条に「今閲二其集一。初編瑕纇頗多。二編十存二二三一。三編四編。最粋然矣」。

二 南郭先生文集四編、二に所収。「両地風烟客跡斉。此行還似二夢魂迷一。出レ門赤水停二橋北一。取レ道滄江向二駅西一。他日寧無二烏鵲報一。祇今唯有二子規啼一。不レ須苦勧二催帰一切。更住二何家一定二旧渓一」(反点は文集に従う)。

三 南郭先生文集四編、二に所収。「駿河道中望二芙蓉一」の七律。「天外芙蓉掌裏看。三原駅舎此盤桓。肌膚坐切真人雪。窓牖窺攀玉女壇。蒼海半分二山足色一。紫宮高並二嶺頭一寒。千秋詞賦争二懸絶一。投レ筆深慙二仰止難一」。

リ。詩云《ニ》、「高山仰《ハ》止《ス》」ト。高山攀《ヨヅル》コト固ニ難シ、仰止スルコト豈難カランヤ。
上巳《カミ》ニ窺《ヒ》攀ト云《フ》、攀ルホドニテ、仰止ノ難カルベキ謂《イワ》レナシ。窺《ヒ》攀《ル》モ亦理ナシ。窓ヨリ窺フコトハナルベシ。攀《ル》トハ何《ナニ》ト會《ガテン》サレシニヤ。窺テ攀ルト云コトアルベケンヤ。字法ニ疏ニシテ、格調ニ拘ル。故ニ自ラ此弊アリ。

[四]「入《テ》レ京有《ニ》レ懐」ノ詩ニ、「別長《シテ》何《レノ》處《ニ》尋《ン》二桑梓《ヲ》一、祚薄《シテ》無三家《ノ》問二弟兄《ヲ》一、認得《タル》山川疑《ヒ》二夢寐《ヲ》一、想來《テ》多少自《ラ》分明」。凡離別長《シ》ト華人ノ用ルハ、別《レ》ニ臨ムトキノ語ニテ、別久《キ》トハ各別ナリ。南郭ハ別久キ意ニ、別長ヲ用ラル。謬リナリ。認得トハ聢《シカ》ト見トメタルコトナリ。認得ルホドニテ、夢寐カト疑ベキ謂《イワレ》ナシ。想來ハ思ノ動クナリ、憶《ヲモヒダス》キミニハナリガタシ。何レ想ハ疑ニ屬シ、認ハ分明ニ屬スル字ナリ。南郭ガ字法ニ疏ナルコト、此《カク》ノ如シ。何ノ文章ト謂コトカ有ン。

[五]五絶ニ、「曉發《スル》二山驛《ヲ》一」ノ詩ニ、「但恨《ム》山間《ノ》月、行々沒《スルコトヲ》二馬蹄《ニ》一」。コレ山間ノ月ガ、馬蹄ノ行《ク》ニ從テ沒ス。此レ恨ムベシト云意ナリ。殊ニ知ラズ、沒二馬蹄《ヲ》一ノ字ハ、花カ雪カ、雲霞泥塗落葉ノ類ガ、馬蹄ヲ沒スルナリ。華人未ダ馬蹄ニ沒スル意ニ用タル例ナシ。句讀《テン》ガアレバコソ、「沒《ス》二馬蹄《ニ》一」ト讀ミ得《ウ》レ。若《シ》訓點ヲ施サズンバ、孰《カ》能《ク》解シ得ンヤ。

七絶ニ、「長安感懐三首」ノ第一首[六]ニ、「故苑歸《リ》來《テ》白髮新《ナリ》」。コレ長安ノ故園ヘ

四 南郭先生文集四編、二の七律。「五十年前出二上京一。今遊猶作二客中情一。別長何処尋二桑梓一。祚薄無三家問二弟兄一。認得山川疑二夢寐一。想来多少自分明。共知流二転人寰裏一。愧似三劉郎返二赤城一」。

五 南郭先生文集四編、三所収の五絶。「山行暁不レ迷。熟路駅亭西。但恨山間月。行行没二馬蹄一」。

六 南郭先生文集四編、三に所収。第一首は「長安大道昔時春。故苑帰来白髪新。今日看他行楽地。相逢総是少年人」。

歸リ來テ、園ハ舊《モト》ノ如《(ゴトク)》ナレドモ、白髪新《ナリ》ト云意ナリ。第三首[一]ニ、「五噫歌罷《ヒンデ》向《テ》レ東《ニ》還《ル》」トアリ。長安ヲ故園トシテ歸來《ル》ト云ヒ、又江戸ヘ下ルヲ向レ東《テニ》還《ル》ト云。久シク東ニ住シタレバトテ、客地ナリ。已《デ》ニ故園ノ長安ヘ歸リ、又客地ノ東ヘ下ルヲ、還ルト云ベケンヤ。客地ヨリ客地ヘ往キ、久シク住セル客地ヘ戻《モドル》トキハ、還《ル》トモ云フベケレドモ、前ノ詩ニ「故園歸《リ》來《ル》」ト云、後ノ詩ニ客地ヘ往《ク》ヲ又還ルト云、捧腹スベシ。

「[二]早春三歸德命レ駕余時遊《レニ》二江東一不レ在壁上見レ留二一詩一和以寄謝《ス》」ノ詩ニ「慙愧《ス》君來違《テ》二磬《フコトヲ(ケイクワン)ニ》[三]歡一、蕭條《タル》四壁艸堂寒《シ》、留題但《ス》是《レ》陽春《ノ》調、轉恨含《ムンデ》レ杯《ヲ》相和《スルコト》難《シ》」。題引ノ謬リハ舍《ヲヒ》テ論ゼズ、詩中ニ愧ト恨トノ用處ヲ謬ル。他行ノアトヘ來ラレシユヘ、歡《ヨロコビ》ヲ磬《ツクサ》ザルハ憾《ウラ》[四]ムベシ。愧《(ハヅ)》ベキ謂レナシ。又蕭條四壁ノ句ヲ見ルニ、草堂《ノ》寒ヲ愧ルヤウナレドモ、己レ在宅セバ、貧寒ユヘ、磬歡サレヌコトヲ愧ルモ、尤モナレド、家ニ在《ラ》ズシテ、「違《フ》二磬歡《ニ》一」タルナレバ、貧寒ユヘ磬歡サレヌトハ云レヌナリ。又陽春《ノ》調ノ和シ難キハ愧ベシ、恨ベカラズ。若轉《シ》ノ字ヲ自ノ字ニ換バ、稍《ヤヽ》猶可ナリ。含レ杯ノ含ハ、銜ニ作ルベシ。含・銜同ジクフクムト訓ズレドモ、銜ハクワヱルト譯スベシ。含ハクワヱルト譯スベカラズ。故ニ用處各〻異ナリ。華人「銜レ杯」・「啣レ盃」ト用レドモ、未ダ含レ杯ト用タル例ナシ。

一 同じく第三首は「回レ頭無レ限覇陵山。佳色千秋滿二漢関一。身是已為二呉下客一。五噫歌罷向レ東還」。

二 南郭先生文集四編、三に所収。ただし、「一詩」とある所、原本「二詩」とあり、下に掲げたのはその第二首。

三 よろこびをつくすこと。

四 底本「慽」。意によって改。

杯ハ銜スベシ、含スベカラザレバナリ。サレバコソ、「含レ情」・「含レ笑」ト云コトアリ、「銜レ情」・「銜レ笑」ト云例ナシ。夫レ詩ニ精シカランコトヲ欲セバ、字法ヲ明ニシ、句法ヲ明ニシ、體裁ヲ明ニスベシ。然リトイヘドモ、文法ト詩法ト自ラ異ナリ。文法必ズ詩ニ益ナキニ非ズトイヘドモ、文法ヲ以テ詩ヲ論《ズ》ベカラズ。是亦知ルベシ。

作詩志彀跋

[一]詩三百以降前賢詩作各〻不同也如[二]其面相異矣蓋詩道之正在乎斯明[三]二李氏不知詩爲何物欲以後今復乎前古以我同乎人詩道之亂莫甚焉二李而果是則不若直就古人詩集而諷詠之爲愈也吾　北山先生唱[四]反正之學曩者有[五]作文志彀之作而操[六]觚之士始知文章之正矣今茲復作爲此書以援世溺時詩者亦是[七]撥亂之一端耳此書之行也不特吾黨諸子之幸海内言詩者又始知詩道之正矣嗟呼　先生固不淫詞章以競勝於一時亦唯稽古餘力自逮于此耳

[八]天明壬寅仲冬朔

門人　陸奥　[九]高井邦淑謹譔

[一〇]

門人　東都　[一一]中村朝之謹書

[一二]

一　詩経のこと。
二　左伝に見える言葉。前出(一五三頁注二五)。
三　李夢陽・李攀竜。
四　正しい道にかえす学問。
五　前出(二七一頁注三)。
六　文筆の人。文選の陸機の文賦の注に「觚ハ木ノ方ナル者、古人之ヲ用ヒテ以テ書ス、猶今ノ簡ノゴトク也」。
七　乱をおさめる。反正と対に用いる語。史記の高祖紀「撥二乱世一反二之正一」。
八　天明二年十一月一日。
九　未詳。
一〇　印記「高井邦淑」・「字曰元春」。
一一　未詳。
一二　印記「中村朝之」・「宗悦氏」。

（作詩志彀跋

詩三百以降、前賢ノ詩作、各〻同ジカラザルヤ、其ノ面ノ相異ナルガ如シ。蓋シ詩道ノ正ハ斯ニ在リ。明ノ二李氏、詩ノ何物タルヲ知ラズ、後今ヲ以テ前古ニ復シ、我ヲ以テ人ニ同ウセント欲ス。詩道ノ亂ルル、焉《コレ》ヨリ甚シキハ莫《ナ》シ。二李ニシテ果シテ是ナレバ則チ、直ニ古人ノ詩集ニ就キテ、之ヲ諷詠スルノ愈《マサ》レリトスルニ若カザル也。吾ガ　北山先生、反正之學ヲ唱フ。曩ニハ作文志彀ノ作有リ、而シテ操觚《サウコ》ノ士始メテ文章ノ正ヲ知レリ。今茲《コトシ》復《マタ》此ノ書ヲ作爲シ、以テ世ノ時詩ニ溺ルル者ヲ援フ。亦是レ撥亂《ハツラン》ノ一端ノミ。此ノ書ノ行ハル、ヤ、特ニ吾ガ黨諸子ノ幸ノミナラズ、海內詩ヲ言フ者、又始メテ詩道之正ヲ知ル。嗟呼　先生固ヨリ詞章ニ淫シテ、以テ勝ヲ一時ニ競フニアラズ。亦唯稽古ノ餘力、自ラ此ニ逮《オヨ》ブノミ。

天明壬寅仲冬ノ朔

門人　陸奥　高井邦淑謹ミテ譔ス

門人　東都　中村朝之謹ミテ書ス）

東都書林

東叡山下池之端仲町

須原屋伊八梓行

淡窓詩話

敍

往時淡窓先生[1]開家塾號[2]咸宜園[3]講經餘暇好作歌詩[4]父子祖孫繼業[5]濟美而門弟子[6]卓爾
[7]成家者亦若干人及今[8]青邨君[9]主盟作者[10]彬々其業益盛愚謂育才如此必有[11]傳家祕訣焉
因問之於君[12]咲而不答示以此書此書[13]先生[14]口授而門人記之[15]其語質其文俚初讀之若平
々無奇者已而再讀始覺其有味若夫三讀四讀五讀六讀則漸入[16]蔗境愈讀愈妙蓋先生
[17]一代宿儒隱居不仕高尚其志愛君憂國[18]託詞風月與古詩人心々[19]相印有所[20]自得乃[21]誘掖
子弟示以入學法門令其漸々進步[22]升堂入室其用意[23]篤且至矣先是[24]侗庵劉博士著[25]非詩
話就宋元以下詩話數百部[26]歷擧其病[27]曰爭門戶曰衒才學曰穿鑿字義曰[28]傅會典故諸如
此類皆非風雅[29]正宗今於此書所謂諸病不見其一[30]設令博士讀之亦無所[31]容喙因[32]慫慂[33]上
梓以公諸世云

明治十五年八月　[34]甕江　川田剛撰

[35]

[36]劉士新書

[37]

一 淡窓は、文化二年三月、長福寺学寮で始めて帷をたれ、同六月、魚町南家土蔵に塾を移し、八月豆田一町目大坂屋に成章舎を借り、文化四年六月、豆田東偏裏町に桂林園を営む(淡窓全集所収年譜)。 二 文化十四年二月堀田村に新築した塾の名。 三 経籍の講義をするいとま。 四 淡窓の後は、淡窓晩年に塾務を見た弟旭荘の長男で淡窓の養子林外(名孝、字維孝。明治七年(一八七四)没、三十九)が継ぐ。また、淡窓の養子青邨が一家をなし、林外の成長するの間、塾務を見た。 五 子孫が父祖の事業を美しくうけつぐ。 六 高くぬきんでて。 七 一家をなす。 八 淡窓の養子。豊前土田の人矢野徳四郎次男。名範治、また範、字世叔。明治十七年(一八八四)没、六十六。 九 塾を主宰する。 一〇 文業の盛んなさま。 一一 家に伝わっている秘密の方法。 一二 笑って。 一三 淡窓先生。 一四 青邨の小引(三五四頁)参照。 一五 言語は飾りはないし、文章も雅言でない。 一六 面白い所。晋書の文苑伝に「顧愷之ハ甘蔗ヲ食スル毎ニ、常ニ尾ヨリ本ニ至ル。人或ハ之ヲ怪ム。愷之曰ク、漸ク佳境ニ入ル」。 一七 名一世に高い儒者。 一八 風流韻事をこととする。 一九 印のように相合して。 二〇 自ら会得する所があった。 二一 指導する。 二二 学芸の進歩は、先ず堂に上る即ち高く正しい域に達し、次第に室に入る即ち深奥に達するをいう。論語の先進篇に「由也升レ堂矣、未レ入レ室也」。 二三 字典に、広韻を引いて「厚也」。 二四 古賀侗庵。名煜、字季曄、通称小太郎。精里の第三子。漢の霊帝の後裔なので劉を姓とした。文化六年昌平黌の教官となったので、博士と呼んだもの。弘化四年(一八四七)没、六十。 二五 侗庵の詩話。一〇巻。崇文双書所収。 二六 欠点をかぞえ上げて。

二七 流派を立てて、その間で批難争論する。 二八 典拠とする故事をこじつける。 二九 正統。本筋。 三〇 若し。 三一 とやかくと口をさしはさむ。 三二 すすめる。 三三 出版して。 三四 川田甕江。名剛、字毅卿、通称剛介など。山田方谷門で、後に昌平黌に学び、高梁藩に仕えた。明治に入って宮内省出仕、貴族院議員など。明治二十九年(一八九六)没、六十七。 三五 印記「田剛」「毅卿」。 三六 未詳。 三七 印記「新印」。

(紋

往時、淡窓先生、家塾ヲ開キ、咸宜園ト號ス。經ヲ講ズルノ餘暇、好ンデ歌詩ヲ作ル。父子祖孫、業ヲ繼ギ美ヲ濟《ナ》ス。而シテ門弟子ノ卓爾《タクジ》トシテ家ヲ成スモノ、亦若干人。今ニ及ンデ青邨君盟ニ主タリ。作者彬々《ヒンピン》トシテ、其ノ業益々盛ナリ。愚謂《オモ》ヘラク、才ヲ育ツルコト此《カク》ノ如シ、必ズ傳家ノ祕訣有ラント。因ツテ之ヲ君ニ問フ。咲《ワラ》ツテ答ヘズ、示スニ此ノ書ヲ以テス。此ノ書ハ先生ノ口授ニシテ門人之ヲ記ス。其ノ語質ニシテ其ノ文俚《リ》タリ。初メ之ヲ讀ムニ、平々ニシテ奇無キモノノ若《ゴト》シ。已ニシテ再讀、始メテ其ノ味有ルヲ覺ユ。若シ夫レ三讀四讀五讀六讀スルトキハ、則チ漸ク蔗境《ショキヤウ》ニ入リ、愈《イヨイヨ》讀ンデ愈妙ナリ。蓋シ先生ハ一代ノ宿儒、隱居シテ仕ヘズ、其ノ志ヲ高尚ニス。君ヲ愛シ國ヲ憂ヘ、詞ヲ風月ニ託シ、古ノ詩人ト心々相印シ、自得スル所有リ。乃チ子弟ヲ誘掖《イウエキ》シ、示スニ入學ノ法門ヲ以テシ、其ノ漸々進歩シ堂《ダウ》ニ升《ノボ》リ室ニ入ラシム。其ノ用意篤《アツ》ク且ツ至レリ。是ヨリ先侗庵劉博士非詩話ヲ著シ、宋元以下ノ詩話數百部ニ就キテ、其ノ病ヲ歴擧ス。曰ク門戸ヲ爭フ、曰ク才學ヲ衒《テラ》フ、曰ク字義ヲ穿鑿ス、曰ク典故ヲ傅會《フクワイ》ス、諸《コ》レ此《カク》ノ如キノ類、皆風雅ノ正宗《シヤウシユウ》ニ非ズト。今此ノ書ニ於ケル、所謂《イハユル》諸病ハ其ノ一ヲ見ズ。設《モ》シ博士ヲシテ之ヲ讀マシムルモ亦、容喙《ヨウカイ》スル所無カラン。因ツテ慫慂シテ梓ニ上シ、以テ諸《コ》レヲ世ニ公ニスト云フ。

明治十五年八月　甕江　川田剛撰ス

劉士新書ス）

淡窓詩話小引

[一]先人壯年患[二]眼每夕坐暗室置燈戶外[三]使門生談話聽以爲樂[四]數十年如一日偶有問及[五]經[六]義文辭亦瞑目答之侍坐者或筆記之積成卷册名曰[七]醒齋語錄今抄其[八]涉韻語者二卷[九]上之於梓題曰淡窓詩話顧師弟[一〇]一時問答[一一]坦率平易無復[一二]序次非[一三]覃思[一四]結撰[一五]如前人詩話之比但初學讀之庶幾足以窺詩道之一斑矣

明治[一六]癸未七月[一七]上澣　[一八]不　肖　[一九]範　撰

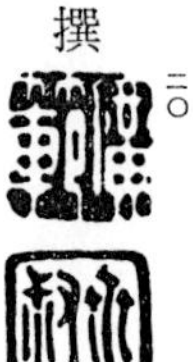
[二〇]

(淡窓詩話小引

先人壯年眼ヲ患フ。每夕暗室ニ坐シ、燈ヲ戶外ニ置キ、門生ヲシテ談話セシメ、聽キテ以テ樂ト爲ス、數十年一日ノ如シ。偶《タマタマ》經義文辭ニ問及スル有レバ、亦瞑目シテ之ニ答フ。侍坐スル者或ハ之ヲ筆記シ、積ンデ卷册ヲ成ス。名ヅケテ醒齋語錄ト曰フ。今其ノ韻語ニ涉《ワタ》ルモノ二卷ヲ抄シ、之ヲ梓《シ》ニ上シ、題シテ淡窓詩話ト曰フ。顧ルニ師弟一時ノ問答、坦率《タンソツ》平易ニシテ、復タ序次無ク、覃思《タンシ》結撰、前人ノ詩話ノ如クノ比ニ非ズ。但シ初學之ヲ讀メバ、以テ詩道ノ一斑ヲ窺フニ足ルニ庶幾《チカ》シ。

明治癸《キ》未《ビ》七月上澣《ジヤウクワン》　不肖範撰ス)

一 亡父。
二 二十八歳の文化六年頃から眼病を患った。
三 六橋記聞、七にそのことが見える。→補一。
四 数十年この習慣は少しもかわらなかった。
五 経書の内容や語彙に関する理解注釈を広く云う。
六 詩文に関すること。
七 淡窓全集にこの名で入るもの二巻、「儒教道教弁」(中島種任筆記)・「対大村侯問」(男孝筆記)のみであるが、この詩話と同内容のものをも含んだ醒斎先生語録(門人沢竜筆記・門人田中秀筆記など)も写し伝えられている。解説参照。
八 詩の類に関したもの。
九 出版して。
一〇 その時、思うままを話し合ったことで。
一一 何ら飾る所のない。
一二 順序。
一三 ふかく考えたこと。
一四 決定的な論。
一五 前々の人の詩話と比較できるものではない。
一六 みずのとひつじ。明治十六年。
一七 上旬。
一八 父に似ない子の意で、謙辞。
一九 広瀬青邨のこと。
二〇 印記「広範」「世叔」。

淡窓詩話上巻

淡窓廣瀬先生著

男　範世叔校

〇長[二一]充文問《トフ》　詩ヲ學ブニハ、諸體何レヲ先ニ學ビ、何レヲ後ニスベキヤ。

詩ヲ學ブノ前後、童子無學ノ輩ハ、先絶句[二二]ヲ學ビ、次ニ律詩[二三]、次ニ古詩[二四]ナルベシ。若シ學力既ニ備リテ、而後《シカウシテノチ》ニ詩ヲ學ブ者ハ、古詩ヨリ入《イリ》テ律[二五]・絶ニ及ボスベシ。古詩ヲ先ニシ律・絶ヲ後ニスルハ、本ヨリ末ニ及ブコトナレバ、順ナリ。律・絶ヲ先ニシ古詩ヲ後ニスルハ、末ヨリ本ニ及ブコトナレバ、逆ナリ。事ハ順ニ如《シ》クハナシ。然レドモ古詩ハ學力ナケレバ、作ルコト能ハズ。故ニ止ムコトヲ得ズシテ、律・絶ヲ先ニス。亦所謂倒行逆施《タウカウギヤクシ》[二六]ナリ。

我邦ノ人詩ヲ學ブニハ、律・絶ヲ先ニシテ、古體ヲ後ニシ、書ヲ學ブニハ、行[二七]・草ヲ先ニシテ、楷[二八]・隷ヲ後ニス。是レ其志速《スミヤカ》[二九]ニ成ルヲ求ムルニ在《アリ》テ、遠[三〇]大ノ慮《オモンバカリ》ナシ。漢人[三一]ニ及バザル所以ナリ。

古詩ヲ學ブニハ、五古[三二]ヲ先ニスベシ。七古[三三]ハ才力富健[三四]ナルニ非ザレバ、作ル

二一　長梅外。名充文、字世外、本姓長谷氏。豊後の人で淡窓門。後長門毛利家藩儒となる。維新後東京住。明治十八年（一八八五）没、七十六。

二二　近体詩の一で、七言・五言、稀に六言の四句よりなる詩体。体製・韻律に一定の規則がある。日本では、林東冥著、諸体詩則・中井竹山著、詩律兆・三浦梅園著、詩轍などに説明がある。

二三　近体詩の一で、七言・五言の八句よりなる詩体。また韻律・体製に一定の規則がある。十句以上（偶数）を排律と云う。詩律兆・詩轍参照。

二四　古体詩の一で、七言・五言、時に四言、また雑言（一句の字数の違ったものがまじる）の句を、不定数につらねる詩体。韻律も近体詩の如く規則がない。諸体詩則など参照。

二五　律詩・絶句。

二六　正しい道にさからって事をすることの成語。史記の伍子胥伝に「吾日暮塗遠、吾故倒行而逆二施之一」（索隠の注に「譬如三人行前途尚遠、而日勢已暮一、故其在二顛倒疾行、逆レ理施レ事、何得レ責二吾順一レ理乎」）。

二七　行書・草書。

二八　楷書・隷書。

二九　早く出来上ることを志している。従って急の間に合うが、小さくしかまとまらない。

三〇　遠い将来を計算に入れた大きな計画。

三一　日本の初学の詩作書は、梅室洞雲の詩律初学抄や松井河楽著、詩法要略の如く、絶句より説明するものがあり、中国では遊子六の詩法入門の如く、古詩より説明するものと比較しての論であろう。

三二　五言の古詩。

三三　七言の古詩。

三四　豊かで強い。

コト能ハズ。若シ七古ヲ學ババ、初ヨリ長篇ヲ作ルハ悪シ。先十二句・十六句・二十句迄ノ處ヲ作リ、能ク其意味ヲ得タル上ニテ、長篇ヲ作ルベシ。才力ナクシテ作リタル長篇ハ、[一]散緩冗弱ニシテ、[二]運動ノ勢ナシ。蛇ノ胴中ニ疵ヲ受《ウケ》タルガ如シ。誠ニ厭《イト》フベキノ至リナリ。五古ノ長篇モ大略之ニ準ズベシ。

當今[三]三都ニ於テ流行スル體、七絶ヨリ盛ナルハナシ。是レ[四]貴人又ハ[五]豪富ノ町人ヲ、其[六]社中ニ引入レンガ爲メノ計策ナリ。如レ此ノ輩、纔《ワヅカ》ニ[七]素讀ヲ爲シタル位ノ事ニテ、詩人トナラント欲ス。故ニ絶句ヲ外ニシテハ、力ヲ用ユベキ處ナシ。[八]盟主タル者、其情ヲ知リタル故ニ、詩ノ妙ハ絶句ニアリト稱シ、古今ノ詩集ヲ抄錄スルニモ、七絶ノミヲ取リテ世ニ行フ。但相手ノ多クシテ、其[九]書ノ行ハレ易カランコトヲ[一〇]冀《コヒネガ》フナリ。[一一]識趣鄙陋ナリト謂フベシ。

詩體何レモ、其妙處ニ至ルコトハ難シ。試ニ[一二]童蒙初學ノ爲メニ、入處ノ難易ヲ[一三]序《ツイ》デハ、絶句・五律ヲ易シトシ、五古・七律ヲ中トシ、七古・排律ヲ難シトスベシ。

問　先生[一四]陶・[一五]王・[一六]孟・[一七]韋・[一八]柳ノ詩ヲ、好ミ玉フト聞及ベリ。五家ノ妙處及ビ長短、何レノ處ニアリヤ。

陶・王・孟・韋・柳ノ五家、予其詩ヲ愛シテ、之ヲ諷詠スルコト、頗ル熟セ

一　散漫でゆるやかであり、冗漫で弱い。
二　句から句へ、聯から聯への移りを充塡するものを欠くことを云ったもの。
三　京都・大坂・江戸。
四　諸大名などをさす。
五　金持の町人。菊池五山の五山堂詩話などを見ても、富商・豪農や、士人の絶句をのせるものが甚だ多く、ここに指摘した当代の趨勢を物語っている。　六　詩人の団体を「社」と称した。有名なのは市河寛斎の江湖詩社、片山北海の混沌社、梁川星巌の玉池吟社などであるが、大小さまざまの吟社があった。
七　漢籍の意義を考えるを第一とせず、文字のみ声を出して読むこと。漢籍読習の最初歩である。　八　吟社の中心人物。
九　吟社の集や、盟主の著述。
一〇　字典に「欲也」。　一一　識見と趣味。
一二　年少者。　一三　順序を定めると。
一四　陶潜(淵明を名とする説もある)。晋代、多く故郷潯陽で詩酒三昧に送った高逸詩人。字淵明(または元亮)、諡靖節先生(晋書、九四)。
一五　王維。盛唐の詩人・画家。字摩詰(まきつ)。官によって王右丞と呼ばれ、玄宗時代の代表的文化人(旧唐書、一九・新唐書、二〇二)。
一六　孟浩然。盛唐の詩人。襄陽の人なので孟襄陽と呼ばれる(旧唐書、九〇・新唐書、二〇三)。
一七　韋応物。中唐の詩人。蘇州の刺史となった故に、韋蘇州と呼ばれる(新唐書、二〇一)。
一八　柳宗元。中唐の詩人・文人。字子厚。柳州刺史となって、柳柳州と呼ばれる(旧唐書、一六〇・新唐書、一六八)。以上五家、皆自然詩人として有名。↓補二。
一九　師とし手本とするもの。
二〇　古人も今人も、学んで及ぶものではない。

リ。然レドモ其詩ヲ師法[一九]トシテ、之ヲ學ブニハ非ズ。凡古今[二〇]ノ人相及バズ、且人々ノ天[二一]分アリ、强テ古人ヲ摸倣スルコトアルベカラズ。予ガ五家ノ詩ニ於ケル、享[二二]保ノ人ノ于[二三]鱗ヲ學ビ、近[二四]人ノ放[二五]翁ヲ學ブナドトハ、大ニ同ジカラズ。若シ我門ニ在ル者、是等ノ詩ヲ摸倣シテ、是レ我師ノ流派ナリト云ハバ、大ニ予ガ本意ニ背クコトナリ。先此意ヲ熟知スベシ。

陶詩ノ今[二六]ニ存スルモノ多カラズ。其集ヲ觀ルニ、精粗相半《アヒナカバ》セリ。世人唯其詩ノ高[二七]妙ナルコトヲ贊歎スルノミニテ、其精粗ヲ分ツコト能ハズ。是レ唯虚[二八]聲ニ吠《ホユ》ルノミニシテ、其實ヲ知ラザレバナリ。陶詩モ、善キ詩ハ皆心ヲ用ヰテ、鍛錬セシモノト見エタリ。其粗作ハ皆意ヲ用ヰザルモノナリ。此處ハ古今別ナシ。俗人ハ、淵明ナドハ詩ニ心ヲ用ユル人ニ非ズ、只口ニ任セテ言ヒタルガ、自然ニテ善キコトト思ヘリ。詩ヲ知ラザルノ至リナリ。

陶詩ノ妙、其辭ヲ古ニシテ、其趣ヲ新ニスルニ在リ。其四言[二九]ハ三[三〇]百篇ヲ摸ス。而シテ風[三一]神大ニ異ナリ。今其一二ヲ擧《アゲ》テ言ハンニ、「有レ酒有レ酒。間ニ飲ス東窓一」

停雲 [三二]停雲靄々、時雨濛々、八表同昏、平陸成レ江、有レ酒有レ酒、間ニ飲東窓一、願言懐レ人、舟車靡レ従

マタ「有レ風自レ南。翼ニ彼新苗一」

時運 [三三]邁々時運、穆々良朝、襲ニ我春服一、薄言東郊、山滌ニ餘靄一、宇曖ニ微霄一、有レ風自レ南、翼ニ彼新苗一

上ノ二句ハ其マヽノ詩經ナリ。下ノ二句ハ詩經ニ似タリト云フベキヤ[三四]。五[三五]尺ノ童子ト雖モ、其類セザルコトヲ知ル。是レ

二一 生れながらの才能。 二二 中御門帝(将軍は吉宗)の年号(一七一六—一七三六)。享保年代。 二三 李攀竜《りはんりよう》。字于鱗、号滄溟。明の文人。官は河南按察使。詩文で古文辞擬古の風を主唱した。荻生徂徠が、この風を尊び学んで、享保期詩文壇を風靡した(明史、二八七など)。 二四 近頃の人。 二五 陸游《りくゆう》。字務観、号放翁。宋の詩人。官は宝章閣待制。蘐園擬古風の反動で、近世詩壇に宋詩風が盛んになった時、その清新の詩風が最もよろこばれた(宋史、三九五など)。 二六 和刻(寛文四年刊)陶靖節集一〇巻の中、詩は三巻に収まって、百三十首程。 二七 常人に及ばぬ程に巧妙なこと。六橋記聞、九に、その精粗を示す。↓補三。 二八 「一犬虚ニ吠ユレバ、万犬実ヲ伝フ」の類である。一人がでたらめを云うと、衆人が之に応じて、事実として伝えること。 二九 四言詩。陶靖節集、一に収まる。詩経に多い古詩の一体。↓補四。 三〇 詩経所収の詩のこと。三百はその概数。論語にも「詩三百、一言以蔽レ之、曰思無レ邪」。 三一 詩文の気韻。六橋記聞、七に「陶之四言、亦自ニ三百篇一来、唯是気韻不レ同」。 三二 「停雲靄々(アイアイ)タリ、時雨濛々タリ、八表同ジク昏(クラ)フシテ、平陸江ト成ル、酒有リ、酒有リ、東窓ニ間飲(=しずかに飲む)ス、願(ネガ)ニ言(ワレ=我)人ヲ懐フ、舟車従フコトナシ」(和刻本による訓)。 三三 「邁々(マイマイ)タル時運、穆々タル良朝、我ガ春服ヲ襲(オソ)ヒテ、薄(コヽ)ニ言(ワレ)東郊ニス、山余靄ヲ滌(アラ)ヒ、宇(ソラ)微霄ニ曖(クモ)レリ、風有リ南ヨリス、彼ノ新苗ヲ翼(ハゴク)メリ」(和刻本による訓)。 三四 初刷「ベシ」。三版によって改。 三五 小さい子供。

陶ガ古ヲ學ブニ長ズル所ニシテ、所謂不即不離[一]ト云フモノナリ。五古[二]ハ漢魏[三]ヲ學ンデ、風神又異ナリ。是モ四言ニ準ジテ知ルベシ。歸去來辭[四]、楚辭[五]ヲ學ンデ其神[六]マスマス異ナリ。「[七]雲無レ心以出レ岫。鳥倦レ飛而知レ還」ナド、屈原[八]・宋玉[九]ニ似タリヤ。其體イヨイヨ古ニシテ、其趣イヨイヨ新ナリ。是レ陶ガ妙處ノ一ナリ。

田園[一〇]ノ趣ヲ寫スコト、陶ニ始マレリ。漢魏[一一]ノ詩ハ、其述ブル處、大抵富貴[一二]聲[一三]色ノ樂、生死離別ノ感ノミナリ。陸機[一四]ガ文賦[一五]ニモ、「詩縁《ヨリテ》[一六]レ情而綺靡《キビ》[一七]」ト云ヘリ。乃チ此ノ處ヲ斥《サ》[一八]スナリ。晉人ニ至リテ、稍ゝ玄遠[一九]ノ旨ヲ加フト雖モ、畢竟綺靡ヲ脱セズ。淵明ニ至リテ、始メテ田園間適《カンテキ》[二〇]ノ景ヲ寫ス。上ハ漢魏ヲ越エテ、豳風《ヒンプウ》[二一]・小雅[二二]ノ諸篇ニ接シ、下ハ唐宋ノ人ノ粉本[二三]トナル。是亦陶詩ノ古今ニ獨歩スル所以ナリ。

陶詩ハ旨趣平淡[二四]ナレドモ、聲調瀏湸《リウリヤウ》[二五]タリ。故ニ朱子[二六]モ、「[二七]詩健《ケンニシテ》[二八]而意間[二九]」ト評シタリ。詩ノ健ナルハ、卽チ調ノ瀏湸タルナリ。意間ナルハ、卽チ旨ノ平淡ナルナリ。天[三〇]ヲ樂ミ、命ニ安ンズ。旨ノ平淡ナル所以ナリ。英氣[三一]中ニ存ス、調ノ瀏湸タル所以ナリ。凡ソ詩ハ色[三二]ト聲トノ二ナリ。其色淡ナルモノハ、其聲響アルベシ。淵明・浩然ガ如キ是ナリ。其聲和スルモノハ、其色濃カナルベシ。摩

一　つかずはなれず。二　五言古詩。陶淵明の詩の大半はこの体である。三　漢時代・魏時代。共に古代中国の王朝。四　淵明が彭沢の県令であるを恥じて、故郷へ帰り引籠った時の文章。辞は文の一体。五　楚の屈原とその門下の賦辞に、後人の作を加えた中国古代の文集。一七巻。六　風神に同じ。前出(三五七頁注三一)。七　帰去来辞の文句「雲心無クシテ以テ岫ヲ出デ、鳥飛ブニ倦ミテ而シテ還ルコトヲ知ル」。八　名平、字原、号霊均。楚の大夫となったが、讒に逢うこと多く汨羅に投身自殺した。離騒等の作が楚辞に所収(史記、八四)。九　屈原の弟子で楚の大夫。招魂・好色賦などの文章がある(楚辞など)。一〇　「帰二園田居一五首」などによりいう。一一　文選・玉台新詠集などに所収。一二　文選の分類によるも、公讌・游覧・詠懐・哀傷・贈答の作が多い。一三　礼記の注「声色者、歌舞華麗之事」。一四　晋の文人。字士衡。官は平原内史に至る(晋書、五四)。一五　文選、一七所収の一種の文学論(鈴木虎雄著、支那詩論史など参照)。一六　李善注「詩以言レ志、故曰レ縁レ情」。一七　花やかで美しい。一八　字典に「斥ハ指也」。一九　幽玄な趣。二〇　心静かに平安な趣。二一　詩経国風の一。豳の地の農事の詩が中心をなす。二二　詩経の詩体の一。農事に関する詠を含む。二三　手本。二四　おだやかで淡白なさま。この条と同意の文、燈下記聞、二にもある(補注二二参照)。→補五。二五　清く明らかなさま。二六　朱熹。宋の大儒。字元晦。号晦庵など(宋史、四二九など)。二七　陶靖節集の総論にある評。→補六。二八　すこやか。強い。二九　静か。三〇　天命即ち運命にまかせて、安閑無為に、その境遇を楽しむ。帰去来辞に「楽二夫天命一復奚疑」(易に「楽天知命」)。三一　すぐれた気象。三二　表現のつやと声調。

詰・蘇州ガ如キ是ナリ。是等ノ事、人々ノ容易ニ辨識スベキコトニ非レドモ、陶詩ノ妙ヲ論ズルニ因リ、少シク其旨ヲ洩スモノナリ。

王摩詰ガ詩ハ、陶[三三]ヲ學ビタルモノナリ。其佳句多クハ陶ガ語ヲ敷衍《フエン》[三四]セリ。孟[三五]子ノ論語[三六]ノ義ヲ述べ、莊[三七]子ノ道[三八]德經ヲ述ベタルガ如シ。其[三九]句ハ予ガ隨筆ニ一二ヲ擧ゲタリ。故ニコヽニ略ス。王ハ景ヲ寫スニ巧ナリ。古人之ヲ「詩[四〇]中有レ畫」ト云ヘリ。予ガ見ル所ヲ以テスルニ、古今景ヲ寫スノ妙ハ、少[四一]陵・摩詰ノ二家ヲ最トス。

杜[四二]・王皆景ヲ寫スニ巧ニシテ、其趣同ジカラズ。杜ハ體[四三]物ニ精シ。風雲雨雪ヨリシテ、草木禽蟲ニ至ルマデ、皆其體貌ヲ寫シ、又其精神ヲ寫ス。形容微細ニシテ、毫釐《ガウリン》[四四]ヲ極メタリ。王ガ景ヲ寫スハ、寫[四五]意ヲ主トシテ、微細ニ及バズ。貴ブ所ハ風神ニ在リ。其一二ヲ擧グレバ、杜ガ「穿《ウガツ》[四六]レ花蛺蝶深々見。點レ水蜻蜓《セイテイ》款々《クワンクワン》飛」。是レ其意蝶ト蜻[四七]蜓トノ情態ヲ形容シテ、其精微ヲ極ムルニ在リ。王ガ「漠々《バクバク》[四八]水田飛二白鷺一。陰々夏木囀二黄鸝《クワウリ》一」ハ、其意鷺ト鸎《ウグヒス》ニ在ルニ非ズ、只水田林木ノ夏景愛スベキヲ寫スニ在リ。杜ガ「返[四九]照入レ江翻《ヒルガヘリ》二石壁一。歸雲擁レ樹ヲ失二山村一」ハ、是レ返照歸雲ヲ形容スルモノナリ。王ガ「雲裡《ウンリ》[五〇]帝城雙鳳闕《サウホウケツ》[五一]。雨中春樹萬人家」ハ、雲ト雨トヲ形容スルニ非ズ、唯春望ノ賞スベキヲ云フノ

三三 陶靖節集の総論に「陳后山又曰、右丞・蘇州、皆学レ陶正得二其自在一」。 三四 のべひろげる。 三五 四書の一。史記の孟軻の伝に「述二仲尼(孔子)之意一、作二孟子七篇一」。 三六 四書の一。孔子とその門人の遺語集。 三七 荘周著。老荘家の古典。史記の荘周伝に「其要本二帰於老子之言一」。 三八 老子のこと。老荘家の古典。老耳(老聃)著。 三九 この条と同意のこと、六橋記聞、四に見える。↓補七。 四〇 詩林広記、五「東坡云、味二摩詰之詩一、詩中有レ画、観二摩詰之画一、画中有レ詩」(詩人玉屑、一五にも)。 四一 杜甫。盛唐の詩聖。字子美。号少陵。官は検校工部員外郎に至ったので、杜工部とも称せられる(旧唐書、一九〇・新唐書、二〇一)。 四二 杜甫・王維。 四三 物の特性や心情を理解するを云う。陸機の文賦に「賦体レ物而瀏亮」(李善注「賦以陳レ事、故曰レ体レ物」)。 四四 きわめて些細な点にまで至っている。 四五 形よりも、その精神を写し出すこと。 四六 「花ヲ穿ツ蛺蝶ハ深々トシテ見エ、水ニ点スル蜻蜓(=とんぼ)ハ款々(=ゆるやか)トシテ飛ブ」。穿花は花間をぬって飛ぶさま。点水は水面を尾でたたくさま。「曲江二首」の二の一句。↓補八。 四七 底本「蜻蜒」。原詩によって改。 四八 「漠々タル水田白鷺飛ビ、陰々タル夏木黄鸝(=黄色い鶯)囀ズ」。「積雨輞川陰荘作」中の句。↓補九。 四九 「返照(=夕日の輝き)江ニ入リテ石壁ニ翻リ、帰雲(=夕方山の方に行く雲)樹ヲ擁シテ山村ヲ失ス」。「返照」の一句。↓補一〇。 五〇 「雲裡ノ帝城双鳳闕、雨中ノ春樹万人ノ家」。「奉下和二聖製従二蓬萊一向二興慶閣一道中留レ春雨中春望之作上応レ制」(正徳四年刊和刻唐王右丞詩集による)の一句。↓補一一。 五一 二つの鳳闕。鳳闕は銅製の鳳凰を上においた宮中の門。漢の武帝の営んだ建章宮にあった(史記、武帝紀)。

ミ。其他皆然ラザルハナシ。詩ヲ學ブ者、二家ノ佳句ヲ熟讀シ、又其立意ノ同ジカラザル所ヲ味フベシ。

王ハ諸體皆長ゼリ。其詩李[一]・杜ニ及バズト雖モ、亦相抗スルニ足レリ。清人[二]ニ唐人ヲ品シテ、李・杜・王ノ三家ヲ主トスル者アリ。其言過譽[三]ニ非ザルナリ。

孟浩然ガ詩ハ、其才力[四]遙ニ摩詰ニ劣レリ。然レドモ、風神高邁《カウマイ》[五]ノ處ハ殆ド王ヲ憑凌《ヒヨウリヨウ》[六]セリ。是レ千古王・孟ヲ以テ並べ稱スル所以ナリ。

孟ハ五言[七]ニ長ジテ、七言ニ長ゼズ。王ガ諸體具足スルニ如カズ。其風神ハ淵明ニ近シ。但シ具レ體而微[八]トヤ云ハン。

孟ガ五律、古詩[九]ヲ以テ律體トスルモノ多シ。「挂《カケテ》レ席幾千里」[一〇]晩泊二潯陽一望二爐峰一 挂レ席幾千里、名山都未レ逢、泊レ舟潯陽郭、始見香爐峰、嘗讀二遠公傳一、永懷二塵外蹤一、東林精舍近、日暮但聞レ鐘、「挂レ席東南望」[一一]舟中曉望 挂レ席東南望、青山水國遙、舳艫爭二利渉一、來往任二風潮一、問レ我今何適、天台訪二石橋一、坐看霞色曉、疑是赤城標、ノ二篇ノ如キ、人或ハコレヲ以テ古詩[一二]トスルモノハ非ナリ。古調ヲ以テ律體ヲ作ルコト、孟ガ獨得ノ妙處ナリ。若シ古詩トスレバ、律體ニ近クシテ、古ヲ失ヘリ。律トスレバ、古色アリテ賞スベシ。其他ノ詩モ皆古意ヲ帶ビタリ。是レ孟ガ陶ニ亞《ツ》ギ、王ニ配スル所以ナリ。

韋蘇州ガ詩モ陶[一三]ニ本《モトヅ》ケリ。最モ五古[一四]ニ長ゼリ。專ラ文選[一五]ヲ學ビタルモノニシテ、六朝《リクテウ》[一六]ノ遺音アリ。其近體ハ大暦《タイレキ》[一七]ノ調ニシテ、初テ盛唐[一八]ヲ變ジテ中唐[一九]トナス

一 李白。盛唐の詩仙。字太白、号青蓮など。玄宗の翰林に供奉したので李翰林と称される(旧唐書、一九〇・新唐書、二〇二)。二 清の徐増の徐而庵詩話に見える説。→補一二。三 ほめ過ぎ。四 詩林広記、八「后山詩話云、東坡謂、浩然詩韻高、才短、如下造二内法酒一手上、而無二材料一耳」(詩人玉屑、一五にも)。この条と同意の文、六橋記聞、九に所収。→補一三。五 高く衆にすぐれたこと。詩林広記は呂氏童蒙訓の、孟浩然の詩を「高遠」とする文を引用する(詩人玉屑、一五にも)。六 正しくは憑陵。しのぐこと。七 孟浩然集の王士源の序(湖北先正遺書所収本)に「五言詩、天下称其尽美矣」。説詩晬語、上の五言律について「王摩詰孟浩然之自得」。八 孟子の公孫丑上篇「昔者竊聞レ之。子夏。子游。子張皆有二聖人之一体一。冉牛。閔子。顔淵。則具レ体而微。敢問レ所レ安」(集註「具レ体而微。謂下有二其全体一。倶未中広大上」)。九 五言古詩の調で、五言律詩を作るもの。一〇 文字若干異同があるが、孟浩然集によって書下す。「晩ニ潯陽(ジンヤウ=江西省の九江)ニ泊シテ香爐峰ヲ望ム。席ヲ掛ケテ幾千里、名山都ベテ未ダ逢ハズ、舟ヲ潯陽ノ郭ニ泊メテ、始メテ香爐峰ヲ見ル、嘗ツテ遠公(=恵遠)ノ伝ヲ読ミ、永ク塵外ノ蹤(アト)ヲ懐ム、東隣精舎近シ、日暮レテ空シク鐘ヲ聞ク」。一一「舟中ノ暁望。席ヲ掛ケテ東南ニ望メバ、青山水国遥ナリ、舳艫利ヲ争ヒテ渉リ、来往風潮ニ接ス、我ニ問フ今何クニカ適ク、天台石橋ヲ訪ヒ、坐シテ看ル霞色ノ晩、疑フラクハ是レ赤城標」(詩林広記所収は「訪天台」と題し、赤を石)。一二 孟浩然集は前の詩を五言古詩に分類する。一三 三五九頁注三三・三六九頁参照。→補一四。一四 詩人玉屑、一五に白楽天の言を引き「其五言詩、又高雅閑澹、自識二一家之体一」。

モノナリ。

陶・韋並ビ稱スルコト、白香山[二〇]ニ始マレリ。韋・柳並ビ稱スルハ、蘇東坡[二一]ニ始マリシナルベシ。何レモ善ク配合[二二]シタルモノニテ、古人識鑒《シキカン》[二三]ノ明カナルコト、嘆稱スルニ餘リアリ。

陶・韋相似タル處ハ、沖澹《チユウタン》[二四]間遠[二五]ノ趣ナリ。其別ヲ言ハヾ、陶ハ清、韋ハ和、陶ハ淡、韋ハ濃ナリ。之ヲ徳行ニ譬フレバ、陶ハ伯夷[二六]ニ似タリ。韋ハ柳下惠[二七]ニ似タリ。陶詩ヲ學ブ者、或ハ枯槁《コカウ》[二八]ニ墮《オチイ》ルコトアリ。韋詩ハ極メテ滋潤《ジジユン》[二九]ナリ。若シ專ラ韋ヲ學ブトキハ、弱ニ墮ルノ病アリ。陶・韋兼學ブトキハ、交《コモゴ》モ相補フテ其宜ヲ得ベシ。

韋蘇州[三〇]ガ集極メテ誤字多シ。故ニ詩中ニ語ヲ成サザル所往々アリ。予韋ノ詩ヲ抄スルニ、頗ル改竄《カイザン》[三一]スル所アリ。必ズシモ作者ノ眞ニ非ズト雖モ、坊本《バウホン》[三二]ノ誤アルニハ勝レリ。

王[三三]・韋並ビ稱スルコトモ往々ニ見エタリ。是レ何レモ沖澹ノ中、溫麗[三四]ヲ帶ビタル所ヨリシテ、稱スルモノナリ。韋ガ才力ハ遠ク王ニ及バズ。然レドモ五古[三五]ハ却テ勝レリ。王ガ五古ハ、俊爽[三六]ニシテ古色ニ乏シ。全ク唐韻[三七]ナリ。韋ハ古拙ニシテ、六朝[三八]ノ遺音ヲ帶ビタリ。韋ガ近體ハ、王ガ雅健[三九]ナルニ及バズト雖モ、

隠居詩話を引き「韋応物古詩、勝二律詩一」。一五 梁の昭明太子蕭統編。周から梁までの詩文の集。三〇巻。一六 後漢滅亡から隋の統一の間に興亡した呉・東晋・宋・斉・梁・陳の六王朝。またその時代。韋詩に六朝詩の趣があった。↓補一五。一七 唐の代宗の年号(七六六—七七九)。一八・一九 唐詩の歴史を四分して、初・盛・中・晩と分けるその一。↓補一六。二〇 白居易。中唐の詩人。字楽天、号香山居士、諡文。官は刑部尚書(旧唐書、一六六・新唐書、一一九)。↓補一七。二一 蘇軾《そしよく》。字は子瞻、号東坡、諡文忠。宋の詩人・文人。官は端明殿翰林侍読両学士(宋史、三三八など)。↓補一八。二二 とり合せた。二三 物事の本質を見きわめること。二四 和にして淡なるさま。↓補一九。二五 静かで奥深いさま。二六 孤竹君の子。殷周の間、父の意により位を弟叔斉に譲ったが、弟もこれをさけ、共に周代になって臣道に非ざるを諫め、周の禄を食せず首陽山に餓死した(史記、六一)。二七 本名は展禽。春秋時、魯の賢人。孟子の万章下篇に「孟子曰、伯夷、聖之清者也…柳下恵聖之和者也」(集註に「張子曰。無レ所レ雑者清之極。無レ所レ異者和之極。勉而清。非二聖人之清一。勉而和。非二聖人之和一。所謂聖者。不レ勉不レ思而至焉者也」)。二八 生気のないさま。↓補二〇。二九 うるおいの豊かなこと。また光のあること。三〇 韋蘇州集、後序に「韋詩潤者如石」。三〇 宝永三年三月刊村上勘助・並河次郎兵衛・駒井五郎兵衛彫刻とした和刻本一〇巻五冊の須渓先生校本韋蘇州集のこと。この本には校合のあともあるが、不明で□印をした所も多い。現存する淡窓手沢本には約二〇カ所の文字の訂正がある。三一 字句を改めなおす。三二 市中一般に刊行されている本。三三 三五九頁注三三参照。↓補二一。

三四 おだやかに美しいこと。 三五 前出(三六〇頁注一四)。 三六 才智の高明にひいでたさま。 三七 唐代の気韻。 三八 前出(三六〇頁注一六)。 三九 上品で力づよいさま。

一 やさしく美しいこと。王・韋の詩評は歳寒堂詩話にも見える。 二 中国・日本でも韓文・柳文を合せて出刊する程。 三 唐柳河東集全五三巻中、四二・四三の二巻に収まる。 四 つくり方。洪駒父詩話が「江雪」の詩評に「此詩信有レ格也」。 五 韓愈の詩。 六 韓愈。唐の文人。字退之、諡文。死後、礼部尚書・昌黎伯を贈る(旧唐書、一六〇・新唐書、一七六)。→補二二。 七 →補二三。 八 前出(三六〇頁注一六)。 九 前出(三六一頁注二四)。 一〇 ▽前条の後半とこの条と同意の文が六橋記聞、七にある。 一一 →補二四。 一二 温柔敦厚に通じて、礼記に「温柔敦厚詩教也」とある主旨のこと。 一三 戦国魏の宰相。呂氏春秋は商文。 一四 戦国の軍師。呉子の著者(史記、六五)。→補二五。 一五 補注一八参照。この条と同意の文、六橋記聞、七及び一〇にある。 一六 風姿。 一七 きびしくおごそかなさま。 一八 陶靖節集、総論などに所見。「詩ヲ学ブニハ須ク陶柳ガ門庭ノ中ヨリ来ルベシ。乃チ佳シ。然ラズンバ以テ蕭散(=蕭条閑散の趣)沖澹ノ趣ヲ発スルナク、塵埃ニ局促(=かがまっている)スルヲ免レズ。古人ノ佳処ニ到リ得ルニ由《ヨシ》ナシ」。→補二六。 一九 六橋記聞、五に「大人近来論レ詩。有ニ三祖一宗之目一。淵明・柳州・蘇州為レ祖。東坡為レ宗」。 二〇 品さだめの批評。 二一 高啓。明の詩人。字季迪、号青邱。元史の編修などしたが、後に刑死(明史、二八五など)。 二二 趙翼。清の詩人・史学者。字雲崧、号甌北。官は安定書院主講(清史稿、四九〇など)。その

優婉《イウエン》[一]ノ趣ハ勝レリ。

柳子厚ハ文ニ長ジタル人ニシテ、韓[二]・柳並ビ稱スルコト、古今ノ通論ナリ。詩ハ全ク文ノ餘事ナリ。集中[三]ノ詩僅ニ百六十餘首アリ。然レドモ其結構[四]精密ナルコト、言語ニ絶ヘタリ。古人之ヲ韓詩[五]ニ配シ、或ハ韓[六]ガ上ニ在リト云ヘリ。韋[七]・柳並ビ稱スルコトハ、二家皆古詩ニ長ジ、皆六朝[八]ヲ學ビ沖澹[九]ヲ旨トスル所、相似タルガ故ナリ。

柳[一〇]ガ才ト學ト、固ヨリ韋ガ及ブベキ所ニ非ズ。然レドモ韋ガ詩[一一]ハ天然ノ妙處、人工ヲ假《カ》ラザル所アリ。且ツ溫厚[一二]和平ノ旨ニ叶ヘリ。故ニ人往々之ヲ柳ヨリ勝レリトス。之ヲ人才ニ譬フレバ、田文[一三]ガ呉起[一四]ニ勝レルノ類ナルベシ。

陶・柳並ビ稱スルコトアリ。東坡[一五]ニ始マリシナルベシ。是レ平淡淸遠ノ中、風骨[一六]峻峭《シユンセウ》[一七]ナル處アルヲ取リテ、稱スルモノナリ。朱子曰。「學[一八]レ詩須《スベカラク》下從ニ陶柳門庭中ニ來上。乃佳。不レ然無三以發ニ蕭散沖澹之趣一。不レ免レ局《キヨクソク》三促於ニ塵埃一。無レ由レ得レ到ニ古人佳處一也」ト、予極メテ此語ヲ愛ス。嘗テ此語ヲ書シテ、座右ニ掛ケタリ。是レ人ノ予ガ五家ヲ宗トスルノ說アル所以ナリ。又嘗テ陶ヲ以テ祖トシ、王・孟・韋・柳ヲ宗トシ、一祖四宗[一九]ノ言アリ。是レ其流派ノ傳來スル所ヲ品評[二〇]スルモノニシテ、我詩ノ祖宗トスルニハ非ズ。聞ク者誤リ認ムベカラズ。

問　[二一]高青邱ガ詩、明朝第一ナル由、妙處如何。又諸體ノ長短如何。

高青邱ガ詩、明朝第一タルコトハ、[二二]趙甌北ノ説ナリ。予ハ明人ノ集ヲ盡ク讀ミタルニハ非ズ。然レドモ、一代ノ大家[二三]李・[二四]何・[二五]王・[二六]李・[二七]徐・[二八]袁・[二九]鍾・[三〇]譚(タン)ナドノ集ノ抄錄セシモノヲ讀ミテ、其[三一]一班ヲ窺フニ、其體皆[三二]一偏ニシテ、中正ナラズ。高ガ[三三]純粹中正ナルニ如カズ。コレニ由リテ、趙ガ説ノ[三四]誣言(フゲン)ニ非ルコトヲ知レリ。[三五]明人ノ詩ハ皆門戸ヲ張リ、同調ヲ誘引シ、己レニ異ナルヲ排撃(ハイゲキ)シテ、勝ツコトヲ求ムルヲ主トセリ。是レ其體ノ一偏ニ流ル、所以ナリ。[三六]高ガ時マデハ、未ダソレ等ノ事アラズ。故ニ中道ヲ得タリト思ハル。

高ガ詩ハ、[三七]七古・七律最モ長ゼリ。五古・五律之ニ次グ。絶句ハ其所長(チヤウズルトコロ)ニ非ズ。

問　先生[三八]論レ詩詩ノ結末ニ、「[三九]誰明二[四〇]六義(リクギ)要一。以起二一時衰一」トアリ。如何ナル處ヲ以テ、今時ノ衰ヲ起シ玉フヤ。

予ガ詩ヲ論ズルノ詩ハ、二十年前ノ作ナリ。此時壯年ノ[四一]客氣(カツキ)未ダ除カズ、一家ノ説ヲ唱ヘテ、當世ノ弊風ヲ矯(タ)メントスルノ意アリ。[四二]關・島二子ニモ、其旨ヲ喩(サト)セリ。故ニ一時ノ衰ヲ起スノ言アリ。今ハ其念斷(タエ)テナシ。夫レ詩ハ人々ノ[四三]志ヲ言フモノナリ。[四四]人心不レ同若二其面一ナレバ、詩モ隨テ不同アルベキコト

説はその著甌北詩話、八にのる。→補二七。
二三 李夢陽(りぼうよう)。明初七才子の一。字献吉、号空同。官は江西提学副使(明史、二八六)。
二四 何景明。明初七才子の一。字仲默、号大復。李夢陽と並称される(明史、二八六)。
二五 王世貞。後の七才子の一。字元美、号弇州。官は刑部尚書。李攀竜と並称される(明史、二八七)。　二六 李攀竜。前出(三五七頁注二三)。
二七 徐渭。明中葉の詩人・文人。字文長、号青藤など(明史、二八八)。
二八 袁宏道。公安派の中心詩人。字中郎、号石公。官は稽勲郎中(明史、二八八)。
二九 鍾惺(しょうせい)。竟陵派の詩人。字伯敬、号退谷、室を隠秀軒。官は福建提学僉事(明史、二八八)。
三〇 譚元春。竟陵派の詩人。字友夏、室号は嶽帰堂(明史、二八八)。　三一 少部分。　三二 一方にかたよること。　三三 どちらにも片よらず、過不及ないこと。→補二八。　三四 つくりごと。
三五 それぞれ主張をもって一家をなし。前後七才子の擬古格調派に対して、公安派の性霊軽俊の説、次いで竟陵派の幽深孤峭の主張が出るなどをさす(鈴木虎雄著、支那詩論史・青木正児著、支那文学思想史など参照)。→補二九。　三六 高啓の時代は前七才子より以前。　三七 →補三〇。
三八 淡窓の遠思楼詩鈔(初篇)、上にある詩。→補三一。　三九 「誰カ六義ノ要ヲ明カニシテ、以テ一時ノ衰ヲ起サンヤ」。
四〇 詩経の六義(風・賦・比・興・雅・頌)。ここは六義要で詩の本義の意。
四一 はやる気象。血気。
四二 小関長卿・中島子玉。補注三一参照。
四三 書経の舜典に「詩言レ志、歌永レ言」。
四四 「人心ノ同ジカラザルコト、其ノ面ノ如シ」。左伝の襄公三十一年の条の語。→補三二。

ナリ。世ノ一家ヲ成ス者、己レ一人ノ好ム所ヲ以テ、之ヲ天下[一]ニ施《ホドコ》サントス。其說ニ從フ者ハ、同調《ドウテウ》[二]ト稱シテ、之ヲ親ムコト、兄弟ノ如ク、其說ニ從ハザル者ハ、之ヲ排擊《ハイゲキ》シテ、仇讐《キウシウ》[三]ノ如シ。是レ明朝[四]以來門戶ヲ分ツノ惡習ニシテ、我[五]邦ニ傳染シ、其風マスマス甚シ。當世ノ詩ハ、如何ニモ其體下リテ、風雅[六]ノ旨ヲ失フコト多シ。然レドモ之ヲ嬌《タ》メントスルトキハ、必ズ一偏[七]ノ說ヲ唱ヘザルコトヲ得ズ。是尤《トガ》[八]メテ之ニ倣《ナラ》フト云フモノナリ。故ニ予ハ只予ガ好ム所ニ從フノミ。廣ク世人ヲ誘《サソ》ヒテ、予ガ說ニ從ハシムルノ意ナシ。若シ人予ガ好ム所ト同キモノアラバ、予ニ從フモ可ナリ。若シ好ム所同ジカラザレバ、門人トテモ强テ同フス可ラズ。抑〻正德[九]・享保[一〇]ノ詩ハ、格調[一一]アリテ性情ナク、天明[一二]以後ノ詩ハ、性情[一三]ヲ主トシテ、格調アルコトヲ知ラズ。是レ皆一偏ニシテ、中ヲ得ザルモノナリ。予ガ好ム所ハ、性情[一四]ヲ主トシテ、格調ヲ廢セズ、二ツノモノヽ中ヲ取ルナリ。享保[一五]ハ明ヲ學ビ、天明ハ宋ヲ學ブ。予[一六]ハ唐人ヲ主トシテ、宋明ヲ兼用ス。是レ予ガ好ム所ナリ。然レドモ天下ニ廣ク流行スル說ハ、其說必ズ淺[一七]近ニシテ一偏ナリ。如レ此[一八]ナラザレバ、中下等ノ人ヲ引キ入ル、コト能ハズ。予ガ如キ漠然タル說ハ、迚《トテ》モ人ノ耳ニ入ラズ。是亦子莫《シバク》[一九]ガ中ヲ執リテ、權ナキノ類ナルベシト、自ラ一笑シテ止ミヌ。

一 世間全般にこれを行うように志す。
二 主義主張を同じくすること。また、その人。
三 あだかたき。
四 前出(三六三頁注三五)。
五 蘐園の徒が、古文辞を唱えて、他を排撃して以後、新しい詩人達が出現し、明の諸流派の影響で、蘐園詩風を攻撃し、詩壇は一時宋詩風に流れ、幕末では、晩唐・清、しかも一人の詩人の風を尊び模して、新しさをきそったを指す。
六 詩の本質を云う。
七 一つに片よった説。
八 人の非をとがめながら自分も同じ非を行うことの成語。左伝の襄公二十一年の条に「曰、尤而効レ之、其又甚焉」。
九 中御門天皇時の年号(一七一一―一七三六)。
一〇 前出(三五七頁注二二)。荻生徂徠らの古文辞の明詩風の流行した時。
一一 格律声調。正徳享保のこの風は云わば、表現を尊重したもので、これも明の擬古派の影響をうけたもの(鈴木虎雄著、支那詩論史参照)。
一二 光格天皇時の年号(一七八一―一七八九)。宋詩風が流行した時。
一三 詩経の大序の「吟詠情性」にもとづき、内容を尊重する風で、袁宏道の性霊派などの影響(鈴木虎雄前掲書参照)。
一四 内容を主として表現を兼備するの意見。随園詩話の説によるか。→補三三。
一五 前出(三五七頁注二一)。
一六 各時代を合せ用いる説も、随園詩話の説に同じ。補注三三参照。
一七 浅薄で、片よっている。
一八 明確に線を引いたようで、誰にもわかる、また真似ることの出来る説でなければ、識見の乏しい人に理解されない。
一九 孟子の尽心上篇に「子莫執レ中、執レ中為レ近

問　詩ハ禪ノ如シ。悟《サトリ》ヲ得ルニ在リト。小子輩如何ナル處ニ力ヲ著《オキ》テ、悟ヲ得ベキヤ。

詩ニ禪ヲ以テ譬トスルコト、嚴滄浪《ゲンサウラウ》[二〇]ニ始マレリ。凡ソ悟ト云フモノハ、禪ニ限ラズ、一切ノ事ニ在ルモノナリ。何事ニモアレ、其意味ノ心ニハ解スベクシテ、口ニハ言ヒ難キ所アルヲ、會得《エトク》シタル、即チ悟ナリ。故ニ悟ノ道ハ、師モ言ヲ以テ、弟子ニ授クルコト能ハズ。唯學人ノ精思[二一]ヨリシテ得ル所ナリ。若シ悟ヲ得ント欲セバ、精思研窮《ケンキユウ》[二二]スルノ外ナシ。予詩ヲ學ビシヨリ四十餘年、今日ノ得ル所、大抵悟入《ゴニフ》[二三]ナリ。然レドモ禪ノ所謂頓悟《トンゴ》[二四]ト云フガ如キコトハ稀ナリ。皆功ヲ積ンデ[二五]、自然ト其意ヲ得タルノミ。今悟ヲ得ント欲セバ、先ヅ古詩ヲ熟讀スベシ。乃チ李[二六]ガ飄逸[二七]トハ、何レノ處カ是レ飄逸、杜[二八]ガ沈鬱[二九]ハ、何レノ處カ是レ沈鬱、其他何レノ處カ是レ高古[三〇]、何レノ處カ是レ淸麗[三一]ト、古人ノ品目[三二]セシ所以《ユエン》[三三]ヲ考フベシ。如レ是ナレバ、其初ハ茫然《バウゼン》[三四]タレドモ、後ニハ言外[三五]ニ其旨ヲ得ルナリ。已ニ古詩ノ味ヲ悟レバ、己レガ詩ノ意味モ亦明カナルモノナリ。試《ココロミ》ニ己《オノ》レガ詩ヲ以テ、唐・宋・明・淸諸家ノ詩ト並べ讀ムベシ。其風神氣韻[三六]ノ同ジカラザル處、自ラ心中ニ了然《レウゼン》[三七]タラン。然レドモ之ヲ未熟ノ徒ニ喩《サト》スコトヲ得ズ。是レ我《ワガ》悟境ナリ。

レ之、執レ中無レ権、猶レ執レ一也」（集註に「子莫。魯之賢者也。知二楊墨之失一ロ中也。故度二於二者之間一而執二其中一。近。近レ道也。権。称錘也。所レ以下称二物之軽重一而取上ロ中也。執レ中而無レ権。則膠二於一定之中一而不レ知レ変。是亦執レ一而已矣」と）。

二〇　厳羽。宋の詩人。字儀卿、号滄浪（四庫提要、一六三など）。同人著、滄浪詩話（和刻三家詩話本による）の詩弁に「禅家者流、乗有二大小一、宗有二南北一、道有二邪正一、学者須下従二最上乗一、具二正法眼一、悟中第一義上、若二小乗禅声聞辟支果一、皆非レ正也、論レ詩如レ論レ禅、漢魏晋与二盛唐一之詩、則第一義也、大暦以還之詩、則小乗禅也、已落二第二義一矣、晩唐之詩、則声聞辟支果也。学下漢魏晋与二盛唐一詩上者、臨済下也、学二大暦以還之詩一者、曹洞下也、大抵禅道惟在二妙悟一、詩道亦在二妙悟一」。

二一　思念をこらす。　二二　研究する。調べ極める。

二三　悟によって会得したこと。

二四　突然に悟ること。

二五　長年努力して。　二六　李白。

二七　人事世間に超越して明朗なこと。古来、李白の詩趣とする所。唐詩品彙、総叙「李翰林之飄逸、杜工部之沈鬱」。滄浪詩話に「子美不レ能レ為二太白之飄逸一、太白不レ能レ為二子美之沈鬱一」。

二八　杜甫。

二九　気分の深く沈んださま。古来、杜甫の詩趣を云う言葉。

三〇　高雅で古風をおびているさま。

三一　清く美しいこと。

三二　品さだめ。　三三　理由。

三四　はっきりしないさま。

三五　口に出して現わすことは出来ないが。

三六　気品詩趣。　三七　あきらかなさま。

予詩ヲ推敲《スヰカウ》[一]スルニ就テ、悟入シタルコトアリ。予[二]ガ父ハ俳諧ヲ好メリ。其話ニ、或人生海鼠《ナマコ》ノ句ヲ作リテ曰ク、「板敷ニ下女取リ落ス生海鼠哉」。師ノ曰ク、「善シト雖モ、道具[三]多キニ過グ。再考スベシ」ト。乃チ改テ曰ク、「板敷ニ取リ落シタル生海鼠哉」。師ノ曰ク、「甚ダ善シ。然レドモ猶《ナ》ホ未《イマダ》シ」。其人苦吟[四]スレドモ得ルコト能ハズ。師乃チ改テ曰ク、「取リ落シ取リ落シタル生海鼠哉」ト。予此話ヲ聞テ、大ニ推敲ノ旨ヲ得ルコトヲ覺《オボ》フ。是モ亦悟ノ一端ナリ。

問[五]　詩ヲ學ブノ益ハ、孔子[六]ノ言ニ盡セリ。然レドモ今[七]ノ詩ハ、古ノ詩ニ非ズ。故ニ世儒[八]務メテ、其無用ヲ論ズ。如何心得ベキヤ。

或人嘗テ余ニ問フ、「吾子《ゴシ》[九]詩ヲ好ム。詩何ノ益アリヤ」。余曰ク、「吾子酒ヲ好ム。酒何ノ益アリヤ」。問者曰ク、「何ノ益ト云フコトナシ。唯吾《ワガ》性ノ好ム所ナリ」。余曰ク、「吾モ亦吾性ノ好ム所ナリ」ト。前ニモ云ヘル如ク、己レガ技藝ノ功能ヲ説キ立ルコト、卑《イヤシ》ムベキコトナリ。吾子詩ヲ好ムトモ、人ニ對シテ其功能ヲ説クコト勿レ。唯ダ自己ノ娯《タノシミ》ノ爲メト稱スベシ。然レドモ、他日後進[一〇]ヲ教育スルコトアランニ、詩ヲ以テ教ユルコトアルベシ。其時ノ爲メニ、詩ヲ學ブノ益ヲ論ズベシ。三百篇[一一]ノ功能ハ、聖人[一二]ノ言ニ昭々[一三]タレバ、今改《アラタメ》テ言フニ及バズ。後世ノ詩、其體變ズト雖モ、其時ニ當リテ、相應ノ益ハアルモ

一　詩文の字句をねり考えること(唐の賈島の故事から出た語。三七七頁注二〇に後出)。
二　広瀬貞恒。字君亨、称三郎右衛門、号周山など、俳号を桃秋。兄月化の跡をつぎ秋風庵二世でもあった。天保五年(一八三四)没、八十四。
三　材料。　四　苦心して詩歌を作ること。
五　▽この一条、夜雨寮筆記、三に見えて、「韶問テ曰」としてある。
六　春秋時代の人で、儒家の始祖。名は丘、字仲尼、謚文宣王(史記、四七など)。孔子の詩の益についての発言を拾えば、論語の季氏篇に「不レ学レ詩、無二以言一」。同泰伯篇に「興二於詩一、立二於礼一、成二於楽一」。同陽貨篇に「小子、何莫レ学二夫詩一、詩可二以興一、可二以観一、可二以群一、可二以怨一、邇レ之事レ父、遠レ之事レ君、多識二於鳥獣草木之名一」。同子路篇に「誦二詩三百一、授レ之以レ政不レ達、使二於四方一、不レ能二専対一、雖レ多亦奚以為」。礼記の経解篇に「温柔敦厚詩教也、…其為レ人也、温柔敦厚、而不レ愚、則深二於詩者一也」など。
七　孔子の云う詩は、詩経中の詩のことで、今の詩と相違する。
八　世間の儒者。藤森大雅の近世名家詩鈔序(如不及斎文鈔中)に「近日以来厭二其(=詩)無用一、唱為二経済実用之学一、於レ是海防有レ策、辺備有レ論、五尺之童、恥レ称二詞章一」と、幕末の詩についての一般の考えを述べている。
九　あなた。君。
一〇　後輩。　一一　詩経。
一二　孔子。　一三　きわめて明らか。
一四　楽府題の一。林東溟著、諸体詩則の唐人律絶楽府題略解に、平調曲の古題を襲うとある。内容は「征伐」で、軍旅の苦しさを述べるものである。例えば唐詩選の五言律詩に楊烱の、七言絶句に王昌齢の作がある。

ノナリ。先ヅ唐人ノ詩ニ就テ言ハバ、[一四]従軍行・[一五]塞下曲《サイカキヨク》ヲ讀ム時ハ、億萬ノ戰士、骨ヲ[一六]沙場ニ暴《サラ》スノ辛苦云フバカリナシ。人君若シ此旨ニ通ズレバ、[一七]邊ヲ開クノ事アルマジ。人臣此旨ニ通ズレバ、[一八]邊功《ヘンコウ》ヲ立ルノ望ハナスマジ。又[一九]宮怨ノ詩ヲ讀メバ、百千ノ宮女、[二〇]怨曠《エンクワウ》ノ者多キコト憫《アハレ》ムベシ。人君是ヲ知ラバ、縦《タト》ヒ色ヲ好ムトモ、[二一]無用ノ人ヲ取リ掠《カス》メマジ。人臣モ亦[二二]色荒《シキクワウ》ヲ以テ、君ヲ誘《ミチビ》クマジ。其他[二三]遷謫《センタク》ノ詩ヲ讀メバ、[二四]孤臣《コシン》・[二五]孼子《ゲッシ》ノ情ヲ知リ、[二六]亂離《ランリ》ノ詩ヲ讀メバ、[二七]蒼生《サウセイ》[二八]塗炭ノ苦ヲ知ル。繁華ノ景ヲ述ブルヲ見テハ、富貴ノ滛樂ニ耽《フケ》ルコトヲ知リ、[二九]間適ノ詩ヲ見テハ、賢者ノ世ヲ避ルコトヲ見ル。何レカ國ヲ治メ、家ヲ保ツノ[三〇]鑒戒ニ非ザラン。此ヲ以テ、後世ノ詩古ノ詩ト、差別ナキコトヲ知ルベシ。抑〻我邦ノ詩ハ、[三一]唐詩ノ國事ニ關係セシ程ノコトハナク、誠ニ書生ノ慰ミ物ナリ。然レドモ學ビタル程ノ益ハアルベシ。文字ヲ知ラザル人ハ論ナシ。吾子試ニ讀書ノ人ノ中ニ於テ、詩ヲ作ル人ト、詩ヲ好マザル人ト、異ナル所アルヲ見ルベシ。詩ヲ作ル人ハ[三二]溫潤ナリ、詩ヲ好マザル人ハ[三三]刻薄ナリ、詩ヲ作ル者ハ[三四]通達ナリ、詩ヲ作ラザル者ハ[三五]偏僻《ヘンペキ》ナリ、詩ヲ作ル者ハ[三六]文雅ナリ、詩ヲ作ラザル者ハ[三七]野鄙《ヤヒ》ナリ。其故何ゾヤ。[三八]詩ハ情ヨリ出ルモノナリ。詩ヲ好マザルハ、其人ノ[三九]天性ニ情少ナキガ故ナリ。若シ之ヲシテ詩ヲ學バシメバ、自然ト情ヲ生ズベケレドモ、已レ

一五 楽府題の一。唐になって出来た新題で、前出の略解に「辺詞」とある。辺境の兵士の心境を述べるもの。例えば唐詩選の五律に李白の、七絶に張仲素の作が見える。 一六 沙漠。

一七 外国を征伐すること。杜甫の「兵車行」に「武皇開レ辺意未レ已」。

一八 外国征伐での手柄。

一九 後宮の女性が、男子禁制の宮中で、春の憂いを述べる内容の詩題。唐詩選の七絶に司馬礼の作がある。

二〇 つれあいと共にいない怨。詩経の鄭注に「男曠而苦二其事一、女怨而望二其君子一」。

二一 不必要な女性。 二二 色情にふけること。

二三 官をおとされて、辺地へ流されること。

二四 君に見すてられた臣。

二五 庶子。親を離れた子。孟子の尽心上篇に「独孤臣孼子、其操レ心也危、其慮レ患也深」。

二六 国が乱れて人人が離散すること。 二七 人民。

二八 泥にまみれ、火で焼かれる如き、甚だしい苦しみ。

二九 閑居して静を楽しむこと。

三〇 いましめとなる手本。

三一 唐代では、詩は科挙の課目で、これによって官吏を登用したことを云う。滄浪詩話「唐以レ詩取レ士、故多二専門之学一」。

三二 おだやかで情味あること。

三三 むごくて薄情なこと。

三四 諸事に行きとどいていること。

三五 考えの片よりねじけていること。

三六 文化的である。みやびやかなこと。

三七 非文化的である。

三八 詩経の大序に「詩者志之所レ之也。在レ心為レ志。発レ言為レ詩。情動二於中一而形二於言一」。

三九 生れつきの性質。

ガ性ノ偏《カタクナ》ナル所ヨリシテ、勉强シテ學ブコト能ハズ。愈々《イヨイヨ》[一]無情ノ窟ニ墮ルモノナリ。凡ソ人ノ心中ヲ二ツニ分カテバ、意ト情トナリ。意ハ是非・利害ヲ判斷シテ、有益ノ事ハ之ヲ爲シ、無益ノ事ハ之ヲ爲サズ。是レ意ノ職[二]ナリ。サテ其無[三]益ト云フコトヲ知リツヽ、忍ビ難ク棄《ス》テ難キ所アルハ、是レ情ナリ。故ニ人ノ死ハ、歎キテ歸ラヌコトト知レドモ、悲哀ノ情ハ止マズ。憂《ウレヒ》ハ口ニ言ヒタリトテ、消ユルニハ非ザレドモ、必ズ口ニ言ヒ、樂《タノシミ》ハ心ニ樂ンデスムコトナレドモ、亦必ズ口ニ言フ。是レ人情ナリ。若シ無益ノ事ハ、一切思ハズ言ハザルヲ以テ善シトセバ、親ノ喪《モ》[四]トテモ、長キ月日ノ間勤ルニハ及バザルベシ。故ニ人ニシテ情ナキハ木石《ボクセキ》[五]ニ同ジ。詩文ノ道ニ於テ、文ハ意ヲ述ブルコトヲ主《ツカサド》リ、詩ハ情ヲ述ブルコトヲ主ル。故ニ無情ノ人ハ必ズ詩ヲ作ルコト能ハズ。作リテモ詩ニナラズ。此ノ如キノ人ハ、方正《ハウセイ》[六]端嚴《タンゲン》[七]ノ君子ナリト雖モ、其行事必ズ人情ヲ盡サザル所アルベシ。孔子曰ク、溫[八]柔敦厚ハ詩ノ教ナリト。溫柔敦厚ノ四字、唯ダ一[九]ノ情ノ字ヲ形容スルノミ。是レ予ガ弟子ヲシテ、詩ヲ學バシムル所以ナリ。吾子詩ヲ好ムガ故ニ、談此ニ及ベリ。愼《ツツシミ》テ門[一〇]外漢ト之ヲ言フコト勿レ。

問[一一] 一[一二]句一聯ノ妙處ハ、古人ノ論ヲ聞《キキ》テ之ヲ曉《サト》レリ。篇[一三]法ノ妙ニ至リテハ、未ダ窺《ウカガ》ヒ知ルコト能ハズ。願クバ其一端ヲ聞カン。

一 非人情の巣窟。
二 はたらき。
三 ▽服部南郭著、南郭先生燈下書に云う所と似ている。「詩人の情は左にはあらず、益なき事は我もしりて、思ひかへし〳〵すれども、ひたと心にかゝり、悲しみ憤りも出候余り、其情を詠歎して、せめて君親の万一も思ひかへし、人をあはれと感ずる様に、諷諫にも用ひ候事、是則風雅の情にて候。又たとへば友などに別るゝ時、平生の好みを思ひ出、別後の恨うさをなげき、共に涙を流してあはれを述るなど云様の事、宋以後理学計の目よりは、手ぬるき児女子の様に見え候事なれども、それすなはち風人の情にて候」。
四 死者をとむらう礼。
五 木と石。情を解さない人のたとえに云う。
六 心や行状の正しいこと。
七 正しくおごそかなこと。
八 礼記の経解篇に見える語。前出(三六六頁注六)。温柔敦厚は、柔和で篤実なこと。礼記の疏「温、謂ニ顔色温潤一、柔、謂ニ情性和柔一、詩依違諷諫、不ニ指ニ切事情一、故云ニ温柔敦厚詩教一也」。
九 伊藤東涯著、読詩要領も「詩以道ニ人情一」の主張するものであるが、「詩をよむときは、人情に通ずるゆへに、万事柔和にして、麁暴なる事なし」とこの四字を解している。
一〇 その事(ここは詩)に関心のない人。
一一 ▽この問に関する答の多くは、淡窓の書のいずれにあるか未詳。
一二 詩で相対する二句をよぶ称。
一三 一詩全体を構成する方法。三浦梅園著、詩轍、四に「篇法トハ、則詩ノ作リ方也。…篇法トハ一首全篇ノ法ナリ」。
一四 沈徳潜の説詩晬語、上に「漢魏詩。只是一気漢魏ノ詩ハ、皆篇法ノ妙ノミニテ、字句ヲ摘《ツミ》テ論ズ可カラズ。但シ其篇法ト云フモノ自然ニ出ヅ。人力ヲ以テ造作《ザウサク》スルニ非ズ。六朝[一四]以來始メテ佳句アリ、是ニ於テ句法・篇法ノ説アリ。畢竟一篇ノ妙處ト云フモノハ、論ジ難キモノナリ。今强《シヒ》テ其一二ヲ擧ゲンニ、陶淵明ガ「採レ菊東籬下。悠然《イウゼン》見二南山一」[一五]雜詩 [一六]結レ廬在二人境一、而無二車馬喧一、問レ君何能爾、心遠地自偏、採二菊東籬下一、悠然見二南山一、山氣日夕佳、飛鳥相與還、此中有二眞意一、欲レ辨已忘レ言、ノ二句ヲ、古今[一七]佳句ト稱スレドモ、實ハ此十字ノミニテハ何ノ妙モナシ。前ニ「結[一八]レ廬在二人境一。而無二車馬喧一。問レ君何能爾。心遠地自偏」ト、四句問答ヲ設ケテ、身塵[一九]中ニ在リテ、心塵[二〇]外ニ遊ブコトヲ敍ブ。是レ虛敍[二一]ナリ。採菊以下ノ六句、一時ノ景ヲ寫シ、以テ前ノ言ヲ實ニス。是レ實敍[二二]ナリ。若シ採菊ノ二句ヲ初ニ置テ、後半虛敍ヲ用ユルコトナレバ、誰モ能スルコトナリ。唯ダ虛[二三]ヲ以テ起シ、實ヲ以テ結ビ、採菊ノ二句中間ニ在リテ轉換[二四]スル處、甚ダ妙ナリ。韋蘇州ガ幽居ノ詩、幽居 [二五]貴賤雖レ異レ等、出レ門皆有レ營、獨無二外物牽一、遂二此幽居情一、微雨夜來過、不レ知春草生、靑山忽已曙、鳥雀繞レ舍鳴、時與二道人一偶、或隨二樵者一行、自當レ安二蹇劣一、誰謂薄二世榮一、亦陶ガ法ヲ學ブモノナリ。「貴賤雖レ異レ等」ノ四句、己レガ幽居[二六]無營[二七]ノ平生ヲ敍ブ。而シテ後《ノ》チ中間ニ、「微雨夜來過」ノ四句ヲ安置ス。是レ唯一朝ノ景ニシテ、幽居ノ情狀宛《エン》[二八]然《ゼン》タリ。陶ガ結廬ノ四句、卽チ韋ガ貴賤ノ四句ナリ。陶ガ採菊ノ四句、卽チ韋ガ微雨ノ四句ナリ。二詩皆前後ニ平生ヲ虛敍シ。中間ニ一時ノ景ヲ實敍ス。篇

転旋。晋以下。始有二佳句可レ摘。此詩運二升降之別一」。

一五 雑詩は誤り。「飲酒二十首」の第五。

一六 「廬ヲ結ンデ人境ニ在リ、而(シ)カモ車馬ノ喧(カマビス)シキ無シ、君ニ問フ何ゾ能ク爾(シカル)ヤト、心遠クシテ地自ラ偏(ヘン)ナリ、菊ヲ東籬ノ下ニ採リテ、悠然トシテ南山ヲ見ル、山気日夕佳ナリ、飛鳥相与(モト)ニ還ル、此ノ中ニ真意有リ、弁ゼント欲シテ已ニ言ヲ忘ル」(和刻本による訓)。

一七 陶靖節集に附する東坡の評「採レ菊之次。偶然見レ山。初不レ用レ意而景与レ意会。故可レ喜也」。

一八 陶靖節集に附する王荆公の評に「淵明詩。有二奇絶不レ可レ及之語一。如下結レ廬在二人境一四句上。由二詩人一以来無二此句一」。

一九 けがれた世の中。

二〇 浮世の外。

二一 心情を述べた部分。詩轍、四に「一篇ノ法、虚実ト云コトアリ、虚トハ情也、実トハ景也(あとに三体詩の虚実を説明する)」。

二二 景物を述べた部分。

二三 一聯ずつで云えば、虚・虚・実・実・(虚)となっているを誉めた。↓補三四。

二四 虚または実から実または虚にうつること。三体詩の用語。

二五 「貴賤等異ナリトイヘドモ、門ヲ出ヅレバ皆営有リ、独リ外物ノ牽ク無ク、此ノ幽居ノ情ヲ遂グ、微雨夜来過グ、知ラズ春草ノ生ズルヲ、青山忽チ已ニ曙ナリ、鳥雀舎ヲ繞(メグ)リテ鳴ク、時ニ道人ト偶ス、或ハ樵者ニ随ヒテ行ク、自ラ当ニ蹇劣(ケンレツ=拙才)ヲ安ズベシ、誰カ謂フ世栄ヲ薄クストト」(和刻本による訓)。↓補三五。

二六 世をのがれて静かに住むこと。

二七 世俗的なことに心を労さないこと。

二八 さながらに出ている。

法ノ妙、雋永[一]《シュンエイ》ニシテ味フベシ。若シ専ラ虚敍ヲ用ヰ、又専ラ實敍ヲ用ヰ、或ハ前半ヲ實敍ニシテ、後半虚敍ナラバ、如何ゾ、此ノ如キノ味アランヤ。

韋蘇州ガ「故園渺《ベウ》何處」（聞レ雁[二]　故園渺何處、歸思方悠哉、淮南秋雨夜、高齋聞二雁來一）ノ絶句ヲ、沈徳潛[三]論ジテ曰ク「[四]淮南秋雨夜ノ二句、起承[五]ニ置クベキ所ナリ。却テ之ヲ轉結[六]ニ置ク。此詩ノ妙處全ク此ニ在リ」ト。予以爲《オモヘ》ラク、王之渙[七]《ワウシクワン》ガ「[八]白日依レ山盡。黄河入レ海流。欲レ窮二千里目一。更上二一層樓一」。（鸛鵲樓）是モ亦韋ガ詩ト同趣ナリ。白日ノ二句ハ、登樓[九]ノ見ル所ナレバ、後ニ出スベキヲ、前ニ掲ゲ、結句ニ至リテ、始テ登樓ノ事ヲ云フ。是レ篇法ノ妙ナリ。七絶ニモ此法多シ。推《オシ》テ知ルベシ。

李白ガ越中懷古[一〇]（越中懷古　[一一]越王勾踐破レ吳歸、義士還レ家盡錦衣、宮女如レ花滿二春殿一、只今惟有二鷓鴣飛一）前三句[一二]ニ古ヲ敍ベ、後一句ニ今ヲ敍ベタリ。是レ亦奇法ナリ。古今ヲ二句ヅヽニ分チ敍ブルコトハ、通例ノ法ナリ。

少陵[一三]ガ「花隱掖垣暮《エキエン》」（[一四]春宿左省　花隱掖垣暮、啾々棲鳥過、星臨二萬戸一動、月傍二九霄一多、不レ寐聽二金鑰一、因レ風想二玉珂一、明朝有二封事一、數問夜如何、）ノ詩、第一聯ニ暮色ヲ敍ベ、第二聯ニ夜色ヲ敍ベ、第三聯ニ曉ニ近キノ情事ヲ敍ベ、第四聯ニ明朝ノ字ヲ下ス。篇法森然[一五]《シンゼン》秩然[一六]《チツゼン》タルモノナリ。春夜喜レ雨ノ詩（春夜喜レ雨　[一七]好雨知二時節一、當レ春乃發生、隨レ風潛入レ夜、潤レ物細無レ聲、野徑雲俱黑、江船火獨明、曉看二紅濕處一、花重錦官城、）モ亦然リ。第一聯晝間ヲ敍べ、第二聯「入レ夜」ノ字ヲ下ス、第三聯深夜ノ景ヲ敍べ、第四聯「曉看」ノ字ヲ下

一　意味深長なること。
二　「故園(=故郷)渺(=はるか)トシテ何処ゾ、帰思方(マサ)ニ悠ナル哉、淮南秋雨ノ夜、高斎雁ノ来ルヲ聞ク」。
三　清の詩人。字確士、号帰愚、諡文慤。官は礼部侍郎。五朝詩別裁などの著者。
四　沈徳潜著、唐詩別裁集のこの詩の評に「帰思後説聞雁、一倒転説、則近人能之矣」。
五　起句・承句。絶句の一句目二句目。
六　転句・結句。絶句の三句目四句目。
七　唐の詩人。王昌齢・高適の友人(集異記)。次の詩は唐詩選所収「登鸛雀(鵲)楼」。
八　「白日山ニ依ツテ尽キ、黄河海ニ入リテ流ル、千里ノ目ヲ窮メント欲シテ、更ニ一層ノ楼ニ上ル」。
九　楼に登って見える所だから。
一〇　この詩、唐宋詩醇・唐詩選など「越中覧古」と題する。唐詩別裁集はこの題である。
一一　「越王勾践呉ヲ破ツテ帰ル、義士家ニ還ツテ尽ク錦衣ス、宮女花ノ如ク春殿ニ満ツ、只今惟鷓鴣(シャコ=越地の鳥)ノ飛ブ有リ」(和刻唐詩選による訓)。
一二　唐詩別裁集の評「三句説盛、一句説衰、其格独創」。唐宋詩醇の評にも「此首従二盛時一説起。而末句転入二荒涼一。此立格之異也」。
一三　杜甫。
一四　「春左省(=門下省)ニ宿ス。花ハ隠ル掖垣ノ暮、啾々トシテ棲鳥過グ、星ハ万戸ニ臨ミテ動キ、月ハ九霄ニ傍ヒテ多シ、寝ズシテ金鑰(キンヤク=金の錠)ヲ聴キ、風ニ因ツテ玉珂(ギョクカ=玉製のくつわ)ヲ想フ、明朝封事有リ、数問フ夜如何ト」(和刻杜律集解による訓)。
一五　おごそかなさま。
一六　秩序井然たるさま。
一七　「好雨時節ヲ知ル、春ニ当ツテ乃チ発生ス、風ニ随ヒテ潜(ヒソカ)ニ夜ニ入ル、物ヲ潤(ウルホ)シテ細カニシテ声無シ、野径雲倶(トモ)ニ黒シ、江船火独リ明ナリ、暁ニ紅湿ノ処ヲ看レバ、花ハ重シ

セリ。凡[一八]ソ脈絡ハ貫通スルヲ貴ブ。然レドモ、亦甚ダ露《アラハ》ルヽヲ忌《イ》ムナリ。

少陵ガ律ハ、前半後半截然《セツゼン》[一九]トシテ、相關ラザルコト、絶句二ツヲ續《ツ》ギタルガ如キモノ多シ。却テ其高雅ヲ覺ユルナリ。晝夢ノ詩、晝夢 [二〇]二月饒レ睡昏々然、不二獨夜短晝分眠一、桃花氣暖眼自醉、春渚日落夢相牽、故郷門巷荊棘底、中原君臣豺虎邊、安得三務レ農息二戰闘一、普天無二吏横索一レ錢、前半春ノ夢多キヲ敍ベ、後半亂世ノ感ヲ敍ブ。斷《タエ》テ相關ラズ。「白帝城中雲出レ門」ノ詩、白帝 [二一]白帝城中雲出レ門、白帝城下雨傾レ盆、高江急峡雷霆闘、古木蒼藤日月昏、戎馬不レ如二歸馬逸《ヤスキ》一、千家今有二百家存一、哀々寡婦誅求盡、慟二哭中原一何處村、前半暴雨ヲ敍ベ、後半亂世ノ感ヲ敍ブ。總《スベ》テ相關ラズ。其他此類極メテ多シ。今ノ人強テ前[二二]後ノ照應《セウオウ》ヲ求ム。古法ヲ知ラザルナリ。或人曰ク、李・杜ノ詩ト雖モ、法則ニ至リテハ、今人ノ密ナルニ及バズト。妄ナルカナ。嚴滄浪曰ク、「[二三]詩李・杜ヲ師トスルハ、天子ヲ挾《サシハサン》デ諸侯ニ令スルガ如シ」ト。此言得タリ。

孟浩然ガ五律、多クハ一[二四]氣呵成《カセイ》、[二五]斧鑿《フサク》ノ痕《アト》ナシ。其妙一篇ニ在リ。字句ヲ以テ論ズベカラズ。「[二六]掛レ席幾千里」ノ詩ノ如キ、最モ妙ナルモノナリ。然レドモ其妙處言ヲ以テ述ベ難シ。王維ガ「中歳頗好レ道」ノ詩、終南別業 [二七]中歳頗好レ道、晩家二南山陲一、興來毎獨往、勝事空自知、行到二水窮處一、坐看二雲起時一、偶然値二林叟一、談笑無二還期一、モ亦同ジ。但五六ノ「行到二水窮處一。坐看二雲起時一」ノ二句、甚ダ巧[二八]密ニシテ、行テ到ルハ第三句ニ照應シ、坐シテ看ルハ第四句ニ照應ス。[二九]天然ノ中人工ヲ雑《マジ》ヘタルモノナリ。孟ガ妙處ハ學ビ難ク、王ガ妙處ハ

錦官城(=成都)」(和刻杜律集解による訓)。↓補三六。 一八 詩の意味の筋道が、一本に通っていることが大事。 一九 区別がはっきりしているさま。 二〇「二月睡《ネム》リ饒《オホ》クシテ昏々然タリ、独リ夜ノ短ニシテ昼分ニ眠ラズ、桃花気暖ニシテ眼自ラ酔フ、春渚日落チテ夢相牽《ヒ》ク、故郷ノ門巷ハ荊棘ノ底、中原ノ君臣ハ豺虎ノ辺、安ンジテ農ヲ務メテ戦闘ヲ息ムルコトヲ得テ、普天吏ノ横《ホシイママ》ニ銭ヲ索《モト》ムル無カラン」(和刻杜律集解による訓)。

二一「白帝城中、雲門ヲ出デ、白帝城下、雨、盆ヲ傾《クツガ》ス(=大雨がふる)、高江ノ急峡ニ雷霆《ライテイ》闘ヒ、古木ノ蒼藤ニ日月昏《クラ》シ、戎馬ハ帰馬ノ逸《ヤス》キニ如カズ、千家、今百家ノ存スル有リ、哀々タル寡婦ニ誅求尽シ、中原ニ慟哭スルハ何処ノ村ゾ」(和刻杜律集解による訓)。

二二 詩文の上で、前後相応ずること。 二三 滄浪詩話「論レ詩、以二李杜一為レ準、挾二天子一以令二諸侯一也。少陵詩法如二孫呉一、太白詩法如二李広一、少陵如二節制之師一、少陵詩憲二章漢魏一而取二材於六朝一、至二其自得之妙一、則前輩所レ謂集大成者也」。

二四 一息に詩文を作り終えること。

二五 技工細工のあとを示さない。↓補三七。

二六 前出(三六〇頁)。呂氏童蒙訓は、この詩を上げ、「詳看二此等語一、自然高遠、如二此詩一亦可三以為二高遠一者也」(詩林広記、八)。

二七「中歳頗ル道ヲ好ミ、晩ニ南山ノ陲《ホトリ》ニ家ス、興来ツテ毎ニ独往ス、勝事(=自然のよさ)空ク自知ス、行キテ水ノ窮ル処ニ到リ、坐シテ雲ノ起ル時ヲ看ル、偶然トシテ林叟ニ値ヒ、談笑、還ル期無シ」(和刻本による訓)。

二八 巧みで緻密な表現。詩林広記、五も、趙童泉詩法の、この二句を賞する語を引く。

二九 自然の中へ、人間の行為をまぜたもの。

學ブベシ。

一崔顥《サイカウ》ガ二黄鶴楼ノ詩、黄鶴楼　三昔人已乗二黄鶴一去、此地空餘黄鶴樓、黄鶴一去不二復返一、白雲千歳空悠々、晴川歴々漢陽樹、芳草萋々鸚鵡洲、日暮郷關何處是、烟波江上使二人愁一、四唐人七律ノ第一ト云フ説アリ。是亦其妙一篇ニ在リ。字句ヲ以テ論ズベカラズ。専ラ五風神ヲ以テ勝レルモノナリ。

絶句ハ大略皆風神ヲ宗トス。律ニ至リテハ然ラズ。然レドモ盛唐ノ詩ハ、六一氣混成シタルモノ多シ。李白・孟浩然ガ如キ是ナリ。其律詩ヲ熟覧セバ、自ラ篇法ノ妙字句ニ與《アツカ》ラザルコトヲ悟ルベシ。七蘇東坡ノ七律、風神ヲ主トシテ、古調ニ近キモノ多シ。「我行日夜向二江海一」八出二潁口一初見二淮山一是日至二壽州一　我行日夜向二江海一、楓葉蘆花秋興長、長淮忽迷天遠近、青山久與レ船低昂、壽州已見二白石塔一、短棹未レ轉黄茆岡、波平風軟望不レ到、故人久立煙蒼茫、「微官與有二田園興一」九傅堯兪濟源草堂　微官與有二田園興一、老罷方尋隱退廬、栽種成レ陰十年事、倉皇求レ買萬金無、先生卜築臨二清濟一、喬木如今似二畫圖一、隣里亦知偏愛レ竹、春來相與護二龍雛一、「安石榴花開最遲」一〇首夏官舍卽事　安石榴花開最遲、絳裙深樹出二幽非一、吾廬想見無レ限好、客子倦遊胡不レ歸、座上一樽雖レ得レ滿、古來四事巧相違、令三人却憶二湖邊寺一、垂柳陰々晝掩レ扉、ノ諸篇ノ如キ、其妙處ヲ見ルベシ。

一一七古ノ短篇、柳宗元ガ「漁翁夜傍二西巖一宿」漁翁　一二漁翁夜傍二西巖一宿、曉一三汲二清湘一然二楚竹一、烟消日出不レ見レ人、欸乃一聲山水綠、廻二看天際一下二中流一、岩上無レ心雲相逐、「楊白花風吹渡二江水一」一四楊白花　一五楊白花風吹渡二江水一、坐令三宮樹無二顏色一、搖蕩春光千萬里、一六茫々曉月下二長秋一、哀歌未レ斷城鴉起、ノ二首、絶妙ト稱スベシ。予此二首ニ於テ、頗ル短古ノ趣ヲ悟ルコトヲ得タリ。然レドモ言ニ傳フベカラズ。大抵短篇ハ一七奇峭《キセウ》ナルニ宜シ、平穏ニ宜シ

一 盛唐の詩人。官は司勲員外郎(旧唐書、一九〇・新唐書、二〇三)。 二 武昌(湖北省)の揚子江岸の景勝地の楼。 三「昔人已ニ黄鶴(唐詩正声「白雲」)ニ乗ジテ去ル、此地空ク余ス黄鶴楼、黄鶴一タビ去ッテ復返ラズ、白雲千載、空ク悠々、晴川歴々タリ漢陽ノ樹、芳草萋々(セイセイ＝草の茂ったさま)鸚鵡洲、日暮、郷関、何レノ処カ是ナル、烟波江上人ヲシテ愁ヘシム」(和刻唐詩正声による訓)。→補三八。 四 滄浪詩話「唐人七言律詩、当下以二崔灝黄鶴楼一為中第一上」。 五 気韻。 六 一いきに、種種の要素がまじりあって出来上る。 七 六橋記聞、七にも「東坡七律、不レ拘二声律一、以二風神一勝、我行日夜浮二江海一等之作、虚無縹緲、妙不レ可レ摸」。 八「潁口(エイコウ)ヲ出デテ初メテ淮山ヲ見ル、是ノ日寿州ニ至ル。我ガ行日夜江海ニ向フ、楓葉蘆花秋興長シ、長淮忽チ迷フ天ノ遠近、青山久シク船ト低昂ス、寿州已ニ白石塔ヲ見レドモ、短楫未ダ転ゼズ黄茆岡(クワウバウカウ)、波平カニ風軟カニ望メドモ到ラズ、故人久シク立チ、煙蒼茫タリ」。 九「傅(フ)堯兪ノ済源草堂。微官与ニ田園ノ興アリ、老イ罷(ヤ)ンデ方ニ尋ヌ隠退ノ廬、栽種シテ陰ヲ成スハ十年事、倉皇(サウクワウ＝あわてて)買フトモ求ムトモ万金無シ、先生卜築シテ清済ニ臨メリ、喬木如今画図ニ似タリ、隣里亦知ル偏(ヒトヘ)ニ竹ヲ愛スルヲ、春来相与ニ竜雛(＝竹の若芽)ヲ護ラン」。 一〇「安ンゾ石榴花ノ開クコト最モ遅キ、絳裙(カウクン＝芸妓)深樹幽非(イウヒ＝静かな扉)ヲ出ヅ、吾ガ廬想ヒ見ルニ限リナク好シ、客子倦遊シテ胡(ナン)ゾ帰ラザル、座上一樽満タスヲ得トイヘドモ、古来四事巧ニ相違ス、人ヲシテ却テ湖辺ノ寺ヲ憶ハシム、垂柳陰々トシテ昼扉ヲ掩(オホ)フ」。 一一 七言古詩。 一二「漁翁、夜、西巌ニ傍(ヒ)テ宿ス、暁清湘(セイシヤウ＝湘江の清流)ヲ汲ミテ楚竹ヲ

カラズ。

八句ノ七古、岑参《シンシン》[一八]ガ「今年花似二去年好一」[一九]韋員外家花樹歌　今年花似二去年好一、去年人至二今年一老、始知人老不レ如レ花、可レ惜落花君莫レ掃、君家兄弟不レ可レ當、列卿御史尚書郎、朝回花底恆會レ客、花撲二玉缸一春酒香、衞萬[二〇]ガ「君不レ見呉王宮閣臨レ江起」呉宮怨 君不レ見[二一]呉王宮閣、臨レ江起、不レ捲二珠簾一見二江水一、曉氣晴來雙闕間、潮聲夜落千門裏、勾踐城中非二舊春一、姑蘇臺下起二黃塵一、祇今惟有二西江月一、曾照二呉王宮裏人一、ノ如キ雋永《シユンエイ》[二二]ノ味アリ。法トスベキモノナリ。

五古ノ長篇ハ、「孔雀東南飛」[二三]ヲ以テ祖トス。之ニ次テ少陵ガ北征[二四]則《ノツト》[二五]ルベシ。

七古長篇ハ、太白ガ「憶昔洛陽董糟邱」[二六]、少陵ガ「將軍魏武之子孫」[二七]ノ如キ、雅[二八]健ニシテ則ルベシ。香山[二九]ガ五七古、極メテ長篇多シ。今人ノ平易冗弱[三〇]ノ門ヲ開ク者ナリ。則ルベカラズ。

問　古人佳句ト稱スルモノ、必シモ佳句ニ非ルモノアルベシ。古人ノ稱セザルモノ、亦佳句アルベシ。願《ネガハ》クバ其一二ヲ聞カン。

古人ノ論、固ヨリ當否アルベシ。予淺學ニシテ、廣ク古ノ詩話等ヲ閲スルコト能ハズ。閲スルコトアルモ記臆スルニ暇《イトマ》アラズ。今一二心ニ記シタルモノヲ擧《アゲ》テ云ハンニ、少陵ガ「關塞極レ天唯鳥道」秋興八首之一　[三一]昆明池水漢時功、武帝旌旗在二眼中一、織女機絲虛二夜月一、石鯨鱗甲動二秋風一、波漂二孤米一沈雲黑、露冷二蓮房一墜粉紅、關塞極レ天惟鳥道、江湖滿地一漁翁、ノ二句ヲ、明人妙結[三二]ト云ヘリ。予ガ見ル所ヲ以テスルニ、此二句斷《タエ》テ味ナシ。結末ニ至テ計窮[三三]シ、對結[三四]ヲ以テマギラシタル

燃(モ)ク、煙鎖(キ)エ日出デテ人ヲ見ズ、欸乃(アイダイ=湘中棹歌の声)一声山水緑ナリ、天際ヲ廻シ看テ中流ヲ下ル、岩上心無クシテ、雲相逐(オ)フ」(和刻本による訓)。冷斎夜話に、蘇東坡がこの詩の奇趣を称したこと所見。一三「汲」の誤りか。一四→補三九。一五「楊白花風吹イテ江水ヲ渡ル、坐(オモムロ)ニ宮樹ヲシテ顔色ナカラシム、揺蕩(エウタウ=ゆれ動くこと)タリ春光千万里、茫々トシテ暁月長秋(=皇后の宮)ニ下ル、哀歌未ダ断ズシテ城鴉起ツ」(同)。一六和刻柳河東集は「日」。一七けわしくそびえる如き気持。一八盛唐の詩人。官は嘉州刺史(唐才子伝など)。一九「韋員外ノ家ノ花樹ノ歌。今年ノ花ハ去年ノ好キニ似タリ、去年ノ人ハ今年ニ至リテ老ユ、始メテ知ル人老イテ花ニ如カザルコトヲ、惜ム可キハ落花、君掃フコト莫レ、君ガ家ノ兄弟当ル可カラズ、列卿・御史・尚書郎、朝ヨリ回(カ)リテ花底恒ニ客ニ会ス、花玉缸(ギョクカウ=玉の酒がめ)ヲ撲(ウ)ッテ春酒香バシ」(和刻唐詩選による訓)。→補四〇。二〇唐の詩人。伝未詳。次の詩は唐詩選所収。二一「君見ズヤ、呉王ノ宮閣、江ニ臨ンデ起ルヲ、珠簾ヲ捲(マ)カズ江水ヲ見ル、暁気晴レ来ル双闕(サウケツ=二つの門楼)ノ間、潮声夜落ツ千門ノ裏、勾践ノ城中旧春ニ非ズ、姑蘇台(=姑蘇山にあった呉王の台)下黄塵ヲ起ス、祇今(タダイマ)西江月ノミ有リテ、曾テ呉王宮裏ノ人ヲ照ラス」(同)。二二意味深長な事。二三漢末の五言の有名な長篇楽府。焦仲卿妻の作とも(楽府詩集)。→補四一。二四漢の班彪の北征賦にならった詩で、杜甫最高作とされる長篇。→補四二。二五模範とすべし。二六「憶旧遊寄譙郡元参軍」の詩。→補四三。二七「丹青引」の詩。→補四四。二八上品で力のあること。二九白楽天の「長恨歌」(七言)・「琵琶行」(七言)

モノナリ。全ク英雄[一]欺《アザムク》レ人ノ手段ナリ。少陵ハ窮スルトキハ、必ズ對句[二]ヲ用ユ。猶ホ太白ガ歌行[三]ニ長語[四]ヲ雜《マジ》フルガ如シ。又「江漢思レ歸客。乾坤一腐儒」[五]江漢 江漢思レ歸客、乾坤一腐儒、片雲天共遠、永夜月同孤、落日心猶壯、秋風病欲レ蘇、古來存二老馬一、不三必取二長途一 ト云フ起句ヲ、宋人擊節《ゲキセツ》[六]シタリ。是亦强對[七]ニシテ、味ナシ。唐詩選[八]ノ「主人不二相識一」[九]題二袁氏別業一 主人不二相識一、偶坐爲二林泉一、莫三謾愁レ沽レ酒、囊中自有レ錢、ノ五絕、天下傳稱スル處[一〇]ナリ。如レ此粗俗拙惡ノ作ハ、五尺ノ童ト雖モ、能スベキモノト思ハル。凡《スベ》テ唐詩選[一一]ノ中ニモ惡作多シ。枚擧《マイキヨ》[一二]スルニ暇アラズ。王昌齡[一三]ガ「荷葉羅裙一色裁」採蓮曲[一四] 荷葉羅裙一色裁、芙蓉向レ臉兩邊開、亂入二池中一看不レ見、聞レ歌始覺有二人來一、ノ詩、醜惡ノ極ナリ。高廷禮《カウテイレイ》[一五]ガ品彙《ヒンヰ》[一六]ニ、之ヲ選ミタルハ何ゾヤ。詩ノ道ニ達シタル人トハ言ヒ難シ。少陵ガ「風急天高」ノ詩 九日[一七] 風急天高猿嘯哀[一八]、渚清沙白鳥飛廻、無邊落木蕭々下、不盡長江滾々來、萬里悲レ秋長作レ客、百年多レ病獨登レ臺、艱難苦恨繁霜鬢、潦倒新停濁酒盃、ヲ、明人[一九]古今七律ノ第一ト稱セリ。予ガ見ル所ヲ以テスルニ、三四ノ一聯取ルベシ。全篇ハ甚ダ粗作ナリ。明人ノ詩論[二〇]、取ルニ足ラザルモノ極メテ多シ。白樂天ガ「朝露貪二名利一。夕陽憂二子孫一」[二一]ノ句ヲ、乾隆《ケンリユウ》[二二]大ニ稱シテ、淵明ニ似タリト云ヘリ。如レ此至俗[二三]ノ句ハ、樂天ニモ亦稀ナルベシ。何ノ淵明ニ似タルコトカアラン。黃山谷[二四]ガ、「人得二交遊一是風月。天開二圖畫一卽江山」[二五]ト云フ句ヲ、甚ダ得意シテ、屢〻書シテ人ニ示セシ由、甚シキ俗句ナリ。如レ此ノ類、追〻ニ思ヒ出シテ之ヲ擧ゲバ、如何程モアルベキナリ。若又古人ノ稱セザリシ

や、新楽府と称する七言・五言の長篇あるを云う。三〇 冗漫で力よわい。三一「昆明ノ池水漢時ノ功、武帝ノ旌旗(セイキ=旗印)眼中ニ在リ、織女(=昆明池中の像)ノ機糸夜月ニ虚シク、石鯨ノ鱗甲秋風ニ動ク、波ハ菰米(コベイ=まこもの実)ヲ漂ハシテ沈雲黒ク、露ハ蓮房ニ冷ニシテ墜粉紅ナリ、関塞天ヲ極メテ唯(タダ)鳥道(=鳥の通う所)、江湖満地ノ一漁翁」(和刻唐詩正声による訓)。三二 すぐれた結句。三三 方法がつきて困る。三四 対句をなした結句。

一 才知術策ある英雄の、往往人をだますことになることをいう諺。二 →補四五。三 古体詩の一。→補四六。四 五言七言の定形より語の多い句。五「江漢帰ルヲ思フノ客、乾坤、一腐儒、片雲天ハ共ニ遠ク、永夜、月ハ同ジク孤ナリ、落日心猶壮ナリ、秋風、病蘇セント欲ス、古来、老馬ヲ存スルコトハ、必ズシモ長途ニ取ラズ」(和刻杜詩集解による訓)。六 甚だ感心した。秇圃擷余「于鱗亦止撃二節秦時明月四字一」。→補四七。七 むりな対句。八 伝李攀竜編の唐詩の集。七巻。江戸時代に大いに流行。九 賀知章の作。「主人相識ラズ、偶坐ハ林泉ノ為ナリ、謾ニ酒ヲ沽(カ)ウコトヲ愁ルコト莫(ナ)ランヤ、嚢中自ラ銭有リ」(和刻唐詩選による訓)。一〇 口口にほめる。一一 ▽編者に擬される李攀竜や、これを喜んだ蘐園の人と、淡窓は主張嗜好を異にしている故もある。一二 数えあげる。一三 盛唐の詩人。字少伯、官は秘書郎、又竜標尉(旧唐書、一九〇・新唐書、二〇三)。一四「荷葉、羅裙(ラクン=薄い着物のすそ)一色裁ツ、芙蓉、臉ニ向ヒテ両辺開ク、乱レテ池中ニ入リ看レドモ見エズ、歌ヲ聞キテ始テ覚ユ、人ノ来ル有ルヲ」。一五 明の詩人。

佳句ヲ擧ゲバ、誠ニ多カルベシ。然レドモ予ガ所見廣カラズ、古人何レノ處ニ於テ賞シタランモ計リ難シ。何ゾ遽《ニハカ》ニ吾獨リ知レリト言フコトヲ得ンヤ。故ニ姑《シバラ》ク之ヲ略ス。

○青木益[二六]問　當今ノ詩人、我門ヨリ盛ナルハナシ。宜園百家詩抄[二七]ノ如キ、世ノ傳誦スル所ナリ。是皆先生敎導ノ宜キニ因レリ、小子輩幸ニ函丈《カンヂヤウ》[二八]ニ侍ス。願クバ先生ノ詩訣《シケツ》[二九]ヲ得ン。

門下詩人ノ多キコト、是予ガ詩ヲ好ムヲ見テ、之ニ倣《ナラ》フナリ。予強テ之ヲ勸《スス》メシニ非ズ。亦祕訣アリテ、之ニ傳ヘシニモ非ズ。今且《シバラク》予ガ詩ヲ好ム所以ヲ談ズベシ。經ニ「君子無レ故琴瑟《キンシツ》不レ離レ側」[三〇]ト云フコトアリ。先儒其事[三一]ヲ論ジテ曰ク、今時ノ儒生琴瑟ヲ學ブニ暇ナシ。之ヲ學ビタリトモ、和漢聲音[三二]ノ道同ジカラズ。古人ノ琴瑟ヲ玩《モテアソ》ビシ程ニハ、心ニ切ナラズ。故ニ古詩ヲ諷詠シテ、心ヲ慰サメ、琴瑟ニ當ツルニ如クハナシト。予少《ワカ》キヨリ深ク此說ヲ信ズ。平生多病ニシテ、心思鬱悶《ウツモン》[三三]スルコト多シ。此ノ如キ時ハ、必ズ古詩ヲ諷詠シテ、思ヲ遣《ヤ》ルナリ。心思憂苦スル時ハ、古人ノ思ヲ神仙[三四]ニ寓シ、想ヲ雲霞《ウンカ》[三五]ニ寄スルノ作ヲ詠ジテ、心中ノ鬱滯《ウツタイ》[三六]ヲ盪滌《タウテキ》[三七]ス。志氣混沈《コンチン》[三八]シ振フ[三九]コト能ハザレバ、古人ノ雄壯豪邁《ガウマイ》[四〇]、乘二長風一破二萬里浪一[四一]ノ氣象アルモノヲ詠ジテ、以テ之ヲ鼓動《コドウ》[四二]ス。忿怒《フンヌ》[四三]

初名棣(てい)、字彦恢、号嘯台。官は翰林待詔(四庫提要、一七五)。

一六 廷礼の著の唐詩品彙。九〇巻、拾遺一〇巻、首附二巻。

一七 唐詩正声「九日登高」と題する。

一八「風急ニ天高シテ猿嘯(ウソブ)キ哀シム、渚清ク沙白クシテ鳥飛ビ廻ル、無辺ノ落木蕭々トシテ下リ、不尽ノ長江滾々(コンコン=水の盛んに流れる)来ル、万里秋ヲ悲ンデ常ニ客ト作(ナ)ル、百年多病ニシテ、独リ台ニ登ル、艱難苦(ハナハ)ダ恨ム繁霜ノ鬢、潦倒(ラウタウ=落ちぶれたさま)新ニ停(ト)ム濁酒ノ盃」(唐詩正声による訓)。

一九 →補四八。

二〇 明の胡応麟の詩藪などをさしている。

二一「朝露ニ名利ヲ貪(ムサボ)リ、夕陽ニ子孫ヲ憂フ」。秦中吟の中の「不致仕」の一詩中の句。→補四九。

二二 清の乾隆帝、即ち六世の高宗。学術を興して極盛期を作った。→補五〇。

二三 甚だしく俗なこと。

二四 黄庭堅。宋の詩人。字魯直、号山谷など、謚文節。官は著作郎、太平州知など(宋史、四四四など)。

二五「人、交遊ヲ得バ是風月、天、図画ヲ開ケバ即チ江山」。→補五一。

二六 宜園百家詩に「青木益、字子求(夜雨寮筆記に「士新」)、摂津兵庫人」。

二七 宜園百家詩のこと。宜園は咸宜園の略、即ち淡窓塾で、その門の人人の詩作の集。天保十二年に初篇を出刊して、三篇に至る。

二八 先生の教えを受けている。礼記の曲礼上の注に「講問宜二相対一、容レ丈足二以指画一也」。函は容れる。丈は距離の長さ。▽この一条は、夜雨寮筆記、四に見える。

二九 作詩の秘訣。

三〇 礼記の曲礼上に「士無レ故、不レ徹二琴瑟一」。

三一 太宰春台の六経略説「今時ハ歌フコトハ其法亡テ習フベキ様ナケレバ、只三百篇ノ詩ヲ読誦シテ、其詞ヲ記憶シ、其義理ヲ知テ、古人ノ引用タル意ヲ会得スルマデノ事ナリ、カクノ如クニテモ、詩ヲ学ブトイフニ叛カザルベ不平ノ事アレバ、安平《アンペイ》[一]樂易《ラクイ》[二]ノ作ヲ取テ之ヲ誦シ、散亂煩躁《ハンサウ》[三]スル時ハ、幽間沈静[四]ノ篇ヲ取テ之ヲ玩味ス。此ノ如クニシテ鬱[五]ヲ散ジ悶ヲ消シ、玩味スルコト愈〻深ケレバ、欣然《キンゼン》[六]トシテ食ヲ忘レ、妄《ミダ》リニ思ヘラク、聖人[七]ノ虞韶《グセウ》[八]ヲ聞テ、肉味ヲ忘レ玉ヒシモ、此ノ如クナランカト。又固ヨリ諳記スル所多ケレバ、巻ヲ開キ眼ヲ勞スルニ及バズ。是ノ如キコト四五十年、只是レ詩ヲ以テ、一箇ノ琴瑟ニ當《ア》ツル者ナリ。然レドモ誦詠ノ久シキ、身モ亦之ニ倣《ナラ》ハンコトヲ欲シ、遂ニ亦結[九]構スル所アリ。故ニ予ハ古詩ヲ誦スルコトヲ好ムノミ。自ラ詩ヲ作ルコトハ、必シモ好マズ。是其平生ノ作ル所、甚ダ多カラザル所以ナリ。門人ニ至リテハ、皆力ヲ詩ニ專ニス。後世詩ニ巧ナランコトヲ欲セバ、多ク作リ且推敲《スヰカウ》鍛錬《タンレン》スルニ如クハナシ。若シ必ズ予ガ所爲ニ倣ハントナラバ、先古詩ニ熟錬シテ、而シテ後《ノ》チ詩ヲ作ル可キナリ。

○秦韶[一〇]問　先年人アリ、先生ニ問フニ、詩ノ要訣[一一]ヲ以ス。先生自ラ書シテ與ヘ玉ヒシ語アリ。「詩無ニ唐宋明清一[一二]、而有ニ巧拙雅俗一、巧拙因ニ用意之精粗一、雅俗係ニ著眼之高卑一」ト。小子[一三]未ダ此旨ニ通ゼズ。願クバ之ヲ詳ニシ玉へ。世人詩ヲ作ルニ、多クハ唐宋ヲ區別シ、黨[一四]ヲ分《ワカチ》テ相攻ム。是レ明季[一五]門戸ヲ別《ワカ》ツノ惡習ナリ。四代[一六]ノ詩、同ジカラズト雖モ、各其佳境アリ。何レニテモ、

シ」。三二 日本と中国で音楽の性質が同じでない。三三 心がふさがって、思いなやむこと。
三四 神や仙人になぞらえて。俗世を離れる意。
三五 雲霞の癖の雲霞で、自然に情をよせる意であろう。三六 ふさがっているもの。三七 あらいそそぐ。三八 にごりしずむ。三九 元気が出ないならば。四〇 衆にすぐれたこと。四一 遠方まで吹く風に乗じて大海原を渡ることで、大業をなしとげるたとえ。南史の宗慤伝に「叔父少文、高尚不レ仕、慤年少、問ニ其所一レ志、慤答曰、願乗ニ長風一破ニ万里浪一」。
四二 ふるい動かす。四三 腹立たしいこと。

一 おちついたさま。
二 心たのしく安らかなこと。
三 うるさくさわがしいこと。
四 静かで奥ゆかしいこと。
五 うさやなやみをなくし。
六 うれしいさま。
七 孔子。
八 虞舜の作った韶という音楽。班固の幽通賦に「虞韶美而儀鳳兮、孔子忘ニ味于千載一」。
九 詩をこしらえて見る。
一〇 宜園百家詩二編、三「字春甫、号青洲、煥之弟、春甫与ニ敬之一在ニ宜園一、風姿才藻、時称ニ聯璧一」。煥は称敬之、字伯輝、号梅塢。筑紫吉井の人。▽この条、夜雨寮筆記、四に見える。
一一 作詩の秘訣。
一二 「詩ニ唐宋明清ナシ、而シテ巧拙雅俗有リ、巧拙ハ用意ノ精粗ニ因リ、雅俗ハ著眼ノ高卑ニ係《カ》ル」。→補五二。
一三 自分の謙称。
一四 仲間を作り、他派と攻撃し合う。当時詩壇の実情であった。

己ガ好ム處ニ從テ可ナリ。故ニ四代差別ナキニハ非ザレドモ、可否ヲ取捨スルニハ及バズ。是ヲ以テ「無二唐宋明清一」ト云ヘリ。扨時代ハ差別セザレドモ、巧拙雅俗ハ差別スベキコトナリ。拙ハ巧ニ及バズ、俗ハ雅ニ及バズ。故ニ「有二巧拙雅俗一」ト云ヘリ。拙ヲ去《サリ》テ巧ニ就カント思ハヾ、意ヲ用ルコトヲ精シクスベシ。其拙ナルハ意[一七]ヲ用ルコト粗ナレバナリ。故ニ「巧拙因二用意之精粗一」ト云ヘリ。俗ヲ去テ雅ニ就ント思ハヾ、眼[一八]ヲ著《ツク》ルコトヲ高クスベシ。其俗ナルハ眼ヲ著ルコト卑《ヒク》ケレバナリ。故ニ「雅俗係二著眼之高卑一」ト云ヘリ。四句ノ大意意ヲ精シク用ヰテ、眼ヲ高キニ著クベシト云フコトナリ。意ノ用ヰ方ヲ精シクスルコト、推敲鍛錬ニ在リ。賈島[一九]ガ推敲[二〇]ノ二字ヲ思ヒ、京尹《ケイイン》[二一]ノ行列ニ觸《フ》ル、コトヲ覺エザリシヨリシテ、推敲ノ名モ始マリ、「獨行[二二]潭底影。數息樹邊身」ト云フ一聯ヲ、三年考ヘタリト云フコトモアリ。李太白ハ、「一斗[二三]百篇」ト云ハレタル人ナレドモ、「只見涙痕濕」（怨情　美人[二四]捲二珠簾一、深坐顰二蛾眉一、但見涙痕濕、不レ知心恨レ誰）ト云フ句ハ、初ハ「涕《テイ》[二五]涙《ルキ》落」ニテアリシヲ、半年ホド考ヘテ、「涙痕濕」ト改メシトゾ。古ノ名家意ヲ用ルノ精シキコト、此ノ如シ。其巧ナル所以ナリ。今ノ人、只速ニ成リ多ク作ルヲ以テ貴シトス。意ヲ用ルコトノ粗ナル、其詩ノ拙キ所以ナリ。眼ヲ著《ツク》ルコトヲ高フセントナラバ、古詩ヲ熟讀シテ、之ヲ品目[二六]スルニ如クハナシ。此ハ悟

一五 前出(三六三頁注三五)。
一六 唐・宋・明・清。
一七 詩作に心を働かせることが、粗いからだ。
一八 高遠な詩境詩趣をねらうべきである。
一九 唐の詩人。字浪仙、号碣石。初め僧で無本と云った。官は長江主簿(新唐書、一七六)。
二〇 「題李款幽居」の一句。詩人玉屑、一五、緗素雑記を引いて、「余按劉公嘉話云、島初赴二挙京師一、一日於二驢上一、得レ句云、鳥宿池辺樹、僧敲月下門、始欲レ着二推字一、又欲レ着二敲字一、煉レ之未レ定、遂於二驢上一吟哦、時々引レ手作二推敲之勢一、時韓愈吏部権京尹、島不レ覚衝至二第三節一、左右擁至二尹前一、島具対二所レ得詩句一云云、韓立レ馬良久、謂レ島曰、作二敲字一佳矣、遊与並轡而帰、留連論レ詩、与為二布衣之交一、自レ此名著」。↓補五三。
二一 京師の地方の長官。逸話では、韓愈であったと云う。
二二 「独リ行ク潭底ノ影、数(シバシバ)息フ樹辺ノ身」。「送無可上人」の詩の一句。この逸話は隠居詩話に見える。↓補五四。
二三 杜甫の「飲酒八仙歌」に、「李白一斗詩百篇、長安市上酒家眠、天子呼来不レ上レ船、自称臣是酒中仙」の句がある。
二四 「美人珠簾ヲ捲(マ)キ、深ク坐シテ、蛾眉(ガビ＝美しい眉)ヲ顰(ヒソ)ム、但見ル涙痕ノ湿(ウルホ)フコトヲ、知ラズ心ニ誰ヲカ恨ム」(和刻唐詩選による訓)。
二五 なみだ。この逸話の出典未詳。
二六 批評する。

境ニテ、言ヲ以テ盡スベカラザレドモ、古人詩ヲ品スルノ[一]一隅ヲ擧テ、之ヲ示サン。杜詩ノ「[二]穿レ花蛺蝶深々見。點レ水蜻蜓款々飛」ノ句ヲ、[三]古人贊嘆シテ曰ク、「若シ之ヲ晩唐ノ人ニ作ラセナバ、[四]魚躍二練塘《レンタウ》一抛《ナゲウツ》二玉尺一。鶯穿二絲柳一織二金《キン》梭《サ》一。ト云フニナルベシ」ト。此ノ二聯ヲ合セ觀レバ、晩唐ノ句ハ巧ナレドモ俗ナリ。杜ガ雅ナルニ比スレバ、品格ノ卑《ヒク》キコト見ルベシ。又[五]古人梅ヲ詠ズル句ヲ[六]品シテ曰ク、[七]高靑邱ガ「[八]雪滿二山中一高士臥。月明林下美人來」ハ、[九]林和靖《リンナセイ》ガ「[一〇]疏影横斜水《ミツ》清淺。暗香浮動月《ツキ》黄昏」ニ及バズ。「[一一]雪後園林纔《ワヅカニ》半樹。水邊籬落《リラク》忽横枝」ハ、又其上ナリ。[一二]東坡ガ「[一三]竹外一枝斜更好」ノ七字ハ、誠ニ梅ノ精神ヲ寫スモノニテ、又其上ナリト云ヘリ。以上ノ句、[一四]俗眼ヨリ觀レバ、古人ノ卑《イヤ》[一五]シト云ヒシ句ホド、面白ク覺ユレドモ、得《トク》ト[一六]眼力ヲ養フテ觀レバ、其高卑始テ分ルナリ。余ガ詩ヲ論ズル、此外ニ在ルコトナシ。故ニ之ヲ書シテ人ニ與ヘタルナリ。但シ詩ノ巧ヲ尊ビテ拙ヲ鄙《イヤシ》ムコトハ、五尺ノ童子モ知ル所ナレドモ、意ヲ用ルノ精シキコトハ、名家ニ非レバ能ハズ。意ヲ精シク用ルコト、名家ハ皆然レドモ、眼ヲ高キニ著ルコトハ、當世ノ名家ニモ多クハ得難シ。故ニ末ノ一句ハ、四句ノ中ニ於テ[一七]要中ノ要ナリ。

淡窓詩話上卷終

一　一端。
二「蜻蜓」は底本「蜻蜒」。原詩により改。「曲江二首」の中の第二の詩の句。前出(三五九頁注四六)。
三　何人か未詳。
四「魚ハ練塘(=嘉定の南にあった池、練祁塘の略か)ニ躍ツテ玉尺(=鱗の光る魚の形容)ヲ抛ツ、鶯ハ糸柳ヲ穿チテ金梭(キンサ=黄金のひ)ヲ織ル(=美しい鳴声の形容)」。
五　何人か未詳。
六　品評して。
七　前出(三六三頁注二一)。
八「雪ハ山中ニ満チテ高士臥シ、月明ノ林下美人来ル」。「梅花九首」の第一の詩中の有名な句。↓補五五。
九　林逋(ほ)。宋の詩人。字君復、諡和靖先生。西湖の孤山に隠棲した(宋史、四五七など)。
一〇「山園小梅」の詩の中の句。この句、水と月を訓よみする外は、音よみする習慣になっている。↓補五六。
一一「雪後ノ園林、纔ニ半樹、水辺ノ籬落(=まがき)忽ニ横枝(=梅の枝のさま)」。「梅花」の詩中の句。↓補五七。
一二　蘇東坡。前出(三六一頁注二一)。
一三「竹外ノ一枝斜ニシテ更ニ好シ」。秦太虚の「梅花」に和した詩中の一句。↓補五八。
一四　素人目。
一五　高雅でない。品が悪い。
一六　批評眼。
一七　最も大切なこと。

淡窓詩話下巻

淡窓廣瀬先生著

男　範世叔校

中川玄佳[18]問《トフ》　詩ヲ作ルノ要、何ヲ以テ先トスベキヤ。

詩ヲ作ルニハ、位置ヲ知ルヲ以テ先トス。三體詩[19]ノ前實後虛[20]・前虛後實・四實・四虛ノ類。予始ハ無用ノ事トノミ思ヘリ。今ヲ以テ觀レバ、實ニ律詩ヲ學ブノ要務ナリ。

律詩ノ前虛後實・前實後虛、絕句ノ起[21]承轉合ノ類、是レ位置ナリ。位置卽チ篇[22]法ナリ。古詩ノ位置ハ、段落[23]ヲ明ニスルニ在リ。段落ノ分チ難キハ、位置ノ正シカラザルナリ。是レ作者、初ヨリ篇法アルコトヲ知ラズシテ、口ニ任セテ[24]云フ故ナリ。篇法已ニ正シクシテ、而後、佳句ヲ以テ其間ニ插《ハサ》ム、詩家ノ能事畢レリ。

少陵ガ「爲[25]レ人性僻耽ニ佳句一。語不レ驚レ人死不レ休」マタ「陶《タウ》[26]ニ冶《ヤ》性靈《セイレイ》[27]一存ニ底物《テイブツ》[28]一」新詩改罷自長吟[29]」此兩言、詩ヲ學ブノ要務ナリ。少陵ガ詩聖タル所以ハ、全ク

一八　未詳。醒斎先生語録の一写本に、「柳川中野某ノ問ニ答フ」と。中野なれば、字君教、号南強。柳川藩士で、後に詩名が高かった。

一九　唐三体詩。宋の周弼編、六巻。日本では円至天隠の注した本で室町時代以来流行した。例を示して、絶句・律詩の作法を論じたもの。

二〇　実は景、虚は情の句で、その組合せを種種に論じた用語。→補五九。

二一　詩轍、四に「篇法ハ、一首全篇ノ法ナリ、起承転合ハ、モト絶句ノ法トイヘドモ、古詩近体ニヨラズ、此意ハ皆無テ協ハザル事也」。→補六〇。

二二　前出(三六八頁注一四)。詩轍、四に「篇法」の章があって詳しい。

二三　古詩は律絶の如く法度がなく、また散体とて対の用法もないゆえ、まとめるためには段落が必要となる。

二四　詩轍、四にも同じ説明がある。→補六一。

二五　「人ト為リ性僻佳句ニ耽リ、語、人ヲ驚カサズンバ死ストモ休(ヤ)マズ」。杜甫「江上値ニ水如ニ海勢一聊短述」の詩の中の句。→補六二。

二六　「性霊ヲ陶冶シテ底物ヲ存スル、新詩改メ罷(ヤ)ンデ自ラ長吟ズ」。「解悶十二首」の九首目の句。→補六三。

二七　性情の霊妙な働き。詩精神を養成して。

二八　江南の俗語で、何物の意。

二九　自分の詩を、自分で長く吟じ上げる。謝恵連が、詩を知る人がないので、自ら吟じた故事による。

此ニアリ。學者心ヲ留ムベシ。

陸[一]機ガ文賦ニ「立[二]二片言一以居レ要。乃一篇之警策《ケイサク》[三]」ト。此言最モ詩ニ切ナリ。少陵ガ所レ謂佳[四]句即警策ナリ。此處ニ意ヲ用ヰバ、必ズ[五]一世ニ詩名ヲ成スベキナリ。古今詩ニ名アル人、皆然ラザルハナシ。其門ニ在ル者モ、作家ニ非ズト雖モ、往々一詩一聯ヲ以テ、名ヲ後世ニ傳フル者アリ。博學能文ノ人タリトモ、此處ニ心ヲ用ヰザル人ハ、詩ニ名ナシ。其門流ノ人モ、亦一聯ノ賞スベキナシ。

今人詩ヲ學《マナン》デ、佳[六]境ニ至ルヲ得ザルコト、其病根[七]短《タン》[八]ヲ護《ゴ》スルニ在リ。タヾ疵《カ》[九]瑕《シ》ノ無キコトヲ務メ、觀者ヲシテ喙《クチバシ》[一〇]ヲ容《イ》ル、能ハザラシメ、以テ意ニ慊《アキタ》[一一]レリトス。此ノ如クナレバ、詩ノ佳趣妙境ハ、自[一二]然ニ置テ論ゼズ、唯字句ノ論ノミニテ過グルナリ。人ニ正[一三]ヲ乞フモ、其求ムル所、疵[一四]瑕ヲ去テ、傍人《バウジン》ノ口ヲ塞《フサ》グニ過ギズ。能々思フベシ。石ハ如何程無疵《ムキズ》ニテモ、玉ノ疵アルニ如カズ。李・杜ノ詩トテモ、疵ハ如何程モアルコトナリ。全篇無疵[一五]ニテ、一佳句ノ摘《ツ》[一六]ムベキナキヨリハ、佳句アリテ、疵ノ多キ方遙ニ勝レリト知ルベシ。但疵アリテモ、佳句アルヲ善トストハ、位[一七]置正シクシテ、其中ノ字句ニ疵アルヲ云フナリ。若シ位置アルコトヲ知ラズシテ作レル詩ハ、佳句アリトテモ、置クベキ處ナシ。

孔[一八]子ハ、之ヲ非《ソシ》[一九]ルニ非ル可キナキノ郷原《キヤウゲン》[二〇]ヲ取ラズシテ、行[二一]ヒ言ヲ掩《オホ》ハザルノ

一 前出(三五八頁注一四)。

二 「片言ヲ立テテ以テ要ニ居リ、乃チ一篇ノ警策ナリ」。 三 馬をむち打つこと、転じて文章中で、一文をひきしめる言句。

四 杜甫「寄高三十五書記」の詩に「佳句法如何」。「奉贈韋左丞丈二十二韻」の詩に「猥誦佳句新」。「戯題寄上漢中王」の詩に「尚憐詩警策」などある。

五 一生の間に詩人として有名になるだろう。

六 上手の域にまで達し得ないのは。

七 欠点の原因。 八 短所をまもろうとする。

九 きず。欠点。 一〇 何かと批評する。あれこれと云う。 一一 満足だとする。

一二 下の「唯字句ノ論……」にかかる。

一三 乞正。詩文の添削を請う。

一四 欠点をなくして、批評者にうるさい批評をさせないだけである。 一五 初刷「シテ」。三刷によって改。 一六 とり上げる。

一七 前に位置を論じた条(三七九頁)を参照。

一八 孟子の尽心下篇による。→補六四。

一九 「誹」に同じ。

二〇 論語の陽貨篇に「子曰、郷原徳之賊也」(集註に「郷者。鄙俗之意。原。与レ愿同。…郷原。郷人之愿(ツツシム)者也。蓋其同レ流合レ汙以媚二於世一。故在二郷人之中一。独以レ愿称。夫子以二其似レ徳非レ徳。而反乱二乎徳一、故以為二徳之賊一。而深悪レ之」)。表面だけ、誠らしくつつしんで、郷里の好評を得る小人。

二一 言行不一致な。孟子の尽心下篇に「言不レ顧レ行。行不レ顧レ言」(集註「行不レ掩二其言一而徒毎レ事必称二古人一邪」)。

二二 論語の子路篇に「子曰不下得二中行一而与上レ之、必也狂狷乎、狂者進取狷者有レ所レ不レ為也」(集註に「狂者。志極高而、行不レ掩。狷者知未レ及

狂[二二]者ヲ取リ玉ヘリ。今[二三]ノ詩人、詩ニ疵サヘナケレバ好シト思フハ、詩中ノ郷原タルコトヲ求ムル者ト云ベシ。

古人云千[二四]錬シテ字ヲ成シ、萬錬シテ句ヲ成スト。賈[二五]島ハ「獨行潭底影。數息樹邊身」ト云フ句ヲ、三年ニシテ作リ得タリ。自ラ其後ニ題シテ曰、「二[二六]句三年得。一吟雙涙流。知音如不レ賞。歸臥故山秋」ト。古人ノ苦心想《オモ》フベシ。

予嘗テ或人ノ稿ニ題シテ曰、「諸[二七]作非レ不レ佳。但讀レ之生レ睡《ネムリ》。其故有レ三。一曰。有[二八]レ篇而無レ句。二曰。意[二九]象所レ無。虚構假設。三曰。命[三〇]レ意立レ言。不レ離ニ於花草蜂蝶之間ニ」ト。今人ノ詩此類多シ。

詩ヲ學ブ者、四ノ疾《シツ》[三一]アリ。一ニハ、速ニ成ルヲ求メテ、槌錬《ツキレン》[三二]苦思[三三]スルコト能ハズ。二ニハ、多ク作ルヲ貪《ムサボ》リテ、巧拙ヲ擇《エラ》バズ。三ニハ、全篇ノ疵ナキヲ求メテ、佳句ヲ得ルノ望ナシ。四ニハ、難[三四]題ヲ務メテ、人ニ誇ラントス。此四疾《シシツ》除カザレバ、生涯詩ノ佳境ニ到ルコトナシ。

遲[三五]ク作リテ、速ナルコト能ハザルハ鈍才ナリ。速ニ作リテ、遲キコト能ハザルハ粗才ナリ。鈍才ハ教フ可ク、粗才ハ教ヘ難シ。

明人ノ詩論ハ、人ヲ誤ルコト多シ。胡[三六]元瑞ガ曰ク、「句ニ字[三七]眼アルハ句ノ疵ナリ。少陵ガ地[三八]坼《サケテ》江帆隱。天清木葉聞ハ、地[三九]卑《ヒクウシテ》荒野大。天遠暮江遲ニ如カ

守有レ余」)。
二三 淡窓全集収める文稿拾遺中の「題飯田生稿後」に「俗人動云。詩要レ無レ疵而已。是詩中之郷原善柔也。此巻非レ無ニ小疵一。然多ニ佳句一。乃吾党所レ取也」。
二四 詩作するに幾度も推敲する意。全唐詩話に「雕金篆玉。穿奇籠怪。百鍛為レ字。千錬成レ句」。
二五 前出(三七七頁注一九・二〇)。この逸話は詩林広記に見えるもの。補注五三・五四参照。
二六 「二句三年得、一吟双涙流ル、知音如(モ)シ賞セズンバ、帰ツテ故山ノ秋ニ臥セン」。
二七 「諸作佳ナラザルニアラズ、但シ之ヲ読ミテ睡ヲ生ズ、其故三有リ、一ニ曰ク、篇有リテ句ナシ。二ニ曰ク、意象無キ所ニ虚構シ仮設ス、三ニ曰ク、意ヲ命ジ言ヲ立ツルニ花草蜂蝶之間ヲ離レズ」。 二八 形は出来ているが佳句がない。
二九 想念。ここでは詩念。
三〇 工夫して詩の言葉を作る。 三一 病。
三二 うちたたいて、きたえ上げること。ここは熟考すること。 三三 苦しんで考える。
三四 作りにくい、むつかしい題。
三五 ▽燈下記聞、二にも、漢文で同意の文章が見える。 三六 胡応麟。明の詩人で、少室山房筆双や詩藪の著者。字元瑞、号石羊生(明史、二八七など)。以下は詩藪内編、五に所見。↓補六五。
三七 詩轍、五に「詩ニ字眼ト云アリ、句中意味ノ最関カル字ノコトナリ、律ニ限ルコトニ非ザレドモ字眼トイヘバ、対聯ニテイフコト也」。氷川詩式、三にその方法を説く。滄浪詩話に「詩用レ工有レ三。曰起結。曰句法。曰字眼」。
三八 「地坼ケテ江帆隠レ、天清ウシテ木葉聞ユ」。「暁望」の詩中の句。「坼」ガ字眼。↓補六六。
三九 「地卑ウシテ荒野大ニ、天遠クシテ暮江遅シ」。「遺興」の詩中の句。↓補六七。

ズ。[一]返照入レ江翻ニ石壁一。歸雲擁レ樹失ニ山村一ハ、[二]藍水遠從ニ千澗一落。玉山高並ニ兩峰一寒ニ如カズ」ト。世人往々此[三]腐談ニ惑ハサレテ、[四]渾成自然ヲ口ニシ、生涯一佳句ヲ得ズシテ終ル者多シ。

[五]佳句ハ多クハ景ヲ寫ス句ニアリ。然レドモ景ヲ言フコト、一首ノ中ニ多クスベカラズ。多キ時ハ人ヲシテ厭《イト》ハシム。情ヲ主トシテ、景ヲ以テ其間ニ[六]粧點《シヤウテン》スベシ。例之《タトヘ》バ前庭ニ樹木ヲ植ルハ景ナリ、空地ハ情ナリ。樹木多クシテ、空地ナキハウルサシ。空地アリテ樹木ナケレバ、[七]玩賞《グワンシヤウ》スベキ物ナキガ如シ。

長篇ヲ作ルハ[八]敍事ニ宜シ。[九]北征五古、[一〇]長恨歌七古ノ如キ是ナリ。[一一]其事モト觀ル可クシテ、而後、辭ヲ以テ之ヲ飾ル。故ニ讀人倦ムコトナシ。今人ノ詩ハ敍事ニモ非ズ、議論ニモ非ズ、口ニ任セテ[一二]漫然トシテ言フ。自ラ其長キヲ覺エズ、大ニ讀者ヲシテ苦マシム。予嘗テ曰、「[一三]詩文能使ニ讀者不一レ倦。乃可レ稱ニ名家一矣」。

[一四]近人所レ著ノ[一五]古詩韻範ハ、古詩用韻ノ法ヲ明ニセリ。其説必シモ拘ルベカラズト雖モ、一讀シテ可ナリ。

至テ[一六]微細ノ景ヲ寫スコト、少陵ニ始マル。但五言ニ宜《ヨロシク》シテ、七言ニ宜シカラズ。[一七]「仰蜂《ギヤウホウ》粘ニ落絮《ラクジヨ》一。行蟻《カウギ》上ニ枯梨一」[一八]「芹泥《キンデイ》隨ニ燕嘴《エンシ》一。花蘂《クワズヰ》上ニ蜂鬚《ホウシユ》一」。皆五言ノ佳句ナリ。七言ニハ此類見當ラズ。

一 「返照、江ニ入リテ石壁ニ翻ヘリ、帰雲、樹ヲ擁(ヨウ)シテ山村ヲ失フ」。「返照」の詩中の句。「翻」が字眼。
二 「藍水遠ク千澗ヨリ落チ、玉山高ク両峰ニ並ンデ寒シ」。「九日藍田崔氏荘」の詩中の句。↓補六八。
三 陳腐な話。
四 渾然として、異質物が目立つことなく一体をなし、自然な作品がよいと論じて。
五 ▽淡窓は自然詩を好むので、この語がある。
六 あしらう。
七 美しさをめでる。
八 宜しく叙事たるべしの意。
九 杜甫の雄篇。鳳翔より鄜(ふ)州までの旅中のこと。帰りついた自宅の家族のさまなどが叙してある。
一〇 白居易の有名な楊貴妃のことを詠じた長詩。
一一 叙事された事実は元来、面白いものであるのに、その上に更に美しい詩にしてあるから。
一二 しまりなく。
一三 「詩文ハ能ク読者ヲシテ倦マザラシムレバ、乃チ名家ト称スベシ」。
一四 武元登登庵のこと。名正質、字景文、称孫兵衛。備前の人、柴野栗山門。文政元年(一八一八)没、五十二。
一五 五巻三冊。文化乙亥(十二)歳刻成。京都植村藤右衛門等三都五肆刊。唐詩を主に古詩の韻法を示したもの。
一六 極めて詳細なこと。
一七 「仰蜂、落絮ニ粘シ、行蟻、枯梨ニ上ル」。上をむいてゆく蜂に、柳の花が落ちて来て、ねばりつく。行列した蟻が、枯れた梨の木にのぼってゆく。「独酌」の詩中の句。↓補六九。
一八 「芹泥、燕嘴ニ随ヒ、花蘂、蜂鬚ニ上ル」。

七絶ニ[一九]瑣屑《サセツ》ノ事ヲ述テ、巧ヲ顯スコト、[二〇]范石湖ガ[二一]田園雑詩六十首ヲ最トス。今ノ人[二二]紛々《フンプン》トシテ其體ヲ學ブ。予ハ此體ヲ悅バズ。[二三]石湖ハ爲メニスルコトアリテ作リシ由、聞及ベリ。

送別ノ詩、專ラ別情ヲ寫シ、[二四]輓詩《バンシ》專ラ哀情ヲ寫スノ類、[二五]粘着《ネンチヤク》シテ善カラズ。且ツ[二六]熟套《ジユクタウ》ニ墮《オ》チ易シ。[二七]其人ノ平生ヲ述ベテ、別情・哀情ハ結末ナドニ數語ヲ用キ、淡々ニ寫スヲ善トス。此ノ如クナレバ、筆力高ク、且ツ熟套ヲ避クルニ宜シ。

雪月ノ類ヲ寫ス、是亦[二八]淡筆《タンピツ》ヲ用ルヲ善トス。敍述愈《イヨイヨ》詳ナレバ、人ヲシテ愈厭《イト》ハシム。

[二九]王漁洋、[三〇]露筋祠《ロキンシ》ニ題シテ、[三一]守節ノ事ヲ云ハズ。熟套ヲ避クルナリ。予ガ[三二]謁二菅廟一ノ詩ニ、[三三]遷謫《センタク》ノ事ヲ云ハザルモ、亦熟套ヲ避クルナリ。

[三四]詠物《エイブツ》ハ[三五]纖巧ニ落テ、體格下リ易シ。多ク作ラザルヲ善トス。若シ作ラバ、梅・櫻・雪・月等ノ物ハ、熟套ニ落チ易シ。珍奇ナル物ヲ詠ズベシ。且ツ[三六]寓意ヲ用ユベシ。是レ[三七]少陵ガ家法ナリ。

詩ニ[三八]風土ヲ述ブルコト[三九]中・晩唐ニ多シ。[四〇]樂天最モ長ゼリ。此ノ如クナレバ、一首ノ中敍景多シト雖モ、害ナシ。送別ニ此體ヲ用ユレバ、熟套ヲ避クルニ易

芹の泥は燕の嘴にくわえられてゆれ、花粉は、蜜をすう蜂の鬚にかかる。「徐歩」の詩の中の句。→補七〇。
一九 些細なこと。日常の些事。
二〇 范成大。宋の詩人。字致能、号石湖、謚文穆。封崇国公。官は参知政事(宋史、三八六)。
二一 七言絶句六十首。石湖詩集、二七所収。自注「淳熙丙午(十三年)、沈疴少紓、復至石湖旧隠、野外即事、輒書一絶、終歳得六十篇、号四時田園雑興」。范成大をして田園詩人の名を得しめる作。
二二 煩わしい程多く。例えば西島蘭渓など、その湖梅庵田園雑興の詩集は三篇に及んでいる。
二三 その理由未詳。
二四 死者をとむらう詩。
二五 主題につきすぎて。 二六 陳腐。
二七 別れや死を惜しむ相手。
二八 あっさりとした表現。
二九 王士禛。清の詩人。字貽上、号阮亭・漁洋、謚文簡。官は刑部尚書(清史稿、二七二)。
三〇 江蘇省高郵県の南にある祠。→補七一。
三一 節義を守ること。
三二 詩は遠思楼詩鈔、上に所収。→補七二。
三三 官をおとして、流罪にすること。
三四 禽獣虫魚草木などの物名を題とした詩。
三五 細叙して巧みなこと。
三六 詩中の物に作家の種種のことについての意見をこめること。→補七三。
三七 杜甫の得意とする方法。実作からかく見ての言である。
三八 気候や土地の様子。
三九 中唐・晩唐。
四〇 楽天の閑適詩と称されて、陶淵明ら自然詩人の流れをくむ作品をさすのであろう。

シ。但今世流行ノ竹枝詞[一]ノ如キハ、厭フベシ。善キコトモ節[二]ニ過レバ皆惡シ。予ガ言フ所ハ、送別・紀行ナドノ中ニ、風土ヲマゼテ作ルナリ。

唐人ノ詩ハ法則正シ。則《(ノッ)》トルベシ。初[三]・盛・中・晩皆然リ。宋詩[四]ハ唐詩ノ正[五]大ナルニ及バズ。宋詩ノ趣ハ愛スベシ。其法ハ妄《(ミダリ)》ニ學ブベカラズ。唐人ヲ師トスルニハ如カズ。七言律[六]、最モ宋ヲ學ブベカラズ。

杜詩[七]ハ學ビ易カラズ。之ヲ學バントナラバ、五古・七古・五律ヲ學ブベシ。七律ハ極メテ學ビ難シ。之ヲ學ベバ、局促シテ伸ブルコトヲ得ズ。

白樂天ノ詩、平易條暢《(デウチヤウ)》[八]ニシテ、學ビ易シ。其集中ニ就キ、整齊《(セイセイ)》[九]ナル詩ヲ抄錄シテ、之ヲ讀メバ、學者ニ益アリ。其中ノ大冗[一〇]・大易・大熟ナル處ハ學ブベカラズ。

多ク作リ長ク作リテ[一一]、人ノ厭ハザルコトヲ欲セバ、敍事ヲ務ムベシ。少陵其開祖ナリ。樂天・放翁[一二]、皆其流亞《(リウア)》[一三]ナリ。短ク作リ[一四]少ク作リテ、世ニ傳ハランコトヲ欲セバ、王[一五]・孟・韋・柳ヲ學ブベシ。

王・孟・韋・柳ノ體、其情景ヲ寫ス處、皆多言ヲ用ヰズ、唯一句一聯ノ中ニ於テ、其情狀ヲシテ宛然[一六]タラシム。溫藉《(ヲンシヤ)》[一七]含蓄《(ガンチク)》[一八]ヲ主トシテ、詳密富贍《(フセン)》[一九]ヲ好マズ。今人此趣ヲ知ル人少シ。

一 土地土地の風俗や男女の情事を主として詠む詩の一体。幕末日本で流行した。日本竹枝詞集所収。→補七四。二 程度を過ぎると。

三 中井竹山著、詩律兆、一一に「大氐声律、寛㆓於初唐㆒、完㆓於盛唐㆒、厳㆓於中唐㆒、極㆓於晩唐㆒、…盛唐之律短矱儼然、而余裕綽然、胡必過厳之貴、且也詳(下略)」。四 詩律兆、一一に「宋人体製大変、以取㆓後人訾謷㆒固也、然其声律、大氐守㆓盛唐之法㆒、有㆑時乎馳㆓騁於呉体㆒」。

五 中正雄大。六 杜詩の七律を云う次条参照。

七 杜詩のその学び易からず、殊に七律が至難の理由は、詩律兆、一一に「老杜之調、不㆑拘㆓一律㆒、若㆓七言律㆒、動輙変怪百般、神出鬼没、雄渾沈鬱之気、自在㆓乎宮商之表㆒、前輩称㆑之為㆓呉体㆒、宋距㆑唐未㆑遠、自㆓黄陳諸家㆒、学而為㆑之者、往々而有焉」。帆足万里著、肆業余稿、二に「(前略)李詩雖㆓天才超逸㆒、間有㆓不㆑経㆑意者㆒、猶可㆓剽摸取㆑似也、至㆓少陵㆒則沈深横絶、非㆓其才力㆒、決不㆑可㆑学也」。

八 のびのびとしているさま。肆業余稿、二に「竹山先生嘗称、朱文公文似㆓白楽天詩㆒、白氏妙処、自有㆓李杜所㆑無者㆒、可㆑謂㆓確論㆒矣、在㆓吾邦㆒学㆑詩較可㆑学、朱子未㆑易㆑議也」。

九 よく整ったさま。

一〇 甚だ冗漫で、平易でありふれた所。

一一 長い詩を作って。

一二 陸游。前出(三五七頁注二五)。

一三 流れを引く人。一四 短い詩を作って。

一五 王維・孟浩然・韋応物・柳宗元。皆寡作で大作の少い人。前出(三五六頁)。

一六 さながら詩上にうつし出す。

一七 しっとりして奥ゆかしいさま。

一八 意味深長なものを含むこと。

一九 豊富な趣のあること。

中・晩唐ノ中ニ於テ、其[二〇]穩秀《ヲンシウ》ナル詩ヲ擇《エラ》ビ、朝夕之ヲ諷詠スレバ、大ニ學者ニ益アリ。晩唐ノ詩ト淸人ノ詩ハ、最モ讀者ニ[二一]卽效《ソクカウ》アリ。

陸放翁ハ[二二]七律ニ長ジタル人ナリ。然レドモ其七律、唐人ノ整齊[二三]森嚴《シンゲン》ナルニ及バズ。唐人ヲ學ブニ如カズ。其他ノ體ハ之ヲ學ンデ害ナシ。宋人ノ中ニテ、放翁最モ學ブベシ。東坡ハ善シト雖モ、[二四]非常ノ才學アルニ非ザレバ、學ブコトヲ得ズ。其他ノ[二五]諸子モ之ヲ學ベバ、[二六]奇僻《キヘキ》ニ落チ易シ。

[二七]唐宋詩醇ハ善書ナリ。但古詩ヲ學ブニ宜シ、近體ニ[二八]切ナラズ。

[二九]高青邱ガ詩、明朝第一タルコト、甌北ガ說アリ。誠ニ然リ。予嘗テ[三〇]一讀ス。極メテ人ニ益アルヲ覺ユ。

[三一]王李七子、皆情ヲ寫シテ、景ヲ寫サズ。予[三二]坊本ノ七子七律ノ[三三]抄中ニ就キ、タダ[三四]滄溟ガ「[三五]樹色遠浮疎雨外。人家忽斷夕陽前」ノ一聯ヲ取ル。是レ少陵ガ[三六]返照歸雲ノ聯ニ劣ラズ。

「淸人ノ詩ハ、唐詩ヲ學ブノ[三七]階梯ト爲スベシ」ト、[三八]先哲云ヘリ。此言取ルベシ。淸詩ハ[三九]典ヲ用ユルニ巧ニ、[四〇]對ヲ取ルニ巧ニ、議論ニ巧ナリ。之ヲ讀メバ、人ヲシテ[四一]趣向ヲ生ゼシム。但時々[四二]理窟ニ落ル處アリ。讀者其心得アルベシ。

[四三]沈德潛《シントクセン》ハ詩ニ功者ナル人ナリ。其著述、[四四]唐詩別裁・[四五]明詩別裁・[四六]國朝詩別裁、

二〇 おだやかで秀でたもの。
二一 早くききめのあること。二二 放翁が律詩にすぐれることは甌北詩話、七律にすぐれることは唐宋詩醇の評に見える。↓補七五。二三 きびしくおごそかなさま。二四 尋常一通りでない。
二五 宋の詩人達をさす。二六 変な癖。
二七 清の高宗編。四七巻目一巻。李白・杜甫・白居易・韓愈・蘇軾・陸游の六家の集で、諸家の評、編者の評を加えてある。二八 適切でない。
二九 前出(三六三頁注二一)。この条のことも重出。三〇 甌北が説いた書、即ち甌北詩話を読んだ意であろう。この書は続ともに一二巻。詩醇と同じ六家其の他を論じたもの。文政十一年、江戸和泉屋等三都書肆から和刻刊。
三一 明の後七才子、または嘉靖七子と称される詩人達。李攀竜・王世貞・謝榛・宗臣・梁有誉・徐中行・呉国倫で盛唐詩風に従うべく結社した。李・王が最も有名。三二 一般世間に刊行されている本。淡窓云う所は、陳継儒句解・李士安補註の新刻陳眉公攷正国朝七子詩集註解のことであろう。この書は七律の集で、七巻、元禄二年叙刊。三三 注釈。三四 李攀竜の号。
三五「樹色遠ク浮ク疎雨ノ外、人家忽チ断ツ夕陽ノ前」。「趙州道中懐許殿卿」の詩中の句。↓補七六。三六 前出(三五九頁注四九)。
三七 手引。王漁洋の作などをさすのであろう。
三八 何人か未詳。三九 法則。四〇 対句を作る。
四一 詩を構成する案。
四二 情趣より論理に重点がかかること。
四三 前出(三七〇頁注三)。
四四 唐詩の選集に評を加えたもの。二〇巻。康熙五十六年序。四五 明詩の選集に評を加えたもの。一二巻。乾隆三年序。四六 清詩の選集に評を加えたもの。三二巻。乾隆二十六年序。

皆學者ニ益アリ。批評ノ中ニ人意ヲ啓發《ケイハツ》[一]スル處多シ。

邦人ノ詩之ヲ讀メバ、極テ入リ易シ。必シモ禁ズルニ及バズ。但正享[二]ノ際ノ詩ハ、今人既ニ之ヲ厭フコト深クシテ、讀ムニ堪エズ。近人[三]ノ詩ヲ讀ムベシ。六如《ロクニヨ》[四]・茶山《サザン》[五]・山陽[六]ナド皆名家ナリ。但爛熟《ランジユク》[七]ニ過ギタリ。讀者其心得アルベシ。

正享ノ際、明體ヲ學ブ者ノ詩ハ、生[八]ニ過ギ、今ノ宋體ヲ學ブ者ハ、熟[九]ニ過ギタリ。論語ニ「失レ飪《ジン》[一〇]不レ食」ト見ユ。此ノ二ノ者、皆失飪ナリ。學ブ人ノ腹中ニ宜シカラズ。

予嘗テ某生ノ詩稿ニ題シテ曰《イハク》、「正享[一一]之際。學ニ王李七子[一二]一。雖ニ山人[一三]野衲《ヤナフ》[一四]一。其所レ言皆官情吏務[一五]。天明以來。尚《タフトブ》[一六]ニ范陸之派一。雖ニ顯貴《ケンキ》[一七]之人一。所レ寫不レ過ニ間興野趣[一八]一。夫詩言ニ人情一。人情不ニ若《ゴトク》レ是偏《ヒトヘ》一。則詩道亦不レ宜ニ如レ是偏一也」。

明體ヲ學ブ者、好ンデ金玉・龍鳳・彩雲[一九]・綺樹《キジユ》[二〇]等ノ字面ヲ用ヰ、之ヲ壯麗ト思ヘリ。佛壇[二一]ノ飾ノ如クニシテ、極メテ人ヲ俗殺[二二]ス。予深ク此類ヲ憎ム。此區域ヲ脱セザル人ハ、與ニ詩ヲ言ヒ難シ。

今人ノ詩、務メテ風流ノ態ヲ寫ス。綸巾《クワンキン》[二三]ヲ戴《イタダ》キ、竹杖ヲ曳《ヒ》キ、香ヲ焚《タ》キ、茶ヲ煎ジ、世事ヲ忘却シテ、悠然《イウゼン》[二四]自得[二五]スルコト等、詩トシテ之レ無キハナシ。果シテ其通ノ境界ニシテ、心モ其處ニ安ズルコトナラバ、左樣ニ數々言フニハ及

一　考えをひらきすすめる。
二　正徳・享保年間。荻生徂徠の唱えた明朝擬古の風にならった詩を指す。
三　大体は、擬古をきらって、宋詩の風にならう傾向にあった。
四　名慈周。当時宋詩風を実践した先輩の詩僧。浄土宗で、京都知恩院に長くいた。享和元年(一八〇一)没。六十五。
五　菅茶山。備後の詩人。名晋帥、字礼卿、称太仲。文政十年(一八二七)没。八十。
六　頼山陽。名襄、字子成、称久太郎。詩文を以て一世に鳴る。天保三年(一八三二)没。五十三。
七　余りになれすぎている。→補七七。
八　生硬。
九　爛熟に同じ。
一〇　論語の郷党篇に「飪ヲ失ヘバ食セズ」(集註に「飪ハ亨調生熟之節也」)。
一一　「正享ノ際、王李七子ヲ学ブ。山人野衲トイヘドモ、其ノ言フ所ハ皆官情吏務。天明以来、范陸ノ派ヲ尚ブ。顕貴ノ人トイヘドモ、写ス所ハ間興野趣ニ過ギズ。夫レ詩ハ人情ヲ言フ。人情ハ是ノ若ク偏ナラズ。則チ詩道モ亦宜ク是ノ如ク偏ナルベカラザル也」。
一二　前出(三八五頁注三一)。
一三　世を捨てた隠者。　一四　田舎の僧。
一五　官吏の地位にある者の感情と仕事。
一六　范石湖・陸放翁の流。自然派詩人である。
一七　身分・地位の高い人。
一八　田園閑居の興趣。
一九　彩色したように美しい色の雲。
二〇　美しく色づいた木木。
二一　金箔などでかざってあるをさす。
二二　俗の故をもって困らせる。
二三　頭巾の一種で、風流人の用いたもの。

ブマジ。是レ全ク假《イツハリ》高士・僞《ニセ》雅人ト謂フ可シ。古人己ガ富貴ニ誇リテ、「老[二六]覺二腰金重一。慵《モノウクシテ》便二枕玉涼一」ト作リシヲ、評者之ヲ乞食ノ語ナリト云ヘリ。然ラバ今ノ綸巾・竹杖ハ、眞ニ俗物ノ語ト謂フベキナリ。予モ間情野趣ヲ好メドモ、頗ル今人ノ撰[二七]ト異ナリ、拙集ヲ見玉《タマ》ハバ自ラ明カナラン。

詩[二八]ハ實際ヲ貴ブコト、今人皆知レリ。但今人好ンデ瑣細《ササイ》鄙猥《ヒワイ》[二九]ノ事ヲ敍ベテ、之ヲ實際ト思ヘリ。予ガ所謂實際トハ然ラズ。タヾ人々ノ實境[三〇]實情ヲ敍ベテ、矯飾《ケウショク》[三一]ナキ所ヲ指スナリ。然ルニ今ノ人、丁壯[三二]ノ歳ニ在リテ、好ンデ衰老ノ態ヲ寫シ、宦途ニ在リテ、專ラ山林ノ景ヲ寫ス。目ノ觸《フ》ル、ニモ非ズ、情ノ感ズルニモ非ズ、唯古人ノ語ヲ摸倣スルノミ。如レ此ナラバ、假令《タトヒ》其情景見ルガ如クニ寫シタリトモ優人[三三]ノ假装ヲ爲スガ如シ。豈實際ト謂フベケンヤ。

明ヲ學ブ者ハ、專ラ贈答[三四]ヲ事トシ、題ニ人ノ名ナキ詩ハ、百ニ一モナシ。古人之ヲ嘲リテ、以レ詩爲二羔雁《カウガン》[三五]一ト云ヘリ。今時宋ヲ學ブ者ハ、專ラ詠物[三六]ヲ事トス。是亦詩ヲ玩具[三七]ト爲スナリ。其弊ヤ同ジ。

三都[三八]ノ市中ニ住スル者ハ、山ヲ見ルモ、水ヲ見ルモ、容易ニ得ガタシ。田園邱壑《キウガク》[三九]ノ樂《タノシミ》ハ、生涯得ベカラズ。故ニ其詩モ、或ハ贈答ヲ專ニシ、或ハ詠物ヲ務ム。是レ勢ノ免レザル所ナリ。我輩幸ニ田舍ニ住シテ、何事ヲ言フモ勝手次

二四 ゆったりとしたさま。
二五 自ら足れりとすること。
二六 「老イテ腰ノ金ノ重キヲ覚エ、慵クシテ枕ノ玉ノ涼シキヲ便トス」。
二七 作り述べること。
二八 ▽擬古詩風に対して、清新の論に賛成した当時の詩壇では自明のことであった。山本北山の作詩志彀参照。
二九 下品でみだらなこと。淡窓全集の文稿拾遺所収「題子達稿後」に「近時詩家、有二一種弊風一、叙事必欲二詳悉一、写意必欲二痛快一、而不四復知三風神気格為二何物一」。
三〇 随園詩話、一に「味欲二其鮮一、趣欲二其真一、人必知レ此、而后可二与論一レ詩」とある。
三一 表面のかざり。
三二 壮年。 三三 俳優。
三四 詩轍、四に「詩ハ此贈ツテ彼答フルヲ以テ、贈答ト云、我唱ヘテ人和スルヲ以テ唱和ト云。喬彦駿嘗テ此義ヲ細ニ弁ジテ曰、同是和ノ字、贈ルニ答フルモ、和スルト云ハ、和即答ノ意也、某人ノ何作ヲ和スルトハ、題ヲ同ウスルノ意、彼言出スヲ、我ツケテ歌フ、是贈答唱和ノ別也云々」。
三五 小羊と雁。礼聘のものを広く云う。随園詩話、一に「余作詩、雅不レ喜三畳韻和韻及用二古人韻一、以為、詩写二性情一、惟吾所レ適」。
三六 詩轍、一に「詩家詠物ノ一法アリ、…蓋詠物ノ一体ハ、其物ヲ形容シ、賦序シテ摸写スルニアリ」。
三七 もてあそびもの。▽共に淡窓の云う、実境実情を述べることに遠いもの。
三八 京都・大阪・江戸。大都会の代表として上げた。
三九 岡と谷。隠者の住居をも云う。

第ナリ。何ゾ彼等ガ不自由ナル境界ヲ羨《ウラヤ》ミテ、其口角[一]《コウカク》ヲ摹《モ》スルコトヲセンヤ。

予嘗テ曰、「詩[二]無ニ唐宋明清一。而有ニ巧拙雅俗一。巧拙因ニ用意之精粗一。雅俗係ニ著眼之高卑一」ト。予ガ詩ヲ論ズル、此外ニ在ルコトナシ。故ニ詩ヲ學ブ者ハ、務メテ其才識ヲ養フベシ。才ヲ養フハ、推敲鍛錬ニ在リ、識ヲ養フハ、古人ノ詩ヲ熟讀スルニ在リ。前ニ論述セシガ如シ。後世詩ヲ讀ム者、務メテ古人ノ佳語ヲ剽掠[三]《ヘウリヤク》シテ、己ガ有トセントノミ思ヘリ。明・清、輓近[四]《バンキン》ノ詩ヲ讀ムニハ、其通《トホリ》ノ心得ニテモ苦シカラズ。宋以前ノ詩ヲ讀ムニハ、初ヨリ其通ノ心得ニテハ益ナシ。只何トナク熟讀シテ、其風味ヲ知ルニ如クハナシ。漢魏ノ高古[五]ナル、六朝ノ清麗[六]ナル、唐人ノ溫[七]ニシテ腴《ユ》ナル、宋人ノ冷[八]ニシテ瘦《ヤセ》タル、其他太白ガ飄逸[九]《ヘウイツ》、子美ガ沈鬱[一〇]《チンウツ》、王[一一]・孟・韋・柳ガ淸微[一二]淡遠[一三]ノ類、何レモ能ク味ヒテ、其差別ヲ知ルベシ。如レ此ナレバ、古人ノ風神氣韻、自然ト我心ニ移リ、其語ヲ出スコト、高雅ニシテ、俗趣ニ墮チズ。是レ見識ヲ養フノ道ナリ。今ノ人詩ヲ作ルニ急ニシテ、詩ヲ讀ムニ遑《イトマ》アラズ。故ニ才餘リアリテモ、識足ラズ。古人ニ及バザル所以ナリ。

○田中秀[一四]問　嘗テ聞ク、邦人ノ詩、平仄[一五]《ヒヤウソク》正シカラズ、漢人ノ爲サザル所多シト。如何ナル處ヲ云フヤ。

一 口調をまねる。 二 前出(三七六頁注一二)。 三 うばいとる。 四 近頃。 五 古風をおびて高雅なること。司空図の二十四詩品の一で、滄浪詩話の「詩之品」にも、「曰高、曰古」。 六 清らかで美しい。陸機の文賦にも見える語。 七 あたたかで肥えていること。感情・表現ともに豊かなもののあること。 八 つめたくてやせていること。感情・表現ともに、きびしいもののあること。 九 俗世を超越して明朗なこと。二十四詩品の一で、滄浪詩話の一品。唐詩品彙、総叙「李翰林之飄逸」。 一〇 気分の深くしずんださま。唐詩品彙、総叙に「杜工部之沈鬱」。 一一 前出(三五六頁)。 一二 淡味で遠いさま。 一三 清虚にして微妙なるさま。 一四 宜園百家詩初編、七に「字君実、号淡渓、又号図南、緯(字巴煕、号輟耕、又号ニ淡渓一、筑後柳川人)之子」。 一五 漢字の音を、平(上平・下平)仄(上・去・入)の二声にわかつが、近体詩では平仄式とて、詩体によって、平字仄字の配列が定まっている(古体詩は一定していない)。その式にかなわぬと、正しくないことになる。 一六 平字がその上下に仄字を持った場合。また「挾平」とも云う。詩轍、二に「俗ニ孤平ヲ忌ト云事ヲイヘリ、肝心ナル事ナリ、孤平ヲ忌時ハ、大概声調諧(ナ)フ者也、是モ下句別シテ意ヲ用ユベシ」。 一七 詩律兆、一にその例をあげて、論がある。↓補七八。 一八 同じく。詩律兆、四にその例をあげて、論がある。↓補七九。 一九 平字・仄字が各三つ続く格。 二〇 詩律兆、一はその例をあげて、「四唐宋明皆不レ勝ニ其多一焉、我邦以ニ三仄一為レ病、弗レ察甚矣」。

孤[一六]平ヲ忌ムコト、邦人知ラザルニ非ザレドモ、其中ニ於テ、最モ忌ム所アルヲ知ラザル者多シ。[一七]五言ノ第二字、[一八]七言ノ第四字、最モ孤平ヲ忌ムナリ。試ニ漢人ノ詩ト、邦人ノ詩トヲ、合セ観ルベシ。漢人ニハ其事百ニシテ一ナリ。邦人ハ十ニシテ四五ニ居レリ。[一九]平三連・仄三連ハ、邦人極メテ之ヲ忌ム。然レドモ、[二〇]仄三連ハ漢人ニ往々アリ。[二一]平三連ハ無シ。「[二二]秋聲萬戸竹」「[二三]星臨二萬戸一動」。皆仄三連ナリ。[二四]邦人前ニ仄三連アレバ、對ニハ平三連ヲ用ユルモノト、思ヘル者アリ。大ニ誤レリ。「[二五]寒色五陵松」「[二六]月傍二九霄一多」。是レ皆平三連ニ非ズ。タヾ「[二七]山光悦二鳥性一。潭影空二人心一」ノミ、平仄皆三連ヲ用キタリ。是レ千萬中ノ一ナリ。然レドモ、[二八]空ノ字ヲ仄字ニシテ見タル説アリ。以テ平三連ノ、妄リニ用ユベカラザルコトヲ知ルベシ。[二九]孤仄ト云フコト、清人ナドハ嫌フ由ナリ。予ガ詩ノ「[三〇]伏敵門頭潮拍レ天」ト云フ句ヲ見テ、[三一]潮ヲ浪ニ改メ、此處仄ヲ用ユベシト[三二]批セリ。因テ清人ノ詩ヲ觀ルニ、孤仄ハ甚ダ少シ。唐人ノ詩ニハ、十ニ一ハアリト覺ユルナリ。總《スベ》テ[三三]韻ヲ用キザル句ハ、平仄寛ナリ。韻ヲ用ユル句ハ、嚴ナリ。是レ仄三連ハアリテ、[三四]平三連ハナキ所以ナルベシ。

問 [三五]五言ノ起句ニ、韻ヲ用ユルト、[三六]七言ノ起句ニ、韻ヲ用キザルト、法アルコトニヤ。

二一 詩律兆、一に「詩家大忌、我邦相沿熟用者甚非矣」の例として、平三連を上げて、皆拗体で、常調をもって律し得ない作における例だと説明してある。↓補八〇。
二二 李頎「望秦川」の詩の句。↓補八一。
二三 「星ハ万戸ニ臨ンデ動キ」。杜甫の「春宿左省」の一句。前出(三七〇頁注一四)。
二四 詩轍、二に、この形を示して、「無キニハアラズ最稀ナリ」と。
二五 李頎「望秦川」の一句。「秋声…」の句に対して云う。
二六 「月ハ九霄ニ傍ヒテ多シ」。これも杜甫「春宿左省」の一句。「星臨…」の句に対して云う。
二七 「山光ハ鳥性ヲ悦バシメ、潭影ハ人心ヲ空ウス」。常建の「破山寺後禅院」の詩の中の句。↓補八二。
二八 詩律兆、一に平三連に「空」の文字ある二例を上げて、「按、二空字、倶係二仄用一、亦未レ可レ知、説見二余考一可レ按」。↓補八三。
二九 仄字が平字ではさまれた格。
三〇 「伏敵門頭潮天ヲ拍ツ」。「筑前城下作」の七律の第一句。伏敵門は箱崎宮の楼門。↓補八四。
三一 「拍」が入声で、孤となるので、平声の「潮」を改めるとの意。三二 清人が批評した。
三三 絶句で云えば、起・承・結の句。律で云えば、第一句と偶数句が普通である。
三四 詩轍、二に「近体ハ、専平韻ヲ押シテ、側韻ヲ押セズ」で、平が多いから、平に留意して、かえって平三連がなくなる。
三五 第一句。三六 貝原益軒著、初学詩法の七言の条に「律詩及絶句、首句之末、用二仄字一亦可、倭俗謂二之蹈落《フミオトシ》一、前対詩多用レ之、又非二前対一而用レ之者亦甚多、須レ知二首句末字不レ拘二声律一」。

必シモ法アリトモ覺エズ。但古人[一]ノ説ニ、五言ノ起句ニ韻ヲ用ユルハ、突然トシテ起スベシト云ヘリ。「落日[二]在二簾鉤《レンコウ》一。溪邊春事幽　杜甫」。「酒渇[三]愛二江清一。餘酣嗽二晩汀一　杜甫」ノ類、是ナリ。此二起、如何ニモ突兀《トツコツ》[四]タリ。其他一々此ノ如クナルヤ、未ダ細《コマヤ》カニ考ヘズ。七言ノ起句ニ、韻ヲ用キザルコト、盛唐ニテハ杜子美ニ多シ。中・晩ニ及ンデ、轉《ウタ》タ多シ。或説[五]ニ、七言起句ノ落韻[六]ハ、對ヲ以テ起スベシ。是レ正格ナリト云ヘリ。要スルニ、七言ノ起句ニ韻ヲ用キザルハ、正格ニ非ズ。子美ノ秋興[七]八首・諸將[八]五首ナドノ如キ、心ヲ用キタル詩ニハ落韻ナシ。又七古ノ韻ヲ換ユル處ニハ、必ズ二句ヅ、續ケテ韻ヲ用ユルナリ。此ヲ以テ七言ノ起句ニ、韻ヲ用キザルハ、正格ニ非ザルコトヲ知ルベシ。古人[九]云ク、五言七言音節同ジカラズ。故ニ七言ハ初メニ韻ヲ連押スベシト。邦人唐音ニ通ゼズ。故ニ音節ノ異同ヲ知ルコト能ハズ。唯漢人ノ用法ニ於テ、其多クシテ且正シキモノヲ選ンデ、之ニ從ハンノミ。

問　五七絶ヲ作ルニハ、如何心得ベキヤ。

藝苑巵言《ゲイエンシゲン》[一〇]ニ、五絶ハ陶弘景[一一]ガ「山中[一二]何所レ有。嶺上多二白雲一。只可二自怡悦《イエツ》[一三]一。不レ堪二持贈レ君一」、マタ唐人ノ「打[一四]二起黄鶯兒[一五]一。莫レ教二枝上啼一。啼時驚二妾夢[一六]一。不レ得レ到二遼西[一七]一」此二首ヲ擧テ、五絶ヲ學ブノ法トス。何レモ其體高古ニシテ、

一　何人か未詳。
二「落日簾鉤ニ在リ、渓辺春事幽ナリ」。杜甫の「落日」の詩中の句。↓補八五。
三「酒渇江ノ清キヲ愛ス、余酣晩汀ニ漱グ」(杜律集解による訓)。「軍中酔飲寄二沈八劉叟一」の詩中の句。↓補八六。
四　高くつき出ている。
五　初学詩法にも、七言起句の落韻は、前対詩に多いとある。
六　初学詩法に云う踏み落しのこと。
七　七言律詩八首で、五十五歳、夔州での作。唐詩選にも四首所収。
八　七言律詩五首で、吐蕃の乱の時、諸将をなじった詩。
九　何人か未詳。
一〇　明の王世貞の著の詩文評。八巻。延享三年和刻刊。以下のこと、その巻四に見える。↓補八七。
一一　梁の隠逸人。字通明、号華陽真人(梁書、五一など)。
一二「山中何ノ有ル所ゾ、嶺上白雲多シ、只々自ラ怡悦ス可ク、持チテ君ニ贈ルニ堪ヘズ」。
一三　よろこび満足する。
一四「黄鶯児ヲ打起シテ、枝上ニ啼カシムルコトナカレ、啼ク時妾ガ夢ヲ驚カシテ、遼西ニ到ルコトヲ得ザラシム」(和刻唐詩選による訓)。唐詩選に「伊州歌」と題するその二の詩。
一五　うぐいす。
一六　私(女性)の夢。
一七　夫の出征している遼西地方。

五絶ノ妙境ト謂フベシ。然レドモ今ノ人之ヲ學バヾ、恐ラクハ摸擬ニ落テ、眞ヲ失ハン。先ヅ今人ノ學ビ易キ處ヲ言ハバ、「漢國山河在。[一八]秦陵草樹深。[一九]暮雲千里色。無ㇾ處不ㇾ傷《イタマシメ》ㇾ心」。是等ノ詩ヲ學バヾ可ナルベシ。起二句ヲ對ニシテ、古跡ヲ敍ベ、轉結ニ懷古ノ情ヲ敍ブルコト、其體裁法度[二〇]見ルベキ處アリ。學ブ者力ヲ着ケ易シ。又「勸[二一]ㇾ君金屈巵[二二]。滿酌不ㇾ須ㇾ辭。花發多二風雨一。人生足二別離一」起二句ノ意ヲ轉結ニ解シ、對ヲ以テ收メタル處、味アリ。其法學ブニ宜《ヨロ》シ。是其一二ヲ擧グルナリ。委《クハ》シクハ予ガ古今ノ詩ヲ雜抄セシモノアリ。其中ニ存シタリ爰ニ贅《ゼイ》[二三]セズ。

五絶[二四]ハ、唐以前ヨリアル體ナリ。故ニ古色アルヲ貴ブ。總ベテ五言ハ高古[二五]ヲ貴ビ、七言[二六]ハ清新[二七]流暢[二八]ヲ貴ブ。古・律・絶皆然リ。是五言ノ七言ニ異ナル所以ナリ。

七絶ハ、當世ノ詩人、專ラ精神ヲ此一體ニ役《エキ》[二九]ス。故ニ七絶ニ巧ナル者多シ。予此體ニ長ゼズ。格別論ズベキ筋ヲ知ラズ。

絶句ハ轉結[三〇]ヲ主トスルモノナリ。起承ハ如何程巧ナルモ、轉結[三一]拙クテハ觀ルニ足ラズ。起承拙クトモ、轉結巧ナレバ、其詩存スルニ足レリ。故ニ預《アラカジ》メ轉結ヲ多ク作リ置テ、時ニ臨ミ之ヲ用ユベシ。是ハ如何敷《イカガハシキ》コトナレドモ、未熟ノ人

一八 「漢国山河在リ、秦陵草樹深シ、暮雲千里ノ色、処トシテ心ヲ傷シメズトイフコトナシ」(和刻唐詩選による訓)。荊叔の「題慈恩塔」の詩(唐詩選にも所収)。
一九 秦の天子の陵墓。
二〇 規律。
二一 「君ニ勧ム金屈巵、満酌須ラク辞スベカラズ、花発シテ風雨多ク、人生別離ニ足(ミ)ツ」。于武陵の「勧酒」の詩(唐詩訓解など所収)。
二二 唐詩訓解の注「巵ハ圜器也、一ニ組ト名ヅク、夢華録ニ、御宴ノ酒盃皆金屈巵、薬琬ノ如クニシテ、而シテ手把子有リ」。
二三 くどくど云わない。
二四 氷川詩式、一に「五言絶句、作ㇾ自二古漢魏楽府一、古辞則有二白頭吟・出塞曲等篇一、下及二六代一、述作漸繁、唐人以来工ㇾ之者甚衆」。
二五 古風をおびた高雅。
二六 氷川詩式、一に「七言絶句、始ㇾ自二古楽府挾瑟歌・梁元帝烏楼曲・江揔怨時行等一、皆七言四句、至二唐初一始穏二順声勢一、定為二絶句一」。
二七 さっぱりと新しいこと。
二八 のびのびとしていること。氷川詩式の七言絶句の条に「七言四句、草成而就速、達ㇾ意宜ㇾ情而已、貴二明白条暢一、律詩放ㇾ此」。
二九 つとめる。
三〇 第三・第四句。
三一 詩法要略、下に「絶句ノ詩ハ、以二第三句一為ㇾ主、第四句発ㇾ之ト楊載モカキタレバ、必ズ第三四句ニ題ノヌケヌヤウニスベシ、尤第一句ヨリ、句々題ヲコトハルガ、最上ノ事ナレドモ、初学者ハ叶ヒガタクテ、第一二句ニ、題意親切ナラズトモ、必ズ第三四句ニ題ノヌケヌヤウニスベシ、コレニ依テ、古人モ絶句ノ詩ハ先ヅ第三四句ヨリ作ルベシトモ云ヘリ」。

ハ其心得ナク、轉結ニ至リテ、窮スルコトアリ。故ニ云フ。

詩ハ韻脚[一]ノ字ヲ擇ムベキコトナリ。絶句ニ至リテハ、最モ然リトス。乃チ結句ニ韻中第一ノ好キ字ヲ用ユベシ。例之《タトヘ》バ、一東[二]ナレバ風ノ字、中ノ字、十灰[三]ナレバ來ノ字、十一眞[四]ナレバ人ノ字、十五刪[五]ナレバ山ノ字、間ノ字ノ類、是ナリ。若シ一東ニテ窮ノ字、灰ニテ裁ノ字、眞ニテ頻ノ字、刪ニテ班ノ字ナドヲ、結句ニ用ヰテ、佳作アルコト予未ダ之ヲ見ズ。王維[六]ガ名高キ七絶ノ、「西出陽[七]關無故人[八]」送元二使安西[九]　渭城朝雨浥輕塵、客舎青々柳色新、勸君更盡一杯酒、西出陽關無故人、「遍插茱萸《シュユ》[一〇]少一人」九月九日憶山東兄弟[一一]　獨在異郷爲異客、毎逢佳節倍思親、遙知兄弟登高處、遍插茱萸少一人、「楊柳青々渡水人」寒食汜上[一二]　黄武城邊逢暮春、汶陽歸客涙沾巾、落花寂々啼山鳥、楊柳青々渡水人、ナド、以テ知ルベシ。皆結句ニ人ノ字ヲ用ヰタリ。凡ソ韻脚ノ堅[一三]カラザルハ、柱ヲ立ルニ、礎ノ穩カナラザルガ如シ。礎正シクシテ、而後柱正シ。柱正クシテ、而後屋舍正シキヲ得ルナリ。詩ノ韻脚モ亦斯ノ如シ。

絶句ハ含蓄ヲ貴ブ、結句不盡[一四]ノ意アルベシ。

七言絶句ハ、清人極メテ長ゼリ。必ズ新シキ趣向アリ。之ヲ讀メバ、人ヲシテ趣向ヲ生ゼシム。予七絶ヲ作ル毎ニ、必ズ先ヅ清人ノ詩一巻ヲ披閲《ヒエツ》[一五]スルヲ例トセリ。

○廣瀬孝問[一六]　古人ノ詩ノ淵源《エンゲン》[一七]スル處、及ビ詩ヲ學ブノ心得ハ如何。

一 詩の句末に用いる韻。
二 韻母(一群の同じひびきの文字の代表とする文字)の一で平声。
三・四・五 皆、韻母の一で平声。
六 前出(三五六頁注一五)。
七 中国の西域に通ずる関。 八 旧友。
九 「元二ガ安西ニ使スルヲ送ル。渭城ノ朝雨軽塵ヲ浥(ウルホ)ス、客舎青々トシテ柳色新ナリ、君ニ勧ム更ニ一杯ノ酒ヲ尽セ、西ノカタ陽関ヲ出ヅレバ故人無カラン」(和刻詩林広記による訓)。
一〇 九月の節句にその枝を冠にさして、疫よけとした植物。
一一 「九月九日、山東ノ兄弟ヲ憶(オモ)フ。独リ異郷ニ在リテ異客ト為ル、佳節ニ逢フ毎ニ倍(マスマス)親ヲ思フ、遙ニ知ル兄弟高キニ登ル処(＝登高は重陽の行事)、遍(アマネ)ク茱萸ヲ插シテ一人ヲ少(カ)クラン」(和刻唐詩選による訓)。
一二 「寒食(＝介子推の故事によると云う、冬至後百五日目に火を用いず食事する風習)汜上(ハンジヤウ＝汜水のほとり)。広武城辺、暮春ニ逢フ、汶陽ノ帰客涙巾ヲ沾ス、落花寂々山ニ啼ク鳥、楊柳青々水ヲ渡ル人」(和刻王維詩集による訓)。
一三 しっかりしていないのは。 一四 言いつくさず、余情・余意のある如く作るべきである。
一五 ひらいて見る。
一六 広瀬林外。前出(三五一頁注四)。▽この問の条条は悉く六橋記聞に見える。
一七 もとづく所。
一八 「虎ハ嘯ク深谷ノ底、鶏ハ鳴ク高樹ノ巓」。「赴洛道中作二首」(文選、二六所収)の其一の中の句。→補八八。 一九 陸機。前出(三五八頁注一四)。 二〇 みだれた世の景色。
二一 「狗ハ吠ユ深巷ノ中、鶏ハ鳴ク桑樹ノ巓」。陶淵明「帰園田居六首」の其一の詩中の句。

「[一八]虎嘯《ウソブク》深谷底。鶏鳴高樹巓《イタダキ》」トハ、[一九]陸子衡ノ句ニシテ、是レ[二〇]亂世ノ物色ナリ。淵明之ヲ用ヰテ曰、「[二一]狗吠深巷中。鶏鳴桑樹巓」ト變ジテ、田園ノ[二二]佳境トナレリ。予是ニ於テ、詩ヲ作ルノ[二三]訣ヲ悟ル。凡ソ古ヲ學ブ者、其[二四]面目《メンボク》ヲ用ヰテ、其[二五]風神ヲ換ユレバ、[二六]腐トシテ新ナラザルコトナキナリ。

「[二七]曖々遠人村。依々墟里烟。犬吠深巷中。鶏鳴桑樹巓」。「[二八]採レ菊東籬下。悠然見二南山一。山氣日夕佳。飛鳥相與還」。[二九]王摩詰一世ノ佳句、大抵《タイテイ》此中ヨリ[三〇]點化シ來レリ。善ク讀ム者、自ラ之ヲ知ラン。

「[三一]結レ廬在二人境一」出前巻ノ詩ハ、世人遍《アマネ》ク之ヲ賞ス。「孟夏草木長」[三二]讀二山海經一 孟夏草木長、繞レ屋樹扶疎、衆鳥欣レ有レ託、吾亦愛二吾廬一、既耕亦已種、且還讀二我書一、窮巷隔二深轍一、頗廻二故人車一、歡言酌二春酒一、摘二我園中蔬一、微雨從レ東來、好風與レ之俱、泛覽二周王傳一、流二觀山海圖一、俛仰終二宇宙一、不レ樂復何如ノ詩ハ、唯[三三]韋・柳諸氏之ヲ知ルノミ。

太白ノ詩ハ、音調[三四]清越、[三五]絲竹ノ如シ。少陵ハ其聲濁ル、[三六]革木ノ如シ。

「[三七]船舷瞑戛雲際寺。水面月出藍田關 杜甫」。雲際ノ寺ハ、卽チ水面ノ影ナリ。尋常ノ景ヲ[三八]點化シ、變幻[三九]倏忽《シユクコツ》[四〇]端倪《タンゲイ》スベカラズ。「[四一]魚龍回二夜水一。星月動二秋山一 杜甫」。上句ニ由《ヨツ》テ之ヲ推ストキハ、星月秋山モ亦水中ノ影ナレバ、[四二]流水對トシテ看ルベシ。[四三]浪仙ガ「[四四]鳥宿池中樹」下句僧敲月下門モ、下句月ヲ言ヘバ、亦其影ヲ言ヘルナリ。

↓補八九。二二 よい景色。
二三 秘訣。 二四 表現の外形。 二五 内容の精神。
二六 どんな用いふるしたものでも。
二七 前出(注二一)の陶淵明の「帰二園田居一六首」の其一の詩中の句。補注八九参照。
二八 前出(三六九頁)。 二九 王維のこと。
三〇 詩轍、四「点化トハ前人ノ作ヲ、語意共ニトリテ、ヨクナシタル也、イハバ隠栝《ナホシ》タル也、宋諸公好ンデセシ事也」。
三一 前出(三六九頁)。
三二 「山海経《センガイキヤウ》ヲ読ム。孟夏草木長ズ、屋ヲ遶《メグ》リテ樹ハ扶疎《フソ》(茂ったさま)タリ、衆鳥託スル有ルコトヲ欣ブ、吾モ亦吾ガ廬ヲ愛ス、既ニ耕シテ亦已ニ種《ウ》フ、且ク還リテ我ガ書ヲ読ム、窮巷深轍ヲ隔ツ、頗ル故人ノ車ヲ廻《カヘセ》リ、歓言シテ春酒ヲ酌ミテ、我ガ園中ノ蔬ヲ摘《ツ》ム、微雨東従《ヨ》リ来ル、好風之ト倶《トモ》ナリ、泛《ヒロ》ク周王ノ伝ヲ覧テ、山海ノ図ヲ流観ス、俯仰、宇宙ヲ終フ、楽シマズンバ復《マタ》何如」(和刻本による訓)。↓補九〇。 三三 韋応物・柳宗元。前出(三五六頁注一七・一八)。
三四 音声の清んで調子の高いこと。 三五 絃楽器と管楽器。礼記の楽記篇「金石糸竹、楽之器也」。
三六 革をはった楽器と木製の楽器。共に八音の一。六橋記聞、五の同じことを述べた条に説明して、「杜詩使二人愀然涕泣一者。在二其旨趣一。而不レ在レ声也」。 三七 「船舷瞑《カスカニ》戛《ウ》ツ雲際ノ寺、水面月ハ出ヅ藍田ノ関」。「渼陂行」の詩中の句。↓補九一。 三八 前出(注三〇)。
三九 疾くてとらえがたいさま。 四〇 はかり知りがたい。 四一 「魚竜ハ夜水ニ回《メグ》リ、星月ハ秋山ニ動ク」。「草閣」の詩中の句。↓補九二。
四二 属対の二聯が、二句をもって一意をなすもの。 四三 賈島のこと。前出(三七七頁注一九)。
四四 この詩も前出(三七七頁注二〇)。

子美ノ古詩五律學ブ可シ。[一]七律學ビ易カラズ。絶句學ブ可カラズ。

杜詩ヲ學ブ者ハ、外强内乾[二]ノ弊ヲ戒ムベシ。

袁中郎[三]、「錢塘艷如レ花。山陰芊似レ草」[四]ノ句アリ。詩ヲ以テ之ニ喩ヘバ、摩詰ハ錢塘ニシテ、蘇州ハ山陰ナリ。

靑[五]ハ天地ノ正色[六]ナリ。詩此色ヲ帶ブルヲ妙トス。蘇州集ノ如キ、一面蒼然[七]、自ラ愛スベキヲ覺ユ。必シモ巧拙ヲ論ゼザルナリ。

右丞ガ、「天老能行レ氣。吾師不レ養レ空」[八]。「遙知遠林際。不レ見二此簷間一」[九]。二ノ不ノ字、改メテ亦ノ字ニ作ル。始メテ穩當ナルコトヲ得ルニ似タリ。

問　李・蘇皆仙才ト稱ス。異同如何。

李白ハ天仙[一〇]ナリ、東坡ハ地仙[一一]ナリ。天仙一擧[一二]スレバ、杳《エウ》[一三]トシテ見ルベカラズ。地仙ハ則チ種々ノ伎倆アリ、人間《ジンカン》[一四]ニ布《シ》ク。

問　歷代ノ諸家、各長短アルベシ。如何。

宋詩モ亦初[一五]・盛・中・晩アリ。林逋《リンポ》[一六]・魏野《ギヤ》[一七]ハ初ナリ。東坡・山谷[一八]ハ盛ナリ。范[一九]・楊[二〇]・放翁[二一]ハ中ナリ。眞山民[二二]・劉後村[二三]ハ晩ナリ。靑邱[二四]元ヲ變ジテ、明ヲ起ス。恰モ冬冱《トウゴ》[二五]ヲ變ジテ、春溫ト爲スガ如シ。李王七子[二六]ニ至リテハ、又變ジテ夏ノ炎熱[二七]トナレリ。故ニ明初ノ風ハ、卽チ明詩ノ佳境ナリ。

一 ▽前出(三八四頁)に同意の条がある。
二 調子は強いけれど、詩情に乏しいこと。
三 袁宏道。字中郎、号荷葉山樵。明代の詩人。官は稽勲郎中(明史、二八八など)。
四 「銭塘ハ艶ナルコト花ノ如ク、山陰ハ芊(セン=山谷の青いさま)ナルコト草ニ似タリ」。「山陰道」の詩中の句。↓補九三。
五 青は東方色(説文)であり、呂覧には「天子居二青陽一」と見える。
六 正しい、または本体の色。荘子の逍遥遊篇「天之蒼蒼、其正色邪」。
七 真青なさま。
八 「天老能ク気ヲ行フ、吾ガ師空ヲ養ハズ」。「贈二焦道士一」の詩中の句。↓補九四。
九 「遥ニ知ル遠林ノ際、此ノ簷間(エンカン=のきば)ヲ見ズ」。「登二裴迪秀才小台一作」の詩中の句。↓補九五。
一〇 抱朴子に「按二仙経一云、上士挙レ形昇レ虚、謂二之天仙一」。李陽冰の李翰林集の序(詩林広記による)に「太白不レ読二非聖人之書一、恥レ為二鄭衛之作一、故其言多二天仙之辞一」。滄浪詩話に「太白天仙之詞」。
一一 抱朴子の文は続いて、「中士遊二於名山一、謂二之地仙一」。↓補九六。
一二 一度天上すれば。
一三 はっきりしないさま。
一四 世間にひろげる。
一五 唐詩を区別する如く(補注一六参照)、宋詩を四つの時代にわけたもの。北宋・南宋を各二つにわってある。
一六 林和靖のこと。前出(三七八頁注九)。
一七 宋初の詩人。字仲先、号草堂居士。贈秘書省著作郎(宋史、四五七)。
一八 黄山谷。宋の代表的詩人。名庭堅、字魯直、号山谷。官は起居舎人など。書にも令名がある(宋史、四四四)。
一九 范成大。号石湖。前出(三八三頁注二〇)。
二〇 楊万里。南宋初の詩人。字廷秀、号誠斎。官は宝文閣待制(宋史、四三三)。

漁洋[二八]ノ七絶ハ、李白・王昌齢[二九]以後、始メテ之ヲ見ル。歸愚[三〇]ノ才、新城[三一]ニ及バズシテ、老練ハ之ニ過ギタリ。其詩諸體皆長ズ。唯歌行ノミ、少シク緩弱ナルヲ覺ユ。沈詩[三二]ハ専ラ法度《ハフド》[三三]雍容《ヨウヨウ》[三四]ヲ以テ勝レリ。歌行ノ貴ブ所ハ、縱横[三五]飛動ニ在リ。是其窮スル所以ナリ。

○孔井德問[三六] 世ノ文人、詩ヲ作ル者ヲ賤《イヤシ》ンズルコト甚シ。經術《ケイジュツ》[三七]ニ志ス者ハ、詩文共ニ浮華[三八]ノ具ナリトシテ、之ヲ廢ス。心學[三九]ヲ談ズル者ニ至リテハ、經籍ヲモ蔑棄《ベッキ》[四〇]シテ、之ヲ故紙[四一]ト稱ス。其論愈出テ愈高妙[四二]ナリ。如何折衷スベキヤ。

吾子論語ヲ讀マズヤ。「子貢欲レ去二[四三]告朔之《コクサクノ》[四四]餼羊《キヤウ》一、子曰賜也爾《ナンヂ》愛二其羊一、我愛二其禮一」ト。夫レ餼羊ハ、微乎《ビコ》[四五]タル一物ナリ。且其禮既ニ行ハレザレバ、誠ニ無用ノモノナリ。然ルニ孔子之ヲ惜ミ玉フモノハ、羊アレバ告朔ノ名存ス。其名存スレバ、其實モ時節ヲ以テ、擧ゲ行フコトモアラントナリ。道ト云フモノハ、聲色臭味[四六]アルニ非ズ。故ニ文字ヲ借《カリ》テ傳フルコト、和漢共ニ同ジ。特ニ我國ハ、異國[四七]ト制度萬端異ナルコトナレバ、其憑《タノ》[四八]ム處ハ、書籍文字ナリ。然ルニ世儒[四九]云々スルモノハ、末學[五〇]ノ徒、文字ニ汲々《キフキフ》[五一]トシテ、道ノ實ヲ知ラザルノ弊ヲ、矯《タ》メントスルモノナリ。夫レ文字ニ滯《トドコホ》リテ、道理ヲ忘ルヽハ、其人ノ天分下劣

二一 陸放翁。前出(三五七頁注二五)。
二二 宋末の詩人。伝記は明らかでなく、真山民集の著者(四庫提要)。
二三 劉克荘。宋末詩人。字潜夫、号後村。官は福建提刑(宋元学案、四七)。以上の宋の詩人の詩抄は我が幕末に出刊を見た。
二四 高青邱。前出(三六三注頁二一)。
二五 冬の寒さ。
二六 前出(三八五頁注三一)。
二七 ▽元代の詩の詩情の乏しいのから、高青邱らの抒情的なものに変じ、王李七子の格調擬古のきびしさに再転したをさす。
二八 王漁洋。前出(三八三頁注二九)。
二九 唐の詩人。字少伯、竜標の尉であって王竜標とも。官は秘書郎(旧唐書、一九〇下・新唐書、二〇三)。
三〇 沈徳潜のこと。前出(三七〇頁注三)。
三一 王漁洋のこと。新城の人でこの称がある。底本「才新、城」。意によって改。
三二 沈帰徳の詩。
三三 詩作法の規則。
三四 静かでおだやか。
三五 自由自在に飛び動く。
三六 宜園百家詩二編、三「字之容、号二珠渓一、称二莱蔵一、豊後玖珠人、為二宜園都講一」。
三七 経学。
三八 表面美しいが実のないさま。↓補九七。
三九 心を正し身を修めるを説く陽明学の儒学をいう。↓補九八。
四〇 あなどり捨てて。
四一 反古紙。
四二 甚だしくたくみ。
四三 「子貢、告朔之餼羊ヲ去ラント欲ス。子曰ク、賜(=子貢の称)ヤ爾ハ其ノ羊ヲ愛ス、我ハ其ノ礼ヲ愛ス」。論語の八佾篇の一条。
四四 告朔の礼にいけにえにする羊。↓補九九。
四五 わずかな。
四六 聴覚・視覚・嗅覚にうったえるものでない。
四七 唐土。
四八 字典に、韻会を引いて「託也」。道を知るための拠り所は。
四九 世間の学者。
五〇 学問の熟さない連中。
五一 あくせくとして。文字にのみ心をとらわれて。

ナル故ナリ。此ノ如キ人、文字ヲ棄《ス》テテ、道ヲ求メタリトテ、爭《イカ》デ精妙ノ地ニ到ルベキ。愈々愚ノ境ニ墮《オチイ》ルナリ。故ニ文字世ニ明ナレバ、其内ニ[一]上等ノ人出來リテ、道ノ本意ヲ得ルコトアルベシ。文字ノ道ニ關係スルコト、奚《ナン》ゾ啻《タダ》ニ[二]餼羊ノミナランヤ。詩文ニ至リテハ、是亦經籍ヲ[三]皷吹《コスヰ》スルノ具ナリ。要スルニ廢スベカラズ。昔シ[四]菅原ノ文時、終ニ臨ンデ天子ニ[五]上書シ、我國ハ後世ニ至リテモ、[六]異國ト通信ノ禮ヲ廢シ玉フベカラズ。此事廢スレバ、[七]國俗文盲ニナルベシト、云ハレシトゾ。嗚呼、哲人ノ慮《オモンパカリ》遠キカナ。果シテ後來[八]其事廢セシヨリ、漢文ヲ作ル者ハ、[九]女ブミヲ作リ、詩ヲ作ル者ハ、歌人トナリ、經書モ讀者少クシテ、專ラ念佛三昧トナリ、王室モ隨《シタガツ》テ衰ヘタリ。[一〇]武家ニ至リテハ、儒學全ク地ヲ拂《ハラ》ヒタレドモ、時々[一一]異國ニ通信ノ事アルニヨリ、禪僧ニ命ジテ[一二]辭命ヲ司《ツカサド》ラシメタリ。故ニ[一三]聖人ノ學モ、禪家ノ手ニ於テ、[一四]綫《セン》ノ如クニ傳ハリ、[一五]當代ニ至リテ復《マタ》興《オコ》レリ。[一六]老子ハ「[一七]知者不レ言」ト稱シタレドモ、己レハ[一八]五千言ニ托シテ、道ヲ後世ニ傳ヘタリ。[一九]莊子モ書ヲ[二〇]糟粕《サウハク》トスレドモ、己レ亦[二一]六萬言ヲ著セリ。今ノ心學ヲ談ズル人モ、其[二二]巨子タル者ハ、皆詩文ニ達シタル人ナリ。[二三]後生謹《ツツシミ》テ[二四]群狙《グンシヨ》ノ[二五]朝三暮四《テウサンボシ》ニ、愚弄セラル、ガ如キコト、アル勿《ナカ》レ。

○[二六]汎ク詩ヲ論ズ。

一 天分上等の人。 二 餼羊どころではない。道の大事に関する問題である。 三 進めはげます。 四 平安朝の文章博士。道真の孫で、文名あり、菅三品と称された。天元四年(九八一)没。八十三。 五 この上書とは、本朝文粋、二所収「封事三箇条」の第三「請下不レ廃二失鴻臚館一懐二遠人一励上文士事」をさすのであろう。↓補一〇〇。 六 ここは外国の意。その頃は渤海などとも交渉があった。 七 日本の風として、漢文がわからなくなる。 八 諸外国との交渉。 九 仮名文。 一〇 武家将軍の時代。 一一 足利将軍家が、明との交渉に、五山の僧などを用いたこと。 一二 国交の文書や使者の口上。 一三 儒学。 一四 糸。細細と続いたさまの形容。 一五 徳川将軍の代。 一六 周代の人、道家の祖。李耳、字伯陽、謚聃(たん)。老子の著者(史記、六三)。 一七 老子、五十六章に「知ル者ハ言ハズ、言フ者ハ知ラズ」。 一八 老子道徳経(老子)のこと。史記、六三に「老子迺著二書上下篇一言二道徳之意五千余言一而去」。 一九 荘周。道家に属する戦国時代の思想家。荘子の著者(史記、六三)。 二〇 荘子の天道篇に見える所。↓補一〇一。 二一 荘子のこと。元来は史記に「其著書十余万言」とあるが、現在三十三篇(郭象編)の字数の大体。 二二 大家。 二三 後輩の学生。 二四 多くの猿。 二五 荘子の斉物論篇などに見える故事で、表現の末梢でごまかされるたとえ。↓補一〇二。 二六 ▽この項の初めの八条は、六橋記聞・自新録・燈下記聞に見える。 二七 長生き。 二八 若死。 二九 気性のおだやかな人。 三〇 天真爛漫の人。 三一 おこりっぽく気が短い。 三二 片寄ってあぶない行動をやって見る。 三三 天賦。生れつき。 三四 生れつきの性質は何とも出来ないが、生き方について正しい方向を選ばねばならない。

文人ニ壽康[二七]ナル者アリ、短折[二八]ナル者アリ。今其集ニ就テ之ヲ讀ムニ、志氣和[二九]平ナル者、天眞[三〇]ニ任ズル者ハ、率ネ《オホム》壽康ノ人ナリ。志氣忿狷《フンケン》[三一]ナル者、奇ヲ好ミ險[三二]ヲ弄スル者ハ、率ネ短折ノ人ナリ。天授[三三]ノ在ル所ハ、得テ强ユベカラズ。然レドモ亦擇《エラ》[三四]ム所ヲ知ラズンバアルベカラズ。

詩文ノ道、主意[三五]先ヅ定マルハ天授[三六]ナリ。辭ヲ以テ之ヲ飾ルハ、其人ニ存ス。若シ其辭ヲ巧ニセントシテ、其意ヲ改メバ、展轉推移[三七]、何ゾ期極《キハミ》アラン。思ノ苦ム所以ナリ。之ヲ人ヲ以テ、天ヲ滅スト謂フ。禍ヲ招クノ道ナリ。

予嘗テ和漢五絶ノ風趣アルモノ四首ヲ選ンデ、以テ居室ノ聯ト爲ス。「覆レ衾[三八]成二異夢一。峽裏碧桃深。溪深不レ得レ渡。一犬吠二花陰一」。「來時桃花口[三九]。流水二三尺。一夜春雨生。渺漫歸不レ得」。「午睡無二人喚一[四〇]。醒來心自驚。夕陽如レ有レ意。偏傍二小窓一明」。「風簾動二返照一[四一]。柯影舞如レ人。石鼎茶前水。衣桁浴後巾」。平[四二]生ノ所作ニ就キ、之ニ近キモノヲ求ムレドモ未ダ得ズ。

徂徠[四三]ノ少年行[四四]、「呼レ盧百萬揚州去[四五]。二十四橋是我家」（[四六]年少聰明勝二阿爺一、早知身世等二空花一、呼レ盧百萬揚州去、二十四橋是我家、）茶山[四七]ノ詠俠客[四八]、「門前馬柳君須レ記。嘗縛官家劉寄奴」（[四九]槖裡千金逐レ手無、稜稜逸氣叫呼レ盧、門前馬柳君須レ記、嘗縛官家劉寄奴、）人ハ菅ノ巧密[五〇]ヲ賞ス。吾ハ物ノ風趣[五一]ヲ愛ス。

近時、詩家ニ一種ノ弊風[五二]アリ。事ヲ敍スルニ必ズ詳悉《シヤウシツ》[五三]ナランコトヲ欲シ、意

三五 中心となる詩境・文意。 三六 天からさずかる。インスピレーションである。

三七 次次とうつりかわって限りがない。

三八 「衾(フスマ)ヲ覆ヒテ異夢ヲ成ス、峡裏碧桃(=仙人の食する果物)深シ、渓深クシテ渡ルヲ得ズ、一犬花陰ニ吠ユ」。

三九 「来ル時桃花口、流水二三尺、一夜春雨生ズ、渺(また、淼)漫トシテ帰ルコトヲ得ズ」。王世貞の「題画三首」の一首。

四〇 「午睡人ノ喚ブナク、醒メ来ツテ心自ラ驚ク、夕陽意有ルガ如ク、偏ニ小窓ニ傍(ソ)ツテ明ラカナリ」。

四一 「風簾返照ヲ動カシ、柯影(=椎の木の影)ノ舞フコト人ノ如シ、石鼎(セキテイ=石で作った鼎)ニハ茶前ノ水、衣桁ニハ浴後ノ巾」。

四二 自分の日常作った詩。

四三 荻生徂徠。名双松、字茂卿、称総右衛門。本姓物部氏。修して物茂卿と云う。古文辞学派の祖。享保十三年(一七二八)没、六十三。

四四 徂徠集、巻五所収の七絶。 四五 底本「楊」。意により改。 四六 「年少聰明ニシテ阿爺ニ勝ル、早ク知ル身世空花ニ等シ、廬ヲ呼ブ百万揚州ニ去ル、二十四橋是レ我ガ家」。→補一〇三。

四七 前出(三八六頁注五)。

四八 黄葉夕陽村舎詩初篇、四所収の詩。

四九 「槖裡(タクリ)ノ千金ハ手ニ逐(シタガ)ツテ無シ、稜稜(リヨウリヨウ)タル逸気叫ンデ廬ヲ呼ブ、門前ノ馬柳君須ク(刊本は「応」)記スベシ、嘗ツテ(刊本は「曾」)縛ス官家ノ劉寄奴」。→補一〇四。

五〇 具体的に細かく描いたこと。

五一 遊侠の情を出したこと。

五二 悪い風。▽この条、六橋記聞、九と淡窓全集所収の文稿拾遺の「題子達稿後」に同文所見。

五三 甚だしく詳しくしようと。

ヲ寫スニ必ズ[一]痛快ナランコトヲ欲ス。而シテ[二]風神氣格ノ何物ナルヲ知ラズ。[三]古人一唱三歎ノ韻[四]地ヲ拂ヘリ。

[五]清秀ヲ尚ブ者ハ[六]氣骨ニ病ム。[七]新奇ヲ貪《ムサボ》ル者ハ、[八]聲調ニ乏シ。

予ガ詩簡潔ヲ喜ビ、[九]繁縟《ハンジョク》ヲ喜バズ。[一〇]峭勁《セウケイ》ヲ喜ビ、[一一]浮緩ヲ喜バズ。[一二]漫興破悶ノ作ヲ喜ビ、課題詠物ノ[一三]什ヲ喜バズ。[一四]遠思樓前編ハ、後編ノ[一五]渾成自然ナルニ如カズ。後篇ハ前編ノ巧緻精密ナルニ如カズ。

當今ノ詩ニ二弊アリ。淫風ト理窟トナリ。[一六]詩人ノ詩ハ、淫風ニ流レ易ク、[一七]文人ノ詩ハ、理窟ニ陷リ易シ。二者相反ス。其害ハ一ナリ。淫風トハ何ゾヤ。獨リ男女ノ際ノミナラズ、梅ヲ詠ジ菊ヲ詠ジ、字句ヲ[一八]雕繪《テウクワイ》シ、綺靡浮華以テ[一九]機巧ヲ競フモノ、皆淫風ナリ。理窟トハ何ゾヤ、獨リ[二〇]法語ノ言ノミナラズ、敍事ヲ主トシ、議論ヲ專ラニシ、[二一]文ヲ以テ詩ト爲スモノ、皆理窟ナリ。[二二]李商隱・[二三]溫庭《ヲンテイ》筠《ヰン》ハ唯是レ詩人ノ詩ノミ。[二四]韓昌黎・蘇東坡ハ未ダ文人ノ詩ヲ免レザルナリ。[二五]李・杜ハ[二六]昭々乎《セウセウコ》トシテ、日月ノ如シ。篇ニ巧拙アリ、而シテ道ニ[二七]偏倚《ヘンイ》ナシ。李ノ[二八]樂府諸題、艶麗[二九]柔婉《ジウエン》、而シテ淫風ニ流レズ。杜ノ[三〇]諸將五首、議論[三一]崢嶸《サウクワウ》、而シテ理窟ニ陷ラズ。善ク之ヲ學ベバ、二弊ヲ免ガルヽコトヲ得ベシ。

人各悟入スル所アリ。[三二]帆鵬卿曰ク、「和人ノ[三三]文ヲ作ル、恰モ[三四]獮猴《ビコウ》ノ演劇ノ如

一 意気上って甚だ愉快なさま。二 風趣心がまえの如何にあるべきか。三 一唱三嘆の語の初めである礼記の楽記篇に云う如き韻。→補一〇五。四 全くなくなってしまった。漢書の魏豹伝賛に「上古遺烈掃レ地尽矣」。五 詩趣のすっきりしたさま。六 困ったことに気概がぬける。七 専ら新奇にのみ工夫すれば。八 声調に欠けることとなる。九 事の多くごたごたしているさま。▽この条、淡窓全集の文稿拾遺所収の「題ニ北筑諸子稿後一」と同じ。一〇 きっぱりとつよいさま。一一 しまりなくゆるやかなさま。一二 ふと興を催しての作、鬱情を破る作。一三 日常の作。一四 遠思楼詩鈔。淡窓の詩集で、前編二巻天保八年刊。二編(後編)二巻嘉永二年刊。一五 渾然天成。完全な形に出来上ること。一六 詩に主力をそそいで作る人。一七 文章に力をそそぐ人。一八 彫刻絵画の如く飾る。一九 工夫。たくみさ。二〇 礼法教誡の言。論語の子罕篇に「法語之言。能無レ従乎」。二一 叙事や議論は文章の主目的であって、それを詩の中で試みるのが、「文を以て詩となす」ことになる。二二 温庭筠と並称される唐の詩人。字義山、号玉渓生。官は工部員外郎。文名もある(旧唐書、一九〇下・新唐書、二〇三)。→補一〇六。二三 唐の詩人。字飛卿、名はまた岐。奔放の人であった(旧唐書、一九〇下・新唐書、九〇)。二四 韓愈。字退之、追討昌黎伯で韓昌黎と呼ばれる。官は贈礼部尚書。古文復興の唐代一の文人且つ詩をよくする(旧唐書、一六〇・新唐書、一七六)。→補一〇七。二五 李白・杜甫。二六 明らかなこと。二七 かたより。二八 楽府題の詩。李白の最もすぐれたと見られている作。→補一〇八。二九 すなおで優しい。三〇 杜甫の代表作。五首の七律で、吐蕃の乱について諸将を

シ。奇ト爲スベシ。巧ト爲スベカラズ」ト。是鵬卿ノ悟入スル所ナリ。予嘗テ曰ク、詩文能ク讀ム者ヲシテ、倦マザラシメバ、乃チ名家ト稱スベシト。是予ガ悟入スル所ナリ。

古人曰ク、無[三五]題ノ詩ハ天籟[三六]ナリ、有題ノ詩ハ人籟[三七]ナリト。杜[三八]少陵・陸放翁ナドノ集ヲ觀ルニ、初ニ題ヲ定メテ作リタル詩ハ、十ノ一ナリ。其九ハ、詩成リテ後、題ヲ置ケルモノト覺ユ。今ノ人ノ詩ハ是ニ反ス。今人ノ詩、探[三九]題・詠[四〇]物ノ類ヲ專ニス。皆題ニ因リテ詩ヲ生ズルナリ。次[四一]韻ハ韻ニ因リテ詩ヲ生ズルナリ。是[四二]其人工ニ落《（オチ）》テ、天然ノ趣ナク、古人ニ及バザル所以ナリ。若シ此處ニ意ヲ用ヰバ、古人ノ妙處ニ至ルコト難カラズ。

古人ノ詩ヲ讀ムニハ、批[四三]圏《（ヒケン）》ヲ加ヘテ觀ルベシ。此ノ如クスレバ、己レガ心ノ好ムト、好マザル處、自然ト定マルベシ。固ヨリ妄[四四]批《（バウヒ）》ニシテ、當ラヌコト多カルベケレドモ、聊《（イササ）》カモ苦シカラズ。後年ニ至リ、批圏ノ當ラザルコトヲ覺エバ、改メテ之ヲ加フベシ。初度ニ朱ヲ用ヰバ、次ニハ青或ハ墨ヲ用ユベシ。批圏ノ前後同ジカラザル處ニ就テ、己ガ見識ノ長[四五]進スル處ヲ、考フベキナリ。

詩[四六]ヲ作ラバ、一首ニテモ棄ツベカラズ。必ズ記錄スベシ。千首ニモ至ラバ、其内ニ就キ佳作ノ三四百首ヲ選ンデ、一部ノ詩集ヲ編ムベシ。其後又此ノ如ク

難じたもの。三一 奥深くきびしい。三二 帆足万里。字鵬卿、名万里、号西崦・愚亭、称里吉。豊後日出の儒者。嘉永五年(一八五二)没、七十五。
三三 漢文。三四 猿芝居。↓補一〇九。
三五 ここでは、所謂「無題」でなく、題を出されてから作った作でないの意。↓補一一〇。
三六 自然の音響。詩文の絶妙なのをたとえた。
三七 人巧のあらわなものをたとえた。三八 諸体詩則にも「杜詩多二篇成後造レ題者一、故王敬美云、…少陵諸作多有二漫興一、時於二篇中一取レ題、意興不レ局」。三九 詩歌の会で、題をさぐって分けてとること。四〇 前出(三八七頁注三六)。四一 詩を和する時に、人の示した詩と同じ韻字を用いること。滄浪詩話に「和韻最害二人詩一。古人酬唱不レ次レ韻。此風始盛二於元白皮陸一。本朝諸賢。乃以レ此而闘レ工。遂至三往復有二八九和者二」。
四二 題・詠物・次韻にのみつとめると。
四三 詩文の妙所につける円い点。四四 みだらな批評。誤った批評。また、その点をつけること。
四五 進歩する。▽この所数条、詩をもって門人を教育したと云われる淡窓の具体的方法を示すもの。遠思楼詩鈔の篠崎小竹の序に「(茶山と淡窓の教育を云って)、印二其所レ業。誦読著述。雖三固不二偏廃一。而由レ詩入レ徳者多矣。蓋翁与レ君。皆能レ詩而好レ之。師之所レ好。弟子之所二必嚮一也。夫今之学レ詩。与下古之所レ謂学レ詩者上。其事如レ不二相似一。然翁与レ君之所下以能成二就人材一如上レ此何也。予謂古之学レ詩者。諷二咏古詩一以通二事情一。今之学レ詩者。賦二叙我志一以検二邪正一。均レ之期三乎温柔敦厚而不レ愚也已。且其為レ教也。師弟易レ親。無レ隠無レ犯。有二従容不レ迫之楽一。而無二扞格不レ勝之患一。雖三看レ花聴レ鳥之間一。亦能使三人有レ所二感発興起一。可二以事レ父。可二以事レ君。在下為二之師一者指導如何上耳。今之詩何

ニシテ、二編・三編・四編ト爲スベキナリ。此ノ如クニシテ、初年・中年・晩年ノ詩ヲ、前後相照シ、以テ己ガ及バザル處ヲ觀《ミ》、務メテ一歩ヲ進ムルノ工夫ヲ爲スベシ。今ノ人詩ヲ作リ棄《ス》テニシテ、錄セザル者アリ。大ニ不可ナリ。是レ心掛ナキ故ナリ。

我邦ノ人ハ書ヲ讀ムコト多カラズ。故ニ見識ナクシテ、人ノ眞似ヲスルコトヲ專一ト心掛ルナリ。是ヲ名《ナヅ》ケテ、矮人《ワイジン》[1]觀場ト曰フ。今其一二ヲ云ハンニ、王朝ノ時、白樂天[2]ノ詩ヲ好ム人アリシニ、一代ノ詩盡ク白樂天ヲ學ベリ。李[3]・杜・王・孟諸家ノ詩ハ、之ヲ高閣[4]ニ束《タバ》ネテ、讀ム人ナシ。但シ其時ハ書籍モ少カリシナリ。近世明[5]調行ハル、ニ及ンデ、徂徠、李[6]・王ヲ推シ尊ブ故ニ、一代ノ明ヲ學ブ者、皆李王體ナリ。李[7]・何・徐・袁ノ諸子ナド、絶エテ讀ム者ナシ。近來又宋[8]ヲ學ブ者アリ、皆陸放翁ヲ師トス。清[9]ヲ學ブ者アリ、皆袁[10]子才ヲ師トス。此ノ如ク一代ノ中ニテ、一人ヲ限リテ之ヲ學ブ、甚ダ愚カナルコトナリ。是皆初メ唱ヘシ人ノ眞似ヲスルナリ。凡ソ物ハ少キヲ以テ貴トス。假令《タトヒ》夜光《ヤクワウ》[11]ノ珠《タマ》タリトモ、家々ニ貯ヘナバ、誰カ是ヲ貴ブ者アランヤ。詩境モ亦然リ。百人ハ百人、千人ハ千人、皆同ジ處ヲ心掛ケナバ、如何ニ巧ミニ致シタリトモ、人ヲ驚カスコトアルベカラズ。且人心[12]ノ同ジカラザルコト、其面ノ如シ。詩ハ

負二古之詩教一哉」。四六 ▽宜園百家詩も、この方針から出刊を見たものである。

一 見識のないたとえ。丈の低い人が高い人の後から芝居を見て、前の人の評に賛すること。矮子看戲。唐音発籤に「今人只見二魯直説一レ好。便都説レ好、知二矮人看場一耳」。

二 白居易。前出(三六一頁注二〇)。平安朝詩人の典範となった。

三 李白・杜甫・王維・孟浩然。

四 高い棚の上にたばね置いて、久しく使用しないこと。韓愈の「寄盧同詩」に「春秋三伝束二高閣一」。

五 前出(三六四頁)した如く、正徳・享保の間、生荻徂徠とその門下が主張して、明詩風の流行した時を云う。

六 李于鱗・王世貞。前出(三五七頁注二三・三六三頁注二五)。

七 李夢陽・何景明(共に、李・王に先立つ詩人)・徐文長・袁宏道(共に、李・王におくれて出た詩人)。

八 寛政前後から六如・菅茶山・山本北山・市河寛斎などを先として、日本の詩壇は宋詩風となる。

九 幕末に至って、頼山陽や梁川星巌などを初め、清詩を学ぶものが出た。

一〇 袁枚。字子才、号随園。江寧等の知を歴任。詩に盛名があった(清史稿、四九〇など)。

一一 暗夜にも光かがやく珠。珍しいもののたと

心ヲ寫スモノナレバ、必ズ不同アルベキナリ。然ルニ此ノ如ク一様ニナルコト、其人ノ天然ニハアラズ。强テ世俗ノ流行スル處ニ合ハスル者ナリ。畢竟詩中[一三]ノ郷原ト謂フベシ。故ニ多ク古集ヲ讀ミ、而後己ガ性ノ好ム處ト、才ノ近キ[一四]處トヲ擇ンデ、之ヲ學ブニ如クハナシ。

詩ヲ作ルニハ、壁立千仞《ヘキリツセンジン》[一五]ノ氣象アルコトヲ要ス。今人ノ詩、多クハ冗長[一六]疎緩《ソクワン》[一七]ニシテ、氣象弱シ。是レ恥ヅベキコトナリ。氣象ヲ養フニハ、李[一八]・杜・韓・蘇ノ諸大家ニ熟スルヲ善トス。

予前ニ白香山[一九]ノ詩人ニ益アルコトヲ云ヘリ。今之ヲ思フニ、人ニ因リテハ益アルベケレドモ、當時我邦ノ人之ヲ讀マバ、大方ハ冗弱ニ流レン。予ガ前言失セリ。

或《アルヒト》予ニ問《トヒ》テ曰ク、「某[二〇]ガ如キ者、古ニ於テ何人ノ詩ヲ學ビテ可ナランヤ」ト。予答テ曰ク、「誰ニテモ、子ガ好ム所ヲ學ブベシ。己ガ好ム所ニ非ザレバ、其妙[二一]處ヲ得ルコト難シ」ト。問《トフ》、「某古人ニ於テ、誰ヲ好ミ誰ヲ好マズト云フコトナシ。冀《コヒネガハ》クバ、先生某ガ爲メニ之ヲ定メ玉ヘ」ト。予曰ク、「今吾子《ゴシ》[二二]食スルコトアランニ、食前方丈[二三]、一々食盡スコト能ハズンバ、必ズ其中ニ就《ツキ》テ、己ガ嗜《タシナ》[二四]ム物ヲ擇《エラ》ンデ、之ヲ食フベシ。古人詩境ノ同ジカラザルコト、猶《ナ》ホ雞・猪・魚・

え。拾遺記・述異記などに見える。

一二 前出(三六三頁注四四)。▽この条、上巻に見える所と重なっている。淡窓全集の文稿拾遺所収の「題㆓北筑諸子稿後㆒」に「菅茶山有㆑言曰。詩言㆑志也。人心不㆑同如㆑面、則詩宜㆓家々異㆒㆑体。不㆑宜㆓人々同㆒㆑調。是確言也。然菅之取㆑詩。取㆓其近㆒㆑己者㆒。亦人情也」とあって、茶山の説に賛したものである。

一三 前出(三八〇頁注二〇)。淡窓全集の文稿拾遺所収の「題㆓飯田生稿後㆒」に「俗人動云。詩要㆑無㆑疵而已。是詩中之卿原善柔也」。

一四 自分の才能に応じたもの。

一五 岩石の高くそびえ立つさま。ここは気象の高いことの形容。世説新語の賞誉上に「王公目㆓太尉㆒。巖々清峙。壁立千仞」。

一六 くだくだしく長い。

一七 うとくてにぶい。

一八 李白・杜甫・韓愈・蘇轍。

一九 白楽天。この事、三八四頁に見える。

二〇 ▽前条とこの条を合せて、その考え方の似たものが随園詩話、三にある。「人或問㆑余。以㆓本朝詩㆒。誰為㆓第一㆒。余転問㆓其人㆒。三百篇以㆓何首㆒為㆓第一㆒。其人不㆑能㆑答。余暁㆑之曰。詩如㆓天生花卉㆒。春蘭秋菊。各有㆓一時之秀㆒。不㆑容㆔人為㆓軒輊㆒。音律風趣。能動㆓人心㆒。目者即為㆓佳詩㆒。無㆑所㆑為㆓第一第二㆒也。…若㆔必専挙㆓一人㆒以覆㆓蓋一朝㆒則。牡丹為㆓花王㆒。蘭亦為㆓王者之香㆒。人于㆓草木㆒。不㆑能㆑評㆔誰為㆓第一㆒。而況詩乎」。

二一 すぐれた所を体得する。

二二 あなた。

二三 一丈四方。広くご馳走を並べられて。

二四 平生好む物。

蒜《サン》[一]ノ、其味ヲ異ニスルガ如シ。然ルヲ皆一様ニシテ、嗜ムコトモナク、嫌フコトモナキコト、豈人情[二]ナランヤ。是レ他ナシ。食ニ於テハ之ヲ好ム故ニ、味ノ不同ヲ知ル。詩ハ之ヲ嗜ムコト食ニ如カズ。故ニ衆[三]不同アリト雖モ、其差別ヲ知ラズ。吾子果シテ詩ヲ好ムコト、食ヲ好ムガ如クナラバ、假令《タトヒ》師父ノ命タリトモ、何ゾ其好ム所ヲ廢《ヤ》メテ、他ニ從ハンヤ」ト。凡ソ今ノ人、詩ヲ作ルコトヲ好ンデ、古詩ヲ讀ムコトヲ好マズ。故ニ之ヲ讀ムト雖モ、其味ヲ知ラズ。既ニ古詩ノ味ヲ知ラズ、故ニ又己ガ詩ノ味アルト、味ナキトヲ知ラズ。タヾ漫然ト字ヲ並ベタルノミ。此ノ如キノ人與《トモ》ニ詩ヲ言フベカラズ。

淡窓詩話終

一　にんにく。
二　人情の自然ではない。
三　多くのものは、皆一様でないのだが、その区別を知らない。

世知淡窓師妙於詩而不知其最深於知詩唯其深於知詩是以妙於詩師[四]平居無事毎[五]諷詠古詩以當[六]琴瑟之御故自[七]三百篇以及唐宋之作[八]沈潛[九]涵泳[一〇]心會意融於古人性情與古詩[一一]神味莫不[一二]契合歷代諸家詩皆有[一三]抄本[一四]去取極精爲古來[一五]選家所未有及其自[一六]發爲歌詩乃精深[一七]瀇遠風格[一八]逌上[一九]澤於古而[二〇]絕其迹[二一]卓然獨妙天下此編論詩數十則門人所筆記言雖[二二]簡率亦可以見其深奧矣今世作詩者未嘗窺晉唐[二三]藩籬況三百篇乎但僅讀[二四]近人一二卷詩則[二五]呑剝[二六]竊[二七]肆然以誇于人豈不[二八]譾哉何不讀此編以破其[二九]淺陋乎

明治十六年癸未壯月

門人　[三〇]長茨書於秋心閣

[三一]

(世淡窓師ノ詩ニ妙ナルヲ知ツテ、而シテ其ノ最モ詩ヲ知ルコト深キヲ知ラズ。唯其レ詩ヲ知ルコト深ク、是ヲ以テ詩ニ妙ナリ。師ハ平居無事、毎ニ古詩ヲ諷詠シ、以テ琴瑟ノ御ニ當ツ。故ニ三百篇自《ヨ》リ以テ唐宋ノ作ニ及ブマデ、

四　平生用事のない時には。
五　古詩を詩吟して。淡窓自らも咸宜園の書生達も詩吟をよくして、世にこれを淡窓流詩吟法と呼んだ。中島市三郎著、教聖広瀬淡窓の研究附録、四「淡窓流の詩吟法と詩作法」参照。
六　琴瑟をかなでることのかわりとした。先輩の教えによって、古代の楽記の教えを、詩吟にかえたこと。三七五頁注三一参照。
七　詩経。八　しずむ如くに心をひそめて味い。
九　ひたりきって遊泳する如くに詩中に遊ぶ。
一〇　心が一つになり、意がとけ合って。
一一　本当の味。一二　ぴったりと合う。
一三　抜き書きした本。
一四　選択が甚だ、精選である。
一五　選集の編者。一六　性情を発して。
一七　静かに遠白いさま。
一八　ゆるやかにのびのびしているさま。
一九　古の風流の余韻を伝えて。
二〇　後に続くものがない程である。
二一　独り高くぬきんでたさま。
二二　簡単率直。
二三　内実をうかがい知らない。
二四　近頃の人の作詩法の書を一、二冊読むと。
二五　うばって自分のものとする。
二六　かすめとって、自分のものとする。
二七　ほしいままに。
二八　字典に、説文を引いて、「恚也」。広雅を引いて、「怒也」。広韻を引いて、「与二嗔瞋一同」。
二九　見聞の浅くせまいこと。
三〇　長三洲。名茨。茨は光の古字。字世章。称光太郎。淡窓門で、長門藩に仕え、明治政府で文部大丞などに任じた。明治二十八年（一八九五）没。六十三。
三一　印記「長茨之印」「三洲」。

沈潜《チンセン》シ涵泳《カンエイ》シ、心會シ意融シ、古人ノ性情ト古詩ノ神味トニ於テ、契合《ケイガフ》セザルハ莫シ。歴代諸家ノ詩、皆抄本有リ。去取《キヨシユ》極《キハ》メテ精シ。古來ノ選家ノ未ダ有ラザル所タリ。其ノ自ラ發シテ歌詩ヲ爲スニ及ンデハ、乃チ精深澹遠、風格逌《イウ》上、古ニ澤《ウルホ》フテ其ノ迹ヲ絶ツ。卓然トシテ獨リ天下ニ妙ナリ。此ノ編、詩ヲ論ズル數十則、門人ノ筆記スル所、言ハ簡率トイヘドモ、亦以テ其ノ深奧ヲ見ル可シ。今世、詩ヲ作ル者、未ダ嘗ツテ晉唐ノ藩籬《ハンリ》ヲ窺《ウカガ》ハズ。況ンヤ三百篇ヲヤ。但シ僅ニ近人一二卷ノ詩ヲ讀メバ、則チ呑剝《ドンハク》剽竊《ヘウセツ》シ、肆然《シゼン》トシテ以テ人ニ誇ル。豈、謓《イカ》ラザランヤ。何ゾ此ノ編ヲ讀ミテ以テ其ノ淺陋ヲ破ラザランヤ。

明治十六年癸未壯月

門人 長茪《クワウ》秋心閣ニ書ス）

明治十六年七月十二日版權免許　［一］定價金四拾五錢

同年　七月出版

著者　故人　廣瀬淡窓

出版人　東京府平民　［二］廣瀬貞文　東京府下牛込區神樂町二丁目二十番地

發兌　東京銀坐四丁目　博聞社

一 定価は印で押したものである。因みに再版・三版は「定価金三拾銭」である。

二 青邨の嗣。号濠田。林外の女武子を配とした。

補　注

国歌八論

◇**歌源論**(四七頁)　この論についての諸家の評、細部には異論も多いが、本質にわたるものは少いので省略する。田安宗武の国歌八論余言の、この条の末に「諸々の道、みな理りとわざとのはべるなり。歌の道もまた然り」とある一条は、宗武の論の中心であり、以下、在満論と大きく差が生じてくる根本であることのみ、一言付しておく。

一　**益稷の文**(四八頁)　書経の虞書の益稷篇に、次の如くある。
帝庸(モツテ)作レ歌曰、勑(ツツシミ)二天之命一、惟時惟幾(キセロ)、乃歌曰、股肱喜哉、元首起哉、百工熙(ヒロマル)哉、皐陶拝手稽首颺言曰、念(オモヘ)哉、率(ヒキイテ)作二興事一、慎乃憲。欽(ツツシメヤ)哉、屢省二乃成一、欽哉、乃賡(ツイテ)載レ歌曰、元首明哉、股肱良哉、庶事康(ヤスル)哉、又歌曰、元首叢脞(ソウガウ)哉、股肱惰(オコタル)哉、万事堕哉、帝拝曰、兪(シカリ)、往欽哉。

二　**豊玉姫と贈答の歌**(四八頁)　古事記に、次の如くある。
然後者、雖レ恨二其伺情一、不レ忍二恋心一、因下治二養其御子一之縁上、附二其弟玉依毘売一而、献レ歌之、其歌曰、阿加陀麻波、袁佐閇比迦礼杼、斯良多麻能、岐美何余曾比斯、多布斗久阿理祁理(赤玉は緒さへ光れど白玉の君がよそひし貴くありけり)、爾其比古遅、答歌曰、意岐都登理、加毛度久斯麻邇、和賀韋泥斯、伊毛波和須礼士、余能許登碁登邇(沖つ鳥鴨どく島に我がゐねし妹は忘れじ世のことごとに)。

三　**詞花言葉を翫ぶ**(四九頁)　この語は翫歌論に至って、在満の歌論の中心的考えとなるのであって、その思想は伊藤仁斎の考えによるかとされている(宇佐美喜三八「在満の歌論に於ける堀川学の影響」―『語文』第十三輯)。それも考えられるが、契沖の勢語臆断に「定家卿奥書云、古事只仰而可レ信。又云、上古之人強不レ可レ尋二其作者一。唯可レ翫二詞花言葉一而已。此詞肝要なり」、また、源註拾遺に「此物語は人々の上に美悪雑乱せり。もろこしの文などに准らへては説べからず。定家卿云、可翫詞花言葉。かくのごとくなるべし」などある説に、この言葉と共に影響を受けたかと思われる。契沖のこの文学観は、久松潜一著、日本文学評論史近世最近世篇第一章三に説いてある。定家の云う所は、仏教など道に対して、ただ翫びとして一段下の無益のものの意であるが、契沖の用いる所では、道に対して、道にかかわらぬもの、道の外に存在するものとしての、和歌の積極的肯定の気味のあることを認めなければならぬ。

四　**盛唐**(四九頁)　明の高廷礼の唐詩品彙総叙に述べる、唐を初・盛・中・晩の四期にわける説の中に「開元天宝間、則有二李翰林之飄逸、杜工部之沈鬱、孟襄陽之清雅、王右丞之精緻、儲光羲之真率、王昌齢之声俊、高適・岑参之悲壮、李頎・常建之超凡一、此盛唐之盛者也」。

五　**古今未詳**(五一頁)　万葉集、二〇「七日天皇太上天皇皇太后於二東常宮南大殿一肆宴歌一首、伊奈美野乃、安可良我之波波、等伎波安礼騰、伎美乎安我毛布、登伎波佐彌奈之、右一首播磨国守安宿(あすかべ)王奏、古今未詳」(四三〇一)。

六　**拙劣の歌**(五一頁)　万葉集、二〇の四三二七の歌の後に「二月六日防人部領使遠江国史生坂本朝臣人上進歌数十八首、但有二拙劣歌十一首一、不二取載一之」、四三三〇の歌の後に「二月七日相模国防人部領使守従五位下藤原朝臣宿奈麿進歌数八首、但拙劣歌五首者不二取載一之」とある。以下に類似の注がある。

◇**翫歌論**(五二頁)　これについて田安宗武は、朱子学の詩論にもとづく

(宇佐美喜三八「宗武の歌論における朱子学の影響」—『語文』第十九輯)、勧善懲悪論と云うべき功利説を出して反論した。

舜は五すぢの緒の琴を弾き、南風の歌をうたひたまひて、天下を始め給ひしとか。実に人の心を和ぐるは歌の道なり。されば聖の御代、礼楽を重んじたまへり。かの楽といふものの中には、歌も、舞も、弾きものも、吹きものも、鼓ちものも、みなこもりてあるべき、さればうるはしき歌は、人のたすけとなり、あしき歌は、人をそこなふ。されどまたあしき歌をもて、これはなしと思ひて見るときは、また誡めともなるなり。されば雅楽廃たれて後も、聖、なほ詩経といふふみを撰ばせたまひて、人を導きたまふなり。これ後世、うたふにしもあらねども、人の心をよく和ぐることは、常のことばにはいたく勝さりぬるわざなればなるべし。唐の代に至りても、さる意、含まぬにしもあらねど、花勝ちにのみなりゆきて、はかばかしく人のたすけともなりぬべうもあらず。ましてわが国の歌は、ひとの国の如く、意深きにしもあらねど、またやはらかに人の心に通ふふしもあるにや。されどなほ、ひとの国のには及ぶべくもあらざるを、世の末になりゆくままに、何の意もあらで、ただめづらかに華やかなるをのみ好み詠み出づるほどに、果ては人のため、よしあし便りともなるべきものにもあらず。なほたはれたる媒となるべし。然れども古の歌のさまにて、ひとの国の古の風を学びたらんには、実に人のたすけともなりぬべきわざなりかし(国歌八論余言—土岐善麿著、田安宗武所収の本文による。以下同)。

翫歌、勧懲の相違の外に、在満は専ら現世に即した創作論であるが、宗武は鑑賞創作を合せて崇古主義をとっている立場の差もある。よって在満はこれに再論して、

何事にても、それに勧善懲悪の義を付けて見る時は付けられざるものなく、教誡の端とならざるものなし。されど直に人を導きたる詞と並べ論ずべきにもあらず。是歌のものたる、もと教誡の為に制せるにあらざるが故也。

そして勧懲論のもとになっている詩経についても、

宋儒の言には、詩は従来のものなれども、是によりて勧善懲悪すべく、聖人も取り給ふと見えたり。されど牽強する時は、詩に限らず何にても勧懲せざるものなし。聖人の取りたまふは勧懲の為にはあるべからず。論語に不学詩無以言とあり。また学詩三百使四方不能専対ともあれば、聖人の取りたまふは、人性に通ずる為、おほく鳥獣草木の名を知るためとこそ見えたれ。

と、宋儒の説を批難した。これらの引用は伊藤東涯の読詩要領にも亦見える所であって、その間に関係が認められる(宇佐美喜三八「在満の歌論に於ける堀川学の影響」—『語文』第十三輯)。しかし、東涯が「畢竟詩といふものは、人情を写したるものなり。人情に通ぜざれば、世間に出でて人付合することもならず。政事も取行われざるによりて。かくのたまふなり」とし、「詩以道二人情一」の一句につきるとの人情論(拙稿「文学は人情を道ふの説」—『国語・国文』二〇ノ三)を在満は採用していない。彼の現実の立場、創作の立場が、東涯の論とも亦違っているからである。従って、仁斎・東涯らが、詩の人情の真実を尊び、俗の表現を肯定するとは相違して、雅を守り、翫びとして表現第一の論となっている。宗武はこの再論に対しては、

聖人の人を教へ玉ふには、興於詩立於礼成於楽と見えて、一身の始終ただ詩と楽とに有り。又詩を論じ玉ふには、詩可以興可以観可以群可以怨近之事父遠之事君と見えて、人倫の道ここにもるる事なし。されば小子何莫学夫詩とも、汝学周南召南矣乎ともの玉ひし、聖人の教誡勧懲これに過ぐべからず。然るを宋儒の見よりなどおもひしは、いと頑なる心なるべし(歌論)。

と、在満の詩経の論を先ず難じ、

我が国も、歌の道さかんに行はれなば、人の志を起す便りとこそなりぬべきに、万がひとつ是よりしてよからぬ人の出来べきかは。又もし歌の道を好みてよからぬこころ出来べきもの、天が下にひとりだにもあらば、いかでその人のみにてはあるべき。歌の道さかんならば、かかるもの必ず出来べからず。その故は、八論余言にもいひしごとく、すべてのことわざ必ず理りを本とすれば、わざは是にしたがふなるを、もしわざを本とせんには、必ず理りは違ふべし。かの家をも宝をも故なく打ちすてて、世の外にはひかくれて、心静に歌を翫びてよしとするなど、いかで歌の理り好む人とやはいふべき。これ等は只わざのみ

を好みて、終に理りに違ひたるなり」(臆説剰言)。と、翫歌論を正面から難じた。が、この論の根拠に、やはり朱子学のあることは既に考証されている(宇佐美喜三八「宗武の歌論における朱子学の影響」―『語文』第十九輯)。在満においては、勧懲論をしりぞけて文学は道徳からの独立は得るが、文学はその人生における積極的意義を失う。宗武は文学の人生における積極的意義を主張して、道徳からの独立を失う。ここにも相違があるが、共にこの時代の文学観の二面を、それぞれ代表するものである。

宗武は賀茂真淵とも、この論をめぐって多くの言葉を交した。宗武の説には変化がないが、真淵は、余言拾遺・国歌論臆説・再奉答金吾君書と、その論を書き改めるごとに、その論は整備して行った。そして、その論を助けたものが、かつて彼が渡辺蒙庵に聞き、或は服部南郭にも聞いたかと思われる、徂徠学派の詩論であった(太田青丘著、日本歌学と中国詩学所収「真淵学と儒学・詩学との交渉」・宇佐美喜三八「真淵の前期の歌論について」―『国語と国文学』昭和三十七年七月号)。その結論的な言葉を引けば、

さて宋儒にいたりて専ら理をもてこれを説き、ひとへに勧善懲悪の為とす。凡そ理は天下の通理ながら、はた理のみにて天下の治まるにあらず。詩は人のまことをのべ出すに、そのおもふごとくの実情みな理あらんや。ただ理は理にして、それが上に堪へがたきおもひをいふを、和の語にわりなきねがひといふ。たとへば花を強ひてまち、月をいたく惜むがごとく、はかなきことすら時にふれてはさる事侍り。まして身の存亡にかかれらんことをや。そのわりなき心をもただにいはば、たれかみな哀れとせん。詞やさしく声あはれにうたはんなん、理の外にて人情を感ずるものなり。

の如くである。これらは徂来先生答問書(一六九頁)や、太宰春台の読朱氏詩伝の所説などによる所は、前掲の論文に指摘されている。刊行は、真淵の文章より後であるが、同じく春台の六経略説などには、更に詳かに同じ意見が見えている。

七 **日用常行**(五二頁)　和歌が政治や道徳実践、日常生活に益なしとするこの説は、伊藤仁斎が、

詩吟二詠性情一、作レ之固好、不レ作亦無レ害、古人以二六芸一教レ人、甚有二意志一、人而無レ芸、必不レ能レ成レ材、其人亦可レ知矣、医書云、五菓以為レ輔、然多食必有レ害、詩雖二芸中之雅翫一、然甚嗜焉、則必有レ害、若夫山林隠士、遺世無レ営之徒、聊詠レ懐抒レ情、発二其幽鬱無聊之心一、固可矣、公卿将相学士大夫、身有二職務一者、苟溺二心於詩一、則志荒業隳、可レ戒(童子問、下)。

詩以言レ志、文以明レ道、其用不レ同、詩作レ之固可、不レ作亦無レ害、若レ文、必不レ可レ不レ作」(童子問、下)。

と説いた所に影響をうけたとするのは、宇佐美喜三八「在満の歌論に於ける堀川学の影響」(『語文』第十三輯)の説である。

八 **妄談**(五三頁)　宇佐美喜三八の前掲の論文中で、鬼神云云と説く詩経の大序の文を在満が妄談としたのは、孔孟ともに鬼神を論じなかった故に、中庸に見える鬼神の説(中庸発揮、語孟字義、下)なども、孔子の語でないとした伊藤仁斎の説の影響であると述べている。

九 **淫奔の媒**(五三頁)　宇佐美喜三八の前掲の論文は、荷田春満や伊藤仁斎(語孟字義、下)の説に似ていることのみ指摘している。仁斎(古学先生和歌集)も春満(春葉集)も、共に恋の題の和歌を詠まなかった人であった。ただしこの一条は、古今集の序に、

いまの世の中いろにつき、人の心花になりにけるより、あだなる歌はかなきことのみいでくれば、色ごのみの家に、むもれ木の人しれぬこととなりて、まめなる所には、花すゝきほに出すべき事にもあらずなりにたり。

と既に見えている。それから後も、その風のあることを、在満はむしろ現実として否定していないので、事実の判定は、春満らによったが、考え方は違っている。

◇ **択詞論**(五四頁)　和歌は詞花言葉を翫ぶもので、「世と同じく」すべしと考えた在満は、この条では、頭注でも若干引いた如く、当時一般であった二条家流の詠風で、この論をすすめている。この現実立脚に対して、崇古主義の田安宗武は、

すべて前にもいひし如く、世の降れるまま、人の言も鄙しくなりける。その心もなき人は、古の詞の今に遠きを、或は細砕、或は迂遠、或は急

迫なるなど嫌ひて、後世の詞を交へ、世を経るほどに、人々の心々にいひなしつ。もとより人の心同じからねば、かたみに誰はあしく彼はつたなしなど思ふほどに、同じ世にさへ同じからず。実に事争ひの種なめり。まして古の人の聞きて、いかでよろしとせんや。さればただ古の詞の中にておのが優なりと思ふ詞を用ふべきなり(国歌八論余言)。

と、大きな不満をもって論じている。この「さればただ…」以後の言について、在満は、

此御論最甘心し奉る所也。人心は各面のごとくなれば、かしこに是とおもふをここには非とし、ここによしといふをかしこにあしとおもふ事常なり。一準を以て云ふべからず。

と賛成したのは、しかし崇古論に賛したのではなく、彼の翫歌論からして、すきに従ってよしとしたまでである。国学はこの後、賀茂真淵・本居宣長の復古学説によって主導されるので、多くのこの八論の評者も、この説に反対し、大菅中養父の斥非の如きは、

荷田子漫ニ万葉ニ雌黄シ、古人ノ所作ヲ塗抹セントス、海内ノ人ヲ率テ国詩ニ禍センモノハソレタ、荷田カ。

と大げさに反対さえしている。しかし歌壇の趨勢が、県門擬万葉派の態度に疑問を持ち始めると、伴蒿蹊の評では、在満に賛して、

こゝに万葉集中の、二首の歌をもて論ぜられしは、甚だ微密なり。迂遠・急迫・細砕なる詞を知らざれば、雅ならざることは、よくよく腹に味ひて知るべし。

と述べる。

◇**避詞論**(五六頁)　この制の詞については、既に戸田茂睡が、梨本集を元禄十三年に刊行して、制の詞のみならず二条家流の制禁について、その理由なきを論明した。その序に云う。

それよりするゑ〴〵には、先達の僻言を、道の格式として、ます〳〵僻言を取立しより、我意地ましに利口をたて、よろしからざる例をひき、あるまじき延慮をいひて、広きおほんめぐみ、賤の男賤の女までも、此道におもむかんに、何のさはりもなく、ひろ〳〵と通り、正木のかつらながくつたはり、ちかくは人の心をなぐさめ、うれへをわすれ、遠くは我をとゝのへ、国をおさむる、中だちとおぼしめして、撰集をも被仰付たる事なるに、何れの比よりか、歌の詞に制といふ事を書出し、五てんの詞、主ある詞、よむまじき詞、延慮すべき詞、俊成の好みよむべからず〔と〕宣ひし詞、定家卿の不二庶幾一と宣ひし詞、にくしといふ詞、いとしからずといふ詞、といひて詞に多ク関をすへて、人のおもむきがたきやうに、道をせまくする事は、以之外の邪道、歌の零廃すべき端かと思へども、…おぼつかなさに此一冊を思ひ立て、不審を書しるすものなり。

在満がこの頃になって、類似のことを言及するのは、迂濶に過ぎる如くであるが、当時の歌壇では、なお制の詞などが、広く説かれていたからの発言と見るべきである。田安宗武・賀茂真淵とも、当時の歌壇より、より高い立場にあったので、この論に皆賛成している。

10 **第四句**(五八頁)　制の詞の例をかねて、第四句の例若干を、和歌玉柏から上げる。

新古今、家隆卿、思ふどちそこともしらず行くれぬ花の宿かせ野べの鶯

新古今、定家卿、小初瀬や嶺の常磐木吹しほりあらしにくもる雪の山もと

新古今、式子内親王、わすれてはうちなげかるゝゆふべかなわれのみしりて過る月日を

◇**正過論**(五八頁)　この論については、本居宣長の如く、やや時代のおくれた人が反対している。当然の理に宣長が反対したのは既に述べたが、「つゝ」についても、

此ツ、モ万葉ヲ始トシテ中古マデモ例オホクアルコトニテ、疑ヒナキヲカク云ルハイカナルヒガメゾヤ、カヤウノ考ヘニテ当然ノ理ヲ責ンコト、イトオボツカナシ。

といい、大菅中養父も、

案ニ、上ニモ云ルゴトク、言ノ文質ハ定準ノアルニアラズ、衆人ノ好悪ニ定マルモノ也、衆人ノ好悪モ又定準アルニアラズ、時世ヲ以テ移ルモノ也、今ノ世ニ居テ、今ノ人ノ当然ノ理ヲモテ、古ノ人ノ言ヲ責ントセハ、猶冬月裘ヲ着テ夏月ノ葛ヲ衣ルヲ笑フガ如クナラン。

と述べる。学問が進み、時世や歌壇の様相が変化した時代の人人の批評

である。在満は、彼の時代においては、なお根づよかった二条家の権威主義を否定すべく、不合理な権威主義にかわるべき、合理的な標準を何でも求めたかったのである。そして養父春満の学問にも見える如き、実証尊重の精神をもって、古典語の科学的な理解をそれにあてたのである。最後の一見意気軒昂たる発言の中にも、早くからの教養として自分の体中にある、二条家的なものを振り切ろうとする先駆者の苦しい努力をもくみとるべきである。そのことは同じく二条家に様様と反対説をのべた戸田茂睡の場合にも共通する。宣長や中養父の時代には、彼ら程の知識を持てば、茂睡や在満らの苦しい反面なくして、二条家を評し得る如く進んでいたのである。さすがに田安宗武や賀茂真淵は、在満のそうした気持は、時を同じくして理解出来たのであって、この論には、共に賛意を示している。引用した二首の和歌についても、和歌三部抄とて重んじられる詠歌大概や百人一首で、秀歌とされ、宗祇や、細川幽斎が注したままの意味で、不審をもたず理解されていることに、反省すべしと論じているのである。

一二 **当然の理**(五九頁) 宇佐美喜三八「在満の歌論に於ける堀川学の影響」(『語文』第十三輯)に、この用語例がある。論語集註の学而篇「君子食無求飽…」の章の注に「凡言レ道者、皆謂下事物当然之理、人之所二共由一者上也」とあって、日本でも朱子学者によって多く用いられた語である。性理字義によってその意味を見れば、

道与レ理。大概只是一件物。然析為二二字一。亦須レ有二分別一。道、是人所二通行一上立レ字。与レ理対説。則道字較レ寛。理字較レ実。有二確定不易底意一。故万古通行者。道也。万古不易者。理也。理無二形状一。如何見得。只是事物上一箇当然之則。便是理。則是準則法則。有二箇確定不易底意一。只是事物上正当合做処。便是当然。無レ過些二亦無二不及些一。如三為レ君止二於仁一。仁便是為二君当然之則一。(臣と敬、父と慈、子と孝で同じ論がくりかえされて、)又如二足容重一。重便是足容当然之則。手容恭。恭便是手容当然之則。(尸と坐中、斉と立中について同じ論があって、)古人格物窮理。要下就二事物上一窮中箇当然之則上。亦不レ過三只是窮到二那合做恰好処一而已。

とある。即ち天理・天道の朱子学の基本論にわたるものである。これについては、古義学や徂徠学では、道と理のかかる関係を否定しているから、当然之理などの考えはない。本居宣長の如きは、当然之理の語を、朱子学の用語である故に、朱子学的に理解して、この正過論を「コレハ古書ヲ証拠ニシテ責ル也、当然ノ理ヲ以テセムルト云モノニハアラズ」とも評している。在満としては、詞花言葉を翫ぶものとする和歌に、この儒学乃至は朱子学的用語を、そのまま用いる筈もない。常識的な理解で使用したものとすべきである。祖とする人が用いている場合は、それが正しいか如何かを検討せずして、無批判に尊崇して従うことに対して、何についても、それが正しいか如何かを理論を立てて検討して、その正しきに従うことを、当然之理の文字で云ったものであろう。これについて思い合されるのは、契沖の「理の正当」の語で、和字正濫通妨抄序並摠評で、

又親行の仮名遣も俗にしたがはれたるか、行阿のそへられたるに出来たるか、紕繆すくなからず。只取べきを取り、取がたきをば取らずして、旧記になづまず、理の正当に随ひて可なり。

という。在満の「当然の理」に相当する如くである。また、荷田春満が「たゞ証記によりて、古語はさだむべければ、家のことをくだといふ明証あらば、勘物したがふべし」(伊勢物語童子問)などと、古典研究に実証を重んじている(三宅清著、荷田春満第四篇第二章)精神にも通ずるものである。

一三 **嵯峨中院の障子の歌**(五九頁) 安藤為章の年山紀聞の後、尾崎雅嘉の百人一首一夕話や、関根正直著、からすかごもこの説を敷衍している。年山紀聞によれば、藤原定家の明月記の嘉禎元年四月廿七日の条に「予本自不レ知下書二文字一事上。嵯峨中院障子色紙形。故(コトサラ)予可レ書由、彼入道懇切。雖二極見苦事一。慭染レ筆送レ之。古来人歌各一首。自二天智天皇一以来、及二家隆雅経卿一」とあるをより所としている。ただし定家は筆のみで、撰は頼綱かとする。中院の山荘は、都名所図会は、清涼寺の西門から、二尊院までの道二丁ばかりを中院町と呼ぶ。その間にある厭離庵の所であったかと想像している。渓雲問答などにも明月記を引いて、このことが見える。

一四 **かさねことば**(五九頁) 詠歌一体の「一、かさね詞の事」に、

詮もなからむかさねの句、更に〳〵あるべからず。足引の山の山もりもるやまももみぢせさする秋は来にけり、いかほのやいかほの沼のいかにしてこひしき人を今ひとめ見む、かくとだにえやはいぶきのさしも草さしもしらじなもゆるおもひを、これらはあしからねども、すゞろにこのすぢをこのみよむ事あるべからず(下略)。

和歌玉柏も「重句の事」として、以上と若干違った文章を詠歌一体の別名八雲口伝から引いている。

一四　時世の風にて(六〇頁)　百人一首講述抄の頭書に、この歌について、

万葉第一に有、それには衣さらせりとあり、引直して新古今に入たるなるべしと、抄にも尺したり。古歌を引直す事そのいはれなきやうなることなれど、習ある事也。奏覧の撰集には人丸・赤人の歌をも引直して入ル事憚なし。撰者の引直すと見るべからず。撰者の心則作者の心、作者の心則撰者の心なり、うたがふべからず。近世添削の心もかくのごとし。是秘決也。

と、この習慣を肯定している。

◇　官家論(六一頁)　この論については、評者が悉く国学者であって、皆賛成しているし、ただ賛成の意を示したのみの本居宣長には、別に排蘆小船に、堂上歌壇論があって、相似た説を出している。そして宣長のその論や伴蒿蹊などは、地下にあたる世人も亦、堂上の驕りを許しているを反省すべきことを合せ述べている。そして注目すべきは蒿蹊が、

堂上の名目に就きて、昔は官の高下に依らず、職掌に依りて、昇殿を聴るさるゝ、云々の考説、明白なり、されども、これは歌の上に関からず、たゞその堂上の名に誇らるゝを憎みての論なり。在満もまた稲荷の祠官の属なれば、四位以上に叙しても、無位無官の官家の子弟に、卑しめらるゝを憤りて、余波この弁に及ぶなるべし。

と述べた一条で、正鵠を得たものではなかろうか。荷田春満や在満は学才はあり、気象ははげしく、家柄として公卿に接する一族が多く、当時存した堂上地下の不合理な関係をいくらも見聞、経験していたことが、この部分の発言となったと思われる。殊に在満には記憶も生生しい元文四年十二月江都書林小川彦九郎から梓行した大嘗会便蒙について、翌五年九月に閉門をうけた一件がある。彼自らその時の経過を書いた、大嘗会便蒙御咎顚末があって詳しいが、その原因となった京都堂上家から幕府への申入れについては、わざと詳記してない。思うに、大嘗会などの儀式について、堂上の有職家に無断で、地下が記述し刊行した点に関していたであろう。堂上の驕慢専横が和歌のみならず、彼の専門とする有職の学にもあったこと、これについての憤りは、田安家に禄をはむ彼としては、幕府・田安家が堂上の申入れを入れて、彼を閉門せしめた以上、口にすべきでない。しかし、「堂上の子はいまだ無位無官の時より、地下の三位以上をも、わが家臣の一列におもひ」とは、堂上と幕府・田安家の関係であり、「地下とさへいへば、人間にもあらぬごとく真下に見下す事」とは、在満自らをさすとも解されて、ここにほとばしり出ていると思われる。谷真潮の筆写本国歌八論の奥に、

右国歌八論一帖羽倉氏荷田在満先生奉対徳川金吾源君之論而跋語称応友人需者為布文置辞之間省略尊崇謙遜之剰語也篇中正過論与古学論之間除官家論者畏憚指斥権貴別秘在得其人而授与云今茲忝蒙先生許免於武江藩邸謄写焉更願官家論異日得拝閲之則千万幸甚　延享三年丙寅七月十九日　谷丹四郎大神垣守識。

として、初めはこの官家論の部分の写本を許さなかった。そして、官家論を許し、書き加えた後にも、

右官家論懇願深望之至蒙羽倉先生恩示補写之八論全備矣　此書也古学和歌之頭目髄脳可謂七百年来発揮也他見漏厳禁之敬而莫怠矣　延享三年丙寅八月朔日　谷丹四郎大神垣守謹識。

として、きびしく外に出ることを恐れているのも、ここに原因があったのではなかろうか。国歌八論全編にわたって堂上家をはげしく批判した在満の心魂に、この感情があったと考えてよかろう。在満の閉門は、京家に対しての処置であって、田安宗武が特に心をつかっていたわったことは、顚末の記載からもうかがえる。よって、在満の叙上の心情は、宗武にもよくわかっていたことを、「荷田在満がいひつる、尤も理りなり」(国歌八論余言)の、簡単な評言の底に知るべきである。賀茂真淵は、大嘗会便蒙板下の筆者であって(初め数葉のみ在満)、宗武以上に、その間の事情はわかったはずである。

この御代の久しく治まれるに随ひて、万の道の昔に復りたる中に、な

ほやまとの学びのみは行はれずぞあなる。されども律令義などは、時世の移りぬれば、昔を今にと思ふべからず。ただ歌の道のみまのあたり用ひなきことなれば、なかなかに昔にもかへりぬべきものか。太平にも似ず、屈し窮まりたる姿なり(下略)(国歌論臆説)。

の評言にも亦、在満への同情と共鳴が含まれているのである。

一五 **緩急**(六一頁) 近世に入ってからの堂上の歌人達の歌訓を見ても、直接に、緩といい、急という用語は見出されない。が、以下の文章と、歌訓どもとを合せると、頭注の如きものをさす如くである。試みに雲上家訓を見れば、

(中院通茂)○歌功ならずして、細に理屈くさからず、道理深切に詞を不飾して優成が能候。○心はすぐにやすらかに、句作延やかに奇麗にすゞしく読候事ニ而候。○只尋常に有やうに詞正しく、心一筋め有て、太やうやはらかに読もて行ば、年月を重てあがりぬれば、自然に昔の人にも立並び、又心深く艶也歌もをのづから出来る也。

(飛鳥井雅章)○心を第一に有がまゝに読出すが今の秀逸といふ物也、とかく歌をば、聞ゆる様に読たき物也。大形は聞えにくき歌斗也、又仰云歌は其人のたけより八七分によめかし、万の芸も其通りと見えたり。

とあるを緩と称したものであろう。烏丸資慶は、

道理強くつぶ〳〵と言立候へば、さまあしく、凡俗に成申候、風情妖艶にと求候へば若は聞えかね候事候、此間を幾重も〳〵稽古候へにて候、歌の練磨此一事ニて候、此他之姿詞優美に尤正しく直成を大事ニ仕事ニ候へ共、夫は初心之人成難く候へば、先快聞え詞つよくすくやかに詠たるが能候。

と述べたが、これらが数少い、急に属する人であろう。

一六 **地下風**(六二頁) 伴蒿蹊の国歌八論評に、

緩急の論、みなさることにて、縉紳家の口実、かりそめにも地下の歌といふことをのたまふは、笑ふべし。されども、一旦地下の宗匠といひて、名を成したる人に、ただ趣向を主にして、体をいたはらず、ひたすらにめづらしからんと構へて、異体なる歌を詠み出だす人もありしかば、これを誹りて、地下歌といふことをいひ出だされしにもやあらん。

とある。これが事実であろう。現に資慶卿口授には、

○法皇の勅に、長嘯の歌は何も用ゐがたし。己が物と見ゆる歌少し、あれの詞これの言葉、様によりてそれをし立ててよみしものぞ。

○又徹書記の草根集は、彼の人の一家の風なり。堂上の御風にあらざるよし。

など見える。ただし在満は、その翫歌論の立場からしても、正徹や木下長嘯子の和歌を面白しとする側であったろう。

一七 **誹諧**(六二頁) 細川幽斎の詠歌大概抄「求二人未レ詠之心一詠之」の注に、

此詞道の肝心也、此心なくばいかでか作意と言事あらんや、凡和歌を詠ぜんとする時は、道なき所に向て道を求め、及ばぬ境に臨て、新しく詠ぜんと、ならぬまでも心をかくべき也。

として、

こゝに此道の好士の大事あり、学者の意によりて、情の新きを先とするばかり心得れば、歌が異風異体或は又誹諧体になる也、学者の思慮すべき所也、仮令心を新しくとて、西より東へ月日の行などいはんは、あたらしきにあらず、心ははたらかずして、風情のめぐれるさまによりて、新しくは見ゆる也、委吟味して能々可レ期二其意一也。

という。表現の新しさに走ることを誹諧体と難じている。雲上歌訓の冷泉為久の消息中に、「或は五文字終の句などスルドに聞えて、連歌師の歌の様に聞え候」とあるは、五七五でとめるための、在満の語をかれば「急」な表現を云ったもので、俳諧と批難される中には、これと同じこともあったであろう。同じく烏丸光栄の言葉に、「上古の歌には、言外に意味を含たるが多けれども、当時其様によめば、無心所着に成也」とあるも、また俳諧と難じられる類であろう。

一八 **粟田大臣在衡**(六三頁) この人の昇殿のことは、以下に見える如く、禁秘抄の「廿一、聴直衣事」の条に「聴二昇殿一近代不レ謂二是非一、上古不レ輒、中古猶有レ勅、上古周侍臣昇殿、中古両頭ナド為二其人一歟、康保具平着袴日、民部卿奉仰云参議重光昇殿、民部卿伝宣、重光下殿舞踏、仙院東宮同之、在衡中納言始聴昇殿、依親王参上時也」と見える。

一九 **人麻呂卒といはず**(六三頁) 賀茂真淵の万葉考別記の「柿本朝臣人麻

呂」の条に「位は其時の歌、妻の悲める歌の端にも死と書つれば、六位より上にはあらず、三位以上に薨、四位五位に卒、六位以下庶民までに死とかく令の御法にて、此集にも此定めに書て有、且五位にもあらばおのづから紀に載べく、又守なるは必任の時を紀にしるさるゝを、柿本人万呂は惣て紀に見えず、然は此任は掾目の間也けり」とある。

◇**古学論**（六四頁）　和歌は翫ぶものと考えていた在満においては、歌学と云っても、それは表現の学であった。古学と云っても和歌に必要な古典の知識についてであったのは当然であろう。再論では、「歌ももとよりわざのみと心得侍るは、臣が僻情なるべし」と云って、その点は何と云われても譲っていない。そして表現の学としては、語義・文法・仮名づかいまで厳密に古い知識に従って正しかるべきを論じ、紀貫之以下の誤りを正すべきを論じている。もし推量されるごとく、在満が古義学を学び、伊藤東涯などについたとするならば、これも亦しかあるべき姿である。恐らく漢文法や漢語の意義などを、最も厳密に考えて、詩文を作ったのは、東涯翼下における古義堂塾であったからである。その事は東涯の数数の小学の著書が示している。が、田安宗武は学なるものを、ただに表現におくことに満足は出来なかった。

実に歌学といへるは、歌の理りにかなはん様に学ぶをぞいふべき。さるをただそのわざをのみ学ぶを歌学となんいふ、いとこと違ひぬめり。されど、古き辞はめでたく、世降れる後の詞は多くは拙きなり。歌にはそのめでたき辞を詠むなれば、古き辞を知らではあるべからず。さればこそ今の歌よむ人は、ひたぶるにわざをなん学ぶめる。されど、真の歌の道には合ふべからず。かの古き歌の中、その意詞悉く弁へんにはいと難きわざにて、ほどほど知らんにはまた易きわざなり。さればその易らかなるほどほど知りて、その弁へたる中より詠み出でてこと足りぬべし。されどかく狭く見つる心に得たらんほどなれば、もしその意詞、思ひ過ちたるもあるべきか。あらばまた今詠む所にも、おのづからこと違へるもあるべし。それもはたくるしからんや。（中略）嘗つて歌よむことの能はぬ人にても、心のさまだに歌の理りにかなひぬべくば、それぞうらやましかるべき。

表現の上では、万葉を重んじた古代にもとづくことは賛成するけれども、表現は彼の云う「わざ」であって、和歌の第一義ではない。云わば小道である。「小道と雖も必ず観つべき者あり」で、全く軽視せよとではないが、もっと重要な「理り」を第一にしてこそ、「学」であり得るのである。学とは理りを論ずるものである。かく論ずる宗武の「理り」とは、翫歌論の条でも見た如く、教誡であり、この論の根拠をなしているのは、朱子学の文学観であった。

賀茂真淵はこの二つの対立した論の中に、わって入って、

歌は用なきに似たれども、心をやり人をなごし、ひろくは政のたすけともなるべくは、たれかはよまざらん。いはんや上このめば下はたこのむ。上いにしへの心詞を用ひば、下はたいにしへにかへるべし。文にあらざれば徳遠からずと聖ものたまひけん。今歌を用ひて人の君のいつくしみをひろくほどこさんに、其詞にあやまちあらば、めばやき山がつの侍りてうたがふ事あらむか。心いきほひなきものすら得たる道あれば、もゝたり千たりもみちびくならひなれば、やんごとなきあたりの一声は千こゑに伝ふる山彦もや侍らん。故にひとりをつゝしむてふことは、かゝることまでも有べきにや（国歌論臆説―校本賀茂真淵全集による）。

と、中間の立場、即ち、和歌は政治にも役立つものであるが、そのためには、表現に心をそそがねばならぬと論じる。しかし真淵のこの論は単に両者の中間であるのでなくて、もとづくのは徂徠学の文学論であった。再奉答金吾君書では、

さて宋儒にいたりて、専ら理をもてこれ（詩）をとき、ひとへに勧善懲悪の為とす。凡理は天下の通理ながら、はた理のみにて天下の治まるにあらず、詩は人のまことをのべ出すに、そのおもふごとくの実情、みな理あらんや。たゞ理は理にして、それが上に堪がたきおもひをいふを、和の語に、わりなきねがひといふ。たとへば花を強てまち、月をいたくをしむがごとく、はかなきことすら時にふれては、さる事侍り、まして身の存亡にかゝれらんことをや。そのわりなきこゝろをも、たゞにいはゞ、たれかみなあはれとせん。詞やさしくこゑあはれに、うたはんなん、理の外にて、人情の感ずるもの也。

と、荻生徂徠らの口吻さながらの語をなしている。真淵の所説の徂徠学

にもとづく所は、既に太田青丘著、日本歌学と中国詩学所収「近世復古歌学と儒学・詩学との交渉」の論じた如くである。ここに三者の所説を図示すれば（○が重点をおく所）、

	哲学	表現学	和歌
在満		○	○（古義学）
宗武	○		○（朱子学）
真淵	○	○	○（徂徠学）

の如くになるであろう（宇佐美喜三八「真淵の前期の歌論について」—『国語と国文学』昭和三十七年七月号）。

二〇 **大伴家持なる事**（六五頁） 荷田春満の説は賀茂真淵の寛延二年序の万葉解序通釈並釈例に、

荷田東麻呂云、凡此集撰者家持卿なる証いと多し、然れども竊に案るに、…恐らくは諸兄公などの撰せられし有しに、家持卿の集の混じたる成べし（下略）。

とあり、真淵もこれに賛成し、更に敷衍している。契沖代匠記の説によるとするは、土岐善麿著、田安宗武で、その説は、

普く集中を考へ見るに、勅撰にもあらず、撰者は諸兄公にもあらずして、家持卿私の家に若年より、見聞に随て記しおかれたるを、第十六巻までは天平十六年十七年頃までに、廿七八歳の内にて撰び定め、十七巻の天平十六年四月五日の歌までは遺たるを拾ひ、十八年正月の歌より第二十の終までは日記の如く部を立ず、次第に集めて宝字三年に一部と成されたるなり。

とある。ただし在満の「是を記せる人」を、最終の編纂者と見れば、契沖説によるとせずともよいか。

二一 **長歌をあつめて**（六五頁） 古来諸説紛紛とした問題で、在満頃までの諸説は、例えば賀茂真淵の続万葉論に見える。多くは何とか理由を附して、後世の誤りから出たものとする。ここの在満の如く紀貫之の誤りとするのは、藤原定家の長歌短歌古今相違事であるのも、以下定家を批難する論があるだけに面白い。

二二 **定家卿**（六六頁） 正徹物語に「於歌道は、定家を難ぜん輩は、冥迦もあるべからず、罰をかうぶるべきことなり」、詠歌大概秘抄に「凡二条家の道を習ふと云は、京極中納言定家卿の申されし事を本とする也。定家卿はたゞ古今を本として、何事をもせられし也。（中略）二条家をならはん輩は、京極黄門以前の本は用べきにあらざる也」などと、その説は神聖視されている。在満に先立って、春満も、定家の歌学や仮名遣について批難している。「兎角定家卿には少もあやまりもなく、歌学も有人のやうに信仰故に、めがさめぬなるべし」（伊勢物語童子問）、「定家卿が、歌を作るべき風情を書たまへる書を見ればおほくは可。古歌を釈し給へる書は、おほくは不可」（同）、「今世に、定家卿正されたるかなづかひの伝書と云ふもの一巻あり。その書真偽はしらねども、もし定家卿のかなの遣の書ならば、定家卿、かなづかひしりたまふにあらざること明らか也」（同）、「定家俊成なども古学はなかりしとみえたり」（万葉問書）などとある。在満の説も、養父の影響である（三宅清著、荷田春満第四編第二章参照）。

二三 **東の常縁**（六七頁） 今日では、東常縁自らは、応仁の乱前後、二条家の教えを、伝えるものがなくなった間に、これを伝える立場にある者として振舞ったので、伝授意識は強くなかったと云われる。が、後世彼から宗祇に教えたことが、記録として残り、重んじられたことから、その伝授上の地位が重要視されて、近世に及んだものと考えられている。江戸時代ではしかり、中世の流れをうけて、常縁が好悪いずれの側からも、批評の対象となった。清水宗川聞書などでは、

東野州は、東下野守也、是は千葉介常胤之六男、東六郎太夫胤行が、為家之弟子と也、京に居住の間に、東氏になる、是が為家より古今伝受する、是伝受の始也、今の遠藤右衛門殿之先祖也、都に逗留之間に、古今を伝へ、是より代々、子々孫々に伝来□くして外に不洩、此子孫東之野州也、都には古今伝受絶て、此野州之方に斗有之、然所に宗祇法師、歌に執心ふかゝりし故、天下を修行し、又此野州に古今を伝受したる也、野州まではさのみ向上に無之を、宗祇より此書を伝受する様体になりたる也。

と。本居宣長の排蘆小船は、

古今伝受と云も、貫之より俊成・黄門・為家卿などに至る迄も、そのさたなきことは諸書に明らか也、これは東野州常縁などのつくりこし

らへて、貫之より次第相伝と矯はりたることにまぎれなし。

とある。なお、春満にも、伝授に対する強い批判があって、

切紙古今伝授などの入ほがの説草鞋に劣れり（日本書紀神代巻抄）。

の言葉さえある。

二四　**筑前守荷田信次**（六八頁）　三宅清著、荷田春満（一二三頁以下）に羽倉家伝をあげる。今、地下家伝、一七より、必要な所のみ抄出すれば、「延次（稲荷社目代兵衛大輔荷田政信男）天正七年正月廿二日生、慶長十一年内非蔵人（廿八歳）、寛永十三年三月八日上北面任玄蕃頭叙従五位下（五十八歳）、慶安四年二月八日卒（七十五歳）」の如くである。卒月日など羽倉家伝より、地下家伝の方が正しいとは、子孫にあたる羽倉敬尚氏の教示である。勅点の詠草には「此一巻者荷田信次詠草也於御添削者、後陽成院之加宸筆畢秘蔵々々、寛永十八仲秋日大卜令雅陳」と。家伝類には延次とあるが、ここの信次が初名であろうとするのも、敬尚氏の説である。三宅氏の書中にも紹介があるが、全貌は羽倉氏によって翻刻、世に知らされている。

◇　**準則論**（六九頁）　詠歌の模範として、何の集をえらび、誰の風体を庶幾するかと云うこの論の問題の提出は、当代の漢詩人が、唐土に範を求める行き方と同一である。従って在満は素直に自分の思う所を答としても出している。が、田安宗武は、在満の説が、前の古学論に続いて、彼の云う「わざ」にのみ片よっているために、承服出来なかった。

この道にも、理りとわざとのはべるなり。されば、両つながら全からでは、歌の道とはいひ難かるべし。（中略）その理り盛んなりける代、或はその理り得たる人たちを知らんことは、今の教へともなりなん。そのわざ巧みなりける人などは、知りても益なし。されば、歌の道の盛んなりける世の、歌の道の聖とせん人などは、知りはべらぬなり（国歌八論余言）。

と云う。在満は、勿論これに耳をかさない。

且つ此御文段の如くなれば、歌をば専に道徳の方に取りたまふと見えたり。臣愚はから国の詩もわが国の歌も、同じく道徳にかかはる事にはあらずして、ただ其情を詞に発して心を和らぐるものの、中世一変して詞花言葉を翫ぶ事とのみ心得たり（再論）。

と、自説をくりかえして、二人の説は交叉することなくして残っている。

宗武はまた、ここで一つの問題をとり上げている。

また、歌の道の大いに廃れにしは、歌合といふものの出来しよりなり。それ歌は、喜び、怒り、悲しみ、楽しみなどのほどほどにつけて、その心を遣るものにて、人の心の和らげにとなすものなるを、いかにぞや、かたみに詠み出でてものすなる、いと浅ましきわざなりかし。

と歌合を難じ、更には「新しき物の名を歌によむの論」を設けて、物の名、名所の和歌などにきびしくしきたりあることをも批難して、

すべてかくむつかしげなる定め、数多あるべし。されど、よく思ひ量りて、ゆめゆめこれに関かるべからず。

と結論した。在満はこれに、殊に歌合については、不賛成で、

かたみによみ出でて勝負を争ふ事は、歌の本来とは大に同じからず。是は其一変せるといふものなるべければ、臣愚が心には、衰へたるといふべきにはあらぬごとく思ひ侍る。

といい、物の名についての論は賛成しながらも、

今の人のよまざるは、俗習に引かれて大奮起の才なければなるべし。

と注記した。

この国歌八論について、在満・宗武の両者の説の相違を来たした根本的な考えに、在満は歴史的な推移は推移として認め、その上で現在如何にあるべきかを論じているが、宗武は本質的なものが何か、宗武においてはそれが甚だ古典的なものであるのだが、その本質的なものに現在も従うべきである。歴史的な推移は、皆本質的な古典的なものから変化したものであって、これを現在においても認めないのである。両者に続いた賀茂真淵は、古代精神のきわめて明確な崇拝者として、その点では多く宗武に賛成しているが、本居宣長に至ると、真淵ほど純粋に古代崇拝になれず、歴史的な考慮が、彼のあらゆる論に含まれているだけに、八論の批判においても、その点では、賛否さまざまながら、在満側にある。例えば、この準則論でも、

古学ノ人ニシテ新古今ヲ降盛ノ極ト云ル、又卓見也、タヾ古ニ偏ナル輩ノ及バザル処ナリ、各ノ執スル処ハアリトモ人ヲ指麾スベシ。

近代ノ弊ヲタヾサンタメニ、定家ヲ貶スルコト実ニスギタルハ、古学

ノ弊ナリ、歌学ハ実ニトルニタラズ、詠歌ハ古今独歩ノ人ナリ、イカデカ後京極ニオトラン、彼卿ノ歌感慨ナクバ、後京極ノ歌モ感慨ナカルベシ、後京極ヲ信ジナガラ、彼卿ヲ信ゼズト云ハ、予ハトラズ。

という。

歌意考

一　**歌は後をよし…教**（七五頁）　荒木田久老は、晩年には後世風をも詠んだが、この歌意考などに見える師賀茂真淵の説を守って、専ら万葉風を詠じた人で、本居宣長が早くから、後世風を詠み、また詠むもよしとしたのを、心よく思わなかったようである。宣長の説は、うひ山ぶみによくうかがえる。その本文には、

さて又歌には、古風後世風、世々のけぢめあることなるが、古学の輩は古風をまづむねとよむべきことは、いふに及ばず、又後世風をも、棄ずしてならひよむべし、後世風の中にも、さま〴〵よきあしきふり〳〵あるを、よくえらびてならふべし。

とあって、勿論、上代の歌風を軽視するものではないが、注の中には、むしろ万葉家に反対して後世風を軽んずべからず、また真淵のこの歌意考に見える説と反対に、後世風から上代にさかのぼるのも悪くないとの説さえ見えている。若干、抄記すれば、

今の世、万葉風をよむ輩は、後世の歌をば、ひたすらあしきやうにいひ破れども、そは実によきあしきを、よくこゝろみ、深く味ひしりて、然いふにはあらず、たゞ一わたりの理にまかせて、万ヅの事、古はよし、後世はわろしと、定めおきて、おしこめてそらづもりにいふのみ也、又古と後世との歌の善悪を、世の治乱盛衰に係ていふも、一わたりの理論にして、事実にはうときこと也、いと上代の歌のごとく、実情のまゝをよみいでばこそ、さることわりもあらめ、後世の歌は、みなつくりまうけてよむことなれば、たとひ治世の人なりとも、あしき風を学びてよまば、其歌あしかるべく、乱世の人にても、よき風をまなばゝ、其歌などかあしからん、又男ぶり・女ぶりのさだも、緊要にあらず、つよき歌よわき歌の事は、別にくはしく論ぜり、大かた此古風と後世と、よしあしの論は、いと〳〵大事にて、さらにたやすくはさだめがたき、子細どもあることなるを、古学のともがら、深きわきまへもなく、かろ〴〵しくたやすげに、これをさだめいふは、甚ダみだりなること也。そも〳〵古風家の、後世の歌をわろしとするところ

は、まづ歌は、思ふこゝろをいひのぶるわざなるに、後世の歌は、みな実情にあらず、題をまうけて、己が心に思はぬ事を、さま〴〵とつくりて、意をも詞をも、むつかしくくるしく巧みなす、これみな偽リにて、歌の本意にそむけり、とやうにいふこれ也、まことに一わたりのことわりは、さることのやうなれども、これくはしきさまをわきまへざる論也、其の故は、上にいへる如く、歌は、おもふまゝに、たゞにいひ出る物にはあらず、かならず言にあやをなして、とゝのへいふ道にして、神代よりさる事にて、そのよく出来てめでたきに、人も神も感じ給ふわざなるがゆゑに、既に万葉にのれるころの歌とても、多くはよき歌をよまむと、求めかざりてよめる物にして、実情のまゝのみにはあらず、上代の歌にも枕詞序詞などのあるを以てもさとるべし、枕詞や序などは、心に思ふことにはあらず、詞のあやをなさん料に、まうけたる物なるをや、もとより歌は、おもふ心をいひのべて、人に聞カれて、聞ク人のあはれと感ずるによりて、わが思ふ心は、こよなくはるくることなれば、人の聞クところを思ふも、歌の本意也、されば世のうつりもてゆくにしたがひて、いよ〳〵詞にあやをなし、よくよまむともとめたくむかた、次第〳〵に長じゆくは、必ズ然らではかなはぬ、おのづからの勢ヒにて、後世の歌に至りては、実情をよめるは、百に一も有がたく、皆作りことになれる也、然はあれども、その作れるは、何事を作れるぞといへば、その作りざまこそ、世々にかはれることあれ、みな世の人の思ふ心のさまを作りいへるなれば、作り事とはいへども、落るところはみな、人の実情のさまにあらずといふことなく、古の雅情にあらずといふことなし、さればひたすらに後世風をきらふは、その世々に変じたるところをのみ見て、変ぜぬところのあることをばしらざる也、後世の歌といへども、上代と全く同じきところあることを思ふべし、猶いはゞ、今の世の人にして、万葉の古風をよむも、己が実情にはあらず、万葉をまねびたる作り事也、もしおのが今思ふ実情のまゝによむをよしとせば、今の人は、今の世俗のうたふやうなる歌をこそよむべけれ、古へ人のさまをまねぶべきにはあらず。

さて又初学の輩、わがをしへにしたがひて、古風後世風ともによまんとせんに、まづいづれを先キにすべきぞといふに、万の事、本をまづよくして後に、末に及ぶべきは、勿論のことなれども、又末よりさかのぼりて、本にいたるがよき事もある物にて、よく思ふに、歌も、まづ後世風より入て、そを大抵得て後に、古風にかゝりてよき子細もあり、その子細を一ツ二ツいはゞ、後世風をまづよみならひて、その法度のくはしきをしるときは、古風をよむにも、その心得有て、つゝしむ故に、あまりみだりなることはよまず、又古風は時代遠ければ、今の世の人、いかによくまなぶといへども、なほ今の世の人なれば、その心全く古人の情のごとくには、変化しがたければ、よみ出づる歌、古風とおもへども、猶やゝもすれば、近き後世の意詞のまじりやすきもの也、すべて歌も文も、古風と後世とは、全体その差別なくてはかなはざるに、今の人の歌文は、とかく古と後と、混雑することをまぬかれざるを、後世風をまづよくしるときは、是は後世ぞといふことを、わきまへしる故に、その誤りすくなし、後世風をしらざれば、そのわきまへなき故に、返て後世に落ることおほきなり、すべて古風家、後世風をば、いみじく嫌ひながら、みづから後世風の混雑することをえしらざるは、をかしきことなり、古風をよむ人も、まづ後世風を学びて益あること、猶此外にも有也、古と後との差別をだによくわきまふるときは、後世風をよむも、害あることなし、にくむべきことにあらず、たゞ古と後を混雑するをこそ、きらふべきものなれ。

二 **なほく**(七七頁)　にひまなびの頭注に「直きといふ中に、邪にむかふと、思ふ心の強て雄々しきと、心に思ふ事をすさびいふとの三つあり、そは事にしたがひてとるべし、その中に、古人は思ふ事、ひがわざにても、隠さず歌によめる、此直きにぞ、歌はあはれとおぼゆること有なる」とある。

三 **調はりけり**(七七頁)　これは、賀茂真淵の云う調(しらべ)の出来ていることである。調については、にひまなびに、

いにしへの歌は調をもはらとせり。うたふ物なれば也。そのしらべの大よそは、のどにもあきらにも、さやにもをぐらにも、おのがじゝ得たるまに〳〵なるものの、つらぬくに高く直きこゝろをもてす、且その高き中にみやびあり、なほき中に雄々しきこゝろはある也。何ぞと

いはゞ、よろづのものゝ父母なる春夏秋冬をなしぬ、その中に生るゝもの、こをわかち得るからに、うたひ出る歌の調もしかなり、又春と夏とまじはり秋と冬と交れるがごと、彼此をかねたるもありて、くさ〴〵なれど、おの〳〵それにつけつゝ、よろしきしらべは有けり。

とあり、その頭注に、次の如くある。

歌の調てふ物は、こゝにいふいくさま〴〵なれど、おの〳〵其かたきにつきて、よきあしきあり、凡をいはゞ共に打唱ふにとゞこほりなくて、何となく心高く聞ゆるを、専らとす、にひ学びのほどには、しらべなどには心もよらず、一ふし有所にのみめのつくもの也、そのふし有所をばおきて、何となくつゞけし所に心をよせて見よ、古人はそこに心を用ひし也、此事を思ひて、古歌を見ば、久しからず思ひ得べし。

四　**ときまぜに来まじはり**(七七頁)　賀茂真淵の持論で、我が上代の直き精神が儒仏の輸入によって溷濁したと解するのであり、国意考に詳しく論じた。若干引用すると、

こゝの国には、天地の心のまに〳〵治め給ひて、さる小き理りめきたる事のなきまゝ、俄にげにと覚ゆるごとくものわたりつればまこと也とおもふ、昔人のなほきより、伝へひろめて侍るに、古よりあまたの御代々、やゝさかえ給ふと、此儒の渡りつる程と成て、天武の御時、大なる乱出来て、それより奈良の宮のうちも、衣冠調度など唐めきて、万うはべのみみやびやかに成りつゝ、よこしまの人も多くなりぬる歟、儒は人の心のさかしく成ゆけば、君をばあがむるやうにて尊きに過さしめて、天が下は臣の心になりつ、それより後つひに、辱もすべろぎを、島へはふらしたる事となりぬ、かの唐ことの渡てよりなす事なり。仏の道てふ物渡りてより、人の心をわろくせし事の甚しきはいふにもたらず、其誠の仏の心は左はあるべからず、是を行ふものゝおのがよくに引れて、仏をかりてかぎりなきそらごとをもいふぞかし、それをたゞ人にのみつみある事にいへり、いきとしいける者は同じものなるに、いかなる仏か鳥獣にをしへざるや、扨むくひなどいふ事を多くの人さる事とおもへり、其事古へよりの証共いはんもわづらはし。

の如くである。

五　**言の葉も、ちまたの塵のみだれゆきて**(七七頁)　語意考に、

これの日いづる国(日本)は、いづらのこゑのまにゝことをなして、よろづの事をくちづからいひ伝へるくに也、それ日さかる国(唐土)は、万づの事にかた(絵)を書てしるしとする国也、かれの日の入国(天竺)は、いつらばかり(五十聯許)の、こゑにかた(絵)を書て、万づの事にわたし用る国也、…これの日出る国はしも、人の心なほかれば事少く言もしたがひてすくなし。事も言も少なかれば惑ふことなく忘るゝ時なし、…然るを今の世人から字音をなま〳〵に聞ならひて、そを以てこゝの言をも音をもこゝろ得んとすなればあらぬ事に成ぬ、…古事記日本紀万葉その外の古書(フミ)の仮字均しくして、新撰字鏡和名抄までに惣てことならず、その和名抄より後は、漸にひがこと出来て、遂にみだりに成にしを、古キ書をかへり見る人なければ、正す人もなし。

六　**いにしへにかへらふ**(七九頁)　にひまなびに、次の如くある。

やまともからも、いにしへこそよろづによろしければ、古ことをこそたふとめれ、いづこにかいにしへを捨て下れる世のふりにつけてふ、教のあらんや。そはおのれがえしらぬことをかさらむとてうるけ人をあざむく也。

賀茂真淵の所謂復古主義である。彼の国学には、その文芸尊重、人情説、そして古文辞学派さながらの学習法など、云われる如く徂徠学の影響が濃い。この古代崇拝の復古論も、徂徠学の影響を濃くうけている。ここで云う所も、例えば、荻生徂徠の弁名の道の条で、

道者統名也。以有所由言之。蓋古先聖王所立焉。使天下後世之人由此以行。而已亦由此以行也。辟諸人由道路以行。故謂之道。…夫道也者自上古聖人之時。既已有所由焉、至於堯舜而後道立焉、歴殷周而後益備焉、是更数千歳数十聖人、尽其心力智巧以成之、豈一聖人一生之力所能為哉、故孔子祖述堯舜、憲章文武、好古、好学、為是故也、宋儒誤読中庸孟子書、乃謂人性善、故道率人性自然有之、…豈謂人率己性則自然有道乎(徂来先生答問書補注一四参照)。

と云うなどと、比較して、甚だ似ている。

七　**秋の風の…**(七九頁)　書意考に「此すべらみ国の書は皆こゝの事也、然るをから文にならひてかきしは、其記者の思ひたがへて、文字の用ひ様になづみて、こゝの語を誤る所多し、其もとを尋ぬれば、こゝの事な

れば、よく古へを心得たる人は、其文字になづまで、いにしへの心詞にかへして見、且訓にもさる事を専らとすべし」とある。

八　**よその国の風…**(七九頁)　書意考に、

然るを後の世の人上つ世のさまをも、人の心をもよく思ひしらずして、雲をへだてゝ、霧をへだてゝ、大空のほしを数へんが如く、あからさまに神代のことをはからんとすれど、いかで得べけんや。たゞひとの国の宋といふ代に、かたくなに人の心の理りをいひ、教への道てふことを書ける文の有をうらやみて、こゝの神代のふみを、そのごとくとりなさばや、そらに思ふ理りをいふ事の侍りし、さてこをもて、人の教へをとかんとするこそ、から人のふみに心まどひして、此国のことをわすれたる物なれ。

とあって、神儒混合の神道説、殊に垂加神道の朱子学的理解によるのをさしたものである。同じ内容のことが国意考にも見える。

九　**わが心肝に、そみ**(八〇頁)　この古歌を学ぶことを、古典研究、上代精神理解の第一とするのは、云うまでもなく真淵学の最重要な学的態度であって、にひまなびに、

古歌てふ物の言を、よく正し唱ふる時は、千年前なる、黒人・人麿など、目のあたりにありて、よめるを聞にひとしくて古への直ちに知らるゝ物は、古への歌也。且古へ人の歌は、ときにしたがひて、おもふことをかくさずよめれば、その人々のこゝろ顕は也、さる歌を、いくもゝも常に唱ふるまゝに、古へのこゝろは、しかなりてふことを、よくしり得らる、且言もかう文ざまに書し史などは、左(か)も訓右(かく)もよまるゝ所多有(さはなる)を、歌はいささけの言も違ひては、歌をなさねば、かれを問、是を考て、よく唱へ得る時は、古言定れり。然れば、古言をよく知べきものも、古き歌也、天の下には事多かれど、心とことばの外なし、此ふたつを、よく知て後こそ、上つ代々の人の上をもよくしるべく、古き史をもその言を誤らず、その意をさとりつべけれ、又後世の人、万葉は歌也。歌はをみなのもてあそぶ戯の事ぞとおもひ誤れるまゝに、古歌をこゝろえず、古書をしらず、なまじひにから文を見て、こゝの神代の事をいはんとする、さかしら人多し、よりてそのいふ事、虚理にして、皇朝の古への道にかなへるは、惣てなし、先古への歌を学びて、古へ風の歌をよみ、次に古への文を学びて、古へ風の文をつらね、次に古事記をよくよみ、次に日本紀をよくよみ、続日本紀ゆ下御代つぎの史らをよみ、式、儀式など、あるひは諸の記録をも見、かなに書る物をも見て、古事、古言の残れるをとり、古への琴、ふえ、衣の類ひ、器などの事をも考へ、其外くさぐさの事どもは、古の史らを見思ふ間にしらるべし、かく皇朝の古へを尽して後に、神代の事をばうかゞひつべし、さてこそ天地に合ひて、御代を治めませし、古への神皇の道をも、知得べきなれ。

と述べている。ただしこの一種の方法論は、また荻生徂徠の古文辞学の方法論に学んだものである。古文辞学の方法は徂来先生答問書(一七五頁)に見えている。それらと比較すれば、真淵方法の奈辺から出たかは、自ら明らかになる。

一〇　**みやびか**(八〇頁)　国意考に、風雅を解して、「其風雅てふは、世中の事物の理につのれば、人の乱るゝを、理の上にて理にかゝはらず、天地の万の物に文(カザリ)をなすがごとく、おのづから心を治め和(ナグサマ)しむるものぞかし」とある。

一一　**まうけずつくらず**(八〇頁)　国意考や書意考に、中国の儒教の治道論と比較して詳論してあるが、要するに「たゞ我みかどには、所せく名づくる事もなく、強て教る語もなく、あながちなるのりもなく、おのづから天地のまにまに治めならはし給へる道こそたうとけれ」(書意考)となる。

一二　**神の御代をも**(八〇頁)　国意考に「これらは古への歌の心詞をあげつろふるまゝに、人はたゞ歌の事而已とおもふらんよ。其いへる如くうたはまことの心詞也。古の歌もてまことの心詞をしり、それをおして古への世のありさまをしるべし。古の有様をしりてより、おしさかのぼらしめて、神代の事をもおもふべし」とある。補注六参照。

一三　**したにのみ**(八〇頁)　古今六帖、一の「したにのみ恋れば苦し山端に出来る月の顕ればいかに」と、同、六の「かくばかり恋し渡らば紅の末つむ花の色にいでぬべし」の二首を一つにしたものか。提出の如きが古典にあるか未詳。なお早く万葉集、一一の「よそのみに見つゝやこひん紅の末つむ花の色に出ずとも」(一九九三)や、古今集、一一の「人しれずお

もへばくるし紅のすゑつむ花の色にいでなむ」がある。

一四 **あやなけれ**（八三頁）　学びのあげつろひに、次の如くある。

われ古へをこのむくせ有ども、田舎に生れて、導を得ず、よりていと若き時より、後世ぶりの歌をよみしかど、猶意をひらくべき師なし、三十に余りて京へをり〳〵行て、荷田うしに学びつるも、もとより力なければ、大きにひらくことなかりし、その前、からのふみのはし〴〵から歌文などの事を、より〳〵聞しもよくはたさず、遂に東の都に下りて、天下の人に行かひ、みづからもつとめ、又貴きみまへにつかへなどして、貴人の弘情をも見、かた〴〵の労を経て、今七十にして、よろづを得たるが如し、すべてものゝ道は、その道によく入て後ならでは、しり得るものにあらず、儒を学ぶ人は、儒にて天竺も日本もしるゝと思ふこそいまだしけれ、おの〳〵それに入ずば、他をいふことなかれ、されどからの事は、わかくより疎にもまねびて、わが入ざる道にあらねばいふなり。

一五 **東歌**（八四頁）　万葉考、六の序に、

こゝにいにしへの東歌てふものあり、是も極めたる古へにはあらねど、今よりは千とせに多く余れる前の世よりの歌なり、そも〳〵鳥が鳴東はその都をはなれてしあればもの交はらず、古への心言こそ伝れりけれ、そのことばのはしに東なる有をもて惣てことなりと思ふ事なかれ、是をよく解得る時はいにしへのおほやけぶりの歌をしも解得らるゝなり、然れば後の世にしていにしへに放りはてぬものは東歌也、かれ猶盛なりける御代に此万葉を撰まれたるぬし、もろ〳〵の御食(みをす)国をしりし、世中をまつりごたん本となる事を思ひて是を挙しは、天皇を崇みまつり、天皇を思ふまめ心の極みならずや。

と、本文で以下に述べると同じことを説いている。

一六 **から国の**（八四頁）　万葉考別記、一の「巻のついで」で、ここと同じ事を述べた頭注に、

上つ代の事にからことをむかへいふはわろし、されど藤原奈良宮に至て、是を集められし比には、からことを好むなれば、したがひて国風の説をいへり。

とある。この条には下に、太宰春台の六経略説の詩経の理解の如きがあるものと思われる。引用すれば、

国風トイフハ、諸国民間の歌謡ナリ、…此等ノ歌ハ、国国ノ風俗アリテ、詞モ声モフシモ各別ナル故ニ、総ジテ是ヲ国風トイフナリ、此方ノ万葉集ノ歌是ニ似タリ（東歌のことをさすか）、…此中ニハ男女夫婦ノ情ヲ語リ、親ヲ思ヒ、子ヲ思ヒ、君ヲ怨ミ、夫ヲ怨ミ、不肖ナル君ヲ刺(シ)リ、賢ナル大夫ヲ美(ホ)メ、国政ノ正カラヌヲ歎キ、或ハ貧士ノ仕官ニ勤労スルヲ憐ミ、或ハ匹夫匹婦ノ室家ヲ安ンゼザルヲ憂ルガ如キ凡世間ニアリトアラユル事、大小美悪、賤キ者ノ所作マデモ、イヒノコセルコト無シ、サレバ国風ノ詩ヲ観レバ、其国ノ政ノ善否、風俗ノ美悪、皆見ユルナリ、古ノ時、天子ノ太史官、諸国ノ詩ヲ採集テ、王朝ノ楽府ニ列ス。

の如くである。

一七 **もとよりも…**（八四頁）　再奉答金吾君書にも、

歌は人情をいひ出す物なれば、凡ことわりにはたがふもあれど、其一人にてみればかへりてまことにざりけりと思ひやられてなつかしきも侍り。

と、早くは人情の語で示しているが、これは徂徠学の影響と指摘されるもので、殊に真淵においては太宰春台の説の影響が大きいと、既に云われている（太田青丘著、日本歌学と中国詩学）。真淵の上代歌論と春台の詩経論を比較すべく、六経略説のその条から抄出すれば次の如くである。

○詩ハウタヒモノナリ。孟子ニ。心之官則思ト云リ。人ノ心ハ思フヲ官トスル故ニ。閑暇無事(カンカブジ)ノ時モ。何カハ知ラズ。思フコト無キコト有ラズ。況ヤ物ニ感ズルコト有レバ。其事ニ随テ。或ハ喜ビ。或ハ怒リ。或ハ哀ミ。或ハ楽ミ。或ハ愛ミ。或ハ悪ム。喜怒哀楽愛悪ハ。人ノ情ナリ。此情内ニ起レバ。スナハチ言ニ形レ声ニ発ス。軽キハ呻(シン)吟シ。重キハ咨嗟詠嘆ス。猶已マザレバ。言ニ形ル。言ニ形レテ。人ニ告語ルベキ様モナケレバ。只其心ノ思フ所ヲ詞ニ綴テ唱出ス。是ヲ詩トイフ。詩ヲ心ノ声トイフハ。此義ナリ。凡人ノ心ニ喜怒哀楽ノ起ルハ。皆心ノ不平ナリ。此不平ナル思ヲ人ニ告語ントスルニ。常ノ言ニテハ如何ニモ陳尽シガタク。又心中ノ曲折ナル処ハ。人ニ向テイヒガタキ事モ有リ。増テ人ヲ怨ミ人ヲ刺ル類ノ事ハ。殊ニ常ノ言ニテ

顕ニハイヒガタキ者ナリ。然ルヲ詩ニハ如何ナル事ヲモ言テ。常ノ言ニテ尽シガタキ事ヲモ。僅ノ詞ニテ説尽ス。人ヲ怨ミ人ヲ刺ル類ノ事アリテモ。聞ク者怒ラズ。言フ者罪ナシ。又常ノ言語ニテハ。人ノ心ヲ動スコトモ無キニ。詩ニテハ人ノ心ヲ動スノミナラズ。天地鬼神ヲモ動スコト妙ナリ。毛詩ノ序ニ。動《シ》二天地《ヲ》一感《ゼシム》二鬼神《ヲ》一ト云ルハ。是ナリ。

○今天下ノ尊位ニ居テ。万民ノ情ヲ知ントオモハバ。詩ヲ学ブヨリ善キコトナシ。詩ニハ天下ノ人情ヲ尽セレバナリ。今ノ世ノ諺ニ。歌人ハキナガラ名所ヲ知ルトイフガ如シ。詩ヲ学ベバ天下ノ事ヲ知ルナリ。又詩ハ志ヲイフ者ニテ。人情ノ実ヨリ出タル者ナル故ニ。天下ノ義理ノ至極ヲ尽セリ。サレバ古人何ニテモ人トモノイヒテ。義理ノ事ニ及ベバ。必詩ヲ引テ。己ガイフ所ノ義理ヲ証明ス。

○又詩ハ詞浅クシテ意味深キ者ナル故ニ。是ヲ学タル者ハ。人ノ言語ノ意味ニ通ズルコト速ナリ。

○又詩ハ詞正クヤサシキ故ニ。是ヲ学タル者ハ。自然ニ其詞ウルハシク。君子ノ体(サ)ニ称(カ)フ。

○君子人徳ヲ養フコト。詩ヨリ始マル故ニ。四教ノ第一ニ是ヲ立タリ。

○又詩ハ人情ヲアリノマヽニ吐露スルノミニテ。深キ義理ナキ者ナルヲ。他ノ経書ノ如ク深キ義理アリトオモヒテ。一句一字ニ就テ義理ヲ求メ。或ハ詞ニ善悪アリトオモヒテ。勧善懲悪ノ説ヲナシ。善ヲ以テ勧トシ。悪ヲ以テ懲シメトストイフ。朱子集伝ノ序ニ見エタリ。…凡此類皆宋儒ノ六経ヲ治ル大謬ナリ。

一八　**みやびてやさし**(八五頁)　文学はみやびでやさしいとするのが賀茂真淵の文学論の一特徴であって、そのことを、彼の理想とする上代の歌文において、次の如く説明している。

かくていにしへは、常いふことばもよろしければ、歌をもたゞへ言を も、先は常のことばもていひつゞくりたるが中に、うたといひ、ふみとしもいふにいたりては、おのづからあやにつゞけなせるによりて、めでたきものとなりにたり(文意考)。

古事記も日本紀も、神代の事はすべてあやにいひつらねたる古言にて伝れるめり、故みやびかなる詞をみづから得てこそ、よくは解つべけれ、よりて先此のりとことを解知て、我もなづらへ書て、文てふ物のさまをしり、万葉の歌を解得て、且みづからもそれに習べき歌をよみ、古へ人の詞のみやびたることをしり、同じくなほき心、直き代の手ぶりを知時ぞ、神代をもおしはかりたらん(祝詞考附言)。

其歌よめるには本知らはんとての心にはあらねど、心におもふ事のにほひせる物なれば、おのづからたゞなるよりは和らかにやさしき事あり(国意考)。

古典を風雅と認め、それを尊び、それにならうべしとするこの論は、また、徂徠学と相似ている(補注一七参照)。ただし、徂徠学においては、それを「修辞」とか「文」とか称して、

詞ノヱラミ第一ニテ、三百篇以来随分ニ詞ヲ選ビタル物ニ候(南郭燈下書)。

辞者、言之文者也、言欲文、故曰尚辞、曰修辞、曰文以足言(徂徠の「与平子彬」の書簡)。

と云う。真淵は、補注一〇に示した如く、風雅の性質の理解が、晩年になると変化して来ている。

一九　**はじめと、中と**(八五頁)　「鎌倉右大臣家集のはじめにしるせる詞」(賀茂翁家集)の中で、

此公の集の歌は、初なる、中なる、末なる有と見ゆ、其初なるには、くだれる世のあかづけるあり、中比なるしも、ひとわたりさることゝきこゆるのみにてなほたけたらず、かれこの二つは、すべてとらず、たゞ末にいたりて、けがれたる物皆はらひすてゝ、清き瀬にみそぎしたらん心ちするには、しるしをつけたり。

とある。また、その選び評したものが所所に残っている。所見一本に京都大通寺に、上田秋成が写して、この寺にあった実朝の肖像にそなえた、金槐和歌集抜萃がある。また、にひまなびには、若干の例歌をあげて、実朝のそのことを論じてある。

二〇　**女のうた…**(八五頁)　にひまなびに、次の如くある。

女の歌はしも、古へはよろづのこと、ますらをにならはひしかば、万葉の女歌は、男歌にいともことならず、そが中によく唱へみれば、おのづからやはらびたること有は、本よりしか有べき也、…男は荒魂、女は和魂を得て生るれば也、しかはあれど、この国の女は、他国にこ

となれば、其高く直き心を万葉に得て、艶へるすがたを、古今歌集の如くよむときは、まことに女のよろしき歌とすべし、其すがたも、又今の京のはじめつかたなるによるべき也。

二 **ますらをは**（八五頁） にひまなびに、次の如くある。

しかれば古への事を知る上に、今その調の状をも見るに、大和国は丈夫国にして、古へはをみなもますらをに、習へり、故（かれ）万葉集の歌は、凡丈夫の手ぶり也、山背国はたをやめ国にして、丈夫もたをやめをならひぬ、かれ古今歌集は、専ら手弱女のすがた也。仍てかの古今歌集に、六人の歌を判るに、のどかにさやかなるを、すがたを得たりとし、強くかたきを、ひなびたりといへるは、その国その時のすがたをすがたとして、ひろく古へをかへり見ざるもの也、ものは四ツの時のさま〴〵有なるを、しかのみ判らば、只春ののどかなるをのみとりて、夏冬をすて、たをやめぶりによりて、ますらをすさみをいむに似たり、そも〳〵上つ御代〳〵、その大和国に宮敷まし丶時は、顕（おもて）には建き御威稜（みいつ）をもて、内には寛（ひろ）き和（にご）をなして、天の下をまつろへまし丶からに、いや栄にさかえまし、民もひたぶるに上を貴みて、おのれもなほく伝はれりしを、山背の国に遷しまし丶ゆ、かしこき御威稜のや丶おとりにおとり玉ひ、民も彼につき是におもねりて、心邪に成行にしは、何ぞの故とおもふらんや、其ますらをの道を用ゐ給はず、たをやめのすがたをうるはしむ国ぶりと成、それがうへにからの国ぶり行はれて、民上をかしこまず、よごす心の出来しゆゑぞ、然れば、春ののどかに夏のかしこく、秋のいちはやく、冬のひそまれる、くさ〴〵なくては、よろづたらはざる也、古今歌集出てよりは、やはらびたるをうたといふとおぼえて、を丶しく強きをいやしとするは、甚（いみ）じきひがごとなり。

◇この歌意考及びにひまなびなどで展開する真淵の歌論に、対立する考えの人に、小沢蘆庵があり、直接批判の書に、香川景樹の新学異見がある。蘆庵の考えは景樹に伝承されているし、景樹の著及びその全歌論の要旨は、歌学提要に収まっている。歌学提要の本文と補注を参照すれば、真淵の論への、この派からの批判は大略明らかになろう。

源氏物語玉の小櫛

一 **中むかし**（九一頁） 宣長は、日本の歴史を、神代・上代（また上古）・中古（また中むかし）・近世（また後世、また下古、ただし後世の使い方は色色）・近代（また今の世）と区分している。中古についての用例は、

中古以来のことは、諸家の記録どもなどに散出したるを参考すべし（うひ山ぶみ）。

かなづかひのこと、中古以来用ひ来るとをりを守るべし（排蘆小船）。

近代難波の契沖師…中古以来の妄説をやぶり（同）。

中古に定家卿などの教へにも（同）。

逍遥院をはじめとして、近世の先達（同）。

万葉集の歌と中古以来の歌とをくらべみよ（同）。

古ざまの事は、六国史に所々其の事どもの出でたるをよく参考すべし（うひ山ぶみ）。

などあって、上は延喜、下は南北朝の辺に線を引いていた如くである。

二 **やう〳〵なる中に**（九二頁） ここで賀茂真淵の物語観で、宣長と同傾向の所を紹介しておく。源氏物語新釈惣考は、宣長も見たよしを、この玉の小櫛で述べている。

〇物がたりとは、実録ならで人の口にいひ伝へたる事を、まことにまれ、いつはりにまれ、人のかたらんま丶に書つけたるてふ意也、先物語といふ事を心得て後、其ふみの意をいふべし、然るに六百年ばかりよりの歌学者流、伊勢物がたりなどを実録の如く思へるより、其説まち〳〵に誤れり、此源氏物語も、いづれの御時にかありけんと書そめ、巻の終には、いひつたへたる物がたりのま丶に書つけ侍るてふことわりをしるして、先は昔物語也、伊勢・竹とり・うつほ・おちくぼ、その外物がたりてふみは皆しかり、…されば此源氏も先はもの語として、昔延喜の御時よりの事の様に書たれども、実は式部のある時に、見聞ことを専らとして、近き代々の事をもかねて書る物と見ゆ。

〇（紫式部日記より、作品の用意を知るべき条を抄出している）又物語に紫の上のらう〳〵しく、おほどかに心やすき物から、おもりかに用意

ふかく、明石の上の心高き物から、よくへりくだり、花ちる里の心しづかに物ねたみせず、されば紫の上と、心しらひのむつまじき、あさがほの院の、ふかく名をしみ、玉かづらの上の人の懸想をさまよくいひのがれ、総角の君の、父みやの遺言をまもり、空蟬の強て貞節をなし、末摘花のすさめられぬ物から、心永く忍び過して待得たる、これらみな婦徳をあらはして、はやく品定にすきたはめるをしりぞけ、まめなるをあげて、其外よきかとすればあしき事有をあげ、その害をあらはしたるは、古へ人をいふ様におもへど、実は式部が心をしるしたる也、此心をもて一部をかけれぱ、只文華逸興をもて論ぜん人は、絵を見て心を慰むるが如し、式部が本意にたがふべし、かくいへばはた儒仏のみちを専ら引ていふ人も侍れど、それはまた過たり、おのづから何の道にも、その心の相似たる事は、かくばかり多くの巻〳〵には有事也、なづむべからず。

○（「文のさま」とて、文章のことを述べるは、後出の紫家七論の文章の条と似ているので省略。）

○〔本意〕…和漢ともに人を教ふる書、丁寧にとくといへど、むかふ人のいはでおもふ心をあらはしたる物なし、只此ふみよく其心をいへり、又源氏の密通にて、冷泉院の生れ給ひしかも、源氏うしろみし給ふ、もし此君藤原氏にしもあらば、皇の御つぎは絶ぬべし、しばらく其まぎれは、人歯をくひしばるといへども、ともに皇子皇女をとり合せて、かりにも他姓をせざるは、しかしながら心しらひせるもの也、さて終に朱雀の神系にしもかへし奉りたるは、和文の諷刺ことに、女の筆にてなだらかなる物から、此意をよくかうがへん人は身をふるはすべきもの也、是もと宮中のおきて正しからず、人情をよくしろしめさぬ故にまぎれあめり、これを一たび見そなはすすべらぎ、いかでか此御心おかせ給はざらんや、此外臣下にいたりても、家〳〵の心おきて、人々の用意となるべし、或は婬乱の媒となれるとてにくむ人も侍れど、さしもあらず、人情のひく所ゆゑに、これをみるにうまずして、よくみれば、そのよしあし自然に心よりしられて、男女の用意となれる事、日本の神教其物を以て諷喩する也（下略）。

三　**螢巻に**（九四頁）　源氏物語や紫式部日記中の言葉から、その本意を知ろうとする試みは、鎌倉時代からあり、次第に多くなるが、宣長に至って、根本的に試みたものである。宣長と理解は違うとしても、今日の学界も亦、同じ方法をとっている。

四　**げにさもあるべき**（九五頁）　宣長のこの、いわゆる物のあわれ論は、螢の巻から引出されたことになっているが、螢の巻に「物のあはれ」を説く所は、僅にこの所しかなく、螢の巻の所説から、「物のあはれ」を引出した宣長の論証に飛躍のあることが、阿部秋生「螢の巻の物語論」（東京大学教養学部の『人文科学科紀要』第二十四輯）によって指摘されている。

五　**歌といふ物の**（九六頁）　石上私淑言、上に、

問曰、歌は物のあはれをしるよりいでくる事はうけ給はりぬ。さて其物のあはれに堪ぬ時は、いかなる故にて歌のいでくるぞや。答云。歌よむは物のあはれにたへぬ時のわざ也。物のあはれにたへぬとは、まづ物のあはれなる事にふれても、あはれをしらぬ人は、あはれとも思はず、あはれとおもはねば歌もいでこず、たとへばおどろ〳〵しう神なりさわげども、耳しひたる人はきこえねば、なるともおもはず、なるとおもはねばおそろしとも思はぬが如し。しかるに物のあはれをしる人は、あはれなる事にふれては、おもはじとすれどもあはれとおもはれてやみがたし。耳よく聞人は、おそれじとすれども、おそろしく、鳴神を思ふが如し。さてさやうに、せむかたなく物のあはれなる事ふかき時は、さてやみなむとすれども、心のうちにこめてやみがたく、しのびがたし。これを物のあはれにたへぬとはいふ也。さてさやうに堪がたき時は、おのづから其おもひあまる事を言のはにいひいづる物也。かくの如くあはれにたへずしておのづからほころび出ることばは、必長く延きてあやある物也。これやがて歌也。なげく、ながむるなどいふも此時の事也。…さてかく詞にあやをなし、声を長く引ていひ出れば、あはれ〳〵とおもひむすぼゝれたる情のはるゝ物也。これいはむとせざれども自然にいはるゝ物也。あはれにたへぬ時は、いはじとしのべども、おのづから其おもむきのいはるゝ物也。まへに、貫之ぬしの、いはではえこそあらぬ物なれとよまれたるが如し。さればあはれにたへぬ時は、必覚えず、自然と歌はよみ出らるゝ物也。

とある。この論のもとをなしたのは、堀景山の不尽言に見える和歌・詩の詠出の論である。抄記すれば、次の如くである。

○さて和歌の歌の字の字訓をうたと云は、本トうとふにて、訴（ウツトフ）と云意也、人情の内に積りたまつてある不平の事を訴へて、その鬱を晴らす義也、是亦その内に鬱したるもの思はず知らずに、ずつと思無邪なるより出るものなるに因つて、和歌は詩と同一轍なるもの也。

○和歌と云ものも、本は詩と同じものにて、紀貫之が、古今の序に、人の心を種として万の言の葉とはなれりけりといひ、見るもの聞ものにつけていひ出せるといへば、詩の本意と符合せるもの也、此万の字面白し、人情は善悪曲直千端万緒なるものなれば、人の心の種の内にし、発生の気鬱したるが、見るもの聞くものに触れて、安排工夫なしに、思はず知らずふつと言ひ出せる詞に、すぐにその色をあらはすもの也、草木の種と云もの、内には生ようと工夫して生ずるものではあるまじ、発生の気が内に鬱して、それと自然にずと生へ出るもの也、なれども人の大事に臨み、自警してたしなみ、安排工夫して、心の内にてその善悪をしらべ吟味し、詞に発する事は、皆それは作り拵へたるものなれば、中中人の実情はしれぬ事もある也、それゆへに簞食豆羹に心の色をあらはすと云て、人の心をゆるし、うつかりと思はずにふと言ひ出したる詞にて、人の実情は見ゆるもの也、俗諺に、問には落いで語るに落ると云も、人の思はず知らず、ふつと実情をいひあらはす事也、これが詩となるものにて、人の底心骨髄から、ずつと出たるもの也、しかれば、その詞を見るによつて、世上の人情の酸も甘もよく知らるゝ事也。

六 **詩藻のたぐひ**（九八頁） 排蘆小船には、次の如く、

或問曰、和歌まことにめでたきものなれども、とかく人の国の詩文章とはちがひて、児女子の情態のみにて、はかなくあだ〳〵しく、をろかにつたなきことにて、一ツも正しくきつとしたることはなくて、何の益もなく、丈夫のあるべくもあらぬことどもなり、然るを何とていみじきものにはし侍るぞ、答曰、これ先キにもくはしくいへること也、この見は和歌を国家の用にたて、或は修身のたすけにせんと思ふ心よりいへることか、又無情木石の人の云ことか、返す〳〵ふしんなり、人と生れて、ことさら神国に生れたる人間、よもや人情のなきものはあらじ、しかるにかゝる見識をのみ、近世の人の云侍るは、つら〳〵案ずるに、多くは人の国の四角なる文字を聞はつり見ならひて、その書物どもの、やゝもすれば議論あらそひのみを云ひ、さらぬ詩賦なども、其国の四角なる文字の風なれば、吾方の歌のやうに温柔にはあらず、何となくかたき所ありて、きつとし、あはれに情ふかきかたは、疎カに聞へ侍るものなれば、それを手本にしてくらぶれば、和歌とは氷炭のちがひ也、それも一向唐人のまねして、詩文章にてことをすまし、それに成りかたまりたらば、又詩文章のうちに、をのづから唐（カラ）の人情ふかきことはこもりたる物なれば、それにて情をのべあはれふかきことも、あくまであるべきなれども、それは吾は日本の人なれば知り侍らず、あはれふかく情の切なるかたは、和歌にはをとると思ふは、人の国のことなれば也、それも其方に達したる人は、唐の情に化して、あはれふかゝるべきことはり也、さればその心にて和歌を見るゆへに、しどけなくはかなきことに聞ゆる也、これみな四角なる文字の習気也、習気までもつくまじき人も、打まかせて、男らしくきつとしたるかたに心づきて、同じくしか云也。

と、詩歌一元の論を示して、ただ外見の違いと論じているが、玉の小櫛では、外見の違いの面を強く出して、差を述べている。

七 **天台の許可**（九九頁） 細流抄に「凡此五十四帖は、天台六十巻に比すと云、天台一家の心四教を付て、化義化法の両種の四教あり、…化儀の四教と云は、頓・漸・不定・秘密の四教也、此物語四教をしるせり」。また、岷江入楚に「或説一部の作者、天台四教の法門に比すと云々」。

八 **かの人の心は**（九九頁） 紫文要領、下には、源氏物語の帚木の巻、その他より、その証を引用してある。次の如くである。

まづ紫式部の性質、此物語とかの日記とをもてかむがふるに、さやうの儒仏の道〳〵しき事をひき出て、さかしだちたる事いふをば大に女のうへにはにくめる也、されば式部をほめむとてさやう（儒や仏の教を、この物語に述べたと云うこと）にいふは、返て式部が心にかなはず、帚木巻云、三史五経の道〳〵しきかたをあきらかにさとりあかさむこそあいぎやうなからめ、などかは女といはむからに、世にある事

のおほやけわたくしにつけて、むげにしらずいたらずしもあらん、わざとならひまなばね共、すこしもかどあらん人の耳にも目にもとまる事じねんにおほかるべし、さるまゝにはまんなをはしりがきて云々、すべて心にしれらん事をもしらずがほにもてなし、いはまほしからんことをもひとつふたつのふしはすぐすべくなんあンべかんめる(宣長注記に「此詞をよくあぢはふべし、紫式部天台の許可を受て宗旨をきはめたりとて、中道実相の妙理煩悩即菩提のことはりなどをしらさむとするは、女の分にあらず、わろものはわづかにしれる事を見せつくさむとするといへるもの也、又三史五経の道〳〵しきかたを明らかにさとりあかすは、女にてはあいぎやうなしといへるを見れば、かの春秋詩経仁義五経の説のあたらぬ事をしらるゝ也、あいぎやうなしとにくめる事を、みづからせむや、さてさやうの道〳〵しき方を明らかにさとりあかすは、女にてはあいぎやうなき事也、さればとていかに女なればとて、世間の事には通ぜぬも無下の事なれば、女も世間の事には通じてあるべき事也、是さやうにあるべきはづの事なれば、さのみそれを高ぶりて自慢すべき事にはあらざるを、わろものはわがしりたる事をしらせんとて、物しりがほすると也)。

帚木の巻の外、榊の巻・薄雲の巻・乙女の巻からの引用があるが、省略。また、玉の小櫛の巻二の「くさ〴〵のこゝろばへ」の条にも、これと同意の文章がある。

九　**みづからの日記にも**(九九頁)　補注八に引く紫文要領、下の文の次に、又かの日記(紫式部日記)云、かゝる事きゝ侍りしかば、いかに人もつたへ聞てにくむらんとはづかしさに、御屛風のかみにかきたる事をだによまぬかほをし侍りし、かゝる事をきくとは、式部を日本紀の御つぼねとつけたる事をきゝて也、かくのごとく式部は学問だてしてさかしだつ事を、大きに恥にくみたれば、諸抄の説に、儒仏の書籍にあてゝとかくいへるは、作者の本意にそむける事明らか也。

一〇　**儒仏などの道の善悪と**(一〇一頁)　この所の説は堀景山著、不尽言に細説する、論語の「詩三百思無邪」の解に影響されたものと思われる。景山の云う所は次の如くである。

○詩は三百篇あれど、詩と云ものはことごとく、只一言の思無邪の三字より出来ぬ詩と云ものは、一篇もなき也、孔子思無邪の三字を借つて、詩と云もの出来る訳を解釈し玉ふ也、此の邪の字を、朱子は、人の邪悪の心と見られたれども、それにては味なきこと也、人の邪念より出ぬ詩をよしとする事は、勿論なれども、詩三百篇の内には、邪念より出る詩も多くある事也、心の内に安排工夫をめぐらし、邪念を吟味して邪念より出ぬやうにと一しらべして、出来たるものは、詩にてはあるまじきと思はるゝ也、只その邪念は邪念也、正念は正念也、我しらずふつと思ふとおりを云出すが、詩と云ものなるべし、その詩を見て、邪念より出ると正念より出ると云事を知り分つは、それは詩を見る人の上にこそあるべけれ、詩と云ものの本体にてはなき事也、…愚拙経学は朱学を主とする事なれども、詩と云ものの見やうは、朱子の註その意を得ざる事也、思無邪と云を、朱子は人の詩を学ぶ法をのたまへると見られたるゆへに、論語の此所の註に、勧善懲悪の事とせられたるなり、しかれども勧善懲悪と云は、春秋の教にてこそあれ、詩の教にてはなき也、礼記にもすでに人の温柔敦厚になるやうにとするが、詩の教じやと云てある事也、…さて又思無邪の邪の字の義は、邪悪邪佞などの字の気味にてはあるまじ、邪行邪視又は邪幅などといへる邪の字の義にあるべし、元来邪字の音義に、斜の字あれば、斜の字の意が即ち邪の字の本義にして、字注にも不ㇾ正《カラ》也とあるゆへ、総じて物の何にても、横すぢかひになり、真ろくになき意味の字にて、正の字の反也、正の字の本義も、総じて何にても物の真すぐにて、ちやうどろくなる意味の字にて、正立正坐又は正午正東正面などいへる類が、正の字の本義也、その意義を働かし転じて、人の心質直にて善き事に用ひ、正ㇾ心正ㇾ己正ㇾ言などいへる事也、しかれば邪行邪視などいへる類の邪の字が、元と邪の字の本義にて、それから転じ働らかして、人の横すぢに曲(マガ)りて悪き事に用ひ、邪佞邪曲などといへる事也、…これを以てみれば思無邪の邪の字は、本義に見て、人の心の思ふとおりずつと出て、すぐにゆかうとするところを、すぐにやらず、内にて横すぢかいへひかへ、ひと思案し安排料理するは邪也、しかるを、その思ふとほり、我しらず内から自然にずつと真すぐに出て、情実を吐露したところを、無ㇾ邪と云意なるべし、孟子の乍見ニ孺子入ㇾ井ニと云、乍見の意味が、此の思無邪の所也、詩と云ものは、内に思ふとほり、まつすぐにずつといひ出せる思無㆑邪ところより出来るもの也、貫之が心を種として、見るもの聞ものにつけて、いひ出せるといへるも、此義にかよひて面白き事也、しかれば人情善悪の実を知らふとなれば、思無邪なるところの詩を見て知らるゝ事也、なれどもその善悪の分れて知らるゝは、思無邪より発出したる以後の事にて、思無邪なる時に於ては、いまだ何の善悪の差別もなく、我しらず、無念無想にずつと出るもの也、もしそこにて安排工夫を運らし少しでも、善悪の差別をする気味あれば、それは思無㆑邪とはいはれぬこと也。

ただし、この見解は景山の全く一個の見ではなくて、京都の伊藤東涯や、江戸の荻生徂徠らが、朱子学の勧懲説に反対した所説の影響によるものであった。宣長と徂徠との関係は、村岡典嗣「宣長学と徂徠学」(『文学』十一巻第一号)があり、徂徠・景山を合せて宣長への影響を述べたものに太田青丘著、日本歌学と中国詩学―近世篇の「宣長歌学と詩学」がある。

二 **人の情の感ずること**(一一三頁)　この論も、堀景山の説によるものと思われる。不尽言より、その所所を抄出する。

○さて人情の事を論ぜば即ち、礼記に飲食男女は人の大欲存《ス》焉とある聖語の如く、人情の最も重く大事なるものは、男女の欲也、しかるゆへに、五倫の内にて、能く吟味して見るに、夫婦の間ほど、人の実情深切なるものはなき也、大方の人が、父母兄弟にもいはぬ事を、夫婦の間にては言ひあかすもの也、親子の間は人の喉をしめて問ふたらば、わるうしたらその内の実情深切なるところは、表向の半分もなき人が多くあろうが、夫婦の間は、表向はわざと左もなく、疎遠なる顔つきにて、その内の実情深切なるところを探して見たらば、親子の間より一倍にもあるべしと思はるゝ事也、されば清少納言が枕草紙に、遠ふて近きものは、男女の中とかけるは、実によく人情に通達したることなるべし、欲と云ものは即ち人の情にて、人に様様の欲あれども、その内にて最も重く大いなれば、大欲とのたまへる也、欲といへば悪き事のやうにのみ心得るは、大きな違ひ也、欲は即ち人情の事にて、これなければ人と云ものにてはなき也、欲は天性自然に具足したるものなれば、人と生れて欲のなきものは一人もなき也、欲のなきは木石の類也、…易の序卦伝にいはく、有㆓天地㆒然後有㆓万物㆒、有㆓万物㆒然後有㆓男女㆒、有㆓男女㆒然後有㆓夫婦㆒、有㆓夫婦㆒然後有㆓父子㆒といひ、夫婦之道不㆑可㆓以不㆒㆑久也ともいひ、また礼の郊特牲篇に、男女有㆑別、然後父子親、父子親、然後義生ともいへれば、夫婦と云ものあつて後にこそ、父子も兄弟も出来る事なれば、夫婦の情は、父子の情よりは、最初に出来る事なるによつて、男女の欲をば、聖人も最も大事にし、重して慎ある事也、されば夫婦は人倫の始め也とも宣ひて、男女の欲は全く是人情の起る本原なる也、…しかれば男女の欲は、人情の最も重き事にて、聖人の第一に慎み畏れたまふところなるゆへに、詩経の始めに、先づ関雎の詩を載せ、夫婦の間琴瑟相和する情思の、正大高雅なる風詩を以て、人に示めし玉ひ、しかのみならず、関雎楽《ンデ》而不㆑淫とことわりたまふ也、こゝに能能心を平にし、公けにし、とく気をつけて、体究して見るべき事也、夫婦の間に楽むと淫するは、どうやら似たやうなもので、わるうしたらば、蹈みそこないそうな、危ない場にして、然もその情思の邪正相判るゝ事は、氷炭の違ひ、こゝこそ聖人と凡人との境め也、楽むと云意味は、天性自然のなりにて、一物のわだかまりなく、互の心物ずきゆきあひ打くつろぎ、琴瑟鐘鼓の調子拍子よくあひ、少しも違ふことなく、相共に和楽して、温柔敦厚に、春風の中に坐する如き情思をいへる也、淫すと云は、私愛に溺れ、淫欲染(シ)しつこく、何も角も打忘れ、昏迷流蕩して…。

○和歌は我朝古来、宗匠の論にも、恋の歌を以て、最も大事とし、重き事としたる事も、夫婦の情は人情の本原にて、和歌のよつて起るところなれば、万葉集にも、相聞とて、恋の部の歌を、巻首に載せ、全体にこひの歌多く入れられ、後の代代の撰集にも、恋の歌を最多く載せて、これを主とする事也、万葉時代の恋歌は、後世の恋歌とはちがひ、その様子質直なること、かの温柔敦厚の雅なる風に見ゆるが多くして、楽と云気味に似たるもある事也、風雅集の序に、歌の様を論じて、艶なるは婬(ミダ)れやすく、本強は雅馴からずといへる、即ちかの楽と淫との分れめの意にかよひ、詩の本意にも自然と相叶ひ、和漢古今の人心すこしもかはらざる事、殊に目出たし、俊成卿の歌に、恋せずば人は心のなからまし物のあはれはこれよりぞ知ると、詠ぜられしは、左のみ秀歌にはあらずとも、その意趣向上なることにして、人情によく達したること也、しかしかやうにいへば、何とやらん恋を人に勧むるやうに聞ゆれども、左にてはなし、すべて恋といへば、只大方の訳を知らぬ、片むくろなる人などは、一途に淫慾交会の事に志ざし、性のわるき事のみに心得れども、恋と云ことは、あながちに左様の事ばかりにてはあるまじき事と覚る也、勿論かの今様世上の娼女舞妓などに溺愛し、長夜の飲を至楽これならではと思ひ、或は閨深き処女などを、虚言して摟(ロウ)かしたりする、軽薄虚蕩に淫慾をのみ目あてにする、無下の俗人の蓬(ホウ)心からは、その事のみを恋と心得るなるべし、いかなればとて、左様の婬媟穢醜の事を、君臣父子の間に詠吟し、朝廷の重典となれる雅歌と云べきやうやある、殊更に、和歌は古へも我朝の治道の助けとなり、その時代の和歌の風を見て、政の善悪世の盛衰を考ふる事といへることなれば、その訳あるべき事也、愚拙これを論ずるに、恋といへるは、夫婦の思慕深切なるところの実情をいへることとなるべし、此如いへば又、かの今様無下の俗人の蓬心からは、その夫婦の実性と云ものの、因て起る本原を尋てみれば、全く淫慾よりして生ずる事なれば、交会の事なくていかゞその実情は出来まじき事と心得る也、かの蓬心から思はば左もあるべき事、全く淫慾昏惑せる上からは、何程いふて聞かせたればとて、合点すべきやうなければ、此義は是非の論には及ぶまじき事也、しかれども先づとくと心を平かに公けにして見れば、あながち左様ばかりにてはあるまじき事と思はるゝ也。

三　人のおやの(二一八頁)　堀景山の不尽言の、補注一一に引く所にただちに続いて、次の如くある。

○恋と云事は、畢竟その淫慾の外に、ゑもいはれぬ自然夫婦の情と云ものある也、夫婦の情ばかりならず、親の子を思ふ心も、即ち思慕深切の実情なれば亦、これ恋にあらずや、親の子を思ふ心づかひの程は、夫婦の間よりも事によりいやましなる事もあるべし、是亦天性自然との事なるべし、子の親を思慕する孝心は、人により厚薄の不同あるものなれども、何程に不孝なる子と云とも、その思慕の実情はどこやら、さすが相応にあるものにて、こゝはいやといはれぬ事、天性自然なれば、子の親を思慕するも亦これ恋にあらずや、兄弟と云ものになつては、又親子の間とは少しちがひ、各別に面面の厚薄不同あるものゆへ、鄙諺にも兄弟は他人の始まりといひ、古今人情はかわらぬものと見へて、詩経にも、兄弟鬩《セメグ》レ牆ニと詠じて、世上の間には、兄弟不和なる事、他人より甚しきもあれども、又世に兄弟思ひといひて、甚だ相互に思慕深切なる事、親子の間の如き兄弟もあるもの也、兄弟も同胞骨肉にて、血を分けたるものなれば、たとひ鬩グレ牆の輩たりとても、詩に又防《フセグ》二其侮《アナドリ》一と詠じ、我が兄弟の事を他人が侮(アナ)づれば、忽ちに腹立して、鬩牆にて不通ぐらいにても、吾が兄弟に卑下恥辱をとらせじと、人に指をさゝせぬやうにとする心が出来るものは、是れ何となくどこやらに、いやといはれぬ思慕して実情の天性自然なるところある也、是れまた恋と言ものなるべし、勿論人の五倫の中にては、父子、兄弟の交りその本が血を分けたるものゆへ、天性自然なるはずの事也、君臣・朋友などの交りに至ては、本が他人と他人との出合なれども、是亦どこともなくやめてもやめられぬ黙然(モダシ)がたきもの、即ち俗にいへるとをりの義理あひと云ものが、自然と出来りて、君と名がつき、臣と名がつけば、いかなる人にても、相応に忠節を励む心になつて、たとひ渡り並の半季居の僕婢の類に至るまで、僅か半年の間だにても、主人と頼み家来に約束してからは、その内は主人を主人とあがめ奉公し、違背する者は、十人に一人もなき也、朋友の出合には、誰にても必ず信実を守り、相互におれが出来て、底意なく不実なる事を羞ぢ、悪くみあの(ママ)てもやめられず、義理合の自然とあるは、是亦他人と他人との交りなれば也、勿論父子兄弟とはちがひ、君臣朋友の交には、正身の表向(ウムキ)ばかり、義理あひ一偏なる人が、多き事なれども、たとひ表向ばかりにもせよかし、その自然と何となくやめてもやめられぬ、もだしがたく心のすまぬ事あつて、その心の出来る根原を吟味して見れば、かつて作り拵へ云て出来たるものにあらず、とりもなをさず、彼の思慕深切の実情にして、君臣朋友の間も、是亦天性自然のものなれば、人の五倫に具はれること也、すれば畢竟君臣朋友の交も亦恋と云ふべし、尤父子兄弟は云に及ばぬ事、君臣朋友の交までも、思慕深切の実情にして、天性自然のものなるゆへにこそ、天地の間古往今来、日月の地に墜ちぬ如く、人の五倫のなる道の廃すると云事は、つひになき事也、これを以て観れば、夫婦の間、思慕深切の実情は、かの軽薄虚蕩なる事より出来たるものにあらざれば、あながちに淫慾交会より出来たるものとばかりも思はれず、是亦かの何となく黙止がたくて、やめてもやめられぬ天性自然といふより出来たるものなれば、夫婦と云もの人の五倫の内にて、最も重きものなればこそ、有二夫婦一然後有二父子一とも、又は人倫の始ともある事也、しかるに此人の思慕深切の実情と云ものを能く考ふれば、即ち孟子のいはゆる不ルレ忍ビ人ニ之心と云ものにて、とりもなをさず、是れ仁の本体にして、人の本心性の善なるところ也、かの物のあはれを知ると、俊成卿の詠ぜられしも、此場を見つけ得られたりと覚へて、殊勝なること尊仰すべき歌と平生目出度おもへる事也、心のなからましと詠ぜるは、俗にいへる心なひと云ふ成ルなれば、人としてもし人情にうとくあらば、物事に細かに気がつかず、覚へずと心なひことが出来て、ふつゝかなるむごい事あるべし、人情に通達せずしては、何として物のあはれは知るべきやうはなき事といへる、俊成卿の意なるべしと思はるゝ也。

一三　**一向の作り物語**（一二一頁）　源氏外伝（蕃山抄）には、宣長のここに引く文に続いて、次の如くある。

○尤荘周が寓言に類して、彼を是に比し、むかしの人のうへを今の人の事のやうにいひ、もろこしの事をやまとの事となしてかきたる事あれども、其実は皆証跡ある事共也、故に古人も実事なる事は司馬遷が史記の筆法なりといへり。

一四　**人情をしらざれば、五倫の和**（一二一頁）　源氏外伝（蕃山抄）は、宣長の引くこの文につづいて、人情について述べる。

○これに戻りては国をさまらず、実とゝのほらず、此故に毛詩にも淫風をのこせるは、善悪共に人情に達せんがため也。国民みな君子たらんには、政刑も其用なし。たゞ凡人を教へんための政道なれば、人情事変を知らでは成がたし。さるにより此物語にも、さまぐ〵の事によせて人情を尽しゝらしめ、且時勢のうつり行さまをよく記せり。歌をはじめこと葉の末までも、それぐ〵の人の気方をゐがきいだすがごとく、かきあらはせり。是又此物がたりにおいて人情を得たる所尤妙也。

一五　**此物語は**（一二四頁）　所見の紫家七論から、ここに似た文句を引出せば、その正伝説誤の中に、「父為時ははやく身さがり、夫宣孝も卒しける、宮仕もせで、里に侍りけるやもめずみの、つれぐ〵にさる物語作り出たるを、きこしめして召いれられ、それより紫式部といふ名はつきたるなるべし」とある。

一六　**冷泉院の物のまぎれ**（一二四頁）　紫家七論の「其六　一部大事」の中心部は次の如くである。

○さるは藤壺に源氏のかよひて、冷泉院をうみ給ふは、まことに有まじきあやまちにして、源氏は淫然の罪おもしといへども、皇胤のまぎれおもはずなるかたにあらず。桐壺の帝の御為には正しく、子なり、孫なり、神武天皇の御血脈なり、伊勢の宗廟その祀をうけ玉ひ、天下の蒼生その政をいたゞき奉るべし、それすら猶冷泉院の御後をすてて、朱雀院の正統にかへせるは、いともきびしき筆にあらずや、そもぐ〵一旦人倫のみだれと、長く皇流のまぎれと、いづれかおもく何れかかろかるべきや、断案を下しがたしといへども、臣下の意にていはば、源氏の罪をしらざるまねして、皇胤のおもはぬかたならぬをよろこぶべし、式部が立意おしはかるべし、何もに用意深き式部が、当時宮中にも披露する物語に、心得なくて書べしや、此造言諷諭に心つかせ給ひて、いかにもぐ〵物のまぎれをあらかじめふせがせ給ふべし、ようせずばうたがはしき事有ぬべし、かの二条の后などの密事をおもへば、おそろしき事ならずや、上にしるす源の熟心は、みな式部が心にて、私通の御事をあらぐ〵としらせまいらする也、臣下は又薫大将のまぎれを見て用意あるべし、（中略―呂不韋のことを論じた胡致堂の読史管見、羅大経の鶴林玉露の文を引いて―）況朝廷は皇神のさづけさせ給ひしより、このかた万世一系さらにまぎれさせ給ふことなき、若末の世にも女御更衣のうちにこゝろばせおもからぬうちまじりて、帝系のまぎれもいできぬべしやと、遠くおもむばかりし、諷諭を見れば、式部が女なれども、その生質の美と、学問のちからと、うちあひて、識見をのづから大儒の意にひとしといふべし。また薫大将の事は、天道好還の理をしめしたるおもむき、羅大経が筆におなじ。

一七　**ことわれる心ならば**(一二四頁)　前にも見え、ここにもあって、道徳的な判断をもって、源氏物語を論じ去ろうとすれば、善悪相混じて、論じ切れない。よって「物のあはれ」によって律すべしと云う宣長の論旨には、恐らくは契沖の、勧善懲悪論で律しようとすれば、美悪相まじるから、詞花言葉を玩んだものと見るべしと云う論の影響をうけたものと思われる。その他契沖と同意見があるので、ここに契沖の源註拾遺に見える物語論の要点を、原文のままで抄記しておく。

○定家卿の詞に、歌ははかなくよむ物と知て、その外は何の習ひ伝へたる事もなしといへり。古今密勘に見えたり。これ歌道においてまことの習ひなるべし。然れば此物語を見るにも、大意をこれになずらへて見るべし。式部が此物語をかくに人を引てあしくせんとは思ふまじけれど、其身女にて一部始終好色に付てかけるに損せらるゝ人も有べし。又聖主賢臣などに准らへてかける所に叶はずして、罪を得たればにや地獄には入にけん。源氏の薄雲にことありしは父子に付ていはゞ何の道ぞ。君臣に付ていはゞ又何の道ぞ。匂兵部卿の浮舟におしたち給へるは朋友に付て何の道ぞ。夕霧薫のふたりは共にまめ人に似たれど、夕霧は落葉宮におしたちて柏木の霊に信なく、かほるの宇治中君の匂兵部卿に迎られての後、度々たはふれしも罪すくなからず。春秋の褒貶は善人の善行、悪人の悪行を面々にしるして、これはよし、かれはあしと見せたればこそ勧善懲悪あきらかなれ。此物語は一人の上に美悪相まじはれる事をしるせり。何ぞこれを春秋等に比せん。

○古抄に台家の化義化法の両種の四教などの沙汰あり。やさしくかける物語をこは〴〵しき物とす。寂蓮はおそろしき猪のしゝもふすゐのとこといひつればやさしくなるとこそいひつれ。物語の中にその人ならぬ法師はいむことなどのたふときかたはあれど、ひじりだちこは〴〵しきよしみづからかけり。その作者をいふとて又こは〴〵しき物とせんことかは。

○諸抄に此物語の大意をいへる中に用ある事あり。不用なるもあり。法花に准らへ、史記左伝などになずらへたるよしなど、たとひ下心さる事ありとも、仮名にかける物に似合ず。すでに作者のみづからきらへる事なれば、用ある事をのみ用べし。巻々の次第、源氏昇進の次第等は用ある事なり。

なお、勢語臆断より一条を加える。

○かやうの物語のたぐひは、もろこしにも虚実をまじへてかくよし五雑俎といふ物にかけり。しからざれば文勢なき故なるべし。此物語も実録ならぬ事おほく見ゆるは、さる故と見てあるべし。

一八　**文詞のめでたきことは**(一二八頁)　紫家七論の「文章無双」は、

○物語のうち、和歌并詞ともに、万葉・古今・伊勢物語・うつほ・竹とりなどの古体をはなれて、しかもおほどかやすらかにやさしく、おほかた吾国の風流をつくしたれば、見る人をして倦事をしらざらしむ、まことにやまとふみの上なきものなり、全篇は富貴温潤の気象にして、官様の文章なれども、中に山林出世あり、市井田家あり、貧困哀傷有、閨情風景は巻ごとに見えて、情をうつし景をかたどる事、まのあたり其人に向ひ、其所に遊ぶがごとし、全体は伝にして、又おのづから序の体あり、跋あり、記あり、論有、書ありて、諸体そなはれり、かのはゝ木々の巻の品定は、殊に奇妙なる物也、為章曾而、其章段をあらため侍りける時に序して云、論破あり、論承あり、論腹あり、論尾有、麤より細にいり、俗より雅におもむき、繁より簡に帰し、波瀾頓挫、照応伏案などいふ、もろこしの文法、をのづからそなはり、其気脈は悠揚として、寛裕に、其文勢は円活にして、婉曲也(是品定のみならず、一部にわたりて此意を付べし)、是を漢文にて見侍らば、史記・荘子・韓柳・欧蘇にひとしかるべし、女の筆にてはめづらかにあやしく、式部は誠に古今独歩の才といふべし、いにしへより清紫といひならしたれど、清少納言は才気狭少にして、さかしだちたる跡あらはに、にくさげおほきものなり、同日にも論ずべからず(以上品定序の略)(下略)。

一九　**くだ〳〵しきくま〴〵まで**(一二九頁)　玉の小櫛の二の巻「くさ〴〵のこゝろばへ」の条に、長い文章と、登場人物の思考について述べてある条が、この条の説明になっている。

○ある人のとひけるは、伊勢物語は、たゞ一言二言に、心をこめて、すべて詞すくなく、みじかく書とれるは、まことにすぐれたる文といふべきを、此物語は、かれにくらぶれば、こよなく言おほく長くて、あまりくはしきかたに過たるにはあらずや、此ことわりいかにといふに、こたへけらく、まづもろこし人の、文のさまを論ずるやう、大かたことずくなに、みじかく書とれるを、よしとするは、まことにさることにて、こゝの文はた同じことにて、いせ物語は、まことにことずくなに、めでたきこと、こと物語にまされり、然るに此物語の、詞長くくはしきは、いせ物がたりにはおとれるにこそと思ふは、其文のよきあしきをば、たづねずして、たゞ言の長きとみじかきとをもて、おとりまさりをさだめむとするは、かのもろこしぶみのさだめに、なづめるもの也、つたなくて、言多きが、あしきことは、もとより論なけれど、然りとて又、ひとむきに、長きをわろしと定むべきにはあらず、みじかくても、わろきはわろく、長くても、よきはよし、此物語の文は、言おほけれども、さらにいたづらなることなく、よきほどに長くて、いと長きところも、長きまゝに、いよ〳〵めでたくこそあれ、かの伊勢物語などとは、もとより書キざまのおもむきの、ことなるものにして、ことずくなにみじかく書むと、つとめたる物にはあらず、こまかにくはしくかゝむとしたる文なれば、かの物語などを、例に引出て、おとりまさりをいふべきわざにはあらずなん。

○ある人とひけるは、此物語に、源氏君をはじめて、よき人としたる人々の、事にふれて、思へる心のやうを書るを見るに、すべてをゝしくうるはしきことなく、ものを一かたに思ひさだむることあたはずして、いろいろにおもひみだれて、たゞめゝしく心よわく、はかなきさまなるは、いかにぞや、こたへけらく、大かた人のまことの心のおくの、くま〴〵をさぐりて見れば、みなたゞめゝしく、はかなきことの多かる物なるを、をゝしくさかしげなるは、みづからかへりみて、もてつけ守りたるものにして、人にかたる時などは、いよ〳〵えらびて、よさまにうはべをかざりてこそ物すれ、有のまゝにはうちいでず、たとへばいみじきものゝふの、君のため国のために、たゝかひのところにおきて、いさぎよく討死といふ事したるを、物にしるさむに、そのしわざも心も、まことに大丈夫とかいふものにして、心のうち、さこそをゝしく有けめと、おしはからるゝを、それも其時の、心のおくのくま〴〵までを、くはしく書出むには、かたつかたには、さすがに故郷の父母も、恋しかるべし、妻子のかほも、いま一たびあひ見まほしく思ふべし、命もなどかすこしはをしからざらむ、これみなかならず、のがれがたき人のまことの情(ニン)なるを、大丈夫ならんからに、さるめゝしき心は、露も思はずといはば、中々にこゝろなき、岩木のたぐひなるべし、然るをもろこしやうの、よのつねの書どもは、おのが心をいふは、さらにもいはず、人をほめてしるすとても、たゞもてつけまもりたる、うはべの心のかぎりを書て、人わろきくま〴〵をば、はぶきかくしたる物なる故に、うち見るにかしこくをゝしく、うるはしくおぼゆるを、さる書どもにのみなれたる、めうつしにて、物語書は、しかはかなくめゝしくおぼゆる也、すべて物語は、したゝかなる教誡などの書にはあらず、もののあはれなるすぢを見せむために、人の情のありのまゝを書たる中にも、此物がたりは、殊に心をいれて、人の情のあるやうを、くまなくくはしく書あらはせる物にて、その中にも、よき人は、物のあはれをしるかたの深ければ、其人々の、思ひ給へる心のやうをしるせるには、殊にめゝしく心よわく聞ゆる事の多き也。

歌学提要（一）

（この歌学提要は、香川景樹の歌論として、読まるべきものであるが、附言に内山真弓が「されどわが思ひをまじへしふしなきにしもあらねば」と断ってある。どの程度に景樹の説を伝えるものかは、検討する必要がある。よって見得た景樹の著書・書簡・評言や、聞書類などから、歌学提要の文章の基礎になったもの、真弓の文章かと思われる所も、その説のより所となったものの、気づいたものを指摘することにする。勿論もれたものも多いであろうが、以下掲げる所からも、師説を出来るだけ忠実に伝えるべく努力した、真弓の態度と、この書が景樹の歌論を示す資格のあることは自ら明らかになるであろう。また、この書には簡略にしてあるが、その原文の委曲をつくしたものと照合すれば、その所の意味のより明瞭になることも多い。ただし短文の場合は、これを頭注に示したものもあり、相似た文章の数ヵ所に見えるものは、適宜その一を選んだものもある。）

◇総　論

1 **凡人のこゝろ…**（一三九頁）　古今和歌集正義（以下「正義」と略、大阪積善館の活字本による）で、序「花になく云々」の注の中に、

おほよそ人のこゝろ、物にふれてはかならずこゑあり、感じて動くときは、その声永し、その永きをうたとさし、其永くするをうたふといふ、後世譜節（フシ）して謡ふのみを、まことのうたとこゝろえたるは、末につきて本を失へるもの也…畢竟嗟歎の声をいふ、せめてこれをいへば、たゞ阿（ア）といひ、耶（ヤ）といふも、うたの外ならず、いまだ其文義（ギ）なしといへども、聴人の感ずる事、ひとへに其声のしらべにあり、今こゝにしらべといふは、世にまうけてとゝのふる調にはあらず、おのづから出くる声、おなじ阿といひ耶といふも、喜びの声は、よろこび、悲みの声はかなしみ、他の耳にもしか打つけにわかるゝを、しばらくしらべといふ、感応はもはらこのしらべにありて、理りにあらざる悟てのち、鶯かはづのこゑも歌なりといへるを自得すべし。

2 **さてそのかみ…**（一三九頁）　正義の同じ条、前文に先立って、

さてそのかみの諸君子、此鶯かはづの語によりて、風声水音も、皆歌也といはれたるは、ひたすら類を推て、生としいけるものといふかぎりを忘れたる也、歌はこの性情を述るのみ、さる非情のこゑをとめて、うたなりといはゞ、何等のひゞきか歌ならざらん、おもふべし。

3 **抑しらべは…**（一四〇頁）　正義の同じ条、前々文末に続いて、

そもく音調（シラベ）は天地にねざして、古今をつらぬき、四海にわたりて異類をすぶるもの也、言語（コトバ）は世々に移り、年々に流れ、かつ貴賤とへだて、都鄙とたがひて、定則なし、さるを後人詞につきてのち、調をいふは、本末を取ちがへたるものにて、大よそ違はざる事少きはうべならずや。

4 **世中の人たれか…**（一四〇頁）　随聞随記（以下「随記」と略）の「難波人の詠草のおくに」に、

心におもはざらんや、口にいはざらんや、おもふといふと、しばらくもやむことあたはんや、そのおもふきはみ、其いふかぎり、つくすべき道をしも及びなきといひ、かずならずしてなどなげき給ふこそ、あやしけれ、天地にはらまれ、生ひたてる青人草、つゆのがるべき道にあらず、冠をいたゞき位にをらん人のみ、なすべきことゝ思ひあやまてるも、世に少なからず侍れば、おのれ景樹ひとりくるへるを、或は天狗或は馬天連とそしるめり。

5 **そもく歌よむ事は…**（一四〇頁）　正義で、序「此ほかの人々…」の注の中に、

歌よむことは、大和魂大和言のなしのまゝにして、自然の道の華なる事をわすれ、かつ学て得るの道ならねば、いはんとしていはぬ人なく、やまんとすとも止事をえず、為す事なうして、常に為すの業なる事。

6 **されば古への…**（一四〇頁）　随記の「平戸侯の詠草のおくに」に、

昔は山賤蜑人皆よめりしもの也、何の難き事か侍らん。

7 **天地をうごかし…**（一四一頁）　正義で、序「ちからをもいれずして…」の注の中に、

天地を動し、鬼神を感ぜしむるなどをば、いたく物遠き事に思ひて、何れの世何れの歌には、雨ふれり神あらはれたりなど、いともまれなるためしのみ、引出めり、本より是もさる事ながら、さのみいはんは、

なか〳〵おそき心ちぞする、猶常にけぢかき験あらざらんやは、しる人にして知べきものか、やがて男女のなかをやはらげ、武士の心をなぐさむるといへるをば、誰も親しく聞なすめり、人心の感ずるはすなはち、天地鬼神の外ならんや、誠精の発するに応じては、何物か感動せざらん、思ふべし。

8 **歌は玩びもの…**(一四一頁)　随記の「平戸侯の詠草のおくに」の中に、

聞えざれば人感ずる事なし。人感ぜずば素より、鬼神の感はいかであるべき、又鬼神の感までをいかで思はん、こは只一時の慰みのみといふ人ありしか、一時のたはれに詠まんとならば、今流行の狂歌の方笑ひ深かるべし、何ぞ煩はしく大それたる歌を詠ぜん、又朝庭の様などしかもてくつすべき者には侍らじ、歌は翫び物に非ず、翫ばるゝ物也、京都などにも之を心得違へる人多く侍り、今一きは心え給はゞ歌のたやすき事を知給ふべし。

9 **いづれ古今集に、しく物…**(一四一頁)　随記の「同じ人(信濃藤木光好)の詠草に」の中に、

古今集など皆調とゝのへる歌にて侍り、御熟考あるべし、新古今など皆調違ひたるのみに侍り、これ又御勘考あるべし、譬へていはゞ、古今は自然の花なり、新古今は枝をため葉をすかしたる也、草庵集は細工花なり、此三集に限らねど大体是にて其時代々知り給ふべし。

10 **或は歌の心は、をさなき…**(一四二頁)　随記の「信濃人西郷元命が詠草のおくに」に、

歌はをさなかれと古人のいへるは専心ばへのことなり、幼めきたるまねせんは中々也、…誠実をのぶる所則幼き心にかなふなり、…もと幼なかれと云ふは、俊恵法師の語なり、申過したる所侍る故、これにかへりてまどへる人少からず、歌の心は幼きものなりといふべし、幼かれば下知する下心ありて、かの似するかたに落つめり、かれの詞をすてゝ見るべきことなり、只真心をのぶるといふにてたれる也。

11 **歌よむ事を、技芸と…**(一四三頁)　熊谷直好の古今集正義総論補注に、師の言葉として、

抑歌は道にあらず、芸にあらず、所作にあらず、師より受けて習ひもて達するものにあらず、一感一歎、悉く新にして、其前をふみ、其後に推すべきものならねば、よく詠み、あしく詠むといふ界はなきことなり、…畢竟千年ばかり、歌を芸のやうに、思ひあやまりて、…六七百年来、歌の師弟のさたさへ出来て、今の世まで益々甚しく、専ら修行に渉る事となれり、絶えて有まじきわざなり、心を以てきはめ知る事は難し、かたちを以てあらたむる事はやすし、はやく師弟修行の所作を止めて、歌といふ事を忘れ果てたらんには、即日より古人の如く歌は出でくる事なり。

また、随記の「信濃人西郷元命が詠草のおくに」に、

歌に師弟と申す事、近き世まで更になきことに侍りき、只よき方にしたがふのみ、おのが思ひを、おのが言葉もていふに、何の学ぶことか侍らん(以下の「大かたは師の風俗に…」に相当する)。

12 **天地既に開闢て…**(一四三頁)　正義で、古今集、仮名序の「この歌あめつちの…」の注の中に、

天地既に開けては、神人化生し、神人化生するに至りては、其性情なき事あたはず、されば必歌も出来べき、大よそのことわりを推究ていへる也。

13 **名利の念…**(一四四頁)　随記の「同じ(信濃人丸山弼)詠草和文の奥に」に、「その真心はいかにして得んといふに、名利心をはなるゝよりはやきはなし」。同じく「また(備中人塚本直が詠草に)」に、「彼名利の山浮靡の谷は、心の出入に侍れば、みかぎるを境にて、踏渉をまたず、一時に出離せらるべし」などある。

14 **古への俗言は…**(一四四頁)　随記の「同じ人(津国猪名の里の僧水月)の尋に」の中に、

古の俗言は、今の古言なり、今の俗言は後の古言なり、故に古言は知るべくしていふべきにあらず、俗言はいふべくして、学ぶものにあらず。

15 **近きころ万葉様と…**(一四四頁)　随記の「同じ(信濃人丸山弼)詠草和文の奥に」に、

皆いにしへの俗言なれば、其世の人は卑俗まで聞しりしことなり、近きころ万葉ぶりといふことおこりて、人のきこえぬ詞をつかふこと、わらふべきことに侍り、万葉の歌も、宣命の詞も、其世の人はすこし

もさはりなくきゝしことなり、その世の俗言なればなり、時世移りてその詞今なければ、聞えがたきのみ、今の歌はもとよりにて、狂歌も誹諧も千歳ののちには、一緒にいづれも聞きとりがたきこと多く成行なり。

16 **古を尊み…**(一四四頁)　新学異見の序(熊谷直好)に、彼は今にそむくをもて古へとよび、巧のなれるをもて真心と示し、大御世の平言をばひたすら俗語といやしめて、たゞ古き世にのみ反らんとす、この学一たびおこなはれて、やう〳〵その害はひ人の身に及ぶものあり、…其うたへる歌つくる文を見るに、…更に此大御世こゝろのすがたとも思ひなされぬは浅ましからずや。

また、新学異見に、

歌は情のゆくまに〳〵ひとり調なりて、思慮(オモンバカリ)を加ふべきものならねば、古へに擬似(ニセ)んとするのいとま有んや、若これを似せたらんは、やがて飾れる偽のみ、又似せんとて似べきものならんや、これを似せて似たりと思ひをらんはいと無憖(アヂキナ)し、抑歌のしらべは、天地の中に含孕(ハラマ)り運りて、しらず〳〵その大御世〳〵の風体(スガタ)をなすもの也。

17 **雅俗は音調に…**(一四六頁)　新学異見の序(熊谷直好)に「およそ言の葉のみやぶりひなぶりは、もはら調べのなしのまゝなる事をしらず、かつ神世の歌は、神世の俗言、万葉古今の歌は大泊瀬の宮より、今の延喜の御世までの俗言なる事をわきまへざるのあやまち也」。随記の「同じ人(僧水月)の尋に」の中に、景樹自らの言葉に「万葉は藤原平城の平言、古今は弘仁より延喜までの平言なり」。

18 **誠実よりなれる歌は…**(一四六頁)　新学異見に、

誠実より為(ナ)れる歌はやがて天地(アメツチ)の調にして、空ふく風の物につきて其声をなすが如く、あたる物として其調を得ざる事なし、…見る物きく物のまに〳〵、其状貌あらはれざる事あたはず、是やがて情の物にふるゝ形容也、…さる中におのづから調なりて、巧めるが如く飾れるが如く、其奇妙(アヤセ)たぐふべき物なきに至るは、天地のなかに斯誠より真精き物なく、斯誠より純美き物なければ也、されば往古の歌は、おのづから調をなせりといふべし。

19 **誠実の極みより…**(一四六頁)　随記の「同じ人(丸山辰政)の詠草に」の中に、

うづ高くうるはしきは即ち天地の心にて、やがて天地の調なり、此調を得たるをよき歌とす、いはゆるよこしまなき性情の声にて、真のしらべなり、此誠心のうるはしきことは、新学異見にも粗申しとき侍りしが、天地の声なる故に、あめつち感ずるにたやすく、真心のしらべなる故におに神の哀愍ふかし。

◇雅　俗

20 **雅俗は音調…**(一四七頁)　随記の「信濃人丸山弼が詠草のおくに」の、中に「世の中の言の葉は、調ありて後ことわり聞ゆるもの也、ことわりありて後調ありと覚ゆるはあやまてるなり」。また、同じく「或る古学者の難問に答へられし文」に「凡文辞の優劣は雅俗をもて弁ずべし、古今につきて分つべからず、其雅俗のけぢめは、ひとり調の上に有て理にあづからず、…古へ俗にして今雅なるものあり、今俗にして古へ雅なるものあり」。

21 **雅言といふも…**(一四七頁)　「総論」の条14参照。

22 **己が居る所の…**(一四七頁)　前出「信濃人丸山弼が詠草のおくに」に、「古今集をのみ見給へ、いさゝか会得の道あるべし(これ以下の「古今集などを吟詠して…」に応ずる)、古今も打聴・遠鏡などの注は見給ふべからず、千里のあやまち出て来べし、只本文を見給へ、同じくば古今も見ずして、実物に向ひて、今の平語にてよみ給ふべし」。同じく「同妻周子の詠草に」に、「先づ手に取りやすきことわりにのみよりて物し侍れば、有ふれたる情景をばおそしとして、新奇をたづね、高遠にはせて、千歳の古辞をもとめ、或は俗間の鄙言をつかひて、世の視聴をおどろかすこと、天の下おしなべたる通病に候」。

23 **其最上の調には…**(一四七頁)　随記の「同じ人(信濃藤木光好)の詠草のおくにかいつく」の中に、

秋風の歌(「秋風に漂ふ雲の絶間より洩出る月の影のさやけさ」)も、最上の調なるが故に、最上の感あり、其もとは最上の感より出るが故に最上の調あるなり、最上の感といふは只端的の感なり、高くさぐるを最上とな思ひ給ひそ、万葉古今など見給ふとも、此巧なき所に目を付け給へ、必ず木をさきて、花を求め給ふ可からず。

24 **幽玄を**…(一四七頁)　随記の「信濃国松本杉浦盛久が詠草に」の中に、此一貫の道(調)を踏たがふるや否、いかなる深理をのぶとも、いかなる幽邃を探るとも、いたづらの平言のみ。

25 **とは筆にて**…(一四七頁)　随記の「同じ人(神方升子)其後の詠草のおくに」に、

さるは調と申す境にて、実は言語の及ぶ所に侍らねば、授くるに筋なく、教ふるに道なし、いはむや筆に尽さんをや。

◇偽　飾

26 **歌は見るもの**…(一四七頁)　東塢亭塾中聞書、四に、

歌は見る物聞ものを云にあらず、見るもの聞ものによりて思ひを述るものなり、されば調べ見てとゝのはざるはいふべからず。

27 **思ひの短きは**…(一四七頁)　新学異見に、

誠実より為れる歌はやがて天地の調にして、空ふく風の物につきて其声をなすが如く、あたる物として其調を得ざる事なし、…百に千に変態を尽すといへども、みな意ありて然するには非ず、…短きは短歌となり、長きは長歌となり、見る物きく物のまに〳〵其状貌あらはれざる事あたはず、是やがて情の物にふるゝ形容（カタチ）也。

28 **聊も人の耳目に**…(一四八頁)　随記の「備中人塚村直が詠草に」に、

古歌に此違ひあるを見侍らず、是一つにても古は誠実にして、今の虚語なるを知られ侍り、…思ふまゝを述べてたゞ其用をなすのみとならば、いかで是ばかりの事たがひ侍らん、唯修飾して人の耳目に衒ふ心有故なるべし、其衒ふは名利なり、…元来歌は調のみにてことわりは第二義なり、いかなる者かことわりなきことをいひ出べき、よりてことわりの執行地といふことはなし、唯しらべを思ふべし、其しらべは平語ぞやがて粲なる。

同じく「同水月が詠草の奥に」の中に、

かりにも人のきゝをてらへば、俗言といへども忽しらべのみだるゝこと、麻の如し。

29 **古歌の口調を**…(一四八頁)　新学異見に、

然るに右府の歌の如く、こと〴〵く古調を踏襲め、古言を割裂たらんには、後より是を見んに、或人は藤原平城の上つ世に似たりと貴み、或人は情を枉り世を欺くの作也と卑るべし、其いやしまんはさて有なん、其たふとむに至りては、害はひ勝ていふべからず。

◇精　粗

30 **歌は常語の**…(一四八頁)　随記の「信濃人丸山弼が詠草のおくに」の中に「歌は平語の精微なるものなり」。同じく「同じ(丸山弼)詠草和文の奥に」の中に「歌を平語の外にもとむるは、水にそむきて、魚を得んとするなり、終に其功あるべからず」。

31 **歌は道理のみ**…(一四八頁)　随記の「備前明阿が詠草のおくに」に、

おのも〳〵古今を貫徹して、天地にふたがり、神人共に感動せしむるは、只此調べ一つのしわざなりけり、七百年来ことわりをさぐりて、調を忘れたるより、春たつと云々(「春たつといふばかりにやみよしのゝ山も霞みて今朝は見ゆらん」)を、くさ〴〵深理に引入れ候など、かたはらいたきいたりに候。

32 **一言の増減にて**…(一四九頁)　随記の「奥田三貫詠草の奥書」の中に、一字のおきどころ、半句のしらべなしにて、懸隔の違ひ出くる事のよしに、歌仙も申おかれ候へば…。

33 **言葉に延約の**…(一四九頁)　東塢亭塾中聞書、三に、

延約のかはりあれば、其語勢もたがへり、語勢おなじからざれば、義に於ても聊差別なきことを免れず、世人延約の差ひは、終に義にたがふに至るをしらざる也。

◇強　弱

34 **強弱・緩急**…(一五〇頁)　中川自休著、大ぬさ(実は景樹の著との説もある)の中の「梢ふくかぜもゆふべはのどかにてかぞふるばかり散桜かな」の条に、師の景樹の言葉として引用する中に、

しか其隠顕定まらざるものは、いはゆる語調の緩急により、其語調の緩急は、向ふ所の情景の自然に従ふもの也、今など即ち、かぞふばかりにちる桜かな、霞みつゝくると思ひし春の日はと、急迫にしらべて、優閑なる一首の上にかなはんや、忽ちけしき失はれて、ことわりさへに違ひゆくを聞知べし。

◇趣　向

35　**古歌の能きをみよ…**(一五〇頁)　随記の「同じ人(信濃藤木光好)の詠草のおくにかいつく」の中に、

今少し拙くとも、常に景樹が申す、歌はことわるものに非ず、調ぶるもの也といふ境に進めたく侍り、古歌のよきといふを見給へ、何かは趣向なる、秋風に漂ふ雲の絶間より洩出る月の影のさやけさ、…詞に何一つ思ひ付たるもなく、趣に何一つ構へたる所もなく、唯今も常あるさまをいひたるのみ也、されど七百年の遠きをわたり、貴となく賤となく、賢となく愚となく、其月にだに向へば浮み出て、ひたすら感ぜしむるは、あやしからずや、よき歌は(二字師説により補)皆かゝれど、今は一首をあげて驚かし侍るなり、是ばかりの事は、誰かいはざらん、皆是より上の趣をのみ申す也、そこ達もこれ位のことは打つけにいはれもし、思ひもすれど、こればかりの事いひたりとて何のかひかあらんと、思ひ捨て、今一等上をさぐりて、漸歌の境をはづれて、扨歌なりと思ひもし、いひもするなれば、いつも歌けはなき事なり、是他なし人にきかれんことを思ふが故也。

36　**実物・実景に…**(一五一頁)　随記の「同じ(信濃人丸山弼)詠草和文の奥に」の中に「とかく実物実景にむかひて、さら〳〵とよみならひたまへ」。同じく「同国木曾平沢巣山永清が詠草に」の中に「されば書を捨て、実物実景に向ひて、わが調にて、今の詞にて、誠をのべ試み給ふべし」。

37　**趣向と義理とを…**(一五一頁)　八田知紀の千代の古道の一節(続日本歌学全書、第五編より)に、

近頃の歌集どもを見るに、おほかた、趣向と理とをむねとしたるにて、調を得たりと覚ゆるはさら〳〵見えず。

38　**歌はことわるものに…**(一五一頁)　自らも随記の「同じ人(喜多公綺)詠草天保三年」に「家言に歌はことわるものに非ずしらぶるもの也と申教ふる事に御座候」と、家言と称して、随記の中でもしばしば述える。一例のみ上げれば、「同じ人(丸山弼)の詠草に」の中に「是らことわりはよく聞えて、誰もきゝまどふ筋侍らず、されど扨も〳〵と打かたぶきて感哀するしらべは更になし、…歌はことわるものにあらず、しらぶるものなりと申事、旧冬勝己法師に申おき侍りぬ、定めて聞しり給ふべし、…唯理屈めきては聞えても詮なきことを申侍るなり、筋なくても哀と聞ゆるを歌とは申し侍る也」。また「信濃人丸山弼が詠草のおくに」に「世の中の言の葉は、調ありて後ことわり聞ゆるもの也、ことわりありて後調ありと覚ゆるはあやまてるなり」とか、「又同じ人(木曾人小坂道賢)の詠草に」には「調と道理とは又放れたるものにあらず、此訳は口伝ならではいひがたし」と、調べとことわりの関係の一端をも述べている。

39　**しらべとは歌の称なり**(一五一頁)　随記の「原孝が詠草のおくに」に「ことわりたゝずとも、調あらば只ことわりなき歌なり、ことわりはいひつくすとも、調なきは歌にあらざるなり、歌はしらぶるの名なればなり」とか、同じく「村地延翼へ答へし文」に「唯歌は調の名にして、調とゝのへば歌、調とゝのはざれば、歌にてはあらず」と、歌学提要とは、説明の仕方が逆になつている。

40　**道なくして行ものは…**(一五一頁)　正義総論に、

大和歌はもとより性情を述るの外なく、思慮に渉るべき物ならねば、其言はかなく其心幼なくして、云べき義もなく、聞べきの理ある事なけん、然も義理なきものは、実に義理なきにはあらず、性情の自然に出て、其義精く其理深くして、人智の測り識べき限りならねば、我より姑く義理なしといふのみ。

「道ありてゆかれぬ物は辞理なり」は「文詞」の条75参照。

41　**誠実のおもひ…**(一五一頁)　「総論」の条18参照。

42　**逢こと浪に…**(一五二頁)　随記の「天保八年四月江戸社中点取」の中、「逢事はながらの橋と思へども思ひをこそはかけ渡しつれ」の評に、

あふ事はながらの橋と思へどもはいかゞ聞くにや、逢ふ事はなしと思へどもと云にや、さらば無の意をなの一言にかくるにやよからず、今の初心のよくあるわざ也、古今にあふ事はながらの橋のながらへてとあるは格別のこと也。

とあるなど、黒岩一郎著、香川景樹の研究、三二四頁にこの云懸についての歌評の例をかかげてある。

◇実　景

43　**見るもの聞ものに…**(一五二頁)　東塢亭塾中聞書、四に「歌は見る物聞ものを云にあらず、見るもの聞ものによりて、思ひを述るものなり、されば調べ見てとゝのはざるはいふべからず」。「総論」の条1参照。

44 **実景といへばとて**…(一五二頁)　随記の「紀成が歌の評」にも「歌はかく有が儘をいふものに非ず、思ふまゝをよむべし」(同じ人の和歌評として、東塢亭塾中聞書、四に見える)。その他にも類似の言葉は見える。

45 **そは人の面の**…(一五三頁)　新学異見に「また人の性(ウマレ)のまゝに、稟得たる調あり、そはおの〳〵異にして、其面のかはれるが如し」。また随記の「新学異見或問に答ふる文」にも、「詠歌は今も古も、和漢とも に真景実物にあたりたる時、其まゝに云ひ出でむとするに、其所レ思衆人異なり、其調も亦然り、其状貌実に雲と水との如し、然るに其人にして其自然の調を遂るは、専意を用ひて調べなさゞれば、忽俗調に堕る事決せり」。

◇題　詠

46 **題詠に力を**…(一五三頁)　随記の「又同じ人(備中人高橋正澄)へ」に、「題詠は遙におくれて聞え侍り、さは実景実事ならねばなど申かたも侍れど、さるべきにあらず、題詠は題詠の実情いかでなからん、題詠も実景の如くあれといふにはあらず、題詠に違ふ所あれば、実景にもひそかに違ふ所あるを知る、其実景をとり〴〵に見侍らねば的論は尽しがたし」。木下幸文の「讃岐八栗山なる律照大徳はじめて…の詞」(亮々遺稿、下所収)にも、「題詠は後の事にて第二義なれど、是とても其題の景気を観じて、自然によりきたらん、趣を発すれば、此道の学の為にはまた捨がたし」。

47 **太古には心に**…(一五三頁)　正義の序の「ちはやふる神代には…」の注の中に、
　太古は心に感じ思ふことをば、人の聞にかゝはらず出るまに〳〵いひ出たるものなれば…。

48 **歌の歌たる**…(一五四頁)　随記の「又同じ人(備中人高橋正澄)へ」に、歌も文も古歌古文を捨て、吾歌わが文を書き給ふべし、自然古歌古文に似るもの出来ぬべし、されど其古歌古文に似るを願ふにはあらず、近世古歌をみると、歌をよむと同じ心得に惑ひきたるより、古の跡をみるの学び侍るなり。

49 **言葉は三十一言なり**…(一五五頁)　随記の「木曾人小坂道賢が詠草の奥に」に、
めをせゝるやうにては歌にはあらず、歌は平語よりも優にのびやかなるをもて歌とは申すなり、しかるをわけをいひたつることと心得るより、おもふことを三十一字にいひてしまはねばならず、文字はたらず、よむところはなく、平語よりもせはしくたらはぬものになり、早口のやうになりて、終に調もなく、理もなき事になるなり。

50 **博識の大人も**…(一五五頁)　随記の「信州林良本が問に答へし文」に、此調の手もなく、天地を動し立どころに鬼神を感ぜしむるの妙用は、和漢の諸賢もたやすくは識得しがたきことにや。

51 **言霊の幸ふ**…(一五六頁)　東塢亭塾中聞書、三に「抑皇国は勝れて、水土清潔にして、出し入る人の性情清浄也、且声音清朗単直也、故ニ諷ヒアグル則ち神明、これ感応享受ある事、是言霊の幸ふ妙用にして、外国の人の不正溷濁の声音の能及ぶ所にあらず」。正義総論に「言挙せぬ言霊の、神ながら幸はふ中に、事と詠はん嗟歎の声、いかで万づの国に秀でざらん」。

◇贈　答

52 **詞の玉、詞の花**…(一五六頁)　随記の「月心が問にこたへたる文の内」に、
歌のおくりこたへといへば、必言の葉と申す事をよみて、言の葉の露、あるは花など結ぶ事あるまじきことに侍り、もとより歌は言の葉なる事しれたることなり、其よみてやりたる歌がらをほむるに及ばぬ事に候、申し越したる趣意をこそうけつべけれ、…何も歌がらをよしあしと、なめしういふべきにあらず、申しこしたることわりの上をこそいかにとも、其やうによりて答ふべき事なれ、古人の贈答に歌の上をほめて、言の葉の花のにほひなど、おぞくいひたることなし、いふべきことわりなければなり、しかしこはおしなべたる今世の弊風にて、歌のとりやりといへばかならず、言の葉云々といふこと、畢竟は其旨をおかしくも面白くも答ふる事できぬ故のぬけ句にし侍るべし…。

◇名　所

53 **名所なりとて**…(一五六頁)　六十四番歌結の二十一番「夜はいまだあけぬなるらむ小黒さきみつの小島ははなにしらめり」の評に「小黒崎の小島は陸奥ならむからには、いとあら〳〵しう花などあるべき島とも思

ひなされず、猶其さかひに行きて見ぬ限は、しか思ふもおしあて事に侍れど、必花ある所といはむ心あても、又侍るならねば、かくうちまかせて詠み定むべきにはあらじ」。また、随記の「木曾人小坂道賢が詠草の奥に」の中に「古人若菜といへば春日野、鹿といへば小倉山、月といへば音羽山更科など、しつこくいはるゝをば、初心には珍らかなる所、何ほどもあるにおぞきことゝ思ふは、かへりておぞきにて、しらべなければ歌にあらずといふことが、合点ゆかぬ故なり、春日野は若菜のよくもゆる所、更科は月の格別なる所といふのみにあらず、その所の号(ナ)自然調のあれば、止むを得ずして、これによることなり」と云う論も見えている。

◇仮　名

54 **古昔より仮字に…**(一五八頁)　東塢亭塾中聞書、四に、

仮字に法則あるは、言語に法則あるが故也、言語に法則あるは性情に法則あるが故也、性情に法則あるは天地に法則あるが故也、天地の法則を知んとならば、己が性情を推べ、己が性情をおすは頓て歌の道也。

55 **定家卿仮字づかひ…**(一五八頁)　東塢亭塾中聞書、四の「うへ」の条に、

やがて馬をも和名抄には無万と書く、既に延喜の比、よろづ名称乱れたるに因て、大方は古きにかへして、彼抄の撰も有しならめど、…さて後世に至りて、定家卿仮名づかひと云偽撰の書出てより、古書の限りさる方にのみ引直して、古仮字地を払へり。

56 **古の言語かへりて…**(一五九頁)　随記の「また(或る古学者の難問に答へられし文)」に、

天地の開けしより、言語の道あるべきなれば、いつを本と定めて、いつを末といはむ、千載の後にかへり見ば、今の詞本にして、後の其世の末なること論なし、此理りを識得して後、古言をばはじめて得らるべき也、よりて昔よりも今の詞却て大古にかなふも少なからず、是限ありて、その本にかへる環の循環して、本末を知らざるが如し、されど当れる時を時として、初中後のけぢめなきにはあらず、…古言をすてゝ時にのみ随へと云にはあらず。

◇天仁遠波

57 **十日の談にも…**(一五九頁)　随記の「信濃人矢島保恭が詠草の奥に」、

つねいふ詞の、かくいはゞきこえんといはゞ、きこえざらなむと、露心をば用ひ侍らねど、終日かたらふに、調のたがひなくてにはのくるひ侍らぬは、有事をあり、なき事をなしといへばなり、彼平言中にもいさゝか偽欺の意侍れば、たちまちことばしどろにて、人の為にきゝしらるゝなり、これ実をはなるゝやいな、てにをはもしらべもたがはざることあたはざるものなり、歌人のてにをは、しらべのみだるゝも、みなおのれを欺き人に衒ふの心よりなることをしり給ふべし。

58 **古曾といへば…**(一五九頁)　ここより以下全部は東塢亭塾中聞書、五の「天仁波自得」に「世に古文学を唱ふる者天仁波の事を説に」としてしるしたものと、若干の仮名文字づかいの相違のみで、全く同じ故に、抄出を略した。

◇枕　詞

59 **枕詞は…**(一六〇頁)　八田知紀の調の直路に「また枕辞は調を整ふるの具なり、然るを冠辞といひて、たゞに詞に冠らする為に設くるものなりと心得たがひて、遣ひなすこそおろかなれ、枕の枕たる妙用をしらざるが故なり、古今の序より集中の枕、その数多しといへども、皆その調を得て徒ならぬを翫味すべし云々」と、全く同じ文章がある。また、随記の「同じ人(丸山辰政)の詠草に」の中に、「古人序歌多く枕詞すくなからぬは、唯此調をとゝのへんためなり、さらでは序や枕や実に無用の長物に候」。

60 **たとへば「久方の月」…**(一六一頁)　調の直路に、

たとへば久かたの月といはんも、大空の月といはんもことわりは同じけれど、必ず大空のといひ、久方のといはでは調とゝのはざる所ありとしるべし、云々などいはれたり。

61 **こは陸行人の…**(一六一頁)　随記の「新学異見或問に答ふる文」の中の「此冠辞の体云々」の条に、

此枕言の論はかりそめに似て大論也、かの調を知らざる人の語る境にあらず、…彼船中に入て後楫棹なくてはあられぬ事を知るべし、陸行く人楫棹は無用の長物也と云んが如し、されば序枕はもとよりにて、五七の句調も自然より出るもの也。

◇序　歌

62 **序は調べに…**（一六一頁）　東塢亭塾中聞書、四の「序の論」の中に、奈良の朝は、歌の序のつくことをいとひて、離るゝを好みければ、其はなれすぎたるは聞えがたきもありて、後世其味ひをしるものなし（本文一六二頁の「歌はかく朧げの物と思ひ誤るより」に相当）、…離れたる方、自然幽微の調べ匂ひて感慨多し、又古今の頃に至りては、一転して、其折々の景色を序に置て、其序打合やうに、歌の表に其縁なく、又なきかと思へば、自然匂ひ打合て、感哀いと多きものなり。

63 **そは冠帯…**（一六二頁）　新学異見に、彼説の如きは、束帯して立る姿を柔弱て賤しとし、兵革もて聳(ﾀｶ)めたる貌を、剛強(ﾂﾖｷ)て貴しとする也。

◇歌　書

64 **凡古歌を見る事を…**（一六二頁）　新学異見に、凡古歌をみることを貴むは、其言みな実心(ﾏｺﾄ)に出て、人情世態かくるゝ限なければ、…且傍ら己が詠歎するも、古人の偽飾なきに傚はんがために、…。

65 **歌よまん筌蹄…**（一六二頁）　新学異見に、此に云るくさ〴〵の書籍ども、学びの道に志さん人は見べき事論なし、されど今歌よまんずる筌蹄(ｼﾙﾍﾞ)には、さらに用なき事既にいへり。

66 **「秋の田の…」…**（一六二頁）　随記の「同じ人（信濃人西郷元命）の詠草に」の中に、たとへば秋の田のかりほの庵とよみ候へば、忽古人の歌をぬすみたるなれば、やくにたち不申…。

67 **すべて歌書…**（一六二頁）　前出「同じ人の詠草に」に、すべて歌書と申ものは、三四百年已来沢山になり申候、六七百年前は歌書は至て稀に候、たま〳〵ありても、今の様に板行にせねば、誰も誰も不残見しことにあらず、されどその歌書なかりし世の人は、皆々上手なり、歌書をよむ様になりての後は、みな下手なり、されば歌書によりて歌のあがるものにも定めがたく候。

68 **此誠だに…**（一六三頁）　前出「同じ人の詠草に」に、たゞ誠をたつる書をみるがよく候、儒仏神いづれなりとも、誠実だにたち候へば、おのづから筋とほり、姿うるはしき歌しらず〳〵できくるものに候。

69 **師は論語を…**（一六三頁）　随記の「信州林良本が問に答へし文」に、又おのれ論語を歌学第一の書と申せしこと御尋ね承り候…畢竟しらべは誠情の声に候へば、歌をよみ試むるが捷径に候へども、其誠心を立つるには、儒仏神より入らんも、老荘より入らんも、乃至百の伎芸より入らんも、己が得手々々なるべし。

◇歌　詞

70 **歌詞といふもの…**（一六三頁）　随記の「平戸侯の詠草のおくに」の中、構へて別に歌詞などいふ事のありと思へるは、まどひに侍り。

71 **其御代〻〻の…**（一六三頁）　新学異見に「其世の体(ｽｶﾞﾀ)を体とせずして、いつの体をすがたとせん」「今の世の歌は、今の世の辞にして、今の世の調にあるべし」「抑歌のしらべは、…しらず〳〵その大御世〳〵の風体(ｽｶﾞﾀ)をなすもの也」。

72 **今の世歌詞とて…**（一六三頁）　随記の「同国木曾贄川宿贄川勝巳へ示されたる」の中に、

万葉古今の詞、今きゝてわからぬこと多く侍る故に、其世にもちよとわからぬ事かと思ふ也、其世にはばゝも子供も聞知れる常言也、さらでは歌といふものには侍らぬ也、今の世の常言も、今三四百年後には、大方聞えぬ事がちに成行く也、そは時世につれて、詞かはりゆく故也、其世に聞えぬ事をいふと云事、昔より更に〳〵なき事也、しか御意得の上にて御詠出あるべし、されば不自由なる事なし、しかし俗言といへば、鄙言の事と思ふべからず、必くそのみそのと申す事ならず、今の世のみやびたる詞の限を云べし、古も今もかはらず通じたる詞は、猶もとよりつかふべし、かやうに申し侍るは聞えぬ詞を雅言と心得、常の人はえきかぬを歌の様に覚え侍るついえ、当世にはやり侍る、故に夫にまじこり給ふなと申す事也。

73 **今の大御代に疎き…**（一六三頁）　「偽飾」の条29参照。

74 **鴃舌聞らん…**（一六四頁）　新学異見に、又万葉に似ばやと思へなど云るは、偽を教へて誠を乱すもの也、…年月によみもて来ば、しらず〳〵虚遠(ﾄﾎｷ)にはせて真心を失ひ、竟には狂疾はしくさへ成り行きて、いとゞ駃舌(カラサヘヅリ)きくらん心地ぞすべき。

◇文　詞

75 **文詞は…**(一六四頁)　新学異見に「昔も今も文辞は、たゞ義(コトワリ)の達(トホ)らんのみを要(モハラ)とするを、…」。また、随記の「同じ(信濃人丸山弼)詠草和文の奥に」に「文章は只義理のわかるゝをもとゝし侍れば、誰が聞ても少しもきゝまどはぬが上手なり、古今序、土佐日記など見給へ、いづくか聞えざる、中にきゝぐるしきことあるは、時代のかはりにて、今の言語にあらざる所なり、皆いにしへの俗言なれば、其世の人は卑俗まで聞しりしことなり」。

76 **宣命・祝辞も…**(一六四頁)　新学異見に、万葉の歌も宣命の詞も、其世の人は、すこしもさはりなくきゝしことなり、その世の俗言なればなり。

77 **古の体格に似たらん…**(一六四頁)　新学異見は、和歌についてではあるが、「今の世の歌は、今の世の辞にして、今の世の調にあるべし、然れども其受得たる調、己がさま〴〵ならん中には、おのづから万葉古今に似たらん風(スガタ)、其外くさ〴〵の韻(オモカゲ)、いかでか出来ざらん、さはさて今の大御世の調の外に出ることあたはねば、それなほ万葉古今の古風にあらずして、実は今の大御世の風体(スガタ)なるもの也」。また、随記の「又同じ人(備中人高橋正澄)へ」の中に、「歌も文も古歌古文を捨て、吾歌わが文を書き給ふべし、自然古歌古文に似るもの出来ぬべし、されど其古歌古文に似るを願ふにあらず」。

78 **なか〳〵に違へる…**(一六四頁)　新学異見に、己だに解得ぬ遠御世の古言を聚めて、今の意を書きなさんには、違へる事のみ多く、誰かはうまく聴きわく人あらん。

79 **苟且にも…**(一六四頁)　新学異見に、されば苟且(カリ)にも今をすてゝ、古風(イニシヘブリ)の文をかく事なかれ、さる理(イハレ)もなきこと也、さはさて歌と別(タガ)ひて、さる例(タメシ)もなく、さる理もなきこと也、さはさて歌と別ひて、

歌学提要（二）

一 **社友之手録**(一三五頁)　諸筆記類を比較して見るに、桂園遺稿に収まる本間素当の写にかかる随聞随記が最も個条が多く、刊行されている桂園遺文と随所師説を殆ど合せて、なお多い程であり、桂園塾詠草奥書その他の名で残る写本の筆記に見えるものも、殆どこの書に重なる。所所に見えるものは、多岐にわたるをさけて、以下専ら、この随聞随記から引用することにする。略して「随記」とするはこれである。

二 **末につきて**(一三九頁)　新学異見に、次の如くある。又往古うたふといへるは、大よそ声を引の称(ナ)にて、いま譜節(フシ)して謡ふのみをいふ如きには非ざりけらし、直(タヾ)にうそぶき長息(ナゲク)ぞ本なるべき、されば公庁(オホヤケ)に訴(ウタ)ふるなどのうたへも、悒鬱(オボ)しき懐(オモ)ひを聞え上るの称(ナ)にて、長歎の意よりいへる也、鶏の鳴をうたふといへるも、其ひく声の長ければ也、また事有ていひ喧(サワ)ぐを、世にうたはるなどいふも、古意の遺れるなるべし、さるを故猶う(コトサラ)に構(マウケ)て謡ひ上るは、いよゝ嗟歎(ナゲキ)の長きものなれば、猶うたふといはむ事論なし、後世さる方にのみ言慣(イヒナレ)たるをもて、歌は曲調にかけたる後、となへ出たる称(ナ)也とおもへるは、なか〳〵本末を取たがへたるもの也、しか調べなしてうたはんは、一たび歌と詠出たる後にして、其称の本といひ難し。

三 **理り**(一三九頁)　古今和歌集正義(以下「正義」と略)、総論に、大和歌はもとより性情を述るの外なく、思慮(オモンバカリ)に渉るべき物ならねば、其言(コト)はかなく其心幼なくして、云べき義もなく、聞べきの理ある事なけん、然も義理なきものは、実に義理なきにはあらず、性情の自然に出て、其義精く其理深くして、人智の測り識べき限りならねば、我より姑く義理なしといふのみ、義理を棄て天地何物か有ん、義理を離れて天地何にか感ぜん。

香川景樹の調べの説は、和歌は抒情性を第一とすべしとの論であって、抒情的に表現されるならば、思慮分別、道徳、更にどんな精神主義でもかまわないのであるが、上代精神やますらお心を詠ずべしとか、当代の

宋詩風の漢詩の如く義理を第一にすることは、和歌においてはあるべきでないとの論である。正義、総論に説く漢詩との比較論に詳しい。

四 **古今をつらぬき**…(二四〇頁) 調べ即ち文学性は、人間の本能で、従って普遍的なものとする香川景樹の説に甚だ似るのが、小沢蘆庵の心であって、その著、布留の中道のうちから、心について述べた所で、景樹の説に似る所を抄出すると、次の如く、

○むかし師なき世によき歌あまたよめり(注に「我心をよめるものなれば、神代よりこのかたならひてよめる事なし」)。

○いかなることわりなるものぞ、しらんとならば、我心を天地の外にもやり、芥子のうちにもこめて、万事に通達して(注に「起居動静喜怒哀楽によりて、思へる所の心なり、他を求て思ふニあらず、内より発する心なり、但万事ニ通達せざれば、喜怒哀楽みだりニして、いかるべからざるをいかり、喜ぶべからざるを喜ぶ、是終に寒渓ニ花を尋ね、闇夜ニ月を待、愚昧の苛ニならんことを恐る」)、そのいま思ふところを、一句にも二句にもいふこれ歌なり(注に「あつしといふも歌なり、さむしと云も歌なり、心うちニうごき詞外にあらはるゝを歌といへばなり、古人詞をさきとす、心をさきとすなど云る説あり、されど花を思ふに、月と云詞はいづべからず、是心は言語ニ先だついはれなり」)。

○我こゝろをむなしうすれば、万境をのづからうつるなり。

○されば我心ニさきだつものなし。

○心を天地とひとつになしてよむべし。

○我第一とする所は、心を天地にめぐらしいまおもふ所を詠ずるをいへばなり。

○心たゞしく詞なだらかなるをよしとし、心むつかしく詞たくみなるをあしとす。

などある。ただし蘆庵の心の説は、山本北山の紹介した、袁公道の性霊説にもとづくものであった。

五 **後人詞につきて**…(二四〇頁) 八田知紀の調べの説に、

然るに古学者など、調の事をさたすると雖も、第一義なる真調を知らず、唯風体の上につけて、古調・近調など拵へ出で、或は理になづみて、渡し守をわたりもりと読み、あたらしきをあらたしきなどいふの類を、たけきことゝし、あるは趣向を巧にひねり出でゝ、とかく私案をむねとするが故に、近頃出来たる歌集どもを見るに、真の調てふものは更になく、第二なる風体の調さへ打ゆるび…。

六 **大和言葉のなしのまゝ**(二四〇頁) 東塢亭塾中聞書、三に、

或人自然の声は天地の霊を含む、是則言霊にて所謂韻調也といへるは差へり、外国といへども何ぞ韻調なからん、こは人のみならず異類を統るもの也、わきて皇国は言霊の幸ふ国と云る深き尊き意あるかな、抑皇国は勝れて、水土清潔にして、出し入る人の性情清浄也、且声音清朗単直也、故ニ諷ヒアグル則ち神明これを感応享受ある事、是言霊の幸ふ妙用にして、外国の人の不正溷濁の声音の能及ぶ所にあらず。

とある。

七 **自然の道の華**(二四〇頁) 正義、総論に「大和歌は、彼水土に随ふ秀霊の、性情より出る自然の音調にして、さるは開闢の始めより、千早振神もよんたび、遠く人の世に広ごりては、遂に我磯城島の道とたゝへて、上下こも〲諷ひ、神人とこしなへに楽む声耳に満り」。この考えもまた小沢蘆庵に出て、布留の中道に「うたはこのくにのならはしにて、神代よりはじまり、今に至りて、かみ中下の人情是によりてあらはる」。また、以下庶民まで詠歌することの論も、蘆庵の布留の中道に「此言語の大道は、天子より庶民に至るまで秋毫の末ばかりもかはる事なし、本文にいふ所の、上中下人情を通ずること不レ依二人品一といふは是なり」とある。

八 **物遠きやうにおもへる**…(二四一頁) 桂園記聞は、この所「…いたくもの遠き事におもひて、何れの世何れの歌にては、雨ふれり神あらはれたりなど、いとも稀なる例(タメシ)をのみ引出ぬ、本より是もさる事ながら、さのみ云んは中々うときこゝちぞする、猶幸にけぢかきしるしあらざらんやは、…」とある。

九 **誠情**(二四一頁) 宇佐美喜三八「景樹の歌論に関する一問題」(『国語と国文学』昭和三十二年十二月号)は、桂園漫筆に見える思想の、伊藤仁斎の所説に似る所、また、所所に見える仁斎や論語に対する尊敬などから見て、香川景樹の度度論ずる誠の考えには仁斎の語孟字義などに見える説の影響があることを論じている。仁斎は誠について、

○誠実也、無二一毫虚仮一、無二一毫偽飾一、正是誠、朱子曰真実無妄、之謂

誠、其説当矣、…誠字与二偽字一対、不レ若下以二真実無偽一解上レ之之最為レ省レ力（語孟字義、下）。

○誠者道之全体、故聖人之学、必以レ誠為レ宗、而其千言万語、皆莫レ非下所三以使二人尽一夫誠上也、所謂仁義礼智、所謂孝弟忠信、皆以誠之本、…誠之一字実聖学之頭脳、学者之標的至矣大哉（同）。

調べの誠と云う所、誠を重視する所は、仁斎の誠を重んじるに甚だ似ているが、誠情または情誠など云う語は、仁斎においては余り見ない所である。

一〇　**歌は玩びものにあらず**（一四一頁）　正義、総論に、玩びとなった理由を説明して、先ず「大和歌はもとより性情を述るの外なく、思慮に渉るべき物ならねば」と述べて、

古語に、僅に理にわたれば天地の感を塞ぐといひ、義をもて求むれば性を離れて遠しといへる、義何ぞ性に遠からん、理また感を塞ぐべきものならんや、是また人智の量れる義理は、真義ならず至理ならざらんからに、反て神人の性に払り、実は天地感ずるに足ざるもの也、情を離て道を求むる徒の、識得べき限りならんや、当時の人此理に達せず、政教に補ひなく、日用に疎きを見て、大和歌は唯一時一心をやる翫びとおとしめて、漫りに好色の媒とのみ思ひなせるは陋しからずや。

と云う。此の所の考えは次の如くである。一般は和歌が実生活に直接的な効能がないと云うことで、玩び物と考えているが、前前に述べて来た如く、人間本来のもの、本能的なもので、人間社会に不可欠なもので、直接に功利的な内容表現を示さなくとも、情感ずる所、自ら、実生活にも有益なものとなっている。功利性を表に出さないが、有益不可欠なものであると論じているのである。

一一　**万葉集**（一四一頁）　小沢蘆庵の布留の中道に、

万葉日本紀の歌は、よきも、あしきも、をかしきも、たはふれたるも、まめなるも一つかねにして、たとへば塵つかのちりのごとし、されば其の中には、金玉もまじれり、貫之古今独歩の才をもて、古今集をえらびて、あしきをすて、よきをあつめて、歌の軌範となれり、（中略）古今をもて、いにしへをてらして、是に似たるをよしとし、似ざるをあしとしり、又後世今までをてらし、似、にざるをもて、よしあしをしるべし、其見識さだまりてのち、元久建保の比の体を見ば、実うすく奇を好める体になれるをしるべし。

とある。布留の中道には、この前に日本紀万葉八代集を詠むべきを云う。それより日本紀万葉、及び元久建保の頃即ち新古今集をのぞけば、古今集から千載集までとの前述の如くになる。香川景樹は万葉集の中には、非芸術（非文学）的なものも含まれると見ていたので、その中で、紀貫之も古今集の序でほめた柿本人麿、山辺赤人らの作は、すぐれた文学として、同じく賞讃している。古今集は文学的自覚の下に、しかも自然に自在に詠出しているが、次第に技巧的になって、新古今集で、その傾向が極まったと考えたのである。

一二　**天人同一**（一四二頁）　小沢蘆庵の布留の中道に「天人同一の情をいひいだす声意、天地鬼神に達せざらんや」とか、「天人同一の情をまげに曲て、七宝荘ごんの器のごとくたくみにたくみ、かざりにかざりて、人はあざむくとも、天地うごくべけんや、鬼神感ずべけんや」などあるによったのである。蘆庵の云う意味は別の所で、「心を天地とひとつになしてよむべし」と主張するのと同じである。

一三　**名望利達**（一四二頁）　云う所は、和歌を名声栄達の道具と考えると、人に見せることが先に立って、修飾技巧をこととすることになる。幼童の如くあれとは、名利の念をすてよとのことであるとの論。随聞随記（以下「随記」と略）の「備中人塚本直が詠草に」に、

唯修飾して、人の耳目に衒ふ心有故なるべし、其衒ふは名利なり、誰も歌一首のうへにことごと名利を思はんとも云べし、しかには侍らず、もと名利の山口より入初し物に侍れば、一度清教をきゝて、頓てに、さる方の意ばへは捨たりと思ひなり侍れど、年来入きたる名利の渓轡いと深く侍れば、立かへりてもかの麓まではえあひ出ぬにて侍るなり、一度彼深谷の中を離れ侍らば、求めずして叶ふべし、されば児童のうたに語調の調はぬを見しこと侍らず、ことわりはきこえぬも侍るべし。

一四　**神仙の域**（一四二頁）　この語を香川景樹は、正義、総論で「豊葦原の中津国内（ｳﾁ）、その水土いかで剛潔ならざらん、独神仙の霊域也と、万邦仰ぎまつろへるは、うべも尊き旨ある哉」と用いている。大和歌が、この日本であるべき形であることがまた神仙の域の状態であることになる。

一五　**義によりて…**（一四二頁）　正義、総論に「古語に、僅に理にわたれば天地の感を塞ぐといひ、義をもて求むれば性を離れて遠しといへる、義何ぞ性に遠からん、理また感を塞ぐべきものならんや」ともある。

一六　**都ゝ・哉**（一四三頁）　随記の「藤堂含子詠草のおくに」に、

や・かななどよまずと申事、さらにあるまじきなり、やの事は承り侍らず、かなの事は、世の中すべてよまぬ事になり侍りて、今は法度の様に心得たがひたる人も少からず、これは近く烏丸光栄卿の、かなははまらぬもの也とて、御門人を戒め給ひしより、御所辺は専守り給ふも見え侍るなり、御所の事うかゞひ見て学ばん事、却てかしこきわざになん、彼方にはふかきいはれ有て、用捨したまふなるべし、さるを所も弁へず、われもとて学ぶべきことならんや、かけ構ぬ事に侍り、これも公宴などには用捨あるべし、地下人の所詮公宴に預るべきならねば、公遣ひ無用也と申てん、よりて近く芝山持豊卿など、勝手によむべきよしあふせられ候ひしを、わが門人どもみな承り侍りし事なり、おのれなどもとよりかまひ侍ぬうへ、わかき時妙法院の宮、歌召されし折々、つゝ・かななど更に心づかひいらぬことのよし仰せられ侍りし、もとよりさるべきことなり、さらに御随意に御よみなされ候へ。

一七　**「ほの〴〵と…」…**（一四三頁）　詠歌大概に、古歌をとることをいった次に、

としのうちに春はきにけり（在原元方「としのうちに春はきにけり一年をこぞとやいはんことしとやいはん」）、月やあらぬ春やむかし（在原業平「月やあらぬ春や昔の春ならぬ我が身一つはもとの身にして」）、さくらちる木のした風（紀貫之「桜ちる木の下風は寒からで空に知られぬ雪ぞ降りける」）、ほの〴〵とあかしの浦（柿本人麿「ほの〴〵と明石の浦の朝霧に島隠れ行く舟をしぞ思ふ」）、如此事雖二句更不可詠之。

とある。三首とも歌仙家集などに見える。この中、「ほの〴〵と」（「初五文字にをくべからずといふ詞」）、「月やあらぬ」（「在原業平の名歌の五文字なれば私の歌に延慮と云」）、「桜ちる」（「紀貫之の名歌の五文字なれば右同前」）の句は、それぞれ括弧中の注記の如き理由で、制の詞とされた（梨本集、一）。詠歌大概にはまた「近代之人所詠出之心詞、雖一句謹可除棄之」とあるが、後の人は、これを理由に制の詞を認めた如くである（詠歌大概抄）が、香川景樹は、そう解さなかったのであろう。

一八　**あらぬ法則**（一四三頁）　この論にも、小沢蘆庵の説が投影している。小沢蘆庵著、ふり分がみに、制の詞やその他堂上家の法のことにふれていて、「詞に法をたつれば、かならず法にしたがへることあり、これもと法なき所に法をたつるが故なり」など述べている。

一九　**法もなく**（一四四頁）　ここは、頭注の如く、小沢蘆庵の説によって来たので、香川景樹は随記の「信濃人西郷元命が詠草のおくに」に「歌に師弟と申す事近き世まで更になきことに侍りき、只よき方にしたがふのみ、おのが思ひを、おのが言葉もていふに、何の学ぶことか侍らん」と述べた。

二〇　**清濁定らず**（一四五頁）　何をさすか明らかでないが、恐らくは、賀茂真淵が語意考で、「清濁を通はしていふ例」として掲げたことなどをさすのであろうか。真淵の云うのは、バ行とマ行、ザ行とナ行、ダ行とナ行、ガ行とラ行と通ずる言葉の多いのをさしたものである。例に掲げるは、すべらぎ―すめらぎ。いざ―いな。おどれ―おのれ。こごしき―ころしき、の如くである。

二一　**かの古へに…**（一四五頁）　小沢蘆庵の万葉調批判と現実肯定の一端は、布留の中道に見えて、次の如くである。

○人情は古今通じて一般なりといへども、言語は其時世のうつるにしたがふ、大古八千矛の神詠、すせり、下照姫等の歌詞のことば、万葉の時已に聞えず、万葉時代の歌詞、古今比には絶てなし、すべて詞のうつることかくの如し、…かの万葉になづめる人は、たゞ万葉の中の詞とだにいへば、時代移りて詞通じがたき理も思ひはからず、人耳に聞えざるもいとはず、こちてつるかも、ねろとへなかも、しりひかしもよ、なはあとかもふ、などやうの言理をしるを要として、今人の心をもとめて詠之、…今時の人、時世うつりたる詞なれば、からさへずりのやうに耳かたふけいぶかれば、今時の人は我歌をえしらず、さりとも後世具眼の人いでこば、此歌土におちめやなど思へるこゝろの、齟齬するを笑ふなり。

○今おもへる所をたゞ言につゞけならひ、誰きゝても聞ゆるやうに修練つもりて後は、いかなる事も詞心にまかせて自在なるべし。

また、香川景樹のこの万葉調の反対論については、業合大枝の新学異見弁があって、更に批判している。

三　**天地の調べ**(一四六頁)　香川景樹のこの誠と調べ説は、小沢蘆庵の「心」の説から発展したものと思われる。補注四にもかかげたが、なお蘆庵の布留の中道に、心の作用を次の如くのべる。

○わが心をかれになさぬ故に、かれとわれと隔絶して情に達せざるなり、達せざれば歌はいかほどよむとも、虚妄のたは言なり、いせものがたりにいはずや、うたよまざりけれど、世中を思ひしりたり云云、これ歌よむ人は、世のことわりしるべき証なり。

○されば我心ニさきだつものなし、人にならひてよまず、作例によりてよまず、是無法無師の証なり。

○つとめてあたらしくせんと思はねど、念々にうつり〳〵てしばらくもとゞまらず、今思ふ所旧物にあらず、おのづからあたらしくなりゆくなり、故に思ふ心をみるものきくものに付て云いだせるなり云云。

○心を天地とひとつになしてよむべし。

蘆庵の「心」の説には、山本北山の紹介を通じて、袁宏道の性霊説の影響があり、三冊子における芭蕉の俳論に甚だ相似た所もある。

三　**雅俗は音調にありて**(一四七頁)　随記の「或る古文(イ学)者の難問に答へられし文」に、

凡文辞の優劣は、雅俗をもて弁ずべし、古今につきて分つべからず、其雅俗のけぢめはひとり調の上に有て、理にあづからず、天賦の自然に出て、私にいかんともすべきものにはあらざる也、さるは古へ俗にして、今雅なるものあり、今俗にして、古へ雅なるものあり、古へ雅ならんには、古へにしたがひ、今雅ならんには今に随ふべし、是其言をしるの本にして、是を択ぶを難しとす、もとより大小軽重のわいだめありて、大に重きものは、古今にわたりて動くべからざらんからに、小にして軽きものは、時にしたがひて移らざる事を得べけんや、おのれ其軽きに至りては、今の雅なるを取るもの多く、古への俗なるを捨るもの少なからず、古人の文辞におけるや、皆しかり、さるは調のなしに従ひて、雅俗こも〳〵転じ、今古互に遷り、大やう時に定まらざるもの多きは、元より語言の道は一大活物にして変化究りなければ也、唯一以て是を貫ぬけり、一は何ぞ調也、調は誠のみ、大よそ事の近きを実とみて、遠きを遺し、物の遠きを本と仰ぎて、近きを捨るものは、互に非なりといへども、是はた此道の通患にして、古哲なほ病めり、況や一定の死格を守る輩に於てをや語るにたらず。

二四　**雅調あり、凡調あり**…(一四七頁)　こしらえ物が凡調で、誠に従うが雅調であるが、その例として、東塢亭塾中聞書、四に、

或夜霙(ミゾレ)の題にて、師、「たえ〴〵に松のはしろくなりにけり此夕時雨みぞれなるらし」とよみたまひて、此下句歌にあらず、十遍も吟じ見るべし、自ら其味ひしらるべし、此所謂凡調也とのたまひて、よみ直したまふ、「しぐるゝはみぞれなるらしこの夕まつのはしろくなりにけるかな」、此所謂雅調なるべし、翫味して其けぢめをしるべし。

二五　**延約**(一四九頁)　賀茂真淵以前からその意識はあり、また、その後に語学的に詳しく検討されているが、かかる用語で称し、上代研究にも、歌文を作るにもよくこれを利用したのは、真淵とその系の国学者であった。香川景樹らも、真淵の語意考に見える如き理解を持っていたと思われる。抄記すれば、

延言(ノビコト)約言(ツヅメコト)　後世にはから国に反といふに依てかへしといへど、わが国には二言を約めて一言とし、一言を延て二言にいふことあれば、かへしとのみいひてはたらはざる也、…其つゞむる事は、○淡海(あふみの)国はもと阿波宇美てふ名なるを、其波宇を約れば布と成故、仮字は阿布美と書り」(以下例をあげ、また「竪の音を直に約めいふは」「並に横韻を直に約めいふは」「或は約め或は転じたる」など分類もしている)。

延言右の約言はその言長くしていひつゞけ難き時に約めいひ、此延言は言短くして其言(コトバ)ついでのわろき時延ていふにて、延言約言は事の表裏のみ也。○見るすくなきのるを延て見良久少きといひ、恋る多きのるを延てこふ良久の多きといへり、…うつるをうつろふなどいふ類ひ、皆延ことば也。

の如くである。

二六　**猶委き事**(一四九頁)　補注(一)33に引用した東塢亭塾中聞書、三の文の後に、次の文がつづいている。

他譬へば老らくは、老ると同言なれども、即ち延約の差ひあり、老らくは用言ながら、暫く体の形ち有か、只に老ると云とのけぢめ也、老らくの来らんとはいはるれど、老るの来んとは云難き処あり、恋らくの多きとは云べし、恋るの多きとはいふべからす、荒まくをしとはいはるれど、荒んをしとは云べからず、類を推て悟るべし、また諸説老らくをたゞ老の事とせるは、譬へば古今の老らくの来んとしりせば門さして云々、来んとしりせばと有は、体言ならではいはれぬと思へるよりの謬なり、また老は成ての上の名なれば、来んと云にをかしからず、老らくは老ゆく方さまの名なれば、面白き也、後撰にをみなへし匂ふさかりを見るときはわが老らくは悔しかりけり、是は謬れる也。

二七　**心の変化定りなければ**（一四九頁）　小沢蘆庵の布留の中道に「かゝれば、何ごとも我こゝろにさきだつものなし、よるひるうつり〳〵て、しばらくもとゞまらず、念々に思ふことあらたまりゆく、これよりも心のあたらしきことなし、そのこゝろをすぐによむなり」など色色に見える。

二八　**趣向**（一五〇頁）　㈠に、趣向の語が文学用語として盛んに見えるのは近世であり、詩・戯曲・小説あらゆる文学にわたっていること。㈡に、趣向は構成についての語であること。㈢に、それも文学の本筋に関したことでなく、附属的なものであること。㈣に、新しさを好み、技巧的になること。㈤に、趣向の性質の中に、それの理解が普遍的な面で鑑賞者にうったえないで、特殊な鑑賞者を予想して、創作される、封建社会を反映している要素を持つこと。㈥に、その技巧も、芸的、習い事的であること。㈦に、明治に入ると、趣向がきらわれて、文壇から退潮して行ったことなどを、拙著、戯作論に述べたが、香川景樹のこの論は、趣向の近世的欠陥を指摘して、文学のそれからの脱出を主張するもので、文学思潮上注目すべきものである。

二九　**歌はことわるものにあらず**…（一五一頁）　頭注の如き意と考えるが、補注㈠38にも掲げた如く、初学に対し、またはその時代の歌壇引いては漢詩壇の批判として、この言葉をしばしば云って、一家の言としたのであるが、また、「調と道理とは又放れたるものにあらず」ともあって、全く和歌における思想を否定したのではない。これも補注㈠38・40に掲げた如く、「調ありて後ことわり聞ゆるもの也」で、文学性があってこそ、和歌の中の思想は生きるものだと云うことも、十分覚った上での発言であった。

三〇　**しらべとは歌の称なり**（一五一頁）　随記の「信濃国松本杉浦盛久が詠草に」には、

調は道の規矩準縄也、聊かはなるゝ時は更に歌なし（ここの道は和歌の道の意）。

と云う。その理由として、次の如く、

其所は只調と申すもののみに候、…此一貫の道を踏たがふるや否、いかなる深理をのぶとも、いかなる幽邃を探るとも、いたづらの平言のみ、学者心を潜めずば有べからず、後世の古に及ばざるは、全く此境のみをしらず、昔年の先哲ます〳〵理窟にはせ入て、天地幽玄の大道を失へるは惜しゝともあたらしからずや。

と、やはり義理をしりぞけている。

三一　**云懸**（一五一頁）　云懸の悪い例よい例を、黒岩一郎著、香川景樹の研究は示している。それによると、悪い例には、「天保八年四月江戸社中点取」の中で、「逢事はながらの橋と思へども思ひをこそはかけ渡しつれ」の評に「あふ事はながらの橋と思へどもはいかが聞くにや、逢ふ事はなしと思へどもと云にや、さらば無の意をなの一言にかくるにやよからず、今の初心のよくあるわざ也」とあり、また、随記の中、木曾人小坂道賢の「ふるさとは遠ざかるだにあるものを身の行するも白河の関」の評に「これも行末もしらかはといひかけたるにて歌いやしくなり候」とある。賞した例には、「六十四番歌結の三十六番の左」の「秋くればあだなるいろにかへるでの木末ぞひとの心なりける」の評に「かへるでと云へる詞新しく心いみじく侍れば左勝と申すべし」などがある。随記の「同じ人(丸山弼)の詠草のおくに」で、狂歌は和歌に似て非なるものと云うのも、狂歌は云懸趣向を主とするものだからであろう。

三二　**見聞有がまゝをのみ**…（一五二頁）　実景を対象と云いながらも、なお抒情、それも古典的な抒情から、完全には脱却出来ない所に、景樹の限界を知るべきである。色色の面で進歩的な和歌観を持ちながら、実作においては、古今集を模範とし、その理論程にも、進歩的な作品を生めなかったのも、この古典的抒情性の規制からぬけ出せなかったからである。

三三 人の面のおなじからざる…(一五三頁)　香川景樹のこの実景十所思の論は、袁宏道の性霊説に発して、山本北山の自己真性の詩(二八四頁)の主張となり、小沢蘆庵の新情の説を引出して、景樹に脈をつたえたと見るべきである。この語は、広瀬淡窓などもまた用いている(三六三頁)。

三四 実情(一五三頁)　香川景樹の指導は色色に出ているが、随記の紀聞の一にある「実景より出たるものみな秀逸なり」と云うのは、古典にもとづく作り物の和歌をさける指導であるが、かく云うと、写生叙事のみになる。それで同じく随記の「紀成が歌の評」の如く、「歌はかく有が儘をいふものに非ず、思ふまゝをよむべし」と云って、歌人の心情の流露がなければ、和歌にならぬことを教えると、何でも思いつくままを表現すればよいとなるので、また、実情の説を出して指導することになったのである。

三五 題詠は剣法を(一五三頁)　国歌八論斥非の官家論の条に、

今劔を学ぶ者を観るに華法多し、もしこれを当年戦国の武夫に観せましかば、児戯にちかしといはんか、さりとてその武夫、一旦に今時の華法を擬することを得んや、蓋し今、太平の世なれば、死を以て闘ふの事あるにあらず、たゞ仮りに相撃の様を象る、いつしか遂ひに玩具となりて、たゞ旁観の美を務むることになりぬ、されど武家専門に、これを習ふことなれば、また妙境なきにあらず、国詩もしかなり。

とある。甚だ内容も相似た比喩である。

三六 木偶人(一五四頁)　大隈言道のひとりごちにある、

僕(われ)かりに木偶歌と号けたるものあり、魂霊なくて姿も意も昔のものなり、かかる歌は千万首よめりとも、籠にて水を汲むが如し、当世の人の歌、この籠を不レ漏は少なし、しかるに是木偶、何年せば霊(たましひ)や入きたらん、僕つら〳〵田舎人の歌を見るに、木偶にて世を終る人多し、古人は師なり、吾にはあらず、吾は天保の民なり、古人にはあらず、みだりに古人を執すれば、吾身何八、何兵衛なる事を忘る、意のうはべのみ大臣の如くなりて、よむ歌さぞ尊きことにてもあるべけれど、そは賈人の冠袍を着たるなり、全く真似にて、歌舞伎を見るが如し。

の有名な文句も、随園詩話から出たものと思われる。

三七 過現未の区分(一五五頁)　随記の「又同じ人(小坂道賢)の詠草に」の中に「(山家梅)山まどのあらしになれて梅の花さすが春にもおくれざりけり」を景樹が評して、「梅が花が嵐になれて春におくれぬといふこと、例のきゝとりかね候、これは花のさかぬ内嵐になれて春になりて花が咲たといふにはあらずや、いかゞ」などあるのが、この例である。

三八 遠近・巨細(一五五頁)　随記の「信濃人大島直章始て詠草のぼせたるに」の中の「(初春興)鶯のこゑにひかれて小まつばらそこともなしに暮すけふかな」の評に「鶯の声にひかれてとあれば、其引るゝ方ぞことさすかたなり、そこともなしとは云れず…」などあるのが、この例である。

三九 浮たる事…(一五六頁)　この条に述べる実地をよく知らずして名所の旅を詠む弊についても、既に小沢蘆庵が言及している。布留の中道の「草木の花さき実なるまでも是をしり、あるは物名、言語も、都鄙一遍ならざることをさへも知べし」の条に、

○ある歌ニ、いこま山高ねニ月の入まゝに氷消ゆくこやの池水、伊駒は大和河内のさかひの山なり、こやは摂津の西なり、此山ニ入月は大和よりいはでかなはず。○はつせ山ひばらに月はかたぶきてとよらの寺のかねひゞくなり、はつせはとよらの東四五里へだゝれり、はつせのひばらニ月の入を見ば、とよらのかね聞ゆべからず、とよらのかねをきかば、初瀬のひばらにかたぶく月は見るべからず。

と例をあげて、

是皆心を万事に通達せず、心よりよまず、詞ニかゝりて詠る故、如此あやまちはあるなり、是みな先達の歌なれば、みる人又我心より不詠、是を本としてあやまり行事きはまりなし。

として、本書の末の言葉と相似た言葉で、この例をしめくくっている。

四〇 古今人情…(一五八頁)　「古今人情一般」と云うことと、念念に情のかわると云う新情説が、共存しているのが、小沢蘆庵の説であって、「人情は古今通じて一般なりといへども、言語は其時世のうつるにしたがふ」と述べている。人情一般の証として、万葉集と詩経から相似たものを集めて、「国たがひ、事たがひ、詞たがひたれど、情のこゝろたがはざること、符をあはせたるがごとし、…一二の異国同情なるを以、万国同情なる事をしるべし」と述べている。ただし、人情古今一般の論は、

荻生徂徠などの殊に唱えた所、賀茂真淵ら国学者にまでその説が及んだ。彼らはこれをもととして擬古詩擬古文を作ることの理論としたが、清新派は同じこの言葉をもととして、今の情に従い今の言葉をもって詠出しても、古代の秀歌と変ることがないと論じたのである。前者は思想家広く哲学者的な原理を追った理論で、後者は文学者広く芸術家の現実に即した理論であると、これによって区別出来そうである。

四一 **中昔より**(一五八頁) 東塢亭塾中聞書、四の「うへ」の条に、

書紀に神武紀に諾を宇毎(ウ)那利と注し、万葉中にもみなしかり、猶延喜の頃までも、うべとぞ云けん、其頃の歌にむべと云ては、調べとゝのはぬが多し、…和名抄蓏類の中に、郁子の仮名牟閉とあるを証として、大方しかよむべしといへど、猶しからじ、かのくだ物にも、寛平延喜の比までは宇閉と云けんを、源順の時にやう〳〵牟閉とも云しなるべし、…宇と牟とは今古たがへるのみぞ多き、やがて馬をも和名抄には、無万と書く、既に延喜の比よろづ名称乱れたるに因て、大方は古きにかへして、彼抄の撰も有しならめど、猶当時の称のまゝに記されたるも少なからず。

四二 **古の言語かへりて**(一五九頁) 東塢亭塾中聞書、三の「現」の条に「猶万葉より先の古は今の俗とおなじ意につかひけん、文字を当し世より違ひためたるならん」、同、一の「かてら」の条に「平言にてあやにくに事の重なるを、かてゝくはへてと云也、其かてゝにらの助字添るとや知べし」、同、一の「なけ」の条に「俗になげやりと云は即此語也」などの例があるによって云ったものであろう。

四三 **巧を宗とし**(一五九頁) 随記の「備中人塚村直が詠草に」の中の「ほとゝぎす鳴く声聞きし夕ぐれはあやなく人のこひしかりける」の評に、

こは極めて、「人ぞ恋しかりける」と有べき歌なり、の・けるとしては語調たがひ侍り、…今日の応接の語の如く、思ふまゝを述べて、たゞ其用をなすのみとならば、いかで是ばかりの事たがひ侍らん、唯修飾して人の耳目に衒ふ心有故なるべし、其衒ふは名利なり、…鳥を逐ひ、犬を逐にこころ二つなければなり、ほうしつの調、天下違ふことなきを、人ぞ恋しかりけるの、ぞとのとばかりはいかで違ふべからん、されば古往今来さばかりの、てにをはの違ひしを聞ず。

とある。東塢亭塾中聞書、四にも、

詠歌の調べのたがひ、天仁波の差ふをいかにと云に、是平日に差ひててろふ故也と云んか…。

四四 **歌書**(一六二頁) この歌書を詠歌に不要とする論はまた、小沢蘆庵の布留の中道の論によっている。

○或は家々にて不庶幾の詞、加難の詞、などやうの事いでき、甚しきに至りては、伝受、口伝、家説などやうのことさへいできにけり、是をしりたるを、堪能博覧と思ひ、これをしらざるを、未練未達にて、歌詞にあらず、歌道をしらぬなどいひあへり、見よ、伝受、口伝をえし人のうたの聞えがたきを、思ふべし、其比よりしだいにみちせばく成て、その伝なきいにしへの歌よかりしことを、こゝに至りては、歌の最第一は、心をさきとするなどいふ事ゆめにもしらず、いひきかすれども通ぜざること、うるまの人に物いふがごとし。

この文では、歌書でなく、むしろ歌の家の口伝・伝授についてであるが、歌書とは、その家の教えを筆記したもので、程度の差があっても、同性質のものと見るべきで、また、

いにしへ歌のよみかたの書なし、古今序其はじめなり、仍代々の宗匠これにもとづきてあらはす書、あげてかぞふべからずといへども、しひてもとめに応じてこれを書、又かの水中に水をわくるがごとし、この数言を見んよりは、古今序をあきらむにはしかざるべし。

四五 **論語を歌学第一の書**(一六三頁) 香川景樹のこの発言は宋学によるとの説(黒岩一郎著、香川景樹の研究)、伊藤仁斎の学によるとの説(宇佐美喜三八「景樹の歌論に関する一問題」―『国語と国文学』三四の一二)、青年時学んだ猪飼敬所の折衷学によるとの説(宗政五十緒「香川景樹と猪飼敬所」―『語文』第二十三輯)とがある。ここでは「誠だに立なば」という前提で、論語が引出されているので、論語を誠を説くものと見ての立場としてよい。とすれば、「是故、誠之一字、実霊学之頭脳、学者之標的、至哉大哉、聖人之道、誠而已矣」(語孟字義、下)と述べている仁斎学の影響によるとするのが最も近い。仁斎学における聖人之道は、また、論語に説き示したものとされているからである。景樹の説く誠の内容もまた、仁斎の説に相似ている。

徂来先生答問書

一　**詩文章之学は無益…**（一六九頁）　朱子の説を端的に示すものは、朱子語類、八に、

這文皆従二道中一流出、豈有二文反能貫レ道之理一、文是文、道是道、文只如二喫飯時下飯一耳、若以レ文貫レ道、却是把レ本為レ末、以レ末為レ本可乎。

とあるものであって、日本でも、林羅山の如きも、この説を尊奉して、その羅山林先生文集、六六に、

有レ道有レ文。不レ道不レ文。文与道。理同而事異。道也者文之本也。文也者道之末也。末者小而本也者大也。故能固。

朱子学の中でも闇斎学派が最もかたくなに、文学を否定したが、その例として、佐藤直方の韞蔵録続拾遺、四に、

詩ト云モノハ感発シテ作ルガ、言ハワルウテモ、詩ト云モノナリ、……一点人欲ニマミレヌトキノ、タンテキデ作タモノナリ、八十ノ賀ノ詩ヲ作テヤラネバナラヌト云ニ、何ガ情ガ有ウゾ、……詩経ガ出ルト今ノ詩作ハツブル丶、ソレヲ却而詩経ヲ我作ル証拠ニヒクナリ、俗儒ノタメニナルナレバ、孔子ノ大不出来ナリ、故ニ其言訳アリ、詩三百一言云々、アレガ云ワケナリ、学者ト云ハ詩ヲ作テ、又詩デ先生ガ出来ル、朱氏モ作レルト云、ハラスジナコトナリ、刀指ストテ、皆武ヘントハイワレズ、明道モ酒ヲノミ玉フ、ヨヒクルイヲスルト一ツカ。

など、殊に韞蔵録の各所に、朱子の詩についての論を引用したりして、同意のことを述べている。朱子の文学観は、郭紹虞の中国文学批評史、四二章や、羅根沢の中国文学批評史、第六編第九章などに詳しい。

二　**詞章記誦**（一六九頁）　徂徠の口授にかかる経子史要覧に、

宋ノ諸老先生ハ、古ノ事ヲ知ラズシテ、今ノ世ノ学問ト同事ニヲモフテ、学之為レ言効也ト、朱子モ論ジテ、只聖人ノ真似ヲスルヲ学問ト心得タリ、笑フベキコトナラズヤ、且又大切ナル要領タル六経ヲ打ステ丶、別ニ四書ト云モノヲ立テ丶、コレヲノミ誦記サセ、其業終レバ、又小学近思録ナド云フヤウナ、無益ノ書ヲコシラヘテ、六経ヲ蔑ニシ、公然トシテ忌憚ルコトモナク、学問モ別ニ一流ナルコトヲ起シ、詩文ナドノ学ハ、長物ト心得テ、詞章記誦ナド丶云フラシ、玩物喪志トアルヲコダテニトリ、只執拗偏気ノ事ノミヲ説キ、聖人ト云モノハ、只人欲尽テ天理ヲ全ク得玉ヘル人ナリト心得テ、聖人ニモ学ンデナラル丶モノトヲモフハ、己ガ臆説ニテ、学者ノ風上ニモ置ベキ者ニアラズ、故ニ四書五経ノ新注・大全ナド、宋儒ノ著撰セル書ヲ看テハ、却テ大ナル害トナルユヘ、見ザルヲ以テ可トス。

三　**和歌などの様なる物**（一六九頁）　伊藤仁斎の「和歌四種高妙序」（古学先生文集、一）には「詩与二和歌一。一レ源而殊レ派。同レ情而異レ用。故以二和歌之説一。施二之於詩一。靡レ所レ不レ可。以二詩之評一。推二之和歌一亦然。両者同レ条共レ貫。一一脗合。莫レ不三互相二済用一也」とあって、この考えが既に見えるのであるが、蘐園の人人は、大きくそのことに発言している。太宰春台の独言にも「凡、唐土と我が国と風俗同じからずと言へども、詩と歌との道ばかりは、其の道理全く同じ。其の子細は、異国もわが国も、古も今も、人情は異ならざるに、詩も歌も、心の声にて、性情を吟詠するものなれば、唐と大和と、詞のかはるのみにて、性情を吟詠することは、少しもかはることなし」とある。かかる考えを肯定することによって、賀茂真淵や本居宣長の歌論や物語論に、蘐園の文学観が、そのまま輸入されるのであり、その後の歌人達の論にも、漢詩論との交流と云っても、多くは漢詩論の流入であるが、自由に試みられることとなったのである。

四　**人情**（一六九頁）　弁名、下には、次の如く、

情者。喜怒哀楽之心。不レ待二思慮一而発者。各以レ性殊也。七情之目。医書曰。喜怒憂思悲驚恐。儒者曰。喜怒哀懼愛悪欲。或止言二喜怒哀楽四者一。此就下其発レ於二五蔵一者上立二之名一。此皆以二好悪両端一言レ之。大氐心情之分。以下其所二思慮一者上為レ心。以下不レ渉二思慮一者上為レ情。以二七者之発不一レ関レ乎レ性為レ心。関レ乎レ性者為レ情。凡人之性皆有レ所レ欲。而渉二思慮一則或能忍二其性一。不レ渉二思慮一則任二其性所一レ欲。故心能有レ所二矯飾一。而情莫レ有レ所二矯飾一。是心情之説也。凡人之性皆有レ所レ欲。而所レ欲或以二其性一殊。故七情之目。以レ欲為レ主。順二其欲一則喜楽愛。逆二其欲一則怒悪哀懼。是性各有レ所レ欲者見レ於レ情焉。故如下曰二情欲一。曰中天下之同情上。皆以レ所レ欲言レ之。性各有レ所レ殊者亦見レ於レ情焉。故如下

曰二万物之情一。曰三物之不レ斉。物之情上也。皆以二性所一レ殊言レ之。又如三孟子曰二。是豈人之情也哉一。直以為レ性。又如下曰二訟情一。曰二軍情一。曰中用二其情一。皆以二其不一レ匿二内実一言レ之。所レ謂訓レ実是也。亦以二情莫一レ有レ所二矯飾一故転用耳。且訟情軍情。亦各有二一種態度一。而得レ之則瞭然者。亦如二情以レ性殊一。故有二是言一焉。自二宋儒以レ性為一レ理。而字義遂晦。性情之所二以相属一者。不レ得二其解一。至レ於二仁斎先生一而後始明矣。

とあって、宋学の性理学で云う人情の理解とは違ったものである。

五 **風俗をしらるべき**(一六九頁) 経子史要覧の毛詩の条に、

先ヅ四詩一ニ国風トアルハ、諸国民間ノ歌謡ナリ、今ノ世ノハヤリ歌ノヤウナル者ナリ、又田間ノ麦ツキ歌、磨ヒキ歌、或ハ駁子(ゴマ)ノ歌ナドノ類ナリ、コレラハ国々ノ風俗アリテ、詞モ声モ節モ各別ナルユヘニ、総ジテコレヲ国風ト云、日本ノ万葉集ノ歌ノゴトシ、中ニモ卿大夫ノ作モアリ、国君ノ夫人ノ作モアレドモ、国々風俗ニテ各別ナルユヘニ、一ツニ国風ニ編(ア)ミ入タリ、其篇ノ中ニハ、男女夫婦ノ情モ云テアリ、親ヲ思ヒ子ヲ思フコトモアリ、又君ヲ恨ミ夫ヲ怨ムコトモアリ、刺(シ)ルコトモ美(ホ)ムルコトモ云テアリ、貧士ノ仕宦ニ苦労スルコトモアリ、凡世間ニアルトアラユルコト、貴賤、貧富、善否、美悪、皆云尽セリ、コレニテ世ノ風儀国ノ風俗モ心ニウツリ、吾心モ自ラニ人情ニユキワタリ、高位ヨリ賤シキ人ノコトモ知リ、男ガ夫ノ情ヲモ知リ、又賢キガ愚ナル人ノ心ヲモ知ラル、益アリ。

また、六経略説の詩の条に、

一ニ国風トイフハ、諸国民間ノ歌謡ナリ、歌謡トイフハ、今ノ世ノ民俗ノハヤリウタノ如クナル者ナリ、(中略)此等ノ歌ハ、国国ノ風俗アリテ、詞モ声モフシモ各別ナル故ニ、総ジテ是ヲ国風トイフナリ、此方ノ万葉集ノ歌是ニ似タリ、国風ノ中ニ、国君ノ夫人、卿大夫ナドノ作レル詩モ有レドモ、畢竟其国ノ風俗ナル故ニ、国風ニ編入タリ、此中ニハ男女夫婦ノ情ヲ語リ、親ヲ思ヒ、子ヲ思ヒ、君ヲ怨ミ、夫ヲ怨ミ、不肖ナル君ヲ刺リ、賢ナル大夫ヲ美メ、国政ノ正シカラヌヲ歎キ、或ハ貧士ノ仕官ニ勤労スルヲ憐ミ、或ハ匹夫匹婦ノ室家ヲ安ンゼザルヲ憂ルガ如キ、凡世間ニアリトアラユル事、大小美悪、賤キ者ノ所作マデモ、イヒノコセルコト無シ、サレバ国風ノ詩ヲ観レバ、其国ノ政ノ善否、風俗ノ美悪、皆見ユルナリ、古ノ時、天子ノ太史官、諸国ノ詩ヲ採集テ、王朝ノ楽府ニ列ス、其中ニテ詞ガラノ文雅ニシテ野鄙ナラヌヲ選テ、コレヲ音律ニ協テ、君子ノ宴饗ニコレヲ歌ハシム、楽府トハ、此方ニイフ楽所ナリ、本ハ賤キ男女ノ詞ナレドモ、一タビ王朝ノ楽府ニ入ヌレバ、君子ノ宴饗ニモコレヲ歌テ、己ガ志ヲ述ルナリ、左伝ノ中ニ、国君士大夫ノ詩ヲ賦スルトイフハ、皆是ナリ。

六 **聖人**(一六九頁) 徂徠の聖人観は、この答問書の上にも「堯・舜・禹・湯・文・武を古之聖人と申候。皆古之人君にて御座候云云」(本書一八五頁)とあるが、詳しくは、弁名、上に見える。一部を抄出する。

聖者作者之称也。楽記曰。作者之謂レ聖。述者之謂レ明。表記曰。後世雖レ有二作者一。虞帝弗レ可レ及也已矣。古之天子。有二聡明睿智之徳一。通二天地之道一。尽二人物之性一。有レ所二制作一。功侔二神明一。利用厚生之道。於レ是乎立。而万世莫レ不レ被二其徳一。所レ謂伏羲神農黄帝。皆聖人也。然方二其時一。正レ徳之道未レ立。礼楽未レ興。後世莫二得而祖述一焉。至レ於二堯舜一。制二作礼楽一。而正レ徳之道始成焉。君子以成レ徳。小人以成レ俗。刑措不レ用。天下大治。王道肇レ是矣。是其人倫之至。参二賛造化一。有下以財二成天地之道一。輔中相天地之宜上。而立以為二万世之極一。孔子序レ書。所二以断一レ自二唐虞一者。為レ是故也。三代聖人。皆亦遵二堯舜之道一。制二作礼楽一。以立二一代之極一。蓋歳月弗レ反。人亡世遷。風俗日漓。以汚以衰。辟二諸川流滔滔一。不レ可二得而挽一也。三代聖人知二其若一レ是。乃因二前代礼楽一有レ所二損益一。以維二持数百年風俗一。使三其不二遽趨一レ衰者。於レ是乎存焉。夫堯舜禹湯文武周公之徳。其広大高深。莫二不レ備焉者一。豈可二名状一乎。祇以二其事業之大。神化之至一。無下出レ於二制作之上一焉者上。故命レ之曰二聖人一已。至レ於二孔子一、則生不レ遭レ時。不レ能レ当二制作之任一。而方二其時一先王之道廃壊已極。乃有下非二先王之道一。而命以為二先王之道一焉者上。有下先王之道而黜不三以為二先王之道一焉者上。是非淆乱。不レ可二得而識一也。孔子訪二求四方一。釐而正レ之。然後道大集レ於二孔子一。而六経於レ是乎書。故中庸曰。苟不二至徳一。至道不レ凝焉。是之謂也。且其一二所下与二門人一言中礼楽上者。制作之心。可二得而窺一矣。故当時高弟子如二宰我子貢有若一。既称以為二聖人一者。不三翅以二其徳一。亦為二制作之道存一故也。㬰使レ無二孔子一。則先王之道亡久矣。故千歳之後。

道不レ属二諸先王一。而属二諸孔子一。雖二邪説異教之徒一。亦莫レ有下謂三孔子非二聖人一者上。則宰我子貢有若之言。果徴レ於二今日一焉耳矣。夫孔子之徳至矣。然使レ無二宰我子貢有若子思之言一。則吾未三敢謂二之聖人一也。以三吾非二聖人一。而不レ能レ知二聖人一也。夫我以二吾所一レ見。定三其為二聖人一。僭已。僭則吾豈敢。我姑以二衆人之言一。定三其為二聖人一。無二特操一者已。無二特操一則吾豈敢。雖レ然。古聖人之道藉二孔子一以伝焉。使レ無二孔子一。則道之亡久矣。千歳之下。道終不レ属二諸先王一。而属二諸孔子一。則我亦見二其賢一レ於二堯舜一也已。蓋孔子之前。無二孔子一。孔子之後。無二孔子一。吾非二聖人一。何以能定二其名一乎。故且比二諸古作者一。以二聖人一命レ之耳。

七 **言葉を巧に**（一六九頁） 徂徠の「与二平子彬一書」(学則附録)に、巧を「文」の文字で示して、その内容に及んでいる。「夫辞与レ言不レ同。足下以為レ一。倭人之陋也。辞者。言之文者也。言欲レ文。故曰尚レ辞。曰修レ辞。曰文以足レ言。言何以欲レ文。君子之言也。古之君子。礼楽得二諸身一。故修レ辞者。学二君子之言一也。足下所レ称。昌黎以還。質勝而文亡。豈足三以為二文邪一。是無レ它。不レ知二修レ辞之道一。乃積レ字成レ句。所二以質一也。是謂二野人之言一。非二君子之言一也。(下略)」とあって、巧と云うのは、単に技巧的の意ではなく、別の言葉をもって、彼らが「風雅」とか、引用文に「文」とか称するものである。そして、その「風雅」の本質なるものは、「君子之言」の持つものと一致する。ここに、儒学の本質と、徂徠らの云う文学の本質の一致があって、一面に表現を尊重することで、朱子学の如き、文学の思想的制御から脱出したけれども、その表現の内容には、徂徠的な理解の下においてであるが、儒学との緊密な関聯がたたれているのである。徂徠らの文学観は、朱子などと同じく、思想家側からのものであって、文学者側からのものでなかったことは、この点からもうかがえる。

八 **後世之詩文章**（一七〇頁） 伊藤仁斎の童子問に「詩起二於三百篇一。文本二於尚書一」とあって、詩経を韻文学の源流としていたことが明らかである。山県周南の為学初問には「古の詩と今の詩と体こそかはれ詩の徳は殊なる事なし、文雅の心なき人は固陋偏僻にて君子の域に入難し、先詩を学び、それより文章を学び、文辞の道に通ずれば六経古書もすめて、聖賢の道にも是より入ことなり、詩文何の害かあらん、専ら務むべき事なり」と、一段とこの事を明らかにしている。

九 **文字をよく会得…**（一七〇頁） 徂徠の学則、二に示す所をかかげる。宇猶レ宙也。宙猶レ宇也。故以二今言一眎二古言一。以二古言一眎二今言一。均之朱離鴃舌哉。科斗貝多何択也。世載レ言以遷。言載レ道以遷。道之不レ明。職是之由。処二百世之下一。伝二百世之上一。猶三之越裳氏重二九訳一邪。重訳之差。不レ可二弁詰一。万里雖レ敻乎。猶当二其世一。孰三若奘之身游二身毒一邪。故之又故。子孫雲仍。烏識二其祖一。千歳逝矣。俗移物亡。故之不レ可レ恃也。烏能置二身仲尼之時一。従二游夏一。親受レ業邪。宇与レ宙果殊矣。雖レ然。不レ朽者文。其害具存。方三夫世之未二載レ言以遷一也。管晏老列亦類也。何悪二其道不一レ同也。不レ求二諸道一而求二諸辞一。不レ味者心邪。朱離鴃舌。何啻言与レ言殊。其所二以錯一レ辞者亦殊耳。吾奉二于鱗氏之教一。眎レ古修レ辞。習レ之習レ之。久与レ之化。而辞気神志皆肖。而目之眎。口之言。何択。夫然後千歳之人。且莫レ遇レ之。是之謂下置二身仲尼之時一。従二游夏一親中業也。是之謂二与レ古為一レ徒也。亦何仮二彼之故一為。

一〇 **風雅**（一七〇頁） 補注七に示した徂徠の「文」のことであって、文の内容は、また、弁名、下に見えるが、文学に具体的にあらわれた所については、徂徠門の高足の云う所をうかがう。詩の模範を詩経に求めて、その本質である風雅を解した太宰春台の詩論に次の如きがある。

其辞温厚而不レ慢、質実而不レ俚、方正而不レ角、的切而不レ刻、紆徐而不レ回、委曲而不レ瑣、華麗而不レ浮、倹素而不レ陋、美而不レ諂、刺而不レ隠、怨而不レ怒、愛而不レ私、其義極二乎天下之中正一。

また、服部南郭の燈下書には、風雅の情の解を次の如く下している。

三百篇を始て、漢魏六朝の古辞楽府など、皆一例に風雅の情と申ものにて候、風雅の情とは、我身に罪もなきが、君親などに思捨られたるを、何ほど苦にいたし候ても益なく候はんに、孟子の所謂恝(カツ)なると申様に、君親のいたらざるは是非なし、我身さへ誤りなくばそれまでよと思ひとり、つらくと明らめ苦にもせざるものあらんに、後世理窟の上にては、愚痴にもなきよき合点よと可レ申事なれども、詩人の情は左にはあらず、益なき事は我もしりて思ひかへしくすれども、ひたと心にかゝり、悲しみ憤りも出候余り、其情を詠歌して、せめて君親の万一もと思ひかへし、人もあはれと感ずる様に、諷諫にも用ひ候事、是則風雅の情にて候、又たとへば友などに別るゝ時、平生の好みを思ひ出、別後の恨うきをなげき、共に涙を流してあはれを述るなど云様の事、宋以後理学計の目よりは、手ぬるき児女子の様に見え候事なれども、それすなはち風人の情にて候、古三百篇も、詩の教は温柔敦厚をもとゝする事にて、必竟君子の志を述る物にて、ものごとに温和に、人をも浅く思ひすてず、云出ること葉も婉曲にして、何となく人の心を感ぜしむるを専一と仕事故、自ら風雲花月に興をよせ、詞の上にあらはれざる事ども多く有レ之候、詩経を六経の内に入、古聖人の教も詩書と並べ称して、人に御教候も、此渾厚の情を失ざるを君子の徳となし候事と相見え候、然ざれば夷狄の径レ情直行、小人の態に成候故に候、詩のみにもあらず、古の聖人の道皆如レ此に候、能々御心付御覧候べし、扨詞をゑらみ候も同じく悲しみ喜びを述候に、詞によりて格別軽重雅俗もかはり候故、詞のえらみ第一にて、三百篇以来皆随分に詞を選びたる物に候、吟味のとなへがらにて、何となく打上りて聞え、それとはなくて人の感を起す様に作り候事は、詞と風体を第一によく仕立不レ申候ては成がたく候、此御心得にて、古詩にても唐詩にても御吟味候へ、皆其通りに候。

一一　**君子**(一七〇頁)　弁名、下に、次の如くある。

○君子者。在レ上之称也。子男子美称也。而尚レ之以レ君。君者治レ下者也。士大夫皆以レ治レ民為レ職。故君尚レ之子以称レ之。是以レ位言レ之者也。古雖レ在二下位一。其徳足レ為二人上一。亦謂二之君子一。是以レ徳言レ之者也。古之人。学而成レ徳。則進二之士一。以至二大夫一。故曰君子者成レ徳之称。後世儒者。老荘内聖外王之説。論二其骨髄一。遂忘三先王之道為二安民之道一。故其所レ謂君子者。多外レ仁以言レ之。其失レ之遠甚焉。孔子曰。君子去レ仁。悪乎成レ名。豈不レ然乎。然其所レ謂仁。或以二慈愛一言レ之。或以二人欲浄尽天理流行一言レ之。則雖レ有二孔子之言一。無三能救レ於二其謬一。豈不レ悲乎。学者以下論語諸書言二君子一言レ仁諸章上。求二諸古義一。庶或不レ失焉耳矣。大氏古之学。詩書礼楽。故君子修レ辞達レ政。礼楽以文レ之。是謂二之成徳一。外レ乎レ此而語二成徳一。以レ心以レ理。皆非下三代論二君子一之義上也。

一二　**事物当行の理**(一七二頁)　弁道に、この云い方が易から出たもので、道を正しくさしたものでないと論じて、云う。

道者統名也。挙二礼楽刑政凡先王所レ建者一。合而命レ之也。非下離二礼楽刑政一別有中所レ謂道者上也。如レ曰下賢者識二其大者一。不賢者識二其小者一。莫上不レ有二文武之道一焉。又知下武城絃歌。孔子有二牛刀誚一。而子游引中君子小人学上レ道。可レ見已。孔安国註。道謂二礼楽一也。古時言語。漢儒猶不レ失二其伝一哉。後世貴レ精賤レ粗之見。昉二於濂渓一。濂渓乃淵二源於易道器之言一。殊不レ知道謂二易道一也。形謂二奇偶之象一也。器謂レ制レ器也。易自卜筮書。不レ可下与二它経一一視上焉。如三宋儒訓レ道為二事物当行之理一。是其格物究理之学。欲レ使下学者以二己意一求二夫当行之理於事物一。而以レ此造中礼楽刑政上焉。夫先王者聖人也。人人而欲レ操二先王之権一。非レ僭則妄。亦不二自揣一之甚。

一三　**天地自然の道**(一七二頁)　弁道に、老荘の云う所に刺戟されて出て来た語で、道を正しく示すものでないことを次の如く論じてある。

先王之道。先王所レ造也。非二天地自然之道一也。蓋先王以二聡明叡知之徳一。受二天命一。王二天下一。其心一以レ安二天下一為レ務。是以尽二其心力一。極二其知巧一。作二為是道一。使三天下後世之人由レ是而行レ之。豈天地自然有レ之哉。伏羲神農黄帝亦聖人也。其所二作為一。猶且止二於利レ用厚レ生之道一。経二顓頊帝嚳一。至二於堯舜一。而後礼楽始立焉。夏殷周而後粲然始備焉。是更二数千年一。更二数聖人之心力知巧一而成焉者。亦非下一聖人一生之力所二能弁一焉者上。故雖二孔子一亦学而後知焉。而謂二天地自然有レ之道一而可哉。如三中庸曰二率レ性之謂レ道。当二是時一。老氏之説興。貶二聖人之道一為レ偽。故子思著レ書。以張二吾儒一。亦謂下先王率二人性一而作中為是道上也。非レ謂三天地自然有二是道一也。亦非レ謂下率二人性之自然一不中仮二作為一也。辟如三伐レ木作二宮室一。亦率二木性一以造レ之耳。雖レ然。宮室豈木之自然乎。大氏自然而然者。天地之道也。有レ所二営為運用一者。人之性也。後儒不レ察。乃以二天理自然一為レ道。豈不二老荘之帰一乎。

一四　**道といふは…**(一七二頁)　弁名、上に、徂徠の云う道の意義と、朱子学の解する所の誤りなることを論じてある。

道者統名也。以レ有レ所レ由言レ之。蓋古先聖王所レ立焉。使三天下後世之人由レ此以行一。而已亦由レ此以行也。辟下諸人由二道路一以行上。故謂二之

道一。自二孝悌仁義一。以至レ於二礼楽刑政一。合以名レ之。故曰二統名一也。先王聖人也。故或謂二之先王之道一。或謂二之聖人之道一。凡為二君子一者務由焉。故亦謂二之君子之道一。孔子之所レ伝。儒者守焉。故謂二之孔子之道一。亦謂二之儒者之道一。其実一也。然先王代殊焉。故曰二先王之道一者。夏以夏。商以商。周以周。皆在二其代一之辞也。称二孔子一以別二它人一焉。称二儒者一以別二百家一焉。有レ対斯小。故君子有レ時乎言レ之。非二恒言一也。夫道也者自二上古聖人之時一。既已有レ所レ由焉。至レ於二堯舜一而後道立焉。歴二殷周一而後益備焉。是更二数千歳数十聖人一。尽二其心力智巧一以成レ之。豈一聖人一生之力所二能為一哉。故孔子祖二述堯舜一。憲二章文武一。好レ古。好レ学。為レ是故也。宋儒誤二読中庸孟子書一。乃謂人性善。故道率二人性一自然有レ之。殊不レ知当二其時一老氏之徒盛以二仁義一為レ偽。故子思謂聖人率二人性之自然一以立レ道耳。豈謂下人率二己性一則自然有上レ道乎。孟子謂二仁義之根一レ於レ性耳。善亦大概言レ之。豈謂二人人不一レ殊二聖人一乎。遂以レ道属二諸人人一。而不レ属二諸聖人一。其究必至下於以二礼楽刑政一為中粗迹上焉。殊不レ知道無二精粗一無二本末一一以貫レ之也。其解曰。道者当レ行之理。是言也以賛レ道則猶之可矣。然亦僅足二以勧一レ人行一レ道之言耳。由レ道則坦然。不レ由レ道則冒二蓁蕀一蹈二険巇一。蓋由レ焉乎。是何足二以尽一レ道哉。若取二当レ行之理其臆一。而謂二是聖人之道也一。則妄之甚者矣。果其言之是乎。孔子奚学。以二彼其聖人之智一。何所レ不レ知。亦不レ思之甚也。大氐先王之道。若レ迂若レ遠。常人所レ不レ能レ知。故曰。民可レ使レ由レ之。不レ可レ使レ知レ之。又曰。為二此詩一者。其知レ道乎。以二道之難一レ知也。又曰。吾道一以貫レ之。而不レ言二以レ何貫一レ之。以二其不一レ可レ言也。故先王立二言与一レ事以使レ守レ之。詩書礼楽。是其教也。是故以二顔子之知一。猶且博学レ於レ文。約レ之以レ礼。而後見三其如二有レ所レ立卓爾一。若使四道瞭三然於二一言一。則先王孔子已言レ之。万万無二此理一。豈不二妄之甚一乎。

一五　**礼楽**（一七二頁）　弁名、上の礼の条に、説明がある。

礼者。道之名也。先王所二制作一四教六芸。是居二其一一。所レ謂経礼三百。威儀三千。是其物也。六芸。書数為二庶人在レ官者府史胥徒専務一。御亦士所レ職。射雖レ通レ乎二諸侯一。其所レ謂射。以二礼楽一行レ之。非レ若二民射主レ皮者比一焉。唯礼楽乃芸之大者。君子所レ務也。而楽掌レ於二伶官一。君子以養レ徳耳。至レ於レ礼則君子以レ此為二顕業一。是以孔子少以レ知レ礼見レ称。之レ周問三礼於二老聃一。之レ郯之レ杞之レ宋。唯礼之求。子夏所レ記。曾子所レ問。七十子皆斷二斷於一レ礼。見二檀弓諸篇一。三代君子之務レ礼。可二以見一已。蓋先王知三言語之不一レ足二以教一レ人也。故作二礼楽一以教レ之。知二政刑之不一レ足二以安一レ民也。故作二礼楽一以化レ之。礼之為レ体也。蟠レ於二天地一。極レ乎二細微一。物為二之則一。曲為二之制一。而道莫レ不レ在焉。君子学レ之。小人由レ之。学之方。習以熟レ之。黙而識レ之。至レ於二黙而識一レ之。則莫レ有レ所レ不レ知焉。豈言語所二能及一哉。由レ之則化。至レ於レ化。則不レ識不レ知。順二帝之則一。豈有二不善一哉。是豈政刑所二能及一哉。夫人言則喩。不レ言則不レ喩。礼楽不レ言。何以勝レ於二言語之教一レ人也。化故也。習以熟レ之。雖レ未レ喩乎。其心志身体。既潜与レ之化。終不レ喩乎。且言而喩。人以為其義止レ是矣。不三復思二其余一也。是其害。在レ使二人不一レ思已。礼楽不レ言。不レ思不レ喩。其或雖レ思不レ喩也。亦未レ如二之何一矣。則旁学二它礼一。学之博。彼是之所二切劘一。自然有二以喩一焉。学之既博。故其所レ喩。莫レ有レ所レ遺已。且言之所レ喩。雖二詳説一レ之。亦唯一端耳。礼物也。衆義所二苞塞一焉。雖レ有二巧言一亦不レ能三以尽二其義一者也。是其益在二黙而識一レ之矣。先王之教。是其所三以為二至善一也。是礼楽之教。雖レ在二黙而識一レ之。然人之知。有レ至焉。有レ不レ至焉。故孔子有レ時乎。挙二一隅一以語二其義一。義者先王所二以制一レ礼之義。戴記所レ載皆是已。祇人之知。有レ至焉。有レ不レ至焉。故七十子之信二先王一者。不レ及三孔子之信二先王一也。其人之信二七十子一者。亦不レ及三七十子之信二孔子一也。故其欲レ喩レ人之急。論二説其義一之弗レ已。日以蔓衍。以至レ於二戦国之時一。義遂離レ乎レ礼而孤行。不三復就レ礼言二其義一。観二孟子書一可レ見已。自レ此其後。去レ古益遠。義理之説益盛。囂然以乱二天下一。先王孔子之教。蕩乎尽焉。

一六　**文采**（一七二頁）　弁名、下に見える文がこの説明になるが、文なれば自ら風雅の感を生むことになるのである。

文者。所二以状レ道而命一レ之也。蓋在レ天曰レ文。在レ地曰レ理。道之大原出レ於レ天。古先聖王法レ天以立レ道。故其為レ状也。礼楽粲然。是之謂レ文。論語曰。文王既没。文不レ在レ玆乎。是直指レ道為レ文也。中庸曰。文王之所二以為一レ文也。是形二容聖人之徳一。而言二其能法一レ天也。堯典曰。欽

明文思。是道雖二自レ古有一レ之。礼楽未レ立。堯之思深遠。乃始作二礼楽一。故曰二文忠一也。是堯舜以後所レ謂道。皆文也。如二夏尚レ忠。殷尚レ質。周尚一レ文。世儒見以為三至レ周始一レ文矣。殊不レ知是論説之言。就レ礼而論三三代所二以殊一已。夏殷皆因二堯舜之道一。制二作礼楽一。故三代之道。均レ之文矣。而其所二以為一レ文者。乃有二三者之異一。是其時風俗所レ尚自不レ同。然当二其時一。夏以二夏礼一為レ文。殷以二殷礼一為レ文。周以二周礼一為レ文。自二後人一比二並三代之礼一観レ之。乃有二是言一也。豈容下拠二是言一而謂中夏殷無上レ文哉。先儒又拠二是言一以為下文質如二循環一。夏殷損二唐虞之文一為上レ質者。皆益非矣。表記曰。虞夏之質。殷周之文。至矣。可レ見レ忠質文本非二一定之論一已。又如丁礼器曰丙有二以レ文為レ貴者一。有乙以レ素為レ貴者甲。是論下説周公所二以制一レ礼之意上。而言下周礼有二此数者一不上レ同也。又如レ曰二礼有レ本有一レ文。是亦論下説所二以制一レ礼之意上。而就二一礼一言レ之。本者礼所二由起一也。文者脩二飾之一以成レ礼者也。如レ射。其所二由起一。在三弧矢之利以威二天下一。是本也。後来聖人以二礼楽一文レ之。是文也。射不レ主レ皮。則聖人之意。専在下習二礼楽一以成上レ徳。而其失二本意一与レ否。則有二不レ暇レ問者一焉。如二燕饗之礼一。其始亦唯在三飲二食之一耳。後来聖人以二礼楽一文レ之。則酒清人渇而不二敢飲一也。肉乾人饑而不二敢食一也。其意非三専為二飲食一也。是所レ謂文也。是聖人之意。全在レ文而不レ在レ本焉。後世儒者狃二老荘之説。貴レ精賤レ粗之見一。乃以レ本為レ体。以レ文為レ用。又不レ知二古言一。直以レ本為レ質。可レ謂レ謬矣。

礼楽と文との関係については、

有二対レ礼言者一。如レ曰二博学レ於レ文。約レ之以一レ礼。是也。是文指二詩書礼楽一言レ之。然詩書礼楽在レ外。苟欲レ成二徳於一レ己。則在二以レ礼守一レ之。是礼乃文中一物。其言若レ不レ倫然。古言為レ爾。如下礼与二其奢一也寧倹。喪与二其易一也寧戚上。亦喪是喪礼。亦吉凶軍賓嘉之一。而礼与レ喪対説。可二以見一已。

有二対レ武言者一。武謂レ戡レ乱。而礼楽之治在二平日一。故対言レ之。非レ若下後世岐二文武一二レ之者比上。

如二論語。夫子之文章。及堯煥乎其有二文章一。皆指二礼楽一言レ之。是聖人之功業也。

質有二不レ対レ文言レ之者一。如レ曰二質直好一レ義。亦謂二其為レ人愨一已。

一七 **心法理窟**（一七二頁） 徂徠も、朱子学のこの点を批難しているが、ここでは太宰春台の弁道書・聖学問答、上から援用しておく。

○心性の説は孟子より始りて、其毒後世に流れ、宋の世に及で程子朱子専是を以て宗旨として人に教へ候。宋儒の心性を説くは、皆仏者のまねにて候。孟子の心性を談ぜられしは、自然の誤にて候。古の聖人は心を治ることをば教へたまはず候。経書には礼記の楽記の中に致レ楽以治レ心といふ文見え候より外に治心の文字を見ず候。楽記の意は、聖人の道に心を治ることは無く候へども、心は活物にて暫時も只居られぬ物なる故に、何にても善き玩物をもてあそばしめざれば、必放逸してとゞめがたく候。玩物いろ〳〵有る中に、楽にしく者は無く候。（中略）側に在る琴瑟を引よせて爪しらべにてもすれば、それに心移りて妄念やむ、是すなはち心を治るにて候。此外に心を治る術は無く候。（中略）宋儒の心法は仏道をまねて杜撰したる物にて候。根本似せ物なる故に、仏道の正真なるに及ばず候。

○問曰、朱子性善ノ説ニ所為ク、人ハ天地陰陽五行ノ気ヲ受テ生ズル故ニ、陰陽ノ性ハ、乾坤健順ノ徳ト成リ、五行ノ性ハ、五常ノ徳トナル、天地陰陽五行ノ気ニ不善ナケレバ、是ヲ受テ生ズル人モ、性ニ不善ナシ、是ヲ本然ノ説ト云フ。大ノ不善ヲナスハ、気質ノナス所也、性ノ罪ニ非ズト。此説ニ依レバ、人ノ性ハ、乃チ天地ノ性也、天地ニ不善ナケレバ、人ノ性ニモ不善ナカルベシ。如何。答曰。此説ハ、性善ノ義ヲ立ントテ、古聖人ノ道ニナキコトヲ、杜撰シテ云ヘル也。畢竟造化ノ理ヲ知ラザルガ故也。（中略）畢竟天意測リ難シ、道理ヲ以テ推スコトヲ得ズ、只六経ノ旨ニ任セ、孔子ノ言ヲ以観レバ、程朱ノ妄謬見ユル也。

一八 **わざ**（一七二頁） 朱子学者の用語で、理りに対して用いる。徂徠から見れば、朱子学では、この理りを、重んじて、煩瑣な理論を重ねることを、学問の主題とする。しかし、古代の儒教では、理りまたは道の、現実生活での具現である「わざ」が、最も重視されたものであった。古代の教は、詩書礼楽の四術であって、詩と書は辞、礼楽は事、この辞と事に、教は示されている。朱子学者達のわざと云うものである。が、これを明らかにするのが儒の学問である。以上の徂徠の考えを、要を得て述べたのが、学則の附録「答二安澹泊一書」の文である。次に抄記する。

（前略）不佞則以為道之大。豈庸劣之所二能知一乎。聖人之心。唯聖人而後知レ之。亦非三今人所二能知一也。故其可三得而推一者。事与レ辞耳。事与レ辞。雖二卑卑焉一。儒者之業。唯守二章句一。伝二諸後世一。陳レ力就レ列。唯是其分。若其道。則以竢二後聖人一。是不佞之志也。（中略。宋儒のことを云って）又疎二於礼一。如二濮議一。諸儒聚訟。雖二程朱二公一。莫レ有二明弁一。今求二諸儀礼一。不レ竢二多言一。本自了了。又如二家礼神主制一。長尺有二寸。象二十二月一。凡礼用二十二一。唯天子為レ然。祭二四代一。唯諸侯為レ然。伊川乃用二諸庶人一。豈非レ僭邪。大氏孔子時学問。専用二力於礼一。而宋儒不レ爾。其所二主張一。理気之説。六経無レ之。唯易有二形而上下之言一。然所レ謂器者。亦制器尚器蔵器之器。本文可レ証。豈気之謂乎。天理人欲。出二於楽記一。而不レ言下去二人欲一以尽上レ之。夫人欲浄尽。豈人之所二能為一乎。克己之己為二己利一。然六経無二此例一。且下文由レ己。乃人己之己。孔子一時之言。豈若レ是乖張乎。解二格物一為レ窮二到於事物之理一。是加二窮理二字一。其義始成。殊覚二牽強一。且窮理。本賛二聖人作一レ易之言。豈可レ望二之学者一乎（下略。いちいちに宋儒の性理説を批評する）。

一九　**無点**（一七三頁）　徂徠の著としては、疑念を持たれているが、蘐園の人の手になった詩文国字牘に、日本風の訓点の不都合について、次の如く述べてある。

一　日本の諸儒、古来より読レ書候に和語を以て読習はし、是を和訓と申候則中華之訓詁之儀之様に覚申候得ども、夫は訓詁にては無二御座一訳語と申物にて、字々的当之訓義に而無レ之候。刀之指様を扇を以て教候様なる儀にて、扇は真の刀にては無二御座一候へば、唯眼前の意を通じ候迄にして、是を訓詁と心得候ては大に相違御座候。然れば中華の念書は其義未レ見内には、仮令読候ても其意は通じ不レ申候。日本の仏経陀羅尼を念じ候如くに御座候。然るに日本の読法は順逆上下して中華の書に和語を附唯一読致し候得ば、過則勿レ憚レ改と能解せられ申候。解せられぬ様ニ附候ては、読内より通ぜず候故、難レ読候へば誠に訳語の儀を和訓と申候事も断に候、然ば日本の学者は初学より義理通じ候而、学問致しやすく、成就もはやき様に相見へ申候、乍爾、日本は日本、中華は中華、言語の一体本より相違有レ之候得ば、脗合といたさゞる事ニ候。夫故和訓廻点の読、能通じ候様ニ見へ候得共、実は無理に引合たる者と可レ被二思召一候、世上の人、此儀を不レ存、読レ書作レ文候に専ら和訓をたのみ候故、通識博学と称せらるゝ人も、其古人の語を解せられ候を窺ふに、皆隔レ靴抓レ痒やうなる事にて御座候、扨又其自身の著述といふものを見候に、悉今言和習顚倒錯乱のみにして、愚老が如きものは、何と申語にて候やらん、曾て解され不レ申候、是は別儀にては無レ之、右申如く和訓にて学問致し易きが、今此害となりたるに御座候。然ば学者たる者の先務は、華人の言語に付て、華人の言語を直に解する事肝要に候。然れども華人の言語の格別なるは、華人も自ら不レ存事ニ候、是中華の外の人ならぬ故、中華の外に別の解し様可レ有レ之とは存知不レ申候。

二〇　**学問の道は…**（一七四頁）　学則附録の「答二屈景山一書」の中に、次の如くある。

明李王二公。倡二古文辞一。亦取二法於古一。其謂二之古文辞一者。尚レ辞也。主レ叙レ事。不レ喜二議論一。亦矯二宋弊一也。夫後世文章之士。能卓然法レ古者。唯韓柳李王四公。故不佞嘗作二為四大家雋一。以誨二門人一。而其尤推二李王一者。尚レ辞也。雖レ然。不佞所三以推二二公一者。不二特此一耳。夫学問之道。本レ古焉。六経論語。左国史漢。古書也。人孰不レ読。然人苦二其難一レ通。古今言之殊也。故必須二伝注一以通レ之。猶下之仮二倭訓一以読中華文上邪。尚隔二一層一。髣髴已矣。且伝注之作。出二於後世一。古今言之殊。彼亦猶レ我也。彼且以レ理求二諸心一。而不レ求二諸事与一レ辞。故其紕繆。不レ可二勝道一。且如二明徳異端一。其解豈不レ美乎。然至二於詩左伝家語一。有二不レ合者一焉。里仁者。居レ仁也。主皮。非二貫革一也。何有二於我一哉。謂二謙辞一也者。其説至二於康衢之謡一而窮焉。君子人与。君子人也。作二問答一解。亦至二於戴記一而悖焉。夷狄之有レ君。素以為レ絢兮。皆枉レ辞以従二己之見一焉。凡如レ此類。更レ僕何罄。不佞従レ幼守二宋儒伝注一。崇奉有レ年。積習所レ錮。亦不三自覚二其非一矣。藉二天之寵霊一。曁二中年一得二二公之業一以読レ之。其初亦苦レ難レ入焉。蓋二公之文。資二諸古辞一。故不レ熟二古書一者。不レ能二以読一レ之。古書之辞。伝注不レ能レ解者。二公発二諸行文之際一渙如也。不三復須二訓詁一。蓋古文辞之学。豈徒読已邪。亦必求レ出二諸其手指一焉。能出二諸其手指一。而古書猶二吾之口自出二焉。夫然後。直与二古人一相二揖於一堂上一。不レ用二紹介一焉。豈如下郷者徘二徊乎門墻之外一仰二人鼻息一以進退者上邪。豈不二踰快一哉。且二公之文主二叙事一。而于鱗則援二古辞一以証二今事一。故不レ諳二明事制一者。雖レ熟二古書一。亦不レ能レ読焉。夫六経。皆事也。皆辞也。苟嫺二辞与レ事。古今其如レ示二諸掌一乎。於レ是回レ首以読二後世之書一。万巻雖レ夥乎。如二破竹一然。辟三諸良工必先攻二堅木一焉。吾之刃。試二諸盤根錯節一。而其余脆材柔木。易易耳。世人乃択二其易者一読レ之。習以為レ常。古書則束二之高閣一。辟下諸古鼎彝之可二貴重一而不上レ可二狎用一也。仁斎之言。豈不レ然乎。夫学者載籍極博。然其出二於宋以後一者。十八九。故愈読愈憚二古書之難一。習之罪也。其謂二典謨論語一為レ易レ読者。乃縁下自レ幼習二読伝注一之久上。是以覚二其易一耳。叚使下無二伝注一而驟視上レ之。豈易乎。如二二公之業一。俾下不レ習者驟読上レ之。亦必仮二訓詁一。粗通二其指一。其以謂二故為レ難レ読者。不二亦宜一乎。宋儒伝注。唯求二理於其心一以言レ之。夫理者。無二定準一者也。聖人之心。不レ可二得而測一矣。唯聖識レ聖。宋儒之所レ為。豈不レ倨乎。不佞則不レ敢。夫道則高矣美矣。譾劣之資。不レ可二企及一。故卑卑焉求二諸事与レ辞。其心謂。儒者之業。唯守二古聖人之書一。以詔二後世一。其斯可也。後賢之説。雖二高妙一乎。其於二事辞一有レ不レ合也。何以知下其於二聖人之心与レ道必合上哉。君子於二其所レ不レ知。蓋闕如也。且聖人之教。被二諸天下一。天下之人。愚与二不肖一亦夥哉。故卑卑焉者。何必鑑二於聖人之指一。是不佞之心也。如二陽明仁斎一。亦排二宋儒一者也。然唯以二其心一言レ之。而不レ知レ求二諸辞与レ事。亦宋人之類耳。故不佞不レ取焉。李王二公没レ世用二其力於文章之業一。而不レ遑レ及二経術一。然不佞藉二其学一。以得レ窺二経術之一斑一焉。是不佞所四以俾三従游之士学二二公之業一者。亦以下其所レ験二於己一者上教レ之也。豈有二它意一乎。

二　**勧善懲悪**（一七六頁）　朱子の詩経集伝の序に「然則其所二以教一者何也。曰。詩者。人心之感レ物。而形二於言一之余也。心之所レ感有二邪正一。故言之所レ形有二是非一。惟聖人在レ上。則其所レ感者無レ不レ正。而其言皆足二以為レ教。其或感レ之之雑。而所レ発不レ能レ無二可レ択者一。則上之人必思レ所三以自反一。而因有三以勧二懲之一。是亦所二以為レ教也」とある。

三　**人性ニ通達**（一七七頁）　六経略説の詩経についての条に、

今天下ノ尊位ニ居テ、万民ノ情ヲ知ントオモハヾ、詩ヲ学ブヨリ善キコトナシ、詩ニハ天下ノ人情ヲ尽セレバナリ、今ノ世ノ諺ニ、歌人ハヰナガラ名所ヲ知ルトイフガ如シ、詩ヲ学ベバ天下ノ事ヲ知ルナリ、又詩ハ志ヲイフ者ニテ、人情ノ実ヨリ出タル者ナル故ニ、天下ノ義理ノ至極ヲ尽セリ、サレバ古人何ニテモ人トモノイヒテ、義理ノ事ニ及ベバ、必詩ヲ引テ、己ガイフ所ノ義理ヲ証明ス、詩ヲ引テイヘバ、愚蒙ナル者モ得心ス（中略）又宴饗ニ詩ヲ賦スルモ、己ガ志ヲ達セン為ナリ、又詩ハ詞浅クシテ意味深キ者ナル故ニ、是ヲ学タル者ハ、人ノ言語ノ意味ニ通ズルコト速ナリ、又詩ハ詞正クヤサシキ故ニ、是ヲ学タル者ハ、自然ニ其詞ウルハシク、君子ノ体ニ称フ、孔子伯魚ニ告テ、不レ学レ詩無二以言一トノタマヒシハ、此義ナリ、凡詩ヲ学ブノ益ハ、論語ニ見エタル者詳ナリ。

とあって、ここの文章も、「人性」よりは「人情」の方が、徂徠の説にかなうように思われるが、しばらく底本のままに存しておく。

詩学逢原

一　**十四**(二二三頁)　祇園南海十四歳は、元禄三年にあたる。板倉勝明の伝(甘雨亭双書湘雲瓉語)には、この年八月二十二日に木下順庵に入門と見える。南海先生文集、三に、

辺馬有帰思(原注—余時年十四、源白石、南南山、松霞沼、原篁洲、与会二雨伯陽寓居一、同賦)　遠逐二将軍一度二雪山一、九秋大漠剣華間、胡塵四起風悲レ塞、羌笛一声月照レ関、却恨曾逢二伯楽顧一、長傷未レ得二旆頭間一、沙場幾歳摧二毛骨一、何日華山休レ戦還(原注—白石源先生、書二南国華吉祥閣詩後一曰、南海有二祇生者一、年十三四、在二木公之門一同賦下辺馬有二帰思一一篇上、其詩雄渾悲壮、足四以卜三後来可レ任二斯文一也、而今果然、因証二予言之不レ爽云)。

二　**夜々鳳城…**(二二三頁)　南海先生文集、四に「擣衣(原注—錦里先生麗沢書院之会、探韻得二用字一、時元禄壬申予年十七)　誰家少婦驚二秋夢一、玉杵夜寒擣レ練用、夜夜鳳城月色高、朝朝燕山雪花重。(原注—雨伯陽先生在レ座、賞歎曰、用字韻険、今用得妙、但恐本二於杜詩弾箏用之句一、似レ有二痕跡一、此詩既成、衆評以為四句中説題只一句、其余三句、不下与二擣衣一相関上、可レ惜已、予謂其所三不レ顕言二擣衣一、即是得二題意一者、予一生説レ詩主二影写一、創二於此詩一云)」とある。鳳城は、長安の都。帝都。燕山は、河北省にあって、漢と夷とをわかつ山。わたしのいる帝都では、秋たけて夜夜月の光が高く澄んでいる。夫が守る北方の国境では、燕山に朝朝深く雪がつもって寒く、さぞ苦労をしていることであろうの意であるが、文字の面は、自分の見る景と、夫が見ていると想像する景を述べたのみである。

三　**建赤幟…**(二二三頁)　史記、九二の淮陰侯伝の井陘口の戦の条に「夜半伝発。選二軽騎二千人一。人持二一赤幟一。誡曰。趙見二我走一。必空レ壁逐レ我。若疾入二趙壁一。抜二趙幟一。立二漢赤幟一。(いつわって旗鼓を捨てて走ると城中の趙の軍がこれを追った)信所レ出歩兵二千騎。共候二趙空レ壁逐レ利。則馳入二趙壁一。皆抜二趙旗一。立二漢赤幟二千一」とある。

四　**一夕賦百首**(二二三頁)　先哲双談、六などに見える近世文壇の逸事であるが、金竜道人の刊行した、南海先生詩稿の松下烏石の序に述べる所による。

南海先生。南紀人。姓祇園。名瑜。字伯玉。一字正卿。号鋨冠道人。幼受学恭靖木先生。天才豪宕。衆皆為奇。適値春分日。夫社友岡仲達。田子彝。択百題。自欲試其才。午時至子初。賦得五律百篇。大為時所称。或以為疑焉。秋分日。復置酒宴会。午漏初下。進請諸客。命題依筆。即賦六十余篇。日之暮。無揖客。而笑曰。諸君所命。有与前題同者。故苦渋至此。亟呼酒沃々。夜未半卒業。才思若沸。俊語畳出。前後所賦凡二百篇。無一句雷同者。諸客愕然。従是才名遂聞海内。時年十七云(下略)。

五　**余嘗所序**(二二三頁)　外題「南海先生詩稿前後二百首」。大本二巻一冊。上巻は「前題百詠」、下巻は「後題百詠」。上の巻首に「恭靖木下先生閲、南海祇瑜著、藍田田宗叔・石粱岡達択題、白石源君美批点」、下の巻首に「恭靖木下先生閲、南海祇瑜著、篁洲原玄輔・金山埸白玉択題、白石源君美批点」とある。松下烏石・韓人李東郭・清田儋叟と、「宝暦辛巳夏金竜道人釈敬雄撰」とした敬雄の序がある。附属に木下順庵の「十八山東妙、声名世与聞、巵言甜似蜜、藻思湧如雲、人称斗南一、馬空冀北群、百篇不終日、行看任斯文」の「贈祇秀才」の一詩と、新井白石のその和韻があり、末に南海の識語を、池大雅が摹してかかげてある。奥は「宝暦十一年辛巳十一月　書肆京都堀川通仏光寺下ル町唐本屋吉左衛門」。見返しに「白石先生批点、烏石先生校閲、南海先生一夜百首、平安書肆玉樹堂」の文字がある。

六　**五瀬田徳卿**(二二三頁)　安永四年の平安人物志に「隠岐広福、字徳卿、号五瀬、塔之檀御子町、隠岐相模守」とある。地下家伝廿二、二条家諸太夫の「隠岐(藤原)」家の中に、

広福　福尭朝臣男　実養子
寛保元年十二月廿二日生
明和七年二月十七日　叙正六位下　三十歳
同日　任相模守
安永四年二月十三日　叙従五位下　三十五歳(中四)
同年九月二十日　任主税頭(守如元)

同六年二月六日　任大蔵少輔(守如元)(辞頭い)
同九年十二月廿七日　叙従五位上　四十歳(中五年い)
天明五年九月廿七日　卒四十五歳

と見える。田の姓は、隠岐家の養子となる前の姓を修したもので、この頃はまだ同家に入っていなかったのである。

七 **兎園冊子**(二二四頁)　通俗編に「按、類書言、梁孝王圃名二兎園一、王卒、帝以レ園令二民耕種一、籍二其租一以供二祭祀一、其簿籍皆俚語、故郷俗所レ誦云二兎園冊子一、(下略)」。

八 **逢原**(二二四頁)　孟子の離婁下篇に「孟子曰。君子深造レ之以レ道。欲三其自二得之一也。自二得之一。則居レ之安。居レ之安。則資レ之深。資レ之深。則取二之左右一逢二其原一。故君子欲三其自二得之一也」。集注に「左右。身之両旁。言至近而非二一処一也。逢。猶値也。原。本也。水之来処也」。

九 **灌園岸成米**(二二四頁)　安永四年の平安人物志の書家の条に「岸成米(字公実、号灌園、両替町三条上ル町)岸部次郎右衛門」と見える。

一〇 **立ル所(六経)各別ナリ**(二二七頁)　六経の主旨の説明は、礼記の経解や、荘子の天下篇などに見えるが、以下の説は、南海の著述としては、変っていることで、太宰春台の六経略説や、服部南郭の南郭先生燈下書など、荻生徂徠の学派の説と似ている所が多い。以下にその部分を集めて、引用する。

○易トイフハ、往来変化ノ名ナリ、天地万物ノ理ヲ窮タル者ナル故ニ、此易ヲ用テ、蓍(メド)ヲ揲(ト)リ卦(クワ)ヲ立テ筮スレバ、事ノ吉凶見エテ、疑ヲ決シ、未来ヲ知ルナリ(六経略説)。

○(書について)カクノ如ク六体(典・謨・謀・誥・誓・命)アリテ、其文同カラネドモ、畢竟皆先王ノ法言ニテ、天下国家ノ規矩法則ナリ(同)。

○礼ハ天下ノ万事ノ儀式ナリ(同)。

○春秋ハ国家ノ記録ノ名ナリ(同)。

○詩ハウタヒモノナリ(同)。

○殊更詩は諷詠する物にて、元来理を云尽すべきための具にもあらず。すべて理の上へあらはれ出たるはいやしき物にて、よく云とり候までにては、たとへ面白き事にても、手をはたと打たる計にて、何も感は残らず候(南郭先生燈下書)。

○詩文章之学は無益なる儀の様に被思召候由。宋儒の詞章記誦などゝ申候を御聞入候事年久敷候故、左様思召候にて可有御座候(徂来先生答問書)。

○今時ハ歌フコトハ其法亡テ、習フベキ様ナケレバ、只三百篇ノ詩ヲ読誦シテ、其詞ヲ記憶シ、其義理ヲ知テ、古人ノ引用タル意ヲ会得スルマデノ事ナリ、カクノ如クニテモ、詩ヲ学ブトイフニ叛カザルベシ(六経略説)。

○古ノ時、天子ノ太史官、諸国ノ詩ヲ採集テ、(中略)其中ニテ詞ガラノ文雅ニシテ野鄙ナラヌヲ選テ、コレヲ音律ニ協(アヘ)テ、君子ノ宴饗ニコレヲ歌ハシム(同)。

○君子ノ宴饗ニモコレヲ歌テ、己ガ志ヲ述ルナリ、左伝ノ中ニ、国君士大夫ノ詩ヲ賦スルトイフハ、皆是ナリ、今ノ世ニ小諷ヲ歌フガ如シ、己ガ志ヲ人ニ知セントオモヒテ、常ノ言語ニテハ尽シガタキヲ、詩ヲ賦スレバ、千言万語ヨリモ詳ニ達シテ、而モ人ノ心ニ入コト深シ、是詩ノ徳ナリ(同)。

○又詩ハ志ヲイフ者ニテ、人情ノ実(アリママ)ノヨリ出タル故ニ、天下ノ義理ノ至極ヲ尽セリ、サレバ古人何ニテモ人トモノイヒテ、義理ノ事ニ及ベバ、必詩ヲ引テ、己ガイフ所ノ義理ヲ証明ス(同)。

大略以上の如くである。南海の詩経に関する詳しい考えは、他に見るを得ないので、ここで断定することが出来ないが、南海が、徂徠学派の人人の影響を受けたか、それでなければ、同学派の人と接近したことのある敬雄などの加筆によるかともうたがわれる。しかし、刊本以前の写本にも、この条があって、南海の文と考えるの外はない。

一一 **宋儒…**(二二七頁)　南海の湘雲瓚語には「宋元道学之起。以レ詩為二余事一。而江湖間。緇素相競。以二工巧一相高。詩漸入二于戯玩一」と述べている。

一三 **断章取義**(二二八頁)　伊藤東涯の読詩要領にも、次の如くある。

○後世詩を読む者は。先儒の注解によりて。その義理を窮め置くばかりなり。古詩をとくは。本義にかゝはらず。さま〴〵に変通して是を用ふ。それゆへ才識学問なき人は。にはかに其訣を会得しがたし。子貢子夏ほどの人にあらざれば。夫子も可三与言二レ詩とはのたまはざるなり。

左伝に断章取義といふことあり。一句二句のことば。一章の内にありては。義理かくの如く。その一二句を取はなして用ふるときは。各別のことに成るをいふ。戦々兢々の詞。詩の小旻の篇にありては。時の乱をうれふること也。曾子これを引て小子に告げたまふとき。平生謹身の事に成る。随宜転用いづれもかくの如し。

○此事古来より言ひ来る事なれども。先儒さのみ表章せられず。さるによつて。学者そのことを知ることまれなり。明丘瓊山大学衍義補七十四巻に此論有り。東莱呂氏の言を引て曰。読レ詩之法。在二随レ文以尋一レ意。用レ詩之妙。又在二断レ章而取一レ義也と。又鍾伯敬が詩論にもこの説あり。曰詩活物也。遊夏以後。自レ漢至レ宋。無下不レ説レ詩者上。不二必皆有一レ当二于詩一。而皆可二以説一レ詩。其皆可二以説一レ詩者。即在下不二必皆有一レ当二于詩一之中上。非二説レ詩者之能如一レ是。而詩之為レ物。不レ能レ不レ如レ是也と。何れも文しげきことなれば。ことごとくしるさず。むかし先君子倡学の日。詩論を作つてもはらこの旨を発明せり。そのかみこの二論を謄写して。末に自論を附録して一冊とす。論は家集の内に刊在するゆへ。具には挙げず。その大旨に曰。詩活物(下略)と。論語古義の内にもこの意を所々言ひあらはせり。詩活物也という一句は。鍾伯敬が言を取用ふるなるべし。

ここに云う先君子は伊藤仁斎である。日本で、この断章取義に注意した初めが仁斎であるならば、南海が、その影響をうけたことも十分に考えられる。彼と同時に紀州藩に儒者であった人々に、蔭山東門、木村鳳梧、伊藤蘭嵎と、仁斎・東涯の古義堂出身の人が多かったからである。断章取義の一通りの例は、鈴木虎雄著、支那詩論史、第四章に見える。

一三　語・孟・左氏・礼記…(二二九頁)　以上の諸書に見える、断章取義の若干の例をかかげる。

○(論語)学而篇に「子貢曰。貧而無レ諂。富而無レ驕。何如。子曰可也。未レ若二貧而楽。富而好レ礼者一也。子貢曰。詩曰。如レ切如レ磋。如レ琢如レ磨(詩経の衛風の「淇澳之篇」の句)。其斯之謂与。子曰。賜也始可二与言一レ詩已矣。告二諸往一而知レ来者」とある如きである。その他の論語での例は、支那詩論史に見える。

○(孟子)梁恵王下篇に「斉宣王問曰。交二鄰国一有レ道乎。孟子対曰。有。惟仁者為二能以一レ大事レ小。是故湯事レ葛。文王事二昆夷一。惟智者為二能以一レ小事レ大。故大王事二獯鬻一。勾践事レ呉。以レ大事レ小者。楽レ天者也。以レ小事レ大者。畏レ天者也。楽レ天者。保二天下一。畏レ天者。保二其国一。詩云。畏二天之威一。于レ時保レ之(詩経の周頌の「我将之篇」の中の句)。王曰。大哉言矣。寡人有レ疾。寡人好レ勇。対曰。王請無レ好二小勇一。夫撫レ剣疾視曰。彼悪敢当レ我哉。此匹夫之勇。敵二一人一者也。王請大レ之。詩云。王赫斯怒。爰整二其旅一。以遏レ徂レ莒。以篤二周祜一(詩経の大雅の「皇矣篇」の中の句)。以対二于天下一。此文王之勇也。文王一怒。而安二天下之民一」。

○(左伝)昭公十六年の条に「夏四月。鄭六卿餞二宣子於郊一。宣子曰。二三君子請皆賦。起亦以知二鄭志一。子齹賦二野有蔓草一。宣子曰。孺子善哉。吾有レ望矣。子産賦二鄭之羔裘一。宣子曰。起不レ堪也。子大叔賦二褰裳一。宣子曰。起在レ此。敢勤レ子至二於他人一乎。子大叔拝。宣子曰。善哉。子之言レ是。不レ有二是事一。其能終乎。子游賦二風雨一。子旗賦二有女同車一。子柳賦二蘀兮一。宣子喜曰。鄭其庶乎。二三君子以二君命一貺レ起。賦不レ出二鄭志一。皆昵燕好也。二三君子。数世之主也。可二以無一レ懼矣。宣子皆献レ馬焉。而賦二我将一。子産拝。使二五卿皆拝一。(下略)」(野有蔓草・羔裘・褰裳・風雨・有女同車・蘀兮は皆詩経の鄭風の中の句、我将は詩経の周頌の清廟之什の中の句)(左伝の詩の用い方は、中国詩人選集、詩経国風の解題に述べる所がある)。

○(礼記)礼運篇に「言偃。復問曰。如レ此乎礼之急也。孔子曰。夫礼。先王以承二天之道一。以治二人之情一。故失レ之者死。得レ之者生。詩曰。相鼠有レ体。人而無レ礼。人而無レ礼。胡不二遄死一(詩経の鄘風の「相鼠篇」の中の句)。是故夫礼必本二於天一。殽二於地一。列二於鬼神一。達二於喪祭・射御・冠昏・朝聘一。故聖人以レ礼示レ之。故天下国家可二得而正一也」。

一四　体裁モ…(二二九頁)　滄浪詩話の詩体の条に見える、時代による詩体の中に、この期間に関するものに次の如きがある。太康体(晋年号、左思・潘岳、二張・二陸諸公之詩)・元嘉体(宋年号、顔鮑謝諸公之詩)・永明体(斉年号、斉諸公之詩)・斉梁体(通両朝而言之)。

一五　周公ヨリ…(二二九頁)　原道の引用文の意は、諺解大成によれば、周公ヨリ以上ハ、上ニ居テ君タリ、聖人ニシテ天下ヲ治ル故ニ、堯舜文武ノ事ハ、其当時ニ行ハル、周公ヨリ以下ハ、孔子孟子聖賢也ト云共、下ニ居テ臣タリ、故ニ、其道時ニ行ナハレズ、而モ後世ヲ教ン為ニ、書ヲ著ハス、是ヲ其説長ト云也。

一六　**俳語戯劇**（二二九頁）　詩轍、三に「俳語」の一条がある。ここに必要な部分を抄記すれば、

○猶之ヲ考フルニ、南斉書楽志ニ俳歌ノ辞ト云アリ、其辞、俳不レ言不レ語、呼俳噏所、俳適一起、狼率不レ止、生抜ニ牛角一摩ニ断膚耳一、馬無ニ懸蹄一、牛無ニ上歯一、駱駝無レ角、奮ニ迅両耳一。其後曰、右侏儒導ニ舞人一、自歌レ之云云、俳人ハ此邦歌舞戯役者也、サレドモ彼方ハ天子ノ楽房ニ、正楽ノ人アリ、又此方ノ操、歌舞戯、竿上リ、綱渡リ、人馬、梯子芸、ナド云類、皆貯其内ニ部ヲ分ツテアリ、其色色ノ戯ヲ雑劇角牴ナド云、角牴亦角觝トモ書ク、角牴モト戦国ノ時、講レ武之礼ヲ以テ戯楽トセシヲ、秦更メテ角牴トセシヨリ、淫楽ノ名ト成レリ、漢書刑法志ニ見エタリ、而シテ今此歌辞尽解スベカラズ、大概当時狂言ノ道化踊、人ヲツレテ、歌ヒテ出ル様ノ辞ト見エタリ、其所作ニテ人ノ笑ヲ催ス事ナルベシ、俳諧体ノ淵源トモ云ベシ、俳諧モト発レ言可レ笑調謔ノ言ナレバ、詩人偶ニハアル事ナレドモ、詩作ルニハ戒ムベキコト也、故ニ陳永康、詩ノ十戒中俳諧ノ戒アリ、戯調ニワタル故也。

一七　**僻字僻事**（二二九頁）　南郭先生燈下書にも、同じ主旨が見える。

○僻韻険句とて、遠き熟せざる字を、韻にも句にも用ひ候事、盛唐になき事に候、故事も僻事とて遠き面白からざる故事は不用がよく候、悪敷心之候へば何とぞめづら敷人のいはざる故事をと選出し、ひたすら僻事を用候事、不通の至に候、宋人一代是にあやまられ候、かへすがへすあるまじき事に候、唐詩又明朝にても才子共の用ひ方、御心を可被付候、たとへば九日の詩なれば、幾度も登高茱萸、淵明が故事、竜山の会の故事に不過、功者に候へば、是を時にとりて色々自由に用ひ候事に候。

一八　**月露風雲**（二三〇頁）　詩作の閑文字なるを云う言葉で、隋書の李諤伝に「競ニ一韻之奇一。争ニ一字之巧一。連レ篇累レ牘。不レ出ニ月露風雲之形一。積レ案盈レ箱、唯是月露風雲之状」とある。

一九　**大史ニ集メ…**（二三〇頁）　礼記の王制篇の掲載の文の疏に「此謂下王巡守見ニ諸侯一畢。乃命ニ其方諸侯大師是掌レ楽之官一。各陳ニ国風之詩一。以観中其政令之善悪上。若政善。詩辞亦善。政悪。則詩辞亦悪。観ニ其詩一。則知ニ君政善悪一」。このために采詩之官があったことは漢書の芸文志に見える。が、今日では青木正児著、支那文芸論藪所収「詩教発展の径路より見采詩の官を疑ふ」の如く、これをうたがうものもある。

二〇　**廟堂朝庭**（二三〇頁）　帰田詩話、上「古詩三百篇。皆可ニ絃歌以為レ楽。除下施レ於ニ朝廷宗廟一者不可上。其余固上下得ニ通用一也」。詩を諸の会合に用いたことは儀礼に見えている（中国詩人選集所収詩経国風の解説参照）。

二一　**詩史**（二三一頁）　杜甫の詩を詩史とするに反対の説は、中国でもあった。唐詩訓解に引く所（前は、謝榛の歴代詩話続篇所収本、四溟詩話に見え、後は、楊慎の丹鉛総録、二一に見える所による）に、

○用レ事多則流ニ於議論一、子美雖レ為ニ詩史一、気格自高、

とある。謝榛は、気格の高いことで弁護したのであるが、南海が杜甫のいわゆる詩史と評される詩を批難するのは、「用レ事」て、「流ニ於議論一」れると見たからである。

○楊用修、駁ニ宋人詩史之説一。而譏ニ少陵一云、詩刺ニ淫乱一、則曰ニ雝雝鳴鴈、旭日始旦一（詩経の邶風の「匏有苦葉」の詩句）、不下必曰中慎莫ニ近前一承相嗔上（杜甫の「麗人行」の中の一句）也、憫ニ流民一、則曰ニ鴻鴈于飛、哀鳴敖敖一（詩経の小雅の鴻鴈之什「鴻鴈」の詩句）、不四必曰三千家今有ニ百家存一（杜甫の「白帝」の詩中の句）也、傷ニ暴斂一、則曰ニ維南有レ箕、載レ翕ニ其舌一（詩経の小雅の谷風之什「大東」の詩句）、不三必曰ニ哀哀寡婦誅求尽一（杜甫の「白帝」の詩中の句）也、叙ニ饑荒一、則曰ニ牂羊墳首、三星在レ罶（詩経の小雅の魚藻之什「苕之華」の詩句）、不下必曰中但有ニ牙歯存一所レ堪骨髄乾上（杜甫の「垂老別」の詩句。ただし「幸有ニ牙歯存一、所レ悲骨髄乾」とある）也、其言甚弁而覈、然不レ知ニ嚮所レ称皆興比ニ耳、詩固有レ賦、以ニ述レ情切レ事為レ快、不レ尽ニ含蓄一也、語レ荒而曰ニ周余黎民、靡レ有ニ孑遺一、勧レ楽而曰ニ宛其死矣他人入レ室、譏レ失レ儀而曰三人而無レ礼胡不ニ遄死一、怨レ讒而曰ニ豺虎不レ受投ニ畀有昊一、若使レ出ニ少陵口一、不知、用修何如貶剝也、且慎莫ニ近前一承相嗔、楽府雅語、用

修烏足レ知レ之(「作詩志彀」の補注一二七参照)。とある。この説も杜甫を弁護してあるが、南海は用修と共に、あまりに具体的な表現を嫌ったのである。そのことは、以下の南海の詩論からも知ることが出来るが、この杜甫批難は、以上の二論などに導かれる所もあったのであろう。大雅・小雅に諷刺の詩ありとの説が見えているが、この楊用修の引く所も、その例である。

明の胡応麟の少室山房筆双、一九には、丹鉛総録から引いて、

○宋人以下杜子美能以二韻語一紀中時事上、謂二之詩史一、鄙哉宋人之見、不レ足二以論レ詩也、杜詩之含蓄蘊藉者、蓋亦多矣、宋人不二能学一レ之、至三於直陳二時事一、類二於訐訕一、乃其下乗末脚、而宋人拾以為二己宝一、又撰二出詩史二字一、以誤二後人一、如詩可レ兼レ史、則尚書、春秋可二以併省一、又如今俗卦気歌、納甲歌、謂二之詩易一可乎、(按以レ杜為二詩史一、其説出二孟棨本事詩話一、非二宋人一也、若詩史二字所レ出、又本三鍾嶸直挙胸臆、非二傍詩史之言一、蓋亦未三嘗始二於宋一也、楊生平不レ喜二宋人一、但見二諸説載一、則以為レ始二於宋一也、漫不レ更レ考、恐宋人有レ知、揶二揄地下一矣、明人鹵莽至レ此)。

○杜逢二禄山之難一、流二離隴蜀一、畢陳二於詩一、推見至隠、殆無レ遺レ事、故当時号為二詩史一(本事詩)。

三二　尸祝ハ…(二三一頁)　頭注に引く所の荘子の文の意味は、「台所をつかさどる料理人(庖人)が、なまけているからとて、神を祭る神官が、酒を盛る樽や、肉を載せる俎(まないた)を越して、料理人にかわって、台所に入る道理はない」である。詩人が史官のかわりとなる道理がないを云うたとえである。

三三　影写(二三七頁)　南海の明詩俚評の評語に、この術語を用いている。その評語を与えた一つ、王越の「辺城春雪」の詩「二月中旬雪尚飛、辺城草木得レ春遅、不レ知上苑新桃李、開到二東風第幾枝一」の評に、

南海曰、題ニ辺城ノ雪ヲ賦シテ、三四却テ上苑ノ花ヲ云、此法奓奇ナリ、上ノ第一句計リ雪ヲ云テ、三句ニ雪ヲ不レ言、シカモ題ヲ不レ離、是影写ノ手ドリ、凡影写ト云コト古人鏡花水月又ハ風影トモ評シタリ、先影写トハ、物ノ本形ヲウツスヲ云、譬ヘバ月影ニ梅竹ノ窓ヘウツリタル姿ナリ、此意ハ凡詩ヲ作ルニ、タトヘバ梅ノ詩ニ、氷肌玉骨、竹ノ詩ニ餙金戛玉等ノ字ヲ用テ、其形ヲ直ニアラハシ、雪ヲ、白シテ皚々ト云、月ヲ、輾玉輪ナド、云タグヒ皆直ニ其姿ヲ、ヒラタク云出スコト、何程巧ニテモ細工物ニテ風情ナク、縦ヘバ木ニ刻ミ、金ニ彫タル月花ノ如クニテ、至極ウツシ出シテモ、其真情ハ曾テアラワレズ、是木偶ノ人ニ似タルニ同ジ、詩ノ妙ハ其形ヲステヽ、其風情ヲノミ写シ出ストキハ、其所レ賦ノ物、生テハタラク故、読ム人自然ト感ヲ起スコト、直ニ其景ニ対シ其物ヲ見ル如シ、不レ然ハ詩ニ作ルハ、イラザル物ニテ、絵ニカキ木ニ刻ミテモスムコトナリ、故ニ詩ハ必ズ其面影ヲウツシテ、読ム人考ヘテ、ゲニサコソト、感心スルヤウニ作ルベシ、是ヲ影写ト云、鏡花水月トモ同意ニテ、鏡中ノ花ハアリト見レドモ手ニ取ラレズ、水中ノ月モ目ニハ、ソレト見レドモ形ハナシ、其如ク有カ無キカ、ソレゾト見レドモ言ニモトカレズ、手ニモ取レヌ処、面影風情バカリヲウツス故ナレバ、カク評シタリ、風影モ手ニトラレヌヲ云、凡ソ此作リ方ハ詩中第一義諦ニテ、妙用如々本来面目悟入之処、コヽニアリ、唐詩ニ此法多シ、後人及ビガタシ、宋朝ニハ一首モ此格不レ見、明詩ニハマヽアリトイヘドモ、唐ヨリ手ギハヲトル、唐詩ノ妙処ハ見ガタク、明詩ハ見ヤスシ、試ニ唐詩ヲ言ヘバ王昌齢ガ秦時明月漢時関ト云一句、又嶺色千重万重雨、断絃収与涙痕深ト云一首、孟浩然ガ松月夜窓虚ノ一句、銭起ガ曲終人不見、江上数峰青、凡ソ此類ニツイテ知ルベシ、委クハ予ガ所撰鏡花水月集、皆此体ヲ載ス、考テ知ベシ。

鏡花水月集は自筆本一巻が現存する(脇田秀太郎「祇園南海」美術史三十四集所収)。なお水月鏡花の語は、「李崆峒曰、古詩妙在二形容一、所謂水月鏡花、言外之象、宋以後、則直陳レ之矣、求二工於句字一、心労而日拙也」(唐詩訓解より)など見える。

三四　半夜ノ鐘(二四一頁)　三体詩の「楓橋夜泊」の詩の、増註に、既に諸説が出ている。

○半夜鐘、王直方詩話、及遯斎閑覧並記、欧陽公、譏下張継夜半鐘声到二客船一之詩上、以為、句則佳矣、其如三三更不二是撞レ鐘時一、乃云、嘗過二姑蘇一宿二一寺一、夜半聞レ鐘、因問二寺僧一、皆云、分夜鐘曷足レ怪乎、又于鵠詩、遙聴緱山半夜鐘、白楽天詩、半夜鐘声後、皇甫冉詩、夜半隔

レ山鐘、陳羽詩、隔レ水悠揚午夜鐘、乃知欧陽偶未レ考耳。

なお、漁隠叢話、二三に「半夜鐘」として、次の数条が見える。

半夜鐘

王直方詩話云。欧公言。唐人有二姑蘇城下寒山寺。半夜鐘声到客船之句一。説者云。句則佳也。其如三三更二不二是撞レ鐘時一。余観下于鵠送二宮人入道一詩上云。定知別往宮中伴。遙聴緱山半夜鐘。而白楽天亦云。新秋松影下。半夜鐘声後。豈唐人多用二此語一也。儻非二递相浴襲一恐必有レ説耳。温庭筠詩亦云。悠然逆旅頻回レ首。無二復松窓半夜鐘一。庭筠詩。多纉在二白楽天詩後一。

石林詩話云。此唐張継題二姑蘇城西楓橋寺一詩也。欧公嘗病三其半夜非二打レ鐘時一。蓋未三嘗至二呉中一。今呉中寺。実夜半打レ鐘。継詩三十余篇。余家有レ之。往往多二佳句一。

詩眼云。欧公以三夜半鐘声到二客船一為二語病一。南史載三斉武帝景陽楼。有二三更五更鐘一。丘仲孚読レ書。以二中宵鐘一為レ限。阮景仲為二呉興守一。禁二半夜鐘一。至二唐詩人一。如二于鵠。白楽天。温庭筠一。尤多言レ之。今仏宮一夜鳴レ鈴。俗謂二之定夜鐘一。不レ知二唐人所謂半夜鐘者一。景陽三更鐘邪。今之定夜鐘邪然於レ義皆無レ害。文忠偶不レ考耳。

学林新編云。世疑三半夜非二撃レ鐘時一。某案二南史文学伝一。丘仲孚。呉興烏程人。少好レ学読レ書。常以二中宵鐘鳴一為レ限。然則半夜鐘。固有レ之矣。丘仲孚呉興人。而庭筠言二姑蘇城外寺一。則半夜鐘。乃呉中旧事也。

二五 **頓挫**（二四五頁）　藤原惺窩の文章達徳綱領、三の「頓挫」の条に、

翁正春云。李陵答二蘇武一書曰。命也如何。曰。傷レ已。曰。又自悲矣。頓挫有レ法。

林希元曰。班固燕然山銘。文法頓挫。気雄勢壮。漢武雄豪之気溢二於言外一。可レ謂下能黼二黻皇猷一者上矣。

唐彪の読書作文譜、七に、

頓挫　唐彪曰。文章無二一気直行之理一。一気直行。則不三但無二飛動之致一。而且難二生発一。故必用二一二語一頓レ之。以作二起勢一（此頓字須下作二振頓之頓字一看上）。或用二一二語一挫レ之。以作二止勢一。而後可レ施二開拓転折之意一。此文章所三以貴二乎頓挫一也。若以二頓作一住字解。則誤矣。按抑揚者。先抑後揚也。頓挫者。猶先揚後抑之理。以三其不レ可レ名二揚抑一。而名二頓挫一。其寔無二二義一也。

なお古詩について、頓挫・抑揚など、文章用語をもって説明するものに、氷川詩式がある。巻一の七言古詩の条に、

○盛唐工二七言古調一者多、李杜而下、論者推二高適・岑参・李頎・王維・崔顥数家一、為レ勝、謂張二皇気勢一、陟二頓始終一、綜二覈乎古今一、博二大其文辞一、李杜尚矣、至下於沉欝・頓挫・抑揚・悲壮・法度森厳・神精俱詣、一味妙悟、而佳句輒来、遠出中常情之外上、高岑数子誠与二李杜一並駆争レ先。

○七言古詩、其波瀾開合、如二江海之波一、一波未レ平、一波復起、又如二兵家之陣一、方以為レ正、又復為レ奇、方以為レ奇、忽復是正、出入変化不レ可二紀極一、備二此法一者、唯李杜而已（下略）。

また李東陽の麓堂詩話にも、

○長篇中、須下有二節奏一、有レ操有レ縦、有レ正有レ変、若平鋪穏布、雖レ多無レ益、唐詩類有二委曲可レ喜之処一、惟杜子美頓挫起伏、変化不レ測、可レ駭可レ愕、蓋其音響与二格律一正相称、回二視諸作一、皆在二下風一、然学者不三先得二唐調一、未レ可レ遽三為二杜学一也。

二六 **抑揚**（二四五頁）　藤原惺窩の文章達徳綱領、三の「開合」の条に、

欲レ抑則先揚。欲レ揚則先抑。愚曰不二特此一也。凡操縦開闔之類。皆可レ施レ之。欧陽起鳴。

など見える。唐彪の読書作文譜、七に、

抑揚　唐彪曰。凡文欲二発揚一。先以数語束抑。令二其気収斂一。筆情屈曲。故謂是抑。抑後随以二数語一振発。乃謂二之揚一。使二文章有レ気有レ勢。光焰逼レ人。此法文中用レ之極多。最為二緊要一。大史公諸賛。乃抑揚之一端。非二全体一也。世人不レ知。竟以為其法止可レ用三之評二論人物一。何其小二視此法一也。其先揚後抑。反レ此而観。

二七 **波瀾**（二四五頁）　氷川詩式、九の学詩要法の中に、

○詩貴下有二波瀾起伏一如上在二江湖一、一波未レ平、一波又作、出入変化、不レ可二紀極一、而法度不レ乱、方是作者。

二八 **起伏**（二四五頁）　藤原惺窩の文章達徳綱領、三の「起伏」の条に、

荘子無レ為二名尸一之一段。希逸曰。若鏡二数句一。分明是解二上面一虚字一。此文勢起伏豈不レ奇哉。平淡之中自有二神巧一。此等文字也。陸西星曰。此

段於二長行中一突二起峰頭一。而過脉不レ断。看二他文字起伏之妙一。

二九　雅俗（二四六頁）　南海詩訣（大本一冊、天明七年、大阪の名倉又兵衛等から出刊）の「詩法雅俗弁」の部分の全文を示す。

詩法雅俗弁

大凡詩ヲ作ルハ風雅ヲ本トス、風ハ国風、雅ハ大雅・小雅、分ケテ云ヘバ、風トハ里巷歌謡トテ、当世ノハヤリウタナリ、雅ハ賢人君子ノ作レル詩ナリ、今ノ人ノ作ル詩、既ニ三百篇ノ文字ニモ変リ、体裁モ異ナリトイヘドモ、詩歌ノ道、世々ニ移リ変ルコト、天地風気ノ変ト時世ノ盛衰ニツレテ不《ル》レ変《ゼ》コトヲ得ズ、故ニ三百篇変ジテ騒トナリ、賦トナル、賦騒変ジテ漢魏ノ古詩トナリ、漢魏ノ古詩変ジテ六朝トナリ、六朝変ジテ唐トナル、唐ノ内又初・盛・中・晩ニ分レ、夫ヨリ宋・元ニ変ジ、或ハ詩余ニ変ズ。明興《(オコリ)》テ又唐ニ変ズ、其変ズルコト、文字体製ハカハレドモ、風雅ノ趣ニ出ルコトナリ。然レバ風雅ハモト詩体ノ号ナレドモ、今其趣ヲ用ルガタメニ、詩コト〴〵ク面白キ趣アリ、指テムツカシキ語ヲナサヾレドモ、余所ガマシク景境ニナゾラヘナガラ、其真情言外ニアフル、、此《レ》ヲ風トス、タトヘバ風ノ物ヲ化スル如ク、目ニハサダカニ見エズトイヘドモ、感ズル所切ナレバナリ、此意何レノ詩ニモナクンバアラズト云ヘドモ、大抵今ノ詩ニナゾラヘ云バ、絶句ハ風ノ意ナリ、律詩ハ雅ノ体ナリ、短ク云ヘバ、カタズマラザルト、シカトシガタキトノ分ナリ、先ヅコレハ風雅二字ノ差別ヲ示スノミ、雅俗ト対スル時ハ、雅ハ上ニ云トホリニテ、賢人君子材学ノ人ノ語ナリ、故ニ卑劣下輩ナル詞少モナシ、皆ウチ上リタルシホラシキ辞ノミナリ、風モ里巷ノ化トイヘドモ、其詞ウチツケナラズ、物ニナゾラヘシホラシク言タル故、雅ニオトルニアラズトイヘドモ、其詞君子ノ詞トハ、言フ所ニカハリアリ、其イヤシカラザル風雅共ニ同キ故、雅トイヘバ風モコモレリ。但シ雅俗ト並ベ言フ時、風雅俗ト云バ、辞ハシタニテ語ヲナサヾル故、雅俗トハ称スルノミ、凡ソ詩経篇目ノ沙汰ヲ云フ外ハ、風雅ハ一字ニテ云ヘドモ、二字ノ義コモレリ、凡ソ此以下ニ雅ト云コト皆此意ナリ、サテ俗トハ、先ヅハ世上ノハヤリ風俗ト云コト、モト其字義ナリ、其ハヤリ風俗ニハ、善モアリ悪モアリ、ナベテ俗ヲキラフベキニハアラズ、雅俗ト対スル時ハ、俗ノ字ノ意マヅイヤシト訓ズベシ、タトヘバ、常ニ云習ハス、凡下卑劣ノ常談、尺牘小説ノ語、又ハ金銀・売買・飲食・猥雑ノ詞、旧夫野人・婦女・倡劇ノ語等、皆コレヲ俗トス、タトヒ文字ハ風雅ノ文字ナリトモ、其語勢ノ卑劣ナルハ亦俗トス、又俗語ニ此方ノ俗語アリ、漢土ノ俗語アリ、昔ノ雅語今却テ俗ニナルアリ、昔ノ俗語今却テ雅語トナルアリ、文字モ詞モ俗ニアラズシテ、全篇俗ナル詩アリ、其人一代ノ詩、総テ俗ナルモアリ、又実事ヲ云バ俗ニナルアリ、近クコレヲ云ヘバ、雅ハヲリメダカナル詞ナリ、俗ハヒラタキ語ナリ、凡ソ詩ヲ作ラントスル人、入門ノ初ヨリ、雅俗ノ二字ノ弁ヲヨク心得知ルコト、是大乗ノ法門ナリ、此ワキマヘナク、上手ニナラントノミハゲミヌレバ、千篇万篇、雲ノ如クニ湧、海ノ如クニ広クトモ、詩トハ云ベカラズ、タヾ詞ト云ベシ、此心得ヲ合点シテ作ル人ハ、一言一句ニテモ、打上リ卑劣ナラズ、タトヘ上手ニアラズトモ、先ヅ詩ト名ヅクベシ。大底詩ヲ学ブ人、此説ヲ聞ザル人モ無トイヘドモ、俗ヲ離レ雅ニ入ルコト能《アタ》ハザルハ何ゾヤ、コレヲ察スルニ、其品三アリ、一ニハ性得卑劣ニシテ高尚ノ志ナク、言フ詞自然ト凡俗ニシテ、浅ク近ク清秀ノ趣ナキ此一種ノ人ハ、トテモ詩腸ナシト知ルベシ、天地ノ間、凡音アルモノ詩ニアラズト云コトナシ、如何ゾ此人ノミヲ棄《スツ》ヤト疑フ人モアルベシ、固《(モト)》全体ノ理ハシカリトイヘドモ、水ニ温泉アリ、火ニ寒火アリ、人ニ下愚アリ、此俗漢終《ツヒ》ニ詩腸ナシトイハザルベケンヤ、二ニハ高上ノ詩人ト交ルコトナク、常ニ作習フ人小児輩トノミ、唱和吟咏スルノミナルガ故ニカノ素人《シロウト》ヲ悦バシメンタメ、卑俗凡庸ノ語ヲナシテ面白ガラス事ヲ好ミ、高妙ノ句ハ耳遠シト心得タル、昔ヨリ独学固陋ト云ルコノ類ナリ、第三ニハ好テ語ヲ巧ニセント欲スル人、必ズ俗ニ陥ル習ヒ、古来ヨリ其例多シ、コレ名人ノ上ニモ免レザルヤマヒニテ、古人モ堅クコレヲ戒ム、タトヘバ「池塘生二春草《ヲ》一」、「澄江浄《シテ》如レ練《ノ》」ト云ヒ、「楓落《テ》呉江冷」ト云タグヒ、何ノ巧カアル、皆平常ノ趣向ナリトイヘドモ、其語高雅ニシテ一字モ俗ニ入ラザル処是ヲ以テ古今称美ス、凡妙句ト云《(イフ)》皆此類ナリ、コレ雅ナル処ナリ、或ハ「馬上《ニ》続《グ》二残夢一」ト云、「洛陽三月春如レ錦、多少工夫織得《テ》成《ス》」ト云ガ如キ、皆巧ヲ求メテ俗ニ陥ル、笑フベキノ甚キモノナリ、此三ノ外能《ワザ》ト好テ俗ニ作ルモノアリ、白楽天是ナリ、本朝ニテ昔、此風ノ耳近ニシテ、面白カリケレバ、持チハヤラカシタルニヨリ、近世マデモ外ノ詩ヲ知ラズ、俗人コレヲ唱ル故ニ、楽天ハ詩人ナリト称揚スレドモ、然ラズ、三百年ノ詩人、其数幾百人、楽天ガ如キハ、ハルカ下品ニ列ス、高棅ガ品彙ニ彼ガ詩ヲ撰ブコト僅ニ数首ノミナリ、是ヲ以テ上乗ニアラザルコトヲ知ルベシ、漢土ノ人ハサラナリ、本邦ノ人雅語ト云コトヲ知ズ、マシテ楽天ガ詩ヲ見バ、旧習ノ上ニ新染ヲ添《ソヘ》ヌベシ、相戒テ楽天ガ詩及ビ、宋・元ノ詩ヲ見ルコトナカレ、其俗病ヲ治スルコト他ナシ、唯深ク李太白ガ詩及ビ岑参ガ詩、此二集ヲ常ニ吟誦スル時ハ、自然ニ俗病ヲ免ルベシ、盛唐トテモ王維ガ詩ハ癡重ニシテ、其時ハ上乗ナレドモ、見ル人ハ俗ニ陥《(オチイル)》ノ病アルベシ、初唐ノ律絶ニ大俗ナル句アリ、能々吟誦スベシ、然レドモ知ラザルモノハ、唯古人ノ詩ナリトバカリ心得、其中ノ病処ヲ知ルコトカタシ、其品言句ニハ尽シガタシトイヘドモ、試ニ雅俗ノ語ヲ一二コヽニ挙グ、譬バ前ニ云《(イフ)》凡下卑劣ノ語トハ、

君是竹馬友ノ　更《(カウ)》闌油盞乾テ　杯酒興無レ窮　千秋万歳　興無レ窮シリ　仰テ祝ス鶴亀寿ノ　撚ル二吟髭一ヲ　携フ二吟杖一ヲ　開ク二酒樽一ヲ　拭フレ汗ヲ　苦思フ　題スレ句ヲ　索ムレ句ヲ　詩句　酒杯　花一朶　一般新　風味　一味涼　酒味　酌ムレ酒ヲ 酒酌ハヨシ　問フレ婦ニ有ヤレ酒無ヤ　時平ニシテ門不レ鎖サ　君是大丈夫 一句ノ体俗ナリ　月色如ニ銀餅ノ一　輾リ出ス　看来　将チ去ル　煮ルレ茶ヲ　飲ムレ茶ヲ　茶酒 凡茶ハ雅物ナリトイヘドモ、茶ノ字自然ト俗ナリ、煮茗ナドハ雅ニナレリ、尚又　一盞ノ茗　苦茗 是等皆俗ナリ、同クハ茶茗トモニ用マジキナリ　犢鼻褌 此字史記ニ出テ古キ文字ナリトイヘドモ、卑劣ニテ風雅ニアラズ、忌ムベシ、是文字ノ罪ニアラズ、其物卑シケレバナリ　捫ルレ蝨ヲ　熏ブレ蚊ヲ　呼ブレ犬ヲ　猫睡ル 睡猫児モ　焼ク二柴火一ヲ　囲ムレ炉ヲ　吹クレ火ヲ 宋詩ニ児孫吹クレ火ヲ荻花ノ中トアリ、甚ダ俗ナリ　涙沾スレ袖巾ヲ ト云ハ雅ナリ　凡此類太ダ多シ不レ可ニ枚挙ス一

尺牘ノ語トハ、

千万　珍重　不審　亮察　銀鹿 使ヲ云　叱留　貴恙　感怍　多幸　幸甚　家眷　未間 重テ逢フマデノ内ト云コト、未ニ対面セ一間ト云義ナリ　右ノ類、尺牘ニ用ル字甚ダ多シ、詩ニハ皆俗トス、小説ノ語トハ、定タルコトナシ、只小説ヲ本トシテ文字ヲ取ベカラズ、小説ノ故事・人名・名物等コレヲ取ベカラズ、後世雑劇演義等ノ語ハ、下漢ノ俗語ノ条ニ出ルニ同ジ

金銀売買飲食猥雑ノ語トハ、

米価貴シ　買フレ酒ヲ　無銭　一文銭

酒債・典衣ハ雅事、子美モ用フ、然レドモ凡如レ此ノ文字ヲ用テ、詩ノ面白ト云フ深キ子細アリ、スベテ是等ノ事ヲ称美スルコト、甚ダ高才名賢ノ上ニテ、世ニ不遇貧窮ナルヲ以テ矯激シテ云ル詞ナリ、李白ガ「金亀換フレ酒ニ」ト云モ同ク、又「疎嬾」ノ字モ、名家多ク用ヒ来ル、皆世ニステラレタル賢者ノ言コトナリ、常ノ人ノ衣ヲ典リ、金亀ヲ酒ニ換ヘ、物事疎嬾ナルハ、甚ダヨカラヌコトニテ、称美スルニ足ラズ、凡カヤウナルコト心得アルベシ、此外「文章」ト云字ハ、何ニテモ文章ナレドモ、詩ニ文章ト作ルハ、名人ノ上ニテノコトナリ、文章モ得ヌ人、文章ヨバヽリハ、無位ノ人ノ衣冠ヲ言、貧乏人ノ金銀ヲ言ガ如シ。名人ノ挨拶ハ各別ナリ。押出シテイヘルコトハ、何ニ限ラズ此心得ナリ、酒債・典衣モ杜子美ニテハ面白シ、常人ハヲカシカラズ、タヾ無キ事ヲ言ノ類ニテ卑シ、

売リレ魚ヲ　買フレ魚ヲ　売ルレ花ヲ声 花ハ雅物ナレドモ売ノ字ニテ甚ダ卑シ

一　飲食ノ文字、酒ノ外ニ句好ヤハ、鱸膾・銀膾・蕙肴・綺膳ノ如キ、雅字ヲ加テ用フベシ、其余ハ必ズ用フベカラズ、因テ論ズ、予連年宋朝ノ詩ヲ見ルニ、何レモ飲食ノ事ナキハナシ、唐ニモ杏酪寒食ノ餳等ヲ用ヒタルモアリ、王維ガ「飯帯ブ石田沙」ト作レルハ甚ダ妙ナリ、然レドモ千万ニ一二ナリ、宋朝ノ詩ハ、十ニ七八喫茶・飲食ノ事アリ、今尽《コトゴト》ク挙ルニ及バズ、考テ知ルベシ、是宋朝ノ卑劣ナル一拠トスベシ、サレバ詩ハ漢土ノ文字故、此方ノ不案内ニテ合点ユクマジ、暫ク和歌ヲ以テ云ンニ、二十一代集其余ノ集ニモ、終ニ売買・飲食ノ事ヲ詠ゼシヲキカズ、歌ノ品ニヨリ、其詞ノアルモアルベシ、先ヅハ月雪花紅葉ノ外、餅飯羹醬醢膾ノ如キ、ヨモ歌ニ詠テヨシトハ見エマジ、宋人如何ゾ常ニ是等ノ文字ヲ詩中ニ用ヒテ忌憚ルコトナカリキ、豈詩ノ衰ルニアラズヤ、

一　猥雑ノ語トハ俳言ナリ、大概俗語ノ条ニ出ルガ如シ、

一　田夫野人ノ語、桑麻ヲ談ジ、機杼ヲ聞《(キク)》ヲ、古人以テ雅事トシ、田家野居ハ、詩人ノ最モ愛スル所ナリトイヘドモ、田家租税ノ催促ニ貧ヲ歎クナド、例ノ泣事ノ外、或ハ年ノ豊凶糞壌ノ好悪、牛馬布帛等ノ沙汰ヲ細ニ説クガ如キハ詩ニアラズ、荘家ノ手帳ナルベシ、

一　倡劇婦女ノ語ハ、大抵ハヤリ詞ナリ、此方ノハヤリ詞ハ、詞ニサヘ宜シカラズ、マシテ詩中ニ入ルマジキコトハ、初学モ知ル所ナリ、漢土

ノ書ニ、クツワヲ忘八ト云、傾城買ヲ嫖客ト云、クワシヤヲ鴇子ト云、芝居ノ女形ヲ且ト云ノ類、誤テ用フベカラズ、

一　文字ハ風雅ナレドモ俗ニナル字アリ、

風々　雨々　十々　五々　燕々　鶯々　千亀万鶴　醒酒氷トコロテン　走馬花炮ハナビ　荷包キンチヤク　月々紅月季紅　逡巡碑ニセイシスリ　走馬燈マハリトウロウ　羅漢松マキ　瀟湘侯竹　緑天芭蕉

是等ノ字、題ニ出レバ、是非ナシ、詩中ニハ用フベカラズ、

一　和ノ俗語トハ、上ニ云如ク、常ニ用ル和ノ俗語ヲ詩中ニ用フベカラズ、誰モ能知ルトイヘドモ、物ノ名、所ノ名等、至テ誤リ用ルコト多シ、タトヘバ先輩ノ花ノ詩ニ、「佐国」ヲ用ヒ、又「小町」ヲ作入レ、或ハ「索麵」ヲ用ヒ、或ハ「長楽ノ鐘声」ニ、「祇園ノ樹色」ト云フ、「祇園」ハ古字ナレドモ、和ノ地名ナレバ俗ナリ、甚シキハ山谷ガ詩ヲ拠トシテ、「五十三駅」ト作リ、或ハ「五十鈴河波」、「片男浪」、「鈴鹿山頭」、「浪速江」、「石清水」等、往往ニ集中ニモノセタリ、紀行等ノ其所ニ到リ実ヲ記スルハ、其文字ヲ択バズシテ用ル例アリ、杜子美ガ「滴搏雲間戍、蓬婆雪外城」ノ類、好シトハセズ、好カラザル地ノ名ヲ作リ入レズトモ、作リヤウハ種々アルベシ、況ヤ他所ニテ作ルニ、此方ノ地名ヲ用ルニハ、人ノ名モ何左衛門何太郎ト用フベシ、ソレニテハ詩ニナラザル故、子猷・淵明ヲ用ルニアラズヤ、唐人トテモ地名ノヨキハ作リ、ヨカラザルハ除ケルナリ、

一　漢土ノ俗語甚ダ多シ、今其一二ヲ挙テシルセリ、余ハ推テ知ルベシ、

這箇(コノ)　一箇(ヒトツ)　個(コノ)　将来(モチキタル)又将去トモ　一様(オナジ)　子細　取次(シダイ〳〵)　恁麼(カヤウ又カクノ如シ)　活潑地(マザ〳〵シキ)　満腔子(ハライツバイ)　没巴鼻(トラマヘドコロナシ)　暗裏(ソツト)　幾番(イクタビ)

其外語録・仏経等ニ俗語多シ、

一　昔ノ雅語ノ今却テ俗ニナルアリ、タトヘバ詩経ニ「勿レ使《ルコト》ニ尨ヲ也吠一」。此語当時ハ雅ナルベシ、今ハ俗ニキコユ、

一　又古詩ニ努力餐飯ヲ加ヘヨト云モ同ジ、和歌ニモ此格アリ、「キツニハメナデクダカケノ」ト云ヘル、当時ニテハ雅語ナルベシ、今ニテハヒラタク聞ユ、昔咏ジテ今咏ゼザル詞、和歌ニ甚ダ多シ、詩ニモ此類多シ、

但和歌ハ事セマキ故ニ、コレ〳〵ハ今咏《ソノ》ゼスト禁ズ、詩ハ文字ヒロシ一々挙グベカラズ、故ニ人々眼力ヲ以テ其字ニ就テ見シルベシ、故ニ其制ヲ書伝フ、

一　旧字ニテ雅ナル字、

遮莫(サモアラバアレ)　阿那(アノ)李白詩君家阿那辺　生怕(アナニクヤ)　儂(ワレ)我也俗自称　歓(ナミ)女謂レ男猶レ曰レ郎

已上ハ昔モ俗字ナレドモ雅ナルヲ以テ用ヒ、今尤雅ニ入(イル)

一　文字俗ニテ趣向雅ナル句、

林下何曾見二一人一何曾俗語　尽売ニ取書籍一杜
酔把ニ茱萸一子細看子細俗語　嬌児悪臥踏ニ裂衣一杜
昔与レ汝為レ隣今与レ汝為レ臣　汝一杯酒令三汝寿二千春一

コレ孫皓爾汝歌ナリ、晋ノ武帝呉ヲ亡シ、呉王皓ヲ臣トス、因テ呉俗ノ爾汝ノ歌ヲノゾム、皓即チ此歌ヲ作ル、爾汝ハ呉俗ノ甚ダイヤシキ語トイヘドモ、其作ノ好ヲ以テ、此詩雅ニナル、

此余応璩三叟ノ詩、又ハ古今童謡等ニ俗事多シテ却テ雅ナルコト多シ、明詩ノ古風・五言絶ニ俗事俗情ヲ其マヽ用テ甚ダ華奢《キヤシヤ》ナル多シテ、却テ雅語ノ詩ヨリモ遙ニ勝ル、コレ古意ヲヨク知テ、皆アツカヒノ上手ナルガ故ナリ、此手段通達セバ、詩ハ既ニ高妙ノ地位に到ルト云ベシ、コレ此方ノ人ノ一代精力ヲ尽シテモ夢ニダニモ知ル所ニアラズ、律詩ノ新体ハ、近世作者ナキニアラザレドモ爰ニ至テハ、我未ダ一人ヲ見ズ、予昔ヨリ此古詩ヲ好テ、一種ノ詩門ヲ啓ンコトヲ思フ、独、対州ノ松浦禎卿、此趣ヲ知ルノミ、恨ラクハ志ヲ同スル人ナキコト、姑ク一得ノ愚作ヲ左ニノス、見ル人東施ガ顰ヲ笑フベシ、

男子勿レ種レ蘭、々生香、自無、種レ蘭若無レ香、不レ異ニ艾与一レ蒭、
妾在ニ江北一住、即向ニ江南一行、江南風雪悪、留レ郎着ニ衣裳一、
儂有ニ一段綺一、裁作ニ鴛鴦幃一、不レ作ニ同心被一、只恐涙汚レ衣、
去年二月時、東風送ニ君去一、今年二月時、東風問無レ語、

一　文字モ語モ俗ニアラズシテ全篇俗ナル詩アリ、宋之問ガ「紅梅院」ノ詩、及ビ「再入ニ道場一応制」、「又有所思」ノ七言古風一首、盧仝ガ「逢ニ鄭三一」七言絶一首、李太白「瀑布」七言絶

一首
一句ニハ
杜審言　梅花落処疑ヒ二残雪カト一、楊柳開時只任スレ風ニ
劉長卿　欲レ寄ソト二狂夫ニ書一紙ヲ一、家住ス成都万里橋ノ
王維　万国衣冠拝ス二冕旒ヲ一
韓偓　捲荷忽被レ二微風ニ触一、瀉下ス清光露一盃
李羣玉　莫下放テ二焰光ヲ一高ナラシムルコト中二丈上　来年焼殺セン杏園花ノ
薛能　隔テレ渓ヲ遥ニ見ル二夕陽ノ春ヲ一　及下ノ二句
此外猶多シ不レ暇アラ二枚挙スルニ一、

一　一生ノ詩総テ俗ナルアリ、白楽天集中皆俗ナリ、コレ俗字ヲ用ルニモアラズ、又俗語ヲ用ルニモアラズ、其詩ノ風体、自然ニ俗ナルナリ、スベテ耳近ニ作ルハ、ミナ俗ニナルコト、ヒラタクタケヒクケレバナリ、張籍ガ詩モ間マ俗ナル多シ、後世ニモ亦俗字ヲ用テ自ラ俗ナルアリ、

一　実事ヲ言ヘバ俗ニナルアリ、詩ニ実事ヲソノマヽ用レバ、卑俗ニシテ聞ニ堪ヘズ、楽天ガ俗ナル、多ハ此病ニヨレリ、然ラバ詩ハ皆虚ヲ云ノミカト不審スベシ、虚ニハアラズ、実事ヲ云ヘバ、ヒラタク卑キ故、其中ノ雅ナル事ヲ択テ、尚潤色シテ、ヤサシクシホラシキヤウニ作ルナリ、コレ鉄ヲ化シテ金ト成スノ手段ニテ、雨ノ月ニ晴タルト云、寒日ニ暑シト云如ク、ナキコトヲ云ニハアラズ、若クハ其所ニナキコトヲ云タメシアリ、コレハ借用ルモノニシテ、虚ニアラズ、但其雅景・雅趣・雅物・雅興・雅字・雅語ヲエラビ用フベシ、其感ゼシムルコト、虚ヨリモ実事ヨリモ百倍スベシ、

右スベテ雅俗ノ品大概カクノ如シ、苟モコヽニ通ジテ、其俗ナルヲステヽ、雅ナルヲエラビ用フベシ、一タビ雅ニ入レバ即チ詩ヲ成シ、一タビ俗ニ入レバ詩ヲナサズ、古人タマ〳〵俗句俗字ヲ用ヒタルハ、外ニ其俗ヲ減ズベキ趣アレバナリ、王維ガ「万国衣冠拝ス二冕旒ヲ一」ト云一句ハ、俗ナリトイヘドモ、俗ナル故ニ、句体太ダ重シテ太平ノ気象、富貴ノ体アル所勝レタリ、モシ甚ダ風雅ニ句ヲ作ラントスレバ、弱クナリ、圭角出来テ、句体サビシク寒クナル故ニソレヲ嫌ヒタルナリ、既ニ岑参ガ、「花迎ヘ二剣佩ヲ一星初メテ落チ、柳払ヒ二旌旗ヲ一露未レ乾カ」ト云ヘルハ、殊ノ外ニ風雅ニシテ、微塵モ俗気ナシ、ソレユヱ句ガラ寒ク冷《サビシ》キ所アリテ、和暖ノ気少シ、王維コレヲ知テ、寧ロ俗ニナルトモ、温厚ナル方、太平ノ気象ニ相応スルヲ取レリ、如キレ此品ヲ知ラズ、古人ヲ誚ルベカラズ、然レドモ学ブ人ハ、其雅俗ヲ知ルコトナクンバ、俗ニ陥リヤスキヲ以テ、今右ニ古人ノ俗句ヲ挙テ記スノミ、

三〇　**故事**（二四七頁）　王世懋の秇圃擷余に、相似た説がある。
○今人作レ詩、必入二故事一、有下持二清虚之説一者上、謂盛唐詩即レ景造レ意、何嘗有レ此、是則然矣、然亦一家言、未レ尽二古今之変一也、自レ此作者、多入二史語一、然不レ能レ入二経語一、謝霊運出、而易辞荘語、無レ所レ不レ為レ用矣、剪裁之妙、千古為レ宗、又一変也、中間何庾加レ工、沈宋増レ麗而変態未レ極、七言猶以二間雅一為レ致、杜子美出、而百家稗官、都作二雅音一、馬渤牛溲、咸成二鬱致一、於レ是詩之変極矣、子美之後、而欲レ令下人毀二靚粧一、張二空拳一、以当中市肆万人之観上、必不レ能也、其援引不レ得レ不二日加而繁一、然病不レ在二故事一、顧下所二以用一レ之、何如上耳、善使二故事一者、勿レ為二故事所一レ使、如二禅家云一転二法華一勿レ為二法華転一、使レ事之妙、在二有而若レ無実而若一レ虚、可二意悟一、不レ可二言伝一、可二力学得一、不レ可二倉卒得一也、宋人使レ事最多、而最不二善使一、故詩道衰、我朝越レ宋継レ唐、正以レ有二豪傑数輩一得二使事三昧一耳、第恐二十年後、必有二厭而掃除者一、則其濫觴末弩為レ之也。

三一　**陋トス**（二四八頁）　李東陽の麓堂詩話に、
○質而不レ俚、是詩家難事、楽府歌辞所載木蘭辞、前首最近レ古、唐詩張文昌、善用二俚語一、劉夢得竹枝亦入レ妙、至二白楽天一、令二老嫗解一レ之、遂失二之浅俗一、其意豈不下以二李義山輩一為二渋僻一而反一レ之、而弊一至レ是、豈古人之作、端使レ然哉。

三二　「**捲荷乍…**」（二五〇頁）　韓偓の「野塘」の詩は「侵レ暁乗レ涼偶独来、不レ因二魚躍一見二萍開一、巻荷忽被二微風触一、瀉下清香露一杯」（全唐詩、六八一から）。

三三　「**老妻画紙…**」（二五〇頁）　杜甫の「江村」の詩は「清江一曲抱レ村流、長夏江村事事幽、自去自来梁上燕、相親相近水中鷗、老妻画レ紙為二棊

局一、稚子敲レ針作二釣鈎一、但有三故人供二禄米一(多病所須惟薬物)、微軀此外更何求」。

三四 「**朝罷香烟…**」(二五〇頁)　杜甫の「奉レ和三賈至舎人、早朝二大明宮一」の詩は「五夜漏声催二暁箭一、九重春色酔仙桃、旌旆日暖竜蛇動、宮殿風微燕雀高、朝罷香煙攜満レ袖、詩成珠玉在レ揮レ毫、欲レ知下世常二糸綸一美上、池上于レ今有二鳳毛一」。

三五 「**碁局動…**」(二五一頁)　杜甫の「因二許八一奉レ寄二江寧旻上人一」の詩は「不レ見二旻公一三十年、封書寄与涙潺湲、旧来好事今能否、老去新詩誰与伝、棋局動随幽澗竹、袈裟憶上二泛湖船一、問レ君話我為レ官在、頭白昏昏只酔眠」。

三六 **軽重・清濁**(二五一頁)　明の林希恩の詩文浪談は、詩の声調を重視した論であって、以下に云う南海と同一ではないが、用語としては、これに得たものと思われる。詩文浪談(説郛続所収)のその条は、

〇夫詩之声也、豈曰二平而平、仄而仄焉一已哉、即平之声、有レ軽有レ重、有レ清有レ濁、而仄之声亦、有レ軽有レ重、有レ清有レ濁、此天地自然之声也、而唐以後、鮮レ有二知レ之者一、不レ知二軽重清濁之声一、且不レ可三以循二古之恒一裁、而況能尽二詩之変体一邪、今以二律之変体一言レ之、如下曰二昔人已乗二白雲一去、又曰二北城撃レ柝復欲レ罷、又曰二七月六日苦炎熱一等、若干章上、此又専在二於軽重清濁之間一、爾平仄云乎哉、由レ是観レ之、則唐人之所謂変体者、乃以変二其平仄之声一者也、而軽重清濁之間、蓋有レ不レ可二得而変一レ之矣。

〇或曰、平仄尚矣、豈復有二軽重清濁之声一歟、林子曰、然若二平仄之声一、即幼童能弁レ之、豈其尽二詩之情一耶、然而軽重清濁之声、亦皆出二於自然一也、不レ知二軽重清濁之声之自然一、而曰能尽二詩之情一者、余弗レ知レ之矣。

〇或曰、古体亦有レ声歟、林子曰、古体亦皆声也、即如二羅衣何飄飄、軽裾随レ風旋一、此十言皆平也、又如二有レ客有レ客字一、子美此七言、皆仄也、夫平仄既不レ論矣、而軽重清濁之声、其可三以不レ知乎、故不レ知レ声者、不レ可二与言一レ詩也。

などとある。南海の場合は、以下の用例からすると、音も関係しているが、語の意味内容のかもし出すものも加わっている如くである。

三七 **大小**(二五一頁)　南海の用語に相当するものを、中国でまだ見出し得ないが、大については、詩文浪談に、

〇中庸曰、溥博淵泉而時出レ之、孟子曰、君子之志二於道一也、不レ成レ章不レ達、又曰、充実而有二光輝一、之謂レ大、又曰、若決二江河一沛然、而莫二之禦一也、夫詩文則亦有二然者一而時出レ之、宜レ成二章之達一、光輝之大沛然之機、養盛自致二畜極一、而充二其殆一、神之不レ可レ致、思化之不レ可二助長一者乎、古人有レ言曰、吟二成五個字一用破二一生心一、又曰、此子欲レ吐二心肝一乃已、夫軽重清濁之声、由二吟咏一、而得失而其最所二自得一処、又豈専在二於吟咏間一耶、不レ属二於思一、若或啓レ之、而合レ節従レ律、蓋有レ不レ知レ為レ之者、故風生而水自文、春至而鳥能言者、気機之自然也。

〇林子曰、豈惟篇章之大有二其法一哉、是雖レ至二於一句一字之間一、則皆有二其法一、不レ可レ得而損益之者矣、此固成之変化、非レ属二擬議一、然而不レ有二擬議一焉、又安足三以成二変化之能一哉。

とある。大の意味する所はやや合う所もあるか。明の江盈科の雲濤詩評(説郛続所収)に、胆の大小によって、表現の相違することを述べるが、語の一致のみで、詩評の方は、価値の問題にわたるので、共通しない。

三八 **緩急**(二五一頁)　これは多く、南海と同じ意見で用いられて来た語である。

〇古人之詩所三以不レ可レ及、処二剛柔緩急哀楽喜怒之間一、風教存二乎其中一(氷川詩式、九の学詩要法)。

〇或緩発如二朱絃一、或急張如二躍楛一(談芸録)。

三九 「**池塘生春草**」(二五一頁)　謝霊運の「登池上楼一首」(文選、二二)は、「潜虬媚二幽姿一、飛鴻響二遠音一、薄霄愧二雲浮一、棲川怍二淵沈一、進二徳智一所レ拙、退二耕力一不レ任、徇禄反二窮海一、臥痾対二空林一、傾レ耳聆二波瀾一、挙レ目眺二嶇嶔一、初景革緒風、新陽改故陰、池塘生二春草一、園柳変二鳴禽一、祁祁傷豳歌、萋萋感楚吟、索居易二永久一、離群難二処心一、持操豈独古、無悶徴在レ今。

四〇 「**白帝城中…**」(二五二頁)　杜甫の「白帝」の詩は「白帝城中雲出レ門、白帝城下雨傾レ盆。高江急峡雷霆闘。古木長藤日月昏。戎馬不レ如二帰馬逸一。千家今有二百家存一。哀哀寡婦誅求尽。慟二哭中原一何処村」。

四一 **曲江**(二五二頁)　杜甫の「曲江二首」のことで、その一は、「一片花飛

減二却春一、風飄二万点一正愁レ人、且看欲レ尽花経レ眼、莫レ厭傷レ多酒入レ脣、江上小堂巣二翡翠一、花辺高塚臥二麒麟一、細推二物理一須二行楽一、何用浮名絆此身」。その二は「朝回日日典二春衣一、毎日江頭尽レ酔帰、酒債尋常行処有、人生七十古来稀、穿レ花蛺蝶深深見、点レ水蜻蜓款款飛、伝二語風光一共流転、暫時相賞莫二相違一」(和刻の杜律集解による)。外に「曲江対レ酒」「曲江対レ雨」の七律もある。南海は合せて、数首としたのであろう。合せてかかげる。「曲江対レ酒」は「苑外江頭坐不レ帰、水晶宮殿転霏微、桃花細逐二楊花一落、黄鳥時兼二白鳥一飛、縦レ酒久拚人共棄、懶レ朝真与レ世相違、吏情更覚滄洲遠、老大徒悲未レ払レ衣」。「曲江対レ雨」は「城上春雲覆二苑墻一、江亭晩色静二年芳一、林花着レ雨臙脂落、水荇牽レ風翠帯長、竜武新軍深駐レ輦、芙蓉別殿謾焚レ香、何時詔二此金銭会一、暫酔二佳人錦瑟傍一」。

四二　**岳陽楼ノ詩**(二五二頁)　杜甫の「登二岳陽楼一」の詩は「昔聞洞庭水、今上岳陽楼、呉楚東南坼、乾坤日夜浮、親朋無二一字一、老病有二孤舟一、戎馬関山北、憑レ軒涕泗流」。この詩は、杜甫が漂泊の旅中、洞庭湖の絶勝地岳陽楼に上って、大きい景をのぞむと共に、今の社会と自分を愁難した内容であって、「重ク大ナリ」と云う感じとなる。

四三　**何氏山林ノ詩**(二五二頁)　杜甫の「陪二鄭広文一遊二何将軍山林一」は十首の五言律詩である。その初め一首のみをかかげる。「不レ識二南塘路一、今知二第五橋一、名園依二緑水一、野竹上二青霄一、谷口旧相得、濠梁同見レ招、平生為二幽興一、未レ惜二馬蹄遥一」。何将軍は未詳であるが、その人の山林の好風景の中に遊んだ詩であって、気持の上で「軽ク小ナリ」となる。

四四　**「風暖鳥声砕…」**(二五三頁)　杜荀鶴の「春宮」の詩は「早被二嬋娟誤一、「欲レ粧臨レ鏡慵、承レ恩不レ在レ貌、教二妾若為容一、風暖鳥声砕、日高華影重、重年越渓女、相憶採二芙蓉一」。

四五　**字眼**(二五三頁)　氷川詩式、三には、練句の法の中に、「詩眼」として、具体的に作詩法を説き、詩人玉屑、三には、「眼」の用語で例を示している。皆、ここで云う字眼に同じ。

四六　**「気蒸…」**(二五五頁)　孟浩然の「臨二洞庭一」の詩(唐詩選から)は「八月湖水平、涵レ虚混二太清一、気蒸雲夢沢、波撼岳陽城、欲レ済無二舟楫一、端居恥二聖明一、坐観垂レ釣者、徒有二羨レ魚情一」。

四七　**「問人遠岫…」**(二五五頁)　李山甫の「方干隠居」の詩(三体詩から)は「咬々嘎々水禽声、露洗二松陰一満院清、渓畔印レ沙多二鶴跡一、檻前題レ竹有二僧名一、問レ人遠岫千重意、対レ客閑雲一片情、早晩塵埃得二休去一、且将二書剣一事二先生一」。

四八　**「花迎…」**(二五五頁)　岑参の「和下賈至舎人早朝二大明宮一之作上」(唐詩選より)は「雞鳴二紫陌一曙光寒、鶯囀二皇州一春色闌、金闕暁鐘開二万戸一、玉階仙仗擁二千官一、花迎二剣佩一星初落、柳払二旌旗一露未レ乾、独有二鳳皇池上客一、陽春一曲和皆難」。

四九　**「旌旗…」**(二五五頁)　杜甫の「和二賈至舎人早朝二大明宮一」の詩(唐詩正声から)は「五夜漏声催二暁箭一、九重春色酔二僊桃一、旌旗日暖竜蛇動、宮殿風微燕雀高、朝罷香煙携満レ袖、詩成珠玉在レ揮レ毫、欲レ知下世掌二糸綸一美上、池上于今有二鳳毛一」。

五〇　**「前村深雪…」**(二五五頁)　斉己の「早梅」の詩(全唐詩から)は「万木凍欲レ折、孤根暖独廻、前村深雪裏、昨夜一枝開、風遞幽香去(一作出)、禽窺素豔来、明年如(一作猶)レ応レ律、先発映二春台一」。

五一　**「一枝開」**(二五五頁)　唐才子伝、九の「鄭谷」の条に「(初めに谷の略伝があって)谷詩清婉明白、不レ俚而切、為二薛能、李頻所一レ賞、(中略)谷多結二契山僧一、曰、蜀茶似レ僧、未二必皆美一、不レ能レ捨レ之、斉己攜二詩巻一来レ袁、謁レ谷、早梅云、前村深雪裏、昨夜数枝開、谷曰、数枝非レ早也、未若二一枝佳一、己不レ覚投拝曰、我一字師也(下略)」。

五二　**「香稲啄余…」**(二五五頁)　杜甫の「秋興八首」の其八の詩(唐詩品彙から)は「昆吾御宿自逶迤、紫閣峰陰入二渼陂一、香稲啄余鸚鵡粒、碧梧棲老鳳凰枝、佳人拾レ翠春相問、仙侶同レ舟晩更移、綵筆昔曾干二気象一、白頭吟望苦二低垂一」。

五三　**「朱簾…」**(二五五頁)　王勃の「滕王閣」の詩(全唐詩から)は「滕王高閣臨二江渚一、珮玉鳴鸞罷二歌舞一、画棟朝飛南浦雲、珠簾暮捲西山雨、間雲潭影日悠悠、物換星移幾度秋、閣中帝子今何在、檻外長江空白流」。

五四　**豪句**(二五六頁)　南海が見たと思われる中国の書に見える、若干例をかかげる。

○詩貴二言簡而意不レ遺、句豪而理不一レ畔(氷川詩式、九の学詩要法)。

○吟レ詩喜作二豪句一、須不レ畔二於理一、方善、如下東坡観二崔白驟雨図一云、扶桑大藏如二甕盎一、天女織レ綃雲漢上、往来不レ遣二鳳銜一レ梭、誰能鼓レ臂投中三丈上、此語豪而甚工、石敏若橘林文中詠レ雪、有下燕南雪花大二於掌一、氷柱懸レ簷一千丈之語上、豪則豪矣、然安得二爾高屋一耶、李太白北風行、云、燕山雪花大如レ席、秋浦歌云、白髪三千丈、其句可レ謂レ豪矣、奈下無二此理一何上。如二秦少游秋日絶句云一、連巻雌蜺挂二西楼一、逐レ雨追レ情意未レ休、安得二万糀相向舞一、酒酣聊把作二纏頭一、此語亦豪而工矣(芸苑雌黄)。

三五五　雄句(二五六頁)　南海が見たと思われる、中国の書の若干の例をかかげる。

○詩貴二雄渾悲壮一(氷川詩式、九の学詩要法)。

○蘇黄門子由有レ云、唐人詩当レ推二韓杜一、韓詩豪、杜詩雄、則杜詩之雄、有レ可三以兼二韓之豪一也、此論得レ之詩文字画、大抵従二胸臆中一出、子美篤二於忠義一、深二於経術一、故其詩雄而正、李太白喜二任俠一、喜二神仙一、故其詩豪而逸、退之文章侍従、故其詩文、有二廊廟気一退之詩正可下以二太白一為上レ敵、然三豪不二並立一、当レ屈二退之第三一(歳寒堂詩話)。

○少陵故多二変態一、其詩有二深句一、有二雄句一、有二老句一、有二秀句一、有二麗句一、有二険句一、有二拙句一、有二累句一、後世別為二大家一、特高二於盛唐一者、以三其有二深句・雄句・老句一也、而終不レ失レ為二盛唐一者、以三其有二秀句・麗句一也、軽浅子弟、往往有二薄レ之者一、則以三其有二険句・拙句・累句一也、不レ知其愈険愈老、正是此老独得処、故不レ足レ難レ之、独拙累之句、吾不レ能二為掩一レ瑕、雖レ然更二千百世一、無二能勝レ之者一何、要曰レ無二露句一耳(秘園擷余)。

その他、「雄偉」「雄健」の語で句を評することもある(詩人玉屑引く所)。

三五六　敏捷(二五六頁)　詩作の敏捷についての諸説をかかげる。

○世人作詩、以二敏捷一為レ奇、以連篇累冊為富、非レ知詩者一也、老杜云、語不レ驚レ人死不レ休、蓋詩須二苦吟一、則語方妙、不二特杜為一レ然也(下略)(南濠詩話)。

○詩非二苦吟一不レ工、信乎、古人如二孟浩然一、眉毛尽落、裴祜袖レ手、衣袖至レ穿、王維走入二醋瓮一、皆苦吟之験也(存余堂詩話)。

など、苦吟を尊重する説の方が多く目につく。しかし後人の三浦梅園の詩轍、一には、その敏捷を尊ぶべき場合をのべている。

○少年輩、敏捷ヲ以テ人ニ誇ル、徒ニ其徳ヲ損スルヲ見ル、古人ニモ、閉レ門覓レ句陳無己、対レ客揮レ毫秦少游トテ、遅ト敏ト、共ニ名ヲ伝フ、仮令声ニ応ジテ作シタリトモ、不美ナラバ何ゾ称スルニ足ラン、若其レ伝フ可ンバ、生涯一聯ヲ得ルトモ可也、故ニ遅敏ハ姑置ク、只其巧拙如何ト観ルベキ也、漢ノ時、枚皐ハ文章敏疾、長卿ハ制作淹遅ナリシカドモ、美ハ長卿ニ残レリ、サレドモ一概ニハイフベカラズ、宋ノ元祐ノ頃、遼ノ使者来レリ、東坡ノ名ヲ聞テ、之ヲ困メントス、三光、日月星ヲ以テ、属対ヲ請フ、東坡介者ニ請テ曰、我対テ子対ズンバ、大国ノ体ヲ全スル所ニ非ズトテ、コレヲシテ請シメテ曰、四詩風雅頌ト、使者愕ク、因テ徐ニ、某モ亦一対有リ、四徳ハ元亨利ト謂テ、貞ノ字ヲ言ズ、使者口ヲ開ントス、坡曰、我豈其一ヲ忘ンヤ、今両朝兄弟ノ邦ニシテ、卿外臣タリ、我仁祖ノ廟諱、豈犯スベケンヤト、使者大ニ屈伏シヌ、元初丘機山ト云者アリ、福ニ遊ブ、福人之ヲ屈セントス、五行金木水火土ヲ以テ、対ヲ請フ、機山、口ニ随テ、対テ曰、四位公侯伯子男ト、四等ノ位ハ、公一位、侯一位、伯一位、子男同一位、孟子ニ見エタリ、明劉文成、初テ太祖ニ見エケルニ、帝方ニ食ニ向ヒ給ヒシガ、食シ給フ所ノ斑竹ノ箸ヲ挙テ、コレニ一詩ヲ賦セヨト宣ヒシカバ、文成直ニ

一対湘江玉並看。　二妃会灑涙痕斑。

ト誦シケル、帝秀才ノ気味也ト宣ヘリ、文成猶未也トテ、

漢家四百年天下、　尽在張良一借間。

終ニ太祖ノ歓ヲ得キ、若事機会ヲ失セバ、縦令佳言麗句有トモ、賊過テ張レ弓ナリ、南禅寺ノ村菴、七歳ノ時参内シテ、不レ意来二天上一、揮レ毫賦二野詩一。ト作リシヲ、座中皆宿構也トシテ肯ザリケレバ、折柄其朝雪ノ降ケルヲ、山亦朝来有レ愁否、須臾変作二白頭翁一。ト賦シテゾ、衆ノ疑ヲ散ジケル、近来紀ノ祇園南海、早慧、十五歳ノ時、人、光風霽月常惺惺ト云テ、属対ヲ求メシカバ、鳶飛魚躍活潑潑地ト対ヘケル、或時新題ヲ以テ、五律百首、一夜ニ作リシヲ、人宿製カト疑シカバ、再客ヲ会シ、題ヲ客ニ乞ヒ、続ヒテ一百首ヲ咏ゼシトカヤ、此輩此厄ニ方ッテ、若此機捷無ンバ、何ヲ以テカ此重囲ヲ出ン、已遅渋ノ才ヲ以テ、人ノ敏捷ノ美ヲ掩ハンハ、嫫母西施ヲ妒ムノ類也、機会ニ後ル

、少年輩、己ガ拙ヲ掩ハントテ、佗ノ敏捷ヲ譏ルベカラズ、不レ恨自家麻縄短、只怨他家古井深。此言宣ク一日三タビ復スベシ。

五七　**撃レ鉢刻レ燭**(二五六頁)　南史の王僧孺伝に「竟陵王子良、嘗夜集二学士一、刻レ燭為レ詩、蕭文琰曰、頓焼二一寸燭一、而成二四韻詩一、何難之有、乃与二丘令楷江洪等一、共打二銅鉢一立レ韻、響滅則詩成、皆可二観覧一」とある。円機活法にも「刻レ燭撃レ鉢」としてかかげる。

五八　**一夜百首**(二五六頁)　李嶠雑詠を、一夜百詠また一夜百首と云うことのあった考証は、岡本保孝の難波江に、「李嶠雑詠(或曰百詠、或曰百二十詠)」と題して、次の如く見える。

人見氏幽斎(注―卜幽の誤り)が東見記、巻下(卌七オ)に、三井寺ノ謡ニ桂ハミノル三五ノクレ、李嶠一夜百詠ノ月ノ詩ニ云、桂生三五夕。蓂開二八時云々とみえたり。その後宝永年間に、仙台の僧梅国がかける桜陰腐談にも、宝暦の比に、谷川氏が和訓栞、かつらにも此句を李嶠一夜百詠の月の詩のよしいへるは、いづれも人見氏の東見記を襲踏したるものなり。ちかごろ林氏、西土にたえてこゝにのこれるをあつめて、佚存叢書六十冊を編輯し、その叢書に唐韋述が両京新記一巻と李嶠雑詠二巻とを一冊として載せたり。是は欽定四庫全書総目に此書どものみえぬより、彼に佚し此に存したりとおもひよれるなりけり。こゝにうたがはしきは、阮元かの総目にのせざるものにて、珍らしき古書を得るときは、かならずその書に解題をそへて奏進したるを、阮元が男福と云ふ者、父奏進のときの提要をとりまとめ、四庫未収書提要と名づけ、すべて五巻編録して揅経室外集としたり。その中に韋述が両京新記は、佚存叢書より抜て奏進したるよしはあれど、李嶠の詩はなし。同じ一冊の中の事なれば、取りおとす事はよもあるまじき也とかたぶかるゝなりけり。然るに、かつ〴〵うたがひのはるゝこともあり。そは正徳年間刊本の雑詠にそへたる伊藤長胤の跋をみるに、文苑英華注中所レ引草題詩者是也とあり。さては李嶠雑詠は彼土に巋然独存すれば、奏進せぬにこそあらめ。いとまあらん時、英華を比校すべし。そはとまれかくまれ。一夜百詠といへることは、更に証文あるべからず。是は後世一夜百首などいふことの有るより、おもひまがへたるにはあらぬか。人見氏の東見記は、林道春の説を多くのせたるものなれば、道春より師資相承のつたへにもあらんか。応保年間に信阿といふもの丶かける朗詠集私注といふものあり。柳の詩の注に、百詠月詩とて彼句を引きたり。此称よろしかるべし。(〔割注〕「百詠といふは成数にていふなり。その実は百二十首あり。一夜百首といふことい よ〳〵うけがたし。」)猶いはゞ、源平盛衰記、巻廿三(〔割注〕「真盛上京附平家逃上事。」)に、小児共の読む百詠と云ふ文に、鴨集て動ずれば成雷と云事ありとみえたり。(〔割注〕略)ふるくより百詠といふことしられたり。(〔割注〕略)又おもふに、白氏文集巻五十二に、日試詩百首といふこともあれば、李嶠もさるたぐひにや。道春博識なれば別に拠あるにや。猶よく尋ぬべし(下略)。

五九　**鳳ノ詩**(二五六頁)　李嶠雑詠の「鳳」の詩(芸海珠塵本)は「有レ鳥自丹穴、其名曰二鳳凰一、九苞応二霊瑞一、五色成二文章一、匽向二秦楼側一、頻過二洛水傍一、鳴レ岐今已見、阿レ閣佇来翔」。

六〇　**海ノ詩**(二五六頁)　李嶠雑詠の「海」の詩(芸海珠塵本)は「習坎疏二丹壑一、朝宗合二紫微一、三山巨鼇踊、万里大鵬飛、楼写二春雲色一、珠含二明月輝一、会当(中作因)レ添二霧露一、方遂(中作逐)衆川帰」。

六一　**錦江ノ詩**(二五七頁)　杜甫に「錦江」と題した詩はないようである。恐らくは「懐二錦水居止二首」を指すのであろう。その詩は、其一が「軍旅西征僻、風塵戦伐多、猶聞蜀父老、不レ忘舜謳歌、天険終難レ立、柴門豈重過、朝朝巫峡水、遠逗二錦江波一」。其二が「万里橋西宅、百花潭北荘、層軒皆面レ水、老樹飽経レ霜、雪嶺界レ天白、錦城曛日黄、惜哉形勝地、回レ首一茫々」。

六二　**観猟ノ詩**(二五七頁)　王維の「観猟」の詩(和刻王維詩集から)は「風勁角弓鳴、将軍猟二渭城一、草枯鷹眼疾、雪尽馬蹄軽、忽過二新豊市一、還帰二細柳営一、廻二看射レ鵰処一、千里暮雲平」。

六三　**許渾**(二五八頁)　楊慎の丹鉛総録、一八に、

○唐詩至二許渾一。浅陋極矣。而俗喜伝レ之。至レ今不レ廃。高棅編二唐詩品彙一。取至二百余首一。甚矣棅之無目也。棅不レ足レ言。而楊仲弘選二唐音一。自謂詳二於盛唐一。而略二於晩唐一。不レ知二渾乃晩唐之尤下者一。而取レ之極多。仲弘之賞鑒。亦羊質而虎皮乎。陳后山云。近世無学。挙レ俗愛二許渾一。斯卓識矣。孫光憲云。許渾詩。李遠賦。不レ如レ不レ做。当時已有二

公論一。惜乎伯謙輩之懵二於此一也。

胡応麟の少室山房筆双、二三にもこの説を引いて、自説をかかげる。丁卯詩。浅陋誠有レ之。而後語亦自不レ減。在二晩唐一較二錚錚一。廷礼品彙。博采二唐詩一。固不レ得二尽廃一也。至二正声一。則渾之近体。無二復一篇一。意可レ見矣。用修不レ詳レ考。第拠二方回律髄之語一而驟譏レ之。非二通論一也。楊載仲弘詩名元世。選二唐音者一。自レ是楊士弘字伯謙。合而為レ一。果有二目者一耶(以下略)。

胡応麟の云う方回の語とは、方回編の瀛奎律髄、三、許渾の「凌歊台」の詩の評に「許丁卯詩。俗所二甚喜一。予輒抑レ之以救レ俗。其集懐古数詩為レ最」とあるをさす。

六四　**葉嚢敬ガ詩話**…(二五八頁)　説郛続所収の敬君詩話の「詩学」の一条、○凡作レ詩者繩墨、必宗二前人一、意辞要レ当二独創一、若全依二様画二胡蘆一、便如二村児描字帖一、悪足レ言レ詩也、嗚呼、不レ読二三百篇一、不レ足三以濬二詩之淵源一、不レ読二五千四十八巻、不レ足三以入二詩之幻化一、不レ尽レ窮二十三経一、不レ足三以閎二詩之作用一、此千古談詩者、所レ未レ及也、今人作レ詩者、于二前数書一、曾不二接目一第曰、吾観二選詩一而已、唐詩而已、其与下村学究教二癡児一、読中千家詩上者、何異。

六五　**「詩有別趣、非関書」**(二五八頁)　滄浪詩話の文は「夫詩有二別材一、非レ関レ書也、詩有二別趣一、非レ関レ理也、然非二多読レ書多窮一レ理、則不レ能レ極二其至一、所謂不レ渉二理路一、不レ落二言筌一者上也」。

六六　**謝霊運・沈約**(二五九頁)　謝霊運の謝康楽集を見れば、「弁宗論問答附」・「無量寿仏頌」・「維摩経十譬賛」・「仏影銘」・「廬山慧遠法師誄」など、仏教に関するもの多く、自らも、慧遠法師の信者であり、入社しなかったが、白蓮社を建てて送った(蓮社高賢伝)。沈約の文(全梁史による)にも、「均聖論」・「答韻隠居難均聖論」・「究竟慈悲論」・「六道相続作仏義」・「千仏賛」・「斉禅枕寺尼秀行状」など、仏教に関するものが甚だ多い。

作詩志彀

一　**羿**(二六五頁)　論語の憲問篇に「南宮适問レ於二孔子一曰、羿善レ射、奡盪レ舟(下略)」。集註に「羿、有窮之君、善レ射、滅二夏后相一而簒二其位一、其臣寒浞又殺レ羿而代レ之」とある。史記の注に引く、帝王紀に詳細な記事が見える。甘蝿との事は、二六五頁注八にある如く列子に見えるが、羿に学んだことの出典未詳。

二　**唐後一人**(二六五頁)　荻生徂徠の唐後詩の総論に「独余則謂、于鱗於二盛唐諸家外一、構二高華一色一、而終不レ離二盛唐一、細既二其集中一、一篇一什、亦皆粋然、不レ外二斯色一、所二以為レ不レ可レ及也」と称讃している。

三　**経済有用**(二六五頁)　北山は自ら儒者をもって任じていたために、自ら、詩文の業と、儒業とをかなりに区別して論ずる結果となった。享保以来次第に、実際においては、詩文家とも称すべき人も出て来ていたが、幕初以来の、儒業と詩業文業とを一つにして考える常識が、意識の上では続いていた。北山においては、これを区別して考えたことによって、ここに清新の論と云う、詩人文人の側に立っての発言が出来、儒と文を緊密に一つにして論じた徂徠の論、即ち儒者側からの詩文論との区別が明らかになったのである。北山自身あるいは、その差別をまで意識していたか否か明らかでないが、結果的にはそうなっている。その原因が、ここに云う、自らを儒者とした点にあった。

四　**第二ノ字**…(二七一頁)　日本でも、松井河楽の詩法要略(享保二年刊)の如きは、第一字をもって、平起仄起を云うべしとの説で、「第二字ヲ以テ平起仄起ト云フハ本源ヲシラズ、只今サシアタリタル字面ヲ見テ云フ俗説ナリ」とした。

五　**第五字**…(二七一頁)　三浦梅園の詩轍、二にも「サレドモ氷川詩式ナドニテ考レバ、第二字ヲ側ニスルヲバ、側入ト云、側起トハ第五字ヲ側ニスル者ニシテ、俗ニ云踏落シ也、第二字ヲ平ニスルヲバ、平入ト云、平起トハ、第五字本韻ヲ以テ起ス者也、詩藪等コレニ同ジ」とある。

六　**故郷杳**…(二七一頁)　陳子昂の「晩次二楽郷県一」の詩(唐詩正声より)は「故郷杳無レ際、日暮且孤征、川原迷二旧国一、道路入二辺城一、野戍荒烟断、深山古木平、如何此時恨、噭噭夜猿鳴」。

七 **正格・偏格**(二七一頁) 詩轍、二に「平起、七言ニ於テハ正法トシ、五言ニ於テハ変法トス、而シテ律製側入ヲ正格トシ、平入ヲ偏格トス」。詩律初学鈔の引用に「沉存中曰、詩第二字側入謂二之正格一、第二字平入謂二之偏格一、唐名輩多用二正格一、如二杜甫詩一用二偏格一者十無二二三一」(沉存中筆談より)とある。

八 **「律詩有レ起…」**(二七二頁) 氷川詩式、一の五言律詩の条に、律詩有レ起、有レ承、有レ転、有レ合、起為二破題一、或対レ景興起、或比起、或引レ事起、或就レ題起、要三突兀高遠如二狂風捲レ浪勢欲一レ滔レ天、承為二頷聯一、或写レ意、或写レ景、或書レ事、或用レ事、引レ証、要下接二破題一、如キ驪竜之珠抱而不レ脱、転為二頸聯一、或写レ意、写レ景、書レ事、用レ事、引レ証、与二前聯之意一相応相避、要三変化如二疾雷破レ山観者驚愕一、合為二結句一、或就レ題結、或開二一歩一、或繳二前聯之意一、或用レ事、必放二一句一、作二散場一、如二剡渓之棹自去自回一、言有レ尽、而意無レ窮、知レ此則律詩思過レ半矣、七言律詩放レ此。

九 **「平坦叙起…」**(二七二頁) 氷川詩式、一の五言絶句の条であるが、前の十二字を加えねば、文章の体が全くない引用である。本文が漢文のままなので読下しでかかげる。( )中が欠く部分である。

(大抵 起承ノ二句固(マコト)ニ難シ)、平且ニ叙起スルヲ佳ト為シ、従容トシテ之ヲ承ルヲ是ト為スニ(過ギズ)、宛転変化ノ工夫ニ至ッテハ、全ク第三ニ在ルノ句ニ在リ、若シ此ニ于(オ)テ転変シ好キヲ得ルトキハ則チ第四句順流ノ舟ノ如シト(文字は和刻本により、よみは本文に従った)。

一〇 **倭刻詩学入門補条ニ…**(二七二頁) 和刻詩法入門の巻首の末に、唐本には見られない「増補詩論十九条」があり、その一条に「起承転合。四字施二之絶句一則可。施二之於律一則未レ尽。然如下遊二何将軍山林一十首上。第一首是起。第十首是合。中間八首是反覆。賦二其林之盛一。易而置レ之便不可。後五詩亦然。前後出塞之顚。則無レ不レ然矣。有二一題而二首一。則前者不レ可レ置レ後。蓋起句在二前首一而合句在二後首一故也」。

一一 **「律詩唐以前…」**(二七二頁) 和刻詩法入門の巻首の末の「増補詩論十九条」の中に「金聖歎曰。律詩唐以前。無二此称一。唐以レ詩取レ士。因出二其新意一。創為二一体一。二起。二承。二転。二合。勅二定八句一。名曰二律詩一。如或有下人更欲三自見二其淹贍一者上。則又許下於二二起二承之後一。未レ曾転レ筆之前上。排レ之使三開平添二四句一。得二十二句一。名曰二排律一」とある。

一二 **律詩**(二七三頁) 三浦梅園の詩轍、二に、唐律之始として、見える所から引用しておく。

近体ノ来由、唐書曰、建安後、訖二江左一、詩律屢変、至二沈約・庾信一以二音韻一相婉附、属対精密、及二宋之問・沈佺期一、尤加二靡麗一、回二忌声病一、約レ句準レ篇。唐才子伝曰、自二魏建安一、迄二江左一、詩律屢変、至二沈約・鮑照・庾信・徐陵一、以二音韻一相婉附、属対精緻、及二佺期・之問一、又加二靡麗一、著二定格律一、遂成二近体一、学者宗尚、語曰、蘇李居レ前沈宋比レ肩、詩ハ上ニイヘル如ク、一言ヨリ十余言ニ至テモアル者ナレドモ、先大方ハ、五言ヲ主トシテイフ事也、世ニ所謂沈約ノ詩病ナドモ、只五言ノ設ナリ、七言ハ、後五言ニ準ジテ立テルト思ハル。

一三 **拗体**(二七三頁) 詩轍、二の拗の条に、

且五言ノ第三字、七言ノ第五字ノ如キハ、一句ノ腰ナレバ、声律定レリ、故ニ其式ニ合ザルヲバ拗体トイヘリ。

と見え、同巻の拗句の条に、次の如く見える。

今俗◐●●○●、◐○○●○是拗法ニシテ、正法ニ非ザルヲ、二四不同ノ禁ヲ犯サヾレバ、正法ノ様ニ意得、◐●●●●、◐○○●○是モ上ト同ジ拗法ナルヲ、二四不同ノ禁ヲ犯ス故、大ニ失格ノ様ニ思フハ、声律ニ不案内ナル故也、此故ニ此二法共ニ拗句ト云、詩人玉屑曰、拗句、魯直換レ字対レ句法、如二只今満坐且樽酒、後夜此堂空月明、清談落レ筆一万句、白眼挙レ觴三百盃、云云一、其法於下当レ下二平字一処上、以二側字一易レ之、苕渓漁隠曰、此体本出レ於下老杜寵二光蕙葉一与二多碧一、点二注桃花一舒二小紅一、一双白魚不レ受レ釣、三寸黄柑猶自青、云云上、今俗謂二之拗句一ト、是唯対聯ノミノコトニモアラズ、上句●●●●如レ此ナレバ、側畳万古意、横為二白馬磯(李白)一ナド下句ノ腰ヲ側ニシタルモノモアレドモ、歳月不レ可レ問、山川何処来(戴叔倫)、野老不レ識レ拝、児童頻指看(王世貞)ト云ニ、平ヲ勝セタル、相承ノ正法ナリ、夾平、上●○●、下○●○ニテ受タルハ、急度拗法、又上●○●下●○○トシタル、正法ニハ非ザレドモ、唐人熟套トシテ用ヒタレバ、憚ラズ用

ヒテヨシ。

一四　**于鱗ヲ奉ズル人**（二七四頁）　北山が本書を編するに際して、意識して反対したのは、勿論蘐園の諸家であるが、その中詩話として刊行されていた山県周南門の林東溟の諸体詩則が、殊に対象となっていたのでないかと思われる。この書は、その凡例に、

蘐園之詩教興、而世無二詩式一者尚矣、楽府古詩以上最為レ甚也、余倡二徠翁学一、育二髦士於洛摂之間一者、十年所二于此一、指授無レ所レ不レ至也、亦猶欲レ使下他所異郷未レ得レ与二聞徠家詩教一者有上レ所レ頼焉、間纂二此書一。

とあって、蘐園流の詩作法で、引用も滄浪詩話や詩薮など、蘐園の重んじたものが多く、詩格を示すのも、悉く于鱗の作によったものである。北山が、起承転合を、律にもとづくと強く論ずるのも、この詩則に「律詩不レ拘二定起承転合一」とあるに対するものであろう。拗体について多くの言葉をついやすのも亦然りで、詩則の次の言に対したものと考えれば、理解される。詩則の「于鱗五言律格」の条に、

按近体以二声律一為レ主、然考二之唐人集中一、雖二盛唐名家一、間有二失律拗体一、況李杜大家乎、且称二厳密一者、不レ過二平仄二声一也、後世若二王安石一、論二声律一厳二於唐一、不レ止二平仄二声一、当レ分二平上去入一、且有二清濁一、而自謂、我能続二李杜一、伍二高岑一、若夫声律則勝レ之矣、今読二其詩一、以二文字一為レ詩、以二才学一為レ詩、以二議論一為レ詩、殊不レ知、唐人之詩、声律外別又有二一唱三嘆之音一也、徒以三四声清濁得二布置一為レ詩、天下文字之多、豈無下同声同清濁可レ塡二其位一者上乎、雖レ有亦唐人不レ為レ之、是以失律拗体多矣、独明李于鱗先生、以二絶世才一、生二於千載之下一、具二正法眼一、以監二古今学レ唐之得失一、従二最上乗一、能悟二第一義一、遂以レ詩自任、欲レ使下百世学二唐詩一者、取中法於此上、故声律格体一守二其正一、而不レ傚二其変一、蓋亦其論二声律一也、平仄二声之間、而不レ過下以二唐名家所一レ難、為中己定格上、然所レ称二于鱗一者、未三必在二乎此一、亦惟以三一唱三嘆之音、唐後独有二斯人一也、故胡元瑞不レ左二祖于鱗一、亦称下于鱗為二名家一有上レ余、知言哉、是以、徠家諸公、欲下逞二才一時一垂中法不朽上者、一以二于鱗一為二模範一、又以レ此勝矣、今作二詩則一、凡於二唐体一、全取二法於于鱗一、其所レ為、其所レ不レ為、論二出之各部一、以示焉、学者従二事於斯一、則体裁明密、声律諧順、且得二一唱三歎之音一矣。

太宰春台の斥非には、

拗体非二唐詩之正一也。唯五言絶句。不レ嫌二拗体一。以レ貴二高古一。故不レ必二声律諧和一也。五七言律。及七言絶句。尤要二声調一。唐人間作二拗体一者。亦遇二佳境一。時為レ之耳。是故。拗体必得二絶唱一而後足二采覧一。若夫失黏者。特謂三前後句不二交加黏著一而已。一句之内。平仄自調。不レ如二拗体全不一レ調二声律一。故唐人亦不二甚病一レ之。

と云いながら、失黏の例を多くあげて、

是知古人作レ詩。必遇二佳境一而得二佳句一。韻既協。句内平仄又調。則如レ法結撰以成レ篇。而止。及二再点検一。雖レ見二失黏一。不二復改作一。蓋佳境難二再遇一。奇語難二多出一。改レ之則不レ能二復佳一也。先儒謂摩詰詩。多下失二点検一者上。余謂不三独摩詰為一レ然。古人皆然。彼豈不二点検一哉。其実為二佳致不一レ二也。今人固守二声律一者。雖レ無レ失二於法一。而詩亦不レ能レ佳。泥也。故法不レ可レ不レ守。而貴レ通レ変。是故。詩苟及二古人一。雖二拗体一尚可レ為。況失黏乎。若樸樕不材。初不レ慎二法度一。故犯二禁戒一。而曰三吾学二古人一。則詩家之罪人也已。

と、失黏をも認めようとしている。

一五　**株守**（二七四頁）　韓非子の五蠹篇に見える「守レ株待レ兎」の故事から出た語。同書に「宋人有二耕レ田者一、田中有レ株、兎走触レ株、折レ頸而死、因釈二其耒一而守レ株、冀二復得レ兎、兎不レ可レ得、而身為二宋国笑一、今欲下以二先王之政一治中当世之民上、皆守レ株之類也」とある。

一六　**井蛙トモニ…**（二七四頁）　荘子の秋水篇に見えるもので、その本文に「北海若曰、井蛙不レ可三以語二於海一者、拘二於虚一也。夏虫不レ可三以語二於冰一者、篤二於時一也」とある。

一七　**池北偶譚ニ…**（二七四頁）　池北偶談、一七の「排律」の条に「唐人省試応制排律、率六韻、載二諸英華一者可レ考、至二杜子美太白諸人一、始増益、至二数十韻、或百韻一、近日詞林進レ詩、動至二百韻一、誇レ多、闘靡失二古意一矣」とある。

一八　**「和二侃法師一三絶」「聴レ歌一絶」**（二七五頁）　「和二侃法師一三絶」は庾子山集（国学基本双書本）、四に「秦関望楚路、灞岸想江潭、幾人応涙落、看君馬向南。　客遊対歳月、羈旅故情多、近学衡陽雁、秋分俱渡河。　廻首河隄望、眷眷嗟離絶、誰言旧国人、到在他郷別」。「聴レ歌一絶」は庾

子山集、四に「協律新教罷、河陽始学帰、但令聞一曲、余声三日飛」。

一九 **唐人…**(二七五頁) 七修類稿、二九の「各詩之始」の条に「又按詩法源流云。絶句者。截句也。如後両句対者。是截律詩前四句。前両句対者。是截律詩後四句。皆対者。是截中四句。皆不対者。則截前後各両句也。故唐人称絶句為律詩。観李漢編昌黎集。凡絶句皆収入律詩是也」。

二〇 **絶ヲ截トシ…**(二七五頁) 詩法源流の説は、前条(補注一九)にかかげた。唐宋詩醇からは見出し得ないが、氷川詩式の「五言絶句」の条にも、「絶句者截句也、句絶而意不ㇾ絶、截二律詩中或前四句、或後四句、或中二聯、或首尾四句一、大抵以二第三句一為ㇾ主、七言絶句放ㇾ此」とあって、最も一般的な説である。

二一 **嵇中散ガ集ニ十首**(二七六頁) 嵇中散集(四部双刊本)、一に「六言十首」が収まる。

惟上古尭舜
二人功徳斉均、不以天下私親、高尚簡樸玆順、寧済四海蒸民。
唐虞世道治
万国穆親無事、賢愚各自得志、晏然逸豫内忘、佳哉爾時可喜。
知慧用
為法滋章寇生、紛然相召不停、大人玄寂無声、鎮之以静自正。
名与身孰親
哀哉世俗殉栄、馳騖竭力喪精、得失相紛憂驚、自是勤苦不寧。
生生厚招咎
金玉満堂莫守、古人安此麤醜、独以道徳為友、故能延期不朽。
名行顕患滋
位高世重禍基、美色伐性不疑、厚味腊毒難治、如何貪人不思。
東方朔至清
外以貪汗内貞、穢身滑稽隠名、不為世累所攖、所欲不足無営。
楚子文善仕
三為令尹不喜、柳下降身蒙恥、不以爵禄為已、静恭古惟二子。
老萊妻賢名
不顧夫子相荊、相将避禄隠耕、楽道閑居採萍、終厲高節不傾。
嗟古賢原憲
棄背膏粱朱顔、楽此屢空饑寒、形陋体逸心寛、得志一世無患。

二二 **一句一絶**(二七六頁) 芥川丹丘の丹丘詩話、下に「絶句之義、迄無二定義一、謂ㇾ裁二近体首尾、或中二聯一、恐不ㇾ足ㇾ憑、吾友宇士朗(注—宇野士朗。名鑒、字士朗で称せられる。荻生徂徠門で、明霞の弟。享保十六年没、三十一)謂、絶句者謂二一句一絶一、律詩句句聯排、絶句不ㇾ然、故絶句対二律詩一之称耳、此説明白可ㇾ拠、古人未二嘗言及一」とある。

二三 **凡ソ楽ニ…**(二七六頁) 校刻万首唐人絶句序(万暦丁未七月既望、休休居士申時行)(官板による)に「詩以絶句名、古未有也、自唐始、蓋楽府之遺、而律之変也、楽府叶于管絃、律厳于声病、而絶句不必然也、是自為一体者也、然而名絶句者何、或曰是截律之半而成者、或曰裁律首尾而取其中、又曰古称黄絹幼婦謂妙絶也、然而非本指也、余竊意之、凡楽有卒章、賦有乱、歌曲有尾声、而絶句似之、如曰詩之終篇云耳」。これを見れば、万首唐人絶句の編者洪邁の言とするは誤りである。

二四 **柏梁台**(二七六頁) この時の聯句の作品は、古文苑などに収まっていて、一人、一句の七言で、各韻をふんでいる。これを七言詩、また聯句の初めとするのは、文体明弁などに見えて、常識であるが、瑯琊代酔編の如く初めとするに反対の説や、顧炎武の日知録の如く作品を偽作とする人もある。

二五 **六朝既ニ…**(二七六頁) 陶淵明集に見えるものは、「聯句」と題して、「鳴鴈乗ㇾ風飛、去去当何極、念彼窮居士、如何不二歎息一(淵明)、雖ㇾ欲ㇾ騰二九万一、扶揺竟何力、遠招二王子喬一、雲駕庶可ㇾ飭(愔之)、顧ㇾ侶正徘徊、離離翔二天側一、霜露豈不ㇾ切、務従ㇾ忘ㇾ愛翼(循之)、高柯濯二条幹一、遠眺同二天色一、思絶慶未ㇾ看、徒使ㇾ生二迷惑一」。

二六 **柳公権…**(二七六頁) 詩轍、三の聯句の条から引く。
異代相足ス者ハ、唐ノ文宗、人皆苦二炎熱一、我愛夏日長、ト云ニ、薫風自ㇾ南来、殿閣生二微涼一、ト、柳公権聯ネシテ、宋ニ至ッテ東坡、美ル所アッテ、箴ムル所ナシトテ、一為ㇾ居所ㇾ移、苦楽永相忘、願言均二此施一、清陰分二四方一、是也。

二七 **李太白**(二七六頁) 詩轍、三の引く所をかかげる。「改二九子山一為二九華山一聯句」と題して、「妙有分二二気一、霊山開二九華一(李白)、層標遏二遅日一、半壁明二朝霞一(高霽)、積雪曜二陰壑一、飛流歎二陽厓一(韋権輿)、青熒玉樹色、縹緲羽人家(李白)」とある。

二八　**顔真卿**(二七六頁)　顔魯公文集(四部叢刊本)、一五に「登峴山観李左相石罇聯句」以下、十六首の作品が収まる。一例をあげれば、「七言大言聯句」、「高歌閶風歩瀛州(昼)。燀鵬瀹鮞飡未休(真卿)。四方上下無外頭(䔽)。一噏頓涸滄溟流(薦)」。

二九　**韓退之**(二七六頁)　詩轍、三に、従来と変って、また一体をなす韓愈の聯句の風を説明している。

韓退之ノ創メシ者ハ、自一体ニシテ、雪浪斎斬新開闢トスル者、其故アリ、蓋退之創ムルノ聯句ハ、詩ト隔アリ、故ニ以上ノ者、聯詩ト云ベクシテ、昌黎ノ製スル所ハ、体裁古ニアラズ、聯詩ノ旧面目ニアラズ、是ヲ以テ韓文自聯句ノ部ヲ分ツ、本集載スル所十二首、短キ者ハ二韻、長キモノハ百五十三韻、韻、平ヲ押スルモ、側ヲ押スルモ、随意ト見エタリ、但換ユル事ハ無シ、中ハ近体ノ如ク対ヲトリテ、平側ノ吟味ハ見エズ、我言ヒ懸ケタルヲ、人ニ譲ル者故、一意ニ貫キ難シ、是ヲ以テ賦ノ如ク敷衍スル様ニナルハ、勢ノ然ル所ナルベシ、其相属ク様モ一様ナラズ、詩法入門ニ、有二人各一句、集以成レ篇、有二人各二句者一、有二人各四句者一、有二人各一聯者一、有下先出二一句一、次者対レ之就出二一句一、前者対レ之者上ト、其人各一句ト云者ハ、柏梁ノ体ニシテ、韓文ニハ無シ、其人各二句ト云ト、人各一聯ト云ハ、一事ナルベシ、是亦韓文中、莎柵聯句、纔ニ二韻四句ナル者一首ノミ、人各四句者ハ、晩秋郾城夜会聯句是也、先出二一句一、云云ナル者ハ、開巻ノ城南聯句、乃百五十三韻、最大篇ナル者也、其佗会合聯句ハ、二句宛ヲ更シテ、末四句宛ヲ更スル間ニ、八句ヲ一ッ雑ヘタリ、闘鶏聯句ハ、初ハ二句宛ヲ更シテ末ハ四句宛、中二六句一アリ、納涼聯句、二句、二句、二句、十八句、二十二句、十六句、二十二句ト続キタリ、秋雨聯句ハ、二句ヲ更シテ、八句、八句、十句、四句、四句ト続キタリ、征蜀聯句ハ四句ヲ更シテ六句、六句、十句、十句、十句、十句、十二句ト続キタリ、雨中寄二孟刑部一者ハ、二句ヲ更シテ、十、十、十、十二、十二ト続ケリ、遠遊聯句ハ二句ヲ更シテ、十、十、八、八、十六、十八ト作レリ、会合聯句ハ、韓愈、孟郊、張籍、張徹ニシテ、其次ハ、籍、愈、郊、徹、籍、愈、郊、徹、愈、籍、愈、郊、愈、籍、愈、郊、愈、郊、愈、郊、愈、籍、郊、愈、郊、愈、郊、愈ナリ、遠遊聯句ハ、郊愈、二人ノ聯句ノ中ニ、只李翺二句、中ニ入レタリ、然レバ大抵、初ハ整斉、末ハ随意、人ノ列次モ亦然リ、只数句ヲ一人続ケテ詠スル者、易シト思ハル、其城南聯句ノ如ク、竹影金瑣砕 孟郊、泉音玉淙淙。琉璃剪二木葉一 韓愈、翡翠開二園英一。流滑随レ側歩 孟郊、搜尋得レ深行。遙岑出二寸碧一ト韓愈対ヲシ懸ケテ、孟郊又其対ヲ属ギ、又次ノ聯ノ上句ヲシ懸ケテ愈ニ譲ル、是聯句中ノ難キ者也、此体蓋韓愈ニ始マル、元詩体要ニ就テ考ルニ、先始ノ人五句作リ、次ノ人四句宛相譲ル、然ル時ハ、イツニテモ人ノ仕懸タル対ヲ、己属テ人ニ渡ス、然シテ終ノ人又奇句ヲ出シテ篇ヲ終フ、聯句ハ才ヲ角スル者ナレバ、然モアルベシ。

三〇　**柳永**(二七七頁)　陳師道の後山詩話に「柳三変(注―三変は永の初名)游二東都南北二巷一。作二新楽府一、骫従レ俗。天下詠レ之。遂伝二禁中一。仁宗頗好二其詞一。毎レ対必二侍従歌一レ之再三。三変聞レ之。作二宮詞一。号二酔蓬萊一。因二内官一達二後宮一。且求二其助一。仁宗聞而覚レ之。自レ是不三復歌二其詞一矣。会レ改二京官一。乃以レ無レ行黜レ之。後改二名永一。仕至二屯田員外郎一」。ここに云う新楽府から詩余が生じたと云うのが、北山の説く所である。

三一　**通韻**(二七七頁)　詩轍、四に、次の如くある。

通韻トハ、東冬也、支微斉也、魚虞也、佳灰也、真文元也、元寒刪先也、蕭肴豪也、歌麻也、庚青蒸也、覃塩咸也、六朝アタリ迄ハ、通押シタルコト多シ、唐人ハ、古詩ニモ大概イム、近体ニ稀ニアルモ、失韻病ニ属ス、傍韻モ通韻ナリ、但起句ニ限リテ、通韻ノ字ヲ押スルナリ、支微ハ多シ、斉ニワタルコトハ少シ、真文、又文元ハアリ、真元ニワタルコトハ少シ、寒山ハ多シ、元仙ハ少シ、肴豪ハ多シ、蕭ニワタルコトハ少シ、庚青ハ多、蒸ニワタルコトハ少シ、覃塩咸ハ、狭韻ナレバ例稀ナリ。

三二　**唐詩選**(二七八頁)　この書については、今なお種種の点で問題が残っている(前野直彬「唐詩選の底本について」―『書誌学』復刊新四号)。日本で、李于鱗選として通用し、殊に蘐園以来尊重されたのに、学問的に疑問を出したのは、市河寛斎と、山本北山であった。寛斎の説は文化八年刊の談唐詩選にあり、北山の説は、文化六年刊の孝経楼詩話、上に見える。于鱗の選と信じていたこの作詩志彀よりは後の考えであるが、ここにのせておく。

近ゴロ舶来ノ四庫全書簡明目録ノ例、スベテ偽書ヲ収メ載ズ、此目録ニ李于鱗ノ編録セル古今詩刪ヲ載セテ、唐詩選ヲ収メズ、余初メ以為、清朝(清《シン》ト云ハ俗音ナリ学者ハ清《セイ》ト云ベシ、予ガ文事正誤ニ詳ニ此ワケヲ出ス)ノ人、李王七子ヲ憎コト甚シキユヘニ、収メ納(イレ)ズトノミ思ヒシニ、其後マタ舶来セル四庫全書提要ノ存目ニ、唐詩選ヲ載テ云、唐詩選七巻旧本題ニ明李攀竜編・唐汝詢注・蔣一葵直解一、攀竜有ニ詩学事類一、汝詢有ニ編蓬集一、一葵有ニ堯山堂外紀一、皆録、攀竜所レ選歴代之詩、本名ニ詩刪一、此乃摘ニ其所選一(此トハ唐詩選ヲ指シ、所選トハ古今詩刪ヲ指ス)、汝詢亦有ニ唐詩解一、此乃取ニ割其註一、皆坊賈所レ為、一葵直解亦託レ名矣、然至レ今盛行ニ郷塾間一、亦可レ異也、コレニテ観レバ、当今彼邦ニテハ唐詩選ヲバ、市井ノ賈人利ヲ貪ル者、李于鱗ガ名ヲ仮テ偽作セルモノト片付テ、学者ハ曽テ取アツカハズ、只郷塾ノ村夫子バカリ、盛ンニ信ジテ、童蒙ニ教ユルコトト見ユ、我邦ノ老師宿儒ト雖、偽物ナルヲ知ラズ、奉ジテ詩作ノ規模トスルモノ、今ニ絶ズ痛シカラズヤ。

唐詩選ヲ偽造スル其本ヲ推尋ルニ、于鱗ガ本集ニ選唐詩序アルヲ見テ、于鱗ガ古今詩刪ノ中ノ選唐詩ヲ掠取テ、偽唐詩選ヲ撰セシナリ、意フニ、于鱗ガ選唐詩ト云モノ、別ニ彼邦ニ在ニヤ、滄溟文集巻十八ニ、選唐詩序ヲ載ス、偽唐詩選ヲ編モノ、信ヲ世ニ取ント欲シ、此序ヲ取テ巻首ニ置キ、不学無識ノ人ヲ罔(アザム)クナリ、サレバ明ノ清源ノ洪文科ガ語窺今古ニ、乙卯季夏、同ニ方霮顕鮑雅修一、客ニ蕪閣吉祥寺一、時案頭有ニ李于鱗選唐詩一冊一、雖ニ平昔所ニ観覧一、其間多ニ警句一、恐ニ過レ目遺忘一、因録レ之、如下王勃別ニ薛華一詩上云、送々多ニ窮路一、皇々独問レ津、悲涼千里道、悽断百年身、心事同ニ漂泊一、生涯共苦辛、無レ論ニ去与レ往、倶是夢中人、又如下明皇登ニ華蕚楼一聴上レ歌、李嶠云、山川満目涙沾レ衣、富貴栄華能幾時、不レ見只今汾水上、唯有ニ年年秋雁飛一、二詩皆覬ニ破閻浮世界一、読レ之令ニ人爽然一、偶録レ之云云、今ノ唐詩選ヲ見ルニ、此二詩ナシ、然レバ于鱗ガ真ノ唐詩選ニハ、此二詩モアリテ、滄溟集ニ在トコロノ序モ有ナルベシ、偽唐詩選ヲ造ル人、学問狭陋、故ニ滄溟集ニ載ル序ヲ掠ルコトヲ知テ、語窺今古ノ二詩ヲ掠メ納コトヲ知ラズ、卒ニ此破綻ヲ露スノミ。

宋犖ガ漫堂説詩ニ、李于鱗唐詩選、境隘而辞膚(アサシ)、大類ニ巳陳之芻狗ニ云云、コレ原本ヲ評スルニヤ、マタ偽本ヲ評スルニヤ、知ベカラザレドモ、何レ唐詩選ヲ不満スル語ナリ、其唐詩選ヲ不満スルハ可ナリ、唐詩正声ヲ詩家正軌也ト云ハ、誤殊ニ甚シ。

滄溟集ニ選唐詩ノ序アルユヘヲ意(アアゼ)ニ、于鱗スデニ選唐詩ノ編アリシカドモ、後ニ古今詩刪ヲ編選スルニ及ンデ、復唐詩ヲ厳選シ、尽ク詩刪中ニ収メ入ル、是ニ於テ原本ノ唐詩選、大ニ行レズ、其序劣(ワヅカ)ニ本集ニ存シテ、妄人偽唐詩選ヲ作ルノ助ケトナリ、長ク詩道ノ害ヲ遺ス、清儒或ハ偽本ニ欺ル、者モアルニヤ、昭代叢書乙集中ノ心斎跋ニ、明人選ニ唐詩一、為レ世所ニ通行一者、一曰ニ李于鱗唐詩選一、一曰ニ鍾譚唐詩帰一、二者廊廟山林未レ免ニ偏有レ所レ重、偏有レ所レ重則必偏有レ所レ廃矣、コレ今ノ偽唐詩選ヲ指ニ似タレドモ、其唐詩選ヲ不満スルハ牧仲ト同ジ。

三三 **挟声**(二八〇頁)　松井河楽の詩法要略に「絶句ノ第三句目ノ下三字ヲ挟声ニシ、八句ノ律ハ第七句目ノ下三字ヲ挟声ニス、是レ挟声ノ定法ナリ、絶句ノ第一句ノ下三字ヲ挟声ニシタル先例モアレドモ学ブベキ事ニ非ズ、律詩ニ第一句ノ下第三句ノ下、第五句ノ下三字ヲ挟声ニシタル先例モスクナカラズ、杜詩ニモアリ、サレド学バヌヲヨシトス」とある。詩轍にも、夾側は「避テ可ナルベシ」と云うが、夾平については、「一三五七ノ句、五七言共ニ之ヲ忌ズ」と説明する。

三四 **万里寒光…**(二八〇頁)　祖詠の「望薊門」の七律は、唐詩選、五(唐詩選よりの引用は戸崎淡園箋註、山本北山校の箋註唐詩選による。以下同じ)より引けば(本文の引用は読下しにする。以下同じ)、「燕台一去客心驚、笙鼓喧喧漢将営、万里ノ寒光(=寒寒とした景)積雪ニ生ジ、三辺(=昔の漢代の三つの辺境)ノ曙色危旌(キセイ=旗じるし)ヲ動カス、沙場(=砂漠)ノ烽火(=のろし)胡月(=胡地の月)ヲ侵(オカ)シ、海畔ノ雲山(=遠方の山)薊城(ケイジヤウ=昔の燕の都のあった所、北京のほとり)ヲ擁ス、小少雖レ非ニ投筆吏一、論レ功還欲レ請ニ長纓一」。

三五 **万里悲秋…**(二八〇頁)　杜甫の「登高」の詩(唐詩選、五より)は「風急天高猿嘯哀、渚清沙白鳥飛廻、無辺落木蕭々下、不尽長江袞袞来、万里悲秋常ニ(本文には「長ク」、南郭本は「常」、その他の諸本も「常」である)客ト作(ナ)ル、百年多病ニシテ独リ台ニ登ル、艱難苦恨繁霜鬢、潦倒新停濁酒杯」。

三六　**紫気関**…(二八〇頁)　杜甫の「承二聞河北諸道節度入朝一歓喜口号絶句十二首」の九は「東逾二遼水一北滹沱、星象風雲喜二共和一、紫気ノ関ハ天地ニ臨ンデ闊ク、黄金ノ台ハ俊賢ヲ貯ヘテ多シ」。

三七　**九天閶闔**…(二八〇頁)　王維の「和下賈至舎人早朝二大明宮一之作上」(唐詩選、五より)は「絳幘雞人報二暁籌一、尚衣方進翠雲裘、九天(=大明宮を天上にたとえた)ノ閶闔(シャウカフ=ここは大明宮の門)宮殿ヲ開キ、万国ノ衣冠冕旒(ベンリウ=天子の冠と旗)ヲ拝ス、日色纔臨二仙掌一動、香烟欲下傍二袞竜一浮上、朝罷須レ裁二五色詔一、珮声帰到鳳池頭」。

三八　**雲裡帝城**…(二八〇頁)　王維の「奉レ和下聖製従二蓬萊一向二興慶一閣道中留春雨中春望之作上応制」の詩(唐詩選、五より)は「渭水自縈二秦塞一曲、黄山旧繞二漢宮一斜、鑾輿迥出千門柳、閣道廻看上苑花、雲裏ノ帝城双鳳ノ闕(ケツ=双方に鳳のかざりのある建物。闕は門の上の両方に楼をのせた建物)、雨中ノ春樹万人ノ家、為下乗二陽気一行中時令上、不三是宸遊玩二物華一」。

三九　**三山半落**…(二八〇頁)　李白の「登二金陵鳳皇台一」の詩(唐詩選、五より)は「鳳皇台上鳳皇遊、鳳去台空江自流、呉宮花草埋二幽径一、晋代衣冠成二古丘一、三山(=金陵西南方の三峰を持つ山)半バ落ツ青天ノ外、二水(=秦淮河の二つにわかれた流)中分ス白鷺洲(=秦淮河の中洲)、総為二浮雲能蔽一レ日、長安不レ見使二人愁一」。

四〇　**秦時明月**…(二八〇頁)　王昌齢の「従軍行三首」の三の詩(唐詩選、七より)は「秦時ノ明月漢時ノ関(=北山の説は後出する)、万里長征人未レ還、但使二竜城飛将在一、不レ教三胡馬度二陰山一」。

四一　**紅粉当レ壚**…(二八〇頁)　賈至の「春思二首」の二の詩(唐詩選、七より)は「紅粉(=紅白粉)壚(ロ=酒を売る処)ニ当ツテ弱柳垂ル、金花臘酒解二酴醿一、笙歌日暮能留レ客、酔殺長安軽薄児」。

四二　**日落轅門**…(二八一頁)　岑参の「封大夫破二播仙一凱歌二首」の二(唐詩選、七より)の詩は「日落チテ轅門(エンモン=将軍野営の陣の門)鼓角鳴ル、千群面縛出二蕃城一、洗レ兵魚海雲迎レ陣、秣レ馬竜堆月照レ営」。

四三　**蒲萄美酒**…(二八一頁)　王翰の「涼州詞」の詩(唐詩選、七より)は「蒲萄ノ美酒夜光ノ杯(=夜中に光る玉の杯。ガラス製かと云われる)、欲レ飲琵琶馬上催、酔臥二沙場一君莫レ笑、古来征戦幾人回」。

四四　**蘭陵美酒**…(二八一頁)　李白の「客中行」の詩(唐詩選、七より)は「蘭陵ノ美酒(=蘭陵は山東省南方の町で酒の産地)鬱金(ウコン)香(=箋註に「名酒香佳。通雅曰。鬱金似二紅蕉一。酒和二鬱鬯一。周礼注曰。鬱金香草。醸二秬黍一為レ酒。築二鬱金一煮而和レ之」)、玉碗盛来琥珀光、但使二主人能酔一レ客、不レ知何処是佗郷」。

四五　**洞庭西望**…(二八一頁)　李白の「陪二族叔刑部侍郎曄及中書舎人賈至一遊二洞庭湖一」の詩(唐詩選、七より)は「洞庭西ニ望メバ楚江(=揚子江の、洞庭湖辺での称)分ル、水尽南天不レ見レ雲、日落長沙秋色遠、不レ知何処弔二湘君一」。

四六　**天門中断**…(二八一頁)　李白の「望二天門山一」の詩(唐詩選、七より)は「天門(=箋註に「山在二太平府当塗県西南一。二山夾二大江一。東曰二博望一。西曰二梁山一。輿地志曰。博望梁山東西隔レ江相対如レ門。相去数里。本集注。太白自二宣城一下二金陵一時。曲江中所レ見也。乃舟中之作」)中断シテ楚江開ク、碧水東流至レ北廻、両岸青山相対出、孤帆一片日辺来」。

四七　**朝辞白帝**…(二八一頁)　李白の「早発二白帝城一」の詩(唐詩選、七より)は「朝(アシタ)ニ辞ス白帝(=白帝城)彩雲(=朝日の光に色づいた美しい雲)ノ間、千里江陵一日還、両岸猿声啼不レ住、軽舟已過万重山」。

四八　**誰家玉笛**…(二八一頁)　李白の「春夜洛城聞レ笛」の詩(唐詩選、七より)は「誰ガ家ノ玉笛カ暗ニ声ヲ飛バス、散入二春風一満二洛城一、此夜曲中聞二折柳一、何人不レ起二故園情一」。

四九　**白馬金鞍**…(二八一頁)　王昌齢の「青楼曲」の詩(唐詩選、七より)は「白馬金鞍武皇(=漢の武帝)ニ従フ、旌旗十万宿二長楊一、楼頭少婦鳴レ箏坐、遙見飛塵入二建章一」。

五〇　**天山雪後**…(二八一頁)　李益の「従レ軍北征」の詩(唐詩選、七より)は「天山(=天山山脈。異説もある)雪後海風(箋註に「青海」)寒シ、横笛偏吹行路難、磧裏征人三十万、一時回レ首月中看」。

五一　**黄河遠上**…(二八一頁)　王之渙の「涼州詞」の詩(唐詩選、七より)は「黄河遠ク上(ボ)ル白雲ノ間、一片孤城万仞山、羌笛何須怨二楊柳一、春光不レ度二玉門関一」。

五二　**剡渓**(二八二頁)　蒙求に「子猷尋戴」の標題があり、注に、
晋王徽之字子猷。右軍羲之之子。性卓犖不羈。為二大司馬桓温参軍一。蓬首散帯。不レ綜二府事一。(中略)嘗居二山陰一。夜雪初霽。月色清朗。四

望皎然。独酌レ酒詠二左思招隠詩一。忽憶二戴逵一。時逵在レ剡。便夜乗二小船一詣レ之。経レ宿方至。造レ門不レ前而反。人問二其故一。曰。本乗レ興而行。興尽而反。何必見二安道一邪。官至二黄門侍郎一。

二五三　**臨邛**（二八二頁）　蒙求に「相如題柱」の標題があり、その注に、

前漢司馬相如字長卿。蜀郡成都人也。少好二読書一。学二撃剣一。名二犬子一。既学慕二藺相如之為レ人。更二名相如一。以レ訾為レ郎。事二景帝一。為二武騎常侍一。非二其好一也。病免。家貧無二以自業一。及二卓文君従奔一。後卓王孫分二与財物一。為二富人一。久レ之武帝召以為レ郎。邛筰君長。聞下南夷与レ漢通。得二賞賜一多上。願下為二内臣妾一請レ吏比中南夷上。拝二相如中郎将一。建レ節往使。因二巴蜀吏幣物一。以賂二西南夷一。至レ蜀。太守以下郊迎。県令負二弩矢一。先駆。蜀人以為レ寵。於レ是卓王孫臨邛諸公。皆因二門下一献二牛酒一。以交驩。王孫喟嘆自以。得レ使三女尚二長卿一晩。相如略二定西南夷一。邛筰冉駹斯楡之君。皆請レ為二臣妾一。除二辺関一。辺関益斥。旧注云。蜀城北七里有二昇仙橋一。相如題二其柱一曰。大丈夫不レ乗二駟馬車一。不三復過二此橋一。

二五四　**子雲**（二八三頁）　蒙求に「揚雄草玄」の標題があって、その注に、

前漢揚雄字子雲。蜀郡成都人。有二田一壥一。有二宅一区一。世世以二農桑一為レ業。雄少而好レ学。不レ為二章句訓詁一。通而已。博覧無レ所レ不レ見。為レ人簡易佚蕩。口吃不レ能二劇談一。黙而好二深湛之思一。清静亡為。少二者欲一。不レ汲二汲於富貴一。不レ戚二戚於貧賤一。不下修二廉隅一以徼中名当世上。家産不レ過二十金一。乏無二儋石之儲一。晏如也。自有二大度一。非二聖哲之書一不レ好。非二其意一雖二富貴一不レ事。哀帝時。丁傅董賢用レ事。諸附二離之一者。或起レ家至二二千石一。時雄方草二太玄一。有三以自守二泊如一也。或嘲レ雄以二玄尚白一。雄解レ之。号曰二解嘲一。客有レ難二玄太深衆人之不一レ好。雄解レ之。号曰二解難一。

二五五　**李于鱗春日送三郭子坤下第還二済南一**（二八三頁）　滄溟先生集、七に「送三郭子坤下第還二済南一」として、「華省栖遅白髪新、因レ憐二失意一転憐レ春、樽前病起逢二寒食一、客裏花開別二故人一、賦就自堪レ生二顧眄一、才高豈合レ老二風塵一、燕台郭隗君家事、不擬（別本に「安擬」）驊騮不レ致レ身」とある。

二五六　**寒食**（二八三頁）　冬至の後、百五日（諸説あって、百三日、百六日、百七日ともいう）にあたる日に、火を焚いてあたためることをせずして、かねて作ってあった食物を食す習慣。当日また闘鶏・鞦韆の遊びをした。詩に詠ぜられるのは、これにまつわる介子推（または綏）の伝説による。古今図書集成、その条の引用によれば、

琴操曰、晋文公与二介子綏一倶亡、子綏割レ股以啖二文公一、文公復レ国、子綏独無レ所レ得、子綏作二竜蛇之歌一而隠、文公求レ之、不二肯出一、乃燔二左右木一、子綏抱レ木而死、文公哀レ之、令二人五月五日不一レ得レ挙レ火。

とある。ここの寒食も介子推の失意を含めて用いてある。

二五七　**李于鱗送二王侍御一之作**（二八三頁）　滄溟先生集、八に「送王侍御」として、「看君繡斧秩陵廻、烏府遙応接鳳台、寒雨鐘山千水下、白雲秋色大江来、時危攬轡中原出、日近封章北極開、常（一に「当」）道狐狸何足問、辺城今有郅都才」とある。

二五八　**趣**（二八四頁）　袁中郎の主張する、趣を、最もよく説明するものは、「叙陳正甫会心集」である。よって全文を引いておく。

世人所レ難レ得者唯趣。趣如二山上之色。水中之味。花中之光。女中之態一。雖二善レ説者一不レ能レ下二一語一。唯会心者知レ之。今之慕二趣之名一。求二趣之似一。於レ是有下弁二説書画一。渉二猟古董一以為レ清。寄二意玄虚一。脱二跡塵紛一以為レ遠。又其下則有下如二蘇州之焼レ香煮一レ茶者上。此等皆趣之皮毛。何関二神情一。夫趣得二之自然一者深。得二之学問一者浅。当三其為二童子一也。不レ知レ有レ趣。然無レ往而非一レ趣也。面無二端容一。目無二定睛一。口喃喃而欲レ語。足跳躍而不レ定。人生之至レ楽。真無レ踰二於此時一者。孟子所謂不レ失二赤子一。老子所謂能嬰児。蓋指レ此也。趣之正等正覚最上乗也。山林之人。無レ拘無レ縛。得二自在一度レ日。故雖レ不レ求レ趣而趣近レ之。愚不肖之近レ趣也。以レ無レ品也。品愈卑故所レ求愈下。或為二酒肉一。或為二声伎一。率レ心而行。無レ所二忌憚一。自以為レ絶二望於世一。故挙世非二笑之一不レ顧也。此又一趣也。迨夫年漸長。官漸高。品漸大。有身如レ桎。有心如レ棘。毛孔骨節。倶為二聞見知識所一レ縛。入レ理愈深。然其去レ趣愈遠矣。余友陳正甫深二於趣一者也。故所レ述会心集若干巻。趣居二其多一。不レ然。雖二介若伯夷一。高若厳光不レ録也。噫。孰謂有レ品如レ君。官如レ君。年之荘如レ君。而能知レ趣如レ此者哉。

二五九　**清新**（二八四頁）　北山は、その著、孝経楼詩話の最後に、「清新」の一項をもうけて云う。

予嘗テ文化元年翻刻ノ范石湖集ニ序シテ曰、宋人詩以レ唐為二水監一、然

不レ似レ唐処、所二以不一レ減二于唐一也、イマ世ニ吠声耳食ノ徒、多ク唐詩ニ執着シ、ロヲ開ケバ唐詩ト云フ、唐詩ノ妙ナルハ言フニ及バヌコトナレドモ、唐詩スデニ李献吉李于鱗等ガ為ニ標竊セラレ、滄浪詩話、芸苑卮言、胡氏詩藪等ノ悪議論ニ武断セラレ、唐ノ字既ニ腐ニ属ス、小倉山房文抄曰、開レ口言二盛唐一者謂二之木偶演一レ戯(注略)抱レ杜以凌レ人、粗脚笨手者、謂二之権門托一レ足、(注略)笠翁一家言ニ、盛唐ニ偏執スル者ヲ非(ソ)ツテ曰、詩莫レ妙二于晩唐宋人一、初中盛三唐皆所レ不レ取也、コレ詭激ノ言ト雖モ、世ノ腐人偽詩ヲ砭スルナリ、袁子才亦曰、詩妙則論二唐宋一乎、コレ公平ノ論ト云ベシ、故ニ予随園詩話詩抄ノ新刊本ニ序シテ曰、試以二平心一公二判詩世界一、唐宋豈有二勝劣之分一乎、云云、甚至下以二渾含刻露一、界二断唐宋一、公然作二偽唐詩一、句句陥二入乎庸一、言言堕二落乎腐一、而不丙自知乙其誤甲也、(中略)コレ唐詩モトヨリ善ニ論ナシト雖モ、唐ヲ学ブ者却テ腐ニ陥リ、偽ニ落ツ、能ク宋ヲ学ブ者、必ズ唐ノ真ヲ得ベシ、唐ノ真ヲ得ルハ、清新ニアリ、庾開府、杜少陵ミナ清新ヲ主トス、故ニ蘇東坡ヨリ以下、放翁、石湖、誠斎等ノ詩ミナ清新ナラザル無シ、因テ袁中郎石公ノ詩教ヲ立ル、清新ヲ主張ス、然ルニ李献吉ガ杜子美ヲ奉ズルハ、穢腐醜ムベシ、放翁中郎等ノ杜子美ヲ奉ズルハ、清新尚ベシ、同ジク一杜子美ヲ奉ジテ、新腐ノ異ナル、天地ノ懸隔ナリ、去レバ詩ヲ作ルニ、先ヅ詩ヲ学ブ識見正シカラズンバアルベカラズ、又詩学無ンバアルベカラズ。

六〇　**歴代ヲ罔羅シテ…**(二八四頁)　袁中郎の「与李竜湖」の書牘に「僕嘗謂六朝無レ詩。陶公有二詩趣一。謝公有二詩料一。余子碌碌。無二足レ観者一。至二李杜一而詩道始大。韓柳元白欧。詩之聖也。蘇詩之神也。彼謂宋不レ如レ唐者。観場之見耳。豈真知レ詩為二何物一哉」とあって、各時代の詩を認める。殊に初盛唐を模範とした王李の徒の否定した、晩唐・宋元の詩を揚げることが多かった。「与張幼于」の尺牘に「世人喜レ唐。僕則曰唐無レ詩。世人喜二秦漢一。僕則曰秦漢無レ文。世人卑レ宋黜レ元。僕則曰詩文在二宋元諸大家一。昔老子欲レ死二聖人一。荘生譏二毀孔子一。然至レ今其書不レ廃。荀卿言二性悪一。亦得下与二孟子一同伝上。何者。見二従レ己出一。不三曾依二傍半個古人一。所二以他頂レ天立一レ地。今人雖二譏訕得一。却是廃レ他不レ得」。また白俗と云われた白楽天をも高く評して、これにならった詩さえある。

六一　**性霊**(二八四頁)　袁中郎の性霊の論を、最も示すものは、「叙小修詩」の文章である。全文引用しておく。

弟小修詩。散逸者多矣。存者僅此耳。余懼レ有二復逸一也。故刻レ之。弟少也慧。十歳余。即著二黄山雪二賦一。幾五千余言。雖レ不二大佳一。然刻画飣餖。伝以二相如太沖之法一。視二今之文士一。矜重三以垂二不朽一者。無二以異一也。然弟自厭薄之。棄去。顧独喜読二老子荘周列禦寇諸家言一。皆自作二註疏一。多二言外趣一。旁及二西方之書一。教外之語。備極研究。既長。膽量愈廓。識見愈朗。的然以二豪傑一自命。而欲下与二一世之豪傑一為上レ友。其視二妻子之相聚一。如三鹿豕之与群而不二相属一也。其視二郷里小児一。如二牛馬之尾行而不一レ可二与一日居一也。泛二舟西陵一。走二馬塞上一。窮二覧燕趙斉魯呉越之地一。足跡所レ至。幾半二天下一。而詩文亦因レ之以日進。大都独抒二性霊一。不レ拘二格套一。非下従二自己胸臆一流出上。不二肯下一レ筆。有レ時情与レ境会。頃刻千言。如二水東注一。令二人奪一レ魂。其間有二佳処一。亦有二疵処一。佳処自不二必言一。即疵処亦多二本色独造語一。然余則極喜二其疵処一。而所謂佳者。尚不レ能下不以二粉飾蹈襲一為上レ恨。以為未レ能三尽脱二近代文人気習一故也。蓋詩文至二近代一而卑極矣。文則必欲レ準二于秦漢一。詩則必欲レ準二于盛唐一。剿襲模擬。影響歩趨。見下人有中一語不二相肖一者上。則共指以為二野狐外道一。曾不レ知三文準二秦漢一矣。秦漢人曷嘗字字学二六経一歟。詩準二盛唐一矣。盛唐人曷嘗字字学二漢魏一歟。秦漢而学二六経一。豈復有二秦漢之文一。盛唐而学二漢魏一。豈復有二盛唐之詩一。唯夫代有二升降一。而法不二相沿一。各極二其変一。各窮二其趣一。所以可レ貴。原不レ可下以二優劣一論上也。且夫天下之物。孤行則必不レ可レ無。必不レ可レ無。雖レ欲レ廃焉而不レ能。雷同則可二以不一レ有。可二以不一レ有。則雖レ欲レ存焉而不レ能。故吾謂今之詩文不レ伝矣。其万一伝者。或今閭閻婦人孺子。所レ唱擘破玉打草竿之類。猶是無聞無識。真人所レ作。故多二真声一。不レ効二顰於漢魏一。不レ学二歩於盛唐一。任レ性而発。尚能宜二于人之喜怒哀楽嗜好情欲一。是可レ喜也。蓋弟方不レ得二志於時一。多二感慨一。又性喜二豪華一。不レ安二貧窘一。愛二念光景一。不レ受二寂寞一。百金到レ乎。頃刻都尽。故嘗貧。而沉湎嬉レ戯。不レ知二撙節一。故嘗病。貧復不レ任レ貧。病復不レ任レ病。故多愁。愁極則吟。故嘗以二貧病無聊之苦一。発二之於詩一。毎毎若レ哭若レ罵。不レ勝二其哀生失路之感一。余読而悲レ之。大概情至之語。自能感レ人是謂二有レ詩可一レ伝也。而或者猶以太露病レ之。曾不レ知二情随レ境変一。字逐情生。但恐不レ達。何露之有。且離騒一経。忿懟之極。党人偸楽。衆女謡啄。不レ揆二中情一。信レ讒齎レ怒。皆明示唾罵。安レ在二所謂怨而不レ傷者一乎。窮愁之時。痛哭流涕。顚倒反覆。不レ暇二択レ音怨一矣。寧有レ不レ傷者。且燥溼異レ地。剛柔異レ性。若夫勁質而多懟。峭急而多露。是之謂二楚風一。又何疑焉。

六二 **変化キワマラズ**(二八四頁)　郭紹虞の中国文学批評史では、真と変とが、袁中郎の文学論の核心であるとし、その変には、風格的変と、体製的変が含まれていると論じて、次の二文をあげている。

「時文叙」から「才江之僻也、長吉之幽也、錦瑟之蕩也、丁卯之麗也、非二独其才然一也、体不レ更則目不レ豔、雖二李杜復生一、其道不レ得レ不レ出二於此一也、時為レ之也」(風格的変)。

「雲濤閣集序」から「夫古有二古之時一、今有二今之時一、襲二古人語言之迹一而冒以為レ古、是処厳冬而襲二夏之葛一者也、騒之不レ襲レ雅也、雅之体窮二於怨一、不二騒不レ足二以寄一也、後人有二擬而為一レ之者、終不肖也、何也、彼直求二騒於騒之中一也、至二蘇李述別及十九等篇一、騒之音節体致皆変矣、然不下謂二之真騒一不上可也」(体製的変)。

また、「変」を尊ぶ所以は、「与江進之」尺牘に、次の如くある。

近日読二古今名人諸賦一、始知二蘇子瞻・欧陽永叔輩、見識真不レ可レ及。夫物始繁者終必簡、始晦者終必明、始乱者終必整、始艱者終必流麗痛快、其繁也、晦也、乱也、艱也、文之始也、(中略)其簡也、明也、整也、流麗痛快也、文之変也、夫豈不レ能二為一レ繁、為レ乱、為レ艱、為レ晦、然已簡安レ用レ繁、已整安レ用レ乱、已明安レ用レ晦、已流麗痛快安レ用二聱牙之語、艱深之辞一、譬如二周書大誥多方等篇、古之告示一也、今尚可レ作二告示一不、毛詩鄭衛等風、古之婬詞媟語也、今之所レ唱銀柳糸掛鍼児之類、可二一字相襲一不、世道既変、文亦因レ之、今之不二必摹一レ古者亦勢也、張左之賦、稍異二揚馬一、至二江淹庾信諸人一、抑又異矣、唐賦最明白簡易、至二蘇子瞻一直文耳、然賦体日変、賦心益工、古不レ可レ優、後不レ可レ劣、若使二今日執筆一、機軸尤為レ不レ同、何也、人事物態有レ時而更、郷語方言有レ時而易、事二今日之事一、則亦文今日之文而已矣。

六三 **言ニ曰ク**…(二八四頁)　「与丘長孺」の尺牘の中に云う。

(前略)大抵物真則貴。真則我面不レ能レ同二君面一。而況古人之面貌乎。唐自有レ詩也。不レ必二選体一(=文選体)也。初盛中晩自有レ詩也。不レ必二初盛一也。李王岑銭劉。下迨二元白盧鄭一。各自有レ詩也。不レ必二李杜一也。趙宋亦然。陳欧蘇黄諸人。有二一字襲レ唐者一乎。又有二一字相襲者一乎。至二其不一レ能レ為レ唐。殆是気運使レ然。猶唐之不レ能レ為レ選。選之不レ能レ為二漢魏一耳。今之君子。乃欲下概二天下一而唐上レ之。又且以不二唐病一レ宋。夫既以不二唐病一レ宋矣。何不三以不二選病一レ唐。不二漢魏病一レ選。不三三百篇病一レ漢。不三結縄鳥跡病二三百篇一耶。

六四 **「論レ画、以二形似一…」**(二八五頁)　「書二鄢陵王主薄所レ画折枝二首一」の其一の詩は「論レ画以二形似一、見与二児童一隣、賦レ詩必二此詩一、定非二知レ詩人一、詩画本一律、天王与二清新一、辺鸞雀写生、趙昌花伝神、何如此両幅、疎淡含二精匀一、誰言一点紅、解レ寄二無辺春一」。

六五 **楊升庵**…(二八六頁)　この所は、列朝詩集丙集、一五の楊慎の小伝によったものである。その条に、

用修(=楊慎の字)垂髫。賦二黄葉詩一。為二茶陵文正公所一レ知。登弟。又出二門下一。詩文衣鉢。実出二指授一。及三北地(=李夢陽)哆二言復古一。力排二茶陵一。海内為レ之風靡。用修乃沈二酣六朝一。攬二采晩唐一。創為二淵博靡麗之詞一。其意欲下圧二倒李何一。為二茶陵一別張中壁塁上。不レ与二角勝口舌間一也。援据レ博則舛錯良多。摹倣レ慣則瑕疵互見。竄二改古人一。仮二託往籍一。英雄欺レ人。亦時有レ之。要其鉤二索淵深一。藻二彩繁会一。自足下以牢二籠当世一鼓中吹前哲上。膚浅末学趨レ風仰止。固未三敢抵レ隙蹈二瑕。横加二訾謷一也。

また同人の著述から、ここに相当する見解を抄記する。

○「評李杜」楊誠斎云、李太白之詩。列子之御風也。杜少陵之詩。霊均之乗桂舟駕玉車也。無待者神於詩者。与有待而未嘗有待者聖於詩与然則東坡似太白。山谷似少陵。仲車云。太白之詩。神鷹瞥漢。少陵之詩。駿馬絶塵。二公之評意同。而語亦相近。余謂。太白詩仙翁剣客之語。少陵詩雅士騒人之詞。比之文。太白則史記。少陵則漢書也(丹鉛総録、一八)。

○「蘭亭杜詩」近有士人熟読杜詩。余聞之曰。此人詩必不佳。所記是棋勢残着。元無金鵬変起手局也。因記。宋章子厚日臨蘭亭一本。東坡曰。章七終不高。従門入者非宝也、此可与知者道(丹鉛総録、二一)。

○杜詩語及太白処。無応十数篇。而太白未嘗仮借子美一語。以此知子美

傾倒太白至難（丹鉛雑録）。

なお雑録にも、総録にも、文選や六朝の詩をたたえたものが多い。彼の六朝風の詩は、詩藪の続編、一にも例示されている。

六六　**頷珠**（二八七頁）　頷下の珠の故事による。荘子の列禦寇篇に「荘子曰、河上有下家貧恃二緯蕭一而食者上、其子没二於淵一、得二千金之珠一、其父謂二其子一曰、取レ石来鍛レ之、夫千金之珠、必在二九重淵而驪竜頷下一、子能得レ珠者、必遭二其睡一也、使二驪竜而寤一、子尚奚微之有哉」。自らを睡れる竜にたとえて、気勢を上げた詩である。

六七　**崑渓三尺水**（二八八頁）　第一句の崑渓は崑崙山（または崑山）の渓、深山幽谷より流れ出る谷の水で、名剣を鍛えたの意。三尺は剣の長さであるが名剣をさして云う。第二句の竜泉(りょうせん)は欧冶子と干将が作って、太阿と並称される古代の名剣、竜淵の一名（越絶書など）。第三・四句は、振えば紫電をおこし、とどめれば秋水のたとえのある如く、波の動きをも映す、明耿耿たるさまを云う。紫電とか竜鳴とか秋水とかも古来名剣を詠じて用いられる語である。第五句は荘子に見えて、「干越之剱。匣而蔵レ之。不二敢軽用一」とあるを用いて、箱の中で、夜鳴きをするを云う。第六句は、呂氏春秋などに見え、「楚人剱自二舟中一墜レ水、遽契二其舟一曰、是吾剱所二従墜一也、舟已行而剱不レ行、不二亦惑一乎」とある、舟ばたを刻むの故事。第七句は、史記の項羽本紀にある、青年項羽の言「書足三以記二名姓一而已。剱一人敵、不レ足レ学。学二万人敵一」による。第八句は、漢の高祖の天下平定の偉業を云ったものである。

六八　**「海門中断…」**（二八九頁）　李于鱗の「答贈沈孟学四首」（滄浪先生集より。以下于鱗の詩で断らぬものは同書より引用）の其二の詩は「海門中断出二呉関一、北望江流九折還、一日故人携レ酒処、白雲千載鳳凰山」。

六九　**通塘ノ曲**（二八九頁）　李白の「和二盧侍御通塘曲一」は、楽府で、「君誇通塘好、通塘勝二耶渓一」で初まる長詩。引用の前後のみ抄出すれば「…青蘿嫋嫋挂二煙樹一、白鷴処処聚二沙隄一、石門中断平湖出、百丈金潭照二雲日一、…」である。

七〇　**「明朝離別…」**（二八九頁）　李白の「別レ内赴レ徴三首」の其一の詩は「王命三徴去未レ還、明朝離別出二呉関一、白玉高楼看不レ見、相思須レ上望夫山」。

七一　**「海門中断…」**（二八九頁）　南郭先生集四編、三の「九里浜」の詩は「九里長濤万里廻、海門中断大潮来、琅邪山上先王観、猶自吾徒遊不レ回」。

七二　**首藤子高ヲ送ル詩**（二八九頁）　南郭先生文集二編、五に「送首藤子高」として、「海門中断九州間、溟色秋開赤馬関、知是乗レ鯨万余里、長風払尽待二君還一」。

七三　**「三叉中断…」**（二九〇頁）　蘭亭先生詩集、九所収の「月夜三叉口汎舟」の詩は「三叉中断大江秋、明月新懸万里流、欲向碧天吹玉笛、浮雲一片落扁舟」。

七四　**渋体**（二九〇頁）　瑯瑘代酔編、三五に「渋体」の一条がある。宋景文修二唐史一、好以二艱深之辞一、文二浅易之説一、欧公忠有三以諷レ之、一日大二書其壁一、曰宵寐匪レ禎、札闥洪休、宋見レ之曰、非下夜夢不レ祥、題門大吉上耶、何必求レ異如レ此、欧公曰、李靖伝云、震雷無レ暇レ掩レ聡、亦是類也、宋公慙而退、今所謂震霆不レ及レ掩レ耳、係二再改一者（この後に朝野僉載より、徐彦伯のことを引く）。

七五　**狐穴**（二九〇頁）　誠斎雑記に「唐末有二喬子曠者一、喜用二僻事一、時人謂二之狐穴詩人一」とある。

七六　**強テ文字ヲ…**（二九〇頁）　唐詩紀事、九の「徐彦伯」の条に「彦伯為レ文、多変易求レ新、以二鳳閣一為二鵷閣（一本に「閤」）一竜門為二虬戸一、金谷為二銑渓一、玉山為二瓊岳一、竹馬為二篠驂一、月兎為二魄兎一、進士効レ之、謂二之徐渋体一」。南郭輯と云う唐詩事略には「謂二之渋体一」としてかかげる。瑯邪代酔編、三五にも、朝野僉載を引いて、ほぼ同じ記事があり、「渋体」としている。

七七　**換字詩**（二九〇頁）　七修類稿、四九に「換字詩」と題して、嘉靖中。吾杭有好為六朝詩者。不独巧麗。而且欲用不経人道之語。易字換句。遂至妄誕不稽。背碍難通矣。呉友編修金美之作詩嘲云。何処歌新調。旖（音　猗）旎（音　儺）固不群。剪花金瑣瑣。闘葉玉紛紛。巧畳空中錦。軽裁水上雲。自慚心太拙。到此不能文。又虞子匡一日遞一詩示余曰。請商之何如。余三誦而不知何題。虞曰。吾効時人換字之法。戯改岳武穆送張紫崖北伐詩也。其詩曰。誓律飆雷速。神威震坎隅。遐征逾趙地。力戦越秦墟。驥蹂匈奴頸。戈殲鞑靼軀。旋師謝彤闕。再造故皇都。岳云。号令風霆迅。天声動北陬。長駆渡河洛。直擣向燕幽。馬蹀月氏血。旗裊克汗頭。帰来報明主。恢復旧神州。不過逐字換之。

遂撫掌相笑。今時之弊之如此。金詩旖旎二字。不知者又譏之当為仄声倚儞者。(丹鉛論已弁。) 虞雖一時譃浪。深似諸子之病。

七八 **「雪片大如レ席」**(二九一頁) 李白の「北風行」の詩は「燭竜棲二寒門一。光耀猶旦開。日月照レ之何不レ及レ此。唯有二北風号怒天上来一。燕山雪花大如レ席。片片吹落軒轅台。幽州思婦十二月。停レ歌罷レ笑双蛾摧。倚レ門望二行人一。念二君長城苦寒一良可レ哀。別時提レ剣救レ辺去。遺二此虎紋金鞞靫一。中有二一双白羽箭一。蜘蛛結レ網生二塵埃一。箭空在。人今戦死不二復回一。不レ忍レ見二此物一。焚レ之已成レ灰。黄河捧レ土尚可レ塞。北風雨レ雪恨難レ裁」。

七九 **「雪片大如レ鷺」**(二九一頁) 李于鱗の「冬日四首」の其二の詩は「日澹平陵城、寒高華不注、北風湖上来。雪片大如レ鷺」。

八〇 **「蘭陵美酒…」**(二九一頁) 李于鱗の「贈二左史一」の詩は「蘭陵美酒日長携、趙女奏箏玉柱低、為問游梁何所レ作、平台左史酔如レ泥」。

八一 **「清平調ノ詞」**(二九二頁) 頭注に示した詩を読み下せば「雲ニハ衣裳ヲ想ヒ花ニハ容(=容貌の美しさ)ヲ想フ、春風檻(オバシマ)(=花に対する手すり)ヲ払ヒテ露華濃(コマヤカ)ナリ(=花色と露光と相映じて濃艶)、若(モ)シ群玉山(=西王母の居るという伝説の山)頭ニ見ルニ非ズンバ、会(カナラズ)瑶台(=有娀氏の美女が住むという仙界の宮殿)月下ニ向ヒテ逢ハン」である。これは有名な沈香亭の話で、亭を仙界、楊貴妃を仙女にたとえたもの。中国の人人は勿論、戸崎淡園や大典など、日本の唐詩選の註者も、楽史や、それを引いた文章弁体を引いて、この詩の成立を語っている。要を得た大典の唐詩集註から、引用して見る。

〔文章弁体〕(前略)天宝中、白供二奉翰林一、禁中初重二木芍薬一、植二興慶池東沈香亭一、会花開、上乗二照夜車一、太真妃以二歩輦一従、選二梨園中弟子一、得二楽十六色一、李亀年手捧二檀板一、押二衆楽一前、上曰賞二名花一対二妃子一焉、用二旧詞一、命二亀年一、持二金花箋宣一賜二李白一、立進二清平調三章一、亀年歌レ之、太真妃持二玻黎七宝盃一、酌二西涼葡萄酒一、笑領二歌意一、上調二玉笛一、以倚レ曲、毎曲偏将レ換、則遅二其声一以媚レ之、自レ是顧二李翰林一、異二諸学士一、会高力士終恥レ脱レ靴、妃重唫二前詞一、力士曰、以二飛燕一指二妃子一、賤甚矣(其二の詞中に「可レ憐飛燕倚二新粧一」とある)、妃頗然レ之、上嘗三欲レ命二白官一、卒為二宮中一所レ捍而止。

〔李白伝〕白与二飲徒一酔レ于レ市、帝坐二沈香亭一、于レ意有レ所レ感、欲レ得三白為二楽章一、召入、而白已酔、左右以レ水類レ面稍解、援レ筆成レ文、婉麗精切、無レ留レ思。

八二 **「大道直如レ髪」**(二九二頁) 儲光羲の「洛陽道」の詩(唐詩選、六より)は「大道直如レ髪、春日佳気多、五陵貴公子、双々鳴二玉珂一」。

八三 **「陽鳥欲レ辞…」**(二九三頁) 王世貞の「呉門別二李時養一二絶」の其一の詩(弇州山人四部稿、五〇より)は「君為二北客一向二南征一、我是南人暫北行、陽鳥欲レ辞春燕至、那能不レ起二故園情一」。

八四 **「自レ握二明珠一…」**(二九三頁) 滄溟先生集、一三の「寄二元美一四首」の其二の詩は「自レ握二明珠一掌上愁、夜来寒色動二隋侯一、可レ知按レ剣人相視、任是(タトヒ)衒レ恩未レ可レ投」。

八五 **「故人自有…」**(二九三頁) 滄溟先生集、一四の「寄贈元美四首」の其四に「鸚鵡双飛白玉盤、金漿一瀉万珠寒、故人自有二相如渇一、明日煩レ君掌上看(右螺杯)」。

八六 **「明月団々…」**(二九三頁) 滄溟先生集、一四の「李柱史蜀扇」の詩は「明月団々掌上開、清風猶自灑二西台一、誰将一片峨嵋雪、濯二錦江一寒万里来」。

八七 **「無情最是…」**(二九三頁) 滄溟先生集、一二の「寄二慰元美一二首」の其二の詩は「少婦紅妝玉筋寒、清秋銀燭対闌干、無情最是他郷月、不下就二仙郎掌上一看上」。

八八 **牧斎**(二九四頁) 銭牧斎の列朝詩集丁集、一二の鍾惺の小伝中に、唐詩帰を評して、「数年之後、所撰古今詩帰、盛行於世、承学之士、家置一編、奉之如尼丘之删定、而寡陋無稽錯繆畳出、稍知古者、咸能挾筴以攻其短、詩帰出而鍾譚之底蘊畢、露溝澮之盈於是乎、涸然無余地矣」。

八九 **「辺将皆…」**(二九四頁) 張籍の「涼州詞」(唐詩選、七より)は「鳳林関裏水東流、白草黄楡六十秋、辺将皆承二主恩沢一、無四人解三道取二涼州一」。

九〇 **帰雁ノ詩**(二九五頁) 銭起の「帰雁」の詩(唐詩選、七より)は「瀟湘何事等閑回、水碧沙明両岸苔、二十五絃弾二夜月一、不レ勝二清怨一却飛来」。

九一 **「襟裡風光…」**(二九五頁) 末句の「時復無心出レ岫来」は、陶淵明の「帰去来辞」の「雲無レ心出レ岫、鳥倦レ飛而知レ還」の句により、第二句の「帝郷何事等閑回」も、同じ文章の「富貴非二吾願一、帝郷不レ可レ期」の句によっている。

九二 **于鱗ガ…**(二九五頁) 太宰春台の詩論の附録に、次の如くある。

于鱗寄二襄昜一曰。白雲湖上白雲飛。長白山中去不レ帰。又酬二殿卿一曰。白雲湖上華陽山。又和二答殿卿一曰。白雲湖上北風寒。又襄生緋桃栽曰。白雲湖上酒家春。又促二殿卿之レ宮曰。白雲湖上酒家春。又楼上曰。白雲湖上白雲還。于鱗言二白雲湖上一者六。皆在二起句一。内不レ換二一字一者二。雷同甚矣。白雲二字。于鱗所二好用一。集中諸詩。往往有レ之。殆二乎臭腐一。長白山中不レ帰者。偸二唐宋延清(注—宋之問)語一。彼云。蓬萊闕下長相憶。桐栢山頭去不レ帰。司馬承禎以二道士一為三天子所二尊礼一。在朝之人。皆善視レ之。及二其辞而帰一レ山。朝士送レ之。故延清言下承禎帰後。朝廷之士。将相憶不レ措。而道士則浩然帰去。不二復回顧一。如二無精者一然上。故曰。桐栢山頭去不レ帰。去不レ帰三字。承二長相憶三字一。語乃有レ味。結得有レ力。于鱗取レ之以為二承句一。則去不レ帰三字無レ所レ当。且以二古人結句一為二承句一。失二造語之体一。譬如下断二旧偶人之足一。以為中新偶人之手上。豈成レ体哉。

九三 「桐栢山頭…」(二九五頁) 宋之問の「送司馬道士」の詩(唐詩選、七より)は「羽客笙歌此地違、離筵数処白雲飛、蓬萊闕下長相憶、桐栢山頭去不レ帰」。

九四 「長白山中…」(二九五頁) 滄溟先生集、一二の「寄襄昜」の詩は「白雲湖上白雲飛、長白山中去不レ帰、君在二幾峰一秋色遍、何人共結二薜蘿衣一」。

九五 「故郷水遠…」(二九五頁) 太宰春台の「丹陽感秋」の詩(春台先生紫芝園稿前稿、二)は「久客悲秋思二故郷一、故郷水遠更山長、悄然望断雲生処、陟岵吟来闕二一章一」。

九六 「宮女如レ花…」(二九六頁) 李白の「越中懐古」の詩(唐詩選、七より)は「越王勾践破レ呉帰、義士還レ家尽錦衣、宮女如レ花満二春殿一、只今惟有二鷓鴣飛一」。

九七 「惟今只有…」(二九六頁) 李白の作でなく、衛万の「呉宮怨」である。唐詩選、二より引けば、「君不レ見、呉王宮閣臨レ江起、不レ捲二珠簾一見二江水一、暁気晴来双闕間、潮声夜落千門裏、勾践城中非二旧春一、姑蘇台下起二黄塵一、秖今惟有二西江月一、曾照二呉王宮裏人一」。

九八 「寄二茂秦一」詩(二九六頁) 「誰惜虞卿老去貧、平原食客一時新、懐中白璧如二明月一、何処還投二按剣人一」。

九九 「曾向二荊山一…」(二九六頁) 「奉答徂来先生見寄」の詩(蘭亭先生詩集、九)は「曾向二荊山一抱レ璧帰、懐中明月帯二光輝一、応レ憐此日陵陽涙、更説連城識者稀」。

一〇〇 「奉レ送三梶井王還二西京一」ノ詩(二九六頁) 同題の詩は、五首あり、其一は「東別二天台一出二梵台一、君王行色壮遊哉、赤城山上重回レ首、一片紅霞日下開」。

一〇一 「王江陵ガ…」(二九九頁) 芸苑巵言、四には、次の如くある。

○余謂、七言絶句、王江陵与二太白一、争二勝毫釐一、倶是神品。而于鱗不レ及レ之(和刻本には「非ナリ」にあたる文字なし)。

○若二万楚五日観レ伎詩一、眉黛奪二将萱草色一、紅裙妬殺石榴花、真婉麗有二梁陳韻一、至二結語一、聞道五糸能続レ命、却令三今日死二君家一、宋人所レ不レ能レ作、然亦不二肯作一、于鱗厳刻、却収レ此、吾所レ不レ解、又起句、西施漫道浣二春紗一、既与二五日一無レ干、碧玉今時闘二麗華一、又不二相比一。

○太白鸚鵡洲一篇、効二顰黄鶴一可レ厭、呉宮晋代二句、亦非二作手一、律無二全盛一者、惟得二両結一耳、総為二浮雲能蔽一レ日、長安不レ見使二人愁一、借問欲レ棲珠樹鶴、何年却向二帝城一飛。

一〇二 **五日観レ妓ノ詩**(二九九頁) 唐詩選、五より引けば、「西施謾道浣二春紗一、碧玉今時闘二麗華一、眉黛奪将萱草色、紅裙妬殺石榴花、新歌一曲令二人艶一、酔舞双眸斂二鬢斜一、誰道五糸能続レ命、却令三今日死二君家一」。

一〇三 **鳳凰台**(二九九頁) 李白の「登二金陵鳳皇台一」の詩(唐詩選、五より)は「鳳皇台上鳳皇遊、鳳去台空江自流、呉宮花草埋二幽径一、晋代衣冠成二古丘一、三山半落青天外、二水中分白鷺洲、総為二浮雲能蔽一レ日、長安不レ見使二人愁一」。

一〇四 **鸚武洲**(二九九頁) ここでは、この語の見える黄鶴楼の七律(唐詩選、五)をさす。「昔人已乗二白雲一去、此地空余黄鶴楼、黄鶴一去不二復返一、白雲千載空悠々、晴川歴々漢陽樹、芳草萋々鸚鵡洲(箋註に「一統志曰。武昌府鸚鵡洲在二城南一跨二城西大江中一。尾直二黄鶴磯一。即黄祖殺二禰衡一処(下略)」)。

一〇五 「物在人亡…」(二九九頁) 李頎の「贈二盧五旧居一」の詩(唐詩選、五より)は「物在人亡無二見期一、閑庭繋レ馬不レ勝レ悲、窓前緑竹生二空地一、門外青山似二旧時一、帳望青天鳴二墜葉一、巑岏枯柳宿二寒鴟一、憶レ君涙落東流水、歳歳花開知為レ誰」。

一〇六 **「万歳楼」ノ詩**(二九九頁) 唐詩選、五によれば「江上巍巍万歳楼、不レ知経歴幾千秋、年年喜見山長在、日日悲看水独流、猿狖何曾離二暮嶺一、鸕鷀空自泛二寒洲一、誰カ登望ニ堪ン雲烟ノ裏、晩ニ向ントシテ茫々(ぼうすぐらく)旅愁ヲ発ス」。

一〇七 **「白髪三千丈」**(三〇〇頁) 「秋浦歌十七首」の其十五の詩(唐詩選、六より)は「白髪三千丈、縁レ愁似レ個長、不レ知明鏡裏、何処得二秋霜一」。

一〇八 **「洛陽道」ノ詩**(三〇〇頁) 唐詩選、六より引けば、「洛陽道。大道直如レ髪、春日佳気多、五陵貴公子、双々鳴二玉珂一」。

一〇九 **唐仲言解シテ…**(三〇一頁) 唐詩解、二二の「洛陽道献呂四郎中」の詩の末に、注して「此賦道中所見。蓋有二世冑躡高位英俊沈下僚意一。然云二五陵一。題当レ作二長安道一、云二洛陽一誤也」。

一一〇 **「秦時明月…」**(三〇一頁) 王昌齢の「従軍行三首」の其三(唐詩選、七)は「秦時明月漢時関、万里長征人未レ還、但使二竜城飛将在一、不レ教二胡馬度二陰山一」。

一一一 **明月関**(三〇一頁) 戸崎淡園の唐詩選余言、下に、北山のここの説と同じものが、詳述してある。

秦時明月漢時関。明月蓋関名也。楊烱折楊柳詩。望断流星駅。心馳明月関。喬知之羸駿篇。山川関塞十年征。汗血流離赴二月営一。王世貞孤雁書来明月戍。李攀竜白馬従レ軍明月塞。皆可二合考一也。又揚雄賦語。攙槍為レ闉。明月為レ堠。依レ此則地名無レ疑。昌齢巧拆二用明月関字一也。升庵曰。秦時明月四字。横空硬語也。人所レ難レ解。李中渓侍御嘗問レ余。余曰。揚子雲賦。攙槍為レ闉。明月為レ堠。此詩借二用其字一而用意深矣。蓋言下秦時雖二遠征一而未レ設レ関。但在中明月之地上。猶有二行役不レ踰レ時之意一。漢則設レ関而戍二守之一。征人無レ有二還期一矣。所レ頼飛将禦レ辺而已。雖レ然亦異下乎守在二四夷一之世上矣。按秦時未レ設レ関以下。解雖レ巧恐非二作者之意一。言秦漢以来以レ柘レ辺為レ事。至レ今不レ已。征人守レ関不レ得二敢還一。但使下如二飛将軍一者禦上レ辺。胡虜畏二其威一不下敢踰二陰山一而来寇上。但字有二深意一。

一一二 **「望断流星駅…」**(三〇一頁) 楊烱の「折楊柳」の詩(全唐詩、五〇より)は「辺地遥(一作迷)無極。征人去不還。秋容凋翠羽。別涙損紅顔。望断流星駅。心馳明月関。藁砧何処在。楊柳自堪攀」。

一一三 **冷斎夜話ニ…**(三〇二頁) 冷斎夜話(和刻本による)、一の「老嫗解レ詩」に「白楽天毎レ作レ詩、令二一老嫗解一レ之、問曰、解否、嫗曰レ解則録レ之、不レ解則易レ之、故唐末之詩、近二於鄙俚一也」とある。この話については、唐宋詩醇なども「附会之説、不足深弁」としている。

一一四 **漁隠叢話ニ…**(三〇二頁) 漁隠叢話、八に「冷斎夜話云。白楽天毎レ作レ詩。令二一老嫗解一レ之。問曰解否。嫗曰解。則録レ之。不レ解則又復易レ之。故唐末之詩近二於鄙俚一。又張文潜云。世以二楽天詩一。為レ得二於容易一。而未嘗於二洛中一士人家一。見二白公詩草数紙一。点竄塗レ之。及二其成篇一。殆与二初作一不レ侔。苕渓漁隠曰。楽天詩雖レ渉二浅近一。不レ至三尽如二冷斎所一レ云。余旧嘗於二一小説中一。曾見二此説一。心不レ然レ之。徳洪乃取而載二之詩話一。是豈不レ思三詩至二於老嫗解一。烏得レ成レ詩也哉。余故以二文潜所一レ言。正二其謬一耳」。

一一五 **「已見二寒梅発一」**(三〇二頁) 唐詩選、六の王維の雑詩は「已見二寒梅発一、復聞二啼鳥声一、愁心(唐王右丞詩集所収は「心心」)視二春草一、畏下向二玉階一(唐王右丞詩集所収は「階前」)生上」。唐王右丞詩集では、雑詩五首の五に位置している。

一一六 **「已自二寒梅発一…」**(三〇三頁) 入江南溟の「冬日早起得蕭韻」の詩は「已自二寒梅発一、主人不レ廃レ朝、昨夜江南夢、覚来旭日遥」。

一一七 **已ノ字**(三〇三頁) 伊藤東所編、操觚字訣によれば、

スデニハ、コトノコグチヲ、ヒラキタルコトナリ、又スミスマシタルコトニモナル、ソレユヘ、既已ノ別アリ、已ハ字彙ニ止也、畢也トアリ、スデニトヨムベキ註ナシ、既已トモニ事ノスデニオワルコトナレドモ、既ノ字ニ対シテイヘバ、差別アリ、已ヲスデニトヨムハ、未ニ対スル詞ナリ、(例あり略)イヅレモ、未ニ対シテイヘリ、事ノハヤスミタルコトナリ、ソレユヘ、既ニ対シテ、未ダトイフハ、スクナシ、ソノ他何モコレニ準ズベシ、既ハ事ノオハリナリ、又ツクトモ、オハルトモ訓ズ(下略)。

一一八 **「漢国山河在…」**(三〇三頁) 荆叔の「題二慈恩塔一」の詩(唐詩選、六より)は「漢国山河在、秦陵草樹深、暮雲千里色、無二処不一レ傷レ心」。

一一九 **「終南山…」**(三〇三頁) 七修類稿と若干文字の出入があるので、類稿の方をよみ下して、参考とする。

唐詩正声、荊叔ノ慈恩寺ノ塔ニ題スル詩ヲ載ス。云フ、「漢国山河在。秦陵草樹深。暮雲千里色。無処不傷心」。予嘗テ以ヘラク、此詩、塔ニ於テ相渉ハル無シト。後ニ聞ク、終南山ニ小白石ノ処有リ。一詩ヲ刻ス。唐風有ルニ足ル、字ハ乃チ晋体、深五七分、惜ラクハ名無キ也。其ノ句ヲ伝フルニ、又是前詩ナリ。唐詩紀事ヲ読ムニ及ブニ、此ノ詩亦塔ニ題スト曰ヒテ、又無名之下ニ係ル。但シ又註シテ曰ク、何人タルヲ知ラズ。題名荊叔。予復之ヲ疑フ。因ッテ姓氏ノ諸書ヲ考フルニ、並ニ荊叔之名ナシ。而シテ紀事ハ唐人ノ詩ヲ能クスル者ヲ収メテ尽セリト謂フベシ。復此ノ如ク注スル所以ハ、此特ニ好事ノ者此ノ詩ヲ塔ニ写スカ。高棅考ヘズシテ、遂ニ正声ニ編入セシヤ必セリ。昨、史乾用ニ会ス。云フ親シク此詩ヲ慈恩ノ塔ニ見タリ。果シテ小白石、字刻前ニ聞ク所ノ如シ。塔之頂ニ在リ。並ビニ人名ナシ。然シテ後方ニ前詩ノ必ズ終南ニ題スル者タルヲ知ル。好事ノ者鑿リテ塔ニ移ス。孟東野ノ薔薇ヲ咏ズル石ノ如シ。今ハ史給事ノ家ニ移ス也。

一三〇 **「反照入…」**(三〇四頁) 唐詩選、六の「秋日」の詩は「返照入二閭巷一、憂来誰共語、古道少二入行一、秋風動二禾黍一」。この詩を李益の作とするのは、何によるか未詳。全唐詩や唐詩紀事や万首唐人絶句には耿湋の作とする。

一三一 **朱斌**(三〇四頁) 万首唐人絶句、一二に「登鸛雀楼(旧作王之渙非)朱斌(補)」として、次条に示す詩をかかげる。また全唐詩、二〇三に「登楼(一作王之渙詩)」として、朱斌の条に登記している。

一三二 **「白日依レ山尽」**(三〇四頁) 唐詩選、六の「登二鸛鵲楼一」の詩は「白日依レ山尽、黄河入レ海流、欲レ窮二千里目一、更上二一層楼一」。

一三三 **「雖レ有二来者一…」**(三〇四頁) 服部南郭校刊の唐詩選の附言の中で「及二南宋厳滄浪一、豁然眼目、全象始見、雖レ有二来者一、不レ能二間然一、然止論レ之、未レ遑レ選レ詩」とある。

一三四 **清ノ乾隆帝…**(三〇四頁) 乾隆帝の御選、唐宋詩醇、三二の蘇軾の評の中で「後来厳羽、更以其自出己意、為詩之大厄、創大言以欺世、夫豈可為篤論哉」。

一三五 **「今ノ作者…」**(三〇五頁) 清の王士禛の池北偶談、一二の「王奉常論詩語」の中に、

明詩本有三古澹一派、如二徐昌穀・高蘇門・楊夢山・華鴻山輩一。自三王李専言二格調一。清音中絶。同時王奉常小美。作二菽圃攟余一。有下数条与二其兄及済南一異者上。予特拈出。如レ云下今之作者。但須二真才実学一。本レ性求レ情。且莫上理二論格調一。又云。詩有二必不レ能レ廃者一。雖二衆体未一レ備。而独擅二一家之長一。如二孟浩然渺渺易一レ尽。祇以二五言雋永一。千載竝二称王孟一。有明則徐昌穀・高子業二君。詩不レ同。而皆巧レ於レ用レ短。徐有二蟬蛻軒挙之風一。高有二秋閨愁婦之態一。更二千百年一。李何尚有二廃興一。二君必無二絶響一。此真高識迴論。令三于鱗大美早聞二此語一。当レ不レ開二後人抨弾一矣。先兄考功嚢有下題二襄陽集一一絶上云。魚鳥雲沙見二楚天一。清詩句句果堪レ伝。一従三時世矜二高唱一。誰識襄陽孟浩然。

一三六 **絶響**(三〇五頁) 晋書の嵆康伝に「初康嘗游二於洛西一、暮宿二華陽亭一、引レ琴而弾、夜分忽有レ客詣レ之、称二是古人一、与レ康共談二音律一、辞致清弁、因索レ琴弾レ之、而為二広陵散一、声調絶倫、遂以授レ康、仍誓不レ伝レ人、亦不レ言二其姓字一」とある。そして、同書の嵆阮伝論に「嵆琴絶響、阮気徒存」とある。

一三七 **楊升庵**(三〇七頁) 楊慎の丹鉛総録、二一に「詩史誤人」として、

○宋人以二杜子美一。能以二韻語一紀二時事一。謂二之詩史一。鄙哉宋人之見。不レ足二以論一レ詩也。夫六経各有レ体。易以道二陰陽一。書以道二政事一。詩以道二性情一。春秋以道二名分一。後世之所謂史者。左記レ言右記レ事。古之尚書春秋也。若詩者其体其旨。与二易書春秋一判然矣。三百篇皆納レ情合レ性而帰二之道徳一也。然未三嘗有二道徳字一也。未三嘗有二道徳性情句一也。二南者修レ身斉レ家其旨也。然其言二琴瑟鍾鼓荇菜芣苢夭桃穠李雀角鼠牙一。何嘗有二修身斉家字一耶。皆意在二言外一。使三人自悟至二于変風変雅一。尤其含蓄言レ之者。無二罪聞一レ之者。足二以戒一。如レ刺二淫乱一。則曰二雝雝鳴鴈旭日始旦一。不三必曰二慎莫近前丞相嗔一也。憫二流民一。則曰二鴻鴈于飛哀鳴嗷嗷一。不三必曰二千家今有百家存一也。傷二暴斂一。則曰二維南有箕載翕其舌一。不三必曰二哀哀寡婦誅求尽一也。叙二饑荒一。則曰二牂羊羵首三星在罶一。不三必曰二但有牙歯存可堪皮骨乾一也。杜詩之含蓄蘊藉者蓋亦多矣。宋人不レ能レ学レ之。至下于直陳二時事一類中于訐訕上。乃其下乗末脚。而宋人拾以為二己宝一。又撰二出詩史二字一。以誤二後人一。如詩可レ兼レ史。則尚書春秋可二以併省一。又如今俗卦気。歌納甲歌。兼二陰陽一而道レ之。謂二之詩易一可乎。

一二八 **鴻雁于飛**…(三〇七頁) 詩経の小雅の鴻鴈之什「鴻雁」のこの一節は「鴻雁于飛。哀鳴嗷々。維此哲人。謂㆓我劬労㆒。維彼愚人。謂㆓我宣㆑驕」。鳴きながら飛んでゆく鴻雁を、流民にたとえてある。

一二九 **千家今**…(三〇七頁) 杜甫の「白帝」の詩は「白帝城中雲出㆑門。白帝城下雨傾㆑盆。高江急峡雷霆闘。古木長藤日月昏。去馬不㆑如帰馬逸。千家今有㆓百家存㆒。哀哀寡婦誅求尽。慟㆓哭中原㆒何処村」。

一三〇 **雝々鳴鴈**…(三〇七頁) 詩経の邶風の「匏有苦葉」のこの節は「雝々鳴鴈。旭日始旦。士如㆑帰㆑妻。迨㆓氷未㆒㆑泮」。淫乱を刺る歌とするのは、朱子の説である。

一三一 **慎莫㆓近前㆒**…(三〇七頁) 杜甫の「麗人行」は、玄宗が貴妃を愛してより、楊家一族が驕横をきわめたを諷した作品である。長い歌行なので、末の方のみ抄出する。「(前略)簫鼓哀吟感㆓鬼神㆒。賓従雑遝実要津。後来鞍馬何逡巡。当㆑軒下㆑馬入㆓錦茵㆒。楊花雪落覆㆓白蘋㆒。青鳥飛去銜㆓紅巾㆒。炙㆑手可㆑熱勢絶倫。慎莫㆓近前㆒丞相嗔」。

一三二 「**詩固ヨリ**…」(三〇七頁) 王世貞の芸苑巵言、四に、次の如くある。

楊用修駁㆓宋人詩史之説㆒。而譏㆓少陵㆒云。(中略—前出した詩経と杜甫の詩の比較がある)其言甚弁。而𣪘然不㆑知㆓嚮所㆒㆑称。皆興比耳。詩固有㆑賦。以㆓述㆑情切㆒㆑事。為㆑快。不㆓尽含蓄㆒也。語㆑荒而曰。周余黎民。靡㆑有㆓孑遺㆒。勧㆑楽而曰。宛其死矣。它人入㆑室。譏㆓失儀㆒而曰。人而無㆑礼。胡不㆓遄死㆒。怨㆑讒而曰。豺虎不㆑受。投㆓畀有昊㆒。若使㆑出㆓少陵口㆒。不㆑知用修何如貶剝也。且慎莫㆓近前㆒承相嗔。楽府雅語。用修烏足㆑知㆑之。

一三三 **周余黎民**…(三〇七頁) 詩経の大雅の「雲漢」のこの一節は「旱既大甚。則不㆑可㆑推。兢兢業業。如㆑霆如㆑雷。周余黎民。靡㆑有㆓孑遺㆒。昊天上帝。則不㆓我遺㆒。胡不㆓相畏㆒。先祖于摧」。

一三四 **宛其死矣**…(三〇七頁) 詩経の唐風の「山有枢」の詩のこの一節は「山有㆑漆。隰有㆑栗。子有㆓酒食㆒。何不㆓日鼓㆒㆑瑟。且以喜楽。且以永㆑日。宛其死矣。他人入㆑室」。「山有枢」の詩を朱子は解して、「蓋言不㆑可㆑不㆑及㆑時為㆑楽。然其憂愈深。而意愈蹙矣」という。

一三五 「**余未ダ會テ**…」(三〇八頁) 張幼于に送る書牘中に、次の如き言葉がある。「(前略)公謂㆔僕詩亦似㆓唐人㆒。此言極是。然要㆑之幼于所㆑取者。皆僕似㆑唐之詩。非㆓僕得意詩㆒也。夫其似㆓唐詩㆒者見取。則其不㆑取者断々乎非㆓唐詩㆒可㆑知。既非㆓唐詩㆒。安得㆑不㆑謂㆓中郎自有之詩㆒。又安得㆔以幼于之不㆒㆑取。保㆔中郎之不㆓自得意㆒耶。僕求自得而已。他則何敢知」。

一三六 「**楊王盧駱**…」(三〇九頁) 「戯為㆓六絶㆒」の第二は「楊王盧駱当時体。軽薄為㆑文哂未㆑休。爾曹身与名倶滅。不㆑廃江河万古流」。

一三七 「**不薄今人**…」(三〇九頁) 「戯為㆓六絶㆒」の第五は「不㆘薄㆓今人㆒愛㆗古人㆖、清詞麗句必為㆑隣、竊攀㆓屈宋㆒宜方㆑駕、恐与㆓斉梁㆒作㆓後塵㆒」。

一三八 「**多見翡翠**…」(三〇九頁) 「戯為㆓六絶㆒」の第四は「才力応㆑難㆑誇㆓数公㆒、凡今誰是出群雄、多(一に「或」)看㆓翡翠蘭苕上㆒、未掣㆓鯨魚碧海中㆒」。

一三九 **深幽孤峭**(三〇九頁) その性質については、鍾惺と、その同志譚元春の唐詩帰の序や、鍾惺の隠秀軒文昃集に見える文によって明らかである。郭紹虞著、中国文学批評史など参照。

一四〇 「**唯有詩人**…」(三一〇頁) 白氏文集、一八の「画㆓木蓮花図㆒寄㆓元郎中㆒」の詩は「花房膩似㆓紅蓮朶㆒。艶色鮮如㆓紫牡丹㆒。唯有㆔詩人応㆓解愛㆒。丹青写出与㆑君看」。

一四一 **称謂**…(三一三頁) 猪飼敬所の操觚正名の序に、蘐園諸家の称謂の正しくないを難じて、

近世蘐園之徒。尸㆓祝李王㆒為㆓古文辞㆒。摸擬剽竊以為㆑工。片言隻辞。惟不㆑似㆓漢人㆒是憂。是以国郡邑里官爵姓名。苟取㆓諸漢土㆒。以変㆓革其名㆒焉。自誇曰。陶㆓鋳鄙俚㆒。以為㆓雅馴㆒。曾不㆑顧㆔其称謂失㆑当。名分不㆑正。而得㆓罪於名教㆒矣。豈其誦㆓法聖人㆒者之為也哉。然而軽俊才子。眩㆓其浮華㆒。奉㆑之如㆓金科玉条㆒。染習之久。雖㆓謹厚者㆒。亦習而不㆑察焉。識者或知㆓其妄㆒而非㆓斥之㆒。亦不㆑少。

一四二 「**送別義明府**…」(三一三頁) この題の詩は「海路東連一道通。群山如㆑黛鬱㆓相中㆒。玉函斉峙芙蓉嶺。禹廟双懸瓠子宮。制㆑錦官衣輝㆓旭日㆒。揮㆑鞭征馬躍㆓春風㆒。防河無㆑恙千秋業。不㆑減当年鄭白功」。

一四三 **我・吾**(三一三頁) 伊藤東所編の操觚字訣に、次の如くある。

ワレトヨム字、陸氏ノ説文長箋ニ、我ハ自身ト註ス、「彼我人我物我」ト対スル通リ、人ニ対シテ、アイテ向ノ称ナリ、吾ヨリハキツトシタル意アリ、吾ハ長箋ニ自道ト註シテ、今ノ人ノ手前ナド云辞ニテ、ワガ身一分ノ上ニ就テイフ、自称ノ辞也、正字通、品字箋ノ説ハ、吾我

一也、古文ニハ、随レ口互ニ用トアリ、コノ説ハ、アヤマリ也、左伝ニ、我(張)二吾三軍一、而被二(吾)甲兵一トアリ、我ハ「我国」「我朝」ナドノ我ニテ、ワガミ一分ノコトニアラズ、先方ヘ対シテ、ヒロク此方ノコトヲイフ、下ノ吾ハ、手前一分ノコト也、オレガ三軍、オレガ甲兵ト云コト也、ワガ国、ワガ君トカクニ「我国」「我君」トカケバ、相手アリテイフコトバ也、「吾国」「吾君」トカケバ、手前一分ニテイフコトバ也、下ニノスル諸文、ミナコノ例ヲ以テミルベシ(下略)。

一四四　**本邦人ノ諸詩**(三一四頁)　列朝詩集閏集、六にのる日本人は、釈全俊(「出宋学士詩集」)、天祥・機先・大用(「天祥日本人以三人見沈景顒滄海遺珠集」)、嗜哩嘛哈(「日本使臣」、「答大明皇帝問日本風俗、洪武十二年」の詩)、答里麻(「日本使臣一云名普福、或云即嗜哩嘛哈也」)、日本貢使(「以下不レ知レ名、三首相伝、為二倭人作一、出二四夷広記一」)の人人である。詩は略するが、括弧中に示した注記によって、北山の云う如き年代に大体推定できる。

一四五　**擬議成変化**(三一五頁)　滄溟先生集(楊日賓校)、一の古楽府の叙に、

胡寛営二新豊一。士女老幼。相二携路首一。各知二其室一。放二犬羊雞鶩於通塗一。亦競識二其家一。此善用二其擬一者也。至二伯楽一論二天下之馬一。則若レ滅若レ没若レ亡若レ失観二天機一也。得二其精一而忘二其麤一。在二其内一而忘二其外一。色物牝牡一弗二敢知一。斯又当二其無一。有二擬之用一矣。古之為二楽府一者無慮数百家。各与レ之争二片語之間一。使雖二復起一各厭二其意一。是故必有下以当二其無一有中擬之用上。有下以当二其無一有中擬之用上。則雖レ奇而有レ所レ不レ用也。易曰。擬議以成二其変化一。日新之謂二盛徳一。不レ可レ与レ言レ詩乎哉。

とある。王世貞の芸苑卮言、七に、この語をとり上げて、

李于鱗文、無三一語作二漢以後一、亦無二一字不一レ出二漢以前一、其自二叙楽府一云、擬議以成二其変化一、又云、日新之謂二盛徳一、亦此意也、若尋レ端擬議、以求二日新一、則不レ能レ無二微憾一、世之君子、乃欲二浅摘而痛訾一レ之、是訾二古人一矣。

と説明弁護している。

一四六　**「卮言ヲ作リシ…」**(三一六頁)　北山が引用した列朝詩集丁集、六の王世貞小伝から本文を引く。

其論二芸苑卮言一。則曰。作二卮言一時。年未二四十一。与二于鱗輩一。是レ古非レ今。此長彼短。未レ為二定論一。行レ世已久。不レ能二復秘一。惟有随レ事改正。勿レ誤二後人一。元美之虚心克己。不二自掩護一如レ是。今之君子未三嘗尽読二弇州之書一。徒奉二卮言一。為二金科玉条一。之死不レ変。其亦陋而可笑矣。元美病亟。劉子威往視レ之。見二其手子瞻集不レ置一。

一四七　**詩藪**(三一六頁)　列朝詩集丁集、六の胡応麟の小伝を全部あげる。

応麟字元瑞。蘭谿人。少従其父宦燕中。従諸名士称詩。帰而領郷薦数上公車不第。築室山中。購書四万余巻。手自編次。亦多所漁猟撰著。携詩謁王元美。盛相推挹。元美喜而激賞之。登其名于末五子之列。帰益自負。語人曰。弇州許我。狎主斉盟。自今海内文士。当下捧二盤盂一而従上レ我矣。衆皆目二笑之一自若也。著詩藪二十巻。自二邃古一。迄二昭代一。上下揚扢。大抵奉二元美卮言一。為二律令一。而敷二衍其説一。卮言所入。則主之所出。則奴之其大指。謂千古之詩。莫盛于有明李何李王四家。四家之中撈籠千古総萃百家。則又莫盛于弇州。詩家之有弇州証果位之如来也。集大成之尼父也。又従弇州而下推。及二于敬美明卿伯玉之倫一。以為人升堂而家入室。殆聖体弐之才。未可以更僕悉数数也。元美初喜二其貢諛一也。姑為奨借以媒引海内之附。已者晩年乃大悔悟。語乃二詩藪一。輙掩レ耳不レ欲レ聞。而流伝譌繆。則已不可回矣。嗟乎建安元嘉雄輔有人九品七略流別斯著何物。元瑞。愚賤自専。高下在心。妍媸任目。要其指意。無関品藻。徒用攀附勝流容悦貴顕。斯真詞壇之行乞。芸苑之輿台也。耳食口論沿襲師承。昔之刻画卮言者。徒拾元美之土苴。今之揶揄詩藪者。仍奉元瑞之余竅。以致袁鍾諸人踵弊乗隙。澄汰過当。横流不返。此道既如江河。斯世亦成灰劫。文章関乎気運。不亦信乎。不亦悲乎。余録先後五子之詩。以元瑞終焉。非以元瑞為足録也。亦庸以論世云耳。

一四八　**明ヲ以テ…**(三一六頁)　詩藪(和刻本による)続編、一に、明代の詩の大勢を述べて、「自下北地宗二師老杜一信陽和上レ之、海岱名流、馳赴雲合、而諸公質力、高下強弱不レ斉、(中略)嘉靖諸子、見レ謂二不情一、改二創初唐一、斐然溢レ目、而矜持太甚、雕績満レ前、気象既殊、風神咸乏、既復自相厭棄変、而大暦又変、而元和風会所レ趨、建安開宝之調、不レ絶如レ綫、王李再興、拡而大レ之、一時諸子天才競爽、近体之工、欲レ無二前古一盛矣」などとある。

一四九　**太白・杜甫ヲ以テ…**(三一六頁)　詩藪続編、二に次の如く見える。

弇州四部稿、古詩、枚・李・曹・劉・阮・謝・鮑・庾・以及二青蓮・工

部一、靡レ所レ不レ有、亦鮮レ所レ不レ合、歌行、自二青蓮・工部一、以至二高・岑・王・李・玉川・長吉・近献吉・仲黙一、諸体畢備、毎レ効二一体一、宛二出其人一、時或過レ之、楽府、随レ代遣レ詞、随レ題命レ意、詞与レ代変、意逐レ題新、従レ心不レ踰、当世独歩、五言律、宏麗之内、錯綜変化、不レ可二端倪一、排律百韻、以上滔滔莽莽、杳無二涯際一、五七言絶句、本二青蓮・右丞・少伯一、而多自出二結構一、奇逸瀟洒、種種絶レ塵、七言律、高華整栗、沈着雄深、伸縮排蕩、如二黄河溟渤、宇宙偉観一、又如二竜宮海蔵万怪惶惑一、王太常云、詩家集二大成一、千古惟子美、今則吾兄、汪司馬云、上二下千載一、縦二衡万里一、其斯一人而已。

一五〇 **人ノ為ニ…**(三一七頁) 列朝詩集丁集、一二の帰有光の小伝に「嘗為人文序。詆排俗学。以為苟得一二妄庸人為之巨子。弇州聞之曰。妄誠有之。庸則未敢聞命。熙甫曰。唯妄故庸。未レ有二妄而不庸者一也。弇州晩歳賛熙甫画像曰。千載有レ公。継二韓欧陽一。余豈異趨。久而自傷。識者謂先生之文。至是始論定。而弇州之遅暮。自悔為不可及也」とある。

一五一 **古人ノ句**(三一八頁) 服部南郭著、遺契の詩の条の「詩多襲由」の一条は、次の如くである。

張華博陵王官俠曲云。生従命子遊。死聞二俠骨香一。王維少年行落句本レ此。江総句題詩題有レ曰。一日成二三賦一。則非二自レ杜始一。因記何大復詩。楼台万里目。時序百年。情与二杜詩聯。乾坤万里眼。時序百年心一暗合。至二其自相襲一。杜五言句。有二万国尚戎馬一。又雲安九日五言詩。有レ云二万国皆戎馬一。王(維)五言。衣冠拝冕旒。七言又有二万国衣冠拝冕旒一。又王維。奉下和聖製与二大子諸王一。三月三日。竜池春禊上応制。結句云。宸章在二雲漢一。垂象満二皇州一。与下送二朝集使一詩結句上同。此類蓋多。始例二一二一。

一五二 **「薄雲岩際出…」**(三一八頁) 何遜の「入二西塞一示二南府同僚一」の詩(全梁詩、九より)は「露清暁風冷。天曙江晃(一作光)爽。薄雲巌際出。初月波中上。黯々連嶂陰。騒々急沫響。廻楂急礙浪。群飛常戯広。伊余本羇客。重睽復心賞。望郷雖一路。懐帰成二想。在昔愛名山。自知權独往。情游乃落魄。得性随怡養。年事以蹉跎。生平任浩蕩。方還譲夷路。誰知羨魚網」。

一五三 **「薄雲岩際宿…」**(三一八頁) 杜甫の「宿二江辺閣一」の詩は「暝色延二山径一。高斎次二水門一。薄雲巌際宿。孤月浪中翻。鸛鶴追飛静。豺狼得レ食喧。不レ眠憂二戦伐一。無三力正二乾坤一」。

一五四 **沈佺期…**(三一八頁) 漁隠叢話、六に、次の如くある。

詩眼云。古人学問。必有二師友淵源一。漢楊惲一書。迥出二当時流輩一。則司馬遷外孫故也。自二杜審言一已自工レ詩。当時沈佺期・宋之問等。同在二儒館一為二交游一。故老杜律詩。布置法度全学二沈佺期一。更推広集大成耳。沈云。「雪白山青千万里。幾時重謁二聖明君一」。杜云。「雲白山青万余里。愁看直北是長安」。沈云。「人如二天上坐一。魚似二鏡中懸一」。杜云。「春水船如二天上坐一。老年花似二霧中看一」。是皆不レ免三踏襲二前輩一。然前後傑句。亦未レ易二優劣一。山谷云。「船如二天上坐一。人似二鏡中行一」。「舡如二天上坐一。魚似二鏡中懸一」。沈雲卿詩也。雲卿得二意於此一。故屢用レ之。老杜春水船如二天上坐一。祖二述期之語一也。継レ之以二老年花似霧中看一。蓋触レ類而長レ之。

一五五 **「雪白山青…」**(三一八頁) 沈佺期の「遥同杜員外審言過嶺」の詩(全唐詩より)は「天長地闊嶺頭分。去国離家見白雲。洛浦風光何所似(一作肝腸無用説)。崇山瘴癘不堪聞。南浮漲海人(一作鳶)何処。北望衡陽雁幾群。両地江山(一作春光)万余里。何時重謁聖明君」。

一五六 **「雲白山青…」**(三一八頁) 杜甫の「小寒食舟中作」の詩は「佳辰強飲食猶寒。隠レ几蕭条戴二鶡冠一。春水船如二天上坐一。老年花似二霧中看一。娟娟戯蝶過二間幔一。片片軽鷗下二急湍一。雲白山青万余里。愁看直北是長安」。

一五七 **「詠及二前賢一…」**(三一九頁) 杜甫の「戯為二六絶句一」の第六の詩は「未レ及二前賢一更勿レ疑。逓相祖述後先レ誰。別裁二偽体一親二風雅一。転益多師是汝師」。

一五八 **唐子西語録ニ…**(三一九頁) 漁隠叢話、八に「唐子西語録云、(中略)皎然以レ詩名二於唐一。有二僧袖レ詩謁一レ之。然指二其御溝詩一云。此波涵二聖沢一。波字未レ穏。当レ改。僧怫然作レ色而去。僧亦能レ詩者也。皎然度二其去必復来一。乃取レ筆作二中字掌中一。握レ之以待。僧果復来云。欲三更為二中字一如何。然展レ手示レ之、遂定レ交」とある。ただし、詩林良材後編、九には、唐詩紀事、六七の王貞白の条によって、この話を僧の貫休と王貞白との間のことにして伝える。

一五九 **文学伝ニ…**(三一九頁) 大日本史、二一四の小野篁の条から、ここに引く部分を抄記すれば、次の如くである。

弘仁中、帝幸二河陽館一、賦二詩一聯一云、閉レ閣唯聞朝暮鼓、登レ楼遥望往来船、以示レ篁、篁曰、聖作甚佳、但改レ遥作レ空最好、帝愕眙曰、是白楽天之句、遥本作レ空、朕聊試レ卿、適見下卿与二楽天一詩情相同上也、時楽天集始至、蔵在二秘閣一、人未レ得レ見、以レ故大為三帝所二称美一、其精レ詩如レ此、平生所レ作、往往有下与二楽天句格一相似者上、世以レ此重レ之。

一六〇 「閉レ閣唯聞…」(三一九頁) 白居易の「春江」の詩(全唐詩より)は「炎涼昏暁苦推遷。不覚忠州已二年。閉閣只聴朝暮鼓。上楼空望往来船。鶯声誘引来花下。草色勾留坐水辺。唯有春江看未厭。縈砂遶石淥潺湲」。

一六一 「唐人ノ詩ハ…」(三二〇頁) 列朝詩集丁集、一二の袁宏道の小伝の中に「宏道説」として、次の如くある。

唐人之詩無レ論二工不工一。第取読レ之。其色鮮研。如下旦晩脱二筆研一者上。今人之詩。雖レ工拾二人飣餖一。纔離二筆研一已成二陳言死句一矣。唐人千歳而新。今人脱レ手而旧。豈非下流二自性霊一与出二自剽擬一者所二従来一異上乎。空同(=李夢陽、字献吉)未レ免レ為二工部(=杜甫)奴僕一。空同以下皆重儓也。

一六二 明史ニ…(三二一頁) 明史、二八八の徐渭の伝中に、次の如くある。

渭天才超軼。詩文絶二出倫輩一。善二草書一。工写二花草竹石一。嘗自言。吾書第一。詩次レ之。文次レ之。画又次レ之。当二嘉靖時一。王李倡二七子社一。謝榛以二布衣一被レ擯。渭憤下其以二軒冕一圧中韋布上。誓不レ入二二人党一。後二十年。公安袁宏道游二越中一。得二渭残帙一以示二祭酒陶望齢一。相与激賞。刻二其集一行レ世。

一六三 唐荊川(三二二頁) 列朝詩集丁集、一に、その詩業について、「正嘉之間為レ詩者。踵二何李之後塵一。剽竊雲擾。応徳与二陳約之輩一。一変為二初唐一。於レ時称二其荘厳宏麗咳唾金璧一。帰田以後意取二辞達一。王李乗二其後一。互相評砭。呉人評。其初務二清華一。後趨二険怪一。考其所レ撰若出二二轍一。非二通論一也。為レ文始尊二秦漢一。頗傚二空同一。已而聞二王道思之論一灑然大悟尽改。其少レ作。其語詳。載二文集序中一。不レ具二列于此一」。

一六四 何季穆ハ…(三二二頁) 列朝詩集丁集、一三下から、北山が用いた部分を抄記すると「余之誌季穆云。季穆為レ詩才力横騖。馳二騁李何王李之間一。欲二与レ之上下一。久而学殖日富。歴二覧宋元名家之作一。恨然知二俗学之非一。思進而求二之古人一。而年已不レ待矣。病革。語二其友一曰。悉焚二吾所レ為詩一無レ留也。郷里少年拈レ唇弄レ筆皆能呰レ評」とある。

一六五 士騏(三二四頁) 列朝詩集丁集、六の王世貞小伝に附された王士騏の小伝は次の如くである。

士騏。字冏伯。元美之長子。万暦己丑進士。由礼部儀制主事。改吏部稽勲員外。坐二妖書獄一削レ籍帰。屢薦不レ起。冏伯倜儻軒豁。好結納海内賢士大夫。勇二于為一レ人。不レ避二嫌怨一。(中略)冏伯論二詩文一。多与二弇州一異同。嘗語レ余曰。先人構二弇山園一。畳レ石架レ峰以堆積為レ工。吾為二泌園一。土山竹樹与二池水一映帯。取二空曠自然一而已。余笑曰兄殆以為二園喩二家学一乎。冏伯笑而不レ答。有二酔花菴詩五巻一。

一六六 中郎ガ論…(三二七頁) 列朝詩集丁集、一二の袁宏道の小伝より、ここと同じ文章を抄出する。

中郎之論出。王李之雲霧一掃。天下之文人才士。始知下疏二瀹心霊一。捜二剔慧性一。以蕩中滌摹擬塗沢之病上。其功偉矣。(中略)竟陵代起。以二凄清幽独一。矯レ之而海内之風気復大変。譬レ之有下病二于此邪気一結轖上。不レ得レ不下用二大承湯一下上レ之。然輸寫太利元気受レ傷。則別症生焉。北地済南結轖之邪気也。公安寫下之劫薬也。竟陵伝染之別症也。余分閏気其与幾何。慶暦以下、詩道三変而帰二于凌夷熸熄一。豈細故哉。

一六七 王思任…(三二七頁) 列朝詩集丁集、一二の王思任の小伝をかかげる。

思任。字季重。山陰人。万暦乙未進士。知興平当塗青浦三県。袁州推官。所至皆被鐫降。稍遷刑工二部。出為九江僉事。罷帰卒。季重有儁才。居官通脱。自放不事名検。性好詼浪。居恒与狎客。縦酒談笑大噱。遇達官大吏。疎放絶倒。不能自禁。好以詼諧為文。倣大明律。製奕律。吾以為必伝枚皐。郭舎人之流也。乱後踉蹌避兵。猶負一棋局。以往遂死于山中。季重為詩。才情爛熳。無復持択。入鬼入魔。悪道岔出。如天長道中云。地爛無文章。天愚多暗雲。雨泊云。春霖篷翕蝶。江浪柁餐豬。快雨云。荷静香催噎。楼疎気破籠。又如口占云。烏紗実負青紗債。腰痛何如脚痛軽。陳眉公寿詩云。帝欲見公公不見。蒙方求我我何求。中秋示児云。餅欠先誰嚙。瓜円是我期。美人闘草図云。大姨誇十錦。小妹賽三鮮。打臂軽還褪。羞頤罵復前。有所思云。儻得身相近。応憐玉臂多。此皆胡釘鉸張打油之所不為也。季重頗負時名。自建旗鼓鍾譚之外。又一旁派也。余痛加芟薙。仍標挙之如此。

作詩志彀〔補〕

山本北山は、この作詩志彀において、甚だ自信に満ちた発言で、和漢の先人の所論作詩を批難し去っているが、皆が皆、肯綮に当っていたのではない。かえって議論の存するものも多かった。この書の出た翌年、天明四年に佐久間熊水の討作詩志彀が出板された。それは、徂徠・南郭・春台の三人の文字づかいについての北山の批難を反論したものであるが、附録とした杉友子孝の論は、更に北山の文字づかいの誤りを難じ、その詩論にまで及んでいる。志彀を校した雨森牛南は、その翌五年に、詩訟蒲鞭を出板して、討作詩志彀を、かえって攻撃した。天明六年石窓山人何忠順なる人物は、その詩訟蒲鞭を攻撃した、駁詩訟蒲鞭を出している。この書は、以上の三書の説をいちいちに並記して、裁断を下す体裁をとっている。志彀をめぐる論争は、甚だ華やかである。しかしこれらはまだ徂徠学派またはそれに近い立場の人の反論であった。未刊で終った某氏の唾作詩志彀や、後に芸園鉏莠を出板して、北山の作文率・孝経楼詩話を批評した松村九山の、未刊で終ったが天明三年九月の跋を持つ、詞壇骨鯁の如きは、公平な立場をとれる人の著(現に九山は作文志彀をば「有用ノ書」と述べている)であるが、これらの著も、広範囲にわたって、作詩志彀を攻撃している。以上の書は悉く、日本芸林叢書第一巻に収まっているので、いちいちは上げない。その詩論、文章論にわたる例を、一、二、以下にかかげる。問題になっている剽竊擬古について、唾作詩志彀は、換骨奪胎や照応について、北山の見解の甚だ狭いことを述べた末に次の如く云う。

○ 古人ノ語ヲ二字或ハ三字剪リテ使フ、之ヲ造語ト云。其斧鑿ノ痕跡アラハルレバ、乃チ剽竊トナル。七字ノ中、四字或五字剪リ使フト雖モ、痕跡ヲ見ザレバ己レガ語トナル。黄山谷ガ春風春雨花経レ眼、江北江南水拍レ天ト、春風春雨江南江北ハ、詩家常ニ用ユ。杜少陵云、且看欲レ尽花経レ眼。韓昌黎云、海気昏昏水拍レ天。コレ四字ヲ以テ三字ニ合ス。王翰ガ詩ニ、葡萄美酒夜光杯。李青蓮ハ云、葡萄美酒金叵羅。謝処厚ガ詩ニ、牽動長江万里愁ト。王昌齢曰、無レ那金閨万里愁。杜少陵詩ニ、風塵三尺剣、社稷一戎衣。庾信云、永韜三尺剣、長捲一戎衣。又一首剽シ来ルモノアリ。山谷集ニ、草色青青柳色黄、桃花零落杏花香、春風不レ解吹レ愁却、春日偏能惹レ恨長ト。コレ賈至春思ノ詩ナリ。特ニ五字改ムルノミ、然レドモ、コレハ後人ノ準擬スベキコトニ非ズ。只三字ヲ取テ四字ニ合シ、二字ヲ取テ六字ニ合セ、ロニ入テ便チ詩句ト成リ、生硬ニ至ラズ、是ヲ造語ト云。要スルニ詩ヲ誦スルノ多ク、択ブノ精シク、摘用ニ始マリテ、久シテ自ラ肺腑ヨリ出ヅ。縦横出没、用モ亦可ナリ、不用モ亦可ナリ。彼ガ奉ズル所ノ袁石公トイヘドモ、然セザルコト不レ能。袁石公、古荊篇一章ノ内ヲ挙テ之ヲ示サン。紅粉楼中白紵辞ノ句、上四字ハ杜審言ガ語、下三字ハ楽府題ノ字、マタ李白ガ詩中ニ見ユ。俠客飛レ鷹古道傍 袁石公。盧照隣云、挾レ弾飛レ鷹杜陵北。遊人恋恋無二窮已一 袁。張若虚曰、人生代代無二窮已一。梁王台館空山丘 袁公。李白云、楚王台榭空山丘。無三人更哭二西州路一 袁。張藉云、無三人解レ道取二涼州一。今朝失レ勢委二泥礫一 袁。駱賓王云、須臾失レ浪委二泥沙一。已矣哉帰去来 袁。即チ駱賓王ガ句ナリ、君看白雪陽春調 袁。羅洪先云、白雪陽春帰二郢筆一。此ニ由テ之ヲ観レバ古人ノ語ヲ用ユルヲ陳腐トスルニ非ズ、惟其作用如何ト云ノミ。若シ点化シテ天然渾厚シテ、已ヨリ出デバ、鉛モ亦金ト成スベシ。

また問題の李于鱗や蘐園の諸子の詩風について、九山は次の如く述べる。

○ 北山子ノ曰、唐詩選ノ如キ、其選最宜カラズ。于鱗、詩道ヲ知ラズ。已ガ調ニ合モノ而已ヲ取テ、一ツモ作者ノ本色ヲ取ラズ。故ニ選中ノ詩ハ、篇々一律、直ニ于鱗ガ詩ニ似タリ。是故ニ唐詩選ヲ規矩トスル時ハ、終身詩作ニ栖々シテモ、変化ノ妙ヲ得ルコト能ハズト、云云。悪是何ノ言ゾヤ。夫于鱗ガ唐詩ヲ選スル、精ニシテ且厳ナルコト、世人ノ知トコロ、復タ論ヲ容レズ。独リ怪ム于鱗唐詩ヲ識ルコトハ至テ明カニシテ、自運ラストコロハ唐詩ニ同カラズ。唐選ノ詩ハ温厚、于鱗ガ詩ハ峭峻。唐選ハ正大、于鱗ハ鰲牙。唐選ハ慷慨、于鱗ハ豪宕。唐選ハ婉麗、于鱗ハ薄媚。風神音響、何ノ似タル所ゾ。然ルニ北山子同調相似タリト云ハ、善ク唐詩ヲ読マザルノミナラズ、亦于鱗ガ詩ヲ併テ弁ゼズト謂ベシ。于鱗ガ詩ノ善カラザル、唐詩ヲ摸擬剽襲スル故ニアラズ、務テ宋元ノ詩ヲ矯ル故ナリ。世間明詩ヲ好ム者ハ、于鱗ガ詩ヲ李杜及ビ盛唐諸名家ニモ劣ラヌヤウニ以《オモ》ヘルハ、皆此病アルコトヲ知ザル故ナリ。独于鱗ノミニ非、明朝ノ作者多クハ此失アリ。初明ニハスクナシ。李献吉以下皆コレアリ。本邦徠翁ノ詩、大概明調ナリ。過ギテ于鱗ヲ信仰セラレシニ由テナリ。南郭ハ唐詩六七ニシテ、明詩二三、コレヲ行フニ自ノ調ヲ以テス、大東一人ノ大家ナリ。北山子、南郭ノ詩ヲ論ズルコト、于鱗徠翁ニ同ウス。菽麦ヲ弁ゼズト謂ベシ。凡ソ近体ノ詩、唐詩ニ似タルヲ以テ勝レリトス。于鱗ガ詩、唐人ニ及ザル所ハ、其字面ヲ似セ得テ、其気象ヲ得ザレバナリ。詩トイヘドモ、其佳所ハ唐詩ニ似テ、悪キ所ハ唐詩ニ似ズ。北山子、此理ヲ明カニセズ、凡ソ于鱗ガ用ヒ狎タル字面ハ、唐詩ヲ併セテコレヲ廃セント欲ス。譬ヘバ倭歌ヲ学ブニ古ヘ歌人ノ詠ニ出タル詞ヲ廃シテ、新ニ己ガ詞ヲ為ガ如シ。竟ニ降テ俚語ニ変ゼザルモノハアラジ。袁中郎此理ニ達セズ。于鱗ガ一時天下ノ詞宗タルヲ嫉ンデ、務テ其非ヲ斥《サシ》テ、自家ノ風ヲ張ントス。亦是曲レルヲ矯テ、直キニ過グ、其言ニ曰、唐人ノ詩未ダ曾テ六朝ヲ摸セズ。六朝ノ人未ダ曾テ漢魏ヲ摸セズ。漢魏ノ人未ダ曾テ三百篇ヲ摸スルモノアラズ。且唐人ノ中ニモ、太白ハ子美ニ似セズ。子美ハ太白ニ似セズ。王維・岑参・韓退之・白楽天・其他唐三百年間ノ作者、毫末モ人ヲ剽襲スル者ナシ。宋ノ欧陽・東坡ノ才ヲ以テ、唐詩ヲ似セバ、唐人ノ真ニ逼ルホド似ルベケレド、其ヲセズシテ自己真性ノ詩ヲ作ル、コレ其卓乎タル所ナリ。漢魏ノ人モシ三百篇ノ詩ヲ摸作セバ、豈漢魏ノ詩アランヤ。唐ノ諸名家モシ漢魏ノ詩ニ効襲セバ、争カ唐詩ナルモノアラン、今ノ人ニシテ唐詩ヲ蹈襲セバ、則今ノ詩ニアラズ、直ニ唐詩ノ贋物ナリ、大丈夫タルモノ、如何ンゾ己レニ有スル真詩ヲ舎テ、他ノ詩ヲ剽襲摸擬スベキト云々。是レ牽強過激ノ妄言ナリ。夫レ三百篇ノ詩変ジテ騒トナリ、騒変ジテ賦辞、若クハ漢詩トナル。言語相襲テ、体格変出ス、漢ノ四言、甚三百篇ニ似タリ。五言ハ漢ノ創体ニシテ、其格自別ナリ。然レドモ言語蹈襲ハ免レズ。七言モ亦漢ニ創体ス。五言七言皆漢ニ創体シテ、魏晋以下摸擬剽襲セザルハナシ。一代自一代ノ風ヲ成モノハ、世運ノ変遷、漸靡シテ然ラシム、唐ニ至テ近体創リ、六朝ノ浮靡ヲ洗フト雖、字句ノ間其辞ヲ絶棄スルコト能ハズ。却テ祖述剽襲シテ、取テ近体ニ入ルモノ、往々コレアリ、世人ノ知ルトコロナリ。但其詩格一新スルモノハ、別ニ近体ヲ創成スル故ニシテ、譬ヘバ漢詩ノ三百篇ニ同カラザルガ如シ。古今ノ詞華、蓋シ漢ヨリ唐ニ至テ極マル、唐ノ後復タ創体ナキヲ観テ知ベシ。故ニ唐ヨリ以下古体ヲ作ルモノ、漢魏六朝ヲ外ニシテ、別ニ体格ヲ造ラズ。近体ヲ作ル者、唐ノ律絶ヲ改テ、別ニ創体ヲナサズ。皆漢唐ノ体制ニ沿フ時ハ、古今詩ヲ学ブ者コレニ摸倣セザルコト能ハズ。中郎ガ説ニ従ハヾ、其体格ハ古人ニ沿テ、辞ハ自其ノ世ヲ為テ、古ニ倣ハズ。果シテ然ラバ宋人ハ宋ノ時ノ俗語ヲ用ヒ、元明ノ人ハ元明ノ時ノ俗語ヲ用フベシ。然ラバ則倭人ノ詩ハ倭語ヲ用テ必シモ唐宋元明ニ倣コトナカルベシ。只清新ノミヲ事トセバ、風移リ辞変ジテ、至ラザル所ナシ、其辞ノ成リユク末コソ、想像シテ可笑ケレ。同クハ唐ノ体格律絶等ヲ用ヒズシテ、別ニ何トカ云体ヲ創メテ、漢唐ノ人ニ倣摸スルコトナキヤウニシタキ者ナリ。是ゾ真ノ大丈夫ト云ベキカ、斯ル妄論ヲ信用セバ、雑劇優戯ノ新奇ヲ好ンデ、節ナキガ如クナラン、焉ンゾ所謂不朽ナル者アラン。此皆摸擬ヲ悪デ古ニ襲ラザルノ弊ナリ。且ツ夫レ文章ハ気運ニ関ルモノナリ。中郎ガ説ヲ奉ズル輩ハ、明ノ世、衰乱ノ時ニ出テ、我大東昇平ノ世ニ講ズベキ風儀ニアラズ。学者慎デ其ノ説ニ惑ハサルルコト勿レ。今ノ世ニ生レテ、古ノ道ニ反クハ、聖人ノ戒メ玉フ所ナリ。況ヤ言語文辞ノ道ニシテ古ニ法トラズシテ可ナランヤ。務テ摸倣相遵モ、世ハ言ヲ載テ以テ遷ル、古今ノ変遷、奈何トモスベカラズ。予故ニ曰、古体ヲ作テ、漢詩ニ似ザル者ハ、古詩ヲ知ザルモノナリ。近体ヲ作テ、唐詩ニ似ザル者ハ、近体ヲ知ザル者ナリ。凡ソ詩ヲ学ブノ方ハ、只務テ古人ノ詩ヲ誦シテ、其気象ヲ察シ、体格風韻、摸擬倣傚シ、コレヲ習フコト久ウシテ、慣習天性ノ如ク、剽襲ノ跡ナク、摸擬ノ色ナク、俚俗ノ累ナク、奇僻ノ病ナク、高古正大、温厚篤実、忼慨婉麗ナル時ハ、コレヲ古人ノ詩ニ列シテ、羞ル所ナクコレヲ今世ノ作ニ雑ヘテ、一世ニ光栄ス。此ノ如クニシテ功成ルト謂ベシ、袁中郎ガ教ヲ奉ジテ性霊精神ヲ談ズトモ、古人ニ法トルコトヲ為サズシテ、務テ新奇ノミヲ出サバ、日々ニ其ノ俗ニ流レ年々ニ其雅ヲ離レ、竟ニ侏離鴃舌ト為テ、自知ラザル者アラン。哀ムベキカナ、詩ヲ学ブノ徒、古今ノ詩ヲ歴覧シテ熟読玩味シ、研精久キヲ積バ、自ラ予ガ言ノ妄ナラザルヲ知ラン。名利僻陋ノ徒ノ、遽ニ知得ベキ所ニアラズ。

今日から見れば、九山の説必ずしも、全面的に賛成できないとしても、北山の粗な論にくらべて、古典詩としての漢詩については、深い考えと云える。文章については、駁詩訟蒲鞭が、諸説を併記したものを掲げる。

【轂】古河侯邸奉ニ陪主君看ㇾ花、〈春台題引〉主君ハ大夫ヲ称スル辞ニテ、諸侯ニ用ユベキ称辞ニアラズ、云云、

【討】主君、用二之国君一、見二家語及国策史記一、
【鞭】牙卿按ズルニ、主君ヲ大夫ノ称謂ト云コト、熟ク古書ヲ読ザルモノハ疑コトナリ、故ニアラマシコ、ニ弁ズルナリ、先ヅ嬴秦以上ノ書ニテ証スルニ足ルモノハ、左伝昭公二十九年ニ、斉侯使二高張来唁一レ公、称二主君一、子家子曰、斉卑レ君矣、杜注比二公大夫一、云云、是主君ノ称ハ大夫ニ片ヅキタルコト明ナリ、云云、扨テ戦国ノ時、韓趙魏ハ大夫ヨリ起テ諸侯トナルユヱ、称謂制度ノ類、遽カニ更メ改ルコト能ハズ、或ハ大夫ノ称ニヨルコトアリ、秦策ニ魏文侯ヲ主君ト称シ、魏策ニ恵王瑩ヲ主君ト称セル類ナリ、然レドモ主君ハ大夫ノ称ニテ、諸侯ニ用ユルハ有ルマジキコトナルユヱ、趙策ノ注ニ、其故ヲ断リテ、三晋以二大夫一為二諸侯一、故猶仍レ之ト云ヘリ、説苑ニ、仲尼ノ梁君ヲ称セラル、辞ニ、主君トアリ、扨テ此ノ説苑ノ梁ノ字ヲ、家語ニハ宋ノ字ニ書キ誤レリ、宋ハ上公ノ国ナリ、主君ト称スベキ謂レナシ、云云、又韓非子ニ師曠ガ晋ノ平公ニ対ル辞ニ、今主君徳薄不レ足レ聴レ之トアル主君ノ主ノ字ハ、吾ノ字ヲ写《ジ》誤ルナリ、其証ハ、此ノ語ノ前ニ、今吾君徳薄不レ足レ聴トアリテ、語勢全ク同ジ、云云、又礼記ニ、諸侯ノ互ニ聘礼ヲ用ルトキ、主国ノ君ト云コトヲ主君ト書ケルハ別義ナリ、扨此ノ外ニ、斉ノ桓公ヲ主君ト称スルコト見ユ、是レ劉向ガ誤リニテ、証スルニ不レ足、云云、
【駁】是レハ別シテ強拗ノ云ヒワケト云フベシ、魏ノ世家恵王三十一年、秦趙斉共伐レ我、秦得二商君一、詐二我将軍公子卬一、而襲奪二其軍一破レ之、秦用二商君一、東地至レ河、而斉趙数破レ我、安邑近レ秦、於レ此徙二治大梁一トアリ、是レ孔子卒而百四十余年後ノコトニテ、此レヨリ後、魏ヲ梁ト云フナリ、故ニ春台先生、家語ヲ考訂シテ、説苑宋作レ梁非也ト云ハレタルモ、詳カニ吟味ノ上ナリ、然ルヲ彼レ先キニハ劉向ハ取ルニ不レ足ト云ヒ此ニハ家語ハ非ニシテ劉向是ト云、トカク彼輩ノ学文ハ、己ガ勝手ノワルキ処ハ、皆古人ノ誤リト云テノケルコトト聞ユ、又春秋僖十九年梁亡トアルカラハ、魏以前ノ梁君ト云ヒヌケモナルマジ、彼輩ハ人ヲ非ルガ学文ト心得タルヤ、悪キ人ガラナリ、韓詩外伝、楚成王読二書於殿上一、而輪扁在レ下作而問曰、不レ審主君所レ読何書也トアリ、ソノウヘ隋楊素略レ地至二湘州一、城中将士刻レ日請レ降、叔慎置酒会二僚吏一、酒酣歎曰、君臣之義尽二於此一乎、長史謝基伏而流涕起曰、主辱臣死、主君独非二陳国之臣一乎、今天下有レ難、致レ命之秋也トアレバ、後世ニモ諸侯ニ主君ト用ヒタルコトナリ、是ヲ以テ一定ナラザルコト知ルベシ、尤モ主君ト称スルコトハ、大夫ノ称号ニバカリカギリタルコトニアラザルコトハ、諸書ノ同異、討作詩志彀ノ附録ニ、詳カニ弁ゼラレタリ、彼ノ徒此レヲ省ヒテノセズ、己レガ勝手ヨキ処ヲ引キ出シ、先賢ヲ誹謗シ、己ガ名聞ニナサントスルハ、讒慝ノ甚キ、誰レカ忍ブベケン。

互に博引傍証で大いにつとめているのが面白い。今一つかかげる。

【彀】大垣ノ北村抱節嘗学二於余一、又与レ余同好レ音、不幸早世、遺言帰二余於其所レ吹之笛一、故作レ此以哀〈春台題引〉コレ本邦ニ言ヒ忸レタル遺言ト云コトヲ知テ、夏邦古文ノ遺言ト云コトヲ知ラザルナリ、凡ソ遺言ト云トキハ、遺言シタ辞ナクテハカナワズ、遺命ノ字ニ換ベシト、云云、
【討】不二是会一レ読レ書、妄施二旁注一之誤也、遺言帰二余於其所レ吹之笛一、施二旁注一者如レ此、帰余以下其辞昭昭、
【鞭】牙卿按ズルニ、彼書ノ文章不レ成《スルナラ》レ語云云、先ヅ不三是会レ読レ書ノ是ノ字倒錯セリ、此レニテハ不二是会一読《ムコトヲ》レ書トヨリ、外ニハ不レ読、不是ハ俗語ニテ、正文ノ中ヘハ下ダサレズ、是レ第一ノ文盲ナリト、云云、
【駁】是レハ例ノ己レ不レ知シテ妄言人ヲ誹ルナリ、斉世家不二是報一、不二復渉一レ河ト書キ、又国語、国馬足二以行一レ軍、公馬足二以称一レ賦、不二是過一也、其他家語等ノ書往々ニ見ユ、ソレニテモ俗語ニテ正文ニ下ダサレザルヤ、近クハ是以以是同用スルノ類、誰為ヲ為誰ト用ユルノ類モアリテ、一概ノ説ヲ不レ可レ成、文章ノコトハ、トカク古人ノ用ヒタル例ニ従テ用ルコト肝要ナリ、彼輩ノ文章ト唱ルヤウニ、一句二句ヅ、拾ヒ集メ、意ニマカセテ造語シ、法モ度モナクシテ、文ト可レ云モノナラバ、文章ハ余リ心易キモノナラズヤ、其軽脱ノ心ヨリ、考モナシニ人ヲ誹ルハ、量ヲ不レ知ノ甚キ、サリトハ悪キ人ガラナリ、
【鞭】又帰余以下抱節ガ遺言ノ辞ナリト云ハル、果シテ然ラバ、帰余ノ余ノ字、抱節自ラ斥スニアラザレバ、語ヲナサズ、且ツ其ノ字モ落着セズ、
【駁】是レハ余ノ字、春台ヨリ云ナリ、北村氏ノ集ニアルコトナラバ、彼レガ云フヤフニモアルベシ、春台ノ集中ニアル語ヲ、抱節ガ自斥トハ、何トウロタヘテ云フコトゾ、何ノコトモナク此笛ハ余ニオクレト云ヒヲカレタルト云フコト明白ナルヲ、読ミソコネテ、又其上ノ非ヲ文ザラントニヤ。

その他はいちいちに注にも指摘出来なかったので、見出しの各条で、論のかわされたものの有無を表で示しておくこととする。

	討作詩志轂	同附録	詩訟蒲鞭	駁詩訟蒲鞭	唾作詩志轂	詞壇骨鯁
序		○				
仄起平起						○
起承転合					○	○
律						
拗体		○				
排律		○				○
絶句		○				○
聯句						
詩余		○				
押韻		○				○
格調		○			○	
剽襲詩十首		○				○
性霊		○				
清新詩十五首		○			○	
天門中断		○				
絶句解		○			○	○
蘭陵美酒					○	
徂徠詩誤		○				
唐詩帰	○	○			○	○
瀟湘何事		○				○
宮女如花					○	
懐中白璧						
諸家本集		○				
唐詩選		○				○
秋浦歌		○				
洛陽道		○			○	
秦時明月		○			○	
已見寒梅発		○			○	
漢国山河在		○				
滄浪詩話		○				
三家詩話		○				
徂徠不知詩道		○			○	
体裁						
含畜発露		○				
言志詩		○				
老杜詩						
三家絶句						
春台南溟命題…					○	
(題画…)	○	○	○	○		
(古河…)	○	○	○	○	○	
(擲筆…)	○	○	○	○	○	
(北村…)	○		○	○	○	
(卒然…)						
(牀頭…)						
(初夏…)						
(応河県尹…)						
(送別…)						
(歓和…)						
(初春…)						
列朝詩集					○	
擬議成変化		○				
元美定論						
世論不知識袁						
佳詩暗合		○				
中郎集						
絶句解拾遺						
幸不幸						
弇園泌園						
詩変総論						
徂徠文章謬誤						
(余五十…)	○		○	○		
(期与…)	○		○	○	○	
(鎮西…)	○		○			
(是日…)	○	○	○			
(城西…)						
(一瓢老人…)	○		○	○		

(西繳…)	○	○	○	○		
(野撝謙…)			○	○	○	
南郭文章謬誤						
(薩人…)	○	○	○	○	○	
(奉酬…)	○	○	○	○		
(伝通院…)	○	○	○	○		
(九日…)	○	○	○	○	○	
(嘗欣…)		○				
(執筆…)	○	○	○	○		
南郭詩誤						
(出門…)	○	○	○	○	○	
(望芙蓉)	○	○	○	○		
(入京…)	○					
(晩発…)	○		○	○		
(長安…)	○		○	○		
(早春…)	○	○	○	○		
跋		○			○	

淡窓詩話

一 **使門生談話**(三五四頁)　六橋記聞、七に「大人毎夜使三諸生侍話一。為三之品目一曰。談渉三文学一。揚三推古今一者。為三上等一。唯談三世事一。使三人解レ頤。為三中等一。不レ言不レ笑。如三木偶人一。為三下等一。就レ耳私語。喃々難レ弁。為三下下等一」とある。

二 **陶・王・孟・韋・柳**(三五六頁)　淡窓の聞書の燈下記聞、二に「陶詩旨趣平淡、而声調瀏喨、朱子評曰、詩健而意閑、意閑即旨之平淡也、詩健即調之瀏喨也、楽天安命、所三以平淡一也、英気存レ中、所三以瀏喨一也、凡詩在三色与レ声、其色淡者、其声宜レ颺、如三淵明・浩然一是也、其声和者、其色宜レ濃、如三摩詰・蘇州一是也」とある。また同じく聞書の六橋記聞、一〇に「予於三古賢之詩一、無レ所レ不レ愛、而其所三最喜一者七、曰、陶也、王也、杜也、韋・柳也、蘇・陸也、陶賢レ謝、王勝レ孟、李与レ杜、韓与レ蘇、白与レ陸、才力相敵、而我性所レ近、乃在レ此也」とも見える。ただし、陶は勿論、「清淡之宗」で、「詩家視三淵明一、猶三孔門視三伯夷一也」(西清詩話)と云われる人、同じ傾向をもって、王・孟・韋・柳の称は、随園詩話、二などにも、王漁洋を評して、「為三王孟韋柳一則有レ余、為三李杜韓蘇一則不足也」と用いている。また沈徳潜の説詩晬語、上に「陶詩。胸次浩然。其中有三一段淵深樸茂。不レ可レ到処一。唐人祖述者。王右丞有三其清腴一。孟山人有三其閒遠一。儲太祝有三其朴実一。韋左司有三其沖和一。柳儀曹有三其峻潔一。皆学焉而得三其性之所レ近」とある。

三 **高妙ナル…**(三五七頁)　六橋記聞、九に「淵明之詩、極有三利鈍一、読者概賛三高妙一、亦吠レ虚已、昭明文選取下其華贍近三時体一者上、殊非三本色一、滄溟詩刪所レ収、較為三具眼一、集中大作、如三帰田園五首、読山海経十三首一、真絶唱也、擬古九首次レ之、飲二十首成三於漫興一、不三太雕琢一、古人賞レ焉、取三其趣一爾、太抵辞粋調暢、皆着レ力者、辞雑調渋、皆草草作也、人見三其平淡一、概謂レ不レ用レ意、大誤」とある。陶詩の称すべきものは、六橋記聞、七に「陶詩評語二十三章」があって、いちいち詩をあげ、評を下してある。

四 **其四言ハ…**(三五七頁)　陶靖節集の四言詩の条に「劉後村曰、四言自三

曹氏父子・王仲宣・陸士衡一後、惟陶公最高・停雲・栄木等篇、殆突二過建安一矣、又曰、四言尤難、以三三百五篇(詩経)在レ前也」とある。

五　**平淡**(三五八頁)　陶詩に平淡の評を下したのは朱子で、陶靖節集(和刻による。以下同じ)の総論に「朱晦庵曰、陶淵明詩平淡、出二於自然一、後人学二他平淡一、便相去遠矣、某後生見下人倣二得詩一好上、鋭レ意要レ学、遂将二淵明詩一、平反用レ字、一一依レ他倣、到二一月後一、便解二自倣一、不レ要二他本子一、方得二作レ詩之法一」とある。

六　**「詩健而意閒」**(三五八頁)　陶靖節集の総論に「朱晦庵又曰、韋蘇州詩、直是自在、其気象近レ道、陶却是有レ力、但詩健而意閒、隠者多是帯性負気之人為レ之、陶欲レ有レ為而不レ能者也、又好レ名、韋則自在」とある。

七　**其句ハ…**(三五九頁)　六橋記聞、四に「王右丞韋蘇州詩、皆自二淵明一来、采レ菊東籬下(淵明の「飲酒」の其五中の句)、曖々遠人邨(淵明の「帰園田居」の其一の中の句)、王所二淵源一也、孟夏草木長(淵明の「読山海経」の其一の中の句)、韋所二祖述一也」。また下巻(三九三頁)を参照。

八　**「穿レ花…」**(三五九頁)　杜甫の「曲江二首」の二「朝回日日典二春衣一、毎日江頭尽レ酔帰、酒債尋常行処有、人生七十古来稀、穿レ花蛺蝶深深見、点レ水蜻蜓款款飛、伝二語風光一共流転、暫時相賞莫二相違一」。

九　**「漠々…」**(三五九頁)　「積雨輞川荘作」の詩は「積雨空林煙火遅、蒸藜炊レ黍餉二東菑一、漠漠水田飛二白鷺一、陰陰夏木囀二黄鸝一(唐王右丞詩集の評に「自然如画」)、山中習静観二朝槿一、松下清斎折二露葵一、野老与レ人争レ席罷、海鷗何事更相疑」。詩人玉屑なども、引用の二句の、物を写して巧みと評している(中国詩人選集、王維、一四一頁に、これについての諸家の評を集めているを参照)。

一〇　**「返照…」**(三五九頁)　「返照」の詩は「楚王宮北正黄昏、白帝城西過二雨痕一、返照入レ江翻二石壁一、帰雲擁レ樹失二山村一、衰年肺病惟高レ枕、絶塞愁レ時早閉レ門、不レ可二久留一豺処乱、南方実有二未レ招魂一」。

一一　**「雲裡…」**(三五九頁)　「奉和下聖製従二蓬萊一向二興慶閣一道中留レ春雨中春望之作上応レ制」の詩は「渭水自縈二秦塞一曲、黄山旧遶二漢宮一斜、鑾輿迥出仙門柳、閣道迴看上苑花、雲裏帝城双鳳闕、雨中春樹万人家、家為乗二陽気一行二時令一、不三是宸遊重二物華一」。唐王右丞詩集(和刻本)の評に「結帰二雅正一、有二回護一、温麗自然景象如レ画」とある。

一二　**清人ニ…**(三六〇頁)　徐而庵詩話(螢雪軒双書、六所収による)に「詩総不レ離レ才也。有二天才一。有二地才一。有二人才一。吾於二天才一得二李太白一。於二地才一得二杜子美一。於二人才一得二王摩詰一。太白以二気韻一勝。子美以二格律一勝。摩詰以二理趣一勝。太白千秋逸調。子美一代規模。摩詰精二大雄氏之学一。篇章字句。皆合二聖教一。今之有レ才者。輒宗二太白一。喜二格律一者。輒師二子美一。至レ于二摩詰一而人鮮レ有下窺二其際一者上。以三世無二学レ道人一故也。合二三人之所レ長而為レ詩。庶幾其無レ愧レ于二風雅之道一矣(下略)」。

一三　**其才力…**(三六〇頁)　六橋記聞、九に「詩家称二沖澹清曠一者、必曰二王孟一、摩詰才秀、其詩精工緻密、能使三李王有二怯色一、特遜二其大一耳、孟之才具、遠輸二于王一、然清爽高古、有二天然興致一、故得二与レ王並称一耳。二皆皆以二近体一勝、古詩過二乎軽俊一、不二韋柳之古拙一也」。漁洋詩話に「汪鈍翁問レ余、王孟斉レ名、何以孟不レ及レ王、余曰、孟達味之未レ能レ免レ俗耳、汪深歎其言」。

一四　**陶ニ本ケリ**(三六〇頁)　以下に淡窓の指摘する所があるが、須渓先生校本韋蘇州集(宝永三年和刻刊)を見るに、巻一「效陶彭沢」「擬古詩十二首」「与二友生一野飲、效二陶体一」など、題が同じであったり、陶体にわざわざ倣った作がある。同書に附した何湛之の「陶韋令刻跋」に「唐刺史(韋応物)作不レ斷二情理一、少渉二濃郁一、未下必与二処士(陶淵明)一雁行上、乃效レ陶諸作可レ称二速肖一、蓋似者其摸倣之工、不二尽似一者、則時尚所レ移也、雖レ然曠代希声、寥々寡レ和、若二刺史一者、亦処士之後一人也」とある。また詩林広記、一に東坡の言を引いて、「韋蘇州答二長安丞裴棁一詩云、采レ菊露未レ晞、挙レ頭見二秋山一、乃真得二淵明詩意一」とある。

一五　**六朝ノ遺音…**(三六〇頁)　韋蘇州の詩を六朝の風を伝えるとするものに、呂氏童蒙訓がある。詩人玉屑、一五から引用する。「徐師川云、人言、蘇州詩多言二其古談一、乃是不レ知レ言、蘇州詩、自二李杜一以来、古人詩法尽廃、蘇州有二六朝風致一、最為二流麗一」。

一六　**盛唐・中唐**(三六〇頁)　唐詩品彙、総叙に、次の如くある。有唐三百年詩。衆体備矣。故有二往体近体長短篇。五七言律句絶句等製一。莫レ不下興二於始一。成二於中一。流二於変一。而陊中之於終上。至二於声律興象。文詞理致一。各有二品格高下之不同一。略而言レ之。則有二初唐盛唐。中唐晩唐之不同一。詳而分レ之。貞観永徽之時。虞魏諸公稍離二旧習一。王楊盧駱因加㆓美麗㆒。劉希夷有㆓閨帷之作㆒。上官儀有㆓婉媚之体㆒。此初唐之始製也。神竜以還泊㆓開元初㆒。陳子昂古風雅正。李巨山文章宿老。沈宋之新声。蘇張之大手筆。此初唐之漸㆑盛也。開元天宝間。則有㆓李翰林之飄逸。杜工部之沈鬱。孟襄陽之清雅。王右丞之精緻。儲光羲之真率。王昌齢之声俊。高適岑参之悲壮。李頎常建之超凡㆒。此盛唐之盛者也。大暦貞元中。則有㆓韋蘇州之雅澹。劉随州之閑曠。銭郎之清贍。皇甫之沖秀。秦公緒之山林。李従一之台閣㆒。此中唐之再盛也。下暨㆓元和之際㆒。則有㆘柳愚谿之超然復㆑古。韓昌黎之博㆓大其詞㆒。張王楽府得㆓其故実㆒。元白序事務在㆓分明㆒。与㆗夫李賀盧仝之鬼怪。孟郊賈島之饑寒㆖。此晩唐之変也。降而開成以後。則有㆓杜牧之之豪縦。温飛卿之綺靡。李義山之隠僻。許用晦之偶対㆒。他若㆓劉滄馬戴李頻李羣玉輩㆒。尚能黽㆓勉気格㆒。将㆑邁㆓時流㆒。此晩唐変態之極。而遺風余韻。猶有㆓存者㆒焉。

一七　**陶・韋並ビ称スルコト、白香山ニ**…(三六一頁)　甌北詩話(文政十一年和刻本)、一一に「其後白香山、又宗㆓陶韋㆒、有㆑詩云、時時自吟咏、罷有㆓所思㆒、蘇州及彭沢、与㆑我不㆑同㆑時、又云、嘗愛陶彭沢、文思何高元、又怪韋蘇州、詩情亦清閑、是香山、亦已推㆓韋詩㆒、以比㆓彭沢㆒(下略)」。

一八　**韋・柳並ビ称スルハ、蘇東坡ニ**…(三六一頁)　詩林広記、五に「蘇東坡云、李杜之後、詩人継出、雖㆑有㆓遠韻㆒、而才不㆑逮、独韋応物・柳子厚・発㆓穠繊於簡古㆒、寄㆓至味於淡伯㆒、非㆓余子所㆑及也」とある。甌北詩話、一一に「曾李貍艇斎詩話謂、前人論㆑詩、不㆑知㆑有㆓韋蘇州㆒、至㆓東坡㆒而後、発㆓此秘㆒、遂以配㆓陶淵明㆒云」とある。麓堂詩話などにも三家の詩の批較評がある。

一九　**沖澹間遠**(三六一頁)　陶詩については、陶靖節集、総論の、楊亀山の語録に「沖澹深粋」、朱子の語録に「蕭散沖澹之趣」、同書の詩評の中に「湯東澗曰、間詠以帰、我愛㆓其静㆒(下略)」、「定斎曰…終篇寓㆑意高遠(下略)」とあると見える。韋詩については、詩人玉屑、一五に、白楽天の語「高雅閑澹」とある。

二〇　**枯槁**(三六一頁)　陶靖節集、総論に「東坡曰。所㆑貴㆓於枯淡㆒者。謂㆓外枯而中膏。似㆑淡而実美㆒。淵明子厚之流是也。若中辺皆枯。亦何足㆑道。仏言譬如㆑食㆑蜜。中辺皆甜。人食㆓五味㆒知㆓其甘苦㆒。皆是能。分㆓別其中辺㆒者。百無㆑一也」(詩人玉屑、一五にも)とある。

二一　**王・韋並ビ称スル**…(三六一頁)　歳寒堂詩話に「韋蘇州詩、韻高而気清、王右丞詩、格老而味長、雖㆑称㆓五言之宗匠㆒、然互有㆓得失㆒、不㆑無㆓優劣㆒、以㆓体韻㆒観㆑之、右丞詩、格老而味遠、不㆑逮㆓蘇州㆒、至㆘於詞不㆓迫切㆒、而味甚長㆖、雖㆓韋蘇州㆒亦不㆑可㆑及也」とある。その他一条がある。

二二　**韓ガ上ニ**…(三六二頁)　詩林広記、五に「劉後村云、子厚才高、他文惟韓(韓愈)可㆑対㆑塁、古律詩精妙、韓不㆑及也」。歳寒堂詩話に「柳柳州詩。字字如㆓珠玉㆒。精則精矣。然不㆑若㆓退之変態百出㆒也。使㆔退之収斂而為㆓子厚㆒。則易。使㆔子厚開拓而為㆓退之㆒。則難矣。意味可㆑学。而才気則不㆑可㆑強也」と、反対の説もある。

二三　**韋・柳**(三六二頁)　補注一八に既出の詩林広記、五の文中、簡古は次の文の古詩に長ずるにあたり、淡伯は沖澹に相当する。また、この東坡の言は詩人玉屑にも引かれ、司空図の言を引いて、「梅止㆓於酸㆒、塩止㆓於鹹㆒、飲食不㆑可㆑無㆓塩梅㆒、而其美常在㆓於酸鹹之外㆒、可㆓以一唱而三歎㆒也、子厚詩在㆓陶淵明下韋蘇州上㆒、退之豪放奇険則過㆑之、而温麗靖深不㆑及也」とある。また、同書「休斎評子厚詩」を引く中、「尤得㆓古詩体㆒也」とある。また、和刻の滄浪詩話に附した「答㆓出継叔臨安呉景仙㆒書」にも「若㆓柳子厚五言古詩㆒、尚在㆓韋蘇州之上㆒」と見える。次に云う「往々之ヲ柳ヨリ勝レリトス」の例は未詳。

二四　**韋ガ詩ハ**…(三六二頁)　詩林広記、四に「劉後村云、韋蘇州詩律深妙、流㆓出肝肺㆒、非㆓学力所㆑可㆑到也」。次に云う「温厚和平ノ旨」とは、詩の教えにかなうの意であって、朱子の評にも「其詩無㆓一字做作㆒、直是自在、其気象近㆑道、意常愛㆑之」とある。伊藤東涯著、読詩要領に「詩経はこの二の義(書経や論語孟子の君道師道の義)にあらず、…これをよむものは諷誦吟詠して、人情物態を考へ、温厚和平の趣を得べきなり」。

二五　**田文ガ呉起ニ**…(三六二頁)　史記、六五の呉起の伝に見える話。魏の武侯が呉起を西河守にして、声名があったが、宰相を田文にしたので、呉起不㆑悦。謂㆓田文㆒曰。請与㆑子論㆑功。可乎。田文曰。可。起曰。将㆓三軍㆒。使㆓士卒楽㆑死。敵国不㆓敢謀㆒。子孰㆑与㆑起。文曰。不㆑如㆑子。起曰。治㆓百官㆒。親㆓万民㆒。実㆓府庫㆒。子孰㆑与㆑起。文曰。不㆑如㆑子。起曰。守㆓西河㆒。而秦兵不㆑敢㆓東郷㆒。韓趙賓従。子孰㆑与㆑起。文曰。不㆑如㆑子。

起曰。此子三者皆出㆓吾下㆒。而位加㆓吾上㆒。何也。文曰。主少国疑。大臣未㆑附。百姓不㆑信。方是之時。属㆓之於㆑子乎。属㆓之於㆑我乎。起黙然良久曰。属㆓之子㆒矣。文曰。此乃吾所㆔以居㆓子之上㆒也。呉起乃自知㆑弗㆑如㆓田文㆒。

二六 「学㆑詩…」(三六二頁)　陶靖節集、総論に「朱文公語録曰。作㆑詩須㆘従㆓陶柳門(詩林広記は「庭」)中㆒来㆖乃佳。不㆑如㆑是無㆔以発㆓蕭散沖澹之趣㆒。不㆑免㆓於局促塵埃㆒。無㆔由到㆓古人佳処㆒」とある。

二七 **趙甌北ノ説**(三六三頁)　甌北詩話、八に「惟高青邱、才気超邁、音節響亮、宗㆓派唐人㆒、而自出㆓新意㆒、一渉㆑筆、即有㆓博大昌明気象㆒、亦関㆓有明一代文運㆒、論者推為㆓開国詩人第一㆒、信不㆑虚也」。

二八 **純粋中正**(三六三頁)　ここは次にある如く、色色の主張に片よらない意であるが、その詩の性質からも適正を保っていたことは、甌北詩話に「観㆓唐以来詩家㆒、有㆓力厚而太過者㆒、有㆓気弱而不㆑及者㆒、惟青邱適得㆓詩境中恰好地歩㆒、固不㆘必不破天驚以㆓奇傑㆒取㆖㆑勝也」と見える。

二九 **明人ノ詩ハ…**(三六三頁)　随園詩話、一に、次の如く見える。
○前明門戸之習、不㆑止㆓朝廷㆒也、於㆑詩亦然、当㆓其盛時㆒、高・楊・張・徐各自成㆑家、毫無㆓門戸㆒、一伝而為㆓七子㆒、再伝而為㆓鍾譚㆒、為㆓公安㆒、又再伝而為㆓虞山㆒、率皆攻排詆呵、自樹㆓一幟㆒、殊可㆑笑也、凡人各有㆓得㆑力処㆒、各有㆓乖謬処㆒、総要平心静気、存㆓其是㆒、而去㆓其非㆒、試思七子鍾譚、若無㆓当日之盛名㆒、則虞山選㆓列朝詩㆒時、方将捜㆓索於荒村寂寞之郷㆒、得㆓半句片言㆒、以伝㆓其人㆒矣、敵必当㆑王、射先中㆑馬、皆好名者之累也。

三〇 **七古・七律**(三六三頁)　甌北詩話も、青邱の李白を学んだことを云い、七古の例を上げて、「置㆓之青蓮(李白)集中㆒、雖㆓明眼者㆒、亦難㆓別択㆒」とあり、五古についても、李白をよく学んで、古詩の正体を得ていると述べている。

三一 **論㆑詩詩**(三六三頁)　遠思楼詩鈔(初篇)、上に「論㆑詩、贈㆓小関長卿・中島子玉㆒」と題して、
○歌詩写㆓情性㆒。実随㆓民俗㆒移。風雅非㆓一体㆒。古今固多岐。作家達㆓時変㆒。沿革互有㆑之。苟存㆓敦厚旨㆒。風教可㆓維持㆒。昔当㆓室町氏㆒。礼楽属㆓禅緇㆒。江都開㆓昭運㆒。数公建㆓堂基㆒。気初除㆓蔬筍㆒。舌漸滌㆓侏偽㆒。猶是螺蛤味。難㆑比㆓宗廟犠㆒。正享多㆓大家㆒。森森列㆓鼓旗㆒。優㆓游両漢域㆒。出㆓入三唐籬㆒。格調務摹倣。性霊却蔽虧。里矉自謂㆑美。本非㆓傾国姿㆒。天明又一変。趙宋奉為㆑師。風塵払㆓陳語㆒。花草抽㆓新思㆒。雖㆑裁㆓敖辟志㆒。転習㆓淫哇辞㆒。楚斉交失矣。誰識㆓烏雄雌㆒。寄㆑言関及島。更張良在㆑玆。鶏口与㆓牛後㆒。趨舎君自知。我亦丈夫也。李杜彼為㆑誰。誰明㆓六義要㆒。以起㆓一時衰㆒。
の詩がある。小関・中島は共に門人。中島子玉は、名大賚、字子玉、号米華。豊後の人、淡窓門から昌平黌に入り古賀侗庵に学び、佐伯藩儒となった。天保五年(一八三四)没、三十六(六橋記聞、六・淡窓文稿拾遺などに伝が見える)。小関長卿は、名は亮、字長卿、号穀城。豊後日田の人で、後に加峯氏に入り、秋月侯に仕えた。

三二 **人心不㆑同若㆓其面㆒**(三六三頁)　左伝の襄公三十一年の条に「人心之不㆑同、如㆓其面㆒焉、吾豈肯謂㆔子面如㆓吾面㆒乎」とあって、人心のさまざまなことを云う諺であるが、詩学源流に「詩者。原㆓於徳性㆒。発㆓於才情㆒。心声不㆑同。有㆑如㆓其面㆒。故法度可㆑学而神意不㆑可㆑学。是以太白自有㆓太白之詩㆒。子美自有㆓子美之詩㆒。昌黎自有㆓昌黎之詩㆒。其他如㆓陳子昂。王摩詰。高岑賈許。姚鄭張孟之徒㆒。亦皆各自為㆑体。不㆑可㆓強而同㆒也」とある。また、袁中郎が、擬古を排して、性霊清新の説を唱えた時に、「我面不㆑能㆑同㆓君面㆒、而況古人之面貌乎」(与丘長孺の尺牘)など用いてから、詩を論ずるに用い、日本でも摸擬を排する人人の合言葉となった。ただし、蘐園の人も別の意で用いている。

三三 **性情ヲ主トシテ…**(三六四頁)　随園詩話、三に、次の如くある。
○千古善言㆑詩者。莫㆑如㆓虞舜㆒。教㆓夔典㆑楽曰、詩言㆑志。言㆔詩之必本㆓乎性情㆒也。曰㆓歌永㆑言。言㆔歌之不㆑離㆓乎本旨㆒也。曰㆓声依㆑永。言㆔声韻之貴㆓悠長㆒也。曰㆓律和㆑声。言㆔音之貴㆓均調㆒也。知㆓是四者㆒。于㆓詩之道㆒尽㆑之矣。
もっとも、既に論者の云う如く、この詩話の著者袁枚は、性霊派で、「須知有㆓性情㆒便有㆓格律㆒。格律不㆑在㆓性情外㆒」(随園詩話、一)と云う人であるが、引用の文などを、参考にして、淡窓は自分の思う所を定めたのであろう。次の唐宋明の時代の詩風にこだわらぬ所も亦、随園詩話の、詩分㆓唐宋㆒。至㆑今人猶恪守。不㆑知㆓詩者人之性情。唐宋者帝王之国号㆒。

人之性情豈因二国号一而転移哉。と云う所などと似ている。

三四　**虚ヲ以テ…**（三六九頁）　この詩は古詩であるが、三浦梅園著、詩轍、四の律詩の虚実を云うが参考になろう。

律ハ句法対法ニ拘ハラレ、情離レ離レニナリ易キ程ニ、首尾貫通他体ヨリ難シ、又其雑ル者ハ、前虚後実ヲ正トス、其故ハ、前虚シテ後実スレバ、後重リシテ詩ニ力アリ、太中以後多二此体一、至レ今宗二唐詩一者尚レ之トアリ、太中ハ宣宗ノ年号ニシテ晩唐也、後虚スル者、弱ニ流レ易シ、故ニ唐人此体最少、…。

三五　**幽居**（三六九頁）　六橋記聞、五に「蘇州幽居　起句言尽二情理一。全篇天工自然。無二一字造作一。所二以陶韋並称一。〇春草生。言レ稀二人迹一。鳥雀鳴。言レ無二車馬之声一。極写出二幽字一」。

三六　**春夜喜レ雨**（三七〇頁）　唐宋詩醇、一五のこの詩の評に「近人評二此詩一云。写得脈脈綿綿。於二造化発生之機一。最為二密切一。是已然非二有レ意為一レ之。蓋其胸次自然流出。而意已潜会。所謂不レ渉二理路一。不レ落二言詮一者。如レ此。若有レ意效レ之。即訓詁耳。（下略）」とある。以下の評は、これによったものである。

三七　**斧鑿ノ痕**（三七一頁）　唐詩別裁集の孟浩然の五律の条に「孟詩勝レ人処、毎無レ意求レ工、而清超越俗、正復出二人意表一。〇清浅語、誦レ之自有二泉流石上、風来松下之音一」とある。

三八　**昔人已…**（三七二頁）　唐詩選や唐詩正声は、この「黄鶴」が、「白雲」となっているが、唐詩順解には「昔人已乗二黄鶴一去」とあって、注に「黄鶴諸本作二白雲一非」とする。市河寛斎の談唐詩選には、唐詩選所収の詩を、諸本所収のものと比較する条で、「崔顥ガ乗二白雲一去ヲ、乗二黄鶴一去ニ作ルモ亦好シ」と云う。淡窓の宜園の人人は「黄鶴」の方をよしとしたのであろう。

三九　**楊白花**（三七二頁）　柳河東集（和刻本による）の注に「南史、魏楊白花容貌瓌偉、胡大后逼幸レ之、白花懼レ禍奔レ梁、太后追思不レ已、為作二楊白花歌一、使二宮人昼夜連レ臂蹋レ蹄歌一レ之、声甚悽断」と。その評に「子厚楽府小曲、如二楊白花一似レ得二太白遺韻一、許彦周曰、言婉而情深、古今絶唱（下略）」とある。

四〇　**韋員外家花樹歌**（三七三頁）　六橋記聞、五に「岑参韋員外家花樹歌、短古正格。前写二感慨一。後入二歓楽一。便非二凡手一」。

四一　**「孔雀東南飛」**（三七三頁）　「孔雀東南飛、五里一裴徊」に起って、全部一七四五字の長編。玉台新詠、一・楽府詩集、七三・古詩源などに所収。淡窓と説が違っている蘐園派に属する。林東溟の諸体詩則は、「十九首、孔雀東南飛、不レ可レ不レ読」として、胡応麟の説を引くに、「古詩短体、如二十九首一、長篇、如二孔雀東南飛一、皆不レ仮二彫琢一、工極二天然一、百代而下当レ無二継者一」（詩藪内編、一）とある。

四二　**北征**（三七三頁）　「皇帝二載秋、閏八月初吉」に始まる一四〇句の長篇。沈徳潜の杜詩偶評の評に「漢魏以来、未レ有二此格一、少陵特為二開出一、公之忠愛謀略具見、詩史詩聖、応下以二此等一目上レ之」。唐宋詩醇の引く評の一に「李因篤曰、其才則海涵地負、其力則排レ山倒レ岳、有二極尊厳処一、有二極瑣細処一、繁則如二千門万戸之象一、簡則有二急弦促柱之悲一、元河南謂、其具二一代之興亡一、与二風・雅・頌一、相表裏、可謂知言」。

四三　**「憶昔洛陽董糟邱」**（三七三頁）　この詩は六二句の長篇。唐宋詩醇の引くこの詩の評にも「唐汝詢曰、此篇叙事四転、語如二貫珠一、又非二初唐牽合之比一、長篇当三以レ此為二レ法」とある。

四四　**「将軍魏武之子孫」**（三七三頁）　四〇句の長篇。杜詩偶評に「画レ人画レ馬、賓主相形、縦横跌宕、此種篇法、得二之於心一、応二之於手一、化工而無二人力観止一矣」とある。

四五　**必ズ対句ヲ用ユ**（三七四頁）　相似たことが、滄浪詩話の評にも見える。〇杜詩「五雲高太甲、六月曠二搏扶一」、太甲之義、殆不レ可レ暁、得レ非レ高二太乙一耶、乙与レ甲蓋亦相近、以レ星対レ風亦従二其類一也、至二於杳杳東山携二漢妓一、亦無二義理一、疑是携レ妓去、蓋子美毎於二絶句一、喜二対偶一耳、臆度如レ此、更俟二宏識一。

四六　**歌行**（三七四頁）　諸体詩則、下に「按七言古詩、七言長短詩、槩曰二歌行一、歌者曲調之総名、行者歌中之一体、唐人主二燕歌・白紵・行路難諸作一、而盛為二此体裁一、蓋七言其由来遠矣、南風撃壌興二於三代之前一、白石易水作二於春秋戦国之世一、而篇什之盛、無レ如二騒之九歌一、漢則柏梁四愁、皆七言詩所二由始一也」と説明する。

四七　**宋人撃節シタリ**（三七四頁）　この宋人未詳。明の胡応麟の詩藪、五に、唐の五言の対起のことを述べ、その一例にこの起句をもあげ、「対偶未二嘗不レ精、而縦横変幻、尽越二陳規一濃淡浅深、動奪二天巧一、百代而下、当レ無二復継一」と云う。

四八　明人…(三七四頁)　この明人未詳。ただし明の胡応麟の詩藪、五に「対起則杜之、風急天高猿嘯哀、渚清沙白鳥飛廻、実為二妙絶一」と見える。

四九　「朝露…」(三七四頁)　「不致仕」の詩は、次の如くである。
七十而致仕、礼法有二明文一、何乃貪レ栄者、斯言如レ不レ聞、可レ憐八九十、歯堕双眸昏、朝露貪二名利一、夕陽憂二子孫一、挂レ冠顧二翠緌一、懸レ車惜二朱輪一、金章腰不レ勝、傴僂入二君門一、誰不レ愛二富貴一、誰不レ恋二君恩一、年高須レ告レ老、名遂合レ退レ身、少時共嗤誚、晩歳多二因循一、賢哉漢二疏、彼独是何人、寂寞東門路、無三人継二去塵一。

五〇　乾隆(三七四頁)　唐宋詩醇は、乾隆帝の御選であって、その評に「朝露貪名利二句、入二之淵明集中一、幾レ無二以弁一、或謂浅易、豈其然乎」。

五一　「人得二交遊一是風月…」(三七四頁)　葉夢徳の石林詩話、上に「蜀人石異(詩林広記は「翼」)、黄魯直黔中時、従游最久、嘗言、見二魯直一、自矜二詩一聯一云、人得二交遊一是風月、天開二図画一即江山、以為二晩年最得意一、毎挙以教レ人、而終不レ能レ成レ篇、蓋不レ欲下以二常語一雑上レ之、然魯直自有下山田二燕坐一図画出、水作二夜窓風雨来一之句上、余以為二気格当レ勝二前聯一也」(詩林広記、五〇にもある)とある。

五二　「詩無二唐宋明清一…」(三七六頁)　この文は他に未見であるが、六橋記聞、七に同じ如き問に、詩で答えた例がある。「南肥沢村九門来問二詩訣一。大人以レ詩答レ之曰。雕績争裁織巧詞。東方詩教久陵遅。君唯勿レ失真情性。両宋三唐任レ所レ之」。

五三　推敲(三七七頁)　詩人玉屑の説話を引いたが、賈島については、諸説あって、野客双書、六には、それを収めてある。「題李款幽居」の詩は、「閑居少二隣並一、草逕入二荒村一、鳥宿池辺樹、僧敲月下門、過レ橋分二野色一、移レ石動二雲根一、暫去還来レ此、幽期不レ負レ言」(詩林広記による)。

五四　「独行潭底影…」(三七七頁)　賈浪仙長江集、上所収「送無可上人」に、
圭峯霽色新、送此草堂人、麈尾同離寺、蛩鳴暫別親、独行潭底影、数息樹辺身、終有烟霞約、天台作近隣。
この逸話を、詩林広記、七により紹介する。同書に「自註　二句三年得、一吟双涙流、知音如不レ賞、帰臥二故山秋一」の詩をあげて、その評注に、
○隠居詩話云、人豈不二自知一、及三自愛二其文章一、乃更大謬何邪、賈島有二詩一聯一云、独行潭底影、数息樹辺身、乃自注二二絶於其下一、不レ知此二句有二何難レ道、至二于三年一始成、而一吟下レ涙也、楊衡亦自愛二其句一云、一一鶴声飛二上天一、尤可レ笑也。

五五　「雪二満山中一…」(三七八頁)　高青邱「梅花九首」の其一は「瓊姿只合(マサニ)在二瑤台一、誰向二江南一処処栽、雪満山中高士臥、月明林下美人来、寒依二疎影一蕭々竹、春掩二残香一漠漠苔、自レ去二何郎一無二好詠一、東風愁寂幾回開」。

五六　「疎影横斜…」(三七八頁)　「山園小梅二首」の其一は「衆芳揺落独暄妍、占二尽風情一向二小園一、疎影横斜水清浅、暗香浮動月黄昏、霜禽欲レ下先偸レ眼、粉蝶如レ知合断魂、幸有二微吟一可二相狎一、不須檀板共金尊」である。以下三つの句の品評については、詩人玉屑に若干見える。詩人玉屑、一七に、蔡寛夫詩話を引く。
○欧陽文忠公、極賞二林和靖、疎影横斜水清浅、暗香浮動月黄昏之句一、不レ知三和靖別有二詠レ梅一聯一、云雪後園林纔半樹、水辺籬落忽横枝、似レ勝二前句一、文忠何縁、棄レ此而賞レ彼(下略)。
また、詩人玉屑、一七に遯斎閑覧を引いて、
○凡詠レ梅多詠レ白、而荊公詩独云、鬚撚二黄金一危欲レ堕、蔕団二紅蠟一巧能粧、不二惟造語巧麗一、可レ謂能道二人不レ到処一矣、又東坡詠梅一句云、竹外一枝斜更好、語雖二平易一、然頗得二梅之幽独閑静之趣一(下略)。

五七　「雪後園林…」(三七八頁)　「梅花」の詩は「吟懐長恨負二芳時一、為見二梅花一輒入レ詩、雪後園林纔半樹、水辺籬落忽横枝、人憐二紅艶一多応レ俗、天与二清香一似レ有レ私、堪レ笑胡雛亦風味、解将二声調一角中吹」である。

五八　「竹外一枝…」(三七八頁)　「和二秦太虚梅花一」の詩は「西湖処士骨応レ槁、只有二此詩一君圧倒、東坡先生心已灰、為レ愛二君詩一被二花悩一、多情立レ馬待二黄昏一、残雪消遅月出早、江頭千樹春欲レ闇、竹外一枝斜更好、孤山山下酔眠処、点綴裙腰紛不レ掃、万里春随二逐客一来、十年花送二佳人一老、去年花開我已病、今年対レ花還草草、不レ知風雨捲レ春帰、収二拾余香一還界レ昊」である。

五九　前実後虚…(三七九頁)　三体詩の五律の条の説明を引用する。

前実後虚、周弼曰、謂、前聯景而実、後聯情而虚、前重後軽、多二於弱一(下略)。
前虚後実、周弼曰、謂、前聯情而虚、後聯景而実、実則気勢雄健、虚則態度諧婉、軽レ前重レ後、剤量適均、無二窒塞軽俗之患一(下略)。
四実、周弼曰、謂、中四句皆景物而実、開元大暦多此体、華麗典重之間、有二雍容寛厚之態一、此其妙也、稍変然後、入二於虚間一、以二情思一、故此体当レ為二衆体之首一、味者為レ之、則堆積窒塞、寡二於意味一矣。
四虚、周弼曰、謂、中四句皆情思而虚也、不三以レ虚為レ虚、以レ実為レ虚、自レ首至レ尾、如二行雲流水一、此其難也。
三浦梅園著、詩轍、四にも詳しい説明がある。

八〇 **起承転合**(三七九頁)　詩轍、二に、次の如くある。
其首尾ノ法、第一句ヲ起句ト云、乃事ヲ起ス也、第二句ヲ承句ト云、起句ヲ承ルナリ、第三句ヲ転句ト云、一二ノ意ヲ置テ一転スル也、又折句トモ腰句トモ云、一首ノ腰トナリ、上ヲ下ニ接スル也、一首ノ腰トハ第三句也、一句ノ腰トハ、五言ノ第三字、七言ノ第五字ナリ、第四句ヲ合句、又結句ト云、起承ト転トヲ結ンデ合スル也。

八一 **ロニ任セテ…**(三七九頁)　詩轍、四の篇法の条に、次の如くある。
詩モ作リ習フ比ハ、何ノ弁ヘモナキ故、先一二ヨリ作ル程ニ、結ブ比ハ力ナクナリテシマフ也、ソレヨリチト合点ユクト、絶句ハ三四、律ハ対ヨリ設クル故、チト見処アレドモ、得ト見ル時ハ、絶句ハ一二、律ハ起結ニ、精神ナク、続(ツ)ギ際見ユル者也、李白・杜甫ナドノ詩ヲ見レバ、トカク首(チク)ヨリ先ニ作リテユキタル者ト見ユル也、首ヨリ作ル迚モ、先布叙ト云者ハ、無クテ叶ハヌ也、其布叙トハ、大ダ、ヒヲ立テ、韻字配リ、一篇模様ノ設ケナリ、サナケレバ、一句一句ニ、行当リ行当リ作ル様ニナルナリ。

八二 **「為レ人性僻…」**(三七九頁)　「江上値水如海勢聊短述」の詩は、
為レ人性癖耽二佳句一、語不レ驚レ人死不レ休、老去詩篇渾漫興、春来花鳥莫二深愁一、新添二水檻一供二垂釣一、故著二浮槎一替レ入レ舟、焉得レ思如二陶謝手一、令二渠述作一与同レ遊。
甌北詩話、一二に淡窓と同じ説がある。
○(前略)此外如二荆公・東坡・山谷等一、各就二一首一句一、嘆以為レ不レ可レ及、皆未レ説二著少陵之真本領一也、其真本領、仍在二少陵詩中、語不レ驚レ人死不レ休一句一、蓋其思力沉厚、他人不レ過レ説二到七八分一者、少陵必説二到十分一、甚至有二十二三分者一、其筆力之豪勁、又足三以副二其才思之所レ至、故深人無二浅語一。

八三 **「陶二治性霊一…」**(三七九頁)　「解悶十二首」の其九に「陶治性霊存二底物一、新詩改罷自長吟、熟知三二謝将二能事一、頗学二陰何一苦用レ心」。

八四 **孔子ハ…**(三八〇頁)　孟子の尽心下篇に、次の如くある。
万章問曰。孔子在レ陳曰。盍二帰乎来一。吾党之士狂簡。進取。不レ忘二其初一。孔子在レ陳。何思二魯之狂士一。孟子曰。孔子不下得二中道一而与上レ之。必也狂獧乎。狂者進取。獧者有レ所レ不レ為也。孔子豈不レ欲二中道一哉。不レ可二必得一。故思二其次一也。敢問何如可レ謂レ狂矣。曰。如二琴張曾晳牧皮一者。孔子之所レ謂狂矣。何以謂二之狂一也。曰。其志嘐嘐然。曰古之人。古之人。夷二考其行一而不レ掩焉者也。狂者又不レ可レ得。欲下得二不レ屑二不潔一之士上而与甲レ之。是獧也。是又其次也。孔子曰。過二我門一而不レ入二我室一。我不レ憾焉者。其惟郷原乎。郷原。徳之賊也。曰。何如斯可レ謂二之郷原一矣。曰。何以是嘐嘐也。言不レ顧レ行。行不レ顧レ言。則曰二古之人一。古之人。行何為二踽踽涼涼一。生二斯世一也。為二斯世一也。善斯可矣。閹然媚レ於レ世也者。是郷原也。万章曰。一郷皆称二原人一焉。無レ所二往而不一レ為二原人一。孔子以二為徳之賊一何哉。曰。非レ之無レ挙也。刺レ之無レ刺也。同二乎流俗一。合レ乎二汚世一。居レ之似二忠信一。行レ之似二廉潔一。衆皆悦レ之。自以為レ是。而不レ可三与入二堯舜之道一。故曰二徳之賊一也。孔子曰。悪二似而非者一。悪レ莠。恐二其乱一レ苗也。悪レ佞。恐二其乱一レ義也。悪二利口一。恐二其乱一レ信也。悪二鄭声一。恐二其乱一レ楽也。悪レ紫。恐二其乱一レ朱也。悪二郷原一。恐二其乱一レ徳也。君子反レ経而已矣。経正則庶民興。庶民興。斯無二邪慝一矣。

八五 **胡元瑞ガ曰ク…**(三八一頁)　詩藪内編、五に、次の如くある。
盛唐句法、渾涵如二両漢之詩一、不レ可下以二一字一求上、至二老杜一、而後句中有二奇字一為レ眼、才有二此句法一、便不二渾涵一、昔人謂、石之有レ眼、為二研之一病一、余亦謂、句中有レ眼、為二詩之一病一、如二地坼江帆隠、天清木葉聞一、故不レ如二地卑荒野大、天遠暮江遅一也、如下返照入レ江翻二石壁一、帰雲擁レ樹失中山村上、故不レ如下藍水遠従二千澗落一、玉山高並二両峰一寒上也、此最詩家三昧、具眼自能弁レ之。(斉梁以至二初唐一、率用二艶字一為レ眼、盛唐一洗、至レ杜廼有二奇字一。)

六六 「**地坼**…」(三八一頁)　「暁望」の詩は「白帝更声尽、陽台暁色分、高峰寒二上日一、畳嶺宿二霾雲一、地坼江帆隠、天清木葉聞、荆扉対二麋鹿一、応二共レ爾為レ群」。

六七 「**地卑**…」(三八一頁)　「遣興」の詩は「干戈猶未レ定、弟妹各何之、拭レ涙霑レ襟血、梳レ頭満面糸、地卑荒野大、天遠暮江遅、衰病那能久、応レ無二見レ汝期一」。

六八 「**藍水**…」(三八二頁)　「九日藍田崔氏荘」の詩は「老去悲秋強自寛、興来今日尽二君歓一、羞将短髪還吹レ帽、笑倩二傍人一為整レ冠、藍水遠従二千澗一落、玉山高並二両峰一寒、明年此会知二誰健一、酔把二茱萸一子細看」。

六九 「**仰蜂**…」(三八二頁)　「独酌」の詩は「歩屧深林晩、開レ樽独酌遅、仰蜂粘二落絮一、行蟻上二枯梨一、薄劣慙二真隠一、幽偏得二自怡一、本無二軒冕意一、不三是傲二当時一」。

七〇 「**芹泥**…」(三八二頁)　「徐歩」の詩は「整レ履歩二青蕪一、荒庭日欲レ晡、芹泥随二燕觜一、花蘂上二蜂鬚一、把レ酒従二衣湿一、吟レ詩信二杖扶一、敢論二才見レ忌、実有二酔如レ愚」。

七一 **露筋祠**(三八三頁)　この祠の祭神については諸説がある(随園随筆、一一)が、淡窓が「守節」と称している所からすると、高郵の一女子が、人の家に宿することを好まず、野宿して、蚊にかまれた末に死した。血がなくなり筋が露われるに至ったので、後人これを祀って、この称でよんだとの説によるものであろう。王漁洋の詩は「再過露筋祠」で、「翠羽明瑠尚儼然、湖雲祠樹碧二於烟一、行人繫レ纜月初堕、門外野風開二白蓮一」。

七二 **謁二菅廟一ノ詩**(三八三頁)　遠思楼詩鈔(初篇)、上の「太宰府。謁二菅公廟一」に「菅公家世属二儒林一。偶拝二崇祠一景慕深。遶レ砌梅松無二俗樹一。満レ池鵞鶴有二嘉音一。祀同二関帝一施二朝野一。名亜二宣尼一照二古今一。却憶土師嘗止レ殉。果然余慶見二天心一」。

七三 **寓意**(三八三頁)　詠物に寓意すべしとの説は、随園詩話に見る説に賛成しての言であろう。同書二に、

○詠物詩、無二寄托(諷喩、寓意)一、便是児童猜謎、読レ史詩、無二新義一、便成二廿一史弾詞一、雖レ着二議論一、無二雋永之味一、又似二史賛一派一、倶非レ詩也(下略)。

七四 **竹枝詞**(三八四頁)　詩轍、六の説明を引けば、「竹枝ノ詞ナド云モ、モト劉禹錫ニ起レリ、禹錫建安ニ至リ、小児小枝ト云ヲ歌フヲ聞ニ、鼓笛ニテ、音中二黄鐘之羽一、其卒章激昂如二呉声一ト、此調ヲ以テ、男女ノ情ナド作リテ、歌ハセタル也、元詩詩体要ニ、本夜郎之音、依レ声製レ詞トアリ、竹枝ノ義ニ関カル事ナシ」とある。

七五 **七律ニ長ジタル人**(三八五頁)　唐宋詩醇の引く王士正の評に「王士正曰、劉公戩論詩云、七律較二五律一、多二二字一耳、其難什倍、譬レ開二硬弩一、祇到二七分一、若レ到二十分満一、古今亦罕矣、予因思、唐宋以来、為二此体一者、何翅二千百人一、求二其十分満者一、唯杜甫・李頎・李商隠・陸游及明之空同・滄溟二李、数家耳」とある。

七六 「**樹色**…」(三八五頁)　「趙州道中懐許殿卿」の詩は「憶爾襜帷出牧年、風塵誰識使君賢、政成神雀猶堪レ下、興尽冥鴻遂杳然、樹色遠浮疎雨外、人家忽断夕陽前、重来此地逢二寒食一、何処看レ春不レ可レ憐」。

七七 **爛熟**(三八六頁)　頼山陽ら三人の詩風の評は、帆足万里の「復二広瀬子基一」(西崦先生余稿、下)、即ち、淡窓あての書状の中に見えて、淡窓の説と合う所もある。その部分を抄出する。

○近世以二善詩一聞者、不レ過二僧六如、菅茶山、頼子成、数人一而已、僕聞二之京人一、六如読レ書、惟資以作レ詩、家置二一大冊一、行則佩レ之、得二一句一分レ門収録、遇レ作レ詩、湊合成レ篇、故剪裁雖レ勤、無二開闔排蕩之妙一、茶山稍有二天趣一、才学未レ高、蕪纇不レ去、如二貧家招レ客、尽レ力措弁、終不レ能レ適二貴人之口一、子成天才宏麗、自足三圧二倒二家一、然中年作レ詩、力不レ暇レ精、其近体断句、瑜瑕不レ掩、至二歌行一概多二長語一、求下一篇無二瑕疵一者上不レ可レ得也、且其人不レ持二士行一、遊惰之志、淫褻之辞、淪二人肌膚一、誠恐其誤二後進子弟一不レ少。

また淡窓の儒林評に、茶山・山陽に及ぶ所がある。その詩については、

○茶山ノ詩ノ体ハ。六如ニ本ヅケルモノナリ。六如ガ詩ハ。景多クシテ情少ナク。濃密ニ過ギタリ。始メ喜ブベシト雖モ。後ニ厭ヒ易シ。茶山ハ情景相半シ。濃淡中ヲ得タリ。故ニ久シクシテ厭ハザルコトヲ覚ユ。但シ其初年ノ作ハ。風骨森然タリ。中年ノ後ハ。爛熟ニ過ギテ。其格大ニ下レリ。人其(ニ黄葉夕陽村舎詩)二稿三稿ヲ。初稿ヨリモ勝

レリト云フハ。詩ヲ知ラザル者ノ論ナリ。

○(山陽については、殊に詩に及ばないが)子成ハ才ヲ恃ミテ傲慢ナリ。貪ッテ礼ナシ。…然レドモ其才ハ実ニ秀逸ナリ。総ジテ漢土ニハ。文人ニ如レ此人多シ。人以テ常ナリトシテ怪マズ。我国ノ風俗ハ質朴ニシテ。書ヲ読ム者ヲ見テハ。必ズ之ヲ責ムルニ行義ヲ以テス。故ニ此ノ如キ人。世ニ容レラルルコト能ハズ。惜ムベシ。

七八 **五言ノ第二字**(三八九頁) 中井竹山の詩律兆、一に、五言の第四字の挾平の例を掲げて、「此我邦所レ謂挾平格、諸家皆尤多、但世多忽ニ於第一字一、非レ是」とし、第二字の挾平の例を掲げては、「其調躍々数家之外絶無レ所レ考、我邦混ニ前調一之非、可ニ以見一焉」(補に「我邦諸家得ニ二十六一」)。

七九 **七言ノ第四字**(三八九頁) 詩律兆、四に、その例を掲げて、「此前調之再変、四唐皆無レ考、後人固不レ用而可、但炤ニ結句三之例一、姑存ニ云爾一」。

八〇 **平三連**(三八九頁) 盧玄淳の唐詩平側考、上に、次の如くある。

(五言について)次ニ下三平、是亦甚ダ声病ノ重キ者也、…余初ハ此声病ヲ知ラズ、大抵和人ノ詩平字多キヲ厭ハズ、仄字少キヲ好ム、然ルニ唐詩五言下三仄ノ者多ク、下三平ナル者甚ダ鮮シ、其疑ヒ久シカリシガ、近ゴロ浪華ノ竹山ノ詩律兆ヲ得テ、其事釈然タリ、竹山謂ラク、下三平ハ三字同声也、故ニコレヲ病トス、下三仄ハ三字仄也ト雖、上去入ノ三声ノ内、一二字相雑ハル時ハ、是三字二声乎(カ)三声トナル、故ニ三平ノ如ク、三字同声ノワヅラヒナシト云リ、又云下三仄ノ内、多分ハ入声ノ文字ナキ者少ナシ、是必ズ下三仄ノ法ナランカト、於レ是余唐詩選五言律ノ中、下三仄ノ句ヲ集メ見ルニ、已ニ十八句ヲ得タリ、…右十八句ノ内、入声アル者十五句、無キ者僅ニ三句、又排律ニモ下三平、辺月思ニ胡笳一ノ一句ノミ、下三仄ナル者二十句、入声無キ者亦僅ニ二三句、竹山ガ言、信然ナリ、入声無キ者モ、上去ノ二声、相雑ハル時ハ、下三平ト同病ナラザルコト明ラケシ、然ドモ亦、杜子美ガ隣人有美酒、此句下三字皆上声、李頎ガ、河声入峡急、此下三字皆入声、此ヲ以テ此二句、三字同声、下三平ト同病、故ニ下三仄同声ナル者ハ、唐詩ニ少也ト、竹山論中ニ見ヘタリ。

また、唐詩平側考、中に、次の如くある。

次ニ下三平、其説五言ニ委シ、此病七言律絶ニモ亦大ニ忌ムベシ。

八一 **「秋声万戸竹」**(三八九頁) 李頎の「望秦川」の詩(唐詩選より)は「秦川朝望迥、日出正東峰、遠近山河浄、逶迤城闕重、秋声万戸竹、寒色五陵松、客有ニ帰与歎一、凄其霜露濃」。五陵松は、長安にある漢朝の五帝の陵墓。

八二 **「山光…」**(三八九頁) 常建の「破山寺後禅院」の詩(唐詩選より)は「清晨入ニ古寺一、初日照ニ高林一、曲径通ニ幽処一、禅房花木深、山光悦ニ鳥性一、潭影空ニ人心一、万籟此倶寂、惟聞ニ鐘磬音一」。山光は、山の朝日をうけたさま。潭影は、澄んだ淵の朝の光。

八三 **空ノ字**(三八九頁) 詩律兆、一〇に、次の如くある。

詩話類編曰、空字有ニ四音一、天曰ニ大空一、従ニ平声一、考工記鑽空、舜紀匿空、張騫伝空道、大宛伝鑿空、皆作ニ上声一、論語屢空、楊子俄空、唐詩潭影空ニ人心一、又曰、天空霜無レ影、皆去声、入声音窟、古者穴レ地而居、謂ニ之土空一、司空官名、居ニ四民一時ニ地利一、故曰ニ司空一、周礼注、司空主ニ国空地一、以居レ民、空地即窟地也。

居士按、此説難ニ全従一、請以ニ古人詩一証レ之、鑿空固上声、然駱賓王尋レ源屢鑿空、係ニ東韻一、論語屢空、作ニ去声一、蓋古注一通、虚中義、然王摩詰性空無レ所レ親、白香山心与レ竹倶空、李義山上士悟ニ真空一、皆虚中、而係ニ平用一、呉鼎芳籬空従ニ雲補一、固去声、黄魯直乃見天宇空、亦従ニ送韻一、而宋之問仙来月宇空、高達夫人覚四天空、皆係ニ東韻一、是与ニ天空霜無レ影、有ニ何別一、諸字書絶無ニ入声一、而土空作ニ上声一、司空作ニ平声一、若ニ岑嘉州副相漢司空、李于鱗河堤使者大司空、皆係ニ東韻一、是也、唐詩又有下更著ニ皮裘一入中土空上、亦従ニ東韻一、据レ此、空字平上去三音、而其義有レ時相通、其不レ可レ通者、大空之平声、鑽空匿空之上声耳、類編之説、豈不ニ疎且繆一乎哉、予在ニ本編一、遇下古人変調、用ニ空字一者上、往往舎レ之、以ニ其平仄不レ可ニ的識一也、但五律変調所レ附、儲光羲明月空ニ長霄一、華察木落空山秋、予嘗以ニ他詩一例レ之、定ニ其為ニ平声一、以レ今思レ之、其係ニ仄用一、亦未レ可レ知也、因分ニ疎于此一、且是字、詩中所ニ多用一、而後学易レ眩、予既三折レ肱、故詳而出レ之、以為下弁ニ平声詩一之一助上焉。

八四 **「伏敵…」**(三八九頁) 遠思楼詩鈔(初篇)、上の「筑前城下作」の詩は「伏敵門頭浪拍レ天、当時築石自依然、元兵没レ海蹤猶在、神后征韓事久伝、城郭影浮春浦月、絃歌声隠暮洲煙、昇平有レ象君看取、処々垂楊繋二買船一」。

八五　「落日…」(三九〇頁)　「落日」の詩は「落日在二簾鉤一、渓辺春事幽、芳菲縁レ岸圃、樵爨倚レ灘舟、啅雀争レ枝墜、飛虫満レ院遊、濁醪誰造レ汝、一酌散二千愁一」。鉤と幽は十一尤の字で平声。

八六　「酒渇…」(三九〇頁)　「軍中酔飲寄二沈八劉叟一」の詩は「酒渇愛江清、余酣漱二晩汀一、軟莎欹坐穏、冷石酔眠醒、野膳随二行帳一、華昔発二従伶一、数杯君不レ見、都已遣二沉冥一」。杜律集解の注に「清字不レ押二後韻一」。清は八庚の平声。

八七　芸苑巵言二…(三九〇頁)　芸苑巵言、四に、次の如くある。

○謝茂秦論レ詩、五言絶、以二少陵日出籬東水一、作二詩法一、又宋人以二遅日江山麗一為レ法、此皆学究、教二小児号嗄一者、若下打起黄鶯児、莫レ教二枝上啼一、啼時驚二妾夢一、不レ得レ到二遼西一、与下山中何所レ有、嶺上多二白雲一、只可二自怡悦一、不上レ堪二持贈一レ君一法、不二惟語意之高妙一而已、其篇法円緊中間増二一字一不レ得、着二一意一不レ得、起結極斬絶、然中自紆緩、無二余法一。而有二余味一。

八八　「虎嘯…」(三九三頁)　文選、二六の「赴洛道中作二首」の其一は「摠レ轡登二長路一、嗚咽辞二密親一、借問子何之、世網嬰二我身一、永歎遵二北渚一、遺思結二南津一、行行遂已遠、野途曠無レ人、山沢紛紆余、林薄杳阡眠、虎嘯深谷底、雞鳴高樹巓、哀風中夜流、孤獣更我前、悲情触レ物感、沈思鬱纏緜、佇立望二故郷一、顧影悽自憐」。

八九　「狗吠…」(三九三頁)　「帰二園田居一六首」の其一は「少無二適俗韻一、性本愛二丘山一、誤落二塵網中一、一去三十年、羇鳥恋二旧林一、池魚思二故淵一、開レ荒南野際、守レ拙帰二園田一、方宅十余畝、草屋八九間、楡柳蔭二後園一、桃李羅二堂前一、曖々遠人村、依依墟里煙、狗吠深巷中、鶏鳴桑樹巓、戸庭無二塵雑一、虚室有二余閑一、久在二樊籠裏一、復得レ返二自然一」。

九〇　孟夏草木…(三九三頁)　六橋記聞、七に「孟夏草木長。此靖節所三自謂二羲皇上人一者。最得意境。亦最得意詩。其辞如二精金美玉一。集中此種不レ可二多得一。…結レ廬在二人境一。世人遍賞。此出二其上一。唯韋柳諸公知レ之耳」と説明する。

九一　「船舷…」(三九三頁)　「渼陂(ビハ)行」は、西安のある風景地渼陂に岑参兄弟と共に遊んだ折の歌行。雲際の寺は、大定寺、藍田の関も西安府にある。この詩句の淡窓の解は、六橋記聞にあるが、ここより詳しく、「溯洄戛レ舷。楽忘レ返。一箇伽藍。忽落在二船下一。不レ知船之至二於雲際一乎。寺之来二於水中一乎。驚而視レ之。則藍田関上。皓月方升。始悟向来之寺。即水面之影。点二化尋常之景一。変幻倏忽。妙不レ可二端倪一也」とある。

九二　「魚竜…」(三九三頁)　杜甫の「草閣」の詩は「草閣臨二無地一。柴扉永不レ関。魚竜廻二夜水一。星月動二秋山一。久露晴初湿。高雲薄未レ還。泛レ舟慙二小婦一。瓢泊損二紅顔一」。

九三　「銭塘…」(三九四頁)　「山陰道」の詩は「銭塘艶若レ花、山陰芊如レ草、六朝以上人、不レ聞二西湖好一、平生王献之、酷二愛山陰道一、彼此倶清奇、輸二他得レ名早一」。

九四　「天老…」(三九四頁)　「贈二焦道士一」の詩は「海上遊二三島一、淮南預二八公一、坐知千里外、跳向一壺中、縮レ地朝二珠闕一、行レ天使二玉童一、飲レ人聊割レ酒、送レ客乍分レ風、天老能行レ気、吾師不レ養レ空、謝レ君徒雀躍、無レ可レ問二鴻濛一」。

九五　「遙知…」(三九四頁)　「登二裴迪秀才小台一作」の詩は「端居不レ出レ戸、満目望二雲山一、落日鳥辺下、秋原人外閑、遙知遠林際、不レ見二此簷間一、好客多乗レ月、応門莫レ上レ関」。

九六　地仙(三九四頁)　この説には、甌北詩話、五の次の説の影響もある如くである。

○以レ文為レ詩自二昌黎一始、至二東坡一益大放、厥詞別開二生面一、成二一代之大観一、今試平心読レ之、大概才思横溢触処生レ春、胸中書巻繁富、又足三以供二其左旋右抽一無レ不レ如レ志、其尤不レ可レ及者天生健筆、一枝爽如二哀梨一、快如二幷剪一、有二必達之隠一無二難レ顕之情一、此所下以継二李杜後一為中一大家上也、而其不レ如二李杜一処亦在レ此、蓋李詩如二高雲之游一レ空、杜詩如二喬嶽之矗一レ天、蘇詩如二流水之行一レ地、読レ詩者於二此処一著レ眼可レ得二三家之真一矣。

九七　浮華ノ具(三九五頁)　中井竹山の竹山国字牘初篇、四「文章ノコト」に、

○山崎(＝闇斎学派の人人)ノ諸儒ハ、程子ノ説ヲ誤リ会シテ、文章ヲ学者ノ大禁トスルコト、甚ダ僻ゴトナリ、実行ヲ廃シ、虚文ニ馳ルコトハ、イカニモ禁ズベシ、実行ヲ主トシテ文業ヲ修ムルハ学者ノ当然ノコト

ナリ、豈禁ズベケンヤ、ソノ程説ヲ謬会ト云ハ、時勢事体ニ通ゼザルナリ、華域ハ文国ナリ、文字ハソノ国風ユヘ、学者ナレバ、筆ヲトリ文ヲカクコト常事ニテ巧ナラズトモ、我意ヲ達スルホドノコトハ誰ニテモ出来ルナリ、又三代ノ古トチガヒ、後世ハ及第ノコトアリテ、匹夫ヨリ公卿ニモ至リ、上ナキ富貴ヲモ、運次第ニ究メ、一族マデ浮ミアガルコトアルユヘ、精神ヲ抱テ、文章ヲ事トシ、又子弟ノ内ニ、ヤヤ才気アリト見ユルモノ、ソレハ父兄宗族トモ、身上ヲ傾ケテ文学ヲ専ラニサスルコトナリ、ソレユヘ天下滔々トシテ、文章ニ馳ルコトニナリユクユヘ、篤行ノ君子道義ヲ重ンズル人、コレヲキノドクニ思ヒ、深ク浮文ヲ禁ズルナリ、我邦ハ文盲国ニテ、国風ニ非ルユヘ、文章ノコトハ、一切マタ拙シ、又及第ノコトナケレバ、父兄宗族モカツテ、コレヲ子弟ニ責ズ、又真才アリテ、鬼神ヲ驚スベキ妙文アリトモ、斗升ノ穀ニモナラズ、ソレユヘ文筆ニ馳ヨト云テモ、馳ルカヒモナキホドノコトナリ、コノ所和漢大ニ相違ナリ。

とある。書物を不要とした最も甚だしいのがこの文に見える闇斎学派の人人で、那波魯堂著、学問源流などに、その態度を詳述してある。

九八　**心学**(三九五頁)　那波魯堂著、学問源流に「近江ノ人、中江与右衛門、明ノ王守仁号陽明ノ学ヲ、首テ唱フ、…京都ニ三輪善蔵執斎ト云人アリ、専ラ王陽明ノ学ヲ主トシ、陽明学ト云ヒ、心学ト云フ」とある。勿論中国での称から出たのである。陽明学派に属する大塩中斎の洗心洞劄記、上に、「作二詩文一、経学家以為レ非者、恐亦非也、六経是聖人之詩文也、故学人先明二其良知一、而以下平日蘊二於心一者上、触レ物感レ事、吐為二詩文一、則詩文乃助二于学一、於二聖道一、何害之有、若亦不レ明二良知一、而徒弄二筆墨一、以売レ名求レ誉、則与レ道大背馳、要為二彫虫小技一、豈非レ可レ惜乎」とある。

九九　**告朔之餼羊**(三九五頁)　諸説があるが、集註の朱子の説を引いておく。

〇告朔之礼。古者天子常以二季冬一。頒二来歳十二月之朔於諸侯一。諸侯受而蔵二之祖廟一。月朔則以二特羊一告レ廟。請而行レ之。餼生牲也。魯自二文公一始不レ視レ朔。而有司猶供二此羊一。故子貢欲レ去レ之。

一〇〇　**上書**(三九六頁)　菅原文時の封事三箇条の第三は、

一、請下不レ廃二鴻臚館一懐二遠人一励中文士上事

右鴻臚館者。為二外賓一所レ置也。星律多積。雲搆頻頽。頃年以来。堂宇欲レ尽。所司不レ能二修造一。公家空以廃忘。礼曰。以二旧防一為レ無レ所レ用而壊レ之。必有二水敗一。以二旧礼一為レ無レ所レ用而去レ之。必有二乱患一。臣恐彼帰レ化之国。慕レ徳之郷得二風聞於万里一。成二狐疑於両端一。一以為君恩薄。而無二懐柔之情一。一以為国用乏。而無二含弘之力一。加之。国家故事。蕃客朝時。択二通賢之倫一。任二行人之職一。礼遇之中。賓主闘レ筆。又抜二諸生能レ文者一。令レ預二餞別之席一。因レ玆翰苑鋭思之士。無下不下以レ対二蕃客一。為中其心期上。方今詞人才子。顧相誡曰。人命有レ限。世途難レ抛。何徒勤二苦於風月之間一乎。請見鴻臚館之不レ可三復為二文場一矣。昔子貢欲レ去二告朔之餼羊一。仲尼不レ許。以為羊在猶所三以識二其礼一也。今陳レ不レ廃二此館一者。蓋亦為二文章道一焉。夫文章者。王者所下以観二風俗一。厚二人倫一。感二鬼神一。成中教化上也。無レ翼而飛。無レ脛而至。殊俗聞レ之。而知レ有二智者一。故憚而不レ侵。而覚レ有二賢人一。故畏而自服。魏文帝所謂。文章経国之大業。不朽之盛事者也。伏望深図遠慮。勿レ廃二失此賓館一。然則遐方不レ離レ心。文士無レ倦レ業。是即示二海外一以二仁沢之広一。耀二天下一。以二威風之高一也。

ただしこの封事は天暦十一年十二月二十七日付けであって、文時の死にのぞんでのものではない。

一〇一　**書ヲ糟粕ト**(三九六頁)　荘子の天道篇に「桓公書ヲ堂上ニ読ム。輪扁(＝工人の名)輪ヲ堂下ニ斲(ケズ)ル。椎鑿(ツイサク＝つちとのみ)ヲ釈(ス)テテ上リ、桓公ニ問ヒテ曰ク、敢ヘテ問フ、公ノ読ム所ハ何ノ言ト為スカト。公曰ク、聖人ノ言ナリト。曰ク、聖人在リヤト。公曰ク、巳ニ死セリト。曰ク、然ラバ則チ君ノ読ム所ノモノハ、古人ノ糟粕ノミナルカ(下略)」。

一〇二　**朝三暮四**(三九六頁)　荘子の斉物論篇に「神明(＝精神)ヲ労シテ壱ヲ為シテ、其ノ同ジキコトヲ知ラズ。之ヲ朝三ト謂フ。何ヲカ朝三ト謂フ。曰ク、狙公(ショコウ＝猿をかっている人)芧(ショ＝とちの実)ヲ賦(ワカチアタ)フ。曰ク、朝ニ三ニシテ暮ニ四ニセント。衆狙皆怒ル。曰ク、然ラバ則チ朝ニハ四ニシテ暮ニハ三ニセント。衆狙皆悦ブ。名実未ダ虧(カ)ケズシテ、喜怒用ヲ為ス。亦是ニ因ルナリ。是ヲ以テ聖人之ヲ和スルニ是非ヲ以テシテ、天鈞(テンキン＝自然に釣等なこと)ニ休ス。是ヲ之レ両行ト謂フ」。列子の黄帝篇にも同じ話が出ている。

一〇三　**年少聡明…**(三九七頁)　「少年行」は楽府題の一で、少年游侠のこと

を詠じるもの。阿爺(やあ)は、父のこと。空花は、幻想で見える花。人間の一生は空花の如くあってなきものに等しい。呼盧は、盧が出るようにと、采の目を呼び願うことで、博奕にふけるさまを云う。正字通の盧の条に「呼盧、摴蒱戯瓊采有レ五、皆黒者曰レ盧、盧為二最勝之采一」とある。揚州は、唐の州名(古くからの九州の一)で、江蘇省とその一帯の地。明時には府をおいた、江蘇省の江都県とその一帯で、繁栄の地であった。二十四橋は、江都県の名勝で、杜牧の詩に有名な「二十四橋明月夜」の句がある所。二十四の橋とも、一つの橋の名とも諸説がある。

一〇四　**橐裡千金…**(三九七頁)　橐裡は、袋の中。稜稜は、はげしいさま。前二句は、気性はげしく、大した度量で、大きな博奕をすること。馬柳は、馬をつなぐ柳。官家は、天子とか政府の意。劉寄奴は、劉寄の奴の意。劉寄は、劉姓の名家出の大官などにあてたものであろう。後二句は、その游俠、義にいさんで、大官をこらしめたこともあるの意。

一〇五　**古人一唱三歎ノ韻**(三九八頁)　礼記の楽記篇に「清廟之瑟、朱絃而疏越、壱倡而三歎、有二遺音一矣」とあるのがこの語の初めで、詩の上手なのを賞めるのは誤用或いは転用である。楽記の意は、初め歌句を発すれば、三人がこれに従うて和することで、その琴の音が質素を旨としているからであると注されている。詩の本来は質実にあって、詳悉・痛快などは、それを忘れて、表現にのみかかわるものとするのが、淡窓の意見である。滄浪詩話にも、

○詩者吟二詠情性一也、盛唐諸人、惟在二興趣一、羚羊掛レ角、無二跡可一レ求、故其妙処透徹玲瓏、不レ可二湊泊一、如二空中之音、相中之色、水中之月、鏡中之象一、言有レ尽而意無レ窮、近代諸公、乃作二奇特解会一、遂以二文字一為レ詩、以二才学一為レ詩、以二議論一為レ詩、夫豈不レ工、終非二古人之詩一也、蓋於二一唱三嘆之音一、有レ所レ歉焉。

一〇六　**李商隠**(三九八頁)　李義山の詩に、淡窓云う所の淫風の弊ありとする説は、中国にもある。蔡寛夫の詩話(詩林広記より)に、

○義山詩、信有二過レ人処一、若二其用レ事深僻一、語工而意不レ及、自是其短、世人反以為レ奇、而効レ之、故崑体之弊、適重二其失一云。

一〇七　**韓昌黎・蘇東坡**(三九八頁)　この二人の詩について、淡窓云う所の理屈の欠点を論じた人は、中国にもあった。韓昌黎については、隠居詩話(詩人玉屑より)に、

○沈括存中・呂恵卿吉甫・王存正仲、李常公択。治平中。同在二舘下一談レ詩。存中曰。韓退之詩。乃押レ韻之文耳。雖二健美富瞻一。而格不レ近レ詩。吉甫曰。詩正当レ如レ是。我謂。詩人以来未レ有下如二退之一者上。正仲是二存中一。公択是二吉甫一。四人交相詰難。久而不レ決。公択忽正レ色。謂二正仲一曰。君子群而不党。公何党二存中一也。正仲勃然曰。我所レ見如レ是。顧豈党耶。以三我偶同二存中一。遂謂二之党一。然則君非二吉甫之党一乎。一座大笑。

蘇東坡については、亀山語録(詩林広記より)に、

○作レ詩不レ知二風雅之意一。不レ可二以作一レ詩。詩尚二譎諫一。惟言レ之無レ罪。聞レ之者足二以戒一。乃為レ有レ補。若諫而渉二於毀謗一。聞者怒レ之。何補之有。観二蘇東坡詩一。只是譏二誚朝廷一。殊無二温柔篤厚之気一。以レ此人故得而罪レ之。

一〇八　**李ノ楽府諸題**(三九八頁)　楽府については、三浦梅園の詩轍、一に、

詩集ニ、古楽府ト、古詩ノ部ヲ分テル故ハ、上ニイヘル如ク、詩ハモト楽章ニテ、音響節族、金石ト相和シテ成ル者ナリ、其後漢ノ蘇李ナド、一体ノ詩ヲ作リ出シテ、楽官ニ領スルニモ非ズ、其文辞ヲ専貴ムコトニナリテ、楽府ニ在テ、金石ニ和シテ歌フ者ト、相共ニ吟咏シテ唱和スル者ト、二途トナレリ、其後詞客、又其筆力ニテ、楽府ニ擬シテ作リタル程ニ、其古詩近体ノ中ニモ、亦楽府ヲ題トセルアリ、李白玄宗ニ召レテ作レル三首ノ如キ、即清平ノ調ニテ、楽章トナレル類也、故ニ今ノ詩トイフ者ハ、詩ト楽章ト雑レリ、是故ニ其作、蘇李以来、近体ノ作ト字句ノ法ヲ同ウセザル楽章ヲ、古楽府トシテ、其部ヲ分チ、法ヲ同ウスル楽章ヲ新楽府トシテ其部ヲ分タズ、是詩ト云、楽府ト云ノ差別ナリ。

楽府題は、林東溟著の諸体詩則にかかげてある。

一〇九　**獼猴ノ演劇**(三九八頁)　帆足万里と淡窓とは、面談も文通もあった。何時、この話が二人の中で出たか未詳であるが、万里の肄業余稿、二には「和人為レ文、勿レ論二格調高卑一、使下其雑二漢人文中一、不上レ可レ弁始善、大抵吾邦文章、用語不倫位置失レ序、如二吃人雅語一、不レ能二通暢一、可レ望二其為二和人一也」とある。

三〇　無題ノ詩（三九九頁）　漢詩には必ず題があるべきものであるが、「無題」と題するものがままある。陸放翁の老学庵筆記に「唐人詩中。有下曰二無題一者上。率盃酒狎邪之語。以二其不レ可二指言一。故謂二之無レ題也。近歳呂居仁陳去非。亦有下曰二無題一者上。乃与二唐人一不レ類。或真亡二其題一。或有レ所レ避。其実失レ於レ不二深考一耳」と見え、後人もこれに言及したものが多いが、ここは下に見える如く、初めは題なくして得たる詩の意である。

（付　記）

大隈言道のひとりごち・こぞのちりに見える歌論に、この淡窓詩話に見える広瀬淡窓の詩論の影響があることは、既に宇佐美喜三八「大隈言道の歌論について」（『国語と国文学』昭和二十六年十一月号所収）の論文がある。いちいちについてこの補注でも指摘し得なかったので、一言付言しておく。

日本古典文学大系 94
近世文学論集

1966 年 12 月 5 日　第 1 刷発行
1988 年 8 月 10 日　第 16 刷発行
2016 年 11 月 10 日　オンデマンド版発行

校注者　中村幸彦《なかむらゆきひこ》

発行者　岡 本　厚

発行所　株式会社 岩波書店
〒 101-8002 東京都千代田区一ツ橋 2-5-5
電話案内 03-5210-4000
http://www.iwanami.co.jp/

印刷／製本・法令印刷

ISBN 978-4-00-730523-8　　Printed in Japan